L'UNIVERS.

HISTOIRE ET DESCRIPTION
DE TOUS LES PEUPLES.

ALLEMAGNE.

TYPOGRAPHIE DE FIRMIN DIDOT FRÈRES,
RUE JACOB, N° 56.

ALLEMAGNE,

PAR

M. Ph. LE BAS,

MEMBRE DE L'INSTITUT (ACADÉMIE DES INSCRIPTIONS ET BELLES-LETTRES),
MAÎTRE DES CONFÉRENCES A L'ÉCOLE NORMALE.

TOME PREMIER.

PARIS,
FIRMIN DIDOT FRERES, ÉDITEURS,
IMPRIMEURS-LIBRAIRES DE L'INSTITUT DE FRANCE,
RUE JACOB, N° 56.

M DCCC XXXVIII.

L'UNIVERS,

ou

HISTOIRE ET DESCRIPTION

DE TOUS LES PEUPLES,

DE LEURS RELIGIONS, MOEURS, COUTUMES, ETC.

ALLEMAGNE.

PAR M. LE BAS,

MAÎTRE DE CONFÉRENCES A L'ÉCOLE NORMALE.

DESCRIPTION GÉOGRAPHIQUE.

CONFIGURATION ET LIMITES DE L'ALLEMAGNE.

La configuration de la grande presqu'île que nous appelons Europe, rend cette partie du monde plus propre qu'aucune autre à la civilisation. Ce n'est pas un continent immense comme l'Asie et l'Afrique : la mer entre dans les terres de trois côtés, et un cinquième de la surface se compose de péninsules, qui, au nombre de douze, s'avancent dans la mer et rendent l'étendue des côtes très-considérable par rapport à la surface. Les autres quatre cinquièmes forment le continent européen proprement dit, qui, du golfe de Gascogne, s'étend aux embouchures du Wolga, et de là au golfe de la Kara.

Ce continent ne présente pas un plateau continu comme l'Asie centrale, ni des plaines à peine abandonnées de de la mer, comme l'Afrique septentrionale. Le caractère mixte domine dans la partie sud-ouest, et les plaines du nord-est sont resserrées entre des mers intérieures, des presqu'îles, et les montagnes du sud qui, au moyen de fleuves nombreux, les alimentent d'un volume d'eau immense et presque toujours égal. Ces plaines septentrionales sont séparées des pays montagneux par une ligne, que l'on pourrait tracer de l'embouchure du Dniestr jusqu'à celle du Rhin, et qui traverserait l'Allemagne de l'est à l'ouest. Les bas-fonds du Rhin inférieur lient les plaines septentrionales à la plaine montagneuse de la France. Derrière ces plaines, traversées par de larges fleuves, se trouvent des montagnes et des collines, qui forment la Haute-Allemagne.

L'Allemagne, comme nous venons de le voir, appartient à un double système, des montagnes au sud, au nord des plaines immenses. Ce n'est point un pays rigoureusement limité par la nature : à l'ouest, si l'uniformité de langage constituait une nation, l'Allemagne empiéterait sur la France ; elle s'étendrait au-delà du Rhin jusqu'en Lorraine et jusqu'en Alsace ; elle dispute-

1re *Livraison.* (ALLEMAGNE.) 1

rait la Belgique aux peuplades celtiques ; à l'est elle plongerait au milieu des peuples slaves : au sud même, malgré cette formidable barrière des Alpes, l'Allemagne s'étend dans les montagnes et cherche à pénétrer jusqu'en Lombardie ; au nord, enfin, les limites sont à peine plus précises, car la Baltique envahit tantôt et tantôt abandonne ces plaines basses et marécageuses, moitié terre, moitié eau, comme la Hollande où l'on ne sait quand la terre commence et où s'arrête l'Océan.

Les limites de l'Allemagne ne varient pas moins historiquement. Pour les Romains, la Germanie était bornée à l'ouest et au sud par le Rhin et le Danube. Quant aux frontières du nord et de l'est, ils ne les connurent jamais. La Bavière, l'Autriche au-dessous du Danube, étaient alors habitées par des peuplades celtiques, comme les Boïes, par exemple, qui demeurèrent longtemps maîtres de la Bohême, d'où ils furent chassés par les Marcomans, peuplade germanique. Au moyen âge, la Bohême est slave, la Lorraine et l'Alsace sont allemandes. Ainsi le monde germanique a reculé de l'est vers l'ouest; il s'étend aussi, à cette époque, jusque dans les Alpes. Dans les temps modernes, l'Allemagne a repris un mouvement contraire, de l'ouest vers l'est. Elle a abandonné l'Alsace et la Lorraine, mais pour enlever aux Slaves la Silésie, la Bohême, la Hongrie, etc. Ainsi le Rhin, ce fleuve symbolique de la vieille Allemagne, qui cache ensevelis sous ses eaux tant de châteaux et de poétiques légendes, le Rhin est à peine allemand aujourd'hui.

Il est un point cependant que l'Allemagne n'abandonne pas : c'est au sud, les Alpes et la Lombardie. Il est vrai que de ce côté, elle est conduite par la prudente et persévérante maison d'Autriche qui, effrayée des agrandissements de la Prusse dans le nord, y cherche des compensations par la conquête de l'Italie septentrionale. Il lui a fallu long-temps pour s'assurer une aussi belle conquête ; mais doit-elle la conserver long-temps ? Le jour de la délivrance ne luira-t-il jamais pour la malheureuse Italie ?

Nous verrons dans la suite de ce travail les fluctuations successives des frontières de l'Allemagne ; nous devons avant tout faire connaître la géographie physique de cette contrée, car depuis Herder et Montesquieu, il n'est plus permis de séparer l'histoire de la géographie. Nous commencerons par la Haute-Allemagne.

GÉOGRAPHIE PHYSIQUE DE L'ALLEMAGNE.

La Haute-Allemagne est bornée à l'ouest par le Jura, les Vosges et les Ardennes; au sud par les Alpes; a l'est par les monts Crapaks. Le Tyrol, une partie de la Bavière, les provinces allemandes de l'Autriche au sud du Danube, appartiennent encore au système des Alpes.

En quittant les Alpes, on descend vers le nord sur un grand plateau qui s'étend du Jura au Bœhmerwald (Forêt de Bohême), dans une largeur qui varie d'une journée de marche jusqu'à quatre, et dont l'élévation moyenne est de 1,200 pieds au-dessus du niveau de la mer. Ce plateau est traversé par le Danube et s'abaisse par conséquent vers l'est; la vallée du Danube le lie à la Hongrie, qui forme comme un golfe entre les montagnes. Ce plateau est bordé au nord, et séparé des plaines qui avoisinent la mer, par une zone irrégulière, chargée de montagnes, de forêts et de plateaux secondaires, quelquefois entièrement interrompus, plus souvent traversés par des défilés.

La partie septentrionale des Vosges dans la Bavière rhénane, le Hundsrück dans le duché du Bas-Rhin, et les Ardennes dans le Luxembourg, se trouvent en deçà du Rhin, et pendant tout le moyen âge ont procuré aux peuples qui les habitaient une indépendance presque entière vis-à-vis de leurs puissants voisins de l'est et de l'ouest. Lorsque après la mort de Charles-le-Téméraire on se partagea ses dépouilles, aucun intermédiaire n'exista plus entre la France et l'Allemagne ; deux grands empires et deux grandes nations furent en présence. La lutte s'engagea bientôt sur les bords du Rhin ; mais cette querelle de quatre siècles semble toucher à sa fin : la civilisation, qui passe incessamment de l'un à l'autre de ces deux grands peuples, efface chaque jour les haines nationales et rend la guerre de plus en plus difficile.

Occupons-nous d'abord de l'est, de la partie immédiatement en contact avec le système général des montagnes de l'Europe. Le groupe qui, sous le nom de Sudètes, de monts des Géants, de *Erzgebirge*, occupe la Moravie, la Bohême orientale, la Silésie supérieure, la Lusace et le royaume de Saxe, verse l'Oder dans la Baltique et l'Elbe dans la mer du Nord ; de l'autre côté, la March se jette dans le Danube et la mer Noire. Ainsi, le commerce n'a pas eu de grandes difficultés physiques à vaincre pour pénétrer dans ces pays, si riches d'ailleurs en métaux ; et l'on conçoit le projet de l'empereur Charles IV qui voulait par un canal réunir la Moldau au Danube.

Depuis Charlemagne, la frontière allemande a toujours avancé de ce côté. Les rois de Bohême ont reconnu l'autorité de l'empire, les archiducs d'Autriche sont devenus rois de Bohême et souverains de plusieurs autres parties de ce territoire, enfin la lutte entre la Prusse et l'Autriche a eu pour cause et pour théâtre la partie nord-est de ces montagnes. Cependant la population slave qui les occupe a toujours conservé son caractère primitif ; elle est là comme l'avant-garde de sa race, placée sur une haute tour. Bien que de trois côtés des populations germaniques l'environnent, et que même, par suite des conquêtes des chevaliers Teutoniques, les Allemands se trouvent aussi sur ses derrières, il semble qu'elle devient plus tenace de jour en jour ; et pourtant en général aucune race ne paraît aussi mobile que celle des Slaves. C'est ici le caractère puissant du sol qui a vaincu l'homme et qui le retient par une force constamment la même.

Une chaîne moins élevée (Zdarsky-Hory), qui forme la frontière de la Moravie et de la Bohême, se détache vers le sud de cette masse centrale. A l'ouest, le Riesengebirge et l'Erzgebirge la lient au Fichtelgebirge, montagnes centrales de l'Allemagne, qui forment les frontières de la Bavière, de la Saxe et de la Bohême, et qui donnent naissance à quatre fleuves, l'Éger, la Saale, la Naab et le Mein, dont les deux premiers se jettent dans l'Elbe, le troisième dans le Danube, et le quatrième dans le Rhin. Le Fichtelgebirge, riche en minerai de fer, est comme le nœud des trois bassins germaniques ; c'est le centre de l'Allemagne. Il rayonne dans trois directions différentes : tandis qu'au sud e au sud-est il touche, lui, aux plaines de la Bavière et de la Franconie, au nord-ouest il lance, pour ainsi dire, le Thuringerwald et le Frankenwald, à l'est l'Erzgebirge, et au sud-est le Bœhmerwald.

Cette dernière chaîne forme la frontière de la Bohême et de la Bavière, et de ce côté termine l'Allemagne et le bassin de la mer du Nord. Des masses de granit primitif avec leurs pentes rapides, leurs cimes dépourvues d'arbres, leurs flancs escarpés et couverts de noirs sapins, tel est l'aspect sauvage de la Forêt de Bohême. De tout temps les croyances populaires ont peuplé ces lieux de monstres et d'êtres surnaturels. Schiller y a placé le théâtre de ses brigands, et tout récemment on y a cherché la prison de Gaspard Hauser.

La Forêt de Bohême descend vers le Danube : c'est à Lintz que le fleuve s'ouvre un chemin entre ces montagnes et le rameau précurseur des Alpes. Lintz est la clef de l'Autriche ; et cependant on n'a songé que de nos jours à fortifier cette ville, bien que le prince Eugène de Savoie eût déjà reconnu que l'Autriche ne serait en sûreté que lorsqu'on aurait fait de Lintz une place forte.

A l'ouest du Fichtelgebirge se trouve le plateau de Franconie avec ses nombreuses forêts. Les montagnes de l'Allemagne centrale offrent beaucoup

1.

de ces plateaux secondaires. Vers le nord-ouest se détache du Fichtelgebirge le Thuringerwald entre Lobenstein, Schmalkalden, Eisenach et Saalfeld. Sous les rois des deux premières races, ce pays fut le théâtre des guerres entre les Francs et les Saxons: aujourd'hui il se trouve partagé entre une dizaine de petits princes et la Prusse, qui vient de leur imposer son système de douanes et d'impôts : victoire paisible qui peut lui faire oublier l'échec qu'elle y a reçu en 1806.

La plaine de la Thuringe et les montagnes du Hartz s'adossent vers le nord au Thuringerwald et pénètrent fort avant dans la grande plaine septentrionale. C'est toujours dans ces montagnes, dont le Brunswik forme la partie la plus septentrionale, que la souveraineté des petits princes a trouvé un dernier asile : dans les plaines, au contraire, l'unité de domination est parvenue plus facilement à s'établir.

Le Hartz a été le dernier refuge du paganisme et de la nationalité saxonne reculant devant les armes et les missionnaires des Francs : mais le Broken, point culminant de cette chaîne, a été bien puni de l'asile qu'il a donné aux sacrifices impies des Saxons ; car ses ennemis lui ont fait en Allemagne la plus mauvaise réputation. C'est là, disent-ils, que s'assemblent, dans la nuit du premier mai, les sorcières, arrivant de tous les points sur leurs manches à balai ; c'est là que Méphistophélès préside au sabbat. Tout le monde a lu le Faust de Goëthe ; mais un autre poëme du même auteur, qui explique l'origine de ces croyances, mériterait bien aussi les honneurs de la popularité.

Une chaîne de collines, de plateaux et de montagnes peu considérables, se détache du Thuringerwald vers le nord-ouest : elle n'a pas même de nom collectif. Elle suit le courant du Weser, qui la quitte définitivement au-dessus de Minden pour parcourir les plaines de la Basse-Saxe jusqu'à la Frise. Ces montagnes, au point où le fleuve les abandonne, n'ont plus que quelques centaines de pieds de hauteur, puis elles tournent vers l'ouest et se perdent entièrement près d'Ibbenbühren.

Au sud de ces collines jusqu'à la Hesse-Électorale s'étend le Teutoburgerwald, pays couvert de collines et de forêts, où Arminius anéantit les légions de Varus. C'est la barrière de l'Allemagne contre toute incursion faite du côté du nord-ouest. Le Spesshard, le Vogelsberg et le Rhön occupent les contrées situées entre le Frankenwald et le Nassau : ils suivent le cours du Mein, et séparent l'Allemagne du nord de celle du midi. Le duché de Nassau, le pays le plus fertile en vin de toute l'Allemagne, est traversé par le Taunus et le Westerwald, qui forcent le Rhin, quand il arrive à Mayence, à se détourner vers l'ouest jusqu'à Bingen. Le Westerwald projette au nord-est les monts Rothhaar et Egge, qui forment la frontière méridionale du Teutoburgerwald ; d'autres chaînes aussi peu considérables s'avancent jusqu'aux sources du Wipper et jusqu'à Bonn sur le Rhin.

Il nous reste à jeter un coup d'œil sur les montagnes situées entre le Mein, le Rhin et le plateau bavarois. A l'endroit où la Regnitz se jette dans le Mein, s'élève une chaîne de montagnes, d'abord peu considérable, qui suit une direction méridionale sous le nom d'Albuch, et vers le sud-ouest prend le nom d'Alpes de Souabe, qu'elle conserve jusqu'aux sources du Danube. Au sud du Danube, elle descend jusqu'au Rhin, ou plutôt s'étend au-delà de ce fleuve ; car ces montagnes ne sont qu'une continuation du Jura à travers lequel le Rhin s'ouvre un passage.

Une autre chaîne, qui a des embranchements nombreux avec la première, accompagne le Rhin depuis Fribourg jusqu'au Mein, et sépare la vallée du Rhin supérieur du plateau montagneux de la Souabe. La partie méridionale de cette chaîne, le Schwarzwald, est séparée de la partie septentrionale, l'Odenwald, qui occupe l'espace compris entre le Mein et le Rhin, par le défilé de la Bergstrasse, remarquable par une grande quantité de châteaux gothiques en ruine, et par la beauté des arbres fruitiers qui bordent cette route. Elle a sept lieues d'Allemagne de longueur, et va de Heidelberg à Mannheim. Le Schwarzwald et l'Odenwald sont surtout riches en forêts d'arbres fruitiers et en vignes: les Alpes de Souabe sont moins favorisées. De cette chaîne découle la Rezat de Souabe, qui se jette dans la Regnitz, celle-ci à son tour dans le Mein, qui lui-même se perd dans le Rhin : c'était la Rezat que Charlemagne songeait à lier par un canal à l'Altmühl, afin de mettre ainsi le Rhin en communication avec le Danube, projet que de nos jours le roi de Bavière a, dit-on, repris.

Entre cette zone montagneuse de l'Allemagne centrale et la Baltique à l'est, la mer du Nord à l'ouest, se trouvent des plaines sablonneuses, qui s'abaissent insensiblement vers l'ouest jusqu'aux marais de la Frise et de la Hollande. L'Oder, l'Elbe, le Weser et l'Ems les arrosent ; la mer d'Allemagne les lie aux côtes de la Flandre, de la France, des îles Britanniques, la Baltique aux royaumes scandinaves et à la Russie. C'est une contrée d'une industrie active, d'un commerce étendu ; c'est le pays de la ligue hanséatique, de cette compagnie de négociants qui domina long-temps les mers et les contrées environnantes. Cela tient, sans doute, à ce que nulle part les communications des côtes avec l'intérieur ne sont plus faciles. Les canaux les mieux construits ne sauraient offrir plus d'avantages à la navigation que ne le font le Weser et l'Elbe : une fois qu'ils ont quitté les montagnes, ils coulent vers la mer sans rencontrer aucun obstacle, ils sont navigables pendant près des deux tiers de l'année, et le halage s'y fait très-facilement.

Le continent du Danemark touche immédiatement à cette partie de l'Allemagne ; mais les îles danoises et la grande presqu'île scandinave sont d'une bien plus grande importance maritime : toute la côte, depuis Lubek jusqu'à Stralsund, est sillonnée de petits ports ; quelques heures de traversée et vous êtes en Séelande, en Scanie. Remarquons pourtant qu'à l'exception de l'île de Rugen, toutes les îles de la Baltique sont étrangères à l'Allemagne : la famille scandinave, rameau de la race germanique, a su s'y maintenir.

Plus tard nous aurons lieu de remarquer combien l'histoire de la Basse-Allemagne diffère de celle de la Haute-Allemagne ; mais ce que nous venons de dire fera déjà apercevoir combien la différence du sol a dû rendre différents les caractères des peuples. C'est surtout pour n'avoir point fait attention à cette différence, que l'on s'est si souvent mépris sur les événements et sur leurs suites.

Un trait caractéristique de la Basse-Allemagne, c'est que jamais elle n'a pu fixer ses frontières. A l'ouest, la Hollande, jusqu'à la révolution où elle secoua le joug de l'Espagne, était dans un état douteux par rapport à l'empire germanique ; de nos jours encore, au congrès de Vienne, on est revenu sur cette question, qui, après avoir été longuement débattue, n'a pu se résoudre que par un compromis. A l'est, la frontière n'est pas encore fixée aujourd'hui ; la partie la plus orientale de la monarchie prussienne ne fait pas partie de la Confédération germanique, mais en est la limite.

Il paraît qu'au temps de Tacite, les Germains s'étendaient au moins jusqu'à la Vistule. Plus tard, quand ils s'avancèrent vers l'ouest, le pays qu'ils abandonnèrent fut occupé par des Slaves, qui se répandirent dans toute la partie située au nord de l'Elbe. La guerre systématique entreprise en Allemagne contre les Slaves, commence dès le temps de Charlemagne ; elle fut continuée par les margraves (comtes des frontières) de Saxe et de Brandebourg. On n'est pas, il est vrai, parvenu à chasser ces Slaves ou ces Wendes, mais on les a germanisés par des colonies nombreuses envoyées de la Basse-Saxe et de la Hollande, par le christianisme, par le commerce et par les arts de la paix. Les princes slaves qui se sont convertis et germanisés les premiers, les ducs de Mecklenbourg, sont les seuls qui occupent encore des trônes aujourd'hui ; car les empereurs actuels de Russie sont, non pas des Slaves, mais des princes du Holstein.

La Prusse fut conquise par les chevaliers de l'ordre Teutonique avant même l'époque où l'Allemagne s'étendit jusqu'à ses frontières. La Courlande et la Livonie furent soumises par les chevaliers Porte-Glaives ; mais ces moines guerriers ne se contentèrent pas de convertir les tribus païennes, ils les détruisirent presque entièrement, et les remplacèrent par des colons allemands. Il y a déjà long-temps que la langue prussienne est comptée parmi les langues mortes.

PAR QUELS PEUPLES LA GERMANIE ÉTAIT-ELLE HABITÉE ?

Une description des diverses nations qui ont peuplé primitivement l'Allemagne devrait suivre le tableau que nous avons dressé de la géographie physique de cette contrée. Mais nous savons peu de chose sur l'intérieur de l'ancienne Germanie. Les Romains eux-mêmes n'ont connu que tard cette contrée, et jamais ils n'y ont pénétré bien avant, d'une manière pacifique. Le Rhin et le Danube formaient, de ce côté, les limites du grand empire ; et c'est à conserver ces frontières que se borna toute l'ambition romaine. Quant aux Germains, aucun d'eux n'a pris soin de conserver le souvenir des temps passés. Quelques traditions orales, recueillies plus tard, quelques chants populaires formaient toute leur histoire primitive. Tout ce que sait Tacite des anciennes peuplades germaniques, est dû, comme il le dit lui-même, à « d'anciennes poésies qui célèbrent le dieu Tuiston, né de la terre, et son fils Mannus, comme les pères et les fondateurs de la nation. Les Germains, ajoute-t-il, donnent à Mannus trois fils, dont les noms firent appeler Ingévones les plus voisins de l'Océan, Herminones ceux de l'intérieur, et les autres Istévones. Plusieurs, usant du privilége que donne l'éloignement des temps, multiplient les enfants du dieu et les peuples dont la nation se compose, et qu'ils appellent Marses, Gambriviens, Suèves, Vandales. Ce sont même là, selon eux, les anciens et véritables noms ; celui de Germanie est moderne et ajouté depuis peu. Les premiers qui passèrent le Rhin, et chassèrent les Gaulois, et qui maintenant se nomment Tongres, se nommèrent alors Germains. Ce nom, borné d'abord à une simple tribu, s'étendit peu à peu, et, créé par la victoire pour inspirer plus de crainte (*), il fut bientôt adopté par la nation tout entière. »

Pline partage tous les peuples de la Germanie en cinq classes : 1° les Vendili, auxquels se rattachent les Burgundiones, les Varini, les Carini, les Guttones (au N.-E.) ; 2° les Ingévones avec les Cimbres, les Teutons, les Cauques et ceux qui habitent les îles voisines (au N.-O.) ; 3° les Istévones avec les peuples voisins du Rhin, dont font partie les Cimbres méditerranéens (à l'O.) ; 4° les Hermiones avec les Suèves, les Hermundures, les Cattes et les Chérusques (au S.-O.) ; 5° enfin, les Peuciniens et les Bastarnes.

Il n'est point de notre sujet d'entrer dans les questions d'origine ; il doit nous suffire pour le moment d'avoir indiqué en peu de mots ce que les Romains savaient sur les premiers habitants de la Germanie. D'ailleurs, bien que ces peuplades aient été plus sédentaires qu'on ne l'a cru souvent, de nombreuses révolutions ont néanmoins changé fréquemment la distribution des peuples sur le sol de l'Allemagne. Raconter celles de ces révolutions qui nous sont connues, ce sera exposer en même temps les principaux changements survenus dans la demeure des tribus germaniques.

(*) De *heer*, armée, et *man*, homme, c'est-à-dire *homme de combat*.

HISTOIRE DE L'ALLEMAGNE.

DIVISIONS DE L'HISTOIRE D'ALLEMAGNE.

L'histoire d'Allemagne peut se partager en sept périodes.

1° Depuis les temps les plus anciens jusqu'à l'invasion de l'empire romain par les Barbares. C'est l'histoire intérieure de l'ancienne Germanie.

2° Depuis l'invasion jusqu'à l'établissement du royaume de Germanie.

3° Depuis l'établissement du royaume de Germanie jusqu'au commencement de la querelle des investitures.

4° Depuis Henri IV jusqu'à la mort de Frédéric II. (Rivalité de l'empereur et du pape; guerres de l'Allemagne et de l'Italie.)

5° Depuis l'élection de Rodolphe de Habsbourg jusqu'à Luther.

6° Depuis Luther jusqu'au traité de Westphalie.

7° Depuis le traité de Westphalie jusqu'à nos jours.

PREMIÈRE PÉRIODE.

DEPUIS LES TEMPS LES PLUS ANCIENS JUSQU'A L'INVASION DE L'EMPIRE PAR LES BARBARES.

Nous verrons dans cette période la Germanie se révéler d'abord au monde par une formidable invasion; puis, attaquée elle-même par Rome, rapprocher ses peuplades dispersées, les unir par des liens étroits, et les précipiter presque chaque année sur les retranchements romains, jusqu'à ce que le flot soit assez fort pour franchir ses digues et inonder l'empire jusqu'au cœur.

§ I. LES CIMBRES ET LES TEUTONS.

Un siècle environ avant J.-C., Rome ignorait encore ce que c'était que la Germanie. Elle éprouvait bien une secrète terreur lorsqu'elle jetait les yeux vers le Nord, au-delà des Alpes; elle sentait qu'il y avait là, dans l'obscurité de ces forêts impénétrables, un danger menaçant pour elle. Les Gaulois, ces enfants perdus du monde barbare, ces hommes à l'épée rapide, qui couraient le monde pour voir, tuer et piller, lui avaient depuis long-temps révélé ce danger; il est vrai qu'elle en avait exterminé bon nombre, et que les victoires de Sentinum, du lac Vadimon, du cap de Télamone, l'avaient quelque peu rassurée. Et d'ailleurs, que craindre depuis la chute de Carthage, de Philippe et d'Antiochus? Le bruit de tous ces triomphes n'empêchait-il pas le peuple-roi d'entendre les sourds murmures qui s'élevaient du Nord?

Mais voici qu'arrive un jour la nouvelle que trois cent mille Barbares, reculant devant un débordement de la Baltique, descendent vers le sud; que déjà ils ont battu, au pied des Alpes, un préteur romain qui voulait arrêter le torrent; que l'Illyrie, le Norique sont inondés de Barbares; qu'enfin l'Italie n'est plus défendue que par ses montagnes : c'étaient les Cimbres et les Teutons, peuples du nord de la Germanie, qui venaient chercher au midi des terres et un climat plus doux.

La terreur fut grande dans Rome : « on ne savait d'où était partie cette nuée orageuse. Ils habitent, disait-on, aux extrémités de la terre près de l'océan hyperboréen, dans un pays couvert partout de bois et d'ombres épaisses presque inaccessibles à la lumière; car les rayons du soleil ne peuvent pénétrer dans ces forêts si vastes et si profondes qu'elles vont se joindre à la forêt Hercynienne. » — « Aux bords de l'Océan, dit Tacite, habitent les Cimbres, peuple maintenant peu nombreux, mais dont la gloire est immense. Il reste de leur ancienne renommée des traces largement empreintes : ce sont, en-deçà comme au-delà du Rhin, des camps dont le vaste contour permet encore aujourd'hui de mesurer la masse et les forces de la nation, et rend croyable la multitude infinie de ses guerriers. »

Cependant la hauteur des Alpes arrêta ces Barbares. Ils tournèrent vers

la Gaule, entraînant avec eux les populations des montagnes, et répandirent une effroyable désolation sur cette contrée. Arrivés sur les bords du Rhône, ils virent encore devant eux ces Romains qu'ils avaient déjà rencontrés dans leurs courses vers l'orient, en Illyrie, en Macédoine, en Thrace. L'immensité de ce grand empire, dont ils trouvaient partout les frontières, les frappa d'étonnement, et, reculant pour la première fois devant une bataille, ils demandèrent au proconsul Silanus de leur donner des terres, offrant en retour de faire pour Rome toutes les guerres qu'elle leur commanderait. « Rome, leur répon-
« dit Silanus, n'a point de terres à
« vous donner, et n'a aucun besoin
« de vos services. » Puis il passa le Rhône et se fit battre. (107 av. J.-C.)

L'année suivante, les Teutons tuèrent, près de Genève, le consul Cassius, et firent passer sous le joug les débris de ses troupes, tandis que les Cimbres détruisaient au midi l'armée de Scaurus. La *Province* restait sans défense, les Alpes n'étaient plus gardées, et le prestige du nom romain commençait à s'affaiblir chez ces Barbares, tant de fois vainqueurs des légions. Un conseil fut tenu par eux pour choisir la route à suivre ; Scaurus, prisonnier, assista, chargé de chaînes, à cette délibération. Interrogé par les Barbares, il les intimida de ses réponses courageuses : « Je
« vous le conseille, dit-il, passez les
« Alpes, mettez le pied en Italie, et
« vous saurez quelle est la force de
« Rome. » Ces paroles hardies irritèrent un jeune chef qui, comme les sauvages américains que provoquent les sarcasmes du prisonnier attaché au poteau de guerre, se jeta sur Scaurus, et le perça de son épée. Toutefois les Barbares hésitèrent encore.

L'an 105, profitant de la mésintelligence des deux généraux envoyés contre eux, ils exterminèrent deux armées romaines. Quatre-vingt mille légionnaires, quarante mille esclaves ou valets d'armée tombèrent sous le glaive, tout le reste fut pris : dix hommes seulement échappèrent. C'était la sixième armée romaine détruite par les Barbares.

Avant la bataille, les Barbares, pour venger un outrage fait à leurs députés, avaient juré de sacrifier aux dieux tout ce que leur donnerait la victoire ; ils accomplirent religieusement leur serment. Les hommes furent tués, les chevaux précipités dans le Rhône, et les cuirasses, les armes, les chariots, brisés et brûlés ; enfin, l'or et l'argent même jetés dans le fleuve. Puis ce ne fut plus, des Alpes aux Pyrénées, qu'une immense dévastation.

Arrivés aux portes de l'Espagne, les Barbares, oubliant l'Italie, furent curieux de voir cette contrée nouvelle ; ils passèrent les Pyrénées et allèrent émousser leurs épées contre cette race de Celtibériens, si dure et si opiniâtre dans ses montagnes. Ce fut le salut de Rome. Elle eut le temps d'appeler d'Afrique Marius, et de l'envoyer garder les Alpes.

Durant trois années, sans égard pour les lois, Marius fut prorogé dans le consulat. Il employa ce temps à exercer ses soldats par de prodigieux travaux, et les soumit à la plus sévère discipline. Enfin les Barbares revinrent avec l'intention, cette fois, de pénétrer en Italie. Les Cimbres prirent à gauche par l'Helvétie et le Norique, pour descendre par le Tyrol et la vallée de l'Adige. Les Teutons marchèrent à Marius, qui, pour habituer ses soldats à voir de près les Barbares, leur refusa long-temps de combattre. Les Teutons se décidèrent à passer outre. Six jours entiers, sans que leur marche fût interrompue, ils défilèrent en vue du camp romain ; et comme ils passaient sous le rempart, on les entendait crier : « Nous allons voir vos
« femmes, n'avez-vous rien à leur
« mander ? » Marius les suivit à petites journées, épiant une occasion favorable.

Arrivée près d'Aix, la horde s'arrêta, et Marius, résolu de combattre, vint camper près d'elle, sur une colline où l'eau manquait. Les soldats se plaignirent bientôt de la soif ; Marius, leur montrant de la main une rivière qui baignait le camp des Barbares : « C'est là, leur dit-il, qu'il faut aller acheter l'eau au prix de votre sang. » Cependant les valets de l'armée, qui n'avaient d'eau ni pour eux, ni pour leurs bêtes, descendirent bientôt en foule vers la rivière ; les Barbares, se croyant attaqués, coururent précipitamment prendre leurs armes, et s'avancèrent bientôt, frappant leurs boucliers en mesure, et marchant tous en cadence au son de cette musique sauvage. Mais, en passant la rivière, les Barbares rompirent leur ordonnance, et ils n'avaient pas eu le temps de la rétablir, lorsque les Romains fondirent sur eux de leurs postes élevés, et les heurtèrent avec tant de force, qu'ils les obligèrent, après un grand carnage, à prendre la fuite. Parvenus près de leurs chariots, ils trouvèrent un nouvel ennemi auquel ils ne s'attendaient pas : c'étaient leurs femmes, qui, grinçant les dents de rage et de douleur, frappaient également et les fuyards et ceux qui les poursuivaient ; elles se jetaient au milieu des combattants, et, de leurs mains nues, s'efforçaient d'arracher aux Romains leurs épées et leurs boucliers.

Les Romains, après ce premier succès, regagnèrent leur poste à la nuit tombante ; mais l'armée ne fit pas entendre, comme il était naturel après un si grand avantage, des chants de joie et de victoire. Ils passèrent toute la nuit dans le trouble et dans la frayeur, car leur camp n'avait ni clôture, ni retranchement.

Il restait encore un grand nombre de Barbares qui n'avaient pas combattu ; toute la nuit ils poussèrent des cris horribles, qui ressemblaient à des hurlements, à des gémissements de bêtes féroces, mêlés de menaces et de lamentations. Les cris de cette multitude immense faisaient retentir les montagnes voisines et jetaient la terreur dans le camp romain ; Marius lui-même, frappé d'étonnement, s'attendait à un combat de nuit, dont il craignait le désordre. Mais ils ne sortirent de leur camp, ni cette nuit, ni le jour du lendemain : ils les employèrent à se préparer pour la bataille.

Cette seconde bataille, livrée deux jours après la première, ne fut pas plus heureuse pour les Barbares : attaqués en face par les légions, surpris par derrière par un lieutenant de Marius, ils ne purent résister. Le massacre fut horrible, comme dans toutes ces batailles de l'antiquité, où l'on se battait à l'arme blanche, homme à homme. Quelques historiens cités par Plutarque prétendent que depuis cette bataille les Marseillais firent enclore leurs vignes avec les ossements de ceux qui avaient été tués et que les corps, consommés dans les champs par les pluies qui tombèrent pendant l'hiver, engraissèrent tellement la terre, et la pénétrèrent à une si grande profondeur, que l'été suivant elle rapporta une quantité prodigieuse de fruits.

Cependant la guerre n'était point finie, les Teutons seuls avaient été exterminés ; restaient encore les Cimbres. Catulus, qu'on avait envoyé pour défendre, contre eux, le passage des Alpes, désespérant de garder ces défilés, était redescendu en Italie, et s'était réfugié derrière l'Adige. Il éleva des deux côtés du fleuve de bons retranchements, afin d'en empêcher le passage. Mais les Barbares méprisaient tellement leurs ennemis, et les insultaient si ouvertement, que, pour faire parade de leur audace et de leur force, ils s'exposaient tout nus à la rigueur des frimas, grimpaient sur les montagnes, à travers des monceaux de neige et de glace ; et, parvenus au sommet, s'asseyaient sur leurs boucliers, et, glissant le long des rochers, s'abandonnaient à la rapidité de la pente sur le bord de précipices d'une profondeur effrayante.

Quand enfin ils eurent transporté leur camp près de celui des Romains, et qu'ils eurent examiné comment ils pourraient passer la rivière, ils résolurent de la combler. Coupant donc les tertres des environs, déracinant les arbres, détachant d'énormes rochers et de grandes masses de terre, ils les roulaient dans le fleuve, pour en resserrer le cours. Ils jetaient en même temps, au-dessus du pont que les Romains avaient construit, des masses d'un grand poids, qui, entraînées par le courant, venaient battre le pont, et en ébranlaient les fondements.

La plupart des soldats romains, effrayés, forcèrent leur général de quitter la position qu'il avait prise. Les Barbares s'emparèrent du fort que Catulus avait construit au-delà du fleuve. Remplis d'admiration pour les soldats romains qui l'avaient défendu avec la plus grande valeur, et s'étaient exposés si courageusement pour leur patrie, ils les laissèrent aller à des conditions honorables, dont ils convinrent en jurant sur leur taureau d'airain. On dit que ce taureau fut pris après la bataille, et porté dans la maison de Catulus, comme les prémices de sa victoire. Les Barbares, trouvant le pays sans défense, firent partout un horrible dégât.

Heureusement on venait d'apprendre à Rome la victoire de Marius. Il fut rappelé en toute hâte, et envoyé au secours de son collègue.

Cependant les Cimbres attendaient toujours l'arrivée des Teutons. Ils ne voulaient pas croire à leur défaite, et envoyèrent même à Marius des ambassadeurs chargés de lui demander pour eux et pour leurs frères des terres et des villes où ils pussent s'établir. « Ne vous inquiétez plus de vos « frères, leur dit Marius, ils ont la « terre que nous leur avons donnée, « et qu'ils conserveront à jamais. » Les Barbares s'emportèrent en injures et en menaces, et lui déclarèrent qu'il allait être puni de ses railleries, d'abord par les Cimbres et ensuite par les Teutons, lorsqu'ils seraient arrivés. « Ils le sont, répliqua Marius, et il se« rait peu honnête de vous en aller « sans avoir salué vos frères. » En même temps il ordonna qu'on amenât, chargés de chaînes, les rois des Teutons, que les Séquanes avaient faits prisonniers, comme ils s'enfuyaient dans les Alpes.

Les Cimbres n'eurent pas plutôt entendu le rapport de leurs ambassadeurs, qu'ils marchèrent sur-le-champ contre Marius, qui se tenait tranquille dans son camp, et se contentait de le garder. Boïorix, roi des Cimbres, à la tête d'un détachement peu nombreux de cavalerie, s'étant approché du camp de Marius, provoqua ce général à fixer le jour et le lieu du combat, pour décider qui resterait maître du pays. Marius lui répondit que les Romains ne prenaient jamais conseil de leurs ennemis pour combattre, que cependant il voulait bien satisfaire les Cimbres sur ce qu'ils demandaient. Ils convinrent donc que la bataille se donnerait dans trois jours, et dans la plaine de Verceil. Les Barbares furent exacts au rendez-vous. Le jour venu, leur infanterie se rangea en bataille dans la plaine; elle formait une phalange carrée, qui avait autant de front que de profondeur, et dont chaque côté couvrait trente stades de terrain. Leurs cavaliers, au nombre de quinze mille, étaient magnifiquement parés; leurs casques se terminaient en gueules béantes et en mufles de bêtes sauvages, surmontés de hauts panaches semblables à des ailes, ce qui ajoutait encore à la hauteur de leur taille. Ils étaient couverts de cuirasses de fer, et de boucliers dont la blancheur jetait le plus grand éclat; ils avaient chacun deux javelots à lancer de loin, et dans la mêlée ils se servaient d'épées longues et pesantes.

A peine le combat était-il commencé qu'il s'éleva sous les pas de cette multitude un tel nuage de poussière, que les deux armées ne purent plus se voir. Marius, qui s'était avancé pour tomber le premier sur l'ennemi, le manqua dans cette obscurité; et ayant poussé bien au-delà du champ de bataille, il erra long-temps dans la plaine, tandis que Catulus avait seul eu à soutenir tous les efforts des Barbares. L'ardeur du jour, et les rayons brûlants du soleil qui donnaient dans le visage des Cimbres, secondèrent les Romains. Ces Barbares, nourris dans des lieux froids et couverts, et endurcis aux plus fortes gelées, ne pouvaient supporter la chaleur; inondés de sueur et tout haletants, ils se couvraient le visage de leurs boucliers, et exposaient leur corps sans défense aux coups de l'ennemi.

Les plus braves d'entre les Cimbres furent taillés en pièces; car, pour empêcher que ceux des premiers rangs ne rompissent leur ordonnance, ils s'étaient liés ensemble par de longues chaînes attachées à leurs baudriers. Les vainqueurs poussèrent les fuyards jusqu'à leurs retranchements; et ce fut là qu'on vit le spectacle le plus tragique et le plus affreux. Les femmes, vêtues de noir, et placées sur les chariots, tuaient elles-mêmes les fuyards; elles étouffaient leurs enfants, les jetaient sous les roues des chariots ou sous les pieds des chevaux, et se tuaient ensuite elles-mêmes. Une d'entre elles, après avoir attaché ses deux enfants à ses deux talons, se pendit au timon de son chariot. Les hommes, faute d'arbres pour se pendre, se mettaient au cou des nœuds coulants qu'ils attachaient aux cornes ou aux jambes des bœufs, et les piquant ensuite, pour les faire courir, ils périssaient étranglés ou foulés aux pieds de ces animaux. Malgré le grand nombre de ceux qui se tuèrent ainsi de leurs propres mains, on fit plus de soixante mille prisonniers, et on en tua deux fois autant.

Les honneurs rendus à Marius après cette victoire témoignèrent de la crainte des Romains. Il fut surnommé le troisième Romulus; chaque citoyen, à la nouvelle de sa victoire, répandit des libations en son nom. Lui-même crut avoir égalé les exploits de Bacchus dans l'Inde, et fit ciseler sur son bouclier la tête d'un Barbare tirant la langue. Rome croyait en effet avoir étouffé la barbarie dans ses bras puissants.

§ II. Arioviste et les Suèves.

Cette guerre des Cimbres avait révélé à Rome un monde nouveau, mais ce fut comme une horrible apparition qui s'évanouit sans laisser autre chose après elle que de cruels souvenirs. La Germanie retomba dans son obscurité pour un demi-siècle. Rome, occupée de ses guerres civiles, parut l'oublier. Cependant, durant ces cinquante années, il dut y avoir de grands mouvements dans l'intérieur de l'Allemagne, car lorsque César arriva sur le Rhin, il trouva un peuple nouveau dont la vaste confédération dominait sur une grande partie de ces vastes contrées. C'étaient les Suèves, nation redoutée de toute la Germanie, et qui se vantait qu'aucun autre peuple n'osait habiter près d'elle. Pour faire connaître cette grande confédération suévique, nous ne saurions mieux faire que de citer ici ce qu'en disait, environ cent cinquante ans après César, le dernier grand écrivain de Rome.

« Les Suèves, dit Tacite (*), ne sont pas, comme les Cattes ou les Tenctères, une seule et unique peuplade. Ils occupent la plus grande partie de la Germanie, et sont divisés en plusieurs nations, dont chacune a conservé son nom, quoiqu'elles reçoivent toutes le nom commun de Suèves. Une coutume particulière à ces peuples, c'est de retrousser leurs cheveux et de les attacher avec un nœud: ainsi se distinguent les Suèves des autres Germains, et, parmi les Suèves, l'homme libre de l'esclave. Si des liaisons de famille avec eux, et souvent le seul esprit d'imitation, ont propagé cet usage dans les autres cités, il y est rare et cesse avec la jeunesse. Chez les Suèves, on continue jusqu'à la vieillesse de ramener cette chevelure hérissée, que souvent on lie tout entière au sommet de la tête. Les chefs y mettent quelque recherche: c'est la seule qu'ils connaissent, et celle-là est innocente; leur pensée n'est point d'aimer et d'être aimés; ils ne veulent que se donner une taille plus haute et un air plus terrible: avant d'aller en guerre ils se parent comme pour les yeux de l'ennemi.

(*) Nous faisons usage ici, comme dans tous les passages cités, de l'excellente traduction de M. J.-L. Burnouf.

« Les Semnones se disent les plus anciens et les plus nobles des Suèves. La religion du pays fait foi de leur antiquité. Ils ont une forêt *consacrée dès long-temps par les augures de leurs pères et une pieuse terreur;* c'est là qu'à des époques marquées, tous les peuples du même sang se réunissent par députations, et ouvrent, en immolant un homme, les horribles cérémonies d'un culte barbare. Une autre pratique atteste encore leur vénération pour ce bois. Personne n'y entre sans être attaché par un lien, symbole de sa dépendance et hommage public à la puissance du dieu. S'il arrive que l'on tombe, il n'est pas permis de se relever; on sort en se roulant par terre. Tout, dans les superstitions dont ce lieu est l'objet, se rapporte à l'idée que c'est le berceau de la nation, que là réside la divinité souveraine, que hors de là tout est subordonné et fait pour obéir. La fortune des Semnones donne de l'autorité à cette prétention : ils occupent cent cantons, et cette masse de forces leur persuade qu'ils sont la tête de la nation des Suèves.

« Le titre des Langobards, c'est leur petit nombre, d'autant qu'environnés d'une multitude de cités puissantes, ils trouvent leur sûreté, non dans la soumission, mais dans les combats et l'audace. Viennent ensuite les Reudignes, les Aviones, les Angles, les Varins, les Eudoses, les Suardones et les Nuithones, tous protégés par des fleuves ou par des forêts. Ces peuples, pris séparément, n'offrent rien de remarquable. Un usage commun à tous, c'est l'adoration d'Ertha, c'est-à-dire, la Terre-Mère. Ils croient qu'elle intervient dans les affaires des hommes, et qu'elle se promène quelquefois au milieu des nations. Dans une île de l'Océan est un bois consacré, et, dans ce bois, un char couvert, dédié à la déesse. Le prêtre seul a le droit d'y toucher; il connaît le moment où la déesse est présente dans ce sanctuaire; elle part traînée par des génisses, et il la suit avec une profonde vénération. Ce sont alors des jours d'allégresse; c'est une fête pour tous les lieux qu'elle daigne visiter et honorer de sa présence. Les guerres sont suspendues, on ne prend point les armes; tout fer est soigneusement enfermé. Ce temps est le seul où ces Barbares connaissent, le seul où ils aiment la paix et le repos; il dure jusqu'à ce que la déesse étant rassasiée du commerce des mortels, le même prêtre la rende à son temple. Alors le char et les voiles qui le couvrent, et, si on les en croit, la divinité elle-même, sont baignés dans un lac solitaire. Des esclaves s'acquittent de cet office, et aussitôt après le lac les engloutit. De là une religieuse terreur et une sainte ignorance sur cet objet mystérieux qu'on ne peut voir sans périr.

« Cette partie des Suèves s'étend vers le fond de la Germanie. Plus près, en suivant le Danube, se trouve la cité des Hermondures, fidèle à notre empire, et, à ce titre, admise à trafiquer, non sur la rive seule, comme les autres Germains, mais à l'intérieur, et jusque dans la colonie la plus florissante de la Rhétie. Ils passent librement et sans gardes partout où ils veulent; et tandis que nous ne montrons aux autres peuples que nos armes et nos camps, nous ouvrons à celui-ci nos maisons de ville et de campagne, qui n'excitent pas ses désirs. Chez les Hermondures est la source de l'Elbe, fleuve célèbre et jadis connu de nos légions; on ne fait maintenant qu'en entendre parler.

« Près des Hermondures habitent les Narisques, ensuite les Marcomans et les Quades. Les Marcomans sont les premiers par la gloire et les forces; le pays même qu'ils occupent, enlevé jadis aux Boïens, est une conquête de leur valeur. Les Quades et les Narisques ne sont pas indignes d'eux. C'est là comme le front de la Germanie, en descendant le Danube. Les Marcomans et les Quades ont eu jusqu'à nos jours des rois de leur nation, issus des nobles familles de Maroboduus et de Tuder : ils commencent à en souffrir d'étrangers. Du reste, ces rois doivent à la protection de Rome leur force et leur grandeur: nous les aidons rarement de nos armes, plus souvent de notre or, et ils ne sont pas moins puissants.

« Plus loin les Marsignes, les Gothins, les Oses, les Buriens, forment par derrière la limite des Marcomans et des Quades. Par le langage et la coiffure, les Marsignes et les Buriens annoncent des Suèves. Les Gothins parlent gaulois, et les Oses pannonien; c'est dire assez qu'ils ne sont pas Germains : ajoutons qu'ils se soumettent à des tributs; une partie leur est imposée par les Sarmates, l'autre partie par les Quades, qui les traitent comme étrangers. Les Gothins, pour surcroît de honte, tirent le fer des mines. Tous ces peuples s'étendent peu dans la plaine; ils habitent en général dans des gorges, sur le sommet et le penchant des montagnes; car une longue chaîne partage et coupe en deux la Suévie. Au-delà de cette chaîne sont un grand nombre de nations, dont la plus considérable est celle des Lygiens, divisée elle-même en beaucoup de cités. Il suffira de nommer les plus puissantes, les Aries, les Helvécones, les Manimes, les Élysiens, les Naharvales. Chez les Naharvales on montre un bois consacré, dès long-temps, par la religion. Le soin du culte est remis à un prêtre en habit de femme. Ce culte s'adresse à des dieux qui, dans l'Olympe romain, sont, dit-on, Castor et Pollux; ils en possèdent les attributs : leur nom est *Alci*. Du reste, point de statue, nulle trace d'une origine étrangère; mais ce sont bien deux frères, tous deux jeunes, qu'on adore. Les Aries surpassent en forces les peuples que j'ai nommés avec eux. Ces hommes farouches, pour enchérir encore sur leur sauvage nature, empruntent le secours de l'art et du temps: ils noircissent leurs boucliers, se teignent la peau, choisissent pour combattre la nuit la plus obscure. L'horreur seule, et l'ombre qui enveloppe cette lugubre armée, répandent l'épouvante : il n'est pas d'ennemi qui soutienne cet aspect nouveau et pour ainsi dire infernal; car dans tout combat les yeux sont les premiers vaincus. Au-delà des Lygiens habitent les Gothons, soumis à des rois dont la main se fait déja plus sentir que chez les autres nations germaniques, sans que la liberté cependant soit encore opprimée. Plus loin, au bord de l'Océan, sont les Rugiens et les Lémoves. Toutes ces nations ont pour signe distinctif le bouclier rond, l'épée courte, et leur respect pour la royauté.

« On trouve ensuite dans l'Océan même les cités des Suiones, aussi puissantes par leurs flottes qu'abondantes en armes et en guerriers. Leurs vaisseaux diffèrent des nôtres en ce que, les deux extrémités se terminant en proue, ils se présentent toujours dans une direction commode pour toucher le rivage. Ce ne sont pas des voiles qui donnent le mouvement, et les rames ne sont pas attachées par rangs aux deux flancs du navire; elles sont libres comme sur certains fleuves, et se transportent au besoin de l'un à l'autre bord. Les richesses sont en honneur chez ce peuple : aussi est-il soumis au pouvoir d'un seul : et ici le pouvoir ne connaît plus de limites, ce n'est plus à titre précaire qu'il se fait obéir. Les armes ne sont pas, comme chez les autres Germains, à la disposition de tous : on les garde enfermées, et le gardien est un esclave. C'est que l'Océan garantit le pays des invasions subites, et que des mains oisives pourraient facilement abuser des armes : or, en confier le dépôt à un noble, à un homme libre, à un affranchi même, serait contraire à l'intérêt monarchique.

« Au-delà des Suiones est une autre mer, dormante et presque immobile. On croit que c'est la ceinture et la borne du monde, parce que les dernières clartés du soleil couchant y durent jusqu'au lever de cet astre, et jettent assez de lumière pour effacer les étoiles. La crédulité ajoute qu'on entend même le bruit qu'il fait en sortant de l'onde, qu'on aperçoit la forme de ses chevaux, les rayons de sa tête. La vérité est que la nature finit en ces lieux. En revenant donc à la mer Suévique, on trouve sur le rivage à droite les tribus des Estyens. Ils ont les usages et les habillements des Suèves; leur langue ressemble davantage à celle des Bretons. Ils adorent la Mère des dieux. Pour symbole de ce culte, ils portent l'image d'un sanglier : elle tient lieu d'armes et de sauvegarde; elle donne à l'adorateur de la déesse, fût-il entouré d'ennemis, une pleine sécurité. Les Estyens combattent peu avec le fer, souvent avec des bâtons. Ils cultivent le blé et les autres fruits de la terre avec plus de patience que n'en promet la paresse habituelle des Germains. Ils fouillent même la mer, et seuls de tous les peuples ils recueillent le succin, qu'ils appellent *gless* : ils le trouvent entre les rochers et quelquefois sur le rivage. Quelle en est la nature et comment il se forme, c'est ce que des barbares n'ont ni cherché, ni découvert. Longtemps même il resta confondu parmi les viles matières que rejette l'Océan, et c'est notre luxe qui l'a mis en réputation. Les gens du pays n'en font aucun usage; ils le recueillent brut, nous l'apportent dans son état informe, et s'étonnent du prix qu'ils en reçoivent. Le succin doit être la gomme de certains arbres : souvent, en effet, sa transparence y laisse apercevoir des animaux terrestres et même des insectes ailés, qui s'embarrassent dans cette substance encore fluide, et finissent, quand elle durcit, par y rester emprisonnés. Il serait donc vrai que, s'il est au fond de l'Orient des végétaux qui distillent le baume et l'encens, il existe aussi, dans les îles et les terres de l'Occident, des forêts et des arbres d'une fécondité inconnue, dont le suc exprimé par les rayons d'un soleil si rapproche de ces climats, s'écoule et tombe dans la mer voisine, et vient, apporté par les vents et les flots, se décharger sur les côtes opposées. Si l'on éprouve la nature du succin en l'approchant du feu, il s'allume comme un flambeau et jette une flamme grasse et odorante; bientôt il s'amollit comme la poix ou la résine. Après les Suiones viennent immédiatement les Sitones. Semblables en tout le reste, ils diffèrent d'eux en un point; c'est qu'ils obéissent à une femme : tant ils sont tombés au-dessous, je ne dirai pas de la liberté, mais de la servitude elle-même. Là finit la Suévie. »

Les tribus les plus belliqueuses de cette vaste confédération habitaient le midi de l'Allemagne, et jetaient déjà des regards d'envie sur les riches peuplades de la Gaule orientale. Bientôt elles virent arriver au milieu d'elles des Gaulois, implorant leur secours : c'étaient des députés séquanes qui, opprimés par les Édues, *alliés et amis* du peuple romain, voulaient opposer à cette alliance celle des Barbares d'au-delà du Rhin. Arioviste, chef de plusieurs des tribus des Suèves, les accueillit avec empressement, et passa le Rhin avec quinze mille guerriers. Deux batailles suffirent pour ruiner la puissance des Édues; mais les Suèves oublièrent bientôt qu'ils n'étaient entrés dans la Gaule qu'à titre d'alliés des Séquanes. Une fois au milieu de ces riches contrées, ils ne voulurent plus les quitter, prirent le tiers du territoire des Séquanes, exigèrent de nombreux otages, et formèrent, à deux pas des frontières romaines, une puissance défendue par deux cent mille guerriers.

La Gaule allait devenir Germanie. Tous alors s'adressèrent à Rome. César, qui avait besoin de longues et glorieuses entreprises, se fit charger du gouvernement de la province, et méditant la conquête de la Gaule entière, il comprit qu'il fallait, avant tout, en fermer l'entrée aux Barbares de la Germanie. D'abord il refoula dans leurs montagnes les Helvétiens qui, fatigués des continuelles incursions des Suèves, leurs voisins, voulaient aller chercher sur les côtes du grand Océan un climat plus doux et une vie moins rude.

Cette première expédition achevée, César se trouva vis-à-vis des Suèves. Il avait d'abord essayé des négociations, et demandé une conférence à Arioviste. « Si j'avais besoin de Cé-

« sar, dit le chef barbare, j'irais le
« trouver; si César a besoin de moi,
« qu'il vienne lui-même. Quant à la
« demande de ne plus tourmenter les
« Édues, j'use du droit de l'épée : le
« vainqueur dispose à son gré du vaincu.
« Que César, comme il s'en vante,
« essaie de venger les Édues, il ap-
« prendra à connaître une nation
« aguerrie et indomptable qui, depuis
« quatorze ans, n'a pas reposé sous
« un toit. » « Ceci est ma Gaule, di-
« sait-il plus tard à César lui-même,
« en montrant de la main tout le pays
« des Séquanes; vous avez la vôtre...
« Au reste, si vous me laissez en re-
« pos, je ferai toutes les guerres que
« vous voudrez, sans peines ni périls
« pour vous. »

Ces paroles, les récits que faisaient les Gaulois de la taille gigantesque des soldats d'Arioviste, de leur bravoure prodigieuse, de leur habitude des armes, jetaient la terreur dans le camp romain. Partout on ne voyait que gens qui faisaient leur testament; les plus vieux soldats se promettaient même de ne point suivre les enseignes, quand César ordonnerait de les porter en avant. Il fallut toute l'éloquence du proconsul pour ranimer les courages. « Si vous m'abandonnez,
« leur dit-il, j'irai toujours ; il me suf-
« fira de la dixième légion ! »

La bataille fut acharnée ; cependant la discipline romaine l'emporta. Tout ce qui ne fut point tué sur le champ de bataille, fut poursuivi jusqu'au Rhin et périt dans le fleuve. Arioviste, avec un petit nombre, échappa dans une barque qu'il trouva par hasard sur la rive. Mais il ne survécut pas long-temps à la honte de sa défaite ou à ses blessures. César apprit bientôt sa mort, avec la nouvelle que les Suèves effrayés s'éloignaient des bords du Rhin, et regagnaient leurs forêts. L'invasion de la Gaule fut retardée pour quatre siècles (58 avant J.-C.)

§ III. LA GERMANIE INDÉPENDANTE RESSERRÉE ENTRE LE RHIN ET LE DANUBE.

César, comme nous l'avons dit, voulait isoler la Gaule de la Germanie. Lorsqu'il se trouva maître de toute la Gaule orientale, après son expédition contre les Belges, il voulut assurer ses nouvelles conquêtes du nord, comme il avait fait pour celles du midi, en éloignant des bords du Rhin les peuplades germaniques. D'ailleurs ce que les Suèves avaient tenté, deux nouvelles tribus voulaient le faire. La défaite d'Arioviste n'avait pu ébranler la puissance de la ligue des Suèves ; elle faisait encore en Germanie tout trembler devant elle, forçant les peuplades voisines à payer tribut ou à chercher au loin de nouvelles demeures. Les Usipiens et les Tenctères, après une vive résistance, avaient été chassés de leurs terres, et, poussés pendant trois années de canton en canton, à travers les forêts de la Germanie, ils étaient enfin arrivés, au nombre de quatre cent trente mille, à l'embouchure du Rhin. La tribu gauloise des Ménapes se retira à leur approche sur la rive gauche, pour défendre le passage. Trompés par un stratagème des Germains qui, après s'être éloignés du fleuve pendant trois jours, tombèrent à l'improviste sur les Ménapes, ceux-ci perdirent une partie de leurs guerriers, et les Germains se trouvèrent encore une fois au-delà du Rhin, au milieu des peuplades récemment soumises par César.

La terreur se répandit sur toute la Gaule. Heureusement pour César, les Gaulois redoutaient plus encore la férocité des Germains que le joug dont César les menaçait. La plupart se réunirent à lui, et une nombreuse cavalerie vint se joindre aux légions. Comme les Cimbres, comme Arioviste, les nouveaux envahisseurs ne demandaient à César que de les laisser s'établir paisiblement sur les terres qu'ils avaient conquises. « Nous ne cédons,
« disaient-ils, qu'aux Suèves seuls,
« à qui les dieux mêmes ne résiste-
« raient pas ; quant à tout autre en-
« nemi, il n'en est pas sur la terre
« qui ne doive trembler devant nos
« armes. »

César fut plus heureux encore cette fois que contre Arioviste. Les Barbares, surpris par l'armée romaine, au moment où ils attendaient le retour de leurs envoyés, eurent à peine le temps de saisir leurs armes ; rompus par les légions, ils s'enfuirent jusqu'au confluent de la Meuse et du Rhin. Toute la horde périt entre les deux fleuves.

Profitant de cette victoire inespérée, le proconsul jeta en dix jours un pont sur le Rhin, non loin de Cologne, alla chercher lui-même les Barbares jusque dans leurs forêts, et revint sans avoir rencontré l'ennemi.

Ces deux victoires de César arrêtèrent le mouvement qui poussait les peuplades germaniques sur la Gaule ; elles avaient été reçues si rudement lorsqu'elles s'étaient aventurées au-delà du fleuve, qu'elles désespérèrent de franchir cette frontière. Auguste, d'autre part, comprit qu'il n'y avait rien à gagner avec de tels hommes ; aussi lorsqu'il se trouva maître tranquille de l'empire, il posa comme une maxime politique qui devait guider à jamais ses successeurs, de ne point chercher à porter les aigles romaines au-delà du Rhin ; ce fleuve devait servir, du côté de la Gaule, de frontière à l'empire.

L'Italie pouvait être menacée par les peuplades de la Rhétie ; Auguste les soumit, s'empara des passages des Alpes, et les légions vinrent établir leurs *castra stativa* sur la rive droite du Danube, dans le Noricum (partie de l'archiduché d'Autriche).

Ainsi, la Germanie se trouvait enfermée par deux grands fleuves, sur les bords desquels veillaient les légions. Les tribus voisines entrèrent même parfois au service de l'empire. César en tira une excellente cavalerie ; plusieurs de leurs chefs vinrent à Rome recevoir le titre de citoyens ou de chevaliers, et bon nombre de leurs guerriers formèrent plus tard la garde personnelle de l'empereur.

§ IV. La Germanie d'entre Rhin et Danube menacée par Rome. — Confédération des peuplades du Nord. — Hermann. — Marbod.

Cependant Auguste lui-même fut obligé d'ordonner plusieurs expéditions militaires dans l'intérieur de la Germanie. Pour rester possesseur tranquille du Rhin et du Danube, il fallait en écarter bien loin ces Barbares qui, à chaque instant, pouvaient, par une incursion rapide, porter la dévastation dans les provinces gauloises. Les Germains, pressés à l'ouest et au sud, se virent menacés dans leur indépendance jusqu'au sein même de leurs forêts ; pour résister à ces attaques redoutables, ils sentirent pour la première fois le besoin de s'unir étroitement entre eux. Ainsi, Rome révéla la Germanie à elle-même, et bientôt de vastes confédérations s'élevèrent pour résister au double danger qui les menaçait.

A la tête des peuples du midi de l'Allemagne sont toujours les Suèves et les Marcomans, la plus belliqueuse de leurs tribus. Nous avons vu précédemment quels étaient ces peuples, nous demanderons encore à Tacite de nous faire connaître ceux du nord et du nord-ouest, qui vont jouer un si grand rôle sous Hermann.

« La plus intrépide de toutes ces nations, les Bataves, sans tenir beaucoup de place sur la rive (gauche) du fleuve, en occupe une île. Ce fut jadis une tribu de Cattes, qui, chassée par une sédition domestique, se réfugia dans ce pays, où elle devait un jour faire partie de notre empire. Un beau privilège atteste et honore leur ancienne alliance : ils ne sont ni flétris par des impôts, ni écrasés par des publicains. Exempts de charges et de contributions, uniquement destinés aux combats, on les garde, comme on garde du fer et des armes, pour s'en servir à la guerre. Les Mattiaques nous obéissent au même titre ; car la grandeur du peuple romain a étendu jusqu'au-delà du Rhin et de ses frontières anciennes le respect de ses lois.

Les demeures et le territoire des Mattiaques sont sur l'autre rive ; leurs ames et leurs cœurs sont avec nous : du reste, ils ressemblent aux Bataves, si ce n'est que l'énergie du sol et du climat natal leur donne un esprit encore plus belliqueux. Je ne compterai pas au nombre des peuples germains, quoiqu'ils habitent au-delà du Rhin et du Danube, ceux qui exploitent les terres Décumates. Des aventuriers gaulois, animés de l'audace qu'inspire la misère, s'établirent sur ce terrain d'une propriété indécise ; bientôt une barrière fut élevée, nos postes furent portés en avant ; et ce pays, enclos dans nos limites, fait aujourd'hui partie d'une province.

« Au-delà sont les Cattes, qui commencent aux hauteurs de la forêt Hercynienne, et habitent des campagnes moins ouvertes et moins marécageuses que les autres contrées de la Germanie. Les collines se prolongent en effet, en s'abaissant insensiblement, et la forêt elle-même suit fidèlement les Cattes, et ne les abandonne qu'à leurs frontières. Ils ont, plus que d'autres, le corps robuste, les membres nerveux, le visage menaçant, une grande vigueur d'ame. Leur intelligence et leur finesse étonnent dans des Germains. Ils savent se choisir des chefs, écouter ceux qu'ils ont choisis, garder leurs rangs, comprendre les occasions, différer une attaque, profiter du jour, se retrancher la nuit, se défier de la fortune, attendre tout de la valeur, et, ce qui est très-rare et ne peut être que le fruit de la discipline, compter sur le général plus que sur l'armée. Toute leur force est dans l'infanterie, qu'ils chargent, outre ses armes, d'outils en fer et de provisions. Les autres Barbares vont au combat ; les Cattes vont à la guerre. Ils font peu d'excursions, évitent les rencontres fortuites. Ce n'est guère en effet qu'à des troupes à cheval qu'il appartient de brusquer la victoire et de précipiter la retraite : trop de vitesse ressemble à de la peur ; une lenteur circonspecte est plus près du courage.

« Un usage, adopté quelquefois chez les autres Germains par la bravoure individuelle, est devenu chez les Cattes une loi générale : ils se laissent croître, dès l'âge de puberté, la barbe et les cheveux, et ne dépouillent cet aspect sauvage qu'après s'être déliés, en tuant un ennemi, du vœu qu'ils ont fait à la vertu guerrière de le garder jusque-là. C'est sur le sang et les dépouilles qu'ils se découvrent le front ; alors seulement ils croient avoir acquitté le prix de leur naissance, et se présentent à la patrie, à un père, comme leurs dignes enfants. Le lâche qui fuit la guerre conserve cet extérieur hideux. Il est des braves qui prennent en outre un anneau de fer (signe d'ignominie chez cette nation) et le portent comme une chaîne, jusqu'à ce qu'ils se rachètent par la mort d'un ennemi. La plupart des Cattes aiment à paraître avec ce symbole. Ils blanchissent sous d'illustres fers, qui les signalent également aux ennemis et à leurs frères. Ils ont le privilège de commencer tous les combats ; c'est d'eux qu'est toujours formée la première ligne, dont le coup d'œil étonne ; car ces visages farouches ne s'adoucissent pas même dans la paix. Aucun de ces guerriers n'a ni maison, ni terre, ni souci de chose au monde. Ils se rendent chez le premier venu et s'y font nourrir, prodigues du bien d'autrui, indifférents au leur, jusqu'à ce que la vieillesse glacée leur interdise une si rude vertu.

« Tout près des Cattes, les Usipiens et les Tenctères habitent sur le Rhin, qui à cet endroit coule encore dans un lit assez fixe pour servir de limite. Aux autres mérites des guerriers, les Tenctères unissent, par excellence, l'art de combattre à cheval, et l'infanterie des Cattes n'est pas plus renommée que la cavalerie des Tenctères. Les ancêtres ont donné l'exemple, les descendants s'y conforment. Monter à cheval est l'amusement de l'enfance ; c'est toute l'émulation des jeunes gens ; c'est encore l'exercice des vieillards. Les chevaux sont une propriété qui se transmet ainsi que les esclaves, les pénates, les droits de la

2ᵉ *Livraison.* (ALLEMAGNE.)

succession; un des fils en hérite, non le plus âgé, comme des autres biens, mais le plus intrépide à la guerre et le meilleur cavalier.

« Après les Tenctères se trouvaient les Bructères, remplacés maintenant par les Chamaves et les Angrivariens...

« Les Angrivariens et les Chamaves ont derrière eux les Dulgibins, les Chasuares et d'autres nations peu connues; par-devant ils s'appuient sur les Frisons. On divise les Frisons en grands et petits, selon la force de leurs cités. Leur pays est bordé par le Rhin et va jusqu'à la mer, embrassant des lacs immenses, où naviguèrent aussi des flottes romaines. Nous avons même tenté par cet endroit les routes de l'Océan, et la renommée a publié qu'il existait dans ces régions d'autres colonnes d'Hercule; soit qu'en effet Hercule ait visité ces lieux, ou que nous soyons convenus de rapporter à sa gloire tout ce que le monde enferme de merveilles. L'audace ne manqua pas à Drusus Germanicus; mais l'Océan protégea les secrets d'Hercule et les siens. Depuis, nul n'a tenté ces recherches : on a jugé plus discret et plus respectueux de croire aux œuvres des dieux que de les approfondir.

« Nous venons de voir la Germanie à l'occident : ici, par un grand détour elle remonte vers le nord. La première nation qu'on rencontre est celle des Cauques. Quoiqu'elle commence aux Frisons et occupe une partie du rivage, elle borde néanmoins toutes celles que j'ai nommées, et atteint, en se repliant, jusqu'aux frontières des Cattes. Et cet espace immense, les Cauques ne le possèdent pas seulement, ils le remplissent. C'est la plus noble des nations germaniques; la seule qui fasse de la justice, le soutien de sa grandeur. Exempts de cupidité et d'ambition, tranquilles et renfermés chez eux, ils ne provoquent aucune guerre, n'exercent ni rapines, ni brigandages. La meilleure preuve de leur courage et de leurs forces, c'est que, pour jouir de la prééminence, ils n'ont pas besoin d'injustices. Chacun a cependant ses armes toujours prêtes, et au besoin, des armées se rassemblent. Ils abondent en hommes et en chevaux, et le repos n'ôte rien à leur renommée.

« A côté des Cauques et des Cattes, les Chérusques nourrirent long-temps la molle et indolente oisiveté d'une paix que personne ne troublait : calme plus doux qu'il n'était sûr! car auprès de voisins ambitieux et puissants, le repos est trompeur. Vienne l'heure des combats; modération, probité, sont les vertus de qui sera le plus fort. Aussi parlait-on jadis des bons, des équitables Chérusques; et on les traite maintenant d'insensés et de lâches : pour les Cattes victorieux le bonheur est devenu sagesse. La ruine des Chérusques a entraîné les Foses, nation limitrophe, qui partage avec égalité leur mauvaise fortune, quoiqu'elle ne fût pas leur égale dans la bonne. »

Malgré les intentions pacifiques d'Auguste, l'empire, nous l'avons vu, ne pouvait pas faire halte sur le Rhin; il lui fallait, bon gré mal gré, poursuivre sa carrière de conquêtes, il devait périr à force de s'étendre. Auguste avait cru assurer la paix en traitant avec les tribus voisines. Profitant de l'inimitié des Suèves et des Ubiens, il avait chargé ceux-ci de la garde du fleuve, en les établissant à Cologne. Cette précaution n'empêcha pas que le général romain Lollius ne fût défait et ne laissât une aigle entre les mains des Barbares. L'empereur crut devoir venir lui-même dans la Gaule. Il se contenta, au lieu de chercher à vaincre les Germains, de réduire en province romaine les pays voisins du Rhin, et de donner à ces contrées gauloises le nom de Germanie supérieure et Germanie inférieure. Après son départ, les mouvements des Barbares continuèrent, et Drusus résolut d'en finir avec eux par une grande expédition.

Son plan était habilement conçu. Il fit monter une partie de ses troupes sur une flotte, avec ordre de côtoyer la terre et de rentrer dans la Germanie par les embouchures du Weser et de l'Elbe. Pendant ce temps son armée de terre s'avançait en chassant devant elle les peuplades qui, menacées pour la première fois, ne savaient point encore se réunir pour faire tête au danger commun. Dans l'espace de quatre campagnes, il traversa le Weser, bâtit cinquante forts, et pénétra jusqu'à l'Elbe, où une maladie mortelle l'arrêta. Domitius Ænobardus passa ce fleuve après lui, mais il ne fit que des excursions inutiles. Auguste se borna à conserver le pays conquis par Drusus.

Les Bructères, les Sicambres, les Chérusques paraissaient soumis. Afin de prévenir toute révolte, Auguste transporta quarante mille Sicambres de l'autre côté du Rhin, et pour rendre les Barbares moins impatients du joug, il chercha à introduire parmi eux la civilisation de Rome, et surtout les formes de sa jurisprudence. Une armée de légistes vint s'abattre sur le nord de la Germanie, et ces missionnaires d'un genre nouveau, comme plus tard les prêtres chrétiens envoyés par Charlemagne, s'efforcèrent de convertir les Germains à leur religion juridique. Rien ne devait blesser davantage les Barbares. Ils auraient pu consentir à porter le joug de Rome; mais abandonner les mœurs et les usages de leurs pères, leurs vieilles coutumes, leurs formules de droit si poétiques et si belles, pour un code dont ils ne pouvaient comprendre les formes sévères, c'était leur demander plus que l'abandon des dieux de leur patrie. Aussi, le mécontentement ne tarda pas à devenir général, surtout lorsque le proconsul Varus, traînant à sa suite une multitude de ces légistes, vint prendre le commandement des contrées d'outre Rhin.

Pour que cette fermentation éclatât, il ne lui manquait qu'un chef résolu. On le vit bientôt paraître. Ce fut Hermann, ainsi nommé comme son peuple (homme de guerre). Il avait été élevé à Rome, et décoré du titre de chevalier. Mais ni les faveurs d'Auguste, ni les prestiges de la civilisation romaine ne purent lui faire oublier sa patrie. L'empereur l'ayant envoyé servir sous les ordres de Varus, il conçut l'exécution d'un projet héroïque, la délivrance de son pays. L'énergie nationale secondant son activité, il parvint à associer à ses desseins les chefs de presque toutes les tribus habitant les pays entre l'Elbe et le Rhin. Des soulèvements partiels eurent d'abord lieu dans des contrées lointaines, pour obliger le proconsul à disséminer ses forces, et quand l'armée se trouva réduite à trois légions et aux troupes allemandes qui servaient comme auxiliaires, l'insurrection devint plus générale. Hermann et les chefs ses confédérés conseillèrent à Varus de marcher contre les rebelles, pour étouffer la révolte dans son berceau. Ce fut en vain que Ségeste, chef des Cattes, qui n'avait pas voulu entrer dans la confédération, dénonça au général romain la trame qui s'ourdissait. La présomption et la légèreté de Varus lui firent fermer l'oreille à ces sages avis, et tous les jours son armée s'enfonça davantage dans les contrées où l'attendait le piége le plus funeste. Arrivé non loin des sources de l'Ems et de la Lippe, après une marche pénible, les yeux de l'infortuné Varus se dessillèrent enfin, quand il vit toutes les hauteurs voisines couvertes de Germains, conduits par le perfide Hermann. Attaquée dans ces forêts marécageuses, l'armée romaine fit des prodiges. Ce fut une horrible mêlée, et elle dura trois jours. Mais la valeur que les vainqueurs du monde déployèrent dans ces jours funèbres dut céder au nombre. Les trois légions périrent, et Varus, déjà blessé, ne voulant point survivre à la honte de sa défaite, se tua. Les Germains exercèrent d'horribles cruautés sur les légistes. Aux uns ils coupaient les pieds, les mains; aux autres ils crevaient les yeux, ou bien leur arrachaient la langue, en leur disant : « Siffle donc « maintenant, vipère! »

C'est ainsi que fut sauvée l'indépendance de la Germanie. La consternation fut grande dans l'empire. Rome tremblait et croyait déjà voir les Barbares à ses portes. L'empereur déchira ses vêtements, laissa croître sa barbe et ses cheveux, et ne cessa, pendant plusieurs mois, de s'écrier, en donnant des marques du plus violent désespoir : « Varus, Varus, rends-moi mes légions! » Tibère, et après lui Germanicus, accourus sur le Rhin, calmèrent les esprits, rétablirent avec la discipline la confiance des soldats, et firent quelques incursions, moins pour menacer les Germains et venger Varus que pour rétablir la sûreté des provinces.

SÉGESTE. — EXPÉDITION DE GERMANICUS.

Cependant, après avoir délivré sa patrie de l'oppression étrangère, Hermann eut à combattre ses propres concitoyens, et surtout le chef d'une tribu puissante, Ségeste, dont il avait enlevé la fille. Germanicus, accouru à la prière de ce dernier, le délivra d'une espèce de piége, et parmi les prisonniers qui tombèrent entre ses mains, se trouva la femme de Hermann. Elle se présenta devant le général romain avec une noblesse digne de son époux. Sa douleur, dit Tacite, était muette; elle ne laissa échapper ni larmes, ni prières; elle tenait ses mains serrées, et ses regards étaient fixés sur le sein qui portait le fils du libérateur de la Germanie.

La trahison de Ségeste et le sort de sa femme captive donnèrent une nouvelle énergie au patriotisme de Hermann. Il appelle contre les Romains toutes les nations aux armes, parvient à soulever les Chérusques et toutes les peuplades voisines, et entraîne dans la ligue son oncle Inguiomar, guerrier d'un grand renom dans l'armée romaine. Germanicus sentit la nécessité de prévenir l'attaque. Pour diviser des forces si considérables, il envoie Cécina et d'autres lieutenants avec des troupes se porter sur divers points. Les Bructères sont dispersés et taillés en pièces. On pénètre jusqu'aux extrémités de leur pays.

Près de là, se trouvait la forêt de Teutberg, où l'on disait que Varus et ses légions étaient restés sans sépulture. Les Romains furent émus profondément à l'aspect des tristes vestiges de cette célèbre défaite. Germanicus éprouva le besoin de leur rendre les derniers honneurs, selon la coutume des Romains, et toute l'armée partagea ce pieux sentiment. On pénétra dans les profondeurs de la forêt : tout fut reconnu autant qu'il pouvait l'être. Enfin, six ans après la défaite de Varus, les ossements de ses trois légions furent inhumés solennellement.

Ce pieux devoir rempli, le général romain se mit à la poursuite de Hermann, qui s'enfonçait dans des lieux impraticables; il l'atteignit enfin, et fit avancer sa cavalerie pour le chasser d'une plaine qu'il occupait. Le chef des Chérusques avait averti les siens de se replier et de s'approcher de la forêt : aussitôt il fit donner le signal de l'attaque à ceux qu'il y avait embusqués. La vue d'une nouvelle armée troubla la cavalerie romaine, qui se renversa sur les cohortes envoyées pour la soutenir, et les entraîna dans sa fuite. Le désordre devint général, et ils allaient tous être poussés dans un marais, quand Germanicus fit avancer les légions en ordre de bataille. Ce mouvement intimida les Chérusques, rendit la confiance aux Romains, et l'on se retira avec un égal avantage de part et d'autre. Germanicus ayant ramené son armée vers l'Ems, rembarqua ses légions sur sa flotte.

Il faut lire dans Tacite les détails de cette campagne. Tout en conservant un cœur entièrement romain, sa grande âme rend justice à la cause et au caractère de Hermann; il prend plaisir à donner aux discours qu'il met dans sa bouche, toute l'énergie et toute la chaleur de ce Chérusque; il semble même qu'il écrive avec un pressentiment sombre, avec le présage que la barrière élevée contre les envahissements de Rome par le génie de Hermann, s'ouvrant un jour, versera la honte et la destruction sur sa patrie dégénérée. Il fait clairement entendre que, sans la fougue d'Inguiomar, qui négligea les conseils d'un héros non moins prudent que brave, Hermann aurait fait éprouver le sort de Varus aux légions de Germanicus.

Le général romain fit de nouveaux efforts. Il avait formé la résolution de tenir la mer : il y devait trouver une route facile pour les siens et inconnue à l'ennemi ; il embarquait ses convois avec ses légions et sa cavalerie, et, en remontant par les fleuves, ses troupes arrivaient toutes fraîches au centre de la Germanie. L'île des Bataves fut assignée pour le rendez-vous de la flotte. Quand elle fut arrivée, Germanicus y distribua ses légions et les alliés, et entra dans le canal de Drusus, d'où il gagna l'Océan par les lacs. Arrivé à l'embouchure de l'Ems, il traversa ce fleuve et prit ses campements. Le Weser coulait entre les Romains et les Chérusques. Les deux armées, enflammées par les harangues de leurs chefs et brûlant de combattre, descendent dans les champs d'Idistavisus. Les Chérusques s'étant jetés en avant par un excès d'audace, Germanicus donne ordre à sa meilleure cavalerie de les prendre en flanc, et à l'un de ses lieutenants de les tourner et de les attaquer à dos.

Cependant huit aigles se font voir prêts à entrer dans la forêt ; ce brillant augure attire l'attention du général romain ; il crie de marcher, de suivre ces oiseaux de Rome, ces dieux des légions. Aussitôt l'infanterie engagea l'action en même temps que la cavalerie se porta sur les flancs et les derrières de l'ennemi ; ses deux ailes furent mises en déroute ; les Chérusques furent délogés des hauteurs. Au milieu d'eux, on distinguait Hermann qui, du geste et de la voix, s'efforçait de soutenir le combat. Il s'était jeté sur les archers romains, et les aurait rompus, s'ils n'eussent été protégés par les cohortes des Rhètes et des Gaulois. Malgré ces obstacles, il se fit jour par ses efforts et ceux de son cheval, s'étant couvert le visage de son sang pour n'être pas reconnu. Le carnage que les Romains firent des ennemis dura depuis neuf heures du matin jusqu'à la nuit.

Les Romains consacrèrent le souvenir de cette victoire, en élevant un monument avec un trophée où fut inscrit le nom des nations vaincues. La vue de ce monument outra les Germains de douleur et de rage. Bientôt ils ne parlent que de combats : ils courent aux armes, harcèlent les Romains par des incursions subites, et enfin choisissent un champ de bataille. C'était un lieu fermé par le fleuve et par des bois. Le général romain sentit que de près le combat serait inégal : il fit retirer un peu ses légions, et fit avancer les frondeurs et les machines qui, à force de traits, balayèrent le rempart. Germanicus se jeta le premier dans la forêt avec les cohortes prétoriennes. Là on se battit corps à corps. L'ennemi avait à dos le marais ; les Romains étaient enfermés par le fleuve ou les montagnes. Il n'y avait, pour les deux partis, de salut que dans la victoire ; elle échut aux Romains, qui, jusqu'à la nuit, se baignèrent dans le sang.

Cependant ce n'étaient là que des succès négatifs ; quelque brillants qu'ils fussent, ils n'avançaient point les affaires des Romains vers le but qu'ils s'étaient proposé. Germanicus embarqua son armée. La flotte fut assaillie par une horrible tempête. Une partie des vaisseaux périt ; un plus grand nombre fut jeté sur des îles lointaines. Cette sanglante campagne n'amena donc aucun résultat décisif, puisqu'elle finit par la retraite des Romains et par le désastre naval le plus funeste.

Quelques jours avant ces mémorables événements, Hermann voulut avoir une entrevue avec son frère Flavus, qui, comme lui élevé en Italie, était resté dévoué aux intérêts de Rome. Cette entrevue eut lieu sur le Weser, et se fit, d'une rive à l'autre, dans la langue des Romains. Hermann tenta inutilement de rattacher son frère à la cause nationale, en traitant les décorations militaires dont il était orné de vil salaire de sa bassesse et de gages d'une honteuse servitude. Le fleuve seul empêcha les deux frères de fondre l'un sur l'autre.

Marbod. — Royaume des Marcomans. — Guerre de Marbod contre Hermann. — Mort de Marbod.

Pendant que Hermann formait au nord la ligue formidable des Chérusques, Marbod, élevé comme lui, comme lui citoyen et chevalier romain, fondait dans le sud le puissant royaume des Marcomans. A la tête de quatre-vingt mille guerriers, qu'il essayait de soumettre à la discipline romaine, il avait envahi la Bohême. Là, dans cette contrée, entourée de toutes parts de montagnes presque impraticables, il était comme renfermé dans une forteresse, d'où il pouvait étendre au loin ses ravages et sa domination. La ligne du Danube se trouvait à son tour menacée comme l'était celle du Rhin. Si les Chérusques traversaient ce fleuve et se jetaient sur les Gaules; si Marbod pénétrait dans les Alpes, à peine soumises, et attaquait l'Italie septentrionale, l'empire se serait trouvé dans un danger imminent. Aussi Tibère disait-il que Marbod était plus redoutable pour Rome que ne l'avaient jamais été Philippe pour les Athéniens, Pyrrhus ou Antiochus pour la république.

Auguste comprit ce danger; il sentit qu'il fallait à tout prix détruire cette puissance naissante. Douze légions furent données à Tibère. Jamais une armée aussi nombreuse n'avait été réunie sous les ordres d'un général romain. Tibère, avec une partie de ses troupes, vint sur les bords du Danube pour attaquer Marbod par la Pannonie. En même temps un autre général s'avançait vers le Hartz. Par malheur, les Pannoniens et les Dalmates, récemment soumis par Rome, crurent l'occasion favorable pour ressaisir leur indépendance. Mais Tibère eut l'adresse d'arrêter les hostilités qui allaient commencer contre les Marcomans, et tourna ses armes contre les Dalmates, qui ne purent résister. Les Dalmates s'étaient trop hâtés; car, à peine avaient-ils déposé les armes, qu'ils apprirent la nouvelle du grand désastre essuyé dans le nord par Varus.

C'était pour Marbod, s'il eût sincèrement voulu l'indépendance de la Germanie, l'occasion favorable de tomber sur les Romains encore effrayés; mais le roi des Marcomans ne pouvait entendre vanter les exploits du chef des Chérusques : il était jaloux de la gloire de Hermann. D'ailleurs il n'était point animé, comme ce jeune chef, du noble sentiment de l'indépendance nationale. Ce qu'il voulait, ce n'était point l'affranchissement de la Germanie, mais un empire construit à son profit, et qu'il pût régenter comme Auguste l'empire romain.

Après la victoire de Teutberg, Hermann, voulant réunir toute la Germanie contre Rome, avait envoyé à Marbod la tête de Varus, comme pour sceller une alliance avec lui. Marbod la rendit aux Romains, et refusa d'unir ses armes à celles du libérateur de la Germanie du nord. Cette conduite lui aliéna les esprits des deux plus puissantes tribus suéviques. Les Sénones et les Langobards abandonnèrent Marbod, pour rentrer dans la confédération des Chérusques. La guerre ne tarda pas à éclater. Hermann sortit victorieux de cette guerre civile, et eut la gloire de sauver ses compatriotes de l'oppression qui les menaçait dans l'intérieur, après les avoir affranchis du joug de l'étranger. L'action qui décida la guerre fut longue et sanglante. Les Germains ne se battaient plus en corps détachés et sans s'assujettir à aucun ordre : Hermann les avait façonnés à la discipline romaine. Les dispositions des combattants furent dignes de l'école où leurs chefs s'étaient formés, et le succès long-temps indécis. Mais le roi des Marcomans ayant le premier retiré ses troupes du champ de bataille, parut avoir reconnu la supériorité de son rival. C'était un coup fatal porté à sa puissance. Beaucoup de ceux qui jusqu'alors l'avaient suivi, le quittèrent; il lui fallut rentrer en Bohême avec les débris de ses troupes. Il n'y fut pas long-temps tranquille. Catwald, un jeune chef des Gothons, population demi-germanique qui habitait à l'est des Marcomans, profita de leur défaite. Soutenu sans doute par l'or de Rome, il pénétra dans la Bohême, et en chassa Marbod, qui alla mendier un asile auprès des Romains, et mourut à Ravenne. Catwald ne fut pas plus heureux : dépouillé de la Bohême par les Hermondures, il s'enfuit sur les terres de l'empire, et vécut misérablement dans la petite colonie romaine de *Forum Julium* (Fréjus).

MORT D'HERMANN.

Le souvenir de la défaite de Varus, de la lutte si glorieusement soutenue contre Germanicus pour la liberté de l'Allemagne, aurait dû protéger la vie d'Hermann ; et cependant il tomba sous les coups des siens, assassiné par ses proches, et flétri du nom de traître. Il voulait, dit-on, prendre sur les Germains une autorité que ne lui donnaient pas les coutumes et les lois de son pays. Tacite l'affirme ; mais, peut-être, Tacite n'a point vu que, pour soutenir cette grande lutte, Hermann avait eu besoin de prendre, sans doute, un pouvoir supérieur à celui dont il se serait contenté dans des temps plus calmes. Il est des circonstances bien rares, il est vrai, où la dictature est nécessaire, où celui qui est appelé à sauver son pays, ne doit, pour quelque temps du moins, compte de ses actes qu'à Dieu et à lui-même.

Hermann était âgé de 36 ans lorsqu'il fut assassiné. Il n'en avait que 26 quand il extermina les légions de Varus. « Cet homme, dit Tacite, fut sans contredit le libérateur de la Germanie ; et ce n'était pas, comme tant de rois et de capitaines, à Rome naissante qu'il faisait la guerre, mais à l'empire dans sa grandeur et dans sa force. Battu quelquefois, jamais il ne fut dompté. Sa vie dura trente-six ans, sa puissance douze. Chanté encore aujourd'hui par les Barbares, il est ignoré des Grecs, qui n'admirent d'autres héros que les leurs, et trop peu célèbre chez les Romains, qui, enthousiastes du passé, dédaignent tout ce qui est moderne. »

Dans la première expédition que les Francs de Charlemagne firent contre les Saxons, ils pénétrèrent à travers les forêts jusqu'au principal sanctuaire de leurs ennemis ; là était l'Hermann-Saül (statue de la Germanie ou d'Hermann), mystérieux symbole représentant à la fois la patrie, un dieu et un héros. Cette statue, couverte des vieilles armes des Germains, avait à la main gauche une balance, dans la droite un drapeau où se voyait une rose, sur son bouclier, qui laissait voir une poitrine large et velue, un lion commandant à d'autres animaux, à ses pieds un champ semé de fleurs. C'était bien la véritable image de cette Allemagne si guerrière et si poétiquement rêveuse au milieu des fleurs. Tous les lieux voisins étaient consacrés par le souvenir de la grande victoire d'Hermann : le Winfeld, ou champ de la victoire, traversé par le Rodenbeck, le ruisseau de sang, et le Knochenbach, le ruisseau des ossements. Tout près était le champ des Romains, le Feldrom, le mont d'Hermann, le Herminsberg, couronné du Harminsbourg, et sur les bords du Weser, le bois de Varus, Varenholz. Aujourd'hui encore le nom du libérateur de l'antique Germanie est cher à l'Allemagne. Klopstock, l'un de ses plus grands poètes, a composé sur la mort d'Hermann un chant justement célèbre et que nous croyons devoir faire connaître à nos lecteurs (*). Nous empruntons à madame de Staël la traduction qu'elle a essayé d'en donner dans son *Allemagne*.

HERMANN, CHANTÉ PAR LES BARDES WERDEMAR, KIRDING ET DARMOND.

« *W*. Sur le rocher de la mousse
« antique, asseyons-nous, ô Bardes !
« et chantons l'hymen funèbre. Que

(*) Sans doute l'on peut reprocher à Klopstock de n'avoir pas su peindre la vieille Germanie avec des couleurs véritables ; mais un poète n'est pas un antiquaire. Il s'est trompé en transportant dans la Germanie d'Hermann les mœurs des héros d'Ossian, mais il a par son poëme merveilleusement répondu au patriotisme des Allemands, en leur parlant de leur plus ancien héros.

« nul ne porte ses pas plus loin, que
« nul ne regarde sous ces branches où
« repose le plus noble fils de la patrie.

« Il est là, étendu dans son sang,
« lui, le secret effroi des Romains,
« alors même qu'au milieu des danses
« guerrières et des chants de triomphe
« ils emmenaient sa Thusnelda cap-
« tive. Non, ne regardez pas! qui
« pourrait le voir sans pleurer? et la
« lyre ne doit pas faire entendre des
« sons plaintifs, mais des chants de
« gloire pour l'immortel.

« K. J'ai encore la blonde chevelure
« de l'enfance, je n'ai ceint le glaive
« qu'en ce jour : mes mains sont pour
« la première fois armées de la lance
« et de la lyre, comment pourrais-je
« chanter Hermann? N'attendez pas
« trop du jeune homme, ô pères! je
« veux essuyer avec mes cheveux dorés
« mes joues inondées de pleurs, avant
« d'oser chanter le plus grand des fils
« de Mana (*).

« D. Et moi aussi je verse des
« pleurs de rage; non, je ne les retien-
« drai pas : coulez, larmes brûlantes,
« larmes de la fureur, vous n'êtes pas
« muettes, vous appelez la vengeance
« sur des guerriers perfides. O mes
« compagnons! entendez ma malédic-
« tion terrible : que nul des traîtres
« à la patrie, assassins du héros, ne
« meure dans les combats!

« W. Voyez-vous le torrent qui s'é-
« lance de la montagne et se préci-
« pite sur ces rochers? il roule avec
« ses flots des pins déracinés; il les
« amène, il les amène pour le bûcher
« d'Hermann. Bientôt le héros sera
« poussière, bientôt il reposera dans
« la tombe d'argile; mais que sur
« cette poussière sainte soit placé le
« glaive par lequel il a juré la perte du
« conquérant.

« Arrête-toi, esprit de mort, avant
« de rejoindre ton père Siegmar! tarde
« encore, et regarde comme il est plein
« de toi, le cœur de ton peuple.

« K. Taisons, ô taisons à Thus-
« nelda que son Hermann est ici tout

« sanglant. Ne dites pas à cette noble
« femme, à cette mère désespérée, que
« le père de son Thuméliko a cessé de
« vivre.

« Qui pourrait le dire à celle qui a
« déjà marché chargée de fers devant
« le char redoutable de l'orgueilleux
« vainqueur; qui pourrait le dire à
« cette infortunée, aurait un cœur de
« Romain.

« D. Malheureuse fille, qui t'a donné
« le jour? Ségeste (*), un traître qui,
« dans l'ombre, aiguisait le fer ho-
« micide. Oh! ne le maudissez pas :
« Héla (**) déjà l'a marquée de son
« sceau.

« Que le crime de Ségeste ne souille
« point nos chants, et que plutôt l'é-
« ternel oubli étende ses ailes pesantes
« sur ses cendres; les cordes de la
« lyre qui retentissent au nom d'Her-
« mann seraient profanées si les fré-
« missements accusaient le coupable.

« Hermann!... Hermann! toi, le fa-
« vori des cœurs nobles, le chef des
« plus braves, le sauveur de la patrie,
« c'est toi dont ces Bardes en chœur
« répètent les louanges aux échos som-
« bres des mystérieuses forêts.

« Oh bataille de Winfeld (***)! sœur
« sanglante de la victoire de Cannes,
« je t'ai vue, les cheveux épars, l'œil
« en feu, les mains sanglantes, ap-
« paraître au milieu des harpes du
« Walhalla; en vain le fils de Drusus,
« pour effacer tes traces, voulait ca-
« cher les ossements blanchis des vain-
« cus dans la vallée de la mort. Nous
« ne l'avons pas souffert; nous avons
« renversé leurs tombeaux, afin que
« leurs restes épars servissent de té-
« moignages à ce grand jour : à la
« fête du printemps, d'âge en âge, ils
« entendront les cris de joie des vain-
« queurs.

« Il voulait, notre héros, donner
« encore des compagnons de mort à
« Varus; déjà, sans la lenteur jalouse

(*) Mana, l'un des héros tutélaires de la nation germanique. (*Note de Mme de Staël.*)

(*) Ségeste, auteur de la conspiration qui fit périr Hermann. (*Note de Mme de Staël.*)
(**) Héla la divinité de l'enfer. (*Id.*)
(***) Nom donné par les Germains à la bataille qu'ils gagnèrent contre Varus. (*Id.*)

« des princes, Cécina rejoignait son
« chef.

« Une pensée plus noble encore rou-
« lait dans l'ame ardente d'Hermann :
« à minuit, près de l'autel du dieu
« Thor (*), au milieu des sacrifices,
« il se dit en secret : — Je le ferai.

« Ce dessein le poursuivit dans vos
« jeux, quand la jeunesse guerrière
« forme des danses, franchit les épées
« nues, anime les plaisirs par les dan-
« gers.

« Le pilote, vainqueur de l'orage,
« raconte que dans une île éloignée (**)
« la montagne brûlante annonce long-
« temps d'avance, par de noirs tour-
« billons de fumée, la flamme et les
« rochers terribles qui vont jaillir de
« son sein : ainsi les premiers com-
« bats d'Hermann nous présageaient
« qu'un jour il traverserait les Alpes
« pour descendre dans la plaine de
« Rome. C'est là que le héros devait
« périr ou monter au Capitole,
« et, près du trône de Jupiter qui
« tien dans sa main la balance des
« destinées, interroger Tibère et les
« ombres de ses ancêtres sur la justice
« de leurs guerres.

« Mais, pour accomplir son hardi
« projet, il fallait porter entre tous
« les princes l'épée du chef des ba-
« tailles; alors ses rivaux ont con-
« spiré sa mort, et maintenant il n'est
« plus celui dont le cœur avait conçu
« la pensée grande et patriotique.

« *D.* As-tu recueilli mes larmes brû-
« lantes? as-tu entendu mes accents
« de fureur, ô Héla, déesse qui
« punit?

« *K.* Voyez dans le Walhalla sous les
« ombrages sacrés, au milieu des hé-
« ros, la palme de la victoire à la main,
« Siegmar s'avancer pour recevoir
« son Hermann : le vieillard, rajeuni,
« salue le jeune héros; mais un nuage
« de tristesse obscurcit son accueil;
« car Hermann n'ira plus au Capitole
« interroger Tibère devant le tribunal
« des dieux. »

(*) Le dieu de la guerre. (*Note de Mme de Stael.*)

(**) L'Islande. (*Id.*)

§ V. Intervalle entre la mort d'Hermann et le soulèvement de Civilis.
(22—69 après J.-C.)

Les révolutions intérieures qui suivirent la mort d'Hermann paraissent
avoir long-temps occupé l'attention
des Germains. D'ailleurs le nom du
grand empire leur impose encore. Sans
doute plus d'une bande de *Vargi* chercha fortune au-delà du Rhin et du
Danube; mais ces courses aventureuses
nous sont inconnues : les historiens
romains racontent seulement que du
vivant de Tibère, les Frisons, tourmentés, à cause du tribut, par les officiers romains, les chassèrent de leur
pays, mirent en croix ceux qui tombèrent entre leurs mains, et battirent
le propréteur de la Germanie inférieure.
Tibère dissimula, et les Frisons, affranchis du tribut, « rendirent ainsi
leur nom célèbre en Germanie. »

Caligula, successeur de Tibère, ne fit
au-delà du Rhin qu'une expédition ridicule. Il avait rassemblé jusqu'à deux
cent mille légionnaires; mais à peine
s'était-il avancé à quelques milles dans
le pays, qu'il revint sur ses pas sans
avoir tué ni même vu un ennemi.
Pendant la marche, un soldat ayant
dit que si l'ennemi paraissait on serait
dans un grand embarras, Caligula fut
si effrayé, qu'il descendit en hâte de
son char, monta à cheval, et regagna
le pont pour repasser le fleuve. Le
pont se trouvant encombré, il se fit
porter de mains en mains par-dessus
les têtes. Revenu de sa frayeur, il
ordonna à quelques soldats germains
de ses gardes de traverser le Rhin, de
se cacher, et de sortir ensuite de leur
embuscade avec un grand bruit, afin
qu'on pût lui annoncer que l'ennemi
approchait. Il était à table quand on
vint apporter la nouvelle d'une attaque : aussitôt il courut avec ses amis
et une partie de la garde prétorienne,
passa le fleuve, s'avança jusque dans
la forêt voisine, et y fit abattre des
arbres pour s'ériger des trophées.

Au retour de cette expédition, il traita
de poltrons et de lâches ceux qui ne l'a-
vaient pas suivi, et distribua des cou-

ronnes aux compagnons de sa victoire. Ce n'en était pas assez pour sa gloire : il fit emmener secrètement quelques enfants qu'il gardait comme otages, et ordonna qu'on vînt ensuite lui annoncer qu'ils s'étaient échappés. La nouvelle lui en étant arrivée, il monta à cheval, poursuivit les prétendus fugitifs à la tête d'un corps de cavalerie, et les ramena chargés de chaînes. Fier de ces succès, Caligula écrivit au sénat une lettre pour se plaindre de ce que lui et le peuple se livraient aux plaisirs, pendant que César combattait et s'exposait pour eux aux plus grands dangers. Ses troupes le proclamèrent sept fois *imperator* sur les bords du Rhin.

De pareils triomphes n'alarmaient guère les Germains ; par malheur ils n'étaient point en état de profiter de la folie du chef de l'empire. La défaite d'Idistavisus, la mort d'Hermann, avaient beaucoup diminué la puissance des Chérusques ; presque tous les chefs de la nation avaient été tués ; il ne restait plus de la famille de leur roi qu'un neveu d'Hermann, élevé à Rome comme son père Flavius. Les Chérusques eurent l'imprudence de le rappeler (47 après J.-C.) ; mais les anciens amis d'Hermann, tous ceux qui voulaient l'indépendance de la Germanie, ne pouvaient accepter un roi donné par les Romains. Italicus, c'était son nom, fut bientôt chassé ; mais les Langobards, auxquels il avait demandé un asile, le rétablirent. C'était presque une victoire pour Rome. Dès lors, en effet, les Chérusques tombèrent si bas que le peuple d'Hermann fut regardé par toute la Germanie comme un peuple lâche et méprisable. Leur renommée et leur puissance passèrent aux Cattes et aux Cauques. Les premiers surtout se placèrent au premier rang entre les nations du nord-ouest de l'Allemagne.

Sur les frontières du Danube étaient toujours les tribus suéviques. Là se trouvaient des peuples plus nombreux ; de plus grandes masses de Barbares y menaçaient l'empire. Cependant, après la chute de Marbod, des querelles intestines divisèrent long-temps, au sud comme au nord-ouest, les peuplades germaniques, et délivrèrent ainsi d'inquiétude les provinces romaines de la rive droite du Danube. Depuis la ruine du royaume de Marbod, les Hermondures avaient succédé à la prééminence des Marcomans, comme les Cattes à celle des Chérusques. Ces deux puissantes nations, poussées sans doute par la même rivalité qui avait armé Marbod contre Hermann, se firent une guerre acharnée.

« Un combat sanglant se livra, dit Tacite, entre les Hermondures et les Cattes. Ils se disputaient un fleuve dont l'eau fournit le sel en abondance, et qui arrose leurs communes limites. A la passion de tout décider par l'épée, se joignait la croyance religieuse « que « ces lieux étaient le point le plus voi- « sin du ciel, et que nulle part les « dieux n'entendaient de plus près les « prières des hommes. C'était pour « cela que le sel, donné par une pré- « dilection divine à cette rivière et à « ces forêts, ne naissait pas, comme « en d'autres pays, des alluvions de « la mer lentement évaporées. On « versait l'eau du fleuve sur une pile « d'arbres embrasés ; et deux éléments « contraires, la flamme et l'onde, « produisaient cette précieuse ma- « tière. » La guerre, heureuse pour les Hermondures, fut d'autant plus fatale aux Cattes, que les deux partis avaient dévoué à Mars et à Mercure l'armée qui serait vaincue, vœu suivant lequel hommes, chevaux, tout était livré à l'extermination. C'est avec joie que Tacite raconte ces sanglantes rivalités des Germains, et toutes les calamités qui les affligent. Il s'y étend avec complaisance. « Bientôt, ajoute-t-il, un fléau inattendu frappa les Ubiens, nos amis : des feux sortis de terre ravageaient les fermes, les champs cultivés, les villages. Rien ne pouvait les éteindre, ni l'eau du ciel, ni celle de la rivière, ni aucun autre liquide. Enfin, de colère contre un mal où ils ne trouvaient point de remède, quelques paysans lancent de loin des pierres dans les flammes, et, les voyant s'affaisser, ils s'approchent et les chassent, comme on chasse des animaux avec des bâtons et des fouets. Enfin, ils se dépouillent de leurs vêtements et les jettent sur le feu : plus l'étoffe était sale et usée, plus elle l'étouffait aisément. »

« Les Bructères, dit-il autre part, viennent d'être chassés et anéantis par une ligue des nations voisines, qu'a soulevée contre eux la haine de leur orgueil, ou l'appât du butin, ou, peut-être, une faveur particulière des dieux envers nous. Et le ciel ne nous a pas même envié le spectacle du combat : soixante mille hommes sont tombés, non sous le fer ou les coups des Romains, mais, ce qui est plus admirable, devant leurs yeux et pour leur amusement. Puissent, ah! puissent les nations, à défaut d'amour pour nous, persévérer dans cette haine d'elles-mêmes, puisqu'au point où les destins ont amené l'empire, la fortune n'a désormais rien de plus à nous offrir que les discordes de l'ennemi. »

§ VI. GUERRE DES BATAVES. — CIVILIS.

Quarante-sept ans après la mort d'Hermann, les contrées voisines de l'embouchure du Rhin, et qui n'avaient pu se soustraire au joug ou à l'alliance onéreuse des Romains, voulurent profiter des guerres civiles qui suivirent la mort de Néron, pour ressaisir leur indépendance. Civilis fut pour les Bataves, mais sur un plus petit théâtre, ce que le chef des Chérusques avait été pour les peuples du nord-ouest de la Germanie.

Pendant que les troupes de Vespasien et celles de Vitellius se livraient, au milieu de Rome, des combats acharnés, assiégeaient et brûlaient le Capitole, la nouvelle de plus en plus accréditée d'un grand désastre en Germanie était reçue à Rome sans y répandre le deuil; on parlait d'armées romaines battues, de camps des légions pris, des Gaules soulevées, comme de choses indifférentes. Apprenons de Tacite quelles furent les causes de ce vaste embrasement.

« Les Bataves, dit l'historien, tant qu'ils demeurèrent au-delà du Rhin, firent partie des Cattes. Chassés par une sédition domestique, ils occupèrent l'extrémité alors inhabitée des côtes de la Gaule, et une île située entre les lagunes et baignée en face par l'Océan, des trois autres côtés par le Rhin. Alliés des Romains, sans que la société du plus fort les écrase de sa prépondérance, ils ne fournissent à l'empire que des hommes et des armes. Les guerres de Germanie avaient long-temps exercé leur courage; leur gloire s'accrut en Bretagne, où l'on fit passer plusieurs de leurs cohortes, commandées, selon l'usage de ce peuple, par les plus nobles de la nation. Le pays entretenait en outre une cavalerie d'élite, qui excellait à nager avec ses armes et ses chevaux, et qui traversait le Rhin sans rompre ses escadrons.

« Julius Paulus et Claudius Civilis, issus d'un sang royal, surpassaient en illustration tous les autres Bataves. Paulus, accusé faussement de révolte, fut tué par Fontéius Capito. Civilis fut chargé de chaînes et envoyé à Néron; absous par Galba, il courut un nouveau danger sous Vitellius, dont l'armée demandait sa mort. Telle fut la cause de ses ressentiments. Son espoir vint de nos malheurs. Civilis, plus rusé que le commun des Barbares, et qui se comparait aux Annibal et aux Sertorius, parce qu'il portait au visage la même cicatrice, ne voulut pas attirer sur lui les forces romaines par une rébellion déclarée. Il feignit d'être ami de Vespasien, et de prendre parti dans nos querelles. Il est vrai qu'Antonius Primus lui avait écrit de détourner, par une fausse alarme, les secours que mandait Vitellius, et de retenir nos légions, en les menaçant des Germains. Hordéonius Flaccus lui avait donné de vive voix le même avis, par inclination pour Vespasien et par intérêt pour la république, dont la ruine était inévitable si la guerre se renouvelait et que tant de milliers d'hommes armés inondassent l'Italie.

« Quand sa révolte fut décidée, Civilis, tout en cachant des vues plus profondes, et résolu d'accommoder ses plans à la fortune, commença de la sorte à remuer l'ordre établi. Vitellius avait ordonné des levées parmi les Bataves. Cette charge, déjà pesante en elle-même, était aggravée par l'avarice et la débauche des agents du pouvoir; ils enrôlaient des vieillards et des infirmes pour en tirer une rançon et les renvoyer. Dans ce pays, les enfants sont généralement de haute taille; ils enlevaient les plus beaux pour d'infames plaisirs. Les esprits se soulevèrent, et des hommes apostés pour souffler la révolte persuadèrent au peuple de se refuser aux levées. Civilis, sous prétexte de donner un festin, réunit dans un bois sacré les principaux de la nation, et les plus audacieux de la multitude. »

Quand la nuit et la joie eurent échauffé les imaginations, il harangua ses convives, célébrant d'abord l'ancienne gloire de la patrie, puis énumérant tout ce qu'elle avait à souffrir sous le joug romain, insultes, rapts, brigandages : « On ne nous traite plus, « comme autrefois, en alliés, s'écriait-« il, mais en esclaves! Tantôt c'est le « lieutenant qui arrive avec la ruine de « son cortège et l'insolence de ses com-« mandements; tantôt ce sont les pré-« fets et les centurions qui viennent « se rassasier de notre sang et de nos « dépouilles; et alors il faut de nou-« velles proies à de nouveaux oppres-« seurs : le brigandage recommence « sous mille noms divers. Voilà qu'au-« jourd'hui on nous écrase encore par « le recrutement qui arrache le fils à « son père, le frère à son frère, et pour « ne plus se revoir. Pourtant jamais « l'occasion fut-elle aussi belle pour re-« conquérir notre liberté? jamais les « Romains furent-ils moins à craindre? « Leurs camps ne renferment que du « butin et des vieillards. Les Bataves « n'ont qu'à lever seulement les yeux, « et ne pas se faire un épouvantail du « nom de quelques légions imaginaires. « Ne possédons-nous pas une infan-« terie et une cavalerie excellentes, et « les Germains ne sont-ils pas nos « frères? Les Gaulois, d'ailleurs, con-« spirent pour nous, et jusqu'aux Ro-« mains mêmes, à qui cette guerre « ne déplaira pas. Vaincus, nous nous « en ferons un mérite auprès de Ves-« pasien; vainqueurs, qui viendra « nous demander compte? »

Ces paroles furent accueillies avec enthousiasme. Civilis lia tous les convives par ce que la religion contenait d'engagements terribles et de rites solennels. Aussitôt il fit proposer aux Caninéfates de s'associer à l'entreprise. Ce peuple, qui habitait la partie septentrionale de l'île, avait tout des Bataves, origine, langage, bravoure, excepté le nombre. Ses agents allèrent aussi solliciter les auxiliaires des légions de Bretagne, ces cohortes bataves envoyées d'Italie par Vitellius, et qui alors se trouvaient à Mayence.

Parmi les Caninéfates, il y avait un homme appelé Brinio, fils d'un chef qui avait long-temps bravé impunément la puissance des empereurs. Brinio était d'une bravoure éclatante; mais il n'avait pour lui que sa fougue et sa brutale audace. De concert avec les Frises, peuple d'au-delà du Rhin, il se jeta sur un camp de deux cohortes, voisin de l'Océan. Les Romains ne se tenaient pas sur leurs gardes; le camp fut pris et pillé, et les cohortes dispersées. Les commandants des différents forts, ne pouvant se défendre, y mirent le feu et se retirèrent.

Civilis, dissimulant encore, feignit une grande colère contre Brinio, et blâma aigrement les commandants romains d'avoir abandonné les forts. Il les exhorta à regagner chacun leurs campements, et à se reposer sur lui du soin de tout pacifier. « Ma cohorte, « leur mandait-il, suffira pour étouf-« fer la rébellion. » Le piège était visible; les préfets romains sentirent que les cohortes éparses seraient plus facilement écrasées. D'ailleurs, ils commençaient à s'apercevoir que Brinio n'était que l'instrument, et Civilis l'âme véritable de tous ces troubles. Le secret de ses desseins perçait peu à peu à travers les indiscrétions de la joie belliqueuse des Germains. Civilis, voyant le peu de succès de son artifice, eut recours à la force. Se mettant à la tête des Caninéfates, des Frises et des Bataves, il marche contre les Romains, leur débauche une cohorte de Tungres, qui passe de son côté, et après les avoir égorgés presque sans résistance, consternés qu'ils étaient de cette trahison imprévue, il s'empare de la flotte qu'ils avaient sur le Rhin.

Cette victoire, glorieuse pour le moment, fut encore utile pour la suite : elle donna aux Bataves des armes et une flotte, et la nouvelle en fut proclamée avec éclat dans les Gaules et dans la Germanie, où Civilis fut célébré comme un libérateur.

La Batavie était donc affranchie ; et Civilis, dévoilant ses grands desseins, travaillait à réunir dans une même indépendance les Gaules et la Germanie. Hordéonius, en fermant les yeux sur ses premières tentatives, en avait favorisé le succès ; mais lorsque des courriers lui eurent annoncé coup sur coup que le camp était envahi, les cohortes détruites, le nom romain effacé de l'île, inquiet et irrité, il ordonna à Mummius Lupercus de marcher contre Civilis. Lupercus commandait un camp de deux légions ; il prit les légionnaires qu'il avait avec lui, les Ubiens, cantonnés près de là, la cavalerie trévire, qui se trouvait un peu plus loin, et il passa le fleuve en diligence. Il avait joint à sa troupe une division de cavalerie batave, depuis long-temps gagnée, mais qui feignait de rester fidèle, afin que sa défection avant lieu sur le champ de bataille, eût plus d'importance et d'éclat.

Civilis s'environna des enseignes romaines pour frapper les siens par le spectacle de leur gloire, et l'ennemi par le souvenir de sa défaite. Il rangea derrière le corps de bataille sa mère, ses sœurs et toute la foule des femmes et des enfants, comme un encouragement à la victoire et un obstacle à la fuite. Le chant des guerriers et les hurlements des femmes retentirent sur toute la ligne et donnèrent le signal du combat. Un second cri, mais plus faible, partit des légions ennemies, et décela leur découragement ; car leur aile gauche venait d'être mise à découvert par la désertion de la cavalerie batave, qui s'était tournée aussitôt contre elle. Toutefois, en ce péril extrême, le soldat légionnaire gardait ses armes et son rang ; mais les auxiliaires ubiens et trévires, se débandant avant le premier choc, se dispersèrent dans la campagne. Les Germains s'acharnèrent sur eux, et les légions eurent le temps de repasser le Rhin, et de gagner un de leurs forts appelé *Vetera Castra*, c'est-à-dire le Vieux-Camp, poste important par sa position et par les travaux qu'Auguste y avait fait exécuter.

Cependant les cohortes bataves, renvoyées par Vitellius d'Italie à Mayence, avaient été de nouveau rappelées par l'empereur au-delà des Alpes : elles étaient en pleine marche, lorsqu'un courrier de Civilis les atteignit. Le chef insurgé leur annonçait sa nouvelle victoire, et n'épargnait ni exhortations ni promesses pour les engager à embrasser la cause commune. Elles se laissèrent persuader et vinrent grossir les troupes victorieuses. Par la jonction de ces deux vieilles cohortes, le chef batave se voyait une armée régulière ; toutefois, encore irrésolu, et songeant à la puissance des Romains, il se borna à faire reconnaître Vespasien par tous ceux qui étaient avec lui, et envoya proposer le même serment aux deux légions qui, repoussées à la première affaire, s'étaient retirées dans le Vieux-Camp. Elles répondirent « que les Romains ne pre- « naient pas conseil d'un traître et « d'un ennemi ; que Vitellius était « leur empereur, qu'ils combattraient « pour lui jusqu'au dernier soupir ; qu'il « convenait mal à un déserteur ba- « tave de s'ériger en arbitre de l'em- « pire de Rome ; qu'il n'avait à espé- « rer de son crime qu'un juste châti- « ment. » A cette réponse, Civilis, enflammé de courroux, entraîne aux armes toute la nation batave ; les Bructères et les Tenctères s'y joignent aussitôt ; et, avertie par de rapides messagers, la Germanie accourt au butin et à la gloire.

Pour soutenir un choc si menaçant, les commandants des deux légions de Vetera en renforcèrent à la hâte les retranchements. Civilis occupait le centre de son armée avec l'élite des Bataves. Il avait couvert les deux rives du Rhin de bandes germaniques, tandis que sa cavalerie se déployait au loin et battait la plaine, et que sa flotte remontait le fleuve. Ici flottaient les insignes romaines des vieilles cohortes bataves ; là les étendards germaniques et les simulacres d'animaux sauvages, tirés du fond des bois consacrés pour aller au combat. Ce mélange de drapeaux, présentant l'aspect d'une guerre à la fois étrangère et civile, frappa les assiégés de stupeur. Les Bataves et les guerriers d'outre-Rhin prirent chacun un poste séparé, afin que leur vaillance, se déployant à part, resplendît d'un plus vif éclat.

Toutefois l'armée barbare n'avait point assez de machines de guerre pour faire une ouverture dans les murailles avant d'aller à l'assaut. Aussi, lorsqu'ils se présentèrent pour assaillir les remparts, reçus par une grêle de traits et de pierres, ils furent contraints de s'éloigner en frémissant ; n'ignorant pas d'ailleurs que la place n'avait des vivres que pour peu de jours, ils se décidèrent à forcer les Romains par la famine.

D'un autre côté, la discorde affaiblissait la seule armée romaine qui pût dégager les légions de Vetera. Herdéonius, son chef, est massacré ; Vocula, qui lui succède, subit le même sort, malgré son courage et sa fermeté. En même temps, les soldats qui la composent, dévoués à Vitellius, apprennent que Vespasien, au nom duquel Civilis prétend combattre, est maître de l'empire. Des présages sinistres accompagnent cette nouvelle : le Rhin, épuisé par une sécheresse inouïe dans ces contrées, n'est plus qu'un faible ruisseau, comme si les barrières de l'empire voulaient s'abaisser elles-mêmes devant les Barbares. Le Capitole, ce palladium sacré auquel sont attachées les destinées de Rome, vient d'être dévoré par un incendie ; présage assuré, disaient les druides par toute la Gaule, que la souveraineté du monde allait passer aux nations transalpines. Enfin, la grande prophétesse des Germains avait prédit aux Bataves la défaite des légions. C'était une jeune fille du pays des Bructères, nommée Véléda ; invisible à tous les yeux, elle restait le jour enfermée dans une tour écartée, ne sortant que la nuit pour courir les bois et les bruyères à la clarté des étoiles. Personne ne pouvait arriver jusqu'à elle ; un de ses parents était seul chargé de lui apporter les messages et de recevoir les oracles qu'elle rendait.

Bientôt Civilis put couper sa longue chevelure qu'il avait laissée croître depuis le commencement de la guerre ; son vœu était accompli, sa vengeance satisfaite : les Romains de Vetera étaient venus lui demander la vie. Réduits à ronger le bois et la racine des plantes, arrachant l'herbe qui pousse entre les pierres, il leur fallut envoyer à Civilis une députation suppliante. Civilis avait enfin jeté le masque : effaçant de ses étendards le nom de Vespasien, il y avait inscrit : *Empire gaulois*. Il espérait qu'à ce nom la Gaule tout entière viendrait se joindre à lui pour reconquérir son indépendance. « Que les assiégés de Ve- « tera, dit-il aux députés, suivent le « nouvel étendard, qu'ils prêtent ser- « ment à l'empire gaulois, et les Ger- « mains les recevront en frères. » Il fallut consentir à tout. Les Romains sortirent de la place ; mais ils avaient trop long-temps rendu impuissants les efforts de leurs ennemis pour avoir foi dans leurs promesses. A cinq milles environ, les Germains s'élancèrent d'une embuscade et tombèrent à l'improviste sur la colonne. Les plus intrépides furent tués sur la place ; beaucoup périrent en fuyant ; le reste rebroussa chemin et se réfugia dans le camp : les Germains y mirent le feu, et tous ceux qui avaient survécu au combat furent la proie des flammes.

On dit que Civilis, ayant armé son fils, tout jeune encore, de flèches et de javelots proportionnés à son âge, lui donna pour but les légionnaires prisonniers. D'autres furent envoyés à Véléda, peut-être pour d'horribles sacrifices. Civilis ne perdait aucune occasion de gagner la faveur de la prophétesse; il avait de vastes projets. On remarqua que ni lui, ni aucun de ses Bataves, n'avait prêté serment à l'empire gaulois. Il voulait rester libre, pour dominer à la fois la Germanie et les Gaules. Mais déja la fortune changeait : les Gaulois, oubliant qu'ils ne devaient chercher que leur indépendance nationale, voulaient faire un empereur. Sabinus, qui se disait descendant de César, venait d'être proclamé chez les Langrois. Les Rémois, les Séquanes, voyant que la cause de la Gaule devenait celle d'un homme, refusèrent de prendre les armes. En même temps, Vespasien, maître tranquille de l'empire, envoyait une armée nombreuse avec un général expérimenté. Sabinus fut défait par les Gaulois eux-mêmes avant l'arrivée du général romain, et n'échappa qu'en se réfugiant dans un souterrain, où il vécut neuf années avec sa femme, la belle et vertueuse Éponine. Civilis, resté seul, marcha hardiment au-devant des Romains, surprit le camp de Céréalis, le força, mit en fuite la cavalerie, et aurait détruit l'armée romaine, si Céréalis, absent au moment de l'attaque, n'était venu rétablir le combat. La fortune de la journée changea. Les Germains reculèrent, et Civilis, se voyant serré de tous côtés, fut contraint de se réfugier dans l'île des Bataves, après avoir soutenu, près de Vetera, deux batailles contre Céréalis.

La guerre se rapprochant des frontières de la Germanie, de nombreux guerriers vinrent se joindre à Civilis, qui, profitant de la confiance téméraire de l'ennemi, faillit exterminer l'armée romaine. Les Bataves avaient remarqué que la garde se faisait avec négligence dans le camp placé sur les bords du Whaal; ils choisirent une nuit sombre, et s'abandonnant au fil de l'eau, ils pénétrèrent, sans rencontrer d'obstacles, au milieu des retranchements. Céréalis était absent; il avait été passer la nuit ailleurs, dans les bras d'une femme ubienne, nommée Claudia Sacrata. Les Romains, surpris sous leurs tentes, périrent en grand nombre sous les coups des Germains; en même temps leur flotte était surprise, et quand le jour vint, les Bataves s'en retournèrent triomphants, traînant à leur suite les bâtiments qu'ils avaient pris, et la trirème pretorienne, qu'ils envoyèrent en présent à Véléda.

Ce fut le dernier succès de Civilis. Prévoyant la victoire prochaine des Romains, il entama avec leur chef de secrètes négociations. Céréalis avait lui-même envoyé porter des paroles de paix à Véléda : il lui représenta que les Germains n'avaient retiré de leur alliance avec Civilis que le massacre ou la fuite de leurs frères; que s'ils continuaient, les torts et l'insulte étant d'un côté, de l'autre seraient la vengeance et les dieux.

Ces paroles firent effet sur Véléda. Les Germains une fois ébranlés, les Bataves, réduits aux plus déplorables extrémités, le furent bientôt à leur tour. Civilis demanda lui-même une entrevue au général romain, chercha à excuser sa conduite, et, pour prix de son humiliation, obtint la permission de vivre tranquille dans sa patrie. Les Bataves rentrèrent dans leurs anciens rapports avec Rome, et restèrent libres de tout tribut.

Ainsi se termina cette guerre qui avait commencé d'une manière si menaçante pour Rome. Peut-être aurait-il été donné à Civilis d'y jouer le rôle d'Hermann; mais il ne sut point faire une alliance solide avec les tribus germaniques. Il préféra s'associer aux Gaulois, qui, rompus au joug de Rome, ne lui prêtèrent qu'une assistance partielle. Les Germains, qui d'ailleurs n'étaient point alors sérieusement menacés, ne virent point dans ce chef, combattant au nom d'un empire gaulois, un défenseur de l'indépendance germanique. Ils ne lui envoyèrent que ceux de leurs guerriers qui, impatients de repos, saisissaient toute occasion de butiner et de combattre.

§ VII. Guerre des Marcomans.

Encouragés par les guerres civiles qui suivirent la mort de Néron, et par le bruit des victoires du Batave Civilis, les Germains des bords du Danube renouvelèrent leurs incursions, et le roi des Daces osa même attaquer l'Italie. Le lâche Domitien acheta la paix des Barbares, et dégrada l'empire jusqu'à leur promettre un tribut annuel. Trajan vengea le nom romain. Il jeta audacieusement un immense pont de pierre sur le Danube, comme pour défier les Barbares, battit les Daces, et réduisit leur pays en province (*). Ces triomphes de Trajan sur les peuples de la Pannonie ne firent qu'irriter les Germains méridionaux. Tous les peuples situés le long du Danube, depuis la Pannonie jusqu'au Nordgau, les Marcomans, les Quades, les Hermondures, les Langobards, et plusieurs autres qui nous sont inconnus, formèrent une vaste confédération. L'effroi se répandit par toute l'Italie, et, si l'on en croit Lucien, on alla jusqu'à consulter un prétendu prophète, qui promit la victoire si l'on jetait dans le Danube, pour les faire aborder sur la rive gauche, deux lions chargés de parfums et d'aromates. Mais les Barbares, qui prirent ces lions pour des chiens sauvages, les tuèrent à coups de flèche, et, quelque temps après, massacrèrent vingt mille Romains.

Il fallut que les deux empereurs, Marc Aurèle et l'indigne collègue qu'il s'était donné, Lucius Vérus, marchassent contre les Germains. Pour se rendre les dieux favorables et ranimer la confiance des soldats, toujours alarmés d'une guerre au-delà des Alpes, Marc Aurèle ordonna un si grand nombre de sacrifices, que les plaisants de Rome disaient qu'à son retour il ne trouverait plus de bœufs pour remercier les dieux de sa victoire. Les Barbares avaient pénétré jusqu'à Aquilée; ce ne fut qu'avec peine qu'il en délivra l'Italie. L'empereur croyait la paix assurée; mais les Marcomans et leurs alliés avaient éprouvé la faiblesse de l'empire et goûté les fruits de l'Italie : la guerre recommença.

Cependant, à Rome, toutes les ressources avaient été épuisées; Marc Aurèle se vit obligé de vendre les meubles et les effets précieux du palais impérial; on enrôla les esclaves, les gladiateurs, les étrangers, et cette armée, à peine romaine, descendit des Alpes vers le Danube. Attiré par les Quades dans d'étroits défilés, l'empereur se vit tout à coup enfermé par les Barbares qui, détournant tous les ruisseaux, laissèrent leurs ennemis exposés à une soif dévorante. Le désastre de Varus allait se renouveler. L'empereur et sa dernière armée périssaient, lorsqu'une pluie imprévue leur offrit le moyen de se désaltérer. En même temps un orage affreux, mêlé de grêle et de tonnerre, fondit sur les Quades, qui se hâtèrent de rendre les armes, persuadés que les dieux s'étaient prononcés pour les Romains. Cette intervention du ciel fut attribuée aux prières de la légion Fulminante, la dixième, celle de César, et qui était toute composée de chrétiens.

Cependant les Barbares n'avaient point été vaincus : le premier moment de terreur passé, ils reprirent les armes, et Marc Aurèle, épuisé par l'âge et les maladies, fut obligé de venir une troisième fois sous ce rude ciel de la Germanie, dissiper la ligue formidable des Marcomans. Il la repoussa au-delà du Danube, construisit des forteresses le long du fleuve, et, pour se préserver de ces Barbares, il en prit un certain nombre à sa solde et les établit sur le territoire romain; mesure im-

---

(*) C'est en l'honneur de ces victoires que fut élevée à Rome la colonne Trajane, qui a servi de modèle à la colonne de la place Vendôme à Paris. De tous les monuments anciens la colonne Trajane est le plus important pour qui veut étudier les costumes, les armes et la manière de combattre des Barbares.

prudente, bien qu'en cela Marc-Aurèle ne fît que suivre la politique des empereurs qui l'avaient précédé, d'Auguste et de César même. Il espérait sans doute que ces Barbares, dispersés au milieu des Romains, perdraient leurs mœurs, leur sauvage indépendance, tout en conservant leur courage indomptable, et fourniraient à l'empire les soldats qui déjà commençaient à lui manquer.

C'était toutefois une précaution dangereuse, car ces Barbares pouvaient, comme Hermann et tant d'autres, se rappeler qu'ils étaient libres autrefois dans les forêts de la Germanie, et au lieu d'arrêter leurs frères, les aider à franchir les frontières. L'empire n'en fut pas après cela plus tranquille. Après avoir si péniblement chassé les Barbares de l'Italie, et assuré par des forteresses la ligne du Danube, il fallut que Marc-Aurèle allât encore au secours de la Dacie, attaquée par les Bastarnes et les Alains, que les Goths commençaient à pousser devant eux.

C'est dans cette expédition qu'il écrivit sous la tente, à deux pas des Barbares, cet admirable livre qui, par sa haute moralité, se place à côté de l'Évangile, et où Marc-Aurèle montre une libéralité d'esprit inconnue à l'ancienne Rome. « Comme Antonin, j'ai Rome pour patrie; comme homme, j'ai le monde. » Et encore : « L'Athénien disait : Chère cité de Cécrops; et toi, ne diras-tu pas : O chère cité de Dieu ! » On sent à ces paroles que les temps vont changer; que désormais s'efface l'esprit étroit de la cité antique qui repousse et traite en ennemi tout ce qu'elle ne renferme pas dans ses murs. Rome n'est plus Rome : elle embrasse déjà le monde; si les nations barbares manquent encore, les voici qui s'apprêtent, et la *cité de Dieu* va s'ouvrir pour elles.

§ VIII. L'empire et la Germanie au IIIᵉ siècle.

Comme nous ne connaissons l'ancienne Allemagne que par les historiens de Rome, et qu'ils ne nous en parlent

3ᵉ *Livraison*. (ALLEMAGNE.)

que lorsqu'ils ont à raconter les guerres des Germains avec l'empire, nous ignorons les révolutions intérieures de ce pays, et nous sommes forcés de laisser passer de longues années sans y rattacher un seul fait; aussi, quand les écrivains latins reviennent à nous parler de la Germanie, nous trouvons parfois de grands changements survenus dans les rapports et la demeure des tribus. Ainsi la première fois que nous revoyons cette contrée, après la guerre des Marcomans, de nombreuses révolutions, qui sans doute se préparaient depuis long-temps, sont accomplies; des peuples que l'histoire n'avait pas encore nommés, ou que nous connaissons à peine, apparaissent; des confédérations nouvelles se montrent dans l'ouest et l'est de l'Allemagne. C'est comme une Germanie nouvelle qui a pris la place de l'ancienne, et celle-là semble mieux organisée pour l'attaque et l'invasion.

C'est maintenant que les retranchements romains vont avoir à soutenir de terribles assauts. Il faut que l'empire se ceigne les reins, qu'il saisisse à deux mains sa large épée, qu'il appelle à lui ses meilleurs soldats. Ce n'est plus le temps des jouissances et du calme de l'île de Caprée, de la maison dorée de Néron, de la villa d'Adrien. Assez de tyrans insensés ont étonné le monde de leurs folies et de leurs débauches; que ces mimes, ces bouffons, ces hermaphrodites déguisés en empereurs fassent place désormais aux durs paysans de l'Illyrie; qu'Héliogabale cède le trône, qu'il souille de ses monstrueuses passions, aux Probus, aux Auréliens : l'empire a besoin d'eux, car les Germains sont aux portes, et le christianisme n'a pas encore fait son œuvre, le paganisme est encore debout, les saturnales durent encore. Attendez que la religion nouvelle ait pris possession de l'empire, qu'elle envoie vers le Rhin et le Danube ses missionnaires pour faire alliance avec vous, alors les portes vous seront ouvertes; le colosse, long-temps miné, croulera sous vos coups, le vieux monde aura vécu, et sur ses ruines

NOUVELLES CONFÉDÉRATIONS DE PEUPLES GERMAINS.

ALEMANS.

C'est l'an 213, sous le règne de Caracalla, qu'il est question, pour la première fois, des Alemans. L'empereur, après une guerre contre les Cennes, qui lui vendirent la paix, entra comme ami et allié sur les terres des Alemans. Il y fit construire quelques forts, dont les Barbares s'inquiétèrent peu; puis, quand il compta bien sur leur sécurité, il rassembla tous les jeunes gens de la nation, comme pour les prendre à sa solde, et les fit massacrer par ses troupes qui les avaient enveloppés. Après cette victoire, il prit le surnom d'*Alemannicus*.

Ces Alemans n'étaient point un seul peuple, mais la réunion de toutes les anciennes tribus qui habitaient entre le Mein et les Alpes. Long-temps on a cru, d'après leur nom, que c'était un peuple formé des débris d'anciennes tribus, de Gaulois fugitifs, d'hommes de toutes races. Mais les historiens récents de l'Allemagne repoussent cette opinion, et ne voient dans les Alemans que d'anciens Suèves, qui, par fierté, se sont donné un nom dont le sens annonçait aux ennemis que parmi eux ils ne trouveraient que des hommes de cœur (*all*, tous, *mann*, homme). Les Alemans combattaient surtout à cheval; mais ce qui rendait leur cavalerie plus formidable, c'est qu'ils savaient y mêler de l'infanterie. Les plus braves de leurs jeunes guerriers, les plus rapides à la course, s'habituaient de bonne heure à suivre les cavaliers, même dans les plus longues marches, les soutenaient dans l'attaque, en combattant de pied ferme, et improvisaient ainsi, sous les yeux mêmes de l'ennemi, une infanterie que celui-ci ne soupçonnait pas. C'est cette tactique qui a mérité les éloges du chevalier Folard.

FRANCS.

Au-dessus du pays des Alemans se trouve, dans la carte de Peutinger, dressée sous Théodose ou Honorius, un pays situé entre le Rhin, le Mein et le Weser, et qui porte le nom de Francia.

Sous ce nom de Francia, dénomination générique de la contrée, on lit : *Chauci Amsibarii*, *Cherusci*, *Chamavigui et Franci*. Les Francs (hommes libres) sont donc une de ces confédérations auxquelles donnait naissance la guerre continuelle contre les Romains. Plusieurs tribus errantes de ces contrées, les Bructères, les Cattes, les Attuariens, les Sicambres, paraissent avoir aussi fait partie de la confédération.

La date de la formation de cette ligue n'est point connue : quelques-uns la placent après les guerres de Civilis; d'autres, après les expéditions de Maximin (235—238). Ce qu'il y a de certain, c'est que le nom de Francs se trouve, pour la première fois, dans les historiens latins, vers l'année 240. Aurélien, n'étant encore que simple tribun de légion, battit les Francs, leur tua sept cents hommes, en vendit trois cents; et comme les légions allaient marcher contre les Perses, les soldats firent une chanson militaire, dont le biographe d'Aurélien nous a conservé le refrain :

Mille Francos, mille Sarmatus occidimus;
Mille, mille, mille, mille Persas quærimus.

SAXONS.

Au nord-est des Francs, se montre, à la fin du troisième siècle, la confédération des Saxons, ainsi appelés de leur arme favorite, la courte épée. Ils paraissent avoir habité d'abord la péninsule Cimbrique et les îles voisines; de là leur ligue s'étendit avec leur nom jusqu'aux frontières des Chérusques et au pays des Francs. Empêchés par ceux-ci de pénétrer jusqu'au Rhin et dans les provinces gauloises, ils montèrent sur des vaisseaux pour aller piller les côtes de la Gaule et de la Bretagne, que la décadence précoce du grand empire laissait sans défense. On voit, l'an 286, Maximien, le collègue de

Dioclétien, charger Carausius de réprimer, avec une flotte, les ravages des Saxons. C'est la première fois que se montrent dans l'histoire ces terribles pirates, sous les coups desquels mourra à son tour le grand empire germanique fondé par Charlemagne.

GOTHS, ALAINS, VANDALES.

En même temps se montraient, dans l'est de la Germanie, des peuples qui, les premiers, devaient hériter de l'empire romain, les Goths, les Alains, les Vandales. Dès l'année 211, on voit paraître les Goths sur le Danube inférieur; dès lors ce peuple occupe souvent les écrivains de Rome, car sa puissance et ses incursions jetèrent fréquemment la terreur dans les provinces romaines situées au-dessous du Danube. Si l'on en croyait Jornandès, les Goths seraient sortis de la Scandinavie, pour descendre, comme les Cimbres et les Teutons, vers les contrées du sud. D'autre part, nous voyons, dès le premier siècle de notre ère, les Gothons habiter à l'est des Marcomans. Est-ce le même peuple, et faut-il le confondre avec les anciens Gètes? Quoi qu'il en soit de ces opinions, les Goths, et c'est ici la seule chose qu'il nous importe de savoir, formaient au-dessus du Danube une puissante nation, qui peu à peu s'étendit sur une ligne immense, des rives de la Baltique jusqu'à celles de la mer Noire, et remplaça, mais d'une manière plus formidable pour Rome, les Daces vaincus par Trajan, comme les Francs, les Alemans avaient succédé à l'ancienne ligue des Chérusques et à celle des Suèves.

Les Vandales étaient placés à l'ouest des Goths, le long des rives de l'Oder et sur les côtes, dans la Poméranie et le Mecklenbourg. Pline et Procope les regardent comme faisant partie de la nation des Goths; leurs coutumes, leur religion, leur langue, les rapprochent en effet de ce peuple. Les Herules, les Burgondes et Langobards (les longues barbes ou les longs couteaux) paraissent avoir été des tribus vandales.

Quant aux Alains, c'était un peuple sorti plus tard de l'Asie: il avait habité long-temps le Caucase; et ce n'était qu'en reculant devant les grandes migrations des hordes asiatiques, qu'il s'était rapproché de la Germanie.

Tel était, au troisième siècle, l'est et l'ouest de l'Allemagne. Au centre se trouvaient encore les débris de cette ancienne confédération suévique, qui, au premier siècle, couvrait presque toute la Germanie. Le rôle des Suèves est fini; les Romains ne les connaissent plus. S'ils prennent part aux grands mouvements qui se font autour d'eux, ce n'est pas comme nations indépendantes, mais en se mêlant aux peuples voisins, en allant, perdus au milieu d'eux, à la conquête et à la ruine de l'empire romain.

L'intervalle qui s'écoule entre l'époque où nous sommes arrivés et celle où commenceront les grandes et définitives invasions, est rempli par une foule de guerres soutenues par les peuples des frontières contre les légions. Ce sont les derniers efforts de Rome mourante: le géant qui a si long-temps tenu le monde sous lui, ne périra pas, il est vrai, sans porter de rudes coups à ses ennemis; mais de quelque intérêt qu'il soit de compter ainsi une à une les dernières pulsations de ce corps immense, nous sommes trop pressés d'arriver au moment solennel de sa chute, pour nous arrêter ici long-temps. Il faut se hâter. Les Francs se préparent, les Goths sont prêts, et les chefs des Huns leur montrent l'Occident.

J'ai d'un géant vu le fantôme immense
. . . .
Et de sa hache il montroit l'Occident.
Du roi des Huns c'était l'ombre immortelle.

§ IX. Depuis le milieu du IIIe siècle jusqu'a la grande invasion des Barbares. 250—370.

Pendant que l'empire romain se débattait péniblement au milieu des guerres civiles et ne savait auquel de ses dix-sept empereurs il devait obéir, les Goths envahissaient la Dacie, franchissaient le Danube et rançonnaient les villes romaines. Dèce, nommé empereur, l'an 250, conduisit toutes les forces de l'empire contre leur roi Kniva, qui, à la tête de 60,000 Barbares, ravageait la Mœsie. Les Goths parurent fuir à son approche; mais bientôt se retournant avec fureur contre ceux qui les poursuivaient, ils pillèrent le camp romain et s'emparèrent de Philippopolis. Cent mille personnes, dit Ammien, y furent massacrées. Une nouvelle bataille, livrée par Dèce, ne fut pas plus heureuse. L'empereur lui-même y périt avec son fils, et jamais on ne put retrouver son corps.

Gallus, son successeur, conclut un traité honteux avec les Barbares, leur laissa leur butin, leurs prisonniers, et leur promit même un tribut annuel. La Thrace et la Mœsie furent presque abandonnées à leurs pillages. Ainsi le dieu Terme reculait, non plus comme au temps d'Adrien, par la libre volonté de l'empereur, mais repoussé par la rude main des Barbares. Sous Valérien, un roi germain s'établit, sans opposition, dans la province romaine de Pannonie; et le fils de l'empereur Gallien, associé lui-même à l'empire, mit sur les épaules de la fille du roi barbare le manteau d'impératrice romaine, en la prenant pour femme.

Les Francs se mettaient aussi en mouvement. Une troupe considérable, partie de la rive droite du Rhin, pénétra dans la Gaule, ravagea cette province, sous les yeux de Gallien, depuis l'océan du Nord jusqu'aux Pyrénées, passa les montagnes, dévasta, pendant douze années, l'Espagne, où l'on voyait encore, au sixième siècle, les ruines qu'ils avaient faites à Tarragone, et alla jusqu'en Afrique effrayer les habitants de la Mauritanie, qui pouvaient se croire, cependant, à l'abri de la fureur des Francs.

Tout le monde barbare était en marche. Presqu'à la même époque, les Alemans pénétraient, à travers les Alpes rhétiennes, jusqu'en Italie, jusqu'à Ravenne. Les deux empereurs étaient éloignés avec les légions. Rome restait abandonnée à ses seules ressources. Le sénat, depuis si long-temps engourdi, montra tout à coup une énergie et une activité qu'on ne soupçonnait pas. Une armée nombreuse fut réunie, et les Alemans, étonnés, se retirèrent devant elle, emportant leur butin. Ces événements se passaient l'an 260 de J.-C. La même année, Valérien, vaincu et fait prisonnier par Sapor, montrait au monde un empereur romain devenu le jouet et la risée des Perses.

Ainsi toutes les frontières étaient franchies, et l'empire, chancelant sur sa base, semblait menacer ruine. Mais dans les temps d'orage, il se trouve parfois des hommes supérieurs pour prendre hardiment leur place sur le navire et se mettre au gouvernail. De l'Illyrie, de cette province où la guerre contre les Barbares était la vie commune, sortit une suite de princes durement trempés, de vrais soldats qui firent leur affaire d'apprendre aux Barbares que Rome n'avait pas encore épuisé toutes ses forces. Claude, Aurélien, Probus, les repoussèrent jusqu'à leurs anciens cantonnements. Les Goths (270) éprouvèrent, sous le premier, une sanglante défaite près de Naïssus, et furent contraints par Aurélien d'accepter une trêve de vingt ans, de fournir un corps auxiliaire de deux mille cavaliers, et de se contenter de la Dacie. Les Alemans, unis aux Juthunges, aux Marcomans, aux Vandales, avaient tout à coup passé les Alpes et ravagé l'Italie jusqu'au Pô. Aurélien, par une marche secrète, intercepta leur retour, en les cernant près du Danube, et voulut les contraindre à se rendre à merci; mais pendant une absence de l'empereur, les Alemans forcèrent les postes des Romains, et, reprenant hardiment leur première route, descendirent une seconde fois en Italie. La terreur fut au comble dans Rome. On consulta les livres sibyllins; on sacrifia des victimes humaines; toute la population de Rome travailla à élever autour de la capitale de l'empire des fortifications, dont jusqu'alors elle n'avait jamais eu besoin. Ces précautions étaient nécessaires, car les Barbares battirent l'empereur à Plaisance; mais, vaincus eux-mêmes sur le Métaure, ils furent exterminés dans une troisième bataille, à Pavie (271).

Le monde, dompté par ce terrible capitaine, se tint en respect à sa mort. Mais les Barbares n'avaient pas désappris la route de l'Italie. Ils reparurent sous Probus, en qui ils ne croyaient pas trouver un autre Aurélien. Ils furent par lui plus rudement traités qu'ils ne l'avaient jamais été par les armes de Rome. La tranquillité des frontières de la Rhétie fut assurée; Probus en chassa les tribus sarmates qui s'y étaient établies, refoula en Germanie les Francs et les Bourguignons, qui avaient pris soixante-dix villes gauloises, et extermina, presque tout entière, une formidable armée de ces Lygiens que Tacite nous a peints si terribles. Si l'on en croyait les historiens latins, cette expédition de Probus, pour délivrer la Gaule envahie, aurait coûté la vie à quatre cent mille Barbares.

Non content de ce succès, Probus pénétra à son tour en Allemagne, jusqu'à l'Elbe et au Necker, exigea des Germains une recrue de seize mille de leurs guerriers, qu'il distribua dans les légions, et, renonçant au projet de faire des conquêtes durables dans l'intérieur de la Germanie, il ferma la frontière par une muraille de soixante lieues, du Rhin au Danube. Un autre moyen employé par lui pour assurer la tranquillité des frontières, ce fut d'y établir des colonies agricoles de prisonniers. Ainsi il transporta un corps de Vandales en Grande-Bretagne, cent mille Bastarnes en Thrace, des Francs et des Gépides sur les bords du Rhin, du Danube et du Pont-Euxin. Mais ce moyen ne réussit pas toujours. Leurs habitudes d'indépendance ne pouvaient en faire des habitants tranquilles de l'empire; plusieurs même abandonnèrent leurs nouveaux établissements. Les Francs, transportés par Probus sur les bords du Pont-Euxin, s'étant emparés d'un certain nombre de vaisseaux, se décidèrent à regagner leur patrie. Ils se jetèrent audacieusement dans une route qui leur était inconnue, traversèrent la Méditerranée, firent de fréquentes descentes sur les côtes d'Asie, de Grèce et d'Afrique, et pillèrent Syracuse; puis, franchissant les Colonnes d'Hercule, ils revinrent, triomphants, aux bouches du Rhin, raconter à leurs compatriotes la faiblesse du grand empire, dont ils avaient impunément ravagé les provinces centrales.

La ruine de l'empire avait été retardée par Aurélien et Probus : pour maintenir leur ouvrage, Dioclétien partagea l'empire avec Maximien. En même temps chacun d'eux se choisit un césar; de sorte que quatre souverains veillèrent à la fois au maintien et à la défense de l'état sur quatre frontières différentes. Les Barbares furent intimidés, et jusqu'à la mort de Constantin, ils ne firent que de courtes et rapides incursions sur le territoire romain. Il est vrai de dire que les plus remuants de leurs chefs étaient appelés auprès de l'empereur, qu'on leur accordait ce que n'auraient pu leur donner leurs pillages, des charges, des dignités, des honneurs. Les armées se remplissaient de Francs et d'Alemans. Euroc, roi des Alemans, vivait à la cour de Constantin, et le Franc Bonitus était un de ses meilleurs généraux.

Mais au moins ces Barbares étaient à la solde de l'empire; Constantin ne leur abandonnait pas une province. Sous son lâche successeur Constance, les choses changèrent : cet empereur, pour se défaire de ses rivaux, appela lui-même les Barbares. Les Francs, les Alemans, franchirent le Rhin et s'établirent dans tout le pays situé entre le Rhin, la Meuse et la Moselle, après avoir saccagé quarante-cinq villes florissantes. Constance fut obligé d'envoyer Julien dans les Gaules.

La première campagne du nouveau général fut sans résultat; dans la seconde, la trahison d'un collègue que Constance lui avait donné, le laissa exposé aux attaques de sept rois alemans, à la tête desquels était Chuodomar, tout fier encore d'avoir tué le césar Decentius, frère de Magnence. Les Alemans étaient au nombre de 35,000 guerriers; Julien n'avait que 13,000 soldats; mais la tactique romaine l'emporta : les Allemands furent vaincus, et la Gaule encore une fois sauvée. Chuodomar, fait prisonnier, alla mourir à Rome.

Après cette importante victoire, Julien passa trois fois le Rhin, délivra 20.000 captifs, et reporta en Germanie la terreur du nom romain. Puis ce fut le tour des Francs : Julien vainquit les bandes qui avaient déjà passé le fleuve, et ne permit qu'à l'une de leurs tribus, à celle des Saliens, de rester sur le territoire romain, comme auxiliaires et sujets de l'empire.

Après lui, Valentinien arrêta encore les Barbares, qui, à la nouvelle de la mort de Julien, avaient franchi les frontières : un corps d'Alemans, qui s'était avancé jusque dans les plaines de Châlons, fut surpris et détruit. L'empereur conduisit lui-même une formidable armée au-delà du Rhin, pour punir les Barbares du sac de Mayence, et remporta sur eux une victoire complète; après quoi il couvrit les bords du Rhin, depuis sa source jusqu'à son embouchure, d'une ligne de forteresses qui devait arrêter les Germains.

Sept ans après, en l'année 378, l'empereur d'Orient, Valens, était vaincu et tué par les Goths, à Andrinople, et la grande invasion commençait.

MŒURS DES GERMAINS.

Avant de montrer les Barbares dans l'empire, nous devons nous arrêter pour dire les mœurs qu'ils vont y porter, et qu'ils changeront peut-être contre des mœurs nouvelles.

RELIGION.

Dans ce que nous avons déjà dit sur l'histoire de l'ancienne Germanie, nous avons distingué en quelque sorte deux époques : dans la première, dominent les Suèves, dont la vaste confédération s'étend sur presque toute l'Allemagne; les Goths apparaissent à peine, et la ligue des Francs n'existe pas encore; mais au troisième, au quatrième siècle, les Goths ont grandi à l'orient, et les Francs sont devenus les plus redoutables voisins de la Gaule. L'Allemagne est donc comme renouvelée du premier au quatrième siècle; et, en effet, ce n'est pas seulement un changement de noms et de peuples, mais un renouvellement d'idées, et je dirai presque une civilisation nouvelle (*). L'Allemagne primitive en était encore à l'adoration de la nature matérielle : sa grande divinité c'est la terre, la déesse Ertha, enfermée dans le bois mystérieux qui lui sert de sanctuaire, dans une île de l'océan du Nord (**). Des bois touffus, de sombres forêts, des sources cachées sous un rocher, sont encore, pour ces anciens Germains, des lieux consacrés, dont la possession ne s'acquiert souvent qu'au prix de sanglants combats (***). Là aussi se retrouve le culte du feu, que sans doute ils avaient apporté d'Asie, et qui s'est maintenu jusqu'à nos jours dans la coutume des feux de la Saint-Jean.

Avec les Goths, la mythologie scan-

(*) M. Rauschnick, dans son livre intitulé : *Handbuch der klassischen, germanischen und der damit verwandten Mythologien*, Leipzig, 1832, pag. 378, émet l'opinion, d'ailleurs incontestable, que chez les Germains, comme chez les peuples de l'antiquité classique, la religion présente deux systèmes bien distincts, l'un plus ancien et regardant à peine les dieux comme des personnifications des forces de la nature, l'autre plus récent et empreint déjà d'une spiritualité plus haute. Les dieux y sont dégagés davantage de la matière. Ainsi, à la seconde époque, Odin n'est plus seulement la voûte même du ciel, mais le premier des dieux, le dieu qui préside au mouvement des astres et qui en règle le cours.

(**) Voyez ci-dessus, pag. 12, le beau passage de Tacite sur la déesse Ertha.

(***) Voyez ci-dessus, pag. 26, la guerre que se firent les Cattes et les Hermondures pour la possession d'un fleuve sacré. Il est inutile de dire que cet ancien culte de la nature matérielle vécut bien long-temps encore dans la Germanie. Les missionnaires de Charlemagne en trouvèrent de traces. Nous aurons plus tard occasion d'en parler.

dinave se trouve importée en Germanie, et l'Allemagne reçut ainsi un système plus spiritualiste, plus moral, si je le puis dire, par l'invasion des adorateurs d'Odin. L'idée de l'immortalité de l'ame, d'une vie à venir, avec ses châtiments et ses récompenses, l'idée du Walhalla, en un mot, se répandit parmi les Germains. Cette doctrine était, il est vrai, bien obscure encore, bien moins précisée qu'elle ne le fut plus tard dans l'Islande ; mais elle contenait déja, on n'en saurait douter, les germes d'une vie plus noble. Cette religion, si mélancolique, si triste, où à chaque instant revenait l'idée du changement, c'est-à-dire du progrès, où les dieux eux-mêmes périssaient pour faire place à des dieux nouveaux, était plus favorable à la civilisation que le culte matérialiste des anciens Germains, adorateurs de la nature immuable. Aussi les Goths sont-ils, de tous les Germains, ceux qui adoptèrent les premiers le christianisme. Ils étaient déja chrétiens pour la plupart, quand ils entrèrent dans l'empire, l'an 375. Les doctrines religieuses qu'ils avaient apportées de la Germanie ne leur avaient point tout donné ; elles leur parlaient d'une cité des dieux, d'une Asgard où devait se trouver le bonheur : ils la cherchèrent par toute la terre, et crurent ceux qui vinrent leur dire que la cité des dieux c'était l'Évangile.

Les peuples voisins de la Scandinavie, les Saxons, les Francs, prirent quelques-unes des idées religieuses de ce pays. Odin était leur grand dieu. Mais ce furent les Goths surtout qui, par leur puissance et leurs émigrations dans le sud de l'Allemagne, popularisèrent cette religion dans toute la Germanie. On en trouve une preuve dans ce fait, que les jours de la semaine s'appelèrent du nom des dieux de l'Olympe scandinave. Ainsi le mercredi devint le jour d'Odin, le jeudi celui de Thor, le vendredi celui de Freya, la Vénus scandinave (*).

L'invasion de ces idées nouvelles ne fit point disparaître chez les anciennes peuplades toutes leurs vieilles coutumes : les sacrifices humains s'y maintinrent long-temps encore. Chez les Frisons, la mère qui avait beaucoup d'enfants du même sexe croyait devoir sacrifier aux dieux le dernier né avant qu'il eût pris aucune nourriture ; c'était sans doute pour garantir la vie de ses autres enfants. Les Saxons décimaient leurs prisonniers, et immolaient aux dieux ceux que le sort désignait. On voit de même que les Francs, dans leur expédition en Italie, tuèrent et jetèrent dans le fleuve, à Pavie, des femmes et des enfants prisonniers, pour gagner la faveur des dieux, en leur offrant les prémices de la victoire.

ORGANISATION SOCIALE.
DIFFÉRENCE ENTRE LA TRIBU ET LA BANDE GERMANIQUE.

Avant de parler de l'organisation sociale des Germains, il est important de distinguer deux choses parmi eux, la tribu et ce qu'on pourrait appeler la bande : sans quoi il serait difficile de comprendre comment l'on voit des Vandales, des Suèves, des Francs, des Saxons, en Gaule, en Espagne, en Afrique, dans la Grande-Bretagne, tandis que les mêmes noms, les mêmes peuples, se retrouvent encore dans la Germanie. L'on s'est long-temps demandé si les anciens Germains étaient agricoles ou pasteurs, sédentaires ou nomades ; les uns se sont décidés pour, les autres contre, et tous avaient raison, mais seulement ne disaient point toute la vérité. Ces deux genres d'existence se retrouvent, en effet, simultanément dans la Germanie. Lorsqu'une tribu venait à s'emparer d'un pays, elle s'y établissait ; les anciens habitants, s'ils n'avaient point été chassés ou exterminés, des esclaves, anciens prisonniers de guerre, et quelques-uns des membres de la tribu, cultivaient le sol ; les riches, c'est-à-

---

(*) Comme nous avons parlé fort au long, dans l'Histoire de la Suède, du système religieux des anciens Scandinaves, nous ne croyons pas devoir le développer ici de nouveau. Il nous suffira d'y renvoyer le lecteur.

dire ceux que distinguaient leur naissance ou'leurs exploits, jouissaient paresseusement de leur conquête, et vivaient, comme les chefs américains, des dons de leurs compagnons. Se présentait-il une expédition à faire, une aventure à tenter, les plus jeunes, sous la conduite d'un chef de leur choix, saisissaient la framée et laissaient derrière eux les anciens de la tribu et ceux qui préféraient rester sur le sol de leur première conquête. Alors la bande joyeuse et insouciante se lançait à travers le monde, allant toujours devant elle, jusqu'en Gaule, jusqu'en Espagne, jusqu'en Afrique ; et quand elle s'arrêtait, enfin, de fatigue et alourdie de son butin, elle était si loin de la hutte paternelle, qu'il fallait bien désespérer du retour. La route était trop longue ; on la connaissait déja, on l'avait pillée ; mieux valait rester, et un nouveau royaume s'élevait.

Les plus terribles de ces bandes, celles qui faisaient les plus impitoyables ravages, qui couraient aux plus hardies entreprises, étaient celles des *Vargi*. Dans cette société barbare, où n'existait aucun pouvoir assez fort pour maintenir l'ordre, les actes de violence étaient nombreux, les meurtres fréquents. La loi ne demandait, il est vrai, au meurtrier, qu'une somme d'argent pour le prix du sang versé ; mais encore fallait-il l'avoir, et souvent les ressources de la famille entière ne suffisaient point à payer le wehrgeld : alors le meurtrier réunissait tous ses parents dans sa case, répandait sur leurs têtes la cendre de son foyer, et lançait par-dessus son épaule une motte d'herbe arrachée dans son champ ; puis franchissant le seuil de sa hutte sans le toucher des pieds, il s'appuyait sur son bâton, et sautait la petite enceinte de sa demeure. Alors il devenait Vargus, Outlaw, comme Robin-hood : la forêt sans bornes, la mer sans limites étaient à lui. Rejeté de la société barbare, que lui restait-il ? à courir et piller le monde, comme pirate saxon, ou soldat d'Alaric et d'Attila (*).

Ces bandes vagabondes étaient les hôtes les plus incommodes de l'Ancien-l'expression la plus énergique de la vie de ces Vargi, le chant d'Hildebrand et de Hadebrand, retrouvé en 1812 par les frères Grimm, dans l'intérieur de la couverture du livre *De la sagesse*, vieux manuscrit de l'abbaye de Fulde. Ce fragment, qui rappelle les combats des héros d'Homère, a été traduit en français par M. Gley (langue des Francs, 1814), par M. Michelet, Histoire de France, 1er vol., p. 191, et par M. Ampère fils, dont nous reproduisons la traduction.

« J'ai ouï dire que se provoquèrent dans une rencontre Hildebrand et Hadebrand, le père et le fils. Alors les héros arrangèrent leur sarrau de guerre, se couvrirent de leurs vêtements de bataille, et par-dessus ceignirent leurs glaives. Comme ils lançaient les chevaux pour le combat, Hildebrand fils d'Herebrand parla : c'était un homme noble, d'un esprit prudent. Il demanda brièvement : Qui était ton père parmi la race des hommes, ou de quelle famille es-tu ? Si tu me l'apprends, je te donnerai un vêtement de guerre à triple fil ; car je connais, ô guerrier ! toute la race des hommes.

Hadebrand, fils d'Hildebrand : Des hommes vieux et sages dans mon pays, qui maintenant sont morts, m'ont dit que mon père se nommait Hildebrand. Je m'appelle Hadebrand. Un jour, il s'en alla vers l'est ; il fuyait la haine d'Odoacre (Othachr), il était avec Théodoric (Theothrich) et un grand nombre de héros. Il laissa seuls dans son pays sa jeune épouse, son fils encore petit, ses armes qui n'avaient plus de maître ; il s'en alla de l'autre côté de l'est. Depuis, quand commencèrent les malheurs de mon cousin Théodoric, quand il fut un homme sans amis, mon père ne voulut plus rester avec Odoacre. Mon père était connu des guerriers vaillants ; ce héros intrépide combattait toujours à la tête de l'armée ; il aimait trop à combattre, je ne pense pas qu'il soit encore en vie.

— Seigneur des hommes, dit Hildebrand, jamais du haut du ciel tu ne permettras un combat semblable entre hommes du même sang. Alors il ôta un précieux bracelet d'or qui entourait son bras, et que le roi des Huns lui avait donné. Prends-le, dit-il à son fils, je te le donne en présent. Hadebrand, fils d'Hildebrand, répondit : C'est la lance à la main, pointe contre pointe, qu'on doit recevoir de semblables présents. Vieux Hun ! tu es un mauvais compagnon ; espion rusé, tu veux me tromper par tes paroles, et moi je veux te jeter bas avec ma lance. Si vieux, peux-tu forger de tels mensonges ? Des hommes de mer, qui avaient navigué sur la mer des Vendes, m'ont parlé d'un combat dans lequel a été tué Hildebrand, fils d'Herebrand. Hildebrand, fils d'Herebrand dit : Je vois bien à ton armure que tu ne seras aucun chef illustre, et que dans ce royaume tu n'as rien fait de vaillant. Hélas ! hélas ! Dieu puissant ! quelle destinée est la mienne. J'ai erré hors de mon pays 60 hivers et 60 étés. On me plaçait toujours à la tête des combattants ; dans aucun fort on ne m'a mis les chaînes aux pieds, et maintenant il faut que mon propre enfant me pourfende avec son glaive, m'étende mort avec sa hache, ou que je sois son meurtrier. Il peut t'arri-

(*) Nous croyons devoir insérer ici, comme

Monde. La Germanie elle-même en était incessamment fatiguée. Mais c'était l'empire surtout qui avait à souffrir de leur humeur aventureuse; car là seulement était cet or dont les Barbares de tous les temps et de tous les lieux se sont montrés si avides, que ce soit celui du jardin des Hespérides, la toison des Argonautes, ou le trésor que Sigurd enlève au dragon Fafnir. La lâcheté des empereurs vint alimenter cette soif de l'or. Pour arrêter les Barbares, ils leur jetèrent les richesses que Rome avait arrachées au monde, oubliant que la paix ne peut s'acheter, parce que celui qui l'a vendue, comme a dit un grand publiciste, n'en est que plus en état de la faire acheter encore. Bientôt ils allèrent plus loin ; non contents de payer les Barbares pour avoir la paix, ils les achetèrent eux-mêmes pour en remplir leurs légions. Les chefs de ces bandes devinrent centurions, tribuns ; toutes les hautes charges de la milice furent pour eux; et s'il avait été donné à un Romain de l'ancienne république de voir les césars des troisième et quatième siècles, il se serait bien étonné de reconnaître le sagum des légionnaires sur les épaules d'un Goth ou d'un Franc. Sous les fils de Constantin, ceux qui commandent les armées romaines sont presque tous des chefs de bande au service de l'empire. A la fin du quatrième siècle, Arbogaste, un chef franc, fit des empereurs, dédaignant de prendre la pourpre pour lui-même.

Ces bandes guerrières durent nécessairement dépouiller bientôt leur caractère national, perdues qu'elles

---

ver facilement, si ton bras te sert bien, que tu ravisses à un homme de cœur son armure, que tu pilles son cadavre. Fais-le, si tu crois en avoir le droit, et que celui-là soit le plus infame des hommes de l'Est qui te détournerait de ce combat dont tu as un si grand désir. Bons compagnons qui nous regardez, jugez dans votre courage qui de nous deux aujourd'hui peut se vanter de mieux lancer un trait, qui saura se rendre maître de deux armures. Alors ils firent voler leurs javelots à pointe tranchante, qui s'arrêtèrent dans leurs boucliers, puis s'élancèrent l'un sur l'autre. Les haches de pierre résonnaient..... Ils frappaient pesamment sur leurs blancs boucliers ; leur armure était ébranlée, mais leurs corps demeuraient immobiles....

étaient au milieu de l'empire. Les vrais Germains sont les tribus qui restent au-delà du Rhin, et conservent, au sein de leurs forêts, leurs vieilles traditions et les usages de leurs pères. C'est à ceux-ci surtout que se rapportera le tableau que nous allons tracer rapidement des mœurs de l'ancienne Germanie.

ORGANISATION DE LA FAMILLE.

LE CHEF DE FAMILLE.

Chez les Germains comme chez presque tous les autres peuples barbares, la famille était la base et l'image de la société tout entière. Chez eux le père de famille n'avait point, comme dans la vie patriarcale, ou comme dans la Rome primitive, un pouvoir absolu sur tous les membres de la famille. Ce n'était point toujours le plus ancien, c'était le plus fort, celui qui s'était illustré par son courage, qui en était le représentant. L'assemblée de la tribu n'avait rien à voir dans ce qui concernait le régime intérieur des familles. Les contestations, les héritages, tout se réglait d'après d'anciennes coutumes auxquelles on obéissait aisément, car elles étaient sacrées aux yeux de tous. Le droit d'aînesse était ignoré de la plupart des Barbares qui savaient respecter l'équité plus que ne le firent jamais les Romains. Non seulement il y avait partage égal entre tous les enfants, mais souvent le dernier né, c'est-à-dire, celui qui paraissait le plus faible, recevait une part plus large. Lorsque les frères, dit la loi gallique, ont partagé le bien de leurs pères, le plus jeune a la meilleure maison, les instruments de labourage, la chaudière de son père, son couteau et sa cognée. C'est le même sentiment de douce moralité qui leur faisait stipuler, en faveur des femmes enceintes, qu'elles pourraient cueillir des fruits aux arbres des chemins, sans être soumises aux peines portées contre ceux qui prenaient le bien d'autrui.

FEMMES.

Les femmes, chez les Germains, comme chez plusieurs peuplades américaines, cultivaient la terre. Ce n'est pas qu'elles fussent placées dans une condition inférieure; elles suivaient leurs époux au combat, et plus d'une fois, comme la mère et la femme de Théodoric, elles les ramenèrent à l'ennemi devant qui ils fuyaient. « On rapporte ses blessures à une mère, à une épouse, et celles-ci ne craignent pas de compter les plaies, d'en mesurer la grandeur. Dans la mêlée elles portent aux combattants la nourriture et des exhortations.

« On a vu, dit-on, des armées chancelantes et à demi rompues, que des femmes ont ramenées à la charge par l'obstination de leurs prières, en présentant le sein aux fuyards, en leur montrant devant elles la captivité, que les Germains redoutent bien plus vivement pour leurs femmes que pour eux-mêmes. Ce sentiment est tel, que les cités dont la foi est le mieux assurée sont celles dont on a exigé, parmi les otages, quelques filles de distinction. Ils croient même qu'il y a dans ce sexe quelque chose de divin et de prophétique : aussi ne dédaignent-ils pas ses conseils, et font-ils grand cas de ses prédictions. Nous avons vu, sous Vespasien, Véléda honorée de la plupart comme une divinité. Plus anciennement, Aurinie et beaucoup d'autres reçurent leurs adorations, et ce n'était point flatterie : ils ne s'imaginaient pas faire des déesses (*). »

Aussi la femme a-t-elle grandi dans la Germanie; elle n'est plus comme dans l'Orient l'esclave de l'homme, elle est devenue sa compagne; comme lui, elle donne son travail à la communauté. Elle a dans la famille sa part de fatigue, dans les combats sa part de danger; elle ne fait qu'un avec l'homme, elle vit et meurt avec lui : *sic vivendum, sic pereundum*. Leur rôle dans l'Olympe germanique n'est point de présider aux ris et aux plaisirs. L'austère Minerve elle-même ne ressemble guère à la Walkyrie scandinave, la déesse des batailles, qui, traversant les airs sur des chevaux blancs, vient enlever les guerriers tombés dans la mêlée, et les emmène au Walhalla, en faisant resplendir au loin derrière elle les auréoles de sa lance.

Ainsi, la femme, en se plaçant dans la Germanie à côté de son époux, a préparé elle-même sa propre réhabilitation dans les temps modernes.

ESCLAVES.

L'esclavage n'était point inconnu des Germains. Les prisonniers faits à la guerre, les habitants du territoire conquis dépendaient de ceux à qui le sort les avait donnés. Mais ces esclaves n'habitaient point la maison du maître : les soins intérieurs appartenaient à la femme et aux enfants. Traités le plus souvent comme des fermiers, ils recevaient une certaine portion de terre qu'ils cultivaient eux-mêmes, et pour laquelle ils payaient à leurs maîtres une redevance en blé, bétail et vêtements. Dans cette société livrée à la violence, l'esclave, comme l'étranger, n'avait aucun droit, il ne pouvait que réclamer la protection de son maître intéressé à défendre sa chose, sa propriété. Mais par cela seul qu'il vivait ordinairement loin de la maison, en dehors de la famille, il était rare qu'il fût frappé, chargé de fers, ou soumis à un travail forcé. « Quelquefois, dit Tacite, les Germains tuent leurs esclaves, non par sévérité, mais dans un mouvement de colère, comme on tue un ennemi. » Ainsi, l'esclavage domestique n'existait point parmi les Germains : c'était avoir fait un pas immense sur le reste du monde antique; c'était être arrivé presque à remplacer l'esclavage par la servitude de la glèbe, qui n'est elle-même qu'une transition entre l'oppression dégradante des habitants des campagnes, et leur complète émancipation. Nous aurons plus tard occasion de revenir sur cet im-

---

(*) Tacite.

portant changement survenu dans la condition de plus d'une moitié de l'humanité. Ce sujet est un des plus importants de l'histoire du moyen âge.

ORGANISATION DE LA TRIBU.

Nous venons de voir l'organisation de la famille chez les Germains ; nous examinerons maintenant l'organisation de la tribu.

« Les petites affaires, dit Tacite, sont soumises à la délibération des chefs ; les grandes, à celle de tous. Et cependant celles mêmes dont la décision est réservée au peuple sont auparavant discutées par les chefs. On se rassemble, à moins d'un événement subit et imprévu, à des jours marqués, quand la lune est nouvelle ou qu'elle est dans son plein : ils croient qu'on ne saurait traiter les affaires sous une influence plus heureuse. Ce n'est pas, comme chez nous, par jours, mais par nuits qu'ils calculent le temps : ils donnent ainsi les rendez-vous, les assignations. La nuit leur paraît marcher avant le jour. Un abus naît de leur indépendance : c'est qu'au lieu de se rassembler tous à la fois, comme s'ils obéissaient à un ordre, ils perdent deux ou trois jours à se réunir. Quand l'assemblée paraît assez nombreuse, ils prennent séance tout armés. Les prêtres, à qui est remis le pouvoir d'empêcher le désordre, commandent le silence. Ensuite le roi, ou celui des chefs que distinguent le plus son âge, ou sa noblesse et ses exploits, ou son éloquence, prend la parole, ou se fait écouter par l'ascendant de la persuasion, plutôt que par l'autorité du commandement. Si l'avis déplaît, on le repousse par des murmures ; s'il est approuvé, on agite les framées. Ce suffrage des armes est le signe le plus honorable de leur assentiment. »

ROIS. — CHEFS.

Ces chefs dont parle Tacite sont ceux qu'ont illustrés le souvenir des exploits de leurs pères ou les leurs. Au-dessus d'eux se trouve d'ordinaire une antique famille, revêtue seule d'une sorte de caractère sacré, et qui a le privilége de fournir des rois à la nation. Ainsi, les Goths prenaient toujours leurs rois dans deux familles qui descendaient des Ases ou demi-dieux, les Amali et les Baldi ; les Francs prenaient les leurs dans la famille des Mérowig. Ces rois présidaient aux cérémonies religieuses de la tribu, aux assemblées du peuple ; mais ils avaient si peu de puissance réelle, qu'ils n'étaient point toujours les chefs de la nation pendant la guerre : alors on n'avait égard qu'à la valeur.

PRÊTRES.

Les prêtres avaient une grande influence ; eux seuls pouvaient punir, emprisonner et frapper, comme si les Germains n'avaient consenti à courber la tête que sous la main de leurs dieux. Le principal office des prêtres, c'était la divination. Pour consulter le sort, ils coupaient une baguette à un arbre fruitier, la divisaient en plusieurs morceaux qu'ils marquaient de certains signes, et laissaient tomber au hasard sur une toile blanche ; puis, invoquant les dieux, ils levaient trois fois chaque morceau, et tiraient les pronostics d'après les signes qu'ils portaient. Dans les circonstances graves, on interrogeait le chant et le vol des oiseaux, mais surtout les hennissements des chevaux blancs, nourris dans les bocages sacrés, et qui, dans ce cas seulement, étaient attelés à un char consacré. Quelquefois aussi, pour connaître l'issue d'une guerre importante, ils faisaient combattre un prisonnier de la nation ennemie contre un guerrier choisi parmi eux. La nation de celui qui avait vaincu ne pouvait manquer de l'emporter.

Nous devons dire que plusieurs historiens de l'Allemagne n'ont vu aucune différence entre les prêtres et les chefs du peuple ; on ne trouve pas en effet que ces prêtres aient formé dans la Germanie, comme chez les Celtes, un ordre à part ; une caste sacerdotale proprement dite. Tacite affirme lui-même que les simples chefs de famille prenaient les auspices dans toutes les affaires qui les intéressaient.

PROPHÉTESSES.

Il n'existait pas chez les Germains de femmes chargées des sacrifices ordinaires ; mais comme nous l'avons déjà dit en citant les paroles de Tacite, les peuples de la Germanie reconnaissaient souvent aux femmes un pouvoir surnaturel pour lire dans l'avenir. Ainsi, d'après le témoignage de Strabon, nous voyons déjà, dans l'armée des Cimbres, des prophétesses qui, pieds nus, laissaient flotter leurs longs cheveux gris, leurs voiles transparents, leurs robes blanches que serrait au corps une ceinture d'airain. Elles allaient l'épée à la main au-devant des prisonniers qu'on amenait au camp, leur mettaient une couronne sur la tête et les conduisaient à une chaudière d'airain, au-dessus de laquelle elles leur ouvraient la gorge, pour tirer ensuite des présages de la manière dont leur sang coulait. Dans les batailles elles frappaient des peaux qui étaient tendues sur leurs chars, afin d'effrayer l'ennemi par le bruit horrible qu'elles produisaient.

Ces prêtresses, nommées plus tard *Alrunes*, étaient chargées de tracer les runes sur les branches prophétiques qui servaient à connaître l'avenir. On les voyait rarement au milieu de la peuplade, car, comme nous l'avons vu en parlant de Véléda, elles habitaient au fond des bois sacrés, sans que personne osât s'approcher de leur retraite mystérieuse. Aussi les appelait-on les vierges des forêts. Mais quand le christianisme eut pénétré dans la Germanie, ces prêtresses solitaires restant étrangères au culte qui s'étendait autour d'elles, n'apparurent plus que comme les ministres des puissances infernales : les vierges des forêts (*Hagessen*) devinrent les sorcières (*Hexen*).

Ces baguettes où les Hagessen traçaient les caractères sacrés, servaient aussi d'amulettes comme les cylindres babyloniens. Chez les Estyens, ces amulettes avaient la forme d'un sanglier, animal symbolique qui figure dans toutes les religions des peuples germaniques et chez la plupart des Slaves. Les guerriers les portaient au cou en guise de talisman pour se mettre à l'abri des coups de l'ennemi, comme les chevaliers du moyen âge, qui, malgré toute leur bravoure, n'étaient pas fâchés d'avoir une relique sous leur cuirasse.

JUGES.

C'était le conseil de la tribu, c'est-à-dire la réunion des chefs qui jugeait les causes capitales ; mais, dans l'assemblée générale, on choisissait des juges pour rendre la justice dans les divers cantons occupés par la tribu : chacun de ces juges avait cent assesseurs tirés du peuple, afin que les accusés fussent jugés par leurs pairs. L'on voit que l'institution du jury est ancienne ; elle est plus vieille que l'axiome de l'ancienne monarchie : « Toute justice émane du roi seul. »

Le tribunal était placé d'ordinaire sur une colline, sous de vieux chênes. Le plaignant devait prouver l'accusation par serment et par témoins. Lorsque le juge ne se croyait pas assez éclairé pour donner sa décision, c'était à la divinité que l'on demandait de prononcer elle-même, et l'on recourait alors à l'épreuve du feu ou du combat singulier. Cette coutume germanique devint populaire dans toute l'Europe féodale. Les peuples, dans leur ignorance et leur foi naïve, ne croyaient pas pouvoir mieux faire que de mettre Dieu à la place du juge dans les cas difficiles.

DROIT GERMANIQUE.

Il nous reste maintenant à exposer en peu de mots ce qu'on appelle l'ancien droit germanique, c'est-à-dire les coutumes qui réglaient les rapports des divers membres de la tribu germanique. Comme celui de tous les peuples peu avancés dans la civilisation, l'ancien droit germanique ne consistait qu'en un petit nombre de coutumes consacrées par le temps. Grimm, dans son beau livre, en a recueilli toutes les formules, souvent si poétiques et si belles (*).

WEHRGELD.

Une coutume particulière aux peuples de la Germanie, c'était la composition, le Wehrgeld. Si l'on trouvait un homme mort, sans qu'on pût savoir qui l'avait tué, il était religieusement enterré; mais l'on attachait au cou du cadavre une corde dont le bout sortait de terre. Après quelques jours, le corps était tiré de la fosse; tous approchaient tour à tour à trois pas du cadavre, répondaient à chacun des trois derniers pas à une imprécation solennelle du juge; puis, prenant la corde, ils traînaient le mort sur la terre nue. Le corps ne manquait jamais de saigner par sa blessure, lorsque le meurtrier saisissait la corde. C'était en quelque sorte un jugement de Dieu. Il fallait alors que l'homicide payât le prix du sang versé. La composition variait selon la condition du mort (**). Si le meurtrier n'était point assez riche, sa famille, regardée en quelque sorte comme solidaire de son crime (***), devait l'aider à payer le Wehrgeld; si les ressources étaient insuffisantes, il lui fallait quitter le canton; il devenait *Vargus*. Ce n'était point le meurtre seulement qu'on pouvait payer avec de l'argent; toute blessure, toute injure même avait son Wehrgeld.

Ainsi, les Germains ne donnaient point la vie pour la vie; de l'or suffisait, ou plus souvent des bestiaux, des chevaux, enfin les richesses que connaissaient ces Barbares. Il y avait cependant un crime qu'ils punissaient par la mort. Les traîtres et les transfuges étaient pendus aux arbres. Ceux qui fuyaient dans les combats étaient plongés dans la fange d'un bourbier, et périssaient noyés sous une claie.

FORMULES JURIDIQUES.

Vico, qui a eu une si nette intelligence des temps barbares, a dit un mot que justifie tout ce que nous savons des anciennes formules du droit germanique. Les hommes, dit-il, étant naturellement poètes, la première jurisprudence fut poétique; elle introduisait une foule de déguisements, de voiles, de symboles. Aussi l'*ancien droit* n'était-il qu'un *poëme sérieux*. L'on pourrait ajouter que, dans les âges de barbarie, l'absence de toute force publique capable de faire observer le droit, rend nécessaire de consacrer toutes les transactions, en les enveloppant de formes mystérieuses, qui, par cela même qu'elles ne sont point comprises, rendent l'acte plus grave, plus religieux, et mettent, pour ainsi dire, la transaction sous la sauvegarde de la divinité. Dieu prend alors la place de la loi. L'ancien droit romain est riche en ce genre : les *acta legitima* ou formules juridiques y sont nombreuses.

La jurisprudence des Germains était de même toute en action et en symboles. Nous en donnerons ici quelques exemples, qui se rapportent incontestablement à l'époque qui nous occupe. Nous nous réservons d'en parler plus longuement lorsque la codification des lois barbares nous aura donné le droit de présenter un tableau de l'ancien droit germanique.

Pour conclure un contrat, on levait une motte de terre gazonnée, et les deux contractants faisaient couler au-dessous leur sang mêlé. Ainsi la terre du champ vendu recevait elle-même et conservait les serments de l'acheteur et du vendeur (*).

(*) *Deutsche rechte Alterthümer, von Jacob Grimm*. Göttingen, 1828.

(**) Nous entrerons dans plus de détails lorsque nous serons arrivés à l'époque où ces vieilles coutumes furent écrites.

(***) Ceci sera plus tard expliqué quand nous parlerons des *cojuratores*.

(*) « A Rome, lorsqu'il s'agissait de la possession d'un fonds de terre, les deux parties

Au témoignage de Pline, présenter l'herbe à son ennemi, c'était, chez les Germains, s'avouer vaincu. Ainsi, Plaute fait dire à l'un de ses personnages, qui demande grace, *herbam do*, je te présente l'herbe.

Chez les Langobards, la flèche était le symbole de l'affranchissement. Affranchir par la flèche, c'était sans doute donner à l'esclave le droit de porter les armes de l'homme libre.

Chez les Cattes, le guerrier s'emprisonnait le bras dans un anneau de fer; mais c'était une marque ignominieuse, car il ne pouvait s'en délivrer qu'après avoir tué un ennemi. Ainsi, chez les anciens Macédoniens, la loi forçait tout soldat qui n'avait pas renversé un ennemi de porter un licou.

Le jet d'une flèche, d'une hache, d'un marteau, était une mesure consacrée. Celui qui défrichait une terre voisine de la *marche*, pouvait, pour garantir son champ, lancer le marteau dans la marche, et il possédait jusqu'à l'endroit où le marteau était tombé.

DIVISION DU TERRITOIRE.

Les Germains ne bâtissaient point de villes : ils n'aimaient point les habitations réunies. Chaque famille s'arrêtait à son choix au bord d'une fontaine, à l'ombre d'une forêt, dans un champ qui lui promettait une facile culture. De même que les Gaulois, ils se creusaient des souterrains pour se mettre l'hiver à l'abri du froid, pour y déposer leurs grains, pour y cacher leurs richesses, en cas d'invasion. La réunion d'un certain nombre de ces habitations formait un canton que limitait la rivière ou la colline voisine.

C'est ici le lieu de remarquer que la race germanique, principalement les tribus gothiques et saxonnes, celles que nous avons déjà montrées comme produisant en Germanie un mouvement plus spiritualiste, empruntant aux divisions astronomiques leurs dénominations territoriales; elles marchaient, en quelque sorte, les yeux fixés au ciel : ainsi Westphalie, Ostfrise, Westfrise, Neustrie, Ostrasie, en Germanie; Essex, Sussex, Wessex, etc., pour les royaumes saxons fondés en Angleterre. Ainsi encore les Goths de l'est et les Goths de l'ouest, Ostrogoths et Wisigoths.

Les Celtes nommaient plus volontiers leurs villes d'après les accidents du sol qu'ils occupaient. *Celles* vient de *coillr*, bois, forêt; *Arvernes*, de *ar*, haut, et de *veran*, contrée (hommes des hautes contrées, des montagnes); *Allobroges*, de *all*, haut, et *brog*, village (*).

Chacune des divisions du territoire avait un chef choisi dans l'assemblée générale; ces chefs conservaient leur office, sans doute, comme dit plus tard la loi bavaroise, tant qu'ils pouvaient siéger au tribunal, marcher à la tête de l'armée, monter virilement à cheval, et brandir encore leurs armes avec force et légèreté.

ORGANISATION MILITAIRE.
COMPAGNONNAGE MILITAIRE.

Tous les hommes libres portent les armes, tous vont au combat sous les chefs de la tribu ou sous celui qu'ils ont eux-mêmes choisi. En effet, « une naissance illustre ou les services éclatants d'un père donnent à quelques-uns le rang de prince dès la plus tendre jeunesse; les autres s'attachent à des chefs dans la force de l'âge et dès long-temps éprouvés; et ce rôle de compagnon n'a rien dont on rougisse : il a même ses distinctions réglées sur l'estime du prince dont on forme la suite. Il existe entre les compagnons une émulation singulière à qui tiendra

---

se saisissaient les mains, simulaient une espèce de combat, et allaient ensuite chercher une motte du fonds en litige, course à laquelle on substitua dans la suite deux formules, l'une prononcée par le préteur (*inite viam*), et l'autre par un tiers (*redite viam*), qui la supposaient entreprise et terminée à l'audience. » Michelet, Histoire romaine. Ier vol., p. 358, 2e édition.

(*) Voyez M. Amédée Thierry, Histoire des Gaulois, t. I et t. II passim.

ALLEMAGNE.

la première place auprès de son prince; entre les princes, à qui aura le plus de compagnons et les plus courageux. C'est là la dignité, c'est la puissance, d'être toujours entouré d'une jeunesse nombreuse et choisie; c'est un ornement dans la paix, un rempart dans la guerre. Et celui qui se distingue par le nombre et la bravoure de son escorte, devient glorieux et renommé, non-seulement dans sa patrie, mais encore dans les cités voisines. On le recherche par des ambassades, on lui envoie des présents; souvent son nom seul fait le succès d'une guerre.

« Sur le champ de bataille, il est honteux au prince d'être surpassé en courage; il est honteux à la troupe de ne pas égaler le courage de son prince. Mais un opprobre dont la flétrissure ne s'efface jamais, c'est de lui survivre et de revenir sans lui du combat. Le défendre, le couvrir de son corps, rapporter à sa gloire ce qu'on fait soi-même de beau, voilà le premier serment de cette milice. Les princes combattent pour la victoire, les compagnons pour le prince. Si la cité qui les vit naître languit dans l'oisiveté d'une longue paix, ces chefs de la jeunesse vont chercher la guerre chez quelque peuple étranger: tant cette nation hait le repos! D'ailleurs on s'illustre plus facilement dans les hasards; et l'on a besoin du règne de la force et des armes pour entretenir de nombreux compagnons, car ce cheval de bataille, cette sanglante et victorieuse framée, sont un tribut levé sur la générosité du prince. Sa table, d'une somptuosité grossière, mais dispendieuse, tient lieu de solde. Sa munificence est dans le pillage et les guerres. Vous leur persuaderiez bien moins de labourer la terre et d'attendre l'année, que d'appeler des ennemis et de chercher des blessures. C'est à leurs yeux paresse et lâcheté que d'acquérir par la sueur ce qu'ils peuvent se procurer par le sang (*). »

(*) Tacite.

MANIÈRE DE COMBATTRE.

Les Germains combattaient le plus souvent à pied. Tacite ne paraît pas faire grand cas de leur cavalerie. « Leurs chevaux, dit-il, ne sont remarquables ni par la beauté, ni par la vitesse. On ne les dresse point aux évolutions: ils ne savent que les pousser impétueusement en avant. » En général, c'est l'infanterie qui faisait la force des armées germaniques. Aussi dans les combats en mêlaient-ils avec la cavalerie. Des hommes capables de suivre à pied la rapidité des chevaux étaient choisis, pour ce service, dans toute la jeunesse, et placés à la première ligne. Le nombre en était fixé à cent par canton.

Leur ordre de bataille le plus ordinaire était le coin, à la pointe duquel se plaçaient les plus braves, comme dans les héroïques batailles des Suisses contre les Autrichiens. Quelquefois cependant leurs armées s'étendaient en une ligne immense; mais alors les guerriers du premier rang, comme les Cimbres à Verceil, avaient soin de se lier ensemble par des chaînes en fer, afin de résister au choc de l'ennemi.

Ainsi qu'à Sparte, c'était le comble du déshonneur de revenir sans son bouclier. Le guerrier germain qui ne pouvait le montrer après une bataille, était chassé alors du conseil public, et ne pouvait souiller de sa présence les cérémonies religieuses.

Comme tous les Barbares, les Germains avaient des chants de guerre pour les exciter au combat. Avant d'en venir aux mains avec les ennemis, ils faisaient entendre le *bardit*, chant religieux et guerrier, d'où ils auguraient quel succès aurait la bataille. « Car, dit Tacite, ils tremblent, ou font trembler, selon la manière dont l'armée a entonné le bardit; ce sont moins des paroles que le bruyant concert de l'enthousiasme guerrier. On s'attache à le former des plus rudes accents, de sons rauques et brisés, en serrant le bouclier contre sa bouche, afin que la voix répercutée s'échappe plus forte et plus retentissante. » On se rappelle l'effroi jeté dans les troupes de Marius par les sons du bardit des Cimbres.

ARMES.

L'arme favorite des Germains était la framée, pique assez courte et très-acérée, dont ils se servaient, suivant l'occasion, de près comme de loin. Parmi tant de peuplades diverses, les armes devaient nécessairement varier : les uns avaient des massues, des maillets, des marteaux, des angons à deux crochets, mais surtout des haches à deux tranchants, que souvent ils lançaient à l'ennemi avec une force irrésistible. D'autres avaient des frondes, des flèches armées d'os pointus, des filets dont ils enveloppaient l'ennemi pour entraver ses mouvements ou l'entraîner à eux tout vivant. Leurs boucliers, formés d'osier, et recouverts de peaux de bêtes, étaient peints de diverses couleurs : c'est là qu'ils déployaient toute leur coquetterie militaire.

Comme le fer n'abondait point chez eux, ils avaient peu de casques et de cuirasses. Cependant les cavaliers cimbres, les chefs sans doute, portaient des casques en forme de gueules ouvertes et de mufles de toutes sortes de bêtes étranges et effroyables à voir. Ils les rehaussaient encore par des panaches faits comme des ailes et d'une hauteur prodigieuse, afin de paraître plus grands et plus terribles. Ils se couvraient aussi de brillantes cuirasses de fer, et portaient au bras des boucliers blancs.

Leurs étendards n'étaient souvent que les sauvages représentations des animaux de leurs forêts. Durant la paix, ils étaient déposés dans les bois sacrés, d'où ils ne sortaient que quand la peuplade entière allait au combat. C'est ainsi que *les immobiles*, drapeaux sacrés des Gaulois boïens, furent tirés des temples de la tribu, lorsque dans l'intervalle des deux guerres puniques, les Cisalpins, voulant en finir avec Rome, jurèrent de ne détacher leurs baudriers qu'après être montés au Capitole.

VIE PRIVÉE.

L'homme barbare passe habituellement de l'activité la plus dévorante durant la guerre, à la plus complète oisiveté pendant la paix. Ainsi les chefs américains croiraient se déshonorer si, après avoir enterré la hache de guerre, ils faisaient autre chose qu'assister aux conseils de la peuplade. De même en Germanie, le temps que les chefs ne donnaient point à la guerre, ils le passaient à chasser, mais surtout à manger et à dormir. Leurs festins étaient fréquents : souvent ils y traitaient les affaires les plus importantes ; et, comme dans ce cas ils s'y rendaient toujours en armes, souvent l'ivresse amenait des querelles : alors le sang coulait.

Le héros indien d'un roman de Cooper, Mathorée (*), pourrait être, s'il avait moins d'astuce, le représentant des anciens Germains. Comme lui, ces chefs, riches le lendemain de la victoire, distribuaient tout leur butin à leurs compagnons, sûrs qu'ils étaient qu'à leur tour les compagnons veilleraient à ce que, durant la paix, la case du chef ne restât pas vide. Il était d'usage, en effet, que les chefs reçussent des dons en troupeaux et en grains, pour lesquels tout le canton contribuait par tête.

La polygamie était presque inconnue de ces Barbares ; il n'y avait guère d'exception que pour les chefs : encore ne prenaient-ils plusieurs femmes que parce que plusieurs familles ambitionnaient leur alliance. La femme était, pour ainsi dire, achetée ; elle n'apportait point de dot : c'était l'époux qui envoyait des présents au père et à la mère de la fiancée. C'étaient d'ordinaire des bœufs, un cheval tout bridé, un bouclier avec la framée et le glaive, mystérieux symboles qui

(*) Dans la Prairie, le dernier livre de cette trilogie où le rival de Walter-Scott a si bien représenté le caractère des indigènes de l'Amérique du nord, mais en ne montrant toutefois que le côté idéal de cette vie barbare.

apprennent à la femme qu'elle doit être guerrière comme son époux, qu'elle doit partager ses travaux et ses périls. Ce dépôt qu'elle accepte, elle devra le rendre pur et honorable à ses enfants, de qui les brus le recevront pour le transmettre à ses petits-fils (*).

Le mariage contracté sous de tels auspices était un sérieux engagement qui était rarement rompu. « Très-peu d'adultères se commettent, dit Tacite, dans une nation si nombreuse; et le châtiment, qui suit de près la faute, est abandonné au mari. On rase la coupable, on la dépouille, et, en présence des parents, le mari la chasse de sa maison, et la poursuit à coups de verges par toute la bourgade. »

Le lendemain des noces, la jeune fiancée recevait de son mari le *Morgengabe*, ou *présent du matin*, qui restait sa propriété (**).

Chaque mère allaitait elle-même ses enfants, et c'est au milieu d'une sale nudité que grandissaient ces corps dont

---

(*) Tacite.

(**) Chez les peuplades celtiques, les cérémonies des fiançailles différaient essentiellement. Le père de la jeune fille invitait à un festin tous ceux qui aspiraient à sa main. A la fin du repas, la jeune fille entrait, faisait le tour de la table en tenant une coupe pleine qu'elle présentait à celui qu'elle choisissait pour son époux. C'est ainsi que commença la fortune de Marseille. Un chef voisin voulait marier sa fille. Le jour du repas arrivent des Grecs de la ville de Phocée; ils prennent place à la table. Lorsque la jeune fille entra, ce fut devant leur chef qu'elle s'arrêta pour lui offrir la coupe. Les Gaulois, indignés qu'un étranger vînt leur ravir une fiancée, voulaient courir sus aux Grecs, mais le vieux chef fit respecter l'hospitalité et les droits de sa fille. Il prit pour gendre le chef des Phocéens, et lui donna un canton où les Grecs, commerçants et industriels, fondèrent la ville de Marseille. Il en arriva de même lorsque les Saxons descendirent en Angleterre pour la première fois. Un de leurs chefs admis à la table de Wortigern reçut des mains de la fille du vieux breton la coupe qui le désignait pour son fiancé.

4ᵉ *Livraison*. (ALLEMAGNE.)

la haute taille et la beauté étonnaient les Romains. Abandonnés à eux-mêmes lorsqu'ils n'avaient plus besoin de la surveillance de leurs mères, on les voyait courir à travers les champs, s'exposant sans vêtements à toutes les rigueurs des saisons, pour endurcir leurs corps.

Leurs jeux n'étaient que de périlleux divertissements: ils sautaient nus à travers les pointes menaçantes des glaives et des framées, comme les compagnons de Romulus à travers les tas de broussailles enflammées lorsqu'ils célébraient la fête de Palès.

Ils avaient de commun avec les Gaulois la passion des jeux de hasard. Ils s'acharnaient si follement au gain ou à la perte, que, quand ils n'avaient plus rien, ils jouaient encore dans un dernier coup de dé, leur personne et leur liberté.

Les guerriers n'avaient pour tout vêtement qu'un sarrau de toile qu'ils attachaient avec une agrafe, ou, à défaut d'agrafe, avec une épine. L'habillement des riches était moins simple: c'était un vêtement serré qui dessinait les formes du corps. Le pantalon des peuples modernes est d'origine germanique et gauloise (*): un peuple vivant presque toujours dans les bois ou dans des plaines marécageuses ne pouvait adopter la tunique grecque et romaine.

Dans les funérailles, ils brûlaient avec un bois particulier les corps des hommes illustres. Le bûcher était couvert des armes du mort; quelquefois même le cheval était brûlé avec son maître, afin que le guerrier pût trouver près de lui son cheval de bataille et ses armes, lorsqu'il entrerait

---

(*) Les monuments grecs et romains donnent ce vêtement à tous les Barbares, aux Amazones, aux Perses, aux Scythes, aux Daces, etc. Hérodote nous a conservé le nom qu'il avait chez les Scythes: ils l'appelaient *Sarabara*. En Russie, aujourd'hui encore, on désigne ce vêtement par le mot *charavari*, d'où nous avons fait *charivari* pour désigner particulièrement un pantalon que naguère encore portaient certains corps de cavalerie.

au Walhalla. Le tombeau, suivant la coutume de tous les peuples barbares, n'était qu'un tertre de gazon. On en trouve encore en Allemagne et dans les pays occupés par les Celtes (*). Vers la fin du siècle dernier, on a cru avoir découvert dans les plaines de la Troade les monticules sous lesquels avaient été ensevelis Achille et Patrocle.

DEUXIÈME PÉRIODE.

DEPUIS L'INVASION DE L'EMPIRE PAR LES BARBARES JUSQU'A L'ÉTABLISSEMENT D'UN ROYAUME ALLEMAND.

§ I. CONSIDÉRATIONS PRÉLIMINAIRES. — ÉTAT DE L'EMPIRE AU MOMENT DE L'INVASION.

Tout grand événement qui se produit dans le monde est légitime, par cela seul qu'il arrive : que ce soit l'invasion des Barbares, Luther, ou la révolution française. Ce n'est pas que nous voulions faire consister la moralité d'un acte dans son succès : une telle doctrine serait funeste si on l'appliquait à tous les événements de la vie d'un homme, ou même d'un peuple ; car elle ferait entrer la fatalité dans l'histoire, pour en chasser la responsabilité morale. Chacun de nous est comptable devant Dieu et devant les hommes de tous les actes de sa vie ; de même que chaque peuple est responsable de sa propre histoire. Mais il y a dans la vie de l'humanité certains moments graves et rares où la société est remuée jusque dans ses fondements, où les choses vont si vite et si droit à leur but, que les individus ne semblent être, pour quelque temps au moins, que les instruments d'une force plus puissante qui les pousse en avant à leur insu, et leur fait changer le monde. C'est ainsi que les Barbares qui, au quatrième siècle, envahissaient l'empire, assuraient qu'une main invisible les poussait sur Rome. Hâtons-nous de dire toutefois que le progrès de l'humanité, c'est d'enlever chaque jour quelque chose à cette puissance mystérieuse pour en augmenter la part de l'activité et de la responsabilité humaine. Grace à ce progrès, nous voyons aussi plus clair dans le passé : les anciens dieux sortent du sanctuaire ; ils se montrent au grand jour de l'histoire, et leur taille paraît moins haute, leur puissance plus bornée, leur action moins grande dans les choses de ce monde. Plus de demi-dieux, de héros qui passe aujourd'hui ses contemporains de la tête et de la ceinture. Ce n'est point que l'histoire se plaise à rabaisser les grands hommes des temps passés : non ; mais elle les explique, mais elle voit derrière un homme l'humanité qui le soutient et le grandit en l'élevant de ses propres mains au-dessus d'elle-même.

L'invasion des peuplades germaniques, la chute de l'empire, la formation d'un monde nouveau, en apparence plus barbare que celui qu'il remplaçait, ont long-temps paru des faits aussi funestes qu'inexplicables, et une longue réprobation a pesé sur les temps où ils se sont produits. D'abord, comme nous l'avons dit, le grand fait de l'invasion est juste et légitime à ce seul titre qu'il a eu lieu ; car nous qui croyons sincèrement que l'humanité n'est point enfermée dans un cercle de fer, nous qui pensons qu'elle avance, en suivant une ligne spirale, si l'on veut, mais qu'elle avance sans cesse, nous ne pouvons, même *a priori*, condamner une suite d'événements qui ont fait entrer le monde dans des voies nouvelles. D'un autre côté, si nous interrogeons les faits eux-mêmes, si nous cherchons où en était le monde sous les empereurs, et ce qu'il pouvait devenir entre leurs mains, à coup sûr il nous

---

(*) On a découvert dernièrement à l'embouchure de la Somme un tumulus celtique où se trouvaient rangées en pyramides plusieurs centaines de têtes. On a reconnu que ces têtes avaient été ainsi disposées très-peu de temps après avoir été coupées. Les antiquaires pensent que ce sont les têtes des esclaves ou des prisonniers de guerre immolés sur la tombe d'un chef.

sera facile de reconnaître que l'humanité avait besoin d'être rudement secouée pour sortir de sa léthargie, et qu'il fallait, pour ranimer ce vieux colosse décrépit de l'empire, que les peuples du Nord fissent couler dans ses veines appauvries un sang plus jeune et moins corrompu.

Rome, à cette époque, avait accompli sa tâche. Elle avait trouvé le monde divisé en mille nations inconnues, hostiles les unes aux autres, et, de sa puissante main, elle avait enlevé à tous ces peuples leur nationalité pour les enfermer dans les frontières d'un même empire. Puis, derrière les légions vinrent les légistes, les préteurs, qui, plaçant leur tribunal dans toutes les villes des vaincus, les forcèrent de venir bégayer la langue latine, et invoquer la loi romaine pour la défense de leurs intérêts. Ainsi, des bords du Rhin à ceux de l'Euphrate tout se trouva nivelé par Rome : on parla sa langue, on subit le joug de sa loi, on lui emprunta jusqu'à ses mœurs. Une immense unité succéda à l'infinie variété de l'ancien monde. La vie put alors circuler rapidement dans toutes les veines de ce grand corps; la vie, mais aussi la mort.

Graces à la conquête, les vaincus s'élevèrent peu à peu jusqu'à la civilisation des vainqueurs; les mœurs s'adoucirent, les idées s'étendirent, les provinces même les plus reculées se couvrirent de routes et de monuments; les arts de la Grèce reçurent droit de cité dans des villes jadis barbares; ainsi Autun fut surnommé la nouvelle Athènes. Enfin, à la faveur de l'universalité de la langue latine, le christianisme, c'est-à-dire, la religion de la civilisation, de la moralité, put s'étendre rapidement d'une extrémité à l'autre de l'empire. Là est le bienfait, là est l'immense résultat qui put seul faire oublier tous les maux qu'avait entraînés la conquête.

« Mais les bienfaits du despotisme sont courts, et il empoisonne les sources même qu'il ouvre. Il ne possède, pour ainsi dire, qu'un mérite d'exception, une vertu de circonstance; et dès que son histoire est passée, tous les vices de sa nature éclatent et pèsent de toutes parts sur la société.

« A mesure que l'empire, ou, pour mieux dire, le pouvoir de l'empereur s'affaiblit, à mesure qu'il se vit en proie à plus de dangers extérieurs et intérieurs, ses besoins devinrent plus grands et plus pressants; il lui fallut plus d'argent, plus d'hommes, plus de moyens d'action de tout genre; il demanda davantage aux peuples, et en même temps il s'occupa moins d'eux. Il envoyait plus de troupes sur les frontières pour résister aux Barbares; il en restait moins dans l'intérieur pour maintenir l'ordre. On dépensait plus d'argent à Constantinople ou à Rome pour acheter des auxiliaires ou satisfaire de dangereux courtisans; on en employait moins pour l'administration des provinces. Le despotisme se trouvait ainsi à la fois plus exigeant et plus faible, obligé de prendre beaucoup, et incapable de protéger même le peu qu'il laissait » (*).

Il faut voir dans les écrivains contemporains de quel poids pesait sur les provinces le fisc impérial. « Dioclétien, dit Lactance, Dioclétien, l'auteur de tant de crimes, l'artisan de tous nos maux, a osé porter ses mains avides jusque sur Dieu lui-même. C'est lui qui bouleversa l'univers, et par son avarice et par sa lâcheté. En effet, il associa trois nouveaux princes à son empire, divisant ainsi le monde en quatre parties, et multipliant les armées; car chacun d'eux prétendait avoir des forces militaires plus nombreuses que n'en avaient les premiers empereurs alors qu'ils dirigeaient seuls l'état. Bientôt le nombre des hommes salariés surpassa tellement celui des contribuables, que les ressources des colons étant épuisées par l'énormité des impôts, les campagnes furent abandonnées, et les champs cultivés se changèrent en forêts. Puis, pour semer partout la terreur, les provinces fu-

(*) Guizot, Histoire de la civilisation française, tom. I, pag. 63 et 64.

rent aussi fractionnées, et sur chaque pays, sur chaque ville, vinrent s'abattre de nombreux gouverneurs, suivis d'employés plus nombreux encore, les percepteurs, les inspecteurs du domaine, les vicaires des préfets. Or de tous ces fonctionnaires les actes civils sont très-rares, mais les condamnations, les proscriptions fréquentes, et les exactions de tout genre souvent répétées : c'est trop peu dire encore : continuelles ; et dans ces exactions mêmes, d'insupportables abus. Non moins intolérables sont les charges qu'on fait peser sur nous pour l'entretien des troupes.

« Ce même empereur, dans son insatiable avarice, ne consentant jamais à voir diminuer ses trésors, multipliait les impôts extraordinaires et les dons gratuits, pour conserver intactes et dans leur entier les richesses qu'il entassait. Ce fut encore lui qui, après avoir par différentes iniquités occasioné une cherté exorbitante, chercha à fixer par une loi le prix des marchandises. Alors beaucoup de sang fut versé pour de méprisables et futiles objets, et la crainte empêchant de mettre aucune marchandise en vente, la cherté s'accrut chaque jour davantage jusqu'à ce qu'enfin la nécessité elle-même fît abolir la loi.

« Ajoutez encore une indicible manie de bâtir, et les exactions auxquelles les provinces aussi se voyaient exposées pour fournir les ouvriers, les artisans, les voitures de transport, en un mot, tout ce qui est nécessaire pour des constructions. Ici s'élevaient des basiliques, ici un cirque, ici une monnaie, ici une manufacture d'armes ; là un palais pour son épouse, là un autre pour sa fille. Et tout à coup une grande partie de la ville était abandonnée ; tous émigraient avec leurs femmes et leurs enfants : on eût dit d'une ville prise par l'ennemi. Puis, quand ces édifices eurent été élevés en ruinant les provinces : « Cela n'est pas « bien fait, disait-il, qu'on le refasse. » Et il fallait qu'ils fussent jetés à terre et reconstruits sur un autre plan, pour être sans doute démolis de nouveau. Tel était le délire dans lequel le jetait son désir de faire de Nicomédie la rivale de Rome. Je ne parle pas de tous ceux qui périrent victimes de l'étendue de leurs domaines ou de leurs richesses ; c'est une chose que la pratique du malheur nous fait regarder comme habituelle, et presque comme autorisée ; mais un fait remarquable, c'est que s'il voyait un champ bien cultivé, un édifice richement construit, la peine capitale était réservée au propriétaire. On eût dit qu'il ne pouvait prendre le bien d'autrui sans verser du sang !

« Mais la calamité publique, le deuil universel, fut à son comble quand le fléau du cens une fois lâché sur les provinces et sur les villes, les censiteurs se répandirent partout et bouleversèrent tout. On eût dit une invasion ennemie, des prisonniers au pouvoir d'un vainqueur cruel. On mesurait les champs par mottes de terre ; les ceps de vignes et les arbres étaient comptés, les animaux de tout genre inscrits, les hommes eux-mêmes enregistrés ; et pour cette opération on rassemblait citadins et campagnards dans l'intérieur des villes ; les places publiques regorgeaient de familles réunies comme des troupeaux, car chacun était là avec ses enfants et ses esclaves. Partout retentissaient la torture et le fouet. On torturait les fils pour qu'ils déposassent contre leurs pères, les esclaves les plus fidèles pour qu'ils accusassent leurs maîtres, les femmes elles-mêmes pour qu'elles dénonçassent leurs maris. Ce moyen était-il impuissant, on torturait les suspects pour qu'ils se dénonçassent eux-mêmes ; et quand la douleur était victorieuse, on inscrivait ce qu'ils ne possédaient pas. L'âge, la santé ne pouvaient être une excuse. Les malades, les infirmes étaient traînés devant le censiteur ; on estimait l'âge de chacun, on ajoutait des années aux enfants, on en retirait aux vieillards. Tout était plein de deuil et de tristesse. Cette conduite, que jusqu'ici les vainqueurs seuls, autorisés par le droit de la guerre, avaient tenue à l'égard des vaincus, il la tient, lui, à l'égard des Romains et des peuples soumis aux Romains: et pourquoi? parce que ses parents ont été soumis au cens que Trajan vainqueur avait imposé aux Daces pour les punir de leurs continuelles rébellions.

« Cela fait, chaque tête était imposée pour une certaine somme, et l'existence s'achetait ainsi à prix d'argent. Et gardez-vous de croire qu'on s'en rapportait à ces premiers censiteurs ; on en envoyait de nouveaux, comme pour trouver davantage. Ceux-ci, bien qu'ils ne trouvassent rien, ajoutaient néanmoins au gré de leur caprice, afin de ne pas paraître envoyés pour rien. Cependant les animaux diminuaient, les hommes mouraient, et l'on n'en payait pas moins l'impôt pour les morts, afin qu'il ne fût permis, ni de vivre, ni même de mourir sans payer. Il ne restait que les mendiants dont on ne pût rien exiger, la misère et le malheur les avaient mis à l'abri de toute espèce d'injure. Mais cet homme impie eut pitié d'eux, et ne voulut pas les laisser dans le besoin. Il ordonna qu'ils fussent tous réunis, les fit transporter sur des barques et submerger en pleine mer. Tant était grande la compassion de cet homme, qui pourvut ainsi à ce qu'il n'y eût pas de malheureux sous son règne ! Ainsi, pour éviter que personne n'échappât au cens en se couvrant du masque de la mendicité, il fit mettre à mort une multitude de malheureux contre tous les droits de l'humanité. »

Sans doute Lactance, dans la diatribe à laquelle nous avons emprunté ce sombre tableau, est emporté trop loin par son zèle pour le christianisme et par sa haine contre Dioclétien ; mais, même en faisant la part de l'exagération, il reste encore une réalité bien triste et qu'atteste ce passage de Salvien, cité et traduit par M. de Châteaubriand dans ses Études historiques : « Il n'y a plus personne pour qui la prospérité d'autrui ne soit un supplice. Les citoyens se proscrivent les uns les autres : les villes et les bourgs sont en proie à une foule de petits tyrans, juges et publicains. Les pauvres sont dépouillés, les veuves et les orphelins opprimés. Des Romains vont chercher chez les Barbares une humanité et un abri qu'ils ne trouvent plus chez les Romains ; d'autres, réduits au désespoir, se soulèvent et vivent de vols et de brigandage ; on leur donne le nom de Bagaudes. On leur fait un crime de leur malheur ; et pourtant ne sont-ce pas les proscriptions, les rapines, les concussions des magistrats qui ont plongé ces infortunés dans un pareil désordre? Les petits propriétaires qui n'ont pas fui, se jettent entre les bras des riches pour en être secourus, et leur livrent leurs héritages. Heureux ceux qui peuvent reprendre à ferme les biens qu'ils ont donnés ! Mais ils n'y tiennent pas long-temps : de malheur en malheur, de l'état de colon où ils se sont réduits volontairement, ils deviennent bientôt esclaves. »

Le résultat de cette guerre impitoyable du fisc contre les habitants de l'empire, ce fut la dépopulation des campagnes. Les Ædues, la plus puissante tribu de la Gaule au temps de César, n'étaient plus compris, trois siècles plus tard, au temps de Constantin, que pour vingt-cinq mille têtes de capitation sur les rôles de l'impôt ; encore ce prince fut-il obligé d'en exempter sept mille d'un tribut qu'ils étaient hors d'état de payer. L'on trouve de même dans le code Théodosien un édit impérial exemptant de tout tribut, pour dix années, ceux qui voudront recevoir en don et remettre en culture trois cent trente mille acres de terres incultes et désertes, dans la Campanie, cette province la plus fertile de toute l'Italie. Aussi, l'abbé Dubos a-t-il pensé que le nombre des citoyens libres payant l'impôt ne s'élevait pas à cette époque, par tout l'empire, à plus de cinq cent mille (*).

(*) Une des causes principales de cette désolation de l'empire, c'est l'immense développement qu'avait pris l'esclavage et par

Si de ces campagnes désolées et à demi désertes nous passions aux villes, le spectacle serait plus affligeant encore. Bien que le nombre de ceux qui pouvaient payer l'impôt diminuât chaque jour d'une manière effrayante, il n'en fallait pas moins que la même somme entrât chaque année dans le trésor impérial. En vain les curiales, c'est-à-dire tous ceux qui possédaient au moins vingt-cinq arpents de terre, cherchaient à échapper aux charges qui pesaient sur eux; ils auraient volontiers abandonné leurs terres au fisc, mais le fisc n'en voulait point, il les enchaînait à leurs propriétés. Cent quatre-vingt-douze lois du seul code Théodosien avaient prévu tous les cas, toutes les ruses à l'aide desquelles un curiale cherchait à se débarrasser de son titre. Il ne pouvait sortir de la ville sans la permission du magistrat. S'il s'éloignait sans cause légitime, tous ses biens, au bout d'une année, étaient confisqués. Les juifs eux-mêmes, cette race impure et maudite, étaient curiales. On ne pouvait échapper en se réfugiant dans l'église, ou même dans les retraites de la Thébaïde. Constantin, Valens, Théodose firent des lois pour empêcher les curiales de prendre la robe de prêtre ou de moine. Le second écrivait en 373 : « Certains « hommes lâches et paresseux, déser- « tant les devoirs de citoyens, cher- « chent les solitudes et les retraites, « et sous prétexte de religion se mê- « lent aux congrégations de moines. « Nous ordonnons que le comte de « l'Orient les arrache à leurs retraites « et les rappelle à l'accomplissement « de leurs devoirs envers la patrie. »

Ainsi Rome, cette *si épouvantable machine*, suivant l'expression de Montaigne, s'était usée elle-même jusqu'à ne pouvoir plus porter le poids accablant de son ancienne grandeur; elle ne semblait alors avoir vaincu le monde que pour lui imposer sa décrépitude. Heureusement qu'elle n'avait point tout conquis à ses lois et à ses mœurs. En dehors d'elle, les Barbares de la Germanie avaient conservé leur jeunesse et leur force, et c'est à eux maintenant qu'il est donné de régénérer le monde. Déjà les habitants de l'empire tournent de ce côté leurs yeux. Ils appellent les Barbares, disent les écrivains du IVe et du Ve siècle, car ils préfèrent le sort des captifs emmenés au-delà du Rhin, à leur condition d'hommes libres. Ils aiment mieux une liberté réelle sous une captivité apparente, que rester captifs avec le vain nom de liberté. Ce titre de citoyen romain, jadis prisé si haut, on le repousse aujourd'hui, on voudrait s'en dépouiller. Les Barbares leur sont plus amis que les agents du fisc. Ils fuient aux ennemis pour échapper à l'impôt.... Il n'y a plus qu'un seul cri parmi le peuple romain, c'est qu'on le laisse vivre tranquille avec les Barbares.

Les Barbares peuvent donc venir; l'œuvre de Rome est achevée, et le christianisme les attend pour fonder avec eux une société nouvelle.

---

suite l'absence du travail libre et de toute industrie. L'industrie c'est ce qui donne au pauvre les moyens de faire payer son travail au riche, c'est ce qui jette pour ainsi dire un pont entre le prolétaire et le patricien, fait passer la richesse de l'un à l'autre, et crée cette classe moyenne qui fait la force des États de l'Europe moderne. Cette absence de l'industrie à l'époque dont nous nous occupons, nous est prouvée surtout par le prix excessif du travail et même de choses nécessaires à la vie. M. Moreau de Jonnès en a tracé un tableau, d'après un édit de Dioclétien qui fixait un *maximum* pour le prix des denrées dans tout l'empire. Un faiseur de mortier, un maçon avait pour sa journée 11 fr. 25 c.; un marbrier 13 fr. 50 c.; pour façon de chaussure de laboureur 27 fr.; pour façon de chaussure de soldat 22 fr. 50 c.; un litre de vin rustique 3 fr. 60 c., de bière 1 fr. 80 c.; une livre de viande de bœuf 2 fr. 40 c., de porc 3 fr. 60 c., de bon lard 4 fr. 80 c., de jambon de Westphalie, de Cerdagne ou du pays des Marses 6 fr.; une oie grasse 45 fr., un poulet 13 fr., un lièvre 33 fr., un cent d'huîtres 22 fr. 50 c., quatre betteraves 80 c., quatre radis 80 c., un litre de vinaigre 1 fr. 70 c.

§ II. L'INVASION.

Lorsque Rome tout entière, assise sur les innombrables degrés de son colossal amphithéâtre, se repaissait pendant cent jours du massacre des dix mille captifs que Trajan lui avait amenés des bords du Danube, elle ne se doutait pas que deux siècles plus tard ces Barbares, sortis de leurs forêts, viendraient lui demander compte du sang de leurs frères égorgés pour ses infâmes plaisirs; elle n'entendait point les sourdes menaces qui s'échappaient de la poitrine du captif mourant. « Je vois devant moi le gladiateur étendu sur l'arène.... sa tête s'affaisse par degré; les dernières gouttes de son sang tombent lentement de sa blessure, comme ces larges gouttes de pluie qui précèdent l'orage, et déja l'arène vacille autour de lui, que retentissent encore les cris inhumains qui saluent son vainqueur. Il les entend, mais sans comprendre, car ses yeux sont avec son cœur; bien loin delà.... Sur les bords du Danube, il voit sa hutte sauvage, ses enfants.... et leur mère.... et lui, il faut qu'il meure pour les plaisirs de Rome.... Mourra-t-il donc sans vengeance? Debout, Goths et Vandales, debout, assouvissez votre vengeance (*)! »

Les Goths se levèrent!

Dans la seconde moitié du quatrième siècle après Jésus-Christ, une partie de cette nation, les Goths de l'est ou Ostrogoths avaient à leur tête le vieux Hermanric, le plus noble descendant d'Amali. Quoique âgé de plus d'un siècle, il avait contraint la plupart des tribus voisines à reconnaître son autorité, et les Visigoths ou Goths de l'ouest renonçant à avoir des rois particuliers, le nommèrent leur chef. La nation gothique se trouva alors réunie tout entière sous sa main, et étendit peu à peu sa domination sur une ligne immense, depuis la mer Noire jusqu'à la Baltique, au travers du pays des Sarmates et des Germains. C'est alors qu'arriva la nouvelle de l'approche d'une horde sauvage qui se précipitait vers l'ouest. Hermanric prépara toutes les forces de sa nation contre cet ennemi dont on faisait les récits les plus effrayants, et Rome allait avoir le spectacle terrible de ces deux masses de Barbares se heurtant l'une contre l'autre, lorsque Hermanric mourut. Un chef des Roxolans avait refusé de suivre ses étendards. Pour le punir, Hermanric condamna la femme de ce chef à être broyée sous les pieds des chevaux. Les frères de la jeune femme se dévouèrent pour la venger, et saisissant une occasion favorable, ils se jetèrent sur Hermanric qu'ils percèrent de leurs poignards. Le vieux roi mourut bientôt de ses blessures et du chagrin que lui causaient les nouvelles accablantes qu'il recevait de toutes parts sur l'invasion des Huns.

Ce peuple asiatique, dont la figure et le costume étaient inconnus aux habitants de l'Europe, jeta l'effroi parmi les Goths. Un petit nombre conservant le souvenir de leur courage, se hasardèrent à combattre, mais ne purent tenir contre la cavalerie rapide des Huns et des Alains. L'empire d'Hermanric fut détruit, et les Ostrogoths se soumirent à leurs vainqueurs (375).

PASSAGE DU DANUBE.

Une partie de la nation, sous le nom de Visigoths, se retira vers le Danube; et voulant mettre une barrière entre elle et ses terribles ennemis, qu'on disait être nés dans le désert, d'un commerce entre les sorcières et les diables, demanda à l'empereur d'Orient, Valens, la permission de s'établir sur la rive droite du fleuve. A Constantinople on s'effraya à l'idée d'introduire dans l'empire cette multitude de Barbares, déja à demi-chrétiens, il est vrai, pour la plupart, et qui se présentaient en suppliants, mais qui pouvaient devenir un jour des sujets fort incommodes. Valens céda cepen-

---

(*) Byron. Childe-Harold's pilgrimage, canto IV, st. 140-141.

dant au plaisir de s'entendre nommer le protecteur et le défenseur des nations barbares. On accorda le passage, mais à condition que les Visigoths livreraient leurs armes, et donneraient leurs enfants en otages. A ce prix, les officiers de l'empire devaient fournir aux Barbares les vivres nécessaires. Mais ces vivres, les Goths devaient les payer. Aussi leurs ressources furent bientôt épuisées par l'avidité des généraux romains. Lorsqu'ils eurent acheté avec leur or et leur argent, il fallut encore donner leurs femmes et leurs enfants. Mais quand ils n'eurent plus rien, ils prirent les armes que l'avarice des généraux romains leur avait laissées.

La révolte éclata dans les environs de Marcianopolis. Un jour que Fritigern, le juge des Visigoths, se trouvait à un festin que lui avait donné le général romain Lupicinus, on entendit tout-à-coup de lointaines clameurs et comme le bruit sourd d'un combat. Lupicinus, qui venait d'apprendre que les Goths avaient déjà tué et dépouillé un certain nombre de ses soldats, songeait à se rendre maître de Fritigern et des autres chefs venus avec lui, lorsque celui-ci, le prévenant, sortit en disant hautement qu'il allait faire rentrer promptement dans le devoir quelques misérables qui, contre la foi des traités, attaquaient les soldats romains. Une fois sortis de la demeure de Lupicinus, ils mettent l'épée à la main; lui et les siens traversent la ville en toute hâte, aux yeux des Romains étonnés, et sont reçus au camp par les acclamations des Goths. Il y avait déjà long-temps que Fritigern pensait à ce moment. Tout était préparé pour le succès. Lupicinus conduisit son armée contre les Barbares, mais ce fut pour laisser sur le champ de bataille ses plus braves soldats. « Ce jour, dit le Goth Jornandès, l'historien de sa nation, ce jour mit fin à la détresse des Barbares et à la sécurité des Romains. Dès lors, les Goths, renonçant à la condition précaire de fugitifs et d'étrangers, parlèrent en maîtres, et prétendirent à une absolue domination sur les contrées riveraines du Danube. »

BATAILLE D'ANDRINOPLE.

Après la victoire de Marcianopolis, les Goths marchèrent sur Andrinople, et ravagèrent toute la Thrace, appelant à eux les hommes vigoureux qui travaillaient aux mines de cette contrée. Sur cette nouvelle, Valens partit en toute hâte d'Antioche pour défendre sa capitale, et sollicita en même temps les secours de son neveu, Gratien, empereur d'Occident. A l'approche de l'armée impériale, Fritigern rappela toutes ses bandes, qui avaient porté par tout le pays l'incendie et la dévastation. Une première bataille indécise eut lieu entre les deux armées. Fritigern comprit qu'il fallait balancer l'infériorité de la tactique et de la discipline par la supériorité du nombre. Un reste d'Ostrogoths indépendants errait sur la rive gauche du Danube, gardant au milieu d'eux leur jeune roi enfant. Fritigern les fit entrer dans ses desseins; il sut gagner aussi un parti de Huns et d'Alains, toujours pressés de courir là où on leur promettait du butin. Valens crut devoir marcher lui-même pour arrêter cette invasion formidable.

Le 9 août de l'année 378, Valens vint camper sous les murs d'Andrinople avec toutes les forces de l'empire d'Orient. L'habile Fritigern, qui attendait le retour d'un corps nombreux de cavalerie, envoyé pour piller au loin, chercha à gagner du temps, en entamant de feintes négociations avec l'empereur. Mais la cavalerie que les Goths attendaient étant arrivée, on ne laissa pas à celui qui portait la réponse de l'empereur, le temps d'arriver au camp. L'armée romaine, presque tout entière composée d'infanterie, se trouva tout à coup enveloppée par les Barbares, et comme perdue au milieu de leur immense cavalerie. Ce fut plutôt une horrible mêlée qu'une bataille. Les Romains y perdirent tout l'avantage de leur discipline. Leurs légions rompues essayèrent vainement de trouver un asile sous les murs d'Andrinople. La plaine où le combat s'était livré était trop défavorable aux légionnaires pour qu'ils pussent s'échapper en grand nombre. Ils tombèrent en foule sous le fer des Goths. L'empereur lui-même y périt. Blessé au commencement de l'action, il s'était retiré à quelque distance du champ de bataille, dans une cabane, pour y panser sa blessure. Cette cabane fut bientôt entourée par les Barbares qui, étonnés de la résistance qu'on leur opposait autour de cette hutte, s'en débarrassèrent en lançant de loin sur elle des flèches enflammées. L'empereur et tous ceux qui se trouvaient auprès de lui périrent dans les flammes.

RAVAGE DES PROVINCES AU-DESSOUS DU DANUBE.

Les Goths, après cette bataille, crurent en avoir fini avec l'empire d'Orient. Ils se présentèrent donc devant Andrinople, pensant y entrer sans peine; mais ils y rencontrèrent une vive résistance. Manquant de machines de guerre, incapables d'en construire, il leur fallut renoncer à cette riche proie. Ils se vengèrent sur la Thrace, et leur cavalerie vint caracoler jusque sous les murs de Constantinople. Là, les Barbares du Nord rencontrèrent ceux du Midi. Les Arabes, au service de Valens, repoussèrent les plus hardis des Germains, et les Goths virent avec horreur un Sarrazin se jeter sur le corps d'un Goth qu'il avait tué, sucer la plaie, et boire le sang. La Pannonie et toutes les contrées qui s'étendent de Constantinople aux Alpes Juliennes souffrirent les maux de la plus terrible invasion. Vingt ans après, l'Illyrie était encore presque sans culture et sans habitants.

DIVERSION DES ALEMANS.

Pendant ce temps, l'empereur d'Occident, Gratien, était occupé contre les Germains de l'Ouest. Au moment où il recevait la nouvelle de l'invasion des Goths, et la demande de secours que lui avait adressée Valens, les Alemans prirent tout à coup les armes. Un jeune Barbare de la garde de l'empereur avait obtenu d'aller revoir pour quelques mois son pays natal : il dit parmi les siens qu'une grande expédition se préparait en Italie; que l'empereur d'Occident allait marcher avec toutes ses troupes au secours de son oncle. Les Alemans profitèrent de cette confidence, et, croyant le moment favorable, attaquèrent les provinces. Gratien, ainsi retenu dans la Gaule, ne put conduire à Valens une armée dont le secours aurait sans doute assuré la victoire des Romains à Andrinople. L'empire fut puni d'une manière terrible de sa confiance dans les Barbares. Les Alemans furent réprimés; mais la diversion qu'ils avaient faite n'en avait pas moins été fatale à l'empire d'Orient.

LES VISIGOTHS ÉTABLIS DANS L'EMPIRE.

Heureusement Gratien donna pour successeur à Valens, Théodose, Espagnol comme Trajan, et comme lui destiné, mais dans des temps moins heureux, à arrêter les Barbares. Afin de rendre aux Romains le courage qu'ils avaient perdu, il ne hasarda pas tout d'abord une bataille contre les Goths. Il rétablit la discipline parmi ses soldats, les habitua peu à peu à entendre sans s'effrayer les cris des Barbares, ranima leur confiance en eux-mêmes par des combats peu importants, où il avait soin de leur assurer l'avantage; puis il les mena à l'ennemi qui, après sa victoire, s'était beaucoup affaibli en se dispersant, et le battit complètement.

Théodose ne se fit pas toutefois illusion sur ses succès; profitant des divisions qui existaient chez les Barbares, de la jalousie des Visigoths et des Ostrogoths, de l'indifférence des Huns et des Alains auxiliaires pour les uns et pour les autres, il traita avec Athanaric. Ce chef vint à Constantinople, où la grandeur et la magnificence de la cité impériale le frappèrent d'étonnement. « L'empereur, disait le Barbare ébloui, est à coup sûr un dieu sur la terre. » Athanaric mourut bientôt dans Constantinople, et l'empereur, pour s'attacher les Goths qui l'avaient suivi, lui fit rendre les plus grands honneurs. Cette conduite gagna en effet les Barbares. Une partie s'engagea à garder les passages du Danube, et à les fermer aux autres peuplades; les autres obtinrent une portion de la Thrace et de la Mœsie qu'ils promirent de cultiver; enfin plus de quarante mille hommes de la même nation furent admis dans les troupes impériales. Cette admission des étrangers dans les provinces et dans les armées a été regardée comme une faute politique de Théodose et comme une des premières causes des malheurs qui, après son règne, accablèrent l'empire romain. Cependant une nouvelle victoire de Théodose sur les Sirres et les Carpodas, qui s'étaient jetés sur la Thrace, parut assurer pour quelque temps la tranquillité des provinces orientales.

LE FRANC ARBOGAST.

Cependant l'Occident était en proie à des troubles continuels. Maxime avait pris la pourpre et renversé Gratien. Théodose, aidé par ses auxiliaires barbares, vengea la mort de son bienfaiteur, et, après avoir mis sur le trône le jeune Valentinien, il retourna à Constantinople. Dans son expédition contre Maxime, il avait été puissamment secondé par le Franc Arbogast, qui, en récompense, reçut le titre de maître-général de l'armée des Gaules. Mais cette charge importante ne satisfit point l'ambition du Barbare.

On ne saurait dire quels étaient les secrets desseins d'Arbogast. Sans doute, il ne faut point admettre qu'il ait conçu le projet de renverser l'empire d'Occident au profit des Barbares de la Germanie; il ne voulait, en créant un empereur, que régner lui-même sous son nom. Mais les révolutions qu'il causa n'en ont pas moins contribué puissamment à la chute de l'autorité impériale dans les provinces de l'Ouest. Il profita de sa charge pour donner tous les commandements de ses troupes à des Francs; tous les offices, même ceux du gouvernement civil, furent confiés à des Barbares. Valentinien se trouva comme prisonnier dans son propre palais. Cependant il se faisait encore illusion sur sa faiblesse réelle. Il crut pouvoir déjouer les desseins du Barbare, en lui ôtant tous ses emplois. Un jour il le fit venir devant lui, le reçut assis sur son trône, et lui annonça qu'il devait dès ce moment remettre à d'autres le commandement de l'armée. « Mon pouvoir, répliqua Arbogast, ne dépend ni du bon plaisir ni de la colère d'un prince, » et il jeta à ses pieds, avec mépris, l'édit impérial où lui était signifiée sa disgrace. Valentinien indigné saisit l'épée d'un de ses gardes pour tuer le comte (*). Quelques jours après, l'empereur fut trouvé étranglé dans son lit.

Arbogast ne voulut pas prendre pour lui la couronne impériale; il la mit sur la tête d'un de ses secrétaires, le rhéteur Eugène, et pendant trois ans, Théodose n'osa attaquer ce fantôme d'empereur, défendu par l'habileté d'Arbogast et les secours des nombreux Barbares que ce chef franc avait appelés auprès de lui.

La bataille qui, l'an 394, mit fin à la royauté d'Eugène, ou pour mieux dire d'Arbogast, fut une véritable bataille livrée entre les Barbares. Théodose avait de son côté toute une armée de Goths, sous la conduite de leurs princes indigènes, Gaïna, Saul et Alaric. Les troupes d'Arbogast se composaient presque tout entières de Francs et de Germains. Les Romains, les habitants de l'Italie et des provinces, ne semblent plus intéressés dans les questions de l'empire; ils ne servent qu'à fournir l'argent dont on

---

(*) Ce titre désignait déjà les principaux officiers de l'empereur, soit dans l'administration militaire, soit dans l'intérieur du palais.

paie les Barbares, qui seuls remplissent les emplois, les dignités, les camps, et vont bientôt démembrer un empire qui semble déjà leur appartenir.

STILICON ET GAÏNA.

La mort de Théodose, le partage de l'empire entre ses deux fils, Arcadius et Honorius, amenèrent enfin la chute du colosse. Heureusement pour Honorius, à qui l'Italie et la Gaule étaient échues en partage, il avait pour ministre ou plutôt pour tuteur le Vandale Stilicon qui, grace à ses nombreuses relations avec les peuplades germaniques, les retint pour quelque temps sur les bords du Rhin. Caressant les Barbares ou semant la division au milieu d'eux par d'adroites confidences, il parcourut toutes les rives du fleuve depuis sa source jusqu'à son embouchure. Les rois des Alemans lui demandèrent la paix et donnèrent leurs enfants en otages ; les Germains depuis le Rhin jusqu'à l'Elbe consentirent à traiter avec lui. Les garnisons qui défendaient les frontières de la Gaule furent augmentées, les pirateries des Saxons arrêtées, deux rois francs, Marcomir et Sunnon, obligés de se soumettre.

Ainsi les talents et l'activité d'un Barbare protégeaient seuls la Gaule et l'Italie. Mais à Constantinople, les Goths étaient maîtres ; leur chef Gaïna renversait à son gré les ministres; Ruffin fut massacré par lui, sous les yeux d'Arcadius. Eutrope succéda à ce ministre, et éprouva bientôt le même sort. Gaïna, fatigué de ces révolutions de palais, résolut d'en finir avec l'empire d'Orient. A un jour fixé, les Barbares devaient s'emparer des portes de Constantinople, et se rendre maîtres d'Arcadius. Le complot fut heureusement découvert assez à temps pour que Gaïna, trompé lui-même par la fausse sécurité de la ville impériale, en poursuivît l'exécution. Un grand nombre de Barbares, surpris au moment où ils entraient dans Constantinople, furent massacrés, et Gaïna n'eut que la triste consolation de ravager toute la Thrace ; après quoi il se retira au-delà du Danube. Mais il rencontra les Huns, et périt dans une bataille contre eux.

ALARIC. — INVASION DE LA GRÈCE.

Cependant tout n'était point fini. Les Visigoths, à qui Arcadius refusait le tribut annuel, voulurent se payer par leurs propres mains. Ils avaient alors à leur tête un noble chef de l'ancienne famille des Baldi, Alaric, celui qui était destiné à entrer le premier dans Rome. D'abord il se jeta sur la Mœsie, la Thrace et la Pannonie. A ses troupes était venue se joindre une foule d'Alains, de Huns et de Sarmates. Depuis la mer Adriatique jusqu'au Bosphore, tout fut en proie à la plus affreuse dévastation. Les plus beaux monuments des arts furent détruits. Les Goths pénétrèrent jusque dans Athènes. L'ombre d'Achille, et Minerve armée de sa puissante égide, en défendirent eux-mêmes les murs, si l'on en croit l'historien Zosime. Mais les dieux du paganisme étaient impuissants contre ces Barbares. Les compagnons d'Alaric, depuis long-temps convertis au christianisme, ne pouvaient être arrêtés par aucune crainte superstitieuse, en s'approchant des lieux habités jadis par les divinités de la Grèce. Leurs autels, leurs temples furent impitoyablement pillés et renversés.

Stilicon accourut au secours des Grecs avec une puissante armée, composée des troupes de l'Occident et de celles de l'Orient qui avaient servi sous les ordres de Théodose. Il rencontra les Goths dans les plaines de Thessalie, et, par des marches savantes, les enferma dans les forêts de l'Arcadie, où la faim devait bientôt les livrer sans défense au glaive des Romains. Stilicon, se croyant sûr du triomphe, crut pouvoir s'éloigner de son camp. Mais, tandis que ses soldats, profitant de son absence, abandonnaient leur poste pour aller piller les campagnes voisines, Alaric s'échappa avec son armée, et peu de jours après, on apprit qu'il était maître de l'Épire. L'empereur d'Orient ne trouva d'autre moyen d'arrêter les ravages du Visigoth que de lui donner la souveraineté de l'Illyrie. De là le Barbare apercevait l'Occident.

PREMIÈRE INVASION EN ITALIE.

Ces succès firent proclamer Alaric roi par les siens. Lorsqu'il eut été élevé sur le pavois, il se hâta d'appeler sous ses drapeaux les Barbares des rives du Danube, leur promettant les dépouilles de Rome et de l'Italie. Puis il passa les Alpes (401), et bientôt le siége d'Aquilée et la ruine des campagnes annoncèrent la venue des Barbares. Tout fuyait devant eux. Honorius épouvanté abandonna Milan, pour se réfugier dans le château d'Asti, où il se trouva bientôt lui-même enfermé par les Visigoths. Il était près de se rendre, lorsque l'heureuse audace de Stilicon, qui se fit route à travers le camp des Barbares pour s'introduire dans Asti, vint ranimer l'espoir des Romains. Alaric se vit peu à peu investi de tous côtés par les troupes de l'Occident, qui débouchaient successivement par tous les passages des Alpes. Ses quartiers furent resserrés, ses convois enlevés, et les Romains commencèrent avec activité une ligne de fortifications, dans laquelle l'assiégeant se trouvait lui-même assiégé.

Alaric assembla un conseil militaire, composé de chefs à la longue chevelure, de vieux guerriers enveloppés de fourrures, et dont l'aspect était rendu plus imposant par d'honorables cicatrices. Après avoir pesé la gloire de persister dans leur entreprise, et l'avantage de mettre leurs dépouilles en sûreté, tous opinèrent prudemment qu'il fallait se retirer, tandis qu'il en était temps encore. Dans cet important débat, le roi des Visigoths releva par son exemple et ses discours la bravoure de ses compagnons. Après avoir rappelé avec énergie leurs exploits et leurs desseins, il termina par une protestation solennelle de trouver en Italie un trône ou un tombeau.

DÉFAITE D'ALARIC A POLLENTIA.
(402.)

Après ce conseil, Alaric députa vers l'empereur, pour lui demander, ou de le laisser s'établir paisiblement en Italie, ou d'accepter sur-le-champ la bataille, afin de décider laquelle des deux nations céderait à l'autre cette belle contrée. Stilicon, qui attendait encore quelques troupes, engagea Honorius à céder au roi des Goths un établissement au-delà des Alpes. Alaric accepta, passa le Pô, et se mit en marche vers les montagnes qui séparent les Gaules de l'Italie. Stilicon, dont toutes les forces étaient enfin réunies, le suivit, épiant l'occasion de le surprendre. Il crut l'avoir trouvée près de Pollentia, où Alaric s'était arrêté pour faire reposer sa cavalerie. C'était le 6 avril 402, le jour de Pâques. Les Goths ne songeaient qu'à célébrer pieusement cette grande solennité religieuse de leur foi nouvelle, lorsque Stilicon fit donner le signal de l'attaque. Les Goths croyaient commettre un sacrilége en combattant dans un jour si solennel; aussi prirent-ils les armes moins pour vaincre que pour se défendre. Leur piété fut mal récompensée. Leur infanterie fut taillée en pièces, et il leur fallut abandonner à Stilicon le champ de bataille. Le pillage du camp et le massacre des Barbares payèrent quelques-uns des maux dont ils avaient accablé les sujets de l'empire.

Les vétérans de l'Occident s'enrichirent des dépouilles magnifiques de Corinthe et d'Argos; et l'épouse d'Alaric, qui attendait impatiemment les bijoux précieux et les esclaves patriciennes que lui avait promis son mari, réduite elle-même en captivité, se vit forcée d'implorer la clémence du vainqueur. Des milliers de prisonniers, échappés des chaînes des Barbares, allèrent porter dans toutes les villes de l'Italie les louanges de leur libérateur. Le poète Claudien, qui n'était peut-être que l'écho de l'opinion publique, compara le triomphe de Stilicon à celui de Marius, qui, dans le même canton de l'Italie, avait attaqué et détruit une armée des Barbares du Nord. La postérité pouvait aisément confondre les ossements gigantesques et les casques vides des Goths avec ceux des Cimbres, et élever sur la même place un trophée commun aux deux illustres vainqueurs des deux plus formidables ennemis de Rome.

RETRAITE D'ALARIC.

Sans perdre le temps à déplorer l'irréparable échec qui lui enlevait tant de braves compagnons, Alaric résolut de traverser, à la tête de sa cavalerie encore intacte, les passages abandonnés des Apennins, de ravager la fertile Toscane, et de vaincre ou de mourir aux portes de Rome. L'infatigable activité de Stilicon sauva la capitale; mais Alaric fit redouter son courage ou son désespoir, au point qu'on résolut d'acheter sa retraite après l'avoir vaincu. Toutefois, il ne voulut point quitter l'Italie avant d'avoir fait trembler les Romains, au milieu même de leur victoire. Tournant tout à coup vers le nord-est, il menaça Vérone; mais, surpris dans sa marche par les légions, il essuya, après une action des plus sanglantes, une nouvelle défaite plus désastreuse que la première. L'intrépide Visigoth sauva les débris de son armée sur les rochers voisins du champ de bataille, et il se préparait courageusement à combattre encore, lorsque le manque de vivres, l'abandon des Barbares, qui n'avaient plus de respect ni de dévouement pour un chef deux fois vaincu, le forcèrent de repasser les Alpes. La terreur qu'inspirait son nom était si grande, que sa retraite fut regardée comme un triomphe.

RADAGAISE.

L'empereur, qu'Alaric venait d'effrayer en pénétrant jusque sous les murs de Rome, avait établi le siége de son empire à Ravenne, ville autrefois maritime et que la mer en se retirant avait laissée au milieu des marais que forme le Pô à son embouchure. Derrière ses murailles, Honorius pouvait se remettre de ses terreurs : Ravenne en effet était une excellente retraite : à deux pas se trouvait la mer, par où l'on pouvait s'enfuir jusqu'à Constantinople. La précaution était bonne. A peine Alaric était-il éloigné, qu'un nouveau flot de Barbares tomba du haut des Alpes.

Pour repousser Alaric, il avait fallu dégarnir toutes les frontières. On ne fut pas long-temps à s'en repentir. Les passages se trouvant libres, Radagaise ou Rodogast descendit en Italie avec deux cent mille Germains de toute race, mais appartenant surtout aux peuples qui habitaient alors entre le Rhin et le Danube. La terreur fut au comble. Il fallait recommencer ce qu'on venait d'achever si péniblement, et ces nouveaux envahisseurs semblaient encore plus terribles. Alaric et les siens étaient au moins chrétiens ; mais Radagaise ne connaissait d'autre ciel que le Walhalla, et il avait, disait-on, juré de sacrifier à ses dieux tous les Romains qu'il ferait prisonniers.

Cependant Radagaise fut plus malheureux encore que le roi des Goths. Il pénétra sans peine jusque dans la Toscane, jusqu'à Florence ; mais ce qu'il voulait surtout, c'était la possession de ces villes où se trouvaient accumulées toutes les richesses de l'ancien monde. Par malheur les siéges étaient chose difficile pour ces Barbares qui ne savaient que se ruer sur l'ennemi qu'ils avaient devant eux, et que la moindre muraille arrêtait des mois entiers. Ils voulurent s'obstiner au siége de Florence. Stilicon les laissa user leur force contre les murs de cette ville, se donna tout le temps de réunir ses troupes, et revint sur eux avec trente légions, composées presque tout entières de Barbares, de Goths, de Huns, d'Alains, etc. Suivant la tactique de César, il enferma Radagaise dans les montagnes de Fésule, et laissa périr son armée de faim, de soif et de maladies. Pour perpétuer le souvenir de cette victoire, le sénat romain éleva un arc de triomphe, mais ce fut le dernier.

DEUXIÈME INVASION D'ALARIC. — PRISE DE ROME. (410.)

L'Italie était à peine délivrée de Radagaise, qu'Alaric reparut plus menaçant que jamais. Tous les ennemis du nom romain, tous les aventuriers, tous les soldats avides de pillage, s'étaient rangés sous ses drapeaux. Le roi des Visigoths, se vantant d'avoir une première fois épargné la capitale de l'Occident, demanda une somme d'argent considérable comme salaire de sa clémence. Tous ceux des sénateurs qui conservaient encore quelque souvenir de l'antique gloire de Rome, étaient d'avis de combattre. Mais Stilicon, qui songeait peut-être à se faire un appui, plus tard, de l'amitié d'Alaric, fit décider qu'on lui donnerait quatre mille livres pesant d'or. Un sénateur en fut si indigné, qu'il ne put s'empêcher de s'écrier, comme l'orateur athénien : « Ce n'est pas un traité « de paix que vous faites, mais un « contrat de servitude. »

Tandis que l'on poursuivait les négociations, toutes les familles barbares, établies en Italie, furent massacrées par l'ordre des ministres d'Honorius. Alaric, indigné, précipita sa marche, criant vengeance, et pillant Aquilée, Crémone et toutes les cités qu'il rencontrait sur son passage. Le peuple des villes fuyait épouvanté dans les forêts et dans les montagnes, et les Goths marchaient sans obstacle vers Rome. A leur approche, un saint ermite osa s'avancer vers Alaric et le menacer de la colère céleste. « Je sens en moi, lui répondit le Barbare, quelque chose qui me porte à détruire Rome. » Bientôt Rome fut investie de toutes parts, et les descendants des Fabius et des Scipions n'eurent d'espoir que dans leurs supplications et leurs prières. « Qu'on m'épargne, leur dit Alaric, la peine de piller Rome, et qu'on me donne tout l'or et tous les objets précieux qui se trouvent dans la ville. »

—Les députés lui avaient parlé de la nombreuse population de Rome qui pouvait prendre les armes contre lui. « Plus l'herbe est serrée, leur dit le « roi barbare, et plus la faux y mord. »

Cependant, soit qu'il craignît le désespoir des Romains, soit qu'il fût touché de leurs prières, il consentit à lever le siége, et les Romains en furent quittes cette fois encore, en promettant 5,000 livres d'or, 30,000 d'argent, 4,000 tuniques de soie, 3,000 pièces d'écarlate, 3,000 livres de poivre. Alaric s'éloigna avec ses dépouilles ; mais comme on n'exécuta pas les conditions, il revint. En quelques jours il se trouva de nouveau au pied des murailles. Rome fut réduite aux plus cruelles extrémités et menacée d'être livrée aux flammes ; pressée aussi par la famine, elle entendit ce cri dans ses rues : « Qu'on mette en vente la chair humaine et qu'on en fixe le prix. » Encore une fois, les habitants livrèrent leurs richesses pour sauver leurs murailles.

Néanmoins Honorius ne bougeait point de Ravenne ; il venait de priver l'empire de son meilleur défenseur en faisant tuer Stilicon. Alaric parut un instant vouloir en finir avec lui. Il mit la pourpre impériale sur les épaules d'Attale ; puis, croyant un instant qu'il allait traiter avec Honorius, il dégrada, pour simplifier les négociations, l'empereur qu'il avait fait. C'était tout ce que voulait Honorius. Indigné de s'être laissé jouer, le roi des Visigoths, laissant là l'empereur enfermé dans Ravenne, reparut pour la troisième fois devant Rome, et cette fois les drapeaux des Barbares flottèrent sur les murailles de la ville éternelle. Dans l'espace de trois jours, l'orgueilleuse maîtresse du monde vit disparaître les richesses entassées par neuf siècles de triomphes, et souffrit, à son tour, toutes les calamités qu'elle avait si long-temps fait peser sur le monde.

MORT D'ALARIC.

Alaric survécut peu à la gloire d'avoir pris Rome. Il emmena ses captifs et ses trésors en Campanie, ravagea, dans sa marche, l'Apulie, la Lucanie et la Calabre ; mais au milieu de ses triomphes, et lorsqu'il allait passer en Afrique pour la subjuguer, il mourut de maladie à Cozentia. Les autres chefs, craignant que le corps de leur roi ne fût profané par les Romains, le firent ensevelir avec de riches dépouilles dans le lit d'une rivière qu'ils avaient détournée et à laquelle ils firent ensuite reprendre son cours. Les captifs qui avaient été employés à ce travail furent massacrés après la cérémonie, et le silence de la mort et de la terreur régna long-temps sur la tombe du Barbare.

ATAULF. — LES VISIGOTHS DANS LA GAULE.

Pendant que cette tempête passait sur l'Italie, Honorius restait caché derrière les murailles imprenables de Ravenne. La mort d'Alaric lui rendit cependant quelque courage, celui au moins de traiter avec les Barbares. Ataulf, le frère d'adoption d'Alaric, consentit à sortir d'Italie pour aller combattre, au nom d'Honorius, les tyrans qui s'étaient élevés dans la Gaule. Rien ne résista. Narbonne, Toulouse, Bordeaux, reçurent les Visigoths. Leur chef, pour sceller son alliance avec Honorius, épousa sa sœur Placidie, qui était restée en otage entre ses mains ; et ne voulant désormais d'autre gloire que celle de défendre l'unité de l'empire d'Occident, il établit sa nation dans le midi de la Gaule, comme milice fédérée au service de l'empire. Honorius eut bientôt recours à la bonne volonté de ces Barbares pour se débarrasser de ses rivaux de la Gaule. Ataulf lui envoya bientôt la tête de Jovin et de Sébastien, qui avaient eu l'imprudente ambition de vouloir se couvrir d'un lambeau de pourpre impériale.

VANDALES, SUÈVES, ALAINS EN ESPAGNE.

Pour prix de ses services, on proposa au roi des Goths un établissement en Espagne ; mais il devait auparavant en chasser les Barbares qui y étaient déjà passés : c'étaient des Suèves, des Vandales, des Alains. Pendant que Stilicon était aux prises avec Alaric et Radagaise, ces peuples avaient franchi le Rhin avec les Bourguignons, dévasté toute la Gaule, exterminé un corps de Francs qui, se disant alliés de l'empire, voulaient les arrêter, et enfin ils s'étaient dirigés sur la Péninsule, pour piller cette contrée, qui, placée aux extrémités de l'Europe, aurait pu cependant se croire à l'abri de toute invasion. Les calamités qui suivirent cette invasion, dit un historien espagnol, furent atroces ; les villages d'abord, puis les villes, furent horriblement saccagés ; la famine et la peste, plus cruelle encore que les Barbares, décimèrent la population. Les habitants furent contraints de se nourrir de chair humaine. Une mère mangea ses quatre enfants. Il y eut des villes où il ne resta pas un seul habitant.

A la fin, les Barbares, rassasiés de carnage et de rapines, s'étaient partagé l'Espagne. L'ancienne Gallice, qui comprenait la Vieille-Castille, avait été partagée entre les Suèves et les Vandales. Les Alains s'étaient répandus dans les provinces de Carthagène et de la Lusitanie ; une tribu vandale, les Silinges, avait obtenu la Bétique.

GUERRES DES VISIGOTHS EN ESPAGNE.
ROYAUME DES SUÈVES.

Ataulf ne put achever cette entreprise : il fut assassiné à Barcelone (415). Son successeur Wallia continua ses projets, détruisit les Silinges et força les Alains de chercher un asile au milieu des Vandales. Les Suèves, menacés à leur tour, demandèrent la paix à Honorius, au nom duquel Wallia combattait et obtint de vivre tranquille dans le nord-ouest de l'Espagne. Ainsi commença *le royaume des Suèves* (419).

FORMATION DU ROYAUME DES VISIGOTHS. — POLITIQUE DE LEURS ROIS.

Wallia aurait pu s'opposer à ce traité et conserver l'Espagne qu'il avait conquise ; mais ces Goths ne songeaient plus à démembrer l'empire romain ; ils se contentèrent de l'Aquitaine qui leur avait été cédée comme récompense de leurs services (419). C'étaient les premiers Barbares qui eussent pénétré dans l'empire. Personne avant eux n'y avait encore fait de ruines assez nombreuses pour cacher sa splendeur. Dans leurs longues courses à travers les provinces, soit comme auxiliaires des armées impériales, soit comme horde envahissante, ils avaient été frappés d'étonnement et d'admiration au spectacle du prodigieux ouvrage de la civilisation romaine. « Cette civilisation leur semblait grande et merveilleuse : les monuments de l'activité romaine, ces cités, ces routes, ces aqueducs, ces arènes, toute cette société si régulière, si prévoyante, si variée dans sa fixité, c'était là le sujet de leur étonnement, de leur admiration. Vainqueurs, ils se sentaient inférieurs aux vaincus ; le Barbare pouvait mépriser individuellement le Romain, mais le monde romain, dans son ensemble, lui apparaissait comme quelque chose de supérieur ; et tous les grands hommes de l'âge de la conquête, les Alaric, les Ataulf, les Théodoric et tant d'autres, en détruisant et foulant aux pieds la société romaine, faisaient tous leurs efforts pour l'imiter (*). »

Ce respect pour la civilisation romaine, ce sentiment de l'impuissance des Barbares à rien reconstruire, se retrouve dans ces paroles si remarquables du frère d'Alaric : « Je me souviens, dit un écrivain du cinquième siècle, d'avoir entendu à Bethléem le bienheureux Jérôme raconter qu'il avait vu un certain habitant de Narbonne, élevé à de hautes fonctions sous l'empereur Théodose, et d'ailleurs religieux, sage et grave, qui avait joui dans sa ville natale de la familiarité d'Ataulf. Il répétait souvent que le roi des Goths, homme de grand cœur et de grand esprit, avait coutume de dire que son ambition la plus ardente avait d'abord été d'anéantir le nom romain, et de faire de toute l'étendue des terres romaines un nouvel empire appelé Gothique ; de sorte que, pour parler vulgairement, tout ce qui était *Romanie* devînt *Gothie*, et qu'Ataulf jouât le même rôle qu'autrefois César Auguste ; mais qu'après s'être assuré, par l'expérience, que les Goths étaient incapables d'obéissance aux lois, à cause de leur barbarie indisciplinable, jugeant qu'il ne fallait point toucher aux lois sans lesquelles la république cesserait d'être république, il avait pris le parti de chercher la gloire en consacrant les forces des Goths à rétablir dans son intégrité, à augmenter même la puissance du nom romain, afin qu'au moins la postérité le regardât comme le restaurateur de l'empire qu'il ne pouvait transporter. Dans cette vue, il s'abstenait de la guerre et cherchait soigneusement la paix... »

Cette politique, les successeurs d'Ataulf la suivirent. Nous venons de voir Wallia reconquérir l'Espagne pour le compte de Rome ; s'il occupa l'Aquitaine, ce fut, nous l'avons déjà dit, à titre d'auxiliaire de l'empire. La Gaule, du reste, eut peu à souffrir de ces Barbares : les anciens habitants perdirent sans doute une partie de leurs terres ; mais il y en avait tant d'incultes ! et d'ailleurs ce n'était point payer trop cher pour être délivrés de l'insupportable tyrannie de l'administration romaine. Les Barbares se faisaient souvent scrupule d'enlever ces terres à leurs propriétaires ; parfois même il y avait des restitutions : ainsi le pauvre poète Paulinus, retiré à Marseille après avoir été dépossédé de ses domaines, fut tout surpris de recevoir un jour le prix de la terre qui lui avait été enlevée.

(*) Guizot, Histoire de la civ. franç., t. I, p. 388.

MOEURS DES ROIS VISIGOTHS DE TOULOUSE.

« La cour des rois visigoths (*), centre de la politique de tout l'Occident, intermédiaire entre la cour impériale et les royaumes germaniques, égalait en politesse et surpassait peut-être en dignité celle de Constantinople. C'étaient les Gaulois de distinction qui entouraient le roi des Visigoths quand il ne marchait pas en guerre, car alors les Germains reprenaient le dessus. Le roi Eurik avait pour conseiller et pour secrétaire l'un des rhéteurs les plus estimés dans ce temps, et se plaisait à voir les dépêches, écrites sous son nom, admirées jusqu'en Italie pour la pureté et la grâce du style. Ce roi, l'avant-dernier de ceux de la même race qui régnèrent en Gaule, inspirait aux esprits les plus éclairés et les plus délicats une vénération véritable, non cette crainte servile qu'excitaient les rois francs, ou cette admiration fanatique dont ils furent l'objet après leur conversion à la foi orthodoxe. Voici des vers confidentiels écrits par le plus grand poète du cinquième siècle, Sidonius Apollinaris, exilé de l'Auvergne, son pays, par le roi des Visigoths, comme suspect de regretter l'empire, et qui était venu à Bordeaux solliciter la fin de son exil. Ce petit morceau, malgré sa tournure classique, rend d'une manière assez vive l'impression qu'avait faite sur l'exilé la vue des gens de toute race que l'intérêt de leur patrie respective rassemblait auprès du roi des Goths.

(*) Nous empruntons cet alinéa aux Lettres sur l'histoire de France, de M. Augustin Thierry. Lorsqu'on rencontre un sujet traité par ce grand historien, il faut désespérer de mieux faire, et copier. Nous ne croyons pas qu'on puisse nous adresser des reproches pour ces emprunts que nous faisons parfois à d'illustres écrivains; notre travail en offrira d'autant plus d'intérêt. M. de Châteaubriand dit quelque part : « On a raison de ne pas refaire une besogne bien faite; mais, ajoute-t-il pour les forbans littéraires, il faudrait en avertir afin de laisser la louange à qui de droit. » Nous suivons le conseil du maître.

5ᵉ *Livraison.* (ALLEMAGNE.)

« J'ai presque vu deux fois la lune achever son cours et je n'ai obtenu qu'une seule audience : le maître de ces lieux trouve peu de loisirs pour moi, car l'univers entier demande aussi réponse et l'attend avec soumission. Ici nous voyons le Saxon aux yeux bleus, intrépide sur les flots, mal à l'aise sur la terre; ici le vieux Sicambre, tondu après sa défaite, laisse croître de nouveau ses cheveux; ici se promène l'Hérule aux joues verdâtres, presque de la teinte de l'Océan, dont il habite les derniers golfes; ici le Burgonde, haut de sept pieds, fléchit le genou et implore la paix; ici l'Ostrogoth réclame le patronage qui fait sa force et à l'aide duquel il fait trembler les Huns, humble d'un côté, fier de l'autre; ici, toi-même, ô Romain, tu viens prier pour ta vie; et quand le Nord menace de quelques troubles, tu sollicites le bras d'Eurik contre les hordes de la Scythie; tu demandes à la puissante Garonne de protéger le Tibre affaibli. »

LA COUR DU ROI THÉODORIC II.

A ce tableau nous ajouterons, pour avoir une idée plus complète de la manière de vivre des chefs visigoths, les détails que Sidonius nous a transmis dans une de ses lettres sur le roi Théodoric II et sur sa cour. Ce morceau est d'ailleurs curieux en ce qu'il montre où en était venue la littérature latine, même sous la plume du meilleur écrivain du cinquième siècle.

« Avant le jour, il assiste, suivi d'une faible escorte, aux assemblées des prêtres visigoths, leur témoigne un respect empressé; cependant, soit dit entre nous, on peut remarquer que s'il conserve ce respect, c'est plutôt par habitude que par sentiment religieux. Les soins du gouvernement remplissent le reste de la matinée. Ses écuyers entourent son trône; plus loin, on voit une foule de satellites couverts de peaux de bêtes; mais le roi les tient à l'écart pour éviter tout bruit importun. On introduit alors les envoyés des nations. Théodoric écoute beaucoup et répond peu : s'il s'agit d'un traité, il diffère; d'une décision, il la donne.

« La deuxième heure est-elle arrivée, il quitte son trône pour aller inspecter ses trésors et ses écuries. Part-il pour une chasse qu'il a fait annoncer, attacher l'arc à son côté lui semble au-dessous de la dignité royale; mais si on lui montre pendant la chasse un oiseau, une bête fauve peu éloignée, si le hasard lui en présente sur son chemin, un esclave lui remet dans la main, qu'il tend dédaigneusement par derrière, un arc dont la corde ou la courroie est flottante; car s'il regarde comme le propre d'un esclave de porter l'arc enfermé dans son étui, le recevoir tout tendu c'est, à ses yeux, se conduire comme une femme. Quand il l'a tendu avec une adresse remarquable, il prend des traits, en emplit le carquois et les lance avec habileté. Il vous invite à désigner la pièce de gibier que vous désirez voir atteindre, et il frappe juste celle que vous avez choisie....

« Dans ses repas, où, les jours ordinaires, on retrouve toute la simplicité d'un particulier, on ne voit pas un esclave haletant faire plier les tables sous des blocs grossiers d'un argent livide. Là, rien de solide que les paroles qui s'y prononcent, car là point de récits qu'ils ne soient sérieux. Là, des vases ciselés, là des tapis tantôt de pourpre, et tantôt de lin. Les aliments y plaisent par l'art avec lequel ils sont préparés, non par le prix qu'ils ont coûté; la vaisselle par son éclat et non par son poids. On présente rarement la coupe aux convives : la soif est plus en droit de se plaindre de la rareté, que l'ivresse n'est dans la nécessité de refuser. En un mot, là vous rencontrerez l'élégance grecque, l'abondance gauloise, la promptitude italienne, la magnificence de l'homme public, l'économie du particulier, la vie d'un roi. J'allais parler du luxe qu'il déploie le jour du sabbat; je m'arrête, car je n'aurais rien à apprendre même aux personnes qui vivent très-retirées.

« Revenons donc à notre sujet. A midi, quand le repas est fini, il s'endort, et cet instant de repos, quand il le prend, est toujours court. A cette heure de la journée, le prince aime à jouer au trictrac; il relève vivement les dés, les regarde avec soin, les agite avec attention, les jette sans hésiter, les interpelle en plaisantant, les attend avec patience; si le coup est bon, il se tait : mauvais, il rit; mais de quelque manière que tourne la chance, jamais il ne se fâche et fait toujours quelque sage réflexion. Jouer en second, il dédaigne de le faire, comme il dédaigne aussi de craindre celui qui a cet avantage. Les occasions favorables que dans le premier cas il peut rencontrer, il les néglige; il en triomphe quand elles lui sont opposées. Il voit sans émotion ses coups esquivés, et si à son tour il esquive un coup de son adversaire c'est toujours de franc jeu. Il semble que même en jouant il fait la guerre. Un soin unique le préoccupe, celui de vaincre. Toutefois dans ces moments de distraction, il dépose pour un instant sa sévérité royale, invite au plaisir, à l'abandon, à bannir toute réserve : je veux dire toute ma pensée, il craint d'être craint. Du reste, au jeu, il aime à voir le vaincu s'animer, et il ne peut se persuader qu'on ne lui a pas cédé la victoire, que quand la colère de son rival témoigne de la réalité de son triomphe; et, chose étonnante, souvent cette joie, éclatant pour une si faible cause, a donné une bonne solution à des affaires importantes. Alors des demandes, long-temps ballottées par le naufrage de ceux qui les appuyaient, voient tout à coup s'ouvrir devant elles un port où elles trouvent l'heureux terme d'un long voyage. Souvent, disposé à faire une demande, je me félicite d'être vaincu, puisque ma défaite même assure le triomphe de ma cause.

« Vers la neuvième heure, recommencent les ennuis de l'empire; alors reviennent les solliciteurs et ceux qui cherchent à les supplanter. De tout côté retentit le bruit des cabales, qui, se prolongeant jusqu'au soir, est interrompu par le souper du roi; alors

Il s'affaiblit et se divise; les courtisans se groupent autour de leurs divers patrons, et les causeries et les intrigues durent jusqu'au milieu de la nuit.

« Pendant le repas du soir, on admet, bien que rarement, la plaisanterie; mais on a soin qu'aucun des convives ne soit en butte à l'ironie, à la satire. Et si la plaisanterie est permise en ce moment, c'est qu'aucun orgue n'y résonne docile à l'impulsion de l'eau, c'est qu'aucune voix, sous la direction d'un maître, ne fait entendre de doux accords. Là, pas de citharède, pas de joueur de flûte, pas de danseurs, pas de femme qui batte du tambour, ou qui pince de la harpe: le roi n'aime que ces accords sous l'influence desquels l'ame trouve autant de charmes au courage que l'oreille à une douce harmonie. Quand il s'est levé de table, sa garde commence la surveillance de nuit, et des hommes armés se placent aux avenues du palais, pour veiller pendant les heures du premier sommeil. »

BOURGUIGNONS.

Les Goths n'étaient point les seuls qui eussent apporté dans l'empire ces dispositions pacifiques; les Bourguignons, au lieu de suivre en Espagne leurs alliés, les Suèves et les Vandales, s'étaient arrêtés à l'ouest du Jura. Ce n'était point une tribu remuante, guerrière. « Cette bonhomie, qui est l'un des caractères actuels de la race germanique, se montra de bonne heure chez ce peuple. Avant leur établissement à l'ouest du Jura, presque tous les Burgondes étaient gens de métiers, ouvriers en charpente ou en menuiserie. Ils gagnaient leur vie à ce travail dans les intervalles de paix, et étaient ainsi étrangers à ce double orgueil du guerrier et du propriétaire oisif, qui nourrissait l'insolence des autres conquérants barbares.

« Impatronisés sur les domaines des propriétaires gaulois, ayant reçu ou pris à titre d'hospitalité les deux tiers des terres et le tiers des esclaves, ce qui probablement équivalait à la moitié du tout, ils se faisaient scrupule de rien usurper au-delà. Ils ne regardaient point le Romain comme leur colon, comme leur *lite*, selon l'expression germanique, mais comme leur égal en droits dans l'enceinte de ce qui lui restait. Ils éprouvaient même devant les riches sénateurs, leurs copropriétaires, une sorte d'embarras de parvenus. Cantonnés militairement dans une grande maison, pouvant y jouer le rôle de maîtres, ils faisaient ce qu'ils voyaient faire aux clients romains de leur noble hôte, et se réunissaient de grand matin pour aller les saluer par les noms de père ou d'oncle, titre de respect fort usité alors dans l'idiome des Germains. Ensuite, en nettoyant leurs armes ou en graissant leur longue chevelure, ils chantaient à tue-tête leurs chansons nationales, et, avec une bonne humeur naïve, demandaient aux Romains comment ils trouvaient cela (*). »

« C'est à moi, écrivait Sidonius à un
« ami vivant en Italie, c'est à moi que tu
« demandes un épithalame pour Dioné
« de Fescenna, à moi qui vis au milieu
« des peuples à la longue chevelure,
« qui ai à supporter l'idiome germani-
« que, qui suis contraint d'applaudir
« malgré moi aux chants d'un Bourgui-
« gnon bien repu, dont la chevelure est
« arrosée d'un beurre rance! Veux-tu
« que je te dise ce qui brise ma lyre?
« Thalie, fugitive devant les instruments
« barbares, méprise les vers de six pieds
« depuis qu'elle voit des *patrons* qui
« ont sept pieds de hauteur. Heureux
« tes yeux et tes oreilles! heureux, oui
« heureux ton nez vers lequel ne s'ex-
« hale pas, dix fois chaque matin, l'o-
« deur infecte de l'ail et de l'oignon!
« heureux toi que ne viennent pas sa-
« luer avant l'aurore, comme un aïeul
« ou comme un père nourricier, ces
« géants si grands et si nombreux, que
« la cuisine d'Alcinoüs aurait peine à
« les contenir! Mais ma muse se tait;
« elle s'arrête après avoir badiné en

(*) Thierry, Lettres sur l'histoire de France, 2ᵉ édit., p. 99.

« quelques vers de onze syllabes : je
« craindrais qu'on ne vît ici une satire. »

CARACTÈRE DE L'INVASION.

Les Bourguignons et les Visigoths auraient volontiers arrêté le mouvement de l'invasion barbare ; mais elle avait alors à peine commencé. Autour de ces deux peuples, qui voulaient s'immobiliser au milieu du mouvement général, tout s'agitait encore, et l'œuvre de désorganisation continuait. Il fallait que rien ne restât debout de l'ancienne société. Les Visigoths se hâtaient trop de ramener le calme ; aussi les verrons-nous bientôt tomber eux-mêmes, avec les derniers débris de l'empire, sous les coups des Barbares de la seconde invasion. Ce n'est pas qu'il y ait eu plusieurs invasions distinctes : l'invasion continua sans interruption du IVe au VIe siècle, mais on peut y distinguer trois époques, y reconnaître trois caractères qu'elle prend successivement.

Au IVe siècle, ce sont des Barbares, soldats de l'empire, qui s'établissent de gré ou de force dans les provinces.

Au milieu du Ve, la Germanie tout entière, réunie sous Attila, menace de tout renverser devant elle. Pour résister, l'empire réunit ce qui lui restait de force, et appelle à son aide les premiers Germains domiciliés dans les provinces et devenus déjà presque Romains. Cette seconde invasion est repoussée, car elle est trop barbare ; si Attila eût réussi et promené ses hordes sauvages par tout l'empire, ses paroles, *Que l'herbe ne repoussait jamais là où son cheval avait passé*, se seraient vérifiées. Non seulement l'empire, mais le christianisme, c'est-à-dire ce qui pouvait sauver la civilisation du monde, auraient été détruits à jamais par le roi des Huns.

Après la mort d'Attila, les peuples réunis par lui sous sa main se dispersent et retournent à leurs anciens projets. Les Francs recommencent leurs courses au-delà du Rhin, et les Langobards s'approchent de l'Italie, où les Ostrogoths les précéderont pour quelque temps. Ce sont les Barbares de cette dernière époque de l'invasion qui, seuls, pourront fonder quelque chose de durable.

Entre la grande invasion d'Attila et la fondation des trois royaumes barbares dont nous venons de parler, il est d'autres incursions, d'autres tentatives d'établissement faites par les peuplades sorties de l'Allemagne. La Germanie déborde encore sur l'empire à l'ouest ; les Saxons vont piller l'Angleterre au sud ; les Vandales s'établissent en Afrique, et prennent Rome, qui, pour la seconde fois, est pillée par les Barbares ; les Francs, enfin, s'avancent peu à peu au-delà du Rhin et y préparent leurs établissements définitifs.

AÉTIUS.

L'homme que dans ces tristes circonstances Rome opposa aux Barbares, était un Barbare comme eux. Voici le portrait qu'en fait un écrivain contemporain, cité par Grégoire de Tours, et qui ne nous est connu que par ce passage de l'historien des Francs : « Son père, Gaudentius, de la principale ville de Scythie, ayant commencé la guerre par l'état de domestique, parvint jusqu'au grade de maître de la cavalerie. Sa mère, Itala, était une femme noble et riche. Leur fils, Aétius, prétorien dès son enfance, fut à trois ans remis en ôtage à Alaric, de là aux Huns ; ensuite, étant devenu gendre de Carpillion, il commença, en qualité de comte des domestiques, à être chargé de l'administration du palais de Jean. Il était d'une taille médiocre, d'un corps vigoureux, sans faiblesse ni pesanteur, d'un extérieur mâle et élégant, d'un esprit très-actif, cavalier très-agile, habile à lancer des flèches, adroit la lance à la main, très-propre à la guerre, excellent dans les arts de la paix. Exempt d'avarice et de toute avidité, il était doué des dons de l'esprit, ne s'écartant pas de son devoir par de mauvais penchants, supportant les outrages avec une très-grande patience, aimant le travail, ne craignant aucun danger, souffrant avec beaucoup de courage la faim, la soif et les veilles. Il est certain qu'il lui fut prédit, dès son jeune âge, à quelle puissance le destin le réservait, et qu'il serait renommé dans son temps et dans son pays. »

Ce Barbare, qui, avec le comte Boniface, gouverneur de l'Afrique, fut surnommé le dernier des Romains, épuisa pendant vingt ans toutes les ressources de son génie, pour maintenir au-delà du Rhin les Barbares qui n'avaient point encore pris d'établissements dans l'empire.

FRANCS.

Nous avons déja souvent parlé des Francs, de leurs incursions continuelles dans la Gaule. Les plus remuantes de leurs tribus étaient celles qui se trouvaient sur les bords du Rhin inférieur. « De ce côté, la frontière romaine n'était garantie par aucun obstacle naturel ; les forteresses étaient bien moins nombreuses que vers le cours du Haut-Rhin, et le pays, coupé de marécages et de vastes forêts, offrait un terrain aussi peu propre aux manœuvres des troupes régulières, qu'il était favorable aux courses aventureuses des bandes germaniques. C'est, en effet, près de l'embouchure du Rhin que la rive gauche fut, pour la première fois, envahie d'une manière durable, et que les incursions des Francs eurent un résultat fixe, celui d'un établissement territorial, qui s'agrandit ensuite de proche en proche. Le nouveau rôle que jouèrent dès lors, comme conquérants territoriaux, les Francs de la contrée maritime, leur fit prendre un ascendant marqué sur le reste de la confédération. Soit par influence, soit par force, ils devinrent population dominante; et leur principale tribu, celle qui habitait les bouches de l'Yssel, le territoire appelé Saliland ou pays de Sale, devint la tête de toutes les autres. Les Saliskes ou Saliens furent re- gardés comme les plus nobles d'entre les Francs ; et ce fut dans une famille salienne, celle des Mérowings, ou enfants de Mérowig, que la confédération prit ses rois, lorsqu'elle eut besoin d'en créer.

« Le premier de ces rois dont l'histoire constate l'existence par des faits positifs, est Chlodio ; car Faramond, fils de Markomir, quoique son nom soit bien germanique et son règne possible, ne figure pas dans les histoires les plus dignes de foi. C'est au nom de Chlodio que se rattachèrent, dans les temps postérieurs, tous les souvenirs de la conquête. On lui attribuait à la fois l'honneur d'être entré le premier sur le territoire des Gaules, et celui d'avoir porté jusqu'au bord de la Somme la domination des Francs. Ainsi, l'on personnifiait en quelque sorte les victoires obtenues par une succession de chefs dont les noms demeuraient dans l'oubli, et l'on concentrait, sur quelques années, des progrès qui avaient dû être fort lents et mêlés de beaucoup de traverses (*). »

EXPÉDITION DE CHLODION.

Un ancien historien des Francs, Roric, nous a conservé le souvenir de ces événements dans un récit où les fables remplacent souvent la vérité, mais qui retrace d'une manière assez vive le caractère de ces expéditions. « Les éclaireurs rapportèrent que la Gaule était le plus noble de tous les pays, qu'elle était couverte de richesses de toute espèce, plantée de forêts d'arbres fruitiers, que le sol était fécond et de nature à fournir tout ce qui peut contenter les besoins des hommes. Cette nouvelle les anime ; ils prennent du cœur en même temps qu'ils saisissent leurs armes (**), brûlent de venger les injures qu'ils avaient éprouvées de la part des Romains (***), aiguisent

---

(*) Thierry, Lettres sur l'histoire de France, p. 91.
(**) *Arma corripiunt et animos.*
(***) Roric se rappelait-il ce passage de Tite-Live, liv. ix, chap. 9 : « *In hæc ferrum, in hæc iras acuant ?* »

leur courage et leur fer, et s'excitent les uns les autres, par des discours pleins d'énergie, à ne plus fuir devant les Romains, mais à les exterminer. Les Romains, à cette époque, occupaient la Gaule depuis le fleuve du Rhin jusqu'à la Loire. Jusqu'à l'Espagne s'étendait la domination des Goths. Les Burgondes, qui étaient ariens comme eux, habitaient sur la rive opposée du Rhône. Le roi Chlodio envoya donc en avant des coureurs jusqu'à la ville de Camaracum (*) ; il les suivit bientôt, et passant le Rhin en personne, avec une nombreuse armée, il pénétra dans la forêt (**) Carbonaria, s'empara de Tournay et de là poussa jusqu'à Camaracum : il n'y fit qu'une courte résidence, et ordonna de passer au fil de l'épée tous les Romains qui s'y trouvaient. Il retint cette ville, et, marchant en avant, il conquit tout le pays jusqu'à la Somme, entra dans la ville d'Ambianum (***), y établit le siége de son empire, et par la suite en demeura tranquille possesseur. Il mourut après un règne de vingt ans. A sa mort, Mérovée est élu pour gouverner le peuple, et est élevé sur le trône, dans cette même ville d'Ambianum. Mérovée, à qui les Francs empruntèrent le nom de Merovici, mérita, par les services qu'il rendit et par sa sagesse, une grande considération auprès des Francs, et il se vit honoré par tous comme un père. Ce fut lui qui donna naissance à Childéric, le père de l'*excellentissime* Clovis. »

Cependant cette expédition ne réussit pas. Aétius, qui surveillait tous les mouvements des Barbares, tomba sur eux, comme ils célébraient les noces d'un de leurs chefs, et les repoussa jusqu'aux bords du Rhin (428). Sidonius Apollinaris raconte cette victoire d'Aétius avec des détails d'autant plus précieux qu'ils nous font connaître les mœurs et les habitudes des Francs.

« Vous avez également combattu,

(*) Cambrai.
(**) La forêt Charbonière.
(***) Amiens.

dit-il à Majorien et à Aétius, dans ces vastes plaines des Atrébates que le Franc Cloion (*) avait envahies. Les routes qui y aboutissent se resserrent dans un défilé, et une chaussée longue et étroite, prolongée sur la rivière (**) au moyen de pilotis, conduit le Barbare dans le bourg d'Héléna (***), dont ses archers s'étaient emparés. Aétius, tu occupas cette chaussée, et Majorien, monté sur son cheval, combattait au-dessous du pont.

« Sur une colline voisine de la rive se faisait entendre le bruit d'une noce barbare, et, au milieu des danses scythiques, on célébrait l'hymen d'une fiancée aussi blonde que son époux. Majorien, s'il faut en croire la renommée, les eut bientôt renversés. Le casque craquait sous les coups, et la cuirasse, opposant ses écailles, repoussait les atteintes des lances ; mais enfin, l'ennemi dispersé tourna le dos. Alors on vit briller, pêle-mêle, sur leurs chariots, tous les apprêts de cette union barbare, des plats, les mets provenant de leurs pillages ; on les vit, la chevelure humide, porter des marmites entourées de guirlandes odoriférantes. Mais Mars s'anime encore, et Bellone, redoublant d'ardeur, brise les flambeaux de l'hymen. Le vainqueur s'empare des chariots et de l'épousée.

« Bacchus, fils de Semélé, jeta moins de désordre au milieu des monstres de Pholoé et des Lapithes, alors que les femmes Hémoniennes, dans la fureur des orgies, évoquaient à la fois et Vénus et Mars, et employant, pour un combat jusqu'alors inouï, leurs aliments ensanglantés, se firent, après avoir fait circuler le vin à la ronde, des armes de leurs coupes, et virent, au milieu d'un tumulte croissant, le sang d'un centaure souiller l'Othris. Qu'on ne célèbre plus les combats des Titans : Majorien aussi dompte des monstres, dont la chevelure rougeâtre est élevée sur

(*) *Cloio*, Clodion.
(**) La Canche, rivière très-étroite.
(***) Hesdin-le-Vieux, suivant Sirmond. M. Aug. Thierry pense que c'est la ville de Lens.

le sommet de la tête et ramenée vers le front ; l'occiput ainsi dépouillé se montre entièrement à découvert. Leurs yeux sont d'un vert pâle et vitré, leur visage est entièrement rasé ; au lieu de barbe, quelques touffes de poils que le peigne laboure. Des vêtements étroits serrent leurs membres élevés ; leur haut-de-chausses retroussé laisse leurs genoux à nu, et une large ceinture en serrant leur taille prévient chez eux l'obésité. Lancer à travers les airs des haches rapides, prévoir l'endroit de la blessure, faire pirouetter son bouclier, devancer par un bond le vol de la lance, et arriver avant elle à l'ennemi, tout cela pour les Francs n'est qu'un jeu. Dès leurs premières années, germe en eux un amour précoce pour les combats. Qu'ils soient écrasés par le nombre ou par suite de l'infériorité de la position qu'ils occupent, la mort les abat et non la crainte. Rien ne peut les vaincre, et leur courage vit encore quand le souffle vital s'est éteint. »

SAXONS.

C'était au V⁰ siècle une charge pénible que celle de général de l'empire d'Occident. A peine Aétius s'était-il débarrassé des Francs, qu'il fallut combattre les Bourguignons et les Visigoths, alliés douteux, qui parfois oubliaient leurs bons amis les Romains, au milieu desquels ils étaient campés, pour se laisser aller à leurs anciennes habitudes de guerre et de pillage. Le titre d'allié donné aux Bourguignons, la cession de la Novempopulanie aux Visigoths, laissa Aétius libre d'entendre les gémissements des Bretons (436).

Lorsque les Bretons envoyèrent à Honorius réclamer des secours contre les Pictes et les Scots : « Qu'ils aient à pourvoir à leur propre défense, » avait répondu l'empereur. Mais les Bretons, habitués depuis si long-temps à se laisser gouverner par l'étranger, abâtardis par cette demi-civilisation qu'ils devaient à Rome, avaient perdu leur ancien courage et l'idée de se défendre seuls contre leurs ennemis.

Entendant raconter les exploits d'Aétius, ils crurent être plus heureux près de lui. Leurs députés vinrent une dernière fois réclamer les secours de Rome. Il passa, en effet, la mer, combattit pour eux, repoussa dans leurs montagnes les Barbares de la Calédonie ; puis, leur donnant le conseil de créer un seul chef, qui, commandant à tous les Bretons, les rendît, par leur union, capables de résister aux Scots, repassa la mer, et *le dernier des Césariens repartit pour la terre de Rome.*

Abandonnés des légions, les Bretons furent bientôt obligés de tourner leurs yeux vers les Barbares, et d'implorer les plus cruels ennemis de Rome. Depuis plus d'un siècle, les Saxons infestaient les côtes de l'Océan germanique. Arrêtés par les Francs qui voulaient conserver pour eux seuls le monopole du pillage de la Gaule, ils avaient été contraints de se jeter à la mer pour courir l'Océan sur de frêles embarcations. Lorsque les tempêtes, si fréquentes dans les mers du nord, forçaient les galères romaines de chercher un abri dans les ports, on voyait ces hardis navigateurs dresser leurs mâts, courir à pleines voiles sur le haut des vagues, et aborder à l'improviste sur tous les points de la côte (*). Déjà, à l'exemple des Francs, ils cherchaient des établissements hors de la Germanie ; une colonie de Saxons était venue s'établir à Bayeux, à cette pointe du continent, si fertile en naufrages, où il y avait tant à gagner pour ceux qui attendaient leur proie de l'Océan. Avec le secours de ces Saxons, les Bretons de la péninsule armoricaine s'étaient délivrés du joug de Rome. L'idée vint aux Bretons de la grande île d'appeler aussi ces Saxons à leur aide. Un jour, trois de leurs vaisseaux croisaient sur la côte de Bretagne, commandés par deux frères,

(*) Quin et Aremoricus piratam Saxona tractus
Sperabat, cui pelle salum sulcare Britannum
Ludus, et assuto glaucum mare findere lembo.
Sidon. Apoll. Carm. VII, 369-371.

Henghist et Horsa. Les pirates descendirent à la pointe orientale du pays de Kent; on les reçut en amis. Guorteyrn, le chef des Bretons, proposa aux deux frères de combattre avec lui; il leur promit la petite île de Thanet. Henghist et Horsa retournèrent chercher de nouveaux compagnons, et bientôt on les vit arriver avec dix-sept vaisseaux. Ils s'établirent dans l'île qui leur était promise, combattirent fidèlement pour les Bretons, repoussèrent plus d'une fois les Pictes et les Scots, et Guorteyrn se félicitait avec sa nation de l'heureuse idée qu'il avait eue d'acheter, par la cession d'un coin de de terre, l'assistance de ses courageux alliés. Mais l'illusion devait peu durer. « Après avoir terrassé nos ennemis, « dit un ancien poète, ils célébraient « avec nous les réjouissances de la « victoire; nous fêtions tous à l'envi « leur bienvenue. Mais malheur au « jour où nous les avons aimés! « malheur à Guorteyrn et à ses lâches « conseillers! » La Bretagne ne devait plus, en effet, revoir les légions. Mais qu'importait à Rome la possession de cette île lointaine, lorsqu'elle voyait les Vandales, maîtres de l'Afrique, venir piller chaque jour les côtes de l'Italie!

VANDALES.

Les conquêtes de Wallia en Espagne avaient en apparence rétabli le pouvoir impérial sur cette contrée; mais les Barbares qui y avaient pénétré ne pouvaient se résigner au repos. Les Suèves et les Vandales, confinés dans la Galice, se livrèrent bientôt de sanglants combats. Les Romains voulurent intervenir, et ils ne firent qu'attirer sur la Bétique les ravages des Vandales. Mais bientôt s'approcha Castinus avec une nombreuse armée de Romains et de Goths; sa défaite livra Séville et Carthagène aux Barbares qui, trouvant des vaisseaux dans le port de cette dernière ville, s'en servirent pour aller porter leurs ravages dans les îles de Majorque et Minorque.

Une conquête plus importante était réservée aux armes des Vandales. Aétius, jaloux de voir le comte Boniface, gouverneur de l'Afrique, partager son crédit et son influence auprès de l'impératrice Placidie, l'accusa de trahison, voulut le faire rappeler, et lui écrivit que Placidie ne lui pardonnerait jamais. Boniface ne quitta pas l'Afrique; c'eût été se mettre entre les mains d'Aétius, et s'exposer volontairement à une perte assurée. N'espérant donc de salut que dans la révolte, il prit les armes, et envoya des députés au camp des Vandales, pour inviter leur roi à passer en Afrique, où il trouverait un riche établissement. Au moment de partir, Genséric apprit que Hermanric, roi des Suèves, voulait piller les pays que les Vandales avaient abandonnés. Il se retourna contre eux, extermina les Suèves et leur roi, puis s'embarqua sur les vaisseaux que Boniface lui avait fournis (429).

CONQUÊTE DE L'AFRIQUE.

Les Vandales n'étaient qu'au nombre de cinquante mille; mais ils trouvèrent sans doute de nombreux alliés dans la population indigène. Du moins le caractère que prit la guerre faite par les Vandales en Afrique annonce parmi eux la présence de ces tribus mauresques si impitoyables pour leurs ennemis. Outre l'assistance des Maures de l'Atlas, la persécution des donatistes fournit aux Vandales bon nombre d'auxiliaires. L'arien Genséric eut ainsi de secrets partisans dans toutes les cités d'Afrique. Les maux que le clergé catholique eut à souffrir après la conquête tiennent à cette alliance des Vandales avec les donatistes persécutés.

Cependant Boniface commençait à reconnaître son erreur. L'impératrice revint sur les ordres qu'elle avait donnés, et Boniface ne songea plus qu'à délivrer l'Afrique des ennemis qu'il y avait si imprudemment appelés. La chose était difficile. Genséric avait trouvé trop de facilité dans cette conquête pour l'abandonner aisément. Boniface était venu l'attaquer avec un corps peu nombreux de vétérans; Genséric l'écrasa, et le comte ne conserva plus que Carthage, Cirta et Hippone. Tout le reste de l'Afrique fut en proie à la plus effroyable désolation. Il n'y avait de quartier pour personne. Tous ceux qui tombaient entre les mains des Barbares, femmes, enfants, soldats, étaient tués ou contraints par mille tortures de découvrir leurs trésors cachés. Les Maures, surtout, comme s'ils voulaient se hâter de rendre inculte un pays dont les Romains avaient fait la plus riche province de leur empire, allaient partout, arrachant les oliviers, les arbres à fruit, détruisant les murailles des villes, les villes elles-mêmes; et quand l'une d'elles opposait trop de résistance, ils massacraient les prisonniers, entassaient les cadavres sur ses remparts, afin que bientôt, putréfiés par le soleil ardent de l'Afrique, ils envoyassent la peste et la mort dans la ville.

SIÉGE ET PRISE D'HIPPONE.

Les Vandales arrivèrent bientôt sous les murs d'Hippone, le boulevart de l'Afrique. La ville tint quatorze mois. Saint Augustin, son évêque, n'eut pas la douleur de la voir tomber aux mains des Barbares. Il mourut avant la fin du siége. Le comte Boniface, ayant reçu quelques secours de l'empire d'Orient, hasarda une seconde bataille dans laquelle il fut encore vaincu. Désespérant alors de pouvoir tenir plus long-temps en Afrique, il s'embarqua avec tout le peuple d'Hippone, vint débarquer à Ravenne, où des médailles furent honteusement frappées en son honneur. Quelque temps après, Aétius se débarrassa de son rival dans un combat qu'ils se livrèrent.

SURPRISE DE CARTHAGE. — RAVAGES DE GENSERIC.

Le 11 février 435, Genséric conclut un traité par lequel l'impératrice lui cédait la *Proconsulaire*, à l'exception de Carthage et de son territoire, la Byzacène et ce qu'il avait conquis dans le midi. Il promettait de son côté de respecter ce qui restait encore aux Romains en Afrique; mais le Barbare ne garda pas long-temps sa parole. Il surprit Carthage (439), et la rançonna impitoyablement. Un édit ordonna à tous les habitants de lui apporter leur or, leur argent, leurs joyaux, leurs meubles précieux : toute tentative pour cacher quelque chose était punie de la peine de mort; puis, tous les monuments de la munificence romaine, les temples, les théâtres, furent détruits; les évêques catholiques chassés; grand nombre d'églises renversées; tout ce qu'il y avait de noble et d'illustre en Afrique fut embarqué sur des vaisseaux à moitié entr'ouverts. Quelques-uns se jetèrent à ses pieds pour lui crier merci : « J'ai résolu, leur dit-il, d'exterminer votre race. »

Alors Genséric partagea toutes les terres entre ses Barbares, et comme ils ne pouvaient consentir à vivre à l'étroit dans l'intérieur des villes, Genséric les fit toutes démanteler. Carthage seule, la nouvelle résidence royale, fut épargnée. C'était bonne politique ; Genséric savait combien les Romains étaient habiles à prendre et à défendre les places, combien lui et ses Barbares étaient aisément arrêtés par la moindre muraille. Si les Romains s'avisaient jamais de revenir, il leur faudrait, pensait-il, combattre en plaine, où il les avait déja deux fois vaincus.

Entre les mains du Barbare, Carthage redevint pour Rome ce qu'elle avait été au temps d'Annibal. Il acheta des vaisseaux, en fit construire par ses nouveaux sujets, enrôla des matelots étrangers, et se fit appeler alors roi de la terre et de la mer. Il justifia ce dernier titre en ravageant toutes les côtes de la Méditerranée. Il commença par la Sicile, où les Sarrasins de l'Afrique devaient plus tard s'établir, et passa ensuite dans les îles de la Grèce, embarquant ses prisonniers pour les noyer en pleine mer. Lorsque son pilote lui demandait, au départ, de quel côté il fallait tourner la proue : « Allons où nous portera le

« vent, disait-il, vers ceux que Dieu
« veut punir. » Bientôt Rome allait
voir les pirates vandales dans le port
d'Ostie, à quatre lieues de ses murailles. Mais dans le nord se préparait
une bien autre tempête. Genséric était
l'allié d'Attila.

HUNS.

Long-temps on a cru que les Huns
n'avaient été précipités sur l'empire
romain que par suite de révolutions
qui les avaient chassés des frontières
de la Chine. Cependant il semble que
si ces peuples ont jamais habité l'Asie
orientale, ils en ont été repoussés de
meilleure heure. En effet, Eratosthène,
cité par Strabon, parle des Huns
comme d'un peuple habitant les bords
de la mer Caspienne, 200 ans avant
Jésus-Christ. Denis le Périégète,
160 ans avant Jésus-Christ, nomme
quatre peuples qui se suivent du nord
au sud, sur la côte occidentale de la
Caspienne, les Scythes, les Huns, les
Caspiens, les Albaniens. Ptolémée,
Moïse de Khoren parlent de même.
Ainsi se trouvent raccourcis de quelque six cents lieues les voyages des
Huns, au moins depuis notre ère.

Ce peuple était de race finnoise. La description des traits de leur visage offre
beaucoup de ressemblance avec les
Kalmuks de l'empire russe. Leur
manière de vivre était celle des peuples nomades de la Tartarie. Ils ne
mangeaient rien de cuit; ils ne connaissaient nulle espèce d'assaisonnement, et vivaient de racines crues ou
de la chair des animaux un peu mortifiée entre la selle et le dos du cheval.
Leur religion s'accordait avec leurs
mœurs. « Parmi eux, dit assez naïvement Ammien Marcellin, en parlant
de ces nomades, on ne voit pas de
temple, pas même de chapelle; seulement ils élèvent parfois un autel ou
plutôt une pile immense de fagots, de
plusieurs centaines de pieds de largeur.
Au sommet, on place droite l'épée de
Mars, que l'on arrose du sang des brebis, des chevaux et du centième des
captifs.» Lorsqu'ils voulaient consulter
le sort dans les sacrifices humains, ils
abattaient l'épaule et rompaient le
bras de la victime, puis ils les jetaient
en l'air et tiraient leurs présages de la
manière dont ces membres retombaient
sur le grossier autel.

ATTILA.

Nous avons vu quelle terreur l'apparition de ces Huns avait jetée même
parmi les Barbares de la Germanie. Ils
n'avaient pas cependant suivi les Visigoths sur les terres de l'Empire. Des
querelles élevées entre leurs chefs les
avaient arrêtés entre le Danube et le
Volga; et plusieurs bandes, attirées
par l'espoir du butin, s'étaient rangées
sous la bannière du Goth Fritigern,
ou même avaient pris service parmi les
troupes impériales. Mais lorsque, l'an
433, Attila succéda à son oncle Roas,
les choses changèrent et les Huns redevinrent la terreur du monde. Attila
partageait le pouvoir avec son frère
Bléda. De concert avec lui, il força
d'abord l'empereur d'Orient, Théodose II, de payer aux Huns un tribut
annuel de 700 livres d'or. Après plusieurs guerres faites en commun contre
les peuples barbares d'origines différentes, qui habitaient alors le centre
de l'Europe, Attila se défit de son
frère Bléda, et peu à peu se vit seul
maître des Huns, des Gépides, des
Ostrogoths, des Suèves, des Alains,
des Quades, des Marcomans et d'autres peuples.

Attila n'était pas seulement aux
yeux des Huns un grand chef de guerre, mais aussi un ministre de leurs
dieux : c'était lui qui avait retrouvé
l'épée de Mars. Cette épée, adorée autrefois par les rois des Scythes, comme
consacrée au dieu de la guerre, avait
disparu pendant plusieurs siècles. Attila l'avait trouvée enfouie dans la
terre, et cette découverte, dit Priscus,
avait beaucoup ajouté à sa puissance en
lui donnant un caractère sacré. Quant
aux peuples vaincus, ils le regardaient
comme un grand magicien, qui avait
pouvoir d'exciter à son gré les orages,
de commander aux éléments et de

faire tomber les étoiles. Pour les siens mêmes il était un objet de respect et de terreur. Priscus nous montre le fils aîné d'Attila, roi déjà de plusieurs peuples, tenant devant son père les yeux constamment baissés. Dans les festins, pendant qu'on servait à ses guerriers des mets de toute espèce, lui n'avait qu'un plat de bois et ne mangeait que de la viande, et lorsqu'ils s'égayaient aux bouffonneries des mimes, seul il conservait toujours le même visage, grave et immobile, roulant dans sa pensée de terribles desseins.

En peu d'années, son empire s'était étendu des bords du Rhin à ceux de la mer Caspienne, de la Baltique aux montagnes de la Grèce septentrionale. La Germanie avait été comme submergée dans cette tempête. Étonnée de se trouver vaincue avant d'avoir eu pour ainsi dire le temps de prendre ses armes, elle accepta sa défaite, céda à cette puissance redoutable, à ce chef qui, comme le Volga dont il portait le nom, renversait tout devant lui dans sa course impétueuse. Les guerriers vinrent eux-mêmes se ranger parmi les guerriers d'Attila, et la Germanie tout entière se trouva réunie une première fois sous la main du roi des Huns. Nous verrons plus tard s'il est sorti quelque chose de cette union forcée.

HUMILIATION DES ROMAINS.

L'empire romain s'était cru l'empire universel, il pensait avoir enfermé le monde dans ses frontières; mais pendant que ses chefs s'occupant à effacer peu à peu l'iniquité des conquêtes de Rome, faisaient droit aux plaintes des vaincus, donnaient le droit de cité aux provinces, et rétablissaient l'égalité entre toutes les parties de l'empire, voici que les Barbares, auxquels Rome n'avait pas songé, vinrent réclamer aussi leur part à ce festin de rois. Rome, qui s'était déjà ouverte pour recevoir les vaincus grecs, gaulois, espagnols, africains, syriens, fut obligée d'admettre encore ces nouveaux venus. Un moment, elle put croire qu'avec ces premiers Barbares tout était fini: ils étaient chrétiens comme elle, et les paroles du Visigoth Ataulf la rassuraient sur les intentions de ces Germains qui s'efforçaient de bégayer la langue de Cicéron et de s'affubler de la toge romaine. Mais l'Asie barbare réclame à son tour, et ses peuplades nomades, prenant avec elles, sur leur route, les Germains restés dans leur patrie, viennent se ruer de nouveau sur ce vieux monde, et augmenter *cette confusion des langues et des peuples* d'où devait sortir le moyen âge. Ce fut le dernier coup porté à l'Empire. Rome ne put survivre à ce douloureux enfantement d'un monde nouveau. Il faut voir par combien d'humiliations passa cette vieille reine du monde avant d'arriver au dernier moment de sa lente agonie. Attila ne les lui épargna pas. Après une expédition contre les Perses, il entra, sous un faible prétexte, dans l'empire d'Orient, en 447, à la tête d'une armée immense, et ravagea tous les pays qui s'étendent du Pont-Euxin à la mer Adriatique, sur un espace de 500 milles. 70 villes populeuses furent brûlées. « Nous arrivâmes, dit Priscus, à la ville de Naïssus, qui avait été détruite et rasée par les ennemis; nous n'y trouvâmes aucun habitant, excepté quelques malades qui s'étaient réfugiés dans les ruines des temples. Avançant de là dans des plaines désertes, nous arrivâmes près de la rivière, dont les bords étaient couverts des ossements de ceux qui avaient été tués durant la guerre. » Sirmium, Singidunum, Ratiaria, Marcianopolis, Naïssus, Sardica, etc., furent réduites en cendres. Les armées furent rappelées de toutes les frontières de la Perse et de Sicile; mais ce fut pour se faire battre par Attila, qui put s'avancer jusqu'aux faubourgs de Constantinople. *Septuaginta civitates*, dit Prospère Tyro, *depredatione vastatæ*. —*Pene totam Europam*, dit Ammien Marcellin, *invasis excisisque civitatibus atque castellis*, *conrasit* (*).

(*) Il semble que les peuples de l'Asie septentrionale soient plus féroces que tous

Théodose-le Jeune n'obtint la paix qu'en donnant au roi des Huns 6000 livres pesant d'or, et en lui promettant un tribut annuel de 2100 livres. Depuis lors, Attila se joua de la faiblesse de l'empereur d'Orient. Tantôt il voulait que l'empereur donnât de riches héritières à ceux de ses Huns qu'il lui envoyait; tantôt il demandait qu'on lui rendît les Huns transfuges ou les esclaves romains échappés; tantôt enfin il exigeait qu'on lui livrât quelques ministres de l'empereur dont il était mécontent, faisant ainsi un trafic de la frayeur des Romains. Il disait un jour à un ambassadeur de l'empereur d'Orient : « Théodose est fils d'un père très-noble aussi bien que moi; mais en me payant le tribut, il est déchu de sa noblesse et il est devenu mon esclave; il n'est pas juste qu'il dresse des embûches à son maître, comme un esclave méchant. » Et encore : « Il ne convient pas à l'empereur d'être menteur, etc. » Il s'était fait donner le titre de général des armées romaines, et disait que les généraux romains étant ses esclaves ils ne devaient obéir qu'à lui.

AMBASSADE DE PRISCUS.

Un Grec a eu le courage de nous conserver le tableau de l'abaissement de son empereur, qu'il ose encore appeler un dieu. C'est un précieux monument de l'état de l'Empire et des Barbares au milieu du V° siècle. Bien qu'il ne se rapporte qu'aux Huns et non aux Germains, nous en citerons cependant plusieurs extraits, car les Huns méritent toute notre attention depuis qu'ils ont conquis toute l'Allemagne et forcé les peuplades germaniques de vivre au milieu d'eux. Souvenons-nous d'ailleurs que leurs descendants ont peuplé la Hongrie. Ce récit est celui d'une ambassade envoyée par Théodose à Attila(*).

MOTIFS DE L'AMBASSADE.

« Le Scythe Édécon, dit Priscus, secrétaire de l'ambassadeur romain, vint de nouveau en qualité d'envoyé... Admis dans le palais, il remit à l'empereur des lettres d'Attila, dans lesquelles celui-ci se plaignait qu'on n'eût point rendu les transfuges, et menaçait de prendre les armes s'ils ne lui revenaient point, et si les Romains ne s'abstenaient pas de cultiver la terre que le sort des combats avait ajoutée à sa domination. Or cette terre s'étendait le long de l'Ister, depuis la Pæonie jusqu'à la Thrace; la largeur était le chemin de quinze jours. De plus, on ne devait pas tenir le marché, comme jadis, sur la rive de l'Ister, mais à Naissus, laquelle ville, prise et ruinée par lui, et éloignée de l'Ister de cinq jours de marche d'un homme agile, faisait, selon lui, la limite des états des Scythes et des Romains. Enfin il ordonnait qu'on lui envoyât des ambassadeurs, non de naissance et de dignités communes, mais tels illustres consulaires qu'on voudrait choisir, disant que, pour les recevoir, il descendrait à Sardica.... »

ROUTE VERS LES TENTES D'ATTILA.

« Lorsque Maximin, cédant aux prières de l'empereur, se chargea de l'ambassade qu'on voulait lui confier, il m'engagea à l'accompagner. Nous partîmes donc avec les Barbares, et nous arrivâmes à Sardica, qui est, pour un homme agile, à treize jours de marche

les autres Barbares. On connaît les pyramides de têtes d'hommes élevées par Gengis-Khan aux portes de Bagdad. Après avoir subjugué toutes les provinces septentrionales de la Chine, les Mongols proposèrent dans le calme de la réflexion d'exterminer tous les habitants et de convertir le pays en désert et en pâturages pour leurs troupeaux. Ce fut à grand'peine qu'un mandarin chinois parvint à détourner Gengis-Khan de ce dessein.

(*) Nous croyons intéresser doublement nos lecteurs en mettant sous leurs yeux quelques extraits de la traduction que M. Guizot a donnée de ce morceau où se peint si bien l'abaissement de Rome et l'insolence du barbare. M. Guizot ne l'a d'ailleurs inséré lui-même dans son Histoire de la civilisation française, que comme un tableau des mœurs des Barbares au V° siècle.

de Constantinople. Après notre arrivée, nous crûmes devoir inviter Édécon et les autres Barbares à prendre un repas avec nous. On égorgea les bœufs et les moutons que nous fournirent les habitants du lieu ; et, tout étant préparé, nous nous mîmes au banquet. Pendant le repas, les Barbares commencèrent à vanter et à élever aux nues Attila, et nous l'empereur. Vigile s'avisa de dire qu'il ne convenait pas de comparer un dieu à un homme, ajoutant qu'Attila était un homme et Théodose un dieu. Les Huns prirent cela fort mal, et s'enflammèrent par degrés jusqu'à la plus vive colère ; nous nous efforçâmes de détourner la conversation, et de les apaiser par des paroles de douceur...

« Nous arrivâmes à la ville de Naïssus, qui avait été détruite et rasée par les ennemis ; nous n'y trouvâmes aucun habitant, excepté quelques malades qui s'étaient réfugiés dans les ruines des temples : avançant de là dans les plaines désertes, à quelque distance de la rivière (car ses bords étaient couverts des ossements de ceux qui avaient été tués pendant la guerre), nous arrivâmes chez Aginthée, chef des soldats de l'Illyrie, qui habitait non loin de Naïssus. Nous portions des ordres de l'empereur pour qu'il nous remît cinq transfuges, qui devaient compléter les dix-sept dont il parlait dans sa lettre à Attila : nous allâmes trouver Aginthée, et nous lui demandâmes de nous les livrer. Après leur avoir adressé des paroles de consolation, il les fit partir avec nous.

« La nuit s'était à peine écoulée que nous fîmes route des montagnes de Naïssus vers le Danube. Nous parvînmes, après une foule de tours et de détours, dans un certain bourg encore sombre : nous croyions que notre chemin devait se diriger vers l'occident ; mais dès qu'il fit jour, le soleil levant se présenta devant nos yeux. Ignorant la position de cet endroit, nous nous récriâmes, comme si le soleil que nous voyions vis-à-vis de nous, suivait un cours différent de son cours accoutumé, et indiquait ainsi des bouleversements dans l'ordre régulier des choses ; mais c'est à cause des inégalités des lieux que cette partie de la route est tournée vers l'orient.

« De cet endroit, d'un abord difficile et escarpé, nous descendîmes dans des plaines marécageuses ; là, des bateliers barbares nous reçurent dans des canots d'une seule pièce, qu'ils font de troncs d'arbres taillés et creusés, et ils nous passèrent au-delà du fleuve. Ce n'était point pour notre traversée qu'avaient été préparés ces canots, mais pour celle d'une multitude de Barbares que nous rencontrâmes sur la route, car Attila semblait marcher à l'invasion des frontières de l'Empire comme à une partie de chasse. Tels étaient les préparatifs de guerre contre les Romains, et les transfuges non encore livrés lui servaient de prétexte pour la commencer.

« Après avoir passé le Danube et avoir parcouru avec les Barbares un espace d'environ quinze stades, on nous fit arrêter dans une plaine pour y attendre qu'Édécon fût allé annoncer notre arrivée à Attila. Cent des Barbares qui devaient être nos guides demeurèrent cependant avec nous. Vers le soir, pendant que nous soupions, nous entendîmes un bruit de chevaux qui s'approchaient : aussitôt parurent deux guerriers scythes, qui nous ordonnèrent de nous rendre auprès d'Attila. Nous les invitâmes auparavant à partager notre souper : ils descendirent de cheval, soupèrent avec nous et le lendemain marchèrent devant nous pour nous montrer la route. Vers la huitième heure du jour, nous arrivâmes près des tentes d'Attila : il y en avait aussi un grand nombre d'autres. Comme nous voulions planter les nôtres sur une certaine colline, des Barbares accoururent et nous en empêchèrent, parce que celles d'Attila étaient placées dans la vallée d'à côté. Nous les laissâmes déterminer à leur gré l'endroit où nos tentes devaient être dressées. »

Un des Grecs de l'ambassade, Vigile, était chargé de marchander à un chef scythe la vie d'Attila. Le Hun qui l'avait promise pour 50 livres pesant d'or, révéla tout à Attila. Celui-ci entrant dans une furieuse colère, appela les envoyés devant lui, mais feignit encore de ne rien savoir. Laissons Priscus continuer son récit.

PREMIÈRE ENTREVUE AVEC ATTILA.

« Lorsqu'on nous eut permis d'entrer et que nous eûmes été introduits, nous vîmes Attila assis sur une chaise de bois. Nous nous tînmes à quelque distance de son trône. Maximin s'avança, salua le Barbare, et lui remettant la lettre de l'empereur, lui dit que les empereurs lui souhaitaient, à lui et à tous les siens, santé et prospérité. « Qu'il arrive aux Romains tout ce qu'ils « me souhaitent », répondit le Barbare, et se tournant vers Vigile, il l'appela animal impudent, lui demanda comment il osait se présenter devant lui, quand il devait savoir tout ce qui avait été convenu pour la paix lorsqu'il avait accompagné l'ambassade d'Anatolius, et ajouta qu'aucun autre ambassadeur n'aurait dû l'aborder avant que tous les transfuges eussent été rendus. Vigile essaya de répondre qu'on les avait livrés tous, et qu'il n'en existait plus un seul chez les Romains ; mais Attila s'échauffant de plus en plus, l'accabla de reproches et d'injures, et poussant des cris de fureur, lui dit que, sans son respect pour le caractère d'ambassadeur qui retenait sa colère, il le ferait mettre en croix et livrerait son corps aux vautours, pour le punir de son audace et de l'insolence de son langage. Il assura qu'il y avait encore chez les Romains beaucoup de transfuges, et se faisant apporter un tableau sur lequel étaient écrits leurs noms, il ordonna à ses secrétaires de le lire à haute voix.

Après que cette lecture eut fait connaître quels étaient ceux qui manquaient encore, Attila exigea que Vigile partît sur-le-champ avec Esla, pour porter aux Romains l'ordre de lui renvoyer tous les transfuges scythes qui étaient encore en leur pouvoir, et qui s'étaient retirés chez eux depuis le temps où Carpilion, fils d'Aétius, général des Romains occidentaux, était resté en otage à sa cour. « Je ne souffri-« rai point, dit-il, que mes esclaves « portent les armes contre moi ; ils ne « seront d'ailleurs d'aucun secours à « ceux qui prétendent leur confier la « garde des terres que j'ai conquises. « Quelle est, dans toute l'étendue de « l'empire romain, la ville ou la forte-« resse qui pourrait rester entière et « debout, quand j'ai décidé qu'elle se-« rait détruite ? Qu'après avoir exposé « ma volonté sur les transfuges, les « envoyés reviennent sur-le-champ « m'annoncer si on veut les rendre ou « si l'on préfère la guerre. »

« Il avait commencé par ordonner que Maximin attendît la réponse qu'il voulait faire à l'empereur, mais il demanda tout de suite les présents. Après les lui avoir remis, nous nous retirâmes dans notre tente, où nous nous entretînmes, dans notre langue maternelle, de tout ce qui venait de se dire. »

Attila, qui voulait avoir l'or promis pour sa tête, fit dire à Vigile par le Hun que le Grec croyait avoir gagné, d'aller promptement chercher l'argent nécessaire pour acheter les gardes qui veillaient autour d'Attila.

LES AMBASSADEURS GRECS RENCONTRENT A LA SUITE D'ATTILA CEUX DE L'EMPEREUR D'OCCIDENT.

« Après le départ de Vigile, nous ne demeurâmes plus qu'un jour en cet endroit ; nous partîmes avec Attila pour des lieux plus éloignés, vers le septentrion. A peine avions-nous fait un peu de chemin avec les Barbares, que nous changeâmes de direction, d'après l'ordre des Scythes guides des étrangers. Attila, cependant, s'arrêta devant un certain village, où il prit pour femme sa fille Esca, quoiqu'il en eût déjà plusieurs : les Scythes le permettent ainsi.

« De là nous fîmes route à travers une grande plaine, par un chemin uni et facile. Nous rencontrâmes plusieurs fleuves navigables : les plus grands, après le Danube, s'appellent le Drecon, le Tigas et le Tiphilas. Nous traversâmes les plus considérables sur des bateaux d'une seule pièce, qu'ont, pour leur usage particulier, ceux qui habitent sur les bords de la rivière, et les autres sur des canots que les Barbares ont toujours sous la main; car ils les traînent sur des chariots pour s'en servir sur les étangs et dans les lieux inondés. On nous apportait des villages des vivres, du *millet* au lieu de froment, et du *med* au lieu de vin; c'est ainsi que les appellent les habitants. Ceux qui nous accompagnaient pour nous servir, nous apportaient du *millet* et nous donnaient une boisson tirée de l'orge, que les Barbares nomment *cam*...

« La maîtresse du village avait été l'une des femmes de Bléda; elle nous envoya des aliments et de belles femmes, pour que nous nous livrassions avec elles au plaisir et à l'amour; cela est regardé chez les Scythes comme un honneur. Nous remerciâmes les femmes des aliments qu'elles nous apportaient, et nous nous endormîmes dans nos huttes sans faire usage de la dernière offre de leur reine. »

C'est au milieu de ces marais que les ambassadeurs de l'empereur d'Orient rencontrèrent ceux de l'empereur d'Occident qui venaient tâcher d'obtenir d'Attila qu'il n'exigeât pas qu'on lui livrât le préfet ou l'argenterie de Rome. Ces députés, continue Priscus, suivaient le Barbare pour en obtenir une réponse. C'est un triste spectacle de voir la pourpre des deux empires humiliée par un Barbare, et des consulaires suivant à travers la Germanie les bagages du roi des Huns.

MAISON D'ATTILA.

« Comme nous devions marcher par la même route qu'Attila, nous attendîmes qu'il eût pris les devants, et nous le suivîmes peu après avec le reste des Barbares. Après avoir traversé quelques rivières, nous arrivâmes à un grand bourg; là était la maison d'Attila, beaucoup plus élevée et plus belle que les autres maisons de son empire; elle était faite de planches très-bien polies et entourée d'une palissade en bois, non comme fortification, mais comme ornement.

« La maison la plus voisine de celle du roi était celle d'Onégèse, entourée aussi d'une palissade; mais elle n'était ni élevée, ni garnie de tours comme celle d'Attila. Assez loin de l'enceinte de la maison était situé le bain qu'Onégèse, le plus riche et le plus puissant des Scythes après Attila, avait fait construire avec des pierres apportées de Pannonie. Il n'y a en effet dans cette partie de la Scythie ni pierres, ni grands arbres, et il faut faire venir les matériaux d'ailleurs. L'architecte qui avait construit ce bain, fait prisonnier à Sirmium, avait espéré que la liberté serait la récompense de son travail; mais son espérance avait été bien déçue: il était tombé dans une servitude beaucoup plus dure. Onégèse en avait fait son baigneur, et il le servait lui et toute sa famille quand ils allaient au bain.

« Lorsqu'Attila arriva dans ce village, des jeunes filles vinrent à sa rencontre; elles marchaient en file sous des pièces de toile fine et blanche, soutenues de chaque côté par les mains de plusieurs rangs de femmes, et si bien tendues que sous chaque pièce marchaient six jeunes filles et même davantage. Elles chantaient des chansons barbares.

« Nous étions déjà assez près de la maison d'Onégèse, par laquelle passait le chemin qui conduisait à celle du roi, lorsque sa femme sortit, suivie d'une multitude de femmes esclaves qui apportaient des mets et du vin : ce qui est regardé chez les Scythes comme le plus grand honneur; elle salua Attila et le pria de goûter de ces mets qu'elle lui présentait avec les plus vives protestations de son dévouement pour lui; le roi, pour donner une marque de sa bienveillance à la femme de son confident, mangea de dessus son cheval; les Barbares qui l'entouraient tenaient élevée jusqu'à lui la table, qui était d'argent; après avoir ensuite trempé ses lèvres dans la coupe qu'on lui avait offerte, il entra dans son palais : c'était une maison beaucoup plus apparente que les autres, et située sur une éminence.... »

RENCONTRE D'UN GREC DEVENU CHEF PARMI LES HUNS.

« Tandis que je passais le temps à me promener autour de l'enceinte de la maison d'Onégèse, s'avança quelqu'un que je pris d'abord pour un Barbare de l'armée des Scythes, et qui me salua en grec en me disant χαῖρε. Je m'étonnai qu'un Scythe me parlât grec; les Barbares, en effet, renfermés dans leurs habitudes, ne cultivent et ne parlent que la langue des Barbares, celle des Huns ou celle des Goths. Ceux qui ont de fréquentes relations de commerce avec les Romains parlent aussi le latin ; aucun ne parle grec, à l'exception des captifs réfugiés dans la Thrace ou dans l'Illyrie maritime; mais quand on rencontre ces derniers, on les reconnaît aisément à leurs vêtements déchirés et à leur pâleur, signe de la mauvaise fortune où ils sont tombés. Mon homme, au contraire, avait l'air d'un Scythe heureux et riche ; il était vêtu avec élégance et avait la tête rasée en rond. Le saluant à mon tour, je lui demandai qui il était, d'où il était venu dans la terre des Barbares, et pourquoi il avait adopté les usages des Scythes? « Vous avez donc bien envie de le savoir? » me dit-il. — « Ma raison pour vous le demander, » lui répondis-je, « c'est que vous avez parlé grec. » Il me dit alors en riant qu'il était Grec de naissance, qu'il s'était établi pour faire le commerce à Viminacium, ville de la Mœsie sur le Danube, qu'il y avait demeuré long-temps et y avait épousé une femme riche; mais que lors de la prise de cette ville, son bonheur s'était évanoui, et que, dans la répartition du butin, ses biens et lui étaient échus en partage à Onégèse. Il est, en effet, d'usage chez les Scythes que les principaux chefs, après Attila, mettent de côté les captifs les plus riches, et se les partagent après. Mon Grec avait ensuite vaillamment combattu contre les Romains ; il avait contribué à soumettre la nation des Acatzères à son maître barbare ; et d'après les lois scythes, il avait obtenu en récompense la propriété de tout ce qu'il avait acquis à la guerre ; il avait épousé une femme barbare, de qui il avait eu des enfants ; il était commensal d'Onégèse, et son nouveau genre de vie lui paraissait très-préférable à l'ancien. En effet, ceux qui demeurent chez les Scythes, après avoir supporté les fatigues de la guerre, passent leur vie sans aucun souci, chacun jouit des biens que lui a accordés le sort, et personne ne lui suscite la moindre affaire, ou ne le tourmente jamais en quoi que ce soit... »

VISITE A LA FEMME D'ATTILA.

« Le lendemain je me rendis dans l'enceinte intérieure de la maison d'Attila, pour porter des présents à sa femme, qui s'appelait Créca. Il en avait trois enfants: l'aîné régnait déjà sur les Acatzères et les autres nations qui habitaient la Scythie du Pont-Euxin. Dans cette enceinte étaient beaucoup d'édifices, construits en partie de planches sculptées et élégamment assemblées, en partie de poutres sans sculptures, bien dressées avec la doloire et polies, qui étaient entremêlées de pièces de bois travaillées au tour; les cercles qui les unissaient, à partir du sol, s'élevaient et étaient distribués suivant de certaines proportions. Là demeurait la femme d'Attila. Les Barbares qui gardaient les portes me laissèrent entrer, et je la trouvai couchée sur une molle couverture. Le pavé était garni de tapis sur lesquels nous marchions; une multitude d'esclaves l'entouraient en cercle; et vis-à-vis d'elle, des servantes assises à terre bigarraient des pièces de toile de couleur, qu'on applique comme ornement sur les habits des Barbares.

ATTILA RENDANT JUSTICE.

« Après avoir salué Créca et lui avoir offert les présents, je sortis; et en attendant qu'Onégèse revînt du palais où il s'était déjà rendu, je parcourus les autres édifices de l'enceinte où demeure Attila. Tandis que j'étais là, avec beaucoup d'autres personnes (comme j'étais connu des gardes d'Attila et des Barbares de sa suite, on me laissait aller partout), je vis s'avancer une foule nombreuse qui accourait en tumulte et à grand bruit. Attila sortit d'un air grave ; tous les yeux se dirigeaient vers lui. Onégèse l'accompagnait, et il s'assit devant sa maison. Beaucoup de gens qui avaient des procès s'approchèrent de lui, et il rendit des jugements. Il rentra ensuite dans son palais, où il reçut les députés des nations barbares.

« Pendant que j'attendais Onégèse, Romulus, Promutus et Romanus, députés venus d'Italie pour l'affaire des vases d'or, Rusticius qui était de la suite de Constance, et Constantiolus, originaire de la Pannonie, soumise alors à Attila, m'adressèrent la parole et me demandèrent si nous avions reçu notre congé. « C'est pour le savoir « d'Onégèse, leur dis-je, que j'attends « dans cette enceinte. » Je leur demandai à mon tour s'ils avaient obtenu quelque réponse favorable sur l'objet de leur mission. « Pas du tout, me ré- « pondirent-ils ; il est impossible de faire « changer Attila d'avis ; il menace de « la guerre si on ne lui livre pas les « coupables ou Sylvanus. »

CONVERSATION ENTRE LES AMBASSADEURS SUR LES PROJETS D'ATTILA.

« Comme nous nous étonnions de l'intraitable orgueil du Barbare, Romulus, homme d'une grande expérience et qui avait été chargé de plusieurs missions très-honorables, nous dit : « Cet or- « gueil vient de son heureuse fortune, « qui l'a placé dans un rang si élevé ; sa « fortune lui a valu un grand pouvoir, « et il en est si enflé que les bonnes « raisons n'ont aucun accès auprès de « lui, et qu'il ne croit juste que ce qui « est une fois entré dans sa tête ; au- « cun de ceux qui ont régné, soit en « Scythie, soit ailleurs, n'a fait d'aussi « grandes choses en aussi peu de temps ; « il s'est soumis toute la Scythie, il a « étendu sa domination jusqu'aux îles « de l'Océan, il a rendu les Romains « tributaires ; non content de cela, il « médite de plus grandes entreprises, « il veut reculer encore les frontières « de son empire, et il se prépare à at- « taquer les Perses. »

« Un de nous demanda quelle route conduisait de la Scythie chez les Perses. Romulus répondit que le pays des Mèdes n'était pas situé très-loin de celui des Scythes, et que les Huns connaissaient fort bien ce chemin, puisqu'ils y étaient allés autrefois. Pendant les ravages que faisait dans leur pays une famine, et la tranquillité que leur laissaient les Romains, occupés à une autre guerre, Basich et Cursich, guerriers de la famille royale des Scythes, et chefs de troupes nombreuses, avaient pénétré dans le pays des Mèdes. Ces chefs, venus dernièrement à Rome pour y traiter d'une alliance, avaient raconté qu'ils avaient fait route à travers une contrée déserte, qu'ils avaient traversé un marais que Romulus croyait être les Palus-Méotides, et qu'au bout de quinze jours, après avoir gravi de certaines montagnes, ils étaient descendus dans la Médie ; que là, pendant qu'ils butinaient et faisaient des excursions dans la campagne, était survenue une armée perse, qui avait obscurci l'air de ses traits ; qu'à la vue d'un tel péril, ils s'étaient retirés, avaient repassé les montagnes, et n'avaient emmené qu'une très-petite portion de leur butin, car les Mèdes en avaient repris la plus grande partie ; que pour éviter le choc des ennemis, ils avaient pris une autre route, avaient traversé des lieux semés de pierres marines qui brûlaient, et étaient enfin rentrés dans leur pays, après une route dont Romulus ne se rappelait pas la durée. Il était aisé de voir par là que la Scythie n'était pas très-éloignée du pays des Mèdes.

« Romulus ajoutait que si, par conséquent, la fantaisie d'attaquer les Mèdes prenait à Attila, cette invasion ne lui coûterait ni beaucoup de soins, ni beaucoup de fatigues, et qu'il n'avait pas un long chemin à faire pour tomber sur les Mèdes, les Parthes et les Perses, et les contraindre à lui payer tribut. Il avait un si grand nombre de troupes qu'aucune nation ne pouvait

6e *Livraison.* (ALLEMAGNE.)

lui résister. Nous nous mîmes alors à former le vœu qu'Attila attaquât les Perses et détournât ainsi de nous le poids de la guerre. « Il est à craindre, « dit Constantiolus, que les Perses une « fois vaincus, il ne traite les Romains, « non plus en ami, mais en maître. « Maintenant nous lui envoyons de l'or « à cause de la dignité dont nous l'a- « vons nous-mêmes revêtu; mais s'il « dompte les Mèdes, les Parthes et les « Perses, il n'épargnera plus les Ro- « mains, qui font de ce côté la borne « de son empire; il les regardera « comme ses esclaves, et les forcera « d'obéir à ses terribles et insuppor- « tables volontés. »

UN BANQUET DANS LA DEMEURE D'ATTILA.

« A peine étions-nous rentrés dans notre tente, que le père d'Oreste vint nous dire : « Attila vous invite tous « les deux au banquet qui doit avoir « lieu vers la troisième heure du jour. » A l'heure dite, nous nous rendîmes à l'invitation, et, réunis aux ambassadeurs des Romains occidentaux, nous nous tînmes devant l'entrée de la salle, en face d'Attila; là, les échansons, selon l'usage de ce pays, nous présentèrent une coupe, afin qu'avant de nous asseoir nous fissions des libations; après nous en être acquittés et avoir goûté de la coupe, nous allâmes occuper les siéges sur lesquels nous devions souper.

«Des siéges étaient préparés des deux côtés de la salle, le long des parois ; au milieu était Attila sur un lit, vis-à-vis duquel était placé un autre lit, derrière lequel se trouvaient les marches d'un escalier qui conduisait à celui où ce prince couchait. Ce lit était orné de toiles et de tapis de diverses couleurs, et il ressemblait à ceux que les Romains et les Grecs arrangent pour les mariés. Il fut réglé alors que le premier rang des convives s'assiérait à la droite d'Attila, et le second à sa gauche. Nous fûmes placés dans le second rang avec Bérich, guerrier très-considéré parmi les Scythes; mais Bérich était au-dessus de nous. Onégèse occupait le premier siége à la droite du roi, et vis-à-vis de lui étaient assis deux des fils d'Attila; l'aîné était couché sur le même lit que son père, non à côté, mais fort au-dessous : il tenait toujours les yeux baissés par respect pour son père.

«Tout le monde s'étant assis, l'échanson d'Attila lui présenta une coupe de vin; en la recevant, Attila salua celui qui occupait la première place ; à cet honneur, celui-ci se leva aussitôt: il ne lui était pas permis de se rasseoir avant qu'Attila, goûtant de la coupe, ou la buvant tout entière, l'eût rendue à l'échanson. Attila, au contraire, restait assis tandis que les convives, recevant chacun une coupe, lui rendaient hommage en le saluant et en goûtant le vin. Chaque convive avait un échanson qui entrait à son rang après la sortie d'Attila. Tous les convives ayant été honorés de la même manière, Attila nous salua à notre tour, à la manière des Thraces. Après ces cérémonies de politesse, les échansons se retirèrent.

« A côté de la table d'Attila, étaient dressées d'autres tables faites pour recevoir trois ou quatre, ou même un plus grand nombre de convives, chacun desquels pouvait, sans déranger l'ordonnance des siéges, prendre sur les plats, avec son couteau, ce qui lui plaisait. Au milieu s'avança d'abord le serviteur d'Attila, portant un plat plein de viandes; ensuite ceux qui devaient servir les autres convives couvrirent les tables de pain et de mets. On avait préparé pour les Barbares et pour nous des mets et des ragoûts de toutes sortes; mais Attila n'avait qu'un plat de bois et ne mangeait que de la viande.

« Il montrait en tout la même simplicité : les convives buvaient dans des coupes d'or et d'argent; Attila n'avait qu'une coupe en bois. Ses habits étaient fort simples et ne se distinguaient de ceux des autres Barbares que parce qu'ils étaient d'une seule couleur et sans ornement. Son épée, les cordons de sa chaussure, les rênes de son cheval n'étaient point, comme ceux des autres Scythes, décorés de plaques d'or et de pierres précieuses.

« Lorsque les mets servis dans les premiers plats eurent été mangés, nous nous levâmes, et aucun de nous ne reprit son siége avant d'avoir bu une coupe de vin à la santé et à la prospérité d'Attila, selon les formes que je viens de décrire.

« Après lui avoir rendu cet hommage, nous nous rassîmes. On apporta alors sur toutes les tables de nouveaux plats qui contenaient d'autres mets ; et lorsque chacun eut mangé à satiété, nous nous levâmes, nous nous mîmes à boire comme la première fois ; et nous nous rassîmes encore.

« A l'approche du soir, les mets furent enlevés ; deux Scythes s'avancèrent et récitèrent devant Attila des vers de leur composition, où ils chantaient ses victoires et ses vertus guerrières. Tous les regards des convives se fixèrent sur eux : les uns étaient charmés par les vers, d'autres s'enflammaient à cette peinture des batailles ; des larmes coulaient des yeux de ceux dont l'âge avait éteint les forces, et qui ne pouvaient plus satisfaire leur soif de guerre et de gloire. Après ces chants barbares, un fou vint débiter un déluge d'extravagances et de sottises telles, qu'il fit éclater de rire tous les assistants.

« Le Maure Zerchon entra le dernier : Édecon l'avait engagé à venir trouver Attila, et lui avait promis d'employer tous ses soins pour lui faire rendre sa femme ; il l'avait prise autrefois dans la Scythie, où il jouissait de la faveur de Bléda, et il l'y avait laissée. Lorsque Attila l'avait envoyée en don à Aétius, il avait d'abord espéré la revoir ; mais cette espérance avait été vaine, parce qu'Attila s'était irrité de ce qu'il était retourné dans son pays ; saisissant l'occasion de la fête, il venait la redemander, et sa figure, son maintien, sa prononciation, le mélange bizarre qu'il faisait des mots huns, latins et goths, excitèrent une telle gaîté, de tels transports de joie, que les éclats de rire étaient inextinguibles (*).

(*) N'est-il pas singulier de trouver déjà

« Attila seul conservait toujours le même visage ; il était grave et immobile ; il ne disait et ne faisait rien qui annonçât la moindre disposition à rire ou à s'égayer ; seulement, lorsqu'on lui amena le plus jeune de ses fils, nommé Irnach, il le regarda avec des yeux d'affection et de plaisir, et lui prit la joue pour le caresser. Comme je m'étonnais qu'Attila fît si peu d'attention à ses autres enfants et ne parût occupé que de celui-ci, un des Barbares, assis près de moi, et qui parlait le latin, après m'avoir fait promettre que je ne révèlerais pas ce qu'il allait m'apprendre, me dit que les devins avaient prédit à Attila que toute sa race périrait à l'exception de cet enfant qui en serait le restaurateur....

« Le lendemain, Attila nous invita de nouveau à un banquet ; nous y observâmes les mêmes cérémonies qu'au premier, et nous nous y divertîmes fort ; ce jour-là ce n'était point le fils aîné d'Attila qui était assis sur le même lit que ce chef, mais son oncle Oëbar, qu'Attila regardait comme son père.

« Pendant tout le banquet, Attila nous parla avec beaucoup de douceur ; il ordonna à Maximin d'engager l'empereur à donner pour femme, à son secrétaire Constance, celle qu'il lui avait promise. Constance, en effet, était venu à Constantinople avec les députés d'Attila, et il avait offert de s'employer à maintenir la paix entre les Romains et les Huns, pourvu qu'on lui donnât en mariage une femme riche : l'empereur y avait consenti, et lui avait promis de lui faire épouser la fille de Saturnillus, homme d'une famille noble et d'une fortune très-considérable ; mais Athénaïs ou Eudoxie (on donnait à l'impératrice ces

à la cour d'Attila un arlequin ? Telle est en effet leur origine : la couleur des esclaves noirs, l'étrangeté de leur figure et de leurs manières les firent rechercher par les Barbares comme d'excellents bouffons ; et pour comble de singularité, le Maure Zerchon, qui vient redemander sa femme à Attila, rappelle Arlequin redemandant Colombine. (*Note de M. Guizot.*)

deux noms) fit mourir Saturnillus, et Zénon, personnage consulaire, empêcha l'empereur d'exécuter sa promesse. Ce Zénon, accompagné d'une nombreuse troupe d'Isauriens, gardait alors la ville de Constantinople qui était menacée par la guerre, et commandait les armées d'Orient ; il fit sortir la jeune fille de prison, et la donna à un certain Rafus, l'un de ses parents. Constance, frustré de ce mariage, demandait instamment à Attila de ne pas souffrir l'affront qu'il avait reçu, et de faire en sorte qu'on lui donnât une femme, ou celle qu'on lui avait ravie, ou une autre qui lui apportât une riche dot. Aussi, pendant le souper, le Barbare recommanda à Maximin de dire à l'empereur qu'il ne fallait pas que Constance fût trompé dans ses espérances, et qu'il était contraire à la dignité d'un empereur d'être un menteur. Attila donnait cet ordre à Maximin, parce que Constance lui avait promis une forte somme d'argent, s'il réussissait par sa protection à épouser une jeune Romaine riche.

« A l'approche de la nuit, nous nous retirâmes du banquet. »

« Au bout de trois jours, enfin, nous fûmes renvoyés après avoir reçu des présents. »

L'empire d'Orient avait tout à craindre d'un voisin tel que le roi des Huns; mais quelque chose le sauva, ce fut la dévastation de ses provinces. Il y avait si long-temps que les Barbares de toute race les pillaient sans cesse, qu'il restait bien peu de chose pour les derniers venus. Au contraire, la Gaule et l'Italie n'avaient point encore souffert d'invasion dévastatrice. Si les Goths, les Suèves avaient fait beaucoup de ruines, l'on avait déjà eu le temps d'en réparer au moins une partie. Plusieurs motifs d'ailleurs attiraient Attila vers la Gaule; le nom d'Alaric, les conquêtes des Goths lui faisaient ombrage. Il les appelait ses esclaves fugitifs, et jurait de les poursuivre jusqu'à ce qu'il les eût soumis au joug. Genséric, le rusé roi des Vandales, l'excitait par de grands présents à attaquer les Romains et les Goths.

Croyant que la femme de son fils, fille du roi des Visigoths, avait voulu l'empoisonner, il l'avait renvoyée honteusement à son père avec le nez et les oreilles coupés. Cet outrage devait amener la guerre entre les deux peuples; aussi chercha-t-il à la prévenir par l'alliance d'Attila. De plus Aétius, qui employait à la défense de la Gaule une nombreuse armée de Huns et d'Alains qui lui étaient personnellement attachés, avait placé deux colonies de ces Barbares sur les territoires de Valence et d'Orléans, pour garder les passages du Rhône et de la Loire; mais ces Barbares, ceux d'Orléans du moins, perdus au milieu de peuplades civilisées, et enfermés dans des villes, appelèrent Attila. Deux chefs francs, qui se disputaient la succession de Clodion, invoquèrent aussi les secours, l'un des Romains, l'autre du roi des Huns, qui put ainsi compter qu'il serait facile de passer le Rhin. Lui-même mit en avant un prétexte pour envahir la Gaule. Il se déclara l'amant et le défenseur de la princesse Honoria (la sœur de Valentinien III), qui lui avait autrefois envoyé son anneau ; et à son entrée dans l'Empire, il réclama la main de cette princesse et la part à laquelle elle avait droit de prétendre dans le patrimoine impérial.

INVASION DE LA GAULE.

Ce fut vers le confluent du Rhin et du Necker qu'Attila passa le Rhin. Aussitôt sa cavalerie porta le ravage dans toutes les provinces voisines : Strasbourg, Tongres, Mayence, Metz furent ruinées, leurs habitants massacrés, et la place qu'occupait la dernière de ces villes ne fut indiquée que par une chapelle échappée seule à l'incendie. Justifiant le titre qu'il s'était donné de *fléau de Dieu*, il ne voulait pas, comme nous l'avons déjà dit, que l'herbe repoussât là où son cheval avait passé.

Aétius avait mis son espérance dans la réunion des Barbares cantonnés dans la Gaule, pour lesquels l'invasion des Huns n'était pas moins redoutable que pour les Romains. Tous en effet vinrent, ralliés aux débris de l'empire, combattre les Barbares de l'Asie et ceux de leurs frères qui s'étaient associés à leurs projets. Les Francs, les Alains, les Burgondes, les Saxons, établis déjà à Bayeux, mais surtout les Visigoths de Toulouse, s'armèrent pour délivrer Orléans assiégé par les Huns.

« Vers ce temps-là cette ville avait pour évêque le bienheureux Anian, homme d'une éminente sagesse et d'une honorable sainteté, dont les actions vertueuses ont été fidèlement conservées parmi nous. Et comme les assiégés demandaient à grands cris à leur pontife ce qu'ils avaient à faire, celui-ci, mettant sa confiance en Dieu, les engagea à se présenter tous pour prier et implorer avec larmes le secours du Seigneur, toujours présent dans les calamités. Ceux-ci s'étant mis à prier, selon son conseil, le pontife dit : « Regardez du haut du rempart « de la ville, si la miséricorde de Dieu « vient à notre secours. » Car il espérait, par la miséricorde de Dieu, voir arriver Aétius, que, prévoyant l'avenir, il était allé trouver à Arles ; mais regardant du haut du mur, ils n'aperçurent personne ; et l'évêque leur dit : « Priez avec zèle, car le Seigneur « vous délivrera aujourd'hui. » Ils se mirent à prier, et il leur dit : « Regar- « dez une seconde fois. » Et, ayant regardé, ils ne virent personne qui leur apportât du secours. Il leur dit pour une troisième fois : « Si vous le « suppliez sincèrement, Dieu va vous « secourir promptement. » Et ils imploraient la miséricorde de Dieu avec de grands gémissements et de grandes lamentations. Leur oraison finie, ils vont, par l'ordre du vieillard, regarder pour la troisième fois du haut du rempart, et aperçoivent de loin comme un nuage qui s'élève de la terre. Ils l'annoncent au pontife, qui leur dit : « C'est le secours du Seigneur. » Cependant les remparts, ébranlés déjà sous les coups du bélier, étaient au moment de s'écrouler, lorsque voilà Aétius qui arrive, voilà Théodoric, roi des Goths, ainsi que Thorismund son fils, qui accourent vers la ville à la tête de leurs armées, renversant et repoussant l'ennemi. Le ville ayant donc été délivrée par l'intercession du saint pontife, ils mettent en fuite Attila, qui, se jetant dans les plaines de Méry, se dispose au combat ; ce que les Orléanais apprenant, ils se préparent à lui résister avec courage (*). »

BATAILLE DE CHALONS.

Attila recula devant les forces réunies d'Aétius et des Visigoths jusque dans les champs catalauniens, où l'on voit encore aujourd'hui les restes du camp qu'il y traça. La bataille fut acharnée : elle commença par un combat entre un corps de Francs et les Gépides ; cinquante mille Barbares restèrent sur le champ de bataille. Cependant Attila hésitait, il consultait les victimes pour connaître l'issue de la journée ; mais, quelle que fût la réponse des prêtres, il fallait combattre, car il s'était avancé trop loin pour reculer sans danger devant la nombreuse armée qui voulait lui fermer la Gaule. Enfin la grande mêlée s'engagea. « Ce fut, dit Jornandès, l'historien des Goths, qui dans ce récit se montre souvent partial pour les siens ; ce fut un terrible combat, obstiné, sanglant, tel que n'en vit jamais l'antiquité. S'il nous faut en croire les vieillards, un petit ruisseau, gonflé par le sang des guerriers morts, devint un torrent. Ce fut là que le roi Théodoric haranguant son armée, fut renversé de cheval et termina sa vie. Les Visigoths se séparant alors des Alains, se précipitent sur les bataillons des Huns : ils eussent écrasé Attila, si celui-ci, qui avait déjà pris prudemment la fuite, ne se fût enfermé lui et les siens dans le camp que défendaient ses chariots. C'était un faible rempart ; et cependant les voilà ces hommes qu'aucun mur ne pouvait arrêter, cherchant la vie derrière ce misé-

(*) Grégoire de Tours.

rable retranchement. Thorismund, fils de Théodoric, qui avait aussi débusqué les ennemis, croyant se rendre dans son camp, se trouva égaré par les ténèbres, au milieu des chariots des ennemis. Il tomba, après des prodiges de valeur, frappé à la tête. Aétius, par une erreur semblable, errait au milieu des ennemis : tremblant à la crainte de quelque malheur pour les Goths, il parvint enfin dans un camp ami, et passa le reste de la nuit protégé par les boucliers.

« Le lendemain ils voient les champs jonchés de cadavres ; et comme les Huns n'osaient sortir, ils pensèrent que la victoire était à eux : car ils savaient bien que ce n'était qu'abattu par une affreuse défaite qu'Attila avait quitté le combat. Grand jusque dans la défaite même, ce chef faisait entendre le son de ses trompettes et menaçait d'une attaque : semblable à un lion qui, pressé par les chasseurs, s'arrête à l'entrée de sa caverne ; il n'ose pas s'élancer, mais, par ses affreux rugissements, il répand l'effroi tout à l'entour. Le terrible roi des Huns troublait, quoique enfermé dans son camp, le repos de ses ennemis. Cependant les Goths et les Romains s'assemblent, et se demandent comment ils achèveront la défaite d'Attila. On décida de le fatiguer par les lenteurs d'un siège, de l'affamer dans son camp. Ce fut alors, dit-on, que ce roi, grand jusqu'au dernier moment, se fit dresser un immense bûcher, formé de selles de chevaux, pour s'y précipiter si les ennemis donnaient l'assaut : il eût craint, lui, maître de tant de nations, de se voir entre les mains de ses ennemis.

«Cependant on s'étonnait de l'absence du roi des Visigoths. Après de longues recherches, on le trouve à la place qui convient aux braves, parmi les morts du premier rang : on l'enleva au milieu de chants funèbres, à la vue des ennemis. Alors on eût vu les Goths, avec leurs cris et leurs mille dialectes, observer les cérémonies funéraires au milieu de la fureur des combats. On répandait des larmes, mais de ces larmes que le brave a coutume de verser. Les Goths offrent, au bruit des armes, la dignité royale au valeureux Thorismund qui, couvert de gloire, rend les derniers devoirs aux mânes de son père chéri. Puis, désolé de cette perte et emporté par sa fougue guerrière, jaloux de venger sur les restes des Huns la mort de son père, il consulte Aétius qui avait toute l'expérience que donne la vieillesse. Mais celui-ci, craignant sans doute de voir l'empire romain écrasé par les Goths, si les Huns étaient anéantis, lui conseille de retourner dans ses états ; et, en effet, ce prince retourna en Gaule. Dans ce combat fameux et où se rencontrèrent des peuples si vaillants, il y eut des deux côtés, dit-on, 162,000 morts, sans compter encore 90,000 Gépides et Francs, qui, avant l'action générale, se rencontrèrent pendant la nuit et se tuèrent mutuellement. Attila, à la nouvelle du départ des Goths, par une pensée qu'amène toujours un événement imprévu, croyant que c'est un piège tendu par l'ennemi, se tint enfermé dans son camp. Mais enfin quand un long silence a révélé l'absence des ennemis, son cœur triomphe, il renaît à l'espérance, et l'esprit du puissant roi se reporte à ses anciennes destinées. »

INVASION DE L'ITALIE.

Attila n'avait sans doute pas été aussi complètement vaincu que paraît le croire Jornandès ; cependant, étonné de l'opiniâtre résistance qu'il avait rencontrée, il recula, laissa la Gaule aux Barbares, mais se vengea bientôt sur l'Italie. En effet, le printemps suivant il passa les Alpes, prit, après trois mois de siège, la ville d'Aquilée, dont la génération suivante put à peine distinguer les ruines, de même que celles d'Altinum, de Padoue et de Concordia. Vicence, Vérone et Bergame restèrent au moins debout, mais dépeuplées et appauvries. Pavie et Milan, plus heureuses, en furent quittes en donnant leurs richesses. Como, Turin, Modène, au-delà du Pô, eurent aussi à souffrir de l'avide cruauté du vainqueur, qui dévasta ainsi toute la Lombardie. C'est pour échapper à ses ravages que les habitants de la Vénétie s'enfuirent dans les lagunes, dans les îles formées par les bas-fonds du golfe Adriatique. La *dominante* Venise devait bientôt s'y élever.

Aétius, qui n'avait pu emmener au secours de l'Italie les Barbares de la Gaule, vainqueurs d'Attila à Châlons, fut réduit à négocier. L'état où était l'armée barbare contribua à faciliter le traité. Les jouissances du luxe et la chaleur du climat avaient fait naître des maladies qui commençaient à venger l'Italie. Le pape Léon, par son éloquence pressante, sa démarche majestueuse et ses habits pontificaux, inspira au Barbare une vénération dont il profita pour l'engager à se contenter de l'immense douaire de la princesse Honoria.

MORT ET FUNÉRAILLES D'ATTILA.

« De retour en Germanie, Attila épousa, dit un ancien auteur, une jeune fille nommée Ildico, d'une rare beauté. La nuit qui suivit les noces, Attila, appesanti par le sommeil et le vin, fut surpris par une hémorragie, et étouffé par le sang qui lui sortit en abondance de la bouche. Ainsi mourut honteusement dans l'ivresse ce prince illustre par ses nombreux exploits. Le lendemain, comme la journée était déjà avancée, les serviteurs du roi, dans la crainte de quelque malheur, brisent la porte après bien des cris, et trouvent Attila sans blessure, mais étendu mort sur sa couche : au pied du lit était la jeune fille la tête baissée et pleurant sous son voile. Alors, selon les coutumes nationales, ils coupèrent leur chevelure, sillonnèrent de blessures profondes leurs visages hideux. Car ce n'étaient pas des larmes et des lamentations de femmes qu'il fallait pour pleurer un héros, mais du sang d'homme. On raconte qu'un dieu apparut dans le sommeil à Marcien, empereur d'Orient, qu'inquiétait un si terrible ennemi, et lui montra l'arc brisé d'Attila.

« Pour rendre de dignes honneurs à sa mémoire, on plaça, au milieu d'une plaine, son cadavre sous des tentes de soie; et ce fut un admirable, un imposant spectacle. L'élite des cavaliers, prise dans toute la nation des Huns, placée à l'endroit où le corps avait été déposé, faisait courir des chars comme au cirque, et rappelait ainsi ses exploits dans un chant funèbre. « Là est Attila, roi des Huns,
« fils de Mandzocco, chef de peuplades
« valeureuses : avec une force jusqu'a-
« lors inouïe, seul il réunit sous son
« empire la Scythie et la Germanie,
« épouvanta les deux empires par la
« prise de leurs villes, et cédant à la
« prière de ne pas tout envelopper dans
« le pillage, consentit à recevoir un
« tribut annuel. Après tant de bonheur,
« il est mort, non par le fer de l'ennemi
« ou par la trahison des siens, mais au
« milieu de son peuple et plein de vie,
« au sein de la joie et sans douleur.
« Peut-on appeler mort, cette fin que
« personne ne vengera? »

« Après ces lamentations, ils célèbrent dans un grand repas la cérémonie qu'ils appellent *Strava*, et par une union étrange mêlent ainsi la joie au deuil. Le cadavre fut remis à la terre durant la nuit, en secret. Les Barbares enferment Attila dans un triple cercueil, d'abord un d'or, puis un second d'argent, et un troisième de fer, faisant entendre par là que tout avait été donné à ce puissant roi : le fer, il dompta par lui les nations; l'or et l'argent, il en avait reçu des deux empires. Ils ajoutent encore à cela des armes prises sur le champ de bataille, des colliers étincelants de pierres précieuses, et d'autres ornements royaux. Et pour dérober tant de richesses à la curiosité humaine, ils font périr ceux qui avaient préparé le tombeau (*). »

SUITES DE LA MORT D'ATTILA.

Après la mort d'Attila, personne ne se trouva assez fort pour prendre la place de ce chef. Ses fils se disputèrent son héritage; ils voulurent se partager les nations; mais ce fut pour

(*) Jornandès.

elles comme le signal de l'affranchissement. Les Gépides réclamèrent les premiers.

« Leur roi Ardaric, indigné de voir qu'on trafiquât de tant de peuples comme on ferait des plus vils esclaves, se souleva le premier contre les fils d'Attila, et effaça par ses succès la honte de l'esclavage. En abandonnant le camp des Huns, il ne délivra pas seulement son peuple, mais encore toutes les nations qui gémissaient sous le même joug. On s'arma donc pour s'anéantir mutuellement, et le combat s'engagea en Pannonie, près du fleuve appelé Nétad. Là eut lieu le choc des nations diverses qu'Attila avait tenues sous sa puissance. Les états se divisèrent ainsi que les peuples : on vit alors se déchirer entre elles ces peuplades valeureuses qui, avant de se porter des coups mutuels, n'avaient jamais trouvé d'ennemis qui pussent leur résister. Ce dut être un beau spectacle que de voir le Goth furieux combattant avec son épée, le Gépide brisant ses traits sur la poitrine de ses anciens alliés, le Hun lançant la flèche rapide ; que de voir se ranger en bataille, les uns contre les autres, et l'Alain légèrement armé, et l'Hérule à la pesante armure. Après de nombreuses et sanglantes mêlées, la fortune passa tout à coup du côté des Gépides. Trente mille hommes, tant des Huns que des autres nations qui leur avaient prêté secours, tombèrent sous le glaive d'Ardaric et des confédérés. Dans ce combat succomba le fils aîné d'Attila, Ellak, que son père aimait par-dessus tous ses autres enfants, et qu'il eût voulu de préférence voir à la tête des peuples ; mais la fortune ne se conforma pas à ce vœu. Après avoir tué beaucoup d'ennemis, on dit qu'il mourut avec tant de courage, que son père vivant ne lui eût pas souhaité une mort plus glorieuse. Lui tué, ses autres frères sont mis en fuite vers les rivages du Pont-Euxin, là où s'étaient d'abord établis les Goths. Ils cédèrent donc enfin, ces Huns auxquels il semblait que l'univers devait céder.

« Cette victoire d'Ardaric fut un heureux événement pour les nations diverses qui obéissaient, malgré elles, à la domination des Huns..... Beaucoup de peuples, précédés de leurs ambassadeurs, se dirigèrent vers l'empire romain, et accueillis favorablement par l'empereur Marcien, reçurent une portion de territoire à habiter. Quant aux Gépides, ils s'emparèrent de vive force des lieux qu'occupaient les Huns ; et maîtres, par suite de leur victoire, des frontières de toute la Dacie, ne demandèrent aux Romains, par un arrangement à l'amiable, que la paix et les dons annuels auxquels ils avaient droit comme vaillants guerriers. L'empereur y consentit volontiers, et ce don s'est continué jusqu'à nos jours. Les Goths voyant que les Gépides gardaient pour eux le territoire des Huns, et que le peuple des Huns était rentré dans ses anciens foyers, aimèrent mieux demander des terres aux Romains que d'en envahir d'étrangères à leurs risques et périls. Ils obtinrent la Pannonie, qui forme une vaste plaine bornée à l'est par la Mœsie supérieure, au midi par la Dalmatie, à l'ouest par le Norique, au nord par le Danube. Les Sauromates, que nous avons appelés Sarmates, les Cémandres, et quelques Huns, habitèrent la contrée qui leur fut donnée dans une partie de l'Illyrie. De ce nombre fut Blévitas, général de la Pentapole, son frère Froïlas, et le patrice Bessa notre contemporain. Les Scires, les Satagariens, et d'autres peuplades des Alemans, avec leur chef, nommé Candax, reçurent la Scythie inférieure et la basse Mœsie. Les Rugiens, et d'autres nations, demandèrent Biozimotas et Scandiopolis pour s'y établir. Hernak, le second fils d'Attila, alla se choisir, avec les siens, une retraite dans le fond de la petite Scythie ; Emnedzar, Uzindur, qui lui étaient unis par le sang, dans la Dacie riveraine ; Uto et Iscalmus, et un grand nombre de Huns, se précipitèrent çà et là dans la Romanie (*). »

(*) Jornandès.

TRADITION GERMANIQUE SUR ATTILA. — NIEBELUNGS.

La Germanie tout entière s'était trouvée réunie sous la main d'Attila. La barbarie germanique s'était forcément ralliée à la barbarie orientale, pour tomber de concert sur ce qui restait encore de l'empire romain. La défaite commune essuyée dans les plaines de Châlons, la mort d'Attila, rompirent cette union monstrueuse. La barbarie asiatique fut refoulée dans les steppes de l'Asie. Il n'en resta pas moins un grand fait, le rapprochement de toutes les tribus germaniques. Alors elles s'étaient vues, s'étaient raconté leurs traditions, et le souvenir de ce moment unique est resté si longtemps dans leur mémoire, que, dans leur grand poëme national, les *Niebelungs*, les Allemands ont groupé autour d'Attila tous les héros de l'invasion. L'unité de la race germanique apparaît ainsi pour la première fois sous la tente du roi des Huns.

Un jeune professeur, que nous nous honorions naguère de compter parmi nos collègues et que nous comptons encore parmi nos amis, M. J.-J. Ampère, qui, le premier en France, nous a révélé la littérature du Nord, dans un article remarquable publié en 1832 par la *Revue des deux Mondes*, un extrait assez étendu des *Niebelungs* et de l'*Edda*. Nos lecteurs nous sauront gré, sans doute, d'avoir emprunté quelques pages à ce travail d'autant plus précieux qu'il n'existe encore de ce côté du Rhin aucune traduction des deux grandes épopées du Nord.

« D'après d'anciens récits, il y avait à Worms, dans le pays de Bourgogne, une noble jeune fille, nommée Crimhilde, et dans les Pays-Bas vivait un noble fils de roi, nommé Sigfrid. A l'époque où le poëme commence, Sigfrid avait déjà accompli plusieurs hauts faits. Le plus merveilleux avait été de ravir à un dragon le trésor des *Niebelungs*. Un jour il entend parler de la belle Crimhilde du pays de Bourgogne, se prend pour elle d'un grand amour et monte à cheval avec ses guerriers pour aller courir cette aventure. Crimhilde avait deux frères, dont l'aîné s'appelait Gunther et régnait en Bourgogne. Le plus redoutable de ses guerriers s'appelait Hagen. Les Bourguignons demandent à Sigfrid et à ses compagnons ce qui les amène. « On m'a raconté dans le pays de mon « père, dit Sigfrid, qu'ici étaient les plus « braves guerriers qu'ait jamais com- « mandés un roi ; j'ai beaucoup entendu « dire cela, et je suis venu pour en « faire l'épreuve. » Puis il propose à Gunther de combattre, en engageant réciproquement leur pays au vainqueur. Gunther décline la proposition, mais lui offre de tout partager avec lui ; et à cette condition Sigfrid se radoucit. « Il resta un an dans le pays et sans « voir la belle Crimhilde. Pour elle, elle « le voyait de sa fenêtre, et alors elle « n'avait besoin de nul autre passe- « temps. »

« Voici comment ils devaient être rapprochés. Le roi de Saxe et le roi de Danemark déclarèrent la guerre à Gunther. Celui-ci propose à Sigfrid de l'accompagner. Sigfrid accepte et taille en pièces les ennemis du roi. Pour sa récompense, on charge Crimhilde de lui donner le salut de bienvenue. Sigfrid paraît devant elle, et ils se regardent l'un l'autre avec des yeux pleins d'amour. « Jamais, dans la saison d'été, « dans les jours de mai, il n'avait porté « dans son cœur une si grande joie. » Mais bientôt une nouvelle expédition se présente. Il y avait en Islande, au-delà de la mer, une reine nommée *Brunhilde*, d'une grande beauté et d'une force merveilleuse ; elle défiait ceux qui venaient lui faire la cour à des exercices où elle excellait ; et s'ils étaient vaincus ils perdaient la vie. Gunther forme le dessein de tenter cette périlleuse entreprise, et demande encore à Sigfrid de l'accompagner. Il y consent, à cette condition que, s'il sert le roi dans cette circonstance, il obtiendra de lui la belle Crimhilde. Ils arrivent ensemble en Islande. Grace à Sigfrid et à un chaperon magique qui le rend invisible, Gunther triomphe ou paraît triompher des épreuves, et obtient la reine. Cependant Brunhilde diffère son départ et rassemble autour d'elle une foule immense de parents et de vassaux. Sigfrid alors va chercher du renfort dans le merveilleux pays des Niebelungs, habité par des nains et par des géants, pays qu'il avait autrefois soumis par les armes, et d'où il avait rapporté son trésor et son chaperon. Brunhilde cède enfin et accompagne son vainqueur. Sigfrid réclame de Gunther la main de Crimhilde ; il l'obtient, et l'on célèbre à Worms les deux mariages le même jour. Tout se passe à merveille entre Sigfrid et sa jeune épouse. Il n'en va pas de même pour le roi Gunther. Au moment où il se croit le plus sûr et le plus près de posséder la fière Brunhilde, elle lui défend de toucher sa blanche chemise ; et comme il veut braver cet ordre, la robuste héroïne lui attache les pieds et les mains et le suspend à un clou contre la muraille. Le lendemain, Sigfrid paraît très-satisfait, mais Gunther est soucieux. Il raconte sa mésaventure à son beau-frère, qui est toujours son recours dans les grandes difficultés. Sigfrid, d'accord avec lui, s'introduit le soir dans la chambre royale, invisible au moyen de son chaperon. La reine le prend pour son époux et veut le traiter comme elle a traité celui-ci la veille. Il a beaucoup à faire pour venir à bout de cette terrible femme, qui tantôt le presse contre le mur, tantôt serre les doigts du fort Sigfrid de manière à faire jaillir le sang de ses ongles. Enfin il s'irrite de la résistance d'une femme ; quand elle veut le lier, il la serre à son tour de manière à faire crier tous les membres de son corps. Alors elle se confesse vaincue ; Sigfrid lui enlève son anneau, et Gunther qui, caché dans un coin, a assisté à cette étrange lutte, vient profiter de la victoire de Sigfrid. « Je ne m'opposerai plus à ton noble amour, lui dit Brunhilde ; j'ai éprouvé maintenant que tu étais digne de commander à une femme. »

« Sigfrid retourne dans son pays avec Chrimbilde. Dix ans se passent sans événements. Enfin Gunther les invite à une fête qui dure onze jours. Pendant ce temps, une dispute s'élève entre les deux reines, à l'occasion de la prééminence de leurs époux. Le dialogue devient de plus en plus pressé et mordant ; enfin Chrimhilde dit dans son emportement à la femme de Gunther : Tu as été la concubine de Sigfrid. Brunehilde tout en larmes va se plaindre à son époux. Sigfrid se justifie ; mais la vindicative Brunhilde demande à son mari la mort du héros.

Le plus farouche de ses guerriers, qui hait Sigfrid, Hagen achève de l'y décider. On fait une grande chasse, et dans cette chasse, tandis que Sigfrid se penche pour boire au bord d'une fontaine, Hagen le perce entre les épaules, dans le seul point où il fût vulnérable, et que la trop confiante Crimhilde lui avait révélé.

« Le héros s'élance de la fontaine, « un long manche de pique sortait de « sa poitrine ; il espérait trouver son « arc ou son glaive, et alors Hagen « aurait été payé de ses services. »

« Ne trouvant que son bouclier, il le lance à son assassin et le renverse, puis il meurt, et l'on apporte à Chrimhilde son cadavre sanglant. On cherche à lui cacher les auteurs du meurtre, mais elle les devine sur-le-champ par un instinct de douleur. Le vieux père de Sigfrid, *Sigemond*, veut attaquer la Bourgogne. « Nous ne sommes pas « les plus forts, dit-elle, attendons. » Après lui avoir ravi son mari, ses frères et Hagen lui enlevèrent encore *le trésor des Niebelungs* qu'il lui avait laissé : on le précipita dans le Rhin. Dépouillée de tout, Chrimhilde « sup-« porta beaucoup de maux pendant « treize années sans pouvoir oublier « la mort du brave. » Enfin vint l'heure de le venger.

« Attila, roi des Huns (qui s'appelle ici Etzel), ayant perdu sa femme Herka, envoie demander en mariage la veuve de Sigfrid, dont la renommée est venue jusqu'à lui. Ses messagers la trouvent encore noyée dans les larmes ; elle refuse d'abord d'épouser ce païen. Mais enfin, contrainte par ses frères, elle cède et part pour le pays des Huns. Ils arrivent à la cour d'Attila où étaient toutes sortes de peuples et un grand nombre de héros.

« Au bout de treize autres années, la pensée de venger Sigfrid, qui ne quittait Chrimhilde ni le jour ni la nuit, lui fait demander à Attila d'engager ses frères à venir la voir. Attila y consent. Elle a soin de comprendre dans l'invitation le terrible Hagen, son ennemi le plus abhorré. Des ménestrels viennent de la part d'Attila au pays des princes bourguignons, et les engagent en son nom à le visiter en Hongrie, au solstice prochain : ils hésitent. Hagen leur dit de se défier de Chrimhilde. Enfin ils partent avec une nombreuse suite de guerriers. Avant leur départ et pendant leur voyage, des prédictions fatales leur annoncent qu'ils ne reviendront pas du pays des Huns. Un sombre pressentiment les gagne, mais ne les détourne pas; et Hagen brise avec un farouche héroïsme la barque dans laquelle ils ont passé le Rhin, parce qu'il sait qu'elle ne leur servira pas pour le retour.

« Arrivés chez Attila, ils y trouvent Dietrich de Berne (Théodoric de Vérone), qui les avertit que Chrimhilde pleure encore. Hagen répond :

« Qu'elle pleure tant qu'elle voudra ;
« il est couché depuis maintes années,
« frappé à mort. Qu'elle aime mainte-
« nant le roi des Huns; Sigfrid ne
« reviendra pas, il est enterré depuis
« long-temps. » Chrimhilde pense à sa vengeance : elle se prosterne aux pieds des guerriers d'Attila pour leur demander la mort d'Hagen. Cependant les *Niebelungs*, comme on appelle dans cette partie du poëme les princes bourguignons, sont assis à un festin magnifique. La nuit vient; Hagen et son ami le ménestrel Volker font la garde et empêchent les meurtriers envoyés par Chrimhilde de pénétrer dans la salle où les princes sont couchés. Le lendemain après la messe, un grand tournoi a lieu; dans le tournoi, un chef hun est percé par la lance d'un Bourguignon ; cependant Attila est encore pour le maintien de la paix. Mais bientôt la lutte s'engage : Chrimhilde cherche à armer, contre ses frères, Théodoric et son vieux compagnon d'armes, Hildebrand : comme ils refusent, elle s'adresse à Blésa, frère d'Attila ; celui-ci va chercher querelle au Bourguignon et il est tué. Les guerriers huns s'avancent pour venger Blésa. Le Bourguignon qui l'a frappé est frère d'Hagen ; il supporte quelque temps seul l'effort des Huns, qui lancent tant de traits dans son bouclier, qu'il ne peut plus en supporter le poids. Hagen arrive enfin à son aide, et la mêlée s'engage alors d'une manière terrible; le féroce Hagen tue le jeune enfant d'Attila et jette sa tête dans le sein de sa mère. Les Bourguignons se retranchent dans une salle hors de laquelle ils lancent les corps de leurs ennemis, et sept mille morts roulent le long des marches de l'escalier jusqu'au milieu des Huns qui les recevaient avec de grands cris. Vingt mille se présentent pour remplacer leurs frères; les Bourguignons combattent encore; ils combattirent ainsi tout un long jour d'été. La nuit vient. Épuisés de fatigue, ils demandent la paix et à racheter le dommage qu'ils ont causé. Les Huns sont prêts à y consentir, mais Chrimhilde les en empêche. « Ne les laissez pas sortir de cette salle, dit-elle, qu'ils y périssent tous. » Son plus jeune frère, Giselher, lui demande grace : « Très-belle-sœur, dit-il, je me
« doutais bien peu que tu m'avais en-
« voyé inviter au bord du Rhin, pour
« me faire venir dans ce pays au sein
« de tant de maux. Qu'ai-je fait aux
« Huns pour mériter la mort ? — Je ne
« puis vous faire grace, répondit-elle, on
« ne me l'a pas faite. Hagen m'a causé
« une trop profonde peine; pour cela il
« n'y a point de rançon tant que je vi-
« vrai, il faut que vous payiez tous pour
« lui. » Cependant elle ajoute : « Voulez-
« vous me donner Hagen seul en otage,
« et je vous laisserai vivre, car vous
« êtes mes frères et nous sommes les
« enfants de la même mère... » Les guerriers refusent, et Chrimhilde dit aux siens : « Que pas un ne sorte d'ici; qu'on
« mette le feu aux quatre coins de la

« salle ; ainsi seront vengées toutes mes « douleurs. » On lui obéit et on pousse dans la salle à coups de traits et de glaive ceux qui étaient encore à l'extérieur. Un des guerriers était tourmenté par la soif, Hagen lui cria : « Si tu as « soif, bois du sang. » — « Alors le brave « s'en fut là où il trouva des morts : il « s'agenouilla près d'une blessure, il « leva sa visière, il détacha son casque. « Là, il commença à boire le sang qui « ruisselait : quoiqu'il n'y fût pas ac-« coutumé, cela lui sembla grandement « bon. »

« Cependant le feu pleut sur leurs têtes ; ils le reçoivent sur leurs boucliers. Hagen leur crie d'éteindre les tisons sous leurs pieds, dans le sang.

« Ils passèrent ainsi la nuit. Le lendemain six cents vivaient encore.

« Pour ranimer le courage des Huns, Chrimhilde remplit d'or leurs boucliers : elle force à combattre contre ses frères le bon margrave Rüdiger, qui les avait accueillis à la frontière, et qui avait fiancé sa fille au plus jeune d'entre eux. Attila se joint à elle. Rüdiger répond : « Seigneur roi, reprenez « tout ce que vous m'avez donné, terres « et châteaux... Mais comment voulez-« vous que je fasse ? Je les ai reçus dans « ma maison ; je leur ai offert à boire « et à manger, et je leur ai donné un « don : comment pourrai-je travailler à « leur perte ? » Cependant Chrimhilde le supplie encore. Alors il dit : « La vie de « Rüdiger paiera aujourd'hui l'amour « que vous et mon seigneur m'avez « montré ; » puis il va aux assiégés. « Braves Niebelungs, leur dit-il, dé-« fendez-vous mieux que jamais. Je « devais vous servir, et je viens vous « combattre. »

« Plût à Dieu, ajouta-t-il, que vous « fussiez encore sur les bords du Rhin « et que je fusse mort ! »

Ses adversaires sont consternés et touchés de ce langage. L'un d'eux, Gernot, lui dit : « Et maintenant que « Dieu vous récompense, seigneur Rü-« diger, pour les riches dons que vous « nous avez faits ! Si je dois être funeste « à un si noble courage, j'aurai regret « à votre mort. Je porte ici l'arme que « vous m'avez donnée, bon héros ; elle « ne m'a jamais manqué dans le péril ; « maint chevalier est tombé sous son « tranchant ; elle est franche et sûre : « jamais guerrier ne fit un plus riche « don.

« Et si vous ne voulez pas renoncer « à votre dessein ; si vous voulez venir à « nous, et me tuer, avec les amis qui « sont ici près de moi ; si alors, avec « votre propre glaive, je vous ôte la « vie, j'en serai fâché pour vous, « Rüdiger, et votre noble épouse. »

« Puis le plus jeune des frères, celui qu'il a fiancé avec sa fille, lui demande s'il veut la rendre sitôt veuve.

« Que Dieu ait pitié de nous ! » dit le brave homme ; et ils élevèrent leurs boucliers pour combattre. Cependant Hagen adresse encore un mot à Rüdiger :

« Je suis en grand souci. Le bouclier « que dame Gotelinde m'a donné, les « Huns l'ont haché à mon bras. Plût au « Dieu du ciel que j'en eusse un aussi « bon que celui que tu portes, Rüdiger ! « je ne le demanderais par une autre ar-« mure.

— « Je te donnerais volontiers mon « bouclier si j'osais le faire devant Crim-« hilde ; mais n'importe ! prends-le, « Hagen, et porte-le. Puisses-tu le por-« ter jusqu'au pays des Bourguignons ! » Alors tous sont émus ; de chaudes larmes tombent des yeux de ces guerriers farouches. Tous pleurent de ce qu'on ne peut éviter cette nécessité terrible ; puis le combat commence, et Rüdiger meurt percé de son propre glaive par Gernot, qui meurt ainsi que lui.

« La mort de Rüdiger produit une consternation générale. Les guerriers de Théodoric, tous ces héros qui, dans la tradition allemande, l'entourent comme les douze pairs entouraient Charlemagne, en cherchant à arracher le corps de Rüdiger aux Niebelungs, en viennent aux mains avec eux, et alors commence un carnage auprès duquel tout ce qui a précédé n'est rien ; presque tous les grands noms du cycle germanique sont en présence. Ces héros d'une force et d'une vaillance gigantesques se heurtent dans une épouvantable mêlée. Les guerriers marchent dans le sang, et le sang rejaillit au-dessus de leurs têtes. Enfin il ne reste plus, du côté de Théodoric, que le vieil Hildebrand, et de celui des Niebelungs, que Hagen et Gunther.

« Théodoric leur offre de se rendre à lui ; ils refusent avec colère. Alors il combat contre chacun d'eux, l'un après l'autre, se rend maître d'eux et les remet à Crimhilde, en lui recommandant de les épargner. Elle le promet : puis faisant venir Hagen, elle lui demande où on a caché le trésor de Sigfrid. « J'ai juré, dit-il, de ne le révéler à personne. »

« Il faut en finir, » dit la noble dame, et elle ordonne de tuer son frère. On lui coupa la tête. Elle l'apporte par les cheveux devant Hagen.

« Hagen lui dit : « Le noble roi des
« Bourguignons est mort. Maintenant
« nul autre que *Dieu et moi ne sait où*
« *est le trésor ; et toi, diablesse, tu*
« *ne le sauras jamais.*

Elle dit : « Vous m'avez gardé injus-
« tement mon or ; mais j'aurai au moins
« l'épée de Sigfrid, celle que portait
« mon bien-aimé quand je le vis pour
« la dernière fois. »

« Elle la tira du fourreau : il ne pouvait s'y opposer. Elle se prépara à lui ravir la vie ; elle lui coupa la tête avec le glaive. Le roi Attila le vit et en fut très-affligé. »

« Alors le vieil Hildebrand, indigné de voir périr un tel guerrier de la main d'une femme, la frappe elle-même à mort. C'est le dernier incident de ce grand drame, qui se termine en nous montrant tous les guerriers couchés morts, Crimhilde hachée en morceaux, et les deux héros, Théodoric et Attila, restés presque seuls, qui pleurent les amis et les parents qu'ils ont perdus. »

ATTILA D'APRÈS L'EDDA SCANDINAVE.

Attila joue un assez triste rôle dans cette partie des Niebelungs ; ce n'est plus le fléau de Dieu, l'homme qui a effacé du sol tant de cités romaines et gauloises. Il assiste sans y prendre part à l'effroyable mêlée qui termine le poëme, laisse sa femme prendre elle-même l'épée, tuer les héros et mourir de la main des siens. C'est une figure froide et impassible comme celle de Charlemagne dans les poëmes carlovingiens. A mesure qu'on s'éloigne des temps de la scène, la terreur qu'inspiraient ces grands noms s'efface peu à peu ; ils n'apparaissent plus que comme des puissances qui dominent encore les événements, mais sans descendre jusqu'à eux. L'Edda se termine d'une manière plus sombre, plus historique peut-être. Atli y meurt au milieu des flammes, comme l'ont cru quelques historiens. Sa femme, Gudruna, sœur de Gunar et d'Hogni, a elle-même allumé l'incendie. L'extrait qui suit est également emprunté à M. J.-J. Ampère.

« Un jour qu'Atli revenait du carnage, son épouse s'avance à sa rencontre avec des vases remplis de miel. Un grand festin a lieu, après quoi elle s'adresse ainsi à Atli :

« Roi des glaives, tu as mangé dans
« ce miel le cœur sanglant de tes fils.
« Le noble Atli, me suis-je dit, peut
« manger de la chair d'homme dans un
« festin et la distribuer à ses braves.

« Tu n'appelleras plus à tes genoux
« tes deux enfants, Eirp ni Eitil, le
« charme de tes heures de festin ; tu ne
« les verras plus, quand, assis sur ton
« siége royal, tu distribues l'or à tes
« guerriers, mettre un manche à une
« pique, couper la crinière des che-
« vaux, ou dompter des poulains. » —
« Il se fit un grand tumulte sur les
« bancs et sous les tentes. Les guer-
« riers poussèrent des cris étranges.
« Les enfants des Huns pleuraient.
« Gudruna seule ne pleure point ; car
« elle ne pleura jamais depuis la mort
« de Sigurd, ni ses frères au cœur
« d'ours, ni ses tendres enfants, ses
« enfants sans défiance, qu'elle avait
« engendrés avec Atli. »

« Puis elle profite du sommeil où l'ivresse avait plongé son époux.

« Sa main meurtrière abreuve son
« lit de sang : elle lache les chiens,
« qui s'élancent hors de la salle, et
« elle réveille les serviteurs par un

« incendie. Ainsi elle vengea ses frères.
« Elle livra aux flammes tous ceux
« qui étaient dans l'intérieur, et qui
« étaient revenus du lieu sombre où
« périrent Gunar et son frère. Les vieil-
« les poutres tombèrent, le trésor était
« fumant, les demeures royales brûlè-
« rent, les guerriers qui y étaient ren-
« fermés tombèrent, privés de la vie,
« dans le feu dévorant.»

RUINE DES ROYAUMES FONDÉS PAR L'INVA-
SION.

Ainsi que nous l'avons dit plus haut, il est heureux qu'Attila n'ait point réussi dans ses projets, parce que cette invasion était trop barbare; elle aurait tout emporté avec elle. Nous verrons de même tomber promptement les royaumes fondés par les premiers conquérants. Il faut nous débarrasser de ces Germains abâtardis, qui se sont vieillis eux-mêmes pour se mieux faire Romains : peu de mots suffiront.

CONQUÊTE DE L'ESPAGNE PAR LES VISIGOTHS.
— ILS PERDENT LEURS PROVINCES.

Le plus illustre de ces royaumes barbares était celui des Visigoths. Maîtres du midi de la France, ils essayèrent bientôt d'y réunir le nord; mais la chose était difficile, car là se trouvaient les Francs qui, sans cesse recrutés par leurs frères d'au-delà du Rhin, n'étaient point disposés à céder aux Goths ce que leurs armes avaient acquis. Il fallut se contenter de pousser ses frontières jusqu'à la Loire. Mais ils se dédommagèrent sur l'Espagne. Sous le règne conquérant d'Euric, les Visigoths passèrent encore une fois les Pyrénées, prirent Saragosse et Pampelune, s'avancèrent jusqu'au cœur de la Lusitanie, et ne laissèrent aux Suèves leur royaume de Galice qu'à condition de le tenir comme une dépendance de la monarchie des Goths.

Lorsque les Francs passèrent enfin la Loire sous Clovis, une bataille, dans laquelle le roi de Toulouse, Alaric II, fut vaincu et tué, fit perdre aux Goths leurs possessions au nord des Pyrénées, et les réduisit à la possession de l'Espagne.

DÉCADENCE DES VISIGOTHS.

Séparés du reste du monde, libres, derrière leurs montagnes, de toute inquiétude, les Visigoths s'endormirent dans une longue paix qui leur fit oublier quels avaient été leurs pères. Leur adhésion à l'hérésie d'Arius leur avait fait perdre la Gaule, en aliénant les esprits du clergé catholique. Le changement qui les fit rentrer dans le sein de l'église orthodoxe ne leur fut pas plus utile : les évêques prirent parmi eux trop d'influence; les assemblées de la nation devinrent des synodes, des conciles, où les prêtres dominèrent. L'influence ecclésiastique se fit partout sentir, mais d'une manière énervante. Si du moins l'esprit de religion avait pu prévenir les troubles et les guerres civiles : loin de là ; leur histoire ramène à chaque instant des récits de meurtres et d'usurpations qui affaiblirent la monarchie et permirent aux Grecs de Constantinople de ressaisir quelques places maritimes. Justinien put se dire le maître et le suzerain des descendants d'Alaric.

Et cependant cette monarchie si faible dura deux cents ans, sans doute parce qu'il ne se présenta aucun ennemi pour la renverser; car il suffit, au commencement du huitième siècle, d'une poignée d'Arabes, d'enfants perdus du mahométisme, pour conquérir l'Espagne dans une seule bataille. Comme les Ostrogoths, comme les Vandales, les Visigoths ne laissèrent rien après eux, sur un sol où ils s'étaient cependant arrêtés deux cents ans. Livrés de bonne heure à l'influence romaine et ecclésiastique, ils restèrent impuissants à rien fonder. Chez eux, presque rien des coutumes germaniques. Il y eut bien d'abord deux lois : le code romain pour les Espagnols, la loi visigothe pour les Barbares; mais l'une des deux disparut bientôt dans l'autre, et ce fut la loi barbare. Là, point d'assemblée générale de la nation ; point de *mallum* comme chez les Francs ; de *witenagemot*, comme chez les Saxons. Le roi y est élu par les prêtres et les grands ; ce sont eux aussi qui font les lois. Point non plus de féodalité ; des terres, mais point de charges héréditaires. Et cependant il n'était pas temps encore de reconstruire de grandes monarchies ; il était bon qu'on rompît une unité factice, que la société se fractionnât en mille petites sociétés, pour que l'homme reprît le sentiment de sa propre valeur, de sa dignité personnelle (*). Les Visigoths voulurent continuer le vieux monde ; ils moururent a la peine comme tous ceux des Barbares qui tentèrent la même chose.

RUINE DU ROYAUME DES VANDALES.
PROSPÉRITÉ DES VANDALES SOUS GENSÉRIC. — SAC DE ROME.

Nous avons laissé les Vandales maîtres de Carthage et pillant librement toutes les côtes de la Méditerranée. Rome, qui avait échappé à Attila, les vit bientôt arriver. Quelque bas que fût tombé le titre d'empereur d'Occident, il y avait cependant encore des hommes qui l'ambitionnaient jusqu'à l'usurper par un crime. Valentinien II avait été assassiné, et son meurtrier Maxime voulait contraindre sa veuve Eudoxie à l'épouser. La malheureuse en fut réduite à implorer le secours du roi des Vandales. Genséric ne pouvait hésiter ; il se fit le défenseur de l'impératrice, et promit de la ravir « aux embrassements « d'un monstre encore souillé du sang « de son époux. » Il vint donc débarquer à l'embouchure du Tibre.

Maxime ne songea qu'à fuir ; mais lorsqu'il se disposait à sortir de Rome, un des siens, un soldat bourguignon, indigné de sa lâcheté, le perça de son épée. Son corps fut jeté dans le Tibre. Genséric se présenta bientôt aux portes

(*) Ceci a peut-être besoin pour être bien compris, d'être éclairci par ce que nous aurons à dire sur le régime féodal ; nous y renvoyons le lecteur.

de Rome. Il ne fallait pas songer à résister. Le pape Léon, couvert de ses habits pontificaux, s'avança avec tout son clergé pour obtenir du Barbare des conditions favorables. Genséric promit tout ; Rome n'en fut pas moins pillée pendant quatorze jours. Tout ce qui restait encore de richesses fut transporté sur les vaisseaux des pirates ; ils prenaient tout, jusqu'aux statues grecques, jusqu'aux vases antiques. Un vaisseau, chargé de ces merveilles de l'art, fut englouti par la mer. Les dépouilles du temple de Jérusalem, apportées jadis par Titus, la sainte table, le mystique chandelier aux sept branches, partirent pour Carthage. Ils emportèrent même la couverture en cuivre doré du temple de Jupiter Capitolin.

Rome expiait enfin ses longues spoliations, et enrichissait à son tour son ancienne rivale, devenue la capitale d'un roi barbare. Les habitants eux-mêmes contribuèrent à orner ce triomphe qui s'en allait de Rome à Carthage. Genséric voulait aussi avoir son sérail comme les rois de l'Orient. Plusieurs milliers de jeunes garçons et de jeunes filles d'une rare beauté furent transportés en Afrique. Eudoxie partit avec celui qu'elle avait appelé ; mais ce fut pour passer de longues années renfermée dans une étroite prison.

GUERRE AVEC L'EMPEREUR D'ORIENT.

Genséric s'avisa enfin de prendre un titre pour piller légalement l'empire d'Occident. Il fit épouser à son fils aîné, Hunéric, sa prisonnière Eudoxie. Mais il eut bientôt enlevé tout ce qu'il y avait à prendre sur les côtes de l'Espagne, de l'Italie ou de la Grèce. Il ne fallait pas songer à faire, avec ses pirates et sa cavalerie maure, des conquêtes continentales ; aussi, quand l'empire d'Occident ne lui offrit plus que des côtes désertes et vingt fois pillées, il songea aux provinces de l'Orient. L'empereur Léon osa le menacer. « Je lui épargnerai la peine de « faire tout le chemin, » dit Genséric, et il envoya ravager les côtes de l'Égypte et de la Thrace. Les Grecs retrouvèrent quelque énergie. Une flotte nombreuse fut équipée, et une armée débarqua à Tripoli. Pendant que Genséric arrêtait le débarquement commencé par de feintes négociations, ses brûlots incendièrent toute la flotte. En même temps, les troupes à terre furent attaquées et taillées en pièces. Les Grecs ne s'exposèrent pas une seconde fois. Le successeur de Léon demanda la paix (475). Deux ans après Genséric mourut.

CONQUÊTE DE L'AFRIQUE PAR BÉLISAIRE.

Après lui tomba la puissance des Vandales. Ces hommes du Nord, transportés sous le soleil brûlant de l'Afrique, perdirent bientôt leur ancienne vigueur. Tant que vécurent les premiers conquérants, les compagnons de Genséric, ces hardis pirates qui couraient incessamment la Méditerranée des bouches du Nil à celles de l'Èbre, les Vandales furent la terreur de l'Occident. Mais leurs fils dégénérés ne songèrent qu'à jouir des richesses entassées par leurs pères. De continuelles disputes entre les ariens et les catholiques, des querelles sanglantes avec les Maures, des usurpations et des meurtres dans la famille royale, permirent bientôt aux Grecs de Constantinople d'espérer la conquête de l'Afrique. Justinien chargea Bélisaire de soumettre cette province à l'autorité de l'église catholique et à celle de l'empereur. Gélimer, le roi des Vandales, désespéra de son trône après une bataille perdue, et s'enfuit laissant Carthage sans défense. Bélisaire y entra sans lancer une flèche. Cependant les Vandales, renforcés par une armée arrivée de Sardaigne, hasardèrent une nouvelle bataille, où le génie de Bélisaire triompha du nombre. Quelque temps après, Gélimer, assiégé sur la montagne de Papua, fut contraint de se rendre et conduit à Constantinople, pour orner le triomphe de son vainqueur. On ne lui entendit prononcer que ces paroles : *Vanitas vanitatum, dixit Ecclesiastes, et omnia vanitas.*

Justinien, du reste, se contenta d'avoir humilié par cette cérémonie l'orgueil des Vandales. Leur roi reçut en Galatie des terres qu'il alla cultiver. L'Afrique rentra, pour un siècle et demi, jusqu'à l'invasion des Arabes, sous la domination de l'empire, et il ne resta de ce royaume des Vandales que le souvenir de leurs cruelles déprédations (534).

FONDATION ET CHUTE DU PREMIER ROYAUME BARBARE D'ITALIE.

Le général qui venait de mettre fin au royaume que les Barbares de la Germanie avaient fondé au pied de l'Atlas, devait aussi rétablir en Italie l'autorité impériale. Depuis le pillage de Rome par Genséric, la Péninsule avait eu de bien étranges destinées. On s'y disputait encore le titre d'empereur ; mais ces empereurs éphémères étaient réduits à l'impuissance, maintenant que les Barbares formaient des royaumes pour leur propre compte. Cependant ils en trouvèrent encore qui n'avaient point de terres et qui consentirent à les servir pour de l'argent. Il en vint de toutes les tribus : des Bastarnes, des Suèves, des Huns, des Alains, des Rugiens, des Bourguignons, des Ostrogoths, des Hérules, etc. Ce fut comme une Babel barbare. Leur chef, Ricimer, investit tantôt l'un, tantôt l'autre, de ce titre d'empereur qu'il ne daignait prendre pour lui-même.

Cependant, l'un de ces protégés de Ricimer lui donna quelque souci ; c'était Majorien, que la cour de Constantinople envoya pour tâcher d'être véritablement empereur. Il eut des succès contre diverses bandes de Barbares, même contre les Visigoths qui voulaient s'agrandir dans la Gaule. Il se préparait à descendre en Afrique, quand Ricimer en finit avec lui par un assassinat, et redevint alors maître de l'Italie. Constantinople n'avait point assez de forces pour l'en chasser ; elle se contenta de lui envoyer encore un empereur, à condition toutefois que le nouvel Auguste donnerait sa fille au chef barbare. Mais le gendre fut bientôt jaloux de quelques velléités d'indépendance qu'Anthémius fit paraître ; il vint l'assiéger dans Rome, le fit tuer, et pilla la ville. Ricimer mourut quelques jours après (472). Un autre Barbare le remplaça.

CHUTE DE L'EMPIRE D'OCCIDENT.— ODOACRE.

Le fils d'un ancien lieutenant d'Attila, d'un chef de la tribu des Scyrres, Odoacre mit fin à cette comédie impériale qui se jouait depuis un demi-siècle. Après la mort de Ricimer, il y y avait eu, dans l'espace de quatre années, quatre empereurs. Le dernier, Romulus Augustule, était fils du patrice Oreste, qui avait servi jadis dans les troupes d'Attila. Odoacre, qui, pendant toutes ces révolutions, avait réussi à réunir sous ses ordres tous les Barbares qui se trouvaient alors en Italie, aida Oreste à prendre pour son fils le titre d'empereur. Mais en retour de ce service, il exigea qu'un tiers de toutes les terres d'Italie fussent abandonnées à ses Barbares. Oreste refusa ; mais il paya son refus par la perte de l'Italie. Odoacre le fit décapiter, et relégua son fils Augustule en Campanie. Il prit le titre de roi d'Italie ; mais ce royaume barbare était sans force réelle, sans consistance. Odoacre ne pouvait compter, s'il était jamais attaqué, sur le zèle de la population italienne qu'il dépouillait. Quant à l'armée barbare, elle avait bien un même intérêt qui l'obligeait à se serrer autour de son chef ; mais, composée d'hommes de toutes races, de toutes tribus, sans unité nationale, usée déjà par son long séjour en Italie, abâtardie par cette vie de soldat mercenaire vendu à dix empereurs, elle ne pouvait espérer de fermer l'Italie à toute invasion nouvelle. La facilité avec laquelle Théodoric renversa cette monarchie, prouva bien sa faiblesse.

FONDATION ET CHUTE DU ROYAUME DES OSTROGOTHS. — THÉODORIC.

Lorsque les Goths, reculant devant l'invasion des Huns, se jetèrent sur l'empire d'Orient, une partie de leur nation, les Ostrogoths, restèrent sur la rive gauche du Danube, perdus au milieu des peuplades qu'Attila réunit sous ses ordres. On ne les voit reparaître comme peuple indépendant qu'après la mort du chef des Huns. Ils entrèrent bientôt en relation avec Constantinople, et Théodoric, fils d'un de leurs chefs, fut envoyé, jeune encore, auprès de l'empereur Léon, comme gage de la paix que promettaient d'observer les Ostrogoths, au prix d'un tribut annuel de trois cents livres d'or. Théodoric resta dix années à la cour impériale ; toutefois l'éducation qu'il y reçut ne lui fit pas oublier d'où il était sorti. Lorsqu'à l'âge de dix-huit ans, il revint parmi les siens, il se montra digne de succéder au commandement de son père ; il attaqua même l'empire grec (*), et contraignit l'empereur Léon de lui payer un subside annuel de deux mille livres d'or, de le nommer maître de la cavalerie et de l'infanterie, de le reconnaître roi des Ostrogoths, et de ne pas recevoir ses déserteurs dans les limites de l'empire d'Orient. A ces conditions, il promit de tourner ses armes contre tous les ennemis de l'empereur, les Vandales exceptés. Après avoir durant quatorze ans promené sa peuplade de la Pannonie dans la Thrace, et de la Macédoine dans l'Épire, à travers des provinces dévastées, luttant sans cesse contre la politique perfide des Grecs, qu'il battait toutes les fois qu'ils osaient se montrer en rase campagne devant lui, il proposa à l'empereur Zénon, ou Zénon lui proposa lui-même, pour se débarrasser d'un si dangereux voisin, d'aller conquérir l'Italie au nom de la cour de Byzance.

INVASION DE L'ITALIE.

L'Italie, comme nous l'avons vu, était alors occupée par Odoacre. Ce

(*) La langue grecque qui avait prévalu dans les provinces orientales a fait donner le nom d'empire grec à l'empire d'Orient.

chef barbare n'avait pour défendre sa couronne que des mercenaires appartenant à toutes les tribus de la Germanie, étrangers les uns aux autres, et odieux à la population italienne. Aussi cette monarchie toute récente, sans union nationale, sans force réelle, tomba promptement sous les coups des Ostrogoths. Trois défaites successives donnèrent à Théodoric l'Italie septentrionale. Odoacre, assiégé dans Ravenne, fut contraint de se rendre après trois ans d'une résistance opiniâtre. Le roi des Ostrogoths, peu scrupuleux d'observer sa parole, le fit massacrer au milieu d'un festin, avec ce qui lui restait de défenseurs.

Maître alors de l'Italie, Théodoric fixa à Ravenne le siége de son nouveau royaume, auquel il ajouta bientôt l'Illyrie, la Pannonie, la Norique et la Rhétie. Deux guerres qu'il eut à soutenir contre les Bourguignons et les Francs, lui valurent, l'une la seconde Narbonaise, l'autre la province d'Arles avec la première Narbonaise : acquisition importante qui établissait une communication directe entre l'Italie et l'Espagne, où la minorité de son petit-fils Amalaric lui livrait la régence. Alors toute la nation des Goths, si long-temps divisée, se retrouva une dernière fois réunie.

Théodoric sut encore augmenter par d'utiles alliances sa puissance et sa renommée. Il eut l'adresse de placer presque tous les rois barbares sous son influence par des liens de famille ou de protection. Dès l'année 491, il avait épousé une sœur de Clovis; plus tard il donna une de ses filles à Alaric II, roi des Visigoths; sa sœur au roi des Vandales; sa nièce à Sigismond, prince des Bourguignons, et enfin sa petite-fille au roi des Thuringiens. La possession de Rome et de l'Italie, l'éclat de sa puissance dont la renommée s'étendit au loin durant un règne de trente-trois ans, l'élevaient encore au-dessus de tous ces rois, et en faisaient comme le chef de tous les Barbares campés dans les provinces de l'ancien empire romain. Dans les traditions germaniques, le roi des Ostrogoths joue le même rôle que Charlemagne. Comme lui, Dietrich de Vérone (Théodoric) a tout fait; comme lui il est le héros de tout un siècle épique, et, dans l'effroyable mêlée qui termine les Niebelungs, Dietrich, ainsi que nous l'avons vu, est à côté d'Attila.

LES OSTROGOTHS SOUMIS A L'INFLUENCE ROMAINE.

Théodoric comprit le besoin de sortir du chaos tourbillonnant de la barbarie, qui commençait à lasser ceux qui avaient vu de près la tranquillité de la vie civilisée. Il y avait déjà cent vingt ans que les Goths étaient entrés dans l'Empire. On voulait se fixer et s'asseoir ; aussi Théodoric ne se montra pas un vainqueur avide aux peuples de l'Italie. Il donna, il est vrai, la moitié des terres à ses Ostrogoths; mais combien y en avait-il de désertes! Au temps d'Honorius, la Campanie était inculte, et elle ne s'était pas sans doute repeuplée sous l'administration des dix empereurs qui se succédèrent d'Honorius à Odoacre, dans l'espace de quarante-quatre ans. Dans tout son gouvernement, Théodoric s'efforça de copier l'administration des empereurs. Il ne ferma point les écoles; il engagea les Italiens à les fréquenter; mais les défendit à ses Ostrogoths, qui ne devaient avoir d'autre étude que la guerre. Égalité parfaite devant la loi entre le Goth et l'Italien ; mais à l'un les charges civiles, l'industrie, la culture des lettres ; à l'autre, le service militaire. Par cette séparation des deux peuples, il espérait toujours posséder une armée d'hommes forts et courageux, et derrière elle, un peuple qui aurait continué et perfectionné la civilisation romaine. Cette espérance ne devait pas se réaliser. Le climat du Midi, impitoyable pour les hommes du Nord, décima promptement l'armée conquérante, et il ne fallut pas un siècle pour qu'il fût impossible de trouver un Goth en Italie.

ALLEMAGNE.

THÉODORIC MAINTIENT L'ADMINISTRATION ROMAINE.

Les relations des deux peuples entre eux furent réglées par les lois romaines, presque sans modification. Quant aux affaires qui ne regardaient que les Goths, elles furent jugées d'après leurs coutumes nationales. Pour le reste, Théodoric maintint toute l'administration romaine. Il y eut, comme à la cour de Théodose et de Valentinien, un préfet du Prétoire, un préfet de Rome, un questeur, un maître des offices, un trésorier public, etc., etc. Il s'attacha à copier servilement tout ce qui avait été avant lui. Ce dessein, on le retrouve dans une foule de lettres de Cassiodore, son préfet du Prétoire, qui écrivait sans cesse aux Barbares : « Revêtez les mœurs romaines. *Vestimini moribus togatis.* » C'est un curieux spectacle de voir ce Barbare faire tous ses efforts pour vivre à la romaine. Il n'ose prendre le costume impérial; mais il écrit à l'empereur d'Orient, Anasthase, que leurs états sont deux mêmes républiques, deux sœurs, qui doivent s'aider mutuellement. Il ne nomme qu'un consul pour Rome, parce qu'Anasthase nomme celui de Constantinople, et que la république romaine ne doit pas avoir plus de deux chefs. Ainsi Théodoric s'efforce de réaliser la pensée si naïvement exprimée par Ataulf, le frère d'Alaric. Mais pourquoi les Barbares auraient-ils renversé l'empire romain, s'ils ne devaient faire autre chose que relever le vieil édifice avec les ruines qu'eux-mêmes avaient faites ? Les épouvantables calamités de l'invasion auraient été inutilement souffertes par le monde, si les Barbares eussent dû conserver l'esclavage, le fisc impérial, et toutes ces plaies hideuses dont l'Empire était mort. Non, il n'en pouvait pas être ainsi. L'édifice renversé resta à terre, et la première génération des Barbares qui l'avaient voulu reconstruire, passa sans rien laisser après elle. A peine Théodoric était-il mort, que la décadence de sa monarchie se fit sentir.

DÉCADENCE ET CHUTE DU ROYAUME DES OSTROGOTHS.

La chute fut prompte. Vingt-sept ans suffirent (*) pour faire rentrer un moment l'Italie sous la domination de Byzance. Ni la savante Amalasonthe, qui parlait grec et latin, ni son époux Théodat, qui lisait Cicéron et Platon, n'étaient capables de continuer les desseins de Théodoric. Ces Barbares dégénérés, abâtardis par le passage trop rapide d'une vie dure et grossière à une civilisation énervante, ne purent tenir contre les Grecs décrépits de Constantinople. L'eunuque Narsès les battit une dernière fois près de Rome, et ce qui resta de la nation se perdit sans laisser aucune trace d'elle-même.

DERNIÈRE PÉRIODE DE L'INVASION. — FONDATION DE ROYAUMES VRAIMENT GERMANIQUES.

Après avoir montré la Germanie débordant par toutes ses frontières sur l'empire romain, pour en inonder une à une toutes les provinces, nous avons suivi les destinées de ses plus illustres tribus; nous les avons suivies dans leurs courses à travers l'Empire, jusqu'aux extrémités de l'Espagne et au pied de l'Atlas; mais ce cercle immense a été en se rétrécissant, rapprochant sans cesse sa circonférence du point central. Nous voici maintenant, après ce long voyage, aux frontières de la Germanie, aux Alpes, aux bords du Rhin, à la grande île qui regarde les côtes de la Frise et de la Belgique ; là sont trois peuples : les Saxons, les Lombards et les Francs, qui vont seuls désormais attirer notre attention. Les deux premiers, bien qu'ils aient fondé des sociétés où prévalent les mœurs et les coutumes germaniques, ne nous occuperont que quelques instants ; car ils sont séparés de la Germanie, et nous avons hâte d'y rentrer. Mais les Francs nous arrêteront plus

(*) Théodoric meurt l'an 526, et Téias ferma en 553, par une mort tragique, la liste si courte des rois ostrogoths d'Italie.

long-temps, parce que leur histoire est celle de la Germanie elle-même.

SAXONS.

Nous avons vu, avant l'invasion d'Attila dans la Gaule, les Saxons descendre et s'établir dans la Grande-Bretagne. Leurs prétentions alors n'étaient point élevées ; ils ne demandaient que la petite île de Thanet. Mais il leur fallut bientôt la Bretagne tout entière. Peu à peu le nombre des étrangers s'était accru ; Henghist avait fait venir de nouveaux renforts, et les Bretons, inquiets d'avoir à nourrir des hôtes si nombreux, refusèrent d'envoyer au camp plus de provisions que de coutume. Ce fut le signal de la guerre. Les Saxons invitèrent les Pictes à descendre de leurs montagnes, et, à la faveur de cette diversion, s'avancèrent dans le pays de Kent, forçant les Bretons à reculer devant eux, « comme devant un incendie dévorant. »

Henghist, resté seul par la mort de son frère, devint chef de province et roi du pays de Kent. Ces succès, si l'on en croyait les traditions bretonnes, ne seraient dus qu'à la trahison de Guorteyrn. Henghist, disent-elles, avait une jeune fille nommée Rowna ; elle séduisit par ses charmes le chef breton, qui abandonna à son beau-père le pays de Kent. Mais les Bretons ne sanctionnèrent point cette cession de leurs terres à un étranger ; ils prirent partout les armes et forcèrent les Saxons, repoussés jusqu'à la mer, de remonter sur leurs vaisseaux.

Henghist erra cinq ans sur l'Océan, et les Bretons croyaient les pirates repartis pour leur pays, lorsqu'un jour Henghist reparut, et réclamant les terres qu'il avait jadis occupées, obtint que de part et d'autre on enverrait trois cents députés pour décider la question ; mais au milieu des conférences, les Saxons tirant les épées qu'ils tenaient cachées, massacrèrent les envoyés bretons, à la réserve du seul Guorteyrn, qui ne fut rendu qu'en échange du pays de Kent. C'est ainsi que le chroniqueur breton cherchait à effacer le souvenir pénible de la conquête.

FONDATION DE L'HEPTARCHIE.

Henghist mourut en 488 ; mais déjà s'élevait à côté de son royaume un autre royaume saxon. En 477, OElla était débarqué au sud du territoire de Kent. Dix-huit ans plus tard, Kerdic fondait le royaume de Wessex (495-519). En 530 fut établi celui d'Essex. Pendant ce temps, toute la nation des Angles, attirée par le bruit du succès des premiers conquérants, vint débarquer sur la côte nord-est de la Bretagne. Tel fut l'effroi inspiré aux indigènes par ces nouveaux envahisseurs, que les Bretons appelèrent le chef des Angles l'*Homme de feu*. Ils n'en combattirent pas avec moins de courage ; mais pressés par les Scots et les Angles, ils perdirent une sanglante bataille d'où bien peu échappèrent. « A leur retour, dit un vieux « poète, ils contèrent à leurs femmes « un récit de paix ; mais les femmes « sentirent sur leurs habits l'odeur du « sang. »

Les Angles, maîtres de tout le nord de la Bretagne, y formèrent quatre royaumes, dont l'un retint leur nom et s'appela Est-Anglie, les trois autres furent ceux de Bernicie, de Deira et de Mercie. Les indigènes, refoulés de tous les points de l'île vers la côte occidentale, surent au moins s'y défendre opiniâtrement. Les montagnes du pays de Galles devaient y protéger long-temps leur indépendance.

SYSTÈME FÉODAL CHEZ LES SAXONS. — LITTÉRATURE.

C'est vers l'an 560 que fut accompli l'occupation de la Bretagne par les Angles et les Saxons ; cette conquête, plus que toute autre, entraîna d'effroyables désastres pour la population indigène ; car les Saxons n'avaient point, comme les premiers Germains entrés dans les provinces romaines, perdu en partie le caractère et les habitudes de la vie sauvage. Mais de cette invasion sortit au moins pour l'Angleterre une société nouvelle, où la civilisation aurait pris sans doute de rapides accroissements, si d'autres peuples du Nord n'étaient venus troubler l'état naissant par leurs incursions. L'on paraît croire souvent que les Normands ont apporté le système féodal en Angleterre, que l'île, avant eux, était le théâtre de désordres et de luttes continuelles, le séjour de la barbarie. Nul doute que les Normands n'aient donné à la féodalité une forme plus précise, plus arrêtée ; nul doute encore que les Normands n'aient fait beaucoup pour la civilisation de la Grande-Bretagne ; mais n'oublions pas que les Saxons avaient su établir une société régulière, où se retrouvent presque tous les principes du régime féodal; qu'une civilisation, inconnue jusqu'alors dans cette île, naquit et devint assez brillante pour que Charlemagne recourût aux Saxons quand il voulut faire revivre les lettres dans la Gaule. « Le tout-puissant maître des princes, qui ordonne des royaumes et des temps, après avoir brisé l'étonnant colosse aux pieds de fer ou d'argile de l'empire romain, a élevé par les mains de l'illustre Charles un autre colosse non moins admirable, et à tête d'or, celui de l'empire des Francs. Au moment où ce monarque commença à régner seul sur les régions occidentales du monde, l'étude des lettres était tombée partout dans un oubli presque complet : le hasard amena d'Irlande, sur les côtes de la Gaule, et avec des marchands bretons, deux Écossais, hommes profondément versés dans les lettres profanes et sacrées. Ils n'étalaient aucune marchandise ; mais chaque jour ils criaient à la foule qui accourait pour faire des emplettes : « Si quelqu'un désire de la science, « qu'il vienne à nous et qu'il en prenne, « car nous en vendons. » Ils disaient ainsi qu'ils vendaient la science, parce qu'ils voyaient la multitude avide d'acquérir plutôt ce qui s'achète que ce qui se donne gratuitement ; et, soit pour exciter le peuple à la désirer aussi ardemment que les autres biens qui s'obtiennent à prix d'argent, soit, comme la suite le prouva, pour frapper d'admiration et d'étonnement par une telle annonce, ils la répétèrent si long-temps que les gens, émerveillés ou les croyant fous, la firent parvenir aux oreilles de Charles. Toujours plein d'un insatiable amour pour la science, il fit venir en toute hâte les deux étrangers en sa présence, et leur demanda s'il était vrai que, comme le publiait la renommée, ils apportassent la science avec eux. « Oui, répondirent-ils, nous la possé« dons et sommes prêts à la donner à « ceux qui la cherchent sincèrement, et « pour la gloire de Dieu. » Charles s'enquit alors de ce qu'ils prétendaient pour l'accomplissement de leur offre. « Nous réclamons uniquement, répli« quèrent-ils, des emplacements con« venables, des esprits bien disposés, « la nourriture et le vêtement, sans « lesquels nous ne pourrions subsister « pendant notre voyage ici. » Comblé de joie par ces réponses, le monarque les garda quelque temps, d'abord tous les deux auprès de sa personne ; mais bientôt après, forcé de partir pour des expéditions militaires, il enjoignit à l'un d'eux, nommé Clément, de rester dans la Gaule, et lui confia, pour les instruire, un grand nombre d'enfants appartenant aux plus nobles familles, aux familles de classe moyenne et aux plus basses. Afin que le maître et les élèves ne manquassent point du nécessaire, il ordonna de leur fournir tous les objets indispensables à la vie, et assigna pour leur habitation des lieux commodes. Quant à l'autre Écossais, Charles l'emmena en Italie, et lui donna le monastère de Saint-Augustin, près de Pavie, pour y réunir tous ceux qui voudraient venir prendre ses leçons.

« Albin, Anglais de naissance, apprenant avec quel empressement Charles, le plus religieux des rois, accueillait les savants, s'embarqua et se rendit à la cour de ce prince. Disciple de Bède, le plus érudit des commentateurs après saint Grégoire, Albin surpassait de beaucoup les autres savants des temps modernes dans la connaissance des écritures. Charles, à l'exception du temps où il allait en personne à des guerres importantes ; eut constamment et jusqu'à sa mort Albin avec lui, se faisait gloire de se dire son disciple, l'appelait son maître, et lui donna l'abbaye de Saint-Martin, près de Tours, pour s'y reposer, quand lui-même s'éloignerait, et instruire ceux qui accouraient en foule pour l'entendre (*). »

Non-seulement Charlemagne appelait près de lui les lettrés saxons, mais il puisait encore dans leurs bibliothèques, empruntait leurs livres pour les faire copier par ses clercs. De riches bibliothèques se trouvaient en effet à Cantorbéry, au monastère de Weremouth et surtout dans celui d'York, qui possédait presque tous les écrivains grecs et latins célèbres dans la littérature sacrée ou profane.

Il n'est point de notre sujet de présenter ici un tableau de la civilisation anglo-saxonne. Nous nous contenterons de rappeler quatre noms qui suffisent à la gloire littéraire de l'Angleterre, sous la domination de ses premiers conquérants : Alfred, l'héroïque roi de Wessex; Aldhelm, abbé de Malmsbury, et plus tard évêque de Sherburne, long-temps célèbre par ses poésies; Bède, le *vénérable*, qu'un concile d'évêques français tenu, cent ans après sa mort, à Aix-la-Chapelle, qualifia de *vénérable et d'admirable docteur;* Alcuin, enfin, qui aida si puissamment Charlemagne à établir des écoles dans tout son empire et à régénérer les études alors mourantes.

Nous n'avons point voulu quitter les Saxons sans indiquer au moins ce que cette peuplade germanique porta sur la terre où elle s'établit. Le reste de son histoire, le tableau plus complet de ses mœurs et de la civilisation qu'elle développa, appartiennent désormais à l'histoire d'Angleterre.

LOMBARDS.

Lorsque les Ostrogoths émigrèrent pour l'Italie, les terres qu'ils laissèrent

(*) Le moine de Saint-Gall, traduit par M. Guizot dans la Collection des mémoires relatifs à l'histoire de France.

vacantes sur les bords du Danube furent occupées par les Gépides. L'empire d'Orient n'eut pas le temps d'en prendre possession. « Si grande est votre domination, ô César, disaient ironiquement ces Barbares, si nombreuses sont vos cités, qu'il vous faut chercher sans cesse des nations pour les peupler. Vous pouvez abandonner d'aussi inutiles possessions. Les Gépides sont vos braves et fidèles alliés, et lorsqu'ils ont anticipé sur vos dons, ils ont montré une juste confiance en votre bonté. » L'empereur ne trouva d'autre moyen de se débarrasser de ces fidèles alliés qu'en suscitant contre eux les Langobards ou Lombards.

GUERRES AVEC LES GÉPIDES.

Ces Lombards étaient un peuple originairement sorti de la Scandinavie, mais qui habitait déjà parmi les Germains au temps de Tacite, et qui sont vantés par lui comme une de leurs plus braves tribus. Peu à peu ils descendirent vers le sud, où ils rencontrèrent, au VIe siècle, les Gépides. Une guerre terrible, excitée par Justinien, s'engagea bientôt entre les deux peuples. Elle dura trente années, et se termina par la défaite des Gépides et la mort de Cunimund, l'un de leurs princes, tué de la main d'Alboin, fils du roi des Lombards. Après la victoire, lorsque Alboin se présenta pour s'asseoir à la table de son père : « Les sages coutumes de nos ancêtres, dit Alboin, ne permettent pas qu'un guerrier qui doit être chef du peuple s'asseye au festin royal, s'il n'a reçu ses armes de la main d'un roi étranger. » Alboin partit avec quarante compagnons pour visiter Thurisund, le roi des Gépides, qui reçut le meurtrier de son fils avec les honneurs de l'hospitalité barbare. Mais, au milieu du festin, il ne put retenir une larme : « Combien cette place m'était chère ! » dit-il en montrant le siége occupé par Alboin à la place où son fils venait jadis s'asseoir. Ce souvenir ranima la colère des Gépides.

« Les Lombards, dit le frère de Cunimund, le jeune prince tué par Alboin, les Lombards ressemblent aux juments des plaines de la Sarmatie. » — « Tu oublies leurs ruades, répliqua Alboin : va voir la plaine d'Asfield; cherche les os de ton frère, tu les trouveras mêlés à ceux des plus vils animaux. » Alboin serait tombé, à ces paroles, sous les coups des Gépides, sans l'intervention de Thurisund. Le vieillard retint la colère de ses guerriers; et pour ne point manquer à l'hospitalité, il adopta Alboin pour son fils, en le revêtant des armes encore sanglantes de Cunimund. Mais le vieux chef mourut, et la haine entre les deux peuples, qu'il avait comprimée, éclata bientôt sur le refus que fit le nouveau roi des Gépides de donner à Alboin sa fille, la belle Rosamund. Des deux côtés l'on prit les armes. Soutenus par les Avares, peuple nouveau, dont nous aurons plus tard à nous occuper, les Lombards vainquirent une dernière fois leurs ennemis et prirent leurs terres. Cette victoire les conduisait aux portes de l'Italie.

INVASION DE L'ITALIE.

L'eunuque Narsès avait détruit dans cette contrée les derniers restes de la nation des Ostrogoths, et rétabli en Italie l'autorité impériale; mais, insulté par l'impératrice qui lui envoya des fuseaux en l'engageant à laisser les armes aux mains des hommes pour venir reprendre au milieu des femmes les occupations qui convenaient à un eunuque, il jura de se venger, et appela les Lombards. Alboin ne laissa pas échapper une si belle occasion. Réunissant à son peuple des Gépides, des Avares, des Slaves, il passa les Alpes Juliennes et descendit dans ces belles plaines du Pô, qui devaient conserver jusqu'à nos jours le nom de sa nation. Un chef fidèle resta avec un corps d'armée dans le Frioul, pour fermer l'entrée de l'Italie aux autres Barbares. Les habitants d'Aquilée s'enfuirent avec leurs trésors dans les lagunes, où ils augmentèrent le nombre et la puissance des Vénitiens. Milan fut prise et Alboin s'y fit proclamer roi d'Italie. Pavie, qui allait devenir la capitale du nouveau royaume, résista pendant trois années.

Pendant ce long siége, Alboin pénétra dans l'Italie centrale. Les habitants des côtes, des villes maritimes, qui pouvaient espérer que par mer les Grecs leur amèneraient des secours, résistèrent avec courage; mais toute la plaine, les collines même des Apennins, depuis les Alpes jusqu'aux portes de Ravenne, de Gênes et de Rome, tombèrent aux mains des Lombards. Pavie fut la dernière conquête d'Alboin. Lorsque après trois ans de siége cette ville se rendit, Alboin jura d'en exterminer les habitants; mais comme il passait sous la porte, son cheval broncha et s'abattit : il vit dans cet accident un signe de la colère du ciel, et épargna les courageux défenseurs de Pavie (573).

Alboin ne survécut pas long-temps à cette conquête; sa femme Rosamund, qu'il força de boire, à un festin, dans le crâne de son père, le fit assassiner. Son successeur eut le même sort; et les Lombards, dégoûtés par ces meurtres de la royauté, se soumirent à une aristocratie de trente ducs, qui gouvernèrent la conquête commune.

LONGUE INFLUENCE DES LOMBARDS EN ITALIE.

Le système féodal fut précoce chez les Lombards. Alboin avait été contraint de partager le commandement des pays conquis entre les plus braves de ses compagnons. Ceux-ci devinrent les ducs; mais sans doute qu'à l'exemple de Gisulf, le duc de Frioul, ils exigèrent qu'il leur fût permis de choisir un certain nombre de nobles familles (*faras, farones, barons*), qui devaient former, dans leurs gouvernements, comme des colonies militaires, d'où ils pourraient tirer de nombreux soldats; de plus, leurs *gastalds* ou *comites* obtinrent d'eux, en retour du service militaire, des fiefs, où ils s'établirent avec leurs familles. La nécessité de se défendre au milieu de la population vaincue, les força bientôt de construire des châteaux sur leurs terre. Toutes les collines se couvrirent ainsi de maisons fortifiées, qui cherchèrent à s'asservir les campagnes environnantes, et où se forma cette noblesse qui lutta si long-temps contre les bourgeois des villes. Un vieux chroniqueur anglais a dit : « Des Normands descendent les hauts personnages de ce pays, et les hommes de basse condition sont fils des Saxons. » On pourrait dire de même pour l'Italie du nord, qu'au moyen âge, les nobles italiens descendaient des conquérants lombards. Leur royaume n'a pas, il est vrai, duré long-temps comme royaume; il est tombé après deux cents ans, sous l'épée de Charlemagne; mais eux, ils sont restés dans leurs châteaux pour reparaître après la chute de l'empire carlovingien.

FRANCS.

Ceux des Barbares sortis de la Germanie, à qui furent réservées les plus brillantes destinées, furent les Francs. Il est curieux de voir l'ignorant continuateur de Grégoire de Tours, Frédégaire, s'efforcer, pour illustrer la dynastie nouvelle des Mérovingiens, de faire descendre les Francs des Troyens. « Selon un certain poëte, appelé Virgile, dit le chroniqueur, Priam fut le premier roi des Francs, et Friga fut le successeur de Priam. Après la prise de Troie, les Francs se séparèrent en deux bandes; l'une, commandée par le roi Francio, s'avança en Europe et s'étendit sur les bords du Rhin. » Un autre chroniqueur donne vingt-deux rois aux Gaulois avant la guerre de Troie. « Cette ville, dit-il, ayant été prise sous Rémus, le dernier de ses rois, Francus, fils d'Hector, vint épouser dans les Gaules la fille de Rémus. Le peuple dont il devint le chef, ainsi que les Troyens qui l'avaient suivi, portèrent dès lors le nom de Francs. » Ainsi tous ceux des souvenirs de la Grèce et de Rome qui avaient pu traverser les ténèbres du moyen âge, étaient confusément évoqués pour donner à la race parvenue des Francs une illustre origine.

CHLODION. — HILDÉRIK.

Nous savons déjà depuis long-temps ce que c'était que les Francs. Nous les avons vus s'avancer sous Chlodion jusqu'à l'embouchure de la Somme. Ce chef, mort vers 449, eut pour successeur Mérowig (*éminent guerrier*), qui combattit à la bataille de Châlons, et étendit dans la Gaule septentrionale la domination des Francs Saliens.

« Hildérik (*brave au combat*), successeur de Mérowig, s'abandonna, dit Grégoire de Tours, à une honteuse luxure, déshonorant les femmes de ses sujets. Ceux-ci, s'indignant de cet outrage, le détrônèrent. Ayant découvert qu'on en voulait même à sa vie, il se réfugia dans la Thuringe, laissant dans son pays un homme qui lui était attaché, pour qu'il apaisât par de douces paroles les esprits furieux. Il lui donna aussi un signe pour qu'il lui fît connaître quand il serait temps de retourner dans sa patrie, c'est-à-dire qu'ils divisèrent en deux une pièce d'or, que Hildérik en emporta une moitié, et que son ami garda l'autre, disant : « Quand je vous enverrai « cette moitié, et que les deux parties « réunies formeront la pièce entière, « vous pourrez revenir en toute sûreté « dans votre patrie. » Étant donc passé dans la Thuringe, Hildérik se réfugia chez le roi Bizin et sa femme Basine. Les Francs, après l'avoir détrôné, élurent pour roi d'une voix unanime, Ægidius (*)..... Celui-ci était déjà dans la huitième année de son règne, lorsque le fidèle ami de Hildérik, ayant secrètement apaisé les Francs, envoya à son prince des messagers pour lui remettre la moitié de la pièce qu'il avait gardée. Celui-ci, voyant par cet indice certain que les Francs désiraient son

---

(*) Les Francs en prenant pour chef Ægidius, ne firent sans doute que suivre l'ancien usage de se mettre au service des généraux romains. Le vrai de tout cela, dit M. de Chateaubriand en racontant l'exil de Hildérik, c'est qu'il alla à Constantinople, d'où l'empereur le dépêcha en Gaule pour contre-balancer l'autorité suspecte d'Ægidius.

retour, et qu'ils le priaient eux-mêmes de revenir, quitta la Thuringe et fut rétabli sur son trône. Tandis qu'il régnait, Basine abandonna son mari pour venir auprès de Hildérik. Comme il lui demandait avec empressement par quel motif elle venait d'un pays si éloigné, on dit qu'elle répondit : « J'ai « reconnu ton mérite et ton grand « courage ; je suis venue pour rester « avec toi : parce que si j'avais connu, « dans des régions au-delà des mers, « un homme plus méritant que toi, « j'aurais désiré d'habiter avec lui. » Celui-ci, enchanté, l'épousa. Il en eut un fils qu'on appela du nom de Hlodowig. Ce fut un grand prince et un redoutable guerrier.»

HLODOWIG. — ÉTAT DE LA GAULE.

Avant de parler des conquêtes de Hlodowig, il nous faut voir quel était alors l'état politique de la Gaule. Au sud, les Visigoths venaient de s'emparer de l'Auvergne. Leur royaume avait pour frontières dans la Gaule le cours du Rhône et celui de la Loire. Au sud-est, les Bourguignons, sous quatre rois, possédaient depuis Bâle jusqu'à la Méditerranée, et depuis Nevers jusqu'aux Alpes ; tout à fait à l'ouest, la presqu'île armoricaine s'était formée en confédération de cités libres ; enfin restaient entre la Somme et la Loire, plusieurs provinces régies par des gouverneurs qui, bien que portant des titres romains, avaient complètement oublié l'empereur et l'empire. La situation du comte Syagrius à Soissons différait peu de celle de Hlodowig à Tournay. Il gouvernait pour son propre compte ces contrées qui, n'obéissant encore à aucun chef barbare, restaient soumises aux ordres du général qui les occupait. Grégoire de Tours appelle Syagrius roi des Romains, comme Hlodowig roi des Francs.

DÉFAITE DE SYAGRIUS ET DES GALLO-ROMAINS.

A la mort de Hildérik, Hlodowig se trouva à la tête de la peuplade franque établie à Tournay. D'autres chefs francs étaient déja établis à Cologne, à Saint-Omer, à Cambray et au Mans. Hlodowig attaqua d'abord les plus faibles de ses voisins, les Gallo-Romains. Avec le secours de Ragnacaire, chef des Francs de Cambray, il attaqua Syagrius et le vainquit près de Soissons. Syagrius, réfugié près d'Alaric II, roi des Visigoths, fut réclamé par Hlodowig qui le fit tuer. Hlodowig se trouva alors assez puissant pour obtenir la main de Chrotechild, fille d'un prince des Bourguignons.

MARIAGE DE HLODOWIG AVEC CHROTECHILD (CLOTILDE).

Les chroniqueurs des âges suivants, qui ont compris toute l'importance de cette union, en ont singulièrement embelli toutes les circonstances. Grégoire de Tours se contente de dire que Hlodowig envoyant souvent des députés en Bourgogne, ceux-ci virent la jeune Chrotechild. Témoins de sa beauté et de sa sagesse, et ayant appris qu'elle était du sang royal, ils dirent ces choses à Hlodowig. Celui-ci envoya aussitôt des députés à Gondebald pour la lui demander en mariage. Gondebald, craignant de la refuser, la remit entre les mains des députés qui, recevant la jeune fille, se hâtèrent de la mener au roi. Hlodowig, transporté de joie à sa vue, en fit sa femme. Mais l'abréviateur et le continuateur de Grégoire de Tours, Frédégaire, en sait bien davantage. « Le Gaulois Aurélien, déguisé en mendiant, portant sur son dos une besace au bout d'un bâton, est chargé du message : il devait remettre à Chrotechild un anneau que lui envoyait Hlodowig, afin qu'elle eût foi dans les paroles du messager. Aurélien, arrivé à la porte de la ville (Genève), y trouva Chrotechild assise avec sa sœur Sœdehleuba : les deux sœurs exerçaient l'hospitalité envers les voyageurs, car elles étaient chrétiennes. Chrotechild s'empresse de laver les pieds d'Aurélien. Celui-ci se penche vers elle, et lui dit : « Maîtresse, « j'ai une grande nouvelle à t'annon- « cer, si tu me veux conduire dans

« un lieu où je te puisse parler en
« secret.— « Parle, » lui répond Chrotechild. Aurélien dit : « Hlodowig, roi
« des Francs, m'envoie vers toi; si
« c'est la volonté de Dieu, il désire
« vivement t'épouser, et, pour que tu
« me croies, voilà son anneau. » Chrotechild l'accepte, et une grande joie reluit sur son visage; elle dit au voyageur:
« Prends ces cent sous d'or pour ré-
« compense de ta peine, avec mon
« anneau. Retourne vers ton maître ;
« dis-lui que s'il veut m'épouser, il
« envoie promptement des ambassa-
« deurs à mon oncle Gondebald. »
C'est une scène de l'*Odyssée*.

« Aurélien part; il s'endort sur le chemin; un mendiant lui vole sa besace, dans laquelle était l'anneau de Chrotechild ; le mendiant est pris, battu de verges, et l'anneau retrouvé. Hlodowig dépêche des ambassadeurs à Gondebald, qui n'ose refuser Chrotechild. Les ambassadeurs présentent un sou et un denier, selon l'usage, fiancent Chrotechild au nom de Hlodowig, et l'emmènent dans une basterne. Chrotechild trouve qu'on ne va pas assez vite; elle craint d'être poursuivie par Aridius, son ennemi, qui peut faire changer Gondebald de résolution. Elle saute sur un cheval, et la troupe franchit les collines et les vallées.

« Aridius, sur ces entrefaites, étant revenu de Marseille à Genève, remontre à Gondebald qu'il a égorgé son frère Hilpérik, père de Chrotechild; qu'il a fait attacher une pierre au cou de la mère de sa nièce, et l'a précipitée dans un puits ; qu'il a fait jeter dans le même puits les têtes des deux frères de Chrotechild ; que Chrotechild ne manquera pas d'accourir se venger, secondée de toute la puissance des Francs. Gondebald, effrayé, envoie à la poursuite de Chrotechild ; mais celle-ci, prévoyant ce qui devait arriver, avait ordonné d'incendier et de ravager douze lieues de pays derrière elle. Chrotechild sauvée s'écrie : « Je te rends grace, Dieu tout-
« puissant, de voir le commencement
« de la vengeance que je devais à mes
« parents et à mes frères ! »

« Véritables mœurs barbares, qui n'excluent pas la mansuétude des mœurs chrétiennes mêlées dans Chrotechild aux passions de sa nature sauvage (*). »

DÉFAITE DES ALEMANS. — CONVERSION DE HLODOWIG.

Hlodowig avait étendu sa domination jusqu'à la Loire. Les Alemans, alléchés par cette bonne fortune, vinrent pour prendre leur part du butin. Hlodowig n'entendait point partager. Il se retourna contre eux; il les rencontra à Tolbiac, à quatre lieues de Cologne. La bataille fut sanglante, indécise; Hlodowig désespéra même un moment du succès. Depuis long-temps Chrotechild, sa femme, s'efforçait de le convertir au catholicisme. Elle avait même obtenu de faire baptiser ses deux enfants ; mais Hlodowig résistait pour lui-même. Il avait peine à comprendre un Dieu mort sur la croix ; il lui semblait qu'il n'était pas d'assez noble origine. « Votre Dieu, disait-il,
« ne peut rien, et qui plus est, il n'est
« pas même de la race des dieux.
Deus vester nihil posse manifestatur, et, quod magis est, nec de deorum genere esse probatur.» Cependant dans le péril on n'examine pas toujours les titres de celui qui vous tend la main. A tout hasard, Hlodowig invoqua le Dieu des chrétiens pour le tirer de peine, et mettant en quelque sorte son baptême en enjeu, promit sa conversion pour la victoire. La fortune à l'intant changea. Les Alemans furent vaincus, et Hlodowig tint parole; il se fit baptiser. La moitié de ses Barbares, au nombre de trois mille, suivirent son exemple, et changèrent Odin pour le Christ, sans attacher sans doute une bien grande importance à la cérémonie qui les initiait à l'Église.

RÉSULTATS POLITIQUES DE LA CONVERSION DE HLODOWIG.

Cette conversion des Francs eut cependant de sérieux et immenses ré-

(*) Cette réflexion est de M. de Chateaubriand dans ses Études historiques, auxquelles nous avons emprunté ce dernier extrait de Frédégaire

sultats. Par un singulier hasard, Hlodowig se trouva seul roi orthodoxe entre tous les princes contemporains. L'hérésie d'Arius avait saisi les Barbares à leur entrée dans l'Empire. Les Vandales, les Visigoths, les Bourguignons étaient ariens. L'empereur de Constantinople lui-même persécutait ceux qui croyaient à la divinité de Jésus-Christ. Ainsi le clergé de toutes les églises eut les yeux sur ce nouveau royaume, consacré à sa naissance par un baptême orthodoxe. Le pape Anastase écrivait à Hlodowig : « Votre foi, c'est notre victoire; » et l'évêque de Vienne, sujet des Bourguignons, lui disait : « C'est nous qui triomphons quand tu combats. *Quum pugnatis vincimus.* » C'était beaucoup d'avoir pour soi tous les évêques de la Gaule. L'assistance de l'Église ne manqua pas à Hlodowig. Nous le verrons tout à l'heure miraculeusement conduit à la conquête du royaume des Visigoths.

DÉFAITE DES BOURGUIGNONS.

Hlodowig, maître des provinces centrales, allié des cités armoricaines, vainqueur des Alemans qui, sur ses traces, voulaient pénétrer dans la Gaule, voyait chaque jour augmenter son renom et sa puissance. Les guerriers des autres rois francs venaient en foule se ranger sous les drapeaux d'un chef si habile. Aussi fut-il bientôt en état d'agrandir ses possessions aux dépens des Bourguignons et des Visigoths. Les Bourguignons furent attaqués les premiers. Chrotechild poussait son époux à cette guerre pour venger la mort de son père assassiné par Gondebald. Les évêques l'appelaient secrètement. Pour le rattacher à son parti, Gondebald leur promit de se faire catholique, leur donna ses enfants à élever. Il n'en fut pas moins attaqué, battu par Hlodowig, qui le soumit à un tribut annuel. Puis ce fut le tour des Visigoths.

DÉFAITE DES VISIGOTHS.

«Alaric, roi des Goths, voyant les conquêtes continuelles que faisait Hlodowig, lui envoya des députés pour lui dire : « Si mon frère y consent, « j'ai dessein que nous ayons une en- « trevue sous les auspices de Dieu. » Hlodowig y consentant, alla vers lui. S'étant joints dans une île de la Loire, située auprès du bourg d'Amboise, sur le territoire de la cité de Tours, ils conversèrent, mangèrent et burent ensemble ; après s'être promis amitié, ils se retirèrent en paix.

OPPRESSION DES ÉVÊQUES PAR LES VISIGOTHS.

«Beaucoup de gens, dans toutes les Gaules, désiraient alors extrêmement être soumis à la domination des Francs. Il arriva que Quintien, évêque de Rodez, haï pour ce sujet, fut chassé de la ville. On lui disait : « C'est parce « que ton vœu est que la domination « des Francs s'étende sur ce pays. » Peu de jours après, une querelle s'étant élevée entre lui et les citoyens, les Goths qui habitaient cette ville ressentirent de violents soupçons ; car ces citoyens reprochaient à Quintien de vouloir les soumettre aux Francs ; et ayant tenu conseil, ils résolurent de le tuer. L'homme de Dieu en ayant été instruit, se leva pendant la nuit, avec ses plus fidèles ministres, et sortant de la ville de Rodez, il se retira en Auvergne, où l'évêque saint Euphrasius le reçut avec bonté et le garda avec lui (*). »

VÉNÉRATION DE HLODOWIG POUR SAINT MARTIN.

Nous ignorons quelles instances furent faites à Hlodowig par les évêques du midi ; mais un jour « le roi dit à ses soldats : « Je supporte avec « grand chagrin que ces ariens pos- « sèdent une partie des Gaules. Mar- « chons, avec l'aide de Dieu, et après « les avoir vaincus, réunissons le « pays en notre pouvoir. » Ce discours plut à tous ses guerriers. L'armée se mit en marche et se dirigea vers Poitiers. Là se trouvait alors Alaric ;

(*) Grégoire de Tours.

mais comme une partie de l'armée passait sur le territoire de Tours, par respect pour saint Martin, Hlodowig donna l'ordre que personne ne prît dans ce pays autre chose que des légumes et de l'eau. Un soldat de l'armée s'étant emparé du foin d'un pauvre homme, dit : « Le roi ne nous a-t-il pas recom-
« mandé de ne prendre que de l'herbe
« et rien autre chose ; eh bien ! c'est
« de l'herbe. Nous n'avons pas trans-
« gressé ses ordres, si nous la pre-
« nons ; » et ayant fait violence au pauvre, il lui arracha son foin par force. Ce fait parvint aux oreilles du roi. Ayant aussitôt frappé le soldat de son épée, il dit : « Où sera l'espoir
« de la victoire, si nous offensons
« saint Martin. » Ce fut assez pour empêcher l'armée de rien prendre dans ce pays.

LE ROI CONSULTE LES SORTS A SAINT-MARTIN.

« Le roi envoya des députés à la basilique du saint, leur disant : « Al-
« lez, et vous trouverez peut-être
« dans le saint temple quelque présage
« de la victoire. » Après leur avoir donné des présents pour orner le lieu saint, il ajouta : « Seigneur, si vous
« êtes mon aide, et si vous avez ré-
« solu de livrer en mes mains cette
« nation incrédule et toujours enne-
« mie de votre nom, daignez me faire
« voir votre faveur à l'entrée de la ba-
« silique de Saint-Martin, afin que
« je sache si vous daignez être favo-
« rable à votre serviteur. » Les en-
voyés s'étant hâtés, arrivèrent à la sainte basilique, selon l'ordre du roi ; au moment où ils entraient, le premier chantre entonna tout à coup cette antienne : « Seigneur, vous m'a-
« vez revêtu de force pour la guerre,
« et vous avez fait tourner le dos à
« mes ennemis devant moi, et vous
« avez exterminé ceux qui me haïs-
« saient. » Ayant entendu ce psaume et rendu grâce à Dieu, ils présentèrent les dons au saint confesseur, et allèrent pleins de joie annoncer au roi ce présage.

MIRACLE EN FAVEUR DES FRANCS.

« L'armée étant arrivée sur les bords de la Vienne, on ignorait entièrement dans quel endroit il fallait passer ce fleuve, car il était enflé par une inon-
dation de pluie. Pendant la nuit, le roi ayant prié le Seigneur de vouloir bien lui montrer un gué par où l'on pût passer, le lendemain matin, par l'ordre de Dieu, une biche d'une grandeur extraordinaire entra dans le fleuve aux yeux de l'armée, et passant à gué, montra par où on pouvait traverser. Arrivé sur le territoire de Poitiers, le roi se tenait dans sa tente sur une élévation ; il vit de loin un feu qui sortait de la basilique de Saint-Hilaire, et semblait voler vers lui, comme pour indiquer qu'aidé de la lumière du saint confesseur Hilaire, le roi triom-
pherait plus facilement de ces bandes hérétiques, contre lesquelles le pontife lui-même avait souvent soutenu la foi. Hlodowig défendit à toute l'armée de dépouiller personne ou de piller le bien de qui que ce fût dans cet endroit ou dans la route....

BATAILLE DE VOUGLÉ.

« Cependant Hlodowig en vint aux mains avec Alaric, roi des Goths, dans le champ de Vouglé, à trois lieues de la ville de Poitiers. Les Goths ayant pris la fuite selon leur coutume, le roi Hlodowig, aidé de Dieu, remporta la victoire. Il avait pour allié le fils de Sigebert-Claude, nommé Chlo-
déric. Ce Sigebert boitait d'un coup qu'il avait reçu au genou à la bataille de Tolbiac contre les Alemans. Le roi, après avoir mis les Goths en fuite et tué leur roi Alaric, fut tout à coup surpris par derrière par deux soldats qui lui portèrent des coups de lance sur les deux côtés. Mais la bonté de sa cuirasse et la légèreté de son cheval le préservèrent de la mort. Il périt dans cette bataille un grand nombre d'Auvergnats qui étaient venus avec Apollinaire, ainsi que les premiers des sénateurs. Après le combat, Amalaric, fils d'Alaric, s'enfuit en Espagne

et gouverna avec sagesse le royaume de son père. Hlodowig envoya son fils Théoderick en Auvergne par Albi et Rodez. Celui-ci soumit à son père toutes les villes depuis la frontière des Goths jusqu'à celle des Bourguignons. Alaric avait régné vingt-deux ans. Hlodowig, après avoir passé l'hiver dans la ville de Bordeaux et emporté de Toulouse tous les trésors d'Alaric, marcha sur Angoulême. Le Seigneur lui accorda une si grande grace qu'à sa vue les murs s'écroulèrent d'eux-mêmes. Après avoir chassé les Goths, il soumit la ville à son pouvoir. Ayant ainsi obtenu la victoire, il rentra dans Tours, et offrit un grand nombre de présents à la sainte basilique du bienheureux Martin.

HLODOWIG CONSUL.

« Hlodowig ayant reçu de l'empereur Anastase des lettres de consul, fut revêtu, dans la basilique de Saint-Martin, de la tunique de pourpre et de la chlamyde, et posa la couronne sur sa tête. Ensuite, étant monté à cheval, il jeta de sa propre main, avec une extrême bienveillance, de l'or et de l'argent au peuple assemblé sur le chemin qui est entre la porte du vestibule de la basilique de Saint-Martin et l'église de la ville, et, depuis ce jour, il fut appelé consul ou auguste. Ayant quitté Tours, il vint à Paris, et y fixa le siége de son empire. Théoderick vint l'y trouver....

MEURTRES DES DIVERS ROIS FRANCS PAR HLODOWIG.

« Le roi Hlodowig, pendant son séjour à Paris, envoya en secret au fils de Sigebert, lui faisant dire : « Voilà « que ton père est âgé, il boite de son « pied malade : s'il venait à mourir, « son royaume t'appartiendrait de droit « ainsi que notre amitié. » Séduit par cette ambition, Chlodéric forma le projet de tuer son père. Sigebert étant sorti de la ville de Cologne, et ayant passé le Rhin, pour se promener dans la forêt de Buconia, s'endormit à midi dans sa tente ; son fils envoya contre lui des assassins et le fit tuer, dans l'espoir qu'il posséderait son royaume. Mais, par le jugement de Dieu, il tomba dans la fosse qu'il avait méchamment creusée pour son père. Il envoya au roi Hlodowig des messagers pour lui annoncer la mort de son père, et lui dit : « Mon père est « mort, et j'ai en mon pouvoir ses « trésors et son royaume ; envoie-moi « quelques-uns des tiens, et je leur « remettrai volontiers ceux des trésors « qui te plairont. » Hlodowig répondit : « Je rends grace à ta bonne volonté, et « je te prie de montrer tes trésors à « mes envoyés, après quoi tu les pos- « séderas tous. » Chlodéric montra donc aux envoyés les trésors de son père. Pendant qu'ils les examinaient, le prince dit : « C'est dans ce coffre « que mon père avait coutume d'amas- « ser ses pièces d'or. » Ils lui dirent : « Plongez votre main jusqu'au fond « pour trouver tout. » Lui, l'ayant fait et s'étant tout à fait baissé, un des envoyés leva sa francisque et lui brisa le crâne. Ainsi cet indigne fils subit la mort dont il avait frappé son père. Hlodowig, apprenant que Sigebert et son fils étaient morts, vint dans cette même ville, et ayant convoqué tout le peuple, il lui dit : « Écoutez ce qui « est arrivé. Pendant que je naviguais « sur le fleuve de l'Escaut, Chlodéric, « fils de mon parent, tourmentait son « père en lui disant que je voulais le « tuer. Comme Sigebert fuyait à tra- « vers la forêt de Buconia, Chlodéric a « envoyé des meurtriers qui l'ont mis « à mort ; lui-même a été assassiné, je « ne sais par qui, au moment où il « ouvrait les trésors de son père. Je « ne suis nullement complice de ces « choses. Je ne puis répandre le sang « de mes parents, car cela est défendu. « Mais puisque ces choses sont arri- « vées, je vous donne un conseil ; s'il « vous est agréable, acceptez-le. Ayez « recours à moi, mettez-vous sous ma « protection. » Le peuple répondit à ces paroles par des applaudissements de mains et de bouche, et l'ayant élevé sur un bouclier, ils le créèrent leur roi. Hlodowig reçut donc le royaume et les trésors de Sigebert, et les ajouta à sa domination. Chaque jour Dieu faisait tomber ses ennemis sous sa main et augmentait son royaume, parce qu'il marchait le cœur droit devant le Seigneur, et faisait les choses qui sont agréables à ses yeux.

« Il marcha ensuite contre le roi Chararic. Dans la guerre contre Syagrius, Hlodowig l'avait appelé à son secours ; mais Chararic se tint loin de lui; il ne secourut aucun parti, attendant l'issue du combat pour faire alliance avec celui qui remporterait la victoire. Indigné de cette action, Hlodowig s'avança contre lui, et l'ayant entouré de piéges, le fit prisonnier avec son fils, et les fit tondre tous deux, enjoignant que Chararic fût ordonné prêtre et son fils diacre. Comme Chararic s'affligeait de son abaissement et pleurait, on rapporte que son fils lui dit : « Ces branches ont été cou« pées d'un arbre vert et vivant, il ne « séchera point, et en poussera rapi« dement de nouvelles. Plaise à Dieu « que celui qui a fait ces choses ne tarde « pas davantage à mourir ! » Ces paroles parvinrent aux oreilles de Hlodowig, qui crut qu'ils le menaçaient de laisser croître leur chevelure et de le tuer; il ordonna alors qu'on leur tranchât la tête à tous deux. Après leur mort, il s'empara de leur royaume, de leurs trésors et de leurs sujets.

« Il y avait alors à Cambrai un roi, nommé Ragnachaire, si effréné dans ses débauches qu'à peine épargnait-il ses proches parents eux-mêmes. Il avait un conseiller, nommé Farron, qui se souillait de semblables déréglements. On assure que lorsqu'on apportait au roi quelque mets, quelque don, ou quelque objet que ce soit, il avait coutume de dire que c'était pour lui et son Farron, ce qui excitait chez les Francs une indignation extrême. Il arriva que Hlodowig ayant fait faire des bracelets et des baudriers de faux or (car c'était seulement du cuivre doré), les donna aux leudes de Ragnachaire pour les exciter contre lui. Il marcha ensuite contre lui avec son armée. Ragnachaire avait des espions pour reconnaître ce qui se passait. Il leur demanda, quand ils furent de retour, quelle pouvait être la force de cette armée. Ils lui répondirent : « C'est « un renfort très-considérable pour « toi et ton Farron. » Mais Hlodowig étant arrivé, lui fit la guerre. Ragnachaire voyant son armée défaite, se préparait à prendre la fuite, lorsqu'il fut arrêté par ses soldats, et amené, avec son frère Richaire, les mains liées derrière le dos, en présence de Hlodowig. Celui-ci lui dit : « Pourquoi as-tu fait honte à notre « famille en te laissant enchaîner ? Il « te valait mieux mourir; » et ayant levé la hache, il la lui rabattit sur la tête. S'étant ensuite tourné vers son frère, il lui dit : « Si tu avais « porté secours à ton frère, il n'au« rait pas été enchaîné; » et il le frappa de même de sa hache. Après leur mort, ceux qui les avaient trahis reconnurent que l'or qu'ils avaient reçu du roi était faux. L'ayant dit au roi, on rapporte qu'il leur répondit : « Celui qui, de sa propre volonté, « traîne son maître à la mort, mérite « de recevoir un pareil or; » ajoutant qu'ils devaient se contenter de ce qu'on leur laissait la vie, s'ils ne voulaient pas expier leur trahison dans les tourments. A ces paroles, eux voulant obtenir sa faveur, lui assurèrent qu'il leur suffisait qu'il les laissât vivre. Les rois dont nous venons de parler étaient les parents de Hlodowig. Renomer fut tué par son ordre dans la ville du Mans. Après leur mort, Hlodowig recueillit leurs royaumes et tous leurs trésors. Ayant tué de même beaucoup d'autres rois, et ses proches parents, dans la crainte qu'ils ne lui enlevassent l'empire, il étendit son pouvoir dans toute la Gaule. On rapporte qu'ayant un jour assemblé ses sujets, il parla ainsi de ses parents qu'il avait fait périr. « Mal« heur à moi qui suis resté comme « un voyageur parmi des étrangers, « n'ayant pas de parents qui puissent « me secourir si l'adversité venait ! »

Mais ce n'était pas qu'il s'affligeât de leur mort ; il parlait ainsi seulement par ruse, et pour découvrir s'il avait encore quelque parent, afin de le faire tuer.

MORT DE HLODOWIG.

« Toutes ces choses s'étant passées ainsi, Hlodowig mourut à Paris, où il fut enterré dans la basilique des Saints-Apôtres, qu'il avait lui-même fait construire avec la reine Clotilde. Il mourut cinq ans après la bataille de Vouglé. Son règne avait duré trente ans, et sa vie quarante-cinq (*). »

VISION SUR LA RACE DES MÉROVINGIENS.

Une nuit que Hildérik, père de Hlodowig, reposait près de sa femme Basine qu'il avait enlevée du pays thuringien, et qui, comme plusieurs femmes du Nord, se croyait douée du don de seconde vue, « Basine lui dit : « Abstenons-nous ; lève-toi, et ce que « tu verras dans la cour du logis, tu « le viendras dire à ta servante. » Hildérik se leva, et vit passer des bêtes qui ressemblaient à des lions, à des licornes et à des léopards. Il revint vers sa femme, et lui dit ce qu'il avait vu, et sa femme lui dit : « Maî-« tre, va derechef, et ce que tu ver-« ras, tu le raconteras à ta servante. » Hildérik sortit de nouveau, et vit passer des bêtes semblables à des ours et à des loups. Ayant raconté cela à sa femme, elle le fit sortir une troisième fois ; il vit alors des chiens et d'autres animaux inférieurs qui se roulaient et se déchiraient les uns les autres. Lorsqu'il eut raconté tout cela à sa femme, ils s'abstinrent chastement jusqu'au matin. Alors, lorsqu'ils se furent levés du lit, Basine dit à Hildérik : « Ce « que tu as vu de tes yeux arrivera « en vérité ; il nous naîtra un fils qui « sera un lion par son courage. Les « fils de notre fils ressembleront aussi « par leur courage aux léopards et « aux licornes ; mais ils engendreront « à leur tour des enfants semblables « aux ours et aux loups par leur vo-« racité. Ceux que tu as vus la troi-« sième fois viendront pour la fin et « la ruine du royaume ; car, comme « des chiens et des bêtes inférieures, « ils régneront et se déchireront les « uns les autres en ruinant les peu-« ples (*). »

C'est là en effet l'histoire de la race des Mérovingiens. On ne peut que s'étonner qu'un chroniqueur du commencement du huitième siècle ait su trouver cette explication symbolique des destinées de la postérité de Hlodowig.

PARTAGE DU ROYAUME DE HLODOWIG ENTRE SES QUATRE FILS.

Hlodowig avait quatre fils : l'aîné, Théoderick, était fils d'une concubine ; les trois autres, Clodomir, Hildebert et Clother, étaient fils de Clotilde. Théoderick n'en eut pas moins part à l'héritage paternel. Il eut l'ancien pays des Francs sur le Bas-Rhin, et ce que Hlodowig avait enlevé aux Alemans sur le Haut-Rhin, avec les contrées traversées par la Moselle et la Meuse. Il fixa à Metz sa résidence. L'Auvergne entra aussi dans son partage. Ce royaume prit bientôt le nom d'Ostrasie, parce qu'il était situé à l'ouest des autres provinces conquises par les Francs. Depuis Théoderick, ce royaume eut presque toujours des rois particuliers. Il s'étendit peu à peu sur une grande partie de l'Allemagne : aussi son histoire est-elle intimement liée à celle de ce pays. Nous passerons rapidement sur les faits qui appartiennent aux autres royaumes francs. Clother résida à Soissons, Hildebert à Paris, Clodomir à Orléans. Les trois frères se partagèrent en outre les cités de l'Aquitaine. Ainsi aucun d'eux ne s'établit au-delà de la Loire. Tous les guerriers francs étaient restés en effet au nord

---

(*) Grégoire de Tours, traduit par M. Guizot, dans la Collection des mémoires relatifs à l'histoire de France.

(*) Frédégaire, *Epitome Gregorii*, dans dom Bouquet, Recueil des historiens de France.

de ce fleuve, et celui des quatre rois qui aurait voulu prendre Toulouse ou une autre cité du midi pour capitale, se serait trouvé isolé et sans forces au milieu de la population gallo-romaine.

VICTOIRES SUR LES PIRATES DU NORD.

Les Francs continuèrent leurs conquêtes sous les quatre fils de Hlodowig. Théoderick repoussa d'abord les incursions des pirates du Nord. « Les Danois vinrent par mer dans les Gaules avec leur roi Clochilaïc; étant descendus à terre, ils ravagèrent un des pays du royaume de Théoderick, réduisirent les habitants en captivité, et ayant chargé sur leurs vaisseaux les captifs et le reste de leur butin, ils se préparaient à s'en retourner dans leur patrie; mais comme leur roi demeurait sur le rivage pour s'embarquer le dernier, lorsque ses vaisseaux prendraient la haute mer, Théoderick, qui avait été averti que des étrangers dévastaient son royaume, envoya en ce lieu son fils Théodebert avec une vaillante troupe de gens de guerre, et puissamment armés. Le roi fut tué, et Théodebert, après avoir vaincu les ennemis dans un combat naval, fit remettre à terre tout le butin (*). »

TOUT L'OUEST DE L'ALLEMAGNE SOUMIS AUX FRANCS.

La rapidité des conquêtes de Hlodowig avait porté au loin le renom des Francs. C'était assez l'habitude des peuplades germaniques de s'unir à celles de leurs tribus que la fortune favorisait. On espérait prendre part à leurs conquêtes et partager leur butin. Aussi voyons-nous les Germains du midi et ceux du nord, les Suèves et les Saxons, se fédérer à cette époque avec les Francs. Les Bavarois suivirent cet exemple. Les Thuringiens seuls résistèrent; ils furent écrasés par le roi d'Ostrasie, qui domina sur tout l'ouest de l'Allemagne.

(*) Grégoire de Tours.

PREMIÈRES VICTOIRES DES FRANCS SUR LES THURINGIENS (*).

« Trois frères, Baderic, Hermanfried et Berthaire, tenaient le royaume des Thuringiens. Hermanfried se rendit, par la force, maître de son frère Berthaire et le tua. Celui-ci laissa orpheline en mourant sa fille Radegonde; il laissa aussi des fils dont nous parlerons dans la suite. Hermanfried avait une femme méchante, nommée Amalaberge, qui semait la guerre civile entre les frères. Un jour, son mari se rendant au banquet, trouva seulement la moitié de la table couverte, et comme il demandait ce que cela voulait dire : « Il convient, « dit-elle, que celui qui se contente de « la moitié d'un royaume, ait la moi- « tié de sa table vide. » Excité par ces paroles et d'autres semblables, Hermanfried s'éleva contre son frère, et envoya secrètement des messagers au roi Théoderick pour l'engager à l'attaquer, disant : « Si tu le mets à mort, « nous partagerons par moitié ce pays. » Celui-ci, réjoui de ce qu'il entendait, marcha vers Hermanfried avec son armée; ils s'allièrent en se donnant mutuellement leur foi, et partirent pour la guerre. En étant venus aux mains avec Baderic, ils écrasèrent son armée, le firent tomber sous le glaive, et après la victoire, Théoderick retourna dans ses possessions. Mais ensuite Hermanfried, oubliant sa foi, négligea d'accomplir ce qu'il avait promis au roi Théoderick, de sorte qu'il s'éleva entre eux une grande inimitié (**). »

VICTOIRES SUR LES BOURGUIGNONS.

Hlodowig n'avait que soumis au tri-

(*) Nous n'avons cru pouvoir mieux faire dans ce qui suit, comme dans ce qui précède, que d'emprunter à un écrivain presque contemporain, Grégoire de Tours, le récit des faits importants de l'histoire des Francs. Il va sans dire que nous nous réservons d'éclairer par les résultats de la critique moderne le tableau dressé par le vieux chroniqueur.

(**) Grégoire de Tours.

but la peuplade germanique établie dans le Jura; mais sous ses fils, les Bourguignons furent vaincus, et leur pays agrandit le territoire des Francs.

« Gondebald étant mort, son fils Sigismond fut mis en possession de son royaume, et édifia, avec une soigneuse industrie, le monastère de Saint-Maurice, où il construisit des bâtiments d'habitation et une basilique. Après avoir perdu sa première femme, fille de Théodoric, roi d'Italie, dont il avait eu un fils nommé Sigeric, il en épousa une autre qui, selon l'ordinaire des belles-mères, commença à prendre son fils très-fort en haine, et à élever des querelles avec lui. Il arriva qu'un jour de cérémonie, le jeune homme, reconnaissant sur elle des vêtements de sa mère, lui dit, irrité de colère: « Tu n'étais pas digne de por-
« ter sur tes épaules ces habits que
« l'on sait avoir appartenu à ma mère,
« ta maîtresse. » Elle, alors transportée de fureur, excita son mari par des paroles trompeuses, en lui disant:
« Ce méchant aspire à posséder ton
« royaume, et quand il t'aura tué,
« il compte l'étendre jusqu'à l'Italie,
« afin de posséder à la fois le royaume
« de son aïeul Théodoric en Italie et
« celui-ci. Il sait bien que tant que tu
« vivras, il ne peut accomplir ce des-
« sein, et que si tu ne tombes, il ne
« saurait s'élever. » Poussé par ce discours, et d'autres du même genre, et prenant conseil de sa cruelle épouse, Sigismond devint un cruel parricide; car voyant l'après-midi son fils appesanti par le vin, il l'engagea à dormir; et pendant son sommeil, on lui passa derrière le cou un mouchoir, qu'on lia au-dessous du menton, deux domestiques le tirèrent à eux, chacun de son côté, et ils l'étranglèrent. Aussitôt que cela fut fait, le père, déjà touché de repentir, se jeta sur le cadavre inanimé de son fils, et commença à pleurer amèrement. Sur quoi, à ce qu'on a rapporté, un vieillard lui dit: « Pleure dé-
« sormais sur toi qui, par de méchants
« conseils, es devenu un très-barbare
« parricide; car pour celui-ci que tu as
« fait périr innocent, il n'a pas besoin

« qu'on le pleure. » Cependant Sigismond s'étant rendu à Saint-Maurice, y demeura un grand nombre de jours dans le jeûne et les larmes, à prier pour obtenir son pardon; il y fonda un chant perpétuel, et retourna à Sion, la vengeance divine le poursuivant pas à pas. Le roi Théoderick épousa sa fille.

« La reine Chlotilde parla cependant à Chlodomir et à ses autres fils, et leur dit: « Que je n'aie pas à me repentir,
« mes très-chers enfants, de vous avoir
« nourris avec tendresse; soyez, je
« vous prie, indignés de mon injure,
« et mettez l'habileté de vos soins à
« venger la mort de mon père et de ma
« mère. » Eux, ayant entendu ces paroles, marchèrent vers la Bourgogne, et se dirigèrent vers Sigismond et son frère Gondemar. Vaincu par leur armée, Gondemar tourna le dos; mais Sigismond, cherchant à se réfugier au monastère de Saint-Maurice, fut pris avec sa femme et ses fils par Chlodomir, qui, les ayant conduits dans la ville d'Orléans, les y retint prisonniers. Les rois s'étant éloignés, Gondemar reprit courage, rassembla les Bourguignons, et recouvra son royaume. Chlodomir, se disposant à marcher de nouveau contre lui, résolut de faire mourir Sigismond. Le bienheureux Avitus, abbé de Saint-Mesmin, prêtre renommé de ce temps, lui dit: « Si, dans la crainte
« de Dieu, tu te ranges à de meilleurs
« conseils, et ne souffres pas qu'on
« tue ces gens-là, Dieu sera avec toi,
« et là où tu vas tu obtiendras la vic-
« toire; mais si tu les fais mourir,
« tu périras de même, livré entre les
« mains de tes ennemis, et il en sera
« fait de ta femme et de tes fils comme
« tu feras de la femme et des enfants
« de Sigismond. »

« Mais le roi, méprisant son avis, lui dit: « Je regarde comme la conduite
« d'un insensé, quand on marche con-
« tre un ennemi, d'en laisser d'autres
« chez soi. Car ainsi, ayant l'un à dos,
« les autres en tête, je me précipite-
« rais entre deux armées. La victoire
« sera plus complète et plus aisée à
« obtenir, si je sépare l'un de l'autre.
« Le premier mort, je pourrai plus

« aisément me défaire du second. » Et aussitôt il fit mourir Sigismond, avec sa femme et ses fils, en ordonnant qu'on les jetât dans un puits près de Coulmiers, bourg du territoire d'Orléans, et marcha en Bourgogne, appelant à son secours le roi Théodoric. Celui-ci, ne s'inquiétant pas de venger l'injure de son beau-père, promit d'y aller, et s'étant rejoints près de Véseronie, lieu situé dans le territoire de la cité de Vienne, ils livrèrent combat à Gondemar. Gondemar ayant pris la fuite avec son armée, Chlodomir le poursuivit ; et comme il se trouvait déjà assez éloigné des siens, les Bourguignons, imitant le signal qui lui était donné, l'appelèrent en lui disant : « Viens, viens ici, nous sommes les tiens. » Il les crut, alla à eux, et tomba ainsi au milieu de ses ennemis qui lui coupèrent la tête, et l'élevèrent en l'air ; ce que voyant les Francs, et reconnaissant qu'il avait été tué, ils recueillirent leurs forces, mirent en fuite Gondemar, écrasèrent les Bourguignons, et s'emparèrent de leur pays. Chlother, sans aucun délai, s'unit en mariage à la femme de son frère, nommée Gontheuque, et la reine Chrotechild, les jours de deuil finis, prit et garda avec elle ses fils, dont l'un s'appelait Théobald, l'autre Gonthaire, et le troisième Clodoald. Gondemar recouvra de nouveau son royaume (*). »

Le royaume de Chlodomir revenait à ses enfants ; mais ils n'avaient pour se défendre contre l'avidité de leurs oncles que leur aïeule Chrotechild. « Tandis que la reine Chrotechild habitait Paris, Childebert, voyant que sa mère avait porté toute son affection sur les fils de Chlodomir, conçut de l'envie ; et craignant que, par la faveur de la reine, ils n'eussent part au royaume, il envoya secrètement vers son frère le roi Chlother, et lui fit dire : « Notre « mère garde avec elle les fils de notre « frère, et veut leur donner le royaume ; « il faut que tu viennes promptement « à Paris, et que, réunis tous deux « en conseil, nous déterminions ce « que nous devons faire d'eux, savoir « si on leur coupera les cheveux, « comme au reste du peuple, ou si, « les ayant tués, nous partagerons « également entre nous le royaume « de notre frère. » Fort réjoui de ces paroles, Chlother vint à Paris. Childebert avait déjà répandu dans le peuple que les deux rois étaient d'accord d'élever ces enfants au trône. Ils envoyèrent donc, au nom de tous deux, à la reine qui demeurait dans la même ville, et lui dirent : « Envoie-nous les « enfants, que nous les élevions au « trône. » Elle, remplie de joie, et ne sachant pas leur artifice, après avoir fait boire et manger les enfants, les envoya, en disant : « Je croirai n'a- « voir pas perdu mon fils, si je vous « vois succéder à son royaume. » Les enfants étant allés, furent pris aussitôt, et séparés de leurs serviteurs et de leurs gouverneurs ; et on les enferma à part, d'un côté les serviteurs, et de l'autre les enfants. Alors Childebert et Chlother envoyèrent à la reine Arcadius, portant des ciseaux et une épée nue. Quand il fut arrivé près de la reine, il les lui montra, disant : « Tes fils nos seigneurs, ô très-glo- « rieuse reine, attendent que tu leur « fasses savoir ta volonté sur la ma- « nière dont il faut traiter ces enfants ; « ordonne qu'ils vivent les cheveux « coupés, ou qu'ils soient égorgés. » Consternée à ce message, et en même temps émue d'une grande colère, en voyant cette épée nue et ces ciseaux, elle se laissa transporter par son indignation, et ne sachant, dans sa douleur, ce qu'elle disait, elle répondit imprudemment : « Si on ne les élève « pas sur le trône, j'aime mieux les « voir morts que tondus. » Mais Arcadius, s'inquiétant peu de sa douleur, et ne cherchant pas à pénétrer ce qu'elle penserait ensuite plus réellement, revint en diligence près de ceux qui l'avaient envoyé, et leur dit : « Vous pouvez continuer avec l'approbation de la reine ce que vous avez commencé, car elle veut que vous accomplissiez votre projet. » Aussitôt

(*) Grégoire de Tours.

Chlother, prenant par le bras l'aîné des enfants, le jeta à terre, et lui enfonçant son couteau sous l'aisselle, le tua cruellement. A ses cris, son frère se prosterna aux pieds de Childebert, et lui saisissant les genoux, lui disait avec larmes : « Secours-moi, mon « très-bon père, afin que je ne meure « pas comme mon frère. » Alors Childebert, le visage couvert de larmes, dit : « Je te prie, mon très-cher « frère, aie la générosité de m'accor- « der sa vie; et si tu veux ne pas le « tuer, je te donnerai pour le racheter « ce que tu voudras. » Mais Chlother, après l'avoir accablé d'injures, lui dit : « Repousse-le loin de toi, ou tu « mourras certainement à sa place; « c'est toi qui m'as excité à cette af- « faire, et tu es si prompt à repren- « dre ta foi ! » Childebert, à ces paroles, repoussa l'enfant et le jeta à Clother, qui, le recevant, lui enfonça son couteau dans le côté, et le tua, comme il avait fait à son frère. Ils tuèrent ensuite les serviteurs et les gouverneurs; et après qu'ils furent morts, Chlother montant à cheval, s'en alla, sans se troubler aucunement du meurtre de ses neveux, et se rendit avec Childebert dans les faubourgs. La reine, ayant fait poser les petits corps sur un brancard, les conduisit, avec beaucoup de chants pieux et une immense douleur, à l'église de Saint-Pierre, où on les enterra tous deux de la même manière. L'un des deux avait dix ans et l'autre sept.

« Ils ne purent prendre le troisième, Clodoald, qui fut sauvé par le secours de braves guerriers ; dédaignant un royaume terrestre, il se consacra à Dieu, et s'étant coupé les cheveux de sa propre main, il fut fait clerc. Il persista dans les bonnes œuvres, et mourut prêtre. »

SOUMISSION DES THURINGIENS.

« Cependant Théoderick, qui n'avait point oublié le parjure d'Hermanfried, roi de Thuringe, appela à son secours son frère Chlother, et se prépara à marcher contre Hermanfried, promettant au roi Chlother sa part du butin, si la bonté de Dieu leur accordait la victoire. Ayant donc rassemblé les Francs, il leur dit : « Ressentez, « je vous prie, avec colère, et mon « injure et la mort de vos parents ; « rappelez-vous que les Thuringiens « sont venus attaquer violemment nos « parents, et leur ont fait beaucoup « de maux; que ceux-ci, leur ayant « donné des otages, voulurent entrer « en paix avec eux; mais eux firent « périr les otages par différents gen- « res de mort, et, revenant se jeter « sur nos parents, leur enlevèrent « tout ce qu'ils possédaient, suspen- « dirent les enfants aux arbres par le « nerf de la cuisse, firent périr d'une « mort cruelle plus de deux cents jeu- « nes filles, les liant par les bras au « cou des chevaux, qu'on forçait à « coups d'aiguillons acérés, à s'écar- « ter chacun de son côté, en sorte « qu'elles furent déchirées en pièces ; « d'autres furent étendues sur les or- « nières des chemins, et clouées en « terre avec des pieux ; puis on faisait « passer sur elles des chariots chargés; « et leurs os, ainsi brisés, ils les lais- « saient pour servir de pâture aux « chiens et aux oiseaux. Maintenant « Hermanfried manque à ce qu'il m'a « promis, et semble tout à fait l'ou- « blier. Nous avons le droit de notre « côté; marchons contre eux avec « l'aide de Dieu. » Eux, ayant entendu ces paroles, indignés de tant de crimes, demandèrent, d'une voix et d'une volonté unanimes, à marcher contre les Thuringiens. Théoderick, prenant avec lui, pour le seconder, son frère Chlother et son fils Théodebert, partit avec une armée. Cependant les Thuringiens avaient préparé des embûches aux Francs : ils avaient creusé dans le champ où devait se livrer le combat, des fosses dont ils avaient caché l'ouverture au moyen d'un gazon épais, en sorte que la plaine paraissait unie. Lorsqu'on commença donc à combattre, plusieurs des chevaux des Francs tombèrent dans ces fosses, ce qui leur causa beaucoup d'embarras; mais lorsqu'ils se furent aperçus de la fraude, ils commencèrent à y prendre garde. Enfin, les Thuringiens, voyant qu'on faisait parmi eux un grand carnage, et que leur roi Hermanfried avait pris la fuite, tournèrent le dos, et arrivèrent au bord du fleuve de l'Unstrut; et là, il y eut un tel massacre des Thuringiens, que le lit de la rivière fut rempli par les cadavres amoncelés, et que les Francs s'en servirent comme de pont pour passer sur l'autre bord. Après cette victoire, ils prirent le pays, et le réduisirent sous leur puissance. Chlother, en revenant, emmena captive avec lui Radegonde, fille du roi Berther, et la prit en mariage. Il fit depuis tuer injustement son frère par des scélérats. Elle, se tournant vers Dieu, prit l'habit, et se bâtit un monastère dans la ville de Poitiers. Elle s'y rendit tellement excellente dans l'oraison, les veilles, les aumônes, qu'elle acquit un grand crédit parmi les peuples.

« Tandis que les rois francs étaient en Thuringe, Théoderick voulut tuer Chlother, son frère; et ayant disposé en secret des hommes armés, il le manda vers lui, comme pour conférer de quelque chose en particulier; et ayant fait étendre dans sa maison une toile d'un mur à l'autre, il ordonna à ses hommes armés de se tenir derrière : mais, comme la toile était trop courte, les pieds des hommes armés parurent au-dessous à découvert; ce qu'ayant vu Chlother, il entra dans la maison, armé, et avec les siens. Théoderick comprit alors que son projet était connu : il inventa une fable, et l'on parla de choses et d'autres. Mais, ne sachant de quoi s'aviser pour faire passer sa trahison, il donna à Chlother, dans cette vue, un grand plat d'argent. Chlother lui ayant dit adieu, et l'ayant remercié de ce présent, retourna dans son logis. Mais Théoderick se plaignit aux siens d'avoir perdu son plat sans aucun motif, et dit à son fils Théodebert : « Va trouver ton « oncle, et prie-le de vouloir te céder « le présent que je lui ai fait. » Il y alla, et obtint ce qu'il demandait. Théoderick était très-habile en de telles ruses.

« Lorsqu'il fut revenu chez lui, il engagea Hermanfried à venir le trouver, en lui donnant sa foi qu'il ne courrait aucun danger; et il l'enrichit de présents très-honorables. Mais un jour qu'ils causaient sur les murs de la ville de Tolbiac, Hermanfried, poussé par je ne sais qui, tomba du haut du mur, et rendit l'esprit. Nous ignorons par qui il fut jeté en bas; mais plusieurs assurent qu'on reconnut clairement que cette trahison venait de Théoderick (*). »

SOUMISSION DES BOURGUIGNONS.
532 — 534.

Cependant les Francs n'abandonnaient pas le projet de soumettre les Bourguignons. La mort de Chlodomir ne découragea point Chlother ni Childebert. Ils préparèrent une nouvelle expédition, et invitèrent leur frère Théoderick à marcher avec eux contre Gondemar. Mais le roi d'Ostrasie refusa de prendre part à cette entreprise. « Si tu ne veux pas aller en « Bourgogne avec tes frères, lui dirent ses leudes, nous te quitterons, « et nous les suivrons à ta place. » Mais Théoderick avait en vue une autre guerre. Les gens de l'Auvergne avaient essayé de se soustraire à sa domination. Théoderick voulait se venger. « Suivez-moi en Auvergne, « dit-il à ses fidèles, et je vous con« duirai dans un pays où vous pren« drez de l'or et de l'argent autant « que vous en pourrez désirer, d'où « vous enlèverez des troupeaux, des « esclaves et des vêtements en abon« dance : seulement ne suivez pas « ceux-ci. » Séduits par ces promesses, ils s'engagèrent à faire ce qu'il voudrait. Il se prépara donc au départ, et promit à plusieurs reprises à ses hommes, qu'il leur permettrait de ramener dans leur pays tout le butin et tous les prisonniers qu'ils feraient dans l'Auvergne. Cependant

(*) Grégoire de Tours.

Chlother et Childebert marchèrent en Bourgogne, assiégèrent Autun, et, ayant mis en fuite Gondemar, occupèrent toute la Bourgogne. Quant à l'Auvergne, elle fut impitoyablement ravagée.

AVENTURES D'ATTALE (*).

Cette guerre avait brouillé les deux frères ; toutefois ils se réconcilièrent bientôt après, et « s'étant prêté serment de ne point marcher l'un contre l'autre, ils se donnèrent mutuellement des otages pour confirmer leurs promesses. Parmi ces otages il se trouva beaucoup de fils de sénateurs ; mais de nouvelles discordes s'étant élevées entre les rois, ils furent dévoués aux travaux publics, et tous ceux qui les avaient en garde en firent leurs serviteurs. Un bon nombre cependant s'échappèrent par la fuite et retournèrent dans leur pays ; quelques-uns demeurèrent en esclavage. Parmi ceux-ci, Attale, neveu du bienheureux Grégoire, évêque de Langres, avait été employé au service public et destiné à garder les chevaux ; il servait un Barbare qui habitait le territoire de Trèves. Le bienheureux Grégoire envoya des serviteurs à sa recherche, et lorsqu'on l'eut trouvé, on apporta à cet homme des présents ; mais il les refusa en disant : « De la race dont il est, il me « faut dix livres d'or pour sa rançon. » Lorsque les serviteurs furent revenus, Léon, attaché à la cuisine de l'évêque, lui dit : « Si tu veux le permettre, « peut-être pourrai-je le tirer de sa « captivité. » Son maître fut joyeux de ces paroles, et Léon se rendit au lieu qu'on lui avait indiqué. Il voulut enlever secrètement le jeune homme ; mais il ne put y parvenir. Alors, menant avec lui un autre homme, il lui dit : « Viens avec moi, vends-moi à « ce Barbare, et le prix de ma vente « sera pour toi ; tout ce que je veux, « c'est d'être plus en liberté de faire ce « que j'ai résolu. » Le marché fait, l'homme alla avec lui, et s'en retourna après l'avoir vendu douze pièces d'or. Le nouveau maître de Léon, ayant demandé à son serviteur ce qu'il savait faire, celui-ci répondit : « Je suis très-« habile à faire tout ce qui doit se man-« ger à la table de mes maîtres, et je ne « crains pas qu'on en puisse trouver « un autre égal à moi dans cette « science. Je te le dis en vérité ; quand « tu voudrais donner un festin au roi, « je suis en état de composer des « mets royaux, et personne ne les « saurait mieux faire que moi. » Et le maître lui dit : « Voilà le jour du « soleil qui approche » (car c'est ainsi que les Barbares ont coutume d'appeler le jour du Seigneur) ; « ce jour-là, « mes voisins et mes parents sont « invités à ma maison ; je te prie « de me faire un repas qui excite leur « admiration et duquel ils disent : Nous « n'aurions pas attendu mieux de la « maison du roi. » Le serviteur dit : « Que mon maître ordonne qu'on me « rassemble une grande quantité de « volailles, et je ferai ce que tu me « commandes. » On prépara ce qu'avait demandé Léon. Le jour du Seigneur vint à luire, et il fit un grand repas plein de choses délicieuses. Tous mangèrent, tous louèrent le festin ; les parents ensuite s'en allèrent ; le maître remercia son serviteur, et celui-ci eut autorité sur tout ce que possédait son maître. Il avait grand soin de lui plaire, et distribuait à tous ceux qui étaient avec lui leur nourriture et les viandes préparées. Après l'espace d'un an, son maître ayant en lui une entière confiance, il se rendit dans la prairie située proche de la maison, où Attale était à garder les chevaux, et, se couchant à terre loin de lui et le dos tourné de son côté, afin qu'on ne s'aperçût pas qu'ils parlaient ensemble, il dit au jeune homme : « Il est temps que nous songions « à retourner dans notre patrie ; je t'a-

---

(*) Nous avons inséré ce récit comme présentant un curieux tableau des mœurs de ce temps et de la manière dont étaient souvent traités les Gallo-Romains, échangés entre les princes comme otages et réduits en esclavage, quand l'un ou l'autre manquait à ses promesses.

« vertis donc, lorsque cette nuit tu
« auras ramené les chevaux dans l'en-
« clos, de ne pas te laisser aller au
« sommeil, mais dès que je t'appellerai,
« de venir, et nous nous mettrons en
« marche. » Le Barbare avait invité ce
soir-là à un festin beaucoup de ses
parents, au nombre desquels était son
gendre qui avait épousé sa fille. Au
milieu de la nuit, comme ils eurent
quitté la table et se furent livrés au
repos, Léon porta un breuvage au
gendre de son maître, et lui présenta
à boire ce qu'il avait versé; l'autre
lui parla ainsi : « Dis-moi donc, toi,
« l'homme de confiance de mon beau-
« père, quand te prendra l'envie de
« prendre ses chevaux et de t'en re-
« tourner dans ton pays ? » Ce qu'il
lui disait par jeu et en s'amusant;
et lui de même en riant, lui dit
avec vérité : « C'est mon projet pour
« cette nuit, s'il plaît à Dieu. » Et
l'autre lui dit : « Il faut que mes ser-
« viteurs aient soin de me bien garder
« pour que tu ne m'emportes rien. » Et
ils se quittèrent en riant. Tout le
monde étant endormi, Léon appela
Attale, et, les chevaux sellés, il lui
demanda s'il avait des armes. Attale
répondit : « Non, je n'en ai pas, si
ce n'est une petite lance. » Léon entra
dans la demeure de son maître, et prit
son bouclier et sa framée. Celui-ci demanda qui c'était et ce qu'on lui voulait. Léon répondit : « C'est Léon ton
« serviteur, et je presse Attale de se
« lever en diligence et de conduire les
« chevaux au pâturage, car il est là
« endormi comme un ivrogne. » L'autre lui dit : « Fais ce qui te plaira. »
Et, en disant cela, il s'endormit.

« Léon étant ressorti, munit d'armes le jeune homme, et, par la grace
de Dieu, trouva ouverte la porte d'entrée qu'il avait fermée au commencement de la nuit avec des clous enfoncés
à coups de marteau pour la sûreté des
chevaux; et, rendant graces au Seigneur, ils prirent d'autres chevaux et
s'en allèrent déguisant aussi leurs vêtements. Mais lorsqu'ils furent arrivés
à la Moselle, en la traversant ils trouvèrent des hommes qui les arrêtèrent;
et ayant laissé leurs chevaux et leurs
vêtements, ils passèrent l'eau sur des
planches et arrivèrent à l'autre rive,
et, dans l'obscurité de la nuit, ils
entrèrent dans la forêt, où ils se ca-
chèrent. La troisième nuit était arrivée depuis qu'ils voyageaient sans
avoir goûté la moindre nourriture;
alors, par la permission de Dieu, ils
trouvèrent un arbre couvert du fruit
vulgairement appelé prunes, et ils les
mangèrent. S'étant un peu soutenus
par ce moyen, ils continuèrent leur
route et entrèrent en Champagne.
Comme ils y voyageaient, ils entendirent le trépignement de chevaux qui
arrivaient en courant, et dirent : « Cou-
« chons-nous à terre, afin que les gens
« qui viennent ne nous aperçoivent
« pas. » Et voilà que tout à coup ils virent
un grand buisson de ronces, et passant
auprès ils se jetèrent à terre, leurs
épées nues, afin que, s'ils étaient attaqués, ils pussent se défendre avec
leur framée, comme contre des voleurs.
Lorsque ceux qu'ils avaient entendus
arrivèrent près de ce buisson d'épines,
ils s'arrêtèrent, et l'un des deux, pendant que leurs chevaux lâchaient leur
urine, dit : « Malheur à moi de ce
« que ces misérables se sont enfuis
« sans que je puisse les retrouver!
« mais je le dis, par mon salut, si
« nous les trouvons, l'un sera con-
« damné au gibet, et je ferai hacher
« l'autre en pièces à coups d'épée. »
C'était leur maître le Barbare qui
parlait ainsi; il venait de la ville de
Reims, où il avait été à leur recherche, et il les aurait trouvés en route
si la nuit ne l'en eût empêché. Les
chevaux se mirent en route et repar-
tirent. Cette même nuit les deux autres arrivèrent à la ville, et étant
entrés, trouvèrent un homme auquel
ils demandèrent la maison du prêtre
Paulelle. Il la leur indiqua; et comme
ils traversaient la place, on sonna
matines, car c'était le jour du Seigneur.
Ils frappèrent à la porte du prêtre et
entrèrent. Léon lui dit le nom de son
maître. Alors le prêtre dit : « Ma vi-
« sion s'est vérifiée, car j'ai vu cette
« nuit deux colombes qui sont venues

« en volant se poser sur ma main : « l'une des deux était blanche et l'autre « noire. » Ils dirent au prêtre : « Il « faut que Dieu nous pardonne ; mal- « gré la solennité du jour, nous vous « prions de nous donner quelque « nourriture, car voilà la quatrième « fois que le soleil se lève depuis que « nous n'avons goûté ni pain ni rien « de cuit. » Ayant caché les deux jeunes gens, il leur donna du pain trempé dans du vin, et alla à matines. Il y fut suivi par le Barbare qui revenait cherchant ses esclaves ; mais, trompé par le prêtre, il s'en retourna, car le prêtre était depuis long-temps lié d'amitié avec le bienheureux Grégoire. Les jeunes gens ayant repris leurs forces en mangeant, demeurèrent deux jours dans la maison du prêtre, puis s'en allèrent ; ils arrivèrent ainsi chez saint Grégoire. Le pontife, réjoui en voyant ces jeunes gens, pleura sur le cou de son neveu Attale. Il délivra Léon et toute sa race du joug de la servitude, lui donna des terres en propre, dans lesquelles il vécut libre, le reste de ses jours, avec sa femme et ses enfants (*). »

CONQUÊTES SUR LES VISIGOTHS.

Cependant Théodoric, le grand roi des Ostrogoths, était mort. Les Ostrasiens profitèrent de cet événement qui laissait sans défense ce qui restait encore aux Visigoths dans le midi de la France, pour leur enlever Rodez, Lodève et une partie du diocèse de Béziers.

THÉODEBERT, ROI D'OSTRASIE.

Pendant que la domination des Francs ostrasiens s'étendait ainsi jusqu'au pied des Pyrénées, le roi Théoderick mourait, à l'âge de 50 ans (534). Son fils Théodebert, le plus brave de tous les princes francs, fut proclamé roi, malgré ses oncles Childebert et Chlother. « Théodebert, dit Grégoire de Tours, se rendit grand et

(*) Grégoire de Tours.

remarquable en toutes sortes de vertus ; car il gouvernait ses états avec justice, respectait les prêtres, enrichissait les églises, secourait les pauvres, et, plein de compassion et de bonté, mit beaucoup de gens à leur aise par un grand nombre de bienfaits. Il remit généreusement aux églises d'Auvergne tous les tributs dont elles étaient redevables au fisc. »

Il avait cependant plusieurs femmes. Une d'elles, Deutérie, qui avait eu une fille d'un autre mari, « voyant cette fille devenue adulte, et craignant qu'il n'excitât les désirs du roi, et qu'il ne la prît pour lui, la mit dans un chariot attelé de bœufs indomptés, qui la précipitèrent du haut d'un pont, en sorte qu'elle périt dans un fleuve. Cela se passa près de la ville de Verdun. » C'est à la suite du brillant portrait que le bon évêque vient de faire de Théodebert, qu'il raconte avec son sang-froid habituel, et sans faire aucune réflexion, ce trait où se peignent d'une manière si terrible les mœurs cruelles de l'époque.

Théodebert, dit Mézerai, était un homme horriblement gourmand, qui prenait de l'aloës pour digérer les viandes dont il se gorgeait.

EXPÉDITION EN ITALIE.
(539.)

Sous ce prince, les Francs continuèrent leurs expéditions désastreuses. Les Grecs et les Goths se disputaient alors l'Italie. Les deux peuples s'efforcèrent d'attirer les Francs dans leur alliance. Théodebert, à qui ils s'étaient adressés, promit tout, et reçut de l'argent des deux mains. A sa descente en Italie, il battit les Goths qui le croyaient pour eux ; les Grecs s'avançant alors à leur rencontre comme amis et alliés, il en fait un horrible carnage ; puis il ravagea impitoyablement toute la Lombardie. Il fit si bien qu'il se trouva quelque temps affamé lui-même dans les plaines si fertiles des bords du Pô. Un grand nombre de Francs y périrent ; mais ceux qui repassèrent les monts, rapportèrent avec eux tant d'or et d'argent, que sans compter combien il en manquait au retour, on ne songea plus qu'à faire une expédition nouvelle. Buccelin, duc des Alemans, placé sous la domination nouvelle des rois d'Ostrasie, passa les monts à la tête d'une multitude de Barbares. Il alla bataillant, pillant, ravageant toutes choses sur son chemin, jusqu'en face de la Sicile. Mais le climat fit justice de ces Barbares. Pour Théodebert, il était mort quelque temps auparavant, au moment où il songeait à descendre la vallée du Danube pour aller attaquer Justinien jusque dans Constantinople. Déja il s'était associé les Gépides, les Lombards, et plusieurs autres peuples germains, lorsqu'il fut tué à la chasse, en 548, par une branche d'arbre qui le renversa de cheval; d'autres disent qu'il fut blessé par un taureau sauvage.

FIN DE LA PÉRIODE DES CONQUÊTES. — RÉVOLTE DES SAXONS.

La mort de Théodebert termine la periode de la domination croissante des Francs. L'Italie, envahie quelque temps après par les Lombards, allait être fermée aux Francs pour plus de deux siècles. Leurs entreprises contre l'Espagne échouaient les unes après les autres. Enfin les plus puissantes tribus germaniques, les Thuringiens et les Saxons, refusèrent de rester soumis aux Francs. Après la mort de Théobald, fils de Théodebert, les Saxons ne voulurent plus payer le tribut de cinq cents vaches qui leur avait été imposé. Une première guerre contre eux fut heureuse. Chlother, le nouveau roi d'Ostrasie, en extermina un grand nombre, et ravagea toute la Thuringe, parce qu'elle avait prêté secours aux Saxons. Ceux-ci ne perdirent pas courage. Pendant que Chlother parcourait ses états, il apprit « que les Saxons, enflammés de leur ancienne fureur, s'étaient révoltés et refusaient de payer le tribut qu'ils avaient coutume de donner tous les ans. Irrité de cette nouvelle, il marcha contre eux, et lorsqu'il fut arrivé près de leurs frontières, les Saxons envoyèrent vers lui pour lui dire : « Nous « ne te refusons pas de te payer ce que « nous avions coutume de payer à tes « frères et à tes neveux; nous te don- « nerons même davantage, si tu le « demandes; mais nous te prions de « demeurer en paix avec nous, et n'en « viens pas aux mains avec notre peu- « ple. » Chlother ayant entendu ces paroles dit aux siens : « Ces hommes « parlent bien, ne marchons pas contre « eux de peur de pécher contre Dieu. » Mais les Francs lui dirent : « Nous sa- « vons bien que ce sont des menteurs, « et qu'ils n'ont jamais accompli leur « promesse : marchons sur eux ! »

« Alors les Saxons revinrent de nouveau, offrant la moitié de ce qu'ils possédaient, et demandant la paix, et le roi Chlother dit aux siens : « Dé- « sistez-vous, je vous prie, de l'envie « d'attaquer ces hommes, afin que « nous n'attirions pas sur nous la co- « lère de Dieu. » Mais ils n'y voulurent pas consentir. Les Saxons revinrent encore, offrant leurs vêtements, et leurs troupeaux et tout ce qu'ils possédaient, et disant : « Prenez tout « cela et la moitié de nos terres, « pourvu seulement que nos femmes « et nos petits enfants demeurent li- « bres, et qu'il n'y ait pas de guerre « entre nous. » Mais les Francs ne voulurent point encore consentir à cela. Le roi Chlother dit : « Renoncez, « je vous prie, renoncez à votre pro- « jet, car le droit n'est pas de notre « côté; ne vous obstinez pas à un « combat où vous serez vaincus; mais « si vous voulez y aller de votre pro- « pre volonté, je ne vous suivrai pas. » Alors, irrités de colère contre le roi Chlother, ils se jetèrent sur lui, déchirèrent sa tente, l'accablèrent d'injures furieuses, et l'entraînant par force, voulurent le tuer, s'il ne consentait pas à aller avec eux. Chlother, voyant cela, marcha avec eux malgré lui. Ils livrèrent donc le combat, et leurs ennemis firent parmi eux un grand carnage, et il périt tant de gens dans l'une ou l'autre armée qu'on ne peut ni l'estimer, ni le compter avec exactitude. Chlother, très-consterné, demanda la paix, disant aux Saxons que ce n'était pas par sa volonté qu'il avait marché contre eux : l'ayant obtenue, il retourna chez lui (*). »

Si nous avions à faire l'histoire complète des Mérovingiens, nous pourrions placer ici des récits pleins d'intérêt, que Grégoire de Tours nous fournirait en abondance. M. Augustin Thierry, dans ses Nouvelles Lettres sur l'histoire de France, montre, en ce moment, quel parti l'on pourrait tirer du vieux chroniqueur. Mais nous ne devions parler ici que de l'invasion des Francs, des conquêtes successives qui ont placé sous leur domination la Gaule entière et les Barbares qui l'avaient envahie avant eux. Maintenant que les Visigoths ont été repoussés au-delà des Pyrénées, que les Bourguignons se trouvent perdus au milieu de la nation conquérante, que l'œuvre enfin de la conquête de la Gaule est achevée, il nous faut nous renfermer dans l'histoire du royaume d'Ostrasie. Cette histoire appartient réellement à celle de l'Allemagne; car les Ostrasiens dominent sur presque toute la Germanie qui n'est pas envahie par les Slaves ou les Avares. Le reste de l'Allemagne est d'ailleurs à cette époque sans histoire.

Cependant les destinées du royaume d'Ostrasie seront pour long-temps encore mêlées à celles des autres royaumes francs. Les princes de la race de Mérovée vont, selon la prédiction de Basine, se déchirer les uns les autres.

GUERRES CIVILES ENTRE LES PRINCES FRANCS.

« Il me pèse, dit le pieux évêque de Tours, d'avoir à raconter les vicissitudes des guerres civiles qui écrasent la nation et le royaume des Francs, et qui, chose cruelle! nous ont déjà fait voir ces temps marqués par le Seigneur comme le commencement des calamités : *Le frère livrera le frère*

(*) Grégoire de Tours.

à la mort, et le père le fils; les enfants se soulèveront contre leur père et leur mère, et les feront mourir (*). Ils auraient dû cependant se laisser effrayer par les exemples des rois anciens qui, une fois divisés, succombaient aussitôt sous leurs ennemis. Combien de fois la ville des villes elle-même, la capitale du monde entier, n'a-t-elle pas été vue, en s'engageant dans la guerre civile, tomber du coup, et, la guerre cessée, se relever comme de terre? Plût à Dieu et à vous, ô rois! que vous voulussiez exercer vos forces dans des combats semblables à ceux que livrèrent vos pères à la sueur de leurs fronts, afin que les nations, frappées de terreur à la vue de votre union, fussent subjuguées par votre valeur! Rappelez-vous ce qu'a fait Hlodowig, celui qui marche en tête de toutes vos victoires, ce qu'il a mis à mort de rois ennemis, anéanti de nations contraires, subjugué de pays et de peuples; par quoi il vous a laissé le royaume dans toute sa force et son intégrité; et lorsqu'il fit ces choses il ne possédait ni or ni argent, comme vous en avez maintenant dans vos trésors. Que faites-vous? que demandez-vous? quelles choses n'avez-vous pas en abondance? Dans vos maisons les délices surpassent vos désirs; vos celliers regorgent de vin, de blé, d'huile; l'or et l'argent s'accumulent dans vos trésors. Mais une seule chose vous manque, la grace de Dieu, parce que vous ne conservez pas entre vous la paix. Pourquoi l'un prend-il le bien de l'autre? pourquoi chacun convoite-t-il ce qui n'est pas à lui? Prenez garde, je vous en prie, à ce qu'a dit l'apôtre : *Si vous vous mordez et vous dévorez les uns les autres, prenez garde que vous ne vous consumiez les uns les autres* (**). »

MORT DE CHLOTHER. SIGEBERT, ROI D'OSTRASIE.

Chlother, qui le premier, depuis

(*) Év. sel. S. Math. chap. 10, v. 21.
(**) Épit. de saint Paul aux Galates, ch. 5, v. 15.

Hlodowig, avait réuni toute la monarchie des Francs, était mort l'an 561. Ses quatre fils, comme les quatre fils de Hlodowig, se partagèrent la monarchie. Sigebert eut les campements de l'est; il résida à Metz. Ainsi rapproché des bords du Rhin, pouvant appeler à son aise les tribus germaniques restées au-delà du fleuve, il devait tôt ou tard l'emporter sur ses frères. Sous ce prince commença la longue lutte de l'Ostrasie et de la Neustrie, représentée par la rivalité de deux femmes, Frédégonde et Brunehaut. Cette longue rivalité ne prit pas seulement sa source dans les haines de ces deux reines, mais dans le caractère et les intérêts différents des deux pays. La Neustrie, en effet, était plus romaine, tendait davantage à reconstruire l'administration impériale; l'Ostrasie, au contraire, conserva plus long-temps la sève barbare, elle resta plus germanique. Aussi verrons-nous qu'elle l'emportera sur la Neustrie, comme les Francs l'avaient emporté déjà sur les Visigoths, sur les Germains *romanisés*.

SIGEBERT ÉPOUSE BRUNEHAUT.

« Le roi Sigebert, qui voyait ses frères s'allier à des épouses indignes d'eux, et prendre pour femmes, à leur grand déshonneur, jusqu'à leurs servantes, envoya des ambassadeurs en Espagne, chargés de beaucoup de présents, pour demander en mariage Brunehaut, fille du roi Athanagild (566). C'était une jeune fille de manières élégantes, belle de figure, honnête et décente dans ses mœurs, de bon conseil et d'agréable conversation. Son père consentit à l'accorder, et l'envoya au roi avec de grands trésors; et celui-ci ayant rassemblé les seigneurs et fait préparer des fauteuils, la prit pour femme avec une joie et des réjouissances infinies. Elle était soumise à la loi arienne; mais les prédications des prêtres et les exhortations du roi lui-même la convertirent; elle crut et confessa la Trinité une et bienheureuse, reçut l'onction du saint chrême, et, par la vertu du Christ, persévéra dans la loi catholique.

FRÉDÉGONDE FAIT TUER GALSUINTHE, SŒUR DE BRUNEHAUT.

« Le roi Chilpéric, qui avait déjà plusieurs femmes, voyant ce mariage, demanda Galsuinthe, sœur de Brunehaut, promettant, par ses envoyés, que s'il pouvait obtenir une femme égale à lui et de race royale, il délaisserait toutes les autres. Le père reçut ses promesses, et lui envoya sa fille, comme il avait envoyé l'autre, avec de grandes richesses. Galsuinthe était plus âgée que Brunehaut : lorsqu'elle arriva vers le roi Chilpéric, il la reçut avec grand honneur, et la prit en mariage. Il l'aimait d'un très-grand amour, et avait reçu d'elle de très-grands trésors; mais il s'éleva entre eux beaucoup de bruit pour l'amour de Frédégonde qu'il avait eue auparavant comme maîtresse. Galsuinthe avait été convertie à la foi catholique, et avait reçu le saint chrême. Elle se plaignait de recevoir du roi des outrages continuels, et disait qu'elle vivait près de lui sans honneur. Elle demanda donc qu'il lui permît de retourner dans son pays, lui laissant tous les trésors qu'elle lui avait apportés. Celui-ci, dissimulant avec adresse, l'apaisa par des paroles de douceur; mais enfin il ordonna à un domestique de l'étrangler, et on la trouva morte dans son lit. Après sa mort, Dieu produisit par elle un grand miracle, car une lampe qui brûlait devant son sépulcre, suspendue à une corde, tomba sur le pavé, la corde s'étant rompue sans que personne y touchât; en même temps la dureté du pavé disparaissant à ce contact, la lampe s'enfonça tellement dans cette matière amollie, qu'elle y fut à moitié ensevelie sans se briser aucunement : ce qu'on ne put voir sans y reconnaître un grand miracle. Le roi pleura sa mort, puis épousa Frédégonde quelques jours après (*). »

(*) Grégoire de Tours.

GUERRE CONTRE LES AVARES.

La période de conquêtes est maintenant terminée pour les princes mérovingiens. Il ne s'agit plus pour eux d'étendre leur domination sur des terres nouvelles. Ce sera beaucoup s'ils peuvent conserver celles qu'ils ont acquises. Derrière eux viennent de nouveaux peuples qui les menacent jusque dans leurs possessions. Déjà nous avons vu sous Chlother les Saxons et les Thuringiens, soumis par les rois francs, se soulever contre eux. Sous Sigebert, ce ne sont plus des peuplades germaniques, c'est une invasion nouvelle qui s'avance vers le Rhin. Un peuple tartare, venu du plateau du Thibet, les Avares, dans lesquels les Francs croyaient reconnaître les Huns d'Attila, avaient pénétré dans la Germanie orientale, et avaient fondé un royaume, dont la Hongrie était le centre. Bientôt ils s'avancèrent du côté des Francs, jusque dans la Thuringe. « Les Huns, dit Grégoire de Tours, s'efforçaient de rentrer de nouveau dans les Gaules. Sigebert marcha contre eux à la tête d'une armée et accompagné d'une grande multitude d'hommes vaillants; mais, au moment du combat, les Huns, habiles dans l'art de la magie, firent paraître à leurs yeux divers fantômes et les vainquirent entièrement. L'armée de Sigebert ayant été mise en fuite, lui-même fut retenu prisonnier par les Huns; mais, comme il était agréable d'esprit et plein d'adresse, il vainquit par les présents ceux qu'il n'avait pu vaincre par la force des combats, et ses libéralités engagèrent le roi des Huns à convenir avec lui que, durant le reste de leur vie, ils ne se feraient plus la guerre; ce qu'on a pensé avec juste raison devoir tourner à la louange de Sigebert plutôt qu'à sa honte. Le roi des Huns fit aussi beaucoup de présents au roi Sigebert; on l'appelait le *Chagan*, ce qui est le nom de tous les rois de cette nation. (*) »

(*) Grégoire de Tours.

MORT DE SIGEBERT.

En même temps, Gontran, roi de Bourgogne, arrêtait, grace à l'habileté de son général Mummolus, l'invasion des Lombards, qui descendaient des Alpes pour envahir la Gaule. Pendant que la Bourgogne et l'Ostrasie défendaient la Gaule contre les invasions, le petit roi de Soissons, Chilpéric, s'efforçait d'agrandir son royaume en enlevant des villes tantôt à l'un, tantôt à l'autre de ses frères. Il ne fit que les réunir tous les deux contre lui; c'était plus qu'il n'en fallait pour sa ruine. Sigebert, roi d'Ostrasie, ne fit pas attendre longtemps sa vengeance. Appelant à lui les nations qui habitent au-delà du Rhin, il entra dans le royaume de son frère sans rencontrer nulle part de résistance. « Ayant occupé les villes situées au-delà de Paris, il alla jusqu'à la ville de Rouen, voulant céder cette ville aux étrangers, ce que les siens l'empêchèrent de faire. L'ayant donc quittée, il retourna à Paris, où Brunehaut le vint trouver avec ses fils; alors, ceux des Francs qui avaient suivi jadis Childebert l'ancien, envoyèrent vers Sigebert pour qu'il vînt vers eux, afin qu'abandonnant Chilpéric, ils le reconnussent pour roi. Celui-ci entendant cette nouvelle, envoya des gens pour assiéger son frère à Tournai, formant le projet d'y marcher lui-même en personne. L'évêque saint Germain lui dit : « Si tu y vas dans
« l'intention de ne pas tuer ton frère,
« tu reviendras vivant et vainqueur;
« mais si tu n'as pas d'autres pensées,
« tu mourras. » C'est ainsi que Dieu
« dit par la bouche de Salomon : *Tu
« tomberas dans la fosse que tu auras
« creusée pour ton frère.* » Celui-ci, à son grand péché, méprisa les paroles du saint, et arrivant à un village du nom de Vitry, il rassembla toute l'armée, qui, le plaçant sur un bouclier, le proclama roi. Alors deux serviteurs de la reine Frédégonde, qu'elle avait ensorcelés par des maléfices, s'approchèrent de lui sous quelque prétexte, armés de forts couteaux,

vulgairement appelés *scramasax*, et dont la lame était empoisonnée, et le frappèrent chacun dans un des flancs. Il poussa un cri et tomba, et peu de temps après rendit l'esprit (575). Charégisile, son chambellan, périt aussi dans cette occasion, et Sigila, venu du pays des Goths, y fut aussi extrêmement blessé; le roi Chilpéric l'ayant pris ensuite, lui fit brûler toutes les jointures en lui appliquant des fers rougis, et tous ses membres ayant été séparés les uns des autres, il finit sa vie dans les tourments (*). »

De victorieuse qu'elle était, Brunehaut se trouva captive dans Paris, et à la merci de son ennemie Frédégonde. Celle-ci l'épargna pourtant, se contentant de lui enlever ses terres. Quant au fils qu'elle avait eu de Sigebert, un chef ostrasien l'enleva secrètement et le ramena à Metz. Ce qui suit n'est plus qu'une longue série de meurtres et de guerres intestines qui désolent la Gaule. D'abord Frédégonde fait tuer le fils de son mari qui avait eu l'imprudente audace d'épouser Brunehaut réfugiée à Rouen; elle fait tuer aussi saint Prétextat, l'évêque qui avait fait ce mariage; puis c'est une guerre entre la Neustrie et l'Ostrasie, qui n'est arrêtée que par l'intervention du bon Gontran. On ne lui en montra guère de reconnaissance, car Brunehaut, rentrée en Ostrasie auprès de son fils Childebert II, s'unit un moment avec Chilpéric pour attaquer la Bourgogne. L'habileté du patrice Mummole la sauva, comme il l'avait déja sauvée des Lombards. Les troupes de Brunehaut et de Chilpéric furent vaincues. Lui-même périt bientôt. « Après le synode qui s'était tenu à Paris, raconte Grégoire de Tours, j'avais déja dit adieu au roi, et me préparais à m'en retourner chez moi; mais ne voulant pas m'en aller sans avoir dit adieu à Sauve (évêque d'Alby), et l'avoir embrassé, j'allai le chercher, et le trouvai dans la cour de la maison de Braine; je lui dis que j'allais retourner chez moi, et nous étant éloignés un peu pour causer, il me dit : « Ne « vois-tu pas au-dessus de ce toit ce « que j'y aperçois? — J'y vois, lui « dis-je, un second petit bâtiment que « le roi a dernièrement fait élever au- « dessus; » et lui dit : « N'y vois-tu « pas autre chose? — Je n'y vois, lui « dis-je, rien autre chose. » Supposant qu'il parlait ainsi par manière de jeu, j'ajoutai : « Si tu vois quelque chose « de plus, dis-le-moi. » Et lui poussant un profond soupir, me dit : « Je « vois le glaive de la colère divine « tiré et suspendu sur cette maison. » Et véritablement les paroles de l'évêque ne furent pas menteuses (*). »

MORT DE CHILPÉRIC.

En effet, au retour d'une expédition, « tandis que ses soldats continuaient leur route avec leur butin, Chilpéric s'était rendu à sa maison de Chelles, éloignée de la ville de Paris d'environ soixante stades. Là, il se livrait à l'exercice de chasser; mais un jour qu'il revenait de chasser, et qu'il faisait déja nuit, comme il descendait de cheval, s'appuyant d'une main sur l'épaule d'un de ses serviteurs, un homme s'approcha, le frappa d'un couteau dans l'aisselle, et réitérant son coup, lui perça le ventre: aussitôt, rendant le sang en abondance, tant par la bouche que par ses blessures, il rendit son ame inique (**). »

GONTRAN.

On ne sait trop qui fit le coup. Les uns accusent Frédégonde et l'un de ses amants; d'autres, des émissaires de Brunehaut. Brunehaut redevenait puissante; elle régnait en Ostrasie sous son fils Childebert II; elle avait bien des injures à venger. Frédégonde, restée sans défense par la mort de Chilpéric, fut obligée de recourir au roi de Bourgogne. Elle se plaça, elle et son fils, le jeune Clotaire II, sous la protection du bon roi Gontran, qui

(*) Grégoire de Tours.

(*) Grégoire de Tours.
(**) Idem.

semble, comme on l'a dit, chargé de la partie comique dans le drame terrible de l'histoire mérovingienne. La rusée reine de Neustrie prenait même peu de peine pour se jouer de sa simplicité. Gontran « l'invitait souvent à des repas, lui promettant qu'il serait pour elle un solide appui. Un certain jour qu'ils étaient ensemble, la reine se leva, et dit adieu au roi, qui la retint, en lui disant : « Prenez encore « quelque chose. » Elle lui dit : « Per-« mettez-moi, je vous en prie, sei-« gneur, car il m'arrive, selon la cou-« tume des femmes, qu'il faut que je « me lève pour enfanter. » Ces paroles le rendirent stupéfait, car il savait qu'il n'y avait que quatre mois qu'elle avait mis un fils au monde : il lui permit cependant de se retirer (*). »

PRIÈRES DE GONTRAN AU PEUPLE.

Tous les meurtres dont Gontran avait été témoin l'avaient fort effrayé. Pour faire cesser « cette mauvaise coutume de tuer les rois », il chercha à apitoyer le peuple sur son sort, et fit avec les meurtiers une sorte de compromis. « Il arriva qu'un certain « dimanche, après que le diacre eut « fait faire silence au peuple, pour « qu'on entendît la messe, le roi s'é-« tant tourné vers le peuple, dit : Je « vous conjure, hommes et femmes « qui êtes ici présents, gardez-moi « une fidélité inviolable, et ne me « tuez pas comme vous avez tué der-« nièrement mes frères; que je puisse « au moins pendant trois ans élever « mes neveux que j'ai faits mes fils « adoptifs, de peur qu'il n'arrive, ce « que veuille détourner le Dieu éter-« nel ! qu'après ma mort vous ne pé-« rissiez avec ces petits enfants, puis-« qu'il ne resterait de notre famille « aucun homme fort pour vous dé-« fendre. » A ces mots tout le peuple adressa pour le roi des prières au Seigneur (**). »

(*) Grégoire de Tours.
(**) Idem.

BRUNEHAUT CHASSÉE D'OSTRASIE.

La mort de Gontran, arrivée en 593, parut laisser la Bourgogne et la Neustrie sans défense. Les Ostrasiens voulurent en profiter; mais, trompés par un piége grossier, ils se firent battre à Leucofao par Landric, l'amant de Frédégonde. Les Neustriens ne purent poursuivre leurs succès, et la mort de Frédégonde (597) empêcha son fils Clotaire II de songer à faire de nouvelles conquêtes. Il se trouva dans une position assez critique. La Bourgogne et l'Ostrasie étaient alors aux mains de ses deux cousins, Théodebert II et Théoderick II, petits-fils de Brunehaut. S'ils s'étaient réunis contre lui, il était perdu. Brunehaut y songeait peut-être; mais des injures plus récentes firent bientôt oublier à la vieille reine celles qu'elle avait à venger sur les fils de Frédégonde. Pour mieux régner, sous son petit-fils Théodebert, elle l'avait abâtardi en le livrant à des plaisirs prématurés. Elle en fut bientôt punie. Une jeune esclave qu'elle avait elle-même donnée au prince la chassa d'Ostrasie. Elle se réfugia près de son autre petit-fils qui régnait en Bourgogne, et obtint sur lui, malgré les grands de cette contrée, l'ascendant qu'elle avait eu jadis en Ostrasie. Elle parvint à soulever la guerre entre les deux frères. Les commencements n'en furent pas heureux pour les Bourguignons, qui perdirent le Sundgau, le Turgau et l'Alsace. Les Ostrasiens étendirent même leurs ravages dans la Champagne, et jusqu'au lac de Genève et de Neuchâtel. Mais les Bourguignons eurent bientôt leur tour.

MEURTRE DU ROI D'OSTRASIE.

« La dix-septième année de son règne, et au mois de mai, l'armée de Théoderick, venant de toutes les provinces du royaume, se rendit à Langres. Marchant par Andelot, après avoir pris Naz, elle s'avança vers la ville de Toul. Théodebert s'étant mis en marche avec une armée d'Ostrasiens, ils en vinrent aux mains dans la campagne de Toul. Théoderick vainquit Théodebert, et tailla en pièces son armée ; un grand nombre de braves guerriers furent massacrés. Théodebert ayant pris la fuite, traversa le territoire de Metz, les montagnes des Vosges, et parvint à Cologne. Comme Théoderick le poursuivait avec son armée, le saint apôtre Léonise, évêque de Mayence, qui aimait la vaillance de Théoderick, et détestait l'imbécillité de Théodebert, vint vers Théoderick et lui dit : « Achève ce que tu « as commencé ; il faut que tu en « considères bien la nécessité. Une « fable rustique dit qu'un loup étant « monté sur une montagne, et ses « fils ayant commencé à chasser, il « les appela vers lui sur la monta- « gne, leur disant : Aussi loin que « votre vue peut s'étendre de chaque « côté, vous n'avez point d'amis, si « ce n'est quelques-uns de votre race. « Achevez donc ce que vous avez com- « mencé. » Théoderick avant traversé avec son armée la forêt des Ardennes, arriva à Tolbiac. Là, Théodebert s'avança contre Théoderick avec des Saxons, des Thuringiens ou d'autres peuples des pays au-delà du Rhin, et tout ce qu'il avait pu rassembler, et le combat s'engagea une seconde fois. On rapporte que jamais une pareille bataille ne fut livrée par les Francs et les autres nations. Il se fit un si grand carnage des deux armées, que là où les phalanges combattaient, les cadavres des hommes tués n'avaient pas de place pour tomber, et qu'ils demeuraient debout et serrés, les cadavres soutenant les cadavres comme s'ils eussent été vivants. Par le secours du Seigneur, Théoderick vainquit encore Théodebert, dont l'armée fut taillée en pièces depuis Tolbiac jusqu'à Cologne. Théoderick couvrit le pays de ses soldats et s'avança le jour même jusqu'à Cologne, où il s'empara des trésors de Théodebert. Il envoya à la poursuite de Théodebert, au-delà du Rhin, son camérier Berthaire, qui, l'ayant vivement poursuivi pendant qu'il fuyait avec un petit nombre de ses soldats, l'amena captif à Cologne auprès de Théoderick, qui le fit dépouiller de ses vêtements royaux, et donna à Berthaire son cheval avec la housse du roi. Théodebert fut conduit enchaîné à Châlons ; son jeune fils, nommé Mérovée, fut saisi par l'ordre de Théoderick ; un soldat le prit par les pieds, le frappa contre une pierre, et ayant eu la cervelle brisée, il rendit l'âme. Chlother, selon son traité avec Théoderick, prit en son pouvoir tout le duché de Deutelin. A cause de cela, Théoderick, enflammé d'une trop grande colère, car il était maître de toute l'Ostrasie, fit marcher son armée contre Chlother.... Mais il mourut à Metz d'un flux de ventre. Ses troupes s'en retournèrent dans leur pays. Brunehaut, demeurant à Metz, avec les quatre fils de Théoderick, Sigebert, Childebert, Corbus et Mérovée, s'efforça d'établir Sigebert dans le royaume de son père.

MORT DE BRUNEHAUT.

« Chlother, à l'instigation de la faction d'Arnoul, de Pepin, et des autres grands, entra en Ostrasie. Lorsqu'il fut près d'Andernach, Brunehaut, qui demeurait à Worms avec les fils de Théoderick, envoya en leur nom à Chlother les députés Chadoin et Herpon, lui demandant de s'éloigner du royaume que Théoderick avait laissé à ses fils. Chlother répondit à Brunehaut qu'il promettait de se conformer à ce que jugeraient entre eux, et avec l'aide de Dieu, les principaux d'entre les Francs. Brunehaut envoya alors dans la Thuringe Sigebert, l'aîné des fils de Théoderick, avec Warnachaire, maire du palais, Alboin et d'autres grands, pour qu'ils engageassent dans son parti les peuples d'outre-Rhin, afin qu'on pût résister à Chlother. Elle envoya ensuite à Alboin une lettre pour l'avertir, ainsi que les autres grands, de tuer Warnachaire, parce qu'il voulait passer dans le parti de Chlother. Alboin, après avoir lu cette lettre, la déchira et la jeta à terre. Un serviteur de Warnachaire l'ayant trouvée, en rassembla les morceaux sur une tablette enduite de cire. Warnachaire ayant lu la lettre, vit qu'il courait risque de la vie, et commença à rechercher comment il pourrait se défaire des fils de Théoderick et faire élire Chlother à leur royaume. Il détacha, par des avis secrets, du parti de Brunehaut et des fils de Théoderick, les peuples qui s'y étaient engagés. Revenus ensuite auprès de Brunehaut et des fils de Théoderick, ils rentrèrent tous en Bourgogne, s'efforçant, par des messages, de lever une armée dans toute l'Ostrasie.

« Les seigneurs de la Bourgogne, tant les évêques que les autres leudes (*), craignant et haïssant Brunehaut, tinrent conseil, avec Warnachaire, pour qu'aucun des fils de Théoderick n'échappât, qu'on les tuât tous avec Brunehaut, et qu'on donnât leur royaume à Chlother; ce qui en effet arriva. Par l'ordre de Brunehaut et de Sigebert, fils de Théoderick, une armée de Bourguignons et d'Ostrasiens marcha contre Chlother. Sigebert s'étant avancé dans la Champagne, sur le territoire de Châlons-sur-Marne, et vers les bords de l'Aisne, Chlother vint à sa rencontre avec une armée, ayant déjà avec lui un grand nombre d'Ostrasiens du parti de Warnachaire, maire du palais, avec qui il avait déjà traité, ainsi qu'avec le patrice et les ducs Aléthée, Roccon, Sigoald et Eudelan. Au moment où on allait en venir aux mains, et à un certain signal, l'armée de Sigebert prit la fuite pour retourner dans son pays. Chlother, comme il en était convenu, la poursuivit avec peu d'ardeur, et arriva à la Saône. Il prit trois fils de Théoderick, Sigebert, Corbus et Mérovée, qu'il avait tenus sur les fonts de baptême; Childebert échappa par la fuite et ne reparut jamais. L'armée des Ostrasiens retourna tout entière dans son pays. Trahie par Warnachaire, maire du palais, et par la plupart des grands du royaume de Bourgogne, Brunehaut fut arrêtée par le connétable Herpon, à Orbe, bourg au-delà du Jura, et conduite à Chlother avec Théodelane, sœur de Théoderick, à Ryoune, village situé sur la Vigenne. Chlother fit tuer Sigebert et Corbus, fils de Théoderick. Touché de compassion pour Mérovée, qu'il avait tenu sur les fonts de baptême, il le fit emmener secrètement en Neustrie, et le recommanda au comte Ingobad. Mérovée vécut plusieurs années dans ce pays.

« Brunehaut amenée en la présence de Chlother, celui-ci, enflammé de haine contre elle, lui imputa la mort de dix rois francs, c'est-à-dire, Sigebert, Mérovée, son père Chilpéric, Théodebert et son fils Chlother, Théoderick et ses trois fils qui venaient de périr. L'ayant ensuite tourmentée pendant trois jours par divers supplices, il la fit conduire à travers toute l'armée, assise sur un chameau, et attacher ensuite par les cheveux, par un pied et par un bras, à la queue d'un cheval extrêmement fougueux; et ses membres furent disloqués par les coups de pied et la promptitude de la course du cheval (*). »

GUERRE DE CHLOTHER II CONTRE LES SAXONS.

Après ces événements, nous savons peu de chose sur le règne de Chlother, bien que les chroniqueurs s'efforcent de nous le représenter comme un terrible guerrier. Dans une guerre contre les Saxons, il tua de sa main, dit l'auteur des *Gestes de Dagobert*, le chef des rebelles; puis ravageant la

---

(*) Ce qui amena la chute de Brunehaut, ce fut moins ce qu'on appela ses crimes, ses meurtres de rois qu'elle prépara ou ordonna, que ses efforts pour rétablir la fiscalité impériale, la faveur que trouvaient près d'elle les Gallo-Romains, dont elle préférait la souplesse et l'habileté à la rudesse et à l'esprit d'indépendance des guerriers francs; ce fut surtout la manière dont elle traita l'église et les évêques. Le peuple ne pouvait défendre celle qui avait injurié et honteusement chassé de la Bourgogne saint Colomban.

(*) Chronique de Frédégaire.

terre des Saxons, il tua tout le peuple, sans y laisser vivant aucun homme dont la taille surpassât la longueur de son glaive. Il voulait que par là, ajoute le chroniqueur, la postérité apprît combien avait été grande la perfidie des Saxons, ce que pouvait la nation des Francs, et à quel point était redoutable la colère des rois.

DAGOBERT.

Son fils Dagobert, qui, pour la dernière fois, réunit toute la monarchie de Hlodowig, fut le Salomon des Francs. Il fut sage, juste et justicier; comme le roi des Juifs, il aima la magnificence des palais, mais plus encore les belles femmes. Autour de lui étaient toujours de nombreuses concubines. Mais l'Église, qu'il enrichit par de fréquentes donations, a fait long-temps le panégyrique de Dagobert. Il est juste de dire pourtant que sous ce prince la monarchie des Francs mérovingiens jeta un dernier éclat. Dagobert est l'allié des empereurs de Constantinople. Comme le roi des Ostrogoths, Théodoric, il semble le grand chef des Barbares; il intervient dans les affaires des Lombards et des Visigoths. « Il gouverna si heureusement, dit son biographe, qu'il s'attira les louanges de toutes les nations. Ses jugements avaient inspiré un si profond respect, que tous s'empressaient de se soumettre à son pouvoir. Les peuples qui habitent sur la frontière des Avares et des Esclavons, invoquèrent son appui, et les Avares et les Esclavons eux-mêmes, ainsi que les autres nations de païens jusqu'aux confins de la république romaine, promettaient de se donner à lui. »

LE FRANC SAMON, ROI DES WENÈDES.

Cependant, dans la Germanie, plusieurs peuplades se détachent des Francs. Les Saxons refusent de payer le tribut de cinq cents vaches auquel ils avaient été autrefois soumis; et pendant que cette défection a lieu au nord, au midi, sur les bords du Danube, un état nouveau se formait.

« La quarantième année du règne de Chlother, un certain homme, nommé Samon, de la nation des Francs, s'associa plusieurs hommes du Sundgau qui faisaient le négoce avec lui, et se rendit chez les Esclavons, surnommés les Wenèdes, pour y commercer. Les Esclavons avaient déjà commencé à se soulever contre les Avares, surnommés les Huns, et contre leur roi Gagan. Les Wenèdes, surnommés *Bifulci*, étaient depuis long-temps alliés des Huns : lorsque les Huns attaquaient quelque nation, ils se tenaient rangés en bataille devant leur camp, et les Wenèdes combattaient : s'ils remportaient la victoire, alors les Huns s'avançaient pour piller; si les Wenèdes étaient vaincus, les Huns venaient à leur secours. Ils appelaient les Wenèdes Bifulces, parce qu'ils combattaient deux fois, attaquant toujours avant les Huns. Les Huns venaient tous les ans passer l'hiver chez les Esclavons. Ils prenaient pour leur lit les femmes et les filles des Esclavons, qui leur payaient des tributs, outre bien d'autres oppressions. Les fils des Huns qu'ils avaient eus des femmes et des filles esclavonnes, ne pouvant à la fin supporter cette honte et ce joug, refusèrent d'obéir aux Huns, et commencèrent à se soulever. Les Wenèdes s'étant avancés contre les Huns, le marchand Samon alla avec eux, et sa bravoure fut si grande qu'elle excita l'admiration; aussi les Wenèdes taillèrent en pièces un nombre étonnant de Huns. Les Wenèdes voyant la bravoure de Samon, le créèrent leur roi, et il les gouverna pendant trente-cinq ans avec bonheur. Sous son règne, les Wenèdes soutinrent contre les Huns plusieurs combats, et, par sa prudence et son courage, ils furent toujours vainqueurs. Samon avait douze femmes de la nation des Wenèdes, et il en eut vingt-deux fils et quinze filles (*). »

GUERRE CONTRE SAMON.

Sous Dagobert, une guerre éclata

(*) Frédégaire.

entre les Francs et le nouveau roi.

« Cette année (631), les Esclavons, surnommés les Wénèdes, sous le roi Samon, tuèrent un grand nombre de négociants francs, et les dépouillèrent de leurs biens. Ce fut le commencement de la querelle entre Dagobert et Samon. Dagobert ayant envoyé Sichaire en députation auprès de Samon, lui demandait de faire justice de la mort des commerçants que ses gens avaient tués, et du pillage de leurs biens; Samon ne voulut point voir Sichaire, et ne lui permit pas de venir vers lui. Sichaire ayant revêtu des habits d'Esclavon, parvint ainsi en présence de Samon, et lui dit tout ce qu'il avait reçu l'ordre de déclarer ; mais, comme il arrive parmi les païens et les méchants orgueilleux, Samon ne répara rien du mal qui avait été commis, disant seulement qu'il avait intention de tenir un plaid pour que la justice fût réciproquement rendue sur ces contestations et d'autres qui s'étaient élevées en même temps. Sichaire, envoyé insensé, adressa alors à Samon des paroles et des menaces qu'on ne lui avait point ordonné de faire, disant que lui et son peuple devaient soumission à Dagobert. Samon, offensé, lui répondit: « La terre que nous habitons est à « Dagobert, et nous sommes ses hom« mes, mais à condition qu'il voudra « conserver amitié avec nous. » Sichaire dit : « Il n'est pas possible que « des chrétiens, serviteurs de Dieu, « fassent amitié avec des chiens. » Samon lui répliqua alors : « Si vous « êtes les serviteurs de Dieu, nous « sommes les chiens de Dieu; et « puisque vous agissez continuelle« ment contre lui, nous avons reçu « la permission de vous déchirer à « coups de dents. » Et Sichaire fut chassé hors de la présence de Samon.

« Lorsqu'il vint annoncer ces paroles à Dagobert, celui-ci ordonna avec orgueil de lever, dans tout le royaume d'Ostrasie, une armée contre Samon et les Wénèdes. Trois troupes marchèrent alors contre eux. Les Lombards, à l'appui de Dagobert, s'avan-

9ᵉ *Livraison.* (ALLEMAGNE.)

cèrent de leur côté. Les Esclavons de tous les pays se préparèrent à résister. Une armée d'Alemans, commandée par le duc Chlodobert, remporta une victoire dans les lieux où elle entra. Les Lombards remportèrent aussi une victoire, et emmenèrent, ainsi que les Alemans, un grand nombre de captifs esclavons. Mais les Ostrasiens ayant entouré Wogastibourg, où s'étaient renfermés la plupart des plus braves Wénèdes, après avoir combattu pendant trois jours, furent taillés en pièces, et abandonnant, pour fuir, leurs tentes et tous leurs équipages, s'en retournèrent dans leur pays. A la suite de cela, les Wénèdes, ravageant à plusieurs reprises la Thuringe et les lieux voisins, se jetèrent sur le royaume des Francs. Dervan, duc des Sorabes, peuple d'origine esclavonne, et qui, autrefois, avait été soumis aux Francs, se rendit, avec ses sujets, sous le pouvoir de Samon. Ce ne fut pas tant le courage des Wénèdes qui leur fit remporter cette victoire sur les Ostrasiens, que l'abattement de ceux-ci qui se voyaient haïs de Dagobert et continuellement dépouillés par lui (*). »

LES SAXONS EXEMPTÉS DU TRIBUT. — MASSACRE DES BULGARES.

Dagobert ne vengea point cette défaite; il se contenta de la promesse que lui firent les Saxons de s'opposer avec zèle et courage aux Wénèdes, et de garder de ce côté la frontière des Francs, à la condition qu'ils seraient exemptés du tribut.

L'empire était si faible, qu'il fallut la même année recourir à une insigne perfidie pour se débarrasser d'un certain nombre de Bulgares qui étaient venus chercher un asile sur les terres des Francs. « Il s'était élevé une violente querelle en Pannonie, dans le royaume des Avares, surnommés les Huns : il s'agissait de savoir qui succéderait au trône, et si ce serait un des Avares ou un des Bulgares; et

(*) Chronique de Frédégaire.

des deux parts ayant rassemblé des troupes, ils en vinrent aux mains. Les Avares vainquirent les Bulgares. Les Bulgares, vaincus et chassés de la Pannonie, au nombre de neuf mille, avec leurs femmes et leurs enfants, se réfugièrent auprès de Dagobert, le priant de les recevoir pour qu'ils habitassent dans la terre des Francs. Dagobert ordonna qu'on les reçût pour passer l'hiver chez les Bavarois, en attendant qu'il pût délibérer avec les Francs sur ce qu'il ferait ensuite. Lorsqu'ils furent dispersés dans les maisons des Bavarois pour y passer l'hiver, par le conseil des Francs, Dagobert ordonna aux Bavarois de tuer de nuit, et dans leurs maisons, les Bulgares avec leurs femmes et leurs enfants; ce qui fut bientôt exécuté. Il ne resta des Bulgares qu'Altiæus, avec sept cents hommes, leurs femmes et leurs enfants, qui se sauvèrent sur la frontière des Wénèdes. Altiæus vécut plusieurs années avec les siens chez Walluc, duc des Wénèdes (*). »

Le règne de Dagobert est pour la monarchie des Francs comme un moment d'arrêt entre la période de conquête et celle de décadence; ce règne est à près tout un règne pacifique. Dagobert faisant le tour de ses royaumes sur un char attelé de bœufs cheminant à pas graves et lents, ne ressemble point à un conquérant ni même à un roi barbare des temps qui suivirent l'invasion. C'est un justicier, un législateur; il cherche à organiser son empire, il voudrait en être le Justinien, et comme l'empereur grec il fait rédiger toutes les lois des nations barbares qu'il gouverne.

Nous nous arrêterons donc à ce règne, pour étudier ces lois, pour voir cette organisation définitive des Barbares. Après avoir exposé dans la première période l'état social des Germains dans la Germanie, nous devons voir quelle société ils ont fondée hors de la Germanie.

(*) Chronique de Frédégaire.

CARACTÈRES DE L'INVASION DES FRANCS.

L'invasion des peuplades germaniques ne fut pas toujours une guerre d'extermination. Nous avons vu ce que les Bourguignons, les Visigoths, les Ostrogoths, devinrent sur le territoire de l'empire. Nous avons vu par quels ménagements ils s'efforcèrent de faire oublier leurs conquêtes. La loi des Bourguignons alla même jusqu'à déclarer que le Romain et le Bourguignon seraient égaux. Les Francs, les Saxons, les Lombards se présentèrent sous un aspect plus sauvage. Leur conquête fut accompagnée de cruautés souvent gratuites. Les Lombards affectaient la férocité des bêtes sauvages : pour effrayer leurs ennemis, ils se vantaient d'avoir parmi eux des hommes à tête de chien, qui ne vivaient qu'au milieu des combats, se nourrissaient de sang humain, et quand ils manquaient d'ennemis buvaient leur propre sang. Lorsqu'ils eurent passé les Alpes, leur route fut marquée par le pillage des églises, le meurtre des prêtres, la ruine des villes, l'extermination de la population. Les Saxons, les hommes aux longs couteaux, justifièrent la terreur attachée à leur nom. Leur invasion fut la ruine de la Bretagne. Le titre de l'historien Gildas est celui-ci : *De excidio Britanniæ*. Pour les Francs (*), comme

(*) Dans tout ce qui va suivre, nous nous occuperons presque uniquement des Francs, car jusqu'après Charlemagne l'histoire de ce peuple appartient à l'Allemagne. Les Francs sont la plus illustre des peuplades germaniques. Les rois d'Ostrasie règnent sur la plus grande partie de l'Allemagne; Charles-Martel, Pepin, Charlemagne sont des princes germains; le centre de leur domination n'est pas à Paris, qu'ils connaissent à peine, mais sur le Rhin, à Aix-la-Chapelle. Aujourd'hui la France a gagné jusqu'au Rhin, mais au moyen âge, comme nous l'avons dit en commençant, le Rhin était le grand fleuve de l'Allemagne, le vrai centre de la race germanique. La langue allemande se parle maintenant encore dans nos provinces de Lorraine et d'Alsace. Les Francs ne commencent à avoir une histoire isolée

ils ne rencontrèrent nulle part d'opposition bien forte, de résistance bien organisée, les cruautés qu'ils commirent furent plutôt partielles que générales. Il n'y eut pas de grand massacre qui laissât un long et sanglant souvenir dans la mémoire des hommes. Ce qu'il y avait de plus à craindre, c'était le pillage, et souvent aussi l'incendie, qui n'épargna pas toujours les églises dans les expéditions entreprises vers la Saône et au midi de la Loire. Le manque de garantie, l'absence de toute sécurité devaient mettre aussi beaucoup d'inquiétudes dans la vie; car les Barbares s'embarrassaient peu de violer parfois la liberté qu'ils avaient laissée aux vaincus. Lorsque Chilpéric voulut envoyer sa fille en Espagne pour la marier au roi des Goths, il fit enlever à Paris grand nombre de familles romaines qui durent bon gré mal gré quitter leur patrie pour aller faire cortége à sa fille. Lorsque Théoderick et Childebert firent alliance, ils se donnèrent, comme nous l'avons vu, mutuellement des otages, qui à la première rupture furent réduits des deux côtés en esclavage.

Ainsi ce ne fut pas l'oppression systématique du fisc impérial, mais plutôt une force brutale, frappant parfois dans la colère sans s'inquiéter des droits de la victime.

La condition des Gaulois fut même peut-être améliorée par la conquête; ils se rappelaient toutes les vexations du fisc et des agents impériaux; ils se rappelaient qu'il leur fallait payer en or une énorme capitation; les Barbares, leurs nouveaux maîtres, au contraire, ne percevaient pas d'impôts proprement dits, ils voulaient tout en nature, du blé, de la viande et du vin, c'est-à-dire ce qu'il y a de plus facile et de moins onéreux à payer pour le paysan. De plus, le vaincu se glissa aussi quelquefois dans les rangs du vainqueur, car il n'y avait pas entre eux une séparation telle que le Gaulois ne pût la franchir. Maîtres d'un vaste territoire, les rois sentirent le besoin de réorganiser cette administration romaine dont tous les Barbares furent si vivement frappés : pour cela, il fallut bien s'adresser aux vaincus, plus habiles, plus souples auprès des rois que ne l'auraient jamais été ses anciens compagnons. Ce sont ces Gaulois que la loi salique appelle les convives du roi : on les voit s'immisçant dans toutes les affaires, usant de leur supériorité d'adresse et d'intelligence pour intriguer auprès des Barbares, et faire fortune sous le patronage de ces nouveaux maîtres, qui leur accordent des titres de ducs, de comtes, ou s'en servent comme d'ambassadeurs.

L'invasion des Francs ne fut pas non plus, comme on l'a trop souvent dit, un torrent qui inonda la Gaule entière. Entraînés par l'amour du butin et de la guerre, ils se jetaient au milieu du pays ennemi, pillaient les villes, les trésors des rois vaincus, comme celui d'Alaric que Hlodowig alla chercher à Toulouse, puis ils rentraient dans leurs cantonnements, gardant seulement dans le pays vaincu quelques domaines où s'établissait un petit nombre de guerriers barbares, fatigués de la vie aventureuse. Ainsi les habitants du midi de la France ne virent jamais s'établir au milieu d'eux beaucoup de Barbares. Ceci explique la manière dont la Gaule fut partagée entre les fils de Hlodowig.

RÉSULTATS DE L'INVASION DES FRANCS.
CHANGEMENTS SURVENUS DANS L'ÉTAT DE LA GAULE.

Les Francs ne détruisirent pas la société romaine, car ils s'arrêtèrent à la Loire, et depuis long-temps les pays situés au nord de ce fleuve, constamment dévastés par les incursions des Francs, avaient perdu le caractère que Rome leur avait jadis im-

---

de la Germanie que sous Charles-le-Chauve, après le démembrement de l'empire de Charlemagne. Ces détails étaient peut-être nécessaires pour quelques-uns de nos lecteurs français qui auraient pu s'étonner de nous voir parler si long-temps des Francs dans une histoire d'Allemagne.

primé. Dans le V° siècle, les empereurs avaient rappelé leurs troupes. L'administration romaine s'était retirée, abandonnant à elles-mêmes les provinces du nord. La préfecture des Gaules avait été transportée de Trèves à Arles, du nord au midi. L'église elle-même était faible, les évêques peu nombreux dans les provinces voisines du Rhin. Sur quarante conciles tenus dans la Gaule aux V° et VI° siècles, sept seulement se réunirent dans les contrées au nord de la Loire, cinq en Neustrie, deux en Ostrasie. Or les évêques avaient partout, dans la Gaule, remplacé peu à peu les magistrats impériaux. Si donc deux conciles seulement se tinrent en Ostrasie, c'est que là il n'y avait que très-peu d'évêques, et par conséquent une société bien mal organisée. N'attribuons donc pas aux Francs de Hlodowig et de ses fils la ruine de la société romaine. Ce que l'on est plus justement en droit de leur reprocher, comme l'a si bien montré M. Guizot, c'est d'avoir arrêté le mouvement intellectuel que le christianisme commençait déjà à imprimer à la Gaule. Au IV° siècle, cette contrée avait vu un grand nombre de conciles, de ces assemblées où s'agitaient les plus hautes questions, où l'on voyait des hommes se réunir pour discuter gravement de leur croyance, pour se demander comment ils comprenaient Dieu, les devoirs de l'homme et la vie à venir. Au IV° siècle, on avait vu Pélage et saint Augustin, prenant chacun une des deux faces du grand problème que l'humanité est appelée à discuter sans cesse, sans pouvoir jamais le résoudre, chercher quelle est la part de Dieu, quelle est celle de l'homme dans les affaires de ce monde. Ces grandes questions s'effacent et disparaissent aux V° et VI° siècles ; toutes les voix se taisent. Qu'était-il besoin, en effet, de parler aux Barbares de la liberté humaine : ils en faisaient un trop terrible usage. S'il y avait une doctrine à leur prêcher, c'était à coup sûr celle de la soumission de l'homme à la volonté divine. Il fallait les soumettre à l'Église pour que l'Église s'emparât d'eux,

les régénérât, les fît entrer dans la civilisation, dont elle seule conservait encore les éléments.

ÉTAT DES GAULOIS APRÈS LA CONQUÊTE.

Les Francs s'établirent rarement dans les villes gauloises : une vie passée entre les murailles d'une ville, dans les rues étroites et boueuses d'une cité, convenait peu à leurs habitudes. Les campagnes, où ils pouvaient courir et chasser, leur plaisaient davantage : aussi les vieux municipes gaulois ne furent point troublés par les conquérants dans leur organisation intérieure. Ils conservèrent leur administration, leurs curiales ; ils eurent même des milices, mais non pas, comme l'ont prétendu quelques publicistes français, une complète indépendance, et le droit de faire la paix et la guerre. Si l'on voit quelquefois leurs milices sortir des murailles pour combattre, c'est *par ordre* du roi franc, et sous des chefs francs.

GALLO-ROMAIN LIBRE.

Bien loin de rester indépendants, les habitants des villes, les Gallo-Romains, se trouvèrent, vis-à-vis des vainqueurs, dans une position inférieure. La loi salique, en évaluant le prix du sang, estime toujours la vie d'un Gallo-Romain à moitié prix de celle d'un Franc.

Si quelque homme libre a tué un Franc ou un Barbare, ou un homme vivant sous la loi salique, il sera jugé coupable au taux de deux cents sous.

Si un Romain possesseur a été tué, celui qui sera convaincu de l'avoir tué, sera jugé coupable à cent sous.

Celui qui aura tué un Franc ou un Barbare dans la *truste* du roi, sera jugé coupable à six cents sous.

Si un Romain, convive du roi, a été tué, la composition (*) sera de trois cents sous.

Ainsi le wergheld était dans tous les

(*) La *composition* était la satisfaction pécuniaire donnée à la partie lésée ou à ses ayant-cause, le prix de la paix pour le coupable.

cas, pour le Barbare, double de ce qu'il était pour le Romain.

Pour un lite ou un Romain, même composition : c'est-à-dire que le Romain libre et propriétaire était assimilé au lite germain de la dernière condition, cultivateur forcé de la classe guerrière. De plus les Romains payaient un impôt annuel et foncier, tandis que les Francs satisfaisaient à l'état par leur service personnel, et au roi par des dons volontaires.

GALLO-ROMAIN TRIBUTAIRE.

Au-dessous des Romains, des *cives* ou *possessores*, il y avait ceux que la loi salique appelle Romains tributaires, non parce qu'ils étaient assujettis à l'impôt foncier, *publicis tributis*, car la plupart n'avaient pas de biens en propre, mais parce qu'ils rendaient, en qualité de colons, un cens au propriétaire franc ou romain, ou au fisc dont ils tenaient une terre, et sous la puissance desquels ils se trouvaient. Ce tributaire n'avait qu'une composition de quarante-cinq sous, et une autre charge, particulière à lui seul, empirait encore son état : c'était la capitation. Cet usage, reste des institutions de l'empire, fut aboli par sainte Batilde, pendant sa régence. Cet usage était funeste à la population, car beaucoup d'hommes étaient réduits à désirer la mort de leurs enfants, au lieu d'être encouragés à les élever, parce qu'ils multipliaient ainsi, avec leur famille, leurs charges publiques. La reine défendit au fisc et aux maîtres de lever cet impôt, *ut hoc nullus facere præsumeret*.

ÉVÊQUES.

Il y eut une classe de Gallo-Romains qui gagna beaucoup à la conquête, ce furent les évêques. Il est vrai qu'ils ne furent plus la seule autorité dans les villes, car les rois y envoyèrent des comtes pour les gouverner, mais ils n'y perdirent rien : ils devinrent naturellement les conseillers des rois convertis ; ils les conseillèrent sur la conduite qu'ils avaient à tenir avec les peuples vaincus, sur ce qu'ils devaient faire pour devenir les héritiers des empereurs romains. Ils eurent alors un double rôle : ils restèrent, d'une part, patrons et protecteurs du peuple ; de l'autre ils s'établirent auprès des rois qu'ils avaient appelés, et dont ils avaient si puissamment aidé la conquête. Ce n'est pas tout : une troisième situation commença bientôt pour eux ; ils devinrent de grands propriétaires, et entrèrent dans cette organisation hiérarchique de la propriété foncière qui tendait à se former, en sorte que l'Église tenant ainsi à tout, au roi, au peuple et aux grands propriétaires, fut partout accréditée et puissante, symptôme assuré qu'elle atteindrait la première à la domination.

Quant à l'état des Gaulois entre eux, il subit peu de changements. Les élections épiscopales continuèrent, les délibérations municipales ne furent pas suspendues, les écoles ne furent pas fermées ; on laissa aux Romains leur législation, leurs juges, car les Barbares ne s'avisaient pas de vouloir rendre la justice.

ESCLAVES.

Le changement le plus important porta sur les esclaves. Si l'invasion en effet a soulagé quelques misères, ce sont celles des esclaves. Les Barbares ne relevèrent pas la condition de l'esclave par humanité ; mais ils abaissèrent le maître, et l'esclave fut soulagé. Avant eux, le curial d'une petite ville était un personnage important à qui il ne fallait pas désobéir. Mais le Barbare, arrivant dans une maison, s'établissait à la table du maître et se faisait au besoin servir par lui ; car il ne distinguait pas la toge de la tunique. Les esclaves virent ces maîtres si fiers descendus à leur niveau, et ce fut pour eux une immense consolation. De plus, ce Barbare ne respectait pas beaucoup les lois de l'empire, qu'il ignorait. Dans mille circonstances où le maître avait à réclamer leur appui, le Barbare se mettait peu en peine de les faire exécuter. Si le curial venait lui dire : Mes esclaves se révoltent ou s'enfuient, le Barbare ne l'écoutait pas. Le maître n'étant pas protégé, le lien de l'esclavage dut nécessairement se détendre; car il faut une grande force d'oppression pour maintenir ainsi un état contre nature. Nos colonies en font foi. Si cette force disparaît tout à coup, il en résulte une explosion terrible; si elle diminue peu à peu, il s'ensuit une amélioration progressive dans le sort de l'esclave. C'est ce qui eut lieu par suite de l'invasion des Barbares dans l'empire. Comme ils désorganisèrent tout en arrivant, ils désorganisèrent aussi l'esclavage. Ainsi se fit la transition de l'esclavage au servage.

DISSOLUTION DE LA BANDE GERMANIQUE.

Mais le plus grand résultat de l'invasion ce fut la dissolution de la bande germanique; dissolution qui a fourni les éléments nécessaires à la formation d'une société nouvelle.

Ainsi que nous l'avons vu, deux sociétés existaient en Germanie : 1° la société de la peuplade ou tribu, tendant à l'état sédentaire sur un territoire peu étendu qu'elle faisait cultiver par des colons et des esclaves; 2° la société de la bande guerrière, accidentellement groupée autour d'un chef et menant la vie errante. Ce sont ces bandes qui, par leurs continuelles incursions au-delà du Rhin, ont peu à peu fait reculer la domination romaine; qui enfin, sous Hlodowig, ont conquis la Gaule. Le principe de l'organisation de la bande guerrière, c'était le patronage du chef et la subordination militaire du compagnon. Du reste, liberté entière; nul homme n'y était engagé que de son gré, et entre tous ceux qui composaient la bande il n'y avait guère d'autre inégalité que celle des forces, des talents, de la bravoure; seulement le chef, à qui l'on accordait une obéissance volontaire, avait part plus large au butin. Or, le grand résultat de l'invasion pour les Germains, ce fut leur passage à l'état de propriétaires, la cessation de la vie errante, et l'établissement définitif de la vie agricole. Cela ne se fit pas le lendemain de la conquête, mais peu à peu. Se trouvant enfin au milieu d'un pays riche, en comparaison des marais qu'ils avaient si long-temps habités, ils songèrent naturellement à s'asseoir sur le sol de leurs conquêtes, où aucune résistance de la part des vaincus ou d'un ennemi étranger ne les forçait à demeurer fortement unis et les armes à la main. Après la victoire, les guerriers réunis autour du roi, que ses exploits avaient grandi à leurs yeux, demandèrent les récompenses accoutumées; il n'y avait plus à leur donner un javelot, une francisque, *cruentatam et victricem frameam*, ou même un cheval de guerre : de pareils présents étaient bons dans la pauvre Germanie; mais ici il fallait tirer au sort les terres, les longs domaines, les maisons, qui devinrent bientôt des manoirs, où résida un chef germain au milieu de sa famille et de sa petite bande particulière, cultivant ou plutôt faisant cultiver ses terres par les paysans. Ainsi, la bande se trouva dissoute par le seul fait de son établissement. La bande reposait sur deux faits, l'association volontaire des guerriers pour mener une vie errante, et leur égalité. Ces deux faits périrent dans les résultats de l'invasion. D'une part, la vie errante cessa; de l'autre, l'inégalité s'introduisit et grandit de jour en jour entre les guerriers sédentaires.

PARTAGE DES TERRES.

Lorsque l'invasion eut été consommée, et que les conquérants voulurent former des établissements permanents, ils partagèrent les terres avec les vaincus dans des proportions inégales. Les Bourguignons et les Visigoths prirent les deux tiers des propriétés; les esclaves furent aussi partagés comme les animaux domestiques et les instruments de labourage. En Afrique, les Vandales se mirent en possession des meilleures terres, laissant seulement aux vaincus celles qu'ils dédaignaient. En Italie, les Hérules d'Odoacre, les

ALLEMAGNE.

Ostrogoths de Theodoric enlevèrent aux Romains le tiers de leurs possessions. On ne sait ce que prirent les Lombards, seulement on voit qu'ils prélevaient le tiers des produits. Dans la Grande-Bretagne, la spoliation fut complète; les Anglo-Saxons prirent tout. Quant aux Francs, ils s'emparèrent sans doute des terres qui vaquaient en si grand nombre dans la Gaule du Nord, ainsi que les propriétés qui appartenaient au fisc impérial ou aux dignitaires de l'empire. Ce qui paraît certain, c'est qu'un certain nombre de domaines furent d'abord tirés au sort; ce sont les alleux (*sortes barbaricæ*).

TERRES ALLODIALES.

Le caractère particulier de cette propriété fut l'entière indépendance des propriétaires d'alleux, obligés seulement, comme hommes libres, au service militaire; point d'impôts, mais seulement quelques charges publiques, telles que les dons qu'ils faisaient au roi dans le Champ-de-Mars, dons d'abord volontaires comme en Germanie, puis ensuite déterminés et ordonnés par des lois; et enfin, l'obligation de fournir des denrées, des moyens de transport, etc., aux envoyés royaux ou aux ambassadeurs étrangers qui traversaient le pays en se rendant vers le roi. Par cela même que le propriétaire d'alleux ne devait à peu près autre chose que le service militaire, la loi déclara que la terre salique ne passerait point aux filles. C'est cette loi qui, mal interprétée, a fait exclure, au XIVe siècle, les femmes de la couronne de France. Du reste, cette exclusion des femmes pour l'hérédité des propriétés territoriales, eut un immense avantage : les terres que les conquérants avaient acquises ne pouvant plus sortir de leurs mains par mariage, la grande propriété territoriale se reforma, et l'importance politique, uniquement attachée aux villes sous l'administration impériale, passa aux campagnes.

RUINE DE L'ÉGALITÉ.

Nous avons dit plus haut que ce passage du guerrier germain, de la vie errante à la vie sédentaire, eut pour résultat de détruire l'égalité qui régnait entre les divers membres de la bande. En effet, les Barbares étaient essentiellement oisifs; ils avaient donc besoin de vivre ensemble, et beaucoup de compagnons restèrent auprès de leur chef, menant sur ses domaines à peu près la même vie qu'ils menaient auparavant à sa suite. Mais de là il advint que leur situation relative changea complétement; le chef qui devint grand propriétaire, tandis que les autres restaient toujours de simples guerriers, se trouva de beaucoup élevé au-dessus de ses anciens compagnons. Autrefois ils vivaient tous au jour le jour de ce qu'ils avaient gagné en commun à la pointe de l'épée; mais après l'établissement, le chef retira de ses terres des provisions qu'il distribua aux siens sans recourir à leur courage pour se les procurer. La nécessité de recevoir toujours ainsi sans rien rendre, plaça peu à peu le compagnon dans une condition subordonnée, qui le rapprocha de plus en plus de l'état de colon. Plus les idées de la propriété s'affermirent, plus l'inégalité se développa. Aussi voit-on un grand nombre d'hommes libres tomber par degrés dans une condition très-inférieure, et il fallut fixer, par de nombreuses lois, leur sort et leurs droits.

Ainsi la vie errante cessa aussi bien que l'égalité maintenue jadis entre les guerriers de la bande : c'est donc une société qui se dissout; mais, comme l'a dit M. Guizot, une société ne se dissout que parce qu'une société nouvelle fermente et se forme dans son sein; c'est un travail caché qui tend à séparer les éléments pour les faire entrer dans des combinaisons nouvelles. Le point autour duquel la société vint pour ainsi dire se réorganiser, fut la terre bénéficiaire.

TERRES BÉNÉFICIAIRES.

Lorsque les conquérants prirent possession du pays, le roi se fit une large part dans la première distribution des propriétés. Son domaine s'accrut par les conquêtes subséquentes, les déshérences, les confiscations légales ou violentes. De ce vaste domaine il fit ce qu'il faisait en Germanie de ses richesses mobilières. Les terres devinrent des présents, avec lesquels les rois et les hommes puissants s'appliquèrent à retenir dans leur dépendance leurs compagnons, ou à en acquérir de nouveaux. Ces présents reçurent le nom de bénéfices : mais ces dons, ces *beneficia*, il les accorda seulement pour un certain temps, souvent fixé, plus souvent indéterminé (*precaria*) : quelquefois même le donataire les reçut en viager; mais c'était toujours à des conditions qui le retenaient dans la dépendance du donateur. Ainsi, outre l'obligation du service militaire qui lui était commune avec le propriétaire d'alleux, il était encore astreint à de certains services, civils ou même domestiques, dans la maison du roi. Ce que le donataire était à l'égard du donateur, d'autres, à qui il fit de semblables cessions de terre, le devinrent à son égard. En un mot, le grand bénéficier eut de petits bénéfices au-dessous de lui, et ainsi s'établit cette hiérarchie des terres, d'où sortit plus tard le système féodal, lorsque toutes les terres furent devenues bénéficiaires. Le nombre des bénéfices alla, en effet, toujours croissant; l'or et l'argent étant rares dans ces premiers temps du moyen âge, tous les services se payaient avec de la terre. Puis, quand l'autorité du roi faiblit, il lui fallut, bon gré mal gré, céder en bénéfices tous ses domaines ; enfin, les alleux eux-mêmes se changèrent en terres bénéficiaires. Les terres allodiales n'avaient jamais été bien nombreuses ; de plus, beaucoup de causes contribuaient à en diminuer de jour en jour le nombre primitif. Un alleu, une terre libre sans seigneur, avait trop à craindre de l'ambition des hommes puissants, dans cette société où la force décidait de toutes choses. Isolée par son indépendance même, sans appui, sans protection, parce qu'elle ne relevait de personne, elle ne pouvait longtemps se défendre, à moins que celui qui la possédait ne la mît, par la recommandation, sous la protection du roi ou d'un chef puissant. Il se présentait devant ce chef, lui remettait une motte de terre gazonnée, symbole de la propriété allodiale, lui en faisait une cession simulée, puis la recevait de ses mains en bénéfice. Dès lors le propriétaire d'alleux n'était plus isolé dans la grande société barbare. Il perdait de son indépendance, mais il avait un protecteur, un seigneur. Dans cette transformation de toute terre en bénéfice est le germe du système féodal, germe qui va toujours se développant, car les bénéfices tendent à devenir héréditaires ; de plus, les fonctions judiciaires et administratives, confiées aux comtes, qui ne sont souvent que les grands propriétaires du canton, tendent aussi, dans l'affaiblissement et la ruine du pouvoir brutal, à s'assimiler au droit de propriété, lequel donne déjà aux propriétaires de ces biens certains droits de justice sur les habitants.

TERRES TRIBUTAIRES.

Il y avait encore une troisième espèce de terres, les terres tributaires ou *censives*, qui existaient même avant l'invasion. Quand les Lombards envahirent l'Italie, ils se contentèrent d'abord, comme nous l'avons dit, d'exiger en denrées le tiers des revenus du pays, c'est-à-dire qu'ils firent passer toutes les propriétés territoriales à la condition de terres tributaires. Dans la Gaule, les Francs conservèrent cette tenure, consacrée par les lois romaines. La plupart des anciens cultivateurs qui ne furent pas exterminés, ou chassés, ou réduits à la servitude, devinrent tributaires. Les Barbares d'ailleurs étaient fort peu disposés à cultiver eux-mêmes leurs nouvelles propriétés. Ils préféraient laisser la terre au vaincu, à condition que celui-ci leur fournirait les denrées nécessaires.

ÉTAT DES PERSONNES.

Cet exposé de l'état des terres nous en dit déjà beaucoup sur l'état des personnes. Tous les Barbares jouissaient d'une égale liberté civile, mais on distinguait parmi eux trois conditions différentes; du moins les lois barbares parlent des *majores*, des *mediocres* et des *minores*. Dans la première classe se trouvaient ceux qu'on appelait chez les Francs *leudes* et *antrustions;* chez les Lombards *masnadieri;* et *thanes* chez les Saxons, etc., etc.

LEUDES.

C'était eux que le roi chargeait des emplois publics, qu'il envoyait comme *herzogs* ou ducs, ou comme comtes, sur les différents points du territoire conquis. C'était encore les leudes qui remplissaient les charges de cour qu'on établit peu à peu. En récompense ils recevaient non plus des alleux, mais des bénéfices, et tant qu'ils restaient convives du roi, la composition pour eux était double de celle qui était payée pour un autre Barbare. Parmi les leudes il n'y eut pas que des Germains; des Gallo-Romains devinrent aussi convives du roi; mais plus d'une fois ils excitèrent la jalousie et la colère des autres leudes qui les voyaient mieux accueillis. Du reste, ces leudes ne furent long-temps que les hommes d'un autre homme, et n'acquirent de droits qu'auprès de lui; droits encore précaires et qui ne donnaient au dehors aucune supériorité sur les autres Barbares. Cette classe d'hommes formait dans les premiers temps comme une sorte de noblesse personnelle.

HOMMES LIBRES.

Les *mediocres* étaient les autres hommes libres, les propriétaires d'alleux, ceux qui formaient la nation quand elle paraissait au Champ-de-Mars; c'étaient les *ahrimans* ou hommes de guerre, les *rachimbourgs*, chez les Lombards; les *thanes inférieurs* chez les Anglo-Saxons, ceux que les chroniqueurs appellent aussi quelquefois les *boni homines*.

MINISTÉRIAUX.

Au-dessous d'eux étaient les colons tributaires, *gentes potestatis*, qui se distinguaient des serfs ou colons attachés à la glèbe, par la liberté personnelle (*ingenuitas*). On les désigne par le nom de colonies *ministeriales pagenses;* ce sont dans les lois anglo-saxonnes les *céorls*, et les *aldions* chez les Lombards.

GOUVERNEMENT ET ADMINISTRATION.

LE ROI.

En Germanie, la royauté était élective et sacrée, c'est-à-dire, que l'élection n'avait lieu qu'entre les membres d'une seule famille investie du privilége de donner ses rois à la nation. Ces rois jouissaient alors d'une très-faible autorité. S'ils étaient braves, s'ils s'étaient illustrés par de nombreux exploits, ils étaient forts, car ils comptaient autour d'eux un grand nombre de leudes; sinon, ils restaient seuls avec leur titre, comme Théoderick et Chlother, que leurs *fidèles* menacèrent d'abandonner s'ils ne les menaient à la guerre. Après la conquête, ce caractère de la royauté barbare changea. De chefs de bande errante, ils devinrent chefs d'un peuple, et de plus, par la dispersion des hommes libres, ils restèrent seuls chargés de maintenir l'unité du territoire, de veiller sur les intérêts généraux de la nation. Pour cela, il leur fallut créer une administration qu'ils essayèrent de copier sur l'administration romaine. Guidés par leurs conseillers gallo-romains, par les évêques surtout, ils s'efforcèrent de marcher sur les traces des empereurs romains. Les Francs, retirés dans leurs alleux, ne s'opposèrent qu'assez tard à l'accroissement de l'autorité royale; mais réveillés enfin par leur propre danger, ils combattirent hautement les prétentions nouvelles de leurs anciens chefs. Ce fut dans l'Ostrasie surtout qu'éclata cette violente opposition.

ASSEMBLÉE DU CHAMP-DE-MARS.

Cependant la souveraineté de la nation, comme on le dirait aujourd'hui, ne fut jamais complètement méconnue. Pour toutes les questions importantes, le roi était obligé de réunir l'assemblée de la nation, désignée par le nom de *mallum placitum*, ou de *wittenagemot* chez les Anglo-Saxons. C'est là qu'on décidait de la paix, de la guerre, et des grandes affaires qui intéressaient tout le royaume. Tous les hommes libres étaient contraints d'y assister sous peine d'amende. C'est là aussi, qu'en souvenir de l'ancienne association qui avait existé en Germanie, les Francs venaient offrir au roi leurs dons annuels.

COMTÉS. — CENTURIES. — PLAIDS INFÉRIEURS.

Le territoire conquis avait été divisé en comtés; chaque comté en centuries(*). Les habitants de chaque canton étaient solidairement responsables des délits commis sur leur territoire. Chaque comte et centenier tenait des assises, appelées *placita minora*. « Selon l'ancienne coutume, dit la loi des Alemans, il y aura dans toute centurie une assemblée sous la présidence du comte, ou de son délégué, ou du centenier. » Là se rendait la justice : les juges étaient tous les hommes libres du canton. Dans la suite, le comte n'appela plus à son tribunal que cinq, sept ou douze ahrimanes qui portaient le jugement. Le comte prononçait la sentence et la faisait exécuter. Plus tard, quand les hommes libres refusèrent de se déplacer pour assister aux plaids, on créa de véritables magistrats qui prirent leurs places sous le nom de *scabini* ou échevins. A ces plaids se faisaient encore les convocations militaires, les publications d'ordonnances royales et les décisions de l'assemblée générale de la nation, enfin, les affranchissements, etc., etc. A côté des assemblées d'hommes libres, des *placita minora* et de leurs juridictions, paraît la juridiction du propriétaire sur les habi-

(*) Décrets de Chlother et de Childebert.

tants de ses biens. Il leur rendait la justice en qualité de chef de cette petite société.

Quant à la province, elle avait pour chefs des ducs ou des comtes, ou un corps de magistrats si c'était une province frontière. Les cités avaient aussi leurs comtes ou vicaires. Le comte, officier royal, réunissait toutes les attributions; c'est lui qui présidait le plaid où se rendait la justice, lui qui était chargé de percevoir les revenus publics, lui, enfin, qui convoquait le ban des hommes libres et les conduisait à l'armée. Nous avons déjà dit que tout homme libre devait le service militaire.

LOIS BARBARES.

Les lois barbares se distinguent par trois caractères particuliers : d'abord elles forment une législation purement pénale; en second lieu elles accordent, par la composition ou *whergeld*, le droit de racheter toute peine à prix d'argent; enfin elles donnent pouvoir à l'offensé et à l'offenseur de prouver ou de repousser l'accusation par les témoignages d'un certain nombre de leurs parents ou amis qui venaient attester simplement, sans discussion, ni examen, la vérité ou la fausseté de l'assertion. On reconnaît dans ces habitudes l'importance que les Barbares attachaient à la dignité de l'homme, l'autorité qu'ils accordaient à sa parole. On peut même trouver, dans cette législation qui entraîne l'aveu du crime par l'offenseur, plus de moralité que dans nos lois modernes, qui frappent sans s'inquiéter si le coupable accepte ou non sa peine, s'il reconnaît son tort. Dans la loi barbare, le coupable peut refuser le whergeld et ne point vouloir de paix entre lui et l'offensé; mais s'il consent à payer la composition, s'il offre réparation du crime, il use pleinement de sa liberté, il fait abandon de ses sentiments hostiles, il reconnaît qu'il a fait mal et se punit lui-même.

LOI SALIQUE.

Le préambule de cette loi est curieux par sa forme ; il semble, comme l'a remarqué M. Augustin Thierry, être la traduction littérale d'une ancienne chanson.

« La nation des Francs, illustre, ayant Dieu pour germanique fondateur, forte sous les armes, ferme dans les traités de paix, profonde en conseil, noble et saine de corps, d'une blancheur et d'une beauté singulière, hardie, agile et rude au combat, depuis peu convertie à la foi catholique, libre d'hérésie ; lorsqu'elle était encore sous une croyance barbare, avec l'inspiration de Dieu, recherchant la clef de la science ; selon la nature de ses qualités, désirant la justice, gardant la piété ; la *loi salique* fut dictée par les chefs de cette nation, qui en ce temps commandaient chez elle.

« On choisit, entre plusieurs, quatre hommes, savoir : le Gast de Wise, le Gast de Bode, le Gast de Sale et le Gast de Winde, dans les lieux appelés canton de Wise, canton de Sale, canton de Bode et canton de Winde (*). Ces hommes se réunirent dans trois mâls (**), discutèrent avec soin toutes les causes du procès, traitèrent de chacune en particulier, et décrétèrent leur jugement en la manière qui suit. Puis, lorsque, avec l'aide de Dieu, Hlodowig le chevelu, le beau, l'illustre roi des Francs, eut reçu, le premier, le baptême catholique, tout ce qui, dans ce pacte, était jugé peu convenable fut amendé avec clarté par

(*) *Gast*, dans les dialectes actuels de la langue germanique, signifie *hôte.* Il paraît que dans l'ancienne langue il servait à exprimer la dignité patriarcale des chefs de tribu ou de canton. On trouve encore dans la province d'Over-Yssel, antique demeure des Saliens, un canton nommé *Salland*, et un autre appelé *Twente*, peut-être plus correctement *T'wente*, ce qui répond au *Winde* de la loi salique. Le canton de Wise tirait probablement son nom de sa situation occidentale, et celui de Bode rappelle l'ancien nom de l'île des Bataves.

(**) *Hi per tres mallos convenientes*... *Mâl*, dans l'ancienne langue teutonique, voulait dire *signe*, *parole*, et par extension *conseil*, *assemblée*.

les illustres rois Hlodowig, Hildebert et Chlother, et ainsi fut dressé le décret suivant :

« Vive le Christ qui aime les Francs !
« qu'il garde leur royaume et remplisse
« leurs chefs de la lumière de sa
« grace ; qu'il protége l'armée ; qu'il
« leur accorde des signes qui attestent
« leur foi, les joies de la paix et la
« félicité ; que le Seigneur Christ Jé-
« sus dirige dans les voies de la piété
« les règnes de ceux qui gouvernent,
« car cette nation est celle qui, petite
« en nombre, mais brave et forte, se-
« coua de sa tête le dur joug des Ro-
« mains, et qui, après avoir reconnu
« la sainteté du baptême, orna somp-
« tueusement d'or et de pierres pré-
« cieuses les corps des saints martyrs,
« que les Romains avaient brûlés par
« le feu, massacrés, mutilés par le fer,
« ou fait déchirer par les bêtes (*). »

Le texte que nous avons de la loi salique ne semble pas être le texte primitif. Les résultats des savants travaux de M. Wiarda sur la loi salique conduisent à ceci : « 1° que la loi salique a été rédigée pour la première fois sur la rive gauche du Rhin, en Belgique, dans le territoire situé entre la forêt des Ardennes, la Meuse, la Lys et l'Escaut ; pays où s'établit et qu'occupa long-temps la tribu des Francs-Saliens, que cette loi régissait spécialement et de qui elle a reçu son nom ; 2° que dans aucun des textes actuellement existants, elle ne paraît remonter au-delà du VIIe siècle ; 3° enfin, qu'elle n'a jamais été rédigée qu'en latin. Ceci est reconnu de toutes les autres lois barbares, des lois des Ripuaires, des Bavarois, des Alemans, et rien n'indique que la loi salique ait fait exception. Les dialectes germains d'ailleurs ne furent point écrits avant le règne de Charlemagne ; et Otfried de Weissembourg, traducteur de l'Évangile, appelle encore au Xe siècle la langue franque *linguam indisciplinabilem* (**). »

(*) *Legis salicæ prologus*, apud script. rerum francic. t. IV, p. 122. — Traduction de M. A. Thierry.

(**) M. Guizot, Histoire de la civilisation française, t. I, p. 333,

L'on se tromperait étrangement si l'on croyait trouver dans la loi salique un code complet et régulier : c'est une simple énumération de coutumes; tout y est confondu, droit politique, droit civil, police rurale, etc. Mais c'est surtout, comme nous l'avons dit, une loi pénale : sur 408 articles, il y en a 343 de pénalité et 65 seulement sur tous les autres sujets. La société que la législation révèle, est une société grossière et brutale; on sent que la vie et la propriété de chacun devaient être constamment menacées. « Les délits, dit M. Guizot (*), prévus dans la loi salique, se classent presque tous sous deux chefs, le vol et la violence contre les personnes. Sur 343 articles de droit pénal, 150 se rapportent à des cas de vol; et dans ce nombre, 74 articles prévoient et punissent les vols d'animaux, savoir : 20, les vols de cochons; 16, les vols de chevaux; 13, les vols de taureaux, bœufs ou vaches; 7, les vols de brebis et de chèvres; 4, les vols d'abeilles. La loi entre à ce sujet dans les plus minutieux détails; le délit et la peine varient selon l'âge, le sexe, le nombre d'animaux volés, le lieu et l'époque du vol, etc.

« Les cas de violence contre les personnes fournissent 113 articles, dont 30 pour le seul fait de mutilation, également prévu dans toutes ses variétés; 24 pour violences envers les femmes, etc.

« Cette législation qui, en matière de délits, révèle des mœurs si violentes, si brutales, ne contient point de peines cruelles; et non seulement elle n'est pas cruelle, mais elle semble porter, à la personne et à la liberté des hommes, un singulier respect : des hommes libres s'entend ; car dès qu'il s'agit d'esclaves, et même de colons, la cruauté brutale reparaît, la loi abonde en tortures et en supplices; mais pour les hommes libres, Francs et même Romains, elle est d'une extrême modération. Quelques cas seulement de peine de mort; encore peut-on toujours s'en racheter : point de peines corporelles, point d'emprisonnement. L'unique peine écrite, à vrai dire, dans la loi salique, est la composition, *wehrgeld*, *widrigeld*, c'est-à-dire une certaine somme que le coupable est tenu de payer à l'offensé ou à sa famille. Au *wehrgeld* se joint, dans un assez grand nombre de cas, ce que les lois germaines appellent le *fred*, somme payée au roi ou au magistrat, en réparation de la violation de la paix publique. A cela se réduit le système pénal de la loi (*).

« Quant à la procédure criminelle, au mode de poursuites et de jugement des délits, la loi salique est très-incomplète et presque silencieuse; elle prend les institutions judiciaires comme un fait, et ne parle ni des tribunaux, ni des juges, ni des formes de l'instruction. On rencontre çà et là, sur les assignations, la comparution en justice, les obligations des témoins et des juges, l'épreuve par l'eau bouillante, etc., quelques dispositions spéciales. Mais pour les compléter, pour reconstruire le système d'institutions et de mœurs auquel elles se rattachent, il faudrait porter ses regards fort au-delà du texte et même de l'objet de la loi. Parmi les renseignements qu'elle contient sur la procédure criminelle, nous arrêterons notre attention sur deux points seulement, la distinction du fait et du droit, et les conjurants ou *conjuratores*.

« Quand l'offenseur, sur l'assignation de l'offensé, paraissait dans le mâl ou assemblée des hommes libres, devant les juges, n'importe lesquels, comtes, rachimbourgs, ahrimans, etc., appelés à prononcer, la question qui leur était soumise était celle de savoir ce qu'ordonnait la loi sur le fait allégué : on ne venait point débattre devant eux la vérité ou la fausseté du fait; on accomplissait devant eux les conditions par lesquelles ce premier point devait être décidé; puis, selon la loi sous laquelle vivaient les parties, ils étaient requis de déterminer le

---

(*) Ouvrage cité, p. 341 et suiv.

(*) Ouvrage cité, p. 342.

taux de la composition et toutes les circonstances de la peine.

« Quant à la réalité du fait même, elle s'établissait devant les juges de diverses manières, par le recours au jugement de Dieu, l'épreuve de l'eau bouillante, le combat, etc., quelquefois par des dépositions de témoins, le plus souvent par le serment des *conjuratores*. L'accusé arrivait suivi d'un certain nombre d'hommes, ses parents, ses voisins, ses amis, six, huit, neuf, douze, cinquante, soixante-douze, cent même dans certains cas, et qui venaient jurer qu'il n'avait pas fait ce qu'on lui imputait. Dans certains cas, l'offensé avait aussi les siens. Il n'y avait là ni interrogatoire, ni discussion de témoignages, ni examen proprement dit du fait; les *conjuratores* attestaient simplement, sous serment, la vérité de l'assertion de l'offensé ou de la dénégation de l'offenseur. C'est là, quant à la découverte des faits, le grand moyen, le système général des lois barbares : les *conjuratores* sont mentionnés bien moins souvent dans la loi des Francs-Saliens que dans les autres lois barbares, dans celle des Francs-Ripuaires, par exemple : nul doute cependant qu'ils n'y fussent également en usage, et le fond de la procédure criminelle (*). »

LOI DES RIPUAIRES.

La loi des Ripuaires, c'est-à-dire des Francs du Rhin, paraît avoir été rédigée dans sa forme actuelle sous Dagobert, entre 628 et 638. Elle contient 89 ou 91 titres et (selon des distributions diverses) 224 ou 277 articles, savoir : 164 de droit pénal, et 113 de droit politique ou civil, de procédure civile ou criminelle. Sur les 164 articles de droit pénal, on en compte 94 pour violences contre les personnes, 16 pour cas de vol, et 64 pour délits divers.

Dans cette loi, les *conjuratores* tiennent une plus grande place que dans la loi salique.

(*) Ouvrage cité, p. 350-352.

« Un autre usage est aussi plus souvent mentionné dans la loi ripuaire que dans la loi salique ; je veux parler du combat judiciaire. Il y en a bien quelque trace dans la loi salique ; mais la loi ripuaire l'institue formellement dans six articles distincts. Cette institution, si un tel fait mérite le nom d'institution, a joué dans le moyen âge un trop grand rôle pour que nous ne cherchions pas à la bien comprendre au moment où elle paraît pour la première fois dans les lois.

« S'il est prouvé que la composition, la seule peine, à vrai dire, de la loi salique, fut un premier essai pour substituer un régime légal au droit de guerre, à la vengeance, à la lutte des forces, on peut dire aussi que le combat judiciaire est une tentative du même genre ; il a eu pour but de soumettre la guerre même, la vengeance individuelle, à certaines formes, à certaines règles. La composition et le combat judiciaire sont dans une relation intime, et se sont développés simultanément. Un crime avait été commis ; un homme était offensé ; c'était la croyance générale qu'il avait droit de se venger, de poursuivre par la force la réparation du tort qu'il avait subi. Cependant un commencement de loi, une ombre de puissance publique intervenait, et autorisait l'offenseur à offrir une certaine somme pour réparer son délit. Mais, dans l'origine, l'offensé avait droit de refuser la composition, et de dire : « Je veux « exercer mon droit de vengeance, je « veux la guerre. » Le législateur alors, ou plutôt les coutumes, car nous personnifions, sous le nom de législateur, de pures coutumes qui n'eurent longtemps aucune autorité légale ; les coutumes donc intervenaient, disant : « Si vous voulez vous venger, et faire « la guerre à votre ennemi, vous la « lui ferez selon certaines formes, en « présence de certains témoins. »

« Ainsi s'est introduit dans la législation le combat judiciaire, comme une régularisation du droit de guerre, une arène limitée ouverte à la vengeance. Telle est sa première, sa véritable source; le recours au jugement de Dieu, la vérité proclamée par Dieu même dans l'issue du combat, ce sont là des idées qui s'y sont associées plus tard, quand les croyances religieuses et le clergé chrétien ont joué un grand rôle dans la pensée et la vie des Barbares : originairement le combat judiciaire n'a été que la forme légale du droit du plus fort, forme bien plus explicitement reconnue dans la loi des Ripuaires que dans la loi salique (*). »

LOIS DES ALEMANS ET DES BAVAROIS.

Nous aurions encore à parler de la loi des Bavarois et de celle des Alemans ; mais elles sont moins importantes, car elles n'étaient point la loi du peuple conquérant, celle qui tendait à s'étendre peu à peu sur tout l'empire des Francs. Si l'on en croit la préface mise en tête des lois des Alemans et des Bavarois, ces lois auraient été revues et corrigées par Dagobert ; mais une autre préface nous apprend que la loi des Alemans, au moins dans la forme actuelle, appartient à une époque plus rapprochée, aux premières années du VIII° siècle. « Ainsi commence au nom de Christ la loi des Alemans, qui a été renouvelée au temps de Landfrid, fils de Godofrid : il a paru juste aux grands et au duc Landfrid, etc. » Ce qui confirmerait cette opinion, c'est la place énorme qu'occupe dans cette loi tout ce qui regarde l'Église, depuis le titre Ier jusqu'au titre XXXV, c'est-à-dire presque toute la moitié de la loi. Le titre XXXIX, sur les mariages défendus par l'Église, de même que le chapitre 1er du titre VI de la loi des Bavarois sur le même sujet, est emprunté au *Breviarium*.

Quant à la loi des Bavarois, elle paraît avoir été rédigée par des gens habiles et instruits dans le droit romain. Comme la loi des Alemans, elle commence aussi par ce qui regarde l'Église et le duc : c'est sans doute un ordre plus régulier, mais moins original. On sent à chaque pas dans ces lois l'influence ecclésiastique et romaine. Ce n'est point comme la loi des Ripuaires, dont les premiers titres traitent du meurtre d'un homme libre, du sang versé, d'un os brisé, d'une oreille, d'une main, d'un bras coupé, etc.

Nous ne parlerons point non plus des autres lois des Barbares établis dans l'empire, de la loi des Bourguignons, si favorable au Romain ; ni de la loi des Wisigoths, faite dans des conciles d'évêques, et bientôt absorbée par le code Justinien. Ces lois sont à peine germaniques.

Avant d'en finir avec ces législations barbares, constatons un fait grave. Les lois barbares étaient personnelles et non territoriales. Aujourd'hui, un seul et même code régit toute la France, de Dunkerque à Perpignan. Malgré la différence des coutumes locales, le Gascon et le Flamand obéissent à la même loi. Les individualités de ces petites nations qui formaient jadis des provinces étrangères les unes aux autres, disparaissent et se confondent dans la généralité de la patrie commune ; un peuple, une loi. Il n'en était point ainsi au VI° siècle. Ces Germains dispersés après le chaos de l'invasion, au milieu de peuples inconnus, ne voulaient point cependant abdiquer leur titre de conquérants, en se soumettant tout d'abord aux lois des vaincus ; le Franc établi dans les Pyrénées ne voulait point d'autre loi que sa loi salique. Muratori, Mably, Montlosier et beaucoup d'autres ont prétendu qu'il était permis de choisir la loi sous laquelle on voulait vivre. M. de Savigny a montré qu'il n'en était point ainsi. Quand même nous n'aurions aucun fait pour appuyer cette opinion, nous l'adopterions encore, car à coup sûr l'orgueil des vainqueurs a dû s'opposer à la concession de ce privilége, qui aurait élevé le vaincu à la condition du vainqueur, et effacé la différence que la loi salique établit par le wehrgeld, entre les deux nations. Tout ce qu'on peut accorder, c'est qu'il fut permis aux hommes de race barbare de chan-

---

(*) M. Guizot, ouvrage cité, pag. 364 et suiv.

ger de loi ; le Ripuaire, par exemple, put prendre la loi salique et quitter la sienne. On trouve en effet fréquemment ces expressions dans la loi salique, un Franc ou un homme vivant sous la loi salique. Mais le Romain ne put sans doute, dans les premiers temps, si ce n'est dans de rares exceptions et par privilége, changer sa loi pour celle des vainqueurs.

Remarquons encore que le clergé, alors même qu'il se recrutait parmi les Barbares, vivait sous la loi romaine. Nous verrons plus tard l'importance de ce fait.

DÉCADENCE DES MÉROVINGIENS. — MAIRES DU PALAIS.

Nous avons vu sous Dagobert commencer la décadence de la monarchie de Hlodowig. Chlother II, son père, avait été obligé de remettre le tribut jadis imposé aux Lombards ; les Saxons avaient refusé de payer celui qu'ils devaient aux Francs ; la monarchie des Wénèdes s'était élevée au sein de l'Allemagne, et leurs chefs avaient battu l'armée de Dagobert ; les Aquitains enfin avaient obtenu un chef indépendant. Mais au sein même de l'empire, fermentaient les éléments d'une dissolution prochaine. Chlother II n'avait pu l'emporter sur Brunehault qu'avec l'appui des grands de Bourgogne et d'Ostrasie. Les maires de ces deux royaumes s'étaient fait confirmer pour leur vie dans leur charge. Les évêques et les barons avaient demandé et obtenu la consécration de priviléges étendus, et l'autorité dont le roi de Neustrie jouissait sur les deux autres royaumes francs se trouvait fort limitée par cette concession. L'Ostrasie surtout, qui avait abandonné Brunehault, comptait bien ne pas se soumettre au bon plaisir du roi de Paris. Entre la Neustrie et l'Ostrasie, il y avait une rivalité dont, comme nous l'avons dit plus haut, la lutte de Frédégonde et de Brunehault n'est que le symbole. La Neustrie, en effet, était plus romaine, plus ecclésiastique ; elle accordait davantage à ses rois, qui cherchaient à y rétablir le fisc impérial. L'Ostrasie, presque abandonnée des colons romains au moment de la conquête, avait été repeuplée par les tribus germaniques. Là s'était formée une aristocratie plus nombreuse, plus forte, plus inquiète des droits de l'autorité royale ; et ce qui la rendait plus redoutable encore, c'est qu'elle avait un chef dans la personne des maires du palais.

« Quelle était précisément cette charge des *maires du palais?* M. de Sismondi ne peut croire que le maire ait été originairement un officier royal. Il y voit un magistrat populaire institué pour la protection des hommes libres, comme le justiza d'Aragon. Cette espèce de tribun eût été appelé *mord-dom*, juge du meurtre. Ces mots allemands auraient été facilement confondus avec ceux de *major domûs*, et la mairie assimilée à la charge de l'ancien comte du palais impérial. Nul doute que le maire n'ait été souvent élu, et même de bonne heure, aux époques de minorité ou d'affaiblissement du pouvoir royal. Mais aussi nul doute que le maire n'ait été choisi par le roi, au moins jusqu'à Dagobert. Quiconque connaît l'esprit de la *famille* germanique, ne s'étonnera pas de trouver dans le maire un officier du palais. Dans cette famille, la domesticité ennoblit. Toutes les fonctions réputées serviles chez les nations du midi, sont honorables chez celles du nord ; et en réalité elles sont rehaussées par le dévouement personnel. Dans les Niebelungen, le maître des cuisines, Rumolt, est un des principaux chefs des guerriers. Aux festins du couronnement impérial, les électeurs tenaient à honneur d'apporter le boisseau d'avoine, et de mettre les plats sur la table. Chez ces nations, quiconque est grand dans le palais, est grand dans le peuple. Le *plus grand* du palais (*major*) devait être le premier des leudes, leur chef dans la guerre, leur juge dans la paix. Or, à une époque où les hommes libres avaient intérêt à être sous la protection royale, *in truste regia*, à devenir antrustions et leudes, le juge des leudes dut peu à peu se trouver le juge du peuple (*). »

Nous allons voir comment ces juges du peuple parvinrent bientôt à prendre la place des rois. Dagobert avait laissé en mourant (638) deux fils encore enfants, qui furent confiés à la tutèle des maires du palais de Neustrie et d'Ostrasie. A la mort du roi ostrasien Sigebert, Grimoald se crut assez fort pour envoyer en Irlande le fils du roi, et placer la couronne sur la tête de son propre fils. L'usurpation était anticipée; elle ne réussit pas. Les hommes libres, irrités de cette ambition de Grimoald, qui s'était mise trop tôt à découvert, l'arrêtèrent et l'envoyèrent au roi de Paris Hlodowig II, qui le fit mourir avec son fils. Les trois royaumes francs se trouvèrent encore une fois réunis sous la faible domination de Hlodowig II; mais lorsque Ébroïn, maire du palais de Neustrie, s'efforça de rétablir dans sa force l'autorité royale; lorsqu'il voulut établir une *loi territoriale*, faite dans un esprit tout romain, c'est-à-dire tout favorable à la royauté; lorsqu'il refusa de donner les charges de ducs et de comtes à ceux qui possédaient de grands biens dans les provinces dont ils demandaient le commandement, alors tous les grands se soulevèrent contre lui. D'abord l'Ostrasie voulut un roi à part, puis les grands de Neustrie, s'alliant secrètement avec ceux d'Ostrasie, les sollicitèrent de venir les délivrer de la tyrannie d'Ébroïn. L'armée qu'Ébroïn conduisit contre eux l'abandonna au moment de la bataille; lui-même, fait prisonnier, fut enfermé dans le monastère de Luxeuil. Il est vrai qu'il en sortit bientôt, car le roi d'Ostrasie, que les Neustriens avaient accepté après la chute d'Ébroïn, n'ayant pas compris que les grands n'avaient mis sur sa tête une double couronne qu'à condition qu'il respecterait leurs usurpations, et ayant fait punir l'un d'entre eux d'un châtiment servile, fut tué un

(*) Michelet, Histoire de France.

jour qu'il chassait dans la forêt de Chelles, et l'on n'épargna même pas sa veuve enceinte. A la faveur des troubles qui suivirent, Ébroïn sortit de sa prison, ressaisit son ancien pouvoir en Neustrie, et continuant son ancienne politique, se fit l'adversaire des grands et du maire du palais d'Ostrasie. Cette fois il eut recours à la ruse. Le maire Martin, appelé par lui à une conférence, fut assassiné; mais Ébroïn ne put cueillir lui-même les fruits de ce meurtre : il fut assassiné quelques jours après par un Franc, qui prétendit du reste venger sur lui une injure personnelle.

Les hostilités continuèrent après la mort d'Ébroïn, mais sans qu'il se passât rien de décisif jusqu'à la bataille de Testry. Pepin, dont l'autorité avait crû sans cesse dans cette lutte du parti aristocratique contre la royauté défendue par Ébroïn, fut bientôt en état de trancher la question. Les Neustriens furent complétement battus à Testry (687). Pepin prit avec lui, dit Frédégaire, le roi Théoderick III avec ses trésors, et s'en retourna en Ostrasie. Pepin ne prit qu'une chose aux vaincus; il ne leur enleva point leurs terres; aucun de ses guerriers ne s'établit de force parmi eux; seulement la royauté de Neustrie fut effacée de fait. La domination passa des bords de la Seine aux bords du Rhin. S'il y eut encore des rois mérovingiens, c'est que les maires ostrasiens trouvaient utile de pouvoir montrer de temps à autre aux peuples un roi chevelu de la race de Hlodowig, afin de légitimer en quelque sorte à leurs yeux l'autorité qu'ils exerçaient, jusqu'au moment où la main du vicaire de Dieu viendrait imprimer sur leurs fronts un caractère nouveau et sacré.

Depuis la bataille de Testry jusqu'au sacre de Pepin (752) le titre de roi fut porté par des princes mérovingiens. Dans cet espace de 68 ans, aucune réclamation ne s'éleva en faveur de cette race si abâtardie et dégénérée, qu'elle semble avoir peine à se reproduire; ils meurent en effet presque tous adolescents. « Il semble que ce soit une espèce d'hommes particulière. Tout Mérovingien est père à quinze ans, caduc à trente. La plupart n'atteignent pas cet âge. Charibert II meurt à vingt-cinq ans; Sigebert II, Hlodowig II, à vingt-six, à vingt-trois; Childebert II, à vingt-quatre; Chlother III, à dix-huit; Dagobert, à vingt-six ou vingt-sept, etc. Le symbole de cette race, ce sont les *énervés* de Jumiège, les jeunes princes à qui l'on a coupé les articulations, et qui s'en vont sur un bateau au cours du fleuve qui les porte à l'Océan; mais ils sont recueillis dans un monastère.

« Qui a coupé leurs nerfs et brisé leurs os, à ces enfants des rois barbares? C'est l'entrée précoce de leurs pères dans la richesse et dans les délices du monde romain qu'ils ont envahi. La civilisation donne aux hommes des lumières et des jouissances. Les lumières, les préoccupations de la vie intellectuelle balancent chez les esprits cultivés ce que les jouissances ont d'énervant. Mais les barbares qui se trouvent tout-à-coup placés dans une civilisation disproportionnée, n'en prennent que les jouissances. Il ne faut pas s'étonner s'ils s'y absorbent et y fondent, pour ainsi dire, comme la neige devant un brasier.

« Le pauvre vieil historien Frédegaire exprime bien tristement, dans son langage barbare, cet affaissement du monde mérovingien. Après avoir annoncé qu'il essaiera de continuer Grégoire de Tours, « J'aurais sou« haité, dit-il, qu'il me fût échu en « partage une telle faconde, que je « pusse quelque peu lui ressembler. « Mais l'on puise difficilement à une « source dont les eaux tarissent. Dé« sormais le monde se fait vieux, la « pointe de la sagacité s'émousse en « nous. Aucun homme de ce temps ne « peut ressembler aux orateurs des « âges précédents; aucun n'oserait y « prétendre (*). »

ÉTAT DE L'ALLEMAGNE PROPREMENT DITE.

Avant de parler de la reconstruction

(*) Michelet. Histoire de France.

10º *Livraison.* (ALLEMAGNE.)

de la monarchie des Francs par les Carlovingiens, disons un mot des autres peuples de l'Allemagne; voyons ce qu'il était advenu d'eux pendant que les maires du palais se disputaient ainsi le pouvoir des rois.

Il règne une grande obscurité dans l'histoire de l'Allemagne, depuis Dagobert jusqu'à la chute des rois mérovingiens; on voit cependant que cette contrée se lasse d'obéir à des rois imbéciles. Il y a parmi tous les chefs de peuples, comtes ou ducs, une tendance à se rendre indépendants, à se séparer de la monarchie des Francs, pour former des états particuliers. Si les germes de dissolution qui fermentaient au sein de la société franque n'avaient point été arrêtés par la famille des Pepins, si Charlemagne n'avait point paru, les destinées toutes différentes auraient été réservées à l'Allemagne. Charlemagne en effet a arrêté la formation d'un certain nombre de royaumes allemands indépendants les uns des autres, et a laissé après lui l'idée d'un pouvoir supérieur à celui des princes particuliers, l'idée de l'autorité impériale, qui pendant si long-temps servit d'équilibre à la constitution germanique.

PARTIE OCCIDENTALE.

Au temps de Chlothaire II, l'Allemagne était occupée, dans sa plus grande partie, par les Francs; mais des tribus étrangères à la race germanique avaient envahi ses frontières orientales. Les contrées de l'Allemagne occidentale que les Francs occupaient, étaient, au centre, la Thuringe; au sud, la Souabe ou pays des Alemans; au sud-est, la Bavière, qui s'étendait alors sur une partie de l'Autriche actuelle jusqu'à la Carinthie; au nord, la Frise et la Saxe. La Souabe, la Bavière et la Thuringe avaient été de bonne heure soumises; les Frisons avaient été rendus peu à peu tributaires : ceux des parties méridionales, au moins, l'étaient déjà vers 622. Quant aux Saxons, affaiblis par leurs continuelles migrations dans la Grande-

Bretagne, ils avaient été soumis à l'alliance des Francs et au tribut. Mais ils avaient beaucoup gagné à la ruine des Thuringiens. Lorsque Theuderik mit fin à leur royaume en 531, les Saxons s'emparèrent de la Thuringe du nord jusqu'à l'Unstrut. Ils s'étendirent sans doute plus tard dans les parties orientales et méridionales de ce pays, car lorsque les 20,000 Saxons qui avaient suivi les Lombards en Italie, voulurent, disent les historiens, retourner chez eux, sur les bords du Wipper, ils trouvèrent leur pays occupé par des Suèves. « Comme au temps où Alboin avait passé en Italie, Chlother et Sigebert avaient placé dans le lieu qu'il quittait des Suèves et d'autres nations, ceux qui avaient accompagné Alboin, étant revenus du temps de Sigebert, s'élevèrent contre eux, et voulurent les chasser et les faire disparaître du pays; mais ils leur offrirent la troisième partie des terres, disant: « Nous pouvons vivre ensem-
« ble, sans nous combattre. » Les autres, irrités parce qu'ils avaient auparavant possédé le pays, ne voulurent aucunement entendre à la paix. Les Suèves leur offrirent alors la moitié des terres, puis les deux tiers, ne gardant pour eux que la troisième partie. Les autres le refusant, les Suèves leur offrirent toutes les terres et tous les troupeaux, pourvu seulement qu'ils renonçassent à combattre; mais ils n'y consentirent pas, et demandèrent le combat. Avant de le livrer, ils traitèrent entre eux du partage des femmes des Suèves, et de celles qu'aurait chacun d'eux après la défaite de leurs ennemis, qu'ils regardaient déjà comme morts; mais la miséricorde de Dieu, qui agit selon sa justice, les obligea de tourner ailleurs leurs pensées; car le combat ayant été livré, sur vingt mille Saxons, cinq mille furent tués; et des Suèves, qui étaient six mille quatre cents, quatre-vingts seulement furent abattus, et les autres obtinrent la victoire. Ceux des Saxons qui étaient demeurés après la défaite, jurèrent, avec des imprécations, de ne se couper ni la barbe ni les cheveux jusqu'à ce qu'ils se fussent vengés de leurs ennemis; mais ayant recommencé le combat, ils éprouvèrent encore une plus grande défaite, et ce fut ainsi que la guerre cessa (*). »

PARTIE ORIENTALE.

Les parties orientales étaient occupées, ainsi que nous l'avons dit, par des tribus slaves. Les Avares, peuple tartare, s'étaient emparés de la Moravie et de la Bohême, avaient dompté les Serbes, habitants des pays situés au nord de la Bohême, détruit, de concert avec les Lombards, le royaume des Gépides et occupé la Pannonie. En 568, ils avaient battu le roi d'Ostrasie, et l'avaient contraint d'acheter la paix et sa liberté. Mais dès lors ils avaient cessé d'être redoutables; leurs progrès dans la Germanie avaient été arrêtés par leurs guerres avec l'empire d'Orient; à la fin du sixième siècle leur décadence commençait; dès 582, les Antes et d'autres peuples slaves des bords du Dniester s'étaient délivrés de leur domination. Au commencement du septième siècle, les Wénèdes de la Bohême et de la Carinthie s'étaient révoltés contre eux, et avaient fondé un royaume qui fut puissant pendant quelques années. Presqu'en même temps, les Serbes s'étaient soustraits à leur domination; la Bohême avait aussi ressaisi son indépendance. Enfin, dans les provinces au-dessous du Danube, des Serbes avaient fondé un royaume dans la Macédoine et dans les provinces connues aujourd'hui sous le nom de Servie et de Bosnie; ils dominaient encore dans la Dalmatie et dans une partie des îles voisines de la côte. Cinq grandes tribus de Croates sous des chefs francs avaient enlevé le reste de la Dalmatie aux Avares. Quelques années plus tard, s'élevait en Mœsie le royaume des Bulgares. Ainsi les Avares se trouvaient de tous côtés resserrés par des peuplades indépendantes; leur rôle était fini, ils n'avaient plus qu'à attendre

(*) Grégoire de Tours.

derrière les fossés et les haies de leur *Ring* les armées de Charlemagne.

LES PRINCIPAUX PEUPLES DE L'ALLEMAGNE SE RENDENT INDÉPENDANTS DES FRANCS.

La plupart de ces tribus qui s'étaient soustraites aux pirateries des Avares n'étaient pas plus disposées à reconnaître la domination des Francs. Nous avons vu les Wénèdes de la Carinthie choisir pour roi le marchand Samon, et battre à Wogastibourg (*) l'armée des Francs. A la même époque, les Serbes, alliés des Wénèdes, s'étaient choisi Derwan pour prince, et, avec l'appui de Samon, ils avaient fait de fréquentes invasions en Thuringe. Lorsque les Thuringiens se choisirent un duc, les Serbes soutinrent sa révolte, et la domination des Francs se trouva ainsi contrainte de reculer vers l'ouest. En même temps que la Thuringe leur échappait, les Saxons refusaient le tribut, les Frisons se donnaient un duc, Adalgise, et recouvraient leur indépendance ; enfin les ducs des Bavarois et des Alemans profitaient de la rivalité des maires d'Ostrasie et de Neustrie pour restreindre les droits des rois ostrasiens à une suprématie purement nominale.

Ainsi, au septième siècle, par suite de la décadence de la famille de Mérovée, de l'affaiblissement de la Neustrie, de l'ambition des maires du palais et des grands propriétaires ostrasiens qui ne songeaient qu'à vivre indépendants sur leurs terres, la monarchie des Francs s'en allait par lambeaux. L'Allemagne, qu'ils avaient réunie tout entière, se divisait en six ou sept principautés, dont les chefs voulaient former autant de royaumes indépendants. Les Carlovingiens vont arrêter ce démembrement prématuré, réunir l'Allemagne encore une fois, rapprocher toutes ces tribus, leur faire reconnaître leur parenté, leur révéler enfin la nationalité germanique dont l'idée ne devait plus se perdre.

(*) *Castrum Vocatense*, Voitsberg.

LES CARLOVINGIENS.

DOUBLE CARACTÈRE DE CETTE FAMILLE.

Cette nouvelle famille réunissait en elle deux choses qui devaient la faire prévaloir ; elle était ostrasienne et ecclésiastique ; elle tenait à la fois à l'Allemagne et à l'Église, c'est-à-dire, d'un côté, à la barbarie, mais à la barbarie pleine encore de force et de jeunesse, de l'autre au pouvoir spirituel, à qui l'avenir du monde était confié. Ce double caractère devait faire nécessairement tomber entre ses mains l'héritage des princes mérovingiens, qui s'étaient trop souvenus que l'Église, malgré ses services, était de la race des vaincus, et que la tonsure cléricale était une honteuse dégradation pour un roi chevelu. « L'homme de Dieu, dit le biographe de saint Colomban, ayant été trouver le roi de Bourgogne, Theudebert, lui conseilla de mettre bas l'arrogance et la présomption, de se faire clerc, d'entrer dans le sein de l'Église, se soumettant à la sainte religion, de peur que par-dessus la perte du royaume temporel, il n'encourût encore celle de la vie éternelle. Cela excita le rire du roi et de tous les assistants ; ils disaient, en effet, qu'ils n'avaient jamais ouï dire qu'un Mérovingien, élevé à la royauté, fût devenu clerc volontairement. Tout le monde abominant cette parole, Colomban ajouta : Il dédaigne l'honneur d'être clerc ; eh bien ! il le sera malgré lui. »

Nous verrons, en effet, le dernier roi de cette race enfermé dans un cloître. La famille des Carlovingiens ne dédaignait pas ainsi l'Église. Plusieurs d'entre eux sont évêques ; Arnulf, Chrodulf, Drogon occupent successivement le siège épiscopal de Metz ; d'autres sont archevêques, abbés, moines ; quelques-uns enfin sont canonisés ; le chef de cette maison, Pepin de Landen, surnommé le Vieux, est compté parmi les saints. « Dans tous ses jugements, dit son biographe, il s'étudiait à conformer ses arrêts aux règles de la divine justice ; chose attestée non seulement, comme nous le dirons ci-après, par le témoignage de tout le peuple, mais aussi, et plus encore par le soin qu'il prit d'associer à tous ses conseils et à toutes ses affaires le bienheureux Arnoul, évêque de Metz, qu'il savait être éminent dans la crainte et l'amour de Dieu; car s'il arrivait que, par ignorance des lettres, il fût moins en état de juger des choses, celui-ci, fidèle interprète de la divine volonté, la lui faisait connaître avec exactitude. Arnoul était homme, en effet, à expliquer le sens des saintes écritures, et, avant d'être évêque, il avait exercé sans reproche les fonctions de maire du palais. Soutenu d'un pareil appui, Pepin imposait au roi lui-même le frein de l'équité, lorsque, négligeant la justice, il voulait abuser de la puissance royale. Après la mort d'Arnoul, il fut attentif à s'adjoindre dans l'administration des affaires, le bienheureux Chunibert, évêque de Cologne, également illustre par la renommée de sa sainteté. On peut juger de quelle ardeur d'équité était enflammé celui qui donnait à sa conduite des surveillants si diligents et de si incorruptibles arbitres. Ainsi ennemi de toute méchanceté, il vécut soigneusement appliqué à la pratique du juste et de l'honnête, et, par les conseils des hommes saints, demeura constant dans l'exercice des saintes œuvres. »

Enfin sa femme Itta, sa fille Gertrude, l'épouse choisie du roi des anges, comme dit le vieux chroniqueur, moururent en odeur de sainteté. Une si sainte maison devait avoir l'appui de l'Église : il ne lui manqua pas.

PEPIN.

Pepin le jeune, appelé aussi Pepin d'Héristal, était petit-fils par sa mère de Pepin de Landen. Nous l'avons vu terminer à Testry la longue lutte des grands contre la royauté. Ce triomphe de l'aristocratie ostrasienne, cette victoire des grands propriétaires aspirant à l'isolement et à l'indépendance sur le roi, qui seul représente l'unité de gouvernement et veut maintenir l'union de toutes les parties de l'empire, semblait annoncer aux peuples que le moment était venu pour chacun d'eux d'effacer l'œuvre de la conquête et de rompre une union forcée. En effet le midi de la Gaule s'isole du nord, la Bourgogne et l'Aquitaine redeviennent *des pays romains* qui n'ont plus rien de commun avec l'empire des Francs. Dans le même temps les divers peuples de la Germanie se donnent des ducs, et ne se souviennent plus qu'ils ont jadis payé tribut à l'Ostrasie. Ainsi Pepin semblait n'avoir rien gagné par la victoire; mais il était trop habile, et sa force trop réelle pour qu'il ne cherchât point à reconstruire ce que lui-même avait détruit. C'était, il est vrai, chose difficile, car pour se substituer au roi qu'il avait abattu, il fallait ménager les grands, faire taire leur jalousie et les amener peu à peu à élever leur égal au-dessus d'eux-mêmes. Il y parvint en éveillant leur propre ambition, en leur rappelant la gloire de leurs pères, en leur représentant qu'ils avaient jadis conquis la Gaule et soumis les peuples de l'Allemagne, et qu'il y aurait honte pour eux à laisser d'anciens tributaires se vanter d'être les égaux de leurs vainqueurs et répandre partout que les Francs étaient une race abâtardie et dégénérée. En faisant ainsi rentrer son peuple dans la voie des conquêtes, Pepin se rendait nécessaire et maintenait son autorité. Le pouvoir du maire devait s'accroître à mesure que s'étendrait le nouvel empire, et la royauté sortirait une seconde fois de la conquête comme au temps de Hlodowig; car l'administration du pays soumis devait nécessairement amener l'établissement d'un pouvoir central.

Pepin commença par les peuples voisins de l'Ostrasie. « Il fit beaucoup de guerres, disent les chroniques, contre Ratbod, duc païen, et d'autres princes, contre les Suèves et plusieurs autres nations : dans ces guerres il fut toujours vainqueur (*). » D'un autre côté, il s'efforça de rattacher à sa cause ceux

(*) Vie du bienheureux duc Pepin.

mêmes qu'il avait vaincus à Testry. Pour se concilier les hommes libres de Neustrie, il fit épouser à son fils la veuve de leur dernier maire.

CARL MARTEL.

Pepin mourut en 714; sa mort semblait devoir être funeste à sa famille. Mais son héritage passa à son bâtard Carl, « guerrier herculéen, chef invaincu et même très-victorieux, qui, dépassant les limites où s'étaient arrêtés ses pères, et ajoutant aux victoires paternelles de plus nobles victoires, triompha honorablement des chefs et des rois, des peuples et des nations barbares, tellement que depuis les Esclavons et les Frisons, jusqu'aux Espagnols et aux Sarrasins, nul de ceux qui s'étaient levés contre lui ne sortit de ses mains que prosterné sous son empire, et accablé de son pouvoir (*). » La veuve de Pepin, Plectrude, aurait bien voulu conserver la double mairie de Neustrie et d'Ostrasie à son petit-fils Théobald, sous le nom duquel elle aurait administré les deux royaumes; mais les Neustriens, non plus que les peuples de la Germanie vaincus par Pepin, n'entendaient point se soumettre à un enfant et à une femme. Tous se soulèvent : les Neustriens se choisissent un maire, et attaquent l'Ostrasie; les Frisons la ravagent, et les Saxons se jettent sur toutes les frontières orientales. Les Ostrasiens, ainsi pressés de toutes parts, mirent à leur tête un vrai fils de Pepin, son bâtard Carl, alors âgé de vingt ans, et que Plectrude avait enfermé dans une prison. Carl, surnommé Martel ou Marteau, n'a rien de clérical; c'est un vrai Barbare, un rude guerrier qui s'inquiète assez peu de l'Église, et fera rendre gorge aux abbés et aux moines pour distribuer des terres à ses soldats. Aussi l'Église le maudira, et les moines iront par les campagnes, racontant comment le tombeau de Carl a été trouvé vide quelque temps après sa mort, et tout noirci au dedans par les flammes

(*) Ibid.

de l'enfer; comment un saint ermite du mont Vésuve ou de l'Etna a vu passer, emportée par le diable, l'ame de Carl, du spoliateur des biens ecclésiastiques (*). Carl cependant mérita bien de l'Église, car il refit et acheva ce que Pepin avait commencé; il prépara cette unité du nouvel empire des Francs, où l'Église devait tenir

(*) Frodoard, l'historien de l'église de Reims, raconte comment on découvrit la damnation de Carl. « Quand Charles Martel eut défait ses ennemis, il chassa de son siége le pieux Rigobert, son parrain, qui l'avait tenu sur les saints fonts de baptême, et donna l'évêché de Reims à un nommé Milon, simple tonsuré, qui l'avait suivi à la guerre. Ce Charles Martel, né du concubinage d'une esclave, comme on le lit dans les Annales des rois francs, plus audacieux que tous les rois ses prédécesseurs, donne non seulement l'évêché de Reims, mais encore beaucoup d'autres du royaume de France, à des laïques et à des comtes; en sorte qu'il ôta tout pouvoir aux évêques sur les biens et les affaires de l'Église. Mais tous les maux qu'il avait faits à ce saint personnage et aux autres églises de Jésus-Christ, par un juste jugement, le Seigneur les fit retomber sur sa tête; car on lit dans les écrits des Pères, que saint Euchère, jadis évêque d'Orléans, dont le corps est déposé au monastère de Saint-Trudon, s'étant mis un jour en prières, et absorbé dans la méditation des choses célestes, fut ravi dans l'autre vie, et là, par révélation du Seigneur, vit Charles tourmenté au plus bas des enfers. Comme il en demandait la cause à l'ange qui le conduisait, celui-ci répondit que par la sentence des saints, qui, au futur jugement, tiendront la balance avec le Seigneur, il était condamné aux peines éternelles pour avoir envahi leurs biens. De retour en ce monde, saint Euchère s'empressa de raconter ce qu'il avait vu à saint Boniface, que le saint siége avait délégué en France pour y rétablir la discipline canonique, et à Fulrad, abbé de Saint-Denis et premier chapelain du roi Pepin; leur donnant pour preuve de la vérité de ce qu'il rapportait sur Charles Martel, que s'ils allaient à son tombeau, ils n'y trouveraient point son corps. En effet ceux-ci étant allés au lieu de la sépulture de Charles et ayant ouvert son tombeau, il en sortit un serpent; et le tombeau fut trouvé vide et noirci comme si le feu y avait pris. »

la première place, et sauva, par sa victoire sur l'islamisme, l'existence du clergé des Gaules.

D'abord il attaqua les Neustriens, et les battit à Vincy, près Cambrai. Les Aquitains étant venus avec leur duc Eudes à leur secours, ne furent pas plus heureux, et la victoire de Soissons assura la domination de Carl sur la Gaule du nord-ouest. Puis, ce fut le tour des peuples d'au-delà du Rhin : par des expéditions souvent répétées, il contraignit les Alemans, les Bavarois, les Thuringiens, à reconnaître, au moins nominalement, la suprématie des Francs. Là Frise entière redevint une province de l'empire ostrasien (734). Enfin, les Saxons furent repoussés dans leurs forêts; et les contrées situées près des rives de la Lippe furent rendues tributaires. Mais la grande victoire de Carl, celle où il justifia son surnom de Martel, et qui lui mérita la reconnaissance de la Gaule, c'est la défaite des Arabes à Poitiers.

VICTOIRE DE POITIERS.

Pendant que les Germains prenaient possession de toutes les provinces européennes de l'ancien empire romain, un peuple, jusqu'alors inconnu et méprisé, sortait des déserts de l'Arabie pour partager avec eux les dépouilles du grand empire, et lui enlever ses possessions de l'Asie et de l'Afrique. A la voix de Mahomet, les tribus nomades du désert s'étaient réunies. Ce n'était point comme pour les Germains l'esprit d'aventure, le besoin de voir et de posséder des terres nouvelles et les riches provinces où les appelaient tant de richesses et de jouissances, qui poussaient les Arabes loin de leurs anciennes demeures. En courant le monde, de l'Himalaya aux Pyrénées, ils obéissaient à l'esprit de conquête, mais aussi de prosélytisme que leur avait inspiré Mahomet. Leur prophète avait dit : «Une félicité éternelle
« est réservée au martyr mort dans une
« guerre sainte contre les infidèles; car
« le paradis est sous l'ombre des épées,
« et l'épée des croyants doit servir sans
« cesse contre les infidèles, jusqu'à
« ce qu'ils se convertissent ou paient
« tribut. » Jamais peuple ne se montra plus fidèle à la loi de son prophète.

L'an 622 de notre ère, Mahomet fuyait de la Mecque à Médine, accompagné du seul Abubèkre, et en 637 l'Assyrie et la Perse étaient conquises. Deux ans plus tard, les Arabes venaient planter l'étendard du prophète jusque sur les bords du Pont-Euxin, en face des murs de Constantinople, et Amrou, le lieutenant d'Omar, s'emparait d'Alexandrie. La conquête de l'Afrique coûta peu de temps et d'efforts; Akbah, parti de Damas à la tête de dix mille Arabes, soumit toutes les villes de la côte et, pénétrant à travers le désert, arriva jusque sur les bords de la mer Atlantique : là, poussant son cheval dans les flots de l'Océan, il s'écria : « Sois-moi témoin, dieu de Mahomet, « que la terre seule a manqué aux fidèles « croyants. »

Cependant l'Océan lui-même ne devait point borner leurs conquêtes. Dans ce temps l'Espagne était encore soumise aux Visigoths; mais ces premiers Germains, établis dans l'empire, s'étaient promptement abâtardis (*); c'était une monarchie sans unité nationale, où le vaincu même, deux siècles après sa conquête, était tenu par le vainqueur dans un abaissement humiliant. Les Visigoths auraient cru dégrader leur race en mêlant leur sang à celui des Espagnols, en permettant les mariages entre les deux peuples; ils refusaient de les admettre au partage des emplois civils et militaires, et ils ne voyaient pas qu'ils leur donnaient des intérêts différents, qu'ils préparaient ainsi leur défection, si jamais survenait un ennemi extérieur. Quand les Arabes se présentèrent, il y avait déjà quelque temps, disent les chroniques, que des bruits étranges couraient toute l'Espagne et annonçaient de grands changements. A Tolède se voyait un vieil édifice où personne n'osait pénétrer, car de sinistres prédictions menaçaient celui qui y entrerait le premier. Le roi Roderik voulut savoir ce

(*) Voy. ci-dessus, p. 94.

que contenait cette mystérieuse demeure ; il s'y rendit et trouva d'abord une caverne fermée par une porte d'airain. Quand il la fit briser, les montagnes voisines tremblèrent sur leur base et le tonnerre roula dans le ciel; il avança cependant, et bientôt rencontra une salle où étaient placées des statues revêtues de costumes étranges, inconnus ; on aurait dit des hommes venus des pays lointains de l'Orient. Toutes avaient des sabres nus à la main, et sur la lame de l'un d'eux étaient gravés des caractères que le roi ne put comprendre. Un vieux juif consulté y lut ces mots : « Le dernier jour de l'Espagne est venu. » C'est ainsi que l'imagination populaire se retraçait le grand événement de l'invasion des Arabes. On dira ailleurs les querelles de Roderik et des fils de Vitiza, la légende de la Caba, et la trahison du comte Julien : ces détails sont étrangers à notre histoire. Il nous suffit de dire que l'an 711 l'Espagne fut conquise par les Arabes dans une bataille de trois jours. Ni l'Ebre, ni les Pyrénées, ne purent arrêter ces hardis cavaliers; ils se lancèrent au delà des monts pour soumettre la Gaule à leur calife de Damas ; Carcassonne et Nîmes furent prises, Toulouse assiégée, Bordeaux détruite. Sous leur chef Abdérame, ils pénétrèrent jusqu'en Poitou, jusqu'en Bourgogne; Autun fut saccagé par eux, et l'an 731 ils brûlèrent l'église de Saint-Hilaire de Poitiers.

Tout le midi de la Gaule, des Pyrénées à la Loire, allait devenir leur proie. Eudes, duc d'Aquitaine, pouvait à peine se défendre dans Toulouse: vivement pressé par les Arabes, il se décida enfin à recourir au maire d'Ostrasie, et Carl Martel, comprenant l'imminence du danger, s'avança avec ses Francs jusqu'à Poitiers. C'est là que se rencontrèrent, à l'extrémité de l'occident, les Barbares du nord et du midi, les Germains et les Arabes. La mêlée fut sanglante, car c'était plus que deux peuples, c'était deux religions, deux civilisations, deux mondes, l'Europe et l'Asie, qui se trouvaient encore une fois aux prises. L'Asie fut vaincue comme toujours, comme elle l'avait été par la Grèce et par Rome, comme elle l'est aujourd'hui par la Russie et l'Angleterre.

Les Sarrasins, si l'on en croit les chroniqueurs, perdirent trois cent soixante-quinze mille hommes. Ce nombre est évidemment exagéré; mais l'imagination au moyen âge fut tellement frappée de ce grand choc de deux races, qu'on crut toujours à un immense massacre.

La victoire de Poitiers parut avoir sauvé l'Europe du mahométisme. Rappelons-nous toutefois qu'une religion comme une civilisation n'a chance de vie que quand elle s'accorde avec les mœurs : or, l'esprit de la religion de Mahomet, ses doctrines fatalistes et sensuelles sont trop contraires au génie des peuples septentrionaux, pour que l'islamisme eût pu s'étendre en Europe; c'est à peine s'il a pu s'élever au-dessus du 43e degré de latitude, tandis qu'il s'est étendu du Portugal jusqu'au Gange. Cette remarque peut paraître bien matérialiste, mais songeons que nous parlons en ce moment d'une époque de barbarie, c'est-à-dire d'un temps où la nature physique a encore une puissante influence sur l'homme non civilisé.

Pour achever et compléter sa victoire, Carl, non content d'avoir arrêté l'invasion musulmane, chercha à rejeter les Arabes au-delà des Pyrénées, en leur enlevant tout ce qu'ils possédaient dans la Gaule méridionale. Il marcha contre un de leurs émirs, qui cherchait à élever en Provence le siége d'un nouvel empire, s'empara d'Avignon qu'il réduisit en cendres, assiégea inutilement Narbonne, mais enleva Marseille, et entra dans Nîmes, où il essaya de brûler les arènes qu'on avait changées en forteresse; on aperçoit, dit-on, encore sur les murs des traces de l'incendie.

Ces succès sur les infidèles firent bientôt oublier que c'était avec les biens de l'Église qu'il avait payé les services de ses guerriers, et, quelque temps avant sa mort, Carl reçut deux nonces du pape Grégoire III (les premiers qu'on ait vus en France); ils lui apportèrent les clefs du sépulcre de saint Pierre avec d'autres présents, et lui demandèrent contre Luitprand, roi des Lombards, des secours qu'il leur promit, mais que la mort ne lui permit pas d'envoyer. Ainsi commençaient à se rapprocher ces deux grandes puissances, le pape et le maire d'Ostrasie, qui devaient s'aider l'un l'autre à dominer sur le monde.

LES FILS DE CARL MARTEL. — PEPIN ET CARLOMAN.

[741] « En l'année 741, Charles, maire du palais, mourut, laissant pour héritiers trois fils, Carloman, Pepin et Griffon; celui-ci, le plus jeune, eut pour mère Sonnichilde, petite-fille d'Odilon, duc des Bavarois. Elle excita en son fils une telle ambition de posséder tout le royaume, qu'il s'empara sans délai de la ville de Laon et déclara la guerre à ses frères. Ceux-ci assemblèrent sur-le-champ une armée, assiégèrent Laon, reçurent à discrétion leur frère, et ne pensèrent plus qu'à reprendre les pays qui s'étaient séparés de la société des Francs depuis la mort de leur père; mais afin de laisser toute chose en sûreté au dedans, avant de partir pour les pays étrangers, Carloman prit Griffon et le fit garder à Neufchâtel près des Ardennes. On dit qu'il y resta prisonnier jusqu'au temps où Carloman partit.

GUERRE CONTRE L'AQUITAINE ET CONTRE LES PEUPLES DE LA GERMANIE.

[742] « Carloman et Pepin, maîtres du royaume des Francs, voulurent d'abord reprendre l'Aquitaine; ils marchèrent avec une armée contre Hunold, duc de cette province, prirent un certain château nommé Loches, et, avant de se retirer, ils divisèrent entre eux, dans le lieu appelé Vieux-Poitiers (*), le royaume qu'ils administraient ensemble. La même année, après leur retour dans leurs états, Carloman

(*) Près de Chatellerault.

envahit le pays des Alemans, qui avaient abandonné la confédération des Francs, et le dévasta par le fer et le feu.

[743] « Carloman et Pepin joignirent leurs troupes et marchèrent contre Odilon, duc de Bavière; ils lui livrèrent bataille et dispersèrent son armée. Dès qu'ils furent rentrés chez eux, Carloman partit seul pour la Saxe, et reçut à discrétion le fort qu'on nomme Hocsiegbourg, avec le Saxon Théoderick qui y commandait.

[744] « Les mêmes frères, Carloman et Pepin, marchèrent contre la Saxe avec leurs troupes réunies, et réduisirent de nouveau ce même Théoderick à capituler.

PEPIN SEUL CHEF DES FRANCS.

[745] « Cette année, Carloman découvrit à son frère Pepin ce qu'il méditait depuis long-temps, savoir, de se retirer du monde et servir Dieu sous l'habit de moine (*). Pepin, d'après cela, renonça à l'expédition qu'il méditait, pour s'occuper d'accomplir les vœux de Carloman et l'aider aux préparatifs de son voyage. Celui-ci voulait se rendre à Rome, et Pepin veilla à ce que son frère fût décemment et honorablement traité dans sa route vers ce lieu.

[746] « Carloman partit pour Rome, abandonna les gloires du siècle, changea d'habit et bâtit un monastère en l'honneur de saint Silvestre sur le mont Soracte (747), où le saint passe pour s'être caché pendant le temps de la persécution qui arriva sous Constantin. Carloman, après avoir demeuré quelque temps dans ce lieu, prit un meilleur parti, se rendit pour servir Dieu dans le monastère de Saint-Benoît, situé près du mont Cassin dans le Samnium, et prit en cet endroit l'habit religieux.

[747] « Griffon, frère de Carloman et de Pepin, ne voulant point vivre soumis à ce dernier, quoiqu'il en fût traité avec honneur, leva une troupe et se retira en Saxe. Là, ayant rassemblé

(*) Ce fait appartient à l'année 746.

aussi l'armée des Saxons, il campa à Horheim sur les bords de l'Ocker. Mais Pepin voulant tirer vengeance de la perfidie de son frère, traversa la Thuringe à la tête des troupes franques, entra en Saxe et campa à Schaning. Les deux frères ne se livrèrent cependant pas bataille et se retirèrent après s'être accommodés (748).

[748] « Griffon, se défiant de la foi des Saxons, gagna la Bavière, réduisit ce duché sous son obéissance avec les troupes franques, qui accouraient à lui en grand nombre, obligea Tassilon et Chiltrude à se rendre à lui, et reçut les secours de Swithger qui venait à son aide. Lorsque Pepin eut appris cet événement, il marcha en Bavière avec une armée nombreuse, et s'empara de son frère Griffon et de tous ceux qui étaient venus à lui ou l'avaient joint, remit Tassilon en possession de son duché, et, de retour dans ses états, il mit Griffon, en qualité de duc et selon l'usage, à la tête de douze comtés ; mais celui-ci ne fut pas reconnaissant d'un tel bienfait, car il s'enfuit la même année près de Waïfer, duc d'Aquitaine.

PEPIN ROI.

[749] « Burchard, évêque de Würtzbourg, et Fulrad, prêtre chapelain, furent envoyés à Rome, au pape Zacharie (*), afin de consulter le pontife, touchant les rois qui alors étaient en France, et qui n'en possédaient que le nom sans en avoir en aucune façon la puissance. Le pape répondit, par un messager, qu'il valait mieux que celui qui possédait déjà l'autorité de roi le fût en effet, et donnant son plein assentiment, il enjoignit que Pepin fût fait roi.

[750] «Dans cette année, d'après la sanction du pontife romain, Pepin fut appelé roi des Francs (**), oint pour cette haute dignité de l'onction sacrée (*) par la sainte main de Boniface, archevêque et martyr d'heureuse mémoire, et élevé sur le trône, selon la coutume des Francs, dans la ville de Soissons. Quant à Childéric, qui se parait du faux nom de roi, Pepin le fit mettre dans un monastère (**).»

Ainsi se termina cette longue comédie que les maires du palais jouaient depuis un siècle. Éginhard, l'ami et le ministre de Carl-le-Grand (Charlemagne), nous montre ailleurs, dans la vie de ce prince, ce qu'étaient devenus les rois mérovingiens. « La famille des Mérovingiens, dans laquelle les Francs avaient coutume de se choisir des rois, passe pour avoir duré jusqu'à Childéric, déposé, rasé et confiné dans un monastère par l'ordre du pontife romain Étienne. On peut bien, il est vrai, la regarder comme n'ayant fini qu'en ce prince ; mais depuis longtemps déjà elle ne faisait preuve d'aucune vigueur et ne montrait en elle-même rien d'illustre, si ce n'est le vain titre de roi. Les trésors et les forces du royaume étaient passés aux mains des préfets du palais, qu'on appelait maires du palais, et à qui appartenait réellement le souverain pouvoir. Le prince était réduit à se contenter de porter le nom de roi, d'avoir les cheveux flottants et la barbe longue, de s'asseoir sur le trône et de représenter l'image du monarque. Il donnait audience aux ambassadeurs de quelque lieu qu'ils vinssent, et leur faisait, à leur départ, comme de sa pleine puissance, les réponses qui lui étaient enseignées ou plutôt commandées. A l'exception du vain nom de roi et d'une pension alimentaire mal assurée et que lui réglait le préfet du palais selon son bon plaisir, il ne possédait en propre qu'une seule maison

(*) C'est en l'année 751 et non en 749 qu'ils furent envoyés. La chronologie d'Éginhard n'est point toujours très-exacte pour ces premières années.

(**) Au mois de mars 752 : c'est toujours la même erreur de deux ans.

(*) Les rois de la première race n'avaient point eu recours au sacre. Pepin avait besoin de cette consécration, qui lui donnait un caractère religieux, le tirait sans retour du rang des leudes, et le faisait paraître aux yeux des peuples comme l'*oint du Seigneur*.

(**) Éginhard Annales.

de campagne, d'un fort modique revenu; et c'est là qu'il tenait sa cour, composée d'un très-petit nombre de domestiques chargés du service le plus indispensable et soumis à ses ordres. S'il fallait qu'il allât quelque part, il voyageait monté sur un chariot traîné par des bœufs et qu'un bouvier conduisait à la manière des paysans. C'est ainsi qu'il avait coutume de se rendre au palais et à l'assemblée générale de la nation, qui se réunissait une fois chaque année pour les besoins du royaume; c'est encore ainsi qu'il retournait d'ordinaire chez lui. Mais l'administration de l'état, et tout ce qui devait se régler et se faire au dedans comme au dehors était remis au soin du préfet du palais (*). »

RAPPORTS ENTRE LE PAPE ET LES MAIRES D'OSTRASIE.

La réponse de Zacharie aux envoyés de Pepin, le renouvellement en sa faveur de la cérémonie hébraïque du sacre par l'huile sainte, constatent l'intime union qui existait alors entre le pape et l'ancien maire du palais d'Ostrasie; tous deux avaient besoin l'un de l'autre: l'évêque de Rome désirait se soustraire au joug des empereurs de Constantinople, protecteurs de l'hérésie des Iconoclastes (**), et à l'oppression des Lombards, qui jetaient toujours un œil d'envie sur l'ancienne capitale du monde romain. D'autre part, la sanction du pontife ne semblait pas inutile au maire du palais pour consacrer aux yeux des Francs son droit à porter le titre de roi. L'autorité du pontife de Rome commençait en effet à croître au-delà des monts : il n'était point encore le seul représentant de Dieu sur la terre, le pontife infaillible dont la parole pouvait enlever ou donner les couronnes ; mais il était l'évêque de Rome, de la métropole de l'ancien monde; on le reconnaissait pour le successeur de saint

(*) Éginhard, Vie de Charlemagne.
(**) Celle qui ne voulait point admettre le culte des saints et brisaient les images.

Pierre; les évêques d'Espagne lui accordaient déjà une sorte de suprématie, au moins comme au patriarche d'Occident : si ailleurs dominait encore dans l'église le gouvernement aristocratique, c'est-à-dire si les évêques ne reconnaissaient point de supérieur, bien des causes militaient en faveur du pontife de Rome pour que son autorité s'établît bientôt sur eux. Tandis, en effet, que les évêques s'occupaient uniquement de leurs intérêts temporels ou de leurs devoirs religieux dans les diocèses qu'ils administraient, le pape, représentant seul l'idée de l'église universelle, s'était chargé de la conversion des païens, que le reste du clergé abandonnait; il fondait, en Angleterre, en Allemagne, des églises qui reconnaissaient Rome pour leur métropole et où les évêques ne se regardaient que comme les délégués du pape. Le maire du palais se trouvait presque, pour l'ordre civil, dans une position analogue. Nous l'avons vu s'élever peu à peu au-dessus des leudes, dominer les grands dont il n'était d'abord que le pair et le représentant, puis dépouiller les rois à son profit et se mettre enfin à leur place, tout en paraissant respecter les droits de l'aristocratie. Ces deux puissances nouvelles se mirent bientôt en rapport; nous avons indiqué quelques-uns des motifs qui les rapprochèrent : il en est un toutefois que nous avons passé sous silence, parce que nous aurons à nous en occuper plus longuement; je veux parler de la conversion des païens du nord de la Germanie.

INTRODUCTION DU CHRISTIANISME EN ALLEMAGNE.

Au temps de Constantin, le christianisme dominant dans l'empire avait déjà pénétré dans plusieurs parties de la Germanie, dans l'Helvétie, la Rhétie et le Noricum : il ne put toutefois se soutenir sur ces frontières qu'autant que les légions en tinrent éloignées les bandes germaniques. Quand vint l'invasion, ces églises isolées disparurent, et il ne resta plus dans ces contrées qu'un petit nombre de familles chrétiennes dispersées çà et là. Mais si les barbares pouvaient faire des ruines nombreuses, brûler des églises et disperser sur leur passage les populations chrétiennes, ils n'étaient point assez forts pour abattre le christianisme comme ils avaient fait de l'empire; ils n'en avaient point d'ailleurs la volonté. Dans leur vie de pillages et de courses aventureuses, ils avaient pris une certaine indifférence, un grossier scepticisme pour les dieux mêmes de leur patrie. Le génie de l'homme du Nord c'est l'orgueil du moi humain. « Je n'ai aucune confiance aux idoles, disait Balder, roi d'Ulfsdal; j'ai parcouru maint pays, j'ai rencontré des géants et des esprits, ils n'ont pu rien contre moi (*). » « Je ne suis ni chrétien ni païen, répondait un guerrier scandinave au roi Olaüs qui le pressait de se convertir au christianisme; je ne suis ni chrétien ni païen, je crois à moi. » Aussi peu importait à ces barbares de jurer par Odin ou par Christ. Quand Hlodowig se fit baptiser, ses leudes firent comme lui; trois mille de ses compagnons le suivirent à Reims comme ils l'auraient suivi à une cérémonie païenne. Le moine de Saint-Gall nous raconte, dans sa naïve chronique, comment d'autres barbares du IX.ᵉ siècle spéculaient sur le zèle et la piété des convertisseurs :

« Long-temps après la mort du belliqueux David, les nations voisines, soumises à son empire par la force de son bras, acquittèrent les tributs au pacifique Salomon son fils; de même, par suite de sa crainte pour le très-auguste empereur Charles et des impôts qu'elle lui payait, la féroce nation des Normands continua d'honorer du même respect son fils Louis. Un jour l'empereur, touché de compassion pour ces peuples, demanda à leurs envoyés s'ils voulaient recevoir la religion chrétienne. Ceux-ci ayant répondu qu'ils étaient prêts à lui obéir en tous lieux et en toutes choses, il ordonna qu'on les baptisât au nom de celui dont saint Augustin a dit : « S'il « n'y avait pas de trinité, celui qui « est toute vérité n'aurait pas dit : Allez, et instruisez toutes les nations « en les baptisant au nom du Père, du « Fils et du Saint-Esprit. » Traités par les principaux officiers du palais comme des enfants d'adoption, ces Normands reçurent, par les mains de leurs parrains, et de la garde-robe même de César, en habits précieux et autres ornements, un costume de Franc entièrement blanc. Cela se répéta souvent et pendant long-temps; des Normands en très-grand nombre, et par amour, non de Jésus-Christ, mais des biens terrestres, se hâtèrent de venir, d'année en année, offrir leurs respects à l'empereur, le saint jour de Pâques, non plus comme députés, mais comme vassaux très-dévoués. Un certain jour plusieurs arrivèrent par hasard jusqu'à Louis; l'empereur leur demanda s'ils désiraient être baptisés, et, sur leur déclaration affirmative, il enjoignit de répandre sur eux l'eau sainte sans tarder davantage. Comme on n'avait pas assez d'habits de lin tout prêts, il prescrivit de couper des surplis et de les coudre en forme de linceul ou de les arranger par bandes. Un de ces vêtements fut mis tout à coup à un des vieillards normands; il le considéra quelque temps d'un œil curieux; puis, saisi d'une violente colère, il dit à l'empereur : « J'ai déjà « été lavé ici vingt fois; toujours on « m'a revêtu d'excellents habits très-« blancs; le sac que voici ne convient « pas à des guerriers, mais à des « gardeurs de cochons; dépouillé de « mes vêtements et point couvert avec « ceux que tu me donnes, si je ne rougissais de ma nudité, je te laisserais « ton manteau et ton Christ (*). »

Ce que fit ce vieux Normand sous Louis-le-Débonnaire, les Saxons sous Charlemagne, les Francs long-temps avant l'avaient fait comme lui; l'esprit barbare était le même au V.ᵉ et au IX.ᵉ siècle. Cependant, lorsqu'après la con-

(*) Saga de Triggweson.

(*) Le moine de Saint-Gall, p. 263-265.

quête la vie sédentaire recommença pour les bandes germaniques, entourées, pressées de tous côtés par le christianisme et les prêtres, il leur fallut bien, peu à peu, se convertir sérieusement. Alors le christianisme, gagnant de proche en proche, s'avança vers le Rhin, passa le fleuve et se répandit dans les contrées voisines. Toutefois il n'osa encore à cette époque attaquer le paganisme dans son fort; les missionnaires ne s'aventurèrent point dans la Saxe; cette tâche difficile était réservée à saint Boniface et aux évêques de Carl-le-Grand.

CONVERSION DU SUD-OUEST DE L'ALLEMAGNE.

Sous les Mérovingiens, les missionnaires ne portèrent l'Évangile que dans les pays voisins du Rhin et dans le sud-ouest de l'Allemagne. Au temps de Dagobert le christianisme avait à peine pénétré dans la Belgique. Dagobert Ier ordonna à Éligius, évêque de Noyon et de Vermandois, de contraindre en son nom ceux qui ne voudraient pas recevoir le baptême; les Juifs furent également persécutés à cet effet. Ce même évêque propagea le christianisme jusque sur les côtes d'Anvers. Les évêques des Tongres, alors à Maëstricht, en firent autant dans les contrées qu'arrose la Meuse, jusqu'au Vahal. Deux infidèles, Gallus et Riold, s'emparèrent des biens de l'église et tuèrent l'évêque Lambert. Son successeur, Hubert, fit du village de Liége le siége d'un évêché. Les villes de Trèves, de Cologne, de Mayence, de Spire, de Worms, etc., quoiqu'elles eussent beaucoup souffert dans les guerres, avaient cependant conservé leurs évêchés, et celui de Mayence s'était particulièrement distingué. La ville de Windisch (Vindonissa), en Helvétie, ayant été détruite par les Alemans, l'évêché qui y avait été institué précédemment fut rétabli dès le règne de Clotaire Ier, et transporté à Constance sur les bords délicieux du lac de ce nom. Les évêchés d'Augsbourg et de Coire recommencèrent à fleurir, et ces deux siéges firent, ainsi que Constance, partie de l'église des Gaules. Trente passa sous la domination des Lombards. Les évêchés du Noricum, et notamment de Lorch, plus tard Passau, de Villach, l'ancienne Tiburnie, et de Cilly, dépendaient du patriarche d'Aquilée. Celui de Seeben fut transporté à Brixen. Les évêques de Constance étaient particulièrement en position de convertir les Alemans; mais nous ne savons rien de leurs tentatives à cet égard, non plus que de celles de leurs voisins. Toutefois, il est vraisemblable que les Alemans établis sur la rive gauche du Rhin (en Alsace) embrassèrent le christianisme plus tôt que les autres.

SAINT COLOMBAN.

Cependant, l'œuvre de la conversion des païens n'avançait que lentement; l'église, en adoptant les barbares, avait pris aussi leurs mœurs. Pour les élever à elle, elle était descendue jusqu'à eux; mais en le faisant, elle était devenue barbare elle-même. Souvent les évêques se livraient aux passions violentes et grossières des conquérants; fils eux-mêmes des Francs, ils regardaient l'église et ses biens comme leur conquête, et en jouissaient aussi bien qu'un leude de ses bénéfices. Aussi tombaient une à une toutes les lumières de l'église; les écoles d'Autun, de Vienne, de Lerins, qui avaient tant brillé avant l'invasion, devenaient silencieuses. Le peuple des villes n'avait plus d'instruction, celui des campagnes plus de prédicateurs. Où trouver, en effet, dans ce clergé si tiède et tout livré aux joies et aux ambitions de ce monde, de zélés missionnaires qui n'ambitionnassent que la couronne de martyr? Cependant, une réaction eut lieu; l'Irlandais saint Colomban entreprit une réforme; il vint dans les Gaules avec douze de ses disciples, portant partout une parole sévère, dans les cloîtres comme à la cour des princes. Brunehault, à qui il reprocha hardiment les désordres de son petit-fils, voulut le chasser du royaume des

Francs (*); mais il trouva un asile en Ostrasie, et paya son hospitalité en gagnant au christianisme les peuplades germaniques d'au-delà du Rhin; il

(*) Voici le récit de Frédegaire : nous l'insérons ici comme tableau de mœurs : « La quatorzième année du règne de Théoderick, la réputation de saint Colomban s'était accrue dans toutes les cités et toutes les provinces de la Gaule et de la Germanie. Il était tellement célébré et vénéré de tous, que le roi Théoderick se rendait souvent auprès de lui, à Luxeuil, pour lui demander avec humilité la faveur de ses prières. Comme il y allait très-souvent, l'homme de Dieu commença à le tancer, lui demandant pourquoi il se livrait à l'adultère avec des concubines, plutôt que de jouir des douceurs d'un mariage légitime, de telle sorte que la race royale sortît d'une honorable reine, et non pas d'un mauvais lieu. Comme déjà le roi obéissait à la parole de l'homme de Dieu, et promettait de s'abstenir de toutes choses illicites, le vieux serpent se glissa dans l'ame de son aïeule Brunehault, qui était une seconde Jézabel, et l'excita contre le saint de Dieu par l'aiguillon de l'orgueil. Voyant Théoderick obéir à l'homme de Dieu, elle craignit que si son fils, méprisant les concubines, mettait une reine à la tête de la cour, elle ne se vît retrancher par là une partie de sa dignité et de ses honneurs. Il arriva qu'un certain jour Colomban se rendit auprès de Brunehault, qui était alors dans le domaine de Bourcheresse. La reine l'ayant vu venir, amena au saint de Dieu les fils que Théoderick avait eus de ses adultères. Les ayant vus, le saint demanda ce qu'ils lui voulaient. Brunehault lui dit : « Ce sont les « fils du roi, donne-leur la faveur de ta bé-« nédiction. » Colomban lui dit : « Sachez « qu'ils ne porteront jamais le sceptre royal, « car ils sont sortis de mauvais lieux. » Elle, furieuse, ordonna aux enfants de se retirer. L'homme de Dieu étant sorti de la cour de la reine, au moment où il passait le seuil, un bruit terrible se fit entendre, mais ne put réprimer la fureur de cette misérable femme, qui se prépara à lui tendre des embûches... Colomban, voyant la colère royale soulevée contre lui, se rendit promptement à la cour, pour réprimer, par cet avertissement, cet indigne acharnement. Le roi était alors à Époisse, sa maison de campagne. Colomban y étant arrivé au soleil couchant, on annonça au roi que l'homme de Dieu était là, et qu'il ne voulait pas entrer dans la maison du roi. Alors Théoderick dit qu'il valait mieux honorer à propos l'homme de Dieu, que de provoquer la colère du Seigneur, en offensant un de ses serviteurs. Il ordonna donc à ses gens de préparer toutes choses avec une pompe royale, et d'aller au-devant du serviteur de Dieu. Ils coururent donc, et, selon l'ordre du roi, offrirent leurs présents. Colomban, voyant qu'ils lui présentaient des mets et des coupes avec la pompe royale, leur demanda ce qu'ils voulaient. Ils lui répondirent : « C'est ce que « t'envoie le roi. » Mais, les repoussant avec malédiction, il répondit : Il est écrit : « Le « Très-Haut réprouve les dons des impies; « il n'est pas digne que les lèvres des servi-« teurs de Dieu soient souillées de ses mets, « celui qui leur interdit l'entrée non seule-« ment de sa demeure, mais de celle des « autres. » A ces mots, les vases furent mis en pièces, le vin et la bière répandus sur la terre, et toutes les autres choses jetées çà et là. Les serviteurs épouvantés allèrent annoncer au roi ce qui arrivait. Celui-ci, saisi de frayeur, se rendit au point du jour, avec son aïeule, auprès de l'homme de Dieu; ils le supplièrent de leur pardonner ce qui avait été fait, promettant de se corriger par la suite. Colomban apaisé retourna au monastère; mais ils n'observèrent pas long-temps leurs promesses, leurs misérables péchés recommencèrent, et le roi se livra à ses adultères accoutumés. A cette nouvelle, Colomban lui envoya une lettre pleine de reproches, le menaçant de l'excommunier s'il ne voulait pas se corriger. Brunehault, de nouveau irritée, excita l'esprit du roi contre Colomban, et s'efforça à le perdre de tout son pouvoir. Elle pria tous les seigneurs et tous les grands de la cour d'animer le roi contre l'homme de Dieu; elle osa solliciter aussi les évêques, afin qu'élevant des soupçons contre sa religion, ils accusassent la règle qu'il avait imposée à ses moines. Les courtisans, obéissant aux discours de cette misérable reine, excitèrent l'esprit du roi contre le saint de Dieu, l'engageant à le faire venir pour prouver sa religion. Le roi, entraîné, alla trouver l'homme de Dieu à Luxeuil, et lui demanda pourquoi il s'écartait des coutumes des autres évêques, et aussi pourquoi l'intérieur du monastère n'était pas ouvert à tous les chrétiens. Colomban, d'un esprit fier et plein de courage, répondit au roi qu'il n'avait pas coutume d'ouvrir l'entrée de l'ha-

convertit les Alemans de l'Helvétie, peuple sauvage, qui naguère encore avait fait une cruelle invasion dans la Bourgogne.

Le paganisme dans ces contrées était encore tout-puissant; à Tuggen sur la Limate, les idoles étaient debout, dans leurs temples, quand arrivèrent saint Colomban et saint Gall qui faillirent être massacrés pour y avoir osé porter la main. Sur le rivage méridional du lac de Constance, à Arbon, dont la fondation remonte au temps des Romains, ils rencontrèrent, il est vrai, un prêtre, nommé Wilmar; mais sur la rive orientale de Brégenz ils virent, dans un temple consacré jadis au culte chrétien, trois idoles auxquelles le peuple venait sacrifier. Saint Gall commença à prêcher dans la langue du pays, renversa les images et les jeta dans le lac. Un grand tonneau de bière, destiné aux sacrifices, ayant éclaté avec un énorme fracas, beaucoup d'idolâtres crurent ses paroles. Les deux apôtres restèrent trois ans dans cette contrée. Mais le duc établi sur ce pays, et qui se nommait Gunzo (Cunz), conçut des préventions contre Colomban, ce qui obligea celui-ci à passer chez les Lombards. Quant à saint Gall, il resta chez le prêtre Wilmar, à Arbon. Dans une vallée sauvage qu'arrose la Steinach, et près d'une cascade, il fonda une maison de prière sur l'emplacement même où fleurit plus tard l'abbaye qui porte son nom. Bientôt il rentra en grace auprès du duc, pour avoir rendu la santé à sa fille Fridegild, qui était destinée à devenir l'épouse du roi Sigebert. On voulut l'élire à l'évêché de Constance, mais il laissa cet honneur à un chrétien, nommé Jean, qui était né dans le pays et dont il avait fait la connaissance à Coire.

Un autre de ces missionnaires, nommé Sigbert, qui s'était séparé de Colomban sur le Saint-Gothard, choisit pour sa retraite une affreuse solitude, non loin de la source du Rhin, et y fonda le couvent de Dissentis, dont les habitants lui firent de nombreuses donations. Quand Fridolin eut fondé le couvent de Seckingen, sur une île du Rhin, les missionnaires ne craignirent plus de se hasarder sur ce fleuve. Trudbert pénétra dans le Brisgau, Landelin dans l'Ortenau.

Ce fut dans le même dessein que des Irlandais pénétrèrent en Bavière. Le roi Garibald, dont la fille Theudelind épousa Agilulf, roi des Lombards, est, à ce qu'on peut savoir, le premier prince de ce pays qui ait voulu connaître la religion chrétienne. Mais la plus grande partie du peuple vivait

bitation des serviteurs de Dieu à des hommes séculiers et étrangers à la religion, mais qu'il avait des endroits préparés et destinés à recevoir tous les hôtes Le roi lui dit : « Si tu « désires t'acquérir les dons de notre largesse « et le secours de notre protection, tu per-« mettras à tout le monde l'entrée de tous les « lieux du monastère. » L'homme de Dieu répondit : « Si tu veux violer ce qui a été « jusqu'à présent soumis à la rigueur de nos « règles, sache que je me refuserai à tes « dons et à tes secours; et si tu es venu ici « pour détruire les retraites des serviteurs de « Dieu et renverser les règles de la discipline, « sache que ton empire s'écroulera de fond « en comble, et que tu périras avec la race « royale; » ce que l'événement confirma dans la suite. Déjà, d'un pas téméraire, le roi avait pénétré dans le réfectoire; épouvanté de ces paroles, il retourna promptement dehors. Il fut ensuite assailli de vifs reproches de l'homme de Dieu, à qui Théoderick dit : « Tu espères que je te donnerai la cou-« ronne du martyre, sache que je ne suis « pas assez fou pour faire un si grand crime; « reviens à des conseils plus prudents qui te « vaudront beaucoup d'avantages, et que « celui qui a renoncé aux mœurs de tous les « hommes séculiers, rentre dans la voie qu'il « a quittée. » Les courtisans s'écrièrent tous d'une même voix, qu'ils ne voulaient pas souffrir dans ces lieux un homme qui ne faisait pas société avec tous. Mais Colomban dit qu'il ne sortirait pas de l'enceinte du monastère, à moins d'en être arraché par force. Le roi s'éloigna donc, laissant un certain seigneur, nommé Baudulf, qui chassa aussitôt le saint de Dieu du monastère, et le conduisit en exil à la ville de Besançon, jusqu'à ce que le roi décidât, par une sentence, ce qu'il lui plairait de décider (*). »

(*) Frédégaire, traduit par M. Guizot.

livré aux superstitions païennes ou à un mélange confus de paganisme et de cérémonies chrétiennes qu'il avait conservées depuis le temps des Romains. Répandre une lumière plus pure, devint une tâche que les missionnaires ne purent tous accomplir facilement. D'abord, au temps de Clothaire II et de Dagobert I*er*, il fallut se borner à rétablir le christianisme là où il avait pris racine précédemment. Chez les Alemans les conversions s'opérèrent d'abord dans les contrées les plus sauvages. Les cellules solitaires du prédicateur de la loi nouvelle furent bientôt remplacées par des couvents, qui devinrent l'asile des doctrines religieuses et scientifiques ; et à mesure que les missionnaires gagnèrent du terrain dans l'intérieur, de nouveaux évêchés furent fondés.

LE PAPE SE CHARGE DE LA CONVERSION DES PAÏENS.

Mais ces efforts étaient ceux de quelques hommes isolés qui, n'étant point soutenus ni recrutés par de nouveaux missionnaires, ne pouvaient étendre au loin leur influence. La conversion de l'Allemagne païenne ne devait s'accomplir que quand l'évêque de Rome aurait pris pour lui le soin de ces missions lointaines. Le pape avait seul en effet les moyens de poursuivre opiniâtrément cette entreprise de renouveler sans cesse par de nouveaux convertisseurs les missionnaires épuisés ou massacrés aux autels des idoles. Il y avait aussi un puissant intérêt, car ce zèle pour la propagation de l'Évangile devait légitimer les droits au titre de vicaire de Jésus-Christ et de père commun des fidèles ; d'ailleurs, comme nous l'avons déjà dit, les nouvelles églises fondées dans l'Allemagne convertie devaient, comme les anciennes colonies de Rome, reconnaître la ville éternelle pour métropole et son évêque pour leur chef spirituel. Ainsi, lorsque le duc Théodo, converti au christianisme, en 672, par le moine franc Hrodbert, fit un pèlerinage à Rome, le pape Grégoire le fit accompagner, à son retour, par trois prêtres, qui devaient organiser le culte en Bavière. Bientôt, en effet, l'on vit s'élever trois riches évêchés, à Ratisbonne, à Passau et à Salzbourg. Un autre moine italien, Corbinian, vint ensuite continuer l'œuvre de ces premiers missionnaires et répandre la parole du Christ parmi les Bavarois.

Mais les papes ne se contentèrent point de ces succès remportés aux portes de l'Italie. La conquête de toute la Grande-Bretagne, soumise par eux à l'Évangile, avait trop excité leur zèle pour qu'ils n'essayassent point de gagner de nouveaux peuples au Christ et à l'église de Rome. D'ailleurs, il y avait dans le monde chrétien un nombre immense d'hommes qui, condamnés par leurs vœux à la pauvreté et à la solitude du cloître, se jetaient volontiers dans la vie active et périlleuse des missions : ces hommes, qu'aucun intérêt temporel n'attachait à tel ou tel lieu, à qui les minuties de la règle pesaient peut-être, acceptèrent avec empressement les invitations des papes. Ceux-ci gagnèrent beaucoup à faire prendre aux moines ces habitudes de soumission et d'obéissance au saint-siège ; car, en se donnant pour chefs à tous les ordres monastiques, ils se créèrent ainsi, par toute l'Europe, une milice dévouée et nombreuse, à l'aide de laquelle ils purent lutter contre les prétentions des évêques à l'indépendance. On sait quels services les jésuites ont rendus à la cour de Rome. Je ne veux point dire qu'à l'époque qui nous occupe, tous ces résultats fussent prévus ; mais lorsque les papes stimulèrent le zèle des moines à convertir les païens, lorsqu'ils se chargèrent de diriger leur activité et se donnèrent pour chefs à ces saintes entreprises, ils avaient sans doute déjà compris qu'une intime alliance devait exister entre eux et cette partie du clergé.

A la fin du VII*e* siècle, tandis que la Bavière et les contrées voisines se fortifiaient dans leur foi nouvelle, les papes songèrent à détruire l'idolâtrie dans toute l'Allemagne du nord. Kilian reçut (686) la mission de convertir les Thuringiens. Leur duc Gozbert consentit à recevoir le baptême avec une grande partie de son peuple; mais Kilian ayant voulu contraindre le duc à se séparer de Gailana, la veuve de son frère, celle-ci le fit tuer avec ses onze compagnons, durant une absence de son époux. Cet événement arrêta les progrès du christianisme dans la Thuringe.

Le christianisme devait en effet trouver au nord beaucoup plus d'obstacles qu'il n'en avait rencontré au midi. Les Thuringiens, les Frisons, les Saxons, étaient plus barbares, ils étaient restés plus fidèles à leurs anciennes coutumes : prêcher parmi eux l'Évangile, ce n'était point seulement leur apporter une religion nouvelle, mais vouloir changer toute leur organisation intérieure; d'ailleurs, les missionnaires leur étaient suspects : n'étaient-ils point en relation constante avec ces Francs ostrasiens, leurs éternels ennemis? n'était-ce point de là qu'ils partaient, là qu'ils revenaient? n'était-il pas même souvent arrivé qu'ils se présentaient comme les agents directs des maires du palais? C'était toujours après une défaite qu'ils les voyaient venir au milieu d'eux, apportant un ordre des rois francs pour se faire respecter et écouter. Aussi, dans l'esprit de ces peuples, l'idée de l'indépendance politique se mêlait toujours à celle de la conservation de l'ancien culte.

Pour vaincre tant d'obstacles, il fallut de longs efforts. Les moines Wilfrid, Wikbert, Wilibrord et ses douze compagnons, prêchèrent vainement dans la Frise; ceux qui se hasardèrent dans la Saxe furent encore moins heureux : ils périrent victimes de leur zèle. Cependant, le pape Sergius ayant nommé Wilibrord évêque de Frise, Pepin lui donna pour résidence le château de Wiltabourg, où s'éleva plus tard la ville d'Utrecht, et de là il put étendre peu à peu autour de lui des prédications fructueuses.

Cependant le temps approchait où le christianisme allait s'implanter dans l'Allemagne septentrionale d'une manière définitive. Les maires d'Ostrasie comprenaient mieux chaque jour quels avantages ils pouvaient retirer de ces missions. Ces peuplades si incommodes, le christianisme allait les fixer, leur faire tomber les armes des mains, les conduire dans une voie nouvelle de paix et de civilisation; toutes ces conquêtes de la religion seraient pour eux des victoires. Aussi y aidèrent-ils de tout leur pouvoir. Charles Martel, Pepin, secondèrent puissamment les efforts de saint Boniface, à qui était réservée la gloire de fonder l'église d'Allemagne. C'était un Anglo-Saxon, né vers 680, à Kirton, dans le comté de Devon : il s'appelait Winfried; plus tard il prit le nom romain de Bonifacius. Son activité extraordinaire se proposa trois résultats principaux : continuer la conversion des païens, réformer les églises déjà fondées, fonder de nouveaux évêchés en les soumettant immédiatement à l'église de Rome.

D'abord, pour ce qui concerne la propagation de l'Évangile, si l'on excepte les Frisons et les Saxons, chez lesquels les missions avaient déjà commencé, tout l'ancien pays des Cattes, sur la rive droite du Rhin, était encore livré au paganisme. Si l'on omet aussi les tentatives infructueuses faites antérieurement par Kilian dans la Thuringe méridionale, Boniface est le premier qui ait pénétré dans ces forêts, et c'est à lui qu'appartient le mérite d'avoir changé totalement l'aspect du peuple et du pays. Dans le principe, il agit avec beaucoup de précautions; suivant en cela les préceptes de Grégoire-le-Grand, qui, malgré son aversion pour l'ancienne littérature classique, avait expressément recommandé aux missionnaires de ne pas détruire les temples et les bois des peuples païens, mais de les transformer en églises chrétiennes, et de faire succéder aux sacrifices les repas joyeux et fraternels. Les premières générations, ajouta-t-il, vaudront d'abord peu de chose, mais les suivantes deviendront nécessairement meilleures. Daniel, évêque de Winchester, dont Boniface prenait surtout conseil, lui écrivit dans le même sens:

qu'il ne fallait pas exaspérer les païens, mais les gagner par la voie de la douceur; qu'il fallait leur demander souvent : « Pourquoi, si vos dieux ont créé le monde, ont-ils besoin de sacrifices? Pourquoi vos pays sont-ils couverts de frimas, tandis que ceux des chrétiens produisent le vin et l'huile? » Ces moyens réussirent à Boniface, et pendant le court séjour qu'il fit pour la première fois dans la Hesse (722), plusieurs milliers d'habitants reçurent le baptême.

Mais quand il fut de retour de Rome avec la dignité épiscopale et avec les instructions immédiates du pape, quand il put compter sur le puissant appui de Charles Martel, il commença à agir avec plus d'énergie. Il convient lui-même que, sans les secours du pouvoir temporel, il ne serait parvenu à son but, ni auprès des païens, ni auprès des demi-chrétiens. A Geismar, non loin de Gudensberg et de Fritzlar, était le chêne du Tonnerre, sous lequel le peuple s'acquittait des cérémonies religieuses et recevait la justice. Quelques Hessois, convertis au christianisme, persuadèrent à Boniface que si ce chêne était renversé, avec lui tomberait la croyance aux anciennes divinités. Boniface suivit le conseil, et lui-même frappa l'arbre à coups de hache. Les idolâtres le regardaient tranquillement, convaincus que la foudre de Thor ne pouvait manquer de frapper l'audacieux qui osait porter la main sur l'arbre consacré à ce dieu. Mais quand l'arbre fut tombé comme un arbre ordinaire, tous restèrent frappés d'un muet étonnement; et du bois de l'arbre du Tonnerre, Boniface fit construire une église chrétienne. A Amœnebourg, à Fritzlar, et dans d'autres lieux, des églises, des couvents et des écoles furent également fondés.

Bientôt de nouveaux auxiliaires de l'un et l'autre sexe lui arrivèrent de la Grande-Bretagne, et l'œuvre de la conversion des idolâtres continua sans interruption. Cependant on eut beaucoup de peine avant d'obtenir que le peuple changeât ses mœurs et son genre de vie; il ne pouvait se résigner aux jeûnes prescrits par l'église, ni se conformer à la défense qui lui était faite de se nourrir de certains animaux déclarés impurs. Boniface se vante d'avoir converti cent mille hommes; mais comme on n'a rien de certain sur l'étendue du territoire qu'il parcourut, on ne peut déterminer avec certitude l'importance du résultat eu égard à la population.

Vers le même temps, Pirmin avait fondé des couvents chez les Alemans, et notamment dans la charmante île de Reichnau, près de Constance (724).

Chez les Frisons, au contraire, le christianisme ne put obtenir aucun succès durable, tant que ce peuple eut à lutter contre la domination des Francs. Après la mort de Rathbod, ils se réunirent sous le duc Poppo, pour relever les autels et la liberté de leurs ancêtres. Poppo succomba, les bois sacrés furent détruits, mais les sentiments du peuple restèrent immuables.

Il en fut de même chez les Saxons. Charles Martel, Carloman et Pepin pénétrèrent souvent chez eux avec leurs armées, et les deux derniers prétendirent que ceux qu'ils avaient soumis consentaient facilement au baptême. Mais ils voulaient seulement parler des peuples de la Thuringe septentrionale, qui, depuis le partage de leur pays et depuis l'immigration des Souabes et des Hessois, étaient devenus tributaires. Encore n'était-ce qu'une croyance imposée et sans consistance aucune.

Mais la tâche des missionnaires ne se bornait pas aux efforts, souvent impuissants, qu'ils faisaient pour convertir les païens; les églises précédemment fondées en Bavière, en Alemannie, en Thuringe, réclamaient non moins de soins et de zèle. Chez la plus grande partie du peuple, au nom près, tout était resté ce qu'il était autrefois, ou plutôt c'était un mélange singulier des anciennes cérémonies du paganisme et du culte chrétien. Ils ne pouvaient s'habituer à voir dans les bois, les fontaines et les arbres, des objets inanimés, à considérer les rochers comme des masses inertes. Ils conti-

11ᵉ *Livraison.* (ALLEMAGNE.)

nuaient à aller prier dans ces lieux, et à défaut des anciennes idoles, ils y adoraient les saints du christianisme en brûlant des cierges en leur honneur. Il y avait même des prêtres chrétiens qui sacrifiaient au dieu Thor. Mais si entre les mains des hommes le christianisme a, dans le principe, adopté certaines formes extérieures qui lui donnaient quelque ressemblance avec le paganisme, il faut lui savoir gré de cette utile concession, qui a facilité la transition d'un culte à l'autre, surtout à une époque où il n'y avait pas de devoir plus pressant que d'épurer les idées et de réformer les mœurs.

C'est dans ce but que Boniface fit convoquer les premiers conciles en Allemagne. Le premier de tous se tint à Ratisbonne (740), avec l'appui du duc Odilon; les évêques alemans s'y rendirent. Ensuite deux autres furent assemblés à Salzbourg. Le second (741) fut présidé par le maire du palais Carloman. L'année suivante un troisième fut tenu à Liptin. Ces conciles nous font connaître les superstitions païennes que les évêques avaient mission d'extirper de leurs diocèses; Boniface s'y éleva surtout contre l'usage inhumain de vendre des esclaves aux peuples païens du voisinage, qui les immolaient à leurs idoles.

Si les premiers missionnaires, comme hommes de mœurs sévères, comme vivant dans la solitude, ont donné une haute idée de leur sainteté au peuple, qui par cela même leur a attribué de nombreux miracles, les évêques, de leur côté, ne trouvèrent pas d'autre moyen de faire une impression profonde sur l'esprit des peuples que de déployer à leurs yeux la pompe et l'éclat de la dignité épiscopale. Les décisions des conciles contiennent des dispositions à cet égard. Il y est prescrit en outre aux ecclésiastiques de s'abstenir de la guerre, de la chasse et du costume séculier. A cette époque encore on trouve des évêques mariés. Le célèbre Arnolf, de Metz, appartient, par son fils Adalgise, aux ancêtres de la race royale des Pepins ou Carlovingiens. Le célibat des prêtres fut bientôt après érigé en loi; mais pendant long-temps encore cette loi ne fut pas généralement observée.

Bien que déjà sous le règne de Dagobert les évêchés de l'Alemanie eussent été organisés, les diocèses de Ratisbonne, Salzbourg, Freisingen et Passau reçurent une délimitation plus précise, et bientôt le second fut érigé en archevêché. De plus, Boniface, en qualité d'archevêque, fonda dans l'intérieur de l'Allemagne, trois nouveaux évêchés, à Burabourg, non loin de Fritzlar, à Wurzbourg et à Eichstædt. Le premier, un siècle après, s'étendait sur le Hessengau, le Lohngau, le Grabfeld, et probablement aussi le Wetterau; le second sur la Franconie orientale, et le troisième sur le Nordgau. Boniface n'établit aucun évêque en Thuringe : il se réserva l'administration immédiate de cette contrée; et après avoir pourvu à l'éducation des jeunes ecclésiastiques, par l'établissement de quelques couvents, il peupla les déserts du Buchwald, en y fondant une abbaye qui tira son nom de la Fulda, par laquelle le pays est arrosé. Carloman et d'autres seigneurs facilitèrent cette dernière fondation en abandonnant des terres précédemment conquises dans cette contrée.

Cette organisation des archevêchés donna lieu à des contestations avec Gewilieb, archevêque de Mayence. Bien que ce prélat n'eût pris aucune part active à la conversion des peuples de la rive droite du Rhin, il voulait cependant qu'ils fussent soumis à son autorité, et il vit surtout avec grand déplaisir que Boniface agît sur ce point comme légat du pape et comme archevêque. Il lui suscita donc de nombreux embarras; mais Boniface, grace à l'intervention du pape et à l'appui de Charles Martel, se maintint contre ses attaques, et bientôt Gewilieb fut déposé sous prétexte qu'il entretenait des chiens de chasse et des faucons (*),

(*) Ce qui prouve que ce n'était qu'un prétexte, c'est que Boniface lui-même envoya en présent au roi de Kent, Éthelbert, des faucons allemands. Voyez la 42ᵉ Lettre de Boniface.

et parce que dans une guerre il avait tué de sa main un Saxon, pour venger la mort de son père. Boniface n'avait pas provoqué la déposition de ce prélat dans le dessein de devenir son successeur, et cependant il fut mis à sa place. Après avoir été longtemps évêque et archevêque sans siége déterminé, il aurait préféré Cologne pour être plus près des Frisons; il aurait même mieux aimé déposer la dignité archiépiscopale, pour continuer comme légat du pape son œuvre de conversion. Mais le concile insista pour qu'il acceptât l'archevêché de Mayence, de l'ancienne capitale de la première Germanie romaine, et le pape lui donna son assentiment. Ainsi Boniface devint primat de Gaule et de Germanie, et les trois nouveaux évêchés, fondés par lui, ainsi que la Thuringe, la partie limitrophe de la Saxe, le Schwabgau et le Hessengau, furent réunis à son archevêché.

Et tous ces résultats furent dus au zèle d'un seul homme! Après avoir réglé les affaires de l'Église dans toutes les contrées germaniques soumises aux Francs, il voulut achever ce qu'il avait commencé chez les Frisons. Bien que déjà parvenu à un âge très-avancé, il se dirigea vers ce pays avec quelques secours et une faible escorte d'hommes armés. Les Frisons des frontières l'accueillirent sans répugnance; ils se laissèrent baptiser et l'aidèrent à relever les églises. Mais quand il fut arrivé à Dokkum, sur la côte septentrionale, où il fit dresser une tente, prêchant et baptisant en plein air, les Frisons l'attaquèrent durant la nuit; et comme il avait défendu aux siens de faire usage de leurs armes, il mourut martyr de l'Évangile ainsi que les 53 hommes de sa suite.

Les services que Boniface a rendus à l'Allemagne ne sauraient être contestés. En introduisant dans ce pays la religion chrétienne, il y répandit les livres saints, au moins quelques-uns d'entre eux; il améliora la langue, adoucit les mœurs grossières du peuple, organisa les premières écoles et encouragea la culture du sol; en un mot, l'Allemagne lui dut sa civilisation et l'évêque de Rome une importante conquête.

Cette digression, peut-être un peu longue, sur l'introduction du christianisme en Allemagne, était cependant nécessaire, et nous ne pouvions la placer ailleurs; car il nous fallait montrer les missionnaires préparant les voies à Charlemagne, la conquête religieuse précédant et aidant la conquête politique.

GUERRES DE PEPIN.

Il semble que Pepin ait compris que cette œuvre de paix et de civilisation ne pouvait s'accomplir au milieu du bruit des armes; son règne est rempli par des guerres continuelles, et cependant il ne fit que deux campagnes dans la Saxe (*). Laissant les missionnaires travailler pour la foi chrétienne et pour lui-même en Allemagne, il tourna toute son attention et ses efforts vers le midi de la Gaule et l'Italie, où le pape l'appelait sans cesse. Nous avons expliqué la position du pape vis-à-vis des Lombards. Ceux-ci ne s'étaient fortement établis que dans le nord de la péninsule et sur la chaîne des Apennins, à Spolette et à Bénévent, où ils avaient fondé deux puissants duchés. Mais, à droite et à gauche, Rome et l'exarchat de Ravenne étaient restés sous la domination de l'empereur de Constantinople, ou, pour mieux dire, à peu près indépendants. Les rois lombards s'efforcèrent plus d'une fois de mettre la main sur une proie si riche; mais leur ambition attira sur eux les armes des Francs. Le pape Étienne vint lui-même dans les Gaules solliciter les secours de Pepin. Celui-ci le reçut avec des honneurs inaccoutumés, comme pour le gran-

(*) Les Saxons, une partie du moins, promirent de se conformer désormais à ses volontés, c'est-à-dire sans doute de recevoir ses missionnaires, et convinrent d'envoyer tous les ans, en signe de respect, un tribut de trois cents chevaux à l'assemblée générale.

dir aux yeux de ses Francs, et se fit sacrer une seconde fois par lui, ainsi que ses deux fils, Carl et Carloman (754). Aussi, l'année suivante, « le roi Pepin, cédant aux sollicitations du pontife, envahit l'Italie avec une puissante armée, pour recouvrer les domaines enlevés à l'église romaine par le roi des Lombards. Ceux-ci résistèrent ; et comme ils étaient maîtres des clefs de l'Italie, il se livra un combat sanglant dans les défilés des montagnes, appelés *Cluses*. Les Lombards se retirèrent ; et malgré la difficulté du chemin, les Francs passèrent sans beaucoup de peine. Astolphe, roi des Lombards, n'osant engager la bataille, fut assiégé dans Pavie, par le roi Pepin, qui refusa de lever le siége avant d'avoir reçu quarante otages qui lui donnassent la certitude que les possessions enlevées à l'église romaine lui seraient rendues. Les otages lui furent remis et la paix jurée. Pepin retourna alors dans son royaume, et renvoya à Rome le pape Étienne avec un corps nombreux de troupes franques.

(756) « Astolphe, bien qu'il eût donné, l'année précédente, des otages pour la restitution des provinces enlevées à l'église romaine, et qu'il eût engagé, par des serments, ses grands aussi bien que lui-même, n'accomplit aucune de ses promesses. C'est pourquoi Pepin entra une seconde fois en Italie avec son armée, assiégea Astolphe dans Pavie, et le contraignant à tenir ses serments, le roi se fit restituer Ravenne, la Pentapole et tout l'exarchat s'étendant jusqu'à Ravenne, et les remit à saint Pierre. Après avoir ainsi agi, il retourna en Gaule. Astolphe, après son départ, cherchait de quelle manière il pourrait ne pas tenir ses engagements, qui n'étaient pas accomplis, et éluder encore frauduleusement ceux qui l'étaient déjà. Mais pendant ce temps il tomba, par accident, de cheval à la chasse, et contracta une maladie et mourut. Didier, qui était son connétable, lui succéda (*). »

(*) Éginhard, Annales.

Ces expéditions au-delà des Alpes furent peu sérieuses pour les Francs : ils en finirent en deux campagnes avec les Lombards. Mais leur guerre contre l'Aquitaine occupa presque tout le règne de Pepin.

« Ce pays, adossé aux Pyrénées occidentales, qu'occupaient et qu'occupent encore les anciens Ibériens, Vasques, Guaskes ou Basques (Eusken), recrutait incessamment sa population parmi ces montagnards. Ce peuple agriculteur de goût et de génie, brigand par position, avait été long-temps serré dans ses roches par les Romains, puis par les Goths. Les Francs chassèrent ceux-ci, mais ne les remplacèrent pas. Ils échouèrent plusieurs fois contre les Vasques, et chargèrent un duc Génialis, sans doute un Romain d'Aquitaine, de les observer (vers 600). Cependant les géants de la montagne descendaient peu à peu parmi les petits hommes du Béarn, dans leurs grosses capes rouges, et chaussés de l'abarca de crins, hommes, femmes, enfants, troupeaux, s'avançant vers le nord : les landes sont un vaste chemin. Ainsi, de l'ancien monde, ils venaient réclamer leur part des belles plaines sur tant d'usurpateurs qui s'étaient succédé, Galls, Romains, et Germains. Ainsi, au VIIe siècle, dans la dissolution de l'empire neustrien, l'Aquitaine se trouva renouvelée par les Vasques, comme l'Ostrasie par les nouvelles émigrations germaniques. Des deux côtés le nom suivit le peuple et s'étendit avec lui ; le nord s'appela la France ; le midi, la Vasconia, la Gascogne. Celle-ci avança jusqu'à l'Adour, jusqu'à la Garonne, un instant jusqu'à la Loire. Alors eut lieu le choc.

« Selon des traditions, fort peu certaines, l'Aquitain Amandus, vers l'an 628, se serait fortifié dans ces contrées, battant les Francs par les Basques, et les Basques par les Francs. Il aurait donné sa fille à Charibert, frère de Dagobert. Après la mort de son gendre, il aurait défendu l'Aquitaine au nom de ses petits-fils orphelins, contre leur oncle Dagobert. Peut-être le mariage de Charibert n'est-il qu'une fable inventée plus tard pour rattacher les grandes familles d'Aquitaine à la première race. Toutefois, nous voyons peu après, les ducs aquitains épouser trois princesses ostrasiennes.

« Les arrière-petits-fils d'Amandus furent Eudes et Hubert. Celui-ci passa dans la Neustrie, où régnait alors le maire Ébroin; puis dans l'Ostrasie, pays de sa tante et de sa grand'mère. Il s'y fixa près de Pepin. Grand chasseur, il courait sans cesse l'immensité des Ardennes; l'apparition d'un cerf miraculeux le décida à quitter le siècle pour entrer dans l'église. Il fut disciple et successeur de saint Lambert, à Maestricht, et fonda l'évêché de Liége. C'est le patron des chasseurs, depuis la Picardie jusqu'au Rhin.

« Son frère Eudes eut une bien autre carrière; il se crut un instant roi de toutes les Gaules, maître de l'Aquitaine jusqu'à la Loire, maître de la Neustrie, au nom du roi Chilpéric II, qu'il avait dans ses mains. Mais le sort des diverses dynasties de Toulouse, comme nous le verrons plus tard, fut toujours d'être écrasées entre l'Espagne et la France du nord. Eudes fut battu par Charles Martel; et la crainte des Sarrasins, qui le menaçaient par derrière, le décida à lui livrer Chilpéric. Vainqueur des Sarrasins, devant Toulouse, mais alors menacé par les Francs, il traita avec les infidèles. L'émir Munuza, qui s'était rendu indépendant au nord de l'Espagne, se trouvait, à l'égard des lieutenants du calife, dans la même position qu'Eudes par rapport à Charles Martel. Eudes s'unit à l'émir, lui donna sa fille. Cette étrange alliance, dont il n'y avait pas d'exemples, caractérise de bonne heure l'indifférence religieuse dont la Gascogne et la Guienne nous donnent tant de preuves; peuple mobile, spirituel, trop habile dans les choses de ce monde, médiocrement occupé de celles de l'autre; le pays d'Henri IV, de Montesquieu et de Montaigne, n'est pas un pays de dévots.

« Cette alliance politique et impie tourna fort mal. Manuza fut resserré dans une forteresse par Abder-Rahman, lieutenant du calife, et n'évita la captivité que par la mort. Il se précipita du haut d'un rocher. La pauvre Française fut envoyée au sérail du calife de Damas. Les Arabes franchirent les Pyrénées. Eudes fut battu comme son gendre. Mais les Francs eux-mêmes se réunirent à lui, et Charles Martel l'aida à les repousser à Poitiers (732). L'Aquitaine, convaincue d'impuissance, se trouva dans une sorte de dépendance à l'égard des Francs.

« Le fils d'Eudes, Hunald, le héros de cette race, ne put s'y résigner. Il commença contre Pepin-le-Bref et Carloman (741) une lutte désespérée, à laquelle il entreprit d'intéresser tous les ennemis déclarés ou secrets des Francs; il alla jusqu'en Saxe, en Bavière, chercher des alliés. Les Francs brûlèrent le Berry, tournèrent l'Auvergne, rejetèrent Hunald derrière la Loire, et furent rappelés par les incursions des Saxons et des Alemans. Hunald passa la Loire à son tour et incendia Chartres; peut-être aurait-il eu de plus grands succès, mais il semble avoir été trahi par son frère Halton, qui gouvernait sous lui le Poitou. Voilà déjà la cause des malheurs futurs de l'Aquitaine, la rivalité de Poitiers et de Toulouse.

« Hunald céda, mais se vengea de son frère; il lui fit crever les yeux, puis s'enferma lui-même pour faire pénitence dans un couvent de l'île de Ré. Son fils Guaifer [Waïfer] (745) trouva un auxiliaire dans Grifon, jeune frère de Pepin, comme Pepin en avait trouvé un dans le frère d'Hunald. Mais la guerre du midi ne commença sérieusement qu'en 759, lorsque Pepin eût vaincu les Lombards. C'était l'époque où le califat venait de se diviser; Alfonse le catholique, retranché dans les Asturies, y relevait la monarchie des Goths. Ceux de la Septimanie (le Languedoc, moins Toulouse) s'agitèrent pour recouvrer aussi leur indépendance. Les Sarrasins qui occupaient cette contrée furent bientôt obligés de s'enfermer dans Narbonne. Un chef des Goths s'était fait reconnaître pour seigneur par Nîmes, Maguelonne, Agde et Béziers. Mais les Goths n'étaient pas assez forts pour reprendre Narbonne. Ils appelèrent les Francs; ceux-ci, inhabiles dans l'art des siéges, seraient restés à jamais devant cette place, si les habitants chrétiens n'eussent fini par faire main basse sur les Sarrasins, et ouvrir eux-mêmes leurs portes. Pepin jura de respecter les lois et franchises du pays (*). »

Maître du bas Languedoc, Pepin pouvait alors attaquer l'Aquitaine avec avantage; il la serrait de deux côtés, au nord et à l'est. Le prétexte fut de contraindre les Aquitains à restituer les biens ecclésiastiques dont ils s'étaient emparés. Ainsi cette guerre se faisait encore au nom de l'Eglise.

[760] « Waïfer, duc d'Aquitaine, ayant refusé de rendre aux évêques des églises placées sous la domination du roi Pepin et les biens qu'elles possédaient dans ses états, en repoussant avec mépris les remontrances que le roi lui fit faire à ce sujet par ses envoyés, sa rébellion força Pepin à lui déclarer la guerre. Ayant donc rassemblé toutes ses troupes, le roi entra en Aquitaine, décidé à faire restituer, les armes à la main, tout ce qui appartenait aux églises. Arrivé à un lieu dit Doué, il y dressa son camp, et Waïfer n'osant entamer la guerre, envoya une ambassade au roi, par laquelle il lui promit de faire tout ce qui lui serait prescrit, de rendre aux églises tous leurs droits, et de livrer les otages qui lui seraient demandés; il donna à ce titre deux des premiers de la nation, Adalgaire et Ither. Par là il apaisa si bien l'esprit irrité du roi que Pepin consentit à ne point faire la guerre. Ayant reçu les otages en foi de l'accomplissement des traités, il s'abstint de livrer bataille, revint chez lui, renvoya son armée et passa l'hiver à Quiersy, où il célébra la fête de Noël et celle de Pâques.

[761] « Le duc Waïfer, quoiqu'il eût donné des otages et juré la paix, décidé à tirer vengeance de la guerre qu'on lui avait faite l'année précédente, fit avancer son armée jusqu'à la ville de Châlons, et ravagea les possessions des Francs. Lorsque cette nouvelle fut portée au roi Pepin, qui tenait alors l'assemblée générale dans la ville de Duren, il appela tous ses alliés, entra avec un appareil belliqueux dans l'Aquitaine, et y prit plusieurs forts et châteaux, entre autres, Bourbon, Chantelle-le-Château, et Clermont; quelques autres forts, notamment en Auvergne, se rendirent volontairement au vainqueur. Cependant le roi dévasta par le fer et le feu tout le plat pays, jusqu'à la ville de Limoges, et retourna à Quiersy, où il passa l'hiver, et célébra la nativité du Sauveur et la fête de Pâques. Le roi fut accompagné, dans cette expédition, par Charles, l'aîné de ses fils, celui qui, après la mort de son père, fut maître de tout l'Empire (*). »

Ce fut une guerre impitoyable, une dévastation méthodique de la Loire à la Garonne; tout fut ravagé entre les deux fleuves; les maisons étaient brûlées, les arbres coupés. Chaque année la dévastation s'étendait. Ce fut d'abord Bourges et les environs; puis l'Auvergne, le Limousin; puis le Quercy.

[763] « Au commencement de l'année, le temps étant propice, et l'assemblée générale s'étant tenue à Nevers, les troupes s'y rassemblèrent. Le roi Pepin entra en Aquitaine, ravagea tout ce que ne renfermaient point les forts, et s'avança jusqu'à la ville de Cahors. Voulant rentrer en France avec son armée entière, il quitta ce lieu et repassa par Limoges. Dans cette expédition, Tassillon, duc de Bavière, quitta l'armée, et retourna dans sa patrie; en feignant une maladie, et décidé à la trahison, il refusa de se rendre désormais en présence du roi. Pepin renvoya son armée dans ses quartiers d'hiver, et l'alla passer à Glare, où il fêta Noël et Pâques. La saison fut, cette année, si âpre et si rigoureuse, que le froid d'aucun des hivers précédents ne s'y put comparer.

(*) Michelet, Histoire de France, t. I, p. 299 et suiv.

(*) Éginhard, Annales.

[764] « Le roi Pepin, l'esprit fort préoccupé des deux guerres, l'une déjà entreprise contre l'Aquitaine, et l'autre suscitée par la défection de Tassillon, duc de Bavière, tint l'assemblée générale de son peuple dans la ville de Worms, remit son expédition, et passa cette année chez lui, fixant son séjour pour l'hiver à Quiersy, où il passa les fêtes de Noël et de Pâques. Il y eut, cette année, une éclipse de soleil, le 4 du mois de juin, à la sixième heure.

[765] « Le roi Pepin ne s'éloigna pas cette année, et ne passa point les frontières de son royaume, pas même pour terminer la guerre d'Aquitaine. Il tint l'assemblée générale à Attigny, et demeura, pendant l'hiver, à Aix-la-Chapelle, où il assista aux solennités de Noël et de Pâques.

[766] « Le roi Pepin tint, dans la ville d'Orléans, l'assemblée nationale pour y traiter des moyens de terminer la guerre d'Aquitaine. Il partit de là pour cette province, répara le fort d'Argenton, détruit par Waïfer, et revint après avoir placé une garnison de Francs en ce lieu, ainsi que dans la ville de Bourges. Il célébra la fête de Noël à Samoucy, et celle de Pâques à Chantilly.

« Une dispute s'étant élevée entre les églises d'Occident et d'Orient, c'est-à-dire entre les Romains et les Grecs, touchant la Trinité et les images des saints, le roi ayant convoqué l'assemblée à Gentilly, tint un synode sur cette question, et, cela fait, partit pour l'Aquitaine, après Noël, pour y terminer la guerre. Il passa par Narbonne, prit Toulouse, et réduisit à capituler les districts d'Alby et de Gévaudan. De retour à Vienne, après avoir célébré les fêtes Pâques, et fait reposer son armée, l'été étant déjà fort avancé, le roi se mit en route au mois d'août pour mettre fin à la guerre. Il arriva à Bourges et y tint une assemblée, selon la coutume franque ; de là il s'avança jusqu'au fleuve de la Garonne, se rendit maître de plusieurs châteaux, repaires et cavernes où s'était retranchée une nombreuse bande d'ennemis.

Les plus importants étaient Scoraille, Turenne et Peiruce. Revenu à Bourges, le roi renvoya son armée pour l'hiver, resta dans cette ville, et y assista à la fête de Noël. Paul, pape romain, mourut, et la nouvelle en fut portée au roi à Bourges.

[768] « Le roi Pepin, dès qu'il vit le temps propre à reprendre la guerre, assembla son armée et se mit en chemin pour la ville de Saintes. Sur la route il fit prisonnier Rémistan, et à son arrivée à Saintes, la mère, la sœur et les nièces du duc Waïfer lui furent amenées. Il ordonna de les traiter avec respect, et s'avança vers la Garonne, où Eberwich vint au-devant de lui, conduisant l'autre sœur de Waïfer, qu'il remit en son pouvoir, ainsi que lui-même. Les choses se passant donc heureusement, Pepin retourna au château de Selles, où il célébra la fête de Pâques. Il prit ensuite avec lui sa femme et sa famille, revint dans la ville de Saintes, et, les y laissant, il commença à poursuivre avec toutes ses troupes le duc Waïfer, décidé à ne cesser qu'après avoir vu ce rebelle pris et mis à mort. Waïfer fut tué en effet sur le territoire de Périgueux. Le roi jugea la guerre terminée, revint à Saintes, s'y arrêta quelque temps, et y fut atteint d'une maladie. Pendant sa durée, il alla à Tours, et y pria près du tombeau de saint Martin. S'étant ensuite rendu à Paris, il y mourut le 24 septembre. Son corps fut inhumé dans la basilique du bienheureux Denis, martyr. Ses fils, Charles et Carloman, furent faits rois par le consentement des Francs (*). »

CHARLEMAGNE.

Pour qu'une société s'organise d'une manière durable, il lui faut au moins trois conditions principales. Il lui faut la fixité, c'est-à-dire, la propriété foncière, car la civilisation ne peut jamais atteindre ni saisir une population incessamment errante ; c'est un arbre puissant, à l'ombre duquel les peuples vien-

(*) Éginhard, Annales.

nent s'abriter, mais qui ne peut grandir qu'après avoir jeté dans le sol de profondes racines. Il faut encore une administration centrale pour établir au moins un ordre matériel et régler les rapports des habitants entre eux. Enfin, et surtout, il faut une certaine communauté de pensées, et par conséquent d'intérêts, qui permette à l'idée de patrie de naître dans les intelligences. S'il ne se rencontre chez un peuple aucune idée commune, générale, si chacun y est uniquement préoccupé de ses intérêts particuliers, s'il ne voit rien au-delà des collines qui bornent l'horizon, au-delà du cours d'eau qui limite son champ, il n'y a point pour ce peuple de société possible, car il n'y a point de patrie.

De ces trois conditions, la société franque, sous les Mérovingiens, possédait à peine la première. La troisième n'était pas même soupçonnée. Quant à la seconde, il y eut bien pour l'obtenir quelques tentatives, mais elles restèrent toujours infructueuses. La gloire de Charlemagne, c'est d'avoir voulu la donner aux Francs et d'y avoir réussi au moins pour un instant. Un tel effort de sa part a suffi pour lui gagner l'admiration de la postérité. C'est qu'il lui fallut s'élever bien haut au-dessus des siens, lui qui, comme son père et son aïeul, n'était qu'un Barbare d'Ostrasie, pour comprendre, au milieu de toutes ses guerres, qu'il fallait enfin régulariser cette société si confuse. Ce qui donne un grand caractère à cette figure historique, c'est qu'on y trouve le parfait équilibre de l'homme barbare et de l'homme civilisé, du Germain et du Romain. En lui se sont rencontrées, je n'ose point dire deux civilisations, mais, si l'on veut, deux époques de la vie de l'humanité : il les a rapprochées pour faire sortir de leur union un monde nouveau. Voyez-le entre son père Pepin le batailleur, le dévastateur de l'Aquitaine, et son fils Louis remettant aux moines son épée impériale et courbant ses épaules nues sous les coups de leurs disciplines, comme il tient sa place avec calme, force et grandeur ! Sans doute, il y aura dans ses efforts bien des choses maladroites et inintelligentes, bien des choses qui passeront ou seront trouvées ridicules et grotesques; mais, sans parler des autres résultats, ne sera-ce point une grande gloire que d'avoir fait planer son nom, et avec son nom l'idée de l'ordre, sur toute cette époque désastreuse qu'on appelle le moyen âge ?

Avant de commencer le récit des guerres de Charlemagne, nous devons dire que nous ne pouvons adopter complétement ce qui a été écrit à ce sujet par un historien dont nous avons cependant coutume de citer avec respect toutes les paroles; mais cette fois les faits nous paraissent repousser la classification systématique qu'on leur a imposée. Il ne nous semble point, en effet, que Charlemagne ait eu pour but, dans ses guerres, de repousser à l'est et au sud deux invasions imminentes : celle des Saxons et celle des Sarrasins. Ces derniers avaient déjà perdu leur fougue et leur élan. Après avoir couru de l'Indus au golfe de Gascogne, ils s'étaient enfin arrêtés de lassitude, et aussi pour se partager et se disputer de si belles conquêtes. Depuis la bataille de Poitiers, où ils avaient senti ce que pesait l'épée des Francs, ils s'étaient retirés presque tous au-delà des Pyrénées, dans ce beau pays d'Espagne devenu leur conquête; ils obéissaient encore aux califes Ommiades de Damas. Mais quand toute cette famille eut été massacrée par les Abassides, les scheicks d'Espagne, fatigués de recevoir les ordres d'un prince qui vivait à six cents lieues de la péninsule, donnèrent le titre de calife al munenim au jeune Abderahman, le seul qui eût échappé à ce festin sanglant que les descendants d'Abbas s'étaient fait servir sur les cadavres de quatre-vingts Ommiades [750]. Mais cette révolution ne fut point accueillie favorablement par toute l'Espagne; plusieurs émirs saisirent cette occasion de se rendre indépendants, et allèrent jusqu'à solliciter les secours des chrétiens. Tout le règne d'Abderahman fut ainsi occupé par des guerres continuelles. Il lui fallut au dedans vaincre les résistances des émirs révoltés, arrêter les progrès des chrétiens des Asturies, défendre enfin son trône contre les armées que les Abassides envoyèrent pour ressaisir l'Espagne. Dans une telle position, qui se compliqua encore sous le petit-fils d'Abderahman [800], par les guerres civiles pour la succession au trône, les Arabes d'Espagne ne pouvaient menacer la liberté des pays situés derrière les Pyrénées. Il n'y avait donc point d'invasion imminente de ce côté. On n'en avait pas davantage à redouter du côté de la Saxe. Ces peuples étaient, il est vrai, en guerre continuelle avec les Francs; mais ils ne songeaient point à enlever à ceux-ci leurs conquêtes, à les suivre au-delà du Rhin. Ce grand mouvement, qui avait, il y a trois ou quatre siècles, précipité sur l'empire les Barbares de la Germanie, s'était arrêté depuis long-temps, dans la Germanie au moins. Les Saxons, d'ailleurs, comme les Francs, avaient eu leur période d'agitation, de courses aventureuses, de conquêtes lointaines. Ce peuple n'était point une tribu long-temps comprimée, refoulée dans ses marais; si les Francs avaient eu la Gaule, il avait eu, lui, la Grande-Bretagne, et il ne s'en inquiétait déjà plus. Ce qu'il voulait, à l'époque qui nous occupe, c'était le repos, l'indépendance, c'était de ne plus payer le tribut, de ne point recevoir des missionnaires. Reconnaissons donc que Charlemagne n'a point eu pour but, dans cette double guerre, d'arrêter un nouveau débordement des Barbares, sur un monde qui commençait à chercher la civilisation. Sa gloire n'en sera pas moins grande pour avoir eu l'ambition des conquêtes : ce fut celle aussi d'Alexandre, de César et de Napoléon. Qu'on ne croie pas toutefois que ces hommes n'aient été poussés que par le besoin de satisfaire leur activité dévorante. La civilisation était intéressée à leurs conquêtes, car c'était la barbarie que les uns faisaient reculer devant eux; c'étaient des idées nouvelles, fécondes, et pleines d'avenir, que les autres semaient sur les pas de leurs soldats.

Pepin avait partagé son royaume entre ses deux fils, Carl et Carloman; leur premier soin fut de terminer cette éternelle guerre d'Aquitaine, qui avait si long-temps occupé leur père. Le vieil Hunald, enfermé depuis vingt-trois ans dans un monastère, venait de reparaître tout à coup au milieu des Aquitains, pour les soulever [769]. Mais ceux-ci avaient déjà trop souffert, ils se lassèrent promptement et livrèrent à Carl le malheureux Hunald, qui, emprisonné dans un couvent, s'en échappa pour aller se réfugier chez les Lombards, au milieu des ennemis des Francs. Pour prévenir toute nouvelle révolte, Carl bâtit un château fort sur les bords de la Dordogne, et nomma pour duc, Loup, dont le père avait été horriblement mutilé par Hunald. Plus tard, afin de paraître rendre aux Aquitains leur indépendance et leur nationalité, il leur envoya son fils tout enfant, pour qu'il fût élevé au milieu d'eux et habitué à leurs coutumes.

Carl hérita bientôt de son frère Carloman. Les deux frères ne vivaient point en bonne intelligence. Au milieu de la guerre d'Aquitaine, Carloman avait tout à coup retiré ses troupes, laissant son frère exposé à quelques dangers. S'il eût vécu plus long-temps, une rivalité funeste aurait sans doute affaibli les deux royaumes, mais une maladie l'emporta; et Carl, sans se soucier des droits que son frère laissait à ses fils, se fit donner son héritage par les grands, réunis en assemblée dans les Ardennes.

GUERRE CONTRE LES LOMBARDS.

La veuve de Carloman se retira avec ses deux fils auprès de Didier, roi des Lombards, que Carl venait tout récemment d'outrager, en lui renvoyant honteusement sa fille, après une année de mariage. Une guerre au-delà des Alpes devenait inévitable; Didier pressait déjà le pape de sacrer rois des Francs les deux fils de Carloman. Carl, averti par Adrien, fit décréter, non sans quelque peine, une expédition contre les Lombards, et franchit les Alpes; les passages des montagnes ne furent pas même défendus. Les Lombards étaient si faibles déjà, qu'ils n'osèrent point hasarder une bataille. Le roi s'enferma dans Pavie avec Hunald; son fils défendit Vérone. Toutes les autres villes, tout le plat pays, furent abandonnés aux Francs. Les deux siéges furent longs; Carl eut le temps d'aller à Rome, confirmer la donation de Pepin, et recevoir de la reconnaissance du pape et du peuple romain les titres et les honneurs qui avaient déjà été décernés à son père.

Cependant les habitants de Pavie, fatigués d'un siége de deux ans, lapidèrent Hunald, qui voulait encore qu'on résistât, et ouvrirent leurs portes. Didier, sa femme et ses enfants, furent enfermés dans un monastère; celui qui défendait Vérone s'enfuit à Constantinople, et les Lombards ne conservèrent plus que le duché de Bénévent. Carl prit la couronne de fer et le titre de roi des Lombards. Quant aux enfants de Carloman, l'histoire se tait sur leur sort. On a cru que Bossuet avait retrouvé le nom de l'un d'eux dans un manuscrit de l'abbaye de Saint-Pons de Nice, où il était cité comme évêque de cette ville.

GUERRES CONTRE LES SAXONS.

« Les guerres d'Italie, la chute même du royaume des Lombards, ne furent qu'épisodiques dans les règnes de Pepin et de Charlemagne. La grande guerre du premier est, comme nous l'avons vu, contre les Aquitains; celle de Charles, contre les Saxons.... Le vrai motif de cette guerre fut la violente antipathie des races franque et saxonne, antipathie qui croissait chaque jour, à mesure que les Francs devenaient plus Romains, depuis surtout qu'ils recevaient une organisation nouvelle sous la main tout ecclésiastique des Carlovingiens. Ceux-ci avaient d'abord espéré, d'après le succès de saint Boniface, que l'Allemagne leur serait peu à peu soumise et gagnée par les missionnaires. Mais la différence des deux peuples devenait trop forte pour que la fusion pût s'opérer. Les derniers progrès des Francs dans la civilisation avaient été trop rapides. Les hommes de *la Terre-Rouge*, comme s'appelaient fièrement les Saxons, dispersés, selon la liberté de leur génie, dans leurs *marches*, dans les profondes clairières de ces forêts où l'écureuil courait les arbres sept lieues sans descendre, ne connaissant, ne voulant d'autres barrières que la vague limitation de leur *gau*, avaient horreur des terres limitées, des *mansi* de Charlemagne. Les Scandinaves et les Lombards, comme les Romains, orientaient et divisaient les champs; mais dans l'Allemagne même, il n'y a point trace de telle chose. Les divisions de territoire, les dénombrements d'hommes, tous ces moyens d'ordre, d'administration et de tyrannie, étaient redoutés des Saxons. Partagés par les Ases eux-mêmes en trois peuples et douze tribus, ils ne voulaient pas d'autre division. Leurs *marches* n'étaient pas absolument des terres vaines et vagues; *ville* et *prairie* sont synonymes dans les vieilles langues du Nord; la prairie, c'était leur cité. L'étranger qui passe dans la *marche* ne doit pas se faire traîner sur sa charrue; il doit respecter la terre et soulever le soc (*). »

Toute la haine des Francs pour les Saxons se montre dans le chapitre d'Éginhard sur les guerres faites contre ce peuple par Charlemagne. « Les Saxons, dit-il, ainsi que la plupart des nations de la Germanie, sont naturellement féroces, adonnés au culte des faux dieux, et ennemis de notre religion..... A l'exception de quelques points, où de vastes forêts et de hautes montagnes séparaient les deux peuples, et marquaient d'une manière certaine les limites de leurs propriétés respectives, nos frontières touchaient presque partout, dans le pays plat, celles des Saxons; aussi voyait-on le meurtre,

(*) Michelet, Histoire de France, I vol. p. 311.

le pillage et l'incendie se renouveler sans cesse tant d'un côté que de l'autre... Une fois commencée, la guerre dura trente-trois ans sans interruption; elle se fit des deux parts avec une grande animosité..... Elle eût pu cependant finir plus tôt, si la perfidie des Saxons l'eût permis.

« Il serait difficile de dire combien de fois, vaincus et suppliants, ils s'abandonnèrent aux volontés du roi, promirent d'obéir à ses ordres, remirent des otages, et reçurent les gouverneurs qui leur étaient envoyés. Quelquefois même, entièrement abattus et domptés, ils consentirent à quitter le culte des faux dieux et à se soumettre au joug de la religion chrétienne; mais autant ils se montraient faciles et empressés à prendre ces engagements, autant ils étaient prompts à les violer. Aussi depuis l'instant où les hostilités contre eux commencèrent, a peine se passa-t-il une seule année sans qu'ils se rendissent coupables de cette mobilité. »

La religion fut le premier prétexte de la guerre. Irrités contre les missionnaires, qui mêlaient les menaces aux exhortations, les Saxons brûlèrent l'église de Daventer, et faillirent massacrer les prêtres qui étaient venus au milieu d'eux. A cette nouvelle, « le roi Charles, après avoir tenu son assemblée à Worms, résolut de porter la guerre en Saxe [772]; il y entra sans retard, dévasta tout par le fer et le feu, prit le château fort d'Ehresbourg, et renversa l'idole appelée Irminsul par les Saxons (*); puis il s'avança jusqu'au Weser, et là reçut des Saxons douze otages (**). »

Cette première expédition les fit tenir en repos deux années; mais en 774, pendant que Charles était en Italie, ils se jetèrent sur la Hesse, et essayèrent de brûler l'église de Fritzlar. Mais saint Boniface qui l'avait construite, disent les annales de Fulde, avait prophétisé qu'elle ne serait jamais détruite par le feu. En effet,

(*) Voyez ci-dessus page 23.
(**) Éginhard, Annales.

quand les Saxons approchèrent, deux anges vêtus de blanc vinrent la défendre.

Charles, de retour, voulut pousser cette guerre avec vigueur; il s'établit lui-même sur le Rhin, à Aix-la-Chapelle, dont il fit sa résidence; et, pour tenir en bride les Saxons, fortifia dans la Saxe même le château d'Ehresbourg. Il voulait les enfermer dans une ceinture de places fortes, qu'il pousserait peu à peu jusqu'au centre même de leurs forêts. « De là il gagna le Weser, et attaqua, dans le lieu nommé Brunnesberg, une multitude de Saxons qui voulaient lui disputer le passage du fleuve. Dès les premiers instants, ils furent mis en fuite et beaucoup y périrent. Le roi passa donc le fleuve et s'avança avec une partie de son armée jusqu'à l'Ocker; là vint le joindre Hesson, un des chefs saxons, amenant avec lui tous les Ostphaliens (Saxons orientaux); il lui donna les otages exigés et lui jura fidélité (*). »

Les Saxons Angrariens et Westphaliens imitèrent cet exemple. Mais à peine les Francs s'étaient-ils éloignés, que les Saxons avaient déjà repris les armes et attaqué les deux châteaux d'Ehresbourg et de Siegbourg. Cette fois, Charles pénétra jusqu'aux sources de la Lippe et y bâtit un fort. Les Saxons parurent se soumettre et vinrent en foule recevoir le baptême. Mais le plus célèbre de leurs chefs, Witikind, n'avait point paru, comme les autres, à Paderborn. Il était allé près de Siegfried, roi des Danois, pour solliciter des secours, et attendre des temps plus favorables.

L'occasion se présenta bientôt. Charles, appelé sans cesse d'une extrémité à l'autre de son empire, était occupé de l'autre côté des Pyrénées à combattre les Sarrasins d'Espagne, lorsqu'il apprit que les nouveaux chrétiens des pays situés entre le Rhin et le Weser s'étaient révoltés à la voix de Witikind, et avaient dévasté, par le fer et le feu, tout ce qui se trouvait de villes et de villages, de-

(*) Idem, ibidem.

puis le fort de Dintz (près de Cologne) jusqu'à l'embouchure de la Moselle. Witikind fut, il est vrai, atteint et battu à Buckholz sur les bords de la Lippe; mais sa défaite ne pouvait compenser les ravages qu'il avait exercés sur toute la rive droite du Rhin. Cependant « Charles, parvenu sur l'Elbe, limite des Saxons et des Slaves, s'occupa d'établir l'ordre dans le pays qu'il croyait avoir conquis; il reçut de nouveau les serments des Saxons à Ohrheim, les baptisa par milliers, et chargea l'abbé de Fulde d'établir un système régulier de conversion, de conquête religieuse. Une armée de prêtres vint après l'armées de soldats.

« Tout le pays, disent les chroniques, fut partagé entre les abbés et les évêques. Huit grands et puissants évêchés furent successivement créés : Minden et Halberstadt, Verden, Brême, Munster, Hildesheim, Osnabruck et Paderborn [780-802], fondations à la fois ecclésiastiques et militaires, où les chefs les plus dociles devaient prendre les titres de comtes, pour exécuter contre leurs frères les ordres des évêques. Des tribunaux, élevés par toute la contrée, durent poursuivre les relaps, et leur faire comprendre à leurs dépens la gravité de ces vœux qu'ils faisaient et violaient si souvent. C'est à ces tribunaux que l'on fait remonter l'origine des fameuses cours Weimiques, qui véritablement ne se constituèrent qu'entre le XIII° et le XV° siècle. Nous avons déjà vu que les nations germaniques faisaient volontiers remonter leurs institutions à Charlemagne. Peut-être le secret terrible de ses procédures aura-t-il rappelé vaguement dans l'imagination des peuples les mesures inquisitoriales employées jadis contre leurs aïeux par les prêtres de Charlemagne, ou, si l'on veut voir dans les cours Weimiques un reste d'anciennes institutions germaniques, il est plus probable que ces tribunaux d'hommes libres qui frappaient dans l'ombre un coupable plus fort que la loi, eurent pour premier but de punir les traîtres qui passaient au parti de l'étranger, qui lui sacrifiaient leur patrie et leurs dieux,
et, sous son patronage, bravaient les vieilles lois de la contrée. Mais ils ne bravaient pas la flèche qui sifflait à leurs oreilles, sans qu'aucune main semblât la guider, et plus d'un pâlissait au matin, quand il voyait cloué à sa porte le signe funèbre qui l'appelait à comparaître au tribunal invisible.

« Pendant que les prêtres règnent, convertissent et jugent, pendant qu'ils poursuivent avec sécurité cette éducation meurtrière de Barbares, Witikind descend encore une fois du nord pour tout renverser. Une foule de Saxons se joint à lui. Cette bande intrépide défait les lieutenants de Charlemagne, près de Sonnethal (vallée du soleil); et quand la lourde armée des Francs vient au secours, ils ont disparu. Il en restait pourtant 4,500 d'entre eux, qui, peut-être, ayant en Saxe une famille à nourrir, ne purent suivre Witikind dans sa retraite rapide. Le roi des Francs brûla, ravagea jusqu'à ce qu'ils lui fussent livrés. Les conseillers de Charlemagne étaient des hommes d'église, imbus des idées de l'Empire, gouvernement prêtre et juriste, froidement cruel sans générosité, sans intelligence du génie barbare. Ils ne virent dans ces captifs que des criminels coupables de lèse-majesté, et leur appliquèrent la loi. Les 4,500 furent décapités en un jour, à Verden. Ceux qui essayèrent de les venger, furent eux-mêmes défaits, massacrés, à Dethmold et près d'Osnabruck. Le vainqueur, arrêté plus d'une fois dans ces contrées, par les pluies, les inondations, les boues profondes, s'opiniâtra à poursuivre la guerre pendant l'hiver; alors plus de feuilles qui dérobent le proscrit; les marais durcis par la glace ne le défendent plus : le soldat l'atteint, isolé dans sa cabane, au foyer domestique, entre sa femme et ses enfants, comme la bête fauve tapie au gîte et couvant ses petits. (*) »

(*) Michelet, Histoire de France, t. I., p. 319 et suiv.

SOUMISSION DE WITIKIND ET DE TOUTE LA SAXE.

Ces cruautés ne firent qu'exaspérer les Saxons ; Witikind développe alors toute son énergie et les ressources d'un esprit infatigable ; il parcourt toute la Saxe, excite ses compatriotes à faire un dernier effort, à lasser les Francs à force d'opiniâtreté. Trois fois, à la tête des siens, il ose livrer bataille en plaine aux troupes de Charles ; vaincu trois fois par la supériorité du nombre et de la discipline, il comprend qu'il ne peut lutter contre eux en rase campagne, et commence une guerre de surprises, d'attaques inopinées, que favorise la nature d'un pays hérissé de montagnes et de forêts profondes. Cela dura jusqu'en 785 ; mais alors les deux partis, également épuisés, songèrent à poser les armes. Des évêques furent envoyés à Witikind, pour traiter avec lui, et bientôt l'on vit arriver à Attigny l'indomptable chef des Saxons (*). Sa soumission mit réellement fin à la grande guerre de Saxe ; il y eut bien encore des révoltes, des batailles à livrer contre eux, mais ce furent comme les dernières protestations de ce peuple au nom de son antique liberté.

ORGANISATION DE LA SAXE.

Pour mieux assurer son autorité dans sa nouvelle conquête, Charles promulgua, en 787 ou 788, le capitulaire dont nous allons donner un extrait pour faire connaître la forme de ces actes officiels de Charlemagne, le ton qu'y prend le législateur, et la sévérité de ses menaces.

(*) Le souvenir de la lutte héroïque soutenue par Witikind contre Charlemagne est resté long-temps dans la mémoire des peuples ; Guiteclin de Sassoigne (Witikind de Saxe) fut chanté par les jongleurs : Jean Bordiel fit même sur ce chef un roman fort curieux, mais où Guiteclin est devenu un roi sarrasin, très-zélé pour la religion de Mahomet, et allié des rois d'Hyrcanie, de Nubie et de Perse. (Voir les additions à la dissertation de M. Monin sur le roman de Roncevaux.)

« I. Il a plu à tous que les églises de Christ, qui existent aujourd'hui dans la Saxe, ne soient pas en moindre honneur que les anciens temples des idoles.

II. Si quelqu'un cherche un refuge dans une église, qu'il n'en puisse être tiré par force, mais que pour l'honneur de Dieu et des saints, et par respect pour l'église, il lui soit fait don de la vie et des membres.

III. Peine de mort pour celui qui entrera de force dans une église, y commettra un vol ou voudra y mettre le feu.

IV. Peine de mort pour celui qui rompra le saint jeûne quadragésimal, en mangeant de la viande, à moins que le prêtre ne juge qu'il y a eu nécessité absolue (*).

V. Peine de mort pour le meurtrier d'un évêque, d'un prêtre ou d'un diacre.

VI. Peine de mort pour celui qui, trompé par le diable, et croyant, comme les païens, qu'un homme est sorcier, ou une femme sorcière, et que comme telle elle mange des hommes, l'aura brûlée et aura donné sa chair à manger, ou l'aura mangée lui-même.

VII. Peine de mort pour qui brûlera, comme les païens, le corps d'un homme mort.

VIII. Peine de mort pour celui de la race des Saxons qui sera trouvé se cachant parmi ses frères et refusant de recevoir le baptême.

IX. Peine de mort pour qui sacrifiera un homme au diable.

X. Peine de mort pour qui machinera avec les païens contre les chrétiens, ou persistera comme eux dans leur haine pour Christ. Si quelqu'un les aide d'intention contre le roi et le peuple chrétien, que celui-là soit puni de mort.

(*) On semble avoir imité cet article pour les Polonais dans les premiers temps de leur conversion. Ditmar, évêque de Merse-bourg, dit dans sa chronique, qu'on arrachera les dents à celui qui sera trouvé avoir mangé de la viande après la septuagésime.

XI. Peine de mort pour qui sera infidèle au seigneur roi.

XII. Peine de mort pour qui ravira la fille de son seigneur.

XIII. Peine de mort pour qui tuera son seigneur, ou la femme de son seigneur.

XIV. Le témoignage du prêtre pourra sauver de la mort celui qui ayant commis ces crimes à l'insu de tous, sera venu de lui-même en faire confession et pénitence à ses pieds.

XV. Il sera donné à chaque église, par les habitants du lieu, une maison et deux manses de terre. Cent vingt hommes, nobles, libres ou lites, se réuniront pour fournir un serviteur et une servante à ladite église.

XVI. La dîme de tous les revenus du fisc sera donnée aux églises.

XVII. Chacun donnera à l'église et aux prêtres la dîme de son bien (*decima pars substantiæ et laboris sui*.)

XVIII. Point de plaids les dimanches et jours de fête : tous doivent ce jour-là aller écouter la parole de Dieu.

XIX. L'enfant sera baptisé dans l'année de sa naissance. Pour contravention à cette disposition, le noble paiera au fisc cent vingt sous ; l'homme libre, soixante ; le lite, trente.

XX. Ceux qui contracteront des mariages illicites, paieront : le noble, soixante sous ; l'homme libre, trente ; le lite, quinze.

XXVI. Que personne n'ose arrêter dans sa route celui qui vient à nous pour réclamer justice. Si quelqu'un veut le faire, il paiera notre ban (c'est-à-dire une amende de soixante ou même de cent sous). »

L'on voit quelle dure législation pesa sur ce malheureux peuple ; mais ce qui devait leur sembler plus insupportable encore que le joug des Francs, c'était la nécessité de voir vivre au milieu d'eux, et riches de leurs dépouilles, ces prêtres qui avaient préparé leur ruine et qui épiaient encore jusqu'à leurs moindres actions. Il est dit, en effet, à l'article 34 du capitulaire que nous venons de citer : « Il est interdit aux Saxons de se réunir en assemblée publique, à moins que ce ne soit par l'ordre de nos envoyés ; les comtés pourront cependant tenir les plaids. Les prêtres veilleront à ce qu'il n'en soit pas fait autrement (*et hoc a sacerdotibus consideretur ne aliter faciat*). » C'était donc une véritable inquisition qui était établie dans la Saxe ; aussi ne faut-il point s'étonner si les Saxons cherchèrent plus d'une fois encore à chasser de leur pays les étrangers. Leur complète soumission n'arriva qu'en 804, alors que, brisés par tant de défaites, il leur fallut reconnaître leur impuissance à résister plus long-temps, et laisser le vainqueur enlever dix mille de leurs meilleures familles pour les disperser par tout son empire (*). La Saxe dépeuplée subit désormais le joug, et oublia peu à peu son ancienne indépendance ainsi que ses faux dieux.

Charlemagne avait divisé la Saxe en un certain nombre d'évêchés et de comtés, administrés par des hommes à lui, et que ses *missi* ou envoyés visitaient fréquemment ; il semble que pour mieux assurer encore sa domination sur ce pays, il se soit efforcé d'y créer une espèce d'ordre de noblesse, qu'il rattacha à ses intérêts, par des charges, des honneurs, et qu'il sépara ainsi du reste de la nation. On trouve, en effet, dans Nithard, l'historien des petits-fils de Charlemagne, le passage suivant (livre IV, chapitre 2) : « La nation des Saxons est divisée en trois ordres ; il y a parmi eux des hommes qui sont appelés, dans leur langue, *Edhilingi* ; d'autres, *Frilingi* ; et d'autres, *Lazzi* ; c'est-à-dire, les nobles, les hommes libres et les serfs..... Lothaire, se voyant pressé par diverses nécessités..... envoya des messagers en Saxe, promettant aux hommes libres et aux serfs (*Frilingi* et *Lazzi*), dont le nombre était im-

―――――

(*) Il avait déjà même avant cette époque attiré volontairement dans le pays des Francs un grand nombre de Saxons, en leur donnant des fiefs, et des honneurs. Il est parlé dans un capitulaire de l'année 802 « de ces Saxons qui possèdent des bénéfices dans le pays des Francs. » Baluze, t. I, p. 376.

mense, que s'ils se rangeaient de son parti, il leur rendrait les lois dont leurs ancêtres avaient joui, au temps où ils adoraient les idoles. Les Saxons, avides de ce retour, se donnèrent le nouveau nom de *Stellingi* (*), se liguèrent, chassèrent presque du pays leurs seigneurs; et chacun, suivant l'ancienne coutume, commença à vivre selon la loi qui lui plaisait. »

GUERRES D'ESPAGNE.

La grande guerre de Charlemagne, nous l'avons déjà dit, c'est la guerre de Saxe : presque tout le reste s'efface à côté de cette lutte héroïque. D'autres ont pu être importantes aussi par leurs résultats ; mais aucune ne fut soutenue, de part et d'autre, avec autant de courage et d'opiniâtreté. La guerre d'Espagne elle-même ne semble qu'accidentelle. Charlemagne n'y alla en personne qu'une fois. L'an 778, pendant que Charles baptisait les Saxons par milliers, à Paderborn, un Sarrasin, nommé Ibn-al-Arabi, venu d'Espagne avec plusieurs autres, se donna à Charles, ainsi que les villes dont l'avait fait chef le roi des Sarrasins.

« Concevant, et avec raison, par les discours d'Ibn-al-Arabi, l'espoir de s'emparer de quelques villes d'Espagne, le roi assembla son armée et se mit en marche; il traversa les sommets des Pyrénées, par le pays des Gascons, attaqua Pampelune, ville de Navarre, et la força à se rendre. De là, passant à gué l'Èbre, il s'avança vers Saragosse, ville considérable de ce pays, reçut les otages que lui amenèrent Ibn-al-Arabi, Abithaür et plusieurs autres Sarrasins, et revint à Pampelune. Il rasa les murs de cette ville pour l'empêcher de se révolter à l'avenir; et voulant retourner en France, il entra dans les gorges des Pyrénées; mais il eut à y souffrir un peu de la perfidie des Gascons. Dans sa marche, l'armée défilait sur une ligne étroite et longue, comme l'y obligeait la nature d'un terrain resserré. Les Gascons s'embusquèrent sur la crête de la montagne, qui, par le nombre et l'épaisseur de ses bois, favorisait leurs artifices; de là se précipitant sur la queue des bagages, et sur l'arrière-garde, destinée à protéger ce qui la précédait, ils les rejetèrent dans le fond de la vallée, tuèrent, après un combat opiniâtre, tous les hommes jusqu'au dernier, pillèrent les bagages, et, protégés par les ombres de la nuit, qui déjà s'épaississaient, s'éparpillèrent en divers lieux avec une extrême célérité. Les Gascons avaient pour eux, dans cet engagement, la légèreté de leurs armes. La pesanteur des armes et la difficulté du terrain rendaient au contraire les Francs inférieurs en tout à leurs ennemis. Egghiard, maître d'hôtel du roi, Anselme, comte du palais, Roland, commandant des frontières de Bretagne, et plusieurs autres, périrent dans cette affaire. Tirer vengeance sur-le-champ de cet échec, ne se pouvait; car le coup fait, ses auteurs s'étaient tellement dispersés qu'on ne put recueillir aucun renseignement sur les lieux où on devait les aller chercher (*). »

(*) Ces quelques mots d'Éginhard (Vie de Charlemagne) sont tout ce qui nous reste sur la bataille de Roncevaux : l'historien de Charlemagne n'a peut-être point tout dit sur cette défaite qu'il présente comme une simple affaire d'arrière-garde et qui cependant a fait tant d'impression sur les comtemporains, que le souvenir s'en est conservé dans les traditions populaires, au nord comme au midi de la Loire. Rien n'est plus célèbre au moyen âge que Roncevaux et Roland ; ils furent chantés en 1066 par les Normands à la bataille d'Hastings, et au XIIe siècle il existait sur ce sujet un long poëme de 8000 vers. Voici une courte analyse de la partie du poëme qui concerne Roland, ce mystérieux paladin si connu des légendes et que l'histoire ne nomme qu'une fois. Charlemagne, après être resté six ans en Espagne, songe à regagner la France. Mais avant de repasser les monts, il veut envoyer un ambassadeur à Marsile, roi de Saragosse, pour recevoir la soumission qu'il a promise. Sur l'avis de Roland, neveu de Charlemagne, Gannelon est

(*) De *stellen, sich herstellen*, se mettre debout, se dresser.

Les autres expéditions que les Francs firent au-delà des Pyrénées, au nombre de six, furent conduites par Louis-le-Débonnaire, que Charle-

désigné. C'est une mission périlleuse, car tous les ambassadeurs envoyés à Marsile ont été mis à mort par ce roi félon : aussi Gannelon jure-t-il de se venger de Roland. Arrivé à Saragosse il se laisse gagner par Marsile, lui indique la route que suivent les Francs, et surtout la position que Roland et les meilleurs paladins de Charlemagne doivent prendre à l'arrière-garde. Puis, chargé de présents, il retourne dire à Charles que Marsile se reconnaît son vassal. L'armée passe les Pyrénées; tout à coup l'arrière-garde, attaquée au milieu des défilés par les Sarrasins, est contrainte de s'arrêter toute une nuit. Cependant Charles s'éloigne toujours: Roland pourrait le rappeler en sonnant de son cor qui peut se faire entendre jusque par-delà les montagnes; mais il croirait se déshonorer en montrant de la crainte, et attend avec ses vingt mille soldats le choc des Sarrasins. C'est une terrible mêlée où viennent prendre part toutes les nations païennes; Mahomet réunit tous ses sectateurs contre Roland et les cinquante chevaliers qui lui restent. Déjà cent mille Sarrasins ont été tués ou dispersés, mais voici que le roi de Carthage, d'Etiopes (*sic*), d'Oliferne et de Candie, arrive encore avec cinquante mille guerriers, « qui n'ont de blanc que les iex et les dent; » alors Roland sonne de son olifran :

« Bruient li mont et li vauls resona
Bien quinze lieues li oïe en ala.

Charles l'entendit; mais le traître Gannelon l'arrêta : « Roland, dit-il, chasse quelque lièvre dans les montagnes », et ils continuèrent. Cependant Roland, de plus en plus pressé, redouble; si fort il sonne, qu'il se rompt les veines du cou et que le sang lui sort de la bouche. Cette fois Charles a compris; son armée repasse en toute hâte les monts; mais il est trop tard : tous les compagnons de Roland, Olivier, Garnier, l'archevêque Turpin, ont été tués; Roland est seul(*), « las et travailliez des grans coux qu'il avoit donnez et receüs : et angoisseux et trenchiez, grant dolour demenant s'en vint en tel manière parmi le bois jusque au pié de la montaigne de Cisaire, et descendi de son cheval desous un arbre delez un grant perron de marbre, qui illuec estoit dreciez en un moult biau pré au dessus de là Raincevaus. Si

(*) Je continue ici avec la Chronique de Turpin qui suit de très-près le récit du poëme.

tenoit encore Durandal s'espée (si vaut autant à dire comme : *Donne grant cop, ou fier durement Sarrazins*). S'espée estoit esprouvée sur toutes autres, clere et resplandissans, et de bele façon, trenchans et afilée si fort, que elle ne pooit ne fraindre ni brisier. Si fine estoit, que avant fausist bras que espée. Quant il l'eut grant pièce (*) tenue et regardée, il la commença à regreter aussi comme en plorant, et dist en tel manière : « O espée très bele, claire et resplandissans, que il ne convient pas fourbir aussi comme autres, de belle grandeur et d'avenant besche (**), fort et ferme sans nule maumaisture, blanche comme uns yvoires par l'enhendure (***) entreseigne de crois d'or resplandissans, armée de poumian de berill, sacrée et benéoite des lettres du saint non Nostre Seigneur, α et ω, et avironnée de la force Nostre Seignour Jhesu-Crist. Qui usera plus de ta bonté ? qui t'aura ? qui te tendra ? Cils qui te portera ne sera ja vaincus ne esbahis, ne ja paour n'aura de ses anemis, ne ne sera sorpris ne deceus par fantasies ne par illusions; mais toujours aura en s'aide la divine vertu. Par toi sont Sarrazins destruiz, et gens mescreans vaincu, la foi chrestienne essaucie, la loenge de Dieu moutepléée et aquise. O tantes fois ai vengé par toi le sanc Nostre Seignour Jhesu-Crist ! O quans milliers anemis ai occis par toi, tans Sarrazins et Juis et autres anemis de la crois destruiz ! La justice de Dieu est par toi sostenue et emplie: les piés et les mains accoutumés à aler à larrechin sont par toi du cors errachiés. Autant de fois comme j'ai par toi ocis ou Sarrazins ou desloiaus Juis, autant de fois cui-je avoir vengié le sanc Jhesu-Crist. O espée benourée, en trenchant et en aiguisece très isnele, et a qui ne fut ainques, ne jamais ne sera resamblable, cil qui te forja n'avant ne après n'en put faire une autele : qui de toi fut navrez ne pot onques puis vivre. Je ai trop grant duel se mauvais chevaliers perrecheux t'a après moi. Je ai trop grant doleur, se Sarrazins ou autres mescreans te tient et te manie après ma mort. »

« Quant il ot ainsi s'espée regretée, il la leva contremont, et en feri trois merveilleux cox ou perron de marbre qui devant

(*) Long-temps.
(**) Largeur.
(***) Poignée.

magne avait donné pour roi aux Aquitains, ou par son autre fils Pepin. Ces guerres eurent pour résultat la formation de la marche d'Espagne et la prise des villes d'Empurias, de Barcelone, de Gironne, de Vic, d'Urgel peut-être, et de Tortose. Huesca et Saragosse, les deux plus fortes places entre l'Ébre et les Pyrénées, ne furent point enlevées; mais les Francs purent, sans rencontrer de grands obstacles, faire des courses jusqu'au pied de leurs murailles.

lui estoit; car il la cuidoit brisier, parce que il avoit paour que elle ne venist ès mains des Sarrazins. Que vous conteroit-on plus? Li perrons fu coupez d'amont jusques en terre, et l'espée demoura saine et sans nule briseure : et quant il vit que il ne la porroit depecier en nule manière, si fu trop dolans. »

Cependant il y avait près de là une source empoisonnée; Roland y jette son épée, qui y est encore, dit le poète, et doit y rester jusqu'au jugement dernier. Ce fut son dernier effort. Le roman ne s'arrête point là : il faut effacer la défaite de Roncevaux. Charles rentre en Espagne : alors ce sont d'effroyables batailles; des combats singuliers, auxquels Charlemagne lui-même prend part. Marsile appelle à son aide Baligant, amiral de Babylone. Quelque temps le succès est incertain; mais enfin les Francs l'emportent. Saragosse avec sa citadelle et ses cinquante tours tombe en leur pouvoir, la mort de Roland est vengée.

Nulle guerre n'a pris dans les légendes une telle importance, et ce n'est point seulement parmi les peuples de la Gaule que le souvenir en est resté : au-delà des Pyrénées le nom de Roncevaux fut aussi souvent prononcé que de ce côté-ci des montagnes; pendant long-temps les Espagnols regardèrent ce combat comme une de leurs plus grandes gloires, et Bernard de Carpio, le vainqueur supposé de Roland, est un de leurs noms les plus populaires; ils rappellent ce souvenir avec fierté dans leurs chants nationaux :

    Mala la vistes Francezes
    La caça de Roncesvalles
    Don Carlos perdio la honora
    Murieron los doze pares (*).

(*) *Cancionero de romances*. Rom. del conde Guarinos, p. 101. — Voyez la Dissertation sur le roman de Roncevaux, par M. Monin.

RUINE DU DUCHÉ DE BAVIÈRE.

Les grandes affaires de Charlemagne étaient toujours en Allemagne. Nous l'avons vu, par la soumission des Saxons, porter sa domination dans l'Allemagne du nord jusqu'à l'Elbe; il faut que nous suivions maintenant le progrès de ses armes dans l'Allemagne du midi.

L'année même de la soumission de Witikind, pendant que Charles était encore occupé à le combattre, « il se fit, parmi les Francs orientaux, une grande conspiration, dont on regarda le comte Hartrad comme l'auteur. Mais aussitôt que le roi en eut été informé, il la dissipa par son habileté et sans grave danger; il condamna une partie des conspirateurs à perdre les yeux, et le reste à l'exil (*). »

Quelques années après, un fils naturel de Charlemagne conspira contre son père et trouva des complices même parmi les Francs.

Ainsi, l'on commençait à s'effrayer de cette grande ambition, qui voyait toujours une guerre nouvelle derrière une guerre achevée, et usait la race des Francs sur les grandes routes et sur les champs de bataille. Les princes tributaires essayèrent même de secouer ce joug. Le plus puissant d'entre eux, Tassillon, duc de Bavière, donna l'exemple. Les anciennes lois bavaroises nous disent en quoi consistait la dépendance de la Bavière à l'égard de l'Ostrasie. C'étaient les rois francs qui créaient ou agréaient les ducs, pris toujours dans la race des Agilofings. Le roi avait droit de condamner à mort les sujets du duc, et celui-ci devait soutenir ceux qui étaient chargés de faire les exécutions. Le duc devait encore se soumettre à certains capitulaires que les rois faisaient publier dans la Bavière. Cette dépendance, les ducs de Bavière s'en étaient à peu près affranchis sous les

(*) Éginhard, Annales, ad annum 785. — Les historiens ont accusé la reine Fartrade, épouse de Charlemagne, d'avoir par sa cruauté suscité cette conspiration.

derniers Mérovingiens; mais quand les maires du palais eurent pris la place de ces derniers, il fallut se replacer sous le joug. C'était chose pénible, surtout pour le duc de Bavière, qui, descendant de l'antique famille des Agilofings, allié de près aux rois lombards, maître de la Bavière, de la partie occidentale de l'Autriche actuelle, et peut-être aussi du Tyrol et du pays des Grisons, se croyait au moins aussi noble et aussi puissant que les Carlovingiens.

L'an 787, Charlemagne apprit, par le pape Adrien, qu'une grande conspiration se formait contre lui; Tassillon, avec l'aide des Avares qui occupaient la Pannonie derrière la Bavière, devait attaquer l'Ostrasie, tandis que les Grecs, unis au duc indépendant de Bénévent, se jetteraient sur les possessions d'Italie; heureusement, les Grecs et les Bénéventins n'osèrent remuer. Charles eut le temps d'accabler Tassillon. « Il assembla une grande armée et résolut d'attaquer la Bavière et Tassillon. Il commanda à Pepin, son fils, de se rendre avec les troupes italiennes dans la vallée de Trente : les Francs orientaux et les Saxons s'avancèrent, comme ils en avaient reçu l'ordre, jusqu'au lieu nommé Pfenning, près du Danube, et lui-même s'arrêta, avec la partie de l'armée qu'il conduisait, dans la banlieue d'Augsbourg, sur le Lech, qui sépare les Alemans et les Bavarois. De là, et avec tant de troupes, il eût, sans aucun doute, envahi la Bavière, si Tassillon n'eût prévenu, en se remettant au roi, son danger et celui de son peuple. Se voyant entouré de toutes parts, il vint, en suppliant, demander le pardon de ses actions passées. Le roi, qui était très-doux de sa nature, se rendit à ses vœux et ses prières, reçut de lui, outre douze otages, son fils Théodon, s'assura, par un serment, de la fidélité des habitants de cette contrée, et retourna en France. Il célébra la fête de Noël et celle de Pâques dans la ville d'Ingelheim, dans la banlieue de Mayence.

[788] « Décidé à tenir dans cette ville l'assemblée générale de son peuple, Charles ordonna à Tassillon, comme à ses autres vassaux, de s'y rendre; et lorsque ce duc, selon l'ordre qu'il avait reçu, fut venu en sa présence, il fut accusé de lèse-majesté par les Bavarois, qui en donnaient pour raison, qu'après avoir remis son fils comme otage au roi, et par le conseil de sa femme Hulberge, fille de Didier, qui conservait une grande haine contre les Francs, à cause de l'exil de son père, Tassillon, par animosité contre le roi, avait excité les Huns à entreprendre la guerre contre les Francs. Ce qui arriva cette même année prouva la vérité de l'accusation. Les Bavarois racontèrent plusieurs actions et paroles du duc, qui n'avaient pu être dites ou faites que par un ennemi furieux, et il ne put en nier aucune. Convaincu de crime à l'unanimité, il fut condamné à la peine capitale; mais malgré ce jugement, la clémence du roi lui sauva la vie. On lui fit quitter l'habit séculier, et il fut envoyé dans un monastère, où il vécut aussi pieusement qu'il y était entré de bon cœur. Son fils Théodon reçut aussi la tonsure, et fut assujetti à la loi monastique. Ceux des Bavarois qu'on savait avoir été instruits et complices de leur perfidie furent relégués en différents lieux d'exil (*). »

Ainsi finit la race des Agilofings; le duché de Bavière devint une simple province de l'empire de Charlemagne, administrée comme les autres par ses délégués.

GUERRE CONTRE LES ESCLAVONS.

Il semble que Charlemagne ait poussé en quelque sorte parallèlement ses conquêtes dans le nord et dans le sud de l'Allemagne : si derrière la Bavière il a trouvé les Avares, derrière la Saxe il rencontre les Slaves. Maintenant qu'il est maître de la Saxe jusqu'à l'Elbe, il lui faut, pour assurer sa frontière pousser à travers les Slaves jusqu'à l'Oder, comme bientôt il poussera jusqu'au Raab, pour garantir la Bavière

(*) Annales d'Éginhard.

contre les incursions des Avares (*).

« Il y a en Germanie, sur le bord de l'Océan, une certaine nation d'Esclavons qui se nomment dans leur langue Wélétabes, et sont appelés par les Francs Wiltzes. Ce peuple, toujours ennemi des Francs, avait coutume de poursuivre de sa haine, d'opprimer et de harceler par ses armes ceux de ses voisins qui étaient alliés ou sujets des Francs. Le roi, ne voulant pas supporter plus long-temps cette insolence, résolut de leur faire la guerre, assembla une nombreuse armée, et passa le Rhin près de Cologne (789). Il prit de là son chemin par la Saxe; et lorsqu'il eut gagné l'Elbe, il plaça son camp sur le rivage, joignit le fleuve par deux ponts, fortifia l'un aux deux bouts, et y laissa une forte garnison. Lui-même passa le fleuve, conduisit son armée au lieu désigné, entra sur les terres des Wiltzes, et ordonna de tout ravager par la flamme et le fer. Cette nation, quoique belliqueuse, et se confiant en son nombre, ne put long-temps soutenir l'impétuosité de l'armée des Francs. Dès que le roi fut arrivé près de la ville de Dragwit, Wiltzan, qui par l'autorité de sa vieillesse et la noblesse de sa naissance était supérieur aux autres petits rois des Wiltzes, alla au-devant de lui avec tous les siens, donna les otages qu'on lui demandait, et engagea, par un serment, sa foi au roi et aux Francs. Les autres rois et les principaux des Esclavons suivirent son exemple et se soumirent au pouvoir du roi. Charles, ayant ainsi réduit ce peuple, et reçu les otages qu'il avait exigés, regagna l'Elbe par le même chemin, fit repasser le pont à son armée, et ayant réglé, en passant, tout ce qui regardait les Saxons, il rentra en France, et célébra, à Worms, la fête de Noël et celle de Pâques (*). »

Cette expédition ne fut pas la seule que Charles entreprit de ce côté; il lui fallut plusieurs fois marcher au secours de ses nouveaux tributaires, attaqués par les peuples voisins, et surtout par les Danois d'au-delà de l'Eyder. Aussi, sa domination, qu'il essaya d'assurer par la construction de forteresses sur le cours de l'Elbe, ne fut jamais établie d'une manière sérieuse sur les pays situés entre ce fleuve et l'Oder.

GUERRE CONTRE LES AVARES.

Tassillon, à l'époque de sa révolte, avait sollicité les secours des Avares; ils parurent en effet avec deux armées, qui attaquèrent, mais en vain, l'une le Frioul, l'autre la Bavière; ils furent vaincus à deux reprises, et contraints de regagner leur pays, où Charlemagne se prépara bientôt à les suivre. « Les Avares étaient des cavaliers infatigables, retranchés dans les marais de la Hongrie, qui de là fondaient à leur choix sur les Slaves et sur l'empire grec. Tous les hivers, dit l'historien, ils allaient dormir avec les femmes des Slaves. Leur camp ou *ring* était un prodigieux village de bois qui couvrait toute une province fermée de haies, d'arbres entrelacés : il y avait là des rapines de plusieurs siècles, les dépouilles des Byzantins, entassement étrange des objets les plus brillants, les plus inutiles aux Barbares, bizarre musée de brigandage. Ce camp, d'après un vieux soldat de Charlemagne, aurait eu douze ou quinze lieues de tour, comme les villes de l'Orient, Ninive ou Babylone. Tel est le génie des Tartares : le peuple uni en un seul camp, le reste en pâturages déserts. Celui qui visita le chagan des Turcs, au XVIᵉ siècle, trouva le Barbare qui siégeait sur un trône d'or, au milieu du désert. Celui des Avares, dans son village de bois, se fai-

(*) Entre les Slaves voisins des Saxons et les Avares se trouvait ce triangle de montagnes qui enferme et protège la Bohême. Charles essaya aussi de le soumettre, afin que les pays de sa domination ne fussent point séparés par des contrées indépendantes : il y fit deux expéditions, mais qui n'eurent pour résultat que la dévastation de la Bohême.

(*) Éginhard, Annales.

sait donner des lits d'or massif par l'empereur de Constantinople (*). »

« Le printemps passé, le roi quitta Worms, vers le commencement de l'été, et partit pour la Bavière, dans la résolution de rendre aux Huns (ou Avares) le mal qu'ils lui avaient fait, et de leur déclarer la guerre le plus tôt possible. Il assembla donc dans cette intention des convois et les meilleures troupes de son royaume, et commença à faire route avec son armée partagée en deux. Il en confia une portion au comte Théodoric et à Meginfried, son chambellan, et leur ordonna de marcher par la rive septentrionale du Danube; lui-même occupa, avec celle qu'il conduisait, la rive méridionale de ce fleuve, et gagna la Pannonie. Il commanda aux Bavarois de descendre le Danube avec les provisions de l'armée, placées sur des bateaux. S'étant ainsi mis en marche, il dressa d'abord son camp près de l'Ems; car ce fleuve, coulant entre la Bavière et le pays des Huns, devait nécessairement servir de limites aux deux royaumes. On fit alors, pendant trois jours, des prières, pour que l'issue de cette guerre fût heureuse et fortunée: ensuite les troupes se mirent en mouvement, et la guerre fut déclarée par les Francs à la nation des Huns. Les garnisons de Huns furent chassées; leurs forteresses, dont l'une était bâtie près du fleuve du Camb, et l'autre près de la ville de Comagène (Comhorn?) et sur le mont Anneberg, furent détruites, et tout fut dévasté par le fer et la flamme. Le roi gagna, avec son armée, le fleuve du Raab, le passa, et marcha, en suivant la rive, jusqu'au lieu où il joint le Danube. Il y campa quelques jours, et résolut de retourner par la Bavière; mais il ordonna aux autres troupes, à la tête desquelles étaient Théodoric et Meginfried, de reprendre la route de la Bohême, qu'elles avaient déjà suivie. Ayant ainsi parcouru et ravagé une grande partie de la Pannonie, il rentra en Bavière avec son armée saine et sauve. Quant aux Saxons et aux Frisons, ils retournèrent chez eux par la Bohême, avec Théodoric et Meginfried, selon l'ordre qu'ils avaient reçu. Cette expédition se passa sans aucun fâcheux accident, si ce n'est que les chevaux de l'armée, que menait le roi, furent atteints d'une telle maladie, qu'on dit que de plusieurs milliers de chevaux, il en resta à peine la dixième partie. Le roi renvoya ses troupes, se rendit à la ville de Régine, nommée actuellement Regensbourg, y passa l'hiver et y fêta la naissance et la résurrection du Sauveur (*). »

« Ce fut la seule campagne qu'il fit en personne dans la Pannonie. Il se reposa sur son fils Pepin, les commandants des provinces, ses comtes et ses lieutenants, du reste de la guerre. Quoique soutenue par tous ceux-ci avec un très-grand courage, elle ne fut terminée qu'au bout de huit ans (791-797). La Pannonie, vide d'habitants, et la résidence royale du Chagan, tellement dévastée, qu'il n'y restait pas trace de demeure humaine, attestent combien il y eut de combats donnés et de sang répandu. Les Huns perdirent toute leur noblesse, virent périr toute leur gloire, et furent dépouillés de tout leur argent, ainsi que des trésors qu'ils avaient amassés depuis longues années. De mémoire d'homme, les Francs n'ont fait aucune guerre dont ils aient rapporté un butin plus abondant et de plus grandes richesses. Jusqu'à cette époque, on aurait pu les regarder comme pauvres; mais alors ils trouvèrent dans les palais du roi des Huns tant d'or et d'argent, et rapportèrent des combats tant de précieuses dépouilles, qu'on est fondé à croire que les Francs enlevèrent justement aux Huns ce que ceux-ci avaient précédemment ravi injustement aux autres nations (**). »

Cette nation, autrefois si redoutable, tomba si bas après sa défaite, que ce qui en restait fut obligé de venir demander à Charlemagne asile

(*) Michelet, Histoire de France, t. I, p. 324.

(*) Éginhard, Annales.
(**) Éginhard, Vie de Charlemagne.

et protection contre les Slaves. Il en établit en Bavière et leur fit prêcher le christianisme.

Par la ruine de la domination des Avares, celle de Charlemagne s'étendit tout le long du cours du Danube, jusqu'à l'embouchure de la Save, et, dans la Pannonie supérieure, jusqu'au Raab, au milieu de la Hongrie actuelle.

RÉSUMÉ DES GUERRES DE CHARLEMAGNE.

« Telles sont les guerres que Charles, le plus puissant des monarques, soutint en divers lieux de la terre, avec autant d'habileté que de bonheur, pendant les quarante-sept ans que dura son règne. Le royaume des Francs, tel que le lui transmit Pepin son père, était déjà sans doute étendu et fort, mais il le doubla presque, tant il l'agrandit par ses nobles conquêtes. Ce royaume, en effet, ne comprenait avant lui que la partie de la Gaule située entre le Rhin, la Loire, l'Océan et la mer Baléare; la portion de la Germanie habitée par les Francs, bornée par la Saxe, le Danube, le Rhin et la Sale, qui sépare les Thuringiens des Sorabes, le pays des Alemans et la Bavière. Charles y ajouta, par ses guerres mémorables, d'abord l'Aquitaine, la Gascogne, la chaîne entière des Pyrénées, et toutes les contrées jusqu'à l'Èbre, qui prend sa source dans la Navarre, arrose les plaines les plus fertiles de l'Espagne, et se jette dans la mer Baléare, sous les murs de Tortose; ensuite toute la partie de l'Italie qui, de la vallée d'Aost jusqu'à la Calabre inférieure, frontière des Grecs et des Bénéventins, s'étend sur une longueur de plus d'un million de pas; en outre la Saxe, portion considérable de la Germanie, et qui, regardée comme double en largeur de la partie de cette contrée qu'habitent les Francs, est réputée égale en longueur; de plus, les deux Pannonies, la Dacie, située sur la rive opposée du Danube, l'Istrie, la Croatie, la Dalmatie, à l'exception des villes maritimes dont il voulut bien abandonner la possession à l'empereur de Constantinople, par suite de l'alliance et de l'amitié qui les unissaient; enfin, toutes les nations barbares et farouches qui occupent la partie de la Germanie comprise entre le Rhin, la Vistule, le Danube et l'Océan. Quoique parlant à peu près une même langue, elles diffèrent beaucoup par leurs mœurs et leurs usages. Il les dompta si complétement, qu'il les rendit tributaires. Les principales sont les Wélétabes, les Sorabes, les Obotrites et les Bohémiens. Ce fut avec celles-là qu'il en vint aux mains; mais il accepta la soumission des autres, dont le nombre est plus grand (*). »

RÉSULTATS DES GUERRES DE CHARLEMAGNE.
NATIONALITÉ GERMANIQUE.

Ces grandes guerres de Charlemagne eurent, nous l'avons déjà dit, pour résultat de révéler à l'Allemagne sa propre identité, de lui constituer une nationalité, dont l'idée pouvait s'obscurcir, mais devait vivre à jamais. Avant lui, avant les princes de sa maison, l'Allemagne se divisait en plusieurs principautés : c'étaient autant d'états particuliers soumis à leurs propres lois; les uns étaient déjà chrétiens, les autres restaient encore attachés à leur ancien culte; tous parlaient, il est vrai, la même langue, mais ils ne se reconnaissaient point pour frères, pour membres d'une même famille, ils n'avaient et ne voulaient avoir entre eux rien de commun. Après Charlemagne, ces principautés sont allées se perdre dans l'immensité de l'empire; un grand centre a été formé, où tout vient aboutir, se mêler et se confondre : Bavarois, Saxons, Francs, Thuringiens, viennent se reconnaître aux assemblées de Paderborn ou d'Aix-la-Chapelle. Des lois générales, qu'ils font eux-mêmes, s'adressent, pour la première fois, et dans les mêmes termes, à toutes ces tribus diverses, que rallient encore les unes aux autres un même culte, un même système religieux. Voici main-

(*) Éginhard, Vie de Charlemagne.

tenant que ces peuplades, jadis isolées, se trouvent enveloppées d'une double hiérarchie, religieuse et politique; qui remontent, l'une, par les abbés, les évêques, jusqu'au pape; l'autre par les viguiers, les comtes, etc., jusqu'à l'empereur. L'église et l'état s'aident mutuellement à reconstruire la grande famille que l'invasion avait détruite et dispersée. Charles n'est plus seulement le roi des Francs, mais l'empereur d'Occident (*). Cet empire croulera sans doute, et plus vite que le premier, mais quand les peuples divers qui le composent se sépareront, après quelques instants d'une vie commune, pour suivre leurs destinées particulières, ils garderont toujours souvenir de ce moment unique où ils n'avaient tous qu'un même chef. L'empire romain avait *unifié* l'ancien monde; il fallait que le monde nouveau qui l'avait remplacé, ce monde si remuant et si indocile, reçût aussi à son tour l'idée si féconde de l'ordre et de l'unité. D'ailleurs, l'époque féodale, où les hommes devaient refaire, dans le silence et l'isolement, leur être moral, s'annonçait déjà. Encore un siècle et le lien administratif était rompu; l'état disparaissait pour faire place à la famille. Mais l'humanité n'avance que par l'association, par la réunion de toutes les forces individuelles, se mettant au service d'une pensée commune; aussi, bien que la féodalité fît beaucoup pour le développement individuel, l'humanité ne pouvait s'arrêter là; pour se remettre en marche, il lui fallut rassembler toutes ces forces, qui dans leur isolement avaient pris un grand accroissement, et les concentrer, afin de leur donner une impulsion commune. Si elle fut puissamment aidée dans ce travail pénible, ce fut surtout parce que Charlemagne avait posé d'une manière forte et durable, à l'entrée des temps féodaux, l'idée de l'unité monarchique.

(*) « Au commencement d'août de l'année 800, le roi se rendit à Mayence et y tint l'assemblée générale. Là, le roi annonça le voyage d'Italie, partit avec son armée, et alla à Ravenne. Il n'y demeura que sept jours, et ordonna à Pepin, son fils, d'entrer avec cette même armée sur les terres des Bénéventins. Le roi quitta Ravenne, accompagna son fils jusqu'à Ancône, s'en sépara dans cette ville et gagna Rome. Le pape Léon vint au-devant de lui jusqu'à Lamentana, et l'y reçut avec de grands honneurs. Après le repas qu'ils prirent ensemble, le roi demeura dans ce lieu, et le pape retourna à Rome. Le jour d'après, Léon, placé avec les évêques et tout le clergé sur les degrés de la basilique de Saint-Pierre, reçut le roi en louant et remerciant Dieu, à sa descente de cheval; et tandis que tout le monde chantait des psaumes, il l'introduisit dans l'église de ce bienheureux apôtre, en glorifiant, remerciant et bénissant Dieu. Ces choses se passèrent le 24 novembre. Sept jours après, le roi convoqua une assemblée, déclara à tous pourquoi il était venu à Rome, et depuis donna chaque jour tous ses soins aux affaires qui l'avaient amené. Il commença par la plus importante comme la plus difficile : c'était l'examen des accusations dirigées contre le saint pontife; mais comme personne ne voulut entreprendre de les prouver, le pape monta en chaire en présence de tout le peuple dans la basilique de l'apôtre Saint-Pierre, prit l'Évangile dans sa main, invoqua le nom de la sainte Trinité, et se purgea par serment des crimes qui lui étaient imputés. Le même jour le prêtre Zacharie, que le roi avait envoyé à Jérusalem, arriva à Rome avec deux prêtres qui venaient trouver le roi par ordre du patriarche. Ils lui apportèrent sa bénédiction, les clefs du Saint-Sépulcre et du Calvaire, ainsi qu'un étendard. Le roi les reçut gracieusement, les retint quelques jours près de lui, les récompensa, et leur donna audience lorsqu'ils voulurent s'en retourner.

« Le saint jour de la naissance du Seigneur, tandis que le roi, assistant à la messe, se levait de sa prière devant l'autel du bienheureux apôtre Pierre, le pape Léon lui posa une couronne sur la tête, et tout le peuple romain s'écria : « A CHARLES AUGUSTE, couronné par Dieu, grand et pacifique empereur des Romains, vie et victoire! » Après laudes, il fut adoré par le pontife suivant la coutume des anciens princes, et quittant le nom de patrice, fut appelé EMPEREUR ET AUGUSTE (*). »

(*) Éginhard, Annales.

GOUVERNEMENT DE CHARLEMAGNE.

Charlemagne est moins célèbre peut-être par ses guerres que par ses travaux comme législateur et par ses efforts pour fonder une société véritable, pour ramener l'ordre au sein de cet immense chaos qu'on appelait, au VIII° siècle, l'empire des Francs. Toutefois, il faut dire que s'il essaya d'établir un grand système d'administration, il n'y réussit qu'imparfaitement.

« Malgré l'unité (*), malgré l'activité de sa pensée et de son pouvoir, le désordre était autour de lui immense, invincible : il le réprimait un moment sur un point; mais le mal régnait partout où ne parvenait pas sa terrible volonté; et là où elle avait passé, il recommençait dès qu'elle s'était éloignée. Il ne faut pas se laisser tromper par les mots : ouvrez aujourd'hui l'Almanach royal; vous pouvez y lire le système de l'administration de la France; tous les pouvoirs, tous les fonctionnaires, depuis le dernier échelon jusqu'au plus élevé, y sont indiqués et classés selon leurs rapports. Et il n'y a point là d'illusion ; les choses se passent en effet comme elles sont écrites : le livre est une fidèle image de la réalité. Il serait facile de construire, pour l'empire de Charlemagne, une carte administrative semblable, d'y placer des ducs, des comtes, des vicaires, des centeniers, des échevins (*scabini*), et de les distribuer sur le territoire, hiérarchiquement organisés. Mais ce ne serait qu'un vaste mensonge : le plus souvent, dans la plupart des lieux, ces magistratures étaient impuissantes, ou désordonnées elles-mêmes. L'effort de Charlemagne, pour les instituer et les faire agir, était continuel, mais échouait sans cesse. Maintenant que nous voilà avertis et en garde contre les apparences systématiques de ce gouvernement, nous pouvons en esquisser les traits, on n'en conclura rien de trop.

« Il faut distinguer le gouvernement local et le gouvernement central.

« Dans les provinces, le pouvoir de l'empereur s'exerçait par deux classes d'agents, les uns locaux et permanents, les autres envoyés de loin et passagers.

DUCS, COMTES, TENTENIERS.

« Dans la première classe étaient compris : 1° les ducs, comtes, vicaires des comtes, centeniers, *scabini*, tous magistrats résidants, nommés par l'empereur lui-même, ou par ses délégués, et chargés d'agir en son nom pour lever des forces, rendre la justice, maintenir l'ordre, percevoir les tributs. 2° les bénéficiers ou vassaux de l'empereur, qui tenaient de lui, quelquefois héréditairement, plus souvent à vie, plus souvent encore sans aucune stipulation ni règle, des terres, des domaines dans l'étendue desquels ils exerçaient, un peu en leur propre nom, un peu au nom de l'empereur, une certaine juridiction et presque tous les droits de la souveraineté. Rien n'était bien déterminé ni bien clair dans la situation des bénéficiers et la nature de leur pouvoir : ils étaient en même temps délégués et indépendants, propriétaires et usufruitiers ; et l'un ou l'autre de ces caractères prévalait en eux tour à tour. Mais, quoi qu'il en soit, ils étaient sans nul doute en relation habituelle avec Charlemagne, qui se servait d'eux pour faire partout parvenir et exécuter sa volonté.

ENVOYÉS DU ROI.

« Au-dessus des agents locaux et résidants, magistrats ou bénéficiers, étaient les *missi dominici*, envoyés temporaires, chargés d'inspecter, au nom de l'empereur, l'état des provinces, autorisés à pénétrer dans l'intérieur des domaines concédés, comme dans les terres libres,

---

(*) A cette analyse du gouvernement de Charlemagne, que nous empruntons presque tout entière à M. Guizot, nous ajouterons sous forme de notes quelques observations, quelques traductions de capitulaires, pour éclairer certains points qui, sans cela, resteraient peut-être encore dans l'ombre.

investis du droit de réformer certains abus, et appelés à rendre compte de tout à leur maître. Les *missi dominici* furent pour Charlemagne, du moins dans les provinces, le principal moyen d'ordre et d'administration (*).

ASSEMBLÉES GÉNÉRALES.

«Quant au gouvernement central, en mettant pour un moment de côté l'action de Charlemagne lui-même et de ses conseillers personnels, c'est-à-dire le vrai gouvernement, les assemblées nationales, à en juger par les apparences et à en croire presque tous les historiens modernes, y occupaient une grande place. Elles furent en effet, sous son règne, fréquentes et actives (**). »

Voici d'après Hincmar, le célèbre archevêque de Reims, comment les choses se passaient dans ces assemblées:

« C'était l'usage de ce temps de tenir
« chaque année deux assemblées...;
« dans l'une et l'autre, et pour qu'elles
« ne parussent pas convoquées sans
« motif (***), on soumettait à l'examen

(*) Ces envoyés tenaient tous les ans, aux mois de janvier, avril, juillet et octobre (*capit.* III, *anni* 812, *art.* 4), des assises où les évêques, les abbés, les comtes, les seigneurs, les avoués des églises, les vicaires des comtes, les centeniers et les hommes libres étaient obligés de se trouver. On traitait dans ces assemblées d'abord des affaires de l'église et de la religion, puis les *missi* devaient s'enquérir de tous, comment les officiers établis par l'empereur s'acquittaient de leur office, si quelque loi avait été violée, si des abus se présentaient, etc. Ils rendaient à l'instant justice sur toutes choses, car ils avaient pouvoir même sur les comtes, ou bien, quand les cas étaient graves, ils en référaient au prince. (Voir le capitulaire de l'année 823.)

(**) M. Guizot, Histoire de la civilisation en France, t. II.

(***) «*Ne quasi sine causa convocari viderentur.* Cette phrase indique que la plupart des membres de ces assemblées regardaient l'obligation de s'y rendre comme un fardeau, qu'ils se souciaient assez peu de partager le pouvoir législatif, et que Charlemagne voulait légitimer leur convocation

« et à la délibération des grands, et
« en vertu des ordres du roi, les arti-
« cles de loi, nommés *capitula*, que le
« roi lui-même avait rédigés par l'in-
« spiration de Dieu, ou dont la néces-
« sité lui avait été manifestée dans l'in-
« tervalle des réunions.

« Après avoir reçu ces communica-
« tions, ils en délibéraient, un, deux
« ou trois jours, ou plus, selon l'im-
« portance des affaires. Des messagers
« du palais, allant et venant, recevaient
« leurs questions, et leur rapportaient
« les réponses, et aucun étranger n'ap-
« prochait du lieu de leur réunion,
« jusqu'à ce que le résultat de leurs
« délibérations pût être mis sous les
« yeux du grand prince, qui, alors,
« avec la sagesse qu'il avait reçue de
« Dieu, adoptait une résolution à la-
« quelle tous obéissaient.

« Les choses se passaient ainsi pour
« un, deux capitulaires, ou un plus
« grand nombre, jusqu'à ce que, avec
« l'aide de Dieu, toutes les nécessités
« du temps eussent été réglées.

« Pendant que ces affaires se trai-
« taient de la sorte, hors de la présence
« du roi, le prince lui-même, au milieu
« de la multitude venue à l'assemblée
« générale, était occupé à recevoir les
« présents, saluant les hommes les plus
« considérables, s'entretenant avec ceux
« qu'il voyait rarement, témoignant
« aux plus âgés un intérêt affectueux,
« s'égayant avec les plus jeunes, et fai-
« sant ces choses et autres semblables
« pour les ecclésiastiques comme pour
« les séculiers. Cependant, si ceux qui
« délibéraient sur les matières sou-
« mises à leur examen, en manifestaient
« le désir, le roi se rendait auprès d'eux,
« y restait aussi long-temps qu'ils le
« voulaient, et là, ils lui rapportaient

en leur donnant quelque chose à faire, bien plutôt qu'il ne se soumettait lui-même à la nécessité d'obtenir leur adhésion.» (Note de M. Guizot). Régulièrement chaque comte devait envoyer à l'assemblée générale douze représentants. Les *avoués* des églises, c'est-à-dire ceux qui étaient chargés de protéger et de défendre les biens des églises, devaient aussi les accompagner.

« avec une entière familiarité ce qu'ils
« pensaient de toutes choses, et quelles
« étaient les discussions amicales qui
« s'étaient élevées entre eux. Je ne dois
« pas oublier de dire que, si le temps
« était beau, tout cela se passait en
« plein air; sinon, dans plusieurs bâ-
« timents distincts, où ceux qui avaient
« à délibérer sur les propositions du
« roi étaient séparés de la multitude
« des personnes venues à l'assemblée ;
« et alors les hommes les moins con-
« sidérables ne pouvaient entrer. Les
« lieux destinés à la réunion des sei-
« gneurs étaient divisés en deux parties,
« de telle sorte que les évêques, les
« abbés et les clercs élevés en dignité
« pussent se réunir sans aucun mélange
« de laïques. De même, les comtes et
« les autres principaux de l'État se sé-
« paraient, dès le matin, du reste de
« la multitude, jusqu'à ce que, le roi
« présent ou absent, ils fussent tous
« réunis ; et alors les seigneurs ci-des-
« sus désignés, les clercs de leur côté,
« les laïques du leur, se rendaient dans
« la salle qui leur était assignée, et où
« l'on avait fait honorablement prépa-
« rer des siéges. Lorsque les seigneurs
« laïques et ecclésiastiques étaient ainsi
« séparés de la multitude, il demeu-
« rait en leur pouvoir de siéger en-
« semble ou séparément, selon la nature
« des affaires qu'ils avaient à traiter,
« ecclésiastiques, séculières ou mixtes ;
« de même s'ils voulaient faire venir
« quelqu'un, soit pour demander des
« aliments, soit pour faire quelque
« question, et le renvoyer après en avoir
« reçu ce dont ils avaient besoin, ils
« en étaient les maîtres. Ainsi se pas-
« sait l'examen des affaires que le roi
« proposait à leurs délibérations.

« La seconde occupation du roi était
« de demander à chacun ce qu'il avait
« à lui rapporter ou à lui apprendre sur
« la partie du royaume dont il venait.
« Non seulement cela leur était permis
« à tous, mais il leur était étroitement
« recommandé de s'enquérir, dans l'in-
« tervalle des assemblées, de ce qui se
« passait au dedans et au dehors du
« royaume; et ils devaient chercher à
« le savoir des étrangers comme des
« nationaux, des ennemis comme des
« amis, quelquefois en employant des
« envoyés, et sans s'inquiéter beaucoup
« de la manière dont étaient acquis les
« renseignements. Le roi voulait savoir
« si, dans quelque partie, quelque coin
« du royaume, le peuple murmurait
« ou était agité, et quelle était la cause
« de son agitation, et s'il était survenu
« quelque désordre dont il fût néces-
« saire d'occuper le conseil général, et
« autres détails semblables. Il cher-
« chait aussi à connaître si quelqu'une
« des nations soumises voulait se ré-
« volter, si quelqu'une de celles qui
« s'était révoltées semblait disposée à
« se soumettre, si celles qui étaient
« encore indépendantes menaçaient le
« royaume de quelque attaque, etc. Sur
« toutes ces matières, partout où se
« manifestait un désordre ou un péril,
« il demandait principalement quels en
« étaient les motifs ou l'occasion (*). »

Ainsi, ces assemblées générales, il ne faut pas s'y tromper, n'étaient qu'un vaste moyen de gouvernement. Charlemagne ne réunissait près de lui tous ses grands que pour connaître par eux l'état et les besoins du pays ; leur soumettre les capitulaires qu'il avait préparés, non point pour reconnaître leur droit à les contrôler, mais afin de profiter de leurs lumières et changer ce qui serait trouvé mauvais. Ces assemblées diffèrent donc essentiellement de ces anciennes réunions du Champ de Mars, où les hommes libres venaient faire réellement eux-mêmes leurs affaires. Aussi voit-on que sous Charlemagne, la plupart de ceux qui composaient ces assemblées, regardaient l'obligation de s'y rendre comme une charge pénible, car ils savaient qu'ils n'allaient porter là que leur approbation à des actes arrêtés d'avance, ou tout au plus leurs conseils, mais jamais leur volonté. Et d'ailleurs, ce n'était point le vrai peuple des hommes libres qui venait à ces assemblées : convoqués dans les marches d'Espagne, d'Italie et de Bavière, ou dans les marais de la

(*) Hincmar, cité et trad. par M. Guizot. Histoire de la civil. en France, t. II.

Saxe, tous les évêques, tous les comtes, tous les fidèles ne pouvaient ainsi, deux fois l'année, traverser l'immensité de l'empire pour aller trouver l'empereur et le lieu de réunion : il leur aurait fallu vivre sur les grandes routes. Aussi n'y avait-il souvent à ces assemblées que ceux qui formaient l'armée; ou bien quelques notables qui suivaient les grands, les évêques, venaient y représenter la nation des Francs. Il est juste toutefois d'ajouter, qu'en souvenir des anciens priviléges des hommes libres, il était dit quelquefois, comme dans le troisième capitulaire de l'année 803, § XIX : « Que le peuple soit interrogé sur les capitulaires qui ont été récemment ajoutés à la loi ; et quand tous y auront donné leur assentiment, *subscriptiones et manufirmationes suas in ipsis capitulis faciant.*» Mais cette espèce d'enquête et de consultation n'était sans doute ordonnée que pour des additions ou des changements faits aux diverses lois nationales. Les capitulaires, bien qu'ils portent souvent ces mots : *de his consenserunt omnes*, n'avaient pas besoin de cette confirmation. Encore une fois, cette formule, qui a fait croire à plusieurs que sous Charlemagne il y avait encore *un peuple des Francs*, jaloux de ses libertés, et faisant lui-même ses affaires, n'est qu'un de ces protocoles de chancellerie qui ne changent jamais, bien que les idées qu'ils expriment et leurs termes mêmes soient depuis long-temps hors d'usage.

CAPITULAIRES.

C'est dans ces assemblées, ainsi que nous l'a dit Hincmar, qu'étaient rédigés les capitulaires. Ils se montent pour le règne de Charlemagne, à soixante-cinq, représentant une masse de onze cent vingt-six articles. Pour avoir une idée complète de l'activité législative de cette époque, il faut encore ajouter à ce nombre immense d'ordonnances, la révision des anciennes lois barbares, et onze cent quarante-cinq pièces, c'est-à-dire, diplômes, documents, lettres et actes divers émanés de Charlemagne ou de ceux qui l'entouraient.

M. Guizot a fait à la Sorbonne, dans ses leçons sur Charlemagne, un examen approfondi des capitulaires de ce prince. Aucun historien n'avait encore jeté un regard aussi pénétrant sur cette vieille législation; aucun n'y avait porté tant de lumières par une classification simple et cependant vraie.

« On rencontre, dit-il, sous le nom de capitulaires :

« 1° D'anciennes lois nationales, publiées de nouveau, la loi salique, par exemple.

« 2° Des extraits des anciennes lois salique, lombarde, bavaroise, etc.; extraits publiés évidemment dans une intention particulière, pour un certain lieu, un certain moment, et à l'occasion de quelque besoin spécial que rien ne nous indique plus.

« 3° Des additions aux anciennes lois, à la loi salique, à la loi des Lombards, à celle des Bavarois, etc. Ces additions semblent faites dans une forme et avec des solennités particulières. Celle qui se rapporte à la loi salique est précédée, dans un ancien manuscrit, par ces mots:

« Ce sont ici les articles que le sei-
« gneur Charles-le-Grand, empereur,
« a fait écrire dans son conseil et a or-
« donné de placer entre les autres lois.»

«Le législateur paraît même demander plus expressément à ce sujet l'adhésion de la population en 803, c'est-à-dire, dans la même année où furent faites des additions à la loi salique. Charlemagne donne pour instruction à ses *missi*;

«Que le peuple soit interrogé au sujet
« des articles qui ont été tout récem-
« ment ajoutés à la loi, et après qu'ils
« y auront consenti, qu'ils apposent
« auxdits articles leur confirmation
« et leur signature. »

« 4° Des extraits des actes des conciles et de toute la législation canonique. Le grand capitulaire rendu à Aix-la-Chapelle, en 789, et une foule d'articles répandus dans les autres, ne sont rien de plus.

« 5° Des lois nouvelles dont les unes sont rédigées dans les assemblées générales, avec le concours des grands laïques et des grands ecclésiastiques réunis, ou des ecclésiastiques seuls, ou des laïques seuls; tandis que les autres paraissent l'ouvrage de l'empereur seul, et ressemblent à ce que nous appellerions aujourd'hui des ordonnances. Ces distinctions ne sont pas marquées par des caractères bien précis; cependant, en y regardant de près, on parvient à les reconnaître.

« 6° De pures instructions données par Charlemagne à ses *missi* au moment où ils partent pour les provinces, et qui ont pour objet, tantôt de régler leur conduite, tantôt de les diriger dans leurs recherches, souvent de les employer comme intermédiaires, comme moyens de communication entre le peuple et l'empereur. Les actes de ce genre, fort étrangers, en partie du moins, à la législation, sont en grand nombre dans les capitulaires; des articles d'une tout autre nature s'y trouvent quelquefois mêlés.

« 7° Des réponses données par Charlemagne à des questions qui lui sont adressées par les comtes, ou les évêques, ou les *missi dominici*, à l'occasion de difficultés qui se sont présentées à eux dans leur administration. Il résout ces difficultés qui portent tantôt sur des matières que nous appellerions législatives, tantôt sur des faits de simple administration, tantôt sur des intérêts particuliers.

« 8° Des questions que Charlemagne se propose de faire, soit aux évêques, soit aux comtes, quand ils viendront aux assemblées générales. Il les faisait évidemment rédiger d'avance pour se rendre compte de ce qu'il avait besoin de savoir et voulait demander. Ces questions, qui sont au nombre des actes les plus curieux du recueil, ont en général un caractère de blâme et de leçon pour ceux à qui elles s'adressent. En voici quelques-unes qui feront juger de la liberté d'esprit de Charlemagne et de son bon sens; je traduis textuellement :

« Pourquoi il se fait que, sur les mar-
« ches, soit à l'armée, lorsqu'il y a
« quelque chose à faire pour la défense
« de la patrie, l'un ne semble pas prê-
« ter appui à l'autre?

« D'où viennent ces continuels pro-
« cès par lesquels chacun veut avoir
« ce qu'il voit posséder à son pareil?

« Demander à quels sujets et en quels
« lieux les ecclésiastiques font obstacle
« aux laïques et les laïques aux ecclé-
« siastiques dans l'exercice de leurs
« fonctions. Rechercher et discuter jus-
« qu'à quel point un évêque ou un abbé
« doit intervenir dans les affaires sé-
« culières, et un comte ou tout autre
« laïque dans les affaires ecclésiasti-
« ques; les interroger d'une façon pres-
« sante sur le sens de ces paroles de
« l'apôtre : *Nul homme qui combat au*
« *service de Dieu, ne s'embarrasse*
« *des autres du monde.* A qui s'adres-
« sent-elles ?

« Demander aux évêques et aux abbés
« de nous déclarer avec vérité ce que
« veulent dire ces mots dont ils se ser-
« vent : *Renoncer au siècle ;* et à quels
« signes on peut distinguer ceux qui
« renoncent au siècle de ceux qui sui-
« vent encore le siècle : est-ce à cela seul
« qu'ils ne portent point d'armes, et ne
« sont pas mariés publiquement?

« Demander encore si celui-là a re-
« noncé au siècle, qui travaille chaque
« jour, n'importe par quel moyen,
« à accroître ses possessions, tantôt
« promettant la béatitude du royaume
« des cieux, tantôt menaçant des sup-
« plices éternels de l'enfer, ou bien,
« sous le nom de Dieu ou de quelque
« saint, dépouillant de ses biens quel-
« que homme riche ou pauvre, simple
« d'esprit et peu avisé, de telle sorte
« que ses héritiers légitimes en soient
« privés, et que la plupart, à cause de
« la misère dans laquelle ils tombent,
« soient poussés à toute sorte de désor-
« dres et de crimes, et commettent
« presque nécessairement des désor-
« dres et des brigandages. »

« A coup sûr, de telles questions ne ressemblent point à des articles de loi.

« 9° Certains capitulaires ne sont pas même des questions, mais de simples notes, des *memoranda*, pour ainsi dire, que Charlemagne semble avoir fait écrire pour lui seul, et afin de ne pas oublier telle ou telle mesure qu'il se proposait de prendre. On lit, par exemple, à la suite d'un capitulaire, ou instruction aux *missi dominici*, de l'an 803, ces deux articles :

« Il nous faudra ordonner que ceux « qui nous amèneront des chevaux en « don, fassent inscrire leur nom sur « chaque cheval. Qu'il en soit de même « pour les vêtements des abbayes. Il « nous faudra ordonner que partout « où on trouvera des vicaires faisant « ou laissant faire quelque chose de « mal, on les chasse et on en mette de « meilleurs. »

« On pourrait citer plusieurs autres textes de ce genre.

« 10° D'autres articles contiennent des jugements, des arrêts, recueillis sans doute dans l'intention de les faire servir à établir une jurisprudence. Ainsi, on lit dans un capitulaire de l'an 803, « De l'homme qui se saisit « d'un esclave : il lui a ordonné de tuer « ses maîtres, deux enfants, l'un qui « avait neuf ans, l'autre onze ; ensuite « et après que l'esclave a eu tué les en- « fants, ses maîtres, il l'a fait jeter lui- « même dans une fosse. Il a été jugé « que le même homme paierait un « wehrgeld pour l'enfant de neuf ans, « un double wehrgeld pour celui de « onze, un triple wehrgeld pour l'es- « clave qu'il avait rendu meurtrier, et « en outre notre ban. »

« C'est là évidemment un jugement rendu sur un cas particulier et inséré dans les capitulaires, pour servir de règle dans les cas semblables.

« On y rencontre également des actes de pure administration financière, domestique ; des actes relatifs à l'exploitation des domaines de Charlemagne, et qui entrent, à ce sujet, dans les plus minutieux détails. Le fameux capitulaire intitulé *de Villis* en est un exemple. Plusieurs articles épars ont le même caractère. »

Ainsi, les capitulaires ne forment point un code ; ils contiennent toute autre chose que des dispositions législatives. Aussi M. Guizot a-t-il pu les ranger dans l'analyse qu'il en a faite, sous huit chefs différents.

« I. *Législation morale*. C'est-à-dire de simples avis, des conseils, comme en donnent les législateurs de toutes les sociétés barbares. Ainsi l'on trouve dans les capitulaires des phrases comme celles qui suivent :

« L'avarice consiste à désirer ce que « possèdent les autres, et à ne rien « donner à personne de ce que l'on « possède, et, selon l'apôtre, elle est « la racine de tous les maux.

« Ceux-là font un gain honteux, « qui, dans une vue de gain et par di- « vers artifices, s'appliquent à amasser « toutes sortes de choses.

« Il faut pratiquer l'hospitalité.

« Interdisez-vous avec soin les lar- « cins, les mariages illégitimes et les « faux témoignages, comme nous y « avons souvent exhorté et comme les « interdit la loi de Dieu. »

« Le législateur va plus loin : il semble se croire responsable de la conduite de tous les individus, et s'excuse de ne pouvoir y suffire.

« Il faut, dit-il, que chacun s'appli- « que à se maintenir lui-même, selon « son intelligence et ses forces, au « saint service de Dieu, et dans la voie « de ses préceptes, car le seigneur « empereur ne peut veiller sur chacun « individuellement avec tout le soin « nécessaire et retenir chacun dans la « discipline. »

M. Guizot comprend aussi sous le nom de *législation morale* tout ce qui est relatif au développement intellectuel des hommes : par exemple, toutes les dispositions de Charlemagne sur les écoles, les livres à répandre, l'amélioration des offices ecclésiastiques, etc.

« II. *Législation politique*. C'est une des parties les plus considérables des capitulaires ; elle comprend 293 articles. On peut ranger sous ce chef :

« 1° Les lois et mesures de tout genre de Charlemagne pour assurer l'exécution de ses ordres dans toute l'étendue de ses états ; toutes les dispositions relatives à la nomination ou à la conduite de ses divers agents, comtes, ducs, vicaires centeniers : elles sont nombreuses et sans cesse répétées.

« 2° Les articles qui ont pour objet l'administration de la justice, la tenue des plaids locaux, les formes qui doivent y être suivies, le service militaire, etc. (*).

« 3° Les dispositions de police, qui sont très-variées et entrent quelquefois dans les plus minutieux détails (**). Les provinces, l'armée, l'église, les marchands, les mendiants, les lieux publics, l'intérieur du palais impérial, en sont tour à tour l'objet. On y rencontre, par exemple, la tentative de fixer le prix des denrées, un véritable essai de maximum.

« Le très-pieux seigneur notre roi a

(*) Dans le capitulaire de l'année 807 l'empereur règle le service militaire.

§ I. D'abord quiconque possède des bénéfices doit se rendre à l'armée.

§ II. Tout homme libre qui possède cinq manses (*), ou quatre, ou trois, doit marcher en personne à l'armée. Là où il se trouvera deux hommes libres, possédant chacun deux manses, que le plus vigoureux des deux aille à l'armée, et que l'autre fasse les frais de son équipement.

Trois hommes qui n'avaient chacun qu'une manse s'associaient de même, et les deux qui ne faisaient pas le service personnellement contribuaient, chacun pour un tiers, à la dépense de l'autre. Six hommes, dont chacun n'avait qu'une demi-manse, ne fournissaient qu'un soldat, en suivant la même cotisation; avec une moindre possession on était exempt de tout service et de toute charge militaire. Pour éviter que par fraude l'on obtint des exemptions de service, Charlemagne ordonna que tout homme libre qui, convoqué, ne serait point venu à l'armée, paierait l'hériban (amende de 60 sous), ainsi que le seigneur qui l'aurait souffert.

Les nouveaux mariés n'allaient point à la guerre la première année de leur mariage.

(**) Ainsi il défendit aux moines et aux clercs de fréquenter les lieux publics pour s'y livrer aux plaisirs de la table, au peuple de se servir de faux poids et de fausses mesures, d'ajouter aucune foi aux récits mensongers que l'on répandait dans les campagnes, et de lire les lettres que des imposteurs prétendaient être tombées du ciel.

(*) La manse, que Ducange évalue à douze arpents, paraît avoir été la mesure de terre jugée nécessaire pour faire vivre un homme et sa famille. Manse vient probablement du mot allemand *Mann*, homme, plutôt que du latin *manere*, d'où vint plus tard le mot manoir.

« décrété, avec le consentement du « saint synode, que nul homme, ecclé- « siastique ou laïque, ne pourrait, soit « en temps d'abondance, soit en temps « de cherté, vendre les vivres plus « cher que le prix récemment fixé par « boisseau, savoir : le boisseau d'avoi- « ne, un denier; d'orge, deux deniers; « de seigle, trois deniers; de froment, « quatre deniers : s'il veut les vendre « en pain, il devra donner douze pains « de froment, chacun de deux livres, « quinze pains de seigle, vingt pains « d'orge, et vingt-cinq pains d'avoine « du même poids, aussi pour un de- « nier, etc. »

« La suppression de la mendicité et la taxe des pauvres y paraissent également.

« Quant aux mendiants qui courent « dans le pays, nous voulons que cha- « cun de nos fidèles nourrisse ses pau- « vres, soit sur son bénéfice, soit dans « l'intérieur de sa maison, et ne leur « permette pas d'aller mendier ailleurs. « Et si on trouve de tels mendiants et « qu'ils ne travaillent point de leurs « mains, que personne ne s'avise de « leur rien donner. »

« Les dispositions relatives à la police intérieure du palais donnent une singulière idée des désordres et des violences qui s'y commettaient.

« Nous voulons et ordonnons qu'au- « cun de ceux qui servent dans notre « palais, ne se permette d'y rece- « voir quelque homme qui y cherche « un refuge et s'y vienne cacher pour « cause de vol, d'homicide, d'adultère, « ou de quelque autre crime : que si « quelque homme libre viole notre dé- « fense, et cache un tel malfaiteur dans « notre palais, il sera tenu de le porter « sur ses épaules jusqu'à la place publi- « que, et là il sera attaché au même po- « teau que le malfaiteur..... Quiconque « trouvera des hommes se battant dans « notre palais, et ne pourra et ne vou- « dra mettre fin à la rixe, supportera « sa part du dommage qu'ils auront « causé, etc. »

« Les capitulaires contiennent une foule de dispositions analogues ; la police avait évidemment, dans le gouvernement de Charlemagne, une grande importance.

« 4° On peut ranger aussi sous le chef de législation politique tout ce qui tient à la distinction des pouvoirs laïques et ecclésiastiques, et à leurs rapports. Charlemagne se servait beaucoup des ecclésiastiques : ils étaient, à vrai dire, son principal moyen de gouvernement; mais il voulait s'en servir en effet, et non se mettre à leur service.

« Les capitulaires attestent sa vigilance à gouverner le clergé lui-même, et à le contenir sous son pouvoir. On a vu, par quelques-unes des questions qu'il se proposait d'adresser aux évêques, dans les assemblées générales, à quel point il en était préoccupé.

« 5° Il faut enfin rapporter à la législation politique les dispositions relatives à l'administration des bénéfices concédés par Charlemagne, et à ses relations avec les bénéficiers. C'était à coup sûr une des plus grandes affaires de son gouvernement, et une de celles sur lesquelles il appelle le plus l'attention de ses *missi* (*).

(*) Dans le cinquième capitulaire de l'année 806, il dit :

VII. Nous avons appris que des comtes, et autres hommes qui ont de nos bénéfices (un bénéfice est une terre cédée par le seigneur à son fidèle, sous de certaines conditions et souvent pour un temps fixé; voyez ce qui en a été dit ci-dessus, pag. 135), se font de certaines parties de nos *bénéfices* des *propriétés*, et emploient au service de leurs propriétés les serviteurs de nos bénéfices, si bien qu'ils restent déserts, et que dans beaucoup de lieux les voisins en souffrent.

VIII. Nous avons appris qu'ailleurs il en est qui remettent à d'autres hommes en propriété nos bénéfices, puis viennent au plaid, et paraissent alors acheter ces terres de leurs propres deniers, pour les posséder ensuite en aleux. Il faut veiller à ce qu'il n'en soit pas ainsi; car ceux qui le font ne gardent point la foi qu'ils nous ont promise.

Les capitulaires sont remplis de recommandations de ce genre. Tout le gouvernement de Charlemagne n'est qu'un continuel effort pour arrêter les usurpations partielles des bénéficiers, les tentatives faites par chacun pour

« Il est inutile de faire remarquer que le caractère général de toute cette législation politique, dans ses diverses parties, est un effort continuel, infatigable vers l'ordre et l'unité.

«III. *Législation pénale.* Celle-ci n'est guère que la répétition ou l'extrait des anciennes lois saliques, ripuaires, lombardes, bavaroises, etc. La répression des crimes, des abus de la force, est, comme on l'a vu, l'objet presque unique, le caractère essentiel de ces lois.

« Il y avait donc moins à faire sous ce rapport que sous tout autre. Les dispositions que Charlemagne a quelquefois ajoutées ont en général pour but d'adoucir l'ancienne législation, surtout la rigueur des châtiments envers les esclaves. Dans de certains cas cependant, il aggrave la pénalité au lieu de l'adoucir, lorsque les peines, par exemple, sont entre ses mains un instrument politique. Ainsi la peine de mort, si rare dans les lois barbares, revient presqu'à chaque article dans le capitulaire de l'an 789, destiné à contenir et à convertir les Saxons : presque toute violation de l'ordre, toute rechute dans les pratiques idolâtres, sont punies de mort(*). Sauf de telles exceptions, la législation de Charlemagne a peu d'originalité et d'intérêt (**).

dépouiller la royauté de ses possessions et de ses droits. Aussi verrons-nous le système féodal grandir avec une effrayante rapidité, quand se sera retirée cette main puissante qui l'arrêta pendant quarante ans.

(*) Nous avons donné plus haut, p. 174, la traduction de ce capitulaire draconien.

(**) « Quant aux voleurs, nous voulons qu'ils soient punis, la première fois par la perte d'un œil, à la seconde par celle du nez; s'ils ne se corrigent, qu'à la troisième fois ils soient punis de mort. » (Capitul. de l'année 779, art. xxiii.)

Charlemagne consacra dans ses capitulaires *le jugement de Dieu;* on y trouve toutes les espèces d'épreuves. L'accusé pouvait prouver son innocence, soit en tenant les bras levés en croix pendant un espace de temps déterminé, soit en portant une masse de fer rougie au feu, soit en prenant un anneau au fond d'un vase rempli d'eau bouillante, sans qu'aucune brûlure parût

«IV. *La législation civile* n'en offre guère davantage. En cette matière aussi les anciennes lois, les anciennes coutumes continuaient d'être en vigueur, Charlemagne avait peu à s'en mêler. Il s'occupa cependant avec soin, et sans doute à l'instigation des ecclésiastiques, de l'état des personnes, surtout des rapports des hommes et des femmes. Il est évident qu'à cette époque, les rapports de ce genre étaient prodigieusement irréguliers, qu'un homme prenait et quittait une femme sans scrupule et presque sans formalité. Il en résultait un grand désordre dans la moralité individuelle et dans l'état des familles ; la loi civile était par là fort intéressée au redressement des mœurs, et Charlemagne le comprit. De là le grand nombre des dispositions insérées dans ses capitulaires sur les conditions des mariages, les degrés de parenté, les devoirs des maris envers les femmes, les obligations des veuves, etc. La plupart de ces dispositions sont empruntées à la législation canonique ; mais il ne faut pas croire que leur motif et leur origine fussent purement religieux : l'intérêt de la vie civile, la nécessité de fonder et de régler la famille, y avaient également beaucoup de part.

« V. *Législation religieuse.* Il faut entendre par législation religieuse, les dispositions relatives non au clergé, aux ecclésiastiques seuls, mais aux fidèles, au peuple chrétien, et à ses rapports avec les clercs. C'est par là qu'elle se distingue de la législation canonique, qui ne porte que sur la société ecclésiastique, sur les rapports des clercs entre eux. Voici quelques dispositions de législation religieuse :

« Qu'on se garde de vénérer les noms « de faux martyrs et la mémoire de « saints douteux.

« Que personne ne croie qu'on ne « peut prier Dieu que dans trois lan- « gues ; car Dieu est adoré dans toutes « les langues, et l'homme est exaucé « s'il demande des choses justes.

« Que la prédication se fasse toujours « de telle sorte que le commun peuple « puisse bien comprendre. »

« Ces dispositions ont en général un caractère de bon sens, de liberté d'esprit même, qu'on ne s'attend guère à y rencontrer (*).

(*) C'était Charlemagne qui choisissait lui-même les évêques (*) ; le moine de Saint-Gall raconte, dans sa chronique si amusante et si curieuse, de singuliers choix faits par l'empereur. « Ce prince, dit-il, fit l'un de ces pauvres jeunes gens qu'il faisait élever, chef suprême et écrivain de sa chapelle ; les rois des Francs appelaient ainsi les choses saintes qu'ils possédaient, à cause de la chape de saint Martin qu'ils avaient coutume de porter dans toutes leurs guerres, comme un gage de sûreté pour eux et de triomphe sur l'ennemi. Un jour qu'on annonça la mort d'un certain évêque au très-prudent Charles, il demanda si ce prélat avait envoyé devant lui, dans l'autre monde, quelque portion de ses biens et du fruit de ses travaux : « Pas plus « de deux livres d'argent, seigneur, » répondit le messager. Le jeune homme dont il s'agit, ne pouvant contenir dans son sein la vivacité de son esprit, s'écria malgré lui, en présence du roi : « Voilà un bien léger via- « tique pour un voyage si grand et de si « longue durée. » Après avoir délibéré quelques instants en lui-même, Charles, le plus prudent des hommes, dit au jeune clerc : « Qu'en penses-tu ? Si je te donnais cet évê- « ché, aurais-tu soin de faire de plus consi- « dérables provisions pour ce long voyage ? » L'autre, se hâtant de dévorer ces sages paroles, comme des raisins mûrs avant le terme et qui seraient tombés dans sa bouche entr'ouverte, se précipita aux pieds de son maître et répondit : « Seigneur, c'est à la vo-

sur la peau au bout de trois jours ; ou bien encore on le plongeait pieds et poings liés dans un bassin d'eau froide : s'il surnageait il était innocent, s'il allait au fond son crime était prouvé. Toutefois, il défendit le combat judiciaire, mais conserva le système des compositions.

(*) Sous les Mérovingiens, le roi nommait aux évêchés vacants. Marculf nous a même conservé la formule (livre 1, f. 6), par laquelle le prince ordonnait au métropolitain de sacrer le candidat qu'il lui adressait. Charlemagne semble avoir, vers la fin de son règne, abandonné ce droit ; « sachant par les sacrés canons que la sainte Église doit jouir librement de ses honneurs, nous consentons à ce que les évêques soient choisis selon les statuts des canons par les clercs et le peuple du diocèse. » (Cap. anni 803, art. 2.)

« **VI.** *La législation canonique* est celle qui occupe le plus de place dans les capitulaires : rien de plus simple ; les évêques étaient les principaux conseillers de Charlemagne, c'étaient eux qui siégeaient en plus grand nombre dans les assemblées générales ; ils y faisaient leurs affaires avant tout.

« Aussi ces assemblées ont-elles été en général considérées comme des conciles, et leurs lois ont-elles passé dans les recueils des canons. Elles sont presque toutes rédigées dans l'intérêt du pouvoir des évêques (*). A l'avénement

« lonté de Dieu et à votre puissance à en « décider. — Cache-toi, reprit le roi, sous le « rideau tiré derrière moi, et tu apprendras « combien tu as de rivaux pour ce poste ho- « norable. » Dès que la mort de l'évêque fut connue, les officiers du palais, toujours prêts à désirer les malheurs ou tout au moins le trépas d'autrui, impatients de tout retard, et s'enviant les uns les autres, firent agir, pour obtenir l'évêché, les familiers de l'empereur. Mais celui-ci, ferme dans son dessein, les refusa tous, disant qu'il ne voulait pas manquer de parole à son jeune homme. A la fin, la reine Hildegarde envoya d'abord les grands du royaume, et vint ensuite elle-même solliciter cet évêché pour son propre clerc. Le roi reçut sa demande de l'air le plus gracieux, l'assura qu'il ne pouvait ni ne voulait lui rien refuser, mais ajouta qu'il ne se pardonnerait pas de tromper son jeune clerc. A la manière de toutes les femmes, quand elles prétendent faire prédominer leurs désirs et leurs idées sur la volonté de leurs maris, la reine, dissimulant sa colère, adoucissant sa voix naturellement forte, et s'efforçant d'amollir, par des manières caressantes, l'ame inébranlable de Charles, lui dit : « Cher prince, mon seigneur, pourquoi « perdre cet évêché, en le donnant à un tel « enfant ? Je vous en conjure, mon aimable « maître, vous ma gloire et mon appui, ac- « cordez-le à mon clerc, votre serviteur dé- « voué. » Alors le jeune homme, à qui Charles avait enjoint de se placer derrière le rideau, auprès duquel lui-même était assis, et d'écouter les prières que chacun ferait, s'écria d'un ton lamentable, mais sans quitter le rideau qui l'enveloppait : « Seigneur-roi, tiens « ferme ; ne souffre pas que personne arrache « de tes mains la puissance que Dieu t'a don- « née. » Alors le prince, ami courageux de la vérité, ordonna à son clerc de se montrer, et lui dit : « Reçois cet évêché, mais apporte « tes soins les plus empressés à envoyer de- « vant moi et devant toi-même, dans l'autre « monde, de grandes aumônes, et un bon « viatique pour le long voyage dont on ne « revient pas. »

Du reste, dans ses rapports avec les évêques, comme dans ses rapports avec l'assemblée générale, Charles avait toujours soin de présenter ses ordres comme de simples conseils. « Je vous envoie, écrit-il aux évêques assemblés, des commissaires qui, en mon nom, concourront avec vous à corriger les abus qui méritent d'être réformés. Je les ai chargés de vous communiquer quelques projets de règlement que je crois nécessaires. Mais, de grace, ne prenez point en mauvaise part des conseils qui ne sont que le fruit de mon zèle pour tout ce qui vous touche. J'ai lu dans l'Écriture que Jonas, ce prince recommandable par sa piété, ne négligeait rien pour établir le culte du vrai Dieu, et, quoique je sente combien je suis inférieur à ce saint roi, je dois tâcher de suivre son exemple. »

(*) Les bornes dans lesquelles la juridiction ecclésiastique était resserrée furent levées. Les clercs, dans aucune occasion, ne reconnurent d'autre juge que leur évêque ; et tout ce qui était sous la protection particulière du clergé jouit du même avantage. On ordonna que les comtes, les juges subalternes, et tout le peuple, obéiraient avec respect aux évêques. Les justices temporelles ou seigneuriales, que les églises possédaient dans leurs terres, n'eurent pas une compétence moins étendue que celle des autres seigneurs, et leurs juges condamnèrent à mort. Il ne paraît point que la dîme ait été imposée comme tribut à tout le peuple ; mais cette coutume juive fut souvent regardée, par le peuple même, comme une obligation religieuse, et plus d'une fois Charlemagne l'imposa de sa propre autorité, comme il le fit pour les Saxons. Cependant, comme ce n'était point une mesure générale, les moines recoururent à la ruse pour l'établir. Ils fabriquèrent une lettre de Jésus-Christ, adressée aux fidèles, par laquelle le Sauveur menaçait les païens, les sorciers, et ceux qui ne payaient pas la dîme, de rendre leurs champs stériles, de les accabler d'infirmités, et d'envoyer dans leurs maisons des serpents ailés qui dévoreraient le sein de leurs femmes. Après Jésus-Christ, le diable vint aussi

de la race carlovingienne, l'aristocratie épiscopale, bien qu'elle eût prévalu, était dans une complète dissolution : Charlemagne la reconstitua; elle reprit, sous sa main, la régularité, l'ensemble qu'elle avait perdus, et devint, pour des siècles, le régime dominant de l'Église.

« VII. *La législation domestique* ne contient que ce qui est relatif à l'administration des biens propres, des métairies de Charlemagne. Un capitulaire tout entier, intitulé *de Villis*, est un recueil de diverses instructions adressées, à différentes époques de son règne, aux employés de ses domaines, et qu'on a rassemblées à tort sous la forme d'un seul capitulaire (*).

prêcher la dîme, en bon chrétien, hurlant dans les campagnes pour effrayer les récalcitrants, dévastant leurs terres, et dévorant lui-même leurs grains dans les épis. (Voyez Mably, Observations sur l'histoire de France, liv. II, chap. 2.)

(*) Voici quelques-uns des articles de ce curieux capitulaire :

Art. V. Quand le temps sera venu de semer, de labourer, de faire la récolte, de couper le foin ou de vendanger les vignes, que nos intendants (*) veillent à ce que chacun de ces travaux s'exécute de la manière la plus profitable pour nous. S'ils ne peuvent se transporter, qu'ils envoyent là où ils n'iront point un de nos hommes, sage et expérimenté, ou tout autre en qui ils auront confiance, afin qu'il veille sur nos intérêts, de façon que tout se fasse de la meilleure manière.

Art. VII. Que chaque intendant accomplisse pleinement chacune des obligations qui lui ont été imposées; s'il arrive par hasard qu'il soit nécessaire de faire davantage, qu'il tienne compte du service extraordinaire quand il aura dû se prolonger pendant la nuit.

Art. VIII. Nos intendants veilleront à la rentrée de nos vendanges, mettront le vin dans de bons vases et veilleront à ce qu'il ne s'en perde pas. Ils en achèteront aussi pour nos maisons seigneuriales.... Ils enver-

(*) L'intendant s'appelle *judex*, celui qui juge et punit. L'idée d'une force répressive et toujours menaçante se retrouve alors partout, jusque dans les noms.

73° *Livraison.* (ALLEMAGNE.)

« VIII. *La législation de circonstance* est peu considérable; douze articles seulement appartiennent à ce chef. »

Ce sont, comme il a été dit ci-dessus, des nominations, des recommandations, etc.; ainsi dans le capitulaire rendu en 794 dans l'assemblée de Francfort, l'on trouve parmi les cinquante-quatre articles qui le composent :

« (Art. 1er.) Des lettres de grace accordées à Tassillon, duc des Bavarois, qui s'était révolté contre Charlemagne.

« (Art. 6.) Des dispositions sur la querelle de l'évêque de Vienne et de l'archevêque d'Arles, ainsi que sur les limites des diocèses de Tarentaise, d'Embrun et d'Aix. On lit des lettres du pape à ce sujet; on décide qu'on le consultera de nouveau.

« (Art. 7.) Sur la justification et la réconciliation de saint Pierre.

« (Art. 8.) Sur la déposition du prétendu évêque Gerbod, dont l'ordination était douteuse.

« (Art. 53.) Charlemagne se fait au-

ront pour notre usage les échalas (*cippaticas*) de nos vignes.

Art. XIII. Qu'on veille avec soin sur les étalons (*equi emissarii sive waramones*); qu'on ne les laisse point long-temps en un même lieu, de peur qu'ils n'y dépérissent. Si l'un d'eux vient à mourir, qu'on nous en avertisse avant le temps où on les envoie aux juments.

Art. XIV. Que les juments soient bien gardées et qu'on les sépare à temps de leurs poulains (*polodri*), etc.

Art. XVI. Quiconque par négligence ne remplira pas nos volontés, celles de la reine, ou de nos officiers, le sénéchal et le bouteillier (*butticularius*), s'abstienne de boire jusqu'à ce qu'il vienne par-devant nous ou la reine, et obtienne son absolution.

Art. XIX. Dans les basses-cours (*scura*) de nos maisons (*villa capitanea*), il y aura non moins de cent poules (*pullos*) et au moins trente oies (*aucas*); dans les simples manoirs, il y aura au moins cinquante poules et douze oies.

Art. XXI. Que nos intendants conservent et augmentent nos viviers; qu'ils en mettent là où il n'y en a point et où il peut y en avoir.

Ces courtes citations peuvent donner une idée des soins et de la vigilance de Charlemagne. Ce capitulaire renferme soixante et dix articles.

13

toriser par l'assemblée des évêques et d'après le consentement du pape à garder auprès de lui l'évêque Hildebold, pour l'administration des affaires ecclésiastiques.

« (Art. 54.) Il recommande Alcuin à la bienveillance et aux Pères de l'assemblée.

« N'est-ce pas là de la pure politique de circonstance ? y a-t-il rien de moins législatif ? (*) »

INTÉRIEUR DU PALAIS DE CHARLEMAGNE.

Nous nous sommes jusqu'à présent occupés de Charlemagne comme guerrier et législateur; mais il faut aussi le voir dans son palais d'Aix-la-Chapelle, environné de rois et d'ambassadeurs venus des contrées les plus lointaines. Egbert, roi de Sussex, Eardulf, roi de Northumberland, venaient à sa cour honorer le roi des rois de l'Occident; les émirs arabes le suivaient jusque sous le ciel humide et froid de l'Allemagne. « Il sut, dit Éginhard, accroître la gloire de son règne en se conciliant l'amitié de plusieurs rois et de divers peuples. Il s'attacha par des liens si forts Alfonse, roi de Galice et des Asturies, que celui-ci, lorsqu'il écrivait à Charles ou lui envoyait des ambassadeurs, ne voulait jamais s'intituler que son fidèle. Sa munificence façonna tellement à ses volontés les rois des Écossais, qu'ils ne l'appelaient pas autrement que leur seigneur et se disaient ses sujets et ses serviteurs. On a encore de leurs lettres où ils lui témoignent en ces termes toute leur affection. Haroun, prince des Perses et maître de presque tout l'Orient, à l'exception de l'Inde, lui fut uni d'une si parfaite amitié, qu'il préférait sa bienveillance à celle de tous les rois et potentats de l'univers, et le regardait comme seul digne qu'il l'honorât par des marques de déférence et des présents. Aussi quand les envoyés que Charles avait chargés de porter des offrandes au saint sépulcre du Seigneur et Sauveur du monde, et aux lieux témoins de sa résurrection, se présentèrent devant Haroun et lui firent connaître les désirs de leur maître, le prince des Perses ne se contenta pas d'acquiescer à la demande du roi, mais il lui accorda la propriété des lieux berceau sacré de notre salut, et voulut qu'ils fussent soumis à sa puissance. Lorsque ensuite les députés revinrent, Haroun les fit accompagner d'ambassadeurs qui apportèrent à Charles, outre des habits, des parfums et d'autres riches produits de l'Orient, les plus magnifiques présents : c'est ainsi que peu d'années auparavant, à la prière du roi, Haroun lui avait envoyé le seul éléphant qu'il eût alors. Les empereurs de Constantinople, Nicéphore, Michel et Léon, sollicitèrent aussi de leur propre mouvement son alliance et son amitié; le titre d'empereur qu'il avait pris les inquiétait, et leur faisait redouter qu'il ne voulût leur enlever l'empire; mais il conclut avec eux un traité solide, tellement qu'il ne resta entre eux et lui aucun motif de division. La puissance des Francs était toujours, en effet, un objet de crainte pour les Romains et les Grecs, et de là vient ce proverbe grec qui subsiste encore : « Ayez le Franc pour ami et non pour voisin (*). »

(*) Le moine de Saint-Gall témoigne à sa façon de la haute idée qu'on avait de son temps pour la force et le courage des soldats de Charlemagne. « Il y avait, dit-il, un certain guerrier, appelé Cisher, et qui valait à lui seul une grande et terrible partie de l'armée; il avait une taille si haute qu'on eût pu le croire sorti de la race d'Enachim, s'il n'y eût pas eu entre elle et lui un si grand intervalle de temps et de lieu. Chaque fois qu'il se trouvait près du fleuve de la Doire, enflé et débordé par les torrents des Alpes, et qu'il ne pouvait forcer son énorme cheval à entrer, je ne dirai pas dans les flots agités, mais même dans les eaux tranquilles de cette rivière, prenant alors les rênes, il le traînait flottant derrière lui, en disant : « Par mon seigneur Gall, que tu le veuilles « ou non, tu me suivras. » Ce guerrier donc avait, à la suite de l'empereur, abattu des Bohémiens, des Wiltzes et des Avares,

(*) M. Guizot, Histoire de la civilisation en France, t. II.

« Au milieu de toutes ses guerres, il ne laissa pas de commencer et même de terminer en divers lieux beaucoup de travaux pour l'éclat et la commodité de son royaume. Les plus remarquables furent, sans aucun doute, la basilique construite avec un art admirable, en l'honneur de la mère de Dieu, à Aix-la-Chapelle (*), et le pont de Mayence sur le Rhin. Il était long de cinq cents pas, car telle est la largeur du fleuve en cet endroit. Mais ce bel ouvrage périt un an avant la mort de Charles, un incendie le consuma; le roi pensait à le rétablir, et à employer la pierre au lieu de bois; mais la mort qui vint le surprendre l'en empêcha. Ce prince commença deux palais d'un beau travail; l'un non loin de Mayence, près de la maison de campagne nommée Ingelheim, l'autre à Nimègue sur le Wahal, qui coule le long de l'île des Bataves au midi. Mais il donna surtout ses soins à faire reconstruire, dans toute l'étendue de son royaume, les églises tombées en ruine par vétusté; les prêtres et les moines qui les desservaient eurent ordre de les rétablir, et des commissaires furent envoyés par le roi pour veiller à l'exécution de ses commandements (**). »

comme on ferait l'herbe d'une prairie, et les avait tenus suspendus au bois de sa lance, ainsi qu'on porte des oisons. Quand il fut revenu vainqueur dans ses foyers, et que ses voisins, qui avaient croupi dans un honteux repos, lui demandaient s'il n'était plus dans le pays des Wenèdes : « Que m'importent, « répondait-il, ces petites grenouilles? J'en « portais çà et là sept, huit et même neuf « enfilés sur ma lance, et murmurant je ne « sais quoi; c'est bien à tort que notre sei- « gneur-roi et nous nous fatiguons contre de « pareils vermisseaux. »

C'est par ces contes que, sous les descendants dégénérés de Charlemagne, on cherchait à se distraire des malheurs présents, par le souvenir de l'antique gloire de la race franque.

(*) Les artistes francs n'étaient pas très-habiles; Charles, pour orner son palais d'Aix-la-Chapelle, dépouilla Ravenne de ses marbres les plus précieux.

(**) Éginhard, vie de Charlemagne.

Mais de tous ces ouvrages le plus important aurait été un canal de jonction entre le Rhin et le Danube. L'idée était grande, mais l'exécution en était trop difficile pour ce temps barbare.

« On avait persuadé au roi, que si l'on creusait entre le Reidnitz et l'Altmal un canal assez profond pour contenir des vaisseaux, on pourrait naviguer facilement du Rhin au Danube, parce que l'une de ces rivières se jette dans le Danube, et l'autre dans le Mein. Aussitôt il vint dans ce lieu avec toute sa cour, y réunit une grande multitude, et employa à cette œuvre toute la saison de l'automne. Le canal fut donc creusé sur deux mille pas de longueur, et trois cents pieds de largeur, en vain; car au milieu d'une terre marécageuse déjà imprégnée d'eau par sa nature, et inondée par des pluies continuelles, l'entreprise ne put s'achever; autant les ouvriers avaient tiré de terre pendant le jour, autant il en retombait pendant la nuit, à la même place. Pendant ce travail, on lui apporta deux nouvelles fort déplaisantes : les Saxons s'étaient révoltés de tous côtés; les Sarrasins avaient envahi la Septimanie, engagé un combat avec les comtes et les gardes de cette frontière, tué beaucoup de Francs, et ils étaient rentrés chez eux victorieux (*). » Il fallut laisser là l'ouvrage pour courir aux Pyrénées et sur l'Elbe.

Tous ces travaux ne suffisaient point à l'activité de Charlemagne : « Ne se bornant pas à l'étude de sa langue paternelle, il donna beaucoup de soins à l'étude des langues étrangères, et apprit si bien le latin, qu'il s'en servait comme de sa propre langue; quant au grec, il le comprenait mieux qu'il ne le parlait. La fécondité de sa conversation était telle, au surplus, qu'il paraissait aimer trop à causer. Passionné pour les arts libéraux, il respectait les hommes qui s'y distinguaient et les comblait d'honneurs. Le diacre Pierre, vieillard natif de Pise, lui apprit la grammaire; dans les autres sciences il eut pour maître Albin, sur-

(*) Éginhard, Histoire de Charlemagne.

13.

nommé Alcuin, diacre breton, Saxon d'origine, l'homme le plus savant de son temps; ce fut sous sa direction que Charles consacra beaucoup de temps et de travail à l'étude de la rhétorique, de la dialectique et surtout de l'astronomie, apprenant l'art de calculer la marche des astres et suivant leur cours avec une attention scrupuleuse et une étonnante sagacité. Il essaya même d'écrire, et avait habituellement sous le chevet de son lit des tablettes et des exemples pour s'exercer à former des lettres, quand il se trouvait quelques instants libres; mais il réussit peu dans cette étude commencée trop tard et à un âge peu convenable (*). »

« Mais toutes les nations soumises à son pouvoir n'avaient point eu jusqu'alors de lois écrites : il ordonna d'écrire leurs coutumes, et de les consigner sur des registres; il en fit de même pour les poëmes barbares et très-anciens qui chantaient les actions et les guerres des anciens rois, et de cette manière il les conserva à la postérité. Une grammaire de la langue nationale fut aussi commencée par ses soins. Les mois avaient eu jusqu'à lui, chez les Francs, des noms moitié latins et moitié barbares; Charles leur en donna de nationaux. Précédemment encore à peine pouvait-on désigner quatre vents par des noms différents; il en distingua douze, qui avaient chacun leur nom propre (**). »

Le moine de Saint-Gall, dans ses interminables histoires de clercs, de lutrins, de chants d'église, nous donne une singulière idée des occupations qui remplissaient les loisirs de Charlemagne : il est curieux de voir le grave empereur d'Occident faire de l'introduction du chant grégorien dans les églises, une de ses affaires les plus sérieuses (***), ou bien siéger dans sa chapelle avec tous ses clercs, et leur faire réciter à chacun les leçons qu'ils devaient avoir apprises. « Parmi les hommes attachés à la chapelle du très-docte Charles, personne ne désignait à chacun les leçons à réciter, personne n'en indiquait la fin, soit avec de la cire, soit par quelque marque faite avec l'ongle; mais tous avaient soin de se rendre assez familier ce qui devait se lire, pour ne tomber dans aucune faute quand on leur ordonnait à l'improviste de dire une leçon. L'empereur montrait du doigt ou du bout d'un bâton celui dont c'était le tour de réciter, ou qu'il jugeait à propos de choisir, ou bien il envoyait quelqu'un de ses voisins à ceux qui étaient placés loin de lui. La fin de la leçon, il la marquait par une espèce de son guttural; tous étaient si attentifs quand ce signal se donnait, que, soit que la phrase fût finie, soit qu'on fût à la moitié de la pause, ou même à l'instant de la pause, le clerc qui suivait ne reprenait jamais ni au-dessus ni au-dessous, quoique ce qu'il commençait ou finissait ne parût avoir aucun sens. Cela, le roi le faisait ainsi, pour que tous les lecteurs de son palais fussent les plus exercés, quoique tous ne comprissent pas bien ce qu'ils lisaient. Aucun étranger, aucun homme même connu, s'il ne savait bien lire et bien chanter, n'osait se mêler à ces choristes.

« Dans un de ses voyages, Charles s'étant rendu à une certaine grande basilique, un clerc, de ceux qui vont de pays en pays, ne connaissant pas les règles établies par ce prince, vint se ranger parmi les choristes. N'ayant rien appris de ce que ceux-ci récitaient, pendant que tous chantaient, il restait muet et l'esprit perdu. Le paraphoniste vint à lui, et, levant son bâton, le menaça de lui en donner sur la tête, s'il ne chantait. Le malheureux ne sachant que faire, ni de quel côté se tourner, mais n'osant pas sortir, se mit à remuer la tête circulairement et à ouvrir les mâchoires fort grandes, pour

---

(*) Éginhard, Hist. de Charlemagne.
(**) Ibid.
(***) On sait que, de nos jours, le roi de Prusse a rédigé lui-même un rituel, et a fait de la propagation de ce livre l'une de ses occupations les plus importantes. Il est flatteur pour ce prince d'avoir un point de ressemblance avec Charlemagne.

imiter, autant que possible, les manières des chantres. Les autres ne pouvaient s'empêcher de rire; mais l'empereur, toujours maître de lui-même, ne parut point s'apercevoir des contorsions que faisait cet homme, pour se donner l'air de chanter, de peur que le trouble de son esprit ne le poussât à quelque sottise encore plus grande, et attendit, avec une contenance calme, la fin de la messe. Ayant ensuite mandé le pauvre diable, et, plein de pitié pour ses chagrins et ses fatigues, il le consola, en lui disant avec bonté: «Brave clerc, je vous remercie de votre chant et de votre peine,» et lui fit donner une livre pesant d'argent pour soulager sa misère (*).»

MORT DE CHARLEMAGNE.

« Pendant que Charlemagne disserte sur la théologie, rêve l'empire romain et étudie la grammaire, la domination des Francs croule tout doucement. Le jeune fils de Charlemagne, dans son royaume d'Aquitaine, ayant, par faiblesse ou justice, donné, restitué toutes les spoliations de Pepin, son père lui en fit un reproche; mais il ne fit qu'accomplir volontairement ce qui déjà avait lieu de soi-même. L'ouvrage de la conquête se défaisait naturellement; les hommes et les terres échappaient peu à peu au pouvoir royal, pour se donner aux grands, aux évêques surtout, c'est-à-dire aux pouvoirs locaux qui allaient constituer la république féodale.

« Au dehors l'empire faiblissait de même. En Italie, il avait heurté en vain contre Bénévent, contre Venise; en Germanie, il avait reculé de l'Oder à l'Elbe, et partagé avec les Slaves. Et en effet, comment toujours combattre, toujours lutter contre de nouveaux ennemis? Derrière les Saxons et les Bavarois, Charlemagne avait trouvé les Slaves, puis les Avares; derrière les Lombards, les Grecs; derrière l'Aquitaine et l'Ebre, le califat de Cordoue. Cette ceinture de Barbares, qu'il crut simple et qu'il rompit d'abord, se doubla, se tripla devant lui; et quand les bras lui tombaient de lassitude, alors apparut, avec les flottes danoises, cette mobile et fantastique image du monde du Nord qu'on avait trop oublié. Ceux-ci, les vrais Germains, viennent demander compte aux Germains bâtards, qui se sont faits Romains, et s'appellent l'empire.

« Un jour que Charlemagne était arrêté dans une ville de la Gaule narbonnaise, des barques scandinaves vinrent pirater jusque dans le port. Les uns croyaient que c'étaient des marchands juifs, africains; d'autres disaient bretons; mais Charles les reconnut à la légèreté de leurs bâtiments. «Ce ne «sont pas là des marchands, dit-il, «mais de cruels ennemis.» Poursuivis, ils s'évanouirent. Mais l'empereur s'étant levé de table, se mit, dit le chroniqueur (*), à la fenêtre qui regardait l'orient, et demeura très-long-temps le visage inondé de larmes. Comme personne n'osait l'interroger, il dit aux grands qui l'entouraient: « Savez-vous, « mes fidèles, pourquoi je pleure amè- « rement? Certes, je ne crains pas qu'ils « me nuisent par ces misérables pira- « teries, mais je m'afflige profondé- « ment de ce que, moi vivant, ils ont « été près de toucher ce rivage; et je « suis tourmenté d'une violente dou- « leur, quand je prévois tout ce qu'ils « feront de maux à mes neveux et à « leurs peuples (**). »

«Ainsi rôdent déjà autour de l'empire, les flottes danoises, grecques et sarrasines, comme le vautour plane sur le mourant qui promet un cadavre. Une fois deux cents barques armées fondent sur la Frise, se remplissent de butin et disparaissent. Cependant Charlemagne assemblait des hommes pour les repousser. Autre invasion: l'empereur assemble des hommes en Gaule, en Germanie, et bâtit dans la Frise la ville d'Esselfeld. Athlète malheureux, il porte lentement la main à ses blessures pour parer les coups déjà reçus.

(*) Le moine de Saint-Gall.

(*) Le moine de Saint-Gall.
(**) Ibid.

«Le roi des Northmans, Godfried, se promettait l'empire de la Germanie. La Frise et la Saxe, il les regardait comme à lui. Les Obotrites ses voisins, déjà il les avait soumis et rendus tributaires; il se vantait même qu'il arriverait bientôt avec des troupes nombreuses jusqu'à Aix-la-Chapelle où le roi tenait sa cour. Quelque vaines et légères que fussent ces menaces, on n'y refusait pas cependant toute croyance; on pensait qu'il aurait hasardé quelque chose de ce genre, s'il n'avait été prévenu par une mort prématurée.

« Le vieil empire se met en garde; des barques armées ferment l'embouchure des fleuves; mais comment fortifier tous les rivages? Celui même qui a rêvé l'unité, est obligé, comme Dioclétien, de partager ses états pour les défendre; l'un de ses fils gardera l'Italie, l'autre l'Allemagne, le dernier l'Aquitaine. Mais tout tourne contre Charlemagne: ses deux aînés meurent, et il faut qu'il laisse ce faible et immense empire aux mains pacifiques d'un saint (*). »

Charlemagne associant son fils, Louis le Débonnaire, à l'empire, lui dit:
« Fils cher à Dieu, à ton père, et à ce
« peuple, toi que Dieu m'a laissé pour
« ma consolation, tu le vois, mon âge
« se hâte, ma vieillesse même m'é-
« chappe : le temps de ma mort ap-
« proche..... Le pays des Francs m'a
« vu naître, Christ m'a accordé cet
« honneur; Christ me permit de pos-
« séder les royaumes paternels : je les
« ai gardés non moins florissants que
« je ne les ai reçus. Le premier d'entre
« les Francs j'ai obtenu le nom de
« César, et transporté à la race des
« Francs l'empire de la race de Ro-
« mulus. Reçois ma couronne, à mon
« fils, Christ consentant, et avec elle
« les marques de la puissance...» Karle embrasse tendrement son fils et lui dit le dernier adieu (**).

(*) Michelet, Histoire de France, t. 1, pag. 348 et suiv.
(**) Ermold Nigel. — Les légendaires se montrèrent plus favorables à Charlemagne,

LITTÉRATURE FRANQUE.

Jusqu'ici nous avons suivi laborieusement les destinées des Francs, depuis leur entrée dans la Gaule jusqu'à la reconstruction du pouvoir impérial par Charlemagne; mais en racontant l'histoire politique de cette race, nous avons laissé de côté sa littérature : ce mot peut surprendre quand il s'agit d'un peuple barbare, qui ne songeait guère qu'à détruire, et devant qui sont tombés les derniers restes de la civili-

le bienfaiteur des églises, qu'ils ne l'avaient été pour Charles Martel. On se souvient que les diables emportèrent l'ame de celui-ci à sa mort; mais quand ils vinrent pour happer celle de l'empereur-roi, ils trouvèrent à qui parler.

« Un jour avint, en la cité de Viane, où je demeuroie, que je avoie chanté messe de requiem pour les féaux Dieu, et disoie siaume du sautier que je avoie acoustumé à dire après la messe, je vi une legion de deables trespassans soudainement par devant moi, je en apelai un qui aloit derriere, et le conjurai par la vertu Dieu que il me deist où il aloient : et il me respondi que il aloient à la mort Kallemaine, qui en cele heure devoit morir. Je n'oi pas pardit le siaume que je avoie commencié, que je les vis retourner et passer par devant mon siege; je demandai au darrenier, à qui je avoie devant parlé, que il avoient fait; et il me respondi que un Galiciens sans chief decolez avoit là tant mis de fus et de pierres de moustiers en la balance, les aumosnes et li bienfait que il avoit fait peserent plus que li mal, et pour ceste chose leur avoient li angle l'ame tollue et l'avoient mise en la main au souverain Roi. Quant li deables ot ce dist, il s'esvanoui tantost (*).

Dans son testament, Charlemagne avait fait des legs « à chacune des vingt-et-une villes qui, dans son royaume, sont reconnues comme métropoles : ce sont Rome, Ravenne, Milan, Fréjus, Gratz, Cologne, Mayence, *Invavum*, aujourd'hui Salzbourg, Trèves, Sens, Besançon, Lyon, Rouen, Rheims, Arles, Vienne, Moustier dans la Tarentaise, Embrun, Bordeaux, Tours et Bourges. » Éginhard, vie de Charlemagne. On voit que Paris n'est point compté parmi les villes métropolitaines.

(*) Chronique de l'archevêque Turpin, D. Bouquet, t. V, p. 320.

sation romaine. Cependant les Francs, comme tous les Barbares, ont eu une littérature, bien pauvre, il est vrai, bien inconnue surtout, mais qui n'en a pas moins existé, au moins par des chants de guerre comme les Bretons s'en faisaient chanter par leurs bardes, comme les Scandinaves en avaient pour s'animer au combat. Éginhard nous dit, en effet, que Charlemagne voulut faire recueillir tous les chants de la nation franque. Un mot donc sur cette vieille littérature.

La division qui existe aujourd'hui entre les dialectes de l'Allemagne du nord et ceux de l'Allemagne du midi, remonte à une haute antiquité. Dès le temps des Francs, la langue teutonique se partageait en haut et bas allemand; il est bien entendu que les frontières des deux dialectes, comme celles des peuples, n'avaient point de limites précises. Mais ce qui est incontestable, c'est que la langue que parlaient les Francs, appartenait aux dialectes du haut allemand, qui s'étendait principalement dans la Franconie et la Souabe. Graces aux destinées brillantes des Francs et à l'influence de Charlemagne, le dialecte francique prit naturellement un assez grand essor. C'est le seul dans lequel on ait retrouvé quelque monument littéraire. Les Saxons, qui parlaient le bas allemand, avaient bien autre chose à faire à cette époque qu'à composer et à conserver des poëmes.

Les monuments par lesquels nous connaissons le dialecte francique sont peu nombreux. Quelques mots francs, conservés dans la loi salique et dans les capitulaires, sont les traces les plus anciennes que l'on en possède. D'ouvrages proprement dits, l'on n'en rencontre qu'au VIIe siècle. A cette époque un Franc se mit à traduire le livre d'Isidore de Séville contre les Ariens; mais rebuté, sans doute, par la difficulté d'exprimer dans sa langue, encore si rude et si imparfaite, les idées abstraites et métaphysiques qui se trouvaient dans le livre d'Isidore, il s'arrêta après les sept premiers chapitres.

Un autre monument un peu plus populaire, c'est la traduction de la règle de saint Benoît, faite au VIIIe siècle par un moine du monastère de Saint-Gall, ce grand centre littéraire de l'époque carlovingienne. Tout cela est bien peu curieux. Mais nous citons ces travaux pour montrer seulement que la langue allemande commençait déja à s'écrire. Les formules du concile de Leptines, pour la renonciation au paganisme, présentent plus d'intérêt, surtout pour l'histoire, par les souvenirs mythologiques qu'elles renferment. «Renonces-tu au diable? — Je renonce au diable. — Et à toutes les œuvres du diable, à Tanaïr (ou Thor), à Woden et à l'Othe des Saxons (même dieu que Woden ou Odin), et à tous les esprits immondes qui sont ses compagnons?
— Je renonce à toutes les œuvres du diable, à Tanaïr, à Woden, etc.»

Le monument le plus curieux, le seul qui ait une véritable importance littéraire, c'est ce fragment de Cassel, que nous avons déja cité, et qui semblerait faire partie d'un grand cycle épique, aujourd'hui perdu, mais qui exista antérieurement aux Niebelungen. (Voyez ce fragment à la page 56.)

La découverte de ce chant est dû à M. Grimm. Ce même archéologue a publié un autre monument de la langue franque, beaucoup moins important, il est vrai, mais qui n'est pas cependant sans intérêt, je veux dire la prière de Weissenbrunn où l'on retrouve le souvenir des anciennes traditions païennes. Voici le commencement de cette prière chrétienne, qui ressemble au chant de la Vola et qui ne manque point de grandeur :

« J'ai interrogé les hommes avec
« grand soin, touchant l'époque où la
« terre n'était pas, ni le ciel non plus.
« Il n'y avait alors ni arbre ni mon-
« tagne, le soleil ne brillait pas, ni la
« lune; il n'y avait alors ni mer, ni
« fin ni commencement. Cependant
« alors était un Dieu puissant, etc. (*).»

(*) Voir Grimm, *Die beyden ältesten deutschen gedichte*. Cassel, 1812.

DE LA LITTÉRATURE DES FRANCS SOUS CHARLEMAGNE.

Tels sont les seuls monuments qui nous aient été conservés de l'ancienne littérature franque. Mais si les Francs ont peu écrit à cette époque dans leur langue nationale, c'est que tout ce qui s'écrivait alors, était déja écrit dans la langue latine, dans la langue du clergé et de la religion. Charlemagne n'abandonna point, il est vrai, le dialecte de sa race, il parlait allemand comme il aimait à conserver le costume national; il essaya même de faire rédiger une grammaire franque, et recueillit les chants de guerre : mais le latin n'en resta pas moins la langue de la cour, des conseils, des assemblées, des actes officiels, et aussi des ouvrages qui se composaient sous les yeux de l'empereur. Nous devons suivre les études et les efforts des Francs dans cette littérature étrangère, qui devint peu à peu nationale pendant plusieurs siècles pour tous les peuples de l'Europe.

RENAISSANCE DES ÉCOLES.

Quand les Francs envahirent la Gaule, les grandes écoles civiles qui florissaient encore au quatrième siècle, à Bordeaux, Autun, Poitiers, Lyon, Arles, avaient été remplacées, au cinquième, par les écoles des grands monastères et les écoles épiscopales; l'enseignement avait aussi nécessairement changé, la littérature était devenue exclusivement religieuse. Mais ces écoles s'éteignirent à leur tour; du sixième au septième siècle, la barbarie va croissant; il semble que les ténèbres s'étendent sur le monde; mais c'était pour cacher l'enfantement d'une société nouvelle qui devait sortir de l'union de l'Église et des Barbares. Le réveil, c'est Charlemagne, car alors l'union est consommée et commence déja à porter ses fruits. Du sixième au huitième siècle la littérature profane a disparu, et la littérature religieuse se borne à des sermons et des légendes, les grands prédicateurs disparaissent même à cette époque : on n'en trouve plus après saint Colomban. Au temps de Charlemagne, tout semble renaître, d'une manière confuse et imparfaite, il est vrai, mais qui annonce que l'esprit commence à ressaisir ses droits. On voit, en effet, apparaître des écrits philosophiques, historiques, philologiques; Eginhard écrit une biographie de Charlemagne, où nous retrouvons, pour la première fois depuis long-temps, une intention littéraire. Alcuin discute des questions métaphysiques; d'autres font des grammaires, des commentaires; c'est, en un mot, l'activité intellectuelle se portant déja sur presque toutes choses.

De son côté, Charlemagne, pour donner quelque durée à ce nouveau mouvement littéraire, s'efforce de propager, de répandre partout l'instruction; il fonde des écoles dans les évêchés, dans les monastères; les laïques eux-mêmes y seront admis. « Que votre dé-
« votion agréable à Dieu, écrit-il à
« l'abbé Baugulf, sache que, de con-
« cert avec nos fidèles, nous avons jugé
« utile que, dans les épiscopats et dans
« les monastères confiés par la faveur
« du Christ à notre gouvernement, on
« prît soin, non seulement de vivre ré-
« gulièrement et selon notre sainte re-
« ligion, mais encore d'instruire dans la
« science des lettres et selon la capacité
« de chacun, ceux qui peuvent appren-
« dre avec l'aide de Dieu..... Car, quoi-
« qu'il soit mieux de bien faire que de
« savoir, il faut savoir avant de faire...
« Or, plusieurs monastères nous ayant,
« dans ces dernières années, adressé
« des écrits dans lesquels on nous an-
« nonçait que les frères priaient pour
« nous dans les saintes cérémonies et
« leurs pieuses oraisons, nous avons
« remarqué que dans la plupart de ces
« écrits, les sentiments étaient bons et
« les paroles grossièrement incultes,
« car ce qu'une pieuse dévotion inspi-
« rait bien au dedans, une langue
« malhabile et qu'on avait négligé d'in-
« struire, ne pouvait l'exprimer sans
« faute. Nous avons dès lors commencé
« à craindre que, de même qu'il y avait
« peu d'habileté à écrire, de même l'in-
« telligence des saintes Écritures ne
« fût beaucoup moindre qu'elle ne de-

« vait être. Nous vous exhortons donc
« non seulement à ne pas négliger
« l'étude des lettres, mais à travailler
« d'un cœur humble et agréable à Dieu,
« pour être en état de pénétrer facile-
« ment et sûrement les mystères des
« saintes Écritures. Or, il est certain
« que, comme il y a dans les saintes
« Écritures des allégories, des figures
« et autres choses semblables, celui-là
« les comprendra plus facilement, et
« dans leur vrai sens spirituel, qui sera
« bien instruit dans la science des let-
« tres. Qu'on choisisse donc pour cet
« œuvre, des hommes qui aient la vo-
« lonté et la possibilité d'apprendre,
« et l'art d'instruire les autres..... Ne
« manque pas, si tu veux obtenir notre
« faveur, d'envoyer un exemplaire de
« cette lettre à tous les évêques suffra-
« gants et à tous les monastères. »

Théodulf, l'un des plus habiles conseillers de Charlemagne, lui écrit de Lyon : « Lorsque j'eus, suivant votre
« ordre, pris possession de cette église,
« j'agis de tout mon pouvoir, selon les
« forces de ma petitesse, pour amener
« les offices ecclésiastiques au point
« où, avec la grace de Dieu, ils sont
« à peu près arrivés. Il a plu à votre
« piété d'accorder, à ma demande, la
« restitution des revenus qui apparte-
« naient autrefois à l'église de Lyon ;
« au moyen de quoi, avec la grace de
« Dieu et la vôtre, on a établi dans
« ladite église une psalmodie où l'on
« sait, autant que nous l'avons pu, le
« rite du sacré palais, en tout ce que
« comporte l'office divin. J'ai des écoles
« de chantres, dont plusieurs sont déjà
« assez instruits pour pouvoir en ins-
« truire d'autres. En outre, j'ai des
« écoles de lecteurs, qui non seulement
« s'acquittent de leurs fonctions dans
« les offices, mais qui, par la médita-
« tion des livres saints, s'assurent les
« fruits de l'intelligence des choses
« spirituelles. Quelques-uns peuvent
« expliquer le sens spirituel des Évan-
« giles, plusieurs ont l'intelligence des
« prophéties, d'autres des livres de
« Salomon, des Psaumes, et même de
« Job. J'ai fait aussi tout ce que j'ai
« pu dans cette église pour la copie des
« livres ; j'ai procuré également des
« vêtements aux prêtres, et ce qui était
« nécessaire pour les offices. »

Cette recommandation de Charlemagne et les efforts des évêques ne restèrent pas vains : partout des écoles s'élevèrent d'où devaient sortir les hommes les plus illustres du siècle suivant ; par exemple, celles de Ferrières en Gatinais ; de Fulde, dans le diocèse de Mayence ; de Reichenau, dans celui de Constance ; d'Aniane, en Languedoc ; de Fontenelle ou Saint-Wandrille, en Normandie.

Je l'ai déja dit, les laïques furent admis dans ces écoles, car il n'y avait plus de séparation entre les deux sociétés civile et religieuse ; le clergé avait repris son véritable rôle de promoteur du développement intellectuel. On lit dans un capitulaire de Théodulf, évêque d'Orléans, les deux articles suivants :

« Si quelqu'un des prêtres veut envoyer à l'école son neveu, ou tout autre de ses parents, nous lui permettons de l'envoyer à l'église de la Sainte-Croix, ou au monastère de Saint-Aignan, ou de Saint-Benoît, ou de Saint-Lazare, ou à tout autre des monastères confiés à notre gouvernement.

« Que les prêtres tiennent des écoles dans les bourgs et les campagnes ; et si quelqu'un des fidèles veut leur confier ses petits enfants pour leur faire étudier les lettres, qu'ils ne refusent point de les recevoir et de les instruire, mais qu'au contraire ils les enseignent avec une parfaite charité, se souvenant qu'il a été écrit : *Ceux qui auront été savants brilleront comme les feux du firmament, et ceux qui en auront instruit plusieurs dans la voie de la justice, luiront comme des étoiles dans toute l'éternité*. Et qu'en instruisant les enfants, ils n'exigent pour cela aucun prix et ne reçoivent rien, excepté ce que les parents leur offriront volontairement et par affection. »

Le moine de Saint-Gall parle aussi d'une école d'enfants que Charlemagne aurait instituée et confiée à l'Écossais Clément : « Forcé de partir pour des expéditions militaires, il enjoignit à Clément de rester dans la Gaule, et lui confia, pour les instruire, un grand nombre d'enfants appartenant aux plus nobles familles, aux familles de classe moyenne, et aux plus basses. Afin que le maître et les élèves ne manquassent point du nécessaire, il ordonna de leur fournir tous les objets indispensables à la vie, et assigna pour leur habitation des lieux commodes.

« Après une longue absence, le très-victorieux Charles, de retour dans la Gaule, se fit amener les enfants remis aux soins de Clément, et voulut qu'ils lui montrassent leurs lettres et leurs vers; les élèves sortis des classes moyenne et inférieure présentèrent des ouvrages qui passaient toute espérance et où se faisaient sentir les plus douces saveurs de la science; les nobles, au contraire, n'eurent à produire que de froides et misérables pauvretés. Le très-sage Charles, imitant alors la justice du souverain juge, sépara ceux qui avaient bien fait et leur dit : « Je vous « loue beaucoup, mes chers enfants, de « votre zèle à remplir mes intentions « et à rechercher votre propre bien de « tous vos moyens. Maintenant effor- « cez-vous d'atteindre à la perfection, « alors je vous donnerai de riches évê- « chés, de magnifiques abbayes, et vous « tiendrai toujours pour gens considé- « rables à mes yeux. » Tournant ensuite un front irrité vers les élèves demeurés à sa gauche, portant la terreur dans leur conscience par son regard enflammé, tonnant plus qu'il ne parlait, il lança sur eux ces paroles pleines de la plus amère ironie : « Quant à vous, « nobles, vous, fils des principaux de « la nation, vous, enfants délicats et « tout gentils, vous reposant sur votre « naissance et votre fortune, vous avez « négligé mes ordres et le soin de « votre propre gloire dans vos études, « et préféré vous abandonner à la mol- « lesse, au jeu, à la paresse ou à de « futiles occupations. » Ajoutant à ces premiers mots son serment accoutumé, et levant vers le ciel sa tête auguste et son bras invincible, il s'écria d'une voix foudroyante : « Par le roi des cieux, « permis à d'autres de vous admirer; « je ne fais, moi, nul cas de votre nais- « sance et de votre beauté. Sachez et « retenez bien que si vous ne vous « hâtez de réparer par une constante « application votre négligence passée, « vous n'obtiendrez jamais rien de « Charles. »

ÉCOLE DU PALAIS.

Pour mieux encourager ces efforts, Charlemagne donna lui-même l'exemple, en fondant l'école palatine qui le suivait partout dans ses courses et à la tête de laquelle il avait placé Alcuin; parmi ceux qui assistaient aux leçons d'Alcuin, se trouvaient les trois fils de Charlemagne, Charles, Pepin et Louis, sa sœur, et sa fille Gisla; les conseillers ordinaires Adalhard, Angilbert, Flavius Damœtas, Éginhard; l'archevêque de Mayence Riculf, et Righod, archevêque de Trèves. Le maître parlait là de toutes choses; il nous reste une *disputatio* ou conversation entre Alcuin et Pepin, qui donne une singulière idée de ces leçons :

Interlocuteurs : PEPIN, ALCUIN.

Pepin. Qu'est-ce que l'écriture ?
Alcuin. La gardienne de l'histoire.
P. Qu'est-ce que la parole?
A. L'interprète de l'âme.
P. Qu'est-ce qui donne naissance à la parole ?
A. La langue.
P. Qu'est-ce que la langue?
A. Le fouet de l'air.
P. Qu'est-ce que l'air ?
A. Le conservateur de la vie.
P. Qu'est-ce que la vie ?
A. Une jouissance pour les heureux, une douleur pour les misérables, l'attente de la mort.
P. Qu'est-ce que la mort ?
A. Un événement inévitable, un voyage incertain, un sujet de pleurs pour les vivants, la confirmation des testaments, le larron des hommes.
P. Qu'est-ce que l'homme ?
A. L'esclave de la mort, un voyageur passager, hôte dans sa demeure...
P. Comment l'homme est-il placé?
A. Comme une lanterne exposée aux vents.

P. Où est-il placé?
A. Entre six parois.
P. Lesquelles?
A. Le dessus, le dessous, le devant, le derrière, la droite, la gauche.
P. Qu'est-ce que le sommeil?
A. L'image de la mort.
P. Qu'est-ce que la liberté de l'homme?
A. L'innocence.
P. Qu'est-ce que la tête?
A. Le faîte du corps.
P. Qu'est-ce que le corps?
A. La demeure de l'ame.

Ici suivent vingt-six questions relatives aux diverses parties du corps humain, et que l'on supprime parce qu'elles sont dépourvues de tout intérêt. Pepin reprend:

P. Qu'est-ce que le ciel?
A. Une sphère mobile, une voûte immense.
P. Qu'est-ce que la lumière?
A. Le flambeau de toutes choses.
P. Qu'est-ce que le jour?
A. Une provocation au travail.
P. Qu'est-ce que le soleil?
A. La splendeur de l'univers, la beauté du firmament, la grace de la nature, la gloire du jour, le distributeur des heures.

Nous supprimerons également ici cinq questions sur les astres et les éléments.

P. Qu'est-ce que la terre?
A. La mère de tout ce qui croît, la nourrice de tout ce qui existe, le grenier de la vie, le gouffre qui dévore tout.
P. Qu'est-ce que la mer?
A. Le chemin des audacieux, la frontière de la terre..... l'hôtellerie des fleuves, la source des pluies...

Suivent six questions insignifiantes sur des objets matériels, pris dans la nature.

P. Qu'est-ce que l'hiver?
A. L'exil de l'été.
P. Qu'est-ce que le printemps?
A. Le peintre de la terre.
P. Qu'est-ce que l'été?
A. La puissance qui vêtit la terre et mûrit les fruits.
P. Qu'est-ce que l'automne?
A. Le grenier de l'année.
P. Qu'est-ce que l'année?
A. Le quadrige du monde.

Nous omettons encore ici cinq questions astronomiques.

P. Maître, je crains d'aller sur mer.
A. Qu'est-ce qui te conduit sur mer?
P. La curiosité.
A. Si tu as peur, je te suivrai partout où tu iras.
P. Si je savais ce que c'est qu'un vaisseau, je t'en préparerais un, afin que tu vinsses avec moi.
A. Un vaisseau est une maison errante, une auberge partout, un voyageur qui ne laisse pas de traces...
P. Qu'est-ce que l'herbe?
A. Le vêtement de la terre.
P. Qu'est-ce que les légumes?
A. Les amis des médecins, la gloire des cuisiniers.
P. Qu'est-ce qui rend douces les choses amères?
A. La faim.
P. De quoi les hommes ne se lassent-ils point?
A. Du gain.
P. Quel est le sommeil de ceux qui sont éveillés?
A. L'espérance.
P. Qu'est-ce que l'espérance?
A. Le rafraîchissement du travail, un événement douteux.
P. Qu'est-ce que l'amitié?
A. La similitude des ames.
P. Qu'est-ce que la foi?
A. La certitude des choses ignorées et merveilleuses.
P. Qu'est-ce qui est merveilleux?
A. J'ai vu dernièrement un homme debout la tête en bas, un mort marchant et qui n'a jamais été.
P. Comment cela a-t-il pu être? Explique-le-moi.
A. C'était une image dans l'eau.
P. Pourquoi n'ai-je pas compris cela moi-même, ayant vu tant de fois une chose semblable?
A. Comme tu es un jeune homme de bon caractère, et doué d'esprit naturel, je te proposerai plusieurs autres choses extraordinaires. Essaie, si tu peux, de les découvrir toi-même.
P. Je le ferai; mais si je me trompe, redresse-moi.

A. Je le ferai comme tu le désires. Quelqu'un qui m'est inconnu a conversé avec moi, sans langue et sans voix ; il n'était pas auparavant et ne sera point après, et je ne l'ai ni entendu ni connu.

P. Un rêve peut-être t'agitait, maître ?

A. Précisément, mon fils. Écoute encore ceci : j'ai vu les morts engendrer, le vivant et les morts ont été consumés par le souffle du vivant.

P. Le feu est né du frottement des branches, et il a consumé les branches.

A. Il est vrai.

Suivent quatorze énigmes du même genre, et la conversation se termine en ces termes :

A. Qu'est-ce qui est et n'est pas en même temps ?

P. Le néant.

A. Comment peut-il être et ne pas être ?

P. Il est de nom et n'est pas de fait.

A. Qu'est-ce qu'un messager muet ?

P. Celui que je tiens à la main.

A. Que tiens-tu à la main ?

P. Ma lettre.

A. Lis donc heureusement, mon fils.

« A coup sûr, ajoute M. Guizot, qui cite cet entretien dans son *Histoire de la civilisation en France* (*), à coup sûr, comme enseignement, de telles conversations sont étrangement puériles ; comme symptôme et principe de mouvement intellectuel, elles méritent toute notre attention : elles attestent cette curiosité avide avec laquelle l'esprit jeune et ignorant se porte sur toutes choses, et ce plaisir si vif qu'il prend à toute combinaison inattendue, à toute idée un peu ingénieuse ; disposition qui se manifeste dans la vie des individus, comme dans celle des peuples, et qui enfante tantôt les rêves les plus bizarres, tantôt les plus vaines subtilités. Elle dominait sans nul doute dans le palais de Charlemagne ; elle amena la formation de cette espèce d'académie dans laquelle tous les hommes d'esprit du temps portaient des surnoms puisés dans la littérature sa-

(*) Tome II, pag. 361 et suiv.

crée ou profane, Charlemagne-David, Alcuin-Flaccus, Angilbert-Homère, Fridgies-Nathanaël, Amalaire-Symphosius, Gisla-Lucie, Gundrade-Eulalie, etc. ; et la singulière conversation que nous venons de lire n'est probablement qu'un échantillon de ce qui se passait fort souvent, à leur grande joie, entre ces beaux esprits, semi barbares, semi lettrés. »

Les deux hommes les plus distingués, sans contredit, du règne de Charlemagne, sont l'Anglo-Saxon Alcuin, et Éginhard, l'un clerc, l'autre laïque, l'un élève nourri dans un monastère, l'autre homme de guerre, de race franque, et né peut-être au-delà du Rhin. Ces deux hommes nous représentent cette union de l'Église et des barbares dont nous avons parlé au commencement de ce chapitre ; les barbares, on le voit, sont devenus lettrés.

Éginhard, à titre de Franc, nous intéresse davantage que le moine anglo-saxon. Nous nous arrêterons un instant pour le faire connaître. Éginhard était né Franc, il le dit lui-même dans sa préface de sa Vie de Charlemagne : « Le lecteur ne trouvera rien à admirer dans mon ouvrage, si ce n'est peut-être l'audace d'un barbare peu exercé dans la langue des Romains. » Charles l'attira auprès de lui dès sa tendre jeunesse, le fit élever avec soin à l'école d'Alcuin et le donna pour compagnon à ses fils ; quand Éginhard fut arrivé à l'âge d'homme, il en fit non seulement le surintendant de tous les travaux de construction qu'il entreprit, églises, palais, routes, canaux, mais son conseiller et son secrétaire particulier. Les traditions vont plus loin, elles font Éginhard gendre de Charlemagne. L'aventure qui amena ce mariage est l'un des plus gracieux souvenirs de cette vieille histoire. La voici telle qu'elle est rapportée dans la chronique du monastère de Lauresheim (ou Lorch, dans le diocèse de Worms à quatre lieues de Heidelberg) :

« Éginhard, archi-chapelain et secrétaire de l'empereur Charles, s'acquittant très-honorablement de son office à la cour du roi, était bienvenu de tous, et surtout aimé de très-vive ardeur par la fille de l'empereur lui-même, nommée Imma, et promise au roi des Grecs. Un peu de temps s'était écoulé, et chaque jour croissait entre eux l'amour. La crainte les retenait, et, de peur de la colère royale, ils n'osaient courir le grave péril de se voir. Mais l'infatigable amour triomphe de tout. Enfin, cet excellent homme, brûlant d'un feu sans remède, et n'osant s'adresser par un messager aux oreilles de la jeune fille, prit tout à coup confiance en lui-même, et, secrètement, au milieu de la nuit, se rendit là où elle habitait. Ayant frappé tout doucement, et comme pour parler à la jeune fille par ordre du roi, il obtint la permission d'entrer ; et alors, seul avec elle, et l'ayant charmée par de secrets entretiens, il donna et reçut de tendres embrassements, et son amour jouit du bien tant désiré. Mais lorsque, à l'approche de la lumière du jour, il voulut retourner, à travers les dernières ombres de la nuit, là d'où il était venu, il s'aperçut que soudainement il était tombé beaucoup de neige, et n'osa sortir de peur que la trace des pieds d'un homme ne trahît son secret. Tous deux pleins d'angoisse de ce qu'ils avaient fait, et saisis de crainte, ils demeuraient en dedans. Enfin comme, dans leur trouble, ils délibéraient sur ce qu'il y avait à faire, la charmante jeune fille, que l'amour rendait audacieuse, donna un conseil, et dit que, s'inclinant, elle le recevrait sur son dos, qu'elle le porterait avant le jour, tout près de sa demeure, et que, l'ayant déposé là, elle reviendrait en suivant bien soigneusement les mêmes pas.

« Or, l'empereur, par la volonté divine, à ce qu'on croit, avait passé cette nuit sans sommeil, et se levant avant le jour, il regardait du haut de son palais. Il vit sa fille, marchant lentement et d'un pas chancelant sous le fardeau qu'elle portait, et, lorsqu'elle l'eut déposé au lieu convenu, reprenant bien vite la trace de ses pas. Après les avoir long-temps regardés, l'empereur, saisi à la fois d'admiration et de chagrin, mais pensant que cela n'arrivait pas ainsi sans une disposition d'en haut, se contint et garda le silence sur ce qu'il avait vu.

« Cependant Éginhard, tourmenté de ce qu'il avait fait, et bien sûr que, de façon ou d'autre, la chose ne demeurerait pas long-temps ignorée du roi, son seigneur, prit enfin une résolution dans son angoisse, alla trouver l'empereur, et lui demanda à genoux une mission, disant que ses services, déjà grands et nombreux, n'avaient pas reçu de convenable récompense. A ces paroles, le roi, ne laissant rien connaître de ce qu'il savait, se tut quelque temps, et puis, assurant Éginhard qu'il répondrait bientôt à sa demande, il lui assigna un jour. Aussitôt il convoqua ses conseillers, les principaux de son royaume et ses autres familiers, leur ordonnant de se rendre près de lui. Cette magnifique assemblée de divers seigneurs ainsi réunie, il commença, disant que sa majesté impériale avait été insolemment outragée par le coupable amour de sa fille avec son secrétaire, et qu'il en était grandement troublé. Les assistants demeurèrent frappés de stupeur, et quelques-uns paraissaient douter encore, tant la chose était hardie et inouïe ; le roi la leur fit connaître avec évidence en leur racontant ce qu'il avait vu de ses yeux, et il leur demanda leur avis à ce sujet. Ils portèrent contre le présomptueux auteur du fait des sentences fort diverses, les uns voulant qu'il fût puni d'un châtiment jusque-là sans exemple, les autres qu'il fût exilé, d'autres enfin, qu'il subît telle ou telle peine, chacun parlant selon le sentiment qui l'animait. Quelques-uns cependant, d'autant plus doux qu'ils étaient plus sages, après en avoir délibéré entre eux, supplièrent instamment le roi d'examiner lui-même cette affaire, et de décider selon la prudence qu'il avait reçue de Dieu. Lorsque le roi eut bien observé l'affection que lui portait chacun, et qu'entre les divers avis il se fut arrêté à celui qu'il voulait suivre, il leur parla ainsi : « Vous n'ignorez « pas que les hommes sont sujets à de

« nombreux accidents, et que souvent il
« arrive que des choses qui commen-
« cent par un malheur ont une issue
« plus favorable. Il ne faut donc point
« se désoler, mais bien plutôt, dans
« cette affaire qui, par sa nouveauté
« et sa gravité, a surpassé notre pré-
« voyance, il faut puissamment recher-
« cher et respecter les intentions de la
« Providence qui ne se trompe jamais,
« et sait faire tourner le mal à bien.
« Je ne ferai donc point subir à mon
« secrétaire, pour cette déplorable ac-
« tion, un châtiment qui accroîtrait le
« déshonneur de ma fille au lieu de
« l'effacer. Je crois qu'il est plus sage
« et qu'il convient mieux à la dignité
« de notre empire, de pardonner à leur
« jeunesse, de les unir en légitime
« mariage, et de donner ainsi à leur
« honteuse faute une couleur d'hon-
« nêteté. » Ayant ouï cet avis du roi,
tous se réjouirent hautement et com-
blèrent de louanges la grandeur et la
douceur de son ame. Éginhard eut ordre
d'entrer. Le roi, le saluant comme il
avait résolu, lui dit d'un visage tranquille : « Vous avez fait parvenir à nos
« oreilles vos plaintes de ce que notre
« royale munificence n'avait pas encore
« dignement répondu à vos services.
« A vrai dire, c'est votre propre né-
« gligence qu'il faut en accuser, car,
« malgré tant et de si grandes affaires
« dont je porte seul le poids, si j'avais
« connu quelque chose de votre désir,
« j'aurais accordé à vos services les hon-
« neurs qui leur sont dus. Pour ne
« pas vous retenir par de longs dis-
« cours, je ferai maintenant cesser vos
« plaintes par un magnifique don;
« comme je veux vous voir toujours
« fidèle à moi comme par le passé, et
« attaché à ma personne, je vais vous
« donner ma fille en mariage, votre
« *porteuse*, celle qui déjà ceignant sa
« robe, s'est montrée si docile à vous
« porter. » Aussitôt, d'après l'ordre
du roi et au milieu d'une suite nombreuse, on fit entrer sa fille, le visage
couvert d'une charmante rougeur, et
le père la mit de sa main entre les
mains d'Éginhard avec une riche dot,
quelques domaines, beaucoup d'or et
d'argent, et d'autres meubles précieux.
Après la mort de son père, le très-
pieux empereur Louis donna également
à Éginhard le domaine de Michlenstadt
et celui de Mühlenheim qui s'appelle
maintenant Seligenstadt. »

Par malheur cette gracieuse histoire
est peut-être sortie tout entière de
l'imagination du chroniqueur. Quoi
qu'il en soit, Éginhard fut, sinon le
gendre, du moins l'ami de Charlemagne ; il a écrit la vie de ce prince
et des annales. « De ces deux ouvrages,
le premier est, sans aucune compara-
son, du VIe au VIIIe siècle, le morceau
d'histoire le plus distingué, le seul
même qu'on puisse appeler une histoire, car c'est le seul où l'on rencontre des traces de composition, d'intention politique et littéraire. La vie
de Charlemagne n'est point une chronique, c'est une véritable biographie
politique, écrite par un homme qui a
assisté aux événements et les a compris. Éginhard commence par exposer
l'état de la Gaule franque, sous les
derniers Mérovingiens. On voit que
leur détrônement par Pepin préoccu-
pait encore un certain nombre d'hommes, et causait à la race de Charlemagne quelque inquiétude. Éginhard
prend soin d'expliquer comment on
ne pouvait faire autrement; il décrit
avec détails l'abaissement et l'impuissance où les Mérovingiens étaient tombés; part de cette exposition pour
raconter l'avénement naturel des Carlovingiens; dit quelques mots sur le
règne de Pepin, sur les commencements
de celui de Charlemagne, et ses rapports
avec son frère Carloman, et entre enfin
dans le récit du règne de Charlemagne
seul. La première partie de ce récit est
consacrée aux guerres de ce prince, et
surtout à ses guerres contre les Saxons.
Des guerres et des conquêtes, l'auteur
passe au gouvernement intérieur, à
l'administration de Charlemagne; enfin il aborde sa vie domestique, son
caractère personnel.

« On le voit, ceci n'est point écrit au
hasard, sans plan ni but; on y reconnaît une intention, une composition
systématique; il y a de l'art, en un

mot, et depuis les grandes œuvres de la littérature latine, aucun travail historique ne porte de tels caractères. L'ouvrage de Grégoire de Tours lui-même, le plus curieux, sans comparaison, que nous ayons rencontré sur notre chemin, est une chronique comme les autres. La Vie de Charlemagne, au contraire, est une vraie composition littéraire conçue et exécutée par un esprit réfléchi et cultivé.

« Quant aux annales d'Eginhard, elles n'ont qu'une valeur de chronique. On les lui a contestées pour les attribuer à d'autres écrivains; mais tout porte à croire qu'elles sont de lui.

« On dit qu'il avait composé une histoire détaillée des guerres contre les Saxons : il ne nous en reste rien.

« Alcuin et Éginhard, ce sont-là, sans aucun doute, les deux hommes les plus distingués du règne de Charlemagne. Alcuin, lettré, employé dans les affaires du gouvernement, Éginhard, homme d'affaires devenu lettré. Nous allons voir tomber cet éclat momentané du règne de Charlemagne, nous allons assister au démembrement de son empire. Le mouvement intellectuel dont nous venons d'observer les premiers pas, ne périra point, nous le verrons se perpétuer comme il a commencé, d'une part dans les hommes qui dirigent les affaires du monde, de l'autre dans ceux qui se vouent à l'étude et à la science solitaire. La société changera souvent d'état et de forme; l'intelligence ranimée traversera sans se ralentir maintenant toutes ses révolutions (*). »

LOUIS-LE-DÉBONNAIRE.

Jusqu'à Charlemagne l'Allemagne, c'est-à-dire les tribus germaniques s'étaient sans cesse avancées, vers l'ouest, sur la Gaule. Avec le règne du grand empereur, le mouvement rétrograde commence, les populations slaves qui occupaient les parties orientales ont été refoulées. Cette étroite lisière qui s'étendait entre elles et le Rhin s'est agrandie jusqu'à former une des principales parties de l'empire; en un mot, l'Allemagne a été créée territorialement, si je puis ainsi parler; plus nous avancerons et plus ce territoire, cette patrie de la langue et de la race germanique, prendra des frontières précises. Bientôt nous allons voir Louis-le-Débonnaire donner l'Allemagne à l'un de ses fils, comme il donnera à l'autre l'Italie. Quelques années encore, et ce pays formera un des grands royaumes sortis du démembrement de l'empire. Nous avons dû nous arrêter longuement sur Charlemagne, dont les guerres au-delà du Rhin ont préparé ce résultat. Le règne de son fils nous occupera moins longtemps. Maintenant que nous avons laissé derrière nous les grands hommes, Carl Martel, Pepin et son fils, nous devons passer rapidement sur leurs descendants. Quand on rencontre des volontés fortes, énergiques, habiles, on s'arrête volontiers pour les voir agir; mais quel intérêt peuvent exciter ces fils dégénérés qui se laissent aller, plutôt qu'ils ne commandent, aux événements? Les faits, dans la période où nous entrons, seront, en effet, plus forts que les hommes. Ceux-ci ne feront que prêter leurs noms à des nécessités impérieuses qu'ils ne sauront point maîtriser.

L'œuvre de Charlemagne ne devait pas lui survivre. Cette unité qu'il avait voulu imposer à l'Occident, elle pouvait durer tant qu'il était là pour la maintenir; mais quelle main serait assez ferme après lui pour tenir réunis tant d'intérêts différents? A coup sûr ce ne pouvait être celle de son débile successeur. Louis, surnommé le Débonnaire, était pieux et intègre; les premiers actes de son gouvernement furent des actes de justice, mais qui durent paraître, à ce qui restait encore de vieux conseillers de Charlemagne, impolitiques et comme un imprudent abandon des droits de l'empire. C'est ainsi qu'il rendit aux Frisons et autres Saxons le droit d'hériter que Charlemagne leur avait enlevé, et qu'il laissa

(*) M. Guizot, Histoire de la civilisation en France, t. II, p. 420.

les Romains élire un pape sans son aveu. C'était là sans doute montrer un respect louable pour la liberté des élections épiscopales, mais c'était aussi abdiquer cette suprématie temporelle que Charlemagne avait exercée sur le saint-siége.

La faiblesse et l'incapacité du nouvel empereur furent bientôt connues, et de toutes parts l'on se prépara, sans se rendre bien compte encore de ce qu'on voulait, à rompre au moins une union forcée. Dans les âges de barbarie, les grandes divisions physiques du sol ont une sérieuse importance, car elles répondent souvent aux divisions des races; et s'il n'y a point toujours dans une même race unité d'intérêts et de passions, au moins chacune a-t-elle un caractère particulier, une originalité propre qui la distingue des autres, et, aux époques dont nous parlons, les différences extérieures mettent une grande barrière entre les peuples. Naturellement on se rapproche de son semblable pour s'éloigner de celui qui n'a ni la même langue ni les mêmes coutumes. On se serre, on se presse sur un même territoire, derrière une même chaîne de montagnes ou un grand fleuve, et là, une seule et même race vit selon son génie, livrée au développement qui lui est propre. Si, par des circonstances particulières, plusieurs races d'hommes, enfermées chacune dans un territoire assez nettement limité par la nature, sont contraintes par la conquête de vivre réunies sous un même gouvernement, il arrivera nécessairement deux choses : ou ce gouvernement sera assez fort pour maintenir cette union, et assez habile pour la rendre durable, en donnant à tous ces peuples des intérêts communs, et alors un grand empire sera créé; ou bien il ne saura leur imposer qu'une unité administrative, sans pouvoir leur créer l'idée d'une patrie commune à laquelle tous appartiennent au même titre, et envers laquelle ils soient tenus aux mêmes obligations. Dans ce cas cet empire ne pourra durer long-temps. Les éléments qui le composaient n'ayant point été fondus ensemble, se sépareront au milieu d'une anarchie apparente, qui cachera un ordre véritable, car la chute et le démembrement de cet empire ne sera autre chose que la restauration de l'indépendance naturelle des peuples. Plus tard, quand la civilisation sera venue éclairer les esprits et opérer, si je puis le dire, une fusion intellectuelle, alors la centralisation recommencera. De ces deux suppositions, la seconde est celle qui devait nécessairement se réaliser pour la monarchie fondée par Charlemagne. L'Aquitaine, entre la Loire et les Pyrénées; l'Italie, derrière ses montagnes et dans sa position péninsulaire; la Germanie, entre le Danube, le Rhin, l'océan germanique et les populations slaves, formaient trop bien, par leurs limites naturelles et la différence de leurs populations, trois contrées, trois royaumes à part, pour que la différence profonde qui les séparait ne fût pas bientôt consacrée par une division politique ou administrative.

Louis-le-Débonnaire donna en effet la Bavière à son fils Louis (*), l'Aquitaine à Pepin; Lothaire, l'aîné, eut l'Italie avec le titre d'empereur.

RÉVOLTE DE BERNARD.

L'Italie fut la première à réclamer son indépendance; elle voulait déjà se débarrasser des *barbares*. Le fils du fils aîné de Charlemagne, Bernard, gouvernait cette contrée, quand son oncle voulut l'en dépouiller pour en faire don à Lothaire.

La chasse dans la forêt des Vosges étant terminée, l'empereur revenait passer l'hiver à Aix-la-Chapelle, lorsqu'il apprit que son neveu Bernard, roi d'Italie, que son influence sur l'empereur Charlemagne, son père, avait,

(*) La Bavière formait alors une grande partie de l'Allemagne. Quant au reste, bien qu'il ne fût pas donné à Louis, celui-ci y exerçait une grande influence dans ses guerres contre son père; il fut soutenu, dit l'historien Nithard, par les Saxons et les Thuringiens.

plus que toute autre chose, fait nommer roi, cédant follement aux conseils d'hommes pervers, s'était révolté; que déjà tous les princes et toutes les cités de l'Italie lui avaient prêté serment; qu'enfin tous les passages par où l'on doit pénétrer dans ce royaume étaient fermés et défendus. Cette triste nouvelle étant confirmée par de fidèles témoins, et surtout par l'évêque Rathal et par Tuppon, l'empereur tira des troupes de la Gaule, de la Germanie, de tous côtés, et vint jusqu'à Châlons avec une armée très-nombreuse. Bernard, se reconnaissant trop faible contre de telles forces, et incapable de poursuivre son entreprise, car chaque jour quelqu'un de ses partisans se séparait de lui, perdit toute espérance, vint se remettre entre les mains de l'empereur, déposa ses armes, et se prosterna à ses pieds, où il confessa toute sa faute. Son exemple fut suivi par tous les seigneurs de son royaume, qui déposèrent également les armes, et se soumirent au pouvoir et au jugement de l'empereur. De plus, ils déclarèrent, la première fois qu'on les interrogea, quels préparatifs avaient précédé la révolte, pour quel objet ils l'avaient tramée, jusqu'où ils prétendaient la conduire, quels complices, enfin, ils s'étaient attachés. Or, les auteurs de cette conspiration étaient Eggidéon, le plus intime des amis du roi Bernard, Réginhaire, autrefois comte du palais de l'empereur, fils du comte Méginhaire, et Réginhard, chambellan du roi; une foule de clercs et de laïques avaient aussi trempé dans ce crime: ceux que la tempête enveloppa furent les évêques Anselme de Milan, Wolfold de Crémone, et Théodulf d'Orléans.

« Quand les chefs de la conjuration furent découverts et arrêtés, l'empereur revint, comme il l'avait d'abord résolu, passer l'hiver à Aix-la-Chapelle, où il demeura jusqu'après la célébration de la sainte solennité de Pâques. Après cette fête, l'empereur, faisant grâce à Bernard et aux fauteurs du crime que nous venons de raconter, de la peine capitale qui devait les frapper selon la loi et la justice des Francs, leur fit arracher les yeux, bien que beaucoup s'y opposassent et eussent mieux aimé qu'on sévît contre eux avec toute la sévérité de la loi: mais, malgré cet acte d'indulgence de l'empereur, il arriva que plusieurs ne voulurent point profiter de la diminution du châtiment. En effet, Bernard et Réginhaire, ne pouvant supporter la perte de leurs yeux, se donnèrent la mort. Les évêques, réprimés par la crainte seule d'un semblable châtiment, furent déposés et renfermés dans des monastères. Pour le reste des coupables, l'empereur ordonna que nul ne fût privé ni de la vie, ni d'aucun membre, mais que, selon la gravité de leur faute, ils fussent ou bannis ou rasés (*). »

La tentative faite par l'Italie était prématurée; l'empire se trouvait encore trop fort, le peuple des Francs était encore intéressé à sa conservation: on le voit en effet dans les premières années de ce règne faire partout respecter le nom de l'empire; les Basques furent réprimés, les Sarrasins repoussés de la marche d'Espagne; les Bretons virent même, pour la première fois, leur pays entièrement envahi par une armée franque; enfin les Slaves des bords de l'Elbe, les Obotrites, aidés par les Saxons, apprirent que l'empire n'avait encore rien perdu de la force que lui avait donnée Charlemagne. A cette époque de son règne, Louis-le-Débonnaire siége presque aussi dignement que son père au palais d'Aix-la-Chapelle; il y est comme lui entouré des députés de diverses nations.

« A son retour, comme il entrait dans le palais de Herstall, il rencontra les envoyés de Siggon, duc de Bénévent, lesquels venaient lui offrir les présents les plus magnifiques et disculper leur maître de la mort de Grimoald. Il trouva en outre les envoyés de diverses autres nations, des

(*) Vie de Louis-le-Débonnaire, par l'Astronome, traduit par M. Guizot dans sa collection des Mémoires relatifs à l'histoire de France.

Obotrites, des Goduscans et des Timatiens, qui avaient abandonné l'alliance des Bulgares et s'étaient récemment unis avec nous. Là se trouvaient encore les envoyés de Liudewit, gouverneur de la Pannonie inférieure, lesquels accusaient (faussement, comme il parut par la suite) Cadolach d'exercer envers ce prince une inhumanité insupportable. Après avoir entendu, satisfait et congédié ces envoyés, l'empereur se transporta dans le palais où il avait résolu de passer l'hiver. Pendant son séjour en ce lieu, les ducs saxons lui amenèrent Sclaomir, roi des Obotrites, qui, accusé de rébellion, fut condamné au bannissement, n'ayant pu se laver du crime dont on le chargeait. Son royaume fut donné à Céadrag, fils de Thrasicon (*). »

Mais c'étaient les derniers beaux jours de l'empire Louis; devait bientôt oublier qu'il était le successeur de Charlemagne, et dégrader lui-même, par scrupule de conscience, la dignité impériale aux yeux des peuples. « L'an 822 il convoqua une assemblée générale en un lieu nommé Attigny. Ayant appelé dans cette assemblée les évêques, les abbés, les ecclésiastiques, les grands de son royaume, son premier soin fut de se réconcilier d'abord avec ses frères qu'il avait fait raser malgré eux, ensuite avec tous ceux auxquels il crut avoir fait quelque offense. Après quoi il fit une confession publique de ses fautes, et, imitant l'exemple de l'empereur Théodose, il subit de son gré une pénitence pour tout ce qu'il avait fait, tant envers son neveu Bernard qu'envers les autres ; puis, réparant ce qui avait pu être fait de mal par lui-même ou par son père, il s'efforça d'apaiser la Divinité par les plus abondantes aumônes, par les prières ardentes que firent pour lui les serviteurs de Jésus-Christ, et par une telle exactitude dans ses devoirs, qu'on eût cru que toutes les peines qui avaient légitimement frappé chaque coupable, avaient été l'œuvre de sa cruauté (**).

(*) Ibid.
(**) Ibid.

« C'était la première fois depuis Théodose qu'on voyait ce grand spectacle de l'humiliation volontaire d'un homme tout-puissant. Les rois mérovingiens, après les plus grands crimes, se contentent de fonder des couvents. La pénitence de Louis est comme l'ère nouvelle de la moralité, l'avénement de la conscience.

« Toutefois l'orgueil brutal des hommes de ce temps rougit pour la royauté, de l'humble aveu qu'elle faisait de sa faiblesse et de son humanité. Il leur sembla que celui qui avait baissé le front devant le prêtre, ne pouvait plus commander aux guerriers. L'empire en parut, lui aussi, dégradé, désarmé. Les premiers malheurs qui commencèrent une dissolution inévitable furent imputés à la faiblesse d'un roi pénitent. En 820, treize vaisseaux normands coururent trois cents lieues de côtes, et se remplirent de tant de butin, qu'ils furent obligés de relâcher les captifs qu'ils avaient faits. En 824, l'armée des Francs ayant envahi la Navarre, fut battue comme à Roncevaux. En 829, on craignit que ces Normands, dont les moindres barques étaient si redoutables, n'envahissent par terre, et les peuples reçurent ordre de se tenir prêts à marcher en masse (*). »

RÉVOLTE DES FILS DE LOUIS.

Une chose augmenta encore le dégoût des peuples, c'est la faveur dont jouissait auprès de Louis, et surtout auprès de l'impératrice Judith, l'Aquitain Bernard, « qui abusait imprudemment de son pouvoir pour bouleverser entièrement le gouvernement. » Judith avait donné le jour à un fils, le prince Charles; « or, Louis, qui avait partagé tout l'empire entre ses autres fils, ne savait ce qu'il donnerait au plus jeune. Tourmenté de cela, il supplia ses fils en faveur de ce dernier. Enfin, Lothaire consentit à ce que son père donnât au jeune prince la portion du royaume qu'il voudrait,

(*) Michelet, Histoire de France, t. I, p. 361.

et jura avec serment qu'il serait à l'avenir son soutien et son défenseur contre ses ennemis. Mais, à l'instigation de Hugues, dont Lothaire avait épousé la fille, de Mathfried et d'autres, il se repentit trop tard de ce qu'il avait fait, et chercha de quelle manière il pourrait l'annuler.

« Dans le même temps l'Allemagne (*) fut cédée à Charles par un édit. Alors Lothaire, comme ayant trouvé un juste sujet de plainte, excita ses frères et tout le peuple à relever la république en péril ; ils se rendirent ensemble avec tout le peuple auprès de leur père à Compiègne. Ils forcèrent la reine à prendre le voile, firent tondre Conrad et Rodolphe, ses frères, et les envoyèrent en Aquitaine à Pepin, qui fut chargé de les garder. Bernard, ayant pris la fuite, se sauva en Septimanie. Héribert, son frère, ayant été pris, on lui creva les yeux, et on l'envoya, pour y être gardé, en Italie. Lothaire, s'étant ainsi emparé du gouvernement, retint son père et Charles en surveillance auprès de lui ; il fit vivre avec l'empereur des moines, pour qu'ils l'accoutumassent à la vie monastique et l'engageassent à l'embrasser. Comme chacun alors, livré à ses passions, ne cherchait que son propre intérêt, la république empirait chaque jour. C'est pourquoi les moines dont nous avons parlé, et d'autres gens qui gémissaient de ce qui avait été fait, demandèrent au seigneur Louis, si, en cas qu'on le remît à la tête du gouvernement, il voudrait le rétablir et le soutenir avec vigueur, et surtout remettre sur pied le culte divin, qui protége et dirige tout le reste. Comme il y consentit facilement, on s'entendit bientôt sur sa restauration. Ayant pris un certain moine, nommé Gondebaud, Louis l'envoya pour ce dessein, et sous prétexte de religion, vers Pepin et Louis, ses fils, leur promettant que, s'ils voulaient concourir avec ses partisans à son rétablissement, il agrandirait leur royaume. Ils consentirent aisément et avidement ;

(*) L'Alemanie, c'est-à-dire la Souabe et la Suisse.

une assemblée fut convoquée (*). »

Cette assemblée eut lieu à Nimègue. On avait discuté fort long-temps avant de s'entendre sur le lieu où elle se réunirait. C'est dans ces discussions qu'on voit se dessiner pour la première fois la diversité des intérêts dont les peuples commençaient à se préoccuper. « Dès le commencement des guerres civiles entre l'empereur et ses enfants, dit M. Augustin Thierry, guerres où le père et les fils étaient poussés à leur insu par des mouvements nationaux, une grande divergence d'opinion politique se laisse apercevoir entre les Francs vivant au milieu de la population gauloise, et ceux qui sont demeurés sur l'ancien territoire germanique. Les premiers, ralliés, malgré leur descendance, à l'intérêt du peuple vaincu par leurs ancêtres, prirent en général parti contre l'empereur, c'est-à-dire, contre l'empire, qui était, pour les Gaulois indigènes, un gouvernement de conquête. Les autres s'unirent, dans le parti contraire, avec toutes les peuplades tudesques, même anciennement ennemies des Francs. Ainsi tous les peuples teutons, ligués en apparence pour les droits d'un seul homme, défendaient leur cause nationale, en soutenant, contre les Gallo-Francs et les Welskes (**), une puissance qui était le résultat des victoires germaniques. Selon le témoignage d'un contemporain, l'empereur Lodewig se défiait des Gallo-Francs, et n'avait de confiance que dans les Germains. Lorsqu'en l'année 830, les partisans de la réconciliation entre le père et les fils proposèrent, comme moyen d'y parvenir, une as-

(*) Nithard, Histoire des dissensions des fils de Louis-le-Débonnaire.

(**) Welske ou Welsche était le nom que les peuples germains donnaient à tous les Occidentaux, Bretons, Gaulois ou Italiens. Ils appelaient langue *welsche* la langue latine, et population *welsche*, les indigènes de la Gaule, au milieu desquels vivaient les Francs. On a tort d'employer aujourd'hui ce mot dans le sens de barbare ; car, dans la langue d'où il provient, il servait à désigner des peuples dont la civilisation était fort avancée. (*Note de M. Thierry.*)

14.

semblée générale, les malintentionnés travaillèrent pour que cette assemblée eût lieu dans une ville de la France romane. » « Mais l'empereur, dit le même historien, n'était pas de cet avis; et il obtint, selon ses désirs, que le peuple fût convoqué à Nimègue; toute la Germanie s'y rendit en grande affluence, afin de lui prêter secours. »

Lorsque, cinq ans plus tard, Lothaire, de nouveau révolté contre son père, s'avança avec toutes ses forces jusqu'à Orléans, ce fut encore en Germanie que l'empereur alla chercher assistance. « L'empereur, dit Nithard, rassembla une armée considérable de Francs, appela à son secours son fils Louis et tous ceux qui habitaient au delà du Rhin, et marcha pour venger le crime énorme que Lothaire venait de commettre contre l'empire. »

DÉPOSITION DE LOUIS-LE-DÉBONNAIRE.

Toute la vie de ce malheureux prince ne fut ainsi qu'une guerre perpétuelle contre ses fils. Nous l'avons vu déposé en 830; il le fut une seconde fois en 833, lorsque ses efforts pour accroître la part de son plus jeune fils aux dépens des aînés les eurent tous réunis contre lui. Le vieil empereur se vit abandonné tout à coup de ses troupes et forcé de se livrer à la merci de Lothaire. Celui-ci en usa sans générosité avec son père. Il voulut le dégrader à tout jamais en le déshonorant par une pénitence publique qui devenait dégradante, car elle n'était plus volontaire comme la première. Les évêques de son parti vinrent enlever à l'empereur son baudrier militaire et le contraindre de signer une liste de ses prétendus crimes: il s'y accusait d'avoir fait tuer son neveu Bernard, d'avoir exposé le peuple à des parjures en formant des divisions nouvelles dans l'empire, d'avoir fait la guerre en carême, d'avoir été trop sévère envers les partisans de ses fils, d'avoir exposé l'état aux meurtres, pillages et sacriléges, en excitant la guerre civile; enfin, d'avoir excité ces guerres civiles par des divisions arbitraires de l'empire. « Ce dernier reproche, dit M. Michelet, était le plus grave; il révèle la pensée des temps; c'est la réclamation de l'esprit local qui veut désormais suivre le mouvement matériel et fatal des races, des contrées, des langues, et qui, dans toute division purement politique, ne voit que violence et tyrannie.»

LOUIS RÉTABLI.

Lothaire était allé trop loin, on se sentit de la pitié pour le vieil empereur. En même temps Lothaire soulevait ses frères contre lui par ses prétentions, il voulait les traiter moins en rois qu'en simples gouverneurs de provinces. « Pepin et Louis voyant que Lothaire s'appropriait tout le pouvoir et voulait les abaisser, le supportaient avec peine. De plus, Lambert et Mathfried, aspirant tous deux à tenir le premier rang dans l'empire après Lothaire, commencèrent à entrer en débat. Et, comme tous deux recherchaient leurs intérêts, ils négligeaient entièrement les affaires publiques. Le peuple voyant cela en était affligé; les fils mêmes de Louis étaient en proie à la honte et au repentir d'avoir privé deux fois leur père de son rang, et tout le peuple d'avoir chassé deux fois l'empereur. Ils se liguent donc pour le rétablir, et se rendent en foule de toutes parts à Saint-Denis, où Lothaire retenait son père et Charles. Lothaire, ne se voyant pas en état de résister à cette colère, prit les armes avant que ses adversaires se fussent réunis, mit son père et Charles en liberté, et partit pour Vienne. Le peuple nombreux qui se trouvait là, voulait avec ardeur attaquer Lothaire pour venger son père. Ayant recouvré le roi, ils se rendirent avec les évêques et tout le clergé dans l'église de Saint-Denis, rendirent à Dieu de pieuses actions de graces, au roi sa couronne et ses armes, et s'appliquèrent à délibérer sur les autres affaires. Louis ne voulut point poursuivre Lothaire, mais il lui envoya des députés pour lui ordonner de se hâter de passer les Alpes: il reçut avec bienveillance Pepin, qui vint vers lui, le remercia d'avoir coopéré à sa restauration, et lui permit, à sa demande, de retourner en Aquitaine. Ensuite les fidèles qui s'étaient enfuis, et qui avaient coutume d'être à la tête des affaires, accoururent en foule; s'étant mis en route avec eux, l'empereur se rendit à Aix pour y passer l'hiver, accueillit avec bonté Louis qui vint le voir, et lui ordonna de rester avec lui pour le défendre.

« Sur ces entrefaites, les gens qui gardaient Judith en Italie, apprenant que Lothaire s'était enfui, et que son père était en possession du trône, s'emparent de Judith, se sauvent, arrivent heureusement à Aix, et apportent à l'empereur leur agréable présent. Cependant Louis ne l'admit pas dans la couche royale, jusqu'à ce qu'elle eût juré avec ses proches, en présence du peuple, qu'elle était innocente du crime qu'on lui imputait, car il ne se présenta point d'accusateur (*). »

NOUVELLE RÉVOLTE DES FILS DE LOUIS.

Cependant Louis était plus que jamais incapable de se conduire par lui-même; il céda encore une fois à l'influence de Judith, troubla de nouveau tout l'empire pour augmenter les domaines du jeune Charles. Son fils Pépin, roi d'Aquitaine, étant mort, Charles fut à l'instant investi de ce royaume au détriment des enfants que Pepin avait laissés. Pour un moment Lothaire s'accorda avec son père; gagné par Judith, il lui promit de protéger son fils, et, en récompense, reçut de la libéralité aveugle du Débonnaire tout l'orient de l'empire : l'occident devait former le patrimoine de Charles. Dans ce partage, Louis de Bavière et les fils de Pepin étaient complétement sacrifiés; ils en appelèrent aux armes, et l'empereur passa ses dernières années à combattre son fils et son petit-fils. L'Aquitaine fut à peu près soumise, mais la guerre contre Louis était plus difficile. Ce prince possédait depuis long-temps la Bavière; il avait toujours vécu parmi les peuplades germaniques: elles le connaissaient et lui étaient attachées. Aussi quand la guerre éclata,

(*) Nithard, ibid.

les Saxons, les Thuringiens vinrent augmenter son armée. C'est durant cette expédition que Louis-le-Débonnaire mourut dans une île du Rhin, près Mayence (840): avec lui mourut l'unité de l'empire.

LOTHAIRE EMPEREUR.

Son fils aîné Lothaire, qui succéda à son titre d'empereur, ne pouvait espérer d'en exercer tous les droits. La France et la Germanie voulaient sérieusement avoir des rois particuliers. « Lorsque Lodewig Ier en mourant eut laissé la domination franke partagée entre ses trois fils Lother, Lodewig et Karle, quoique le premier eût le titre d'empereur, les nations teutoniques s'attachèrent davantage au second qui n'était que roi.

« Bientôt la question de la prééminence de l'empire sur les royaumes se débattit à main armée entre les frères; et dès le commencement de la guerre, les Francs orientaux, les Alamans, les Saxons et les Thuringiens prirent parti contre le *Keisar*.

« Réduit en fait au gouvernement de l'Italie, de l'Helvétie, de la Provence et d'une petite portion de la Gaule Belgique, l'empereur Lother eut aussi peu de partisans sur les bords du Rhin et de l'Elbe que sur ceux de la Seine et de la Loire.

« Sachez, » mandait-il à ses frères qui le priaient de les laisser en paix, chacun dans son royaume, « sachez que « le titre d'empereur m'a été donné « par une autorité supérieure, et con- « sidérez quelle étendue de pouvoir et « quelle magnificence doivent accompa- « gner un pareil titre. » Cette réponse altière était, à proprement parler, un manifeste contre l'indépendance nationale dont les peuples sentaient le besoin; ils y répondirent d'une manière terrible par cette fameuse bataille de Fontanet, près d'Auxerre, où les fils des *Welskes* et des *Teutskes* combattirent sous les mêmes drapeaux, pour le renversement du système politique fondé par Karle-le-Grand. L'espèce de recueillement religieux avec lequel l'armée des confédérés se prépara à ce combat, comme au jugement de Dieu, prouve que, dans la conviction des contemporains, il devait s'y décider autre chose qu'une querelle domestique (*). »

« Tout espoir de justice et de paix paraissant enlevé, Lodewig et Karle firent dire à Lothaire, que s'il ne trouvait rien de mieux, il eût à recevoir leurs propositions, sinon qu'il sût que le lendemain même, à la deuxième heure du jour, ils en viendraient au jugement de Dieu tout-puissant. Lother, selon sa coutume, traita insolemment les envoyés et répondit qu'on verrait bien ce qu'il sayait faire. Au point du jour, Lodewig et Karle levèrent leur camp, et occupèrent, avec le tiers de leur armée, le sommet d'une hauteur voisine du camp de Lother; ils attendirent son arrivée et la deuxième heure du jour, comme leurs envoyés l'avaient juré. A cette heure, en effet, un grand et rude combat s'engagea sur les bords d'une petite rivière.. Lother vaincu tourna le dos avec tous les siens... Après l'action, Lodewig et Karle délibérèrent sur le champ de bataille même, sur ce qu'on devait faire des fuyards. Les uns, remplis de colère, conseillaient de poursuivre l'ennemi ; les autres, et en particulier les deux rois, prenant pitié de leur frère et de son peuple, étaient d'avis de leur témoigner en cette occasion la miséricorde de Dieu. Le reste de l'armée y ayant consenti, tous cessèrent de combattre et de faire du butin, et rentrèrent dans leur camp vers le milieu du jour. Ils résolurent de passer le lendemain, qui était un dimanche, en cet endroit. Et ce jour-là, après la célébration de la messe, ils enterrèrent également amis et ennemis, fidèles et traîtres, et soignèrent également tous les blessés, selon leur pouvoir. Ils envoyèrent après ceux qui s'étaient enfuis, leur dire que, s'ils voulaient retourner à leur foi, toute offense leur serait pardonnée. Ensuite les rois et l'armée,

(*) M. Aug. Thierry, Lettres sur l'hist. de France.

affligés d'en être venus aux mains avec un frère et avec des chrétiens, interrogèrent les évêques sur ce qu'ils devaient faire à cause de cela. Tous les évêques se réunirent en concile; et il fut déclaré dans cette assemblée qu'on avait combattu pour la seule justice, que le jugement de Dieu l'avait prouvé manifestement, et qu'ainsi quiconque avait pris part à l'affaire, soit par conseil, soit en actions, comme instrument de la volonté de Dieu, était exempt de tout reproche ; mais que si quelqu'un, au témoignage de sa propre conscience, avait conseillé ou agi dans cette guerre, par colère, ou haine, ou vaine gloire, ou quelque autre vice, il devait avouer sa faute en confession, et faire la pénitence qui lui serait imposée (*). »

CONFÉRENCE DE STRASBOURG.

La bataille avait cependant été peu décisive. Les vainqueurs eux-mêmes se trouvèrent tellement affaiblis qu'ils ne purent poursuivre leur frère. Celui-ci eut bientôt retrouvé une nouvelle armée. Alors Charles et Louis, le roi des Français et celui des Allemands, également menacés par l'empereur, se réunirent à Strasbourg, sur la frontière des deux races, pour y former une nouvelle alliance. « Ils vinrent avec leurs armées, dont l'une était composée d'hommes de toutes les tribus teutoniques, l'autre de Gaulois septentrionaux, commandés par des seigneurs francs, et de méridionaux, sous des chefs indigènes. Afin de prouver au peuple que la guerre où ils étaient engagés ne serait pas un jeu politique, les deux rois se jurèrent mutuellement de maintenir, contre l'empereur, la séparation nationale, et de ne point faire de paix avec lui, au détriment l'un de l'autre. Louis, comme l'aîné, prit le premier la parole en présence des deux armées, et prononça en langue tudesque le discours suivant:

« Vous savez combien de fois, depuis la mort de notre père, Lothaire

(*) Nithard, trad. par M. Aug. Thierry, Lettres sur l'histoire de France.

« s'est efforcé de poursuivre et de
« faire périr moi et mon frère ici pré-
« sent. Puisque ni la fraternité, ni la
« chrétienté, ni aucun moyen n'ont
« pu faire qu'il y eût paix entre nous
« sans blesser la justice, contraints
« enfin, nous avons remis la chose
« au jugement de Dieu tout-puissant,
« afin que chacun de nous se conten-
« tât de ce que sa volonté lui attri-
« buerait. Dans ce combat, comme
« vous le savez, et par la miséricorde
« de Dieu, nous avons été vainqueurs.
« Lui, vaincu, s'est réfugié avec les
« siens où il a pu.

« Alors, émus d'amitié fraternelle
« et compatissant aux maux du peuple
« chrétien, nous n'avons pas voulu les
« poursuivre et les détruire ; mais, de
« même qu'auparavant, nous avons
« demandé que chacun fût assuré dans
« ses justes droits. Néanmoins, n'ac-
« ceptant point l'arrêt de Dieu, il ne
« cesse de poursuivre à main armée
« mon frère et moi ; il désole notre
« peuple par des incendies, des rapines
« et des meurtres. C'est pourquoi,
« forcés par la nécessité, nous nous
« réunissons aujourd'hui ; et parce que
« nous craignons que vous ne doutiez
« de la sincérité de notre foi, et de la
« solidité de notre union fraternelle,
« nous avons résolu de nous prêter
« serment l'un à l'autre, en votre pré-
« sence. Ce n'est point une ambition
« injuste qui nous fait agir ainsi ; mais
« nous voulons, si Dieu, par votre
« aide, nous donne enfin le repos, que
« l'avantage commun soit garanti. Si
« jamais, ce qu'à Dieu ne plaise, je
« violais le serment que j'aurais prêté
« à mon frère, je délie chacun de vous
« de toute soumission envers moi, et
« de la foi que vous m'avez jurée. »

« Lorsque le roi des Gallo-Francs
eut cessé de parler, celui des Teutons,
élevant la voix, prononça le serment
d'union contre Lothaire, non dans
l'idiome des peuples qu'il gouvernait,
mais dans celui des Gaulois, qui avaient
besoin de prendre confiance dans la
bonne foi de leurs nouveaux alliés.
Voici la formule de ce serment, dont
le langage, pour ne pas être tout à
fait barbare, doit être accentué à la
manière des dialectes méridionaux.

« *Pro Deu amor et pro christian
poblo et nostro commun salvament,
d'ist di in avant, in quant Deus saver
et poder me donet, si salvarai eo cist
meon fradre Karle, et in adjuda et
in caduna cosa, si cum om per drect
son fradre salvar deit, in oquid il
mi altresi fazet ; et ab Lodher nul
plaid nunque prendrai, qui, meon vol,
cist meon fradre Karle, in damno seit.*

« Pour l'amour de Dieu et pour le
« peuple chrétien, et notre commun
« salut, de ce jour en avant, en tant
« que Dieu me donnera de savoir et
« de pouvoir, je soutiendrai mon frère
« Karle ici présent, par aide et en
« toute chose, comme il est juste
« qu'on soutienne son frère, tant qu'il
« fera de même pour moi. Et jamais
« avec Lothaire je ne ferai aucun ac-
« cord qui, de ma volonté, soit au dé-
« triment de mon frère. »

« Ensuite Karle, parlant aux hommes
d'origine teutonique, répéta la même
formule, traduite littéralement dans
leur langue :

« *In godes minne end um tes chris-
tianes folches end unser beider ge-
haltnisse, fon theseme dage framwer-
des, so fram so mir got gewissen
ende mahd fergibet, so halde ih
tesen minen brueder, soso man mit
rekte sinen bruder scal.* »

« Les deux rois s'étant ainsi engagés
solennellement l'un envers l'autre, les
chefs dont l'idiome roman était la
langue maternelle, ou l'un d'entre
eux en leur nom, prononcèrent les
paroles suivantes :

« *Si Lodewigs sagrament que son
fradre Karle juret, conservet, et
Karle meos senher de soa part non
lo tenet, si io retornar non l'ent
pois, ne io ne nuels que io retornar ent pois, en nulla adjuda contra
Lodewig non li ivrai.*

« Si Lodewig garde le serment qu'il
« a prêté à son frère Karle, et si Karle,
« mon seigneur, de son côté, ne le
« tient pas, si je ne puis l'y ramener,
« ni moi ni aucun autre, je ne lui don-
« nerai nulle aide contre Lodewig. »

« Les Teutons répétèrent la même formule, en changeant seulement l'ordre des noms :

« *Obe Karle then eid, then er sineme brueder Ludewig geswor, geleistet, end Ludewig, min herre, then en gesime wor ferbrichet....* (*). »

Ces serments solennels prononcés sur le Rhin par les deux peuples sont en même temps la preuve et le premier monument de leur nationalité. Des fêtes célébrèrent cette alliance. « Les deux rois, dit Nithard, fréquentaient souvent, afin de prendre de l'exercice, des jeux auxquels on procédait dans l'ordre suivant. Ils se réunissaient dans un lieu quelconque propre à ce spectacle. La multitude se tenait tout autour; et d'abord, en nombre égal, les Saxons, les Gascons, les Austrasiens et les Bretons de l'un et l'autre parti, comme s'ils voulaient se faire mutuellement la guerre, se précipitaient d'une course rapide les uns sur les autres. Les hommes de l'un des deux partis prenaient la fuite en se couvrant de leurs boucliers, et feignant de vouloir échapper à la poursuite de leurs compagnons; mais, par un retour subit, ils se mettaient à poursuivre ceux devant qui ils fuyaient tout à l'heure, jusqu'à ce qu'enfin les deux rois, avec toute la jeunesse, jetant un grand cri, poussant leurs chevaux, et brandissant leur lance, vinssent charger et poursuivre dans leur fuite, tantôt les uns, tantôt les autres. C'était un spectacle digne d'être vu, à cause de toute cette grande noblesse, et à cause de la modération qui y régnait. Dans une si grande foule, en effet, et parmi tant de gens de diverse origine, nul n'osait en blesser ou en insulter quelque autre, comme il arrive souvent entre les guerriers peu nombreux, et qui se connaissent (**). »

Pendant ce temps, Lothaire était à Aix-la-Chapelle, essayant la couronne de Charlemagne et jouant l'empereur. Mais les troupes qu'il avait postées sur les bords de la Moselle, pour arrêter ses frères, s'étant débandées à leur approche, il n'eut que le temps de dépouiller le palais impérial de ses ornements et de s'enfuir jusqu'à Lyon. Ceux des Saxons qu'il avait cherché à soulever (*), pour diviser les forces de Louis, furent écrasés. Les Italiens, les Provençaux, auxquels il était allé lui-même demander des secours, refusèrent de se battre plus longtemps pour la cause de la prééminence impériale. Ainsi abandonné à lui-même, il résolut de faire enfin la paix avec ses frères, et leur envoya des messagers qui leur dirent :

« Que le roi Lother, reconnaissant
« son offense envers Dieu et envers
« ses frères, ne voulait pas qu'il y eût
« de plus longues discordes entre les
« peuples chrétiens; qu'il se conten-
« terait à l'avenir du tiers du royaume,
« si les rois Lodewig et Karle accor-
« daient seulement quelque chose en
« sus, à cause du nom d'empereur
« que lui avait donné leur père, et de
« la dignité impériale, que leur aïeul
« avait ajoutée à la couronne des Francs;
« qu'autrement, ils lui laissassent au
« moins le tiers du royaume, en ex-
« ceptant du partage le nord de l'Italie,
« qui devait lui rester, l'Aquitaine
« pour Karle, et la Bavière pour Lo-
« dewig; qu'alors, avec l'aide de
« Dieu, chacun d'eux gouvernerait de
« son mieux sa part; qu'ils se porte-
« raient mutuellement secours et ami-
« tié, qu'ils maintiendraient leurs lois,
« chacun dans ses états, et qu'une paix
« éternelle serait conclue entre eux (**). »

TRAITÉ DE VERDUN.

Ce qu'il y avait de difficile, c'était de faire un partage équitable de l'empire. Personne ne le connaissait assez pour prononcer. Il fallut que cent dix commissaires parcourussent toutes les provinces, et en dressassent un tableau.

(*) Nithard, extrait et traduit par M. Thierry, Lettres sur l'hist. de France.

(**) Nithard, trad. par M. Guizot. On a voulu voir dans ces fêtes l'origine des tournois.

(*) Les Stellinges, voy. pag. 174 et 226.
(**) Nithard, trad. par M. Aug. Thierry, Lettres sur l'hist. de France, p. 200, 4ᵉ édit.

Alors on put faire un partage définitif; il eut lieu à Verdun, en 843. Tout ce qui se trouvait à l'occident de la Meuse, de la Saône et du Rhône, devint la part de Charles-le-Chauve. La Germanie tout entière jusqu'au Rhin fut abandonnée à Louis-le-Germanique. Enfin Lothaire eut l'Italie et toute la partie orientale de la Gaule comprise, au sud, entre le Rhône et les Alpes; au nord, entre le Rhin et la Meuse, et entre la Meuse et l'Escaut, jusqu'à l'embouchure de ces fleuves. Ce royaume fut appelé du nom de Lothaire, Lotharingia, d'où nous avons fait Lorraine.

Ainsi fut accompli, à la grande joie des peuples, le démembrement de l'empire. Il se trouva cependant quelques hommes qui eurent des regrets pour cette unité de l'empire romain, renouvelée par Charlemagne. Il nous a été conservé une complainte de Flavus, diacre de l'église de Lyon, sur ce déchirement de la grande monarchie carlovingienne.

« Un bel empire florissait sous un « brillant diadème ; il n'y avait qu'un « prince et qu'un peuple; toutes les villes « avaient des juges et des lois. Le zèle « des prêtres était entretenu par des « conciles fréquents ; les jeunes gens « relisaient sans cesse les livres saints, « et l'esprit des enfants se formait à « l'étude des lettres. L'amour d'un côté, « de l'autre la crainte, maintenaient « partout le bon accord. Aussi la nation « franke brillait-elle aux yeux du monde « entier. Les royaumes étrangers, les « Grecs, les Barbares et le sénat du « Latium lui adressaient des ambassa- « des. La race de Romulus, Rome elle- « même, la mère des royaumes, s'était « soumise à cette nation ; c'était là que « son chef, soutenu de l'appui du Christ, « avait reçu le diadème par le don apos- « tolique. Heureux, s'il eût connu son « bonheur, l'empire qui avait Rome pour « citadelle et le porte-clef du ciel pour « fondateur (*) ! Déchue, maintenant,

(*) O fortunatum, nosset sua si bona regnum
Cujus Roma arx est et cœli claviger auctor.

(Flori diaconi lugdunensis querela de divisione imperii, apud script. rer. Franciæ, tom. VII, p. 302.)

« cette grande puissance a perdu à la « fois son éclat et le nom d'empire ; le « royaume naguère si bien uni est divisé « en trois lots ; il n'y a plus personne « qu'on puisse regarder comme empe- « reur; au lieu de roi on voit un roitelet, « et au lieu de royaume un morceau « de royaume. Le bien général est an- « nulé ; chacun s'occupe de ses intérêts : « on songe à tout ; Dieu seul est ou- « blié. Les pasteurs du Seigneur, habi- « tués à se réunir, ne peuvent plus tenir « leurs synodes au milieu d'une telle « division. Il n'y a plus d'assemblée du « peuple, plus de loi ; c'est en vain « qu'une ambassade arriverait là où il « n'y a point de cour.

« Que vont devenir les peuples voisins « du Danube, du Rhin, du Rhône, de « la Loire et du Pô ? Tous, ancienne- « ment unis par les liens de la concorde, « maintenant que l'alliance est rompue, « seront tourmentés par de tristes dis- « sensions. De quelle fin la colère de « Dieu fera-t-elle suivre tous ces maux ? « A peine est-il quelqu'un qui y songe « avec effroi, qui médite sur ce qui se « passe, et s'en afflige : on se réjouit « plutôt du déchirement de l'empire, « et on appelle paix un ordre de choses « qui n'offre aucun des biens de la « paix (*). »

INCURSIONS DES NORMANDS ET DES SLAVES.

Le traité de Verdun suspendit pour deux ans la guerre civile entre les descendants de Charlemagne. Ce n'est pas à dire que tout fût calme et tranquille dans les trois royaumes, pendant cette période. Peut-être n'eurent-ils jamais plus à souffrir ; car il semblait que l'invasion allait recommencer, mais cette fois aux dépens de ceux qui avaient fait la première. Les Slaves de toutes races, les Scandinaves, sous le nom de Normands, attaquent les royaumes francs, à l'orient, au nord et à l'ouest ; tandis que les Sarrasins

(*) Gaudetur fessi sæva inter vulnera regni
Et pacem vocitant nulla est ubi gratia pacis.

Script rer. Franciæ. Tom. VII, pag. 302, traduction de M. Aug. Thierry.

leur disputent l'Italie et la Provence. Bientôt vont arriver les Hongrois, ces hardis et infatigables cavaliers, qui, comme les Huns, iront toujours devant eux, tuant et pillant, traversant toute l'Allemagne, sans souci du retour, et rencontrant enfin un jour, sur le Rhône, ces autres cavaliers de l'Afrique, les Sarrasins, arrivés jusque-là grace à la faiblesse des petits-fils du grand empereur. Quant aux Scandinaves, ce sont d'impitoyables pirates, des *rois de la mer*, qui n'y laissent rien passer.

« Que le pirate dorme sur son bouclier et le glaive à la main; le ciel bleu lui sert de tente.

« Quand le vent souffle avec furie, hisse ta voile jusqu'au haut du mât; les vagues bouleversées réjouissent le pirate. Laisse aller, laisse aller; qui amène la voile est un lâche : mieux vaut mourir.

« La femme est exilée à terre, fût-elle Freya elle-même; car la fossette de ses joues est le gouffre le plus perfide; la boucle de ses cheveux flottants est un filet.

« Le vin est la boisson d'Odin; et l'ivresse t'est permise, si tu la portes sans t'oublier. Qui chancelle à terre peut se relever; qui chancelle à bord va trouver Ran l'endormeuse.

« Si le marchand passe, protège son navire; mais qu'il ne refuse pas le tribut : tu es roi sur les vagues, il est esclave de ton gain; ton acier vaut bien son or.

« Si un pirate se montre, il est attaqué.

« Les blessures honorent le pirate, elles parent l'homme quand elles se trouvent sur sa poitrine ou sur son front : laisse-les saigner, ne les bande qu'au bout de vingt-quatre heures, si tu veux être des nôtres (*). »

Mais la mer fournissait peu alors, l'Océan germanique ne voyait guère que les barques scandinaves. Aussi les Normands étaient obligés pour trouver du butin de ravager les côtes et de pénétrer dans les terres. Déjà nous les avons vus apparaître au temps de Charlemagne; mais l'empire était encore trop fort, trop bien sur ses gardes; ils s'éloignèrent : c'était pour revenir bientôt. L'an 835, ils ravagèrent toutes les côtes de l'empire, depuis l'Elbe jusqu'à la Garonne; en 845, ils détruisirent Hambourg; quelques années plus tard, ils débarquèrent en Frise, dévastèrent tous les pays que le Rhin traverse, et ruinèrent les villes dont ils purent s'emparer. Les côtes de la Saxe furent également menacées : aussi Louis-le-Germanique fut-il obligé de donner aux Saxons un duc chargé de veiller sur cette frontière.

ORGANISATION MILITAIRE DES PROVINCES FRONTIÈRES.

Les attaques des nouveaux Barbares vont, avec les causes qui s'opposent alors par toute l'Europe à la formation de grandes sociétés, concourir au démembrement de l'autorité royale et à l'établissement du régime féodal. Nous venons de voir Louis-le-Germanique donner un duc aux Saxons; il fut de même obligé de placer partout, sur les frontières, des ducs ou des comtes. Ainsi il y eut des margraves pour la Carinthie, pour les pays entre la Drave et la Save, pour le Frioul et l'Istrie, pour les contrées entre l'Ens et le Leith. Un duc fut chargé de veiller sur la marche de Bohème, où les Chrowates étaient sans cesse prêts à prendre les armes. Un autre fut duc de la frontière des Sorbes (*dux Sorabici limitis*), et tint ses plaids à Sartava (Shartan, un peu au-dessous de Magdebourg); enfin il y eut un margrave pour le Nordgau. La Thuringe avait aussi son duc.

GUERRES CONTRE LES SLAVES.

Cette organisation militaire des provinces était nécessaire, car il fallait principalement, sur les frontières orientales, observer constamment

---

(*) Extrait d'un poëme en vingt-quatre chants, par Isaïe Tegner, évêque de Wexioe. Ce sont les lois que le héros Frethias donne aux guerriers de son bord. Ce code est du reste celui des anciens pirates du Nord.

les mouvements des Slaves, qui profitaient de toutes les occasions favorables pour se jeter sur l'Allemagne. En 846, Louis parvint cependant à imposer aux Moraves, après une défaite, un prince de son choix; mais en 855, ce prince se révolta lui-même contre celui qui l'avait nommé, refusa le tribut et ravagea la Pannonie. Presque en même temps les Obotrites et les Sorabes se soulevèrent; ces derniers égorgèrent même leur duc qui ne voulait point de cette guerre : ils ne s'en laissèrent pas moins battre par les margraves de Louis, ainsi que les Obotrites, qui furent contraints de donner en otage le fils de leur chef. Quant aux Moraves, ils étaient plus redoutables. La révolte de Carloman, que son père avait chargé de combattre les Moraves, et qui voulait se rendre indépendant dans la Bavière, vint augmenter les embarras du roi de Germanie. Cependant il parvint à faire rentrer son fils dans le devoir, et les Moraves, privés de cet appui, furent obligés, après plusieurs défaites, de prêter serment au *Germanique*.

Dix ans plus tard, en 869, tous ces peuples remuèrent une seconde fois. Il y eut comme un soulèvement de toute la frontière orientale : les Moraves, les Bohémiens, les Sorabes, prirent encore les armes; il fallut que le Germanique envoyât contre eux toutes ses armées et ses trois fils, Louis de Saxe, qui ravagea la Bohême, tandis qu'un margrave dévastait le pays des Sorabes, Carloman et Charles-le-Gros, qui forcèrent les Moraves à livrer leur chef Rastiz. Zwentibald, un autre chef morave, qui avait lui-même livré Rastiz aux Francs, fit bientôt comme lui, quand il se trouva seul à la tête de sa nation. Louis, comptant sur sa fidélité, lui avait confié un corps de troupes bavaroises : Zwentibald les massacra. Mais sa révolte n'étant point appuyée par les autres Slaves, il fut bientôt contraint de se soumettre. A la diète de Forcheim, en 874, Louis-le-Germanique vit tous ces peuples qu'il combattait depuis vingt ans, lui apporter leurs serments de fidélité.

LOUIS-LE-GERMANIQUE PARTAGE LA LORRAINE.

Cependant toutes ces guerres n'empêchaient pas Louis-le-Germanique de donner son attention à ce qui se passait dans les autres états carlovingiens. Après la mort de Lothaire et celle de son fils, Lothaire II, à qui était échue la Lorraine, il partagea cette province avec Charles-le-Chauve. Les villes de Bâle, de Strasbourg, de Metz, de Cologne, de Trèves, d'Aix-la-Chapelle et d'Utrecht, vinrent augmenter son royaume.

Lorsqu'un autre fils de Lothaire, Louis II, qui avait eu l'Italie avec le titre d'empereur, mourut en 875, Louis-le-Germanique, comme l'aîné de tout ce qui restait de princes carlovingiens, voulut recueillir son héritage; mais Charles-le-Chauve le gagna de vitesse, trompa Carloman, fils de Louis, qui avait passé les Alpes avec une nombreuse armée, et courut se faire proclamer à Rome, où le pape et le peuple paraissaient encore avoir seuls le droit de décerner la dignité impériale.

L'année suivante, Louis-le-Germanique mourut. Ses trois fils se partagèrent l'Allemagne. Carloman eut la Bavière avec la Carinthie, l'Autriche, la Moravie et la Bohême; Louis-le-Jeune prit la France orientale, la Thuringe, la Saxe, la Frise et la moitié de la Lorraine; Charles-le-Gros eut la Souabe, l'Alsace et la Suisse. Mais ces partages furent bientôt dérangés, d'abord par la mort de Carloman, puis par celle de Louis de Saxe. Charles-le-Gros réunit ainsi sans peine tout l'héritage du Germanique; il y joignit l'Italie et la couronne impériale.

FAIBLESSE DE CHARLES-LE-GROS.

Des titres si pompeux, des états si vastes ne servirent qu'à mettre plus au jour sa faiblesse et son incapacité. Les Normands s'étaient établis à Gand, à Louvain, à Haslou, sur la Meuse. De là, ils dominaient dans le Brabant et le pays liégeois, ainsi que dans le pays situé entre Cologne, Mayence et la Meuse. Les villes de Liége, Maestricht, Tongres, furent impitoyablement dévastées. Mayence, Worms, Cologne, Bonn, Aix-la-Chapelle, furent réduites en cendres. Pour insulter au souvenir de Charlemagne, on laissa subsister son palais, mais après l'avoir converti en écurie. L'ancienne résidence du grand empereur resta déserte pendant quatre-vingts ans.

Tant de désastres firent partout éclater des plaintes qu'il fallut bien écouter. Charles-le-Gros vint tenir une diète à Worms, pour trouver les moyens de réprimer ces brigandages. On parut vouloir enfin agir d'une manière énergique ; une armée nombreuse se réunit et vint assiéger les Normands dans leur fort d'Ascloha ou de Haslou (aujourd'hui Elsloo, à deux lieues de Maestricht) ; mais par une inconcevable faiblesse, au moment où ils songeaient à se rendre prisonniers, Charles, au lieu de pousser le siége avec plus de vigueur, leur offrit de l'argent pour abandonner une place où ils ne pouvaient plus tenir. Il leur donna deux mille quatre cents livres pesant d'argent et céda en outre la Frise occidentale à Gotfried, l'un de leurs chefs, à la seule condition qu'il défendrait contre ses compatriotes les embouchures du Rhin, de la Meuse et de l'Escaut. Les Normands purent alors charger tranquillement sur deux cents barques tout leur butin, et se retirer sur l'Escaut, après avoir brûlé la cité de Deventer.

Pendant que Charles-le-Gros signait ce honteux traité qui indignait toute l'Allemagne, des troubles éclataient sur les autres frontières : en Moravie, où Zwentibald avait repris les armes ; en Italie, où le duc de Spolète refusait obéissance et s'unissait aux Grecs et aux Sarrasins. Ce malheureux empereur, accablé de titres et de couronnes, ne savait où reposer un instant sa tête : et voici qu'après la mort de Carloman on vint lui apporter encore la couronne de France. De toute la dynastie de France il ne restait qu'un enfant, Charles, depuis surnommé *le Simple*. Il fallait pourtant un chef. Les grands s'avisèrent de songer à Charles-le-Gros, et crurent qu'il pourrait les défendre contre les Normands (884). Charles accepta ; mais les Normands n'en devinrent pas plus timides. Ce même Gotfried, à qui Charles avait cédé la Frise, repassa le Rhin et vint se fortifier à Duisbourg ; mais le comte de Thuringe, Henri, le força de rentrer en Frise, et battit une autre troupe qui avait pénétré dans la Saxe. Ce Gotfried avait épousé Gizla, fille de Lothaire II, et voulait avoir comme dot une partie du royaume de Lorraine : « La Frise, disait-il, n'a point de vignes, il faut que l'empereur me cède Coblentz, Andernach et quelques autres domaines. » Charles se débarrassa de ses prétentions en le faisant assassiner dans une entrevue. Ce meurtre délivra quelque temps l'Allemagne ; mais la vengeance des Normands tomba sur la France du nord.

« Charles-le-Gros réunit alors tout l'empire de Charlemagne. Il est empereur, roi de Germanie, d'Italie, de France. Magnifique dérision ! Sous lui les Northmans ne se contentent plus de ravager l'empire ; ils commencent à vouloir s'emparer des places fortes. Ils assiégent Paris avec un prodigieux acharnement. Cette ville, plusieurs fois attaquée, n'avait jamais été prise. Elle l'eût été alors, si le comte Eudes, fils de Robert-le-Fort, l'évêque Gozlin et l'abbé de Saint-Germain-des-Prés ne se fussent jetés dedans et ne l'eussent défendue avec un grand courage. Eudes osa même en sortir pour implorer le secours de Charles-le-Gros. L'empereur vint en effet ; mais il se contenta d'observer les Barbares, et les détermina à laisser Paris pour ravager la Bourgogne, qui méconnaissait encore son autorité (885-886). Cette lâche et perfide connivence déshonorait Charles-le-Gros.

« C'est une chose à la fois triste et comique, de voir les efforts du moine de Saint-Gall pour ranimer le courage de l'empereur. Les exagérations ne coûtent rien au bon moine. Il lui conte que son aïeul Pepin coupa la tête à un lion d'un seul coup ; que Charlemagne (comme auparavant Clotaire II) tua, en Saxe, tout ce qui se trouvait plus haut que son épée; que le débonnaire fils de Charlemagne étonnait de sa force les envoyés des Northmans, et se jouait à briser leurs épées dans ses mains. Il faisait dire à un soldat de Charlemagne qu'il portait sept, huit, neuf Barbares embrochés à sa lance comme de petits oiseaux (*). Il l'engage à imiter ses pères, à se conduire en homme, à ne pas ménager les grands et les évêques. « Charlemagne, lui dit-il, ayant envoyé consulter un de ses fils, qui s'était fait moine, sur la manière dont il fallait traiter des grands, on le trouva arrachant des orties et de mauvaises herbes : Rapportez à mon père, dit-il, ce que vous m'avez vu faire..... Son monastère fut détruit. Pour quelle cause? cela n'est pas douteux. Mais je ne le dirai pas que je n'aie vu votre petit Bernard ceint d'une épée. »

« Ce petit Bernard passait pour fils naturel de l'empereur. Charles lui-même rendait pourtant la chose douteuse, lorsque, accusant sa femme devant la diète de 887, il semblait se proclamer impuissant; il assurait « qu'il n'avait point connu l'impératrice, quoiqu'elle lui fût unie depuis dix ans, en légitime mariage. Il n'y avait que trop d'apparence : l'empereur était impuissant comme l'empire. L'infécondité de huit reines, la mort prématurée de six rois, prouvent assez la dégénération de cette race; elle finit d'épuisement comme celle des Mérovingiens (**). »

DÉPOSITION DE CHARLES-LE-GROS.

« L'ineptie et la lâcheté de Charles avaient révolté toutes les nations soumises à son empire. Il crut apaiser leur ressentiment en leur livrant son premier ministre, l'évêque Luitward ; mais il ne fit que s'avilir davantage par les accusations qu'il porta contre ce favori, qui avait long-temps gouverné. Sans égard pour son propre honneur, Charles poursuivit Luitward comme coupable d'un commerce criminel avec l'impératrice Richarde. Elle se justifia par l'épreuve du feu ardent, et se retira dans une abbaye qu'elle avait fondée. Elle a depuis été canonisée par le pape Léon IX. Luitward se réfugia près d'Arnulf, duc de Carinthie, neveu de Charles, et sut engager ce prince à lever l'étendard de la révolte contre l'empereur son oncle. Celui-ci convoqua une assemblée des grands et des princes de son empire; mais Arnoul s'y étant présenté avec des forces imposantes, y fit déposer l'empereur. Charles mourut, peu après sa déposition, dans l'abbaye de Reichenau, située dans une île du lac de Constance, en Souabe, le 12 janvier 888. On prétend que ses propres domestiques l'étranglèrent. Vers les derniers jours de sa vie, il était tombé dans un tel dénûment, qu'il vivait des aumônes de l'archevêque de Mayence (*). »

On montre encore aujourd'hui dans l'église de Reichenau une dent qu'on prétend avoir appartenu au malheureux empereur, et une tombe qu'on dit être la sienne. Les moines de l'abbaye y avaient autrefois gravé cette inscription :

Universam Germaniam et Galliam jure hereditario acquisivit ; demum animo, mente et corpore deficiens, ab imperio, sane magno cum fortunæ ludibrio dejectus a suis, omnibus postpositus humili hoc in loco sepultus jacet.

DÉMEMBREMENT DE L'EMPIRE CARLOVINGIEN.

La déposition de Charles-le-Gros à la diète de Tribur (887) est la dernière et victorieuse protestation des diverses nations jadis soumises par Charlemagne contre l'unité de l'empire. Bien que ce prince eût essayé d'envelopper tout l'empire dans une même législation, cependant il n'avait pu enlever aux peuples leurs coutumes, leurs lois particulières : sous l'unité administrative et politique existait toujours

(*) Voyez plus bas, page 194.
(**) Michelet, Histoire de France, t. I, p. 405.

(*) Benjamin Constant, Biographie universelle, t. VIII, p. 161.

la diversité de races, de langues, de mœurs. Cette diversité éclate à la fin du IX° siècle. La Gaule du nord se donne au roi Eudes; Gui de Spolète et Béranger, duc de Frioul, se partagent la royauté d'Italie; Boson est roi de Bourgogne, Rodolphe roi de Bourgogne transjurane; la Navarre, la Bretagne sont indépendantes sous des chefs nationaux. Quant à l'Allemagne, elle s'est déja divisée, sous les fils de Louis-le Germanique, en trois nations : les Saxons, les Souabes et les Bavarois. Mais ces masses sont encore trop fortes; il faut que le démembrement aille plus loin, que les royaumes se divisent en comtés, les comtés en seigneuries; il faut, en un mot, que le système féodal s'établisse.

SYSTÈME FÉODAL.
HÉRÉDITÉ DES BÉNÉFICES.

On se rappelle que dans l'origine, après la conquête, il y eut trois sortes de propriétés, trois états par lesquels passèrent toutes les terres du pays conquis; je veux dire les terres allodiales, les terres bénéficiaires et les terres tributaires. Mais peu à peu il se fit d'importants changements dans les propriétés. Toutes les terres se transformèrent en bénéfices. Plusieurs circonstances concoururent à opérer cette révolution.

1° *Alleux*. — Les propriétaires d'alleux, c'est-à-dire des terres qui n'étaient chargées ni d'impôts ni de redevances, étaient peu nombreux dans l'origine; c'étaient des chefs de bandes particulières qui allaient s'établir dans un canton devenu la récompense de leur courage. Ceux-là entendaient bien ne relever que de leur épée, et prétendaient vivre dans un orgueilleux isolement. Mais dans une société où à chaque instant la force remplaçait le droit, ces hommes, qui ne tenaient à personne, qui, par leur position même, ne pouvaient point réclamer l'assistance d'un patron, lorsqu'ils se trouvaient pressés par l'ambition de quelque voisin puissant, étaient aisément dépouillés de leurs terres. Dans une pareille société, il n'y avait de sûreté à espérer que dans l'union, c'est-à-dire que le faible devait abdiquer ses fières prétentions à l'indépendance et à l'isolement, pour venir se mettre sous la protection d'un chef capable de le défendre. Ainsi, ou le propriétaire d'alleux était dépouillé, ou il venait *se recommander* à un patron, c'est-à-dire qu'il changeait la nature de sa propriété, et qu'en échange de la protection qui lui était promise, il s'engageait à de certaines obligations envers son protecteur; c'est-à-dire encore, que d'allodiale, sa terre devenait bénéficiaire.

2° *Terres tributaires*. — Il en fut de même pour les terres tributaires; les possesseurs des unes finirent, au milieu des troubles et des guerres continuelles, par négliger de payer la redevance primitive, et par s'approprier les terres qu'ils cultivaient de père en fils; d'autres furent dépouillés, et leurs terres données en bénéfices.

Le résultat de tous ces changements fut qu'au neuvième siècle presque toutes les propriétés étaient devenues terres bénéficiaires, c'est-à-dire que les propriétaires de toutes les terres avaient certaines obligations à remplir les uns à l'égard des autres; les uns devant le service militaire et certains services civils ou domestiques, les autres leur devant protection et garantie.

Si la féodalité n'avait pas été plus loin; surtout si la hiérarchie des terres avait été établie de telle sorte que le roi se trouvât le plus puissant de tous les propriétaires, les ducs plus puissants que les comtes, les comtes plus que les barons, ceux-ci plus que les simples bénéficiers; alors la féodalité aurait été une société parfaitement hiérarchique, s'élevant de degrés en degrés jusqu'au roi, placé au haut de l'échelle, et qui, de là, dominant tous les rangs, aurait été assez fort pour se faire obéir de tous, et les contraindre à observer leurs devoirs réciproques. Mais ce qui fit que des dynasties indépendantes s'élevèrent sur tous les points de l'empire carlovingien, ce qui fit que la société se brisa, se rompit en mille sociétés inconnues les unes aux autres, c'est que le roi fut dépouillé de son autorité et de ses possessions territoriales, et qu'il n'y eut personne assez fort pour maintenir l'unité.

Toutes les terres, ou à peu près, étaient devenues bénéficiaires, comme nous venons de le voir. Dans l'origine les bénéfices n'étaient point héréditaires : on les donnait pour un certain temps, quelquefois pour la vie, le plus souvent sans stipuler l'espace de temps pour lequel elles étaient cédées. Mais il n'est point de sentiment plus naturel dans ce monde que celui qui pousse un père à faire passer ce qu'il possède à ses enfants ; aussi les bénéficiers s'efforcèrent-ils de rendre leurs terres héréditaires. Cette tendance se montra de bonne heure : dès l'année 614, il est dit dans le traité d'Andelot, que ce que les leudes possèdent, ils le conserveront : *quidquid antefati reges ecclesiis aut fidelibus suis contulerint... stabiliter conservetur*. Au neuvième siècle, cette révolution est consommée, les bénéfices sont devenus héréditaires : le fils succède au père dans ses fiefs, sauf à faire hommage à son seigneur suzerain, roi ou comte.

L'hérédité des bénéfices, en immobilisant les richesses territoriales dans les mains de ceux qui les possédaient, appauvrit singulièrement le roi, et lui enleva les moyens de payer la fidélité et les services rendus à sa personne. Restaient les domaines royaux : les rois en firent des dons tant qu'ils en eurent ; mais bientôt, à la fin de la première race, ils se trouvèrent dans le plus complet dénûment. Quand les Carlovingiens prirent cette couronne appauvrie et dépouillée, que les descendants de Clovis ne pouvaient plus porter, ils joignirent au titre de roi de grandes propriétés territoriales. Mais les faibles successeurs de Charlemagne ne surent point conserver ce riche domaine ; ils se le laissèrent arracher par lambeaux, et se trouvèrent bientôt aussi pauvres que les derniers Mérovingiens.

HÉRÉDITÉ DES OFFICES ROYAUX.

La féodalité repose sur deux principes : 1° l'hérédité de la propriété avec certaines charges et obligations ; 2° la fusion de la souveraineté avec la propriété. Nous venons de reconnaître le premier de ces deux principes, l'hérédité des bénéfices ; il nous faut dire maintenant un mot du second.

Une des choses qui souleva le plus l'indignation des grands contre Ébroin, ce maire du palais de Neustrie, défenseur des hommes libres et de l'autorité royale contre l'aristocratie, c'est qu'il ne confiait jamais les offices royaux de ducs, comtes, margraves, etc., qu'à des hommes qui ne possédaient aucune propriété territoriale dans la province où ils étaient envoyés. Ébroin craignait que les grands propriétaires, joignant à l'influence qu'ils exerçaient dans leurs cantons, l'autorité dont ils seraient revêtus comme délégués du roi, ne devinssent trop puissants et redoutables à la royauté même. Charlemagne suivit cette politique ; il soumit en outre tous les officiers royaux à la surveillance active des *missi dominici* ; mais après lui ces précautions furent négligées, et les officiers se persuadèrent de plus en plus que leurs charges devaient être héréditaires aussi bien que leurs bénéfices. Lorsque les deux margraves Wilhelm et Engelschalk moururent, en 884, leurs enfants voulurent succéder aux charges de leurs pères. Cependant l'empereur, n'ayant point égard à leurs prétentions, nomma Arbon pour comte des marches de Bavière. « Ces enfants et leurs parents, prenant cela comme une grande injustice, dirent que les choses devaient se passer autrement, et qu'ils mourraient par le glaive, ou qu'Arbon quitterait le comté de leur famille (*). » La guerre eut lieu en effet ; plusieurs seigneurs prirent parti pour les fils de Wilhelm et d'Engelschalk. Arnulf, duc de Carinthie, neveu de Charles-le-Gros, leur donna lui-même assistance ; tant l'idée de priver un fils des charges de son père semblait déjà une véritable injustice, une violation du droit ! Sept ans auparavant, Charles-le-Chauve

(*) Annales de Fulde.

avait consacré par un capitulaire ce droit nouveau.

« Si, après notre mort, quelqu'un de nos fidèles, saisi d'amour pour Dieu et notre personne, veut renoncer au siècle, et s'il a un fils, ou tel autre parent capable de servir la chose publique, qu'il soit libre de lui transmettre ses bénéfices et honneurs comme il lui plaira. »

Et dans un autre article :

« Si un comte de ce royaume vient à mourir, et que son fils soit auprès de nous, nous voulons que notre fils, avec ceux de nos fidèles qui se trouveront les plus proches parents du comte défunt, ainsi qu'avec les officiers dudit comté et l'évêque dans le diocèse duquel il sera situé, pourvoient à son administration jusqu'à ce que la mort du précédent comte nous ait été annoncée, et que nous ayons pu conférer à son fils, présent à notre cour, les honneurs dont il était revêtu. Si le fils du comte défunt est enfant, que ce même fils, l'évêque et les autres officiers du lieu, veillent également à l'administration du comté, jusqu'à ce que nous ayons accordé au fils les mêmes honneurs. »

Ainsi l'hérédité des bénéfices et des offices royaux est légalement consacrée. Le fils héritera non seulement des terres de son père, mais de la portion d'autorité royale dont il était revêtu. Cette fois, c'est la royauté elle-même qui se trouve démembrée.

Dans la France proprement dite, ce démembrement, cette dispersion de l'autorité royale alla jusqu'à créer vingt-neuf, et plus tard cinquante-cinq petites souverainetés. Mais en Allemagne, ce démembrement s'arrêta pendant quelque temps à un petit nombre de grandes masses, qui pouvaient presque être considérées encore comme d'importants royaumes, et qui formèrent les grands-duchés de Franconie, de Lorraine, de Saxe, de Thuringe, de Bavière, etc., dans l'intérieur desquels devait aussi s'opérer, et par les mêmes causes, le grand mouvement du démembrement féodal. Avant d'aller plus loin, il nous est nécessaire de dire un mot de chacune de ces grandes portions, qui, par leur réunion, forment l'Allemagne.

ÉTATS DONT SE COMPOSAIT L'ALLEMAGNE SOUS LES CARLOVINGIENS.

FRANCONIE.

Les Francs orientaux occupaient la province la plus considérable de l'Allemagne. C'est là où se trouvaient le plus grand nombre de domaines royaux; c'est là que les successeurs de Charlemagne ont le plus long-temps séjourné : aussi la dignité ducale s'est-elle établie dans ce pays plus tard que dans les autres. Mais aussi c'est des comtes de Franconie qu'est sorti Conrad, le premier roi des Allemands qui ne descendît pas de Charlemagne (*). Dans ce pays encore se trouvaient les plus anciennes et les plus puissantes villes de l'Allemagne, et parmi elles Mayence, la résidence de l'archevêque et du primat de la Germanie. Là enfin était le Rhin qui, au moyen âge, fut le grand canal de tout le commerce de l'Allemagne, et dont les bords, si riches d'ailleurs et si fertiles en vignobles, virent s'élever tant de villes florissantes. Les limites de la Franconie sont, à l'ouest, les cantons de Worms et de Spire touchant à la Lorraine; au sud, vers l'Alemanie, les rivières de Kinzig, d'Ens et de Murr, dont les deux dernières se jettent dans le Nekkar; à l'est, du côté de la Bavière, la Rednitz; au nord enfin, la Thuringe et la Saxe.

LORRAINE.

La Lorraine a cela de particulier qu'à la différence des autres contrées de l'Allemagne elle ne tira pas son nom du peuple qui l'habitait, mais de son premier roi, Lothaire, fils de Louis-le-Débonnaire. Il en devait être ainsi pour une contrée qui n'avait point, à vrai dire, de nationalité, et qui s'était toujours trouvée comme une grande *marche* entre les Gaules et la Germanie. Sa population était un mélange de Ripuaires et de Saliens.

(*) Cependant il appartient par les femmes à la famille des Carlovingiens.

Les ducs de Lorraine prétendaient au double honneur de descendre à la fois de Clovis et de Charlemagne; ils possédaient de grands biens patrimoniaux sur les bords de la Moselle; mais ce n'est que depuis les invasions des Normands qu'on les voit porter le titre de ducs.

SOUABE.

Les pays du sud-ouest de l'Allemagne se trouvaient partagés par le Lech en Souabe et en Bavière. La Souabe, qui conserva long-temps le nom d'Alemanie, s'étendait depuis la Franconie jusqu'à l'Helvétie. A la Souabe se rattachait l'Alsace, c'est-à-dire la contrée qui s'étendait le long de la rive gauche du Rhin, jusqu'aux frontières de la Bourgogne, et jusqu'aux Vosges.

L'Alemanie, après avoir formé, au temps de Charles-le-Gros, un royaume séparé, fut quelque temps encore administrée par des officiers royaux. Ce fut seulement, comme nous le verrons plus tard, sous le règne de Conrad Ier, que l'Alemanie eut un duc, comme les autres grandes provinces germaniques.

BAVIÈRE.

Les frontières méridionales de la Bavière ont varié sous les Lombards et sous les Francs, et particulièrement depuis le cercle des confins welsches et teutoniques (*), qui formait, à proprement parler, la limite des deux langues, jusqu'au Vintschgau, au Pusterthal et au Brenner. L'antique Agunt, Innichen, est situé sur les frontières wendoslaves.

Après la chute de l'antique et puissante maison des Agilolfings, la Bavière s'était fort accrue à l'est aux dépens des Avares, sur lesquels Charlemagne conquit la *marche orientale*. La Bavière fut alors gouvernée pendant quelque temps par des comtes ou simples officiers royaux; mais dans le démembrement de l'empire carlovingien, elle forma, comme l'Alemanie, un royaume particulier qui avait de grandes annexes. L'Alemanie ne possédait point de grande ville qui en fût comme la capitale; mais, grace à la longue durée de la première maison ducale, plusieurs cités importantes s'étaient peu à peu formées dans la Bavière, et Ratisbonne en paraissait déjà être la capitale.

THURINGE.

La Thuringe avait eu singulièrement à souffrir des ravages des Saxons et des envahissements des Francs orientaux. Resserrée entre ces deux puissants peuples, elle avait été contrainte de céder plusieurs portions de son territoire. Elle avait pour limites, au nord, l'Unstrut, la Helme, le Hartz jusqu'au confluent de la Werra et de la Fulde; à l'ouest, la Werra, et à l'est, la Saale. Ce pays était, comme la Hesse, l'un des plus peuplés de la Germanie. On y trouvait encore des chevaux sauvages à l'époque où saint Boniface y arriva.

L'introduction du christianisme fut favorable à ce pays, comme au reste de l'Allemagne; car les couvents qui s'y établirent donnèrent l'exemple de défricher le sol, et appelèrent par les travaux agricoles la civilisation parmi ces peuples. Les Thuringiens eurent de longues guerres à soutenir sur leurs frontières avec les Serbes. Sous Louis-le-Germanique, le comte de la *marche* des Serbes, Thoculf, obtint le titre de duc de Thuringe, et eut pour successeurs, Ratolf, puis Poppo, et enfin le comte de Franconie, Conrad, père de celui qui fut ensuite roi de Germanie.

SAXE ET FRISE.

Les Saxons et les Frisons, qui embrassèrent le christianisme les derniers, furent en proie à bien des souffrances avant leur entière soumission. Une partie d'entre eux fut transportée au delà du Rhin, et on ne leur permit de retourner dans leur pays que sous Louis-le-Débonnaire. La Nordalbingie fut surtout dépeuplée. Les Éthelinges, qui, autrefois, étaient les plus puissants et les plus considérés parmi les Saxons, avaient été humiliés et réduits à la même condition que le

---

(*) *Welsch-und Teutsch-Metz*, aujourd'hui le cercle de Rovérédo.

reste du peuple. Mais une de leurs familles, probablement celle qui était issue de Witikind, parvint bientôt à une nouvelle puissance. Sous Louis-le-Germanique, qui opprima les Stellinges, Ludolf reçut la dignité ducale, dans laquelle son fils Bruno, et ensuite Otton, lui succédèrent. Ce dernier, le plus puissant des princes d'Allemagne, à l'extinction des Carlovingiens, aurait pu être élu roi de Germanie; mais comme il était fort âgé, il aima mieux céder ce titre à Conrad, duc de la Franconie orientale; cependant son fils Henri-l'Oiseleur devint la tige de la seconde dynastie impériale.

Entrés les derniers dans le sein de l'église, les Saxons ne restèrent pas au-dessous de leurs autres frères; bien loin de là, ils firent des progrès plus rapides que les autres, tant à cause des relations qui s'établirent entre eux et la Franconie, qu'à cause des communications qu'ils ouvrirent avec les Windes des bords de la Baltique. Leurs forteresses et leurs siéges épiscopaux devinrent de florissantes places de commerce. Ils avaient pour frontières, du côté du Danemark, l'Eider; du côté des Slaves, la Prave, l'Elbe et la Saale, environ jusqu'à l'embouchure de l'Unstrutt. Nous avons désigné plus haut les frontières du côté de la Thuringe; elles s'étendaient surtout à travers le Westerwald, au delà de la Lipp, jusqu'à l'Yssel. La frontière du côté des Frisons paraît avoir souvent changé, à cause des guerres fréquentes que se firent les deux peuples, et surtout par suite des expéditions qui eurent lieu postérieurement sous Charlemagne. La Hase est quelquefois désignée comme limite.

Le Waal sépare les Frisons de la Franconie. Toute la frontière septentrionale, depuis l'embouchure de la Meuse jusqu'à celle du Weser, a appartenu de tout temps aux Frisons, qui l'étendirent au moyen de digues. On comprend maintenant la division établie par Tacite entre les grands et les petits Frisons. Le Fly (*) séparait les Frisons occidentaux des Frisons orientaux. Les premiers habitaient la Hollande et la Zélande actuelles; on les désigne aussi sous le nom de Frisons maritimes (peut-être les Frisiabons de Ptolémée). Les Frisons orientaux étaient encore divisés par le Laubach. De même que les Francs occidentaux, une portion des Frisons de l'ouest fit partie de la Lorraine, après l'extinction de la branche allemande des Carlovingiens. Charles-le-Simple établit Dirk ou Ditrich Ier comte de Hollande. Ses descendants régnèrent sur la *Frise héréditaire*. La *Frise libre* n'eut pas de duc, quoique cette dignité eût été établie dans tous les autres pays; probablement elle n'était pas alors inquiétée par les Normands. En général, à l'époque où les deux empires d'Allemagne et de France se constituent, la Frise tombe pour long-temps dans l'oubli. On voit seulement, par la suite des événements, que cette province, à l'exception de la Hollande, fut partagée en sept Zélandes, qui formaient une confédération, dont le centre était Upstalbam. En cas d'invasion étrangère, les Zélandes étaient appelées aux armes par des fanaux qu'on allumait. Le roi envoyait un comte avec des pleins pouvoirs pour gouverner le pays.

Quoique la Frise et la Saxe n'aient été réunies à l'empire des Francs qu'à la suite de longues guerres, on n'y trouve pas de domaines royaux comme dans les autres états. La cause en est qu'il n'y avait pas en Frise de famille royale ou princière (*), sur les ruines de laquelle on pût établir la nouvelle domination. Charles se contenta d'imposer la dîme à ce peuple, et les siéges épiscopaux reçurent de riches dotations.

Tels étaient les peuples d'Allemagne lors de la dissolution du grand empire des Francs. Leur nombre et leurs relations étaient presque les mêmes encore qu'à l'époque des migrations. Mais voici les différences qu'ils présen-

(*) *Flevo-lacus* des Romains, aujourd'hui le Zuidersee, Südersee en allemand.

(*) On ignore ce que devint la famille de Rathbod.

taient. D'un côté, après la séparation des Francs occidentaux, ou Français, les Francs restés Allemands apparaissent divisés en deux provinces séparées par le Rhin, la Franconie orientale et la Lotharingie, ou Lorraine. Le nom des Francs, qui jusqu'alors avait trouvé un centre à Aix-la-Chapelle, ne paraît plus désormais que sur la rive droite du Rhin. Les Francs saliens et ripuaires s'y confondent aussi. D'un autre côté, sur la frontière orientale, de nouvelles marches ont été ajoutées à l'Allemagne; la Bavière surtout a reçu une plus grande extension. Enfin les peuples sont moins répartis en races; il y a eu déjà des mélanges nombreux entre les Saxons et les Francs, les Francs et les Allemands, etc.

TROISIÈME PÉRIODE.

DEPUIS L'ÉTABLISSEMENT DU ROYAUME DE GERMANIE JUSQU'A LA QUERELLE DES INVESTITURES.

Dans la première période de cette histoire, nous avons étudié la Germanie primitive, plongée encore dans la barbarie, et isolée du reste du monde.

Dans la seconde période, nous avons suivi les Barbares sur tous les grands chemins de l'empire; nous les avons vus relever eux-mêmes les ruines qu'ils avaient faites, et fonder des royaumes bien loin de leurs antiques forêts. Maintenant les Germains sont rentrés dans leur patrie, ou du moins ceux qui s'en étaient allés jusque par delà les Alpes et les Pyrénées ont disparu, ou se sont fondus avec les anciens habitants pour former des peuples nouveaux, et dans le pays qu'ils ont quitté il s'est développé peu à peu des nations puissantes, qui seules sont pures de tout mélange avec les autres races, et revendiquent pour elles seules le glorieux nom de Germain. L'héritage des Francs est passé entre leurs mains. Elles ne dominent point, il est vrai, sur la Gaule, mais elles se sont enrichies des dépouilles de Charlemagne; et leur chef, leur roi va porter seul dans toute la chrétienté le titre d'empereur. Il voudra même, comme chef et représentant des anciens conquérants de l'empire, exercer une sorte de suprématie sur tous les autres rois, qu'il regardera comme de simples administrateurs de provinces, *reges provinciales*.

ARNULF.
(889-899.)

Le premier roi national des Allemands est Arnulf de Carinthie, fils naturel de Carloman. Nous avons vu que quand Charles-le-Gros eut épuisé par son incapacité et ses honteuses faiblesses, la patience des grands et des peuples, le grand déchirement de l'empire carlovingien fut enfin opéré. Arnulf, qui s'était rendu à la diète de Tribur avec des forces imposantes, fut proclamé roi de Germanie.

Arnulf était encore trop près de Charlemagne pour n'être que roi de Germanie : fils d'un prince carlovingien, successeur de Charles-le-Gros, qui avait régné sur toutes les contrées soumises jadis au sceptre du conquérant, Arnulf ne voulut point abdiquer cet héritage. Aussi le verrons-nous continuant, si je puis le dire, le système impérial, chercher à replacer l'Italie et la Bourgogne sous son autorité, recevoir l'hommage du roi de France, et enfin se faire couronner empereur.

Le peu qui restait alors du royaume de France, je devrais dire du domaine royal, était disputé par Eudes et Charles-le-Simple. Eudes, pressé par son rival, vint réclamer l'assistance d'Arnulf à la diète de Worms, 888. Il lui remit entre les mains le sceptre, le diadème et toutes les marques de la royauté; ce fut comme un hommage de la couronne de France que Eudes faisait au roi de Germanie (*). Cette alliance fut suivie de la conquête que fit Arnulf, de la Lorraine, ambitionnée vivement par *Rodolf Wolf*, qui s'était rendu indépendant dans la Bourgogne

---
(*) Cinq ans plus tard, en 893, Arnulf, oubliant son alliance avec Eudes, reconnut son compétiteur aux mêmes conditions. Les Annales de Metz disent que Charles-le-Simple reçut d'Arnulf le royaume de France.

transjurane, entre le Jura, le Rhône et la Reuss. Arnulf chassa de la Lorraine les troupes de Rodolf qu'il poursuivit jusque dans ses montagnes, et le força de venir faire sa soumission à Ratisbonne.

Arnulf eut à combattre, pour la sûreté de l'Allemagne, les mêmes ennemis que ses prédécesseurs, les Normands et les Slaves. Pendant que le roi de Germanie était sur les frontières de Moravie, les Normands entrèrent en Lorraine par la Meuse, et battirent, près du torrent de *Galia* (Galios), un corps de troupes allemandes. L'archevêque de Mayence, qui se trouvait à la bataille, resta parmi les morts. A cette nouvelle, Arnulf revint en toute hâte, ramassant sur son passage les troupes de toutes les nations germaniques. Il vint trouver les Normands retranchés près de la Dyle ; un marais défendait leur camp. Le roi, qui avait très-peu d'infanterie, fut obligé de donner l'exemple, de mettre pied à terre; on renvoya les chevaux, puis on marcha droit aux Barbares, qui, déconcertés par cette attaque, essuyèrent une sanglante défaite : deux de leurs rois périrent, et treize étendards furent pris (891).

Les Slaves n'inquiétaient pas moins Arnulf. Il s'était lié, pendant qu'il était encore duc de Carinthie, avec le chef des Moraves Zwentebald, qui avait même tenu un de ses fils sur les fonts de baptême. Pour le gagner davantage, et peut-être aussi pour soulever les Slaves les uns contre les autres, Arnulf nomma Zwentebald duc des Slaves de Bohême. Mais il eut bientôt à se repentir d'avoir ainsi accru la puissance du chef morave : Zwentebald prit le titre de roi. Arnulf fut contraint de marcher contre lui avec quatre corps d'armée, dont l'un était entièrement composé de Hongrois. Les Germains ravagèrent, pendant un mois, toute la Moravie, et firent alliance avec le roi des Bulgares, qui promit de ne plus vendre de sel aux Moraves (892). Mais le grand dessein qui occupa tout son règne, ce fut de conquérir l'Italie et le titre d'empereur.

ÉTAT DE L'ITALIE.

Les Lombards avaient institué dans leur monarchie trente fiefs principaux avec le titre de duchés. Sous les Carlovingiens, le nombre de ces duchés diminua beaucoup par la réunion de plusieurs fiefs dans les mêmes mains. A la déposition de Charles-le-Gros, il y avait en Italie cinq ou six seigneurs tout-puissants et capables de se disputer la couronne. On y trouvait au midi les ducs de Bénévent; mais ce duché était au IXe siècle divisé en trois principautés indépendantes, Bénévent, Capoue et Salerne qui s'affaiblissaient réciproquement par une guerre acharnée. Aussi leurs souverains ne firent-ils aucune tentative pour obtenir le titre de roi d'Italie. En Toscane, dominait le marquis (margrave) Adalbert, qui, content de la possession de cette belle province, n'ambitionnait rien de plus. Fermo et Camérino étaient gouvernés par deux marquis; une partie du Piémont l'était par le marquis d'Ivrée. Mais au-dessus de ces seigneurs s'élevaient, par leur puissance et leur ambition, Bérenger, marquis de Frioul, et Gui, marquis de Spolète. Les états de Bérenger s'étendaient depuis les Alpes Juliennes jusqu'à l'Adige. Ce prince, petit-fils par les femmes, de Louis-le-Débonnaire, était chargé de défendre le seul passage par lequel l'Italie était accessible aux Slaves et aux Germains. Quant au duc de Spolète, allié aussi de la maison de Charlemagne, il dominait dans l'Italie centrale, menaçant et le pape et le duc de Bénévent. Gui et Bérenger étaient trop puissants pour ne pas élever bientôt des prétentions rivales. En effet, quand la déposition de Charles-le-Gros eut laissé vacante la couronne d'Italie, tous deux voulurent s'en saisir. Bérenger, qui exerçait une grande influence sur tous les seigneurs de la Lombardie, fut appelé par eux à Pavie, et reçut de leur consentement la couronne de fer.

TENTATIVES D'ARNULF SUR L'ITALIE.

Mais Bérenger se vit bientôt menacé

par un ennemi redoutable. Arnulf, qui venait de recevoir l'hommage d'Eudes de France, et de Rodolf de Bourgogne, s'avançait pour réclamer l'Italie. Bérenger se sentit trop faible pour résister; il se rendit à Trente, et fit au roi de Germanie l'hommage de sa couronne (889). Arnulf, satisfait, n'alla pas plus loin, et laissa son protégé s'affaiblir en luttant contre le duc de Spolète.

Pendant qu'Arnulf luttait contre les Normands et les Slaves, Bérenger perdait son royaume : vaincu sur les bords de la Trébia par Gui de Spolète, il se vit assiégé dans Vérone, et ne put empêcher son rival d'être proclamé, à Pavie, par les évêques, roi d'Italie. Gui portait déja le titre d'empereur, que lui avait donné le pape Formose. Alors Bérenger invoqua le secours de celui dont il s'était reconnu feudataire. Arnulf lui envoya en effet son fils Zwentebald; mais ce jeune prince se laissa tromper par les négociations de Gui et repassa les Alpes sans avoir rien fait; il fallut qu'Arnulf vînt lui-même. Toutes les villes se soumirent à son approche : Bergame seule voulut l'arrêter; mais il s'en empara après un siége de quelques jours. Milan, Pavie, effrayées des massacres qui avaient suivi la prise de Bergame, ouvrirent leurs portes. A Plaisance, les seigneurs lombards lui firent hommage de leurs fiefs. Mais Arnulf n'alla pas plus loin : le désir de se venger de Rodolf de Bourgogne qui avait fourni des secours à Gui de Spolète, et la mort de Zwentebald, le chef des Moraves, le rappelèrent au delà des Alpes.

LE FILS D'ARNULF RECONNU ROI DE LORRAINE.

Un autre soin exigeait encore la présence d'Arnulf sur les bords du Rhin : il voulait depuis long-temps faire reconnaître son fils Zwentebald pour roi de Lorraine; mais les seigneurs de ce pays n'y voulaient point consentir. Pour s'attacher au moins le clergé, et, par lui, gagner les comtes, Arnulf tint, au mois de mai de l'année 895, à Tribur, près Mayence, un concile des évêques de Germanie et de Lorraine. Parmi les cinquante-huit articles du règlement arrêté dans ce concile, il en est quelques-uns qui méritent d'être rapportés, et qui montrent la place et l'autorité que le clergé avait déja dans la société.

Article III. Les comtes se saisiront de ceux qui seront excommuniés par les évêques, et qui ne veulent pas faire la pénitence que l'Église leur a imposée. Les comtes devront les présenter au roi; et s'ils résistent pour ne point venir en la cour du roi, ceux qui les tueront ne seront sujets à aucune amende ni à aucune pénitence. Les parents de ceux qu'on aura tués de la sorte, seront même contraints de jurer qu'ils ne vengeront pas leur mort (*).

Art. IX. Si un évêque et un comte se trouvent avoir convoqué leur assemblée pour le même jour, il est juste que le peuple et le comte même se rendent à celle de l'évêque. Cependant, pour le bien de la paix, celui des deux qui aura le premier indiqué le jour de son assemblée la tiendra.

Art. XXXII. Si le droit de patronage envers une église se trouve en litige entre plusieurs co-héritiers, de façon qu'ils ne puissent s'accorder, l'évêque, afin d'empêcher les désordres qui pourraient arriver, ôtera les reliques de l'église, la fera fermer, et empêchera qu'on y célèbre la messe jusqu'à ce que tous les héritiers soient convenus que tel d'entre eux sera l'avoué de l'Église.

Art. XXXV. On ne tiendra ni plaids ni assemblées civiles, les dimanches, les jours de fêtes ou de jeûne, en carême.

ARNULF EMPEREUR.

Quelque temps après ce concile, Arnulf tint à Worms une diète où son fils fut enfin reconnu roi de Lorraine. Cette affaire terminée, et les que-

(*) Cette prétention du clergé de faire exécuter les sentences ecclésiastiques était si odieuse que le pieux saint Louis lui-même refusa de la reconnaître.

relles des deux fils du chef des Moraves le délivrant de toute inquiétude de ce côté, il reprit ses projets sur l'Italie. Cette fois, on vit bien qu'Arnulf ne songeait plus à secourir son allié Bérenger, mais à travailler pour lui-même. Partout, dans les villes, il mit des comtes allemands à la place des seigneurs italiens. Bérenger fut dépouillé, et son duché de Frioul donné à un Allemand : on voulait se débarrasser de lui; mais, averti à temps, il s'échappa et s'enferma dans Vérone.

Cependant Arnulf, appelé par le pape Formose contre Lambert, fils de Gui, s'avançait sur Rome, malgré la peste qui désolait son armée. Les Romains firent mine de défendre la cité Léonine, mais, à la première attaque sérieuse, ils abandonnèrent de toutes parts les murailles. Arnulf entra aussitôt dans la ville, se fit couronner empereur, et reçut, dans l'église de Saint-Paul, le serment des Romains, ainsi conçu : « Je jure par « tous les divins mystères, que, *sauf* « *mon honneur, ma loi et ma fidélité* « *pour le pape Formose*, je suis fidèle « et le serai toujours à l'empereur Ar-« nulf, et que je ne ferai jamais de ligue « contre lui ; que je ne donnerai aucun « secours à Agiltrude sa mère, pour en « obtenir des charges et acquérir des « honneurs, et que je ne livrerai cette « ville ni à lui, ni à elle ni à leurs vas-« saux, en quelque manière et pour « quelque raison que ce soit. »

Arnulf voulut ensuite s'emparer de Spolète où cette Agiltrude s'était enfermée ; mais les seigneurs qui l'accompagnaient étaient fatigués de la guerre : déjà, avant la prise de Rome, ils lui avaient presque refusé de livrer l'assaut, et, devant Spolète, l'un d'entre eux lui donna, dit-on, un breuvage empoisonné qui le fit tomber dans une langueur d'où il ne put sortir. Il lui fallut lever le siége de Spolète et regagner les Alpes. A Pavie, les habitants se jetèrent sur ses soldats et en tuèrent un grand nombre ; il n'osa s'arrêter devant Vérone, où Bérenger était enfermé, ni prendre la route du Tyrol pour rentrer en Allemagne. A peine s'était-il éloigné, que le duc allemand de Milan fut mis à mort ; tous les partisans du roi de Germanie furent dépouillés ; Bérenger recouvra ce qu'il avait perdu ; le duc de Spolète domina de nouveau au centre de la Péninsule, et partagea l'Italie avec le duc de Frioul. L'Addua leur servit de frontière.

Ainsi se termina cette première expédition des Allemands en Italie. Tout ce qu'ils avaient gagné, ils le perdirent bien vite ; mais ils avaient appris le chemin de Rome, ressaisi le titre d'empereur avec les prétentions que ce titre donnait sur la Péninsule : toutefois ils resteront cinquante ans sans chercher à les faire valoir.

Quelque temps après son retour en Germanie, Arnulf mourut (899) à Ratisbonne, où l'on voit encore son tombeau.

LOUIS L'ENFANT.
(899-911.)

Louis n'était âgé que de sept ans, à la mort de son père ; il fut néanmoins reconnu pour roi de Germanie par l'influence d'Hatton, archevêque de Mayence, et par celle du duc de Saxe. Ces deux seigneurs se chargèrent de sa tutelle et firent en son nom toutes les affaires du royaume. D'abord ils parvinrent à le faire reconnaître pour roi de Lorraine. Zwentebald, par ses cruautés, avait soulevé contre lui les seigneurs de ce pays : ils se rendirent en France auprès de Louis-l'Enfant, qui, à cause de sa minorité et de sa faiblesse, ne pouvait leur inspirer aucune crainte, et le proclamèrent roi de Lorraine. Une bataille dans laquelle Zwentebald fut tué légitima ce titre. Mais pendant que le roi de Germanie paraissait gagner à l'occident un royaume, les Hongrois dévastaient toutes les frontières orientales.

RAVAGES DES HONGROIS.

Les Hongrois redoutaient le grand nom d'Arnulf ; mais lorsqu'ils apprirent sa mort (899), ils envoyèrent des ambassadeurs, moins pour traiter de la paix, que pour explorer le pays. Ensuite, au lieu d'envahir les plaines de la Lombardie, en pénétrant par l'Istrie, comme ils l'avaient fait jusqu'alors, ils se jetèrent tout à coup sur l'Allemagne, en passant par la Marche orientale. La Moravie, qui aurait dû servir de défense à l'Allemagne, avait disparu par la faute d'Arnulf. Cette première dévastation s'étendit à environ cinquante milles du pays. Les contemporains font des Hongrois une description effrayante : « Petits de taille, mais vifs; la tête rasée; les yeux enfoncés, étincelants; le visage d'un jaune qui tire sur le brun; leur aspect inspire de l'horreur. Ils sont toujours à cheval; de leurs arcs, faits de corne, ils lancent des javelots redoutables, et sont aussi agiles pour surprendre l'ennemi que pour simuler la fuite. Ils ne vivent pas comme les hommes, mais comme les bêtes; ils mangent la chair crue, et boivent le sang de leurs ennemis. »

Lorsque ces Barbares se jetèrent sur la Bavière (900), le margrave Luitpold reçut la dignité ducale. Les chroniques ne nous apprennent pas si elle lui fut transférée par le roi ou par le peuple, ou s'il la dut à sa conduite courageuse dans la guerre. De concert avec l'évêque Richard de Passau, il assembla à la hâte une armée. Les Hongrois disparurent aussi rapidement qu'ils étaient venus. Cependant Luitpold en atteignit une troupe forte de 1200 hommes, qui périrent tous, soit par les armes, soit dans le Danube (901). Presque chaque année les Hongrois renouvelèrent ces excursions en Carinthie et en Bavière. Il n'en fallut pas moins six ans pour qu'une levée générale pût être effectuée en Allemagne. C'est que le pays était dans un état complet d'anarchie. Il était déchiré par de nombreuses guerres intestines, auxquelles le jeune roi ne pouvait remédier. La plus violente de ces guerres déchirait la Franconie orientale. Il y avait là deux maisons puissantes, celle de Babenberg et celle qui reçut plus tard le nom de Salique. La première était issue de margraves sorabes; la seconde, d'une famille peut-être plus ancienne, à laquelle appartenait Conrad, qui fut revêtu, pendant quelque temps, de la dignité ducale de Thuringe. Cette guerre s'éleva entre le comte Adelbert de Babenberg et l'évêque Rudolf de Wurzbourg, frère de Conrad. La cause en était des plus légères; mais la lutte prit de l'importance, parce que les frères et les alliés des deux princes s'y associèrent (905). Le comte Adelbert fut mis au ban de l'empire comme ayant violé la paix publique, et cité devant la diète de Tribur. Il n'y comparut point; mais l'archevêque Hatton le fit sortir par ruse de son château fort de Bamberg (Babenberg). On l'arrêta et il fut exécuté publiquement.

A la faveur de ces troubles, la puissance des Hongrois n'avait pas cessé de grandir. Enfin, une armée allemande s'assembla sur l'Ens. Elle était commandée par le jeune roi Louis. Le vaillant Luitpold conduisait l'avant-garde (907). Pendant une nuit obscure, les Hongrois attaquèrent tout à coup avec fureur. Le combat dura trois jours. Luitpold, trois évêques et un grand nombre de nobles périrent les armes à la main. Enfin, les Hongrois parurent céder : le roi Louis les poursuivit; mais ils tombèrent sur lui d'une embuscade, et il ne put qu'avec peine se réfugier à Nassau. A Luitpold succéda Arnulf.

L'année suivante (908), les Hongrois pénétrèrent jusqu'en Saxe et en Thuringe. La dignité ducale avait été rétablie précédemment dans ces deux pays par suite des fréquentes excursions des Normands et des Wendes. Othon qui avait joui d'une grande considération sous Arnulf, qui l'avait accompagné dans sa première expédition en Italie, avait succédé à son frère aîné Bruno, mort en combattant les Normands. Il possédait des biens très-considérables dont il avait hérité de son père, et, par son habile administration, il avait su augmenter la puissance de la Saxe. Le duché de Thuringe avait appartenu successivement au comte franconien Conrad, et ensuite à Burkhard qu'on regarde comme la tige des margraves de Misnie.

Burkhard ayant été obligé de faire la guerre aux Daleminzes, de la race des Wendes, qui habitaient la Misnie, ceux-ci appelèrent à leur secours les Hongrois, qui le massacrèrent avec son armée. Derrière eux vint une seconde troupe de Hongrois qui continua à ravager la Thuringe et la Saxe. Toutes les provinces sur la droite du Rhin furent menacées à différentes reprises (909); ils pénétrèrent à travers la Bavière jusqu'en Alemannie. Cette province n'avait pas de duc, mais, depuis Pepin, elle était gouvernée par des *camerarii* (chambellans). Ceux-ci, usurpant les attributions des ducs, se mirent à la tête de l'armée. La Franconie orientale fit de nouveaux efforts pour mettre sur pied une armée. Mais cette armée fut battue et dispersée sur les frontières de la Bavière et de la Franconie. L'année suivante (910), le roi Louis mourut à Ratisbonne, à l'âge de 18 ans. Les annales de ce temps l'appellent l'*enfant, qui n'a rien fait*. Avec lui s'éteignit la branche allemande des Carlovingiens. En France, la ligne de Charles-le-Simple subsistait encore, avec peu de considération. Les deux empires s'étaient donné chacun un chef, en sorte que toute union était devenue impossible. L'Allemagne est désormais un empire à part : le projet formé par Charlemagne, de fondre ensemble tous les peuples de race germanique, est devenu désormais inexécutable.

CONRAD.
(911-919.)

A la mort de Louis-l'Enfant, deux nations dominaient dans l'Allemagne, les Franconiens, qui se prétendaient les successeurs des anciens Francs ostrasiens, et les Saxons, à qui leurs longues guerres contre Charlemagne, leurs succès contre les Slaves et les Normands, qu'ils avaient plusieurs fois repoussés de leurs frontières, donnaient un juste sentiment de leurs forces et de leur importance. C'est entre les chefs de ces deux peuples que le débat devait s'élever pour la couronne de Germanie. Othon, duc de Saxe, semblait avoir les chances les plus favorables; mais il était vieux, l'âge de l'ambition était passé, et d'ailleurs la dignité impériale donnait par elle-même si peu de puissance qu'Othon ne se montra point jaloux de l'obtenir, et fit tomber sur Conrad les suffrages de ses partisans. Ainsi le premier roi allemand qui ne fût point de la race de Charlemagne sortit encore du pays des Francs; et lorsque la dignité impériale passa aux chefs des autres nations germaniques, ce fut encore dans la patrie des Francs orientaux, sur les bords du fleuve carlovingien, dans les riches et puissantes cités de Mayence, de Francfort, qu'ils vinrent en recevoir l'investiture.

L'histoire, pour être vraiment utile, doit chercher à expliquer le temps présent par les temps passés, suivre dans ses phases diverses la vie d'un peuple, non pour satisfaire une curiosité stérile, mais afin de jeter, par cette longue expérience des siècles écoulés, quelque lumière sur l'avenir. Aujourd'hui l'Allemagne est encore partagée entre plusieurs royaumes. A côté de la France si bien *unifiée*, si identique dans toutes ses parties, malgré des différences extérieures, l'Allemagne présente le spectacle de la plus étrange variété. Pourquoi n'a-t-elle pu sortir de la dispersion féodale? pourquoi n'a-t-elle pu, comme la France, se reconstituer elle-même? Tel est le problème que l'historien de l'Allemagne doit résoudre; car, lorsqu'il aura montré les causes qui ont amené l'état de choses que nous avons sous les yeux, il sera prêt à répondre à cette question que tout le monde s'adresse aujourd'hui : L'Allemagne formera-t-elle bientôt une seule et même puissance, qui, par sa position entre la France et la Russie, entre l'occident et l'orient, entre les pays de liberté et de démocratie, et les contrées d'absolutisme et d'esclavage, sera assez forte pour maintenir l'équilibre européen?

Cette question de l'unité germanique a été incessamment débattue pendant huit siècles. Charlemagne, qui l'avait un instant résolue, la légua avec le titre d'empereur, à tous ses successeurs; c'est elle aussi qui doit surtout nous occuper dans une histoire générale de l'Allemagne.

Conrad commença.

SOUMISSION DES DUCS.

Il avait été élu par les Saxons et les Franconiens; le reste de la Germanie semblait ne point se douter qu'il y eût un nouveau roi. Le duc de la Bavière avait pris de lui-même ce titre, et prétendait à une complète indépendance. Les deux comtes de Souabe soutenaient la Bavière, et la Lorraine cherchait à former, comme jadis, un royaume particulier; enfin, la Saxe même fit défection. Othon étant mort, son fils Henri prétendit succéder à ses deux duchés de Saxe et de Thuringe. Conrad voulut lui enlever cette dernière province et lui donner un duc particulier; mais Henri, soutenu des Saxons, battit son adversaire et resta maître de la Thuringe.

C'était un échec; Conrad le répara par la conquête de l'Alsace, du canton de Westrich et de la ville d'Utrecht, qu'il enleva au duc de Lorraine, Réginar.

Deux comtes administraient le pays des Alemans, Erchanger et Berthold; tous deux prétendaient descendre de Charlemagne, et, à ce titre, ils s'indignaient de n'être que simples administrateurs de la Souabe, pour le compte du roi. L'évêque de Constance s'étant opposé à leurs projets, ils le jetèrent en prison, s'unirent au duc de Bavière, et Erchanger, ayant battu un corps de troupe royales, se fit proclamer duc des Alemans. Mais Conrad réunit une diète à Altheim, y fit renouveler la loi qui portait peine de mort pour ceux qui se révoltaient contre l'autorité royale, et s'étant peu après emparé d'Erchanger et de quelques-uns de ses complices, il fit exécuter à leur égard la sentence de la diète (915). Puis, afin de se faire un ami puissant, il reconnut Burkhard pour duc de Souabe.

Restait le duc de Bavière: c'était, après le duc de Saxe, le plus puissant et le plus difficile à réduire. Mais les Hongrois aidèrent Conrad. Ils avaient si bien dévasté la Bavière, qu'elle ne put résister. Arnulf fut contraint de se réfugier chez les Hongrois, et pour se venger, il les ramena sur l'Allemagne méridionale, qu'ils pillèrent impitoyablement jusqu'au Rhin. Conrad, qui voulut arrêter leurs ravages, fut blessé, et mourut quelque temps après, en chargeant son frère Éberhard de porter les ornements royaux à Henri de Saxe, son ancien ennemi, mais le seul qui pût alors défendre l'Allemagne.

Le règne de Conrad n'avait point été heureux, mais au moins il avait forcé les ducs à reconnaître son autorité; le royaume de Germanie était reconstitué; un roi, chef d'une nation particulière, se trouvait placé par ses droits et sa force réelle au-dessus des autres chefs de peuples, réunissait des diètes générales où ses prérogatives était reconnues et consacrées, et, ainsi appuyé de l'assentiment général, brisait les résistances partielles qu'il rencontrait. Un seul était assez fort pour que la lutte avec lui fût sérieuse: c'était le duc de Saxe; mais Conrad, en le désignant pour son successeur, donnait des forces nouvelles à la royauté.

HENRI L'OISELEUR (*).
(919-936.)

Le premier soin de Henri fut de faire reconnaître son autorité par les ducs. Burkhard, duc de Souabe, Arnulf, duc de Bavière, se virent contraints par la force des armes de se soumettre à la suprématie du roi de Germanie. Henri n'en demandait pas davantage: il laissa du reste à Arnulf le droit de nommer aux évêchés vacants dans son duché, et de disposer des biens ecclésiastiques. Le sort de la Lorraine était encore indécis, et cette province n'appartenait ni à l'Allemagne, ni à la France. Henri profita des troubles du

---

(*) Henri fut surnommé l'oiseleur parce que les députés de la diète, qui venaient lui apporter le titre de roi, le trouvèrent à la chasse aux oiseaux, son exercice favori.

règne de Charles-le-Simple, pour s'emparer d'une partie de cette contrée; il en détacha l'Alsace qu'il réunit à la Souabe, et laissa le reste au duc Gislebert, de la fidélité duquel il s'assura, en le choisissant pour son gendre.

ORGANISATION MILITAIRE DE L'ALLEMAGNE.

Mais l'affaire importante de tout le règne de Henri-l'Oiseleur, ce fut de protéger l'Allemagne contre les Slaves et les Hongrois. Le premier il essaya d'organiser une résistance sérieuse à cette invasion toujours imminente. Il choisit, disent les chroniqueurs, dans la Saxe, qui était son domaine, la neuvième partie des habitants, pour les faire servir dans ses armées; il les employa à réparer les fortifications des châteaux et des villes; il fit aussi construire des fortifications, entre autres celles de Geslar, de Quedlembourg, de Brandebourg, Sleswig, Meissen, Gotha, Erfurth, etc. Le reste du peuple demeura dans les campagnes à cultiver la terre et faire les récoltes. Il ordonna aussi que ceux qui ne faisaient point le service militaire, contribueraient à la subsistance des autres, et qu'ils fourniraient, chaque année, le tiers de leurs grains pour entretenir les magasins établis dans les villes, afin qu'en tout temps elles eussent des vivres et des soldats.

A la suite de toutes ces guerres qui avaient, pendant si long-temps, dévasté l'Allemagne, il s'était formé des bandes d'hommes qui, nés pour ainsi dire, dans les camps, faisaient leur vie du métier de soldat, pillaient durant la guerre, pillaient durant la paix, sans se soucier s'ils violaient les capitulaires; Henri fit servir leur courage à l'utilité générale. Il les gracia tous, puis, les réunissant en corps, il en forma une espèce de légion qui fut établie à Mersebourg, et qui rendit dans la suite d'importants services. Ce fut la première garnison régulière que l'on vit en Allemagne.

ÉTABLISSEMENT DES MARGRAVIATS.

Partout les sages règlements du roi furent imités; et l'Allemagne se trouva bientôt assez forte pour se défendre elle-même. Henri fortifia encore cette organisation militaire en établissant sur les frontières des margraves (comtes de la Marche), chargés spécialement de s'opposer aux invasions des Barbares. C'est ainsi que furent fondés les margraviats de Misnie, 929; de Nord-Saxe, 926, et de Sleswig, 931; ces gouvernements étaient formés aux dépens des Slaves. Henri battit, en effet, plusieurs de leurs peuplades: de 926 à 934, il soumit les Hevelles, les Daleminzes, les Redariens, les Tholeuzes, les Obotrites, les Wagres, les Ukres, etc. La Bohême elle-même, avec son duc Wenceslas, fut obligée de se reconnaître dépendante du royaume de Germanie.

Mais les plus terribles ennemis de l'Allemagne, c'étaient les Hongrois, qui la ravageaient sans cesse, comme les Normands faisaient de la France. Au commencement du règne de Henri, ils lui avaient imposé un tribut. Quand ce prince se vit assez fort pour ne pas craindre de se mesurer avec eux, il refusa le tribut: comme leurs envoyés insistaient, Henri leur fit porter, au lieu d'or, un chien galeux. A ce défi insultant, les Hongrois répondirent par le ravage de toute l'Allemagne méridionale. Deux armées formidables passèrent les frontières, mais l'une fut détruite par les Thuringiens et les Saxons réunis; l'autre, attaquée par Henri, à Mersebourg, essuya une complète défaite: quarante mille Hongrois restèrent sur le champ de bataille. Cette victoire de Mersebourg (933) fut presque pour l'Allemagne ce qu'avait été celle de Châlons pour la Gaule; aussi le souvenir en resta populaire: aujourd'hui encore, la défaite des Hongrois est célébrée, chaque année, dans la petite ville de Keuschberg. Pour en conserver la mémoire, Henri fit, dit-on, décider à la diète de Hottinger, qu'un tournoi (*), c'est-à-dire, des

---

(*) Les tournois sont les jeux des peuples dans leur âge héroïque; on connaît chez les Grecs les jeux olympiques, isthmiques,

courses de chevaux, des joutes à la lance et à l'épée, aurait lieu tous les ans, mais seulement pour les nobles. La première année, neuf cent soixante-quatorze personnes furent admises à y prendre part. Les filles des nobles qui avaient péri dans cette bataille furent reçues dans l'abbaye de Quedlembourg, où elles devaient être entretenues jusqu'à leur mariage. Enfin, il fit lui-même représenter cette grande victoire sur les murs de son palais.

Ainsi, Henri avait dignement rempli son règne: les princes, il les avait soumis à l'autorité royale; les Barbares, il en avait délivré le sol de l'Allemagne; cette contrée s'était même agrandie sous sa main, car tandis qu'il lui gagnait la Lorraine, à l'ouest, il domptait à l'est les tribus slaves, et rendait la Bohême tributaire. Son fils devait faire plus encore.

OTHON Ier.
(936-955.)

COURONNEMENT D'OTHON.

Le couronnement d'Othon se fit avec une grande solennité. Les Francs orientaux et les Saxons s'assemblèrent à Aix-la-Chapelle, dans une galerie qui joignait la grande église, avec les ducs, les principaux seigneurs et le reste des nobles. Ils proclamèrent roi le jeune Othon, qui était présent, et le firent asseoir sur un trône dressé exprès; ils lui prêtèrent serment de fidélité, en lui touchant la main, et lui promirent de le secourir contre tous ses ennemis. Durant cette cérémonie, Hidelbert, archevêque de Mayence, revêtu de ses habits pontificaux, Robert de Trèves, Wilfrid de Cologne, les évêques et les abbés étaient dans l'église avec le

néméens, les jeux funèbres autour des tombeaux, etc. Les Romains, plus froids et plus calmes, se contentaient de s'en donner le spectacle et de faire combattre des gladiateurs sous leurs yeux. Chez les Germains, le métier des armes était trop en honneur pour qu'ils ne descendissent pas eux-mêmes dans la lice. Nous avons vu dans Nithard la mention du premier tournoi durant l'entrevue de Strasbourg, 842.

clergé. Lorsqu'ils virent Othon sortir de la galerie, ils allèrent au-devant de lui; l'archevêque de Mayence le prit de la main gauche, et portant la crosse de la droite, il le conduisit jusqu'au milieu de la nef, où l'on avait élevé une estrade sur laquelle Othon se plaça. L'archevêque s'adressant alors au peuple, dit: « Voici Othon: Dieu l'a choisi; « le roi Henri votre seigneur l'a dési- « gné depuis long-temps; tous les sei- « gneurs germains viennent de le faire « roi : si cette élection vous est agréa- « ble, témoignez-le en levant la main au « ciel. » Tout le peuple leva les mains avec de grands cris de joie. Alors le prélat s'avança vers Othon, qui était revêtu d'une tunique étroite, et le mena au grand autel, sur lequel étaient les ornements royaux, l'épée avec le ceinturon, le manteau, la main de justice, le sceptre et la couronne. Hidelbert, en lui mettant l'épée au côté, lui dit : « Recevez cette épée et faites-en usage « contre les ennemis de Jésus-Christ, « et contre les mauvais chrétiens. Em- « ployez l'autorité et la puissance de « l'empire que Dieu vous a données pour « affermir la paix de l'Église. » Revêtant le roi du manteau dont les manches traînaient à terre, l'archevêque lui dit : « Souvenez-vous avec quelle « fermeté et avec quelle fidélité vous « devez conserver la paix jusqu'à la « fin de votre vie. » En lui donnant le sceptre et la main de justice : « Ces « marques de puissance vous appar- « tiennent et vous obligent à maintenir « vos sujets dans le devoir, à réprimer « et à punir sévèrement, mais avec « des sentiments d'humanité, les vices « et les désordres, à vous rendre le « protecteur de l'Église, de ses minis- « tres, des veuves et des orphelins, et à « témoigner à tous une tendresse et une « bonté de père, afin que vous puis- « siez, dans le temps et dans l'éternité, « recevoir la récompense dont vous « vous rendrez digne par une con- « duite chrétienne. »

Ces premières cérémonies achevées, on procéda au sacre. Mais alors, un différend s'éleva entre l'archevêque de Trèves et celui de Cologne. Le premier s'appuyait sur l'antiquité de son église, fondée, selon lui, par l'apôtre saint Pierre ; le second sur ce que le lieu où cette cérémonie devait se faire, était dans son diocèse. Cependant, pour le bien de la paix, chacun déféra cet honneur à l'archevêque de Mayence.

Après le sacre, les évêques conduisirent Othon sur un trône qui était élevé entre deux colonnes de marbre, et le nouveau roi y demeura pendant qu'on chantait les psaumes et d'autres prières. L'office étant fini, il descendit au palais de Charlemagne, suivi des ducs ; il y dîna avec les prélats, c'est-à-dire, avec Hildebert de Mayence, Wilfrid de Cologne, Robert de Trèves, les évêques de Magdebourg, de Besançon, de Ratisbonne, de Freisingue, d'Augsbourg, de Constance, de Worms, d'Aichstädt, de Spire, de Brixen et de Hildesheim : ce dernier était chancelier de l'empire. On ignore si les abbés d'Hirchfeld et d'Erbach, qui avaient assisté à l'élection et au sacre, furent aussi du repas. Les principaux seigneurs servirent l'empereur à table. Éverhard, duc de Franconie, fit les fonctions de premier maître d'hôtel ; Hermann, duc de Souabe, celles de grand échanson ; Arnulf, duc de Bavière, celles de grand maréchal, et Giselbert, duc de Lorraine, celles de grand chambellan.

Ces fonctions domestiques, que les ducs et les comtes consentent encore à remplir le jour du couronnement de l'empereur, sont un souvenir du temps où, simples officiers du roi, ils étaient chargés d'accomplir journellement, près de sa personne, les services que leur imposait leur condition de leudes. Mais aujourd'hui les leudes ont disparu : les uns règnent comme princes à peu près indépendants ; les autres sont devenus comtes, barons, seigneurs, bénéficiers. Si le roi a encore autour de lui des fidèles, ce sont des hommes à lui, ses ministres, ses conseillers, les officiers de sa cour.

COMTES PALATINS.

Othon, à qui ses victoires ont mérité le surnom de grand, et qui réunit définitivement la dignité impériale à la couronne de Germanie, fit, comme son père, tous ses efforts pour abaisser le pouvoir des ducs. Pour cela il employa deux moyens ; d'abord il chercha à mettre tous les duchés qu'il ne pouvait éteindre entre des mains qui devaient lui paraître fidèles, entre celles de plusieurs membres de sa famille, puis il plaça à côté des ducs, pour les surveiller, des officiers royaux qui portaient le titre de comtes palatins. Le premier moyen ne pouvait avoir qu'un succès momentané, car les gendres et les frères d'Othon devaient bientôt, eux-mêmes ou leurs descendants, oublier leur reconnaissance, pour reprendre les projets de leurs prédécesseurs. L'intérêt personnel devait naturellement leur faire oublier celui du chef de leur maison. Le second moyen pouvait être plus efficace ; ces comtes palatins pouvaient, jusqu'à un certain point, rendre à la royauté les mêmes services que les *missi dominici* avaient jadis rendus à Charlemagne. Mais ceux-ci étaient temporaires, ils ne faisaient que passer dans les provinces et revenaient bien vite sous la main du roi. Par malheur, au temps d'Othon, tout s'immobilisait, la tendance à l'hérédité se montrait partout, et ces comtes palatins, ou disparurent, éclipsés et réduits à l'impuissance par les ducs près desquels ils résidaient, ou bien devinrent eux-mêmes princes indépendants. Henri-l'Oiseleur avait déjà institué quelques-uns de ces officiers : ils devaient veiller sur les domaines royaux répandus dans les duchés, rendre la justice à ceux qui n'étaient point soumis à la juridiction des ducs, et dans les cas criminels partager les fonctions de juge avec le duc.

Au temps d'Othon, il y eut des comtes palatins dans la Lorraine, la Bavière, la Saxe et la Souabe ; mais, comme nous l'avons dit, ces officiers disparurent peu à peu, ou devinrent même presque des princes indépendants ; c'est ainsi qu'il en arriva pour le comte palatin de Lorraine, qui résidait à Aix-la-Chapelle. Pour punir le comte de Franconie Conrad, de la trahison de son père, Othon donna la dignité de comte de palatin dans cette province à Hermann, troisième fils d'Arnulf, duc de Bavière. Cette charge, comme nous l'avons dit, n'apportait aucun fief à celui qui en était revêtu ; mais Othon, en considération de Hermann, commença à y attacher des terres et des châteaux, situés le long du Rhin ; ces donations furent bientôt accrues par la ruine des ducs de Franconie, et *le comte palatin du Rhin* se trouva un des plus puissants princes de l'Allemagne, un de ceux à qui fut reconnue dans la suite la dignité d'électeur.

ACCROISSEMENT DU NOMBRE ET DE LA PUISSANCE DES ÉVÊQUES.

Plus nous avancerons dans l'histoire d'Allemagne, et plus nous verrons les empereurs chercher dans les villes, et surtout dans le clergé, un appui contre les grands vassaux. Cette politique, nous la retrouvons déjà dans Othon. Graces aux donations de Charlemagne, le clergé était tout-puissant en Allemagne. Othon n'oublia pas cette antique alliance de l'Église et du pouvoir royal. Il fonda de nouveaux évêchés à Kavelberg, Oldenbourg, Brandebourg, Meissen, Mersebourg (946-948) ; enfin à Posen, vers 950. Non content de multiplier ainsi les alliés naturels du pouvoir central, il leur conféra des villes, des comtés, en les investissant de la juridiction temporelle et des droits régaliens ; en un mot, il travailla à augmenter le nombre et la force de la puissance spirituelle, que ses successeurs opposèrent dans la suite plus d'une fois aux puissances séculières.

GUERRES D'OTHON DANS L'INTÉRIEUR DE L'ALLEMAGNE.

Arnulf-le-Mauvais, duc de Bavière, étant mort, ses trois fils se disputèrent son duché ; tous trois auraient voulu l'obtenir et le garder, sans être réduits à en recevoir l'investiture ; mais Othon survint, battit les uns et les autres, réduisit l'aîné Éverhard à la possession de quelques *terres allodiales* dans le Voigtland et la Franconie, et s'emparant de son *bénéfice*, je veux dire du duché de Bavière, le donna à Berthold.

Quelque temps après, une guerre éclata entre le duc de Franconie, Éverhard, et Henri de Brunswick, frère du roi. Othon réunit une diète, fit faire le procès à Éverhard et le condamna, ainsi que ses complices, à la peine du *Hernescar*, c'est-à-dire, à porter un chien sur leurs épaules, pendant un certain espace de chemin (938). La peine du Hernescar frappait également tous ceux qui troublaient la paix publique. Ainsi, pour la petite noblesse, au lieu d'un chien, c'était une selle de cheval ; pour le clergé, un gros missel ; pour la bourgeoisie, une charrue, ou plutôt un soc de charrue seulement.

Cette année (938) fut marquée par une décision judiciaire importante, mais surtout singulière, dans sa forme. On examinait à la diète d'Ahremberg la question de savoir si les enfants devaient hériter de leurs pères, lorsque les aïeuls ou les grands-pères étaient encore vivants. Cette difficulté causait tous les jours des divisions dans les familles. Un jugement aurait pu la lever ; mais l'assemblée, embarrassée par cette question de droit civil, prit le parti d'ordonner un duel où le nombre des habitants fût égal de part et d'autre. Les uns étaient pour la cause des enfants, les autres pour celle des grands-pères. Les premiers eurent l'avantage, et ce procès fut terminé en leur faveur. Ainsi, le droit de représentation fut solennellement reconnu.

Cependant Éverhard songeait à se venger ; il parvint à former une alliance avec ce même Henri contre lequel il avait pris les armes, et Giselberg, duc de Lorraine. Tous trois parurent se mettre sous la protection du Carlovingien qui portait encore le titre de roi de France, bien qu'il se trouvât alors réduit à la possession de la seule ville de Laon. L'archevêque de Mayence et l'évêque de Strasbourg entrèrent dans cette espèce de conspiration contre le roi de Germanie. C'était une tentative faite par la Lorraine et les provinces rhénanes pour recouvrer une complète indépendance politique, car Louis d'Outremer, qu'ils voulaient reconnaître comme seigneur, n'était point assez fort pour leur inspirer de sérieuses inquiétudes. C'était tout au plus si ce roi de France pouvait lutter avec avantage contre les vassaux de l'église de Rheims. La conspiration tourna mal : Louis d'Outremer, qui était entré en Alsace avec une petite armée, fut bientôt rappelé en arrière, par la nouvelle que l'évêque de Laon se disposait à livrer cette ville, son dernier asile, à Herbert de Vermandois. Giselbert et Éverhard, restés seuls, furent surpris dans leur camp : l'un se noya en voulant traverser le Rhin, l'autre fut tué. Quant à Henri, son frère le reçut en grace, et, plus tard, lui donna, à la mort de Berthold (947), le duché de Bavière.

Tous ceux qui étaient entrés dans la conjuration ne furent pas aussi doucement traités. Othon punit les seigneurs qui avaient soutenu son frère, par la confiscation d'une partie de leurs biens, dont le roi enrichit les abbayes. L'archevêque de Mayence qui avait été leur complice, et qui s'était même jeté dans Metz, pour défendre cette ville contre les troupes royales, fut enfermé pendant quelque temps dans un monastère ; et lorsque le roi lui rendit son archevêché, la charge d'archi-chancelier en avait été détachée pour être transférée à l'archevêque de Cologne. Plus tard, Othon devait mettre ces deux grands siéges ecclésiastiques entre les mains de sa famille : un de ses fils devint, en effet, archevêque de Mayence, et un de ses frères archevêque de Cologne.

Éverhard, le duc de Franconie, laissait un fils, Conrad, surnommé le Sage. Othon lui donna l'investiture des fiefs de son père, auxquels il ajouta la Lorraine. Mais, pour se l'attacher, il lui fit épouser une de ses filles. En même temps, son fils aîné Ludolphe devenait gendre et héritier d'Hermann, duc de Souabe et d'Alsace.

Ainsi, tous les grands fiefs, s'ils n'étaient point réunis à la couronne, étaient au moins placés entre des mains qu'Othon pouvait croire fidèles. La Saxe fut le seul duché qu'Othon ne confia pas à un membre de sa famille; il l'avait gardée quelque temps pour lui-même, puis avait fini par la donner à Hermann Billung qui l'avait fidèlement administrée au nom du roi. L'Allemagne était donc gouvernée par une seule maison dont le chef était le roi de Germanie.

GUERRES EXTÉRIEURES.

Othon eut à combattre sur les frontières orientales les mêmes ennemis que son père avait déjà vaincus. Dès la première année de son règne, il lui fallut repousser les Hongrois qui s'étaient encore avancés jusqu'en Westphalie (936). En 955 ils recommencèrent leurs incursions, dévastèrent la Bavière et alarmèrent toute l'Allemagne. Une nouvelle victoire comme celle de Mersebourg fut nécessaire pour les chasser. Mais, cette fois, leur défaite fut si complète, qu'elle mit pour toujours un terme à leurs incursions. Par sa victoire sur le Lech, Othon ferma définitivement aux barbares de l'Asie l'entrée de l'Occident.

Dans la Bohême, des troubles graves s'étaient élevés. La religion chrétienne commençait à pénétrer dans ce pays : l'évêque Méthodius, l'apôtre des Moraves, avait déjà fondé à Prague une église et une école latine; mais le nouveau culte avait à lutter contre les superstitions populaires, qui étaient encore pleines de force, même parmi les grands. Le duc Wenceslas Ier favorisait le christianisme. Un parti se forma contre lui. Sa mère, qui dirigeait les conjurés, le fit assassiner par son propre frère Boleslas, qui, reconnu après ce meurtre pour duc de Bohême, voulut rétablir partout le culte des idoles. Prague, déjà convertie, résista, appela le roi de Germanie, qui, après plusieurs années de guerre, contraignit (950) Boleslas à renouveler le serment d'hommage prêté par Wenceslas à

Henri-l'Oiseleur et à rétablir la religion chrétienne.

Othon ne fut pas moins heureux contre les Slaves du nord-est: les Wiltzes furent encore une fois vaincus. Toutes les peuplades wendes, jusqu'à l'Oder, furent soumises par le margrave d'Est-Saxe (Lusace), qui, attaquant ensuite les Polonais, rendit tributaire leur duc Micislas Ier. Pendant ce temps, Jordan, nommé par Othon évêque de Posen, répandait la religion chrétienne dans la Pologne. Ainsi les successeurs de Charlemagne suivaient de près ses traces, et faisaient précéder comme lui la conquête politique par la conquête religieuse.

La guerre contre le Danemark se termina aussi par la conversion de Harald II à la religion chrétienne. Othon, qui, pour venger la destruction de la colonie saxonne de Sleswig, parcourut toute la péninsule cimbrique jusqu'au Liimfiord (Ottensund), força Harald à rendre l'hommage et à recevoir le baptême (972).

OTHON EMPEREUR.

Toutes ces guerres n'étaient point sans importance : mais l'événement le plus grave du règne d'Othon fut celui qui plaça sur sa tête la couronne impériale. Depuis la mort du grand empereur, bien des rois l'avait essayée à leur front; mais toujours elle s'était trouvée trop large et trop pesante; elle leur courbait la tête de son poids, et ils l'avaient laissée choir. Un marquis de Frioul, un duc de Spolète, un marquis d'Ivrée, voulurent la ramasser, et alors il y eut pour ce lambeau de pourpre, des guerres à faire rougir de honte même les plus faibles des derniers successeurs de Constantin.

Ce fut en 951 qu'Othon vint mettre fin à toutes ces querelles. A cette époque la Lombardie gémissait sous la tyrannie de Hugues, comte ou duc de Provence, à qui la couronne de Lombardie avait été décernée. Hugues, à force d'intrigues, souvent homicides, était parvenu à se débarrasser de tous ceux qui lui portaient ombrage. Les deux grandes maisons ducales de Frioul et de Spolète étaient éteintes, et il ne restait plus que des seigneurs trop faibles dans leur isolement pour lutter contre le comte de Provence. Un seul cependant lui inspirait encore des craintes sérieuses, c'était Bérenger, marquis d'Ivrée.

Tant que Bérenger ne fut qu'un jeune homme incapable d'ambition, Hugues lui laissa administrer paisiblement ses possessions héréditaires ; mais lorsqu'il vit les peuples tourner vers lui leurs yeux, il commença à craindre en lui un rival redoutable, et résolut de s'assurer de sa personne ; mais Bérenger le prévint, et traversant avec sa femme Guilla, dont la grossesse était déjà avancée, les gorges du Saint-Bernard, que le tyran croyait fermées par les neiges et les glaces d'un hiver rigoureux, il se rendit auprès du roi de Germanie. Othon l'accueillit à sa cour, lui permit d'y réunir tous ceux qui fuyaient la tyrannie de Hugues, et bientôt Bérenger repassa les Alpes à la tête d'une petite armée.

Tout céda devant lui. Hugues, presque abandonné, n'osa tenter le sort des armes. Mais les seigneurs italiens qui comprenaient combien ces rivalités pour la couronne de Lombardie favorisaient leurs projets d'indépendance, firent pour Hugues ce que celui-ci n'aurait osé espérer. Une diète ayant été réunie à Milan, les seigneurs reconnurent pour roi, Lothaire, fils de Hugues, et déférèrent à Bérenger l'administration générale du royaume. Un tel partage ne pouvait assurer la tranquillité de l'Italie. Bientôt Lothaire mourut, empoisonné, dit-on, par Bérenger, qui voulut contraindre sa veuve Adélaïde à épouser son fils Adalbert. Adélaïde était aimée du clergé et du peuple, à cause de sa piété ; les persécutions que son refus lui attira, les violences de Bérenger et de son fils ajoutèrent à l'affection qu'on portait à la veuve de Lothaire. Une nouvelle révolution devint bientôt imminente ; Adélaïde, réfugiée dans le château de Canossa, la provoqua en adressant ses plaintes au roi de Germanie.

Cette fois Othon passa lui-même les Alpes, délivra et épousa Adélaïde, s'empara de presque toute la Lombardie, et se fit couronner roi à Pavie. Cependant des guerres civiles et des invasions étrangères le rappelèrent au bout de peu de mois en Allemagne. Bérenger en profita pour demander la paix ; il se rendit à Augsbourg, fit hommage de sa couronne à Othon, et céda la Marche trévisane, c'est-à-dire les portes de l'Italie, au roi de Germanie, qui fit administrer cette province par un duc allemand.

Neuf ans se passèrent pendant lesquels Othon, occupé de guerres intestines, de la révolte de ses fils et des attaques des Hongrois, ne put songer à l'Italie. Bérenger, qui avait promis *de ne plus se conduire en tyran, mais de régner en roi*, mit ce temps à profit pour se venger de ceux qui ne l'avaient point aidé, et étendre son autorité jusque sur le domaine du saint-siége. Le trône de saint Pierre était alors occupé par un jeune homme de dix-huit ans, débauché et corrompu, qui n'avait pas besoin, pour déshonorer la papauté, qu'on lui imputât d'avoir bu à la santé du démon et d'avoir invoqué au jeu le secours de Jupiter et de Vénus. Ce pape, qui avait pris le nom de Jean XII, appela Othon contre Bérenger. Les seigneurs, qui redoutaient l'activité jalouse de Bérenger, les évêques, dont il restreignait les priviléges et la juridiction, joignirent leurs prières à celles de Jean XII. Othon accepta : il passa les Alpes (*), conquit l'Italie du nord sans rencontrer nulle part de résistance, et s'avança jusqu'à Rome, où il se fit proclamer empereur d'Occident. Le peuple romain, qui conservait encore de hautes prétentions, et celle en particulier d'être le dispensateur du titre impérial, chez qui, d'ailleurs, commençaient à fermenter les souvenirs classiques de l'ancienne république, fit payer à Othon sa nouvelle couronne par le serment suivant, prêté entre les mains du pape : « J'exalterai la sainte église romaine, et vous qui la gouvernez ; je ne tiendrai point de plaid, je ne publierai point de loi dans la ville qui vous touche ou qui touche les Romains, sans avoir pris votre consentement. » Ainsi la dignité impériale était rattachée à la couronne de Germanie.

Ce fut une révolution importante pour l'Italie. « Il peut paraître étrange, dit M. de Sismondi dans son histoire des républiques italiennes, que les Italiens n'aient pas déposé Bérenger et aboli l'autorité royale, au lieu d'appeler Othon du fond de l'Allemagne, et de se soumettre à lui ; mais il restait encore deux ordres de la nation, qui, tout mécontents qu'ils étaient, croyaient devoir maintenir le trône. Les villes ne savaient invoquer d'autres défenseurs, d'autres protecteurs, que les rois, qui cependant ne les protégeaient pas. Elles éprouvaient tous les malheurs de l'anarchie et n'avaient point encore trouvé en elles-mêmes assez de force pour s'en mettre à l'abri. Leurs citoyens les plus éclairés devaient même désirer qu'elles se détachassent lentement de l'empire, au lieu de prétendre tout à coup à une indépendance qu'elles ne seraient pas en état de soutenir. D'autre part, les gentilshommes formant la noblesse du second rang redoutaient également une dissolution de la monarchie, qui les aurait laissés sans défense contre les magnats limitrophes ; ils voulaient bien obéir à des monarques qu'ils étaient accoutumés à respecter, mais ils ne pouvaient consentir à se soumettre à des nobles qu'ils croyaient être leurs égaux.

« La translation de la couronne aux Allemands garantit à chaque ordre de

(*) Avant de descendre en Italie, Othon avait tenu à Worms une diète pour convoquer l'armée et régler l'administration du royaume en son absence. Il voulait aussi y faire proclamer son fils pour son successeur. Othon II fut, en effet, reconnu pour roi par les princes, qui, pour la plupart, appartenaient, comme nous l'avons déjà dit, à la maison de Saxe. Arnulf n'avait pu obtenir cette concession, et les rois ses successeurs s'étaient contentés de recommander au choix des princes celui qu'ils désiraient avoir pour héritier de leur couronne.

la nation un degré d'indépendance proportionné à sa situation et à ses forces; elle facilita la dissolution paisible du lien social, et la formation dans l'intérieur de l'état d'une foule de petits peuples qui devinrent libres dès qu'ils purent se passer de la protection du monarque. »

AUTORITÉ EXERCÉE PAR OTHON EN ITALIE.

Toutefois le premier roi germain qui porta le titre d'empereur n'entendait pas avoir passé les monts pour apporter aux Italiens la liberté. Othon, ce Saxon, ce descendant de Witikind, s'efforça d'affermir sa nouvelle autorité; et comme Jean XII, déjà las des Allemands, conspirait contre eux, Othon le fit déposer et nommer à sa place Léon VIII; puis il assiégea Bérenger, l'ancien roi d'Italie, qui tenait encore quelques châteaux, et l'envoya mourir prisonnier en Allemagne. Cependant Jean XII était rentré dans Rome; Léon VIII était à son tour déposé, les partisans d'Othon persécutés, mis à mort, son envoyé, l'évêque de Spire, battu de verges. La colère de l'empereur fut violente en apprenant ces nouvelles; il marcha de nouveau sur Rome. Jean XII venait d'y mourir assassiné, disent les évêques, par le diable; selon d'autres, plus incrédules, par un mari jaloux qui l'avait surpris dans les bras de sa femme. Les Romains s'étaient pressés d'élire un autre pape, Benoît V. Mais Othon avançait, et bientôt campa devant Rome, où il entra en dépit des menaces d'excommunication que Benoît lui envoyait du haut des murailles. Léon VIII fut rétabli; Benoît, dépouillé de ses ornements pontificaux, vint lui remettre la crosse épiscopale, que Léon brisa contre terre, et partit en exil pour l'Allemagne.

Othon se fit largement payer les frais de cette expédition: il fit décréter par le concile et le peuple romain qu'il aurait, lui et ses successeurs à la couronne d'Italie, le pouvoir de la transmettre à qui ils voudraient, et le droit de nommer le pape, les archevêques et les évêques, qui recevraient de ces princes l'investiture. Ainsi l'Église retombait, comme au temps de Charlemagne, sous la main du pouvoir temporel.

Bientôt l'empereur montra qu'il ne voulait pas plus d'indépendance dans le peuple que dans le clergé. Léon VIII étant mort, Othon avait désigné pour son successeur Jean XIII. Mais le nouveau pape souleva contre lui le peuple et les magistrats, en attentant aux libertés de la ville. Rome, en effet, depuis qu'elle avait secoué le joug des empereurs d'Orient, avait toujours conservé les formes, sinon l'esprit, d'une république; le pape n'avait dans l'intérieur de ses murs d'autre pouvoir que celui que lui assuraient le respect religieux du peuple et la crainte de ses censures ecclésiastiques. Les principales fonctions de l'administration étaient entre les mains d'un préfet de la ville, qui avait pour collègues et conseillers des consuls annuels. Douze tribuns, ou décurions, qui représentaient les divers quartiers de Rome, veillaient plus particulièrement sur les intérêts populaires. Ainsi l'ancien esprit républicain avait reparu: il engagea le peuple de Rome dans une lutte hardie contre les papes et les empereurs.

Cette lutte, que nous avons vue commencer après l'intronisation du pape Léon VIII, nommé par Othon, éclata de nouveau sous son successeur Jean XIII. Les magistrats, ayant eu à se plaindre de sa conduite, lui donnèrent l'ordre de sortir de Rome. Jean se réfugia en Campanie, et de là appela les Allemands. L'empereur rentra en effet en Italie, et les Romains, effrayés, rappelèrent eux-mêmes le pape. Mais Jean voulait se venger. Dès que l'armée germanique fut en vue de Rome, Jean fit arracher du tombeau et jeter au vent les cendres du préfet de Rome qui lui avait intimé l'ordre de quitter la ville. Le nouveau préfet, la tête enveloppée d'une outre, fut promené sur un âne, et exposé à la risée publique. Les consuls furent envoyés en exil au fond de l'Allemagne, et les douze tribuns du peuple périrent sur l'échafaud. La gloire d'Othon ne fut pas moins souillée que celle du pape par

16ᵉ *Livraison.* (ALLEMAGNE.)

ces odieuses exécutions. « Nous vou-
« lions te recevoir avec bonté et magni-
« ficence, » dit l'empereur grec Nicéphore Phocas à l'historien Luitprand,
ambassadeur d'Othon, « mais l'impiété
« de ton maître ne l'a pas permis. Il
« s'est emparé de Rome en ennemi; il
« a fait périr une partie des Romains
« par le glaive et d'autres sur l'écha-
« faud; à plusieurs il a fait arracher
« les yeux, et d'autres, enfin, sont
« chassés par lui en exil. »

GUERRE CONTRE LES GRECS.

Ainsi Othon se trouvait maître de
l'Italie du nord et de la partie centrale
de la Péninsule; restait à soumettre
tout le midi. La ruine de la maison de
Charlemagne et les ambitions rivales
de tous ceux qui tentèrent de poser sur
leur front la couronne impériale, donnèrent, pendant près d'un siècle, toute
liberté aux Grecs de pousser leurs conquêtes dans la province qu'ils nommaient Lombardie, parce qu'elle avait
été soumise, plus long-temps qu'aucune autre, aux Lombards bénéven-
tains. Ils s'étaient rendus maîtres de la
plupart des villes et des lieux forts que
les Sarrasins avaient possédés dans la
Pouille, et c'est ainsi qu'ils formèrent
leur nouveau *Thème* de Lombardie.
Cependant les princes lombards, placés sur la frontière des deux empires
d'Orient et d'Occident, s'attachaient
tour à tour, selon leur convenance, au
successeur de Charlemagne ou à celui
de Constantin. Mais lorsque la couronne d'Italie et celle de l'empire furent transférées à la maison de Saxe,
les Othon se montrèrent jaloux de
faire reconnaître leur suzeraineté par
les princes lombards, et de chasser
les Grecs aussi bien que les Sarrasins.

Othon Ier reçut d'abord l'hommage
des princes de Bénévent et de Capoue,
et, pour terminer pacifiquement cette
conquête, il envoya l'évêque de Crémone, l'historien Luitprand, à Constantinople, afin de demander la main
de la princesse Théophanie. On lui
répondit par la sommation de rendre
Rome, la Pentapole et l'exarchat de
Ravenne : c'était une déclaration de
guerre. Othon ravagea aussitôt la
Pouille et la Calabre. Mais Nicéphore
Phocas ayant été assassiné en 970,
Jean Zimiscès, son successeur, re-
chercha l'amitié d'Othon, et les deux
familles impériales s'unirent par un
mariage. La princesse Théophanie, qui
vint épouser le jeune fils d'Othon, lui
apporta des prétentions sur la Pouille
et la Calabre, qu'il passa presque tout
son règne à faire valoir.

Othon mourut en 973. Son long
règne avait été dignement rempli.
Par lui, les Hongrois avaient été renfermés dans les plaines et les marais
de l'ancien pays des Huns et des Avares; les Slaves avaient été soumis jusqu'à l'Oder; le Danemark, la Pologne,
la Bohême christianisés et rendus presque tributaires; enfin la France, ou
du moins ses rois s'étaient soumis à
son puissant patronage; l'Italie, enfin,
avait été conquise, et la couronne impériale unie à celle de Germanie. Dans
l'intérieur de l'Allemagne, les révoltes
avaient été domptées, les grands fiefs
distribués à des membres de la famille
royale, et une apparence au moins
d'ordre et d'unité établie entre tous les
peuples de noms et de races diverses.

OTHON II.
(973-983.)
RÉVOLTE CONTRE LE NOUVEAU ROI.

Graces aux efforts et à l'habileté de
Henri l'Oiseleur et de Othon le Grand,
l'empire de Charlemagne était presque
reconstitué. On pouvait croire qu'il
ne fallait plus aux rois de Germanie
qu'un dernier effort pour étendre sur
l'Occident l'influence et la domination
de l'Allemagne. Mais les temps étaient
bien changés. Au commencement du
neuvième siècle, il n'y avait qu'un
homme dans tout l'empire, Charlemagne, et derrière lui, une foule sans
nom, sans patrie, qui, ne s'étant point
encore créé des intérêts différents, se
laissait aller au mouvement général
qu'avait imprimé le grand homme.
Mais à la fin du dixième, au-dessous

de l'empereur se trouvaient des peuples dont la nationalité était constituée, des princes, des archevêques, riches, puissants, aspirant à l'indépendance et qui pouvaient bien courber un instant la tête sous une main vigoureuse, mais pour la relever bientôt plus haute et plus fière. Othon II en fit l'épreuve. Sous lui, commença à éclater cette rivalité entre l'Allemagne du nord et celle du midi, entre la maison de Saxe et celle de Bavière, qui, plus tard, devait ensanglanter l'empire.

A la nouvelle de la mort d'Othon, Henri, duc de Bavière, se fit couronner roi de Germanie par l'évêque de Freisingen. Le roi de Danemark, les ducs de Pologne et de Bohême, tous les ennemis de l'unité de l'empire le soutinrent; mais Othon était encore trop fort. Le roi de Danemark vit ses états ravagés par les Saxons; le fameux retranchement qui s'étendait de la Baltique à l'océan Germanique, sur une longueur de neuf à dix mille pas, pour couvrir le Danemark, fut forcé; et Harold, contraint (976) de venir à la diète de Weimar demander la paix, promit le tribut et donna son propre fils en otage. Quant au duc de Bavière, vaincu dans une bataille te fait prisonnier, il fut dépouillé de son duché que le roi donna à son neveu Othon, et fut envoyé en exil à Elrik. Ses partisans se soumirent, et tout l'empire reconnut le fils du grand Othon.

INTERVENTION D'OTHON DANS LES AFFAIRES DE FRANCE.

Le règne de Othon II, en Allemagne, se borne, pour ainsi dire, à deux faits, la soumission des révoltés qui lui disputent la couronne de Germanie, et son intervention dans les affaires de France pour maintenir la Lorraine dans la dépendance de la Germanie. Un mot sur les intrigues qui se passaient en France pour substituer sur le trône une maison nouvelle à celle de Charlemagne.

Charles, surnommé le *Simple* ou le *Sot*, s'était, comme nous l'avons vu, placé sous la dépendance du roi Arnulf.

« Le parti des Carlovingiens, soutenu par l'intervention germanique, ne réussit point à l'emporter sur le parti qu'on peut nommer Français; il fut plusieurs fois battu avec son chef, qui, après chaque défaite, se mettait en sûreté derrière la Meuse, hors des limites du royaume. Charles le Simple parvint cependant, à force d'intrigues et grace au voisinage de l'Allemagne, à obtenir quelque puissance entre la Meuse et la Seine. Un reste de la vieille opinion germanique, qui regardait les Welskes ou Wallons comme les sujets naturels des fils des Francs, contribuait à rendre cette guerre de dynastie populaire dans tous les pays voisins du Rhin. Sous prétexte de soutenir les droits de la royauté, Swintibald, fils naturel d'Arnulf, et roi de Lorraine, envahit le territoire français en l'année 895. Il parvint jusqu'à Laon, avec une armée composée de Lorrains, d'Alsaciens et de Flamands, mais fut bientôt forcé de battre en retraite devant l'armée du roi Eudes. Cette grande tentative ayant ainsi échoué, il se fit en Germanie une sorte de réaction politique en faveur de celui qu'on avait jusque-là qualifié d'usurpateur. Eudes fut reconnu roi, et l'on promit de ne plus donner, à l'avenir, aucun secours au prétendant. En effet, Charles n'obtint rien tant que son adversaire vécut; mais, à la mort du roi Eudes, lorsque le changement de dynastie fut remis en question, le *Keisar*, ou empereur, prit de nouveau parti pour le descendant des rois francs.

« Charles le Simple, reconnu roi en 898 par une grande partie de ceux qui avaient travaillé à l'exclure, régna d'abord 22 ans, sans aucune opposition. C'est dans cet espace de temps qu'il abandonna au chef normand Rolf, tous ses droits sur le territoire voisin de l'embouchure de la Seine, et lui conféra le titre de duc (912). Le duché de Normandie servit à flanquer le royaume de France contre les attaques de l'empire germanique et de ses vassaux lorrains ou flamands. Le premier duc fut fidèle au traité d'alliance qu'il avait fait avec Charles le Simple, et le soutint, quoique assez faiblement, contre Rodbert ou Robert, frère du roi Eudes, élu roi en 922. Son fils Guillaume Ier suivit d'abord la même politique; et lorsque le roi héréditaire eut été déposé et emprisonné à Laon, il se déclara pour lui contre Radulf ou Raoul, beau-frère de Robert, élu et couronné roi, en haine de la dynastie franque. Mais, peu d'années après, changeant de parti, il abandonna la cause de Charles le Simple, et fit alliance avec le roi Raoul. En 936, espérant qu'un retour à ses premiers errements lui procurerait plus d'avantages, il appuya d'une manière énergique la restauration du fils de Charles, Louis surnommé d'Outremer.

« Le nouveau roi, auquel le parti français, soit par fatigue, soit par prudence, n'opposa aucun compétiteur, poussé par un penchant héréditaire à chercher des amis au delà du Rhin, contracta une étroite alliance avec Othon, premier du nom, roi de Germanie, le prince le plus puissant et le plus ambitieux de l'époque. Cette alliance mécontenta vivement les seigneurs, qui avaient une grande aversion pour l'influence teutonique. Le représentant de cette opinion nationale et l'homme le plus puissant entre la Seine et la Loire était Hugues, comte de Paris, auquel on donnait le surnom de Grand à cause de ses immenses domaines. Dès que les défiances mutuelles se furent accrues au point d'amener, en 940, une nouvelle guerre entre les deux partis, qui depuis cinquante ans étaient en présence, Hugues le Grand, quoiqu'il ne prît point le titre de roi, joua contre Louis d'Outremer le même rôle qu'Eudes, Robert et Raoul avaient joué contre Charles le Simple. Son premier soin fut d'enlever à la faction opposée l'appui du duc de Normandie; il y réussit, et grace à l'intervention normande, parvint à neutraliser les effets de l'influence germanique. Toutes les forces du roi Louis et du parti franc se brisèrent, en 945, contre le petit duché de Normandie. Le roi, vaincu en bataille rangée, fut pris avec seize de ses comtes, et enfermé dans la tour de Rouen, d'où il ne sortit que pour être livré aux chefs du parti national, qui l'emprisonnèrent à Laon.

« Pour rendre plus durable la nouvelle alliance de ce parti avec les Normands, Hugues le Grand promit de donner sa fille en mariage à leur duc. Mais cette confédération des deux puissances gauloises les plus voisines de la Germanie attira contre elles une coalition des puissances teutoniques, dont les principales étaient alors Othon et le comte de Flandre. Le prétexte de la guerre devait être de tirer le roi Louis de sa prison. Mais les coalisés se promettaient des résultats d'un autre genre : leur but était d'anéantir la puissance normande en réunissant ce duché à la couronne de France, après la restauration du roi leur allié : en retour, ils devaient recevoir une cession de territoire qui agrandirait leurs états aux dépens du royaume de France. L'invasion, conduite par le roi de Germanie, eut lieu en 946, à la tête de trente-deux légions, disent les historiens du temps. Othon s'avança jusqu'à Reims. Le parti national, qui tenait un roi en prison, et n'avait point de roi à sa tête, ne put rallier autour de lui des forces suffisantes pour repousser les étrangers. Le roi Louis fut remis en liberté, et les coalisés s'avancèrent jusque sous les murs de Rouen. Mais cette campagne brillante n'eut aucun résultat décisif. La Normandie resta indépendante, et le roi délivré n'eut pas plus d'amis qu'auparavant: au contraire, on lui imputa les malheurs de l'invasion, et, menacé bientôt d'être pour la seconde fois déposé, il retourna au delà du Rhin pour implorer de nouveaux secours.

« En l'année 948, les évêques de la Germanie s'assemblèrent par ordre du roi Othon, en concile, à Ingelheim, pour traiter, entre autres affaires, des griefs de Louis d'Outremer contre le parti de Hugues le Grand. Le roi des Français vint jouer le rôle de solliciteur devant cette assemblée étrangère. Assis à côté du roi de Germanie, après que le légat du pape eut annoncé l'objet du synode, il se leva et parla en ces termes : « Personne de vous « n'ignore que des messagers du comte « Hugues et des autres seigneurs de « France sont venus me trouver au pays « d'outre-mer, m'invitant à rentrer dans « le royaume qui était mon héritage « paternel. J'ai été sacré et couronné « par le vœu et aux acclamations de tous « les chefs et de l'armée de France. « Mais peu de temps après, le comte « Hugues s'est emparé de moi par tra- « hison, m'a déposé et emprisonné du- « rant une année entière; je n'ai obtenu « ma délivrance qu'en remettant en son « pouvoir la ville de Laon, la seule ville « de la couronne que mes fidèles oc- « cupassent encore. Tous ces malheurs « qui ont fondu sur moi depuis mon « avénement, s'il y a quelqu'un qui « soutienne qu'ils me sont arrivés par « ma faute, je suis prêt à me défendre « de cette accusation, soit par le ju- « gement du synode et du roi ici pré- « sent, soit par un combat singulier. » Il ne se présenta, comme on pouvait le croire, ni avocat, ni champion de la partie adverse, pour soumettre un dif- férend national au jugement de l'em- pereur d'outre-Rhin, et le concile transféré à Trèves, sur les instances de Leudulf, chapelain et délégué du César, prononça la sentence suivante : « En vertu de l'autorité apostolique, « nous excommunions le comte Hugues, « ennemi du roi Louis, à cause des « maux de tout genre qu'il lui a faits, « jusqu'à ce que ledit comte vienne à « résipiscence, et donne pleine satis- « faction devant le légat du souverain « pontife. Que s'il refuse de se soumet- « tre, il devra faire le voyage de Rome « pour recevoir son absolution (*). »

A la mort de Louis d'Outremer, son fils Lothaire lui succéda. Deux ans après, le comte Hugues mourut, laissant à son fils le duché de France. Les deux enfants se trouvèrent sous la tutelle de leurs mères Hedwige et Gerberge, toutes deux sœurs d'Othon le Grand. L'empereur semble alors avoir gouverné la France par l'inter- médiaire de son frère Bruno, archevê- que de Cologne, et duc de Lorraine et des Pays-Bas; mais à sa mort, « le roi Lothaire, s'abandonnant à l'impulsion de l'esprit français, rompit avec les puissances germaniques, et tenta de reculer jusqu'au Rhin la frontière de son royaume. Il entra à l'improviste sur les terres de l'empire, et séjourna en vainqueur dans le palais d'Aix-la- Chapelle. Mais cette expédition aven- tureuse, qui flattait la vanité française, ne servit qu'à amener les Germains, au nombre de soixante mille, Alle- mands, Lorrains, Flamands et Saxons, jusque sur les hauteurs de Montmar- tre, où cette grande armée chanta en chœur un des versets du *Te Deum*. L'empereur Othon, qui la conduisait, fut plus heureux, comme il arrive sou- vent, dans l'invasion que dans la re- traite. Battu par les Français au pas- sage de l'Aisne, ce ne fut qu'au moyen d'une trêve conclue avec le roi Lothaire qu'il put regagner sa frontière. Ce traité, conclu, à ce que disent les chroniques, contre le gré de l'armée française, ranima la querelle des deux partis, ou plutôt fournit un nouveau prétexte à des ressentiments qui n'a- vaient point cessé d'exister.

« Menacé, comme son père et son aïeul, par les adversaires implacables de la race des Carlovingiens, Lothaire tourna les yeux du côté du Rhin pour obtenir un appui en cas de détresse. Il fit remise à la cour impériale de ses conquêtes en Lorraine, et de toutes les prétentions de la France sur une partie de ce royaume. « Cette chose contrista grandement, dit un auteur contempo- rain, le cœur des seigneurs français. » Néanmoins, ils ne firent point éclater leur mécontentement d'une manière hostile. Instruits par le mauvais succès des tentatives faites depuis près de cent ans, ils ne voulaient plus rien entre- prendre contre la dynastie régnante, à moins d'être sûrs de réussir (*). »

(*) Aug. Thierry, Lettres sur l'histoire de France, p. 213 et suiv. 4ᵉ édit.

(*) Idem, ibid., p. 221 et suiv.; cité par M. Michelet, Histoire de France, t. I, p. 425.

L'appui de l'empereur donnait, en effet, trop de force à la dynastie carlovingienne; mais cette assistance allait bientôt cesser. Othon était appelé au delà des Alpes, dans cette Italie que son père avait conquise et qu'il conserva à force de cruauté. C'est une chose singulière que le changement qui s'opère dans la conduite des princes allemands sitôt qu'ils descendent en Italie : ces hommes, généralement bons, débonnaires, comme la race germanique, grossiers parfois, mais presque jamais cruels dans leur patrie, deviennent pour la péninsule des tyrans implacables; ils ne marchent qu'entourés de supplices, et semblent se venger par la cruauté d'un peuple plus civilisé, plus spirituel, et qui n'eut souvent contre les envahisseurs d'autres armes que les railleries et les sarcasmes. Appelé par le pape Boniface VII (980), Othon vint à Rome où il avait convoqué les seigneurs dont il suspectait la fidélité, et les fit massacrer dans un festin (*). Après cette perfidie, qui lui mérita le surnom de *Sanguinaire*, il crut pouvoir compter sur le nord et le centre de l'Italie, et songea à reprendre les projets de son père sur le midi de la péninsule. Son mariage avec Théophanie lui avait, pensait-il, donné un titre de plus, et il réclama des empereurs d'Orient, pour douaire de sa femme, les provinces de la Lucanie et de la Calabre, et la suzeraineté sur les républiques de Venise, de Naples, de Gaëte et d'Amalfi, qui, pour ne point lui obéir, faisaient valoir leur fidélité prétendue à l'empire d'Orient.

(*) Othon fut présent lui-même à l'exécution, et montra un horrible sang-froid. Il avait convié à un festin tous les grands de Rome et les députés des villes qui se trouvaient près de lui. Au milieu du repas on vit entrer, l'épée nue à la main, des soldats qui environnèrent la table. L'empereur recommanda un profond silence sous peine de la vie, puis un officier lut lentement les noms de ceux qui devaient être exécutés. Ils étaient aussitôt saisis par les soldats, traînés dans une chambre voisine et massacrés. Quand le dernier nom eut été lu, Othon fit sortir les soldats et continuer le repas.

« Constantin et Bazile, empereurs de Constantinople, après avoir vainement essayé de détourner par des négociations l'orage qui menaçait leurs possessions d'Italie, appelèrent à leur aide les Sarrasins de Sicile et d'Afrique. Othon, d'autre part, entra en Italie, en 980, avec une puissante armée, et fortifié par l'alliance de Pandolfe Tête de Fer, qui avait réuni sous son autorité l'ancien duché de Bénévent presque entier. Othon, dis-je, s'empara, en 982, de la ville de Tarente; puis il s'avança dans la Calabre ultérieure jusqu'à la bourgade de Basentello, située près du rivage de la mer. Il trouva l'armée combinée des Sarrasins et des Grecs qui l'attendait. La première attaque des Allemands fut vigoureuse et mit les Orientaux en désordre; mais une colonne de Sarrasins, qui formait le corps de réserve, fondit sur les vainqueurs au moment où, dans l'ardeur de la poursuite, ils avaient déjà rompu leurs rangs. Elle en fit un massacre effrayant. Pandolfe Tête de Fer, et beaucoup de comtes et de prélats guerriers, perdirent la vie dans cette déroute. L'armée d'Othon était détruite; aucun corps ne soutenait plus l'effort des ennemis, et l'empereur lui-même fuyait le long du rivage, craignant sans cesse d'être attaqué par les Sarrasins et massacré dans leur première fureur. Une galère grecque avait jeté l'ancre près de ce même rivage, et l'empereur, qui se voyait entre deux dangers également pressants, préféra se livrer à des ennemis civilisés plutôt que de tomber entre les mains d'une horde barbare. Il se fit connaître au commandant de la galère; il se rendit à lui, et chercha un asile sur son bord. Bientôt il s'aperçut que cet officier subalterne, ébloui par une fortune aussi inattendue, sacrifierait l'avantage de son pays au sien propre. Othon promit au Grec des monceaux d'or, sous condition qu'il le conduirait à Rossano, où l'impératrice Adélaïde, mère du monarque prisonnier, s'était enfermée. La galère fit voile vers cette ville; une négociation secrète s'établit entre le capitaine,

Othon et l'impératrice; des mulets, pesamment chargés, s'acheminèrent vers le rivage; des gardes du prince, conduits par Théodore, évêque de Metz, s'approchèrent dans une barque pour s'assurer si c'était bien lui qui, revêtu de pourpre, se montrait à eux sur le tillac; et tandis que les Grecs étaient distraits par leurs négociations, et que, accoutumés à ce que leurs propres empereurs ne sussent pas marcher sans l'appui des eunuques, ils gardaient leur prisonnier moins soigneusement, Othon s'élança dans la mer, gagna la barque de ses gardes à la nage, fit virer de bord, mit lui-même la main à la rame et parvint au bord avant que la galère ait pu l'atteindre. Le Grec, confus, vit rentrer dans la ville avec l'empereur les mulets qu'on n'en avait fait sortir que pour lui tendre un piége; et lui-même fut obligé de se retirer de la rade de Rossano, sans pouvoir se venger de ce qu'on l'avait trompé.

« Quoique les Grecs eussent laissé échapper un captif aussi important, leur victoire n'en était pas moins complète. Pendant le reste du règne d'Othon II et la minorité de son fils, ils étendirent leurs conquêtes en Italie, et les soumirent au gouvernement d'un officier qu'ils établirent à Bari avec le titre de Catapan. Ils bâtirent aussi la ville de Troja dans la Pouille, et plusieurs châteaux forts qui devaient les couvrir contre de nouvelles attaques. S'ils ne furent point troublés dans cet établissement, ce n'est pas que Othon II fût disposé à les laisser jouir en paix de leurs triomphes. Ce prince avait convoqué à Vérone une assemblée des états de Lombardie et d'Allemagne; il avait fait passer des troupes dans l'Italie méridionale, et il s'était rendu à Rome pour terminer les préparatifs de l'expédition qu'il méditait contre la Sicile, lorsqu'une maladie causée, à ce qu'on assure, par l'humiliation et le chagrin qu'il venait d'éprouver, l'emporta à la fleur de son âge. Les républiques de Venise, de Naples, d'Amalfi et de Gaëte, enveloppées dans les projets de vengeance d'Othon contre les empereurs d'Orient, furent sauvées d'une guerre désastreuse par cette mort prématurée (*). »

Tandis qu'Othon, avec les Francs, les Souabes et les Bavarois, cherchait à arracher aux Grecs quelques provinces de l'Italie méridionale, les Saxons défendaient les frontières du nord et du nord-est contre les Danois et les Slaves. Ceux-ci, comme nous l'avons dit, avaient embrassé le christianisme et s'étaient rendus tributaires de l'empire. Mais le duc, chargé de leur faire payer ce tribut, l'exigeait avec dureté; ils se soulevèrent, saccagèrent la Nordalbingie, pillèrent l'évêché de Havelberg, prirent Magdebourg, et s'avancèrent même jusqu'à Mersebourg. En l'absence de l'empereur, les seigneurs du nord-est, comtes et évêques, se liguèrent ensemble et formèrent une armée qui arrêta les ravages. Ces événements se passaient l'année même de la mort d'Othon en Italie.

Othon II avait favorisé comme son père les accroissements de la puissance ecclésiastique. Plusieurs villes épiscopales des bords du Rhin, de la Meuse et de la Moselle, avaient été séparées du duché de Lorraine pour être données en seigneuries à leurs évêques, sous la protection de l'empereur. C'est ainsi qu'une charte d'Othon, confirmée par son fils, prescrivait qu'aucun duc, comte, vicaire, ou quelque juge que ce soit, si ce n'est celui que l'évêque aurait choisi lui-même, ne pourrait avoir de juridiction dans la ville de Strasbourg ni dans les faubourgs. C'est ainsi encore que le grand Othon donna à l'évêque de Trèves, Mark, Kirn, Bergen, Pulzviller, Hulembach et Beatenfost, et que Othon II lui accorda le droit de battre monnaie dans deux villes de son diocèse.

OTHON III.
(983.)

Ce règne fut plus favorable encore au clergé que les précédents. Othon III, à peine âgé de six ans, était sous la tutelle de sa mère Théophanie et de

(*) Sismondi, Histoire des républiques italiennes, t. I, p. 247 et suiv.

l'archevêque de Cologne. Henri de Bavière, qui avait disputé la couronne à son père, ayant voulu se faire proclamer roi de Germanie, tout le clergé de l'Allemagne, qui voyait le jeune Othon entre les mains d'un archevêque, prit parti contre Henri, et le força d'abdiquer ses prétentions. Othon ne fut entouré que de clercs; son éducation fut confiée à l'archevêque de Mayence et à l'évêque d'Hildesheim. Son précepteur fut le fameux Gerbert, à qui sa science, immense pour l'époque, mérita la réputation de sorcier. Aussi l'Eglise se ressentit des influences qui le gouvernaient, lorsqu'on le fit voyager dans les diverses provinces de l'Allemagne. Il confirma et étendit partout les priviléges des évêchés et des abbayes. L'évêque de Worms fut confirmé dans les prérogatives de juge souverain de sa ville épiscopale. Celui de Liége obtint la confirmation du comté de Huy. L'abbé de Wertheim obtint le renouvellememt des franchises de son abbaye, et pour lui-même le droit d'être exempté du service militaire; car, malgré les capitulaires de Charlemagne, les évêques et les abbés étaient astreints à conduire eux-mêmes leurs hommes à l'armée, et portaient les éperons, une ceinture d'or et une épée. Les priviléges de l'abbaye de Billich sur le Rhin furent égalés à ceux des abbayes de Gandesheim et de Quedlembourg, les plus célèbres de toute l'Allemagne. (Le plus important de ces droits était l'exemption de la juridiction des évêques et de celle des comtes).

Les abbayes de Mourbach et de Weissembourg se ressentirent des libéralités d'Othon envers les clercs; de même que dans le nord, les évêchés de Sleeswik, de Rippen et de Harrus (*).

Les premières années de la minorité d'Othon furent troublées par les guerres continuelles que se firent les grands vassaux, mais surtout par les incursions des Slaves et des Danois.

(*) Othon donna une preuve singulière de sa piété : il se fit faire un habit sur lequel on voyait toute l'Apocalypse en broderies.

C'est toujours la même histoire, le retour des mêmes événements. Comme, au nord et à l'est, l'Allemagne n'avait point de frontières naturelles, sitôt que les peuplades pillardes qui bordaient les margraviats, voyaient quelque trouble s'élever dans l'empire, elles se jetaient sur les provinces voisines pour butiner.

EXPÉDITION D'OTHON EN ITALIE.

Comme son père et son aïeul, Othon prit grand intérêt à tout ce qui se passait au delà des Alpes. Établir son autorité dans la péninsule et à Rome fut presque la seule occupation de son règne sitôt qu'il put se conduire par lui-même.

Les papes que les princes allemands avaient imposés à Rome éprouvaient cette résistance qu'un peuple est toujours porté à opposer au chef qui leur est donné par les etrangers. Les souvenirs classiques de l'ancienne république romaine fermentaient dans la ville : on parlait de liberté, de tribuns ; un consul avait été créé : c'était Crescentius. Dès 980, il avait commencé à lutter contre les papes pour leur ôter toute part dans le gouvernement; en 996 il chassa de la ville le pape Jean XV, qui refusait de reconnaître son autorité, et ne le laissa revenir d'exil que lorsqu'il se fut soumis. Cependant Jean XV se lassa bientôt de la contrainte qui lui était imposée, et envoya, comme plusieurs de ses prédécesseurs, une ambassade à Othon III.

« L'empereur était déja parvenu à Ravenne, lorsqu'il apprit la mort du pontife; il désigna pour lui succéder un seigneur allemand, son parent, nommé Bruno, qui, avec l'appui des comtes de Tusculum et de l'armée qui s'avançait, fut élevé à la chaire de saint Pierre sous le nom de Grégoire V. Crescentius s'était retiré sur le môle d'Adrien à l'approche des troupes allemandes, et Grégoire, qui ne voulait pas commencer son pontificat par des actes de rigueur, s'interposa pour faire la paix entre l'empereur et le consul. Mais Othon ne tarda pas à repartir pour l'Allemagne; et le nouveau pontife, fier d'une dignité que dans sa patrie on respectait bien plus qu'à Rome, enorgueilli de sa naissance et de l'appui d'Othon, dont il se regardait comme le lieutenant, voulut se mettre au-dessus des lois et des priviléges du peuple. Crescentius comprit à quel danger serait exposée la liberté de Rome, si les empereurs, non contents de visiter la ville avec leurs armées allemandes, y laissaient encore des pontifes de leur famille, qui leur fussent entièrement dévoués (*). »

Il résolut de placer Rome sous la protection de l'empire grec, et ayant fait déposer Grégoire, il fit élire en sa place, sous le nom de Jean XVI, un Grec, évêque de Plaisance, et demanda des secours de l'empereur d'Orient. « Mais avant que les troupes qu'on attendait de Constantinople pour appuyer cette révolution, eussent débarqué en Italie, Othon III entra de nouveau à Rome, et Jean XVI tomba entre les mains de ses ennemis. En vain saint Nillus, abbé d'un monastère dans le voisinage de Gaëte, vint, à l'âge de quatre-vingt-dix ans, se jeter aux pieds de l'empereur et du pape Grégoire, pour implorer leur miséricorde; en vain il leur rappela que l'évêque de Plaisance les avait tenus, l'un et l'autre, sur les fonts de baptême; en vain il les supplia de lui accorder la vie de son malheureux compatriote, au lieu des stériles honneurs qu'ils rendaient à ses cheveux blancs, rien ne put toucher le haineux pontife. Jean XVI, mutilé avec férocité, fut soumis à un long supplice, dont le seul récit révolte la nature.

« Crescentius s'était retiré avec tous les vieux amis de la liberté dans le môle d'Adrien, qui, d'après lui, fut nommé long-temps *Tour de Crescentius*. Othon III fit de vains efforts pour les soumettre; mais ce massif de pierres qui, sur un diamètre de deux cent cinquante pieds, ne présente d'autre vide ou d'autre ouverture qu'un escalier étroit, était assez solide pour résister aux attaques des hommes, comme il a résisté à celles du temps. L'empereur feignit enfin de vouloir entrer en négociations : il s'engagea sur sa parole royale à respecter la vie de Crescentius et les droits de ses concitoyens; mais, dès qu'à l'aide de cette promesse il se fut emparé de sa personne, il lui fit trancher la tête, ainsi qu'à plusieurs de ses partisans.

« La veuve de Crescentius, Stéphanie, déguisant sa profonde douleur, et se taisant sur les outrages auxquels elle avait été exposée, cherchait à tout prix à s'approcher d'Othon, pour tirer de lui une vengeance signalée. Depuis qu'une brutale violence avait détruit pour elle la gloire et la pureté de sa vie, elle croyait que la beauté qui lui était restée ne devait plus lui servir que comme instrument de vengeance. Othon était revenu malade d'un pèlerinage au mont Gargano, où ses remords, peut-être, l'avaient conduit. Stéphanie lui fit parler de son habileté dans la médecine. Sous ses habits de deuil, elle l'éblouit encore par ses charmes, et, comme sa maîtresse ou comme son médecin, ayant gagné sa confiance, elle lui administra un poison qui le conduisit bientôt à une mort douloureuse.

« Les historiens allemands, enclins à pardonner à la jeunesse d'un prince qui n'avait que vingt-deux ans lorsqu'il mourut, s'efforcent de relever le caractère d'Othon III. Cependant aucune action glorieuse n'est citée à l'appui de leurs éloges. Dernier rejeton de la maison de Saxe, il mourut, sans enfants, l'an 1002, à Paterno, près de Città-Castellana, détesté des Romains, qui cherchaient chaque année à secouer le joug injuste qu'il voulait leur imposer (*). »

Il y a encore sur Othon III une autre terrible histoire. Selon quelques historiens, ce prince avait épousé Marie d'Aragon. Dans un voyage en Lombardie, l'impératrice oublia son rang

---

(*) Sismondi, Histoire des républiques italiennes, t. I, p. 160.

(*) Sismondi, Histoire des républiques italiennes, t. I, p. 163 et suiv.

et ses devoirs pour un jeune comte italien, dont elle s'éprit avec passion, mais qui repoussa toutes ses avances. Dans le cœur d'une femme, la haine remplace aisément l'amour. De dépit, elle dénonça à son époux le comte comme un suborneur. Othon, trop crédule, condamna le jeune seigneur à perdre la tête, et fit exécuter l'arrêt le jour même. Mais avant d'aller au supplice, le comte raconta à sa femme la conduite de l'impératrice, et marcha ensuite à la mort. La comtesse, au désespoir, courut trouver l'empereur, qui rendait alors justice dans la plaine de Roncaglia, suivant la coutume des rois d'Italie. Elle cita l'impératrice au tribunal du prince, raconta tout ce que son mari lui avait confié; et pour persuader l'empereur, elle se soumit à l'épreuve du fer rouge, et prouva par là la fausseté de l'accusation de l'impératrice, qui, par son silence et son trouble, marquait assez qu'elle était coupable. L'empereur, voyant qu'elle ne pouvait se justifier, la condamna à être brûlée vive, et fit exécuter publiquement cet arrêt dans la ville de Modène. Selon d'autres, l'impératrice aurait été seulement disgraciée; et d'autres encore, parmi eux Muratori, ne croient même pas au mariage d'Othon avec Marie d'Aragon. Quoi qu'il en soit, Othon mourut sans laisser de postérité.

HENRI II.
(1002-1024.)

A voir Othon III tenir à Rome une cour semblable à celle des empereurs grecs, s'entourer de tous les souvenirs de l'empire romain, embellir l'ancienne capitale du monde, dont il voulait faire le siége de son empire, créer enfin des royaumes (*), on aurait cru au renouvellement de l'empire d'Occident (**); mais c'était une espé-

(*) Othon avait érigé le duché de Pologne en royaume relevant de l'empire, en faveur de Boleslas.

(**) Othon était tellement préoccupé de l'idée du nouvel empire, qu'il voulut voir face à face celui qui l'avait le premier rétabli. Étant arrivé à Aix-la-Chapelle, il fit

rance qu'il n'était plus donné à personne de réaliser. Charlemagne avait bien pu réunir une fois tout le monde barbare, comme Rome avait déjà fait pour l'ancien monde. Mais une fois suffisait; car il ne fallait point que ces peuples allassent prématurément perdre leur individualité dans l'immensité d'un seul royaume. Si Rome plaça et retint sous sa main tout le monde ancien, c'est que chacune de ses parties, Grèce, Afrique, Asie, avaient vécu long-temps de leur vie propre; c'est qu'elles se mouraient de décrépitude, et que, pour les régénérer, il fallait en former comme un seul corps, où l'on pût faire circuler une vie nouvelle. Au temps de Charlemagne, les peuples de l'Europe étaient, pour ainsi dire, nés de la veille. Avant d'être abandonné à eux-mêmes, ils furent, au point de départ, réunis un instant, afin que le souvenir de cette union leur restât toujours dans l'esprit, et qu'ils tendissent, par de communs efforts, à la reformer un jour.

La tentative des Othon ne pouvait réussir. Vouloir attacher l'Italie à l'Allemagne, c'était atteler au même char un bœuf au pas fort mais lent, et une cavale fougueuse et indomptable. Sitôt qu'Othon fut mort, l'Italie brisa son joug.

La gloire d'Othon le Grand avait assuré à son fils et à son petit-fils la

ouvrir le tombeau de Charlemagne. On le trouva sous une voûte souterraine; le corps n'était pas couché selon l'usage ordinaire, mais assis sur un trône d'or, revêtu de tous les ornements impériaux, avec un sceptre d'or dans la main et sur la tête une couronne enrichie de pierreries. Ses ongles, dit le chroniqueur, avaient continué de croître et avaient percé les gants dont ses mains étaient couvertes. Toutes les parties de son corps étaient dans un état de conservation parfaite, à l'exception du nez qui était légèrement endommagé. Othon le fit tirer de ce caveau et le mit au côté droit de l'église dans une niche d'or. Il envoya son trône à Boleslas, roi de Pologne, en reconnaissance du bras de saint Adalbert, dont il lui avait fait présent, et retint pour lui une croix d'or que portait Charlemagne.

couronne de Germanie. Cette dignité semblait héréditaire dans la maison de Saxe. Mais Othon III n'ayant point laissé d'enfants, ce fut une occasion pour la nation de rentrer dans l'exercice de ses droits. Il y avait cependant encore un prince de cette maison, Henri, duc Bavière, arrière-petit-fils de Henri l'Oiseleur. Il se porta, concurremment avec plusieurs autres ducs, pour candidat à la couronne. Lorsqu'on avait rapporté le corps d'Othon en Germanie, Henri l'avait reçu avec les plus grands honneurs; il avait aussi donné de grands présents aux chefs de l'armée, et fait distribuer aux soldats des logements et des vivres, cherchant ainsi à gagner à l'avance leurs suffrages. Enfin, à titre de plus proche parent de l'empereur, il s'était fait livrer tous les ornements impériaux : la croix, le globe, le sceptre et la couronne. Le compétiteur le plus difficile à écarter était Hermann, duc de Souabe. Il voulut, avec une armée, fermer le chemin de Mayence au duc de Bavière; mais Henri le trompa par une fausse marche, et arriva dans la ville, où il fut proclamé.

La guerre contre Hermann, qui suivit le couronnement de Henri, eut pour résultat la dévastation de l'Alsace et de la Souabe. C'est dans cette guerre que l'ancienne église de Strasbourg fut brûlée; il n'en resta rien que le chœur, bâti, dit-on, en pierre par Charlemagne (*). Une des principales conditions de la paix que Henri accorda à Hermann, fut qu'il réparerait les torts qu'il avait faits à l'évêque de Strasbourg, et qu'il ferait reconstruire l'église de cette ville. En effet, l'évêque Werner, aidé des libéralités du roi, jeta en 1015 les fondements de ce grand édifice. Mais l'ouvrage avança lentement, et ce ne fut qu'en 1277 que l'on commença à travailler à la grande tour.

(*) Strasbourg rapporte la construction de son église aux noms les plus glorieux de l'histoire des Francs. Ainsi, c'est Clovis qui en construisit la nef; et Charlemagne qui en bâtit le chœur.

Après la soumission d'Hermann, Henri fut encore obligé d'aller se faire reconnaître successivement dans tous les duchés, d'abord en Saxe, où il reçut les hommages des seigneurs laïques et ecclésiastiques, du roi de Pologne et des Poméraniens; puis dans la Lorraine, dont le duc entretenait avec Hermann des relations qui auraient pu causer quelque trouble dans l'empire : la présence du roi suffit pour prévenir la révolte. Le couronnement de Henri avait été fait à la hâte; plusieurs des formalités en usage avaient été omises, et son titre pouvait en paraître invalidé. Afin de prévenir toute réclamation, Henri se fit couronner une seconde fois à Aix-la-Chapelle.

Mais l'Allemagne ne resta pas longtemps tranquille. La guerre éclata à la fois au dedans et au dehors, dans la Franconie et dans les marches de l'Est. Il semblait que les frontières orientales de l'Allemagne ne pourraient jamais jouir d'une paix assurée. D'abord elles avaient été incessamment ravagées par les Bohêmes et les Moraves, puis par les Hongrois; et maintenant que ces peuples commencent à se tenir en repos, voici que tout à coup la Pologne devient un puissant royaume qui menace de s'étendre sur une partie des provinces germaniques. Le duc Boleslas de Bohême étant mort en 999, le roi de Pologne voulut profiter de la faiblesse du nouveau duc pour s'emparer de Cracovie. Cette ville fut prise, et les Polonais, encouragés par ce succès, se jetèrent sur la Silésie et la Moravie, qui furent entièrement saccagées. Lorsque le duc de Bohême eut demandé la paix pour arrêter ces ravages, le roi de Pologne envahit la Lusace et la Misnie, s'empara de Meissen, et fit jurer fidélité aux habitants. Mais bientôt l'occasion se présenta de faire une conquête plus importante. Boleslas ayant été chassé par ses peuples, vint chercher un asile en Pologne. Le roi l'accueillit volontiers, et, quelque temps après, le rétablit dans ses états. Mais à peine fut-il en possession paisible de la Bohême, que, pour se venger de ceux qui l'avaient chassé, il les fit assassiner dans un repas auquel il les avait invités. Cette perfidie excita de toutes parts un soulèvement général; de toutes parts on s'adressa au roi de Pologne qui, s'étant emparé par trahison de Boleslas, lui fit crever les yeux et le relégua en exil sur les frontières orientales de la Pologne; puis il vint à Prague, et se fit reconnaître pour duc de Bohême.

Le roi Henri, effrayé de ces conquêtes, envoya d'abord demander au Polonais l'hommage pour la Misnie, la Lusace et la Bohême; et, sur son refus, lui déclara la guerre. Mais aussitôt des révoltes éclatèrent contre lui au sein même de l'Allemagne. Le margrave, Henri de Schweinfurt, à qui le roi avait refusé le duché de Bavière, son propre frère, Brunon, et le margrave d'Autriche, Ernest, fils de Léopold, se liguèrent contre lui. Henri poussa vigoureusement la guerre; les confédérés n'étant point soutenus par le roi de Pologne, furent battus; le margrave Henri perdit successivement toutes les places, jusqu'au château de Schweinfurt, le manoir de ses ancêtres, qui fut démantelé. Brunon et Henri n'eurent bientôt plus d'autres ressources que de s'enfuir en Bohême.

Ainsi la puissance royale triomphait: si elle ne pouvait prévenir les révoltes, du moins elle les comprimait par la force; car les rebelles n'étant jamais que les représentants d'un intérêt individuel, d'une ambition particulière, ne pouvaient jamais l'emporter sur le roi, le représentant des intérêts généraux, le conservateur de l'ordre et de la tranquillité de l'empire. Aussi voyons-nous les évêques et les abbés, si puissants en Allemagne, accourir en foule autour de celui qui a été régulièrement investi de la force publique. Ainsi, par exemple, un abbé et un évêque, Henri, évêque de Würtzbourg, et Erkambauld, abbé de Fulde, furent chargés de terminer, avec leurs propres troupes, les dernières opérations de la guerre contre le margrave de Schweinfurt.

Sitôt qu'il eut apaisé cette révolte dangereuse, Henri marcha contre les Slaves du Holstein; et après quelques dégâts dans le pays, il laissa une armée sur leurs frontières. La même année, 1004, il passa en Italie, où les évêques et les seigneurs, las de la domination allemande, s'étaient donnés un roi national, et avaient déféré à Ardouin, marquis d'Ivrée, la couronne de Lombardie. « Le pacte que la nation italienne avait fait avec la maison de Saxe était annulé par l'extinction de cette maison : les deux royaumes d'Allemagne et d'Italie n'étaient nullement dépendants l'un de l'autre, et aucune loi n'obligeait à en confier l'administration au même monarque. Cependant les Allemands considéraient l'élection d'un roi lombard comme une rébellion; ils se disposèrent à reconquérir l'Italie, et leur jalousie, une fois excitée, ils traitèrent toujours les Italiens comme un peuple ennemi ou rebelle qu'il fallait effrayer par de rigoureux châtiments pour le plier sous le joug. Les Othon avaient été les protecteurs de la liberté des villes; les Henri, par leur défiance ou leur dureté, contraignirent ces villes à tourner contre eux les forces que la liberté leur avait rendues.

« L'élection d'Ardouin avait été faite à Pavie; ce fut aux yeux des Milanais une raison suffisante pour se déclarer contre lui : car Pavie et Milan se disputaient le premier rang dans le royaume de Lombardie, et ces deux villes se sentaient déjà assez fortes et assez indépendantes pour se livrer à leur jalousie l'une contre l'autre. L'archevêque de Milan, Arnolphe, avait de son côté un sujet de mécontentement contre Ardouin. Il n'était revenu qu'après la diète de Pavie, d'une ambassade de Constantinople, où Othon III l'avait envoyé, et regardait comme illégitime l'élection d'un roi à laquelle le premier prince ecclésiastique de la nation n'avait pas pris de part. Il convoqua une nouvelle diète à Roncaglia, dans laquelle Henri d'Allemagne fut reconnu pour roi des Lombards : l'archevêque et la ville de Milan lui promirent leurs secours; et Henri lui-même, après avoir affermi son autorité dans le nord, entra en Italie par la marche de Vérone. Les troupes d'Ardouin se dissipèrent : ce monarque fut obligé de chercher un refuge dans ses forteresses du marquisat d'Ivrée, et le conquérant s'avança sans éprouver de résistance jusqu'à Pavie, où il reçut la couronne d'Italie des mains de l'archevêque de Milan.

« Le jour même du couronnement de Henri, l'indiscipline de ses troupes donna aux habitants de Pavie de nouveaux motifs pour s'attacher à son rival. Les Allemands, pris de vin, insultèrent les bourgeois, et ceux-ci se virent forcés à repousser par les armes les outrages d'une soldatesque indisciplinée. Les courtisans de Henri lui présentaient ce tumulte comme *une fureur de populace, comme l'explosion d'une arrogance d'esclaves*, qu'il fallait réprimer par la force; mais la rébellion était plus générale et le danger plus réel qu'ils ne l'annonçaient. Henri se vit assiégé dans son palais que ses gardes défendaient avec peine. Pour le délivrer et soumettre les Pavesans révoltés, il fallut que l'armée, qui était campée hors des murs, et qui ne pouvait s'avancer dans les rues fermées par des barricades, mît le feu à la ville. L'incendie s'étendit rapidement et favorisa le massacre. La superbe capitale des Lombards ne fut bientôt plus qu'un monceau de ruines, arrosé de sang, dont Henri s'éloigna en hâte avec son armée. Les Pavesans rebâtirent cependant leur ville; mais, en consacrant les nouvelles murailles, ils jurèrent de se venger des Allemands; ils proclamèrent de nouveau Ardouin, et ils vouèrent leurs armées et leur fortune à relever son trône (*). »

Henri mettait plus de prix à la conservation de l'Allemagne qu'à celle d'une vaine ombre de pouvoir en Lombardie : il laissa passer dix années sans y porter de nouveau ses armes; car il avait de l'autre côté des Alpes des affaires trop sérieuses. La position que les Polonais avaient prise dans la Bohême était trop menaçante pour que le roi ne cherchât pas à les en chasser. D'abord il voulut attaquer la Pologne elle-même; mais les pluies et les débordements des fleuves ayant arrêté la marche de son armée, il se retourna sur la Bohême. Le roi de Pologne, Boleslas Chrobry, ne l'attendant pas, il battit le peu de troupes qui lui fut opposé, et, aidé par la répugnance qu'avaient les Bohémiens pour les Polonais, il entra dans Prague, et donna à Jaromir, le frère de l'ancien duc, l'investiture de la Bohême comme fief de l'empire. Poursuivant cette expédition si heureusement commencée, il pénétra dans la Misnie, s'empara de Budissen, et remporta, sur les bords de l'Oder, une victoire qui força Boleslas de demander la paix.

Mais ce prince, que les Russes avaient surnommé l'*Intrépide*, ne renonça point à l'idée de reprendre tous les pays habités jadis par les Slaves au delà de l'Oder. Tout ce que les Slaves avaient possédé le long de l'Elbe, le Holstein et toute la Chersonèse cimbrique payèrent tribut à la Pologne. Enflé de ses succès, Boleslas fit élever, au confluent de l'Elbe et de la Sala, trois colonnes de fer pour marquer les limites de ses conquêtes. Mais Henri, le duc de Bohême, et le margrave d'Autriche, se réunirent pour arrêter ses progrès. La guerre dura, avec des chances diverses, jusqu'en 1018. Alors le roi de Germanie envoya à Budissen des députés à Boleslas, et la paix fut encore une fois conclue entre les deux royaumes, mais non, ajoute Dithmar, à l'honneur de l'empire.

Henri était trop occupé pour pouvoir pousser avec activité la guerre contre la Pologne. L'Italie, la Lorraine, la Bourgogne réclamaient également son attention. Le duché de basse Lorraine étant devenu vacant par la mort d'Othon, dernier descendant de Charlemagne, Henri prétendit que le duché, à titre de fief masculin, revenait à l'empire, et le conféra à Godefroi, comte des Ardennes et de Verdun. Mais les comtes de Namur et de Hainaut,

(*) Sismondi, Histoire des républiques italiennes, t. I, p. 102 et suiv.

soutenus par le comte Baudouin de Flandre, revendiquèrent cet héritage comme leur appartenant du chef de leurs femmes. La France s'en mêla; le roi Robert, le duc de Normandie et plusieurs autres seigneurs aidèrent Baudouin de leurs troupes, lorsque le roi de Germanie vint assiéger la ville de Valenciennes. Henri fut contraint de se retirer.

La guerre qui éclata à la même époque dans la haute Lorraine eut un motif malheureusement trop commun alors. L'évêque de Metz étant mort en 1004, Thierri, duc de la haute Lorraine, donna cet évêché à son fils, encore enfant; seulement il lui adjoignit un seigneur pour l'administration temporelle de l'Église. Mais le tuteur prit la place de l'évêque pupille et le chassa de Metz. Le roi vint assiéger cette ville; mais l'enfant étant mort sur les entrefaites, Henri laissa l'évêché à celui qui l'occupait. Les évêchés d'Allemagne étaient trop riches pour ne pas exciter vivement l'ambition des seigneurs séculiers, qui tâchaient de les faire rester dans leurs familles, comme une partie de leur patrimoine.

Une guerre de même nature éclata dans l'évêché de Trèves. Cette fois-ci, c'étaient deux compétiteurs qui se disputaient à main armée leur dignité et leur siège épiscopal. Henri prit aussi parti pour l'un des deux, et vint mettre le siège devant Trèves; il y resta pendant six mois, et Trèves qui, depuis les irruptions des Normands, s'était rétabli, fut de nouveau presque entièrement ruinée. Toutefois, le roi ne put s'en emparer, et l'évêque qu'il soutenait resta dans le château de Coblentz, d'où il gouverna son diocèse jusqu'à la fin de sa vie. Tant de fatigues, de guerres à soutenir, de querelles à terminer, lassèrent l'empereur, et le décidèrent à quitter le siècle pour la vie monastique. Il voulut se faire recevoir simple chanoine au chapitre de Strasbourg; mais les princes de l'empire s'y opposèrent : ils lui montrèrent l'Allemagne ruinée après son abdication par les prétentions rivales des seigneurs, par les incursions des Polonais et les ravages des Slaves du Holstein, qui, après avoir été soumis pendant soixante-dix ans à l'empire, venaient de renoncer au christianisme et de faire périr tous leurs prêtres dans les tourments. Henri se rendit à ces conseils et se contenta de fonder une riche prébende destinée à un chanoine qui tiendrait, dans l'Église, la place qu'il désirait occuper lui-même. Depuis cette fondation, faite en 1012, le chanoine qui en jouit fut appelé *le roi du chœur*.

HENRI REÇOIT LA COURONNE IMPÉRIALE.

L'Italie était toujours en proie à la guerre civile. Les villes de la Lombardie s'étaient partagées entre Ardouin et Henri, et, sous le nom de ces deux princes, vidaient leur propre querelle. Ardouin ne paraissait pas plus dans ces guerres que son compétiteur, qui entendait rarement parler de ce que ses fidèles sujets les Milanais, etc., faisaient au delà des Alpes contre ses ennemis les Pavesans. Cependant, en 1012, Henri fut sollicité d'intervenir sérieusement dans les affaires de l'Italie. Les Romains s'étaient divisés en deux partis pour l'élection d'un pape. Chaque faction avait nommé le sien, et le plus faible, Benoît VIII, chassé de la ville, était venu jusqu'à Paderborn, dans tout l'appareil de sa dignité, demander au roi de Germanie de le rétablir sur son siège. En même temps, l'archevêque de Milan vint se plaindre contre Ardouin, qui ne cessait de désoler par ses ravages le territoire de Milan. Henri leur promit son aide; et, après avoir réuni à Groningue une diète, dans laquelle on délibéra sur les mesures à prendre pour protéger l'Allemagne contre les Slaves et les Polonais, il passa les Alpes et traversa la Lombardie sans rencontrer de résistance. A son approche, Ardouin s'était retiré dans son marquisat d'Ivrée. Henri tint une diète à Roncaglia, dans laquelle furent arrêtées plusieurs lois concernant la police du royaume. Ces lois imposent à chaque instant le combat judiciaire à celui qui nie sa culpabilité.

Ce fut le 22 du mois de février 1014 qu'il entra à Rome; le pape le reçut sur les degrés de l'église de Saint-Pierre, et lui dit : *Voulez-vous être le défenseur de l'Église et garder à moi et à mes successeurs la fidélité en toutes choses?* Henri ayant promis, le pape l'introduisit dans l'église, le sacra et le couronna empereur. Henri, après cette cérémonie, quitta l'Italie sans rencontrer, non plus qu'à son arrivée, les troupes d'Ardouin. Cependant ce dernier, lorsqu'il sut l'empereur au delà des Alpes, se remit en campagne; mais les archevêques de Milan et de Ravenne battirent ses troupes, et le forcèrent d'aller, de lassitude et de dépit, s'enfermer dans un monastère, où il mourut au bout de trois ans.

La même chose faillit arriver à son adversaire. Henri avait, en descendant des Alpes, visité la Bourgogne et la Lorraine; arrivé au monastère de Saint-Vannes de Verdun, il prononça en entrant ces mots du psalmiste : *C'est ici mon repos pour toujours, c'est l'habitation que j'ai choisie.* Ces paroles semblaient annoncer l'intention que le roi avait déjà montrée de quitter le siècle; l'abbé l'ayant en effet interrogé, il répondit qu'il voulait prendre l'habit religieux, pour servir Dieu dans cette communauté avec les moines. « Voulez-vous, dit l'abbé, selon la règle et à l'imitation de Jésus-Christ, être obéissant jusqu'à la mort? — C'est mon désir. — Eh bien, je vous reçois pour moine; je me charge du soin de votre ame, mais je veux que vous fassiez tout ce que je vous ordonnerai. » Henri ayant répondu qu'il était prêt à obéir en toutes choses, l'abbé ajouta : « Maintenant que je suis votre supérieur spirituel, je vous ordonne de continuer à gouverner l'empire, d'être ferme en rendant la justice, et d'user de toute votre autorité pour procurer aux peuples la paix et la tranquillité. » Henri se soumit.

ACQUISITION DE LA BOURGOGNE.

Quelque temps après, l'empereur fit une acquisition importante : le roi Arnulf avait déjà voulu exercer les droits de suzeraineté sur la Bourgogne; mais ses successeurs n'avaient trouvé ni le temps, ni les moyens de les faire valoir. La Bourgogne formait donc un royaume indépendant (*). Mais Rodolphe III voyant la plupart des seigneurs soulevés contre lui, s'adressa à l'empereur, et, pour obtenir plus sûrement ses secours, il fit avec ce prince un acte par lequel il lui cédait tous ses états; mais lorsque ce traité fut connu, il excita un soulèvement général. Henri fut contraint de réunir une armée avec laquelle il ravagea le plat pays. Il n'y avait point assez de force ni d'union parmi les seigneurs bourguignons, pour qu'ils pussent résister : ils se soumirent, et vinrent avec Rodolphe à Mayence, où Henri reçut des mains du roi le sceptre et la couronne. L'ancien traité fut confirmé par de nouveaux serments (mars 1018).

Les dernières années du règne de Henri furent employées à une troisième expédition au delà des Alpes. Les Grecs avaient reconquis plusieurs villes sur la côte adriatique, ainsi que toute la Pouille, excepté le mont Gargan; un seigneur de la Pouille, Melo, qui, avec le secours des Normands, avait voulu arrêter leurs progrès, avait été vaincu; il s'était rendu près de Henri. Sollicité par lui et par le pape Benoît VIII, qui craignait de voir bientôt Rome retomber sous la main des Grecs, l'empereur passa les Alpes, prit Troja, reçut l'hommage des princes de Capoue, du prince de Salerne et du duc de Naples, et repartit, laissant derrière lui ces Normands qui, venus en Italie comme pèlerins, s'y fixèrent comme conquérants, et formèrent bientôt dans l'Italie méridionale et la Sicile un nouveau royaume ennemi des deux empires.

Henri mourut l'an 1024. Avant d'expirer, il dit aux parents de l'impératrice : *Je vous la rends vierge comme je l'ai*

(*) Ce royaume comprenait alors la Franche-Comté, la Savoie, le Piémont, le Lyonnais et une partie de la Provence.

reçue : ils avaient tous deux fait vœu de chasteté. En ce prince finit la maison de Saxe qui avait gouverné l'empire presque d'une manière héréditaire depuis Henri l'Oiseleur. Toutefois il n'y avait point prescription pour les droits des peuples, car nous avons vu combien il fallut à Henri II de sollicitations pour obtenir son élection, qu'il dut même acheter par des concessions importantes. Son avénement est en effet signalé par le premier exemple d'une *capitulation* imposée par les électeurs à l'élu.

EMPEREURS FRANCONIENS.

CONRAD II, LE SALIQUE.

(1024-1039.)

Pendant les deux mois qui suivirent la mort de Henri, l'empire resta sans chef ; mais cependant, sur les sollicitations des évêques, intéressés à faire cesser l'interrègne, une assemblée se tint sur les bords du Rhin, entre Mayence et Oppenheim. Sur la rive droite étaient les Saxons, les Bohémiens et les autres Slaves, les Franconiens, les Allemands, les Bavarois et ceux de la Carinthie ; sur la rive gauche campaient les peuples de la haute et de la basse Lorraine. Long-temps l'on fut indécis sur le choix du nouveau roi. On ne voulait plus d'un roi saxon ; car les faveurs que les derniers empereurs avaient fait tomber sur les hommes de cette race, auxquels ils avaient conféré fiefs et dignités, avaient excité la jalousie des autres nations. Ce fut encore dans l'ancien pays des Francs que l'on chercha un candidat. Les suffrages se partagèrent entre deux princes, tous deux appelés du nom de Conrad, et tous deux descendants d'un frère de ce Conrad, de Franconie, qui avait succédé à Louis l'Enfant. Celui qu'on appelait Conrad l'Ancien était un simple comte des bords du Rhin ; ce fut lui cependant que l'on choisit, par cela même, sans doute, qu'il était peu puissant. Le peuple ayant demandé à l'archevêque de Mayence auquel il donnait sa voix, le pontife se déclara pour Conrad l'Ancien : son avis fut adopté par les autres princes et évêques, et Conrad surnommé le Salique fut proclamé.

Il n'y avait point alors de ville qui servît de capitale à tout l'empire et de résidence ordinaire au souverain. Comme les biens du domaine royal étaient répandus dans toutes les provinces, il fallait, pour en consommer les revenus, qui presque toujours étaient en nature, voyager sans cesse d'un manoir à un autre ; d'ailleurs, le prince était obligé aussi de se présenter en personne, pour se faire reconnaître partout. C'était encore un moyen de faire sentir l'action de l'autorité royale ; car les vassaux, qui auraient désobéi peut-être à des ordres transmis par les officiers royaux, n'osaient, en présence du suzerain, se soustraire à aucune de leurs obligations. Ainsi, de Mayence, Conrad se rendit à Aix-la-Chapelle ; puis il visita les villes entre le Rhin, la Meuse et la Moselle, descendit jusqu'à Liége, parcourut la Saxe, tint une diète provinciale à Minden, et s'arrêta quelque temps à Magdebourg, où l'évêque lui fit confirmer une ancienne charte d'Othon le Grand, portant : qu'on n'inquiétera point les marchands de Magdebourg dans le commerce qu'ils feront dans l'intérieur de l'empire et au dehors ; que leurs marchandises seront exemptes des péages et autres impôts que l'on exige par terre et par eau, excepté cependant à Mayence, Cologne et Bardevic, où elles paieront les droits ordinaires ; enfin, qu'il est défendu, sous peine d'être mis au ban de l'empire, de détruire les ponts, les grands chemins et les autres routes par où passent les marchandises.

Après avoir visité la Saxe et la Westphalie, il prit sa route par la Thuringe, pour visiter la Lusace et les provinces de l'empire voisines de la Pologne. Lorsqu'il eut mis en état de défense toutes les villes frontières, il revint en Franconie, alla célébrer les fêtes de Pâques à Ratisbonne et celles de la Pentecôte à Constance : arrivé sur les frontières du royaume de Bourgogne, il força Rodolphe à renouveler en sa faveur la donation qu'il avait faite à Henri II.

EXPÉDITION EN ITALIE.

Pendant que Conrad était à Constance, il vit arriver près de lui l'archevêque de Milan et plusieurs autres seigneurs de Lombardie, qui vinrent lui prêter hommage et le presser de passer les Alpes. A la mort de Henri II, un parti nombreux, qui ne voulait plus de la domination allemande, avait offert la couronne au roi de France Robert, ou à son fils Hugues, et sur leur refus, au fils du puissant duc d'Aquitaine Guillaume le Grand. Robert n'avait point accepté ; mais il n'en aurait pas moins vu avec plaisir Conrad réduit au titre de roi de Germanie. Aussi il entra volontiers dans une ligue formée contre lui pour le retenir en Allemagne. Les seigneurs de Lorraine, qui s'étaient toujours opposés à l'élection de Conrad, et Ernest, duc de Souabe, qu'il avait dépouillé, s'unirent moins pour favoriser l'expédition du duc d'Aquitaine, qu'afin de renverser Conrad et de mettre à sa place son ancien compétiteur. Mais le roi de Germanie déjoua cette ligue : fort de l'assistance des évêques, toujours jaloux des grands, il contraignit les seigneurs lorrains, ainsi qu'Ernest, à venir faire leur soumission à Aix-la-Chapelle.

Avant de passer les Alpes, Conrad fit publier dans chaque province, que tout seigneur qui troublerait la paix de l'Église serait mis au ban de l'empire ; il fit ensuite élire et couronner roi de Germanie son fils Henri, puis il s'achemina avec son armée vers l'Italie. Le parti du duc d'Aquitaine était bien tombé ; ce seigneur avait même renoncé à l'expédition qu'il avait entreprise ; cependant Conrad trouva encore une assez vive résistance, puisqu'il fut obligé de passer une année entière dans le nord de la Péninsule. Il fallut qu'il mît le siége devant Pavie. A Ravenne, il y eut de longs combats dans l'intérieur de la ville entre les habitants et les Impériaux. Lucques fut obligée de se rendre à composition. Enfin, il arriva à Rome, où il fut couronné empereur ; il poussa même plus avant, et reçut les hommages des seigneurs de Bénévent, Capoue et Bari.

CONRAD ÉTEND SA PUISSANCE EN ALLEMAGNE.

Ainsi son pouvoir paraissait fermement établi sur toute l'Italie. Mais cet ancien parti qui s'était opposé à son élection, avait profité de son absence pour attaquer, dans la Souabe, l'Alsace et la Bourgogne, ceux qui soutenaient l'empereur. Conrad revint en toute hâte et assembla à Ulm une diète générale. Les confédérés étaient trop faibles pour lutter contre lui : ils se soumirent. Le comte Welf et Ernest de Souabe furent dépouillés quelque temps après. L'empereur voulut rendre à Ernest son duché, mais à condition qu'il combattrait ses anciens partisans, qui avaient encore les armes à la main : Ernest s'y refusa, fut mis au ban de l'empire, et périt dans une bataille que lui livrèrent les troupes impériales.

Conrad donna le duché d'Ernest à son frère Hermann ; mais comme Hermann était encore enfant, l'évêque de Constance fut chargé de l'administration de la province. Déjà Conrad avait investi son fils Henri du duché de Bavière ; la minorité de Hermann mettait celui de Souabe à sa disposition. Enfin la mort de Rodolphe III mit la Bourgogne entre ses mains (1032). Ainsi son pouvoir se fortifiait dans l'Allemagne du sud-ouest. Au titre d'empereur et de roi d'Italie, il pouvait ajouter les forces des provinces dont il était maître par lui-même ou par les siens.

CONRAD ASSURE SA SUZERAINETÉ SUR LES SLAVES.

Dans le même temps où l'empire s'accroissait à l'ouest de tout le royaume de Bourgogne, Conrad par des victoires assurait à l'est sa suzeraineté sur les Slaves. A la mort de Henri II, la suprématie de l'empire était fort équivoque, et le roi de Pologne Boleslas, loin de se soumettre, songeait toujours à étendre davantage ses conquêtes du côté de la Moravie et de la Saxe. En 1029, le margrave de Misnie, Thietmar, étant mort, les Polonais, qu'il avait jusque-là contenus, profitèrent de cette occasion pour faire irruption dans les pays entre l'Elbe et la Saal. Plus de cent bourgs ou villages furent brûlés, et un grand nombre d'habitants emmenés en captivité. Conrad, qui alors combattait le roi de Hongrie, Étienne, pour se venger d'une injure faite par ce prince à ses ambassadeurs, se hâta de conclure la paix avec lui. Il s'unit avec Othon, frère de Micislas, fils et successeur de Boleslas, et tous deux attaquant de leur côté le roi de Pologne, le forcèrent de s'enfuir en Bohême. Cependant l'empereur lui rendit ses États, mais en l'obligeant à restituer tous les biens qu'il avait enlevés à son frère, auquel fut conféré le titre de duc. Othon ayant été tué peu de temps après, Micislas s'efforça de persuader à Conrad qu'il était étranger à ce meurtre. L'empereur, peu crédule, ne laissa pas de diviser la Pologne en trois grandes provinces. Il laissa Micislas souverain de la première, et donna aux deux autres des gouverneurs polonais attachés aux intérêts de l'empire. C'était décréter la ruine de la Pologne.

La Bohême fut de même contrainte à reconnaître, de la manière la plus explicite la suzeraineté de l'empereur; elle fut traitée comme un simple fief de l'empire. Conrad y entra avec une armée et en donna l'investiture au duc Britislas, en lui remettant un étendard où était peint un aigle noir.

La punition que Conrad tira des ravages des Luitizes dans la Saxe, acheva la soumission à l'empire des frontières orientales.

SECONDE EXPÉDITION EN ITALIE.

Conrad termina son règne par une seconde expédition en Italie. Selon l'usage, des députés furent envoyés à toutes les villes pour les prévenir de son arrivée, leur demander de renouveler leur serment de fidélité, et exiger en même temps les impôts que, dans cette occasion seule, elles devaient payer au trésor royal : c'était le *foderum*, ou certaine quantité de denrées destinées à la nourriture du roi et de sa suite, le *parata*, tribut consacré à réparer les routes et à jeter des ponts sur les fleuves que le roi devait traverser; enfin le *mansionaticum*, c'est-à-dire, l'obligation de fournir aux frais de logement de l'armée pendant le voyage.

Cette fois, Conrad fit voir que sa puissance s'était accrue aussi bien que sa confiance en ses propres forces. A Pavie, il soumit les grands comme les petits à sa juridiction; et *Héribert*, le fier archevêque, ayant refusé d'obéir à ses jugements, il le fit saisir au milieu de l'assemblée. Chacun s'étonna d'une conduite aussi sévère; son fils Henri lui-même la désapprouva.

La puissante influence d'Héribert avait été d'un grand secours à Conrad II dans toutes les affaires d'Italie; et maintenant qu'il se tournait contre lui, il pouvait lui susciter des embarras sérieux. En effet, il parvint à enivrer les soldats allemands qui le gardaient, s'échappa pendant leur sommeil, et prit les armes. Mais l'empereur fit aussitôt une levée de troupes considérable, et vint assiéger Milan. Cette ville étant trop bien fortifiée pour qu'il pût s'en emparer, il prononça la déposition d'Héribert, et nomma à la place de cet archevêque son chapelain *Ambrosius*. Aucun des évêques présents n'osa le contredire. Héribert alors entama des négociations secrètes avec Odo, comte de Champagne, pour enlever à Conrad II la couronne d'Italie. Mais le brave *Gozelo*, duc de Lorraine, était sur ses gardes. Il marcha contre le comte et lui livra une bataille où *Odo* perdit la vie avec la victoire. Ainsi furent anéantis les desseins d'Héribert (1037).

Les Romains avaient chassé le pape Benoît IX comme indigne de leur respect. Conrad le replaça sur le siége pontifical, pour réprimer un pareil acte d'autorité, peut-être aussi parce que le pape lui avait été utile contre Héribert. La ville de Parme, coupable d'une sédition, fut rasée en grande partie.

Dans le sud de l'Italie Conrad déploya la même sévérité. Le prince Pandulfe fut déposé pour ses oppressions, et Capoue cédée à Waimar, prince de Salerne. Un autre chef normand, Rainulf, reçut l'investiture du comté d'Aversa.

Cependant l'art encore imparfait des siéges le fit échouer devant les murs et les tours de Milan. Conrad, cependant, fit jurer aux princes italiens, qu'ils combattraient pendant un an contre la ville.

C'est dans cette expédition en Italie que Conrad établit deux lois importantes. La première concerne le voyage à Rome pour aller prendre la couronne impériale. Il n'y avait encore rien de fixe sur ce sujet. Les troupes que le roi des Allemands menait avec lui ne devaient, il est vrai, former qu'une simple escorte d'honneur : cependant au fond les nombreux soulèvements des Italiens exigeaient une armée pour ne pas compromettre la dignité impériale. Mais les vassaux se plaignaient de ce que ce service les obligeait à de grandes dépenses et à un long séjour hors de leurs domaines; ils se plaignaient encore de ce qu'on recrutait pour le cortége du prince ceux qui tenaient leurs fiefs non de l'empire, mais de seigneurs particuliers, et de ce qu'enfin, tout bien considéré, on leur demandait au delà de ce que leur imposaient les devoirs de la vassalité.

LOIS MILITAIRES.

D'après ces considérations, Conrad II se fondant sur ce qui avait été réglé par des contrats privés entre les grands feudataires et leurs vassaux, crut qu'il était temps d'établir une loi fondamentale, en ce qui concernait le *voyage* de Rome, soit pour le couronnement, soit dans l'intérêt ou pour l'honneur de l'empire. Tous les feudataires, d'après cette loi, devaient être informés de la convocation du ban un an et six semaines à l'avance. Les lois de Charlemagne, relatives à cet objet, voulaient qu'il y eût un homme complétement équipé sur douze. Il fut décidé alors que, d'après les droits féodaux, il y aurait un chevalier avec deux écuyers sur dix vassaux, et d'après les droits impériaux, un chevalier et un écuyer sur cinq vassaux. L'empereur permit aux vassaux de l'empire d'exiger toujours de leurs vassaux particuliers le service impérial, quand même ils ne leur auraient accordé aucun domaine relevant de l'empire. En revanche ils devaient leur allouer les dédommagements qu'ils pouvaient réclamer d'après les lois qui réglaient le service impérial et le service personnel. Du reste, on abandonnait aux feudataires qui armaient leurs propres vassaux, le soin de décider celui d'entre ces vassaux qui fournirait une certaine rétribution pour se dispenser du service personnel, et celui auquel il serait donné une cuirasse outre l'équipement ordinaire. D'après cette loi, chacun devait faire le service impérial à ses propres frais pendant l'espace de six semaines, et, au delà de ce terme, les feudataires étaient tenus d'entretenir leurs troupes.

Cette loi favorisa les princes et les grands feudataires en ce qu'elle les déchargeait de l'obligation de fournir des bans : car ils pouvaient demander le service impérial à tous leurs hommes sans exception; en revanche, ces derniers furent protégés par une mesure fixe et certaine de leurs services, mesure fondée sur l'étendue des biens qu'on leur avait alloués, et par des compensations légales. Mais au fond, c'était l'empereur qui y gagnait, puisque les bans de l'empire acquirent la plus grande extension possible.

LOI FAVORABLE AUX VAVASSEURS.

A cette loi s'en joint une autre qui favorisa les vassaux inférieurs aux dépens des grands. Les seigneurs s'arrogeaient encore le droit de priver sans jugement leurs vassaux de leurs fiefs. Conrad restreignit la peine de la confiscation au seul cas de félonie prouvée par le jugement des pairs de l'accusé. Dans toute autre circonstance, tous les bénéficiers furent déclarés héréditaires de mâle en mâle. Cette loi devait contrarier les projets ambitieux des seigneurs, qui, tout en réclamant pour eux-mêmes l'hérédité dans leurs duchés ou leurs comtés, refusaient de l'accorder à leurs vassaux dans leurs petits domaines. Les usurpations et les violences de l'archevêque de Milan donnèrent lieu à cette loi. Ce prélat turbulent et avide enlevait arbitrairement à ses vassaux leurs bénéfices. Ils coururent aux armes, et il se forma soudain une ligue universelle des petits bénéficiers contre les grands feudataires. « Si l'empereur ne passe point « en Italie, disaient-ils, nous nous don- « nerons nous-mêmes des lois. » Pour satisfaire à ce besoin, Conrad fit devant Milan la constitution suivante :

« On ne pourra enlever aux vassaux « des évêques, des abbés, des ducs, des « margraves, les fiefs de l'empire ou « les biens de l'Église dont ils sont in- « vestis, à moins que pour un crime « quelconque ils ne soient jugés par « leurs pairs dignes de les perdre. Les « grands vassaux pourront appeler de « ce jugement au souverain, et les vas- « saux inférieurs aux délégués du roi. « Les fiefs passeront du père au fils, « du frère au frère. Le seigneur-lige « ou feudataire ne pourra aliéner son « fief sans le consentement de ses vas- « saux. » Cette disposition a continué d'être jusqu'à nos jours la base du droit féodal écrit.

CONDUITE DE CONRAD DANS L'INTÉRIEUR DE L'ALLEMAGNE.

Ainsi Conrad suivait, quoique par des voies différentes, la politique de ses prédécesseurs. Ceux-ci avaient cherché à abaisser les grands en combattant sans cesse la tendance à l'hérédité, en tâchant de retenir entre leurs mains ou dans celles d'hommes dévoués les grandes principautés. Conrad s'efforça d'atteindre le même but en favorisant contre les puissants feudataires cette ancienne classe des hommes libres qui étaient devenus, peu à peu, petits bénéficiers du reste; il s'efforça aussi de mettre la main sur les duchés. L'usage s'y opposait, car c'était comme une loi établie, que le roi ne devait pas administrer lui-même un duché : il était tenu d'en donner l'investiture avant l'expiration d'une année; mais alors il pouvait le donner à qui bon lui semblait, à moins toutefois qu'il ne rencontrât une trop vive résistance. C'est ainsi qu'il inféoda la Bavière à son fils Henri, et la Carinthie à son cousin Conrad, qui se démit du duché de Franconie, que l'empereur déclara désormais réuni aux domaines de la couronne. La Saxe et la Lorraine, à titre de provinces frontières, étaient trop exposées pour n'avoir point des princes particuliers et capables de les défendre. Gozelo, duc de la basse Lorraine, qui, depuis sa réconciliation avec Conrad, avait donné à l'empereur des preuves réelles de sa soumission, obtint aussi la Lorraine supérieure. Quant au duché d'Alemanie qui, pendant la deuxième expédition d'Italie, était devenu vacant par la mort du jeune duc Hermann, l'empereur l'ajouta au duché de Bavière que possédait déjà son fils Henri. Ensuite il convoqua les états de Bourgogne à Soleure, et après y avoir siégé pendant deux jours et rétabli l'autorité des lois, il transmit aussi à son fils le royaume de Bourgogne, et lui fit rendre hommage.

De Soleure, Conrad se dirigea, en longeant le Rhin, vers la Saxe et le pays des Frisons, pour faire observer partout la paix de l'empire. Mais à Utrecht il fut surpris par une maladie qui mit inopinément un terme à son activité.

L'art avec lequel il mania les rênes de l'État surpassa l'attente de ceux qui l'avaient élu roi. Marchant droit à son but avec prudence et énergie, franchissant hardiment tous les obstacles, sans épargner ni ses parents, ni sa famille, il sut toujours parvenir heureusement à ses fins.

HENRI III.
(1039-1056.)

Après la mort de Conrad, son fils Henri le Noir fut proclamé empereur. On n'avait pas vu depuis longtemps un consentement aussi universel. Jamais aussi, depuis l'établissement du royaume de Germanie, l'Allemagne n'avait été si près de l'unité politique. Quatre duchés, la Bavière, la Souabe, la Franconie, et quelque temps après le couronnement, la Carinthie, se trouvaient dans la main du jeune roi. La Saxe et la Lorraine conservaient seules des princes particuliers. Quant aux pays slaves, ils furent plus que jamais dans la dépendance du royaume de Germanie.

LA POLOGNE RECONNAIT LA SUZERAINETÉ DE L'EMPIRE.

Après la mort de Micislas, en 1034, la reine Richenza, nommée régente du royaume, avait soulevé les Polonais par son mauvais gouvernement. Au bout de deux ans, elle fut obligée de s'enfuir en Saxe avec son fils. Cependant les Polonais, bientôt fatigués de l'anarchie qui les livrait sans défense aux ravages des Russes et des Bohémiens, rappelèrent Casimir. Ce prince, dit-on, était alors à Cluny, où il oubliait dans la paix du cloître et au milieu de pacifiques études le trône qu'il avait perdu. Casimir était lié par ses vœux, et avait même reçu le diaconat. Le pape Benoît IX, à qui l'on s'adressa pour qu'il rompît les engagements de Casimir, feignit de ne pouvoir accorder cette demande, afin de redoubler l'empressement des Polonais. Il se rendit enfin à leurs sollicitations, à condition que chaque Polonais payerait tous les ans à perpétuité une certaine somme pour l'entretien d'une lampe dans l'église de Saint-Pierre; que la nation entière porterait, comme les moines, les cheveux courts en forme de couronne; qu'aux grandes fêtes, tous les nobles auraient au cou, durant la messe, une étole de lin semblable à celle des prêtres et des diacres; que Casimir conserverait l'habit religieux, et qu'enfin les Polonais ne mangeraient pas de viande depuis la Septuagésime jusqu'à Pâques. Casimir quitta le cloître. Sa mère, qu'il vit en traversant la Saxe, essaya vainement de le dissuader de retourner en Pologne. Accueilli par des acclamations générales, il fut couronné à Gnesne en 1041. Son premier soin fut de chercher à étouffer les semences de divisions et de publier une amnistie. Cette sage conduite produisit le plus heureux effet pour le rétablissement de la tranquillité.

Malgré ses intentions pacifiques, Casimir ne put jouir d'une paix durable; attaqué par le duc de Bohême, qui voulait, disait-il, se venger des ravages de Boleslas Chrobry, aïeul de Casimir, celui-ci demanda secours à Henri III. Aux députés que l'empereur envoya, Britislas répondit hardiment : « Que le roi vienne avec autant « de troupes qu'il lui plaira, nous trou- « verons de la place pour les enterrer. » Le succès justifia d'abord ces audacieuses paroles. Henri, ayant voulu pénétrer en Bohême par la Bavière, fut attaqué et battu au milieu des épaisses forêts qui séparaient alors ces deux pays. Mais l'année suivante, le duc de Bohême, menacé de tous côtés par les Polonais, les Hongrois et les Allemands, demanda la paix, renonça au titre de roi de Pologne, donna à Casimir cinquante marcs d'or et deux mille d'argent, promit enfin de payer les arrérages du tribut qu'il devait à l'empire, et envoya son fils en otage; lui-même vint quelque temps après renouveler à Ratisbonne, entre les mains de Henri, son serment de fidélité.

LA HONGRIE RECONNAIT LA SUZERAINETÉ DE L'EMPIRE.

Cette suprématie, Henri l'étendit bientôt sur la Hongrie elle-même. Les Hongrois, jaloux de la faveur dont les Allemands jouissaient auprès de leur roi Pierre, se soulevèrent contre lui, massacrèrent son principal favori, et se seraient saisis de sa personne, si Pierre n'eût trouvé le moyen de s'enfuir auprès du roi de Germanie. A cette nouvelle, ils mirent à sa place Aba, beau-frère du roi Étienne, qui, pour se venger de la protection que l'empire accordait à son rival, fit une formidable invasion en Autriche. Il rencontra d'abord peu de résistance; mais ayant dispersé son armée en plusieurs corps, pour étendre plus au loin ses ravages, il fut vaincu dans plusieurs combats, et poursuivi jusqu'au delà de Gran par les armées de l'empereur et du margrave d'Autriche. Aba se vit contraint de céder au margrave (1043) tout le pays qui s'étend depuis le Kahlenberg jusqu'à la Leitha. C'est de cette époque que date la puissance de l'Autriche.

Une nouvelle guerre eut lieu en 1044. Elle se termina par la mort d'Aba tué dans une déroute. Cette fois, Henri put rétablir son protégé sur le trône : mais Pierre paya cette assistance par un serment de fidélité. Il reçut des mains de Henri les marques de la dignité royale, le reconnaissant par là pour son suzerain. Les Hongrois, sur leur demande, obtinrent de Henri *la loi des Bavarois*. Quelques succès remportés sur les Luitizes, qui furent contraints de payer les anciens tributs, complétèrent la soumission des frontières orientales. Jamais l'empire ne s'était étendu si loin de ce côté.

SOUMISSION DE LA BOURGOGNE.

A l'ouest, Henri ne fut pas moins heureux : son mariage avec Agnès de Poitiers, qui était alliée à plusieurs familles puissantes de la Bourgogne, assura la tranquillité de cette contrée. Aux yeux des plus difficiles, Henri parut dès lors avoir des droits réels, et ils se décidèrent enfin à l'accepter pour leur roi.

La Lorraine se trouvait à cette époque réunie entre les mains d'un seul duc; ce prince étant mort en 1043, Henri rétablit l'ancienne division de haute et basse Lorraine. Mais Godefried, duc de la Lorraine supérieure, ambitionna bientôt la possession de tout le duché; il fit alliance avec Baudouin, comte de Flandre, et déclara la guerre à l'empereur. Henri, à cette nouvelle, réunit une armée, et donna la Lorraine à Gérard d'Alsace, d'où sont descendues les deux branches de Lorraine et d'Autriche. Godefried fut vaincu et dépouillé; quant au comte de Flandre, la guerre contre lui dura avec des succès divers jusqu'à la mort de Henri. Cependant Henri parut abandonner la politique de son père à l'égard des duchés; il donna des chefs à tous ceux qu'il avait jusqu'alors retenus, à la Souabe, à la Bavière et à la Carinthie. Mais les nouveaux ducs étaient peu à craindre pour l'empereur; c'étaient des hommes sortis de familles peu puissantes qui furent faits par Henri chefs de ces provinces, parce qu'il fallait qu'il y eût dans chacune d'elles au moins un gouverneur, pour les administrer pendant que le roi était au delà des Alpes, ou occupé sur les frontières de l'empire. En les nommant, Henri perdit peu de son influence, car il ne les considérait que comme de simples gouverneurs, assez semblables aux officiers royaux des Carlovingiens.

AFFAIRES D'ITALIE.

Lorsque Henri eut affermi sa puissance en Allemagne, il songea à l'Italie. Les seigneurs de Lombardie lui avaient, il est vrai, envoyé dès les premiers temps de son règne leur serment de fidélité; mais le pays n'en était pas moins en proie aux troubles.; Rome d'ailleurs, où la papauté se dégradait chaque jour davantage, appelait la présence de l'empereur.

Depuis que les rois de Germanie avaient abandonné le droit exercé par les Othon de nommer les papes, les comtes de Tusculum s'en étaient emparés; c'est ainsi qu'ils firent élire successivement Benoît VIII en 1012, son frère Jean XIX en 1024, et leur neveu Benoît IX en 1033. C'était en achetant les suffrages du peuple que les deux derniers étaient parvenus au trône; la dignité pontificale semblait devenir héréditaire dans une même famille. Si l'on en croit quelques historiens, Benoît avait à peine dix ans lorsqu'on lui mit la tiare sur la tête. Ce qu'il y a de certain, c'est qu'il déshonora le saint-siége par une conduite scandaleuse. « J'ai horreur de répéter, dit « le pape Victor III, quelle fut la vie « de Benoît, combien elle fut corrom- « pue et exécrable. Après qu'il eut « longtemps tourmenté le peuple ro- « main par ses rapines, ses meurtres « et ses abominations, les citoyens le « chassèrent de la ville et du siége « pontifical, et élevèrent à sa place, « mais à prix d'argent et au mépris des « sacrés canons, Jean, évêque de Sa- « bine, qui, sous le nom de Sylvestre III, « occupa seulement pendant trois mois « le siége de l'Église romaine. Benoît, « qui était issu des consuls de Rome et « qui était appuyé de toutes leurs for- « ces, infestait la ville avec ses soldats, « et contraignit enfin l'évêque de Sa- « bine à retourner avec honte dans « son évêché. Benoît reprit alors la « tiare, mais sans changer ses ancien- « nes mœurs. Voyant enfin que le « clergé et le peuple méprisaient ses « dérèglements, comme il était adonné « aux voluptés, et qu'il voulait vivre « plus en épicurien qu'en pontife, il « trouva l'expédient de vendre, pour « une assez grosse somme d'argent, « le souverain pontificat à un certain « Jean, archiprêtre, qui passait dans « la ville pour un des hommes les plus « religieux du clergé. Lui-même se « retira dans ses châteaux, et Jean, « qui prit le nom de Grégoire VI, ad- « ministra l'Église pendant deux ans « et huit mois, jusqu'à l'arrivée à Rome « de Henri, roi d'Allemagne. »

HAUTE INFLUENCE DES HENRI SUR L'ÉLECTION DU PAPE.

Cependant il semble que Benoît n'avait point abdiqué son titre, car lorsque Henri parut sous les murs de la capitale du monde chrétien, Benoît IX siégeait à Saint-Jean de Latran, Grégoire VI à Sainte-Marie Majeure, et Sylvestre III à Saint-Pierre du Vatican. Grégoire, qui se disait seul légitime, vint au-devant de l'empereur. Un concile fut assemblé à Sutri, et les trois papes ayant été déposés, Henri fit choisir l'évêque de Bamberg, qui prit le nom de Clément II (*).

Henri reprit ainsi le droit qu'avait exercé Charlemagne de concourir puissamment à l'élection du pape. Il alla même plus loin, car sous Charlemagne l'usage était de faire désigner le souverain pontife par le peuple de Rome, et d'attendre ensuite l'approbation de l'empereur. Mais Henri, profitant du dégoût qu'avaient inspiré les derniers papes élus par la faveur des barons voisins de Rome, enleva au peuple, qui d'ailleurs ne l'enviait plus, le droit de présentation, pour s'adjuger le pouvoir de faire seul l'élection.

Du reste, Henri n'usa de ce nouveau droit que pour le bien de l'Église; les papes Clément II, Damas II et Léon IX qu'il nomma successivement, honorèrent le saint-siége par leurs vertus, et commencèrent la réforme des mœurs du clergé. Victor II, auquel il donna la tiare après la mort de Léon IX, lui avait été désigné à lui-même par le moine Hildebrand, qui, sous le nom de Grégoire VII, devait donner un si grand éclat à la papauté.

La nomination de Victor II fut le dernier acte de Henri en Italie (1055). L'année suivante, il mourut à peine âgé de trente-neuf ans, laissant la couronne à son fils Henri IV, sous lequel devait éclater la querelle des investitures. Jusqu'ici le pouvoir impérial a suivi avec des vicissitudes diverses une

---

(*) Quelques jours avant l'exaltation de Clément II, Henri III et tous ses successeurs sur le trône impérial furent, dans une assemblée du clergé, des grands et de nombreux citoyens de Rome, nommés patrices. L'on revêtit Henri d'une robe verte, ensuite on lui mit au doigt l'anneau du patriciat et on lui ceignit la tête d'un cercle d'or.

marche ascendante. Il est arrivé maintenant à son apogée : il tient sous lui le monde féodal et l'Église; mais la papauté va, par la voix de Grégoire VII, réclamer, au nom de l'*esprit*, contre la force matérielle; et, dans ce choc des deux puissances, l'Allemagne, quoique vaincue dans la personne de son empereur, se fera cependant, ainsi que les villes lombardes, une part dans la victoire en conquérant ses libertés.

●●●●●●●●●●●●●●●●●●●●●●●●●●●●

QUATRIÈME PÉRIODE

DEPUIS HENRI IV JUSQU'A LA MORT DE FRÉDÉRIC II. RIVALITÉ DE L'EMPEREUR ET DU PAPE. GUERRES DE L'ALLEMAGNE ET DE L'ITALIE.

HENRI IV.
(1056-1106.)

Lorsque Henri III mourut, son fils Henri IV, déjà proclamé roi de Germanie, n'était âgé que de six ans. Sa mère, Agnès de Poitiers, fut investie de la tutelle. Pour se créer des appuis, Agnès donna la Carinthie, qui depuis deux ans n'avait point de duc, à un membre de sa maison, au comte Kuno, et après sa mort à Berthold de Zæhringen. En même temps, le duc de Souabe, Othon III, étant mort, Agnès confia l'investiture de cette province à son gendre Rodolphe de Rheinfeld; Rodolphe et Berthold obtinrent ces deux duchés à titre héréditaire. Henri avait donné à Agnès le duché de Bavière; elle s'en démit en faveur d'Othon, comte de Nordheim. Ainsi la Franconie restait seule entre les mains du roi.

Mais toutes ces libéralités ne purent assurer à la régente la tranquille possession du royaume. Henri III avait trop fait sentir son pouvoir pour qu'on ne cherchât point de tous côtés à profiter de la minorité de son fils, pour se débarrasser de la tyrannie impériale.

JEUNESSE DE HENRI IV.

Ceux même sur lesquels Agnès croyait pouvoir le plus compter furent les premiers à trahir sa confiance. Il y avait déjà six ans qu'elle exerçait la régence, lorsque Hannon, archevêque de Cologne, Othon, duc de Bavière, et Eckbert, comte de Brunswick, s'entendirent pour l'en dépouiller. Agnès et son fils se trouvant à Kayserswerth, l'archevêque invita le jeune roi à monter dans une barque élégamment décorée qui l'avait amené. A peine y fut-il entré qu'Hannon fit ramer vers l'autre rive. Henri se voyant séparé de sa mère, se précipita dans le Rhin; il en fut retiré avec peine; de belles promesses l'apaisèrent et lui firent oublier sa mère, qui s'enferma dans un couvent. Hannon et le duc de Bavière se chargèrent de l'administration du royaume; mais un autre ambitieux les supplanta bientôt l'un et l'autre. Les régents ayant fait entreprendre au jeune roi une expédition en Hongrie, pour rétablir Salomon que son oncle Bela avait chassé, confièrent la garde de Henri à Adalbert, archevêque de Brême. Adalbert sut habilement gagner sa confiance : « il employa pour cela, dit Lambert d'Aschaffenbourg, des discours insinuants et flatteurs, et traita le jeune prince avec beaucoup d'indulgence. Il partagea les faveurs de Henri avec le comte Garnier, jeune étourdi. Ces deux hommes gouvernaient à la place du roi; évêchés et abbayes, toute espèce d'offices ecclésiastiques ou séculiers étaient vendus par eux; la plus grande activité, la probité éprouvée ne parvenaient à aucune place sans l'acheter par de fortes sommes. Ils n'osèrent pas encore vexer les évêques et les ducs dont ils craignaient la puissance; mais les pauvres abbés et les couvents furent les objets de leurs violences. Ils s'en partageaient les dépouilles comme si c'était leur patrimoine, et le roi, léger comme l'est la jeunesse, approuvait tout. Adalbert s'empara des abbayes de Lorsch, et pour ne pas faire de jaloux, il donna Malmedy et Moutier Saint-Corneille (Cornelis-Münster) à l'archevêque de Cologne, Seligenstadt à celui de Mayence, Kempten au duc de Souabe, Altaich à celui de Bavière. »

MÉCONTENTEMENT DES SAXONS.

Bientôt tout le monde se plaignit de la conduite déréglée et arbitraire du jeune roi. Les Saxons, chez lesquels il résidait depuis que l'archevêque de Brême l'avait établi à Goslar, étaient fatigués d'avoir à fournir à toutes les dépenses d'une cour licencieuse, et où l'on professait peu de respect pour les priviléges et les libertés du peuple. Ils se croyaient d'ailleurs la première nation de l'Allemagne, et ils étaient humiliés de voir la royauté de Germanie toujours possédée, depuis les Othon, par des hommes étrangers à leur race. « Les chefs de la Saxe, dit un ancien chroniqueur, conféraient dans de fréquents conventicules touchant les injures qu'ils avaient reçues de l'empereur, et ne pensaient en tirer satisfaction qu'en privant son fils de la couronne. Ils résolurent donc de tuer le roi. » L'ancienne rivalité qui régnait entre eux et les Francs s'était réveillée. Un premier mouvement éclata à la diète de Mersebourg, convoquée exprès pour les affaires de la Saxe. Des deux côtés on en vint aux mains. Le chef des Impériaux et celui des Saxons furent tués ; mais les derniers, accablés par le nombre, se virent contraints de prendre la fuite.

Cependant l'opposition contre le favori était si générale et si violente, qu'Adalbert fut obligé de s'éloigner, et la direction des affaires passa aux deux archevêques de Mayence et de Cologne. Mais ils ne purent réparer ce qu'avait fait Adalbert. Entre leurs mains, Henri fut toujours un prince violent et débauché. Comme son père, il disposa à peu près à son gré des duchés. Le duc de Bavière ayant été accusé d'avoir voulu assassiner le roi, Henri voulut le faire battre avec son dénonciateur. Othon refusa de descendre en champ clos avec un homme d'un rang trop inférieur au sien, et le roi le déposa et conféra le duché de Bavière au gendre d'Othon, Welf IV, d'où devait sortir la maison de Brunswick, qui occupe aujourd'hui le trône d'Angleterre. Quelque temps après, Berthold de Zæhringen fut également, sur un léger prétexte dépouillé, de son duché.

RÉVOLTE DES SAXONS.

Henri conservait toujours contre les Saxons une vieille haine que lui avait inspirée Adalbert. Pour les contenir, il fit construire dans la Saxe et dans la Thuringe un grand nombre de châteaux forts, contraignant les habitants à venir élever de leurs mains ces forteresses dont les nombreuses garnisons devaient vivre à leurs dépens. Les vexations de toute espèce s'étendirent sur la Saxe. Magnus, fils du dernier duc de Saxe, fut retenu prisonnier ; tous les biens allodiaux de la maison ducale de Billung furent confisqués ; les Thuringiens, malgré leurs vives réclamations, durent payer la dîme à l'archevêque de Mayence ; en même temps, Henri conclut un traité avec le roi de Danemark, pour faire craindre aux Saxons, en cas de révolte, d'être attaqués sur leurs derrières. Ces mesures provoquèrent la formation d'une ligue puissante, dans laquelle entrèrent tous les grands et tous les évêques de l'Allemagne du nord. D'abord ils essayèrent des voies pacifiques : ils vinrent trouver Henri à Goslar (1073), pour lui demander la démolition des châteaux forts, la délivrance du duc Magnus, la cessation de ses longues résidences en Saxe, l'éloignement de ses mauvais conseillers, le renvoi de ses concubines, et sa réconciliation avec la reine. Henri se joua d'eux indignement ; il les fit attendre tout un jour à la porte de son palais, tandis qu'il se divertissait avec ses favoris, et le soir, lorsqu'ils croyaient au moins pouvoir obtenir audience, on vint leur dire que le roi avait quitté le château. Ils se retirèrent, mais ce fut pour réunir une armée de 60,000 hommes.

DÉFAITE DES SAXONS.

Henri se trouva pris au dépourvu.

Il n'avait aucune troupe autour de lui; il lui fallut s'enfuir de château en château jusqu'à Hersfeld. Pendant ce temps, les Saxons et les Thuringiens rasaient les forteresses, et menaçaient d'en égorger les garnisons si l'on ne remettait Magnus en liberté. Henri fut contraint de le relâcher; mais bientôt il put se venger. Les succès des Saxons étaient vus d'un œil jaloux par le reste de l'Allemagne. Leurs violences détachèrent de leur parti un grand nombre de princes et d'évêques. A Hartzbourg, ils ne se contentèrent point de détruire les fortifications, mais encore tous les bâtiments du château et jusqu'à l'église, dont ils profanèrent les tombeaux, parce qu'un frère et un fils de Henri IV y avaient été déposés. Henri publia le ban de l'empire, et au mois de juin 1075, une armée formidable entra dans la Saxe. Les Saxons, surpris sur les bords de l'Unstrutt, furent vaincus et perdirent 8000 hommes. Henri mit tout le pays à feu et à sang. Cependant les évêques ménagèrent une négociation entre le roi et les princes confédérés. Ceux-ci consentirent à se rendre auprès de lui pour faire leur soumission; mais soit perfidie, soit croyance dans son droit, Henri les retint prisonniers, et disposa de leurs fiefs en faveur de ses partisans.

Henri triomphait; la Saxe était soumise, domptée; tous ses chefs, tous les ennemis du roi étaient prisonniers; son fils Conrad, quoique âgé seulement de deux ans, venait d'être reconnu pour son successeur, par une assemblée tenue à Goslar. Henri semblait aussi fort que son père; mais c'est alors qu'une voix s'éleva au delà des Alpes contre le tout-puissant empereur, et conjura contre lui de tels orages, que l'orgueilleux Henri en devint un objet de pitié pour les générations suivantes.

QUERELLES DU SACERDOCE ET DE L'EMPIRE.

Ici, la question grandit; l'horizon s'étend; ce ne sont pas seulement deux hommes, un empereur et un pape, qui sont en présence, mais deux principes, deux formes sociales, la féodalité et l'Église, la matière et l'esprit. L'une de ces deux puissances veut absorber l'autre, mais celle-ci lui résiste et la brise, comme un ressort qui, longtemps pressé, se relève enfin, et rejette au loin ce qui pesait sur lui. « Il y a, dit un éloquent historien (*), dans le monde féodal quelque chose qui le condamne et le voue à la ruine. Sans doute c'était un noble monde que ce monde féodal qui s'endort avec la maison de Souabe; on ne peut le traverser, même après la Grèce et Rome, sans lui jeter un regard et un regret. Il y avait là des compagnons bien fidèles, bien loyalement dévoués à leur seigneur et à la dame de leur seigneur; joyeux à sa table et à son foyer, tout aussi joyeux quand il fallait passer avec lui les défilés des Alpes, ou le suivre à Jérusalem jusqu'au désert de la mer Morte; de pieuses et candides âmes d'hommes sous la cuirasse d'acier. Et ces magnanimes empereurs de la maison de Souabe, cette race de poëtes et de parfaits chevaliers, avaient-ils si grand tort de prétendre à l'empire du monde? Leurs ennemis les admiraient en les combattant; on les reconnaissait partout à leur beauté; ceux qui cherchaient Enzio, le fils fugitif de Frédéric II, le découvrirent sur la vue d'une boucle de ses cheveux : « Ah! disaient-ils, « il n'y a dans le monde que le roi « Enzio qui ait de si beaux cheveux « blonds. » Ces beaux cheveux blonds et ces poésies, et ce grand courage, tout cela ne servit de rien : le frère de saint Louis n'en fit pas moins couper la tête au pauvre jeune Conradin, et la maison de France succéda à la prépondérance des empereurs.

MATÉRIALISME PROFOND DU MONDE FÉODAL.

« L'empereur doit périr, l'empire doit périr, et le monde féodal, dont il est le centre et la haute expression. Il y a en ce monde-là quelque chose qui

(*) M. Michelet, Histoire de France, t. II, p. 168 et suiv.

le condamne et le voue à la ruine; c'est son matérialisme profond. L'homme s'est attaché à la terre; il a pris racine dans le rocher où s'élève sa tour: *Nulle terre sans seigneur, nul seigneur sans terre.* L'homme appartient à un lieu; il est jugé selon qu'on peut dire qu'il est de *haut* ou de *bas lieu.* Le voilà localisé, immobile, fixé sous la masse de son pesant château, de sa pesante armure.

« La terre, c'est l'homme; à elle appartient la véritable personnalité; comme personne, elle est indivisible, elle doit rester une et passer à l'aîné. Personne immortelle, indifférente, impitoyable, elle ne connaît point la nature ni l'humanité. L'aîné possédera seul; que dis-je? c'est lui qui est possédé : les usages de sa terre le dominent, ce fier baron; sa terre le gouverne, lui impose ses devoirs; selon la forte expression du moyen âge : *Il faut qu'il serve son fief.*

« Le fils aura tout, le fils aîné; la fille n'a rien à demander: n'est-elle pas dotée du petit chapeau de roses et du baiser de sa mère. Les puînés, oh! leur héritage est vaste! ils n'ont pas moins que toutes les grandes routes, et par-dessus, toute la voûte du ciel. Leur lit, c'est le seuil de la maison paternelle; ils pourront de là, les soirs d'hiver, grelottants et affamés, voir leur aîné seul au foyer où ils s'assirent, eux aussi, dans le bon temps de leur enfance; et peut-être leur fera-t-il jeter quelques morceaux, nonobstant le grognement de ses chiens : Doucement, mes dogues, ce sont mes frères; il faut bien qu'ils aient quelque chose aussi.

« Je conseille aux puînés de se tenir contents, et de ne pas risquer de s'établir sous un autre seigneur : de pauvres ils pourraient bien devenir serfs. Au bout d'un an de séjour, ils lui appartiendraient corps et biens. *Bonne aubaine* pour lui; ils deviendraient ses *aubains,* autant presque vaut dire ses *serfs,* ses *juifs!* Tout malheureux qui cherche asile, tout vaisseau qui brise au rivage, appartient au seigneur; il a l'*aubaine* et le *bris.*

L'ÉGLISE DEVIENT PEU A PEU FÉODALE.

« Il n'est qu'un asile sûr, l'Église. C'est là que se réfugient les cadets des grandes maisons. L'Église, impuissante pour repousser les barbares, a été obligée de laisser la force à la féodalité; elle devient elle-même peu à peu toute féodale. Les chevaliers restent chevaliers sous l'habit de prêtres. Dès Charlemagne, les évêques s'indignent qu'on leur présente la pacifique mule, et qu'on veuille les aider à monter. C'est un destrier qu'il leur faut, et ils s'élancent d'eux-mêmes (*). Ils chevauchent, ils chassent, ils combattent, ils bénissent à coup de sabre, *et imposent avec la masse d'armes de lourdes pénitences* (**).

« C'est une oraison funèbre d'évêque, *bon clerc et brave soldat.* A la bataille d'Hasting, un abbé saxon amène douze moines, et tous les treize se font tuer. Les évêques d'Allemagne déposent un des leurs, comme *pacifique et peu vaillant* (***). Les évêques devien-

(*) Un jeune clerc venait d'être nommé par Charlemagne à un évêché. Comme il s'en allait tout joyeux, ses serviteurs, considérant la gravité épiscopale, lui amenèrent sa monture près d'un perron; mais lui, indigné, et croyant qu'on le prenait pour infirme, s'élança à cheval si lestement, qu'il faillit passer de l'autre côté. Le roi le vit par le treillage du palais, et le fit appeler aussitôt : « Ami, lui dit-il, tu es vif et léger, « fort leste et fort agile. Or tu sais combien « de guerres troublent la sérénité de notre « empire. J'ai besoin d'un tel clerc dans mon « cortège ordinaire; sois donc le compagnon « de tous nos travaux. » Le moine de Saint-Gall, liv. I. (*Note de M. Michelet.*)

(**) Voyez un chant suisse inséré dans le *des Knaben Wunderhorn.* (*Idem.*)

(***) C'était Christian, archevêque de Mayence : il eut beau citer ces mots de l'Évangile : *Mets ton épée au fourreau;* on obtint du pape sa déposition. Michaud, Histoire des croisades, t. IV, p. 392. — Un évêque de Ratisbonne accompagna le prince de Bavière dans une guerre contre les Hongrois. Il y perdit une oreille et fut laissé parmi les morts. Un Hongrois voulut l'achever; mais l'évêque, reconforté en Dieu, après un long combat, renversa son ennemi et revint sain

nent barons et les barons évêques. Tout père prévoyant ménage à ses cadets un évêché, une abbaye. Ils font élire par leurs serfs leurs petits enfants aux plus grands siéges ecclésiastiques : un archevêque de six ans, monté sur une table, balbutie deux mots de catéchisme, il est élu; il prend charge d'âmes, il gouverne une province ecclésiastique (*). Le père vend en son nom les bénéfices, reçoit les dîmes, le prix des messes, sauf à n'en pas faire dire; il fait confesser ses vassaux, les fait tester, léguer, bon gré mal gré, et recueille; il frappe le peuple des deux glaives tour à tour; il combat, il excommunie, il tue, damne à son choix (**).

« Il ne manquait qu'une chose à ce système; c'est que ces nobles et vaillants prêtres n'achetassent plus la jouissance des biens de l'Église par les abstinences du célibat (***); qu'ils eussent la splendeur sacerdotale, la dignité des saints, et, de plus, les consolations du mariage; qu'ils élevassent autour d'eux des fourmilières de petits prêtres; qu'ils égayassent du vin de l'autel leurs repas de famille, et que du pain sacré ils gorgeassent leurs petits. Douce et sainte espérance! ils grandiront, ces petits, s'il plaît à Dieu! ils succéderont tout naturellement aux abbayes, aux évêchés de leur père. Il serait dur de les ôter de ces palais, de ces églises; l'Église, elle leur appartient, c'est leur fief à eux. Ainsi l'hérédité succède à l'élection, la naissance au mérite. L'Église imite la féodalité, et la dépasse; plus d'une fois elle fit part aux filles, une fille eut en dot un évêché (*). La femme du prêtre marche près de lui à l'au-

---

et sauf vers les siens. Alors il s'éleva une grande joie parmi son troupeau et parmi tous les fidèles. Sa mutilation lui donna non de la honte, mais beaucoup d'honneur. Dithmar, Chron., l. II, 34. (*Note de M. Michelet.*)

(*) « Ils ne craignent pas de confier le ministère de pasteur même à des enfants..... Interrogé sur quelques articles, l'enfant répond de mémoire s'il a pu préparer sa réponse..... » Alto Vercellensis, ap. d'Achery Spicileg. I, 423. (*Idem.*)

(**) Souvent ils se disputaient leurs églises ou la préséance les armes à la main, comme auraient fait deux barons pour une terre ou des prérogatives. Le jour de la Pentecôte de l'année 1063, l'évêque de Hildesheim, qui était en contestation pour le rang avec l'abbé de Fulde, résolut de terminer le différend par les armes. Il cacha des hommes armés derrière l'autel; à un signal qu'il donna, ils sortirent et se jetèrent sur les gens de l'abbé. Un combat sanglant s'engagea dans le chœur et dans le réfectoire. L'évêque, revêtu de ses habits pontificaux, monta en chaire, pour de là encourager les siens. Henri IV, qui se trouvait dans l'église, eut grand'peine à en sortir sain et sauf.

(***) « Les laïques sont maintenant si bien persuadés que les prêtres ne peuvent vivre dans le célibat, que dans la plupart des paroisses ils ne veulent pas souffrir de prêtre qui n'ait une concubine. C'est un moyen, pensent-ils, de garantir leurs propres épouses, qui même ainsi ne sont pas toujours à l'abri du péril. » Nicol. à Clemangis de præsul. simon., p. 165. — La chose était si commune qu'il avait fallu établir une loi pour régler le sort des enfants nés d'un prêtre et d'une femme libre : ils devaient être serfs de l'Église ; ils ne pouvaient être admis dans le clergé, ni hériter selon la loi civile, ni être entendus comme témoins. Muratori, l. VI, p. 335. (*Note de M. Michelet.*)

(*) Daru, Histoire de Bretagne, t. I. p. 303. Il y avait en Bretagne quatre évêques mariés : ceux de Quimper, Vannes, Rennes et Nantes ; leurs enfants devenaient prêtres et évêques; celui de Dole pillait son église pour doter ses filles. Lettres du clergé de Noyon, 1079, et de Cambrai, 1076, conservées par Mabillon. — Les clercs se plaignaient comme d'une injustice de ce qu'on refusait l'ordination à leurs enfants. Ils donnaient même leurs bénéfices en dot à leurs filles (neuvième siècle); leurs femmes prenaient publiquement la qualité de prêtresses. D. Lobineau, p. 110; D. Morice, Preuves, t. I, p. 463, 542. — Il en était de même en Normandie, d'après les biographes des bienheureux Bernard de Tiron, et Hardouin, abbé du Bec : « Dans toute la Normandie les prêtres prenaient des femmes, donnaient le jour à des fils et à des filles, auxquels ils laissaient leurs églises par droit héréditaire; quand ils mariaient leurs filles, s'ils n'avaient autre chose à leur donner, ils donnaient l'église en dot. » (*Idem.*)

tel; celle de l'évêque dispute le pas à l'épouse du comte.

«Certes ce n'est pas moi qui parlerai contre le mariage; cette vie a aussi sa sainteté : toutefois, ce virginal hymen du prêtre et de l'Église n'est-il pas quelque peu troublé par un hymen moins pur? Se souviendra-t-il du peuple qu'il a adopté selon l'esprit, celui à qui la nature donne des enfants selon la chair? La paternité mystique tiendra-t-elle contre l'autre? Le prêtre pourrait se priver pour donner aux pauvres, mais il ne privera point ses enfants!... et quand il résisterait; quand le prêtre vaincrait le père, quand il accomplirait toutes les œuvres du sacerdoce, je craindrais encore qu'il n'en conservât point l'esprit. Non, il y a dans le plus saint mariage, il y a dans la femme et la famille quelque chose de mou et d'énervant, qui brise le fer et fléchit l'acier : le plus ferme cœur y perd quelque chose de soi. C'était plus qu'un homme, ce n'est plus qu'un homme. Il dira comme Jésus quand la femme a touché ses vêtements : Je sens qu'une vertu est sortie de moi....

«Et cette poésie de la solitude, ces mâles voluptés de l'abstinence, cette plénitude de charité et de vie où l'âme embrasse Dieu et le monde, ne croyez pas qu'elle subsiste entière au lit conjugal...... Que deviennent alors les méditations solitaires, les rêves mystérieux, les sublimes orages où combattent en nous Dieu et l'homme? *Celui qui n'a jamais veillé dans les pleurs, qui n'a jamais trempé son lit de larmes, celui-là ne vous connaît pas, ô puissances célestes* (*).

«C'était fait du christianisme, si l'Église, amollie et prosaïsée dans le mariage, se matérialisait dans l'hérédité féodale; le sel de la terre s'évanouissait, et tout était dit. Dès lors, plus de force intérieure, ni d'élan au ciel; jamais une telle Église n'aurait soulevé la voûte du chœur de Cologne, ni la flèche de Strasbourg; elle n'aurait enfanté ni l'âme de saint Bernard, ni le pénétrant génie de saint Thomas : à de tels hommes, il faut le recueillement solitaire. Dès lors, point de croisade : pour avoir droit d'attaquer l'Asie, il faut que l'Europe dompte la sensualité asiatique; il faut qu'elle devienne plus Europe, plus pure, plus chrétienne.

GRÉGOIRE VII.

« L'Église en péril se contracta pour vivre encore; la vie se concentra au cœur. Le monde, depuis la tempête de l'invasion barbare, s'était réfugié dans l'Église, et l'avait souillée; l'Église se réfugia dans les moines, c'est-à-dire, dans sa partie la plus sévère et la plus mystique, disons encore la plus démocratique. Cette vie d'abstinences était moins recherchée des nobles; les cloîtres se peuplaient de fils de serfs. En face de cette Église splendide et orgueilleuse, qui se parait d'un faste aristocratique, se dressa l'autre, pauvre, sombre, solitaire, l'Église des souffrances contre celle des jouissances. Elle la jugea, la condamna, la purifia, lui donna l'unité. A l'aristocratie épiscopale succéda la monarchie pontificale: l'Église s'incarna dans un moine.

«Le réformateur, comme le fondateur, était fils d'un charpentier. C'était un moine de Cluny, un Italien, né à Saona; il appartenait à cette poétique et positive Toscane qui a produit Dante et Machiavel. Cet ennemi de l'Allemagne portait le nom germanique d'Hildebrand.

« Lorsqu'il était encore à Cluny, le pape Léon IX, parent de l'empereur, et nommé par lui, passa par ce monastère, et telle était l'autorité religieuse du moine, qu'il décida le prince à se rendre à Rome pieds nus et comme pèlerin, à renoncer à la nomination impériale pour se soumettre à l'élection du peuple. C'était le troisième pape que l'empereur nommait, et il semblait à peine que l'on pût s'en plaindre; ces papes allemands étaient exemplaires. Leur nomination avait fait cesser les épouvantables scandales de Rome, quand deux femmes don-

(*) Gœthe, Wilhem Meister. (*Idem.*)

naient tour à tour la papauté à leurs amants; quand le fils d'un juif, quand un enfant de douze ans, fut mis à la tête de la chrétienté. Toutefois, c'était peut-être encore pis que le pape fût nommé par l'empereur, et que les deux pouvoirs se trouvassent ainsi réunis. Il devait arriver, comme à Bagdad, comme au Japon, que la puissance spirituelle fût anéantie : la vie, c'est la lutte et l'équilibre des forces; l'unité, l'identité, c'est la mort.

CÉLIBAT DES PRÊTRES.

« Pour que l'Église échappât à la domination des laïques, il fallait qu'elle cessât d'être laïque elle-même, qu'elle recouvrât sa force par les vertus de l'abstinence et des sacrifices, qu'elle se plongeât dans les froides eaux du Styx, qu'elle se trempât dans la chasteté. C'est par là que commença le moine. Déjà, sous les deux papes qui le précédèrent au pontificat, il fit déclarer qu'un prêtre marié n'était plus prêtre. Là dessus grande rumeur; ils s'écrivent, ils se liguent, enhardis par le nombre; ils déclarent hautement qu'ils veulent garder leurs femmes (*). « Nous quitterons plutôt, dirent-ils, nos « évêchés, nos abbayes, nos cures; qu'il « garde ses bénéfices. » Le réformateur ne recula pas; le fils du charpentier n'hésita pas à lâcher le peuple contre les prêtres. Partout la multitude se déclara contre les pasteurs mariés, et les arracha de l'autel. Le peuple une fois débridé, un brutal instinct de nivellement lui fit prendre plaisir à outrager ce qu'il avait adoré, à fouler aux pieds ceux dont il baisait les pieds, à déchirer l'aube et briser la mitre. Ils furent battus, soufflétés, mutilés dans leurs cathédrales; on but leur vin consacré, on dispersa leurs hosties. Les moines poussaient, préchaient, un hardi mysticisme s'infiltrait dans le peuple; il s'habituait à mépriser la forme, à la briser, comme pour en dégager l'esprit. Cette épuration révolutionnaire de l'Église lui communiqua un immense ébranlement. Les moyens furent atroces : le moine Dunstan avait fait mutiler la femme ou concubine du roi d'Angleterre. Piétro Damiani, l'anachorète farouche, courut l'Italie au milieu des menaces et des malédictions, sans souci de sa vie, dévoilant avec un pieux cynisme la turpitude de l'Église (*). C'était désigner les prêtres mariés à la mort. Le théologien Manegold enseigna que les adversaires de la réforme étaient tuables sans difficulté; Grégoire VII, lui-même, approuva la mutilation d'un moine révolté. L'Église, armée d'une pureté farouche, ressembla aux vierges sanguinaires de la Gaule druidique et de la Tauride.

« Il y eut alors dans le monde une chose étrange. De même que le moyen âge repoussait les juifs et les soufflétait comme meurtriers de Jésus-Christ, la femme fut honnie comme meurtrière du genre humain; la pauvre Ève paya encore pour la pomme; on

---

(*) L'archevêque de Mayence osa à peine publier les bulles de Grégoire VII : il fixa d'abord à ses clercs un délai de six mois pour se défaire de leurs femmes ; ensuite il convoqua un synode à Erfurt, où il s'éleva un si grand tumulte qu'il fut obligé de congédier l'assemblée. Altmann, évêque de Passau, ne fut pas mieux traité par les prêtres de son diocèse. Plusieurs évêques se joignirent aux récalcitrants. Othon, évêque de Constance, donna à ses clercs une permission expresse de se marier.

(*) Damiani dit dans une de ses déclamations sur ce sujet, p. 173. « Lorsqu'à Lodi les bœufs gras de l'Église m'entourèrent, lorsque beaucoup de veaux rebelles grincèrent des dents, comme s'ils eussent voulu me cracher tout leur fiel au visage, ils se fondèrent sur le canon d'un concile tenu à Tribur, qui permettait le mariage aux prêtres; mais je leur répondis : Peu m'importe votre concile; je regarde comme nuls et non avenus tous les conciles qui ne s'accordent pas avec les décisions des évêques de Rome. » Ailleurs, s'adressant aux femmes des clercs, il leur dit : « C'est à vous que je m'adresse, séductrices des clercs, amorce de Satan, écume du paradis, poison des âmes, glaives des cœurs, huppes, hiboux, chouettes, louves, sangsues insatiables, etc. » (Note de M. Michelet.)

vit en elle la Pandore qui avait lâché les maux sur la terre. Les docteurs enseignèrent que le monde était assez peuplé, et déclarèrent que le mariage était un péché, tout au moins un péché véniel.

L'ÉGLISE PRÉTEND A LA DOMINATION UNIVERSELLE.

« Ainsi s'accomplit l'épuration de l'Église ; elle se rédima de la chair en la maudissant. C'est alors qu'elle attaqua l'empire ; alors, dans la fierté sauvage de sa virginité, ayant repris sa vertu et sa force, elle interrogea le siècle, et le somma de lui rendre la primatie qui lui était due. L'adultère et la simonie du roi de France, l'isolement schismatique de l'Église d'Angleterre, la monarchie féodale elle-même, personnifiée dans l'empereur, furent appelés à rendre compte. Cette terre que l'empereur ose inféoder aux évêques, de qui la tient-il, si ce n'est de Dieu? De quel droit la matière entend-elle dominer l'esprit? La vertu a dompté la nature ; il faut que l'idéal commande au réel, l'intelligence à la force, l'élection à l'hérédité. Dieu a mis au ciel de grands luminaires, le soleil et la lune qui emprunte sa lumière au soleil ; sur la terre, il y a le pape et l'empereur, qui est le reflet du pape ; simple reflet, ombre pâle, qu'il reconnaisse ce qu'il est. Alors, le monde revenant à l'ordre véritable, Dieu régnera, et le vicaire de Dieu : il y aura hiérarchie selon l'esprit et la sainteté ; l'élection élèvera le plus digne ; le pape mènera le monde chrétien à Jérusalem, et, sur le tombeau délivré du Christ, son vicaire recevra le serment de l'empereur et l'hommage des rois (*).

(*) Les prétentions de Grégoire VII se trouvent réunies dans le fameux *Dictatus papæ*. Si cet écrit n'est pas de Grégoire lui-même, au moins il reproduit son esprit :

1º L'Église romaine a été fondée par Dieu seul.

2º Le pontife romain a seul le droit de se dire universel.

3º Seul il peut déposer et rétablir les évêques.

« Ainsi se détermina dans l'Église, sous la forme du pontificat et de l'em-

4º Son légat a la préséance sur tous les évêques, quand même il serait de rang inférieur. Il peut donner contre eux sentence de déposition.

5º Le pape peut déposer les absents.

6º On ne peut rester dans la même maison avec ceux qu'il a excommuniés.

7º Seul il peut, selon les nécessités du temps, établir de nouvelles lois, rassembler de nouveaux peuples, faire d'un canonicat une abbaye, diviser un riche évêché en plusieurs, ou en réunir plusieurs pauvres en un seul.

8º Seul il peut faire usage des insignes impériaux.

9º Le pape est le seul dont tous les princes doivent baiser les pieds.

10º Son nom seul doit être prononcé dans les églises.

11º Son nom est tout dans le monde.

12º Il lui est permis de déposer les empereurs.

13º Il lui est permis, quand la nécessité l'exige, de faire passer un évêque d'un siège à l'autre (*).

14º Partout où il le veut, il peut ordonner un clerc de quelque église que ce soit.

15º Le clerc ordonné par lui peut diriger une autre église, mais non faire la guerre, et ne peut non plus recevoir un grade supérieur d'un évêque.

16º Aucun synode ne peut que sur son commandement se dire général.

17º Aucun chapitre, aucun livre canonique ne peut exister sans son autorisation.

18º Une sentence prononcée par lui ne peut être rétractée que par lui seul.

19º Il ne peut être jugé par personne.

20º Personne ne peut oser condamner le siège apostolique appelant en justice.

21º Les causes importantes de quelque église que ce soit doivent lui être déférées.

22º L'église romaine n'est jamais tombée dans l'erreur et n'y tombera jamais, d'après le témoignage de l'Écriture.

23º Le pontife romain, s'il a été ordonné canoniquement, devient, sans aucun doute, saint par les mérites du bienheureux saint Pierre, d'après le témoignage de saint En-

(*) Le cadavre du pape Formose fut décapité et jeté dans le Tibre, sous prétexte qu'il avait violé un canon de l'Église en passant du siège d'Ostie à celui de Rome. Il faut dire aussi que ce fut une vengeance politique. Toutefois l'accusation montre que la loi ecclésiastique existait.

pire, la lutte de la loi et de la nature. L'empereur, c'était le fougueux Henri IV, aussi emporté dans la nature que Grégoire VII fut dur dans la loi. Les forces semblaient d'abord bien inégales. Henri III avait légué à son fils de vastes États patrimoniaux; la toute-puissance féodale en Allemagne, une immense influence en Italie, et la prétention de faire des papes. Hildebrand n'avait pas même Rome; il n'avait rien et il avait tout. C'est la vraie nature de l'esprit de n'occuper aucun lieu. Chassé partout, et triomphant, il n'eut pas une pierre à mettre sous sa tête, et dit en mourant ces paroles : *J'ai suivi la justice et fui l'iniquité, voilà pourquoi je meurs dans l'exil* (*). »

HENRI IV EST EXCOMMUNIÉ.

La première attaque de Grégoire VII fut violente ; dans le même concile où il défendit l'investiture donnée par les laïques, il déposa l'archevêque de Brême, et les évêques de Strasbourg, de Spire et de Bamberg ; cinq conseillers de Henri IV furent également séparés de la communion de l'Église, et menacés de l'excommunication, comme fauteurs de la simonie ; enfin quatre légats arrivèrent, chargés d'extirper par toute l'Allemagne cette plaie de l'Église. Henri, alors occupé contre les Saxons, promit d'abord son assistance ; mais lorsque la soumission de

---

nodius, évêque de Pavie, et de beaucoup d'autres saints Pères, ainsi qu'il est dit dans les décrets de saint Symmaque.

24° Il est permis aux sujets, par son ordre ou par son autorisation, d'accuser leurs souverains.

25° Il peut sans les synodes déposer les évêques et les réintégrer.

6° Celui qui n'est pas d'accord avec l'Église romaine n'est pas catholique.

27° Il peut dégager les sujets de l'obéissance aux impies.

(*) Nous n'avons pas craint que l'emprunt que nous venons de faire à M. Michelet parût trop long ; il serait difficile de réunir autant de faits et d'idées dans un aussi court espace, et de les présenter d'une manière aussi vive.

la Saxe lui eut rendu confiance en ses forces, il montra moins d'humilité. Plusieurs évêques saxons étaient retenus prisonniers par lui, sans égard pour les recommandations du pape; il nomma lui-même un de ses favoris à l'évêché de Bamberg; peu après, il voulut en faire autant pour l'archevêché de Cologne. Grégoire VII ne garda plus alors de mesure; il cita l'empereur à comparaître à Rome, sous peine d'excommunication, afin de rendre compte de sa conduite. Jamais pape n'avait osé parler si haut ; l'étonnement fut grand en Allemagne, où l'on était habitué à ne voir presque dans les papes que des lieutenants impériaux. Un concile, réuni à Worms, déposa l'audacieux pontife : « Descends « donc, disait la lettre de Henri; des- « cends, toi qui as été condamné par « la sentence de tous nos évêques ; « cède le siége apostolique à un autre « qui ne profane pas la religion par « la violence, et qui enseigne la pure « doctrine de Jésus - Christ. » Grégoire VII répondit par une excommunication lancée contre l'empereur, et la lutte commença.

L'EXCOMMUNICATION.

C'était une terrible chose au moyen âge que l'excommunication ; la société religieuse enveloppait alors la société civile, en consacrait et en resserrait tous les liens. Rien alors ne se faisait que par l'Église ; aussi, retrancher un homme de l'Église, c'était le mettre hors la loi, en faire un proscrit, un *outlaw*, dont tout le monde fuyait l'approche et le contact, et qui portait partout avec lui le signe funeste de la réprobation divine. À sa venue, l'Église se voilait de deuil, les chants cessaient, l'orgue était muet et les cloches immobiles ; le sanctuaire se fermait devant lui, et le prêtre attendait qu'il fût passé pour rendre au temple ses cantiques. Lorsque la sentence était lue, c'était à la lueur des flambeaux, dans le plus sombre appareil ; et quand l'officiant prononçait les lugubres paroles de l'excommunication, tous les assistants renversaient leurs flambeaux, et en éteignaient la flamme sous leurs pieds; terrible image de la vie spirituelle, qui s'était éteinte aussi dans l'âme du condamné. Si le coupable était un prince, et refusait de faire soumission, le pape déliait ses sujets de leur serment de fidélité, et, pour vaincre sa résistance, il les frappait eux-mêmes : partout le pays, les cérémonies du culte étaient suspendues; les sacrements n'étaient plus administrés; il n'y avait plus de messes ni de prières, si ce n'est pour les nouveau-nés et pour les morts. On comprend combien cette arme était puissante à une époque où les paroles de l'Église étaient le premier besoin des peuples.

RÉVOLTE DES PRINCES ALLEMANDS.

La sentence de Grégoire VII réunit tous les ennemis de l'empereur; les ducs de Souabe, de Bavière et de Carinthie, qui jusqu'alors avaient respecté en lui le nom de roi, formèrent avec les princes saxons une ligue formidable. L'on convint qu'une diète serait tenue à Augsbourg, et que le pape y assisterait. Henri n'attendit pas l'époque de la convocation : au milieu de l'hiver, par un froid rigoureux, lorsque les neiges couvraient tous les chemins, l'empereur, avec sa femme et son petit enfant, à peine âgé de deux ans, franchit les Alpes pour aller trouver son redoutable adversaire. Grégoire était à Canossa, dans le château de la célèbre comtesse Mathilde; l'empereur, nupieds, couvert de bure, dans le costume de pénitent, attendit trois jours dans la cour du château, jusqu'à ce que le pape consentît enfin à l'admettre devant lui. Grégoire résistait; on l'accusait de dureté, comme s'il se fût agi pour lui de pardonner à un ennemi : il sentait qu'une réconciliation était impossible; il céda cependant, et donna à l'empereur son absolution.

ÉLECTION D'UN ANTI-CÉSAR.

Henri n'avait voulu que gagner du
18ᵉ *Livraison.* (ALLEMAGNE.)

temps. Quand il sortit de Canossa, ce fut avec la rage dans le cœur et le désir de la vengeance. Son humiliation lui donna des armées; on s'indigna que le chef du monde féodal eût été ainsi traité par un prêtre. Les évêques italiens, qui redoutaient les prétentions du pape, s'unirent à sa cause; dans l'Allemagne, de nombreux partisans se déclarèrent pour lui : les villes, qui craignaient l'anarchie féodale, sentaient le besoin de chercher contre l'ambition des seigneurs un appui dans la puissance et la protection du chef suprême de l'empire; aussi, lorsque les princes eurent proclamé roi de Germanie Rodolphe de Rheinfeld (*); Henri put marcher contre lui, et le combattre à forces égales. Il fut, il est vrai, deux fois vaincu; mais dans une troisième bataille (1080), Godefroy de Bouillon, qui devait porter son nom si haut dans la première croisade, tua, avec le fer de la bannière impériale qu'il portait, le compétiteur de Henri.

Grégoire avait quelque temps hésité entre les deux princes; sa conduite à Canossa lui avait aliéné un grand nombre d'esprits. Quelques écrits qui coururent en Allemagne après sa mort montrent l'opinion de bien des hommes de ce pays sur ses prétentions. Dans ses dernières paroles, disait-on, il confessa qu'il avait grandement péché et mal agi, à la persuasion du diable, dans le gouvernement de l'Église. Il écrivit lui-même, dans une lettre adressée aux Allemands : « Il « nous est revenu qu'il est dans la « pensée de plusieurs d'entre vous que « j'ai agi en ceci avec une légèreté mon- « daine, et cependant aucun de vous « ne s'est trouvé dans des circons- « tances aussi difficiles, et n'a souffert « autant d'injures que moi. » Aussi, Grégoire n'osa se prononcer d'abord

(*) La première condition que les princes firent jurer à Rodolphe, montre combien ils étaient préoccupés de l'idée de limiter la puissance impériale. Rodolphe jura qu'il ne rendrait pas la couronne héréditaire dans sa maison.

entre les deux compétiteurs : peut-être voyait-il que sa cause n'avancerait pas plus avec l'un qu'avec l'autre ; cependant, après la seconde victoire de Rodolphe, il lui envoya un diadème où se trouvaient écrits ces mots :

Petra dedit Petro, Petrus diadema Rodolpho.

MORT DE GRÉGOIRE VII.

Henri, de son côté, fit un anti-pape, dans un concile tenu à Brixen ; il fit élire Guibert, archevêque de Ravenne, sous le nom de Clément III. La bataille de Mölsen, en délivrant l'empereur de son rival, lui permit d'aller poursuivre Grégoire en Italie. Toute la Lombardie reconnaissait son autorité ; mais le pape tenait ferme à Rome : Henri l'y assiégea à plusieurs reprises. La troisième fois, il s'empara de la cité Léonine, ce qui obligea les Romains à lui ouvrir leurs portes. Grégoire allait être contraint de se rendre, lorsqu'il fut heureusement délivré par Robert Guiscard, le chef de ces aventuriers normands qui avaient fondé un royaume dans l'Italie méridionale, et qui, placés entre l'empire grec et l'empire germanique, prétendaient ne relever ni de l'un ni de l'autre, et augmentaient leurs domaines aux dépens de tous deux. Du reste, Grégoire ne put rester à Rome ; il suivit Robert à Salerne : c'est là qu'il mourut, le 25 mai 1085, en prononçant ces tristes paroles que nous avons rapportées plus haut, et qui, comme celles de Brutus mourant pour une idée qu'il croyait sainte, sont un cri de désespoir contre l'équité de la Providence.

RÉVOLTE DES FILS DE HENRI.

Henri IV ne jouit pas longtemps de son triomphe, et sa fin fut plus misérable encore : d'abord, il lui fallut combattre un second compétiteur, Hermann de Luxembourg ; puis son propre fils Conrad, qu'il avait fait désigner pour son successeur, se révolta contre lui ; en même temps, sa propre épouse, l'impératrice Adélaïde de Russie, déclarait devant deux synodes des choses qu'elle aurait dû tenir à tout jamais cachées, et qui couvraient de honte son époux. Le malheureux prince, poursuivi par le pape, qu'animait encore l'esprit de Grégoire VII, trahi par sa femme, par son fils, par ses meilleurs amis, passa les dernières années à combattre contre tous. Dans son désespoir, il voulait en finir avec la vie ; car depuis le commencement de sa querelle avec le saint-siége, la coupe qui lui avait été servie n'était que fiel et amertume. Cependant il lutta avec constance, et effaça au moins par son courage ses premières fautes. Mais les papes, selon l'expression d'un vieil historien, le frappèrent de la lance de Juda. Après la soumission et la mort de Conrad, ils armèrent contre l'empereur son autre fils, Henri, en lui faisant craindre que l'excommunication qui pesait contre son père ne le privât des droits qu'il pouvait avoir sur l'héritage paternel. Henri n'eut pas honte de venir déclarer au concile de Nordhausen, qu'il n'avait d'autre motif, en prenant les armes, que de forcer son père à rentrer dans la communion de l'Église. Lorsque les deux armées se rencontrèrent, tous les vassaux de l'empereur, fatigués de s'attacher plus longtemps à la fortune d'un prince si malheureux, l'abandonnèrent ; il lui fallut fuir devant son fils. Cependant le jeune Henri, parlant de piété filiale et de réconciliation, indiqua une diète à Mayence, pour terminer, disait-il, ses différends avec son père, mais en réalité pour le faire déposer.

DÉPOSITION DE HENRI.

« Les partisans de l'empereur profitèrent de l'éloignement de son fils pour lui représenter qu'il ne devait pas ajouter une confiance entière aux promesses, et se laisser ainsi entraîner à sa perte. — Mais bientôt le jeune prince revint, et jura qu'il était prêt à se sacrifier, corps et âme, pour son père. Ses protestations imposèrent silence à ses accusateurs et les couvrirent de honte. On s'avança jusqu'à

Bingen, où, contrairement aux premières conventions, l'escorte du roi des Romains s'accrut d'une manière inquiétante. — « Mon père, dit alors « le jeune prince à l'empereur, l'ar- « chevêque de Mayence ne vous rece- « vra point dans la ville tant que vous « serez sous le poids de l'excommuni- « cation; d'ailleurs, je craindrais de « vous conduire au milieu de vos enne- « mis. Restez ici, et célébrez-y les fêtes « de Noël, pendant que je vais travailler « pour vous de toutes mes forces. » — « Dieu soit témoin et juge entre toi « et moi, répondit l'empereur; tu sais « ce que j'ai fait pour t'élever; quelles « peines, quels soucis je me suis at- « tirés pour toi; quels ennemis j'ai « bravés dans ton intérêt; puisses-tu « m'en témoigner une sincère recon- « naissance! » — Pour la troisième fois, le jeune prince fit les protestations les plus solennelles; puis il partit pour Mayence. L'empereur entra à Bingen; mais aussitôt la trahison éclata ouvertement: on le fit prisonnier, et on chassa tous ses compagnons, à l'exception de trois. L'évêque de Spire, oubliant les bienfaits dont Henri l'avait comblé, le traita avec la plus grande dureté. Mais ce qui parut à l'empereur plus cruel que les menaces, que la prison, que la soif et la faim, ce fut, selon son propre aveu, de ne pouvoir, lui, chef de la chrétienté, célébrer, au milieu de tous les chrétiens, la fête si consolante de la naissance de Jésus-Christ.

« Il était dans un état complet d'abattement lorsqu'il reçut les envoyés de son fils; c'étaient les archevêques de Mayence et de Cologne, et l'évêque de Worms. — « Remets-nous, lui di- « rent-ils, la couronne, le sceptre et « la pourpre, afin que nous les por- « tions à ton fils. » Comme l'empereur, étonné, demandait la cause d'une conduite si extraordinaire: « Tu la con- « nais mieux que tout autre, reprirent « les ambassadeurs. Depuis longues « années, l'empire et l'Église souffrent « par ta faute; les dignités ecclésiasti- « ques sont données au plus riche et « non au plus digne; tu perds les corps « et les âmes; aussi les princes et le « pape ont-ils unanimement résolu « de te déposer, toi, excommunié. »

— « Archevêques de Mayence et de « Cologne, reprit l'empereur, et vous, « évêque de Worms, qu'ai-je reçu de « vous, qu'ai-je reçu pour votre éléva- « tion? — Rien, » répondirent-ils en rougissant de honte. — « Et cepen- « dant, continua Henri, vos dignités « auraient pu considérablement aug- « menter mon trésor. Pour moi, je « m'applaudis de ne m'être pas rendu « coupable de cette simonie; mais vous, « écoutez mes conseils: ne souillez pas « votre propre dignité en prenant part « à l'injustice; ne flétrissez pas, en « me dépouillant aussi indignement, « l'autorité impériale que la mort doit « bientôt me ravir. Mais si, ni les con- « seils de la sagesse, ni la voix de la « justice, ne peuvent vous détourner « de ce projet, je vous demande au « moins quelque temps pour réfléchir, « et ensuite, si la diète persiste dans « sa résolution, je placerai moi-même « la couronne sur la tête de mon fils. »

« Cependant, comme les ambassadeurs renouvelaient leur demande avec plus de force, l'empereur s'éloigna pour délibérer avec le petit nombre de serviteurs qui lui étaient restés fidèles.

« Puis il revint, couvert des insignes de la dignité impériale, s'assit sur son trône, et dit aux ambassadeurs: « C'est « au Seigneur Dieu, qui m'a mis la « couronne sur la tête, que je dois me « fier, puisque vous, vous manquez à « votre serment de fidélité! J'étais « préparé, armé, contre les attaques « des ennemis extérieurs; mais, quant « aux insurrections intestines, secrè- « tes, inattendues, des princes et des « évêques allemands, je ne puis que « leur rappeler inutilement leurs ser- « ments et leurs devoirs. Pour mon « fils, je n'ai plus aucune puissance « sur lui, puisque le respect filial, le « devoir le plus saint parmi les hom- « mes de bien, ne le retient plus. Ce « que l'empereur accorde à tous les « criminels, le temps et les moyens de « se justifier, les princes et les prélats

« le refusent à l'empereur ! Si la crainte
« d'une puissance plus élevée que celles
« de la terre, si la honte du crime ne
« vous arrêtent pas, approchez, et de
« vos mains sacriléges dépouillez votre
« empereur. »

« Les prélats n'avaient pas prévu que l'affaire pût prendre cette tournure; ils restèrent interdits et frappés de stupeur. Alors, le margrave de Misnie, Wigbert, qui leur avait été adjoint, s'écria : « Notre nouveau sou-
« verain n'a-t-il pas déclaré qu'il n'y
« avait de salut pour l'empereur que
« dans une prompte obéissance ? —
« Pourquoi hésitons-nous, ajouta l'ar-
« chevêque de Mayence, à exécuter
« les ordres des princes ? Si nous
« pouvons élever le plus digne sur
« le trône, ne pouvons-nous pas en
« précipiter un prince indigne ? » —
Alors ils s'avancèrent, enlevèrent à l'empereur la couronne placée sur sa tête, le dépouillèrent de la pourpre et de tous les insignes de la puissance terrestre. Dans ce moment, Henri s'écria : « J'expie les fautes de ma
« jeunesse, comme jamais prince n'a
« expié ses crimes; mais les erreurs
« de ma vie passée ne justifieront pas
« votre action; le Seigneur Dieu vous
« en punira; votre partage sera celui
« du traître qui a livré le Christ. »

« Le malheureux prince erra quelque temps dans l'Allemagne, alla demander la place la plus humble dans une église qu'il avait élevée lui-même : elle lui fut refusée; il mourut de faim. Le courroux des papes le poursuivit même après sa mort ; son cadavre fut exhumé et abandonné sans sépulture, comme celui d'un excommunié (*). »

HENRI V.
(1106-1125.)

Le saint-siége crut avoir gagné sa cause lorsqu'il eut renversé Henri IV, comme si c'était là une querelle de personne. Il s'aperçut bien vite qu'il n'avait fait que servir l'ambition déna-turée du nouvel empereur. Le fils parricide ne se montra pas plus que son père disposé à céder sur ses prétentions. A peine fut-il monté sur le trône qu'il avait acheté par un crime, qu'il déclara ne vouloir jamais abandonner le droit de confirmer les élections, de donner à l'élu l'investiture des biens de son église, et d'en exiger l'hommage.

PROPOSITION DE PASCAL.

Après quelques guerres insignifiantes contre les Hongrois et les Polonais, il passa en Italie pour mettre fin à cette longue querelle. Arrivé à Sutri, il y fut arrêté par une proposition inattendue, pour terminer d'un coup le différend. Pascal II voulait que l'Église abandonnât tous ses biens; qu'elle redevînt, comme aux premiers jours, pauvre, plébéienne, vivant des seules offrandes des fidèles; mais les évêques ne purent consentir à abandonner leurs palais somptueux, et toutes ces jouissances du luxe auxquelles ils étaient habitués. Ils ne comprirent pas quelle force leur donnerait cette renonciation aux joies du monde. Ils oubliaient que le Christ était fils d'un charpentier, qu'il avait vécu sous le chaume, et dit ces paroles : « Mon royaume n'est pas de ce monde »; ils voulurent rester princes de la terre, et la terre un jour s'est ouverte sous leurs pas pour leur servir de tombeau. Voyez au contraire ce qu'il serait advenu si le clergé, acceptant la proposition de Pascal II, était resté seulement puissance spirituelle : armé de la Parole, du Verbe, vivant au milieu du peuple, associé à ses souffrances et à ses misères, comme il aurait dominé le monde de sa pauvreté et de son humilité (*) !

(*) Raumer Histoire des Hohenstaufen, t. I, liv. 2.

(*) Dans ces derniers temps, la proposition de Pascal a été reprise par des hommes qui voulaient rendre au christianisme sa force primitive. « Descendez des villes, disait l'école de M. de Lamenais, quittez vos habits de soie et d'or pour la bure et une croix de bois, venez sous le chaume, comme le géant Antée qui retrouvait sa force quand

Les évêques refusèrent, et la proposition du pape fut traitée d'hérétique et de sacrilége; on disputa longtemps. Enfin, un des barons allemands de la suite de l'empereur se leva en s'écriant : « A quoi bon tant de paroles : sachez que notre empereur veut être couronné sans condition, comme Charlemagne. » Et sur le refus obstiné du pape, Pascal et seize de ses cardinaux furent enlevés par les Allemands. Mais le peuple de Rome s'ameuta : pendant deux jours il fallut combattre dans les rues ; Henri y courut plus d'une fois risque de la vie; il fut lui-même blessé et renversé de cheval. Enfin le troisième jour, les Allemands, contraints à la retraite, abattirent une partie des murailles, et sortirent par la brèche, emmenant leurs captifs. Cependant, au bout de deux mois, la fatigue des deux partis amena une transaction. Le pape fut amené à Rome, et couronna l'empereur, en cédant sur tous les points ; il obtint uniquement en retour, la promesse que les élections auraient lieu désormais librement et sans simonie (8 avril 1111).

RÉVOLTE DES PRINCES ALLEMANDS.

La guerre n'était point finie. A peine Henri était-il rentré en Allemagne, qu'un concile réuni à Latran força le pape à déclarer que son consentement lui avait été arraché par la force, et annula le traité de l'année précédente. Ainsi les choses étaient ramenées au même point où elles étaient sous Henri IV. Bientôt Henri V vit aussi une partie de l'Allemagne soulevée contre lui. Ce fut encore la Saxe qui donna le signal. La maison de Billung s'était éteinte en 1106, et l'empereur avait donné le duché de Saxe à Lothaire, comte de Supplinbourg. Lorsqu'en 1112 le comte d'Orlamunde et de Weimar mourut sans enfants, l'empereur déclara que ses fiefs avaient fait échute à la couronne. Le comte palatin du Rhin prétendit qu'ils devaient lui revenir du chef de sa mère, qui descendait des derniers comtes d'Orlamunde ; et pour se faire rendre justice, il s'unit à Lothaire de Saxe, qui, de son côté, voulait s'affranchir des droits qu'il payait au fisc impérial. La décision du concile de Latran accrut les forces des confédérés : l'évêque de Wurtzbourg et l'archevêque de Mayence prirent parti pour eux. Bientôt tous les princes allemands, à l'exception de Welf V, duc de Bavière, se levèrent contre l'empereur, qui fut battu près de Sondersleben (1115). Cependant, malgré l'excommunication que l'archevêque de Mayence lança contre lui, il parvint l'année suivante à réparer ses désastres et à se mettre en état de passer une seconde fois en Italie, où l'appelait la succession de la comtesse Mathilde. Avant de quitter l'Allemagne, il rétablit le duché de Franconie en faveur de son neveu Conrad de Hohenstaufen, frère du duc de Souabe, qui l'avait puissamment aidé contre les Saxons. Il le composa de l'ancien marquisat de Bavière, auquel appartenaient le haut Palatinat et le bourgraviat de Nuremberg ; il y ajouta quelques autres pays, qui, par la suite, formèrent le cercle de Franconie.

SUCCESSION DE LA COMTESSE MATHILDE.

La comtesse Mathilde, l'ancienne amie de Grégoire VII, était la plus grande puissance de l'Italie; outre la Toscane et le duché de Lucques, elle possédait Parme, Modène, Reggio, Ferrare, Mantoue, Crémone, Spolète, etc., et beaucoup de fiefs dans ce qui forme aujourd'hui l'État de l'Église. A sa mort, elle légua tous ses biens au saint-siége; mais Henri V revendiqua ses fiefs à titre d'empereur, les biens allodiaux à titre de son plus proche parent et de son héritier naturel (*).

(*) La donation de Mathilde n'était pas valable, parce que ses États étaient des fiefs, et que d'après les lois féodales, si un noble aliénait ses terres en faveur d'un roturier ou d'un ecclésiastique, comme il y avait abrégement de fief, le suzerain pouvait reprendre la terre aliénée.

il touchait la terre, toucher la terre de vos pieds et de vos mains, à côté du pauvre ; le peuple alors vous reconnaîtra. »

Henri ne trouva nulle opposition : le pape était trop faible pour faire valoir le testament qui contenait la donation ; il venait même de se brouiller avec les Romains, à l'occasion de la nomination d'un préfet de la ville, et, à l'approche de l'empereur, il s'enfuit dans la Pouille. Henri se fit couronner une seconde fois par l'archevêque de Braga, et Pascal II étant mort peu après, il laissa élire Gélase II. Le nouveau pape se montra plus intraitable encore que Pascal, et l'empereur le pressant de renouveler le traité de 1111, il quitta Rome furtivement et se retira à Gaëte. Henri, fatigué de ne pouvoir arriver à une conclusion, résolut d'imiter l'exemple que lui avait donné son aïeul Henri III, et fit élire, le 18 mars 1118, un nouveau pape, qui prit le nom de Grégoire VIII.

CALIXTE II, ÉLU EN FRANCE, RENVERSE GRÉGOIRE VIII.

Gélase alla mourir en France dans le monastère de Cluny. Les cardinaux qui l'avaient suivi proclamèrent à sa place Calixte II. « Ce pape, dit Suger, tint à Rheims un concile solennel ; puis, sans prendre aucun repos, il alla sur la frontière jusqu'à Monson, à la rencontre des députés de l'empereur Henri pour rendre la paix à l'Église. Mais, n'ayant rien pu gagner sur eux, il suivit l'exemple de ses prédécesseurs, et chargea ce prince des liens de l'excommunication dans un concile que remplissaient les Français et les Lorrains. Lorsque ensuite, enrichi des dons que lui avait prodigués le dévouement des églises, il fut arrivé à Rome, le peuple et le clergé romain lui firent la réception la plus honorable. Plus habile que beaucoup de ses prédécesseurs, il administra heureusement les affaires de l'Église ; aussi, à peine eut-il séjourné quelque temps dans la ville du saint-siége, que les Romains, charmés de sa grandeur et de sa libéralité, se saisirent du schismatique et intrus Bourdin, créature de l'empereur, qui faisait sa résidence à Sutri, et forçait à fléchir le genou devant lui tous les clercs qui se rendaient à la cité des Saints-Apôtres. Ensuite ces hommes, plaçant en travers sur un chameau, animal tortu, ce tortueux anti-pape, ou plutôt cet antechrist, le revêtirent d'un manteau de peaux de bouc encore crues et sanglantes ; puis, pour venger sur lui, avec la plus grande publicité, la honte de l'Église, ils le conduisirent par la route royale à travers la ville de Rome, le jetèrent, par l'ordre du seigneur pape Calixte, dans une prison voisine du monastère de Saint-Benoît, dans les montagnes de la Campagne de Rome, le condamnèrent à y finir ses jours, et, pour conserver la mémoire de cette punition exemplaire, le peignirent, dans une des salles du palais pontifical, foulé aux pieds du seigneur pape. Le seigneur Calixte, ainsi glorieusement établi sur le saint-siége, réprima les brigands de l'Italie et de la Pouille, qui désolaient l'État romain. Ce flambeau de la chaire pontificale et de l'Église du bienheureux Pierre ne se cacha point sous le boisseau, mais, placé sur le haut de la montagne, il brilla du plus vif éclat, et les Romains, heureux sous la douce protection d'un maître si grand, recouvrèrent tant les rentes de la ville que les biens du dehors qu'ils avaient perdus (*). »

CONCORDAT DE WORMS.

Ce pape eut l'honneur de terminer le premier acte de ce long drame, qu'on appelle la querelle des investitures. Henri V, effrayé de l'excommunication et de l'attitude menaçante des princes allemands, se résigna enfin à la paix : il conclut d'abord à Wurtzbourg un traité avec les confédérés, puis, l'année suivante, il signa avec le pape le fameux concordat de Worms, 1122 : il fut convenu que l'empereur renoncerait à l'investiture par l'anneau et la crosse, symboles de l'autorité spirituelle ; qu'il laisserait liberté entière aux églises de faire les élections selon les règles canoniques ; qu'il rendrait

(*) Suger, Vie de Louis le Gros.

enfin au saint-siége tout ce qu'il lui avait enlevé depuis l'origine du différend. Le pape, de son côté, consentit à ce que les élections se fissent en présence de l'empereur, et que, en cas de partage ou de contestation entre les électeurs, l'empereur pût prononcer en faveur de celui qui, d'après l'opinion du métropolitain et des évêques de la province, aurait le meilleur droit. Enfin, l'élu devait, avant sa consécration, recevoir par le sceptre, symbole de la puissance séculière, l'investiture des fiefs possédés par son église.

Ainsi la question n'était point décidée : l'Église restait toujours vassale du pouvoir temporel ; le plan de Grégoire VII n'avait pu être exécuté. Alexandre III, Innocent IV essayeront de le reprendre, jusqu'à ce que la papauté meure à la peine, et se voie honnie et souffletée dans la personne de Boniface VIII.

MORT DE HENRI V.

Henri mourut trois ans après cette transaction. Ses dernières années furent employées à augmenter ses revenus, et à se venger de ceux qui l'avaient contraint de s'humilier devant le saint-siége. Il s'efforça de recouvrer les domaines impériaux, aliénés durant les troubles, et essaya d'établir une contribution permanente dans l'empire. Il conservait aussi rancune à Louis VI, de l'accueil qu'il avait fait à Calixte II, et voulait ruiner la ville de Reims, d'où était partie l'excommunication qui l'avait frappé. Mais lorsque la nouvelle se répandit en France d'une expédition des Allemands au delà du Rhin, il y eut un accord unanime pour repousser cette invasion étrangère. Ce n'était plus le temps où les empereurs pouvaient impunément arriver jusqu'à Paris. Autour de Louis VI vinrent se ranger tous les grands seigneurs féodaux, les évêques, les gens des communes. Cet empressement inaccoutumé montrait les progrès de la royauté en France, et semblait annoncer un siècle d'avance la victoire de Bouvines. L'empereur, alarmé n'osa poursuivre son entreprise. « Avili par cette affaire, et déclinant de plus en plus dans l'opinion, l'empereur d'Allemagne vit son dernier jour avant que cette même année eût terminé son cours, et vérifia ainsi cette sentence de nos ancêtres, que quiconque, noble ou non noble, troublera l'État ou l'Église, et dont la révolte aura forcé de déplacer les reliques des saints, ne passera pas l'année et mourra avant qu'elle soit finie (*). »

Henri V mourut à Utrecht, âgé de 40 ans (1125).

REVUE DE LA PÉRIODE DES EMPEREURS SALIQUES.

Henri V fut le dernier de sa race. Il y avait un siècle que cette maison salique était en possession du trône impérial, que quatre de ses membres avaient successivement occupé. Les deux premiers avaient porté haut la gloire et la puissance de l'Allemagne ; Conrad II avait relevé l'autorité royale qui s'était dégradée dans les mains timides et impuissantes de son prédécesseur. Henri III avait hardiment porté la main sur les abus de l'État et de l'Église ; mais l'opposition qu'il rencontra en Allemagne et sa mort prématurée l'empêchèrent d'accomplir l'œuvre qu'il avait tenté d'organiser dans l'empire d'une manière forte et durable, en élevant au-dessus de toute résistance le pouvoir de la royauté.

Ces princes ne songèrent point seulement à l'intérieur du pays, ils veillèrent aussi sur les frontières, et s'efforcèrent de les étendre. L'empire s'agrandit au sud du royaume de Lombardie, à l'ouest de celui de Bourgogne ; au nord-est les Slaves reconnurent la suprématie impériale ; sous Henri III, les rois de Hongrie prêtèrent hommage comme vassaux, et si, durant les troubles des deux règnes suivants, l'empire perdit sa suzeraineté sur les Slaves, excepté sur ceux de Bohême, les Saxons au moins continuèrent de travailler à étendre la civilisation et l'influence

(*) Suger, Vie de Louis le Gros.

germanique sur les pays limitrophes.

Les empereurs de la maison salique ne dissimulèrent point l'intention d'être seuls maîtres de ce vaste territoire, et de mettre en pratique ce qui n'avait été qu'en espérance dans les princes de la maison de Saxe, c'est-à-dire, de faire de la Germanie un royaume héréditaire, de détruire la puissance des ducs, de former une seule nation de toutes les tribus et de tous les peuples allemands, d'établir enfin l'unité dans l'État et dans l'Église, en plaçant dans une égale dépendance les grands et les évêques, même celui de Rome.

Les moyens dont ils s'aidèrent furent de retirer les duchés des mains de ceux qui les possédaient, pour les confier à d'autres qu'ils croyaient plus fidèles; de changer souvent les maisons princières, afin qu'elles ne prissent point racine dans le pays qu'elles étaient chargés d'administrer, et de favoriser au contraire l'hérédité des petits fiefs, tandis qu'ils combattaient de toutes leurs forces celle des grands. Quant à l'Église, le roi se considéra comme le suprême dispensateur des dignités ecclésiastiques: l'élection ne fut plus qu'une vaine formalité; la chose sérieuse, importante, fut le consentement et la confirmation de l'empereur. En même temps, l'achat des charges, même les plus élevées dans la hiérarchie de l'Église, déconsidéra le clergé aux yeux des peuples, et lui enleva, avec le respect qu'il inspirait, une partie de sa puissance.

Mais lorsque les prétentions du pape, les jalousies et les craintes de l'Allemagne, la haine des Saxons, eurent fait éclater contre Henri IV cette guerre de quarante ans, qui fut si opiniâtre, il lui fallut chercher partout autour de lui des auxiliaires, et en créer au besoin. C'est ainsi que, abandonné de la classe des hommes libres, qui jadis avaient soutenu les rois contre les grands, mais qui maintenant étaient enchaînés par les liens du vasselage à la haute noblesse, Henri IV fut obligé de s'adresser à un autre ordre, aux habitants des villes, qui reçurent de lui le droit de porter des armes. C'était fournir aux villes les moyens d'arriver à l'indépendance, à l'isolement; du reste tout y tendit, du moment que la royauté eut été reconnue impuissante à établir cette unité qu'elle avait rêvée: duchés, comtés, margraviats devinrent héréditaires. Les évêques aussi, alliés des grands, dans cette lutte du sacerdoce et de l'empire, où leur titre même leur faisait jouer le principal rôle, cessèrent de suivre la bannière des ducs: ils marchèrent derrière leur propre étendard, et l'élevèrent aussi haut que celui du plus puissant des grands vassaux. Enfin, malgré les efforts des empereurs, leur couronne ne put être considérée comme héréditaire. Ils parvenaient, il est vrai, à avoir leurs fils pour successeurs, mais toujours il fallait une élection qui constatait la dépendance où était le roi de sa nation et de ses chefs

DIFFÉRENCE ENTRE LE POUVOIR ROYAL DE LA FRANCE ET CELUI DE L'ALLEMAGNE.

Toutes les fois que l'on met en regard l'histoire de France et celle de l'Allemagne, l'on est tenté de se demander pourquoi l'hérédité du pouvoir royal s'établit si facilement de ce côté-ci du Rhin, pourquoi, au contraire, elle ne put jamais, si ce n'est dans les derniers temps, être formellement reconnue en Allemagne. A cela il y a plusieurs causes. Dans l'ancienne Germanie, les leudes choisissaient leur chef: *duces ex virtute sumunt*, dit Tacite; après la conquête, la même habitude subsista: les Francs choisissaient leur roi dans les membres d'une même famille. Le principe se resserré, il est vrai, mais il subsiste; car les leudes de Thierry lui disent: « Si tu ne veux pas nous conduire à la guerre de Bourgogne, nous t'abandonnerons pour tes frères. » Quand la famille des Mérovingiens s'éteignit, les Francs acceptèrent des rois sortis d'une maison nouvelle. Mais cette seconde dynastie ayant disparu à son tour, chaque peuple reprit ses droits, et se donna lui-même des chefs. L'élection reparut après la diète de Tribur. Cependant les

Germains auraient sans doute laissé s'établir l'hérédité, mais ces familles royales de Germanie disparaissaient si vite, que la nation était sans cesse appelée à exercer son droit d'élection. Louis l'Enfant, fils et successeur d'Arnould, meurt sans postérité; Conrad Ier n'a point d'enfant; la famille des Othon s'éteint au cinquième prince; celle de Franconie ne peut fournir plus de quatre rois; puis c'est un Saxon, puis encore un Franconien, et enfin l'illustre maison des Hohenstaufen, qui s'éteint après avoir donné Frédéric Ier, Henri VI et Frédéric II. Pendant ce temps, une seule famille, celle des Capétiens, occupe sans interruption le trône de France, le fils succédant au père et conservant les mêmes traditions, le même esprit, les mêmes intentions politiques; tandis qu'en Allemagne le système change au moins avec les familles, qui, souvent, appartiennent à des races hostiles, ennemies, comme les Saxons et les Franconiens ou les Souabes.

Cette nécessité de faire presque à chaque règne un nouveau choix, dut nécessairement habituer les peuples à l'idée que la couronne était élective. Puis le pape s'empara de ce principe; il le proclama hautement pour affaiblir d'autant son adversaire et se réserver une sorte de droit de suprématie sur l'élection; ajoutez encore l'intérêt qu'avaient les princes à ne pas laisser prescrire leur droit. En France, la royauté était si peu de chose lorsque Hugues Capet la prit, que personne ne s'inquiéta de son usurpation, et ne chercha à lui disputer la couronne. Mais en Allemagne il n'en était pas ainsi. Outre les droits régaliens et toutes les utiles et productives prérogatives que possédait le roi pour la collation des bénéfices, l'inféodation des fiefs vacants, etc., il se trouvait encore investi, par le fait seul de son couronnement, des domaines impériaux répandus en si grand nombre par toute l'Allemagne, et dont les revenus grossissaient son trésor. Plus le titre était précieux et moins les princes devaient abandonner le droit de le conférer eux-mêmes; car, en restant maître de le donner, chacun d'eux espérait pouvoir le faire tomber sur sa tête, ou arracher des concessions à celui qu'il plaçait au sommet de la hiérarchie féodale.

Une autre cause encore de l'impuissance où furent les rois allemands d'établir en fait et en droit l'hérédité de leur couronne, c'est la forte opposition qu'ils rencontrèrent autour d'eux dans les grands de l'empire. Le démembrement féodal ne s'était point opéré en France de la même façon qu'en Allemagne. En France, où les Romains avaient jeté tant de villes, tant de centres d'activité, tant de petites sociétés pouvant se suffire à elles-mêmes, et ne demandant qu'isolement et indépendance; en France, où les races étaient si mêlées, et par conséquent si ignorantes les unes des autres, le démembrement avait eu lieu *selon les localités*, en Allemagne il eut lieu *selon les nations:* là, peu ou point de villes, mais d'anciens souvenirs d'une existence indépendante, comme tribu distincte, des tribus voisines; de grandes masses de populations parlant le même dialecte, ayant la même loi, la même histoire, et au-dessus d'elles, de vieilles familles dont les destinées se liaient à celles de la race au milieu de laquelle elles avaient vécu; en un mot, des États, des royaumes tout formés d'avance, jaloux les uns des autres, mais surtout du prince qui voulait être leur maître commun. Ces chefs particuliers des tribus germaniques, ces ducs étaient forts contre le roi, car ils s'appuyaient sur l'indépendance des *nations*. Aussi tous les efforts des empereurs pour détruire l'hérédité des duchés restèrent sans résultats; tandis que ceux des grands, pour conserver la couronne élective, réussirent.

LOTHAIRE II
(1125-1138.)

A la mort de Henri V, l'Allemagne, fatiguée des efforts de la maison salique pour établir une monarchie héréditaire et despotique, se tourna vers ceux qui avaient combattu ses prétentions : le Saxon Lothaire fut choisi pour empereur. On pouvait espérer que l'ami et l'allié du pape étant placé sur le trône, le pays ne serait plus troublé par ces querelles incessantes qui épuisaient le meilleur de son sang.

ÉLECTION DE LOTHAIRE.

Nous avons de curieux détails sur l'élection de Lothaire; on y trouve encore des traces de l'ancienne coutume de l'élection par les diverses nations de l'Allemagne, et l'on voit déjà apparaître le privilége qui va bientôt s'établir en faveur de quelques princes. Les quatre nations de Saxe, Bavière, Souabe et Franconie, se réunirent à Mayence. Soixante mille hommes campèrent sur les deux rives du Rhin. Mais ils n'étaient là en quelque sorte que pour représenter les anciens droits du peuple; les princes se séparèrent de la foule et délibérèrent à part. Sur la proposition de l'archevêque de Mayence, on choisit dans chacune des quatre nations des hommes qui furent chargés de présenter une liste de candidats. Ce furent Frédéric de Hohenstaufen, duc de Souabe, neveu de Henri V, et son frère Conrad, duc de Franconie, héritier des biens allodiaux de la maison salique, Léopold, margrave d'Autriche et beau-frère des deux Hohenstaufen; enfin Lothaire de Saxe. Ce dernier avait pour lui presque toute l'assemblée qu'effrayait la puissance de la maison de Hohenstaufen. En vain Lothaire supplia les larmes aux yeux qu'on le déchargeât d'un fardeau trop pesant pour lui, il fut contraint d'accepter. Il sentait la difficile position dans laquelle il allait se trouver placé.

LOTHAIRE S'HUMILIE DEVANT LE PAPE.

On commença par le faire renoncer à la prérogative, consacrée cependant par le concordat de Worms, de veiller sur les élections ecclésiastiques. Il promit de ne gêner la liberté des élections ni par sa présence ni par celle de ses commissaires. Il laissa les élus faire dans leurs serments la réserve de leurs devoirs envers l'Église. Pour qu'on ne se trompât pas sur le sens de la nomination de Lothaire, le légat du pape avait assisté à la diète d'élection, et après le couronnement, deux évêques allèrent demander à Honorius la confirmation du choix fait par les princes. Ainsi les rôles changeaient; de vassal le pape devenait presque suzerain; il le crut du moins, et le fit écrire sur un tableau représentant Lothaire agenouillé devant lui et recevant de ses mains la couronne. Au-dessous étaient ces deux vers :

<small>Rex venit ante fores, jurans prius urbis honores;
Post homo fit papæ, recipit quo dante coronam.</small>

PREMIÈRE EXPÉDITION EN ITALIE.

Ne pouvant rien faire en Allemagne, où la maison de Hohenstaufen refusait de le reconnaître, Lothaire, après une guerre sans résultat contre les ducs de Souabe et de Franconie, passa les Alpes pour se faire couronner empereur, et rétablir dans Rome Innocent II, que l'anti-pape Anaclet avait chassé. Il vint, accompagné seulement d'un petit nombre de chevaliers saxons et bavarois, et fit une triste figure au delà des monts. Milan lui ferma ses portes, et il ne put se faire couronner roi d'Italie. A Rome, il ne fut pas assez fort pour expulser l'anti-pape qui partagea la capitale du monde chrétien avec son rival.

A son retour en Allemagne, Lothaire put enfin terminer la guerre contre les Hohenstaufen. Ceux-ci avaient été battus par le duc de Bavière, gendre de l'empereur; la perte d'Ulm, leur place principale, les contraignit à poser les armes : ils se soumirent et reconnurent Lothaire (1135).

SECONDE EXPÉDITION EN ITALIE.

L'année suivante, Lothaire fit une seconde expédition en Italie. Cette fois, il parut au delà des monts d'une manière plus honorable; le duc de

Souabe l'accompagna. Milan le reçut dans ses murs : Crémone, Pavie, Plaisance et les villes du Piémont voulurent, il est vrai, lui fermer leurs portes; mais il triompha de toutes ces résistances, chassa de Rome l'anti-pape, attaqua les Normands qui le soutenaient, leur enleva Capoue, Bénévent, Bari, Amalfi et Salerne. Il semblait que l'Italie méridionale allait être reconquise; mais le pape prétendit à la suzeraineté de ces pays, et Lothaire, mécontent d'être toujours contraint à de nouvelles concessions, reprit le chemin de l'Allemagne.

Quelque besoin que les Italiens eussent des Allemands, les deux nations ne pouvaient rester longtemps d'accord. Les Allemands étaient trop grossiers. « C'est un peuple gourmand et ivrogne, dit le chapelain Donnizo, toujours querellant et accoutumé à vider ses disputes à coups d'épée. » A son couronnement, l'empereur promettait de vivre sobrement avec l'aide de Dieu. Pour adoucir leur rudesse et leur grossièreté, Godefroi de Bouillon était obligé de leur recommander de vivre dans la société des chevaliers français.

Lothaire ne revit point la Saxe; il mourut à Breitenwang dans la Bavière (1138).

EMPEREURS ET ROIS DE LA MAISON DE HOHENSTAUFEN.

CONRAD III.
(1138-1152.)

Lothaire ne laissait point d'héritiers. Son gendre Henri le Superbe, duc de Bavière et de Saxe, pouvait, il est vrai, aspirer à lui succéder; mais sa puissance effraya l'Allemagne. Henri, à titre d'héritier de la maison de Guelfe (il était petit-fils du duc de Bavière Welf IV), était maître des riches domaines que cette maison possédait en Souabe; par sa mère il avait hérité les biens de la maison de Billung, l'ancienne maison ducale de Saxe : enfin sa femme, fille de Lothaire, était héritière des possessions des comtes de Supplinbourg, de Nordheim et de Brunswick. Il y avait là de quoi fournir une force réelle au titre d'empereur. Aussi les électeurs portèrent leurs suffrages sur un prince d'une puissance moins redoutable; ce fut Conrad, de cette maison de Hohenstaufen qui s'était signalée par sa violente opposition contre Lothaire. Conrad, à la mort de Henri V, avait déjà songé au trône, et même, en 1128, il avait pris le titre de roi d'Italie, qu'il fut, il est vrai, bientôt contraint d'abdiquer. Quand la mort de Lothaire laissa vacante la couronne impériale, son ambition se réveilla, et grâce à l'archevêque de Trèves, qui, pendant la vacance du siége de Mayence, était le premier évêque d'Allemagne, il surprit pour ainsi dire son élection. Cependant la Saxe et la Bavière, qui n'avaient point donné leurs votes, acceptèrent sa nomination, et Henri le Superbe vint lui-même remettre à Conrad les joyaux de la couronne dont il se trouvait être le dépositaire.

GUELFES ET GIBELINS.

Cet acte de déférence ne put empêcher Conrad d'exécuter le dessein qu'il avait formé d'affaiblir la puissance de Henri : il lui déclara qu'il lui fallait opter entre ses deux duchés; et comme Henri hésitait, Conrad donna la Saxe à Albert l'Ours, margrave de Brandebourg. Henri le Superbe était trop fort pour se soumettre tranquillement à cette sentence. Il eut peu de peine à chasser son compétiteur de la Saxe. Mais pendant ce temps il perdait la Bavière que Conrad conféra à son frère utérin Léopold IV, margrave d'Autriche. C'est là l'origine de cette lutte sanglante des Guelfes et des Gibelins, qui, transportée au delà des Alpes, ensanglanta pendant plusieurs siècles l'Italie (*).

La mort de Henri le Superbe, ar-

(*) *Gibelins*, de Wiblingen, nom d'un château appartenant à la famille des Hohenstaufen; *Guelfes*, de Welf, nom de l'ancienne maison de Bavière.

rivée le 20 octobre 1139, sembla donner gain de cause à Conrad. Son fils Henri, surnommé plus tard le Lion, ne dut la conservation de la Saxe qu'à l'attachement des hommes de ce pays pour sa maison et à leur haine pour les Souabes. Quant à la Bavière, un frère de Henri le Superbe chercha pendant quelque temps à la défendre. C'est dans cette guerre qu'arriva ce trait d'amour conjugal conservé dans la mémoire des peuples. Conrad assiégeait un château, qui résistait avec courage. Irrité d'être si longtemps arrêté, il fit serment de réduire en esclavage tous ceux qu'il renfermait ; mais il permit aux femmes de sortir avec tout ce qu'elles pourraient emporter de leurs effets les plus précieux. Elles sortirent toutes chargées chacune de son mari. Conrad, malgré les sollicitations de ses officiers, respecta sa parole. Les ruines du château portent encore aujourd'hui le nom de *Fidélité des Épouses* (*Weibertreue*).

Le règne de Conrad s'acheva assez pacifiquement en Allemagne. Pour terminer cette longue querelle des deux maisons des Guelfes et des Gibelins, il fit épouser à Henri Iasomirgott, le nouveau duc de Bavière, la veuve d'Henri le Superbe, et Henri le Lion, alors âgé de treize ans, renonça à toute prétention sur cet ancien duché de sa famille. Quant à Albert l'Ours, son margraviat fut détaché de la Saxe, et il reçut la charge héréditaire d'archichambellan. C'est l'origine du royaume de Prusse.

MESSAGE DES ROMAINS A CONRAD.

Conrad fut aussi appelé à intervenir dans les affaires d'Italie. Les Romains avaient rétabli ce qu'ils appelaient l'ancienne république ; mais ils étaient si faibles au milieu de tous ces seigneurs qui les environnaient, qu'ils furent contraints pour garantir leur *nouvel état* d'appeler Conrad, avec prière de se mettre à la tête de la république, et de la défendre contre le pape, qui prétendait toujours à l'exercice de droits plus ou moins étendus dans le gouvernement de la ville. Les Romains écrivirent donc à Conrad qu'ils n'avaient voulu que rendre à l'empire l'éclat qu'il avait eu sous Constantin et Justinien, lesquels avaient régné sur le monde par le sénat et le peuple de Rome. C'est pour cela, disaient-ils, qu'ils avaient rétabli le sénat et démoli les forteresses et les palais des nobles ; c'était à Conrad de venir maintenant achever leur ouvrage, et établir sa résidence dans la capitale du monde.

Le message était singulier : cependant Conrad aurait peut-être accepté et serait parti pour aller voir cette république dont on lui parlait en termes si pompeux ; mais les prédications de saint Bernard, l'enthousiasme qu'il avait partout excité en Allemagne, pour voler au secours des chrétiens de Jérusalem, ne permirent pas à Conrad d'avoir une autre pensée que celle de la croisade.

Avant de parler de l'expédition de Conrad, nous devons dire quelques mots sur ce grand mouvement qui devait déraciner le vieux monde féodal et faire naître un ordre nouveau.

LA CROISADE.

L'Allemagne ne prit qu'une part secondaire à la croisade. Le premier rôle resta à la France, pays d'élan et de sympathie, où toute idée généreuse descend vite de la théorie à l'action. Cependant il faut arrêter quelque temps à voir de près ce grand événement, par lequel le monde, jusqu'alors endormi, recommence à se mettre en mouvement.

L'on distingue d'ordinaire huit croisades différentes ; mais, à vrai dire, il n'y eut dans l'espace de près de deux siècles (1099—1270) qu'une suite non interrompue de pèlerinages vers la terre sainte. Tantôt les pèlerins s'unissaient en masses innombrables, comme les armées de Pierre l'Ermite, de Godefroi de Bouillon, etc.; tantôt ils passaient un à un, ou en petites troupes ; mais la route qui conduisait à Jérusalem ne manqua jamais de pieux voyageurs, tant qu'il resta un point de débarquement pour les pèlerins. L'islamisme fut combattu de deux côtés, en Espagne et en Palestine; mais la croisade d'Espagne ne fut nationale qu'au delà des Pyrénées. Du moment que l'Europe n'eut plus à craindre de ce côté une invasion sérieuse, l'on cessa d'y songer, ou si quelques pèlerins passèrent encore les Pyrénées, ce furent seulement quelques chevaliers qui allèrent gagner leurs éperons auprès du Cid, ou chercher fortune en Espagne, comme ce prince de la maison de Bourgogne qui trouva au bout de sa lance le royaume de Portugal (*).

La véritable croisade, la croisade européenne, c'est celle de Jérusalem. A celle-là tous prirent part, tous voulurent voir les saints lieux, tous, jusqu'aux petits enfants, qui disaient à chaque ville qu'ils rencontraient sur leur route : « N'est-ce pas là Jérusalem ? »

LA CROISADE EST LE RÉSULTAT DE L'UNION DE L'ESPRIT FÉODAL ET DE L'ESPRIT RELIGIEUX.

Les croisades sont le plus beau moment du moyen âge; elles en forment l'époque héroïque. C'est un mouvement individuel et général, spontané, et surtout sans intention politique, quoi qu'en aient dit les historiens du dernier siècle. Ce qui fait surtout la grandeur et l'importance des croisades, c'est qu'elles sont le résultat de l'union intime des deux puissances du moyen âge, la féodalité et l'Église. Ces deux puissances avaient suivi une ligne de développement parallèle, mais en sens contraire. Partie de la démocratie la plus large, l'Église s'était élevée par l'aristocratie épiscopale jusqu'à la monarchie papale. Grégoire VII avait placé le saint-siége sinon au-dessus de toutes les couronnes, au moins au-dessus de tous les siéges épiscopaux. Fortifiée par cette concentration de toute son autorité dans les mains d'un seul, retrempée par la sévérité et les réformes de Grégoire VII, l'Église était toute-puissante alors sur l'esprit du peuple, qui, échappé comme par miracle, il le croyait du moins, à la sentence de mort prononcée contre lui pour l'an 1000 (*), remerciait le ciel par un redoublement de zèle et de ferveur. Les croyants n'étaient point seulement les pauvres, les misérables, ceux qui avaient besoin des consolations de la religion, mais les riches, les grands, les heureux du siècle. Jamais la foi n'avait été aussi générale, aussi vive. Quant à la société civile, elle était allée aussi loin que possible dans l'isolement ; il n'y avait plus ni mouvement ni vie; tout s'immobilisait.

GOUT DES PÈLERINAGES.

Depuis quelques années il y a eu parmi nous réaction en faveur du moyen âge. Ceux qui parlent de cette époque ne trouvent jamais assez d'éloges pour ces temps de loyauté chevaleresque et de dévouement; mais la vérité historique veut que l'on efface ces couleurs trop brillantes. Les chevaliers n'étaient point toujours aux fêtes, aux tournois si ruineux d'ailleurs. Toute l'année, il leur fallait rester derrière les épaisses murailles de leurs châteaux, en compagnie de leurs chiens et de leurs faucons, n'ayant même pas encore, pour désennuyer leurs loisirs, les longs et insipides poëmes de chevalerie en vingt et trente mille vers, que les nobles du douzième siècle pourront au moins se faire lire et relire chaque soir par leur chapelain. Cette vie monotone, ils cherchaient à la varier en guerroyant sans cesse contre leurs voisins, en courant les aventures ; ou bien ils s'attachaient à la fortune de quelque prince belliqueux, comme les soixante mille

---

(*) Les chrétiens d'Espagne virent aussi des chevaliers teutoniques combattre dans leurs rangs; témoin cet aventureux duc d'Autriche, Léopold VI, qui prit une part glorieuse à la bataille de *Las Nevas de Tolosa* (1212). Voyez Autriche, p. 28.

(*) C'était une croyance générale que le monde devait finir en l'an 1000. Une foule de chartes de dotations portent ces mots : *Adventante vespere mundi*, etc.

chevaliers que Guillaume le Bâtard sut réunir autour de son étendard pour les conduire à la conquête de l'Angleterre. Ce besoin d'agitation et de mouvement joint à une foi vive et enthousiaste, donna lieu à une foule de pèlerinages et prépara le grand mouvement des croisades. Les prédications de Pierre l'Ermite ne furent que l'étincelle qui tomba sur des matières inflammables.

ÉTAT POLITIQUE ET RELIGIEUX DE L'ORIENT.

ÉTAT POLITIQUE.

Mais quel était alors l'état politique et religieux de l'Orient? Ce n'étaient plus les Arabes qui possédaient Jérusalem, les Abassides étaient tombés, et *une foule de princes était sortie de la poussière de leurs pieds*. Chose étrange! l'unité fut ramenée dans l'empire de Mahomet par des esclaves sous le titre modeste de vicaires du calife. Mahmoud le Gaznevide, chef des esclaves turcs, son successeur Togroul-Beg, le fils de celui-ci, Alp-Arslan, puis Melek-Schah, firent dominer le croissant depuis la Méditerranée jusqu'aux frontières de la Chine. Mais à sa mort, en 1092, son frère et ses quatre fils se disputèrent son riche héritage. Le résultat de ces guerres impies fut l'affaiblissement de l'empire des Turcs, et la formation de cinq royaumes : celui de Perse, auquel restait attachée la suzeraineté, celui de Karman, enfin les sultanies d'Alep, de Damas et de Roum, dans l'Asie mineure, en face de Constantinople.

ÉTAT RELIGIEUX. — MYSTICISME.

L'effroi des Grecs fut au comble; ils firent retentir l'Europe de leurs plaintes, et cependant l'islamisme n'était déjà plus à craindre : tandis que les divisions politiques affaiblissaient sa force militaire, il était travaillé au dedans par des doctrines mystiques qui minaient la foi et détruisaient l'élan des âmes. Le caractère général de la religion de Mahomet, c'est l'abandon que fait l'homme de sa volonté à Dieu ; le nom même de cette religion l'exprime : islamisme signifie résignation aux décrets du ciel. Cette abnégation volontaire n'était pas un accident, mais une nécessité dans le mahométisme. Le prophète, supprimant tout médiateur, Dieu et l'homme restent en présence. Or, il doit nécessairement arriver qu'en face de la toute-puissance divine, l'homme, effrayé de sa faiblesse, désespère de pouvoir se conduire lui-même, et fait à Dieu le sacrifice de sa propre liberté. Mahomet, il est vrai, a mis entre l'homme et Dieu le Coran, la loi écrite ; mais ce livre, si la raison l'examine de près, n'est qu'un tissu d'absurdités. Pour qu'il ne soit pas indigne de celui dont il porte le nom, il faut admettre que c'est un voile souvent épais, qui cache les célestes vérités ; il y a donc nécessité de l'interpréter : il faut que l'esprit cherche l'esprit pur indépendant de la forme ; la loi n'est qu'une forme grossière, par laquelle l'esprit peut se communique à ceux qui ne pourraient autrement le saisir, mais qui le gêne et l'obscurcit. Que ceux qui voient et comprennent se débarrassent donc de cette forme gênante de la loi, elle restera pour les faibles d'esprit ; mais les forts peuvent dire : Périsse la lettre, vive l'esprit, c'est-à-dire, la libre interprétation. La loi étant ainsi supprimée, il reste la volonté absolue de Dieu, dans laquelle la volonté individuelle se confondra. Dès lors ce n'est plus que Dieu qui agit par l'homme ; d'où il suit que toutes les actions sont indifférentes, puisque toutes sont divines.

ISMAÉLITES OU ASSASSINS.

C'est la doctrine qu'avaient propagée en Égypte, dans la Perse, mais surtout en Syrie, les sectateurs de Babek, d'Abballah, et enfin ceux de Hassan-Ben-Sabah, si redoutés sous le nom d'Assassins. Maîtres de tous les châteaux des montagnes de la Syrie, ils étaient la terreur des princes voisins, par le fanatisme qu'ils savaient inspirer à leurs *fedavis*, ou dévoués.

C'était l'an 1090 que Hassan s'était

emparé de la forteresse d'Alamout. Assiégé quelque temps après par Meleck-Schah, il le fit empoisonner, ainsi que son vizir, et répandit l'effroi dans l'Asie par ses assassinats. L'année même de la prise de Jérusalem par les croisés, un grand nombre de châteaux tombèrent aux mains des Assassins. Pour effrayer un sultan seldjoucide, il gagna un de ses esclaves, qui, pendant le sommeil de son maître, planta un poignard dans la terre à deux pieds de sa tête; puis il lui écrivit : « Sans notre affection pour « le sultan, on lui aurait enfoncé le poi-« gnard dans la poitrine, au lieu de le « planter dans la terre. » Il envoya demander au grand Noureddin une forteresse de ses États, et Noureddin n'osa refuser. Il renouvela souvent de pareilles demandes. Un prince, en livrant *à l'ordre* une de ses forteresses, conseilla aux habitants de la démanteler; ce conseil lui coûta la vie. Des Assassins, n'ayant pu trouver dans sa demeure un vizir qu'ils cherchaient, plantèrent leurs poignards dans sa porte. Ce même vizir, réconcilié avec les Assassins, reçut un de leurs ambassadeurs, qui lui dit, dans un festin, qu'il avait parmi ses gardes cinq Ismaélites; l'un d'eux lui dit : « Tel jour, à telle heure, j'aurais pu vous tuer impunément; mais je n'avais pas d'ordre. » Le vizir, effrayé, ôta ses habits et se prosterna devant les cinq Assassins, protestant qu'il serait à l'avenir le fidèle esclave du grand maître. Cent vingt-quatre Assassins perdirent successivement la vie, en essayant d'attenter à celle d'un émir. Un jour qu'un chef croisé, Henri comte de Champagne, visitait un *grand prieur de l'ordre,* celui-ci le mena au sommet d'une tour ; à chaque créneau se tenaient deux hommes vêtus de blanc. Le prieur fit un signe, et deux de ces hommes se précipitèrent du haut de la tour (*).

(*) Le nom d'Assassin vient de *haschischim*, pastilles enivrantes faites avec de l'opium et de la jusquiame, que le chef faisait prendre aux fedavis avant qu'ils fussent transportés endormis dans des jardins où ils

Tel était, à la fin du onzième siècle, l'état de l'Asie occidentale : d'abord la grande sultanie de Roum, puis celles d'Alep et de Damas; derrière, les deux califats de Bagdad et du Caire, tous deux impuissants : le premier, soumis au sultan de Perse, dont les émirs étaient, à peu près, partout indépendants ; le second, abandonnant l'autorité à son vizir, qui tâchait de se faire obéir en Égypte, en Phénicie et dans la Palestine; enfin, sur tous les sommets des montagnes, de la Médie à la Palestine, les châteaux des Assassins, plus ennemis des sultans qui les entourent que des croisés qui arrivent.

Cette situation de l'islamisme explique pourquoi les Turcs laissèrent 20,000 chrétiens prendre Jérusalem, qui était aussi pour eux une ville sainte. Si la puissance du calife de Bagdad n'avait point été renversée, et la foi primitive des Arabes détruite, tous se seraient réunis contre les infidèles, en se rappelant cette parole du prophète : Que le paradis est sous l'ombre des épées.

PREMIÈRES TROUPES DES CROISÉS.

L'Allemagne, avons-nous dit, ne prit qu'une part secondaire à la croisade. Cependant, lorsque les prédications de Pierre l'Ermite, et les discours d'Urbain II, à Clermont, eurent décidé ce grand mouvement qui allait ébranler l'Europe jusque dans ses fondements, l'Allemagne fournit quelques recrues aux bandes nombreuses qui la traversèrent pour arriver par la Hongrie et le pays des Bulgares jusqu'à Constantinople. D'abord ce fut le peuple qui, laissant derrière lui les chefs et les princes s'armer, se compter, partit sans rien attendre. Plein de confiance dans sa foi et dans la protection divine, une troupe nombreuse, conduite par un pauvre chevalier, nommé Gauthier *sans avoir*, traversa d'abord l'Allemagne, mais fut presque entièrement détruite dans la Bulgarie.

prenaient un avant-goût de toutes les joies de leur sensuel paradis.

Pierre, qui suivit avec 40,000 hommes, ne fut guère plus heureux, et conduisit avec peine les débris de ses troupes jusqu'à Constantinople. Les bandes qui suivirent furent plus malheureuses encore. Celles-ci furent en partie composées d'Allemands.

TROUPE DE GOTTSCHALK.

« Il n'y avait pas longtemps que Pierre avait quitté les pays de l'Occident, dit le chroniqueur Albert d'Aix, lorsqu'un prêtre nommé Gottschalk, né Teuton, et habitant des bords du Rhin, échauffé par les discours de l'ermite et brûlant du désir d'entreprendre aussi le voyage de Jérusalem, entraîna, par ses paroles, un grand nombre d'hommes de diverses nations à suivre les mêmes voies. Il rassembla plus de quinze mille individus dans la Lorraine, la France orientale, la Bavière, le pays des Allemands, tant dans la classe des chevaliers que dans celle des gens de pied; et tous, ayant ramassé une immense quantité d'argent et toutes les choses nécessaires au voyage, se mirent en route, et suivirent, dit-on, leur marche paisiblement jusque dans le royaume de Hongrie. Arrivés à la porte de Mersebourg et de la citadelle, et se présentant sous la protection du roi Coloman, ils y furent accueillis avec honneur. On leur accorda même la permission d'acheter toutes les choses nécessaires à la vie, et en vertu des ordres du roi, on conclut un traité avec eux, pour prévenir tout mouvement désordonné dans une si grande armée. Ils y demeurèrent pendant quelques jours, et commencèrent à vagabonder. Les Bavarois et les Souabes, hommes impétueux, et d'autres insensés encore, se livrèrent sans mesure aux excès de la boisson, et en vinrent bientôt à enfreindre les conditions du traité : d'abord, ils enlevèrent aux Hongrois du vin, des grains et les autres choses dont ils avaient besoin; puis ils allèrent prendre dans les champs des bœufs et des moutons pour les tuer; ils tuèrent aussi ceux qui voulurent leur résister ou reprendre sur eux leurs bestiaux, et ils commirent encore beaucoup d'autres crimes que je ne pourrais rapporter en détail, se conduisant en gens grossiers, insensés, indisciplinés et indomptables. Des hommes qui ont assisté à ces événements rapportent qu'ils se saisirent d'un jeune Hongrois et l'empalèrent sur la place publique. On se plaignit de ce fait et de toutes les autres offenses des pèlerins, et ces plaintes parvinrent aux oreilles du roi et de ses princes.

LES PÈLERINS ATTAQUÉS PAR LES HONGROIS.

« Le roi, irrité de toutes ces infamies, dont le récit jeta le trouble dans sa maison, prescrivit à ses satellites de s'armer, fit un appel à toute la Hongrie pour aller venger ce crime abominable, et tous les autres méfaits des étrangers, et voulut que l'on n'épargnât aucun des pèlerins, puisqu'ils avaient commis une action si horrible. Les hommes de l'armée de Gottschalk, instruits des ordres cruels donnés par le roi pour les faire périr, firent retentir dans toutes les campagnes le signal de la guerre, et se rassemblèrent dans les champs de Belgrade, auprès de l'oratoire de Saint-Martin. Aussitôt toutes les forces de la Hongrie furent sur pied pour aller disperser le peuple qui s'était réuni. Mais les Teutons, inquiets et forcés de défendre leurs vies, se disposèrent à résister vigoureusement avec leurs glaives, leurs lances et leurs flèches; en sorte que les Hongrois n'osèrent les attaquer. Lorsqu'ils les virent aussi déterminés, et qu'ils eurent reconnu l'impossibilité de les combattre sans s'exposer à des pertes incalculables, ils eurent recours à la ruse, et leur adressèrent ces douces paroles : « No-
« tre seigneur roi a reçu des plaintes
« sur les offenses que vous avez com-
« mises dans son royaume; mais il
« pense que vous n'en êtes pas tous
« coupables, d'autant plus qu'il y a
« parmi vous beaucoup de gens sensés
« et qui ne sont pas moins affligés de
« cette violation du traité que le roi

« lui-même et les siens. Si donc vous
« voulez donner satisfaction au sei-
« gneur roi et apaiser les princes de la
« terre, il faut, et il est nécessaire que
« vous livriez toutes vos armes entre
« les mains du seigneur roi, et que
« vous vous montriez, selon notre
« avis, disposés à la paix. Quand vous
« vous serez mis ainsi à la discrétion
« du roi avec tout l'argent que vous
« avez, vous calmerez sa colère, et
« vous trouverez grâce devant ses
« yeux. Mais si vous vous conduisez
« autrement, pas un seul d'entre vous
« ne pourra vivre devant sa face et
« devant les siens, parce que vous
« avez fait dans son royaume des cho-
« ses trop honteuses et trop offensan-
« tes. »

MASSACRE DES PÈLERINS.

« Gottschalk et tous les hommes sensés se confièrent de bonne foi à ceux qui leur tenaient ce langage, attendu que les Hongrois professaient le christianisme, et ils conseillèrent à leurs compagnons, en pleine assemblée, de donner satisfaction au roi conformément à ces propositions, et de rendre leurs armes, afin de rétablir la paix et l'union avec les gens du pays. Tous, en effet, suivirent ce conseil, et tous livrèrent entre les mains du délégué du roi leurs cuirasses, leurs casques, toutes leurs armes, tout l'argent destiné à pourvoir à leur subsistance jusqu'à Jérusalem, certains qu'ils obtiendraient par là les témoignages de la compassion et de l'humanité du roi. Les ministres et les chevaliers de ce prince transportèrent toutes les armes dans les appartements intérieurs du palais, et déposèrent dans le trésor royal l'argent et tous les objets de prix que cette nombreuse armée leur avait abandonnés. Après avoir ainsi mis toutes les armes à couvert, ils se montrèrent menteurs dans les promesses qu'ils avaient faites pour garantir au peuple la clémence du roi; et, s'élançant avec cruauté sur ces pèlerins désarmés et dépouillés, ils les attaquèrent et les mirent à mort de la manière la plus barbare, à tel point que, selon les rapports affirmés véritables par le petit nombre de ceux qui échappèrent avec peine à la mort, après avoir assisté au carnage, toute la plaine de Belgrade était entièrement couverte de sang et des cadavres de tous ceux qui furent tués, et qu'il n'y en eut que bien peu qui purent se soustraire à ce martyre (*). »

QUATRIÈME TROUPE. MASSACRE DES JUIFS.

Une quatrième troupe se réunit au commencement de l'été de l'an 1096, composée principalement de Lorrains et de Flamands. Ceux-ci commencèrent par massacrer tous les juifs qu'ils rencontrèrent sur leur chemin. Il leur semblait de toute justice d'immoler ceux qui avaient fait mourir le Christ; c'était dignement commencer leur saint voyage à Jérusalem (**). Mais ces hommes « ne s'abstenaient point des réunions illicites et des plaisirs de la chair; ils se livraient sans relâche à tous les excès de la table, se divertissaient sans cesse avec les femmes et les jeunes filles, qui sortaient aussi de chez elles pour se livrer aux mêmes folies, et s'adonnaient témérairement à toutes les vanités, sous le prétexte du voyage qu'ils allaient entreprendre.

« Je ne sais si ce fut par l'effet d'un jugement de Dieu ou par une erreur de leur esprit qu'ils se levèrent avec cruauté contre le peuple des juifs dispersés dans chacune de ces villes, et qu'ils les massacrèrent de la manière la plus inhumaine, principalement dans le royaume de Lorraine, disant que c'était là le commencement de leur expédition et de leurs services contre les ennemis de la foi chrétienne. Ce massacre des juifs commença d'abord dans la ville de Cologne; les citoyens

---

(*) Albert d'Aix, traduit par M. Guizot, liv. I.

(**) Les juifs étaient établis en grand nombre dans les villes riveraines du Rhin, où ils avaient porté leur esprit mercantile et leur active industrie; ils avaient deviné l'importance commerciale de toutes ces cités épiscopales qui étaient sur la grande route du commerce européen.

tombèrent à l'improviste sur ceux qui y habitaient en nombre assez modique; ils les blessèrent et les mutilèrent presque tous d'une manière terrible, renversèrent leurs maisons et leurs synagogues, et se partagèrent ensuite beaucoup d'argent. Effrayés de ces cruautés, deux cents juifs environ prirent la fuite dans le silence de la nuit, et passèrent en bateau à Nuitz. Mais ayant été rencontrés par des pèlerins et des croisés, aucun d'eux n'échappa; ils furent pareillement massacrés et dépouillés de tout ce qu'ils portaient.

« Aussitôt après, les pèlerins se remirent en route, comme ils en avaient fait vœu, et arrivèrent à Mayence formant une immense multitude. Le comte Émicon, homme très-noble et très-puissant de ce pays, était dans cette ville avec une forte bande de Teutons, et attendait l'arrivée des pèlerins qui venaient déboucher de divers côtés sur la route royale. Les juifs qui habitaient à Mayence ayant appris le massacre de leurs frères, et comptant ne pouvoir échapper à tous les arrivants, se réfugièrent, dans l'espoir de se sauver, auprès de l'évêque Rothard, et déposèrent sous sa garde et confièrent à sa bonne foi leurs immenses trésors, se flattant que sa protection leur serait infiniment utile, attendu qu'il était évêque de la ville. Le pontife cacha soigneusement tout l'argent que les juifs lui remirent; il les reçut sur une terrasse très-spacieuse, pour les dérober à la vue du comte Émicon et de ceux qui le suivaient, afin de les conserver sains et saufs dans son habitation, le plus sûr asile qu'ils pussent trouver en ce moment. Mais Émicon et tous ceux de sa bande ayant tenu conseil, allèrent, au lever du soleil, attaquer à coups de flèches et de lances les juifs enfermés dans ce lieu élevé et découvert. Ayant brisé les serrures et enfoncé les portes, ils les atteignirent et en tuèrent sept cents qui cherchèrent vainement à se défendre contre des forces trop supérieures; les femmes furent également massacrées, et les jeunes enfants, quel que fût leur sexe, furent aussi passés au fil de l'épée. Les juifs voyant les chrétiens s'armer en ennemis contre eux et leurs enfants, sans aucun respect pour la faiblesse de l'âge, s'armèrent de leur côté contre eux-mêmes, contre leurs coreligionnaires, contre leurs enfants, leurs femmes, leurs mères et leurs sœurs, et se massacrèrent entre eux. Chose horrible à dire! les mères saisissaient le fer, coupaient la gorge aux enfants qu'elles allaitaient, et transperçaient également leurs autres enfants, aimant mieux se détruire de leurs propres mains que de succomber sous les coups des incirconcis.

« Il n'échappa qu'un petit nombre de juifs à ce cruel massacre, et quelques-uns reçurent le baptême, bien plus par crainte de la mort que par amour pour la foi chrétienne.

NOUVEAU MASSACRE DES PÈLERINS EN HONGRIE.

« Chargés de leurs riches dépouilles, le comte Émicon, Clairambault de Vandeuil, Thomas, et tout cet innombrable ramas d'hommes et de femmes poursuivirent leur voyage pour Jérusalem (*). » Mais ils n'allèrent pas plus loin que la Hongrie, presque tous périrent auprès de la forteresse de Mersebourg qu'ils avaient voulu enlever. « La main du Seigneur s'étendit sur ces pèlerins, parce qu'ils avaient péché sous ses yeux, se livrant sans mesure à toutes les souillures de la chair, et parce qu'ils avaient inhumainement massacré les juifs, peuple exilé et ennemi du Christ, beaucoup plus par avidité de leur argent que comme instruments de la justice de Dieu; car le Seigneur est un juge équitable, et n'ordonne point de faire entrer qui que ce soit, malgré lui et par force, sous le joug de la foi catholique (**).

(*) Albert d'Aix, liv. I.
(**) Cet esprit de tolérance est remarquable dans un historien des croisades, surtout si l'on se rappelle le fanatisme farouche de Raymond d'Agile qui raconte avec une joie féroce les cruautés des chrétiens, et termine son récit de la prise de Jérusalem par ces mots : « On chevauchait dans le sang jus-

«On vit encore un autre crime détestable au milieu de cette immense réunion de gens insensés et d'une folle légèreté, crime odieux, sans aucun doute, au Seigneur, et que les fidèles n'oseront même croire. Ces hommes avaient une oie et une chèvre qu'ils disaient également animées d'un souffle divin, et ils avaient pris ces animaux pour guides de leur voyage à Jérusalem; ils allaient jusqu'à leur porter respect, et, semblables eux-mêmes à des bêtes, ils adoptaient ces erreurs avec pleine tranquillité d'esprit (*). »

PREMIÈRE CROISADE.

Ces premiers croisés n'étaient que l'avant-garde de la grande armée des chevaliers. Celle-ci parut bientôt; elle ne comptait pas moins de cent mille chevaliers, derrière lesquels se pressait un peuple de six cent mille âmes; jeunes, vieux, femmes, enfants, tous avaient voulu suivre l'étendard du Christ (**). A la tête de cette foule il n'y avait point de rois, mais des chefs illustres et puissants, parmi lesquels brillait Godefroi de Bouillon, duc de Lorraine.

GODEFROI DE BOUILLON.

« Quelque grandes choses que Bohémond ait faites, la voix du peuple, qui est celle de Dieu, a donné la gloire de la croisade à Godefroi, fils du comte de Boulogne, margrave d'Anvers, duc de Bouillon et de Lothier, roi de Jérusalem. La famille de Godefroi, issue, dit-on, de Charlemagne, était déjà signalée par de grandes aventures et de grands malheurs. Son père, Eustache de Boulogne, beau-frère d'Édouard le Confesseur, avait manqué l'Angleterre, où les Saxons l'appelaient contre Guillaume le Conquérant. Son grand-père maternel, Godefroi le Barbu ou le Hardi, duc de Lothier et de Brabant, qui échoua de même en Lorraine, combattit trente ans les empereurs à la tête de toute la Belgique, et brûla, dans Aix-la-Chapelle, le palais des Carlovingiens. Il fut plusieurs fois chassé, banni, captif; sa femme, Béatrix d'Este, mère de la fameuse comtesse Mathilde, fut indignement retenue prisonnière par Henri III, qui finit par lui ravir son patrimoine, et donner la Lorraine à la maison d'Alsace. Toutefois, quand l'empereur Henri IV fut persécuté par les papes, et que tant de gens l'abandonnaient, le petit-fils du proscrit, le Godefroi de la croisade, ne manqua pas à son suzerain. L'empereur lui confia l'étendard de l'Empire, cet étendard que la famille de Godefroi avait fait chanceler, et contre lequel Mathilde soutenait celui de l'Église. Mais Godefroi le raffermit : du fer de ce drapeau il tua l'anti-césar Rodolphe, le roi des prêtres (1080), et le porta ensuite, son victorieux drapeau, sur les murs de Rome, où il monta le premier. Toutefois, d'avoir violé la ville de saint Pierre et chassé le pape,

qu'aux genoux des hommes et aux freins des chevaux. *Equitabatur in sanguine usque ad genua equitum et fræna equorum.* » Ces deux écrivains, bien que contemporains, semblent séparés par des siècles. Le chanoine Albert d'Aix, qui ne quitta point son église, a des paroles de piété pour les victimes et de blâme pour les bourreaux ; tandis que Raymond d'Agile, acteur passionné dans le drame sanglant de la croisade, n'eut pas manqué de battre des mains au massacre des juifs.

(*) Albert d'Aix, liv. I.
(**) Le zèle pour la croisade fut entretenu par les priviléges accordés aux croisés. Ils ne pouvaient être poursuivis par leurs créanciers jusqu'à leur retour de Jérusalem. L'intérêt de l'argent qu'ils avaient emprunté ne courait point tant qu'ils étaient occupés à la guerre sainte. Ils étaient exempts de tailles et de collectes. Ils avaient permission de donner en gage aux églises, aux ecclésiastiques ou à tout autre fidèle, leurs terres et leurs possessions, sans avoir besoin d'obtenir l'autorisation de leur seigneur. Sitôt qu'ils avaient pris la croix, leurs biens et leurs personnes étaient sous la protection de saint Pierre, du souverain pontife et de tous les prélats. Leurs procès étaient jugés par le juge ecclésiastique.

Beaucoup de personnes, pour jouir de ces priviléges, surtout dans les dernières croisades, prirent la croix, mais sans partir.

ce fut une grande tristesse pour cette âme pieuse. Dès que la croisade fut publiée, il vendit ses terres à l'évêque de Liége et partit pour la terre sainte. Il avait dit souvent, étant encore tout petit, qu'il voulait aller avec une armée à Jérusalem. Dix mille chevaliers le suivirent avec soixante-dix mille hommes de pied, Français, Lorrains, Allemands.

« Godefroi appartenait aux deux nations; il parlait les deux langues : il n'était pas grand de taille, et son frère Baudouin le passait de la tête; mais sa force était prodigieuse. On dit que d'un coup d'épée il fendait un cavalier de la tête à la selle; il faisait voler d'un revers la tête d'un bœuf ou d'un chameau. En Asie, s'étant écarté, il trouva dans une caverne un des siens aux prises avec un ours : il attira la bête sur lui et la tua, mais resta longtemps alité de ses cruelles morsures. Cet homme héroïque était d'une pureté singulière; il ne se maria point, et mourut vierge à trente-huit ans (*). »

ARRIVÉE DES CROISÉS A CONSTANTINOPLE.

Quand l'armée innombrable des croisés arriva sous les murs de Constantinople, les Grecs qui l'avaient appelée s'effrayèrent. Anne Comnène, la fille de l'empereur Alexis, ne peut trouver d'expression assez forte. Il semblait, dit-elle, que l'Europe entière se fût arrachée de ses fondements pour se précipiter sur l'Asie. Alexis se hâta de leur faire passer le Bosphore; car déjà quelques-uns d'entre eux jetaient des yeux d'envie sur Constantinople. Cette cité immense, où étaient venues s'entasser l'une après l'autre toutes les merveilles des deux empires, ils la comparaient aux villes sombres, étroites et boueuses de leur Occident, et pensaient qu'ils pouvaient terminer là leur croisade.

PRISE DE NICÉE.

« Les voilà dans l'Asie en face des cavaliers turcs. La lourde masse avance, harcelée sur les flancs. Elle se pose d'abord devant Nicée. Les Grecs voulaient recouvrer cette ville; ils y menèrent les croisés. Ceux-ci, inhabiles dans l'art des siéges, auraient pu, avec toute leur valeur, y languir à jamais. Ils servirent du moins à effrayer les assiégés, qui traitèrent avec Alexis. Un matin, les Francs virent flotter sur la ville le drapeau de l'empereur, et il leur fut signifié, du haut des murs, de respecter une ville impériale.

MISÈRES DES CROISÉS.

« Ils continuèrent donc leur route vers le midi, fidèlement escortés par les Turcs qui enlevaient tous les traîneurs. Mais ils souffraient encore plus de leur grand nombre. Malgré les secours des Grecs, aucune provision ne suffisait; l'eau manquait à chaque instant sur ces arides collines. En une seule halte, cinq cents personnes moururent de soif. « Les chiens de chasse « des grands seigneurs, que l'on con« duisait en laisse, expirèrent sur la « route, dit le chroniqueur, et les fau« cons moururent sur le poing de « ceux qui les portaient. Des femmes « accouchèrent de douleur; elles res« taient toutes nues sur la plaine, sans « souci de leurs enfants nouveau« nés (*). »

« Ils auraient eu plus de ressources s'ils eussent eu de la cavalerie légère contre celle des Turcs; mais que pouvaient des hommes pesamment armés contre ces nuées de vautours? L'armée des croisés voyageait, si je puis dire, captive dans un cercle de turbans et de cimeterres. Une seule fois les Turcs essayèrent de les arrêter et leur offrirent la bataille. Ils n'y gagnèrent pas; ils sentirent ce que pesaient les bras de ceux contre lesquels ils combattaient de loin avec tant d'avantage; toutefois, la perte des croisés fut immense.

« Ils parvinrent ainsi par la Cilicie jusqu'à Antioche. Le peuple aurait voulu passer outre, vers Jérusalem,

(*) Michelet, Histoire de France, t. II, p. 236.

(*) Albert d'Aix, l. III, ch. 2.

mais les chefs insistèrent pour qu'on s'arrêtât. Ils étaient impatients de réaliser enfin leurs rêves ambitieux. Déjà ils s'étaient disputé, l'épée à la main, la ville de Tarse; Baudouin et Tancrède soutenaient tous deux y être entrés les premiers. Une autre ville, qui allait exciter une semblable querelle, fut démolie par le peuple, qui se souciait peu des intérêts des chefs et ne voulait pas être retardé.

SIÉGE ET PRISE D'ANTIOCHE.

« La grande ville d'Antioche avait trois cent soixante églises, quatre cent cinquante tours. Elle avait été la métropole de cent cinquante-trois évêchés. C'était là une belle proie pour le comte de Saint-Gille et pour Bohémond. Antioche pouvait seule les consoler d'avoir manqué Constantinople. Bohémond fut le plus habile. Il pratiqua les gens de la ville. Les croisés, trompés comme à Nicée, virent flotter sur les murs le drapeau rouge des Normands; mais il ne put les empêcher d'y entrer, ni le comte Raymond de s'y fortifier dans quelques tours. Ils trouvèrent dans cette grande ville une abondance funeste après tant de jeûnes. L'épidémie les emporta en foule. Bientôt les vivres prodigués s'épuisèrent, et ils se trouvaient réduits de nouveau à la famine, quand une armée innombrable de Turcs vint les assiéger dans leur conquête. Un grand nombre d'entre eux, Hugues de France, Étienne de Blois, crurent l'armée perdue sans ressource, et s'échappèrent pour annoncer le désastre de la croisade.

« Tel était en effet l'excès d'abattement de ceux qui restaient, que Bohémond ne trouva d'autre moyen pour les faire sortir des maisons où ils se tenaient blottis, que d'y mettre le feu. La religion fournit un secours plus efficace. Un homme du peuple, averti par une vision, annonça aux chefs qu'en creusant la terre à telle place on trouverait la sainte lance qui a percé le côté de Jésus-Christ. Il prouva la vérité de sa révélation en passant dans les flammes, s'y brûla, mais on n'en cria pas moins au miracle. On donna aux chevaux tout ce qui restait de fourrage, et tandis que les Turcs riaient et buvaient, croyant tenir ces affamés, ils sortent par toutes les portes, et en tête la sainte lance. Leur nombre leur sembla doublé par les escadrons des anges. L'innombrable armée des Turcs fut dispersée, et les croisés se retrouvèrent maîtres de la campagne d'Antioche et du chemin de Jérusalem.

« Antioche resta à Bohémond, malgré les efforts de Raymond pour en garder les tours. Le Normand recueillit ainsi la meilleure part de la croisade. Toutefois, il ne put se dispenser de suivre l'armée et de l'aider à prendre Jérusalem. Cette prodigieuse armée était, dit-on, réduite alors à vingt-cinq mille hommes; mais c'étaient les chevaliers et leurs hommes. Le peuple avait trouvé son tombeau dans l'Asie mineure et dans Antioche.

SIÉGE ET PRISE DE JÉRUSALEM.

« Les Fatémites d'Égypte qui, comme les Grecs, avaient appelé les Francs contre les Turcs, se repentirent de même. Ils étaient parvenus à enlever aux Turcs Jérusalem, et c'étaient eux qui la défendaient. On prétend qu'ils y avaient réuni jusqu'à 40,000 hommes. Les croisés qui, dans le premier enthousiasme où les jeta la vue de la cité sainte, avaient cru pouvoir l'emporter d'assaut, furent repoussés par les assiégés. Il leur fallut se résigner aux lenteurs d'un siège, s'établir dans cette campagne désolée, sans arbres et sans eau. Il semblait que le démon eût tout brûlé de son souffle à l'approche de l'armée du Christ. Sur les murailles paraissaient des sorcières qui lançaient des paroles funestes sur les assiégeants. Ce ne fut point par des paroles qu'on leur répondit; des pierres, lancées par les machines des chrétiens, frappèrent une des magiciennes pendant qu'elle faisait ses conjurations. Le seul bois qui se trouvât dans le voisinage avait été coupé par les Génois et les Gascons, qui en firent des machines sous la direction du comte de Béarn. Deux tours roulantes furent construites pour le comte de Saint-Gille et pour le duc de Lorraine. Enfin les croisés, ayant fait, pieds nus, pendant huit jours, le tour de Jérusalem, toute l'armée attaqua; la tour de Godefroi fut approchée des murs, et le vendredi 15 juillet 1099, à trois heures, à l'heure et au jour même de la passion, Godefroi de Bouillon descendit de sa tour sur les murailles de Jérusalem. La ville prise, le massacre fut effroyable. Les croisés, dans leur aveugle ferveur, ne tenaient aucun compte des temps, croyaient, en chaque infidèle qu'ils rencontreraient à Jérusalem, frapper un des bourreaux de Jésus-Christ (*). »

MALHEURS DES CHRÉTIENS EN PALESTINE.

L'intervalle de la première à la seconde croisade est de 48 ans. Pendant ce demi-siècle, les idées changèrent, le premier élan tomba, l'enthousiasme s'éteignit. On avait vu de près Jérusalem et le saint sépulcre, et l'on s'était douté que la religion et la sainteté n'étaient pas renfermées dans ce petit coin de terre qui s'étend entre le Liban, le désert et la mer Morte. On allait encore à la terre sainte, mais ce n'était plus avec cet entraînement qui y avait conduit un million d'hommes à la fin du dernier siècle: c'étaient quelques pèlerins qui partaient de temps à autre pour la Palestine. On n'oubliait point Jérusalem; mais on laissait les premiers croisés se défendre péniblement contre les Turcs, qui ne leur donnaient pas un moment de relâche. Cependant, lorsqu'on apprit en Europe les malheurs de la Palestine, l'effroyable massacre de toute la population d'Édesse et la situation critique de Jérusalem, on eut honte d'abandonner cette première conquête achetée au prix de tant de sang, et une nouvelle croisade fut résolue.

SECONDE CROISADE. CONRAD PREND LA CROIX.

Le prédicateur de la nouvelle croi-

(*) Michelet, Histoire de France, t. II, p. 244 et suiv.

sade fut saint Bernard; il parcourut la France et l'Allemagne, excitant partout un tel enthousiasme que, pour sept femmes, dit-il lui-même, il ne resta plus qu'un homme. Conrad et Louis VII prirent tous deux la croix. « Les chefs de l'expédition, dit Guillaume de Tyr, résolurent de marcher séparément, et de conduire chacun son armée, de peur qu'il ne s'élevât des dissensions et des querelles entre les peuples divers, et afin que les troupes pussent trouver plus facilement toutes les choses nécessaires à la vie, et que les chevaux et les bêtes de somme destinés au transport des bagages ne se trouvassent pas exposés à manquer de fourrage. Après avoir traversé la Bavière et passé le grand fleuve du Danube à Ratisbonne; ils laissèrent ce fleuve sur la gauche, descendirent en Autriche et entrèrent en Hongrie, où le seigneur roi de ce pays les accueillit et les traita avec les plus grands honneurs; puis, ayant parcouru ce royaume ainsi que les deux Pannonies, ils traversèrent le pays des Bulgares, savoir la Mœsie et la Dacie Méditerranée, laissant sur la gauche la Dacie Ripéenne. Ils entrèrent ensuite dans la Thrace, traversèrent les deux villes célèbres de Philippopolis et d'Andrinople, et arrivèrent dans la ville royale. Le seigneur Manuel, empereur de Constantinople, eut avec eux plusieurs entretiens particuliers; ils s'arrêtèrent chez lui le temps qui fut jugé nécessaire pour donner un juste repos aux armées à la suite des longues fatigues d'une telle entreprise; puis ils passèrent l'Hellespont, qui baigne les murs de Constantinople et marque les confins de l'Europe et de l'Asie, et étant entrés en Bithynie, première province que l'on rencontre en Asie, ils dressèrent leurs camps auprès du bourg de Chalcédoine, d'où leur vue se portait encore sur la ville qu'ils venaient de quitter.

MARCHE DES ALLEMANDS A TRAVERS L'ASIE MINEURE.

« Cependant, lorsque toutes les légions eurent traversé le Bosphore, l'empereur Conrad, qui était demeuré avec un petit nombre de princes de sa maison, prit congé de l'empereur de Constantinople, passa aussi le même bras de mer, et donna de nouveau les ordres de départ, assignant à chaque prince la légion qu'il aurait à commander. L'armée, laissant sur la gauche la Galatie, la Paphlagonie et les deux provinces du Pont; sur la droite, la Phrygie, la Lydie et l'Asie mineure, traversa la Bithynie, passant tout près de Nicomédie, métropole de cette province, et laissant sur la droite la ville de Nicée. De là l'armée, suivant la route la plus directe, et s'avançant en bon ordre de bataille, entra dans la Lycaonie, qui a pour métropole la ville d'Iconium. Le soudan de ce pays avait rassemblé toutes ses troupes et rallié une immense multitude de Turcs convoqués par lui dans toutes les contrées voisines; il attendait, à la tête de toutes ses forces, prêt à choisir les lieux et les moments les plus opportuns pour s'opposer à la marche des chrétiens, et leur susciter des obstacles imprévus. Employant les prières et prodiguant les trésors, il avait soulevé contre nos frères tous les rois, chefs et princes qui commandaient, à quelque titre que ce fût, dans ces pays et jusque dans les provinces les plus reculées de l'Orient, leur déclarant lui-même et leur faisant annoncer par les messagers qu'il leur expédiait sans cesse, que si l'on accordait un libre passage à cette immense multitude d'hommes si bien armés, l'Orient tout entier se verrait contraint de subir leur domination. A sa voix, les deux Arménies, la Cappadoce, l'Isaurie, la Cilicie, la Médie, le pays des Parthes s'étaient soulevés, les peuples étaient accourus formant une masse innombrable de combattants, et le soudan, se confiant en leur secours, avait conçu l'espoir de résister, à forces à peu près égales, aux forces immenses dont on lui annonçait l'approche.

LES ALLEMANDS SONT ABANDONNÉS DES GUIDES GRECS.

« Sur la demande que lui avait faite l'empereur des Romains au moment de son départ, l'empereur de Constantinople avait donné à Conrad des hommes qui connaissaient bien le pays, et devaient servir de guides à l'armée; mais s'ils avaient des notions exactes sur toutes ces provinces, ces hommes étaient en même temps bien peu sûrs. Il semblait qu'ils eussent été donnés à l'armée chrétienne comme des serviteurs destinés à la guider en toute confiance, afin qu'elle ne fût point exposée à s'engager imprudemment dans de mauvais défilés, ou à se jeter dans des pays inconnus, au risque d'y manquer de vivres. Aussitôt qu'ils furent entrés avec l'armée sur le territoire des ennemis, les guides invitèrent les chefs à prendre des vivres en quantité suffisante pour quelques journées de marche qu'ils auraient à faire à travers des lieux inhabités, afin de prendre le chemin le plus court, promettant positivement qu'après un certain nombre de jours, qu'ils indiquaient même à l'avance, l'armée arriverait auprès de la célèbre ville d'Iconium, et serait alors dans un pays excellent où l'on trouverait en abondance toutes sortes d'approvisionnements. Les chefs, empressés de croire ces paroles, firent charger de vivres les chars, les bêtes de somme et tous les chariots, et se confiant en leurs conducteurs, ils suivirent, dans la simplicité de leur esprit, ceux qui leur montraient le chemin. Les Grecs, cependant, s'abandonnant à leur méchanceté naturelle et à la haine qu'ils nourrissaient contre les nôtres, soit qu'ils eussent reçu des ordres de leurs maîtres, soit que l'argent de l'ennemi les eût corrompus, suivirent à dessein des chemins détournés, entraînèrent toujours les légions sur leurs pas, et les conduisirent dans des lieux où les ennemis devaient trouver plus de facilité et d'avantage à les attaquer et à leur faire beaucoup de mal.

« Cependant le nombre des journées de marche que les guides avaient annoncées d'avance, était écoulé, et l'armée n'arrivait point aux lieux qu'elle désirait et qu'on lui avait promis : l'empereur fit appeler les Grecs qui dirigeaient la marche, et, les interrogeant en présence de ses princes, il leur demanda comment il se faisait que l'armée ne fût pas encore arrivée au lieu de sa destination, quoiqu'elle eût marché sur la route indiquée, depuis un plus grand nombre de journées qu'ils n'en avaient demandé eux-mêmes dans le principe. Ceux-ci, recourant à leurs mensonges accoutumés, répondirent que l'armée ne laisserait pas d'arriver, et affirmèrent positivement qu'avec l'aide du Seigneur toutes les légions seraient rendues, au bout de trois jours, devant Iconium. L'empereur, exempt de méfiance, se laissa persuader par ces paroles, et annonça aux Grecs qu'il prendrait patience encore pendant trois jours, et se confiait en leurs promesses. La nuit suivante, on dressa le camp comme à l'ordinaire, et tandis que tout le monde reposait des fatigues de la journée, les Grecs, race maudite, profitant du silence de la nuit, prirent secrètement la fuite, abandonnant sans guide tout le peuple commis à leur foi....

INCERTITUDE DES CROISÉS.

« L'empereur, se voyant, ainsi que son armée, privé de guides, convoqua l'assemblée de tous les princes pour délibérer avec eux sur ce qu'il y avait à faire. Mais, tandis qu'ils flottaient dans leur incertitude, inquiets et de leur ignorance des localités et du défaut de subsistances (car le fourrage leur manquait entièrement pour les bêtes de somme, et il n'y avait non plus aucune denrée pour la nourriture des hommes), on annonça dans le camp (et cette nouvelle n'était pas dénuée de fondement) que les armées ennemies se trouvaient dans le voisinage, formant une multitude incalculable. Les chrétiens étaient alors dans un désert stérile, loin de tout sol cultivé, et ce n'était pas sans dessein prémédité que leurs perfides conducteurs les avaient menés en ces lieux. Ils avaient laissé sur la droite la Lycaonie, à travers laquelle ils eussent dû passer; en parcourant des lieux cultivés, il leur eût été facile d'arriver en moins de temps à leur destination, et en trouvant toujours en abondance toutes les choses nécessaires; mais les guides, ayant pris sur la gauche, les détournèrent des bons chemins, et les conduisirent dans les déserts de la Cappadoce, bien loin d'Iconium. On disait publiquement (et la chose paraissait assez vraisemblable) que cette funeste machination avait été faite de l'aveu et d'après les ordres de l'empereur des Grecs, jaloux des succès de nos armées; car on assure que les Grecs ont toujours redouté et redoutent toujours l'accroissement de la puissance des Occidentaux, et principalement de l'empire teutonique, qu'ils regardent comme le rival de leur empire. Ils voient avec déplaisir que le roi des Teutons s'appelle empereur des Romains; il leur semble que ce titre ne fait que rabaisser leur empereur, qu'ils nomment eux-mêmes *monarque*, c'est-à-dire, seul appelé à dominer sur tous les autres princes, et qui est, à leurs yeux, le seul et unique empereur des Romains.

DÉFAITE DE L'ARMÉE ALLEMANDE.

« Tandis que l'armée impériale souffrait de son ignorance des lieux, de ses longues fatigues, de la difficulté des chemins, du manque de fourrage pour les chevaux, et de l'énorme poids de ses bagages, les satrapes et tous les principaux d'entre les Turcs rassemblèrent des troupes et vinrent, à l'improviste, attaquer les chrétiens. Surprises d'une irruption à laquelle elles ne s'attendaient pas, nos légions furent troublées. Les Turcs, au contraire, montés sur des chevaux rapides qui n'avaient manqué de rien, armés eux-mêmes à la légère, et ne portant que leur carquois, voltigeaient autour du camp en poussant de grandes clameurs, et, s'élançant avec leur agilité ordinaire sur des hommes pesamment armés, ils les assiégeaient de périls. Chargés de leurs cuirasses, de leurs bottes et de leurs boucliers, montés sur des chevaux exténués par la faim et une longue route, incapables eux-mêmes d'entreprendre des excursions, quoique leur force physique et leur habileté dans le maniement des armes leur donnassent une véritable supériorité sur leurs ennemis, les soldats de l'armée impériale ne voulaient pas s'éloigner de leur camp, soit pour poursuivre les Turcs, soit pour leur livrer bataille. Ceux-ci, au contraire, s'avançant en masse, lançaient de loin une énorme quantité de flèches qui tombaient comme une grêle, et blessaient les chevaux et les cavaliers, et après avoir de loin porté la mort dans les rangs des nôtres, ils échappaient encore, par la rapidité de leurs chevaux, à ceux qui eussent voulu les attaquer avec le glaive. Ainsi, notre armée, enveloppée de toutes parts, incessamment tourmentée par cette pluie continuelle de flèches et de traits, était mortellement accablée sans pouvoir même prendre sa revanche et combattre de près ses ennemis, sans avoir aucun moyen de joindre et d'attaquer de tels adversaires. En effet, toutes les fois que les nôtres faisaient une tentative pour s'élancer sur les colonnes des Turcs, ceux-ci rompaient aussitôt les rangs, déjouaient tous leurs efforts et se dispersaient de tous les côtés; puis, lorsque les chrétiens rentraient dans leur camp, les Turcs ralliaient de nouveau leurs escadrons, enveloppaient notre armée et ne cessaient de la harceler, la tenant comme assiégée au milieu d'eux. Ainsi, et par suite des arrêts secrets, et justes cependant, du Seigneur, cette armée de tant d'illustres princes qui, naguère, semblait incomparable pour le nombre, la force, la supériorité des armes et le courage, abattue et fatiguée par une guerre lente, fut bientôt entièrement détruite, au point qu'elle ne conservait plus même les souvenirs de sa gloire, et qu'il ne lui restait presque plus rien des forces immenses qu'elle avait d'abord comptées. Des hommes qui ont assisté à ces événements assurent que cette masse de 70,000 cavaliers cuirassés et de gens de pied, dont les bataillons étaient innombrables, un dixième tout au plus échappa à cette catastrophe, et que tous les autres périrent, soit de faim, soit par le fer de l'ennemi; quelques-uns d'entre eux furent faits prisonniers et chargés de fers. Le seigneur empereur s'échappa cependant avec quelques-uns de ses princes, et après quelques jours de marche, il ramena ce qui lui restait de son expédition dans les environs de Nicée, non sans avoir éprouvé de nouvelles difficultés (*). »

MORT DE CONRAD.

L'expédition de Conrad dura deux années. Après sa défaite par les troupes du sultan d'Iconium, il s'était enfui à Nicée, puis avait rejoint l'armée des Français. Mais, honteux de paraître pauvre, vaincu, humilié au milieu de cette armée qui n'avait point encore essuyé de défaite et qui était pleine de confiance et d'orgueil, il partit pour Constantinople, d'où il s'embarqua ensuite pour la Palestine, lorsqu'il apprit que les désastres des Français n'étaient pas moins grands que les siens. Après un court séjour à Jérusalem, Conrad reprit le chemin de l'Europe.

A son retour en Allemagne, il prépara une expédition contre Roger, roi des Deux-Siciles, l'ennemi des deux empires. Mais la mort ne lui permit pas de l'entreprendre. Son fils Henri, qu'il avait fait reconnaître pour roi des Romains, l'avait précédé de deux ans dans la tombe : il laissait encore un fils âgé de sept ans; mais préférant l'intérêt de sa maison à celui de son fils, il remit en mourant les ornements impériaux à son neveu Frédéric de Souabe (15 février 1152.)

FRÉDÉRIC Ier, BARBEROUSSE.
(1152-1190.)

L'élection de celui que Conrad avait désigné pour son successeur ne rencontra point d'obstacle. Frédéric fut proclamé à Francfort, le 8 mars 1152,

(*) Guillaume de Tyr, liv. XVI.

et couronné trois jours après à Aix-la-Chapelle.

PRÉTENTIONS DE FRÉDÉRIC Iᵉʳ.

Frédéric fut un des plus grands princes de l'Allemagne ; un de ceux qui portèrent le plus haut les prétentions de leur titre : il se croyait au-dessus des rois qu'il appelait *reges provinciales*, comme s'ils n'eussent été que les simples gouverneurs des provinces du grand empire. Le premier acte de son règne fut de faire prêter hommage à Suénon III pour la couronne de Danemark. Déjà Conrad III avait écrit à Jean Comnène : « Ce que les empe-
« reurs romains nos aïeux et nos pré-
« décesseurs ont ordonné à l'égard de
« vos prédécesseurs, je l'ordonne de mê-
« me. Il n'y a aucune nation qui ne sache
« que votre nouvelle Rome est fille
« de notre empire romain, et qu'elle
« en sort comme l'arbre de sa racine.
« Les royaumes qui bordent notre em-
« pire nous envoient journellement
« leurs ambassadeurs avec le respect
« et la soumission qui nous sont dus,
« et ils confirment, tant par des ser-
« ments que par des otages, qu'ils
« sont prêts d'exécuter les ordres de
« notre empire. »

PAIX AVEC HENRI LE LION.

Frédéric devait reprendre tous les projets de ses prédécesseurs, leurs querelles avec le pape et leurs prétentions sur l'Italie. Mais avant de rien entreprendre au delà des Alpes, il voulut être sûr de n'être point tout à coup rappelé en arrière par quelques troubles qui auraient éclaté en Allemagne. Henri le Lion avait, il est vrai, renoncé à la Bavière(*) ; mais aussitôt qu'il avait eu atteint sa majorité, il avait

(*) En restituant la Bavière à Henri le Lion, Frédéric en détacha le pays au-dessus de l'Ens, qui fut réuni à la Marche d'Autriche et forma le duché de ce nom. Le nouveau duc eut le droit de disposer de son duché à l'extinction des héritiers de l'un et l'autre sexe. Voy. l'Histoire d'Autriche, p. 26, col. 2.

protesté contre ces renonciations, et il semblait disposé à soutenir par les armes ses prétentions. Frédéric, qui n'avait ni le temps ni la volonté de s'arrêter à ces disputes d'intérieur, rendit la Bavière à Henri, promit la Toscane à Welf et réconcilia un instant les deux maisons. C'est alors que le pape l'appela en Italie. Avant de le suivre dans son expédition, jetons les yeux sur la situation de cette contrée.

L'Italie formait toujours un royaume qui, depuis Othon le Grand, était réuni à la couronne de Germanie. Mais ce roi d'Italie, qui vit constamment au delà des Alpes, ne peut avoir une influence sérieuse dans la péninsule. L'action du pouvoir central est presque nulle, et les villes si nombreuses de l'Italie du nord sont abandonnées à elles-mêmes. Il est vrai que les rois y mettent des comtes pour les administrer en leur nom ; mais comme il n'y a point d'autre hiérarchie qu'une multitude de villes administrées par une multitude de comtes en relation seulement avec le roi, et sans rapports entre eux, supprimez le roi et il restera une foule de républiques.

Les invasions des Hongrois et des Sarrasins contribuèrent beaucoup à cet isolement des villes. Pour leur résister, elles s'enfermèrent de murailles et fortifièrent leur organisation municipale. La nécessité de combattre ces pillards aguerrit leurs milices et les rendit assez fortes pour pouvoir, quand les incursions eurent cessé, dominer sur les campagnes voisines, y raser les châteaux demeurés debout, et forcer ainsi les nobles eux-mêmes à entrer dans la ville et à devenir de riches bourgeois. Quelle force cette union devait-elle donner aux villes ! En France, les bourgeois, longtemps esclaves, ne sont que des affranchis qui combattent contre leurs maîtres toujours en armes aux portes des villes ; le bourgeois italien, libre dans tous les temps, a l'énergie que donnent à l'homme le sentiment de ses droits, l'orgueil d'un état heureux, et le souvenir de sa longue indépendance. Ainsi les communes en Italie domptant l'élément féodal, le forcent de se faire bourgeois. Par malheur, toutes ces villes sont trop riches, trop puissantes; leur individualité est trop forte pour qu'elles puissent consentir à se perdre dans un État, dans une monarchie. Il ne pouvait y avoir d'union entre ces cités rivales, se déchirant l'une l'autre, comme Pavie et Milan, comme Crémone et Plaisance. Entre elles point d'idée commune; leurs intérêts et leurs passions les entraînaient, au nord vers l'Allemagne, à l'ouest vers l'Espagne, au sud vers la Sicile et l'Afrique; pas de centre commun.

SOLLICITATIONS FAITES AUPRÈS DE FRÉDÉRIC.

Un chroniqueur a dit que l'Italie est semblable à la hyène qui, contrefaisant la voix humaine, attire le berger par ses plaintes, et le dévore quand il est à sa portée. Des plaintes en effet arrivaient de toutes parts à Barberousse. A la diète de Constance, deux citoyens de Lodi, une croix à la main, les yeux pleins de larmes, se jetèrent aux pieds de l'empereur, demandant vengeance contre la tyrannie des Milanais. Vinrent ensuite les consuls de Como, qui avaient soutenu contre Milan un siége héroïque de dix années; puis des exilés apuliens; enfin les envoyés du pape, qui sollicitait le nouveau monarque contre les Romains, et cherchait à se réconcilier avec l'empire.

SITUATION DU PAPE A ROME.

Les papes, vénérés dans toute l'Europe, avaient de mauvais jours à passer dans la capitale de la chrétienté, où les Romains voulaient, comme les villes lombardes, s'affranchir de l'autorité temporelle de leur évêque, et rêvaient sans cesse le rétablissement de l'ancienne république. Pascal II mourut dans les guerres civiles, Gélase II fut assassiné cruellement un jour qu'il officiait, Lucius II fut tué dans une émeute, Lucius III fut attaqué à coups de pierres avec les prêtres qui l'accompagnaient; quelques-uns de ceux-ci furent même saisis: on leur creva les yeux, on les plaça sur des ânes, et, coiffés de mitres en papier, ils furent renvoyés au pape. Aussi un de ces malheureux pontifes s'écriait-il: « Je le dis « devant Dieu et devant l'Église, si « cela était jamais possible, j'aime- « rais mieux un empereur que tant de « maîtres. »

ARNALDO DE BRESCIA.

Un homme tâcha de régulariser cette licence du peuple de Rome; ce fut Arnaldo de Brescia, élève d'Abailard. Sa tentative est un des épisodes les plus frappants du XIIe siècle. Hardi, libre, rationaliste, mais pas seulement dans le sens philosophique et théologique de son maître, qui parfois tombe dans les doctrines mystiques, il appliqua à la politique l'esprit révolutionnaire et novateur de l'époque, marcha à son but en prêchant la réforme du clergé, le rétablissement de la pauvreté évangélique et les mœurs de la primitive Église; il prêcha avec d'autant plus de succès que, de l'aveu de ses ennemis, il avait les mœurs pures. « Plût à Dieu! s'écrie saint « Bernard dans une de ses lettres, que « la sainteté de sa doctrine répondît à « l'austérité de sa conduite. Arnaldo « est un homme qui ne boit ni ne mange. « Il n'a faim qu'avec le diable, il n'a « soif que du sang des âmes. »

La fermentation fut grande en Italie; elle continua même après le bannissement d'Arnaldo, exilé par le concile de Latran en 1139. Réfugié en France, puis chassé par le concile de Sens, il se retira dans l'évêché de Constance, et fut à Zurich le précurseur de Zwingli. La persécution le suivait toujours. Saint Bernard écrivit à l'évêque du diocèse pour l'engager à mettre ce dangereux novateur hors d'état de nuire. « Je « doute, lui mandait-il, que vous puis- « siez rien faire de mieux dans un si « grand danger, que de suivre le pré- « cepte apostolique: Otez le mal d'au « milieu de vous. »

RÉFORMES D'ARNALDO A ROME.

Pendant qu'Arnaldo errait en Allemagne, ses prédications avaient leur retentissement à Rome, et les nobles, se joignant au peuple, rétablissaient sur le mont Capitolin la république romaine. Il fut bientôt rappelé, et deux mille Suisses des montagnes l'escortèrent jusqu'à la ville, qui le reçut en triomphe. Là, durant dix années, il ne cessa de rappeler aux citoyens tous les souvenirs de Rome antique, et la pauvreté des apôtres. Tite-Live, Tacite, saint Paul, l'Évangile trouvaient placé dans ses discours et s'y mêlaient avec érudition. Il voulut reconstruire le Capitole, et poussa la fiction jusqu'à voir dans l'empereur d'Allemagne l'héritier et le successeur des empereurs romains.

INFLUENCE DE L'ÉRUDITION.

Les souvenirs de l'antiquité sont sérieux, et il y a quelque chose de respectable dans cette érudition si peu intelligente du passé et du présent qui s'est renouvelée bien des fois, et en particulier d'une manière si singulière à la révolution française ; c'est qu'au fond se trouve la croyance à la perpétuité du genre humain : c'est que l'humanité se reconnaît dans le passé ; que les premiers et les derniers venus se rapprochent et se reconnaissent comme membres d'une même famille; c'est qu'enfin il y a sous cette caricature souvent grotesque de l'antiquité quelque chose comme du respect des fils pour leurs aïeux. Cette puissance des souvenirs, ce culte des anciens, est d'ailleurs une des choses qui ont mis le plus de libéralité dans les esprits. On ne pouvait condamner au feu éternel ceux pour qui l'on avait tant de respect et d'admiration. Dante lui-même, malgré toute l'énergie de sa foi, a donné dans son Enfer une place particulière aux bons païens, à Virgile, à Cicéron ; et ceux qui, au XVIe siècle, soutinrent la doctrine si nouvelle de la tolérance, demandaient comment on pouvait frapper d'une éternelle réprobation les oracles de la sagesse antique. De là à justifier ceux qui étaient en dehors de l'Église romaine il n'y avait qu'un pas, puisqu'on pouvait être sauvé sans avoir cru, et c'est ainsi que le culte des souvenirs classiques et des grands hommes de l'antiquité a contribué à propager la grande idée moderne de la tolérance.

FRÉDÉRIC PASSE EN ITALIE.

Contre Arnaldo le pape appela l'empereur, et Frédéric se hâta de passer les Alpes. Tous les vassaux de la couronne furent appelés à la diète de Roncaglia ; il déclara déchus de leurs fiefs ceux qui n'auraient point passé une veille à la porte de sa tente. Les évêques de Brême et d'Halberstadt furent pour cette cause dépouillés de leur temporel ; quatre jurisconsultes bolonais, disciples d'Irnerius, reconnurent l'empereur pour héritier légitime de Justinien, et affirmèrent que les droits régaliens revenaient à la couronne.

Frédéric évita de passer près de Milan. Il se porta auparavant sur Tortone, la prit quand les Pavésans eurent éteint de la poix et du soufre enflammés dans les eaux qui abreuvaient les assiégés ; puis laissant entrer les Tortonais dans les murs de Milan, où ils furent reçus comme des martyrs qui avaient souffert pour la cause commune, il se hâta vers Rome pour y recevoir le titre d'empereur qu'il était impatient d'ajouter à celui de roi. Chemin faisant, il reçut une ambassade de la part des Romains. Après avoir parlé magnifiquement de la gloire de Rome, la capitale du monde, l'orateur du *sénat sacro-saint* ajoutait : « Tu étais « étranger et je t'ai fait citoyen ; tu étais « un voyageur arrivant des contrées « transalpines, et je t'ai constitué « prince : tout ce qui était en mon « pouvoir je l'ai fait. A ton tour observe mes bonnes coutumes, mes « lois antiques que les empereurs, tes « ancêtres, ont confirmées ; veille à ce « qu'elles n'aient rien à souffrir de la « violence des barbares, et paye cinq « mille livres à mes officiers qui te « proclameront empereur au Capitole.» Frédéric impatienté interrompit la harangue, et en regard de la vieille histoire de la république, il raconta brutalement celle de l'empire et de la Rome moderne. Puis il renvoya les ambassadeurs confondus, leur disant qu'il était venu pour donner des lois et non en recevoir ; que c'était d'un prisonnier qu'on exigeait de l'argent et non d'un empereur suivi d'une forte armée.

SUPPLICE D'ARNALDO.

Comme il trouva les portes de la ville fermées, il se fit couronner dans un faubourg, et, pour donner au pontife la première preuve de sa protection, il arrêta un comte campanien qui avait accordé refuge à Arnaldo, lui fit livrer le moine, et envoya l'éloquent antagoniste des papes au préfet de Rome, nouvellement nommé par Adrien. Arnaldo fut jugé et condamné à être brûlé vif. Sa sentence fut exécutée devant la Porte du Peuple. On avait choisi l'heure du matin où la ville était encore plongée dans le sommeil. Ses cendres furent jetées dans le Tibre, de peur que le peuple n'honorât ses reliques comme celles d'un martyr.

Cependant, quand on sut la mort du défenseur des libertés populaires, un mouvement eut lieu, qui força l'empereur, épuisé de vivres, à songer au retour, et il arriva presque seul sur le territoire de Vérone, où il faillit périr. Un an s'était écoulé depuis son départ lorsqu'il rentra en Bavière.

PUISSANCE DE FRÉDÉRIC.

Sa puissance était loin d'être affaiblie. A la diète de Wurtzbourg, des ambassadeurs d'Italie, de France, de Bourgogne, du Danemark, de l'Espagne, de l'Angleterre, lui vinrent rendre hommage. « Il y a amitié en« tre les deux peuples, disaient les am« bassadeurs anglais, de sorte cepen« dant que le commandement vous reste « comme au supérieur, de même que la « bonne volonté d'obéir ne nous man« quera jamais. » L'empereur fut reçu en Allemagne avec le plus grand respect. Les seigneurs laïques, qui ne l'avaient pas accompagné dans l'expédition d'Italie, vinrent à sa rencontre pour tâcher de rentrer en grâce. Hermann, palatin du Rhin, fut condamné à la peine ordinaire du *Harnescar* pour avoir entrepris une guerre contre l'archevêque de Mayence pendant l'absence de l'empereur, et porta un chien sur ses épaules, de son comté jusqu'au comté voisin. C'était une vieille coutume des Francs et des Souabes.

GUERRE CONTRE LA POLOGNE.

A cette même diète de Wurtzbourg, on résolut la guerre contre la Pologne, dont le chef refusait de reconnaître la suzeraineté de l'empereur. Mais la crainte d'une armée que Frédéric conduisit en personne contre lui en 1156 le rendit plus souple; il promit à l'empereur 2000 marcs d'argent, 1000 aux princes, 200 aux officiers de la cour, et 20 marcs d'or à l'impératrice. C'était une espèce de contribution de guerre. Ce même Boleslas fut quelques années plus tard contraint de céder la Silésie aux fils de Wladislas, qui devinrent la souche de tous les ducs Piast qui régnèrent en Silésie.

FRÉDÉRIC SE BROUILLE AVEC LE PAPE.

Cependant Frédéric songeait toujours à l'Italie. Le pape, protégé de l'empereur et redevenu par lui maître de Rome, s'était tourné contre lui ; il reprit le ton de Grégoire VII. Tous ces papes, sitôt qu'ils se voyaient tranquilles à Rome, environnés des respects de la chrétienté, entourés des ambassadeurs de l'Europe, croyaient leur puissance revenue, et voulaient l'exercer. A propos de l'emprisonnement d'un évêque de Lunden, en Scanie, Adrien, réclamant l'élargissement du prisonnier, rappela à Frédéric avec quelle confiance et quelle joie la sainte Église romaine, sa mère, l'avait reçu l'année précédente ; avec quelle tendre affection elle l'avait traité, quelle plénitude de dignités et d'honneurs elle lui avait conféré, avec quel bon vou-

loir elle lui avait donné la couronne impériale, se plaisant à nourrir dans son sein son élévation et sa grandeur, sans faire la moindre chose de ce qui aurait pu contrarier sa volonté impériale ; il ajoutait : « *Neque tamen pœnitet nos desideria tuæ voluntatis in omnibus implevisse, sed si majora beneficia excellentia tua de manu nostra suscepisset non immerito gauderemus* (*). Cette expression de « *beneficium* (**) », parut très-offensante. « Et de qui donc l'em-
« pereur tient-il l'empire, s'écria le
« cardinal Roland, si ce n'est pas du
« pape ?
« Si nous n'étions dans une église,
« dit l'empereur, vous éprouveriez
« combien sont acérées les lances alle-
« mandes. » Il pensa à faire déposer Adrien IV comme fils de prêtre. Othon de Wittelsbach aurait tué le cardinal si l'empereur ne l'avait retenu. Adrien eut soin d'expliquer le mot, et prétendit ne pas avoir entendu autre chose qu'un simple bienfait, *benefactum*.

Un bref violent vint réveiller les querelles ; Frédéric répondit par un manifeste. « Rome, qui doit être la
« **résidence de la vertu** », y était-il écrit, « s'est changée, comme tant
« d'évêques même l'ont déclaré, en une
« caverne de voleurs. La cour papale
« dit des Allemands qu'ils sont des
« êtres lourds, destinés à obéir ; mais
« personne de ce noble peuple, de ces
« guerriers irrésistibles, ne se lais-
« sera décourager par un pouvoir dont
« on se rit en Italie et à Rome même. »
La guerre recommença, comme du temps de Grégoire VII, entre l'empire et le sacerdoce. Frédéric avait renoncé au concordat de Worms. C'était renouveler la querelle des investitures.

LE PAPE S'ALLIE AUX VILLES LOMBARDES.

Le pape s'allia à la ligue lombarde. C'était Alexandre III, déclaré schismatique et rebelle à Dieu par l'empereur au concile de Pavie. Il venait de reparaître en Italie, et avait contracté une étroite alliance avec les villes lombardes. Ainsi la papauté, comprenant enfin son rôle, s'associait aux libertés populaires. Nous n'entrerons point dans les détails de la lutte des républiques italiennes avec l'empereur. Sept armées descendirent successivement du haut des Alpes, mais la hyène ne les laissa point s'en retourner. La cavalerie allemande ne tint pas contre l'infanterie italienne, qui rappela le courage de l'infanterie romaine, dont les Suisses, puis les Français devaient hériter (*). La petite ville d'Alexandrie la Paille, bâtie en signe de l'alliance du pape et de la ligue, fut vainement assiégée. Pour réduire Milan, Frédéric prolongea une guerre d'escarmouches, de pillage, de dévastation. La ville fut rasée, et le sel semé sur ses ruines. Cependant la ruine de Milan alarma les cités lombardes et les fit redoubler d'efforts.

(*) « Et cependant nous ne nous repentons pas d'avoir en toutes choses satisfait tes désirs ; au contraire, si ton excellence eût reçu de notre main de plus grands bienfaits (ou bénéfices), nous nous réjouirions à juste titre. »

(**) Ce mot en effet, au moyen âge, pouvait prêter à un double sens, *bienfait* ou *bénéfice*. En adoptant le second, on supposait que le pape, renouvelant les prétentions de Grégoire VII, regardait l'empire comme un fief du saint-siège dont il donnait l'investiture à l'empereur.

(*) Remarquons que l'infanterie n'est forte que chez les peuples démocratiques. L'infanterie française n'apparaît que sous Louis XIV, où elle gagne avec Condé les victoires si nationales de Lens et de Rocroy ; elle triomphe de l'Europe dans les guerres de la révolution et de l'empire. — On peut être surpris de voir à côté l'un de l'autre ces deux mots : *Démocratie* et *Louis XIV* ; mais il faut se rappeler que jamais la France n'avait été aussi près de la démocratie qu'au temps où la royauté héritant de la féodalité, il ne se trouva plus qu'un seul homme au-dessus du peuple. Que cet homme tombe, et le peuple sera souverain, car au-dessus de lui il ne verra personne. En politique comme en morale le proverbe est vrai : *Les extrêmes se touchent* ; démocratie et pouvoir absolu d'un seul se succèdent toujours l'un à l'autre,

Les Vénitiens eux-mêmes, ces habiles marchands qui se tenaient en dehors de toutes ces querelles, s'effrayèrent de voir l'empereur si près d'eux; ils prirent les armes, et Frédéric, après la perte de la bataille de Lignano, où les Vénitiens vainqueurs firent son fils Othon prisonnier, se décida à signer la paix.

FRÉDÉRIC S'HUMILIE DEVANT LE PAPE.

Affaibli qu'il était, fatigué et usé par tant de guerres, il vint à Venise s'humilier aux pieds du pape. On dit qu'Alexandre lui mit le pied sur la gorge, pendant que les cardinaux chantaient à haute voix ce verset du psaume : « *Super aspidem et* « *basiliscum ambulabis et conculca-* « *bis leonem et draconem.* » Le fait est-il vrai? Plusieurs historiens en ont démontré la fausseté. Mais qu'importe que le pape ait réellement mis le pied sur la tête de l'empereur, si le peuple l'a cru; ce qu'il faut constater, c'est qu'aux yeux du peuple la féodalité fut alors humiliée par un homme sorti des rangs du peuple, et cela à la face de l'Europe (*).

(*) La bataille de Lignano fut perdue le 29 mai 1176; dès le 15 juillet de la même année, le pape et l'empereur convinrent des préliminaires de la paix, qui fut signée à Venise, le 23 juillet 1177. Elle stipulait une trêve de 6 ans entre l'empereur et les villes lombardes. Le 25 juin 1183, cette trêve fut changée en une paix durable à Constance : « L'empereur peut exiger de ses vassaux d'Italie le serment de fidélité, et ils sont obligés de marcher à son secours en cas qu'on l'attaque dans son voyage à Rome.

« Les villes et les vassaux ne fourniront à l'empereur, lors de son passage, que le *foderum* ordinaire pour tout subside.

« L'empereur leur accorde le droit d'avoir des troupes, des fortifications, des tribunaux qui jugent en dernier ressort jusqu'à concurrence de cinquante marcs d'argent; et nulle cause ne doit être jamais évoquée en Allemagne.

« Si dans ces villes l'évêque a le titre de comte, il y conservera le droit de créer les consuls de sa ville épiscopale; et si l'évêque n'est pas en possession de ce droit, il est réservé à l'empereur. »

GUERRE EN ALLEMAGNE CONTRE HENRI LE LION.

Ce qui fit la faiblesse de Frédéric, ce fut l'opposition constante de la Saxe. Henri le Lion voyant Frédéric tout occupé par les affaires d'Italie, étendit peu à peu son autorité tout autour de lui. Devant son palais de Brunswick il avait fait placer un lion colossal d'airain, comme pour défier tous ses ennemis. Il en avait en grand nombre; mais ils étaient trop faibles pour lutter contre lui; ils eurent beau se réunir, Henri les battit les uns après les autres, et chassa même l'archevêque de Brême et l'évêque de Lubeck de leur territoire. Frédéric, appelé en 1168, à son retour d'Italie, à intervenir dans ces querelles, donna gain de cause au duc de Saxe. Il aurait voulu à tout prix le gagner; mais ce fut vainement. La défection de Henri le Lion, qui l'abandonna dans sa dernière expédition d'Italie, lui fit perdre avec la bataille de Lignano l'espérance de soumettre la Lombardie. Forcé de signer la paix de Constance, il résolut de se venger de ses humiliations sur le duc de Saxe, et l'assigna à comparaître à la diète de l'empire. Malgré le mauvais succès de ses armes au delà des Alpes, Frédéric était encore puissant en Allemagne; ses biens et ceux de sa famille s'étaient même accrus par de riches héritages. Le fils de Conrad III, à qui Frédéric avait conféré le duché de Souabe, pour accomplir la promesse faite à Conrad sur son lit de mort, n'ayant point laissé d'héritier, la Souabe revint à Frédéric. Son mariage avec Béatrix, héritière de la Franche-Comté, lui avait donné cette province. La mort de Welf VII, qui possédait les biens patrimoniaux de la maison des Guelfes en Souabe, et les fiefs de la comtesse Mathilde en Italie, lui permit d'acheter cette succession du vieux Welf VI pour une somme d'argent qu'il s'empressa de lui payer. Ainsi la maison de Hohenstaufen, toute-puissante dans le sud-est de l'Allemagne, et ayant à sa tête, avec le titre d'empereur, un prince habile et respecté, n'avait rien à craindre de la haine du duc de Saxe.

Ce prince semblait partager l'Allemagne avec Frédéric. Son duché de Saxe s'étendait depuis la Poméranie jusqu'au Rhin. Mais les nombreux évêques de ses domaines, les villes riches et commerçantes qui s'y étaient élevées, comme Lubeck, Hambourg, Magdebourg, Osnabruck, Munster, Paderborn, souhaitaient la ruine de cette grande puissance qui pesait sur eux. Pour rendre la dislocation de ce grand duché plus facile, on intéressa chacune des parties à la ruine de Henri. Les archevêques et évêques de Brême, Magdebourg, Minden, Verden, Paderborn, Munster, Hildesheim, Halberstadt, Mersebourg, Naumbourg, furent déclarés immédiats. L'archevêque de Mayence reçut l'Eichsfeld, celui de Cologne la Westphalie, le landgrave de Thuringe hérita du titre de comte palatin de Saxe, le Mecklembourg devint indépendant, la Poméranie forma un duché, Lubeck fut déclaré ville impériale; enfin tout le reste, sous le nom de duché de Saxe, fut donné à Bernard, fils d'Albert l'Ours, premier margrave de Brandebourg, de la maison ascanienne. La Bavière paya les services d'Othon de Wittelsbach; mais on en détacha Ratisbonne, qui fut déclarée ville impériale, tous les évêchés qui devinrent immédiats, le margraviat de Styrie qui fut érigé en duché pour Ottocar, enfin le Tyrol et l'Istrie qui devinrent États immédiats. Ainsi l'Allemagne se trouva comme renouvelée par le partage des dépouilles de Henri le Lion. Il eut beau protester, combattre, il lui fallut demander grâce. On lui laissa ses biens héréditaires, Brunswick et Lunebourg.

Le malheureux prince, si puissant naguère et maintenant dépouillé, ne put se résigner à rester au milieu de ceux qui s'étaient enrichis de sa ruine; il passa en Angleterre avec sa femme, fille de Henri II (1181). Elle lui donna un fils nommé Othon, qui fut depuis empereur sous le nom d'Othon IV. C'est d'un frère de cet Othon que descendent les princes qui règnent aujourd'hui en Angleterre.

1182. — L'Allemagne est alors tranquille. Frédéric y abolit plusieurs coutumes barbares, entre autres celle de piller le mobilier des morts, droit horrible que tous les bourgeois des villes exerçaient au décès d'un bourgeois, aux dépens des héritiers, et qui causait toujours des querelles sanglantes, quoique le mobilier fût alors bien peu de chose.

DIÈTE DE MAYENCE. FRÉDÉRIC ARME SES FILS CHEVALIERS.

L'année suivante est marquée par la conclusion de la paix de Constance (voy. ci-dessus la note de la page 303). En 1184, l'empereur tint une grande diète à Mayence, pour y faire reconnaître son fils Henri roi des Romains. Il y arma chevaliers ses deux fils Henri et Frédéric. « C'est le premier empereur qui ait fait ainsi ses fils chevaliers avec les cérémonies alors en usage. Le nouveau chevalier faisait la veille des armes, ensuite on le mettait au bain; il recevait l'accolade et le baiser en tunique; des chevaliers lui attachaient les éperons; il offrait son épée à Dieu et aux saints; on le revêtait d'une épitoge : mais ce qu'il y avait de plus bizarre, c'est qu'on lui servait à dîner sans qu'il lui fût permis de manger et de boire; il lui était aussi défendu de rire (*). »

L'empereur passa toute l'année 1185 en Lombardie pour y faire exécuter la paix de Constance. Afin d'effacer les souvenirs de l'ancienne lutte, il permit de relever les murs de Crème qu'il avait fait raser vingt ans auparavant, et fit célébrer dans Milan le mariage de son fils avec Constance, héritière du royaume de Sicile.

« Cette année 1186 est célèbre en Allemagne par l'usage qu'introduisit un évêque de Metz, nommé Bertrand, d'avoir des archives dans les villes et d'y conserver les actes dont dépendent les fortunes des particuliers : avant ce

(*) Voltaire, Annales de l'empire, année 1184.

temps-là, tout se faisait par témoins seulement, et presque toutes les contestations se décidaient par des combats.

« [1187.] La Poméranie qui, après avoir appartenu aux Polonais, était vassale de l'Empire, et qui lui payait un léger tribut, est subjuguée par Canut, roi de Danemark, et devient vassale des Danois. Sleswig, auparavant relevant de l'Empire, devient un duché du Danemark. Ainsi ce royaume, qui auparavant relevait lui-même de l'Allemagne, lui ôte tout d'un coup deux provinces.

« Frédéric Barberousse, auparavant si grand et si puissant, n'avait plus qu'une ombre d'autorité en Italie, et voyait la puissance de l'Allemagne diminuée.

« Il rétablit sa réputation en conservant la couronne de Bohême à un duc ou à un roi que ses sujets venaient de déposer.

« Grands troubles dans la Savoie. L'empereur Frédéric se déclare contre le comte de Savoie, et détache plusieurs fiefs de ce comté, entre autres les évêchés de Turin et de Genève. Les évêques de ces villes deviennent seigneurs de l'Empire : de là les querelles perpétuelles entre les évêques et les comtes de Genève.

« [1188.] Saladin, le plus grand homme de son temps, ayant repris Jérusalem sur les chrétiens, le pape Clément III fait prêcher une nouvelle croisade dans toute l'Europe.

FRÉDÉRIC PART POUR LA CROISADE.

« Le zèle des Allemands s'alluma : on a peine à concevoir les motifs qui déterminèrent l'empereur Frédéric à marcher vers la Palestine, et à renouveler, à l'âge de soixante-huit ans, des entreprises dont un prince sage devait être désabusé. Ce qui caractérise ces temps-là, c'est qu'il envoie un comte de l'Empire à Saladin pour lui demander en cérémonie Jérusalem et la vraie croix. Cette vraie croix était incontestablement une très-fausse relique, et cette Jérusalem était une très-misérable ville ; mais il fallait flatter le fanatisme absurde des peuples.

« On voit ici un singulier exemple de l'esprit du temps. Il était à craindre que Henri le Lion, pendant l'absence de l'empereur, ne tentât de rentrer dans les grands États dont il était dépouillé. On lui fit jurer qu'il ne ferait aucune tentative pendant la guerre sainte. Il jura, et on se fia à son serment.

« [1189.] Frédéric Barberousse, avec son fils Frédéric de Souabe, passe par l'Autriche et par la Hongrie avec plus de cent mille croisés. S'il eût pu conduire à Rome cette armée de volontaires, il était empereur en effet. Les premiers ennemis qu'il trouve sont les chrétiens grecs de l'empire de Constantinople. Les empereurs grecs et les croisés avaient eu à se plaindre en tout temps les uns des autres.

MORT DE FRÉDÉRIC.

« L'empereur de Constantinople était Isaac l'Ange. Il refuse de donner le titre d'empereur à Frédéric qu'il ne regarde que comme un roi d'Allemagne ; il lui fait dire que, s'il veut obtenir le passage, il faut qu'il donne des otages. On voit dans les constitutions de Goldast les lettres de ces empereurs. Isaac l'Ange n'y donne d'autre titre à Frédéric que celui d'avocat de l'Église romaine. Frédéric répond à l'Ange qu'il est un chien. Et après cela on s'étonne des épithètes que se donnent les héros d'Homère dans des temps encore plus héroïques.

« [1190.] Frédéric s'étant frayé le passage à main armée, bat le sultan d'Iconium ; il prend la ville ; il passe le mont Taurus, et meurt de maladie (*) après sa victoire, laissant une réputation célèbre d'inégalité et de

---

(*) Il mourut le 10 juin 1190, pour s'être baigné dans le Cydnus ; imprudence qui avait déjà failli coûter la vie à Alexandre, roi de Macédoine. Quelques historiens assurent que Frédéric se noya dans la rivière de Salef, que des géographes croient n'être pas la même que le Cydnus.

grandeur, et une mémoire chère à l'Allemagne plus qu'à l'Italie.

« On dit qu'il fut enterré à Tyr. On ignore où est la cendre d'un empereur qui fit tant de bruit pendant sa vie. Il faut que ses succès dans l'Asie aient été beaucoup moins solides qu'éclatants; car il ne restait à son fils Frédéric de Souabe qu'une armée d'environ sept à huit mille combattants, de cent mille qu'elle était en arrivant.

« Le fils mourut bientôt de maladie comme le père (*), et il ne demeura en Asie que Léopold, duc d'Autriche, avec quelques chevaliers. C'est ainsi que se terminait chaque croisade (**). »

LÉGENDE SUR FRÉDÉRIC BARBEROUSSE.

Les Allemands ne purent croire que leur grand empereur n'était plus. Frédéric n'est pas mort, dirent-ils, il dort seulement. « C'est dans un « vieux château désert, sur une mon- « tagne. Un berger l'y a vu, ayant « pénétré à travers les ronces et les « broussailles; il était dans son ar- « mure de fer, accoudé sur une table « de pierre, et sans doute il y avait « longtemps, car sa barbe avait crû « autour de la table et l'avait embras- « sée neuf fois. L'empereur soulevant « à peine sa tête appesantie, dit seu- « lement au berger : Les corbeaux vo- « lent-ils encore autour de la monta- « gne ? — Oui encore. — Ah! bon, je « puis me rendormir. » Qu'il dorme longtemps, car les corbeaux sont toujours au-dessus des tours, et les prêtres et l'Église et le peuple maintenant veillent à ce que rien ne tire de son profond sommeil la féodalité elle-même endormie avec son chef. Quel gracieux symbole; comme l'Allemagne sait embellir jusqu'à la mort, comme elle en finit doucement, poétiquement, avec son vieux système féodal. Il est vrai qu'elle ne sait point garder rancune. Napoléon, qui lui a fait tant de mal, compte maintenant au delà du Rhin plus de sincères admirateurs que dans la France même (*).

(*) « Quand Frédéric reparaîtra, continue la légende que nous venons de citer, il suspendra son bouclier à un arbre desséché. On verra l'arbre reverdir, et ce sera le signe d'une nouvelle ère, d'une époque de vertus et de félicité. » Cette tradition n'existe pas seulement pour Frédéric Barberousse, « Charlemagne est aussi dans le Wunderberg, la couronne d'or sur la tête, le sceptre à la main; sa longue barbe lui couvre toute la poitrine; autour de lui sont rangés ses principaux seigneurs. Ce qu'il attend là, on ne sait; la tradition dit que c'est le secret de Dieu. Arthur, Guillaume Tell veillent de même dans les flancs des montagnes, laissant pousser leur barbe blanche, et attendant le jour où ils doivent reparaître pour secourir leur pays. Le peuple est, comme les individus, attaché au souvenir des êtres qu'il a aimés; il ne veut pas laisser mourir entièrement ses bienfaiteurs et ses héros; il les endort non loin de lui, il les berce au bruit de leurs louanges. Il espère qu'un jour, quand il les appellera, ils reviendront.

« Dans les chants populaires de la Scandinavie et de l'Allemagne, l'on retrouve souvent des traditions semblables. Ainsi c'est le vieux Orm qui dort dans une montagne avec sa redoutable épée. Son fils, qui doit combattre contre le géant de Berne, s'en vient frapper à la porte du tombeau de son père. Il frappe si fort qu'il brise le rocher, et le père se réveille.

— Quel est le téméraire qui vient ainsi me troubler dans mon repos ?

— C'est moi, Orm, ton fils.

— Que veux-tu ? Je t'ai donné, l'année dernière, des monceaux d'or et d'argent.

— C'est vrai : tu m'as donné, l'année dernière, des monceaux d'or et d'argent; mais aujourd'hui je veux ton épée.

— Tu n'auras pas Birting, ma redoutable épée, avant que tu sois allé en Irlande venger ma mort.

(*) Il mourut de la peste au siége de Ptolémaïs.

(**) Voltaire, Annales de l'Empire. — On apprécie trop peu cet excellent résumé de l'histoire d'Allemagne. Voltaire, comme historien, est assez légèrement traité aujourd'hui. Les écoles modernes, qui prétendent voir de si haut l'histoire des peuples, n'accordent, on le conçoit, que peu d'estime au bon sens du philosophe de Ferney.

HENRI VI.

(1190-1197.)

Henri, fils de Frédéric Barberousse, était resté en Allemagne pendant le voyage de son père à la terre sainte. Il avait été déjà depuis longtemps proclamé roi des Romains; il ne trouva donc point de résistance pour entrer dans l'exercice de l'autorité royale. Il eut dès la première année de son règne une guerre à soutenir contre Henri le Lion, qui crut l'occasion favorable pour ressaisir ses anciens domaines, et ne craignit pas de rompre la parole qu'il avait donnée à Frédéric. Ce nouvel effort ne réussit pas; l'ancien duc de Saxe, assiégé dans Brunswick, fut contraint de venir implorer la clémence du roi.

EXPÉDITION DE SICILE.

Henri VI était pressé de se voir délivré de tout embarras en Allemagne, pour aller recueillir le riche héritage que la mort de Guillaume II, roi de Sicile et neveu de Constance, sa femme, faisait tomber entre ses mains. Il devait, il est vrai, rencontrer quelques obstacles, car les Siciliens, qui se voyaient avec effroi menacés de la domination d'un prince allemand, voulurent avoir un roi indigène, qui vécût au milieu d'eux et prît à cœur leurs intérêts, et proclamèrent un prétendu fils naturel d'un frère du dernier roi, sous le nom de Tancrède. A cette nouvelle, Henri hâta sa marche

— Si tu me la refuses, je brise la montagne qui te sert de tombe en cinq mille morceaux.

« Le vieux guerrier lui donne son épée. Orm tue le géant, et s'en va ensuite en Irlande tuer les meurtriers de son père.

« Dans une ballade allemande, c'est un pauvre petit enfant que sa mère pleure sans cesse, et qui se lève et vient lui dire : « Oh « ma mère, ne pleure pas tant, car ma pe- « tite chemise est toute mouillée de larmes « que tu verses, et je ne peux pas dormir « dans mon tombeau. » Marmier, chants danois, passim. Voyez encore une tradition semblable, *Autriche*, p. 4, col. 2, note.

vers l'Italie. En passant par Rome, il se fit couronner empereur par le pape Clément III, qui avait déjà donné l'investiture du royaume des Deux-Siciles à Tancrède. Roger de Howden raconte les détails singuliers et peu vraisemblables de ce couronnement. « Le seigneur pape était assis dans la chaire pontificale, tenant entre ses pieds la couronne d'or (*); l'empereur et l'impératrice, prosternés devant lui, reçurent de ses pieds la couronne. Aussitôt qu'elle fût placée sur leurs têtes, il frappa du pied celle de l'empereur et la fit tomber à terre, voulant signifier par là qu'il avait le pouvoir de le renverser du trône impérial, s'il venait jamais à démériter; mais les cardinaux la ressaisirent aussitôt et la replacèrent sur la tête de Henri VI. » Quoi qu'il en soit, Henri, muni de la couronne impériale, poursuivit sa route vers l'Italie méridionale; peu de villes résistèrent, à l'exception de Naples qu'il assiégea vainement. Mais le climat de l'Italie fit justice des Allemands. L'empereur, réduit à un petit nombre de troupes, fut contraint de retourner en Allemagne. Il n'avait pas craint, pour obtenir les secours des Génois et des Pisans, de leur livrer à l'avance tout le commerce de la Sicile, de leur sacrifier les intérêts mercantiles de ses futurs sujets. « Si par « vous, après Dieu, je puis recou- « vrer mon royaume de Sicile, leur « disait-il, l'honneur en sera pour moi, « mais le profit tout entier pour vous. « En effet, moi je ne dois pas y séjour- « ner avec mes Allemands; mais vous « et vos descendants vous y demeure- « rez, et le royaume à tous égards « sera bien plutôt à vous qu'à moi. »

CAPTIVITÉ DE RICHARD CŒUR DE LION.

A son retour en Allemagne, Henri conclut (1194) une paix définitive avec

(*) L'empereur recevait trois couronnes : celle de Germanie, qui était d'argent, qui se prenait à Aix-la-Chapelle; celle de Lombardie, qui était de fer, et se prenait à Milan; enfin, celle de l'Empire, qui était d'or, et qu'il ne pouvait recevoir qu'à Rome.

20.

Henri le Lion, qui mourut l'année suivante. C'est alors qu'eut lieu la scandaleuse captivité de Richard Cœur de Lion. Ce prince s'était pris de querelle en Palestine avec le duc d'Autriche Léopold. Le jour de la prise d'Acre, le roi d'Angleterre, trouvant la bannière du duc arborée sur les murs avant la sienne, la fit aussitôt enlever, déchirer et jeter dans une fosse d'ordures. Mais lorsqu'il revint en Europe, rappelé par les craintes que lui inspirait l'ambition de son frère Jean sans Terre, une suite d'aventures le conduisirent sur les terres de ce même duc d'Autriche. En effet, étant parvenu à la hauteur de la Sicile, « il s'avisa tout à coup qu'il y aurait du danger pour lui à débarquer dans un des ports de la Gaule méridionale, parce que la plupart des seigneurs de Provence étaient parents du marquis de Montferrat, qu'on l'accusait d'avoir fait tuer, et parce que le comte de Toulouse, Raymond de Saint-Gilles, qui était, sous le roi d'Aragon, suzerain des villes maritimes situées à l'ouest du Rhône, était son ennemi personnel. Craignant avec raison quelques embûches de leur part, au lieu de traverser la Méditerranée, il entra dans le golfe Adriatique, après avoir congédié la plus grande partie de sa suite, afin de n'être point reconnu. Son vaisseau fut attaqué par des pirates, avec lesquels, à la suite d'un combat assez vif, il trouva moyen de faire amitié, si bien qu'il quitta son navire pour un des leurs, qui le conduisit à Zara, sur les côtes d'Esclavonie. Il prit terre avec un baron normand, appelé Baudouin de Béthune, maître Philippe et maître Anselme, ses chapelains, quelques templiers et quelques serviteurs. Il s'agissait d'avoir un sauf-conduit du seigneur de la province, qui, par un hasard fatal, était l'un des nombreux parents du marquis de Montferrat. Le roi envoya un de ses gens faire cette demande, et le chargea d'offrir au seigneur un gros rubis qu'il avait acheté en Palestine à des négociants pisans. Ce rubis, alors célèbre, fut reconnu par le seigneur de Zara. « Qui « sont ceux qui t'envoient me deman-« der passage? demanda-t-il au mes-« sager. — Des pèlerins revenant de « Jérusalem. — Et leur nom? — L'un « s'appelle Baudouin de Béthune, et « l'autre Hugues le marchand, qui « vous offre cet anneau. » Le seigneur, examinant l'anneau avec attention, fut quelque temps sans rien dire, et reprit tout à coup : « Tu ne « me dis pas vrai; ce n'est pas Hu-« gues qu'il se nomme, c'est le roi « Richard; mais puisqu'il a voulu m'ho-« norer de ses dons sans me connaî-« tre, je ne veux point l'arrêter, je lui « renvoie son présent et le laisse libre « de partir. »

« Surpris de cet incident auquel il était bien loin de s'attendre, Richard partit aussitôt; on ne chercha point à l'en empêcher. Mais le seigneur de Zara envoya prévenir son frère, seigneur d'une ville voisine, que le roi des Anglais était dans le pays, et devait passer sur ses terres. Le frère avait à son service un Normand appelé Roger, originaire d'Argenton, auquel il donna aussitôt commission de visiter chaque jour toutes les hôtelleries où logeaient des pèlerins, et de voir s'il ne reconnaîtrait pas le roi d'Angleterre au langage ou à quelque autre signe, lui promettant, s'il réussissait à le faire saisir, la moitié de sa ville à gouverner. Le Normand se mit à la recherche durant plusieurs jours, allant de maison en maison, et finit par découvrir le roi. Richard essaya d'abord de cacher qui il était; mais poussé à bout par les questions du Normand, il fut contraint d'en faire l'aveu; alors Roger se mit à pleurer et le conjura de prendre sur-le-champ la fuite, lui offrant son meilleur cheval; puis il retourna vers son seigneur, lui dit que la nouvelle de l'arrivée du roi n'était qu'un faux bruit, qu'il ne l'avait point trouvé, mais seulement Baudouin de Béthune, un de ses compatriotes, qui revenait de pèlerinage. Le seigneur, furieux d'avoir manqué son coup, fit arrêter Baudouin et le retint en prison.

« Pendant ce temps, le roi Richard était en fuite sur le territoire allemand, ayant pour toute compagnie Guillaume de l'Étang, son ami intime, et un valet qui savait parler la langue teutonique, soit qu'il fût Anglais de naissance, soit que sa condition inférieure lui eût donné le goût d'apprendre la langue anglaise, alors exactement semblable au dialecte saxon de la Germanie, et n'ayant ni mots français, ni locutions, ni constructions françaises. Ils voyagèrent trois jours et trois nuits sans prendre de nourriture, presque sans savoir où ils allaient, et entrèrent dans la province qu'on appelait en langue tudesque *Ost-ric* ou *Oest-reich*, c'est-à-dire, pays de l'est. Ce nom était un dernier souvenir du vieil empire des Francs, dont cette contrée avait formé jadis l'extrémité orientale. L'*Ost-ric* ou Autriche, comme disaient les Français et les Normands, dépendait de l'empire germanique, et était gouvernée par un chef qui portait le titre de *Heerzog* ou de duc, et par malheur ce duc, nommé Liet-pold (Léopold), était celui que Richard avait mortellement offensé en Palestine, en faisant déchirer sa bannière. Sa résidence était à Vienne sur le Danube, où le roi et ses deux compagnons arrivèrent épuisés de fatigue et de faim.

« Le serviteur qui parlait anglais alla au change de la ville échanger des besans d'or contre de la monnaie du pays. Il fit, devant les marchands, beaucoup d'étalage de son or, prenant un air de dignité et des manières d'homme de cour. Les bourgeois soupçonneux le menèrent à leur magistrat pour savoir qui il était. Il se donna pour le valet d'un riche marchand qui devait arriver dans trois jours, et fut mis en liberté sur cette réponse. A son retour au logis du roi, il lui raconta son aventure et lui conseilla de partir au plus vite; mais Richard, désirant prendre du repos, demeura encore quelques jours. Durant cet intervalle, le bruit de son débarquement à Zara se répandit en Autriche, et le duc Liet-pold, qui désirait à la fois se venger et s'enrichir par la rançon d'un pareil prisonnier, envoya de tous côtés à sa recherche des espions et des gens armés. Ils parcoururent la contrée sans rien découvrir; mais un jour, le même serviteur qui avait déjà été arrêté une fois, se trouvant au marché de la ville où il achetait des provisions, on remarqua à sa ceinture des gants richement brodés, tels qu'en portaient avec leurs habits de cour les grands seigneurs de l'époque. On le saisit de nouveau, et, pour lui arracher des aveux, on le mit à la torture. Il révéla tout, et indiqua l'hôtellerie où se trouvait le roi Richard. Elle fut cernée par les gendarmes du duc d'Autriche, qui, surprenant le roi, l'obligèrent à se rendre : et le duc, avec de grandes marques de respect, le fit enfermer dans une prison, où des soldats d'élite le gardaient jour et nuit l'épée nue.

« Dès que le bruit de l'arrestation du roi d'Angleterre se fut répandu, l'empereur, ou César de toute l'Allemagne, somma le duc d'Autriche, son vassal, de lui remettre le prisonnier, sous prétexte qu'il ne convenait qu'à un empereur de tenir un roi en prison. Le duc Liet-pold se rendit à cette raison bizarre avec une bonne grâce apparente, mais non sans stipuler qu'il lui reviendrait au moins une certaine part de la rançon. Le roi d'Angleterre fut alors transféré de Vienne à Worms, dans une des forteresses impériales, et l'empereur, tout joyeux, envoya au roi de France un message qui lui fut plus agréable, dit un historien du temps, qu'un présent d'or et de topazes. Philippe écrivit aussitôt à l'empereur pour le féliciter cordialement de sa prise et l'engager de la garder avec soin, parce que, disait-il, le monde ne serait jamais en paix si un semblable perturbateur réussissait à s'évader. En conséquence, il proposait de payer une somme égale, ou même supérieure à la rançon du roi d'Angleterre, si l'empereur voulait le lui donner en garde.

« L'empereur soumit, selon l'usage, cette proposition à l'assemblée des seigneurs et des évêques du pays, qu'en langue tudesque on appelait *diet*, mot qui, au commencement, signifiait le peuple en général, mais qui avait pris par degrés une signification plus restreinte. Il exposa devant la diète les motifs de la demande du roi de France, et justifia l'emprisonnement de Richard par le prétendu crime de meurtre commis sur le marquis de Montferrat, l'insulte faite à la bannière du duc d'Autriche, et la trêve de trois ans conclue avec les ennemis de la foi. Pour ces méfaits, le roi d'Angleterre devait, selon lui, être déclaré ennemi capital de l'Empire. L'assemblée décida que Richard serait jugé par elle sur les griefs qu'on lui imputait; mais elle refusa de le livrer au roi de France....

« Le jour fixé pour le jugement du roi arriva. Il comparut comme accusé devant la diète germanique assemblée à Worms; il n'eut besoin que de promettre pour sa rançon cent mille livres d'argent, et de s'avouer vassal de l'empereur, pour être absous sur tous les points. Cet aveu de vasselage, qui n'était qu'une simple formalité, avait de l'importance aux yeux de l'empereur, à cause de ses prétentions à la domination universelle des Césars de Rome, dont il se disait l'héritier. La sujétion féodale du royaume d'Angleterre à l'empire germanique n'était pas de nature à durer longtemps, et néanmoins l'aveu et la déclaration s'en firent alors avec toute la pompe et l'appareil commandés par les usages du siècle. « Le roi Richard, dit un con-« temporain, se destitua du royaume, « et le remit à l'empereur, comme au « seigneur de toute la terre, l'en in-« vestissant par son chapeau; et l'em-« pereur le lui rendit aussitôt pour le « tenir en fief de lui, sous la con-« dition d'un tribut annuel de 5000 « livres sterling, et l'en investit par « une double couronne d'or. » Après cette cérémonie, l'empereur, les évêques et les seigneurs allemands promirent, par serment, sur leur âme, que le roi d'Angleterre deviendrait libre aussitôt qu'il aurait payé cent mille livres, et dès ce jour la captivité de Richard fut moins étroite....

« Il y avait près de deux ans que le roi était en prison; il s'ennuyait de sa captivité, et envoyait message sur message à ses officiers et à ses amis d'Angleterre et du continent, pour les presser de le délivrer, en payant sa rançon. Il se plaignit amèrement d'être négligé par les siens, et de ce qu'on ne faisait pas pour lui ce que lui-même eût fait pour tout autre. Il exprima ses plaintes dans une chanson composée en langue romane méridionale, idiome qu'il préférait au dialecte moins poli de la Normandie, de l'Anjou et de la France :

« J'ai nombre d'amis, mais ils don-
« nent pauvrement; c'est honte à eux,
« si, faute de rançon, depuis deux hi-
« vers, je suis ici prisonnier. »

« Pendant que la seconde collecte pour la rançon du roi Richard se faisait par toute l'Angleterre, des messagers de l'empereur vinrent à Londres, recevoir, comme à-compte sur la somme totale, l'argent qu'on avait déjà réuni. Ils en vérifièrent la quantité par poids et par mesure, dit un historien du temps, et mirent leur sceau sur les sacs, que des matelots anglais transportèrent jusqu'au territoire de l'Empire, aux risques et périls du roi d'Angleterre. L'argent arriva sain et sauf entre les mains du César de l'Allemagne, qui en envoya le tiers au duc d'Autriche, pour sa part de prise. Ensuite il y eut une nouvelle diète assemblée pour décider du sort du prisonnier, dont la délivrance fut fixée à la troisième semaine après Noël, à condition qu'il laisserait un certain nombre d'otages pour garantie du payement qui lui restait à faire. Le roi Richard accorda tout, et l'empereur, ravi de sa bonne grâce, voulut lui faire un don en récompense. Il lui octroya par charte authentique, pour les tenir de lui en fief, plusieurs provinces qu'il appelait *siennes*, dans le style de sa chancellerie, telles que le Viennois et une partie du pays qu'en langue romane on nommait Bourgogne, et les villes et territoires de Lyon, Arles, Marseille et Narbonne. « Or, il faut

« savoir, dit un contemporain, que « ces terres données au roi par l'em-« pereur contiennent cinq archevêchés « et trente-trois évêchés, et il faut sa-« voir aussi que ledit empereur n'y a « jamais pu exercer aucune espèce d'au-« torité, et que les habitants n'ont « jamais voulu reconnaître aucun sei-« gneur nommé ou présenté par lui. »

« Lorsque le roi de France et le comte Jean, son allié, apprirent ce qui venait d'être résolu dans la diète impériale, ils craignirent de n'avoir pas le temps d'exécuter leurs desseins avant la délivrance du roi, et envoyèrent en grande hâte des messagers à l'empereur pour lui offrir 70,000 marcs d'argent s'il voulait prolonger d'une seule année l'emprisonnement de Richard, ou, s'il l'aimait mieux, mille livres d'argent pour chaque nouveau mois de captivité, ou bien encore cent cinquante mille marcs pour que le prisonnier fût remis à la garde du roi de France et du comte. L'empereur, tenté par ces brillantes propositions, eut envie de manquer à sa parole; mais les membres de la diète, qui avaient juré de la tenir fidèlement, s'y opposèrent, et, usant de leur puissance, firent relâcher le captif vers la fin de janvier 1194. Richard ne pouvait se diriger vers la France ni vers la Normandie, envahie alors par les Français, et ce qu'il y avait de plus sûr pour lui, c'était de s'embarquer dans un port d'Allemagne pour aller directement en Angleterre : mais on était dans la saison des mauvais temps ; il fut obligé d'attendre plus d'un mois à Anvers, et, pendant cet intervalle, l'empereur fut de nouveau tenté par l'avarice. L'espoir de doubler ses profits l'emporta sur la crainte de déplaire à des chefs moins puissants que lui, et qu'en qualité de seigneur *paramont*, il avait mille moyens de réduire au silence. Il résolut donc de s'emparer une seconde fois du prisonnier qu'il avait laissé partir; mais le secret de cette trahison ne fut pas assez bien gardé, et l'un des otages restés entre les mains de l'empereur trouva moyen d'en avertir le roi. Richard s'embarqua aussitôt dans la galiote d'un marchand de Normandie appelé Alain Tranchemer ; et, ayant ainsi échappé aux hommes d'armes envoyés pour le prendre, aborda heureusement au port de Sandwich(*). »

SECONDE EXPÉDITION EN ITALIE.

La rançon de Richard servit à payer les frais d'une nouvelle expédition en Italie. Tancrède était mort du chagrin que lui avait causé la perte de son fils aîné. Ces événements préparèrent les voies à l'empereur, qui, après avoir, dans une assemblée tenue à Verceil, rétabli la paix entre les villes de Lombardie, et apaisé les troubles qui déchiraient toutes ces cités, entra dans le royaume de Naples où il ne rencontra nulle part de résistance, si ce n'est à Salerne, qu'il fallut enlever d'assaut. La Sicile, où les flottes de Pise et de Gênes le transportèrent, ne se défendit pas davantage.

CRUAUTÉS DE HENRI VI.

Une conquête si facile devait exciter l'indulgence du vainqueur. Cependant Henri montra une extrême cruauté. Sous le prétexte d'une conspiration ourdie contre sa personne, il fit mourir plusieurs des grands du royaume. La veuve de Tancrède et ses filles furent envoyées prisonnières dans un couvent de l'Alsace. Le jeune roi, fils de Tancrède, qui était venu lui-même déposer sa couronne aux pieds de Henri, eut, dit-on, les yeux crevés, et de ce moment il disparaît sans que l'histoire sache son sort. Il fit exhumer le corps de Tancrède, et lui fit couper la tête par le bourreau. Puis il s'empara des trésors des anciens rois (1194).

TENTATIVE DE HENRI VI POUR RENDRE L'EMPIRE HÉRÉDITAIRE DANS SA FAMILLE.

A son retour en Allemagne, il vou-

(*) Augustin Thierry, Histoire de la conquête de l'Angleterre par les Normands, t. IV, p. 64 et suiv.

lut réaliser un projet qui lui tenait fort à cœur, celui de rendre l'Empire héréditaire dans sa maison. Pour y faire consentir les seigneurs qui avaient droit à l'élection, il offrit d'incorporer le royaume de Sicile à l'empire germanique, d'ériger en seigneuries héréditaires et purement allodiales tous les fiefs mouvants de la couronne, et de renoncer à la dépouille des clercs. Plus de cinquante princes s'étaient laissé gagner par ces offres, et le pape lui-même avait paru s'y prêter avec empressement ; mais rien ne put vaincre les oppositions du duc de Saxe et du margrave de Brandebourg. Le pape profita de cet incident pour retirer le consentement qu'il avait donné à un projet qui aurait privé le saint-siége du droit qu'il s'était attribué de confirmer les élections des empereurs. Cependant les princes consentirent à élire pour roi des Romains son fils Frédéric, qui était alors à peine âgé de deux ans.

NOUVELLES CRUAUTÉS DE HENRI.

Un second voyage que l'empereur fit dans le nouveau royaume fut marqué par de nouvelles cruautés. Un comte Jourdan, de la maison des princes normands, essaya d'exciter un mouvement populaire qui débarrassât la Sicile des Allemands ; mais il fut mal soutenu : on le livra à Henri, qui le fit périr par un supplice atroce ; le malheureux fut attaché nu sur une chaise de fer brûlante, et on le couronna d'un cercle de fer enflammé qu'on lui attacha sur la tête avec des clous. Tant de cruautés amenèrent une révolte sérieuse : on tua tout ce que l'on trouva d'Allemands en Sicile ; ce fut comme le premier coup des vêpres siciliennes qui devaient sonner plus tard pour les Provençaux de Charles d'Anjou. Il lui fallut combattre de nouveau contre ses sujets. Mais il mourut à l'âge de 33 ans (28 septembre 1197), soit des fatigues qu'il avait endurées au siége d'une place, soit d'un poison que lui administra sa propre femme Constance, qui vengeait ainsi sur lui sa famille et sa patrie. — On dit qu'au moment de sa mort il songeait au plan gigantesque de relever l'empire d'Orient ; puis d'unir les deux couronnes et les deux Églises.

PHILIPPE DE SOUABE.
(1198-1208.)

Le fils de Henri VI, Frédéric II, avait été élu roi des Romains du vivant même de son père. Mais les états ne voulurent pas d'un roi enfant. Frédéric étant écarté, plusieurs princes se portèrent pour candidats. Philippe de Souabe, frère de Henri VI, voyant que son neveu n'avait aucune chance, sollicita pour lui-même, et se fit élire par les états de Souabe, de Saxe, de Bavière, de Franconie et de Bohême. Mais tout le nord-ouest de l'Allemagne, les amis de la maison Guelfe, se réunirent à Andernach, et proclamèrent Othon IV, troisième fils de Henri le Lion. Les deux rivaux cherchèrent bientôt à l'emporter l'un sur l'autre par les armes. Philippe de Souabe avait pour allié le roi de France, ennemi naturel d'Othon, gendre du roi d'Angleterre ; mais Othon avait pour lui le pape Innocent III, qui lança l'excommunication contre Philippe et ses adhérents. Philippe n'en battit pas moins son adversaire près de Cologne. Tout le monde abandonnait Othon ; le pape lui-même se réconcilia avec Philippe de Souabe, qui semblait devoir régner sans contestation sur toute l'Allemagne, lorsqu'il fut assassiné par Othon de Wittelsbach, auquel il avait refusé sa fille. L'assassin, mis au banc de l'Empire, fut poursuivi, traqué comme une bête fauve, et tué enfin par un homme qui avait à venger sur lui la mort de son père. Sa tête, détachée de son corps, fut jetée dans le Danube.

OTHON IV.
(1208-1218.)

Ce meurtre releva les affaires d'Othon ; il fut de nouveau élu empereur, et réunit cette fois tous les suffrages. Ainsi la couronne impériale sortait de la maison de Hohenstaufen pour rentrer dans celle de Henri le Lion.

Othon avait été obligé de payer assez cher l'assistance du pape; il avait reconnu tous les droits qu'il s'attribuait. Cependant sa lettre était ambiguë : « Nous vous rendons l'obéissance que « nos prédécesseurs ont rendue aux « vôtres.» Mais ce qui était une concession plus réelle, c'est qu'il ne lui disputa point la possession des terres que le pontife avait déjà recouvrées, comme Viterbe, Orvietto, Pérouse, etc., qu'il lui abandonna la supériorité territoriale sur le royaume des Deux-Siciles.

PROGRÈS DU PAPE.

Henri VI avait donné à des seigneurs allemands un grand nombre de fiefs italiens, plusieurs comtés dans la Romagne et la Toscane, c'est-à-dire, dans les anciens domaines de la comtesse Mathilde. Le pape, à qui il déplaisait de voir des Allemands établis si près de lui, avait profité des querelles d'Othon et de Philippe pour raffermir son autorité. Il avait envoyé deux cardinaux les chasser de la Marche d'Ancône et du duché de Spolète, avait formé dans la Toscane, entre toutes les villes de cette contrée, une ligue qui devait en fermer l'approche aux étrangers, et en même temps, produisant un testament de Henri VI, qui lui donnait la tutelle de son fils Frédéric II, ainsi que l'administration de son royaume des Deux-Siciles, il avait profité de cette position pour faire établir en droit et en fait que ce royaume était un fief du saint-siége.

OTHON APAISE LES DIFFÉRENDS SURVENUS ENTRE LES GIBELINS.

Othon, avons-nous dit, fut obligé de reconnaître toutes ces usurpations. Mais quand il passa les Alpes pour venir prendre la couronne à Rome, les choses changèrent. L'allié du pape ne pouvait pas oublier qu'il était empereur. A son arrivée en Italie, tous les Gibelins, qui avaient souffert pour la cause de l'Empire, allèrent en foule au-devant de l'empereur; auprès de lui se réunirent surtout les principaux seigneurs de la Vénétie, Eccelino II de Romano, et Azzo, marquis d'Este. Ces deux nobles divisaient, par leur inimitié, toute la Marche. Othon, qui avait besoin de leurs services, s'efforça de les réconcilier.

« Dès qu'Eccelino se trouva vis-à-vis du marquis, en présence de toute la cour, il se leva pour accuser son adversaire de trahison et de félonie. « Nous avions été liés dans notre « enfance, dit-il, et je le croyais mon « ami. Nous nous trouvions ensemble « à Venise, et je me promenais avec « lui dans la place de Saint-Marc, lors- « que les assassins se sont jetés sur « moi pour me poignarder : dans cet « instant, le marquis a saisi mon bras « pour m'empêcher de me défendre, « et si je ne m'étais arraché par un « effort violent, j'aurais été infailli- « blement tué, comme un de mes sol- « dats l'a été à côté de moi. Je le dé- « nonce donc à cette assemblée comme « un traître; et à vous, Sire, je vous « demande de permettre que je prouve, « dans un combat singulier, les trahi- « sons dont il a usé envers moi, en- « vers Salinguerra, et envers le po- « destat de Vicence. »

«Peu après Salinguerra arriva, suivi de cent hommes d'armes, vint se jeter aux pieds de l'empereur, et porta contre le marquis une accusation semblable, demandant également qu'on leur déférât le combat. Azzo répondit qu'il avait dans ses terres plusieurs gentilshommes plus nobles que Salinguerra, qui seraient prêts à le combattre s'il était si altéré de batailles. Alors Othon, imposant silence à tous trois, déclara que pour aucune de leurs querelles passées il ne consentirait à accorder le combat.

« Déterminé à rétablir la paix entre deux chefs dont il attendait de plus grands services que de tous les autres Italiens, il sortit avec eux à cheval le lendemain matin, et, les ayant fait placer l'un à sa droite, l'autre à sa gauche, il s'adressa en langue française d'abord à Eccelino : *Sire Ycelin, saluons le marquis*, lui dit-il ; et Eccelino, ôtant le chapeau et ployant le corps, dit à Azzo : *Seigneur marquis, que Dieu vous sauve!* mais, comme celui-ci répondit sans se découvrir, Othon s'adressa à lui à son tour : *Sire marquis, saluons Ycelin*, et le marquis répéta : *Que Dieu vous sauve!* La réconciliation jusqu'alors ne paraissait pas fort avancée ; cependant le chemin devenait plus étroit, Othon passa devant, et laissa les deux rivaux à côté l'un de l'autre ; bientôt, se retournant vers eux, il vit qu'ils parlaient ensemble avec affection, et qu'ils semblaient avoir oublié leurs vieilles rancunes. Cette conversation amicale dura pendant toute leur course, qui fut de plus de deux milles, et finit par donner quelque inquiétude à l'empereur. Lorsqu'il fut rentré dans sa tente, il y fit appeler Eccelino, et lui demanda quel avait donc pu être le sujet de sa conversation avec le marquis : « Les jours de notre enfance, répondit Eccelino, et nous étions retournés à notre ancienne amitié (*). »

OTHON SE BROUILLE AVEC LE PAPE, QUI L'EXCOMMUNIE.

Après avoir réconcilié les chefs de ces deux factions, et s'être ainsi assuré d'un parti nombreux et puissant dans la haute Italie, il s'avança vers Rome, où il reçut des mains d'Innocent III la couronne impériale. Le couronnement à Rome était toujours un moment critique pour l'amitié des deux chefs de la chrétienté. Selon l'usage, l'orgueil des Romains et la brutalité des soldats allemands excita une émeute dans laquelle périt un grand nombre d'Impériaux. L'empereur s'éloigna aussitôt, refusant de remettre au saint-siége les biens de la comtesse Mathilde, et de se désister de ses prétentions à la souveraineté du royaume de Naples. Il entreprit même la conquête de la Pouille.

Innocent, poussé à bout, lança l'excommunication contre son ancien allié, contre le chef de la maison Guelfe, si dévoué jadis à l'Église. Tout le midi de l'Allemagne saisit l'occasion. Les ducs de Bavière, le duc d'Autriche et le landgrave de Thuringe, appuyant leur vieille haine sur la sentence du pape, refusent de reconnaître Othon, que l'archevêque de Mayence excommunie, et proclament empereur l'héritier de la maison Gibeline, Frédéric II. Le pape prêta lui-même ses galères à Frédéric pour le conduire à Gênes ; Pavie, Crémone l'escortèrent avec leurs milices. Enfin, le marquis d'Este, qui avait abandonné le parti d'Othon, le conduisit avec ses troupes jusqu'à Coire.

FRÉDÉRIC EN ALLEMAGNE.

Frédéric, à titre d'héritier de son oncle Philippe, revendiquait la Souabe ; il se fit aisément reconnaître des Souabes et des Alsaciens, et renouvela avec Philippe Auguste l'ancienne union de ce prince avec l'empereur Philippe. A Mayence, il reçut l'hommage de presque tous les princes allemands, et prit à Aix-la-Chapelle la couronne du roi de Germanie.

GUERRE D'OTHON AVEC PHILIPPE AUGUSTE.

Cependant Othon se soutenait. « Il était toujours protégé par l'Angleterre. Son concurrent, Frédéric II, l'était par la France. Othon fortifie son parti en épousant la fille du duc de Brabant, après la mort de sa femme Béatrix. Le roi d'Angleterre Jean lui donne de l'argent pour attaquer le roi de France. Ce Jean n'était pas encore Jean sans Terre, mais il était destiné à l'être, et à devenir, comme Othon, très-malheureux. [1214.] Il paraît singulier que Othon, qui, un an auparavant, avait de la peine à se défendre en Allemagne, puisse faire la guerre à présent à Philippe Auguste. Mais il était suivi du duc de Brabant, du duc

---

(*) Sismondi, Républiques italiennes, d'après Gerardus Maurisius, écrivain contemporain et partisan d'Eccelino.

de Limbourg, du duc de Lorraine, du comte de Hollande, de tous les seigneurs de ce pays, et du comte de Flandre, que le roi d'Angleterre avait gagnés. C'est toujours un problème si les comtes de Flandre, qui alors faisaient toujours hommage à la France, étaient regardés comme vassaux de l'Empire, malgré cet hommage.

« Othon marche vers Valenciennes avec une armée de plus de cent vingt mille combattants, tandis que Frédéric II, caché vers la Suisse, attendait l'issue de cette grande entreprise. Philippe Auguste était pressé entre l'empereur et le roi d'Angleterre.

BATAILLE DE BOUVINES.
(1215.)

« Entre Lille et Tournai est un petit village nommé Bouvines, près duquel Othon IV, à la tête d'une armée qu'on dit forte de plus de cent mille combattants, vint attaquer le roi, qui n'en avait guère que la moitié.

« [1215.] On commençait alors à se servir d'arbalètes. C'était une machine qui lançait de longues et pesantes flèches et qu'on tendait avec un tourniquet. Cette arme était en usage à la fin du douzième siècle. Mais ce qui décidait d'une journée, c'était cette pesante cavalerie toute couverte de fer, composée de tous les seigneurs de fiefs et de leurs écuyers. Les chevaliers portaient une cuirasse, des bottines, des genouillères, des brassards, des cuissards, une casaque. Toute cette armure était de fer; et par-dessus la cuirasse ils avaient encore une chemise de mailles appelée *haubert*, du mot *albus*. Cette cotte de mailles était ornée d'une pièce d'étoffe brodée des armoiries du chevalier. Ces armoiries, qui commençaient à être d'usage, n'ont été appelées ainsi que parce qu'elles étaient peintes sur les armes du chevalier, pour le faire reconnaître dans les batailles. Les écuyers n'avaient pas droit de porter le haubert. Leur casque n'était pas fermé et n'était pas de si bonne défense. Ils n'avaient ni brassards ni cuissards : ainsi, armés plus à la légère, ils en avaient plus d'agilité pour monter à cheval, et pour relever, dans les combats, ces masses pesantes de chevaliers qui ne pouvaient se remuer et qu'on ne pouvait blesser que difficilement. L'armure complète des chevaliers était encore une prérogative d'honneur à laquelle les écuyers ne pouvaient prétendre : il ne leur était pas permis d'être invulnérables. Tout ce qu'un chevalier avait à craindre, était d'être blessé au visage quand il levait la visière de son casque, ou dans le flanc au défaut de la cuirasse, quand il était abattu et qu'on avait levé sa chemise de mailles; enfin, sous les aisselles, quand il levait le bras.

« Il y avait encore des troupes de cavalerie, tirées du corps des communes, moins bien armées que les chevaliers. Pour l'infanterie, elle portait des armes défensives à son gré, et les offensives étaient l'épée, la flèche, la massue, la fronde.

« Ce fut un évêque qui rangea en bataille l'armée de Philippe Auguste : il s'appelait Guérin, et venait d'être nommé à l'évêché de Senlis. Cet évêque de Beauvais, si longtemps prisonnier du roi Richard d'Angleterre, se trouva aussi à cette bataille. Il s'y servit d'une massue, disant qu'il serait irrégulier s'il versait le sang humain. On ne sait point comment l'empereur et le roi disposèrent leurs troupes. Philippe, avant le combat, fit chanter le psaume : *Exsurgat Deus, et dissipentur inimici ejus* (*), comme si Othon avait combattu contre Dieu. Auparavant, les Français chantaient des vers en l'honneur de Charlemagne et de Roland. L'étendard impérial d'Othon était sur un chariot à quatre roues, selon l'usage d'Allemagne et d'Italie. C'était une longue perche qui portait un dragon de bois peint, et sur le dragon s'élevait une aigle de bois doré. L'étendard royal de France était un bâton doré avec un drapeau de soie blanche, semé de fleurs de lis couleur d'or; car cet ornement, qu'on appelle fleurs

---

(*) « Que Dieu se lève et que ses ennemis soient dissipés. »

de lis, qui n'avait été qu'une imagination de peintre, commençait à servir d'armoirie aux rois de France. D'anciennes couronnes des rois lombards, dont on voit des estampes fidèles dans Muratori, sont surmontées de cet ornement, qui n'est autre chose que le fer d'une lance lié avec deux autres fers recourbés, une vraie hallebarde.

« Outre l'étendard royal, Philippe Auguste fit encore porter l'oriflamme de saint Denis, qui était une lance de cuivre doré, où pendait un gonfalon de soie rouge. Lorsque le roi était en danger, on haussait ou baissait l'un ou l'autre de ces étendards. Chaque chevalier avait aussi le sien, qu'on appelait *pennon*, et les grands chevaliers, qui avaient d'autres chevaliers sous eux, faisaient porter un autre drapeau, qu'on nommait *bannière*. Ce terme de *bannière*, si honorable, était pourtant commun aux drapeaux de l'infanterie, presque toute composée de serfs ou de nouveaux affranchis. Le cri de guerre des Français était d'ordinaire *Montjoie saint Denis*. Le cri des Allemands était *Kyrie eleison*.

« L'armée teutonne, très-forte en infanterie, avait bien moins de chevaliers que celle du roi. C'est à cette différence qu'on peut principalement attribuer le gain de cette grande bataille. Ces escadrons de chevaux caparaçonnés d'acier, portant des hommes impénétrables aux coups, armés de longues lances, devaient mettre en désordre les milices allemandes, presques nues et désarmées en comparaison de ces citadelles mouvantes.

« Une preuve que les chevaliers bien armés ne couraient guère d'autre risque que d'être démontés, et n'étaient blessés que par un très-grand hasard, c'est que le roi Philippe Auguste, renversé de son cheval, fut longtemps entouré d'ennemis, et reçut des coups de toute espèce d'armes sans verser une goutte de sang. On raconte même qu'étant couché par terre, un soldat allemand voulut lui enfoncer dans la gorge un javelot à double crochet, et n'en put jamais venir à bout. Aucun chevalier ne périt dans la bataille, sinon Guillaume de Longchamp, qui, malheureusement, mourut d'un coup dans l'œil adressé par la visière de son casque.

« On compte du côté des Allemands vingt-cinq chevaliers bannerets, et sept comtes de l'Empire prisonniers, mais aucun de blessé. Le véritable danger était donc pour la cavalerie légère, et surtout pour cette infanterie d'esclaves, ou de nouveaux affranchis, sur qui tombait toute la fatigue de la guerre aussi bien que le péril.

« L'empereur Othon perdit la bataille. On tua, dit-on, trente mille Allemands, nombre probablement exagéré. L'usage était alors de charger de chaînes les prisonniers. Le comte de Flandre et le comte de Boulogne furent menés à Paris les fers aux pieds et aux mains. C'était une coutume barbare établie. Le roi Richard d'Angleterre, Cœur de Lion, disait lui-même qu'étant arrêté en Allemagne, contre le droit des gens, « on l'avait chargé de fers aussi pesants qu'il avait pu les porter. »

« Au reste, on ne voit pas que le roi de France fît aucune conquête du côté de l'Allemagne après sa victoire de Bouvines : mais il en eut bien plus d'autorité sur ses vassaux.

« Philippe Auguste envoie à Frédéric, en Suisse, où il s'était retiré, le char impérial qui portait l'aigle allemande. C'était un trophée et un gage de l'Empire.

MORT D'OTHON IV.

« Othon, vaincu, abandonné de tout le monde, se retire à Brunswick, où on le laisse en paix, parce qu'il n'est plus à craindre. Il n'est pas dépossédé, mais il est oublié. On dit qu'il devint dévot; ressource des malheureux, et passion des esprits faibles. Sa pénitence était, à ce qu'on prétend, de se faire fouler aux pieds par ses garçons de cuisine et fouetter par des moines, selon l'opinion des princes de ce temps-là, qui pensaient expier par quelques coups de discipline le sang de tant de milliers d'hommes (*). »

FRÉDÉRIC II.
(1215-1250.)

Othon ne mourut que le 19 mai de l'année 1218. Mais depuis sa défaite à Bouvines, il laissa Frédéric II en pleine possession de l'autorité impériale. Celui-ci se montra fidèle à ses engagements; il n'oublia point les services que Innocent III lui avait rendus. Par la constitution d'Égra, il accorda ce que Othon avait promis, fit au saint-siége la remise des allodiaux de la comtesse Mathilde, et rétablit les appels en cour de Rome, que Henri IV avait abolis. Enfin, il promit d'aller arracher Jérusalem aux mains des infidèles.

TENTATIVES DU PAPE POUR FAIRE RENONCER L'EMPEREUR A LA COURONNE DE NAPLES.

Mais si Othon, devenu empereur, ne put rester l'ami de l'Église, il était bien difficile que Frédéric, roi de Sicile et de Germanie, pût se maintenir en bonne intelligence avec le pape Honorius III. Le successeur d'Innocent le pressa bientôt d'accomplir son vœu et de passer en Palestine. Frédéric, que de nombreuses et importantes affaires retenaient en Europe, obtint successivement, sous divers prétextes, plusieurs délais; il voulait faire élire son fils Henri roi des Romains. Le pape céda et ne s'opposa point à l'élection, qui eut lieu à Francfort en 1220. Il espérait que Frédéric accomplirait celle de toutes les promesses qui tenait le plus au cœur du pape : la séparation de la couronne de Germanie de celle du royaume de Naples. Si Frédéric restait, en effet, maître de ces deux pays, le pape, pressé entre eux, n'aurait plus eu sa liberté. Et cette question, d'ailleurs, n'intéressait pas seulement le saint-siége, il importait à l'Europe entière que le chef spirituel de la chrétienté fût libre, et que cette immense influence que lui donnait son titre ne fût pas mise au service d'un prince temporel. La translation du saint-siége à Avignon, et les scandales de *la captivité de Babylone* devaient montrer la nécessité de laisser au souverain pontife une complète indépendance.

FRÉDÉRIC ÉTABLIT LES SARRASINS A LUCERIA ET A NOCERA.

Frédéric promit tout ce qu'on voulut, et obtint ainsi que le pape le couronnât empereur. Une fois muni de la couronne d'or, il ne songea plus qu'à ses intérêts particuliers; il s'occupa à réduire à l'obéissance les grands du royaume; il délivra aussi la Sicile des Arabes qui, soutenus par les Sarrasins d'Afrique, se maintenaient toujours dans les montagnes du centre de l'île. Il sut même habilement faire tourner ces succès à son profit. Il traita bien les prisonniers, se les attacha par ses bienfaits, et en transporta vingt mille dans la Capitanate, où il les établit dans la ville de Luceria. Plus tard, il donna à ceux qu'il avait d'abord laissés en Sicile, la ville de Nocera, entre Naples et Salerne. C'était une habile précaution; car si jamais il avait à combattre le pape, il pouvait lui opposer une armée sur laquelle l'excommunication resterait sans effet. Ces Sarrasins furent en effet ses meilleurs et ses plus fidèles soldats.

Cependant le pape, qui voulait se débarrasser de Frédéric et l'envoyer en Palestine, lui fit épouser l'héritière du royaume de Jérusalem, Iolande, fille de Jean de Brienne, et le pressa de passer dans la terre sainte. Frédéric envoya d'abord de l'argent et quelques troupes, puis il réunit à Brindes une armée de croisés allemands, anglais et italiens, et, le 8 septembre 1227, il l'embarqua sur une flotte; mais une maladie épidémique s'était répandue dans l'armée des pèlerins qui avait séjourné tout l'été dans les plaines brûlantes et malsaines de la Calabre et de la Pouille. En peu de jours ce fléau

(*) Voltaire, Annales de l'Empire, édit. de Bâle. Voyez aussi l'Essai sur les mœurs, chap. LI.

enleva un grand nombre de croisés, et parmi eux le landgrave de Thuringe. Frédéric, atteint lui-même, fut obligé de renoncer à son expédition, et de la remettre à l'année suivante. Dans cet intervalle, Honorius III mourut. Il eut pour successeur un octogénaire, Grégoire IX, à qui l'âge semblait avoir donné une volonté plus inflexible.

EXALTATION DE GRÉGOIRE IX.

«Grégoire IX s'était persuadé que la patience que Honorius III avait montrée à un prince aussi habile et aussi adroit que Frédéric II, avait été déplacée, et que, pour parvenir au but que l'Église se proposait, il fallait prendre une autre voie. Cette conviction était moins le résultat de sa connaissance des hommes et des affaires, que l'effet naturel de son propre caractère; car, tandis que la plupart des hommes manquent, dans la meilleure époque de leur vie, de la force de volonté nécessaire, Grégoire IX, au contraire, quoique presque octogénaire, risquait à chaque instant de voir sa fermeté dégénérer en opiniâtreté, son énergie en dureté, son activité en turbulence et en imprudence, la véhémence de son éloquence en déclamation passionnée. Poursuivre avec persévérance ce qu'il avait reconnu bon et utile, sans égard aux obstacles, sans se laisser effrayer par les suites, sans tenir compte de l'approbation et du blâme des hommes, c'était pour Grégoire le plus sacré des devoirs; et si son jugement a été quelquefois erroné, et si sa conduite a fait plus de mal que de bien, plus détruit qu'édifié, jamais son caractère ne se montra petit ou méprisable (*).

CROISADE DE FRÉDÉRIC.

A la nouvelle du délai que Frédéric apportait encore à sa croisade, Grégoire, convaincu que le temps des ménagements était passé, fulmina contre lui une sentence d'excommunication.

(*) Raumer, Histoire de Hohenstaufen.

L'empereur, en réponse, écrivit à tous les princes de l'Europe; il fit comme un appel à l'opinion publique, la prenant pour juge entre le pape et lui, et afin de prouver la sincérité de ses excuses, il hâta ses préparatifs, et partit malgré l'excommunication. Mais dans la terre sainte toutes ses opérations furent contrariées par les ministres du saint-siège. « La sentence d'excommunication prononcée contre lui fut promulguée dans toute la Palestine. Le patriarche de Jérusalem soumit à l'interdit tout lieu où son roi s'avancerait; les grands maîtres du Temple et de Saint-Jean déclarèrent ne pouvoir servir sous ses ordres, et Frédéric fut obligé de consentir à ce que dans son propre camp les ordres ne fussent point donnés en son nom, mais au nom de Dieu et de la république chrétienne. L'on a peine à comprendre comment, au milieu de tant de désavantages, Frédéric put obtenir du soudan d'Égypte, avec lequel il entra en négociations, un traité honorable pour la chrétienté. Le soudan était à cette époque maître de Jérusalem; et comme les musulmans, aussi bien que les chrétiens, attachaient une idée de sainteté à cette ville, il se croyait obligé, en conscience, à leur conserver la liberté d'accomplir un des pèlerinages qu'ils s'imposent souvent. Cependant ce n'était pas les mêmes édifices sacrés, qui, dans les deux croyances, excitaient la dévotion. Les chrétiens révéraient surtout le saint sépulcre et l'église bâtie sur le tombeau de Jésus-Christ; la vénération musulmane ne s'attachait qu'au temple des juifs, bâti sur les ruines de celui de Salomon; temple qui, dans les visions de Mahomet, avait été l'une des stations du prophète lors de son voyage dans les cieux. Frédéric proposa de laisser ce temple et son enceinte sous la garde des musulmans, pourvu que le soudan lui rendît tout le reste de la ville et une partie de son territoire. Il réserva cependant aux pèlerins, lorsque sa proposition fut acceptée, le droit de visiter même le temple, pourvu qu'ils s'y comportassent avec respect. Il accorda, d'autre part, aux musulmans le droit de parcourir Jérusalem, et il prit des mesures sages pour rétablir la bonne harmonie entre les deux nations et les deux royaumes.

COURONNEMENT DE FRÉDÉRIC COMME ROI DE JÉRUSALEM.

« La ville de Jérusalem ayant été livrée, en effet, par le soudan aux officiers de Frédéric, celui-ci, à la tête de ses troupes, y fit son entrée comme dans la capitale de son nouveau royaume. Mais le patriarche l'avait déjà devancé, et il avait soumis à l'interdit cette ville et l'église elle-même du saint sépulcre, comme profanées par la présence d'un excommunié. Aucun prêtre ne voulut y célébrer la messe, et Frédéric, qui devait y recevoir la couronne de son royaume de Jérusalem, fut obligé de la prendre de ses propres mains sur l'autel, et de la placer sur sa tête.

« Grégoire IX, instruit de ces traités, écrivit à tous les princes de l'Europe, pour les informer de son entière désapprobation; il appelait une pareille paix *un forfait exécrable qui inspirait l'horreur avec l'étonnement.* Mais Frédéric, qui suivit de près avec son armée les lettres par lesquelles il avait annoncé le recouvrement de Jérusalem, contraignit bientôt le pape à changer de langage (*). »

PAIX DE SAN-GERMANO AVEC LE PAPE.
(1280.)

Pendant son absence, Grégoire IX avait fait attaquer le royaume de Naples par le beau-père même de Frédéric, Jean de Brienne. Mais il suffit à l'empereur de se présenter, pour voir fuir devant lui ses ennemis. Le pape, déconcerté, consentit à traiter, après avoir vainement essayé de faire nommer un anti-César. Le grand maître de l'ordre teutonique servit de médiateur, et, le 23 juillet 1230, la

(*) Sismondi, Hist. des républ. ital., t. II, p. 447 et suiv.

paix fut signée à San-Germano. L'empereur promit une amnistie complète, et le pape leva toutes les censures ecclésiastiques.

SECONDE LIGUE LOMBARDE.

A peine réconcilié avec le pape, Frédéric tourna son attention vers la Lombardie; il ne restait si longtemps en Italie que parce qu'il espérait toujours pouvoir réunir toute la Péninsule sous son pouvoir. Quoique roi des Romains et empereur depuis longtemps, il n'avait pu obtenir des Milanais la couronne de Lombardie. Jusqu'alors Frédéric avait dissimulé son mécontentement; mais il laissait voir quels étaient ses secrets desseins. Les Milanais comprirent que leur liberté allait être menacée par l'empereur, comme elle l'avait été déjà par son aïeul Frédéric Barberousse. Pour se mettre en mesure de résister, ils ouvrirent des négociations avec les villes qui avaient autrefois formé la ligue lombarde, et renouvelèrent pour vingt-cinq ans l'ancienne alliance. La ligue se mit, comme au temps d'Alexandre III, sous la protection du pape, qui, par crainte de Frédéric, accepta ce patronage.

Grégoire IX usa noblement de ce privilége pour arrêter une collision qui semblait inévitable; il s'offrit comme arbitre, et, pour rassurer Frédéric, qui pouvait craindre que sa sentence ne lui fût défavorable, il lui écrivit, le 3 décembre 1232 : « La papauté et « l'Empire ont la même origine divine ; « ils sont de même essence. Loin de « nous cette folle et déraisonnable opi- « nion que les deux glaives soient enne- « mis. Nous croyons, au contraire, et « professons que le pape et l'empereur « sont unis comme le sont le Père et « le Fils. » L'empereur accepta cette médiation ; mais, de part et d'autre, on refusa d'accepter la sentence arbitrale du pontife. Frédéric aurait fini par en appeler aux armes, sans la révolte de son fils Henri, qui le força de passer les Alpes en toute hâte, et de revoir enfin l'Allemagne, après une absence de quinze années.

RÉVOLTE DU ROI HENRI.

Henri avait été élu roi des Romains en 1220; il n'avait alors que sept ans. Son père lui avait donné pour tuteur et conseiller l'archevêque de Cologne et le duc de Bavière. Mais le premier fut assassiné, et le second, voyant qu'il ne pouvait gagner l'affection ni la confiance du jeune prince, s'était retiré. Henri se vit bientôt entouré de courtisans, qui le poussèrent à agir en maître absolu, sans consulter son père, et sans se conformer à ses instructions. Frédéric essaya vainement de rappeler à son fils qu'il n'était que son lieutenant en Allemagne; il le fit même venir en Italie, pour avoir une entrevue avec lui; mais Henri, après avoir promis tout ce que voulut son père, revint en Allemagne, plus disposé que jamais à ne faire que ses propres volontés. Le pape, dit-on, et les Milanais l'excitaient secrètement à une révolte ouverte. Quoi qu'il en soit de ces accusations, que le caractère impétueux du vieux pontife ne permet peut-être pas d'admettre, Henri, en 1234, se déclara ouvertement contre son père, et, ce qui devait être le plus sensible à Frédéric, il confirma toutes les prétentions de la ligue lombarde, et conclut avec elle un traité d'alliance offensive et défensive, déclarant que les ennemis de la ligue seraient les siens.

DÉPOSITION DE HENRI. DIÈTE DE MAYENCE.

Cette conduite indigna l'Allemagne. Personne ne se déclara pour le prince, qui, vivement pressé par les troupes impériales, fut contraint de venir à Mayence se jeter aux pieds de son père. Frédéric, qui se souvenait du sort de Louis le Débonnaire et de Henri IV, envoya son fils dans un château de la Pouille, où il mourut prisonnier.

Sa déposition ne fut pas la seule opération de la diète de Mayence; cette assemblée fut une des plus brillantes qu'il y eût eu depuis longtemps. Il s'y trouva quatre-vingt-cinq princes ou prélats, douze cents seigneurs, et une foule de peuple. Cette diète, dit Pfeffel, se rendit fameuse par nombre d'excellentes lois qu'elle porta relativement au maintien de la paix publique; elles furent publiées pour la première fois en langue allemande. Les jugements palatins ayant cessé depuis longtemps, chaque particulier s'était arrogé le droit de se faire justice par la voie des armes. Pour remédier à ce désordre, Frédéric créa un juge de cour, nommé *hofrichter* et *frymann*, dont les fonctions étaient de siéger chaque jour de la semaine, et de juger toutes les causes que l'on portait à sa connaissance; il n'y avait d'exception que pour celles qui concernaient la personne, la vie, la dignité et les fiefs des princes, dont l'empereur se réserva la décision. La charge de frymann se soutint jusqu'au règne de Maximilien Ier; les fonctions de ce magistrat furent alors confondues avec celles de la chambre impériale et du conseil aulique.

Cette même diète de Mayence mit encore fin à la querelle des Guelfes et des Gibelins. Le duché de Brunswick fut laissé à Othon l'Enfant, petit-fils de Henri le Lion. Frédéric fit à ce prince l'abandon de tous ses droits ou prétentions aux domaines patrimoniaux de la maison Guelfe. Deux lois du jeune Henri furent aussi confirmées par son père. Ce prince avait, en 1231, érigé en loi cette coutume suivie ordinairement par les ducs, comtes, évêques, et en général par les états d'Allemagne, de consulter les plus notables de leur pays sur les affaires publiques. Par une autre constitution, il avait supprimé les corps de métiers, ou jurandes, qui, depuis le milieu du douzième siècle, s'étaient formées dans les villes, et qui donnaient lieu à de fréquentes contestations avec les chefs des villes, parce que ces associations prétendaient avoir part au gouvernement municipal.

GUERRE CONTRE LE DUC D'AUTRICHE.

Avant de repasser les monts, il chargea le roi de Bohême, le duc de Bavière, le landgrave de Thuringe et quelques évêques de faire la guerre au turbulent duc d'Autriche, Frédéric le Belliqueux, beau-frère du jeune Henri. Mais ces princes ayant été battus par le duc d'Autriche, Frédéric, qui se trouvait déjà en Italie, revint en toute hâte pour ne pas laisser derrière lui un ennemi aussi dangereux et aussi actif. Vienne fut prise, et le duc assiégé dans Neustadt (1237). Le duché fut dès lors administré par un lieutenant de l'empire. Mais Frédéric le Belliqueux, s'étant, trois ans après, réconcilié avec lui, rentra en possession de l'Autriche.

GUERRE CONTRE LA LIGUE LOMBARDE.

En Italie, les chefs gibelins travaillaient pour Frédéric, en attendant qu'il pût venir lui-même. Eccelino le Féroce, tyran de Padoue, faisait dominer le parti impérial dans le nord-est de l'Italie. Vérone, Crémone, Parme, Modène, Reggio étaient pour Frédéric; Lodi et Pavie lui étaient dévouées, mais n'osaient, en son absence, se déclarer pour lui. A la ligue lombarde appartenaient Milan, Brescia, Plaisance, Alexandrie, Asti, Verceil, Novarre, Bologne et quelques autres villes de la Romagne, Padoue, Trévise et Vicence. Ainsi les villes gibelines séparaient les unes des autres les villes lombardes. La prise de Padoue et de Vicence par Eccelino, que soutiennent d'abord cent chevaliers allemands et trois cents Sarrasins de Frédéric, puis 2000 Allemands et 10,000 Sarrasins, donnent décidément l'ascendant aux Gibelins dans la Marche trévisane. Frédéric, enfin de retour, bat lui-même les Milanais, auxquels il enlève leur caroccio, et prend la ville de Mantoue.

QUERELLES DE FRÉDÉRIC AVEC LE PAPE ET LE ROI DE FRANCE.

La ligue se trouve alors réduite à Milan, Plaisance, Bologne et Brescia. Mais alors commencent les revers. Brescia résiste à un siège de soixante-huit jours (1239); le pape, que les succès de Frédéric effrayent, l'excommunie solennellement deux fois pendant la semaine de la Passion. Il l'accuse de soutenir que le monde a été trompé par trois imposteurs, Moïse, Jésus-Christ et Mahomet. Frédéric, de son côté, appelle Grégoire Antechrist, Balaam et prince des ténèbres. Le pape répond par la convocation d'un concile. Mais les princes alliés de l'empereur arrêtent les évêques français qui se rendaient à Rome. Saint Louis, qui avait refusé pour lui-même et pour son frère le comte Robert la couronne impériale que le pape lui offrait, écrivit avec fermeté à Frédéric pour obtenir la liberté des prélats français. « Nous avons cru jus-
« qu'à présent, disait-il, qu'il ne pou-
« vait pas s'élever de différend entre
« nos royaumes, unis par une affection
« et une confiance réciproques... Ces
« prélats étaient obligés d'obéir aux or-
« dres du pape; ils n'avaient pas de
« sentiments hostiles pour vous, en
« supposant même que le pape voulût
« peut-être procéder contre vous autre-
« ment qu'il ne le devait. Nous récla-
« mons leur liberté avec d'autant plus
« d'instances, que nous n'avons cessé de
« nous refuser à tout ce que les légats
« du pape nous demandaient contre
« vous. Que votre prudence impériale
« pèse bien ce que nous écrivons, et
« ne nous force pas de retirer les vœux
« que nous faisons pour elle; car (ce
« sont les propres expressions du roi)
« *le royaume de France n'est mie en-
« core si faible qu'il se laisse mener,
« ni fouler à vos éperons.* » Frédéric, qui, la première fois, avait répondu : « *Que la royale majesté de France de
« ce ne s'émerveille pas si César-
« Auguste tient étroitement ceux qui
« César voulaient mettre en angois-
« se,* » relâcha les prélats, après la seconde ambassade de l'abbé de Corbie.

EXALTATION D'INNOCENT IV.

Les affaires de Frédéric commençaient à se compliquer de difficultés embarrassantes. Les seigneurs de la Marche trévisane se tournaient peu à peu contre lui; Venise, qu'alarmait le voisinage de l'empereur, s'unissait, ainsi que Gênes, à la ligue lombarde. L'empereur se vit contraint de passer dans la Toscane; il voulait d'ailleurs s'approcher de Rome pour veiller de plus près sur le pape; car cette lutte absorbait tous ses efforts, et l'invasion des Mongols en Silésie n'avait pu même l'en détourner un seul instant.

Grégoire venait de mourir (1241); son successeur avait à peine vécu quelques jours, et les cardinaux, grâce aux intrigues des Gibelins, ne pouvaient s'entendre pour lui donner un successeur. Frédéric avait intérêt à prolonger la vacance du saint-siège. Il s'opposa longtemps à l'élection d'un nouveau pape. Cependant, pour faire cesser les plaintes qui s'élevaient de toutes parts contre lui, il laissa enfin, en 1243, les cardinaux choisir le cardinal Fiesque, son ancien ami. Toutefois, il ne se fit point illusion. « Fiesque, dit Frédéric, était « mon ami, le pape sera mon enne- « mi. » Le nouveau pontife prit le nom d'Innocent IV; il ne laissa pas longtemps les esprits dans l'incertitude. Trompant les Gibelins en affectant des intentions pacifiques, il s'enfuit déguisé à Gênes, et de là à Lyon, où il convoque un concile général (1245).

CONCILE DE LYON.
(1245.)

« Les prélats d'Espagne, d'Angleterre, de France et de la Lombardie arrivèrent à Lyon à l'époque prescrite. Les deux patriarches de Constantinople et d'Antioche s'y rendirent; le troisième, celui d'Aquilée, ne fut pas admis en cette qualité. Il n'y eut presque point de prélats d'Allemagne, de Hongrie et des pays du Nord. Le nombre des archevêques et évêques présents se monta à près de cent quarante. De la part de l'empereur parut Taddéo de Suessa, assisté de deux autres jurisconsultes. Dans la seconde séance, le pape prononça un sermon, souvent interrompu par ses sanglots, sur ces mots : *O vous tous qui passez, regardez, et voyez s'il y a une dou-* *leur comparable à la mienne*. Comparant ses douleurs aux cinq plaies de Jésus-Christ, il les énuméra; c'étaient celles que lui causaient les Mongols, le schisme des Grecs, les hérésies qui faisaient tous les jours de nouveaux progrès, la dévastation de la terre sainte par les Khowaresmiens; enfin les attentats énormes de l'empereur. Il détailla ensuite ces attentats. Frédéric était un hérétique, un musulman, un blasphémateur; il avait fait alliance avec le sultan d'Égypte, avait reçu des Sarrasins dans ses villes et ses armées; c'était un parjure, un persécuteur du clergé, un spoliateur de l'Église.

« Taddéo de Suessa réfuta toutes ces inculpations, et certes, il ne fallait pas l'éloquence de ce jurisconsulte pour les réduire à leur juste valeur. Le dernier crime qu'on reprochait à Frédéric était l'arrestation des pères appelés au concile de Rome; le pape s'en servit pour exaspérer les prélats présents. Les ambassadeurs d'Angleterre, qui voyaient avec quelle passion Innocent IV agissait, craignant qu'on n'enveloppât dans la proscription de l'empereur que ce pontife méditait, les enfants que lui avait donnés la sœur de leur roi, s'unirent à ceux de France et à Taddéo pour obtenir qu'on accordât à Frédéric un délai, pendant lequel il pût se présenter en personne, ou s'occuper de sa justification.

FRÉDÉRIC II EST EXCOMMUNIÉ.

« La demande était trop juste pour être refusée; mais afin que le délai devînt inutile, le pape ne l'accorda que pour douze jours, terme qui alors ne laissait que le temps nécessaire pour aller à Turin où l'empereur s'était rendu, et en revenir. Le pape employa ces douze jours à gagner un grand nombre de prélats à ses vues, et à peine le délai fut-il écoulé, qu'il tint le 17 juillet une nouvelle séance pour donner suite à cette importante affaire. En vain Taddéo s'écria-t-il : J'appelle de cette assem- « blée, où manquent tant de prélats

« et de députés séculiers, à un vrai « concile général et impartial ; j'appelle « de ce pape, ennemi déclaré de mon « maître, à un futur pape animé de « sentiments plus chrétiens ; » Innocent, ne se laissant point arrêter par une telle protestation, prononça la condamnation de Frédéric II. « Nous « avons, c'est ainsi que finit la bulle, « privé et déposé de toutes ses digni- « tés et honneurs ce prince que le ciel « a rejeté pour ses injustices. Nous « délions de leurs serments tous ceux « qui lui ont promis fidélité, et défen- « dons, en vertu de notre pouvoir apos- « tolique, que personne ne lui obéisse « à l'avenir. Quiconque transgressera « cet ordre sera excommunié par le « fait. Les princes d'Allemagne qui en « ont le droit nommeront un roi ; de « l'avis des cardinaux, nous ordonne- « rons le nécessaire pour le royaume « de Sicile (*). »

Cette sentence fut prononcée sans que la justification de l'empereur eût été entendue, sans qu'on eût recueilli les suffrages, sans qu'on eût donné à la condamnation la forme d'un décret rendu par le concile. Taddéo se frappant la tête et la poitrine, s'écria : « O jour de colère, de calamité et de « misère ! — J'ai fait mon devoir, répondit Innocent, pour le reste la vo- « lonté de Dieu soit faite ! » et aussitôt il entonna le *Te Deum.* Ensuite il se fit un profond silence ; le pape et les prélats renversèrent les cierges allumés qu'ils tenaient à la main pour les éteindre sur le pavé du temple ; ils semblaient dire : « Ainsi s'éteignent la « splendeur et la félicité de l'empereur « sur cette terre. »

Quand l'empereur, au milieu d'une assemblée nombreuse, reçut la nouvelle de sa déposition, il s'abandonna à une violente colère. « Le pape, s'é- « cria-t-il, m'a déposé dans son con- « cile ! Il m'a enlevé ma couronne ! « Qu'on m'apporte mes couronnes, que « je m'assure si elles sont vraiment « perdues. » On obéit ; alors en saisissant une, il la plaça sur sa tête, et d'une voix plus forte : « J'ai encore « mes couronnes, continua-t-il ; aucun « pape, aucun concile ne pourra me « les ravir sans qu'il en coûte du sang !»

Le sang devait couler en effet ; Innocent ne se contenta pas de frapper du glaive spirituel, il essaya de soulever les Deux-Siciles ; une conspiration se forma même contre la vie de Frédéric qui ne put l'éteindre que dans le sang des coupables (*). En même temps, Innocent offrait la couronne impériale à tous les princes allemands ; le vieux landgrave de Thuringe, Henri Raspon, se laissa tenter. Une victoire remportée en Souabe sur le nouveau roi des Romains, Conrad, le second fils de Frédéric, parut d'abord justifier ses espérances ; mais, battu dans une affaire décisive près d'Ulm, *le roi des prêtres*, comme disait le peuple, regagna en toute hâte la Thuringe, où le chagrin l'emporta le 17 février 1247.

Le pape ne se découragea point. Guillaume, comte de Hollande, remplaça Henri Raspon. Pour lui faire un parti en Allemagne, Innocent lui prodigua, comme à son prédécesseur, les trésors de l'Église ; mais l'Allemagne ne reconnut pas ce roi intrus, qui parvint cependant à se faire couronner empereur à Aix-la-Chapelle par l'archevêque de Cologne (1248.) Les fêtes de ce couronnement, dit Voltaire, furent de tous côtés du sang répandu et des villes en cendres.

« Toute l'Allemagne, en effet, était en feu. Le cardinal légat Capucci et l'archevêque de Cologne, à la tête d'un corps considérable, parcouraient les petits États, extorquaient de l'argent

---

(*) Schœll, Cours d'histoire des États européens, t. IV, p. 222 et suiv.

(*) Près de sa personne il trouva des traîtres. A tort ou à raison, car cette accusation ne fut jamais bien éclaircie, son habile et fidèle chancelier Pierre Desvignes, celui qui avait rédigé les lois du royaume de Naples, fut accusé d'avoir voulu l'empoisonner. Ce qu'il y a de certain, c'est qu'il eut les yeux crevés, et qu'enfermé ensuite dans une prison, il se brisa la tête contre la muraille.

aux couvents et aux églises, s'emparaient souvent des vases sacrés, et ne dédaignaient pas même les cloches. Rien n'échappa à la rapacité de ces brigands, qui s'autorisaient de prétendus ordres du pape et couvraient le vol du manteau de la religion (*). »

REVERS DE FRÉDÉRIC EN ITALIE.

Cependant Frédéric, laissant à son fils Conrad le soin de défendre sa cause, restait en Italie, où, dans l'année 1249, il éprouva revers sur revers. Maître de toute la Toscane, il voulut chasser les Guelfes de la Romagne; mais son fils Enzio fut battu et fait prisonnier par les Bolonais. « Enzio, dit M. de Sismondi (**), brillait au milieu des prisonniers. Fils d'un puissant empereur, portant lui-même une couronne (***), il pouvait attirer les regards par d'autres prérogatives encore. A peine était-il âgé de vingt-cinq ans; ses cheveux, d'un blond doré, tombaient jusqu'à sa ceinture; sa taille surpassait celle de tous les prisonniers, au milieu desquels il marchait; et sur son noble visage dont on admirait la mâle beauté, on lisait et son courage et son malheur. Ce malheur était grand en effet; car le sénat de Bologne porta une loi, qui fut confirmée par le peuple, pour s'interdire à jamais de remettre en liberté le roi Enzio, quelque rançon qui fût offerte par la magnanimité de son père, ou quelque menace qu'il proférât dans son courroux. » En effet, Enzio fut tenu en prison jusqu'à sa mort, arrivée le 14 mai 1272, dans un palais qui, aujourd'hui encore, porte le nom de l'illustre captif. Ce coup abattit le malheureux père. Fatigué d'une lutte si longue, épuisé de tant d'efforts inutiles, il succomba enfin, et alla mourir à Fiorentino, dans la Capitanate, à l'âge de cinquante-cinq ans (1250).

(*) Schœll, Cours d'hist. des États européens, t. IV.

(**) Hist. des républ. ital. t. III.

(***) Celle de Sardaigne que Frédéric lui avait donnée en 1239.

PORTRAIT DE FRÉDÉRIC.

Frédéric II est une des figures les plus grandes et les plus originales que nous présente l'histoire. Il fut durant toute sa vie dans une position équivoque, où il ne se maintint que par une habileté supérieure et une force de volonté inébranlable. Élevé dans la Sicile, au milieu des débris de tant de civilisations, des Arabes, des Grecs, des Normands, il connaît toutes leurs langues; mais sa prédilection est pour les mœurs arabes. De là la haine générale. L'Italie le repousse comme un impie; elle lui attribue le livre des Trois Imposteurs, où Moïse, Jésus-Christ et Mahomet étaient placés au même rang. Aux yeux des Allemands, Frédéric, entouré de jurisconsultes italiens, composant des poésies italiennes, est un étranger. L'empereur, ainsi isolé, lutte longtemps. Abandonné par les Italiens et les Allemands, il voulut avoir des gardes inaccessibles aux menaces et aux séductions des papes : il établit en Italie deux colonies de Sarrasins. Il répondit à la violence par des violences, et se montra d'abord insensible aux coups les plus terribles : témoin la fermeté qu'il déploya en apprenant l'excommunication lancée contre lui par Innocent IV. Mais partout la trahison l'environne, son chancelier est accusé d'avoir voulu l'empoisonner. Les revers tombent sur lui coup sur coup. Son fils Conrad ne peut défendre l'Allemagne contre deux anti-Césars. Des révoltes éclatent dans les Deux-Siciles, son fidèle royaume; la Lombardie se rit de ses menaces. Enfin, son fils chéri Enzio est fait prisonnier, et, en réponse aux prières de son père, les Bolonais lui construisent exprès un palais qui lui servira vingt ans de prison. En vain le malheureux père s'humilie devant cette main puissante qui l'accable, en vain il veut renouveler les humiliations de Henri IV à Canossa, il offre d'abdiquer et d'entreprendre pieds-nus le pèlerinage de la terre sainte pour délivrer son fils, le pape reste inflexible, et Frédéric meurt de désespoir.

Toute sa race est poursuivie par une sorte de fatalité. Son fils Conrad meurt, dit-on, empoisonné; son autre fils Manfred, celui qui rappelait toutes les qualités de son père, succombe, victime de la trahison, sur un champ de bataille; le bel Enzio reste vingt ans captif; enfin son petit-fils Conradin meurt de la main du bourreau, et sa fille Marguerite est forcée d'abandonner ses enfants pour échapper aux outrages d'un époux furieux. Rappelons ici en peu de mots les dernières infortunes de cette héroïque maison de Hohenstaufen qui devait étonner le monde de ses glorieuses destinées et de ses misères. Nous emprunterons à l'historien de cette maison, M. de Raumer (*), le récit de la mort de Conradin, ce petit-fils de Frédéric II, qui, après la mort de Manfred, l'héroïque bâtard de Frédéric, et la conquête du royaume de Naples par Charles d'Anjou, vint, les armes à la main, réclamer cet héritage de sa famille.

CONRADIN.

« Deux mois après sa défaite, Conradin fut conduit avec ses compagnons à la place de l'exécution, où déjà le bourreau l'attendait, pieds nus et les manches retroussées. Lorsque le roi Charles eut pris la place d'honneur à la fenêtre d'un château voisin, le juge inique, qui seul avait voulu se charger de prononcer sa sentence, s'adressa à l'assemblée en ces termes : « Ce Conradin, fils de Conrad, est « venu d'Allemagne pour suborner le « peuple, recueillir ce qu'un autre avait « semé, et attaquer injustement notre « légitime seigneur. D'abord le hasard « lui a donné l'avantage; mais ensuite « vaincu par l'habileté du roi, il a été « traîné chargé de fers devant notre « tribunal. En conséquence, avec l'ap- « probation de l'Église, et d'après le « conseil des sages et des jurisconsul-

(*) Histoire des Hohenstaufen, dont M. Cheruel annonce une traduction dans un article de la Revue de Rouen, auquel nous avons emprunté les citations qui suivent.

« tes, il a été condamné à mort avec « ses complices, comme brigand, sé- « ditieux, provocateur, traître; et pour « prévenir toute révolte ultérieure, la « sentence va être exécutée sous les « yeux de toute l'assemblée. »

« A la lecture de cette sentence, il s'éleva dans toute l'assemblée un murmure qui annonçait la vive agitation des esprits; mais tous étaient retenus par la crainte. Il n'y eut que Robert de Flandre, le propre gendre de Charles, qui, donnant un libre essor à sa colère, s'élança et dit à Robert de Bari : « Oses-tu bien, misérable, porter une « sentence de mort contre un si noble « et si gentil seigneur? » En même temps, il renversa d'un coup d'épée le juge, qui fut emporté pour mort hors de la place. Charles dévora sa colère en voyant que les chevaliers français approuvaient la conduite du comte : mais la sentence ne fut pas changée. Alors Conradin pria qu'on lui accordât encore une fois la parole, et dit avec un grand calme : « Devant Dieu j'ai « mérité la mort pour mes péchés; « mais ici je suis injustement condamné. « Je le demande à tous les fidèles que « mes aïeux ont traités avec une bonté « paternelle; je le demande à tous les « souverains et à tous les princes de la « terre, mérite-t-il la mort celui qui « revendique ses droits et ceux de son « peuple? Et lors même que je serais « coupable, comment peut-on livrer à « un cruel supplice les innocents qui, « n'étant liés par aucun autre serment, « ont montré pour ma cause une loua- « ble fidélité? »

« Ces paroles excitèrent une vive émotion; mais elle ne fut suivie d'aucun résultat. Celui dont la pitié aurait pu seule produire quelque effet resta insensible à la voix de la justice, et même à l'impression que la position, la jeunesse et la beauté du condamné faisaient sur tous les cœurs.

« Conradin jeta son gant du haut de l'échafaud, afin qu'on le portât à Pierre d'Aragon, comme preuve qu'il lui transmettait ses droits sur la Sicile et la Pouille. Le chevalier Henri de Waldsbourg ramassa le gant et remplit le dernier vœu de son souverain.

« Tout espoir d'une révocation de l'injuste sentence étant perdu, Conradin embrassa ses compagnons, surtout son cousin Frédéric d'Autriche; puis il se dépouilla de son manteau, et levant les yeux et les bras vers le ciel, il s'écria : « Jésus-Christ, seigneur de « toutes les créatures, roi de gloire, « puisque ce calice ne peut être éloi- « gné de moi, je remets mon âme « entre vos mains. » Ensuite, il s'agenouilla, et s'écria encore une fois, en se relevant : « O ma mère, quelle triste « nouvelle te viendra de moi! » — Puis il reçut le coup mortel. »

Après avoir raconté le supplice des compagnons de Conradin, l'auteur continue ainsi :

« La conduite de Charles excita dans toute l'Europe un sentiment unanime de colère, de compassion et de mépris. Son propre frère, Louis IX, lui en fit des reproches. Le roi d'Aragon lui écrivit : « Tu es plus cruel « que Néron; tu n'as pas traité des « innocents avec autant de douceur « qu'en avaient montré à ton égard les « infidèles d'Égypte. » Ce fut surtout en Allemagne que cet événement produisit une profonde impression. Mais on n'avait ni la volonté, ni la force, ni l'unité nécessaires pour punir l'auteur du crime. Les plaintes lamentables des malheureuses mères de Conradin et de Frédéric n'eurent aucun résultat. Si la ruine de cette maison, naguère si florissante, parut une calamité pour l'État, plusieurs seigneurs espérèrent en profiter dans leur intérêt particulier. De tout côté on se jeta sur les terres allodiales et impériales de la maison de Souabe, et on se les partagea. »

ENZIO.

Il ne restait plus que deux rejetons de cette famille, Enzio et Marguerite, fille de Frédéric II. On pourrait espérer que les cruelles destinées des Hohenstaufen sont parvenues à leur terme; mais ici encore l'historien, qui éprouve pour eux une vive sympathie, trouve d'amers chagrins.

« Le bel Enzio, le fils chéri de Frédéric II, était prisonnier à Bologne depuis 1249; il languit vingt-deux ans dans les fers. Des poésies, des amours charmèrent les ennuis de sa prison. Il y était enfermé depuis vingt ans lorsqu'il apprit la mort de Conradin.

« Il tenta de s'échapper, caché dans un tonneau; mais une boucle de ses cheveux blonds le trahit. Quelques historiens rapportent qu'après cet événement, il fut enfermé dans une cage de fer; il est du moins certain qu'il fut soumis à une captivité plus rigoureuse. Il mourut en 1272, laissant un testament par lequel il transmettait ses droits à Pierre d'Aragon, faisait un appel aux amis de son père et de sa famille, pour qu'ils voulussent bien payer quelques faibles dettes, et récompenser ses serviteurs; enfin, il priait les habitants de Bologne de l'inhumer en terre sainte. »

MARGUERITE.

« La destinée de la fille de Frédéric II ne fut pas moins triste : son mari, Albert le Dénaturé, la délaissa indignement, et vécut publiquement avec Cunégonde d'Isembourg. La conscience même de sa faute eût dû porter Albert à quelques ménagements extérieurs; mais loin de là, l'aspect de cette femme innocente ne fit qu'augmenter sa haine; il en vint au point de faire jurer à l'un de ses serviteurs, en lui promettant une riche récompense, que, déguisé en diable, il s'introduirait la nuit auprès de Marguerite, et l'étranglerait. La conviction de l'innocence de Marguerite, l'appréhension des suites d'un pareil crime, la crainte de porter une main meurtrière sur la fille de l'empereur, tourmentèrent longtemps le serviteur sans qu'il pût prendre une résolution. Enfin, pressé de nouveau par Albert, il s'introduisit chez Marguerite, mais ce fut pour lui découvrir son danger, et implorer sa grâce. Marguerite, épouvantée, déclara aux serviteurs qui lui étaient restés fidèles, qu'elle ne pouvait sauver sa vie que par la fuite la plus prompte.

« Elle voulut voir encore une fois ses enfants en bas âge, Frédéric, Henri et Diesman, et leur dire un dernier adieu ; dans le transport de sa douleur, elle mordit le premier à la joue, et toute sa vie il en conserva le nom de Frédéric le Mordu. Marguerite, secondée par le serviteur repentant et deux de ses femmes, s'échappa du donjon au moyen d'une corde. Accablée de soucis et de chagrins, elle erra dans l'Allemagne, privée de tout secours ; enfin l'abbé de Fulde fit conduire cette infortunée dans la ville de Francfort, dont les habitants l'accueillirent avec honneur en mémoire de son aïeul. La même année, le 8 août 1270, la mort vint terminer ses malheurs.

Ainsi disparurent les derniers descendants de Frédéric II. — Environ trente ans avant cet événement, ce prince écrivait aux Palermitains, à l'occasion de la naissance d'un de ses fils :

« Réjouissez-vous avec moi ! puisque « la Providence m'a donné un grand « nombre d'enfants, vous ne manque- « rez jamais de roi, ce qui serait le « plus funeste des malheurs. »

LE GRAND INTERRÈGNE.
(1250-1272.)

A la mort de Frédéric II, commença cette période de vingt-deux ans qu'on appelle le grand interrègne. De 1250 à 1272, l'Allemagne fut en effet sans chef : non qu'elle manquât d'empereur, car elle en eut plusieurs à la fois ; mais aucun n'exerça une autorité réelle. En 1250, deux princes portaient le titre de roi des Romains : le comte Guillaume de Hollande, le roi des prêtres, et Conrad IV, fils de Frédéric II. A la nouvelle de la mort de son père, Conrad, abandonnant l'Allemagne, où la faiblesse de ses ressources le réduisait à un rôle peu brillant, passa en Italie pour recueillir la plus belle part de l'héritage de Frédéric II, le royaume des Deux-Siciles. Mais sa mort, arrivée en 1252, et qui fut attribuée à son frère Manfred, prévint son retour en Allemagne, à la tête d'une armée nombreuse. Peu après mourut aussi le roi des prêtres ; il avait passé son règne obscur dans un coin de l'Allemagne, beaucoup plus occupé de ses guerres contre ses voisins que des affaires générales de l'empire ; sa plus sérieuse occupation avait été de réduire les Frisons, ce petit peuple héroïque, si longtemps uni de destinées avec les Saxons, et qui luttait avec autant de courage contre l'Océan que contre l'ennemi qui voulait l'asservir. Guillaume, ayant rassemblé une petite armée de Hollandais, pénétra, en janvier 1256, dans leur pays. Ils s'étaient retranchés derrière un marais ; Guillaume marcha droit à eux à travers le marais ; mais la glace rompit sous les pieds de son cheval qui s'enfonça dans le marais. Tandis que le roi faisait des efforts pour le dégager, les ennemis survinrent et le tuèrent (*).

ANARCHIE EN ALLEMAGNE.

La mort de Guillaume laissa l'Allemagne plongée dans cette anarchie qui avait commencé déjà sous Frédéric II. A la faveur des troubles excités par la cour de Rome, les princes et les États germaniques avaient secoué le joug, et s'étaient érigés en souverains, ne regardant l'empereur ou le roi des Romains que comme le chef d'une république. Ainsi dépouillée de ses plus précieuses prérogatives, la couronne d'Allemagne était devenue un fardeau qu'aucun prince allemand n'ambitionnait, parce qu'elle exigeait, pour la porter avec honneur, des dépenses auxquelles nul d'entre eux n'aurait pu suffire. Il faut néanmoins excepter le jeune Conradin, héritier des vastes domaines de sa maison ; mais à l'époque où nous sommes arrivés, Conradin n'était âgé que de deux ans, et le pape l'avait déjà frappé d'exclusion d'une manière formelle et irrévocable.

(*) Il avait donné à la maison de Maurienne et de Savoie l'investiture de Turin, de Montcalier, d'Yvrée et de plusieurs fiefs, qui en firent dans la suite une maison puissante.

ÉLECTION DE RICHARD DE CORNOUAILLES ET D'ALPHONSE X.

Ce qui augmentait encore la confusion, c'était la captivité de l'électeur de Mayence, que le duc de Brunswick retenait dans ses prisons. Dans ces conjonctures, l'électeur de Cologne, sur qui roulaient les préliminaires de l'élection du nouveau roi des Romains, en l'absence de l'électeur de Mayence, s'avisa, de concert avec ses collègues, de vendre à un étranger cette même couronne, que nul prince allemand n'était en état ni en disposition d'accepter. Il fit choix de Richard de Cornouailles, frère du roi d'Angleterre Henri III, et neveu, par sa mère, de Henri le Lion.

Ce qui avait recommandé Richard à l'attention de l'électeur de Cologne, c'étaient ses immenses richesses. Il promit à l'archevêque de Mayence 8,000 marcs d'argent, 12,000 à celui de Cologne, et 18,000 au comte Palatin. Les autres électeurs firent choix du roi de Castille, Alphonse X, qui offrit 20,000 marcs pour chaque électeur.

Cette double élection présente cette circonstance remarquable qu'elle est la première à laquelle les seuls grands dignitaires de la nation aient eu part, à l'exclusion de tous les autres grands vassaux : c'est, en un mot, la première où nous voyions paraître les sept princes électeurs.

ACTES DU ROI RICHARD.

Alphonse X ne vint jamais en Allemagne; son compétiteur Richard de Cornouailles y parut à plusieurs reprises; chaque fois il arrivait avec des sommes énormes, que lui fournissaient les riches mines de Cornouailles; mais, au bout de quelques mois, il lui fallait, après avoir satisfait à l'avidité de ses partisans, retourner en Angleterre pour y faire de nouveaux fonds. Les affaires de son pays occupaient d'ailleurs trop vivement son attention pour qu'il pût songer beaucoup à l'Allemagne. Il y fit cependant, en 1269, une ordonnance importante. Les états convoqués par lui à la diète de Worms s'engagèrent, par serment, à courir sus à tous ceux qui oseraient exiger des péages illégitimes, troubler la sûreté du commerce et des grands chemins, ou violer la paix publique. La navigation du Rhin en particulier était entravée par une multitude de péages ; tous les châteaux des seigneurs couvraient ses bords, et, pour être plus sûrs de ne laisser rien passer, descendaient même dans le lit du fleuve, tenant, pour ainsi dire, le bras toujours levé sur les richesses du marchand. Dans un autre de ses voyages, Richard donna l'investiture de l'Autriche et de la Styrie au roi de Bohême Ottocare. La dernière fois qu'il parut en Allemagne, ce fut en 1269; il y épousa la fille d'un baron nommé Falkenstein, et retourna mourir en Angleterre (1272).

ACCROISSEMENT DE LA PUISSANCE DES VILLES.

Ces années d'anarchie, de petites guerres entre de petits princes furent favorables à l'accroissement de la puissance des villes. Les villes de Francfort, de Mayence, Cologne, Worms, Spire s'associèrent pour leur commerce et pour se défendre des seigneurs de châteaux, qui étaient autant de brigands. Cette union des villes du Rhin est moins une imitation de la confédération des villes de Lombardie, que des premières villes hanséatiques, Lubeck, Hambourg, Brunswick.

« Bientôt la plupart des villes d'Allemagne et de Flandre entrent dans la Hanse. Le principal objet est d'entretenir des vaisseaux et des barques à frais communs pour la sûreté du commerce. Un billet d'une de ces villes est payé sans difficulté dans les autres. La confiance du négoce s'établit. Des commerçants font, par cette alliance, plus de bien à la société que n'en avaient fait tant d'empereurs et de papes.

« La ville de Lubeck seule est déjà si puissante que, dans une guerre intestine qui survient au Danemark, elle arme une flotte.

« Tandis que des villes commerçantes

procurent ces avantages temporels, les chevaliers de l'ordre teutonique veulent procurer celui du christianisme à ces restes de Vandales qui vivaient dans la Prusse et aux environs. Ottocare II, roi de Bohême, se croise avec eux. Le nom d'Ottocare était devenu celui des rois de Bohême depuis qu'ils avaient pris le parti d'Othon IV. Ils battent les païens : les deux chefs des Prussiens reçoivent le baptême. Ottocare rebâtit Kœnigsberg (*).

ÉTAT DE L'ALLEMAGNE PENDANT LA QUATRIÈME PÉRIODE.

L'Allemagne, quoique privée, par l'absence d'un véritable empereur, de l'unité d'action, n'en sentait pas moins la vie circuler partout : si l'État était faible, au moins les individus étaient forts.

Avant d'examiner comment l'Allemagne sortit du chaos où l'interrègne l'avait plongée, arrêtons-nous quelque temps pour jeter les yeux autour de nous, et voir un peu ce qui se passait au milieu de ceux que leur vie laborieuse et obscure ne mêlait point aux agitations politiques de leur pays. Et d'abord occupons-nous des villes qui doivent devenir elles aussi des puissances.

VILLES ALLEMANDES.
LA MARCHE.

La plus antique cité de l'Allemagne c'est la Marche, la propriété commune. Dans l'origine les forêts couvraient tout le pays. Il y avait cependant çà et là des clairières où les hommes vinrent respirer l'air pur et voir un peu de ciel. Là se formèrent les premières associations ; tout ce qui n'est point enfermé dans des limites certaines appartient à la Marche : les forêts et les rivières, les prairies et les lacs. Les hommes de la Marche ont une organisation arrêtée ; ils ont un bailli qu'ils élisent eux-mêmes, mais il faut qu'il soit juste et impartial, sans quoi, dit le droit de la Marche, ils pourraient bien en choisir un autre. Les hommes de la Marche sont libres. Voici un ancien serment publié par Grimm (*) : « Nous savons, et nous en faisons le serment, que la Marche de Big, bois, « eaux, pâturages, et tout ce qu'ils « renferment, appartiennent en tout « droit à ceux de la Marche, et qu'ils « ne relèvent de personne, ni du roi, « ni de l'empereur, ni du bourg, ni de « la ville. »

Ainsi la Marche est comme une grande commune, une sorte de république indépendante et jalouse de sa liberté. De même que la commune s'accroît de tous ceux qui échappent au joug féodal, de même aussi la Marche empiète sur les terres voisines, et cherche de tous côtés à s'étendre aux dépens de la propriété particulière. Si un champ reste en friche, il est dévolu à la Marche.

DROIT DE LA MARCHE.

Mais qu'on ne touche point à cette terre vague et sans limites, la Marche le défend par une pénalité cruelle et souvent dégradante pour celui qu'elle frappe. Si l'étranger, qui acquiert une terre dans la Marche sans y être luimême domicilié, veut aller la cultiver, il ne peut atteler ses chevaux à la charrue, il faut qu'il la traîne lui-même ; tant était grande l'orgueilleuse susceptibilité des hommes de la Marche! Suivant une ancienne coutume, « si un homme, possédant des biens dans la Marche d'Altenstätter sans y être établi, veut labourer et cultiver ses terres, qu'il traîne sa charrue lui-même, et se fasse suivre de ses bœufs, si cela lui convient. Mais qu'il jouisse du droit commun tant qu'il est occupé à labourer, et fasse paître parmi les troupeaux de la commune les bœufs qu'il n'a pas mis à la charrue. Quand son champ est prêt, qu'il se retire, traînant encore sa charrue que suivent ses bestiaux, et qu'il n'importune pas plus longtemps de sa présence les hommes de la Marche. »

(*) Voltaire, Annales de l'Empire.

(*) Antiquités du droit germanique.

Ceci est une obligation honteuse; mais voici les peines infligées à ceux qui dévastent les forêts de la Marche : c'est la haine des Indiens contre les défrichements américains. D'après le droit féodal de Sigolzheim, « si l'on trouve un homme qui mette le feu à la forêt, il faudra le prendre, le lier sur un van et le conduire devant la commune. Là il y aura un bûcher ardent; on placera devant ce feu le brûleur de bois jusqu'à ce que la plante de ses pieds tombe. » — « Si l'on saisit l'homme qui brûle la forêt, dit le droit de chasse de Lorsch, le forestier lui liera les mains derrière le dos et les jambes en croix. Ensuite il enfoncera un pieu entre ses jambes et allumera un feu devant ses pieds, un feu tel que la plante de ses pieds soit brûlée, la plante de ses pieds et non la semelle de ses souliers; ou bien encore, suivant le droit de chasse de Dreieichen, on lui liera bras et jambes, et on le jettera trois fois dans le feu le plus grand et le plus violent. » — Le droit de chasse d'Oberursel va plus loin encore : « Si quelqu'un dans un dessein criminel incendie la Marche, on l'enveloppera dans une peau de bœuf nouvellement écorché, on le placera à trois pas d'un grand feu jusqu'à ce que la flamme passe par-dessus lui, et on le mettra ainsi trois fois à l'endroit où le feu est le plus violent. » — Il n'y a pas moins de cruauté dans ces dispositions du code d'Altenhaslau : « Si un homme enlève l'écorce d'un arbre, on lui ouvrira le ventre, on attachera ses intestins avec un clou à l'endroit où il a commencé à écorcer l'arbre; puis on le fera tourner autour de l'arbre jusqu'à ce qu'il ait couvert toute la partie de l'arbre dont il a enlevé l'écorce, quand même il devrait y mettre tous ses intestins(*). » — «Quelle peine, demande l'ancien droit coutumier de Schaumbourg, doit encourir celui qui coupe un arbre fruitier, et en cache le tronc ? Voici la réponse : A celui qui a fait cela, on attachera la main droite

(*) Voy. dans Grimm plusieurs autres textes semblables, page 519.

sur le dos : son ventre sera cloué sur le tronc, et dans sa main gauche on mettra une hache pour qu'il se détache s'il le peut. «Un autre texte porte que l'on doit couper la tête au coupeur de bois.

Mais, malgré ce code formidable, la Marche, cette cité primitive de l'Allemagne, ne put se défendre contre la féodalité qui la pressait de tous côtés. L'agriculture défricha les forêts, le seigneur enferma la terre libre dans son domaine, et la Marche, si étendue d'abord, vit ses limites se restreindre de jour en jour. C'est de là, si l'on en croit l'autorité de M. Grimm, si grave en pareille matière, c'est de là qu'est sortie toute l'organisation politique de l'Allemagne. Mais, comme il arrive toujours, le fils renia sa mère, et les institutions libres de la Marche furent attaquées, minées, renversées par celles qui lui devaient leur naissance. Il fallut que l'Allemand, abandonnant ses vieilles forêts qu'il vénérait déjà du temps de la déesse Hertha, vînt se réfugier, non plus dans une terre vague et sans limite, mais dans l'étroite enceinte d'une véritable cité, où il pût, derrière de bonnes murailles, défendre contre la féodalité ses privilèges et son indépendance. Là, il va conquérir une existence politique plus forte et plus calme. Alors il n'aura plus besoin de ces lois atroces par lesquelles il cherche à se défendre dans la Marche : il trouvera de l'humanité dans le sentiment de sa force.

ORIGINE DES VILLES ALLEMANDES.

Les villes sont à cette époque d'origine encore assez récente en Allemagne. Les anciens Germains n'avaient point, comme les Celtes, l'usage d'habiter dans de grands villages qui devenaient dans la suite des cités. D'autre part, Rome ne mit jamais le pied d'une manière durable dans l'Allemagne; partout où Rome pénétrait, elle laissait, comme trace de son passage, des colonies organisées, à l'exemple de la métropole. C'est ainsi que l'Italie du nord, la Gaule narbonnaise, où les Romains s'étaient établis en grand nombre, se couvrirent de cités florissantes. Les bords du Rhin, où stationnèrent longtemps les légions pour défendre la Gaule contre les barbares, virent aussi s'élever des villes populeuses : tantôt c'était un ancien camp dont les retranchements servaient de refuge et d'asile à toute la population des campagnes voisines, comme il arriva à Vienne, qui n'était dans l'origine que le *Castra stativa* de la dixième légion (*decima gemina*); ou bien c'était une colonie envoyée exprès dans un lieu favorable, comme Cologne, qui en a conservé le nom. Les villes vraiment allemandes ne datent que de Charlemagne, dont les fondations ecclésiastiques ont donné naissance aux grandes municipalités de la Saxe et du nord-ouest de la Germanie. Cependant, au dixième siècle, le nombre des villes était encore si peu élevé, que Henri l'Oiseleur, pour avoir fait fortifier de quelques palissades plusieurs grandes bourgades, mérita des historiens allemands le surnom d'inventeur des villes. Peu à peu elles se multiplièrent. L'accroissement de la population, de l'industrie et du commerce, l'esprit d'association, l'amour de la liberté et de l'indépendance, que les roturiers ne pouvaient trouver que derrière de bonnes murailles, augmentèrent bientôt leur nombre. Placées au milieu des possessions féodales, elles étaient, comme Rome aux jours de sa fondation, autant d'asiles ouverts à ceux qui fuyaient la tyrannie des seigneurs.

DROITS DES VILLES (*).

Souvent ceux-ci arrêtaient, par leurs violences, la formation de la prospérité d'une ville ; mais souvent aussi, mieux éclairés sur leurs véritables intérêts, ils leur concédaient des priviléges nombreux et variés qui enrichissaient la ville et augmentaient aussi les revenus du seigneur. Voici les plus ordinaires de ces priviléges :

1° Nul ne peut donner en fief les droits qu'il possède sur la ville, et bien moins encore le roi peut-il placer une ville royale sous une autorité inférieure à la sienne.

2° Le préteur (*Schultheiss*) doit être pris parmi les bourgeois, auxquels doit être abandonné le choix des magistrats supérieurs, dont la confirmation peut être ou n'être pas réservée à l'autorité suprême. Les juifs ne peuvent obtenir aucun emploi public.

3° Nul bourgeois ne peut être cité ou traduit devant un tribunal étranger, ou bien il doit être partout jugé d'après les lois de sa ville. [Ainsi la loi personnelle existe encore pour les bourgeois.]

4° Nul bourgeois (au moins pour dettes) ne peut être mis en prison ou retenu comme otage. On ne peut recourir contre lui au combat singulier ou au jugement de Dieu. Nul juge ne doit prononcer un arrêt, s'il n'a pris l'avis des échevins.

5° Les bourgeois ont le libre droit de mariage et d'héritage.

6° Quiconque séjourne un an dans la ville, ou s'y retire comme fugitif, est à l'abri de toute réclamation.

7° Les bourgeois sont déclarés libres de tel ou tel impôt, particulièrement de tout droit de douane et des taxes extraordinaires. Ils ont le droit de tenir marché et de battre monnaie ; aucun droit de varech ou d'épave ne peut être exercé contre eux ; ils jouissent, eux aussi, du droit de chasse.

8° Le soin de la police urbaine leur est abandonné.

9° Ils peuvent arrêter les ecclésiastiques pour dettes. Ces derniers doivent être choisis par eux, ou du moins ne peuvent être investis sans leur consentement.

10° Le service militaire auquel ils sont tenus est, ou fixé d'une manière précise, ou restreint, ou entièrement supprimé. Personne ne peut bâtir une forteresse dans la ville ou à une certaine distance de ses murs.

Ces priviléges et d'autres semblables ne datent point de la même époque ;

(*) Tout ce qui suit sur l'organisation et les priviléges des villes, sur le commerce, etc., est extrait ou traduit des deux derniers volumes de l'histoire des Hohenstaufen par M. Raumer.

ils n'étaient point accordés dans leur ensemble et sans exceptions à chaque ville, et n'avaient pas tous la même origine. Ils étaient concédés par les rois, les princes, les prélats, et même exceptionnellement par les papes. Cependant il faut reconnaître en principe qu'au roi seul il appartenait de régler le droit municipal.

Dans l'origine, ce droit municipal ne comprenait que quelques concessions partielles accordées par les seigneurs; mais peu à peu ces concessions s'étendirent; les villes obtinrent la permission de choisir elles-mêmes leurs magistrats, et enfin la faculté, non-seulement de recevoir des priviléges, mais de faire elles-mêmes des lois. C'est ainsi qu'on arrive graduellement des villes municipales les plus dépendantes aux villes royales, puis aux villes libres impériales. Remarquons encore à ce sujet :

1° Qu'il eût été contraire à l'esprit du moyen âge que toutes les villes devinssent villes immédiates de l'Empire;

2° Qu'il n'y avait point de ville municipale qui ne possédât quelques droits ou quelques libertés;

3° Que sans doute quelques villes puissantes exigèrent et obtinrent des rois, dans des moments difficiles, quelques priviléges excessifs, mais que jamais on ne vit prévaloir ce principe, mis en avant par la ligue lombarde, que toute ville libre doit être affranchie du pouvoir royal, ou doit tendre de tous ses efforts vers ce but.

BOURGEOIS ET NON-BOURGEOIS.

Tous les habitants d'une même ville n'étaient pas admis également à la jouissance des droits et des libertés possédés par la ville. Ainsi plusieurs serfs du duc de Lunebourg se trouvant domiciliés dans la ville de ce nom, ce seigneur les affranchit moyennant trois cent cinquante marcs d'argent; mais comme ils étaient trop pauvres pour payer cette somme, la ville la donna, afin que désormais il n'y eût plus dans ses murs que des hommes libres. La portion la plus considérée des habitants des villes forma longtemps, sans aucun doute, une espèce de noblesse, et eut souvent entre les mains, à l'exclusion des autres citoyens, la direction du gouvernement. Ce fut plus tard seulement que partout les habitants des villes se distinguèrent en bourgeois et non-bourgeois, parmi lesquels on rangea même la noblesse patricienne.

DES CORPORATIONS.

La direction des affaires appartenait, indépendamment du bourgmestre et des autres fonctionnaires, aux deux conseils de l'intérieur et de l'extérieur, le grand et le petit, qui, dans la plupart des villes, avaient une organisation différente. L'établissement des corporations apporta bientôt d'étonnants changements. Dans l'origine, ce n'étaient que des réunions d'artisans sous des chefs reconnus et dans un but purement industriel : c'est ainsi qu'on les rencontre dès le milieu du douzième siècle. Peu à peu, leurs membres furent admis dans les tribunaux comme échevins; quelques-uns de leurs chefs élus obtinrent une certaine importance militaire, le droit de prendre des décisions relativement aux métiers et au commerce, et enfin, mais seulement vers le milieu du quatorzième siècle et de différentes manières, une part importante dans le gouvernement. Le résultat général de ces changements fut de restreindre l'influence de la noblesse et des grandes familles, et de relever l'importance du peuple. Sans doute, pour arriver à ce point, il fallut bien des dissensions, bien des troubles; mais, on doit le dire, la lutte de l'aristocratie et de la démocratie ne fut point en Allemagne aussi passionnée, aussi violente, qu'en Italie.

L'aperçu que nous allons donner des institutions de chaque ville en particulier fera mieux comprendre tout ce qui précède.

PRIVILÉGES DES PRINCIPALES VILLES ALLEMANDES.

1. AIX-LA-CHAPELLE, comme étant la ville où le roi de Germanie était

couronné, avait le pas sur toutes les autres. L'empereur Frédéric Ier y établit une foire importante, et le roi Guillaume, en 1248, lui accorda les priviléges suivants : Tout ecclésiastique ou tout laïque qui s'établit dans la ville est libre de plein droit. La ville, à deux lieues de distance, n'est tenue à aucun service militaire;elle est exempte de tout impôt et de tout emprunt extraordinaires, ainsi que de tout droit de douane. Les juges établis par le roi ne peuvent rien décider sans le consentement des échevins. A ces priviléges le pape en ajouta un autre : aucun bourgeois ne pouvait être traduit devant un tribunal ecclésiastique hors de la ville.

2. ANWEILER. Ses bourgeois obtinrent en 1219, de Frédéric II, le droit de Spire, l'affranchissement des taxes et des logements, la faculté de battre monnaie, et de se marier, sans que personne pût retenir leur femme en vertu de quelque prétention que ce fût.

3. AUGSBOURG. L'empereur y établit en 1207 un bailli municipal; mais déjà, cinquante ans auparavant, la ville avait conquis sur l'évêque plusieurs droits relatifs aux douanes, aux monnaies, à l'élection des magistrats, aux impôts, aux châtiments, etc.

4. BALE. Vers le milieu du treizième siècle, il y avait, à la tête de chaque corporation, un maître, élu à la majorité des voix, et des jugements duquel on en appelait au bailli du chapitre, et quelquefois à l'évêque. On trouve près de lui des assesseurs pris parmi les artisans; mais il n'est point encore question de leur admission dans le conseil. Chaque corps de métier avait sa caisse particulière et prenait soin de ses pauvres.

5. BERNE fut, en 1218, affranchie par Frédéric II de tout service et de tout impôt au profit de l'Empire; elle ne payait annuellement que douze pfennings de monnaie ordinaire pour chaque maison ayant cent pieds de long et soixante de large. Le droit de Fribourg était en vigueur dans cette ville.

6. BRUNSWICK obtint des ducs, en 1227 et 1239, des lettres de franchise relatives aux douanes, aux impôts, au domicile, au droit pénal. Il était également prescrit que nul ne pourrait s'introduire dans une corporation contre la volonté des bourgeois qui la composaient.

7. BRÊME eut de fréquents démêlés avec son archevêque, parce que de part et d'autre on cherchait à étendre ses droits. Enfin, en 1259, on en vint à l'accommodement suivant : « L'archevêque choisira le bailli parmi les bourgeois. Ce dernier prononce sur toutes les questions de vol, de brigandage, de meurtre, de dettes, d'hypothèques, d'héritage, de biens sans maître, et chaque année, à la Saint-Martin, il lève le cens royal. Le nombre des bourgmestres qu'on changeait annuellement n'était pas toujours le même : en 1233 on en comptait douze. Au milieu du treizième siècle on restreignit le nombre des conseillers, et par là un petit nombre de familles devinrent prédominantes.

8. BRESLAU, en 1261 et 1263, obtint du duc Henri une grande partie de l'administration de la justice, d'après le droit de Magdebourg, qui laissait aux nobles la liberté d'en appeler au jugement du duc. Les droits de douane restèrent à la disposition du duc. Les étrangers qui venaient établir leur domicile dans la ville étaient durant une année exempts de tout impôt.

9. BRIXEN reçut en 1179, de Frédéric Ier, le droit de douane et de marché, l'usage des moulins et la juridiction civile.

10. BRUXELLES. Le duc Henri de Brabant accorda aux bourgeois, en 1234, d'élire treize jurés et sept échevins qui devaient être soumis à sa confirmation. Il s'engagea à ne rien entreprendre contre les bourgeois sans un jugement de ces magistrats, et à ne pas aller contre ce jugement. Les échevins devaient suivre à leurs frais le duc dans ses expéditions militaires.

11. A COLMAR il y avait des prêteurs nobles, quelquefois même héréditaires. Il n'est mention d'un conseil que postérieurement à 1250, et de bourgmestres qu'au quatorzième siècle.

12. A Francfort-sur-le-Mein, quatorze échevins formaient l'élément le plus ancien du conseil municipal. C'était dans leurs rangs qu'on choisissait le premier bourgmestre. Plus tard, on leur adjoignit des conseillers proprement dits, parmi lesquels on prit le second bourgmestre, et plus tard encore les corporations obtinrent une part active dans les affaires. Le roi Richard promit que jamais une citadelle ne serait élevée dans la ville.

13. Fribourg en Brisgau reçut en 1120, de Berthold de Zæhringen, un droit municipal très-remarquable, dont voici quelques dispositions : La bourgeoisie choisit ses autorités, le préteur, les conseillers (au nombre de vingt et un), les sergents, les pasteurs, les ecclésiastiques. Quiconque possède un bien de la valeur d'un marc peut devenir bourgeois. On n'a que le délai d'un an pour réclamer un serf, et encore faut-il sept témoins pris parmi les plus proches parents. Aucun vassal, aucun sujet corvéable du duc ne peut demeurer dans la ville sans le consentement de la bourgeoisie. Le témoignage des serfs n'a point de force contre les bourgeois. Si, dans le délai d'un an, personne ne réclame des biens en déshérence, un tiers de ces biens est consacré au salut de l'âme du propriétaire, le second tiers aux fortifications de la ville; le troisième appartient au duc. Tout citoyen doit être poursuivi devant le tribunal de la ville; mais, dans certains cas, il peut en appeler à Cologne, dont le droit servait généralement de base à celui de Fribourg. On coupait la main à quiconque faisait une blessure suivie d'effusion de sang. Tout meurtrier était puni de mort; sa maison était rasée, et ne pouvait être rebâtie qu'au bout d'un an, moyennant une amende de soixante schillings. Quiconque avait été blessé grièvement devait sonner la cloche : aussitôt les conseillers se rassemblaient, lavaient la blessure, et prononçaient le châtiment ordonné par la loi; mais si quelqu'un avait sonné et qu'on ne lui trouvât pas de blessure, il subissait lui-même le châtiment. Le parjure était hors la loi. Quand le duc entreprenait quelque expédition militaire, les bourgeois n'étaient tenus de le suivre qu'à un jour de marche.

14. Geersbergen (*Geraldi mons*) en Flandre. Le duc Baudouin, plus tard empereur de Constantinople, assura à cette ville les priviléges suivants : Quiconque obtient un héritage dans la ville et se soumet aux devoirs de la bourgeoisie, devient libre, quelle qu'ait été précédemment sa condition. Quiconque n'a pas d'héritiers légitimes peut disposer de ses biens à son gré. Celui de qui la ville n'a rien à exiger est libre de la quitter. En cas de mutilation ou d'assassinat, main pour main, corps pour corps. Pour de moindres délits, une peine pécuniaire. Le jugement de Dieu n'est point admis. Les échevins sont-ils incertains sur une question de droit, ils peuvent en référer aux échevins de Gand.

15. Gosslar reçut en 1219, de Frédéric II, une lettre de franchise qui contenait plusieurs dispositions relatives aux douanes, aux impôts, au droit tant municipal que pénal, et ordonnait que la ville, en cas de guerre, ne fût tenue que pendant quinze jours de servir à ses frais.

16. Haguenau obtint en 1167, de Frédéric Ier, d'importants priviléges relativement à l'action de la justice, aux héritages, à l'exploitation des forêts impériales, aux taxes, aux impôts, etc. Le roi Guillaume fixa à cent cinquante livres par an tous les impôts de la ville, permit aux bourgeois d'acquérir des fiefs aussi bien que les nobles, et décida qu'ils ne seraient tenus de reconnaître le préteur que lorsqu'il aurait juré de rendre la justice conformément à l'ancien droit et avec l'assistance des échevins.

17. Hanovre, d'après un privilége du duc Othon, en date de 1241, devait ne jamais être donnée en fief à un autre. Tous les bourgeois avaient droit à l'exploitation des pâturages et des forêts, et leurs impôts étaient fixés à une somme déterminée. Plusieurs dispositions étaient relatives au droit pénal et à la classification des châtiments.

18. HOLZMUNDEN obtint en 1245 plusieurs droits du comte d'Eberstein. Nous citerons seulement cette disposition d'après laquelle, au cas qu'un étranger vînt à mourir dans la ville, ses biens, s'ils n'étaient point réclamés dans le délai d'un an, revenaient pour deux tiers au comte, et pour un tiers à la ville.

19. INSPRUCK, en 1239, par une lettre de franchise d'Othon de Méranie, obtint le droit d'entrepôt. Les bourgeois élisent leurs magistrats, prennent part à la fixation des impôts. On ne peut, sans un jugement, saisir leurs meubles, et ils ont le droit de disposer de leurs biens par testament. Les serfs qui s'établissent dans la ville sont libres au bout d'un an.

20. KÖLN ou COLOGNE. La constitution de Cologne, qui s'appuyait en grande partie sur d'anciennes institutions romaines, s'était, dès le milieu du dixième siècle, singulièrement perfectionnée, et la ville, au douzième et au treizième siècle, était reconnue pour la plus grande, la plus riche et la plus belle de l'Allemagne. Ce développement considérable amena des contestations au sujet des limites de la juridiction impériale, archiépiscopale et civile. En conséquence, Frédéric Ier déclara, l'an 1180, qu'il ne serait porté préjudice à personne, mais que l'on aurait toujours égard à la naissance. Cependant il permet aux bourgeois de bâtir des maisons, moyennant une redevance qu'ils payeront à l'évêque. Ils peuvent creuser un fossé autour de la ville, pourvu qu'ils en fassent les frais. Longtemps le burgrave posséda une citadelle comme fief héréditaire et nommait les échevins, qui devaient n'être ni bossus, ni borgnes, ni sourds, ni boiteux, ni bègues, ni usuriers, ni coupables de quelque crime, ni âgés de moins de vingt-quatre ans. Avoir donné de l'argent pour obtenir sa charge était aussi un motif d'exclusion.

En 1229, l'archevêque nomma les échevins d'après le conseil et le consentement de la bourgeoisie. Soit à cause de ce genre de nomination, soit parce que beaucoup d'échevins conservèrent leurs fonctions leur vie durant, de nombreux abus ne tardèrent pas à s'introduire : on se plaignait de ce que les juges et les échevins faisaient arrêter arbitrairement les citoyens, condamnaient et absolvaient à prix d'argent, n'écoutaient que leur propre intérêt dans les ordonnances qu'ils rendaient relativement à l'achat et à la vente des denrées de première nécessité, et se faisaient promettre, par serment, qu'on n'élèverait aucune plainte sur leur conduite. Ce fut pour mettre un terme à cet état de choses que l'évêque, en 1259, déposa tous les échevins, à l'exception d'un seul, et en nomma d'autres, après avoir consulté les bourgeois. Il fut décidé pour l'avenir que lorsqu'un échevin mourrait ou serait appelé ailleurs, son remplaçant serait élu par l'archevêque, et les autres échevins d'après le conseil des bourgeois. Mais comme l'archevêque, qui avait beaucoup empiété à la suite de ces mesures et de ces changements, s'était emparé des portes de la ville et avait tenté de construire de nouvelles forteresses, la lutte s'anima au point que le prélat fut fait prisonnier, et que seulement en 1264 on conclut une transaction d'après laquelle les bourgeois devaient se présenter devant lui pieds et têtes nus, et lui, de son côté, devait lever l'excommunication qu'il avait lancée. Des arbitres furent nommés pour compenser les dommages ; les droits de la ville furent confirmés, et l'archevêque, qui conserva la préséance dans les tribunaux, promit de ne prononcer qu'autant que les échevins ne seraient pas d'accord. Les bourgeois devaient se voir avec d'autant plus de déplaisir dans la dépendance de l'archevêque, que le roi Richard, à cette époque de trouble et de confusion, leur avait fait la promesse exagérée de ne jamais tenir de diète impériale à Cologne, de n'y jamais faire entrer plus de 200 hommes, de ne jamais exiger aucun impôt ni aucun secours, enfin de ne jamais souffrir qu'une forteresse fût élevée dans le diocèse de l'archevêque.

21. LUBECK obtint, en 1160, de Henri le Lion, le droit de nommer, pour diriger les affaires, six bourgmestres, qui, à leur tour, choisissaient douze autres magistrats destinés à leur servir d'assesseurs. Néanmoins les bourgmestres devaient, chaque année, obtenir du duc l'autorisation de rendre la justice. Après la chute de Henri de Saxe, Frédéric Ier prit la ville sous la protection particulière de l'Empire, lui accorda la franchise des péages presque par toute la Saxe, et conféra aux bourgmestres et aux échevins le droit de rendre la justice. Les bourgeois ne furent plus tenus au service de guerre, mais seulement à défendre leur ville; ils élisaient leurs prêtres, les présentaient à l'évêque, et ne pouvaient être jugés dans tout l'Empire que d'après leurs propres lois. Frédéric II confirma et étendit ces priviléges en 1226. Personne ne pouvait élever une forteresse près de Lubeck, dans un rayon de deux milles, s'y arroger une juridiction, arrêter ou empêcher l'arrivée des marchandises dans la ville. Le serment, la parole des bourgeois suffisait sans qu'il fût besoin d'otages; l'empereur promit de nommer son mandataire (*rector*) parmi les habitants de la ville ou des environs. Plus tard il fut arrêté que quiconque aurait reçu une charge d'un seigneur quelconque ne pourrait être conseiller à Lubeck; que le père et le fils, ou deux frères, ne pourraient remplir en même temps ces fonctions. Personne ne pouvait disposer de son héritage en faveur d'un étranger, d'un chevalier, d'un prêtre, d'un courtisan, non plus que prêter de l'argent à un prince, à un seigneur revêtu du pouvoir, soit temporel, soit spirituel.

A ces faveurs impériales, et au développement particulier de la législation de Lubeck, vinrent encore se joindre des lettres de franchise des souverains étrangers, des rois d'Angleterre, de Danemark et de Suède. Toutes ces circonstances réunies accrurent considérablement l'importance de cette ville; elles la placèrent plus tard à la tête de la Hanse, et lui donnèrent la plus grande influence sur tout le nord de l'Europe. Lubeck réagit aussi d'une manière salutaire sur beaucoup d'autres villes qui adoptèrent son code comme le plus complet et le plus étendu, et en firent la base de leurs institutions.

22. LUNEBOURG. Les lettres de franchise accordées par Othon de Brunswick à Lunebourg portent, entre autres dispositions, que les biens d'un citoyen qui s'est enfui à la suite d'un crime ne reviennent point au juge, mais restent aux héritiers du coupable. Il en est de même, dans le délai d'un an, pour tout étranger mort à Lunebourg. Les exceptions dilatoires pour un payement échu ne peuvent s'étendre au delà de quatre jours.

23. MAGDEBOURG partage avec Lubeck le mérite d'avoir vu son droit servir de base à la législation de la plupart des villes de l'Allemagne septentrionale et de beaucoup de contrées slaves; tandis qu'au sud c'est le droit de Cologne qui a exercé la plus grande influence.

24. MAYENCE, en 1135, reçut de l'archevêque Adalbert, pour prix de sa fidélité, l'assurance qu'il ne lèverait aucun impôt de son propre mouvement, et qu'il ne consentirait pas à ce qu'un citoyen hors de la ville fût traduit devant un juge, et jugé d'après un droit étranger. En 1244, le droit de Mayence reçut encore une plus grande extension de l'archevêque Siegfried. Le prélat s'engageait à ne point entrer désormais dans la ville avec une escorte plus forte que les bourgeois ne le jugeraient convenable; à n'élever aucune forteresse, ni à Mayence, ni dans la banlieue. Les bourgeois sont exempts de péages et du service de guerre à l'extérieur. Ils choisissent eux-mêmes leurs vingt et un conseillers.

25. METZ reçut, vers l'an 1180, de l'évêque Bertram, les singulières institutions que nous reproduisons ici. Le *maître échevin* ne sera plus, comme par le passé, élu à vie par le clergé et par le peuple, mais annuellement par le *princier* et cinq abbés nobles ou par les bourgeois libres de la ville. Le fonctionnaire élu rend hommage à l'évêque, et lui

prête serment de fidélité. Dans chaque paroisse il y aura un tribunal (*institut des amants*) devant lequel toutes les transactions relatives aux ventes ou aux achats, ou à d'autres opérations importantes, seront, sinon rédigées, du moins déposées et renfermées dans une armoire dont la clef est confiée à deux honorables bourgeois. Ce sont ces documents qu'on doit consulter comme preuves dans les affaires judiciaires, et quand ils sont insuffisants, l'on y ajoute le serment, mais jamais le combat.—Vers l'an 1220, la charge de comte cessa à Metz, et la noblesse et la bourgeoisie conquirent de nombreux priviléges sur l'évêque.

26. NUREMBERG eut à se louer successivement de nombreuses faveurs impériales. Indépendamment de toutes celles dont nous avons déjà fait mention en parlant des villes précédentes, citons les suivantes qui lui sont propres : «Tout citoyen n'a d'autre protecteur que l'empereur; nul ne peut être poursuivi pour un crime, si ce n'est devant le préteur impérial; nul ne peut être, par qui que ce soit, provoqué au combat. Si un citoyen a une hypothèque sur un fief, elle reste valable en quelques mains que passe le fief. Nul ne peut invoquer le droit féodal dans ses poursuites contre un citoyen. »

27. LES VILLES PRUSSIENNES suivaient pour la plupart le droit de Magdebourg; Elbing et Braunsberg cependant se réglaient sur celui de Lubeck. En 1233, Kulm et Thorn obtinrent du grand maître Hermann de Salza des lettres de franchise qui contenaient, entre autres dispositions, que les bourgeois éliraient annuellement leurs juges, qui, sous la surveillance de l'ordre, prononceraient sur toutes les affaires, mais non sur les grands crimes. Les dispositions pénales du code de Magdebourg sont réduites de moitié, eu égard, sans doute, à la rareté de l'argent en Prusse. Les impôts et le service militaire sont maintenus. Les castors, les sources salées, les mines, celles de fer exceptées, restent la propriété de l'ordre.

28. RATISBONNE n'était pas encore, sous Frédéric Ier, élevée au rang de ville impériale; mais le burgraviat, après l'extinction des comtes, passa à la maison de Wittelsbach, qui eut plus d'une contestation à soutenir avec l'évêque et les bourgeois, relativement à la limite de ses droits. L'an 1207, le roi Philippe donna à la ville une lettre de franchise qui favorisait les bourgeois, surtout sous le rapport judiciaire, facilitait, dans certains cas, les preuves à fournir, et soumettait tous les habitants, ecclésiastiques et séculiers, aux impôts que nécessitaient les besoins publics. Après la loi générale, rendue par Frédéric II, en 1232, l'évêque chercha à restreindre, l'une après l'autre, les libertés que l'empereur avait accordées aux bourgeois deux ans auparavant; mais il ne put y parvenir; et l'an 1245, Frédéric déclara que la ville devait avoir un conseil commun, et nommer, comme elle le jugerait convenable, les bourgmestres et les magistrats. Six ans plus tard, Conrad IV ordonna que les décisions des bourgeois seraient obligatoires pour tous les habitants de la ville.

29. SOEST, en Westphalie, avait l'un des plus anciens codes de l'Allemagne. Dans ce code, qui offre beaucoup d'analogie avec celui de Cologne, et qui s'occupe surtout du droit civil et pénal, nous remarquerons seulement les dispositions suivantes : Quiconque, sans le consentement du bourgmestre, envoie, au nom des bourgeois, une ambassade à des comtes ou à des nobles, est passible d'une peine; l'appel à des tribunaux étrangers est interdit. »

30. SPIRE, depuis Henri IV, reçut de plusieurs empereurs des priviléges importants. Au commencement du treizième siècle, on élisait douze bourgeois pour composer le conseil supérieur de la ville, et plus tard on arrêta que la majorité des voix déciderait dans tous les tribunaux. On y retrouve, plus que partout ailleurs, l'exemption des charges extraordinaires et les différents priviléges dont nous avons fait mention jusqu'ici.

31. STADE reçut, en 1209, du duc Othon des droits semblables à ceux de Brunswick et de Lunebourg.

32. STRASBOURG pouvait aussi faire valoir de nombreuses lettres de franchise que lui avaient accordées les empereurs. Henri V délivra les bourgeois d'une onéreuse redevance en vin qu'ils payaient à l'évêque; Lothaire ordonna qu'ils ne seraient tenus de comparaître devant les tribunaux étrangers que dans le cas seulement où il s'agirait d'immeubles étrangers ou d'héritage. Par une décision de Frédéric II, prise en 1214, aucun tribunal ne peut être établi à Strasbourg, aucun conseil ne peut y être formé sans le consentement de l'évêque; mais, en 1236, ce même prince déclara Strasbourg ville impériale, et onze ans plus tard, Innocent IV confirma ces dispositions et d'autres plus avantageuses encore. Cette mesure fut renouvelée et étendue, en 1262, par le roi Richard, et après une longue lutte, l'évêque et les bourgeois s'accordèrent, en 1263, sur les points suivants : Le conseil ne reste en fonction que pendant un an; à l'expiration de ce terme, il en nomme un nouveau, qui jure de maintenir la justice ainsi que l'honneur de l'évêque et de la ville. La charge de préteur est un fief épiscopal, mais les bourgeois seuls peuvent la remplir. Chaque corps de métier a son maître, qui prononce sur les affaires relatives à la corporation, mais dépend du burgrave établi par l'évêque. Les sujets de l'évêque sont jugés par les juges de la ville; les bourgeois, dans le cas où la nécessité l'exige, peuvent proposer de nouvelles lois. — Le nombre des bourgmestres, des échevins et des conseillers, ne reste pas constamment le même.

33. ULM. Le comte de Dillingen était encore, vers le milieu du treizième siècle, en possession du burgraviat à Ulm, où il jouissait d'importants priviléges; cependant le bailli qui rendait la justice en son nom avait pour assesseur un bailli municipal, et ce que l'un décidait en l'absence de l'autre ne pouvait être changé. Les pouvoirs de ces deux magistrats passaient au roi et même au duc de Souabe, quand l'un de ces deux princes venait à Ulm.

34. VERDUN. D'après une lettre de franchise, accordée en 1227 par le roi Henri, sept magistrats annuels et un préteur gouvernaient la ville au nom de l'empereur. Quatorze jurés, qui leur étaient adjoints pour les affaires judiciaires, étaient soumis à la confirmation de l'évêque, mais restaient en fonction dans le cas où celui-ci les rejetait. L'autorité municipale réglait les impôts et ne recourait à l'évêque que pour la promulgation des mesures qu'elle avait prises; mais le prélat, ayant prouvé que ses droits avaient à souffrir d'une pareille constitution, la lettre de franchise fut abolie, et après une longue lutte, on en vint à une transaction qui concilia tous les intérêts. Ainsi, par exemple, l'évêque institua un vicomte; mais celui-ci ne pouvait être choisi que dans les trois premières familles de la ville.

35. WETZLAR. Le roi Richard avait promis qu'à Wetzlar aucun bourgeois ne serait forcé de marier sa fille ou sa parente; qu'aucun bourgeois n'y serait arrêté pour dettes; qu'aucune forteresse n'y serait construite, et que la ville ne serait jamais séparée de l'Empire.

36. VIENNE. Dès la fin du douzième siècle, le duc Léopold régla le droit municipal de Vienne : « Cent conseillers élus président à l'achat, à la vente, aux donations, etc., des biens-fonds. Les héritages ne peuvent passer en pays étranger; l'héritier doit venir s'établir en Autriche. Tout étranger peut disposer de sa succession; s'il ne l'a pas fait, deux tiers appartiennent à l'autorité, l'autre tiers au clergé, qui doit dire des messes pour le salut de l'âme du défunt. Vingt-quatre conseillers forment un comité supérieur du conseil. »

Une lettre de franchise de Frédéric II, en date de 1237, éleva Vienne au rang de ville impériale. Un magistrat annuel y représentait l'empereur. Les bourgeois prononçaient comme échevins dans toutes les affaires judiciaires. L'empereur ne se réservait que le droit de faire comparaître devant lui les étrangers, dans le cas de trahison, soit contre la ville, soit contre lui. Les impôts ne pouvaient être établis que du consentement des bourgeois, et le service militaire ne pouvait durer plus d'un jour. Les juifs étaient exclus des emplois publics. Une école avait été créée pour fournir les candidats que le magistrat impérial appelait aux fonctions publiques, après avoir pris conseil de l'autorité municipale.

37. WINTERTHUR obtint de Rodolphe de Habsbourg, en 1264, différents priviléges parmi lesquels on remarque celui-ci : « Aucun préteur ne peut être élu et installé s'il est étranger à la ville, ou s'il appartient à la noblesse. »

38. WORMS. En 1106, l'évêque Adalbert institua une corporation de vingt-quatre pêcheurs, qui transmettaient leur maîtrise à leurs héritiers, et dont le nombre était complété par le conseil des bourgeois, dans le cas où l'un d'eux ne laissait pas d'enfant mâle. Cette corporation, on le conçoit, n'avait aucune influence politique. Henri V gratifia Worms d'un droit municipal et coutumier, et y créa un conseil spécial. Sous Frédéric Ier, en 1156, une cour de justice fut instituée. Elle se composait de douze vassaux de l'église et de vingt-huit bourgeois qui jugeaient conformément aux lois, sans qu'il fût permis d'en appeler à une assemblée plus nombreuse. Ces priviléges reçurent des accroissements en 1180, relativement aux héritages, aux impôts, etc. En 1206, il y avait quarante conseillers à Worms. Quatorze ans plus tard, les *ministériels* (*), les juges et les conseillers, avec le consentement de la bourgeoisie, rendirent plusieurs ordonnances de police. Après de longs débats entre l'évêque et la ville, on en vint, en 1233, à l'accommodement suivant : « L'évêque nomme neuf conseillers parmi les premiers bourgeois; les neuf conseillers choisissent six chevaliers. Ces quinze élus forment le conseil sous la présidence de l'évêque ou de son mandataire. S'agit-il de lever des impôts, quatre citoyens, pris par l'évêque dans chaque paroisse, sont adjoints au conseil. L'évêque et les Quinze nomment le préteur et les autres magistrats. Les conseillers sortants sont remplacés, s'ils appartiennent aux Neuf, par l'évêque; s'ils font partie des Six, par les Neuf. Dans le conseil, c'est la majorité des voix qui décide (*). »

LIGUES FORMÉES PAR LES VILLES.

Il arrivait souvent que des villes formaient entre elles des alliances, se promettant amitié et soutien en cas de guerre; elles convenaient de s'en remettre à

(*) Les ministériels, quoique nobles, n'étaient pas comptés dans la classe des hommes libres, car ils étaient astreints non en vertu d'un fief, quoiqu'on leur conférât souvent des terres considérables, mais par suite d'une servitude personnelle et héréditaire, d'où, comme les véritables serfs, ils ne pouvaient sortir que par une manumission. De la même manière que ceux-ci étaient attachés à la glèbe, les ministériels l'étaient à la terre seigneuriale avec laquelle ils pouvaient être vendus. L'empereur, les évêques et les princes avaient de tels serviteurs. Leur service n'avait rien de dégradant : ils furent les précurseurs des charges de cour et des employés des princes d'aujourd'hui. Ce service était ou civil et domestique ou militaire. Les ministériels chargés d'un service militaire étaient ou *scharmannen* ou *burgmannen*. Les premiers, bien distingués de la milice féodale, formaient la garde du seigneur, maintenaient la police et portaient une espèce d'uniforme, car le seigneur leur fournissait annuellement une pièce de drap. Les burgmannen servaient de garnisons dans les châteaux et les villes fermées et avaient la jouissance des terres qui en dépendaient et qu'on nommait fiefs du château ; leur commandant, nommé *bourgrave*, exerçait en même temps la juridiction comme comte sur les habitants du château et de la banlieue. (Schœll, Cours d'hist. des États européens, t. II, p. 299.)

(*) Ces précautions ne sont qu'une bien pâle imitation de l'organisation intérieure de quelques-unes des villes d'Italie. Il y a là telle petite ville imperceptible sur la carte, qui a dépensé autant d'esprit à prévenir les usurpations de ses obscurs citoyens que Solon et Charondas pour protéger la liberté de leurs républiques.

la décision des échevins et des juges lorsque des difficultés s'élèveraient entre elles, ou bien encore elles établissaient de certains principes qui devaient présider à leurs relations commerciales. Ces ligues prenaient souvent de l'importance, comme celle que Worms, Mayence, Spire, Francfort, Gelnhausen et Friedeberg avaient formée contre l'archevêque de Mayence, et que le roi Henri fut contraint de dissoudre en 1226.

Quelques années plus tard, en 1247, se forma la confédération rhénane. Au moyen âge, le commerce ne pouvait se faire qu'à main armée; il fallait défendre ses richesses contre la rapacité des seigneurs féodaux. Ceux-ci s'irritèrent de ce que les marchands passaient fièrement et armés jusqu'aux dents sous les tours menaçantes de leurs châteaux, prêts à défendre leur bien contre tout venant; ils leur firent défendre de traverser à l'avenir leurs pays avec une escorte armée, se chargeant, moyennant rétribution, de les convoyer eux-mêmes, aux risques, pour les marchands, d'être pillés par leurs propres gardiens. Aussi, afin de s'affranchir de ce droit onéreux et des vexations qui en étaient la suite, les villes du Rhin conclurent la confédération rhénane, qui prit dans la suite un si grand accroissement quand elle s'unit à la ligue hanséatique.

La Hanse (nom qui dans le principe signifiait une certaine taxe commerciale, et aussi une corporation, une société) se forma dans le treizième siècle. Le but de cette ligue était la protection, l'extension et la possession exclusive du commerce. Les moyens qu'elle employa pour arriver à ce but et son organisation intérieure varièrent suivant les temps; mais son développement, son époque brillante et sa chute appartiennent aux siècles suivants. Nous ne pouvons ici qu'en faire mention; mais nous nous arrêterons plus longtemps sur le commerce, qui souvent créa et toujours vivifia ces grands centres d'activité et d'industrie.

COMMERCE.

Le commerce de l'Europe n'avait, au moyen âge, ni l'extension ni l'importance qu'il a acquises dans les derniers siècles. La découverte de tant de pays et de tant de peuples, l'attrait offert par tant de productions inconnues, par tant de richesses si promptement acquises, la facilité des plus grandes conquêtes, ont, depuis la fin du quinzième siècle, enflammé l'ardeur du marchand et des consommateurs plus que dans aucun autre temps. Le commerce est d'ailleurs aidé aujourd'hui par une infinité de ressources que l'on ne pouvait se procurer au moyen âge, et dont on ne soupçonnait pas même alors l'existence : des routes sûres et bien construites, les assurances maritimes et continentales, les journaux, les postes, un système monétaire bien établi. Toutefois, au moyen âge, le commerce n'était pas non plus, comme nous allons le voir, restreint à un petit nombre d'États voisins les uns des autres; la passion des découvertes, le désir de se procurer des produits inconnus ne manquait pas à cette époque, et d'ailleurs ce n'est pas seulement l'étendue et les proportions du commerce qui en déterminent l'importance, de même que ce n'est pas non plus sur ces indices qu'on peut juger de l'habileté du commerçant.

Ainsi donc un marchand du moyen âge, s'il revenait parmi nous, ne pourrait nier aucun des avantages dont nous avons parlé plus haut, mais il serait en droit de nous faire observer que le commerce, dans une ville allemande d'autrefois, au temps de sa splendeur et de son indépendance, n'avait pas à craindre l'intervention des princes et des autorités; qu'on n'était pas exposé à voir, dans l'intérêt bien ou mal entendu de l'État ou de l'Empire, les principes commerciaux changer continuellement; et que si l'autorité supérieure ne protégeait pas autant qu'aujourd'hui les voyageurs contre les attaques imprévues, elle n'exigeait aussi aucun impôt, ce qui permettait au marchand de faire la dépense nécessaire pour la défense de ses chariots et de ses vaisseaux de transport. Bien plus, les grandes guerres commerciales des nouveaux États de l'Europe gênent et entravent bien plus le commerce que ne le faisait, au moyen âge, l'avidité de quelques gentilshommes isolés.

PROTECTION ACCORDÉE AUX MARCHANDS.

Du reste, au moyen âge, l'autorité s'occupait aussi de protéger les marchands; c'est ce que prouveront les exemples qui suivent. D'après une loi rendue par l'empereur Lothaire, en 1134, quiconque attaquait les marchands devait payer cent livres d'or, dont une moitié revenait à la chambre impériale, et l'autre à la partie lésée; l'empereur Frédéric Ier détruisit tous les châteaux des nobles qui pillaient ou rançonnaient les voyageurs; Frédéric II prit sous sa protection particulière tous les marchands qui se rendaient à la foire de Francfort, et le margrave Dietrich, de Langsberg, en fit autant pour ceux qui venaient trafiquer à Leipzig; le duc de basse Lorraine rasa, en 1240, le château d'un comte de Dalhem, parce qu'il pillait les marchands; Henri III, roi d'Angleterre, ordonna que les négociants du Brunswick ne fussent point troublés quand ils viendraient faire le commerce dans ses États, et cette mesure fut précédée de la grande lettre de franchise de 1213, qui décide que les marchands, à quelque pays qu'ils appartiennent, peuvent en toute sûreté et en toute liberté venir trafiquer en Angleterre. Si la guerre éclate dans leur pays, on s'assure de leurs personnes et de leurs biens, mais sans exercer contre eux aucune rigueur et sans leur faire essuyer aucun dommage. Ils recouvrent leur liberté aussitôt qu'on a appris que les marchands anglais n'ont été l'objet d'aucune violence.

Certes, il y a plus de sagesse et de justice que n'en prouvent bien des mesures prises de nos jours, dans cette promesse faite en 1268 aux habitants de Leipzig, par le margrave Dietrich de Langsberg : les marchandises des étrangers qui viennent trafiquer dans cette ville ne seront jamais mises sous le séquestre, lors même que lui, Dietrich, serait en guerre avec leurs souverains.

Mais il faut en convenir, les lois ne furent pas toujours exécutées, les promesses toujours tenues, et il était souvent fort difficile d'obtenir satisfaction en pays étranger. Citons pour exemple la réclamation adressée au roi de France, Louis VII, par Christian, archevêque de Mayence, à l'occasion de quelques marchands de sa ville tués par le comte de Mâcon : «Cet acte de violence, disait le prélat, est d'autant plus révoltant, que les marchands français sont protégés en Allemagne. » Quand l'autorité temporelle était impuissante, on avait recours au pouvoir spirituel, et c'est ainsi qu'on voit Innocent III ordonner à l'évêque de Coire et à l'abbé de Saint-Galles d'exiger un dédommagement d'un certain comte de Montfort, qui avait exercé ses brigandages sur des marchands de Plaisance. Pour plus de sûreté, les marchands payaient souvent un droit d'escorte, et celui qui le recevait regardait comme une obligation, comme un devoir, comme un point d'honneur, d'accorder une protection efficace ou de payer une indemnité. La route traversait-elle des pays appartenant à plusieurs seigneurs, comme par exemple au duc de Bavière et à l'archevêque de Ratisbonne, ceux-ci se réunissaient pour protéger en commun les voyageurs et se partageaient le droit d'escorte. On conçoit que les marchands profitaient avec empressement de la permission qui leur était accordée de porter des armes, et souvent ils se réunissaient en si grand nombre que, bien loin d'avoir à redouter aucune attaque, ils devenaient eux-mêmes agresseurs.

PIRATERIE.

Ce fut surtout l'Église qui se prononça le plus fortement contre la piraterie; mais ni l'excommunication, ni les peines les plus rigoureuses infligées par le pouvoir temporel, ne purent faire disparaître entièrement ce fléau. En Danemark, vers le milieu du douzième siècle, il se forma une association contre les pirates. Ceux qui en faisaient partie se confessaient avant de partir en course, recevaient l'indulgence plénière, envoyaient à la découverte pour se mettre en garde contre des attaques imprévues, et allaient ordinairement, sur leurs vaisseaux non chargés, au-devant des pirates slaves. Ils avaient le droit de s'embarquer sur quelque vaisseau que ce fût, même contre la volonté des propriétaires ; seulement ils devaient abandonner à ceux-ci le huitième du butin fait sur les pirates.

La course était parfois permise sans condition durant la guerre ; parfois aussi elle ne l'était que comme moyen extrême, quand des moyens plus doux devenaient impuissants. Ainsi les habitants d'Ancône ayant pris un vaisseau appartenant à des marchands napolitains et s'étant refusés à toute satisfaction, Frédéric II accorda à ces derniers une lettre de marque contre leurs adversaires, les autorisant à courir sur eux jusqu'à ce que le dommage fût entièrement réparé.

DROIT D'ÉPAVE.

A la piraterie se rattache immédiatement le droit d'épave. Depuis la fin du douzième siècle jusqu'à la fin du treizième on le voit supprimé tantôt en partie, tantôt entièrement ; mais les défenses réitérées, et les démarches faites pour obtenir des lettres de franchise qui missent à l'abri de ce fléau, prouvent le retour fréquent du mal. Ce mal devenait bien plus grave lorsque, comme cela eut lieu jusqu'au treizième siècle sur plusieurs points des côtes de la basse Saxe, non-seulement les biens étaient saisis, mais même les personnes réduites à l'état d'esclaves (*). Ce fut l'Église qui s'op-

(*) Vers le milieu du treizième siècle, le droit d'épave existait encore sur les côtes de la Poméranie ; mais on le considérait comme une *usurpation*. En 1260, le duc Wratislas de Demmin en affranchit tous les

posa avec le plus d'ardeur à ces attentats ; mais les papes Grégoire VII, Pascal II, Honorius II, Alexandre III et d'autres encore, ne purent que peu à peu faire prédominer leurs louables principes, et là seulement où les évêques eux-mêmes exerçaient ce droit (*). Dès 1110, une loi avait décidé que quiconque dépouillait des naufragés de leurs biens devait être banni du sein de l'Église comme un brigand et un meurtrier. Charles d'Anjou, qui repoussait également et les sages améliorations introduites par les papes et celles que voulaient amener les Hohenstaufen, fut assez audacieux pour conserver à ses sujets et à ses amis des épaves qu'ils avaient recueillies. Il s'en référait, disait-il, à un droit plus ancien. Il alla même jusqu'à violer les conditions expresses d'un traité tout spécial conclu avec les Génois (**) ; mais ce qu'il y eut de plus honteux dans sa conduite, ce fut le pillage des vaisseaux français qui revenaient de la malheureuse croisade de Tunis, entreprise à sa sollicitation et dans son intérêt particulier. La tempête les ayant brisés sur les côtes de la Sicile, il prit tout ce qu'il put arracher à la habitants de l'île de Rugen, « pour qu'une douleur ne fût pas ajoutée à une douleur : » *Ne dolor supra dolorem addatur.*

(*) En 1257, le roi de Danemark demanda que l'évêque de Lund n'exerçât plus le droit d'épave sur les côtes des biens ecclésiastiques. Peut-être voulait-il se le réserver.

(**) Ce droit de bris était un des priviléges féodaux les plus lucratifs. Du Cange dans son Glossaire cite une charte d'un prince de Galles, concédée à un couvent du pays et portant ces mots : Nous accordons aux moines du couvent de..... le droit de jouir (*gaudere et uti*), sur toute l'étendue de leurs côtes, du naufrage, soit qu'il arrive par submersion, bris de navire ou toute autre cause ; et ce droit, il leur accorde, dit-il, d'en jouir de la meilleure manière, de celle dont il en jouit lui-même. — Le vicomte de Léon disait en parlant d'un écueil : « J'ai là une pierre plus précieuse que celles qui ornent la couronne des rois. » Voyez l'Histoire de France de M. Michelet, t. II, pag. 13.

mer sans pitié pour des malheureux qui avaient combattu avec lui et pour lui.

DROITS ET ÉTAT DES MARCHANDS.

Il y avait de l'analogie entre le droit d'épave et l'abus par suite duquel on empêchait les pèlerins, les marchands, les étrangers, de faire des dispositions testamentaires, et l'on saisissait les biens qu'ils laissaient après eux. L'empereur Frédéric II s'opposa à cette spoliation, et ordonna que, dans le cas où un individu mourrait sans testament, ses biens ne passeraient pas à son hôte ou au seigneur du lieu, mais seraient, sous peine d'une indemnité triple de leur valeur, remis par l'évêque aux héritiers naturels. C'est dans un but non moins louable que Othon IV décida, pour la ville de Stade, qu'aucun bourgeois ne pouvait se saisir des biens d'un étranger sans en avoir donné connaissance au juge du défunt, et que Birger, duc de Suède, sur la proposition des habitants de Hambourg et de Lubeck, ordonna, en 1261, qu'à l'avenir les biens que laisserait un étranger seraient inventoriés et remis à celui qui, dans le délai d'un an, prouverait ses droits à l'héritage.

Les marchands ne pouvaient être, ainsi que cela eut lieu si longtemps pour un grand nombre d'artisans, dans une dépendance absolue; c'était une suite naturelle de leurs occupations. Ce fut là ce qui facilita les associations qu'ils formèrent pour se mettre à l'abri de la violence et accroître leur propre puissance. Mais la considération et l'influence dont ils jouissaient dépendaient plutôt de leurs occupations et de leurs richesses que de droits solidement établis. La manière de voir à cet égard variait suivant les pays; ainsi, par exemple, tandis que le droit coutumier de Souabe fixait à un taux inférieur (le même que pour un paysan libre) le prix du sang d'un marchand, Frédéric Ier accordait à la noblesse du pays d'Asti le droit vivement désiré de se livrer au commerce sans déroger.

Conformément à l'esprit du moyen âge, les efforts des marchands tendaient à avoir des chefs pris dans leurs rangs. C'est ainsi que furent créés en Italie les consuls des marchands, et que, dans plusieurs villes allemandes, furent institués, avec le consentement de l'empereur, les comtes de la Hanse, élus par leurs pairs ou nommés par les conseils. Ces magistrats réglaient et jugeaient certaines affaires commerciales; mais ils avaient surtout pour mission de protéger les négociants sur les marchés étrangers, d'y faire valoir et d'y défendre leurs droits.

MARCHÉS ET FOIRES.

Les marchés et les foires, à cette époque, étaient regardés avec raison comme un moyen puissant d'encourager le commerce. Ils ne pouvaient dans le principe être établis et tenus qu'avec le consentement royal, mais insensiblement les princes accordèrent cette permission, et les rois se turent sur cet empiètement, ou l'approuvèrent. Dès 1140, Conrad III décida que personne, dans l'évêché de Freisingen, ne pouvait établir un marché contre la volonté de l'évêque. Cent ans plus tard, transporter le marché de Kirchheim d'un jour de la semaine à un autre parut une mesure si importante, que le margrave de Misnie et le comte de Bren promulguèrent des actes officiels à ce sujet, et reçurent de l'abbé du couvent quatre marcs d'argent et deux boisseaux d'avoine. Parfois le pape confirmait le droit de marché annuel pour lui donner plus de stabilité, parfois aussi il le conférait aux couvents et aux chapitres sans s'inquiéter des réclamations du pouvoir temporel. Dans la règle, aucun marché ne pouvait être tenu à un mille du lieu auquel ce droit avait été accordé, et les droits d'étalage qu'on prélevait devaient être fixés à un taux modéré et convenable. Il ne faut pas confondre avec cet impôt le droit d'ouvrir dans des lieux publics des boutiques et des boucheries. Ce privilège qui s'achetait fort cher, pouvait être vendu, transporté par voie de succession, et même engagé. Assez souvent le droit d'étalage était plus élevé pour les étrangers que pour les habitants du lieu; souvent même le commerce de certains objets leur était interdit. Parfois aussi on ne prélevait les droits que sur les marchandises vendues, et l'on permettait d'emporter le reste en franchise. La fraude des droits et la contrebande étaient punies dans de certaines localités d'une amende qui s'élevait du quart à l'intégralité de la valeur.

Dans les villes considérables le marché se tenait plusieurs fois par semaine. Les grandes foires avaient lieu aux fêtes des apôtres ou des saints les plus célèbres, parce que les solennités religieuses donnaient une plus grande activité au commerce, et que l'affluence des étrangers prêtait un éclat plus vif aux cérémonies du culte. Dans les villes de commerce les plus importantes, notamment à Ens, à Passau, à Aix-la-Chapelle, les foires duraient quinze jours, et il en était de même, en Italie, des foires de Parme et de Ferrare, qui excitèrent si fort la jalousie des Vénitiens. La foire de Leipzig ne date que de la décadence des Hohenstaufen (*).

ENTREPÔTS ET HALLES.

Pour encourager le commerce, on avait établi dans différentes villes des entrepôts et des douanes, comme, par exemple, à Aix-la-Chapelle, à Sienne, etc. Les autorités de Gênes avaient acheté des maisons sur le bord de la mer pour faciliter le débarquement des marchandises, et les salles des corporations de la Hanse servaient de magasins. Philippe-Auguste fit construire à Paris de grandes halles couvertes qui étaient fermées pendant la nuit, et où, pendant le jour, les marchands offraient leurs denrées aux acheteurs. Le dimanche ces halles étaient fermées, ainsi que les boutiques.

Dans beaucoup de localités il était défendu de vendre et d'acheter avant que les marchandises fussent exposées sur le marché, et même nul détaillant ne pouvait acheter qu'au bout d'un certain nombre d'heures, lorsqu'un signal convenu en avait donné la permission. A Vérone, par exemple, on ne pouvait vendre des fruits, des légumes, etc., avant neuf heures du matin. La volaille, les œufs et quelques autres denrées ne pouvaient être l'objet d'un commerce intermédiaire, et, en général, les vivres et le bois ne pouvaient être achetés de la seconde main, même en petite quantité. A Ravenne, les aubergistes et les cabaretiers étaient libres d'acheter et de vendre du grain, mais on ne leva que fort tard, même pour eux, la défense d'acheter, avant une certaine heure, des oies, des canards, des poules, des œufs, des fromages, des pommes, des figues, du raisin, etc., et jamais il ne leur fut permis de faire commerce de ces différentes denrées.

EXPORTATION ET IMPORTATION.

Parmi les restrictions de plus d'un genre apportées au commerce, figure en première ligne la défense d'exporter ou d'importer certaines marchandises. Elle s'appliquait surtout aux vivres, bien qu'elle s'étendît aussi à d'autres denrées. Donnons des exemples. A Ravenne on défendait, en tout temps, l'exportation des poules, des canards, des oies, des œufs et des fromages; mais l'exportation du grain n'était interdite que lorsque le star dépassait dix schillings. Quiconque introduisait des grains étrangers pour les vendre, devait payer douze deniers par star; mais s'il les introduisait pour sa propre consommation, on n'exigeait de lui

---

(*) Les marchands qui venaient à la foire de Péronne étaient soumis à un singulier droit. Il y avait dans la ville une pierre de grès qui était à elle seule tout un fief. Le possesseur de ce fief était obligé de ferrer d'argent le cheval du roi, quand celui-ci entrait dans la ville; mais en récompense il avait le droit de prendre les jours de foire, dans les boutiques ouvertes sur la place, tous les outils en fer dont il avait besoin, et cela sans rien payer.

aucun droit. A Vérone, l'exportation de la chaux, des pierres et de l'huile, était interdite. Le duc Frédéric d'Autriche, par le conseil des juifs, défendit, en 1235, l'exportation des vins et des blés, d'où il résulta que les pays voisins firent leurs approvisionnements en Souabe, en Franconie et même en Italie. L'empereur Frédéric interdit l'exportation des chevaux, des armes et du biscuit de mer; mais cette défense avait la guerre pour motif. Charles d'Anjou, sans autre motif qu'un aveugle intérêt, ferma plusieurs ports de la Pouille et de la Sicile, qu'il ruina par cette mesure. Mais on ne peut qu'admirer la sage prévoyance de cette décision de Louis IX : Les autorités ne doivent jamais, qu'après un mûr examen, défendre l'exportation des grains, du vin et autres denrées ; mais quand une fois elles ont, pour des raisons puissantes, prononcé cette défense, elles doivent ne point la lever légèrement, et surtout, tant qu'elle est en vigueur, n'y faire aucune exception de faveur.

Cette défense d'exporter les denrées de première nécessité n'empêchait pas toujours la cherté des vivres et les disettes, et pour y remédier, on forçait quelquefois les marchands de grains à vendre leurs approvisionnements à bas prix; mais ceux-ci ne se prêtaient pas toujours de bon gré à cette mesure, et c'est à une ordonnance de ce genre qu'il faut attribuer l'assassinat de Charles de Flandre, en 1127. Quelques États, comme Ferrare, par exemple, employaient un remède plus efficace, en permettant la libre importation des grains, car c'était un moyen sûr d'obtenir des prix plus modérés ; mais cela ne pouvait avoir lieu que dans des États libres, où l'importance politique d'un homme dépendait de la faveur du peuple, ou du moins se rattachait immédiatement à son bien-être.

SUSPENSION DE COMMERCE.

Parfois, surtout pendant les guerres des villes italiennes, la défense d'exporter certaines denrées se changeait en une suspension sévère et exclusive de tout commerce (*); alors les marchands étrangers étaient arrêtés et leurs biens saisis. C'est ainsi que l'évêque de Bellune fut contraint de faire la paix avec les Vénitiens, parce qu'ils ne laissaient plus arriver dans son diocèse ni sel ni autres denrées venant de l'autre côté de la mer. Parfois, au contraire, des particuliers ou des communes étaient contraints à vendre ou à acheter certaines marchandises(**). On ne peut voir qu'un acte de violence, bien qu'elle eût le commerce pour motif, dans la conduite de Henri le Lion, faisant combler les sources salées du comte Adolphe de Holstein, près de Thodeslo, afin d'augmenter le débit du sel à Lunebourg. Il y avait plus d'habileté dans la politique de Venise obtenant de Ravennes un traité par lequel cette ville s'engageait à ne tirer de Ligurie et de Lombardie que ce qui lui serait nécessaire ou serait immédiatement transporté à Venise. Et comme les Ravennates se plaignaient d'être lésés par cette convention, Venise, pour les calmer, consentit à leur payer annuellement une somme d'argent.

C'est à ce genre de restriction que se rattache le traité conclu, en 1221, entre Pise et Arles. S'il arrive, y est-il dit, que, pendant la guerre entre Pise et Gênes, des citoyens d'Arles, ou des marchandises qui leur appartiennent, se trouvent sur des vaisseaux génois, ils peuvent être pris et retenus sans que pour cela la paix soit rom-

(*) A Gênes (1196-1197), il fut décidé que quiconque ferait le commerce avec une ville ennemie, ou importerait et exporterait des marchandises prohibées, serait soumis à la confiscation et aurait sa maison rasée.

(**) Dans une lettre de franchise accordée par Guillaume Ier à Messine, il est dit : Que nul de vous ne soit contraint désormais d'acheter à la curie (*curiæ*) ses esclaves, ses servantes, ses draps et autres objets. — En 1238, les sujets d'un évêque se plaignent de ce que le comte de Flandre les force d'acheter leurs étoffes dans ses États.

pue. Les habitants d'Arles ne peuvent acheter de sel sur la côte qui s'étend de Gênes à Pise, ni accaparer des grains sur tout le littoral entre Pise et Civita-Vecchia, à moins que ce ne soit pour les transporter immédiatement à Pise ou à Arles.

MARCHANDS ÉTRANGERS.

Sous le rapport du commerce, les étrangers et les nationaux n'étaient pas généralement traités sur le pied de l'égalité. En Angleterre, par exemple, durant le douzième siècle, les étrangers ne pouvaient commercer qu'avec les bourgeois, jamais avec les habitants de la campagne. Ils devaient ne séjourner que pendant un certain temps, ne jamais quitter leurs vaisseaux, et ne conclure des transactions avec d'autres étrangers que par l'intermédiaire d'un Anglais. Bologne obtint, par une lettre de franchise de l'empereur Henri V, qu'aucun marchand toscan ne pourrait plus de deux fois l'an traverser l'Apennin pour se rendre aux foires. A Cologne, d'après une décision archiépiscopale de 1259, aucun marchand ne peut séjourner dans la ville plus de trois fois six semaines par an, quand il y apporte certaines denrées, telles que des épices, de l'encens, de l'alun; il ne peut faire son commerce d'une manière isolée, ni acheter de l'argent. Plusieurs de ces dispositions reposaient sur des erreurs, d'autres sur l'intérêt bien entendu des bourgeois. Parfois, cependant, il y avait égalité parfaite entre les étrangers et les nationaux, quand on voulait attirer les premiers et jeter les fondements d'un commerce. C'est ce que fit Henri le Lion dans ses états pour les Juifs et pour les Allemands (*).

Cependant, à côté de ces restrictions, apportées de propos délibéré aux relations commerciales, on rencontre

(*) C'est ainsi que Lothaire III dans un document de 1133, relatif à la ville de Quedlinbourg, ordonne que les toiles, les draps et les fourrures venant des pays étrangers (*de forensibus stationibus*) ne payent aucun droit (*tributum non reddant*).

aussi la conviction que le libre commerce est un bien, que l'on doit l'encourager et le maintenir, même durant la guerre, quand cela est possible. C'est dans cette intention que Conrad IV assura aux marchands de Ratisbonne, que même les biens de ses ennemis seraient en sûreté dans leur ville; et que dans un traité entre Florence et Sienne, il fut convenu que pour la plupart des articles de commerce il n'y aurait ni taxes ni défense d'exportation. En 1237, le légat du pape promit à Saint-Ginesio que l'exportation des grains ne serait pas particulièrement défendue; et le roi de France, en 1248, fit une semblable promesse à Montpellier, avec cette restriction cependant qu'il faudrait pour cela qu'il n'y eût pas cherté ou disette.

DROIT D'ÉTAPE.

Il faut encore considérer comme une restriction apportée au commerce le droit d'étape, auquel prétendaient certaines villes en vertu d'anciennes coutumes, comme Cologne, ou de priviléges impériaux, comme Vienne (*). Peu à peu les princes suivirent cet exemple. Ainsi, en 1257, Jean, margrave de Brandebourg, accorda le droit d'entrepôt à la ville de Landsberg; et le duc Henri, vers 1273, décida que Breslau était la seule ville de ses États qui pût servir d'entrepôt aux marchandises, et qu'à un mille de Breslau il ne pourrait s'établir ni boulangers, ni bouchers, ni cordonniers, ni aubergistes, ni merciers, ni détaillants, etc. En 1277, Gemona obtint ce privilége que toutes les marchandises qui passeraient les Alpes, venant du nord ou du midi, s'arrêteraient une nuit dans ses murs, payeraient un certain droit, et devraient être transportées plus loin, dans les voitures et avec les chevaux des habitants.

COMMERCE AVEC LES SARRASINS.

Le commerce avec les Sarrasins était

(*) D'après le droit municipal de Vienne (1198), aucun habitant de la Souabe ne peut passer par Vienne pour aller faire le commerce en Hongrie.

l'objet d'une surveillance particulière. Dès 971, bien avant les croisades, Venise promulgua des lois restrictives à cet égard. Mais les défenses étaient impuissantes, la foi cédait à l'amour du gain; aussi l'Église finit par défendre tout commerce direct ou indirect avec les pays occupés par les Sarrasins, et même toute communication, tant que durerait la guerre. Cette intervention de l'Église ne fut pas mieux accueillie; les Vénitiens eux-mêmes qui, dans l'impossibilité de se livrer à l'agriculture, ne pouvaient se maintenir que par le commerce et la navigation, se plaignirent de l'interdiction prononcée par le pape, et Innocent III la restreignit en ce sens qu'il borna au fer, aux étoupes, à la poix, aux cordages, aux armes, aux vaisseaux et aux bois de construction, les objets qui ne pouvaient être vendus, échangés ou donnés. Plus tard, on voulut appuyer la défense sur cette considération que le commerce avec l'Orient pouvait donner lieu à une attaque préjudiciable aux chrétiens; mais, on le conçoit, cette opinion ne trouva aucune faveur. Les juifs furent souvent accusés et punis pour avoir vendu aux infidèles des armes et des marchandises prohibées.

DROITS DE DOUANE.

Les droits de douane étaient perçus de différentes manières et pour des causes différentes ; ils prenaient, suivant les motifs pour lesquels on les prélevait, le nom de droits d'entrée, de transit, de sortie, d'achat, de vente. On considérait les droits de douane, ainsi que tous les autres impôts, comme un moyen de se procurer de l'argent, mais aussi, dans certains cas, comme destinés en partie à acquitter l'indemnité due par les marchands et par les voyageurs pour l'escorte qu'on s'engageait à leur fournir. Néanmoins, cette escorte était souvent payée à part; celui qui recevait de l'argent à cet effet devait un dédommagement si le voyageur éprouvait des pertes par suite de quelque attaque. Celui qui ne voulait pas acquitter le droit d'escorte voyageait à ses propres périls. Les chevaliers et les ecclésiastiques étaient de droit exempts de cet impôt, ces derniers à cause de leur état, les premiers parce qu'ils portaient le glaive et le bouclier.

D'après un ancien principe souvent invoqué et mis en avant, personne, sans le consentement du roi ou de l'empereur, ne pouvait lever des droits de douane ou en établir de nouveaux. Mais malheureusement ce principe ne fut pas toujours respecté, et souvent même on eut plus à souffrir encore des nouveaux droits que les rois permettaient de lever. Aussi les États, dans différentes occasions, prirent-ils des résolutions énergiques, ou exigèrent-ils qu'on s'engageât à ne plus apporter désormais aucun changement aux droits établis sans avoir obtenu leur consentement. La permission du roi était également nécessaire pour supprimer les impôts.

Des souverains énergiques, comme Frédéric Ier et Frédéric II, punissaient avec sévérité ceux qui, contrairement à la justice, percevaient les droits de douane ou se permettaient de les élever. Mais après la mort de ce dernier, l'arbitraire, à cet égard, prit tellement le dessus, que plusieurs routes de commerce devinrent presque désertes, et que la navigation cessa presque entièrement. Les efforts de quelques rois bien intentionnés mais impuissants, comme Guillaume de Hollande et Richard, n'apportèrent aucun remède au mal. La ligue des villes du Rhin fut plus efficace au moins pour quelque temps.

Mais les améliorations qu'on ne pouvait attendre des lois et d'une règle générale, on les obtint, comme cela arriva si souvent au moyen âge, par la voie des exceptions. Un grand nombre de lettres de franchise accordent à des villes, à des communes, à des couvents, et même à des particuliers, l'exemption absolue de tout droit de douane pour les objets de leur industrie, ou seulement pour tout ce qui est nécessaire à leur usage particulier; quelquefois aussi ces lettres décident seulement qu'ils n'auront à payer que les droits impériaux.

Sans doute les princes et les prélats, en élevant les droits, n'eurent pas toujours égard aux lettres de franchise accordées par l'autorité impériale; mais les intéressés savaient saisir toutes les occasions favorables pour obtenir d'eux aussi des titres qui leur assurassent protection et affranchissement. Parfois de tels titres étaient donnés même par certaines villes et certains gentilshommes; parfois aussi des princes déclaraient qu'ils voulaient reconnaître et suivre les *établissements* du roi (*); parfois enfin ce dernier confirmait les concessions faites par les princes. Des femmes elles-mêmes, des enfants, des vassaux accordaient quelquefois leur consentement pour prévenir toute résistance. Ainsi ce que les droits de douane auraient eu d'oppressif; comme mesure générale, disparut à la faveur des mesures particulières; mais aussi cette homogénéité, cette uniformité, auxquelles nous attachons tant de prix de nos jours, manquait alors entièrement.

Quand les occasions manquaient pour obtenir gratuitement de grandes lettres de franchise, on se rachetait de toute espèce de droits, comme le firent plusieurs villes et plusieurs couvents, ou bien encore on payait annuellement, pour l'exemption, une somme proportionnelle. Quelquefois des villes s'accordaient réciproquement, ou moyennant une faible compensation, l'exemption des droits, et l'empereur donnait aux bourgeois l'assurance que l'autorité municipale n'exigerait d'eux aucuns nouveaux péages. On trouve aussi quelques exemples de l'intervention des papes : ainsi Urbain IV excommunia l'évêque de Trèves, parce qu'il avait, de sa propre autorité, établi une douane rhénane, et confia à un simple ecclésiastique l'examen de cette affaire.

Ce fut par suite des encouragements accordés au commerce que plusieurs villes obtinrent, comme Aix-la-Chapelle en 1166, le droit de foires, et l'exemption de droits pour certaines époques et même pour l'année entière. Il y avait aussi des marchés qui se tenaient à certains jours de fête, où marchands et acheteurs ne payaient aucuns droits. Dans beaucoup de localités, celui qui apportait ses marchandises dans une ville et ne les y vendait pas, n'était soumis à aucune taxe.

Dans la règle, les châtiments infligés à ceux qui fraudaient la douane étaient d'une grande sévérité, et l'amende se montait souvent à plus de huit fois la taxe; mais dans plusieurs conciles il est ordonné que les marchands ne seront tenus de payer les droits qu'après leur arrivée, et que personne ne pourra les dépouiller arbitrairement pour y avoir manqué. D'après le droit germanique, si le douanier appelé trois fois ne se présente pas, on peut continuer son chemin, mais on doit payer au retour; si l'on se justifiait par le serment du reproche d'avoir sciemment fraudé les droits, l'on n'en payait que quatre fois le montant. La recherche des marchandises soumises aux droits, que chacun transportait, était exacte et sévère, et l'on doit considérer comme une exception à cette règle le privilège accordé par le roi Richard aux habitants de Cologne, d'être exempts de tous droits à différentes douanes, du moment qu'ils auraient juré que les marchandises leur appartenaient.

Le taux des droits et le mode de prélèvement différaient suivant les localités; dans certains pays on prenait pour base le poids, sans avoir égard à la valeur des marchandises; dans d'autres, au contraire, c'était sur cette dernière base qu'on se réglait. Les droits se payaient, soit en argent, soit en nature. Voici quelques exemples des tarifs adoptés à cette époque :

A Fribourg en Brisgau, vers 1120, on payait pour un cheval quatre deniers, pour un bœuf un denier, pour un mulet seize deniers, pour un âne huit deniers, pour quatre moutons un denier, pour une voiture de foin un denier. On payait, dans la même proportion, pour le plomb, le fer, l'huile, le sel, l'étain, le poivre, le cumin, etc.

(*) Le mot *établissements* au moyen âge était synonyme de constitution.

… A Stain en Autriche, probablement vers le commencement du quatorzième siècle, on payait un pfenning pour vingt livres de laine ou de poil de vache, pour un quintal de suif, pour une meule, pour une pièce de bétail ; deux pfennings pour une livre de safran ; treize pfennings pour un ballot de poivre ou de réglisse et pour un foudre de vin ; seize pfennings pour un ballot de gingembre, de girofle ou de cannelle ; dix-huit pfennings pour un ballot de drap ; six pfennings pour un quintal de carpes, de toile, etc. ; cinq pfennings pour cent peaux de lièvres.

DETTES DE COMMERCE.

Les délits relatifs aux dettes de commerce donnèrent lieu à plusieurs dispositions pénales. Des villes, des États s'engageaient à se prêter un appui efficace, en faisant mutuellement payer les débiteurs ; et pour atteindre ce but, il fut défendu de saisir arbitrairement les biens d'un particulier sans instruire la procédure, et surtout de recourir à l'usage, trop commun alors, de s'en prendre, non-seulement au débiteur et à ses répondants, mais même aux marchands du même pays, que l'on forçait à payer pour leurs compatriotes. Les répondants ne devaient même être poursuivis qu'après le débiteur et dans un ordre régulier. Frédéric I*er*, pour favoriser Aix-la-Chapelle, décida que l'on ne pourrait y poursuivre les marchands que pour des transactions et des dettes relatives à la foire ; et vers le milieu du treizième siècle, on trouve, dans un traité de paix des comtes de Flandre, que leurs sujets ne pourront saisir le vaisseau d'aucun marchand étranger comme garantie d'une dette, sans avoir obtenu un jugement préalable. Quiconque venait à Bologne, lors de la fête de saint Pétrone, n'avait rien à redouter de ses créanciers huit jours avant et huit jours après cette fête.

ARGENT ET INTÉRÊTS.

A mesure que le commerce prit plus de développement, le besoin de l'argent et la nécessité de dispositions communes à ce sujet se firent plus généralement sentir. Le plus grand obstacle vint de la part de l'Église, qui, interprétant faussement quelques passages de la Bible, considérait comme usure toute exploitation immédiate de l'argent, tout placement à intérêt, tandis que dans tous les autres genres de commerce, on permettait de gagner jusqu'à dix pour cent. L'effet naturel de cette défense fut qu'on recourut à tous les moyens possibles pour dissimuler le payement des intérêts. Ainsi dans les reconnaissances d'argent prêté, on substituait des grains ou d'autres denrées à l'argent, on remettait des gages qui pouvaient être utilisés, on se faisait des présents ou l'on souscrivait une somme plus forte que celle qui avait été reçue, etc. Pour obvier à cet inconvénient, il fut défendu de retirer aucune espèce d'avantage de l'argent prêté ; tout profit fait sur la somme prêtée devait être déduit du capital et puni sévèrement. Alors les prêteurs exigèrent que leurs débiteurs s'engageassent par serment à ne jamais faire connaître leurs conventions mutuelles, et à ne jamais réclamer ce qu'ils auraient donné ; mais l'Église ordonna d'instruire d'office contre de semblables délits, et de forcer les prêteurs à restituer ce qu'ils avaient reçu. Et comme les tribunaux séculiers montraient peu de zèle à exécuter cette décision, le pape Alexandre III déclara que toutes les affaires de ce genre appartenaient à la justice spirituelle. Les prêteurs à intérêt furent excommuniés, privés du sacrement de l'eucharistie et déclarés indignes d'être ensevelis en terre sainte. Mais comme cette excommunication était générale et ne s'adressait nominativement à personne, la plus grande partie de ceux contre qui elle était dirigée ne s'en inquiétaient que quand une circonstance imprévue ou l'approche de la mort venait alarmer leur conscience, et les décider à restituer les intérêts reçus, ou du moins à bâtir des chapelles et à faire quelque fondation pieuse pour assurer le salut de leur âme. Les juifs, sur lesquels les menaces de l'Église n'avaient aucun pouvoir, ne devaient avoir aucuns rapports avec les chrétiens, et l'excommunication atteignait ceux d'entre ces derniers qui ne s'empressaient pas de se conformer à la loi.

Mais toutes ces lois, tous ces châtiments ne pouvaient comprimer le besoin naturel de se procurer de l'argent, et le désir non moins naturel de tirer un intérêt des capitaux dont on pouvait disposer. Bien plus, le taux de l'intérêt s'éleva en proportion des dangers auxquels ce genre d'opération exposait. Dix pour cent était le taux le plus modéré, et il n'était pas rare qu'on exigeât vingt pour cent. D'après une loi de Milan, de l'année 1197, la ville ne devait pas prêter au-dessus de dix, tout particulier au-dessus de cinq. Vers 1228, on pouvait, à Vérone, demander douze et demi pour cent; mais tout ce qui s'élevait au-dessus devait être retranché du capital. Des dispositions aussi contraires aux lois de l'Église auraient dû être réprouvées par le clergé et par le pape; mais eux-mêmes avaient besoin d'argent, et étaient obligés d'enfreindre leurs propres lois. Les papes, par une mesure pleine de justice, ordonnèrent que tout emprunt fait par un prélat dans un besoin pressant, serait remboursé par lui sur les biens de l'Église; mais ils ne purent toujours réussir à faire retrancher du capital l'intérêt qui avait été stipulé, et Honorius III confirma un contrat dans lequel un évêque avait promis à des prêteurs siennois que s'il ne les payait pas au terme fixé, lui et son diocèse seraient excommuniés. Des ecclésiastiques eux-mêmes ne purent résister à l'appât du gain, et se livrèrent à l'usure; des poursuites furent dirigées contre eux à cette occasion, et les coupables furent déposés. D'autres, plus prévoyants, trouvèrent un moyen de s'enrichir en faisant épier et surprendre les usuriers, et en leur imposant de fortes amendes.

Mais l'Église dut plus d'une fois renoncer à ses prétentions. Ainsi le pape Innocent III permit d'engager les revenus de la Sicile et de faire un emprunt à des marchands moyennant intérêt. On peut voir, par les lettres des papes, avec quelle rigueur, plus tard, les prêteurs en agirent avec les pontifes qui eurent besoin d'argent dans un but temporel. Clément IV, avant excommunié la ville de Sienne, fit une exception en faveur des marchands qui avaient prêté à Charles d'Anjou et à lui une somme assez considérable. Ce même pape ouvrit, dans une autre circonstance, un emprunt de 100,000 livres, et n'en reçut que 50,000; le reste avait été retenu comme intérêts. Les seigneurs séculiers n'étaient pas mieux traités. En 1221, le comte de Flandre, pour se racheter des Français, emprunta 26,186 livres, et fut obligé de souscrire une obligation de 31,090, avec cette clause que s'il ne s'acquittait pas à l'époque fixée, les biens de tous les marchands de la Flandre et du Hainaut pourraient être saisis.

Si l'on considère la rareté de l'argent, les dangers des prêts, les frais qu'entraînaient les envois, la difficulté des recouvrements et l'indifférence avec laquelle on compromettait souvent son propre crédit, on concevra sans peine que, comparativement, les bénéfices des banquiers et des changeurs ne devaient pas être, à cette époque, plus considérables qu'ils ne le sont aujourd'hui; mais comme l'usure et la fraude n'étaient pas sans exemple chez quelques-uns d'entre eux, ce nom jetait je ne sais quelle défaveur sur une profession qu'aujourd'hui, à bon droit, l'on regarde comme très-permise. Quand le clergé et les moines mendiants, dans l'excès de leur zèle, prêchaient contre le prêt à intérêts, la multitude se croyait autorisée à piller, à maltraiter les prêteurs et à renverser leurs maisons. Alors, par une conséquence naturelle, les banquiers élevaient le taux de l'intérêt, ou bien se réunissaient pour former un parti puissant, et parvenaient même quelquefois à punir ceux qui avaient poussé les papes à écrire contre l'usure. Mais les villes, de leur côté, et par une conséquence non moins naturelle, résistaient par des lois à cette influence de l'aristocratie d'argent. C'est ainsi que Milan décida qu'une dette, au bout de trois ans, ne serait valable qu'autant que le débiteur la reconnaîtrait ou serait encore en possession de la chose pour laquelle il avait emprunté.

Mais toutes ces lois, toutes ces difficultés ne détournèrent pas du commerce de l'argent si attrayant par lui-même, et qui d'ailleurs devenait de plus en plus productif; elles n'eurent pas plus d'effet que n'en ont eu de nos jours les banqueroutes des différents États, l'abaissement de l'intérêt et les payements arriérés. Les villes commerçantes de la Lombardie se livrèrent particulièrement à ce genre d'industrie avec une si grande ardeur que dans tous les pays de l'Europe le nom de Lombard est devenu synonyme de banquier et de changeur. Quand le pape, en 1256, se brouilla avec Asti, il fit arrêter 150 habitants de cette ville, qui s'étaient fixés en France pour s'y livrer à ce genre d'affaires, et les fit retenir six ans prisonniers à Lyon. Néanmoins le commerce de la banque continua toujours et les riches banquiers prêtaient également à tous les partis politiques dès qu'ils y voyaient quelque sûreté et la possibilité d'un bénéfice. Mais, de leur côté, quelques villes, pour avoir aussi leurs sûretés, prirent à l'égard des banquiers et des changeurs certaines mesures de précautions. Ainsi à Venise tout changeur devait déposer un cautionnement de 3000 ducats, sur lequel on mettait arrêt au besoin. Ce fut dans le but de faciliter les prêts et le change que se développa peu à peu en Italie la science et le droit des changes. Dès le milieu du treizième siècle nous voyons, au lieu d'argent monnayé, envoyer des mandats et des décomptes, dont la forme devint de plus en plus simple.

En Angleterre, sans respect pour les lois de l'Église ni pour sa propre dignité, l'opulent Richard de Cornouailles se fit donner, par Henri III, son frère, un privilége si exclusif pour le commerce de l'argent, que personne, sous les peines les plus sévères, ne pouvait, pour quelque affaire que ce fût, emprunter à un autre qu'à lui. En Allemagne ce commerce ne prit pas une aussi grande importance (*); mais il se maintint longtemps dans les limites naturelles de l'échange des différentes monnaies.

ROUTES DU COMMERCE.

Le meilleur moyen de faire connaître les routes que parcourait le commerce au moyen âge, et les différentes denrées qu'il recherchait particulièrement, c'est de passer en revue chacun des États commerçants qui s'étaient formés à cette époque.

Mais avant de nous livrer à cet examen, nous devons dire qu'il n'y eut au moyen âge aucun peuple qui ne se livrât au commerce extérieur. Presque aucune des routes de commerce connues dans l'antiquité et de nos jours, si l'on en excepte celles qui se sont ouvertes par mer entre l'Inde, l'Amérique et l'Europe, n'était alors inconnue ou abandonnée. On peut même dire qu'à cette époque il existait entre l'Occident et l'Orient non-seulement des relations diplomatiques et officielles, mais même des relations de peuples fréquentes et variées. C'est ce que M. Abel Rémusat a prouvé jusqu'à l'évidence dans un mémoire (**) dont nous croyons devoir donner un extrait à nos lecteurs.

« Beaucoup de religieux italiens, français, flamands, furent chargés de missions diplomatiques auprès du grand khan. Des Mongols de distinction vinrent à Rome, à Barcelone, à Valence, à Lyon, à Paris, à Londres, à Northampton, et un franciscain du royaume

(*) Au temps de Frédéric 1er, il est question d'affaires d'argent conclues à la foire d'Aix-la-Chapelle.

(**) *Mémoires sur les relations politiques des princes chrétiens avec les empereurs mongols.* 2e mémoire, pag. 154-157.

de Naples fut archevêque de Péking. Son successeur fut un professeur de théologie de la faculté de Paris. Mais combien d'autres personnages moins connus furent entraînés à la suite de ceux-là, ou comme esclaves, ou attirés par l'appât du gain, ou guidés par la curiosité dans des contrées jusqu'alors inconnues! Le hasard a conservé les noms de quelques-uns. Le premier envoyé qui vint trouver le roi de Hongrie de la part des Tartares, était un Anglais banni de son pays pour certains crimes, et qui, après avoir erré dans toute l'Asie, avait fini par prendre du service chez les Mongols. Un cordelier flamand rencontra dans le fond de la Tartarie une femme de Metz, nommée Paquette, qui avait été enlevée en Hongrie; un orfévre parisien, dont le frère était établi à Paris sur le grand Pont; et un jeune homme des environs de Rouen, qui s'était trouvé à la prise de Belgrade. Il y vit aussi des Russes, des Hongrois et des Flamands. Un chantre, nommé Robert, après avoir parcouru l'Asie orientale, revint mourir dans la cathédrale de Chartres. Un Tartare était fournisseur de casques dans l'armée de Philippe le Bel. Jean de Plancarpin trouva près de Gayouk un gentilhomme russe, qu'il nomme Temer, qui servait d'interprète. Plusieurs marchands de Breslaw, de Pologne, d'Autriche, l'accompagnaient dans son voyage en Tartarie; d'autres revinrent avec lui par la Russie : c'étaient des Génois, des Pisans, des Vénitiens. Deux marchands de Venise, que le hasard avait conduits à Bokhara, se laissèrent aller à suivre un ambassadeur mongol qu'Houlagou envoyait à Khoubilaï. Ils séjournèrent plusieurs années tant en Chine qu'en Tartarie, revinrent avec des lettres du grand khan pour le pape, retournèrent auprès du grand khan, emmenant avec eux le fils de l'un d'eux, le célèbre Marc Paul, et quittèrent encore une fois la cour de Khoubilaï pour s'en revenir à Venise. Des voyages de ce genre ne furent pas moins fréquents dans le siècle suivant. De ce nombre sont ceux de Jean de Mandeville, médecin anglais, d'Oderic de Frioul, de Pogoletti, de Guillaume de Bouldeselle, et de plusieurs autres. On peut bien croire que ceux dont la mémoire s'est conservée ne sont que la moindre partie de ceux qui furent entrepris, et qu'il y eut dans ce temps plus de gens en état d'exécuter des courses lointaines que d'en écrire la relation. Beaucoup de ces aventuriers durent se fixer et mourir dans les contrées qu'ils étaient allés visiter; d'autres revinrent dans leur patrie aussi obscurs qu'auparavant, mais l'imagination remplie de ce qu'ils avaient vu, le racontant à leur famille, l'exagérant sans doute, mais laissant autour d'eux, au milieu de fables ridicules, des souvenirs utiles et des traditions capables de fructifier. Ainsi furent déposées en Allemagne, en Italie, en France, dans les monastères, chez les seigneurs, et jusque dans les derniers rangs de la société, des semences précieuses destinées à germer un peu plus tard. Tous ces voyageurs ignorés, portant les arts de leur patrie dans les contrées lointaines, en rapportaient d'autres connaissances non moins précieuses, et faisaient, sans s'en apercevoir, des échanges plus avantageux que tous ceux du commerce. Par là, non-seulement le trafic des soieries, des porcelaines, des denrées de l'Indoustan, s'étendait et devenait plus praticable, il s'ouvrait de nouvelles routes à l'industrie et à l'activité commerciale; mais, ce qui valait mieux encore, des mœurs étrangères, des nations inconnues, des productions extraordinaires, venaient s'offrir en foule à l'esprit des Européens, resserré, depuis la chute de l'empire romain, dans un cercle trop étroit. On commença à compter pour quelque chose la plus belle, la plus peuplée et la plus anciennement civilisée des quatre parties du monde; on songea à étudier les arts, les croyances, les idiomes des peuples qui l'habitaient, et il fut même question d'établir une chaire de langue tartare dans l'université de Paris. Des relations romanesques, bientôt discutées et approfondies, répandirent de toutes parts des notions plus justes et plus variées. Le monde sembla s'ouvrir du côté de l'Orient ; la géographie fit un pas immense ; l'ardeur pour les découvertes devint la forme nouvelle que revêtit l'esprit aventureux des Européens. L'idée d'un autre hémisphère cessa, quand le nôtre fut mieux connu, de se présenter à l'esprit comme un paradoxe dépourvu de toute vraisemblance ; et ce fut en allant à la recherche du Zipangri de Marc Paul, que Christophe Colomb découvrit le nouveau monde. »

ÉTATS COMMERÇANTS.

L'Allemagne ne fit jamais le grand commerce maritime, si ce n'est plus tard par les villes de la Hanse ; mais Nuremberg, Augsbourg, etc., étaient les entrepôts de Venise, de Gênes, de Pise. Nous devons donc avant tout parler des républiques commerçantes de l'Italie, qui d'ailleurs, pour la plupart à titre de villes impériales, ne sont point étrangères à l'histoire d'Allemagne.

On ne peut dire que l'Italie se soit livrée au commerce avant les autres peuples de l'Europe ; mais il est certain qu'Amalfi, Pise, Gênes et Venise devinrent des États commerçants, longtemps avant que dans les autres contrées de l'Occident le commerce s'étendît au delà des besoins journaliers.

AMALFI, de très-bonne heure, fit un commerce fort étendu, notamment en Syrie et en Égypte ; mais quand cette ville tomba au pouvoir des Normands, elle perdit de son importance à cet égard. Il ne faut pas oublier d'ailleurs que sa position dans une vallée étroite, rocailleuse et entourée de hautes montagnes, s'opposait à toute culture, à tout accroissement, et que son port n'a jamais été sûr.

GÊNES chercha surtout à s'emparer du commerce dans la partie occidentale de la Méditerranée ; mais elle trouva des rivaux dans les Provençaux, dans les Aragonais et surtout dans les Pisans. Pendant les guerres auxquelles cette rivalité donna lieu, les navires marchands n'osaient point se hasarder en mer sans escorte ; on les faisait convoyer par des vaisseaux de guerre, ce qui naturellement augmentait les frais. L'an 1168 le roi d'Aragon repoussa les Pisans, livra aux Génois ceux qu'il avait faits prisonniers, et leur abandonna la moitié des navires sur lesquels il avait mis l'embargo. Vers la même époque le roi de Maroc permit aux Génois, moyennant un modique tribut, d'exercer en toute sûreté le commerce dans ses États, et plus d'une fois les rois maures de l'Espagne, pressés par le besoin, leur firent des concessions plus importantes encore.

En 1156 Gênes conclut un traité de commerce avec Guillaume Ier, roi de Sicile, et promit de ne rien entreprendre contre son honneur et sa sûreté, de maintenir la paix, et de payer une indemnité pour tout brigandage, pour tout acte de violence exercé par des Génois. De son côté, Guillaume s'engagea à protéger les Génois dans tous ses États, et à ne plus souffrir le commerce important que les Français et les Provençaux y avaient fait jusqu'alors. Un autre traité entre Gênes et Narbonne (1170) porte que cette dernière ville peut acheter dans le pays de Gênes des denrées de toute espèce, sans augmentation de droits, mais qu'elle ne peut expédier annuellement en Orient qu'un seul navire, chargé de pèlerins et non de marchandises ; dans certains cas l'accès du port de Narbonne doit être interdit aux Pisans. En revanche, saint Louis promit à Montpellier qu'aucun Génois ne pourrait s'établir à Aigues-Mortes et y obtenir le droit de bourgeoisie. En 1236 Gênes et Arles conclurent un traité en vertu duquel le droit d'épave doit cesser, et l'on permet mutuellement aux héritiers de réclamer les objets naufragés. D'autres dispositions sont arrêtées relativement aux douanes, aux exportations, et il est convenu qu'Arles aura à Gênes un consul pour rendre la justice à ceux de ses habitants qui s'y trouvent. Le commerce de Gênes fut très-favorisé dans les États de l'Église quand la ville eut embrassé le parti du pape, et Alexandre IV lui accorda l'exemption de tous les droits de douane.

A partir du temps des croisades, le

23e *Livraison.* (ALLEMAGNE.)

commerce de Gênes en Syrie, et plus tard en Égypte, prit un tel accroissement, que de grandes flottes de vaisseaux marchands allaient sans cesse d'un pays à l'autre, et abordaient, chemin faisant, dans les îles grecques et particulièrement dans l'île de Crète. Dès le douzième siècle Gênes entretenait des relations amicales avec Constantinople, d'où elle tirait non-seulement des objets fabriqués et des marchandises de l'Orient, mais même encore des grains. L'an 1155 l'empereur Manuel Comnène accorda à la commune de Gênes une somme annuelle de deux cents pièces d'or et deux manteaux, à l'archevêque de la ville soixante pièces d'or et un manteau, aux marchands génois un établissement et une église à Constantinople, ainsi qu'une remise considérable sur les droits de douane.

La fondation de l'empire latin donna aux Vénitiens une prépondérance décisive dans cette contrée; aussi les Génois, au mépris des défenses de l'Église, employèrent-ils tous leurs efforts pour le rétablissement de la puissance grecque.

Soit reconnaissance, soit faiblesse, les empereurs grecs accordèrent aux Génois les plus importants priviléges. Un traité conclu avec Michel Paléologue porte que les Génois, avec cinquante vaisseaux, soutiendront l'empereur quand il en fera la demande; qu'ils n'apporteront aucunes marchandises à des négociants étrangers, et ne pourront exporter ni or ni argent; mais en revanche ils obtiennent des établissements et une juridiction dans plusieurs villes, l'exemption de tout impôt, et, avec les Pisans, le commerce exclusif de la mer Noire. Smyrne, Péra, le plus important faubourg de Constantinople, une partie de la Crimée, sont en leur pouvoir, et ils s'emparent de Caffa pour en faire l'entrepôt de toutes les marchandises qui, par différentes routes, se rendaient de l'intérieur de l'Asie à la mer Noire. C'est ainsi que Gênes devint, pendant un certain temps, la première puissance commerçante de l'Europe, et elle eût conservé longtemps cette supériorité, si l'active industrie et l'intrépide courage de ses citoyens eussent été secondés par la sagesse du gouvernement. Mais Gênes fut affaiblie intérieurement par les révolutions imprudentes qu'amenaient l'amour de la nouveauté et le désir irréfléchi du changement; tandis que Venise, par la prudence et par la solidité de son gouvernement, sut toujours dominer les événements.

PISE. Le commerce de Pise, à une certaine époque, fut encore plus étendu, et la puissance de cette ville encore plus grande que le commerce et la puissance de Gênes. Mais à la chute du parti gibelin, auquel elle fut toujours attachée, commencèrent et sa décadence et la splendeur toujours croissante de Florence, qui, de son côté, tenait pour les Guelfes. D'ailleurs, Pise n'était pas située aussi favorablement que Gênes et Venise pour le commerce de terre et de mer. Les routes que suivait le commerce de Pise, son étendue, son but, peuvent être facilement déterminés à l'aide du catalogue des traités de commerce conclus par cette ville (*). L'Afrique, la Syrie,

(*) 1154 (ère de Pise). Rainaud et Constance, souverains d'Antioche, accordent aux Pisans un établissement dans le port de Laodicée, et leur font remise de la moitié des droits.

1156. Baudouin et Mélisende augmentent les priviléges dont les Pisans jouissent à Tyr, et donnent plus d'extension à leurs établissements dans cette ville.

1157. Amaury, comte d'Ascalon, leur accorde les mêmes priviléges à Joppé.

1168. Une lettre de franchise de ce prince leur accorde le droit de juridiction.

1169. Des priviléges importants leur sont promis en Égypte et au Caire, en cas de conquête.

1170. Bohémond confirme et augmente les priviléges de 1154.

1177. Traité de commerce entre Pise et Abdhalla, roi de Tunis, qui promet protection aux Pisans, délivre les esclaves et lève l'impôt mis sur l'alun.

1182. Pise réclame auprès de Iousouf Ébouri Iacoub, roi de Tripoli, quelques vaisseaux capturés.

1182. Plaintes adressées à ce prince relativement aux restrictions qu'il a apportées

la Grèce, l'Espagne, la Sicile et la partie méridionale de la France, étaient au commerce des peaux, des cuirs, des *beccumi* et autres marchandises.

1185. Paix conclue avec les États africains.

1187-1189. Lettres de franchise accordées à Pise par Conrad de Montferrat, Gui de Lusignan, Henri de Champagne, pour l'appui qu'elle leur a prêté.

1194. Contestation entre Pise et l'archevêque de Tripoli, relativement aux droits prélevés sur les marchandises.

1198. Instructions sur les diverses promesses que les envoyés pisans doivent faire à l'empereur de Constantinople, dans le cas où il recevrait les vaisseaux de Pise dans toutes les parties de ses États.

1202. Priviléges commerciaux accordés en Syrie par le seigneur de Botrys.

1207. Henri, empereur de Constantinople, promet aux Pisans de confirmer leurs priviléges et de les admettre dans tous ses ports s'ils consentent à lui jurer fidélité.

1208. Abderaman, *rettore di tutti i Cristiani della provincia d'Africa*, écrit de Tunis à Pise que deux vaisseaux pisans ont capturé dans le port de Tunis trois navires sarrasins avec leur chargement et leur équipage; que sur les plaintes adressées au cadi et au roi Ébouis, il a été ordonné qu'en dédommagement tous les grains des habitants de Pise et de Lucques seraient tirés de leurs magasins pour être vendus; que les Pisans doivent consentir à une amende et à une indemnité, s'ils ne veulent pas s'exposer à de plus grandes pertes.

1208. Un passe-port sarrasin est envoyé par le roi de Tunis à Pise.

1209. Lettre de franchise par laquelle l'empereur Othon IV décide que les Pisans peuvent commercer librement dans l'empire sans que personne les force à vendre ou à acheter. Nul sans leur permission ne peut aborder, débarquer et faire le commerce entre les ports de Civita-Vecchia et Porto-Venere.

1214. Négociations avec Gaëte, Zara, Nice, Grasse, Marseille, pour s'assurer une protection mutuelle et détruire la piraterie.

1216. Traité avec Rupinus à Antioche.

1221. Traité de commerce entre Pise et Arles.

1229. Frédéric II accorde aux Pisans l'exemption des impôts et le droit de juridiction à Akkon.

alors fréquentées par les Pisans, et des marchands de ces différents pays affluaient aussi à Pise. Dès le commencement du douzième siècle, Domnitzo représente cette ville comme une ville impie; car on y trouve, dit-il, des Turcs, des Libyens, des Parthes, des Chaldéens et d'autres païens.

FLORENCE s'occupa moins du commerce extérieur que du commerce intérieur, et plus tard de la banque; néanmoins, à la faveur de la guerre, elle obtint de ses voisins des conditions avantageuses. Ainsi, en 1256, Pise fut obligée de lui accorder l'exemption des droits d'entrée et de sortie, et d'adopter ses poids, ses mesures et son système monétaire.

VENISE. Si le commerce de Gênes s'étendait sur la côte occidentale de la Méditerranée, celui de Venise s'exerçait surtout sur la côte orientale et dans l'Adriatique. Cependant, dès le commencement du douzième siècle, les Vénitiens pénétraient jusqu'à Marseille. Ils s'efforcèrent constamment d'exercer une domination exclusive dans l'Adriatique sans autre secours que celui de leur propre puissance, et non en vertu de la concession imaginaire du pape Alexandre III. Ils furent de bonne heure dans des rapports d'amitié avec les Byzan-

1230. Ils obtiennent de nouveaux priviléges en Égypte.

1234. Privilége en Sicile relativement aux droits de douane.

1256. Alphonse de Castille leur accorde l'exemption des droits et des juges particuliers.

1264. Traité de paix et de commerce entre Pise et Tunis. Les Pisans seuls peuvent avoir dans les villes du roi des établissements, des églises, des bains, des fours et des juges particuliers. Ils s'engagent à n'acheter ni esclaves sarrasins, ni marchandises enlevées à des Sarrasins par des pirates de cette nation. Ils payent le dixième de leurs marchandises et ont le libre accès auprès du roi et de ses ministres.

1269. Lettre de franchise par laquelle Conradin lève toutes les restrictions apportées par Charles d'Anjou au commerce des Pisans, et annonce l'intention de favoriser Pise plus que toute autre ville.

23.

tins, et, alarmés pour leur commerce, s'opposèrent avec eux aux conquêtes des Normands dans la basse Italie. Ce fut surtout en reconnaissance de ce service que l'empereur Manuel Comnène, en 1147, étendit leurs priviléges, accorda à leur doge et à leur patriarche une pension et des titres, à leurs marchands des établissements et l'exemption des droits, et ordonna que les habitants d'Amalfi payassent, pour les marchandises qu'ils transportaient dans l'empire grec, un tribut destiné à l'église de Saint-Marc. Ces priviléges et le droit de commerce avec les îles de Crète et de Chypre, ainsi qu'avec d'autres contrées, dont l'accès leur avait été jusqu'alors interdit, mirent entre leurs mains presque tout le commerce grec, et exalta tellement leur orgueil, que rien ne put les détourner de contracter des alliances avantageuses avec les Normands. Par là ils fournirent à l'empereur Manuel un prétexte pour les persécuter à l'improviste (1171); mais ils lui firent une guerre si acharnée, que les Grecs se virent contraints de leur payer, à titre d'indemnité, quinze mille livres d'or, et de leur accorder, en 1188 et en 1200, de nouvelles lettres de franchise, par lesquelles leurs anciens priviléges étaient confirmés et même accrus. La fondation de l'empire latin donna aux relations de Venise avec Constantinople un aspect plus favorable encore. Plus tard, le rétablissement de l'empire grec ne détruisit pas entièrement ces avantages, puisque quelques pays et quelques îles leur restèrent, et que Michel Paléologue conclut avec eux des traités pour ne pas laisser prendre aux Génois une prépondérance dangereuse. Ils obtinrent que les prisonniers seraient relâchés; que des secours seraient accordés aux naufragés; que les Vénitiens qui mouraient en Grèce auraient la liberté de disposer de leurs biens; que leurs marchands recevraient de nouveaux établissements, des églises indépendantes, une juridiction particulière, le libre usage de leurs poids et de leurs mesures, et enfin l'exemption des droits pour leurs marchandises, mais non pour celles qui appartenaient à des négociants étrangers.

Pendant ce temps les Vénitiens, sans égard pour les défenses de l'Église, avaient donné une grande extension au commerce qu'ils faisaient avec les Sarrasins. D'après un traité conclu en 1229, les droits prélevés à Alep sur leurs marchandises ne pouvaient dépasser six pour cent, et on leur accordait dans cette ville un comptoir et un tribunal. Parmi les objets d'exportation, le coton et le poivre sont particulièrement désignés dans ce traité. Vers le même temps le sultan d'Iconium prélevait jusqu'à dix pour cent sur la valeur reconnue de la plupart des marchandises; mais les plumes, les perles, l'or brut ou travaillé ne payaient rien, et le droit d'épave était supprimé. Les Vénitiens portaient en Égypte du bois, du fer, du vin, et des esclaves qui étaient ordinairement des infidèles provenant des régions du Caucase, mais quelquefois aussi des chrétiens. Ils en rapportaient des grains, du sel et des denrées de l'Orient.

Tunis, où les Vénitiens obtinrent de grands priviléges en 1251, fournissait de l'or, de l'argent, des perles, des pierres précieuses, du plomb, et ils pouvaient y faire des accaparements de grains quand le prix ne s'élevait pas à un certain taux.

Partout où les Vénitiens exerçaient le commerce, ils obtenaient ordinairement des juges, des consuls et des comptoirs. Ils en avaient dans plusieurs villes d'Afrique, à Tunis, à Alexandrie, au Caire, en Syrie, dans l'Asie mineure, à Chypre, en Arménie, à Damas, à Alep, à Tana sur la mer d'Azof, en France, en Espagne, en Flandre, en Angleterre. A la tête des magistrats établis dans les comptoirs était ordinairement le *bailo*; ce magistrat n'était pas seulement un chargé d'affaires, dans certaines villes il était le seigneur et le juge des Vénitiens qui y demeuraient ou qui y venaient commercer, et avait sur eux droit de vie et de mort. Mais pour prévenir tout abus de pouvoir de sa part, il y avait ordinairement auprès de lui deux conseillers, et même dans certains cas, suivant l'exemple de Venise elle-même, on y appelait un plus grand nombre de juges. A son retour dans la métropole le *bailo* était tenu de rendre un compte rigoureux de son administration.

Les traités de commerce conclus par Venise avec les villes d'Italie sont en très-grand nombre (*), et conçus dans des termes qui reconnaissent ordinairement à Venise une certaine prédominance. Venise jouissait de la franchise pour la plupart des marchandises qu'elle envoyait en France et en Allemagne, et ne payait qu'un faible droit pour les barques qui descendaient la Piave. Raguse, qui était sous sa dépendance, dut se soumettre à des conditions plus rigoureuses encore. Dans le traité de 1232 il est dit que Raguse payera cinq pour cent sur la valeur de toutes les marchandises apportées de la Romanie à Venise, vingt pour cent sur celles qui viendront d'Égypte, de Tunis et de Barbarie, et deux et demi pour cent sur celles qu'elle ira chercher en Sicile, où le libre commerce n'était pas alors accordé à Venise. Les denrées provenant de l'Esclavonie étaient exemptes des droits, mais quatre vaisseaux seulement d'un tonnage déterminé pouvaient profiter de cette faveur; les autres payaient vingt pour cent, et même à l'est du golfe de Corinthe, Raguse ne pouvait faire le commerce avec les étrangers.

Guillaume Ier d'Apulie, en 1174, pour récompenser les Vénitiens de l'avoir soutenu contre les Grecs, modéra les droits qu'ils étaient tenus de payer dans ses États, et leur abandonna le commerce du sucre et des soieries dans les pays étrangers. Sous Frédéric II les relations furent tantôt amicales, tantôt hostiles. Manfred, avec le consentement de Conrad IV, confirma les derniers traités de son père, et consentit à ajouter que si ses sujets fai-

(*) Le plus ancien est celui qu'elle fit avec Pise en 1167. Pise s'y engage à lui payer un droit pour les marchandises venues d'Orient, et Venise de son côté promet de la protéger dans l'archipel et de l'indemniser en cas de piraterie.

saient le commerce du sel et du coton au nord de Zara et d'Ancône, leurs chargements pourraient être saisis.

Venise recevait du sel de la Dalmatie, de la Sicile, de la Barbarie et de la mer Noire; elle tirait ses grains de Candie, de la Morée, de la Sicile, de l'Afrique et de la Lombardie, ce qui n'empêchait pas qu'elle n'eût parfois des moments de disette, parce que dans tous ces pays l'exportation des grains était défendue lorsqu'ils dépassaient un certain prix.

Venise avait des fabriques de toiles, de draps, d'étoffes de coton et surtout de soie; mais ses fabriques de verres, de cuirs et d'orfévrerie, étaient particulièrement renommées. Personne ne pouvait y engager des ouvriers pour les pays étrangers ni y acheter les matières premières destinées à la fabrication du verre. L'importation de certains produits, du verre par exemple, y était défendue.

CONSTANTINOPLE. Puisque nous avons fait mention du commerce des Occidentaux avec Constantinople, nous ne pouvons nous dispenser d'ajouter ici quelques observations. Cette ville, comme centre d'un vaste et riche empire, fut longtemps la plus importante des villes commerçantes de l'Europe. Mais l'esprit et l'arbitraire du gouvernement, ses mauvaises lois commerciales, l'inhabileté et la paresse des habitants, leur amour passionné pour les spectacles et pour les fêtes, furent cause que les Byzantins ne devinrent jamais un peuple commerçant, tandis que les petites républiques de l'Occident, montrant incomparablement plus d'activité, virent s'accroître promptement et leur puissance et leurs richesses. Le gouvernement, par suite d'une erreur fatale, faisait seul le commerce d'un grand nombre de produits, et notamment des objets nécessaires à la vie, tels que le vin, l'huile, les grains, etc. Pendant ce temps des marchands et même des artisans étrangers s'établissaient à Constantinople, et ils y devinrent si puissants que les Grecs ne pouvaient les maintenir dans l'obéissance. On tirait de cette ville des marchandises venant de l'Orient, des objets fabriqués en Grèce, des produits du sol grec, des étoffes de soie, des draps écarlates, etc. On y apportait par mer, ou par terre en passant par la Hongrie, des armes, de la sellerie, des étoffes de laine, des toiles et des métaux.

L'ORIENT. A cette époque les marchandises de l'Orient arrivaient en Occident; mais la masse des besoins ainsi que les routes du commerce furent très-différentes au temps des Arabes, à l'époque du grand empire des Turcs Seldjoucides, durant les croisades, pendant le règne des Aïoubides en Égypte, etc. Il s'en faut bien, comme nous avons eu occasion de le remarquer plus haut, que les croisades aient ouvert et fondé le commerce de l'Orient : elles n'ont fait que le rendre plus actif, et même il faut reconnaître que dans le principe, par suite de la haine contre les mahométans et des nombreux obstacles apportés à ce commerce, elles l'anéantirent presque entièrement.

La Syrie et la Palestine par elles-mêmes offraient peu d'objets d'exportation; le verre de Tyr était peut-être le plus remarquable des produits fabriqués de ce pays, comme la canne à sucre en était la production naturelle la plus précieuse; mais les grands établissements des Occidentaux dans les villes maritimes n'en devinrent que plus importants. Venise, Gênes et Pise obtinrent les plus grands priviléges, qui cependant donnèrent plus d'une fois lieu à des querelles sérieuses; car elles se refusaient même aux droits les plus modérés, s'opposaient aux mesures les plus utiles arrêtées par les princes orientaux, et entraient en contrebande les cargaisons des marchands non privilégiés; souvent même elles dépassaient tellement les bornes de la modération que plus d'une fois, et surtout dans les derniers temps, les papes furent obligés d'intervenir, et même de prononcer des châtiments. Peu à peu on chercha à attirer en Syrie des marchands de l'Apulie, de Marseille, de Montpellier, et on leur accorda les mêmes priviléges; mais les puissances prédominantes ne se prêtèrent pas toujours de bon gré à ce partage du commerce.

Alep mettait la Syrie en rapport avec l'Arménie; par Bagdad et Bassora elle communiquait avec les contrées les plus reculées de l'Asie. A la fin du treizième siècle Sanutus connaît les ports de Malabar et de Kambodje, d'où les marchandises étaient transportées par mer, et sans doute depuis une époque bien plus reculée, tantôt à Ormus et à Bassora, tantôt à Aden. Partant des deux premières de ces villes, la plus grande partie des marchandises remontaient les fleuves jusqu'à Bagdad; de là on les amenait par terre en Asie mineure, et particulièrement à Antioche et à Laodicée; le reste était transporté jusqu'aux bords de la mer Caspienne, et se réunissait aux marchandises venant par les autres routes de commerce, qui, partant des bords de l'Indus, aboutissent à Bactres et à Samarcande, puis au Don, à la mer Noire, ou dans l'intérieur de la Russie. Cette dernière route fut interrompue pour quelque temps par la domination des Mongols. En général, le transport par terre, qui était le plus cher, dut le céder au transport par mer, et jamais les marchandises de l'Orient n'arrivèrent en grande quantité sur la Baltique en traversant la Russie, et ne se répandirent de là, en descendant les fleuves, jusque dans l'intérieur de l'Allemagne.

L'Égypte conserva l'importance commerciale que lui donnait sa position. En neuf jours les caravanes arrivaient d'Aden à Chus sur le Nil, et de là au Caire et à Alexandrie. Des marchandises de l'Éthiopie, de l'Arabie et de la Perse y étaient apportées dès le milieu du douzième siècle, et l'on sait, par des documents authentiques, qu'en 1218 des navires marchands venaient de l'Inde en Égypte, et que leurs cargaisons, transportées à Alexandrie et à Damiette, étaient ensuite envoyées en Syrie, à Antioche, en Arménie, dans l'île de Chypre, en Grèce, etc. Les droits de douane formaient pour les sultans égyptiens une branche importante de revenus; cependant ils ne devaient pas trop les élever, soit parce que les interdits de l'Église d'Occident ne permettaient souvent qu'un commerce de contrebande toujours très-avantageux pour ceux qui le tentaient, soit parce que les marchandises de l'Orient auraient coûté moins cher transportées par terre en passant par Tauris. D'ordinaire, les marchandises les plus pesantes et les moins chères arrivaient par l'Égypte; les moins lourdes et les plus chères étaient seules jugées dignes des frais qu'entraînait le transport par terre. Au nombre des premières étaient le poivre, le gingembre, l'encens, la cannelle; parmi les secondes, les noix de muscade, le cubèbe, le nard, le girofle, etc.

Ces marchandises pouvaient être taxées en Égypte au tiers de leur valeur, sans que pour cela l'affluence du commerce y devînt moins grande; mais ce qui était vraiment une imprudence, c'était de prélever le quart de la valeur sur le fer, le bois, la poix, et autres objets de ce genre dont l'Égypte ne pouvait se passer; en outre, on payait au sultan, pour chaque vaisseau, une redevance annuelle de trois florins d'or et demi; pour le commerce de l'or on payait six et deux tiers; pour celui de l'argent quatre et demi.

En général, les chrétiens rencontraient moins d'entraves dans les États mongols que dans ceux du sultan d'Égypte. Ils tiraient de ces contrées, avec d'autres marchandises indiennes, du coton, du sucre, des étoffes de lin et moitié soie, des dattes, etc. Du reste, les principaux articles du commerce avec l'Orient étaient la cardamome, l'aloès, la myrrhe, la térébenthine, l'ambre, le musc, le bois d'ébène, les étoffes fines, la casse, le baume. Une caravane arabe ou égyptienne, dont Richard Cœur de Lion s'empara, portait avec elle de l'or, de l'argent, des étoffes de soie, des habits tissés et brodés de différents genres, des armes, des tentes, du blé, de la farine, des médicaments, du poivre, de la cannelle, du sucre, de la cire, des outres, des jeux d'échecs, des vases d'argent, des flambeaux, etc.

ALLEMAGNE. Les communications commerciales entre l'Italie et l'Allemagne ne furent jamais interrompues. Lors même que les preuves certaines nous manqueraient à cet égard, on ne saurait croire que pendant la domination des Hohenstaufen, pendant la lutte si vive du sacerdoce et de l'Empire, alors que tant de marches d'armées, tant de grands pèlerinages avaient lieu, des rapports de commerce n'aient pas existé. Si les marchandises pouvaient venir de Constantinople à travers le royaume des Avares, à plus forte raison pouvaient-elles arriver d'Italie en Allemagne; et bien que les croisades eussent donné une nouvelle vie au chemin par terre qui suit les rives du Danube, on eut toujours de puissants motifs pour préférer la route plus sûre, plus courte et plus économique de l'Italie. Quelques produits de l'Orient, d'un poids assez considérable, le poivre par exemple, étaient employés par les Allemands en si grande quantité, que les paysans soumis à des redevances en nature étaient souvent tenus à fournir non-seulement de la cire et du froment, mais aussi du poivre. D'où ce besoin pouvait-il être venu, si ce n'est de l'Italie? Et comment les grands États commerçants de cette contrée auraient-ils fait des acquisitions aussi considérables d'épices, s'ils n'avaient pas eu un débouché assuré dans le nord? Vers le milieu du douzième siècle, les Souabes, les Bavarois, les Français, les Lombards, les Toscans et les Hongrois, se rendaient à Venise pour en emporter les marchandises qui leur étaient nécessaires (*). Le chemin du Tyrol, celui

(*) L'empereur Lothaire accorde l'exemption de droits de douane en deçà des Alpes, ce qui annonce clairement un commerce au delà. Du temps de Roger, roi de Naples, de l'empereur Manuel, du doge Domenico Morosini, c'est-à-dire, vers le milieu du douzième siècle, « *les venoient acheter* (les marchandises) DROITEMENT *en Venise, Alemans et Baivers, Franceis et Lombars, Toscans et Ongres, et totes gens qui vivent de marchandises, et les conduisoient en lors pays.*» Martin da Canale.

du Saint-Gothard, et toutes les routes mentionnées dans le récit des expéditions militaires, étaient fréquentées par le commerce. Du temps d'Othon IV et de Frédéric II les rapports entre Venise et l'Allemagne étaient si animés, l'affluence des marchands allemands si considérable, leurs marchandises si nombreuses, que l'on bâtit pour eux des magasins particuliers.

Les marchands italiens de leur côté venaient en Allemagne (*). Des colporteurs et des porteballes de Vérone et de la Lombardie passaient les Alpes pour vendre leurs marchandises en détail, genre de commerce qui dure encore de nos jours. Ils apportaient, entre autres choses, des anneaux, des chapelets, des bijoux, des verres à boire, des couteaux, des miroirs d'ivoire, des coraux, des patenôtres, etc.

Ce commerce avec l'Italie prenait différentes directions; il passait par Augsbourg, par Ratisbonne, par Vienne et par la Suisse, d'où il suivait le Rhin. De ces différentes villes il s'étendait en Bohême, en Franconie, à Erfurt, à Magdebourg, même jusqu'à Bardewick, et plus tard jusqu'à Lubeck, Hambourg et Brême. Sur le bas Rhin Cologne était la principale ville de commerce, et par l'entremise d'Othon IV obtint de grands priviléges en Angleterre. Des débats relatifs au commerce s'étant élevés entre cette ville et Lubeck, Frédéric II prit des mesures pour qu'aucune de ces deux villes ne fût préférée à l'autre ou ne lui portât préjudice.

La seconde route principale allait de Grèce en Russie en passant par Vienne, Lorch, Ratisbonne, et, pour différents produits, empiétait sur le commerce italien. Un de ses rameaux se dirigeait sur Cracovie, Breslau et Prague. Dès l'an 1165 on voit des emprunts d'argent faits à Medebach, ville westphalienne, pour aller commercer en Russie, et les villes que nous venons de nommer avaient des rapports fréquents avec Kiev. Mais la conquête de Constantinople par les Latins, et celle de la Russie par les Mongols, portèrent une grave atteinte à ce commerce.

Il y avait encore une autre route sur les côtes de la Méditerranée. Marseille était devenue une grande puissance maritime. Dès le sixième siècle elle commerçait avec l'Égypte. Au neuvième siècle les marchands de Marseille, Avignon, Lyon, allaient deux fois par an chercher à Alexandrie les denrées de l'Arabie et de l'Inde. Ces marchandises remontaient le Rhône jusqu'à la Saône, jusqu'au Doubs et de là descendaient par la Moselle jusqu'à Aix-la-Chapelle, et dans toute l'Allemagne du nord-ouest.

Le nord était en communication avec l'Allemagne et le sud de plus d'une manière. Sans parler des voyages par mer, une route allait de Danzig à Stargard, et une autre suivait les côtes, de Sleswig jusqu'en Flandre et même en France. La Flandre était l'entrepôt du commerce du nord et de celui du sud; ses manufactures de tout genre, les bestiaux qu'elle élevait, ses pêches nombreuses, en faisaient l'un des pays les plus riches de l'Europe. Dès le milieu du douzième siècle, Ypres était déjà renommée pour ses belles étoffes peintes, et l'Artois se livrait aux affaires d'argent. Mais la ville la plus importante était Bruges : métaux précieux, étoffes de soie, draps, fourrures hongroises, vins français, en un mot marchandises de tout genre et de toute contrée s'y trouvaient réunies en abondance, et la foire d'Aix-la-Chapelle, où les marchands étaient exempts des droits de douane, facilitait les débouchés dans plus d'un sens.

En voyant l'Allemagne recevoir les marchandises de l'Orient, les vins de la France, les fourrures du nord, on est porté à se demander ce qu'elle exportait en échange. Il est probable que dans les contrées limitrophes elle exportait une partie des importations, et en outre, suivant toute vraisemblance, des grains, du sel, des vins, de la bière, des toiles, des draps, des métaux. Henri le Lion, lors de sa croisade, porta en présent à l'empereur grec des épées,

---

(*) Des marchands de Plaisance furent, en 1208, pillés dans le duché de Souabe.

des armures et des vêtements d'écarlate d'une finesse remarquable. Tout porte a croire que c'étaient des produits de l'industrie germanique.

COMMERCE DU NORD. Les Slaves, qui habitaient les bords de la mer Baltique, se livraient alors à plus d'un genre de commerce; mais ce furent surtout les villes allemandes qui donnèrent la première impulsion au commerce avec le nord et le nord-ouest de l'Europe. Wysbi était dès l'an 1135 en rapport avec les Saxons; elle devint peu à peu une ville allemande, et le centre des rapports qui s'étaient établis avec les contrées septentrionales. Peu à peu le commerce s'étendit en Norwége, en Suède, en Prusse et en Livonie. Dans le principe, il se bornait à échanger des objets d'un très-bas prix avec les habitants incivilisés de ces dernières contrées, et ne fut pas moins avantageux que le commerce d'échange fait plus tard par les Européens avec les sauvages des autres parties du monde. Au treizième siècle ces rapports changèrent totalement par suite de l'introduction des institutions civiles et de la conversion des habitants au christianisme; mais les marchands de la basse Allemagne obtinrent quelques priviléges des souverains de ces contrées : ils devaient, par exemple, être protégés contre les pirates, ne pas être soumis au droit d'épave, et ne payer aucun impôt; en outre, ils étaient autorisés à débarquer partout où bon leur semblerait, à couper le bois qui leur serait nécessaire pour réparer leurs vaisseaux, et à faire paître leurs bestiaux sur la côte, etc.

Ces relations avec la Livonie et la Prusse étaient doublement importantes, en ce qu'elles servaient d'intermédiaire au commerce avec la Russie et l'Orient. C'est ce commerce intermédiaire d'une part, le commerce exclusif des productions du nord, telles que les bois, le chanvre, le suif, les fourrures, et de l'autre la vente dans le nord des marchandises du sud, qui firent la puissance de la Hanse, cette grande ligue commerciale. Ses rapports avec la Flandre et l'Angleterre n'étaient pas moins animés; mais ils étaient faibles avec la France, et presque nuls avec l'Espagne. Hambourg, Brême, et surtout Lubeck, étaient les principaux piliers de la Hanse. Ce qui contribua surtout à l'accroissement de cette dernière ville, ce fut la ruine de Bardewick, à la suite de laquelle Henri le Lion déclara Lubeck port libre. La Hanse obtint peu à peu dans les trois royaumes du nord les plus importants priviléges, et en Angleterre ses marchands étaient plus favorisés que tous les autres.

SCIENCES ET ARTS.

On se représente d'ordinaire le moyen âge comme voilé des ténèbres de la barbarie; et cependant, il faut le reconnaître, l'amour des sciences, à cette époque, ne s'était pas entièrement éteint. Ces étudiants qui, au douzième siècle, suivent Abeilard dans la solitude, vivent d'herbes et de racines, s'abritent sous le chaume, pour ne pas perdre les leçons de leur professeur, ne sont-ils pas la preuve vivante du besoin de savoir qui animait alors les esprits? Le goût, sans doute, loin d'être épuré, était dans une sorte d'enfance; mais déjà l'on voit s'élever quelques établissements dans le genre de ceux qui existent aujourd'hui. Parlons d'abord des écoles.

LES ÉCOLES.

On voit peu d'écoles dans cette période, et ce qu'on y apprend ne s'étend pas loin. C'est d'abord le sacerdoce qui les dirige; la bourgeoisie n'en établit que plus tard. On comprend dès lors quel esprit devait présider à cet enseignement. La lecture et l'écriture, aujourd'hui si communes, étaient alors ignorées de bien des gens; cependant on pouvait être grand roi, et même poëte distingué, sans posséder ces premiers éléments de toutes les connaissances, témoin Ulrich de Lichtenstein. Mais qu'apprenait-on dans les écoles? On n'y étudiait pas moins que la grammaire, la rhétorique et la dialectique; c'était le *trivium*, la première partie de la grande division des études; puis venaient l'arithmétique, la géométrie, la musique et l'astronomie, qui formaient le *quadrivium;* le *trivium* et le *quadrivium* réunis formaient en tout sept sciences, qu'on appelait les *sciences libres.* Mais peu à peu la logique et la dialectique supplantèrent la science des choses et des paroles, et la pauvre grammaire, au treizième siècle surtout, se vit souvent négligée. Dans le poëme de Henri d'Andeli, appelé le *Combat des sept libres sciences,* on voit s'avancer d'une part, pour dame Grammaire qu'on protégeait dans Orléans, plusieurs poëtes latins, et aussi le bon Homère (bien entendu que personne n'en connaissait l'original); puis des auteurs beaucoup plus récents et même contemporains d'ouvrages en prose, Sédulius, Capella et Prudentius, mais aucun ancien prosateur. C'était la première ligne des combattants. Viennent ensuite les champions de la ville de Paris, c'est-à-dire ce qui reste des sept libres sciences : ce sont Aristote, Galien, Hippocrate et Platon. On en vient tout d'abord aux sobriquets : on jette aux Orléanistes celui d'*Autoriaux*, et à ceux de Paris celui de *Quiquelique;* puis arrivent les coups. Donat se bat avec Platon, Priscien avec Aristote; celui-ci désarçonne son adversaire, mais les poëtes secourent Priscien, et Aristote reçoit aide et appui du baron Barbarisme. Qu'on ne s'étonne point de cette dernière circonstance : Barbarisme, bien que feudataire de dame Grammaire, tourne cependant ses armes contre elle; car lui aussi a quelques possessions sur le territoire de la Logique. Le succès demeure donc un instant incertain ; enfin, la Logique propose la paix. Malheureusement elle s'est choisi un mauvais parlementaire, et personne ne veut écouter Barbarisme: ses nombreuses fautes de langage rendent toutes les parties sourdes à ses propositions, et la querelle durerait encore si l'Astronomie, réduite au désespoir, n'eût lancé la foudre sur les assiégeants, brûlé leurs tentes et dissipé leur armée (*).

(*) Voyez Notices et extraits des manuscrits, t. V, p. 496.

La fondation d'une école devait être autorisée par les prélats; l'enseignement était presque toujours gratuit; les couvents, églises et chapitres, dont dépendaient les écoles, en supportaient les frais d'entretien, payaient les honoraires du maître, etc.

LIVRES D'ENSEIGNEMENT.

On ne manquait pas de livres alors, non plus que de méthodes et de conseils à l'usage des maîtres et des élèves. « Maître, » disait un auteur de cette époque (Berthold de Constance) dans son livre intitulé *Image de la vie;* « maître, n'instruisez que par amour de la science; car si c'est l'amour de la renommée qui vous porte à le faire, vous serez souvent le rival de votre élève, et peut-être lui cacherez-vous le plus beau de la science; si c'est au contraire un désir d'argent qui vous y porte, alors vous songerez peu au mode d'enseignement, tout sera pour vous indifférent, les choses frivoles aussi bien que les choses utiles. Et vous, élève, ne regimbez pas contre l'instruction ; ne pensez pas présomptueusement qu'il se trouve quelque chose là où il n'y a rien encore. Aimez votre maître; car on n'écoute guère celui qu'on n'aime point, et ainsi s'évanouissent les résultats attendus. Au reste, le travail vient à bout de tout, et la fin de l'étude c'est la fin de la vie. »

Un autre livre de cette époque, c'est le *Manuel d'études pour les princes et leurs maîtres*, de Vincent de Beauvais. C'est un ouvrage qui se ressent sans doute de l'esprit de l'époque, par exemple dans l'éloge outré qu'il fait du célibat; mais à part cela, c'est un ouvrage très-remarquable et très-sensément écrit.

DROIT DE CORRECTION.

Dans le droit de la Souabe, le maître pouvait administrer des coups de verges à l'élève, mais pas plus de douze d'un seul trait. Si l'enfant revenait à la maison le nez en sang, les parents ne pouvaient élever aucune plainte.

RÉTRIBUTION PAYÉE PAR LES ÉLÈVES.

Un concile tenu en l'an 1246 prescrivit d'envoyer le dimanche et les jours de fête les enfants âgés de sept ans au moins à l'église, de les instruire dans la religion catholique, de leur apprendre l'*Oraison dominicale* et l'*Ave Maria*. Voici ce que portait le règlement de l'école de Worms, à la date de 1260 : « Que personne ne soit pour cause d'indigence expulsé de l'école; que si cependant il y en a qui par pure paresse et pour se faire entretenir y accourent, que ceux-là seuls payent quelque faible rétribution. Celui qui demeure huit jours à l'école est lié pour six mois. Celui qui jette un regard d'indécence sur ses élèves perd son emploi de maître. Que personne, pour que la discipline n'en souffre point, ne retire chez lui des élèves qui auraient été expulsés d'une école. Si un maître fait des blessures à son élève, s'il lui brise les os, l'élève pourra se retirer sans payer la rétribution scolaire et aller chez un autre maître. »

« Celui, » porte le règlement de la ville de Bassano, également de 1260, « celui qui visite pendant huit jours une école autorisée, paye le mois; celui qui vient un mois paye pour toute l'année. Quiconque apprend la grammaire et entend Catus paye quarante petits deniers par mois; celui qui entend Donat paye deux schillings par mois; mais quiconque est à demeure chez le maître en paye cinq. »

ÉTAT DE L'INSTRUCTION.

L'Italie avait ses écoles; il y en avait notamment à Parme, à Trévise et à Ravenne; l'Allemagne en avait aussi d'importantes : telles étaient celles de Fulde, de Reichenau, de Corvey, de Heidesheim, d'Augsbourg, de Freisingue; mais il paraît qu'on n'y admettait que rarement des laïques. Cependant on permettait quelquefois aux étrangers qui aimaient la science de visiter les couvents. Les moines mendiants pouvaient, d'après leur règle, donner l'instruction à tous sans exception.

Cependant l'ignorance régnait en bien des endroits encore; Innocent III se plaint, par exemple, de ce qu'un chantre du chapitre d'Hydrunte ne sait pas lire, et Honoré III destitua un évêque qui ne savait pas lire dans Donat; enfin, à Saint-Gall, où antérieurement on avait tant fait pour la science, les choses étaient tellement changées en 1261, que l'abbé et le chapitre tout entier ne savaient pas écrire.

ÉDUCATION DES FILLES.

Certains couvents n'admettaient aucune personne appartenant au monde. Cependant Honoré III ne veut pas que les filles fréquentent les instituts mondains. « Qu'elles ne lisent pas, dit Honoré, des poésies profanes au lieu d'étudier la vie des saints. » Néanmoins, quelques femmes de haute condition, par exemple, Judith de Thuringe, épouse de Ladislas, savait le latin, le parlait et l'écrivait.

« Hroswithe, religieuse du monastère de Gandersheim, au onzième siècle, avait lu Térence dans la solitude du cloître, et, sur ce modèle, elle eut la pensée d'écrire, dans la même langue, de petits drames, consacrés à des sujets religieux. Elle essaya la première, ce qu'on a renouvelé dans le seizième siècle, d'enlever aux auteurs profanes leur style. Elle a fait six pièces dans ce goût; personne n'en a parlé. Ces six pièces sont fort courtes. Je ne sais si elles furent jouées souvent : un passage le ferait croire.

« Ainsi, en Allemagne, dans un monastère qui comptait cinquante religieuses de noble famille, il paraît que, vers 1080, on avait dressé un petit théâtre, comme à Saint-Cyr, sous madame de Maintenon, et que là quelques jeunes sœurs, ayant sans doute obtenu dispense pour s'habiller en hommes, représentèrent une espèce de tragédie, *la Conversion de Gallicanus*. Voici le sujet de la pièce : Constantin le Grand avait promis de donner la belle Constantia, sa fille, à un jeune Romain de haute naissance et de grand courage, mais encore attaché au culte des faux dieux. Une guerre suspend ce projet : le jeune amant y vole et se couvre de gloire dans un combat, où il est miraculeusement sauvé. Touché de ce secours de la Providence, il se laisse convertir à la foi par deux officiers de l'empereur, Paul et Jean. Dans sa pieuse ferveur, il renonce à la main de la princesse, qui, de son côté, se consacre à la vie religieuse. Voilà le premier acte, où l'*unité de temps*, comme on le voit, n'est pas fort rigoureuse. C'est une pièce libre, qui, en tout, dure vingt-cinq ans. Au second acte, trois empereurs ont déjà passé; c'est Julien qui règne. Julien, après avoir exilé Gallicanus, le fait tuer en Égypte. Puis sa persécution s'attache avec plus de violence et de haine aux deux officiers du palais qui avaient autrefois accompli l'heureuse conversion de Gallicanus. On ne voit pas le motif de cette colère. Mais l'auteur, dans la prose assez correcte de son drame, fait habilement parler Julien. Il y a là un sentiment vrai de l'histoire; Julien ne paraît pas un féroce et stupide persécuteur, comme l'auraient imaginé les légendaires du sixième siècle. La religieuse de Gandersheim avait saisi le caractère de Julien : on le voit avec sa modération apparente, son esprit impérieux et ironique. Il ne peut triompher de l'obstination chrétienne des deux officiers de l'empereur; il les exile, en laissant prévoir leur supplice.

« Je traduis cette scène. Ce qui fait l'intérêt de ce morceau, ce n'est pas le degré de talent, c'est la date; c'est que, dans le onzième siècle, au milieu de la grossièreté féodale et de l'ignorance, lorsque rien ne rappelait le souvenir de ce grand art du théâtre, une femme ait écrit, et que des femmes aient joué cet ouvrage.

Julien. Je n'ignore pas, Jean et Paul, que vous avez été dès l'enfance attachés au service des empereurs.

Jean. Nous l'avons été.

Julien. Il convient dès lors que, placés près de moi, vous serviez dans le palais où vous avez été nourris.

Paul. Nous ne servirons pas.

Julien. Est-ce moi que vous ne servirez pas?

Jean. Nous l'avons dit.

Julien. Est-ce que je ne vous parais pas un Auguste?

Paul. Un Auguste bien différent de ses prédécesseurs.

Julien. En quoi?

Jean. En religion et en vertu.

Julien. Expliquez-vous.

Paul. Les glorieux empereurs Constantin, Constant et Constance, auxquels nous avons obéi, étaient très-chrétiens et se glorifiaient de servir Jésus-Christ.

Julien. Je le sais, mais je ne veux pas les imiter en cela.

Paul. Tu n'imites que le mal. Ils étaient assidus à l'église; et, ôtant leurs diadèmes, ils adoraient à genoux Jésus-Christ.

Julien. Vous ne me forcez pas à la même chose, sans doute?

Jean. Aussi tu ne leur ressembles pas.

Paul. Comme ils offraient leur encens à Dieu, ils relevaient par leur vertu l'éclat du diadème impérial, et réussissaient dans toutes leurs entreprises.

Julien. Et moi aussi.

Jean. Ce n'est pas de la même manière; pour eux, la grâce divine les accompagnait.

Julien. Niaiserie! Autrefois j'ai suivi sottement ces pratiques; j'ai été clerc dans l'église.

Jean. Qu'en dis-tu, Paul? il a été clerc.

Paul. Chapelain du diable.

Julien. Mais, lorsque j'ai vu qu'il n'y avait là rien d'utile, je me suis tourné vers le culte des dieux, dont la faveur m'a porté au faîte de l'empire.

Jean. Tu nous as interrompus, pour ne pas entendre la louange des justes.

Julien. Que me fait-elle?

Paul. Rien; mais ce que je vais ajouter te regarde. Comme le monde n'était pas digne de les conserver, ces vertueux empereurs ont été reçus parmi les anges; et la république malheureuse a été abandonnée à ton pouvoir.

Julien. Pourquoi malheureuse?

Jean. Par le caractère de son souverain.

Paul. Tu as déserté toute religion, et imité l'idolâtrie. C'est pour cela que nous nous sommes soustraits à ta présence, et à la société des tiens.

Julien. Quoique insulté par vous, je fais grâce encore à votre témérité, et je veux vous élever aux premiers grades du palais.

Jean. Ne te fatigue pas ; nous ne céderons ni à tes menaces, ni à tes séductions.

Julien. Je vous donne une trêve de dix jours pour revenir au bon sens et rentrer en grâce avec nous. Sinon, ce qu'il faut faire, je le ferai ; et je ne serai plus votre risée.

Paul. Ce que tu dois faire, fais-le dès aujourd'hui. Tu ne pourras nous ramener ni à ton palais, ni à ton service, ni au culte de tes dieux.

Julien. Allez, retirez-vous ; faites ce que je vous conseille (*). »

LANGUES SAVANTES.

La langue latine à cette époque est la langue la plus répandue. On l'emploie pour les actes publics, et surtout pour la célébration du service divin. Cependant il ne faut pas mesurer le latin d'alors sur celui de Cicéron ; c'est quelque chose qu'il ne faut considérer qu'en soi : on y trouve des expressions dont Rome ancienne n'avait pas la moindre idée. Voici un échantillon du latin de ce temps. Nous l'empruntons aux philosophes : *Hæcceitas, suppositalitas, potentia actuabilis, rectificativa, potentia practicantis aliunde quam à se rectificabilis, respectus aptitudinalis ad praxin, si rectitudo entis fundatur in aliquitate.* Le caractère du style de cette époque, c'est le simple et le boursouflé, la simple nature et l'art, la raison et la déraison.

Le grec n'était connu que de quelques personnes. Il faut excepter cependant l'Italie méridionale et la Sicile,

(*) Villemain, Tableau de la littérature au moyen âge, t. II, p. 258 et suiv.

où l'on ne parlait presque exclusivement que cette langue.

On prétend que Frédéric II avait, en 1230, fait jeter un brochet dans un étang de Kaiserslautern, et que ce brochet, retrouvé en 1497, portait une inscription grecque. L'on traduisait en latin du grec et de l'arabe.

Innocent III écrivait, au treizième siècle, à l'archevêque d'Athènes : « Que cette ville était la patrie des sciences et la mère des arts ; que cependant il ne fallait pas que les fleurs nouvelles fissent oublier les anciens fruits, bien qu'il fût consolant de voir la Vierge sainte venir s'asseoir à la place de Pallas, et le culte du *dieu inconnu* être enfin reconnu. »

L'hébreu était tout aussi peu répandu que les langues grecque et arabe ; on répugnait d'ailleurs, surtout dans quelques villes monastiques, à avoir recours aux juifs pour l'apprendre. Toutefois l'on n'en était pas encore arrivé à déclarer comme un certain prédicateur du seizième siècle, que le grec était la langue du diable, et que celui-là irait droit en enfer qui lirait un livre plein de sorcellerie et de grimoire diabolique, dont quelques faux savants parlaient beaucoup dans ce temps-là. Ce livre c'était le Nouveau Testament en grec.

Voici un exemple d'érudition : Othon de Freysingue connaissait quelques ouvrages de Platon, Aristote, Horace, Virgile, Lucain, Boèce. — Il est aussi parlé à cette époque de Juvénal, d'Ovide, de Tite-Live et de Joseph. Le chancelier Conrad, qui passa avec Henri VI en Italie, s'étonnait de ce que Lucain insiste si longuement sur la difficulté de passer le Rubicon.

BIBLIOTHÈQUES.

Tout chapitre, tout monastère avait sa bibliothèque. A Corvey, chaque novice devait apporter au monastère quelque livre utile ; et tout monastère qui dépendait de cette ville devait fournir une chronique. Dès le douzième siècle on parle à Rome d'un cardinal-bibliothécaire du palais de Latran. On copia d'abord dans les couvents les auteurs sacrés ; bientôt aussi les moines s'occupèrent des anciens. Ils faisaient eux-mêmes les reliures. Et dans certains endroits, il était d'usage de lire annuellement et de vérifier le catalogue devant le chapitre assemblé, précaution d'autant plus nécessaire, que, nonobstant les plus expresses défenses, on prêtait souvent des livres à des personnes du dehors; l'abus allait même plus loin quelquefois, comme le prouve le fait suivant : la reliure de certain livre était incrustée de pierres précieuses; mais un pieux chanoine crut mieux faire en y substituant des pierres fausses. On léguait souvent des livres aux écoles, couvents et universités. On remarque parmi les auteurs de ces legs saint Louis, Jeanne de Flandre et certain abbé qui s'était enrichi en exerçant la chirurgie.

Le prix des livres copiés était, on le conçoit, beaucoup plus élevé que ne l'est aujourd'hui celui des livres imprimés, et ce n'étaient cependant pas les livres les meilleurs que l'on copiait de préférence, et que l'on vendait le mieux. Ce qui contribuait à rendre les livres plus chers, c'était le prix élevé des matières premières, l'admirable perfection avec laquelle ils étaient écrits, les peintures, les lettres dorées dont on les embellissait. La rareté du parchemin donna l'idée des livres rescrits (*codices rescripti*), dont l'usage se maintint surtout jusqu'à la fin du dixième siècle; car ce fut, suivant l'opinion la plus commune, au onzième siècle que fut inventé le papier de chiffons (*). Voici du reste un exemple de la valeur des livres au moyen âge. En 1219, un Digeste ancien et nouveau (*Digestum vetus et novum*) fut acheté à Ravennes trente livres; tandis qu'en 1232, dans la même ville, une maison avec cour, jardin et une pièce de terre, n'en coûta que vingt. En 1274, la *Summa theologiæ* et la *Compilatio sanctorum* de saint Thomas d'Aquin coûtèrent, l'une 40 et l'autre 60 livres tournois. Enfin, l'an 1136, Léopold, margrave d'Autriche, accorda au couvent de Formbach d'importants priviléges pour la *Bibliotheca in tribus voluminibus* et pour un missel.

LIVRES DÉFENDUS

Parmi les livres défendus à cette époque, on cite certains ouvrages d'Aristote, les écrits de Guillaume de Saint-Amour contre les moines mendiants, le livre de Jean Scot sur la nature. On les défendait et on les brûlait; souvent même, leur possesseur devait, sous peine d'excommunication, se charger de ce soin.

DES UNIVERSITÉS.

Ce mot fut d'abord pris dans le sens de l'*universitas* du droit romain synonyme de *corporatio*. C'était une communauté qui existait entre les maîtres et les élèves.

Les premiers siècles qui suivirent l'invasion virent disparaître, nous l'avons déjà dit, la langue et la civilisation romaine; mais les cloîtres leur offrirent un asile. Ainsi le monastère que sainte Radegonde fonda à Poitiers fut comme un étroit sanctuaire, où se conservèrent encore quelques étincelles de la grande lumière qui avait brillé sur le monde romain. Mais cette littérature, cultivée par les moines, devint peu à peu toute religieuse; la théologie l'enveloppa, la fondit en elle-même. Jusqu'au douzième siècle, la science reste ainsi sacerdotale et théologique. Cependant l'esprit humain est impatient, inquiet; il a sans cesse besoin d'aliments nouveaux. Au douzième siècle la théologie lui sembla trop aride, et l'enceinte du cloître trop étroite. « Les écoles des abbayes et des chapitres réguliers, dit un spirituel écrivain,(*), cultivaient encore avec ardeur toutes les sciences, mais, expression d'une époque qui s'en allait, si elles suivaient le mouvement des esprits, elles ne le guidaient pas; elles

---

(*) D'autres fixent cette invention au quatorzième siècle.

(*) M. Charpentier, Essai sur l'histoire littéraire du moyen âge, p. 128.

restaient concentrées dans les sciences divines, dont les sciences humaines commençaient à se détacher : de là leur décadence. Les universités, au contraire, furent la manifestation d'un esprit nouveau, satisfaisant à des besoins nouveaux : c'était l'introduction du peuple dans le sanctuaire de la science, jusque-là réservée au clergé. Le cloître ne fut plus le seul refuge pour le savoir, les dignités ecclésiastiques ses seules récompenses. La cour des princes, les châteaux lui furent ouverts, et quelques fonctions civiles accessibles.., La domination du clergé, souvent bienfaisante, quelquefois aussi violente et orgueilleuse, devait amener à son tour une réaction du pouvoir politique, et dans l'esprit humain une vive impatience de servitude. Ce double besoin de liberté politique et d'indépendance intellectuelle créa les universités, et explique, avec leur influence, les priviléges qui leur furent accordés par les rois et par les papes, qui se disputaient et craignaient leur influence.

« Au douzième siècle, on ne pouvait combattre Rome qu'avec ses propres armes; on ne pouvait détruire la suprématie du clergé, fondée en partie sur la science, que par une science plus grande. La philosophie scolastique était seule en état de détrôner la théologie. Les universités se trouvèrent merveilleusement propres à cette mission, par leurs habitudes, par leurs membres, appartenant presque tous au clergé. Elles satisfaisaient à l'esprit religieux du moyen âge, en même temps que par leur existence à part, leurs priviléges dus à la puissance politique, et, comme nous dirions aujourd'hui, par leur harmonie avec les tendances contemporaines, elles répondaient au besoin nouveau d'indépendance intellectuelle. Aussi furent-elles, dans l'ordre philosophique et moral, l'opposition la plus active du moyen âge, la lutte la plus redoutable au saint-siége, l'appui le plus ferme, le plus habile défenseur des droits des rois contre les prétentions pontificales. Gerson, qui fut l'image la plus fidèle, la plus brillante de cette union du savoir et de la foi, nous le dit. Philippe-Auguste ne s'y trompa pas. Ce n'est point à son amour seul pour les lettres qu'il faut faire honneur des priviléges dont il combla l'université : sa bienveillance était de la politique.

« Ainsi, le premier caractère de l'université fut un essai d'indépendance de l'esprit humain, et son but, une digue opposée aux envahissements ultramontains. »

Dès l'année 1158, Frédéric Ier disait : « Ils méritent nos éloges et notre « appui, ceux qui éclairent le monde « de leur science, et ceux qui préparent « leurs élèves à la crainte de Dieu et « de l'empereur, son serviteur. Nous « devons, en conséquence, spéciale- « ment les garantir contre toute at- « teinte. » En conséquence, l'empereur décide que maîtres et élèves pourront voyager et séjourner partout où bon leur semblera; que les autorités auront à veiller à ce qu'en cas de dommage à eux causé, ils soient indemnisés au quadruple; qu'enfin, s'il s'élève des plaintes contre eux, les élèves pourront opter entre la juridiction de leurs professeurs et celle de l'évêque

MAITRES ET PROFESSEURS.

Les villes cherchaient tous les moyens de s'attacher les maîtres les plus habiles; car elles retiraient à la fois profit et honneur de l'existence d'une université dans leur sein. On imposait donc pour première condition aux professeurs de renoncer à aller dans d'autres villes. Souvent, en effet, un professeur renommé entraînait tous les élèves à sa suite. Pour les retenir on les exemptait de certaines charges. C'est ainsi qu'à Bologne les docteurs étaient, vers 1242, dispensés du service militaire. — Toutefois de sévères examens mettaient la science des professeurs à l'épreuve. C'était l'évêque ou tout autre ecclésiastique avancé dans la hiérarchie, qui les leur faisait subir. On surveillait aussi la conduite du professeur. Innocent III se plaint, par exemple, de ce que les maîtres des libres sciences de Paris portent des vêtements peu convenables; de ce qu'ils n'assistent pas aux convois funèbres des ecclésiastiques, comme c'est l'antique usage; de ce qu'enfin, dans leurs discussions et leçons, ils s'écartent du respect dû aux lois.

Comme en tout temps, à peu d'honorables exceptions près, les honoraires étaient ce à quoi les professeurs attachaient le plus d'importance, point d'argent, point de leçons.

Par une exception qui mérite d'être mentionnée, mais qui se renouvela depuis, on vit à Bologne, en l'an 1236, une femme, Vitisia Gozzadini, qui habituellement était vêtue en homme, faire, en qualité de docteur, un cours public sur les Institutes.

UNIVERSITÉ DE PARIS.

Des diverses universités alors existantes, celles de Paris et de Bologne sont les premières, les plus renommées. Celle de Paris était, dès le douzième siècle, fréquentée par des hommes de tous les pays : Othon de Freisingue, les fils du comte Adolphe de Schaumbourg, le fils du duc Henri le Pieux, vinrent y étudier. Le droit et la chirurgie n'y furent enseignés qu'au commencement du treizième siècle, bien qu'on apprît depuis longtemps la rhétorique, la grammaire et la philosophie. Voici en résumé quelques-uns des règlements que les papes établirent pour cette université, qui servit de modèle à toutes les autres, et sur laquelle nous avons, plus que sur toute autre, de longs et curieux détails. Un membre de l'université ne peut être expulsé qu'après certains délais et des avertissements réitérés, et l'université en corps ne peut l'être que par un acte de l'autorité papale. Les étudiants ne doivent pas faire hausser le prix des loyers en haine l'un de l'autre, ni pour faire déguerpir un condisciple. L'hôte qui exige un loyer excédant l'estimation faite par deux bourgeois ou maîtres, est interdit pour cinq ans. Les discussions ne doivent pas être accompagnées de festins. Celui qui veut professer la théologie doit avoir étudié cinq ans au moins, et avoir trente-cinq ans d'âge; un maître ès-libres sciences doit également étudier six ans, et subir un examen. Chaque étudiant devra s'en tenir à un maître déterminé (*).

(*) M. Monteil décrit l'organisation de l'université de Paris avec sa science ordinaire et son esprit plein de malice et de bonhomie comme celui de nos anciens bourgeois. « Votre voisin, le roi d'Aragon, veut, avec son université de Sarragosse, faire une étude générale, une université de Paris. Il en demande les statuts; je lui conseille de demander aussi les régents et les écoliers. Mais que vous importe? me direz-vous; faites-moi connaître l'université de Paris, je la ferai connaître au roi d'Aragon; je ne veux que cela; car il ne veut pas autre chose; car il veut seulement une université sur le modèle de celle de Paris : frère André, je vais le satisfaire, ou vous satisfaire.

Il faut d'abord que son université soit en partie ecclésiastique, en ce que ses membres porteront nécessairement l'habit de clerc; et en partie laïque, en ce que ces membres ne seront plus nécessairement tenus à avoir la tonsure.

Il faut ensuite qu'il la divise en quatre facultés : celle de théologie, celle de décret ou droit canon, celle de médecine, celle des arts. Vous voudrez savoir pourquoi j'omets la faculté de droit civil, aujourd'hui une des principales branches de l'enseignement public; je vous répondrai que si le roi d'Aragon établissait à Sarragosse cette faculté, son université ne serait plus comme celle de Paris.

Il faut que la faculté des arts, seulement chargée d'enseigner la grammaire, la rhétorique et la philosophie, qui, dans la hiérarchie des sciences, est la dernière, soit la première. Il faut que les autres facultés obéissent à son chef qu'on appelle recteur; il faut qu'elles ne puissent l'élire; il faut qu'elle seule l'élise; ce n'est pas très-raisonnable, mais c'est comme à Paris.

Il faut que cette faculté des arts soit divisée en nations, que les nations soient divisées en provinces, que les provinces soient divisées en royaumes. Ces divisions ne sont pas non plus très-bonnes; mais je ne vous les donne que pour les divisions de l'université de Paris.

Il faut aussi que l'autorité qui pourra faire arrêter les écoliers ne puisse les juger, et

La discipline était en général très-sévère, et assez souvent les étudiants étaient fustigés, chose qui n'avait lieu dans aucune des universités d'Italie. Les étudiants des diverses nations se querellaient fréquemment; ils se reprochaient leurs défauts mutuels : on disait des Anglais, qu'ils buvaient immodérément; des Français, qu'ils étaient fiers, mous, efféminés; des Allemands, qu'ils étaient colères et peu mesurés dans leurs paroles durant les festins; des Poitevins, qu'ils aimaient à bien vivre et avec prodigalité; des Bourguignons, qu'ils étaient niais et stupides; des Bretons, qu'ils étaient gens inconsidérés; des Lombards, que c'étaient des lâches, des avares, des méchants; des Romains, qu'ils étaient violents et mutins; des Siciliens, qu'ils étaient des tyrans; des Brabançons, des hommes de sang, des infracteurs de toute paix, des incendiaires, des pillards; des Flamands enfin, qu'ils étaient dissipateurs, tout occupés de leur écot (dîner), et *mous comme du beurre.*

La France comptait encore d'autres universités : celle de Montpellier, consacrée particulièrement à l'enseignement de la médecine, mais où, dans le courant du treizième siècle, on trouve aussi réunis en une seule faculté des professeurs de droit, de théologie et de belles-lettres; celle d'Orléans, où l'on enseignait le droit, et où la jalouse université de Paris empêcha, attendu le voisinage, l'établissement d'une faculté de théologie et de philosophie; enfin celle de Toulouse, fondée en 1233, par Grégoire IX, pour faciliter la conversion des Albigeois. Cette dernière obtint les mêmes priviléges que l'université de Paris, et fut affranchie de toute juridiction temporelle. Le chancelier de la cathédrale était aussi celui de l'université. Les étudiants qui ne suivaient aucun cours étaient privés de leurs droits. Ils ne pouvaient sortir armés, ni être emprisonnés pour dettes. Il était défendu aux théologiens de chercher à briller comme philosophes, mais ils devaient se contenter d'acquérir la science des choses divines. Il leur était aussi interdit de se servir de l'idiome du peuple.

que l'autorité qui pourra les juger ne puisse les arrêter.

De plus, que tous les écoliers et tous les membres de l'université, n'importe qu'ils aient des différends ou entre eux, ou avec des habitants de la ville, soient jugés d'après leurs priviléges.

De plus, que la collection de ces priviléges forme une législation particulière qui les exempte de la législation générale.

Pour que le roi d'Aragon ait à Saragosse une véritable université de Paris, il est encore indispensable que la sienne s'empare d'un vaste terrain qui portera le nom de Pré aux Clercs, où les écoliers se prétendront exclusivement maîtres, où ils insulteront, où ils maltraiteront ceux qui voudront contester leurs droits.

Les écoliers devront en outre se conduire dans les rues de la ville à peu près comme dans le Pré aux Clercs.

Le roi d'Aragon devra aussi trouver convenable que son université censure les actes du gouvernement, les actions des grands de l'État, les opinions du pape, la doctrine du clergé séculier et régulier.

Il y aura encore plus de ressemblance si l'université de Saragosse porte le titre de fille aînée des rois; si cette fille aînée est tracassière, capricieuse, et si, lorsqu'on voudra lui parler raison, elle ne manque pas de faire suspendre les prédications, de faire fermer les églises, afin que le peuple mutiné reflue vers les hôtels des magistrats ou le palais des rois.

Enfin, et comme dernière condition, cette université sera tout à la fois si puissante, que, dans certains temps, le pape, le roi, lui fassent humblement la cour; si faible, que, dans d'autres temps, un simple délégué du pape puisse la réformer jusque dans ses institutions fondamentales; si pauvre, qu'elle n'ait pas en propre la plus petite église pour ses offices, le plus petit édifice pour ses réunions, en sorte qu'elle soit obligée de tenir ses assemblées autour des bénitiers des grandes églises, et de déposer dans les couvents du voisinage ses coffres, ses arches et ses archives (*).

(*) Monteil, Histoire des Français, t. I, p. 232.

UNIVERSITÉ DE BOLOGNE.

C'est au Bolonais Irnerius que cette

antique université dut en grande partie son éclat. La faculté de droit était la plus ancienne de toutes. On n'accordait un plein droit de bourgeoisie universitaire qu'aux étudiants étrangers. Ceux-ci se subdivisaient en *citramontains* et *ultramontains* ; les premiers formaient seize nations, les seconds dix-huit. Ce nombre ne resta pas invariable, non plus que les noms donnés à ces différentes subdivisions. Ce qu'il y a de certain, c'est que de très-bonne heure on voit des étudiants allemands, français, danois, etc., fréquenter l'université de Bologne. Un recteur présidait chaque division principale. Ce recteur était élu par les étudiants de chaque nation. Les étudiants en droit n'avaient qu'un recteur, les étudiants en médecine deux. Mais dans la faculté de théologie, la direction n'appartenait qu'aux maîtres. Enfin la réunion que faisait le recteur de tous les étudiants autres que ceux de théologie, constituait ce qu'on appelait l'*universitas*. On y votait à fèves blanches et noires sur les affaires de l'université; on y élisait aussi des électeurs, qui, avec l'ancien recteur et les conseils des diverses nations, devaient nommer annuellement le nouveau recteur. Le recteur devait être membre de l'université, célibataire, sans qu'on exigeât pour cela qu'il fût ecclésiastique ; il devait avoir cinquante ans au moins, et posséder quelque bien ; il fallait enfin qu'il eût pendant cinq ans étudié le droit à ses propres frais. Il avait sous son autorité et sous sa juridiction les maîtres et professeurs, qui ne pouvaient s'absenter sans sa permission, et qu'il était en droit de punir.

Il résulte de ce qui précède que les étudiants formaient dès lors une corporation qui choisissait ses supérieurs, et qui pouvait quelquefois, au moins indirectement, traiter avec quelque violence ses propres maîtres. Et cela se conçoit, quand on pense que les étudiants d'alors étaient en général des hommes d'un certain âge, des hommes faits, pour la plupart exerçant des emplois ou revêtus de dignités dans leur patrie, et qui, pour le seul amour de la science,

venaient de loin jusqu'à Bologne, et dès lors avaient droit à une certaine faveur. Les étudiants avaient à Bologne comme à Paris, de nombreuses querelles, mais elles se terminaient toujours par des concessions qu'on leur faisait, tant on craignait de les voir déserter l'université. En 1258, l'un d'eux tua, dans une querelle, un fonctionnaire public. Arrêté, emprisonné, il fut, nonobstant les menaces de désertion de ses camarades, exécuté par ordre du podestat. Mais il fallut, dès l'année suivante, promettre que, quand il s'agirait d'affaires criminelles, les étudiants seraient entendus au préalable en présence de leurs maîtres, auxquels serait confié le soin de les défendre. Au reste, les étudiants étaient plus souvent provoqués à l'agitation, qu'ils ne s'y portaient d'eux-mêmes. Mais, dans le premier cas, ils dépassaient très-souvent les bornes. Le cardinal Othon voulut, en 1239, réformer les mœurs des étudiants ; mais il rencontra de nombreux obstacles, et, pour comble d'imprudence, son escorte ne garda aucun ménagement envers eux. Son cuisinier osa même jeter de l'eau bouillante sur la tête d'un étudiant. Alors grand tumulte : les étudiants tombent sur le coupable et le tuent, et le cardinal, obligé de se réfugier dans la tour d'une église, est trop heureux d'échapper, grâce à l'entremise du roi, à la fureur de ceux qui le poursuivent. En 1244, des étudiants de la même université pillèrent les juifs. On emprisonna un grand nombre d'entre eux, mais on ne put les convaincre.

L'Italie possédait encore les universités d'Arezzo, de Ferrare, de Naples, de Peruggia, de Plaisance, de Pise, de Ravenne, de Reggio, de Rome, de Sienne, de Trévise, de Verceil et de Vicence. La plupart d'entre elles avaient une organisation analogue à celle de Bologne.

UNIVERSITÉS D'ANGLETERRE.

Les universités d'Angleterre se réglaient en tout point sur celle de Paris, et étaient même plus indépendantes.

Une tradition fabuleuse fait remonter la fondation de Cambridge à l'an 275 avant J. C., époque où, dit-on, des professeurs athéniens vinrent s'y établir. Ce qu'il y a d'un peu plus certain, c'est que Sigebert, roi de l'Est-Anglie, y avait établi une école. A partir de l'époque normande, les documents deviennent plus nombreux. En 1231, on fixa le taux des loyers, et peu à peu on fonda des édifices (*hostels*, *inns*), où les étudiants habitaient en commun.

L'époque où fut fondée l'université d'Oxford est également incertaine. Quand, en 1141, le roi Étienne prit la ville d'assaut, l'école supérieure qui s'y trouvait établie eut aussi à souffrir; aussi Henri II et Richard Ier lui accordèrent-ils plusieurs priviléges. Vers l'an 1200, il y avait un chancelier laïque à la tête de l'université, et deux procurateurs, l'un pour les étudiants du Nord, l'autre pour ceux du Midi. A cette époque on y comptait 4000 étudiants, parmi lesquels se trouvaient des Néerlandais. En 1209, un étudiant ayant tué une femme, il en résulta des troubles, à la suite desquels trois étudiants furent mis à mort. L'excommunication lancée contre Oxford dispersa les professeurs ainsi que les étudiants; mais cinq ans après, l'université fut rétablie à des conditions avantageuses. De nouveaux débats, occasionnés par le prix des loyers, donnèrent lieu, comme à Oxford, à la fondation des colléges.

UNIVERSITÉ DE SALAMANQUE.

L'Espagne avait aussi à Salamanque une université célèbre. Elle était placée sous la surveillance d'un chanoine, qui choisissait le recteur et ses conseillers parmi les étudiants. Le recteur avait le droit de nommer les professeurs et de régler leur position.

ÉTAT DES ÉTUDES. PHILOSOPHIE.

Dès le douzième siècle, certains personnages marquants avaient, comme nous l'avons dit plus haut, commencé à montrer quelque estime pour les bons auteurs de la latinité, et surtout pour Virgile et Cicéron. Bernard de Chartres et d'autres maîtres les expliquaient dans leurs écoles; aussi parmi les nombreux écrivains de ce temps en vit-on plusieurs, tels qu'Abailard, Hildebert, Gautier de Châtillon, Jean de Salisbury, etc., se distinguer par quelque élégance et quelque pureté de style.

ARISTOTE.

« Ce goût de l'antique ne pouvait manquer de ramener bientôt les beaux jours de la bonne littérature, de la saine critique et de la raison. Mais la théologie scolastique venait de naître : l'empire qu'elle usurpa tout à coup, soit dans les écoles et l'université, soit dans les diverses classes du clergé, tant séculier que régulier, tourna tous les esprits vers les subtilités et les disputes; et elle ne fut que trop secondée par l'art des ergoteries qui produisit de son côté la logique et la dialectique d'Aristote.

« On connaît le sort littéraire de ce philosophe célèbre que la nature semblait avoir condamné à subir dans ses écrits, les vicissitudes de bonne et mauvaise fortune qu'il avait éprouvées pendant sa vie. Censuré dans les premiers siècles de l'Église par certains Pères, loué par d'autres; connu dans l'Occident par Boëce, accueilli en France par Charlemagne, puis oublié, il pénètre avec gloire chez les Arabes d'Asie, d'Afrique et d'Espagne, qui établissent des colléges pour l'enseigner, le traduisent et le commentent. Nos relations avec les Espagnols nous en procurent quelques traités. En 1167, nous recevons de Constantinople une collection de ses œuvres : plusieurs sont traduites; l'université les reçoit avec enthousiasme, et l'engouement est tel, que dans les chaires de théologie on va jusqu'à citer son autorité et même celle de ses commentateurs arabes, Avicenne et Averroës. Mais en 1210, un concile de Paris le défend sous peine d'excommunication, et il le condamne au feu. Cinq ans après, le cardinal-légat Robert de Courson ou

Corséon, commissaire du saint-siége, confirme l'arrêt; mais il en excepte la logique, et ordonne même de l'enseigner. En 1220, l'empereur Frédéric II le fait traduire en entier, partie d'après le texte grec, partie d'après les versions arabes. En 1231, Grégoire IX défend d'enseigner sa physique et sa métaphysique, jusqu'à ce qu'elles aient été examinées; et deux professeurs, qui ne tiennent point compte de la défense, sont accusés d'hérésie. Malgré ces censures passagères, il surnage. Mainfroi, fils naturel de Frédéric, le réunit avec d'autres ouvrages de philosophie, et il envoie son recueil à l'université. Les trois plus fameux théologiens du temps, Alexandre de Hales, Albert le Grand, saint Thomas d'Aquin, le commentent et l'expliquent, et alors il devient l'oracle des écoles; mais en 1265, un autre légat renouvelle l'interdiction des deux traités défendus. Enfin l'opinion scolastique prévaut; il est approuvé par les papes, et l'un d'eux en ordonne même une traduction nouvelle (*). »

(*) Legrand d'Aussy, Notices et extraits des manuscrits, tom. V, pag. 496. L'auteur continue en ces termes l'histoire des vicissitudes auxquelles les œuvres du philosophe de Stagyre ont été soumises depuis le treizième siècle : « Dans l'université, un règlement de réforme, fait en 1366 par deux cardinaux, exige que pour être reçu maître ès arts on subisse un examen sur sa philosophie. Quatre-vingt-six ans plus tard, le cardinal d'Étouville, par un autre règlement pareil, ordonne qu'on y enseignera sa logique, sa métaphysique, sa physique et sa morale ; et dès ce moment il y règne sans contradiction. L'admiration qu'on a pour lui et pour sa doctrine va même jusqu'à former des sectes : de toutes parts il donne naissance à des milliers de volumes; et le nombre en est tel, que sur sa seule philosophie, le Vénitien Patrizio, l'un de ses détracteurs, en comptait déjà vers la fin du seizième siècle plus de douze mille. Chez nous, deux arrêts du parlement, années 1624 et 1629, condamnent des principes contraires aux siens. Vainement Boileau par ses plaisanteries, Ramus, Bodin, Bacon, Galilée, Gassendi, Hobbes, Descartes, etc., par leurs écrits et leur philosophie nouvelle,

LA DIALECTIQUE.

Ce fut l'étude d'Aristote qui donna naissance à la philosophie scolastique. Jusqu'au moment où la philosophie du Stagyrite fut importée en Occident, la théologie était la seule occupation des esprits; mais l'Évangile était un cercle bien étroit où toutes les questions d'ailleurs étaient résolues, où il n'y avait à chercher que la démonstration plus ou moins claire de vérités admises, et non la découverte de vérités nouvelles. Aussi la métaphysique d'Aristote ouvrit comme un horizon immense et inconnu où put se lancer l'esprit spéculatif.

La dialectique se mit d'abord au service de la théologie. Ce fut pour arriver, sans le secours de la révélation, à la démonstration des vérités religieuses contre les sceptiques qui s'appuyaient sur l'autorité de la raison, que la dialectique livra ses premiers combats. Puis peu à peu elle se jeta dans les espaces immenses de la métaphysique; mais là l'esprit humain, faible encore, et privé du soutien que lui fournissent aujourd'hui les sciences et ce nombre immense d'observations de toute espèce que nous avons recueillies depuis trois siècles, erra dans un dédale de questions subtiles et insolubles.

LA SCOLASTIQUE.

« L'objet de la scolastique, dit Brucker dans son Histoire de la philosophie, ne fut pas la recherche de la vérité : les scolastiques ambitionnaient de faire parade d'une vaine subtilité philosophique; ils avaient imaginé une

renversent le trône qu'il avait dans le monde littéraire, il se maintient dans les collèges; et sans notre révolution, devant qui tout a cédé, qui sait combien de temps encore il eût pu résister! » Aujourd'hui une nouvelle ère de gloire, mais d'une gloire plus réelle et mieux fondée, commence pour Aristote, avec la belle édition donnée par M. Bekker et les savants travaux de MM. Barthélemy-Saint-Hilaire, Michelet de Berlin, Ravaisson, etc.

série de questions très-difficiles à résoudre, et dont la solution, si elle est possible, n'aurait ni certitude ni utilité; ils employaient pour cela d'innombrables logomachies, de ridicules distinctions, un langage barbare (*). Le but de tout cet étalage de faux raisonnements et de verbiage, étant la défense du dogme de l'Église, il s'ensuit que les seuls membres du clergé s'occupaient de philosophie scolastique, et qu'elle fleurit surtout dans les couvents. Son élément primitif fut la dialectique; non celle qui enseigne véritablement l'art du raisonnement, mais celle par laquelle on apprend l'art futile de l'escrime philosophique, avec des armes empruntées à Aristote. On préféra cette prétendue science à toutes les autres parties d'une saine érudition, et tel homme qui aurait pu rendre d'utiles services aux lettres, passait sa vie dans cette étude, qui pouvait conduire aux honneurs ecclésiastiques, mais par laquelle la vérité ne gagna rien. Au onzième siècle, on y joignit l'étude de la métaphysique, qu'on puisa d'abord dans Porphyre, et dont, depuis le douzième siècle, le champ fut immensément agrandi par la connaissance que l'on eut des livres d'Aristote; on en emprunta certaines règles générales vagues et obscures dont on se servait pour en imposer à l'esprit humain, et réduire la raison au silence. Les combats dialectiques furent poussés jusqu'au dernier degré d'extravagance après Scot et Occam, et les scolastiques couvrirent le monde de ténèbres par la destruction de toute certitude. Appliquée à la théologie, cette philosophie porte des fruits détestables, tels que le renversement des principes, la confusion de la raison et de la révélation, l'autorité témérairement accordée aux propositions des philosophes païens, l'explication futile et métaphysique des saints mystères, la fondation de l'empire de la dialectique sur les sciences sacrées, qui, par cette déplorable usurpation, furent d'autant plus misérablement corrompues que, tombant dans un autre extrême, quelques théologiens rejetèrent absolument tout usage de la philosophie, et devinrent des mystiques, tandis que la manie des disputes sur les vérités les plus positives produisit un nouveau scepticisme qui a fait un tort irréparable à la religion (*). »

LES SCOLASTIQUES.

A côté de ce tableau des funestes résultats de la scolastique, plaçons le portrait qu'Érasme de Rotterdam trace des scolastiques. «Les dialecticiens et les sophistes, dit-il, sont une espèce d'hommes plus bavards que l'airain de Dodone; chacun d'eux pourrait lutter avec des femmes pourvues d'excellents poumons : heureux s'ils n'étaient pas beaucoup plus querelleurs qu'ils ne sont verbeux. Ils disputent avec la mine la plus grave sur des futilités (**), et plus ils dissertent, plus ils s'éloignent de la vérité. Bouffis de vanité, ils marchent armés de trois syllogismes, à l'aide des quels ils parlent de tout, toujours prêts à descendre dans l'arène avec quiconque voudra lutter contre eux. Ils sont sûrs de vaincre, car si vous les mettiez aux prises avec Stentor, ils crieraient plus fort que lui. A leur suite viennent les philosophes vénérables par leur barbe et leurs manteaux, qui, se prétendant seuls juges,

---

(*) Remarquons toutefois que ce langage de scolastiques qui, aux yeux du littérateur, n'est qu'un jargon barbare, a cependant enrichi les langues modernes, nées du latin, d'une foule de termes servant à traduire des idées abstraites, et que le latin de Cicéron, si pauvre en expressions philosophiques, n'aurait jamais pu leur fournir.

(*) Schœll, Cours d'histoire des États européens, t. VI.

(**) Jean de Salisbury, mort en 1180, écrivait déjà dans son *Metalogicus :* «Une grave question occupait alors les écoles des philosophes ; plus on l'examinait, plus elle devenait embrouillée. Un porc attaché que les chasseurs prennent pour but, est-il tenu par le paysan ou par la corde au moyen de laquelle il le conduit ? » — C'est presque la puce d'Aristophane.

dédaignent tous les autres comme de vaines ombres. Qu'ils sont intéressants quand ils construisent des mondes sans fin ; quand ils mesurent comme à la toise le soleil et les étoiles ; quand ils vous expliquent les causes de la foudre, du vent et des éclipses, et mille autres choses dont ils ne savent rien, sans jamais hésiter, ni plus ni moins que s'ils avaient siégé dans le conseil de la nature quand elle a créé toute chose ! Cette bonne nature doit souvent rire de leurs sottes conjectures. Ce qui prouve leur ignorance, c'est qu'ils se chamaillent sur tout, sans pouvoir s'accorder sur rien. Mais, ne sachant rien, ils affectent l'omniscience, quoiqu'ils ne se connaissent pas eux-mêmes, et qu'ils ne voient pas devant eux une fosse dans laquelle ils vont tomber, ou une pierre contre laquelle ils vont se heurter, parce qu'ils sont aveugles, et que leur esprit est toujours absent ; cependant ils se vantent de voir toujours des choses qu'un Lyncée même ne pourrait voir ; telles que des idées, des *universels*, des formes séparées, des matières premières, des *quiddités* et des *eccéités*, mots monstrueux, excréments du diable recueillis par ces philosophes dans la boue. Qu'ils sont fiers, qu'ils se sentent élevés au-dessus du vulgaire, quand, à force d'angles et de triangles, de carrés et de pentagones, de cercles enfin, entassés les uns au-dessus des autres, et formant des labyrinthes, par des lettres disposées en bataille, et qu'ils font exercer et mouvoir comme des soldats, ils ont étonné les badauds qui les entourent ! Il y en a parmi eux qui savent annoncer l'avenir par le cours des astres, et qui promettent des miracles ; et il se trouve des imbéciles qui y ajoutent foi (*). »

Quelques traits rapportés par les historiens justifient ces accusations. Ainsi Conrad III était tombé d'accord avec un abbé qu'il n'avait qu'un œil, puis, qu'il pouvait bien en avoir deux ; lorsqu'enfin le docte abbé lui eût démontré qu'il en avait trois,

(*) Schœll, ibid.

le roi se prit à dire : « En vérité, c'est une plaisante vie que celle que vous menez, vous autres savants. » Ce trait peint l'époque ; il montre qu'on prétendait alors par l'argumentation, prouver jusqu'à l'absurde. — « Ne préférez donc pas, écrivait Grégoire IX aux théologiens de Paris, votre philosophie au véritable savoir, qui est le meilleur guide en cette vie, et qui peut mieux que toute vaine science vous préserver de l'erreur. Tenez moins à être des savants en apparence, qu'à être instruits en réalité de la science de Dieu, et ne descendez plus des choses célestes aux éléments grossiers et misérables que l'homme adorait dans son enfance. Ceux-là même qui saisissent votre sagesse d'école, que possèdent-ils ? les feuilles de la parole, non les fruits. Leur esprit est tapissé de coquillages, mais il est et demeure vide et incapable de goûter quelque chose de plus grand. Dans leur erreur, les philosophes croient avoir posé les principes de toutes choses ; plus on boit à la source qui n'est pas celle de la grâce, plus on est altéré. Les vaches maigres ne pourront jamais dévorer les vaches grasses ; les reines ne peuvent arriver à servir leurs servantes ; jamais les plus belles des femmes ne substitueront effrontément à leurs couleurs naturelles des couleurs trompeuses, et jamais, enfin, celle que son fiancé aura parée des plus riches atours n'ira se couvrir des lambeaux misérablement recousus de la philosophie. »

On le voit, à cette époque on s'occupait bien moins de politique et de morale que de la partie spéculative de la philosophie. On a cependant de Jean de Salisbury un traité de politique à l'usage des princes. Ce livre, intitulé : *de Regimine principum*, a servi de modèle au livre de Bodin *de Republica*, où Montesquieu a pris l'idée de l'*Esprit des lois*. Il y pose en principe que l'on doit honorer le prince, même lorsqu'il montrerait de la négligence dans l'accomplissement de ses devoirs.

De toutes les études, celle de la nature était la moins avancée. La nature n'était considérée que secondairement.

« L'univers que nous habitons, est-il dit dans l'introduction du *Miroir de Souabe*, le soleil, la lune, l'air et la terre, les oiseaux dans l'air, les poissons dans l'eau, les animaux des forêts, les vers qui rampent sur la terre, l'or et les pierres précieuses, le goût délicieux des aromates, les suaves couleurs des fleurs, les fruits des arbres et toutes les créatures, tout cela, Seigneur, vous l'avez créé pour l'usage et l'utilité de l'homme, dans votre bienveillance et votre amour pour lui. »

En résumé, l'état des connaissances à cette époque prouve bien qu'il ne suffit pas de beaucoup écrire pour bien écrire. Qui lirait, par exemple, aujourd'hui les douze in-folio de Duns Scot, les vingt et un du grand Albert, les vingt-trois de saint Thomas d'Aquin? — Nous donnerons cependant un aperçu très-sommaire de la doctrine de quelques-uns des philosophes théologiens les plus renommés de ce temps.

ANSELME DE KANTERBURY.

Anselme de Kanterbury, disciple et successeur de Lanfranc, mérite la principale mention : c'est lui qui, le premier, unit la philosophie à la théologie, les lumières de la raison à l'autorité des Écritures. Voici quelques-unes de ses idées sur la nature de la vérité, la prédestination, le libre arbitre et l'existence de Dieu.

Nature de la vérité. — La vérité intérieure d'une parole repose sur la désignation réelle de la chose qui en fait l'objet, et sur l'harmonie et l'entière convenance de cette désignation avec la chose elle-même. Nos sens ne nous trompent point, comme on le dit ; ils sont ce que leur nature et les choses extérieures les ont faits. C'est à l'intelligence à trouver ensuite en quoi nos sens ont pu nous tromper.

Le libre arbitre ne consiste pas, comme on le prétendrait à tort, dans le pouvoir de pécher ou de ne pas pécher ; le pouvoir de pécher n'est ni une partie de cette liberté ni cette liberté elle-même ; celle-ci doit se définir : le simple pouvoir de diriger la volonté dans la bonne voie. La volonté seule domine la volonté ; et là où elle est soumise aux tentations, sa force cesse. La véritable volonté est immuable comme la volonté de Dieu ; la volonté pervertie est et demeure, au contraire, changeante et sans fixité, jusqu'à ce que Dieu, de qui chacun tient la faculté de vouloir, la rectifie et la raffermisse. Dieu a la prescience de l'avenir, mais il sait aussi que bien des choses n'arrivent pas comme nécessaires, mais comme un effet du choix. Prescience suppose nécessité, dit-on ; mais il vaut mieux dire : Ce qui arrive ne peut pas en même temps ne pas arriver, mais se rapporte à l'éternité, où tout est vrai, actuel et immuable, et non pas au temps, où il n'y a pour nos actes ni actualité ni nécessité. La liberté, pour nous, c'est l'harmonie avec la volonté divine. Nous tenons d'elle une volonté droite ; c'est à nous de la conserver, à nous de la maintenir. Et pour cela, nous devons ne jamais séparer l'action de notre volonté de la grâce.

Existence de Dieu. — Dans le premier chapitre du *Monologium*, Anselme pose l'existence de Dieu sur le même principe que Descartes. « Je voyais, dit-il, autour de moi des milliers de créatures ; connaissances, nature, direction, tout était différent en elles. Mais cette apparence de confusion se perdit bientôt à mes yeux pour ne plus me laisser que l'idée plus sérieuse de ce qui, en général, leur donnait de la bonté, de la valeur. Et je fus amené à penser que toutes ces qualités, grandeur, étendue, etc., devaient avoir une source et une source unique. Car, d'abord, dire que quelque chose naît de rien, c'est émettre une proposition qui comporte à peine la discussion. Il ne s'agit donc plus que de se demander si ce qui donne la vie aux autres est *un* ou *multiple*. S'il est *multiple*, alors c'est un être *un* qui a donné l'être à ce multiple, ou plusieurs *unités* se trouvent réunies en lui ; ou enfin ces unités se sont faites multiples par elles-mêmes. Dans le premier cas, le multiple disparaît devant l'unité qui le fait exister.

Dans le second cas, la force qui fait l'existence domine encore; dans le troisième cas, la difficulté tombe d'elle-même. Reste donc la certitude, la souveraine certitude, que tout a pour base quelque chose d'*un* qui subsiste par soi-même, et qui donne la vie à tout le reste. C'est ainsi que nous arrivons par degrés à une idée première, à l'idée de Dieu, et cette idée comprend toutes les autres. » — Venant ensuite aux discussions sur le fini et l'infini, sur la nature de la Divinité, Anselme s'écrie : « Quoi! celui qui est en dehors du temps et du lieu, vous voulez le circonscrire dans le lieu et dans le temps. Vous voulez mesurer celui qui a donné un nom à la mesure! Mais la nature de Dieu, dites-vous! — La nature de Dieu, c'est sa parole, sa parole enfante les choses, et son existence se renferme dans la pensée que représente cette parole. Nous ne connaissons pas l'essence des choses, mais leur image. Plus l'esprit s'étudie lui-même, plus il étudie en même temps les choses, et plus il avance dans la connaissance de Dieu. Plus il connaît Dieu, plus il est heureux; plus il aime ce Dieu, plus il acquiert la conviction que celui qui l'aime ne peut périr; car la vraie foi c'est la recherche de Dieu. Celui donc qui est privé de ces trois dons, recherche de Dieu, amour et foi, celui-là est près de ne recueillir qu'isolement et misère, comme celui qui tient une conduite opposée, est sûr de recueillir le bonheur. »

Les élèves de l'archevêque de Kanterburg, Anselme et Guillaume de Champeaux, allèrent ouvrir deux écoles, l'une à Laon et l'autre à Paris.

ABAILARD.

C'est alors que parut le plus éloquent des docteurs : « C'était un beau jeune homme, brillant, aimable, de noble race. Personne ne faisait comme lui des vers d'amour en langue vulgaire; il les chantait lui-même. Avec cela une érudition extraordinaire pour le temps; lui seul alors savait le grec et l'hébreu. Peut-être avait-il fréquenté les écoles juives (il y en avait plusieurs dans le Midi), ou les rabbins de Troyes, de Vitry ou d'Orléans. Il y avait alors deux écoles principales à Paris : la vieille école épiscopale du Parvis Notre-Dame et celle de Sainte-Geneviève, où brillait Guillaume de Champeaux. Abailard vint s'asseoir parmi ses élèves, lui soumit des doutes, l'embarrassa, se joua de lui, et le condamna au silence. Il en eût fait autant d'Anselme de Laon, si le professeur, qui était évêque, ne l'eût chassé de son diocèse. Ainsi allait ce chevalier errant de la dialectique, démontant les plus fameux champions. Il dit lui-même qu'il n'avait renoncé à l'autre escrime, à celle des tournois, que par amour pour les combats de la parole. Vainqueur dès lors, et sans rival, il enseigna à Paris et à Melun, où résidait Louis le Gros, et où les seigneurs commençaient à venir en foule. Ces chevaliers encourageaient un homme de leur ordre qui avait battu les prêtres sur leur propre terrain, et qui réduisait au silence les plus suffisants des clercs.

« Les prodigieux succès d'Abailard s'expliquent aisément. Il semblait que, pour la première fois, l'on entendait une voix libre, une voix humaine. Tout ce qui s'était produit dans la forme lourde et dogmatique de l'enseignement clérical, sous la rude enveloppe du latin du moyen âge, apparut dans l'élégance antique qu'Abailard avait retrouvée. Le hardi jeune homme expliquait, simplifiait, popularisait, humanisait. A peine laissait-il quelque chose d'obscur et de divin dans les formidables mystères. Il semblait que jusque-là l'Église eût bégayé, et qu'Abailard parlait. Tout devenait doux et facile : il traitait poliment la religion, la maniait doucement; mais elle lui fondait dans la main. Rien n'embarrassait le beau diseur : il ramenait la religion à la philosophie, la morale à l'humanité. *Le crime n'est pas dans l'acte*, disait-il, *mais dans l'intention*, dans la conscience. Ainsi plus de péché d'habitude ni d'ignorance. *Ceux-là même n'ont pas péché qui ont sacrifié Jésus sans savoir qu'il* fût le Sauveur. Qu'est-ce que le péché originel ? *Moins un péché qu'une peine.* Mais alors pourquoi la Rédemption, la Passion, s'il n'y a pas eu de péché ? *C'est un acte de pur amour. Dieu a voulu substituer la loi de l'amour à celle de la crainte.*

« Qu'est-ce que le péché ? Ce n'est pas le plaisir, mais le mépris de Dieu. L'intention est tout, l'acte n'est rien. Doctrine glissante, qui demande des esprits éclairés et sincères. On sait comment les jésuites en ont abusé au dix-septième siècle ; combien elle était plus dangereuse dans l'ignorance et la grossièreté du douzième.

« Cette philosophie circula rapidement ; elle passa en un instant la mer et les Alpes ; elle descendit dans tous les rangs. Les laïques se mirent à parler des choses saintes. Partout, non plus seulement dans les écoles, mais sur les places, dans les carrefours, grands et petits, hommes et femmes, discouraient sur les plus graves mystères. Le tabernacle était comme forcé, le saint des saints traînait dans la rue. Les simples étaient ébranlés, les saints chancelaient, l'Église se taisait (*). »

SAINT FRANÇOIS D'ASSISE.

Il fallut un saint pour défendre l'Église ; mais la tentative d'Abailard était prématurée ; le temps n'était pas encore venu où l'on pouvait substituer la raison à la foi ; l'intelligence humaine était trop faible encore pour marcher seule. Saint Bernard accabla Abailard de tout le poids de la parole divine, et la foule, qui avait un moment suivi le hardi novateur, le quitta sitôt qu'elle entendit s'élever contre lui la voix toute puissante de l'Église.

Le peuple, d'ailleurs, n'avait jamais été pour lui. Au lieu de ces discussions subtiles et métaphysiques, il aimait bien mieux la parole ardente et l'exaltation de saint François. « *C'était*, dit son biographe, *dans la première jeunesse, un homme de vanité, un bouf-*

(*) Michelet, Histoire de France, t. II, p. 282.

fon ; il avait vingt-cinq ans (1206), lorsqu'une vision le convertit. Il monte à cheval, va vendre ses étoffes à Foligno, en rapporte le prix à un vieux prêtre, et, sur son refus, jette l'argent par la croisée. Il veut du moins rester avec le prêtre, mais son père le poursuit ; il se sauve, vit un mois dans un trou ; son père le rattrape, le charge de coups ; le peuple le poursuit à coups de pierres ; les siens l'obligent de renoncer juridiquement à tout son bien, en présence de l'évêque : c'était sa plus grande joie. Il rend à son père tous ses habits, sans garder même un caleçon ; l'évêque lui jette son manteau.

« Le voilà lancé sur la terre ; il parcourt les forêts en chantant les louanges du Créateur. Des voleurs l'arrêtent et lui demandent ce qu'il est. « Je suis, dit-il, le héraut qui proclame le grand roi. » Ils le plongent dans une fondrière pleine de neige ; nouvelle joie pour le saint. Il s'en tire et poursuit sa route. Les oiseaux chantent avec lui ; il les prêche, ils écoutent. « Oiseaux, mes frères, disait-il, n'aimez-vous pas votre Créateur qui vous donne ailes et plumes, et tout ce qu'il vous faut ? » Puis, satisfait de leur docilité, il les bénit et leur permet de s'envoler. Il exhortait ainsi toutes les créatures à louer et à remercier Dieu. Il les aimait, sympathisait avec elles ; il sauvait, quand il pouvait, le lièvre poursuivi par les chasseurs, et vendait son manteau pour racheter un agneau de la boucherie. La nature morte elle-même, il l'embrassait dans son immense charité. Moissons, vignes, bois, pierres, il fraternisait avec eux tous, et les appelait tous à l'amour divin (*). »

Cependant, sa réputation attirant une foule de disciples autour de lui, il songea à fonder un ordre, dont les progrès furent tels, qu'en 1219 saint François réunit en Italie jusqu'à cinq mille Franciscains. Il ne faut point demander à saint François et à ses disciples des doctrines nouvelles : « ce sont des prédicateurs enthousiastes, effré-

(*) Michelet, Histoire de France, t. II, page 538 et suiv.

nés, qui couraient partout pieds nus, jouant tous les mystères dans leurs sermons, traînant après eux les femmes et les enfants, riant à Noël, pleurant le vendredi saint, développant sans retenue tout ce que le christianisme a d'éléments dramatiques. Le système de la grâce, où l'homme n'est plus rien qu'un jouet de Dieu, le dispense aussi de toute dignité personnelle; c'est pour lui un acte d'amour de s'abaisser, de s'annuler, de montrer les côtés honteux de la nature; il semble exalter Dieu d'autant plus. Le scandale et le cynisme deviennent une jouissance pieuse, une sensualité de dévotion. L'homme immole avec délices sa fierté et sa pudeur à l'objet aimé (*). »

SAINT BONAVENTURE.

Ce mysticisme ardent fut vivement accueilli; l'ordre se multiplia; mais avec les succès arrivèrent les combats, et saint Bonaventure, successeur de saint François, eut à résister aux attaques violentes de l'université. La guerre exige de la discipline : aussi Bonaventure fut contraint d'allier à l'exaltation mystique le raisonnement et la logique, qui sont les armes de la discussion. « Le bonheur, » dit-il, dans son livre intitulé le *Guide de Dieu*, « n'est autre chose que la jouissance du souverain bien; mais le souverain bien est au-dessus de nous, c'est donc au-dessus de nous-mêmes qu'il faut nous élever par l'esprit. Nous ne pouvons y parvenir qu'à l'aide d'un levier puissant; ce levier c'est la prière. Puis viennent les degrés de l'élévation à Dieu : 1° contemplation de Dieu dans les choses de ce monde, c'est le portique de l'élévation; 2° contemplation dans soi-même, c'est le temple; 3° contemplation de la nature divine elle-même, c'est le saint des saints. Ne connaître de Dieu que son existence, c'est presque ne rien connaître; la véritable connaissance, c'est celle de la bonté de Dieu. Moïse dit bien : *Je suis celui qui est*; mais le Christ dit : *Dieu seul est bon.* »

SAINT THOMAS.

Ce fut saint Bonaventure qui, assisté de l'archevêque de Mayence, Albert le Grand, soutint par-devant le pape, contre Guillaume de Saint-Amour, la mémorable querelle des mendiants contre l'université. Saint Thomas, le grand docteur de l'Église, résuma toute la discussion. « Venu à la fin du moyen âge, comme Aristote à la fin du monde grec, il fut l'Aristote du christianisme, en dressa la législation, essayant d'accorder la logique et la foi par la suppression de toute hérésie. Le colossal monument qu'il a élevé ravit le siècle en admiration. Albert le Grand déclara que saint Thomas avait fixé la règle qui durerait jusqu'à la consommation des temps. Cet homme extraordinaire fut absorbé par cette tâche terrible; rien autre ne s'est placé dans sa vie, vie toute abstraite, dont les seuls événements sont des idées. Dès l'âge de cinq ans il prit en main l'Écriture et ne cessa plus de méditer. Il était du pays de l'idéalisme, du pays où fleurissent l'école de Pythagore et l'école d'Élée, du pays de Bruno et de Vico. Aux écoles, ses camarades l'appelaient le grand bœuf muet de la Sicile. Il ne sortait de ce silence que pour dicter, et quand le sommeil fermait les yeux du corps, ceux de l'âme restaient ouverts, et il continuait de dicter encore. Un jour, étant sur mer, il ne s'aperçut pas d'une horrible tempête; une autre fois, sa préoccupation était si forte, qu'il ne lâcha point une chandelle allumée qui brûlait dans ses doigts. Saisi du danger de l'Église, il y rêvait toujours, et même à la table de saint Louis. Il lui arriva un jour de frapper un grand coup sur la table et de s'écrier : « Voici un argument invincible contre les manichéens. » Le roi ordonna qu'à l'instant cet argument fût écrit. Dans sa lutte avec le manichéisme, saint Thomas était soutenu par saint Augustin; mais dans la ques-

(*) Michelet, Histoire de France, t. II, p. 541.

tion de la grâce, il s'écarte visiblement de ce docteur; il fait une part à la liberté. Théologien de l'Église, il fallait qu'il soutînt l'édifice de la hiérarchie et du gouvernement ecclésiastique. Or, si l'on n'admet la liberté, l'homme est incapable d'obéissance; il n'y avait plus de gouvernement possible. Et pourtant, s'écarter de saint Augustin, c'était ouvrir une large porte à celui qui voudrait entrer en ennemi dans l'Église. C'est par cette porte qu'est entré Luther.

« Tel est donc l'aspect du monde au treizième siècle. Au sommet, *le grand bœuf muet de Sicile* ruminant la question, ici l'homme et la liberté, là Dieu, la grâce, la prescience divine, la fatalité; à droite, l'observation qui proteste de la liberté humaine; à gauche, la logique qui pousse invinciblement au fatalisme. L'observation distingue, la logique identifie; si on laisse faire celle-ci, elle résoudra l'homme en Dieu, Dieu en la nature; elle immobilisera l'univers en une indivisible unité, où se perdent la liberté, la moralité, la vie pratique elle-même. Aussi le législateur ecclésiastique se roidit sur la pente, combattant par le bon sens sa propre logique, qui l'eût emporté. Il s'arrêta, ce ferme génie, sur le tranchant du rasoir, entre les deux abîmes, dont il mesurait la profondeur. Solennelle figure de l'Église, il tint la balance, chercha l'équilibre, et mourut à la peine. Le monde qui le vit d'en bas, distinguant, raisonnant, calculant dans une région supérieure, n'a pas su tous les combats qui purent avoir lieu au fond de cette abstraite existence (*). »

Qu'on ne nous reproche point de nous être trop longtemps arrêté sur ces questions théologiques : elles sont la vie du moyen âge, et c'est d'elles, d'ailleurs, que sortira la réforme allemande au seizième siècle.

Mais au-dessous du docteur il y avait les philosophes qui se débattaient entre l'Écriture et Aristote, double autorité à laquelle rien n'échappait.

(*) Michelet, Histoire de France, t. II, p. 629 et suiv.

Le plus grand de ces philosophes, ou du moins celui qui produisit le plus, c'est l'Allemand Albert de Bollstædt.

ALBERT DE BOLLSTÆDT, DIT LE GRAND.

Dans ses premières années, dit la légende, Albert ne faisait que des progrès médiocres; mais un jour la Vierge lui apparut, et lui promit qu'il surpasserait, par son esprit et ses connaissances, tous les hommes de son temps. Elle lui demanda de choisir entre la philosophie et la théologie; Albert prit la première, et dès lors ses progrès étonnèrent ses maîtres. En 1221, il entra dans l'ordre de saint Dominique, et, en 1244, fut promu à la dignité de provincial en Allemagne. En cette qualité, il fixa sa résidence à Cologne, qu'il ne quitta que rarement depuis. Nommé, en 1260, à l'évêché de Ratisbonne, il n'y resta que trois ans, et revint dans sa chère ville de Cologne; c'est là, sans doute, qu'il construisit cette fameuse Androïde, ce merveilleux ouvrage, qui lui coûta trente années d'études et de travaux : c'était un automate qui le servait comme aurait fait un domestique, et que saint Thomas, son disciple, brisa d'un coup de son bâton, le regardant comme une œuvre du diable. Ce fut aussi à Cologne qu'Albert donna au roi des Romains, Guillaume, comte de Hollande, ce fameux banquet dans un jardin de son cloître, où, au cœur de l'hiver, la parure du printemps se montra tout à coup, et disparut après le repas; toutes ces choses, fort extraordinaires dans un siècle d'ignorance, le goût qu'il avait pour les expériences et pour ce qu'il appelle lui-même des opérations magiques, et cette variété de connaissances qui l'élevait si fort au-dessus de ses contemporains, en voilà sans doute assez, dit M. Stapfer, pour expliquer le titre de magicien qui lui fut donné. Après avoir payé un tribut à son siècle, en prêchant, par ordre du pape, la croisade en Allemagne et en Bohême, il retourna dans sa retraite à Cologne, où il mourut en 1280, âgé de 87 ans.

Albert a laissé vingt-un volumes in-folio d'ouvrages de toute espèce; dans la plupart, il ne fait que commenter Aristote, qu'il avait enseigné avec éclat à Paris. Souvent il compile les Arabes, mais il mêle à ses extraits des discussions très-subtiles, et des remarques souvent fort judicieuses. Il a traité de toutes les parties de la philosophie, mais n'a pas proprement de système qui soit à lui, et qui diffère essentiellement d'Aristote; du reste son autorité n'a pas peu contribué à faire régner le philosophe de Stagyre dans les écoles jusqu'à la renaissance des lettres. — Sur la fin de sa vie, continue la légende par laquelle nous avons commencé, il sentit tout à coup, au milieu d'une leçon, ses idées se troubler; il lui fallut se taire, et descendre de la chaire pour n'y plus remonter : c'était la punition que lui envoyait la sainte Vierge, pour avoir préféré la philosophie à la théologie.

RAIMOND LULLE.

Raimond Lulle avait fait un tableau basé sur l'alphabet, qu'on appela depuis le *Grand art de Lulle*. Il prétendait, par les diverses combinaisons de ce tableau, découvrir le principe, la source de toutes nos idées.

Raimond fit aussi une rhétorique; mais c'était plutôt une sorte d'encyclopédie, où il embrassait toutes les questions, mais d'une manière bien superficielle; on va en juger. Quelles sont les vertus d'un bon mari? — L'activité dans les affaires et la prévoyance. Celles d'une femme? — Veiller avec soin aux affaires du ménage. Celles de l'enfant? — Être modeste et montrer de bonnes dispositions. Celles du vieillard? — Être de bon *conseil* dans le *conseil*.

La philosophie civile de Raimond Lulle embrasse trois parties, comme aussi trois formes régulières et trois formes régénérées. A la première partie appartient la raison : elle enfante les philosophes; à la seconde la colère : elle donne les guerriers; à la troisième le désir (*cupiditas*) : de là les artisans.

Les trois formes régulières sont la monarchie, l'aristocratie, la république. Ces formes, si elles dégénèrent, sont la tyrannie, l'oligarchie, la démocratie. Raimond revient ensuite à ses premières idées. Des philosophes par la raison, on fait des prévôts ou maires, des conseillers, des magistrats, des prêtres et des juges. La science du juge repose sur l'usage, le jugement, les causes, les hypothèques, les testaments, la possession, les conventions.

Mais voici qui est plus singulier encore : « Dans une vaste prairie, sous un arbre touffu, où mille oiseaux gazouillaient, je trouvai un jour la *Philosophie* et ses douze compagnes, son cortége ordinaire, son cortége essentiel. Elle se plaignait de ce qu'un aveugle préjugé la représentait comme l'ennemie de la Théologie; et, à ce sujet, elle se mit à interpeller chacune de ses compagnes. Vint alors la première, elle dit : Je suis la *Forme*, la forme formatrice; c'est moi qui donne aux choses leur existence, et qui constitue, avec la Matière, la substance unique, générale de l'*universum;* en moi repose, par moi subsiste toute chose en particulier : durée, bonté, grandeur, ne sont que des rayons qui partent de mon sein. Rien de fugitif en moi; si quelque chose paraît l'être, ce n'est qu'un changement, qu'une formation nouvelle de choses nouvellement créées. Je suis l'image de la Divinité; car la Divinité, c'est ce qui forme, ce qui agit, non ce qui souffre. — La *Matière*, autre compagne de la Philosophie, se lève à son tour : Je suis ce qui souffre; je me soumets, sans condition aucune, à la source de toute forme, à la Divinité, dont je suis l'œuvre; voilà pourquoi je prends part, en tous lieux, à la grandeur, à la bonté, à la perfection. Ma nature se confond dans celle de la forme, pour ne faire avec elle qu'une seule et même substance éternelle. — Voici maintenant ce que dit la troisième : Je suis ce qui *engendre;* une dans l'origine, je parais sous une triple face dans chaque individualité; d'abord dans la substance même, par l'effet de la force; ensuite dans la *réalité*, par le même effet; puis, cette réalité même, je l'entretiens et l'étends. — Et moi, dit la *Destruction*, je suis tout l'opposé de la *Génération*; car c'est moi qui conduis tout ce qui existe au néant. Je repose déjà dans la semence; je me montre quand tombent les forces, et la mort c'est ma victoire; car, ainsi que la Génération conduit au particulier, de même, à mon tour, je ramène au tout. La mort et la vie paraissent placées en ennemies l'une vis-à-vis de l'autre; mais si quelqu'un considère bien ce qu'est notre souveraine, il comprendra comment nous pouvons et devons être ses compagnes. — Je suis, moi, dit la cinquième, l'*Élémentaire;* je me présente sous une quadruple physionomie; mais chacune d'elles entre dans mille combinaisons, dans mille changements divers. Le feu force à l'emploi de l'eau, la chauffe, la vaporise, pour la remettre en nuage à l'air, qui la laisse retomber à son tour, pour la laisser s'unir à des objets nouveaux. — Et moi, dit la sixième, moi je donne la vie aux plantes, je leur souffle une âme; quand l'une passe inaperçue, je porte son âme à l'autre. Comment, en effet, en laisserais-je périr une, moi qui les fais vivre toutes et qui vis de leur vie? Je ne prends à mes sœurs, plus anciennes, beaucoup plus riches, que le droit de faire, de former une seule chose; mais je sais, dans mon silence, qu'en Dieu, source de tout ce qui est, source d'où je découle, qu'en Dieu se trouve l'infini de l'existence, l'infini de la pensée (*est in tanto magnus per suum intelligere, quantum est magnus per suum existere*). — La septième compagne, la *Sensitive* dit : De moi procède tout sentiment; les nombreux rayons qui partent de mon sein font voir, entendre, goûter, sentir, aspirer. Chez moi, l'activité comme la passivité s'unissent en une paisible action. — *Imaginative* est mon nom, dit la huitième; je dois le jour à Sensitive, ma sœur. Et moi aussi je suis douée de forces natives; mais je suis plus haut placée que Sensitive; car, sans liens, sans limites aucunes, je revêts de formes tout ce qui m'est donné par Sensitive; je réunis ce qui est séparé, je sépare ce qui est uni, et je ressemble à *Forme* ma sœur, comme *Forme* ressemble à *Matière*. — Je suis la force *motrice*, dit la neuvième compagne; partout je suis répandue, bien que je ne paraisse point partout; tout mouvement particulier vient de moi, se rapporte à moi, fût-il dans les éléments, dans les plantes, dans le sentiment, dans l'imagination. *Mue et mouvante*, voilà sous quel aspect je parais. Le vent pousse le navire sur les flots, bien que le navire lui-même paraisse en repos; le pilote songe au côté vers lequel il doit tourner; il craint le péril, il espère le salut. Partout enfin on me trouve sous des formes diverses. Ainsi parle la neuvième compagne. — Quand je m'unis, dit la dixième, à celles de mes sœurs qui agissent dans l'homme comme forces corporelles, il se manifeste d'abord un tout plus élevé; car c'est moi qui suis l'esprit, *la science*, l'intelligence, et je procède immédiatement d'une nature divine. Tout ce qui est esprit, tout ce qui sait, appartient à un esprit unique, *omniscient;* les branches diverses de ce premier esprit se montrent dans l'union des esprits individuels avec les corps individuels, et ces branches diverses font ressortir plus majestueusement la profondeur de la racine à laquelle elles tiennent. Ma nature elle-même est infaillible; mais unie à l'homme, dont je ne suis pas la souveraine absolue, je suis obligée de le suivre, d'aller où il me dirige; et là où je ne puis lever tous les doutes, produire une complète connaissance, là j'ai recours à la *foi;* mais cette *foi* même ne m'est pas essentielle; ce qui l'est, c'est l'intelligence. Quand je porte la force qui est en moi, mon activité sur les objets que me présentent *Sensitive* et *Imaginative*, j'acquiers alors une science inférieure de choses mécaniques et d'arts, de faits moraux, ou privés de cette qualité. Mais la grande, la véritable science, c'est celle de Dieu; car s'il ne m'est pas donné d'en avoir une connaissance complète, je veux cependant m'attacher à lui de plus en plus, puisqu'il est infini, qu'il

comprend tout; c'est de lui que je viens, c'est par lui que je suis. — Ma sœur vient de vous dire qu'elle a une double science; je viens vous révéler de même, dit la *Volonté*, que j'ai deux *vouloirs*; tantôt entraînée par les sens et l'imagination vers le bien comme aussi vers le mal du corps que j'habite; tantôt portée vers le plus noble but, vers l'amour du ciel. Quand nous nous dirigeons, ma sœur et moi, de concert vers le souverain bien, ce bien est presque trouvé. Celle de mes sœurs qui a la science en partage peut se laisser affaiblir, mais elle ne peut, comme moi, qui suis l'esclave de l'homme, embrasser le mal; car le libre arbitre de l'homme donne lieu à la justice divine de rémunérer ou de châtier. — Je m'associe, dit enfin la *Mémoire*, comme douzième compagne, à mes sœurs *Science* et *Volonté*; la première a le pas sans doute, elle qui conçoit des choses nouvelles; mais la seconde place revient à *Volonté*, qui tantôt se tourne vers les conceptions nouvelles, tantôt vers moi; car c'est moi qui rassemble les trésors, qui les tiens en réserve pour qu'on s'en serve au besoin. Quand il y a harmonie entre nous trois, non-seulement le présent, l'avenir ou le progrès sont posés sur les meilleures bases, mais le passé aussi se présente sous le meilleur aspect; tout, en un mot, forme un seul être solidemnt uni avec le *lien infini*.
— Ainsi parlèrent, dit Raimond, les compagnes de la Philosophie; et moi j'en retire cette vérité, qu'il ne pourra y avoir paix et harmonie entre la Philosophie et la Théologie tant que l'une ne sera que la servante de l'autre; mais elles atteindront toutes deux leur but quand elles vivront en sœurs; car Dieu est le *but* de l'une et l'*objet* de l'autre. »

MATHÉMATIQUES.

On écrivait au treizième siècle sur presque toutes les parties des mathématiques; mais on y mêlait l'astrologie, la folie de ce temps (*). Cependant on ne peut pas nier que la mécanique, par exemple, n'eût atteint un certain degré de perfection : témoin ces grandes constructions de tours et d'églises. L'alzième siècle. Tous les princes avaient alors près d'eux des astrologues aussi bien et même mieux traités que leurs confesseurs; ainsi le père de Christine de Pisan, *homme de si haut entendement ès sciences mathématiques, en jugements d'astrologie*, était admis près du roi Charles V avec la charge de consulter les astres sur les diverses entreprises qu'on projetait; car dit un écrivain contemporain : « Les grands clercs, les grands chappes et chapperons fourrés, et les grands princes séculiers, n'oseroient rien faire de nouvel sans le consentement et sans la sainte élection de l'astrologie; ils n'oseroient chasteaux fonder, ne églises édifier, ne guerre commencer, ne entrer en bataille, ne vestir robe nouvelle, ne donner un joyau, ne entreprendre un grand voyage, ne partir de l'ostel, sans son commandement. » Charles V était grand partisan de l'astrologie. Sa célèbre bibliothèque de 800 volumes, le premier fonds de la Bibliothèque royale d'aujourd'hui, était composée presque tout entière de livres d'astrologie. Pierre de Castille était toujours entouré d'astrologues, et après avoir dépensé plus de cinq cent mille doubles d'or avec eux, il fut obligé de reconnaître que, pour une vérité, ils lui disaient vingt *bourdes*. Les astrologues de Charles V ne devaient pas en dire moins que ceux du roi d'Espagne. On ne l'ignorait pas; car on lit dans Philippe de Maizières : « Il est écrit au livre des jugement que toutes les fois que la lune parviendra au degré ascendant à l'heure de sa conjonction avec le soleil, se celui degré sera pluvieux, il pleuvra en celle région en laquelle la lune lors estoit à son ascendant; et toutefois il advient souvent et par vraye expérience le contraire. O quantes fois Thomas de Bolongne faillit en cestui petit jugement ! » Malgré ces belles paroles, Philippe de Maizières n'en est pas moins convaincu qu'on peut lire l'avenir dans les astres. Une particularité curieuse qui nous a été conservée comme trait des mœurs du quatorzième siècle, c'est que Charles V donna un astrologue à du Guesclin lorsqu'il le nomma connétable. Pour le portrait pittoresque des astrologues du moyen âge, voyez les deux beaux romans de Walter Scott, Kenilworth et Quentin Durward, qui sont plus vrais que l'histoire même.

(*) L'astrologie et les astrologues furent surtout en honneur au quatorzième et au quin-

gèbre et la connaissance des chiffres furent apportées en Italie par le Pisan Léonard Fibonacci. On connaissait aussi, mais on ne savait pas employer encore l'aiguille aimantée. — Un abbé, Guillaume de Hirschau, avait inventé « une horloge réglée sur les mouve- « ments des corps célestes; il montra « comment on pouvait reconnaître, « par des expériences certaines, les « solstices naturels ou les équinoxes « et la position du monde. » — Il est dit aussi, dans l'*Imago Mundi* d'Omon, livre écrit au treizième siècle, que la terre est ronde, que les montagnes changent aussi peu cette rondeur qu'un cheveu change la rondeur d'une pomme. La doctrine des antipodes est également mentionnée, et de plus voici ce qu'on dit sur la pesanteur : Qu'on creuse un trou en terre; qu'on y jette un corps, ce corps tombera sur le côté; puis, d'oscillations en oscillations, il ira se placer dans le milieu. La mécanique fit des merveilles. Nous avons parlé plus haut (*) de l'automate à figure humaine fabriqué par Albert le Grand, et que saint Thomas brisa de son bâton, le croyant une œuvre du diable.

MÉDECINE.

La médecine qui, grâce aux progrès des sciences naturelles, a pris rang aujourd'hui parmi les professions les plus utiles et les plus honorables, est longtemps restée un métier sinon méprisé, du moins fort suspect; car la science alors ne se faisait point, comme aujourd'hui, au grand jour; elle était cachée, secrète; on ne savait quelle puissance la nature avait mise entre les mains de ces hommes qui l'interrogeaient avec tant de mystère. D'abord la religion s'en était mêlée. Les prêtres, par tout le monde ancien, étaient à la fois médecins de l'âme et du corps; ils avaient de merveilleux spécifiques contre toute espèce de maladies. Ainsi les druides possédaient le fameux *gui* de chêne et l'œuf de serpent, dont l'origine était si miraculeuse. « Durant l'été, dit Pline, on voit se rassembler, dans certaines cavernes de la Gaule, des serpents sans nombre, qui se mêlent, s'entrelacent, et avec leur salive, jointe à l'écume qui suinte de leur peau, produisent cette espèce d'œuf. Lorsqu'il est parfait, ils l'élèvent et le soutiennent en l'air par leurs sifflements; c'est alors qu'il faut s'en emparer avant qu'il ait touché la terre. Un homme, aposté à cet effet, s'élance, reçoit l'œuf dans un linge, saute sur un cheval qui l'attend et s'éloigne à toute bride; car les serpents le poursuivent jusqu'à ce qu'il ait mis une rivière entre eux et lui. » C'est ainsi qu'on exploitait la crédulité populaire.

Comme toutes ces religions de l'antiquité faisaient un dieu de la nature, il était parfaitement rationnel de penser que les productions naturelles pouvaient être douées de vertus inconnues et puissantes. On se mit à les étudier; et le peuple vit avec terreur des hommes courir la nuit sur les montagnes à la recherche de plantes et d'insectes souvent en fort mauvaise réputation; les reptiles les plus hideux, les plantes les plus venimeuses, étaient ce qu'ils recherchaient de préférence. Ces êtres sont doués de facultés bien puissantes, disaient-ils, puisqu'ils peuvent donner si aisément la mort. Mais cette puissance, il faut s'en saisir, la diriger, et, de mortelle qu'elle était, elle pourra devenir vivifiante. Ainsi les doctrines les plus étranges présidaient à la médecine, et les laboratoires de ceux qui mettaient en pratique les prescriptions des médecins se peuplaient de serpents, de crapauds, des bêtes les plus immondes. Shakspeare, dans *Roméo et Juliette*, nous fait la description d'une boutique d'apothicaire de son temps; il y avait en vérité de quoi effrayer les passants.

« Je me souviens d'un apothicaire; il demeure près d'ici; je l'ai remarqué dernièrement, couvert de haillons, les yeux ombragés d'épais sourcils; il triait des simples. Sa maigreur était évidente; l'affreuse misère l'avait usé jusqu'aux os. Dans sa misérable boutique étaient

(*) Page 379.

suspendus une tortue, un alligator empaillé et d'autres peaux de poissons informes. Sur ses pauvres tablettes, une rangée souvent interrompue de boîtes vides, quelques vases de terre verte, des vessies, des herbes desséchées; quelques bouts de ficelle, quelques vieux pains de roses épars çà et là pour servir de montre. En voyant cette profonde misère, je me dis en moi-même : Si quelqu'un avait besoin de poison, bien que la loi de Mantoue en défende la vente sous peine de mort, voilà un misérable qui lui en vendrait. »

ALCHIMISTES.

Ces hommes qui au moyen âge cherchaient à enlever à la nature tous ses secrets et voulaient sérieusement former une science, bien que la vraie méthode et le véritable sens de la nature leur manquassent, se nommaient alchimistes. Qui pourrait dire combien de temps et de génie ils dépensèrent à des épreuves infructueuses? « Égarée par les formules obscures et les notions confuses que fournissaient les ouvrages d'Aristote, mal traduits et mal compris, leur science, dit M. Charpentier(*), se réduisait à des abstractions ontologiques, d'où ils partaient pour diriger des observations incomplètes et faussées par leur point de départ. Les principes de la nature, la nature de la matière, le mélange des éléments, s'expliquaient par les influences exercées sur les corps terrestres par les astres, ou par des vertus supérieures aux astres, par des substances intellectuelles; la physique enfin, mystérieuse comme la théologie, dégénéra en magie. Mais de même que l'esprit humain, tout faussé qu'il était par la scolastique, s'y aiguisait et s'y fortifiait, ainsi les erreurs de la physique avaient leurs hardis essais et leur utilité. Elle décomposait les ingrédients qui entrent dans la composition des corps, les sels, le soufre, le mercure. Ses analyses ont préparé les trois découvertes les plus remarquables du moyen âge : les verres

(*) Essai sur l'histoire de la littérature au moyen âge, pag. 169.

convexes, la poudre à canon, la boussole, importée peut-être de la Chine(*). Raimond Lulle, guerrier, poëte, moine, hérétique, tenta, au milieu de beaucoup de rêveries, quelques découvertes intéressantes. Il fit le premier connaître l'art de la distillation, connu des Arabes; il prétendit avoir le secret du *grand œuvre*, cette pierre philosophale du moyen âge.

HISTOIRE DES CROYANCES RELATIVES AU DIABLE.

Le premier article de foi du moyen âge, c'est la croyance au diable; alors le diable est un personnage en chair et en os qui intervient dans toutes les choses de ce monde, plus souvent encore que Dieu et les saints. Cette croyance était la solution populaire du grand problème de l'origine du mal, qu'on retrouve dans toutes les religions, résolue d'une manière ou d'une autre. Dans l'ancienne Perse, l'opposition des deux principes du bien et du mal, de la lumière et des ténèbres, fut fortement établie. Ormuzd est l'éternel adversaire d'Ahriman. Au troisième siècle de notre ère, l'esclave persan Manès reproduisit cette doctrine vivace des deux principes, et l'Église, qui condamna l'hérésie des manichéens, vit cependant le manichéisme s'établir partout dans la foi des peuples, et le diable se poser en face de Dieu. Chaque siècle apporte son tribut pour construire la personne même de Satan. Au cinquième siècle, c'est encore l'esprit malin qui entre dans le corps des pécheurs pour les posséder. Plus tard, il prend lui-même un corps. Au onzième siècle, Raoul Glabert reçoit sa visite : « Du temps que j'habitais le monastère de Saint-Léger, martyr, je vis une nuit avant matines, paraître devant moi, aux pieds de mon lit, un petit monstre

(*) Cet instrument, connu chez les Chinois plus de mille ans avant J. C., fut introduit en Europe du douzième au treizième siècle; mais il ne fut appliqué à la navigation qu'au quinzième. (*Note de M. Charpentier.*)

hideux qui avait à peine figure humaine. Il me semblait avoir, autant que je pus m'en assurer, une taille médiocre, un cou grêle, une figure maigre, les yeux très-noirs, le front étroit et ridé, le nez plat, la bouche grande, les lèvres gonflées, le menton court et effilé, une barbe de bouc, les oreilles droites et pointues, les cheveux sales et roides, les dents d'un chien, l'occiput aigu, la poitrine protubérante, une bosse sur le dos, les fesses pendantes, les vêtements mal propres, enfin tout son corps paraissait d'une activité convulsive et précipitée. Il saisit le bord du lit où j'étais couché, le secoua tout entier avec une violence terrible, et se mit à me dire : « Tu ne resteras pas plus longtemps ici. » Aussitôt je m'éveille épouvanté, et en ouvrant les yeux j'aperçois cette figure que je viens de décrire. Le fourbe grinçait des dents en répétant : « Tu ne resteras pas plus longtemps ici... (*) »

Ces apparitions allèrent chaque jour se multipliant; aussi l'on put bientôt faire de Satan des descriptions plus détaillées; l'on s'aperçut qu'il portait cornes et pieds de bouc, et que son approche s'annonçait par des exhalaisons sulfureuses qu'il apportait du sombre empire. « Alors, dit un gracieux et spirituel écrivain, le diable vint habiter la terre, parla toutes les langues, prit toutes les formes, se subdivisant à l'infini, pour satisfaire à toutes les exigences des superstitions locales. Le feu eut des salamandres, l'air des sylphes, la terre des gnomes, l'eau des génies subtils; la foi chrétienne donnait à chacun ici-bas son ange gardien; auprès de l'ange et pour combattre l'ange, le diable mit un démon familier. Le double principe des Manichéens se personnifie et prend place au foyer de chaque famille.

« Ne le maudissons pas toujours, le démon familier de la maison : il en est dans le nombre qui sont assez débonnaires; ceux-là se font les serviteurs du pauvre peuple, soignent les bestiaux (**), dé-

(*) Chronique de Raoul Glabert.
(**) Tout le monde connaît l'histoire de

25ᵉ *Livraison.* (ALLEMAGNE.)

tournent l'orage, ramènent, le soir, le berger égaré sur la côte. Quelques-uns ont une malice qui a plus de grâce que de perversité. Suspendus au fuseau de la fileuse, ils brisent la laine entre ses doigts, ou cachés sous les eaux, ils roulent quelque lourde pierre dans le filet du pêcheur. Demandez plutôt à Walter Scott. Le dernier peut-être parmi les hommes, Walter Scott a su l'histoire de ce petit monde de la diablerie.

« Le moyen âge avait quelquefois peu d'égards pour le démon familier. On le retenait prisonnier, on le mettait en bouteille. Un jurisconsulte se plaignait gravement de voir le diable traité comme une marchandise ordinaire, et comme tel jeté dans le commerce. Parmi les démons, plusieurs conservaient le caractère grossier des primitives ébauches de la création. Le type de l'espèce est le Caliban de Shakspeare. D'autres s'affublaient du manteau doctoral, logiciens dangereux qui rappelaient sans cesse à l'homme le serpent d'Éden. Le dernier de ceux-là a vécu de nos jours : il est né à Weimar et se nomme Méphistophélès. Il y a dans l'enfer de Dante des démons de la même école. Écoutez Guido de Montefeltro racontant sa damnation :

« François se présenta, quand je fus mort, pour réclamer mon âme; mais un des noirs chérubins lui dit : Ne le touche pas, ne me fais pas tort. Il doit

cet élève d'un sorcier hollandais, qui, chargé par son maître de laver un jour la maison, lui dérobe quelques mots par lesquels le sorcier se faisait servir du diable, et se fait alors apporter les seaux d'eau par le bâton à l'aide duquel il devait les porter. L'écolier s'amuse d'abord de voir ce bâton toujours aller et venir, et faire son ouvrage; mais bientôt il y a assez d'eau, la maison est inondée, et l'écolier a oublié les mots nécessaires pour arrêter cet éternel voyage du bâton. Furieux, il le prend et le brise; mais ses dangers redoublent, car les morceaux s'en vont à la fontaine, et au lieu de deux seaux, il en voit quatre qui reviennent. Le quartier allait être submergé par cet aqueduc de nouvelle espèce, quand heureusement le maître arriva.

s'en venir là-bas, parmi ceux qui sont à moi. Il a donné un conseil pervers, et depuis ce jour j'ai tenu sa tête sous ma main : on ne peut absoudre qui ne se repent pas, et on ne peut à la fois se repentir et vouloir mal. Il y a contradiction. Oh! pauvre âme, quelle fut ma peine, quand il me prit en ajoutant : *Tu ne savais pas que j'étais logicien.* »

« Ne croyons pas toutefois que le diable ait perdu dans l'enfer de Dante son caractère bestial. Dante et le doux Virgile ayant écouté Montefeltro, continuèrent, à travers la neuvième vallée, leur sombre pèlerinage. Ils virent, dans un même cercle, Mahomet et Bertrand de Born; puis, dans un autre, Nemrod et Antée. Les traîtres sont au plus profond de l'abîme, et vous remarquerez comme, à mesure que le crime se fait plus odieux, le criminel aussi s'éloigne des proportions humaines. Ils vont ainsi, les deux poëtes, jusqu'à ce que, de monstre en monstre, ils arrivent devant l'épouvantable figure qui se nomme Lucifer. Jamais l'imagination ne créa un être si difforme.

« Comment je devins immobile et glacé, lecteur, ne me le demandez pas, car je ne puis l'écrire; toute parole serait impuissante. Je ne mourus pas, je ne restai pas en vie : s'il est en toi quelque fleur de génie, imagine ce que je devins, ainsi jeté en dehors de la mort et de la vie. »

« De Dante à Milton, cette figure ignoble et brutale s'essaye à sortir de l'étang de glace au sein duquel elle était plongée jusqu'à la ceinture. Cette bête démesurée qui, dans l'une de ses triples gueules, tient Judas Iscariote, prend insensiblement une apparence plus régulière. Ce quelque chose sans nom qui se remuait péniblement dans l'enfer du quatorzième siècle, s'anime et se transforme dans celui du dix-septième, selon le progrès des croyances et les exigences de l'art moderne. Le Satan de Milton a quelques traits de la physionomie de Cromwell. Mais à mesure que les idées nouvelles jettent le trouble dans le monde, le génie subtil de l'ange se développe et grandit. Il est si éloquent qu'il en est presque beau. Précipité deux fois, il semble que les héros de l'armée fidèle lui envient l'éclat de sa chute et la sombre éternité de son empire (*). »

Au moyen âge, Satan se montre sous un aspect moins brillant; ce n'est point l'audacieux adversaire de l'Éternel, qui ne songe qu'à sa chute et aux moyens de s'en relever; le diable, tel que Luther et tant d'autres l'ont vu, est un philosophe pratique; il accepte sa destinée; il n'ose point attaquer de front son ennemi, mais il lui fait une guerre de tactique, de positions et de ruses. C'est le vilain qui, faible et timide, ruse avec le gentilhomme dont le bras peut l'écraser. A force de tours et de ruses, il gagne toujours quelques âmes en sus de celles que Dieu lui abandonne sans discussion.

Les *Tischreden* ou propos de table de Luther sont remplis d'histoires de diables. En voici quelques-unes traduites par M. Michelet dans ses Mémoires de Luther.

« Un pasteur des environs de Torgau se plaignait à Luther que le diable faisait la nuit, un bruit, un tumulte et un renversement extraordinaires dans sa maison, qu'il lui cassait ses pots et sa vaisselle de bois, lui jetait les morceaux à la tête, et riait ensuite. Il faisait ce manége depuis un an, et ni sa femme, ni ses enfants ne voulaient plus rester dans la maison. Luther dit au pasteur : « Cher frère, sois fort dans le Seigneur, ne cède point à ce meurtrier de diable. Si l'on n'a point invité et attiré cet hôte chez soi par ses péchés, on peut lui dire : *Ego auctoritate divina hic sum paterfamilias et vocatione cœlesti pastor Ecclesiæ;* je suis ici père de famille par l'autorité divine et pasteur de l'église par vocation céleste; mais toi, diable, tu te glisses dans cette maison comme un voleur et un meurtrier. Pourquoi ne restes-tu pas dans le ciel? qui t'a invité ici? »

« Un vieux curé, faisant un jour sa

(*) M. Antoine de Latour, Études historiques.

prière, entendit derrière lui le diable qui voulait l'en empêcher, et qui grognait comme aurait fait tout un troupeau de porcs. Le vieux curé, sans se laisser effrayer, se retourna et lui dit : « Maître diable, il t'est bien advenu ce que tu méritais ; tu étais un bel ange, et te voilà maintenant un vilain porc. » Aussitôt les grognements cessèrent, car le diable ne peut souffrir qu'on le méprise... La foi le rend faible comme un enfant. »

« Un jeune vaurien, sauvage et emporté, buvait un jour avec quelques compagnons dans un cabaret. Quand il n'eut plus d'argent, il dit que s'il se trouvait quelqu'un qui lui payât un bon écot, il lui vendrait son âme. Peu après, un homme entra dans le cabaret, se mit à boire avec le vaurien, et lui demanda s'il était véritablement prêt à vendre son âme. Celui-ci répondit hardiment oui, et l'homme lui paya à boire toute la journée. Sur le soir, quand le garçon fut ivre, l'inconnu dit aux autres qui étaient dans le cabaret : « Messieurs, qu'en pensez-vous ? si quelqu'un achète un cheval, la selle et la bride ne lui appartiennent-elles pas aussi ? » Les assistants s'effrayèrent beaucoup à ces mots, et ne voulurent d'abord pas répondre ; mais, comme l'étranger les pressait, ils dirent à la fin : « Oui, la selle et la bride sont aussi à lui. » Aussitôt le diable (car c'était lui) saisit le mauvais sujet et l'emporta avec lui à travers le plafond, de sorte que l'on n'a jamais su ce qu'il était devenu. »

Une autre fois, Luther raconta l'histoire d'un soldat qui avait déposé de l'argent chez son hôte, dans le Brandebourg. Cet hôte, quand le soldat lui demanda son argent, nia d'avoir rien reçu. Le soldat, furieux, se jeta sur lui, et le maltraita ; mais le fourbe le fit arrêter par la justice et l'accusa d'avoir violé *la paix domestique* (hausfriede). Pendant que le soldat était en prison, le diable vint chez lui et lui dit : « Demain tu seras condamné à mort et exécuté. Si tu me vends ton corps et ton âme, je te délivre. » Le soldat n'y consentit point. Alors le diable lui dit : « Si tu ne veux pas, écoute au moins le conseil que je te donne. Demain, quand tu seras devant les juges, je me tiendrai près de toi, en bonnet bleu avec une plume blanche. Demande alors aux juges qu'ils me laissent plaider ta cause, et je te tirerai de là. Le lendemain, le soldat suivit le conseil du diable, et comme l'hôte persistait à nier, l'avocat en bonnet bleu lui dit : « Mon ami, comment peux-tu ainsi te parjurer ? l'argent du soldat se trouve dans ton lit, sous le traversin. Seigneurs échevins, envoyez-y et vous verrez que je dis vrai. » Quand l'hôte entendit cela, il s'écria avec un gros jurement : « Si j'ai reçu l'argent, je veux que le diable m'enlève sur l'heure. » Mais les sergents envoyés à l'auberge trouvèrent l'argent à la place indiquée, et l'apportèrent devant le tribunal. Alors l'homme au bonnet bleu dit en ricanant : « Je savais bien que j'aurais l'un des deux, le soldat ou l'aubergiste. » Il tordit le cou à celui-ci et l'emporta dans les airs. — Luther, ayant conté l'histoire, ajouta qu'il n'aimait pas qu'on jurât par le diable, comme faisaient beaucoup de gens, « car, disait-il, le mauvais drôle n'est pas loin ; l'on n'a pas besoin de le peindre sur les murs pour qu'il soit présent. »

« Il y avait à Erfurth deux étudiants, dont l'un aimait si fort une jeune fille qu'il en serait devenu bientôt fou. L'autre, qui était sorcier, sans que son camarade en sût rien, lui dit : « Si tu promets de ne point lui donner un baiser et de ne point la prendre dans tes bras, je ferai en sorte qu'elle vienne te trouver. Il la fit venir en effet. L'amant, qui était un beau jeune homme, la reçut avec tant d'amour, et il lui parlait si vivement, que le sorcier craignait toujours qu'il ne l'embrassât ; enfin il ne put se contenir. A l'instant même elle tomba et mourut. Quand ils la virent morte, ils eurent grand'peur, et le sorcier dit : « Employons notre dernière ressource. » Il fit si bien, que le diable la reporta chez elle, et qu'elle continua de faire tout ce qu'elle faisait au-

25.

paravant dans la maison; mais elle était fort pâle et ne parlait point. Au bout de trois jours, les parents allèrent trouver les théologiens et leur demandèrent ce qu'il fallait faire. A peine ceux-ci eurent-ils parlé fortement à la fille que le diable se retira d'elle; le cadavre tomba roide avec une grande puanteur. »

« La nuit, quand je me réveille, dit Luther, le diable vient bientôt, dispute avec moi et me donne d'étranges pensées, jusqu'à ce que je m'anime et que je lui dise : « Baise mon c...! Dieu n'est pas irrité comme tu le dis. » Aujourd'hui, comme je m'éveillais, le diable vint, voulut disputer, et il me disait : « Tu es un pécheur. » Je répliquai : « Dis-moi quelque chose de nouveau, démon; je savais déjà cela... J'ai assez de péchés réels que ceux que tu inventes... » Il insistait encore : « Qu'as-tu fait des cloîtres dans ce monde ? » A quoi je répondis : « Que t'importe ? tu dis bien que ton culte sacrilège subsiste toujours. »

« Un jour que l'on parlait à souper du sorcier Faust, Luther dit sérieusement : « Le diable n'emploie pas contre moi le secours des enchanteurs. S'il pouvait me punir par là, il l'aurait fait depuis longtemps. Il m'a déjà souvent tenu par la tête; mais il a pourtant fallu qu'il me laissât aller. J'ai bien éprouvé quel compagnon c'est que le diable; il m'a souvent serré de si près que je ne savais si j'étais mort ou vivant. Quelquefois il m'a jeté dans le désespoir, au point que j'ignorais même s'il y avait un Dieu, et que je doutais complétement de notre cher Seigneur. Mais avec la parole de Dieu, etc... Quand le diable vient me trouver la nuit, je lui tiens ce discours : « Diable, je dois dormir maintenant, car c'est le commandement et l'ordre de Dieu que nous travaillions le jour et que nous dormions la nuit..... » S'il m'accuse d'être un pécheur, je lui dis pour lui faire dépit : « *Sancte Satane, ora pro me!* saint Satan prie pour moi, ou bien : *Medice, cura te ipsum :* médecin, guéris-toi toi-même. »

« La meilleure manière de chasser le diable, si on ne peut le faire avec les paroles de la sainte Écriture, c'est de lui adresser des mots piquants et pleins de moquerie. »

SORCELLERIE. OPÉRATIONS MAGIQUES.

Le diable était donc au moyen âge un personnage bien connu; beaucoup de gens moins difficiles que Luther dans leurs amitiés entretenaient avec lui des relations suivies. Ces gens, on les appelle sorciers, nécromanciens, etc. Du reste, c'est une vieille coutume que la foi dans les sorts et les divinations. « Quiconque appellera un homme sorcier, dit la loi salique, et l'accusera d'avoir porté la chaudière où s'assemblent les sorciers, sera condamné à 62 sous d'amende. — Que celui qui a appelé sorcière une femme libre, et ne peut le justifier, soit condamné à 186 sous six deniers. Au treizième, au quatorzième et au quinzième siècle, la sorcellerie fut en grand honneur. L'esprit ne savait point encore rester libre de tout joug, et ne relever que de la saine raison et d'une conscience éclairée; il fallait croire à Dieu ou au diable, se donner à l'un ou à l'autre. Par l'Église on arrivait à Dieu, par la sorcellerie au diable. Les sorciers étaient de toute espèce : les uns se livraient à la contemplation des astres, aux divinations par l'astrologie; les autres cherchaient dans l'analyse des métaux, dans la mixtion des simples, dans les combinaisons de caractères et de lignes, des résultats surnaturels. Ce qu'ils veulent surtout, c'est l'accomplissement du grand œuvre, la découverte de la pierre philosophale. L'industrie est la puissance qui rend la richesse mobile, qui la fait passer des mains du riche dans celles du pauvre, et donne avec soi pouvoir et honneurs; or, au moyen âge l'industrie, c'est-à-dire, les moyens pacifiques de faire fortune, étaient à peu près nuls. Mais comme on avait le diable sous la main, le diable qui connaissait tous les trésors cachés au sein de la terre, on se donnait à lui pour avoir de l'or (*). On se donnait à lui aussi pour se faire investir de pouvoirs surnaturels ; ainsi, pour obtenir la mort de quelqu'un, il n'y avait qu'à l'*envoûter*. On faisait son image en cire, puis sur cette image l'on pratiquait diverses opérations diaboliques qui devaient infailliblement agir sur la personne même qu'elle représentait. Monstrelet nous a conservé le détail des opérations magiques employées, disait-on, par le duc d'Orléans contre le roi Charles VI.

« Pour faire mourir la personne du roi nostre syre en langueur et par manière si subtille, que ne fut nulle apparence, il feit par force d'argent et diligence tant, qu'il fina de quatre personnes, dont l'une estoit moyne apostat, l'austre chevalier, l'austre escuyer et l'austre valet, auquel il bailla sa propre épée, sa dague et un annel pour dédier et consacrer, ou, pour plus proprement parler, exercer au nom des diables. Et pour ce que telle manière de malefices ne pouvoit bonnement faire, se ce n'est en lieux solitaires et qui sont loing de toutes gens, ils portèrent lesdictes choses en la tour de Mont-Iay, vers Laigny-sur-Marne, et là se logèrent et feirent residence par l'espace de plusieurs jours. Et ledict moyne apostat comme dessus, qui estoit maistre d'icelle œuvre diabolique, feit plusieurs invocations de diables, et par plusieurs fois et journées, dont je vous dirai d'eux ensemble, qui furent entre Pasques et Ascension à un dimenche très-bien matin devant soleil levant en une montagne près de la tour de Mont-Iay. Ledict moyne feit plusieurs choses superstitieuses requises à faire en telles invocations de diables emprès un buisson. En feisant lesdictes invocations de diables se dépouilla en pur

(*) Les alchimistes qui recherchaient la pierre philosophale, étaient de purs logiciens. L'or, disaient-ils, la chose la plus précieuse de ce monde, doit être le principe de tout ce qui existe. En décomposant les autres métaux, en cherchant leur essence, on doit nécessairement rencontrer l'or. Ainsi pour eux la création n'était qu'un syllogisme.

sa chemise, et se mist à ficher lesdictes espée et dague par les poinctes en terre et ledict annel meit aussi emprès ; et la dit plusieurs oraisons invocant les diables. Et tantost vindroit à luy deux diables en forme de deux hommes vestuz ainsi que de brun vert, ce sembloit, dont l'un avoit nom Hersidas et l'austre Estramain. Et lors leur feit honneur et très-grande révérence, et si grande comme on pourroit faire à Dieu nostre sauveur. Et à ce fait se tira derrière iceluy buisson ; et iceluy diable qui estoit venu pour ledict annel, le print et l'emporta et s'esvanouit : et iceluy qui estoit venu pour lesdites espée et dague demoura : et puis print l'espée et dague et s'esvanouit comment avoit fait l'austre. Et tantost après iceluy moyne retourna et vint où les diables avoient esté, et trouva iceux dague et espée couchées de plat, et que ladicte espée avoit la teste rompue, et trouva sadicte poincte en la pouldre où iceluy diable l'avoit mise. Et après attendit par l'espace de demie heure l'austre diable qui avoit emporté l'annel, lequel retourna et luy bailla ledict annel qui estoit apparent rouge ainsi qu'escarlatte comme il sembloit pour l'heure, et luy dit : C'est fait, mais tu les mettras en la bouche d'un homme mort, ainsi en la manière que tu sçais, et lors s'esvanouit et ledict moyne refeit la pointe d'eux cuydant ardoir le roi nostre sire : mais à l'ayde de Dieu… il eschappa. — Un peu plus bas, l'auteur ajoute : Et après les ficha [les espée et dague] et bouta parmy le corps d'un homme mort et despendu du gibet, et après les meit en la bouche dudict mort et laissa par l'espace de plusieurs jours…, et avec ce, le duc porta sur soy un drappel lié ou cousu du poil déshonnête et plain de la pouldre d'aucun des os d'iceluy mort despendu (*).

SORCIERS.

Toute croyance populaire est utile à

(*) Monstrelet, t. I, pag. 303 et 304 de l'édition de Buchon.

exploiter; aussi plus la peur, je dirais presque, le culte du diable, s'augmenta, plus aussi s'accrut le nombre des sorciers. Chaque année ils tenaient leurs états généraux, ceux de France et d'Italie (ceux sans doute des pays de langue latine) sur le mont Vésuve; ceux d'Allemagne sur le Blocksberg. Au moyen âge, dit M. Marmier, on ne regardait pas le Blocksberg sans une sainte terreur; on n'en parlait pas sans se recommander en secret à Dieu. Les savants en parlaient dans leurs livres; les contes populaires en reproduisaient d'effrayants récits. Des gens dignes de foi s'étaient mis aux aguets le soir du premier mai, et avaient vu, à minuit, des chauves-souris d'une grandeur monstrueuse passer dans l'air; des vieilles femmes assises sur un bouc, ou chevauchant sur un manche à balai. Parfois, quelques-unes de ces femmes, suspectées de s'adonner à la sorcellerie, avaient été conduites devant le juge, mises à la torture, et avaient avoué leurs promenades nocturnes et le genre de vie effroyable qu'elles menaient au-dessus du Blocksberg. Là, on maudissait Dieu, on tramait de nouvelles conjurations contre le monde, on cherchait de nouveaux maléfices et de nouveaux poisons. Le plus expert dans cet art infernal se pavanait de sa science; le dernier venu s'efforçait de marcher sur les traces de ses maîtres. Puis, l'on baisait avec vénération le pied fourchu de Satan, et toute l'assemblée commençait une série de danses et de débauches à faire trembler toute oreille chaste et chrétienne.

À côté du terrible, l'imagination du moyen âge place souvent le grotesque. Ainsi, le grave Bodin raconte sérieusement dans sa Démonologie, qu'un homme des environs d'Angers, ayant vu une nuit sa femme se lever d'auprès de lui, s'oindre d'huile, puis sortir par la fenêtre à cheval sur son manche à balai, fut curieux de la suivre dans ce voyage aérien; s'étant frotté du même onguent, et ayant prononcé les mêmes paroles, il se vit tout à coup transporté à travers les airs, assis sur la même monture; il chevaucha ainsi bien loin, jusqu'à un lieu où il vit avec grand effroi des hommes et des femmes de toute espèce, surtout grand nombre de boucs; il y en avait un de taille gigantesque, qui présidait la fête. Le pauvre homme, étonné de se voir en si singulière compagnie, se signa: à l'instant tous s'enfuirent en poussant de grands cris, et il se retrouva tout nu aux pieds du mont Vésuve. De Naples à Angers, la route était longue: si encore il avait eu son ancienne monture; mais il lui fallut revenir à pied par les voies ordinaires; aussi, de retour dans sa ville, il fit brûler sa femme comme sorcière (*).

(*) La pauvre femme était sans doute fort innocente, et fut victime d'une hallucination de son mari. Voici ce que dit à cet égard M. Émile Littré dans un article remarquable, inséré dans le *National* de 1834 (1er août 1836), sur l'ouvrage de M. F. Lelut ayant pour titre: *Specimen d'une application de la science psychologique à celle de l'histoire:*

« L'antiquité n'avait pas assez étudié les phénomènes de la psychologie morbide pour constater avec certitude toutes les formes que prend l'aliénation. Le progrès des travaux a donné aux médecins modernes la faculté de signaler avec précision les caractères de plusieurs lésions mentales; et, en ce genre de faits, les bases du diagnostic sont si bien posées, que l'on peut, par un jugement rétrospectif, apprécier l'état intellectuel de certains hommes dont la biographie nous a été conservée, et les soumettre à une sorte d'examen médical. Cette application de la médecine à l'histoire jette de la lumière sur beaucoup de mobiles obscurs qui ont poussé en divers sens le genre humain. La démonologie a joué un grand rôle dans le monde; et maintenant il est évident, pour tout esprit dégagé de préjugés, qu'elle n'est pas autre chose qu'un résultat d'hallucinations, qu'une folie adoptée par la raison contemporaine. Toute cette période de la fin du moyen âge qui fut en proie aux sorciers, où le feu des bûchers dévora tant de milliers de cerveaux dérangés, et où la férocité le disputa à la folie, présente un concours de circonstances dont la médecine historique peut seule rendre raison. M. Lelut, dans ses *Fragments de psychologie*, a dé-

LÉGENDE DU NÉCROMANCIEN VIRGILE.

Le moyen âge est riche en livres de nécromancie, divination, astrologie, et contes de sorcellerie, parmi lesquels nous voyons surgir de toute sa hauteur la figure du grand enchanteur et maudit nécromancien Faust, et, avant lui encore, celle de l'enchanteur Virgile.

« Les bibliographes font remonter très-haut l'origine de cette chronique. Gœrres ne la connaissait que d'après le livre imprimé en 1552, à Amsterdam, sous le titre de : *Een schone historie van Virgillus, van zijn leuen, doot, ende van zijn wanderlike werken, di hy deede by nigromantien ende by dat behulpe des Duyvels.* Mais il ne fait pas difficulté de la porter beaucoup plus haut ; et en ajoutant qu'elle renferme plusieurs choses empruntées au livre des Sept Sages, il en recule indéfiniment la source première ; car le livre des Sept Sages fut traduit du grec en latin au douzième siècle ; le grec était traduit du persan, et le persan provenait de l'indien, qui provenait je ne sais d'où.

« Le professeur Fr. Val. Schmidt, dans ses documents pour l'histoire de la poésie romantique, parle de la chronique de Virgile, comme ayant été traduite au treizième siècle par un auteur dont on ignore le nom dans le *Liber de mirabilibus Romæ*. Gervasius Tilburiensis, qui écrivit, en 1215, ses *Otia imperialia*, raconte plusieurs choses qu'il avait entendu dire aux Italiens sur les ouvrages merveilleux de Virgile. Helinandus, qui mourut en 1227, rapporte aussi plusieurs documents curieux à ce sujet. Par exemple, que, devant une des portes de Naples, Virgile avait placé une mouche en bronze qui devait chasser toutes les mouches de la ville. On lui attribuait aussi la construction d'un édifice enchanté, appelé le Sauveur de Rome, et qui passait pour une des sept merveilles du monde. C'était un cercle de statues portant chacune sur la poitrine le nom du peuple qu'elle représentait, et ayant au cou une sonnette. Des prêtres étaient là, chargés de veiller jour et nuit ; et, si une nation songeait à se soulever contre Rome, la statue de cette nation s'agitait aussitôt, et faisait retentir sa sonnette. Alors les prêtres s'en allaient donner cet avis aux ministres de l'empereur, et l'on envoyait aussitôt une armée pour prévenir la révolte.

« Alexandre Neckam, bénédictin anglais, qui vivait au commencement du treizième siècle, a fait aussi mention de Virgile dans son ouvrage intitulé : *de Naturis rerum;* et dans les *Gesta Romanorum*, chap. 5, on trouve le passage suivant : Titus, empereur de Rome, rendit une loi d'après laquelle l'anniversaire de la naissance de son fils aîné devait être sanctifiée, et toute espèce de travail interdit ce jour-là. Après la publication de cette loi, il fit venir auprès de lui Virgile, et lui dit : J'ai peur que

veloppé ce point, et a mis hors de doute le caractère d'aliénation mentale dont les prétendus sorciers étaient frappés. Là rentrent aussi les apparitions des morts, les visions d'anges, de démons ou de génies, les communications avec les êtres surnaturels, etc. Tant que les hommes ont cru que les cieux étaient près de leurs têtes, que la foudre roulait dans le séjour céleste, et que leur terre était placée au centre du monde et couverte par le firmament comme par un pavillon, ils se sont complu sans cesse à voir autour d'eux des manifestations corporelles de la puissance infinie ; mais à mesure que les immensités de l'univers se sont étendues devant leurs regards, à mesure que leur imagination est devenue incapable d'en concevoir les bornes, le globe terrestre n'a plus été qu'une planète dans le système solaire ; le système solaire, qu'un point parmi les millions d'étoiles que nos yeux aperçoivent, et ces millions d'étoiles qu'une nébuleuse obscure, perdue dans les espaces illimités. Les vains fantômes ont disparu ; la foule y crut sans les voir ; mais ceux qui les virent réellement, ceux qui les entendirent, ceux qui en sentirent le souffle, ceux qui en reçurent les leçons, ceux qui en rapportèrent les paroles et les ordres, ce furent les hallucinés, d'autant plus inébranlables dans leur foi qu'elle avait pris un corps. »

l'on ne commette encore en secret, et sans que je le sache, beaucoup d'infractions à l'édit que je viens de rendre. Ainsi, je te prie d'employer ton savoir à me procurer un instrument à l'aide duquel je puisse découvrir les coupables. Maître, répondit Virgile, ta volonté sera accomplie; et alors il éleva, au milieu de la ville, une statue qui disait chaque jour à l'empereur quel mépris on avait fait de sa loi, et quels étaient les infracteurs.

« La tradition de Virgile, grossie de mainte anecdote de sorcier recueillie de part et d'autre, se répandit promptement en Europe. Nous avons vu qu'en 1552, elle était traduite en hollandais. En 1510, il en parut une édition en Angleterre, avec ce titre : *This boke treateth of the lyfe of Virgilius, and of his deth, and many marvayles, that he dit in his lyfe tyme by whitch craft and nicromancy, thorough the help of the devylls of hell.* Il en existe aussi deux vieilles éditions françaises, imprimées à Paris, l'une in-4°, l'autre in-8°, mais sans date.

« Virgile avait fait encore, au dire de ses biographes, une excursion en Angleterre, et visité le roi Arthur, auquel, s'il faut en croire Hans Sachs, il joua un tour de son métier. C'est toujours cette histoire des preuves de fidélité conjugale que l'on retrouve dans l'Arioste et dans les nouvellistes du moyen âge, et dont on ne fait que varier la forme.

« Un jour le roi Arthur était triste, et refusait toute espèce de consolation. Virgile s'en vint lui offrir ses secours; mais le roi lui dit : Ton art magique est inutile, tu ne peux rien faire pour moi. Cependant il finit par lui révéler la cause de son chagrin. Alors Virgile bâtit un pont magnifique sur la Tamise; au milieu il élève une tour, et à cette tour était attachée une petite cloche. Le roi arrive avec toutes les dames et les seigneurs de sa cour. Virgile tire la cloche, et tous ceux qui se trouvaient sur le pont tombent à droite et à gauche; car celui-là seul aurait pu rester debout, qui eût été vraiment pur en pensée et en action. Et quand le roi Arthur se vit en si nombreuse compagnie, il se mit à rire et fut consolé.

« On dit aussi que Virgile avait fait une statue appelée l'Image de la Vérité; ceux qui, dans les cas importants, avaient prêté serment, devaient mettre leurs mains dans la bouche de cette statue; si elle les mordait, c'est qu'ils en avaient menti; si, au contraire, elle ne bougeait pas, on pouvait croire à la vérité de leurs paroles.

« Aux prouesses de l'enchanteur Virgile, Gœrres en ajoute encore d'autres qui ne sont pas moins curieuses. Il s'était élevé un jardin où chaque jour on pouvait voir s'épanouir de nouvelles fleurs, mûrir de nouveaux fruits, où sans cesse l'oiseau chantait, où le balancement des arbres, le murmure des ruisseaux formaient une harmonie perpétuelle. Il devint amoureux de la fille du sultan de Babylone, et toutes les nuits il l'enlevait de la demeure de son père, et la transportait dans son beau jardin.

« Cependant le sultan s'aperçut que sa fille ne couchait pas toujours très-régulièrement à la maison, et il lui fit subir un interrogatoire, auquel la bien-aimée de Virgile répondit par des larmes et par l'aveu de ses promenades nocturnes. Alors le père lui donna une liqueur narcotique, en lui commandant de la faire boire à Virgile; et quand l'enchanteur fut profondément endormi, le sultan le fit arrêter, et le condamna à mort. Le jour de l'exécution est venu, toute la ville se rassemble pour voir le supplice du magicien; mais quand on arrive auprès de l'échafaud, l'Euphrate déborde, inonde la place; le sultan et la foule réunie autour de lui se jettent à la nage. Pendant ce temps, Virgile se construit un pont aérien, et emmène sa bien-aimée.

« De là, il vient en Italie, ouvre la montagne de Pausilippe, jette les fondements de Naples, et il élève dans cette nouvelle ville une tour, au-dessus de laquelle on voyait pendre une pomme attachée à une chaîne de fer. Si l'on secouait cette pomme, il en résultait un tremblement de terre, et si on l'enlevait, la ville devait tomber. Il bâtit aussi des écoles, et enseigna la nécromancie; et après avoir vécu grand nombre d'années, l'idée lui vint de vouloir se rajeunir. Il appelle un de ses serviteurs dans lequel il avait grande confiance, et lui commande de le couper par morceaux, et de placer les morceaux dans une tonne, avec la tête en haut, les pieds en bas, le cœur au milieu, selon la conformation de l'homme, puis de porter cette tonne sous une lampe qui devait brûler éternellement, et, trois semaines après, il devait se réveiller jeune homme. Le serviteur fit selon ce que son maître lui avait commandé; mais, au bout de sept jours, l'empereur n'entendant plus parler de Virgile, voulut savoir ce qu'il était devenu. On s'adressa aux gens de sa maison, qui ne surent que répondre. On fit une perquisition. Le corps de Virgile fut trouvé haché; on l'enterra sans attendre sa résurrection, et le fidèle serviteur mourut sur l'échafaud comme convaincu d'avoir assassiné son maître (*). »

LÉGENDE DE FAUST.

Le moyen âge déclare une guerre terrible à l'antiquité; de ses dieux il fait des diables, de ses grands hommes des sorciers; ainsi Virgile devient un enchanteur. Mais toute croyance a un héros, tous les souvenirs se personnifient dans un homme; et cet homme, ce héros, que ce soit Attila, Théodoric, Arthur ou Charlemagne, devient le centre auquel se rattache un cycle tout entier. Toutes les doctrines aussi se résument en un ouvrage qui en est, pour ainsi dire, le *corpus*. Ainsi le droit romain est codifié dans les Pandectes, la philosophie a les ouvrages d'Aristote, le christianisme la *Divina commedia*, la sorcellerie a aussi son héros et son code, c'est Faust et sa chronique. Faust nous jette un peu loin des temps où nous avons arrêté notre

(*) Marmier, Études sur Goëthe, p. 58 et suiv.

histoire; mais Faust est le dernier et le plus célèbre produit de la sorcellerie du moyen âge. D'ailleurs nous voulons en finir ici avec toutes les diableries que nous avons à raconter.

Nous ne parlerons point du Faust de Goëthe, la grande œuvre poétique du dix-neuvième siècle, nous nous contenterons d'interroger la simple chronique, laissant à d'autres l'envie de regarder dans ce terrible miroir de Goëthe, où l'homme du dix-neuvième siècle apparaît avec sa soif inextinguible de science, et ses espérances trompées, et le vide de son cœur, et l'incertitude de sa pensée.

Le Faust du seizième siècle est moins spiritualiste; c'est d'abord un brave étudiant de Wittemberg, qui, trouvant, après ses travaux classiques, quelques instants pour les sciences secrètes, s'y livre avec ardeur, et bientôt apprend à tracer des cercles magiques; à conjurer les démons, etc. Cependant Faust est un bon vivant : s'il aime les livres de nécromancie, il aime mieux encore le vin et la bonne chère; aussi a-t-il bientôt laissé son mince patrimoine chez les taverniers de Wittemberg. Alors il a recours au diable, signe avec lui une convention par laquelle Faust donne son âme en échange d'un serviteur qu'il reçoit de la main même de Satan. On se doute bien que ce serviteur a des pouvoirs surnaturels. Faust se hâte de le mettre à l'épreuve, et se fait servir d'abord par lui du bon vin de France et un excellent rôti de veau et de jambon. Puis il se fait meubler sa maison comme un château seigneurial, et quand il se voit au milieu de beaux meubles en tête à tête avec une table bien servie, il se frotte les mains, et se moque de la canaille déguenillée qui passe en grelottant sous ses fenêtres, et n'a pas l'esprit de se donner au diable (*).

Quand tout a été disposé avec soin, Faust, qui n'est pas égoïste et ne veut

(*) Nous empruntons encore à M. Marmier cette analyse de la chronique de Faust et de Wagner, en reproduisant souvent ses propres expressions.

pas jouir de sa bonne fortune tout seul, appelle ses bons amis les étudiants de Wittemberg, et alors, vive la joie! Ce sont des festins où il se casse plus de bouteilles que dans les cuisines d'un roi; ce sont des soupers où l'on ne compte plus les heures, et des verres qui s'entre-choquent à grand bruit, et des chansons impies qui font pleurer les saints, et le jeu, et le tumulte, et le scandale, dont les vagues retentissements effrayent toutes les bonnes âmes de Wittemberg.

Bientôt l'argent manque. Mais Méphistophélès, le serviteur de Faust, n'est pas homme à s'inquiéter de si peu; il vend à très-haut prix un beau cheval, jeune, vif, fringant, et à la première rivière que ce cheval traverse, son cavalier le sent se fondre entre ses jambes comme un morceau de glace.

Puis, de temps à autre, Faust quitte la jolie maison de Wittemberg, et s'en va voir ce qui se passe dans les autres villes de l'Allemagne. Ses moyens de voyager sont faciles; il n'a qu'à étendre son manteau, puis s'asseoir dessus avec ses compagnons, et les voilà qui partent comme l'éclair. Un matin, il arrive à Leipzig avec une troupe d'étudiants, et, à l'entrée de la cave d'Auerbach, il aperçoit des domestiques qui roulent avec peine un énorme tonneau. « Allons, fainéants que vous êtes, leur dit-il; comment l'un de vous ne se charge-t-il pas lui seul de cette besogne? » Les valets le regardent d'un air surpris; mais l'hôte, moins patient, se fâche, et dit : « Mauvais plaisant, essayez-donc de remuer ce tonneau, et si vous pouvez le faire sortir d'ici, je vous le donne. » Faust accepte, se met à cheval sur le tonneau qui s'avance légèrement d'une salle à l'autre, joyeusement éperonné par son cavalier. Alors ce fut une vie de bombance comme la cave d'Auerbach n'en avait point encore vu. Faust rassemble tous ses amis, puis toutes les connaissances de ses amis, et l'on passe la nuit et le jour à boire jusqu'à ce que le tonneau soit vide.

De la cave d'Auerbach, Faust passe dans celle de l'évêque de Saltzbourg; de là il s'en va à Francfort. A moitié chemin, il entre dans un château, et devant toute la société, prend l'arc-en-ciel avec sa main : c'est un des plus beaux traits de sa vie. Puis il est reçu auprès de l'empereur Maximilien, et fait apparaître sous ses yeux le grand Alexandre; il lui bâtit une salle où sans cesse on entend le chant des oiseaux, où l'on respire le parfum des fleurs, où tout est splendide et magique. Puis il retourne à Wittemberg, et reprend sa vie bruyante comme par le passé.

Cependant, tout à coup l'idée lui vient d'interrompre ses orgies pour contracter mariage; mais le diable s'y oppose : il ne veut point d'un mariage légitime; Faust résiste; tout à coup la maison tremble, les murailles et le parquet s'enflamment, et à travers le feu et la fumée, Satan, l'œil en courroux, apparaît lui-même devant Faust, qui tombe par terre effrayé, et demande pardon, en promettant de se soumettre. Sur quoi Satan, en monarque généreux, lui offre, pour compensation à la servante de son voisin, savez-vous qui? rien moins que la belle Hélène, l'épouse de Ménélas, devant laquelle, dit Homère, les vieillards se levaient avec respect.

Faust, devenu l'époux de la belle Hélène, commence une vie assez heureuse; mais avec les fêtes et les orgies disparaissent aussi l'insouciance et l'oubli; après l'ivresse vient le réveil, et quand Faust se réveille, c'est pour se souvenir de son pacte infernal; alors viennent les remords et les terreurs : il regarde couler le sable de son horloge; il ne compte plus les années, car il y en a déjà vingt-trois qu'il a signé son pacte, mais les semaines, les jours. Enfin il ne lui reste plus que quelques heures. Alors, pour mourir comme il avait vécu, il commande à Méphistophélès une grande fête. Les bons vins circulent de nouveau sur la table, les chansons folles et étourdies se succèdent sans interruption; jamais les braves étudiants de Wittemberg n'avaient pris tant de plaisir à s'enivrer chez Faust. Pour lui, il ne peut s'empêcher d'être triste, car il songe au voyage qu'il va bientôt entreprendre. Cependant, il veut faire ses adieux à ses convives. « Mes amis, dit-il, je dois bientôt vous quitter; je ne sais quand nous nous reverrons; mais vous prenez un bon chemin pour me rejoindre. Je ne vais ni à Munich, ni à Francfort, ni à Erfurth, mes bons amis, autrement je vous proposerais de venir avec moi. Hélas! je vais beaucoup plus loin, et je vous assure que s'il avait dépendu de moi de rester plus longtemps dans votre aimable société, j'y aurais consenti de grand cœur, mais j'ai affaire à quelqu'un qui ne sait pas attendre. »

Cela dit, Faust se retire dans sa chambre. Les étudiants continuent à boire. A minuit, on entend un orage effroyable, la maison tremble comme si elle devait tomber; puis, à ce bruit qui glace tout le monde de terreur, succéda un silence non moins effrayant. Et quand les étudiants entrèrent dans la chambre de Faust, ils trouvèrent ses membres dispersés sur le parquet.

Après cette vie du docteur Faust, il faut lire celle de son serviteur Christophe Wagner, à qui Faust avait légué un démon. La vie de Wagner est compliquée d'aventures; mais ce qu'elle renferme de plus curieux, c'est un dialogue de Wagner et de son démon Auerhahn. Il lui demande, par exemple, où est l'enfer, et le démon lui répond par des citations de saint Grégoire, de saint Jérôme, de Tertullien et de la Bible. Ensuite, comme le démon est très-instruit, il explique à Wagner comment Dieu a créé six mondes. Le premier est le *mundus architypus*, c'est là que se trouve la nature divine, la source de toute force et de toute lumière ; le second est le *mundus intellectualis* où habitent les anges, les chérubins et les bienheureux. Puis vient le *mundus cœlestis* où sont les étoiles, les sphères et les planètes. Celui-ci est la partie intelligente de l'univers, et il est aux autres mondes, ce que l'âme est au corps. Le *mundus elementaris* renferme l'eau, la terre, le feu, l'air, les météores, les salamandres, les plantes et les minéraux; ce monde-là exerce de très-grandes influences, comme on peut s'en convaincre, par la science de l'astrologie. Le cinquième est notre pauvre petit monde qu'on appelle *mundus microcosmus*; et le sixième est l'enfer. Ensuite Auerhahn démontre les rapports qui existent entre la conformation de l'homme et celle des astres. D'abord, c'est Dieu qui a créé les astres, et c'est aussi lui qui a créé les âmes. Les âmes régissent le monde, et l'âme régit l'homme, et comme les astres sont immortels, l'âme doit aussi être immortelle. J'espère que ce n'est pas un petit triomphe pour l'auteur de la vie de Wagner d'avoir mis la preuve de l'immortalité de l'âme dans la bouche d'un démon. De là, il en vient à expliquer comment chaque planète se trouve en corrélation avec nos membres et nos organes, et doit, par conséquent, exercer sur chacun d'eux une influence notable : comment les douze signes du zodiaque répondent aux douze principales parties de notre corps. Puis, ce qui n'est pas moins intéressant à apprendre, c'est l'organisation de l'empire infernal, sur laquelle nous n'avons encore, que je sache, aucune statistique bien déterminée. Or, comme il y a sept planètes, il y a aussi sept esprits infernaux. Le premier, qui règne sur toutes les choses souterraines, est le chef de quarante-neuf rois, quarante-deux princes, vingt ducs et trente-six mille légions. Quatorze conseillers l'assistent dans ses entreprises. Le second est le démon de l'ambition, et il a aussi beaucoup de rois, de ducs et de princes à ses ordres. Le troisième préside à la guerre. Le quatrième est le maître des régions terrestres. Le cinquième est en correspondance directe avec cette planète qu'on appelle Vénus, et se trouve, sans que nous nous en doutions, de moitié dans beaucoup d'histoires d'amour et autres choses semblables. Le sixième est le Mercure des anciens, le patron du commerce; il connaît tous les arts imaginables, et peut en quelques instants faire d'un peu de vif-argent une pierre philosophale. Le septième change les métaux en argent et gouverne les ondes.

Pour terminer, disons encore, d'après le démon de Wagner, qui devait bien connaître ce sujet, quelles étaient les sciences que comprenait la magie.

1° La géotie, qui conjure les esprits et les force de venir là où on les appelle.

2° La théurgie, qui nous fait parler aux esprits olympiques et célestes, et nous procure des visions comme l'Apocalypse de saint Jean.

3° La nécromancie, qui évoque les morts. Elle se divise en nécyomancie, qui force le diable de ranimer un corps mort, et la sciomancie, qui ne produit que la ressemblance.

4° La lécanomancie : par elle on conjure les esprits à l'aide d'un vase plein d'eau.

5° et 6° La gastromancie et la catoptromancie : avec cette dernière on allume quelques bougies autour d'un verre, et après avoir évoqué les esprits, on prend un enfant, encore dans l'âge de l'innocence, qui peut voir dans ce verre tout ce que l'on désire voir.

7° L'onimancie : pour s'en servir, on noircit avec de l'huile et de la suie la main d'un enfant, et les esprits apparaissent sur cette main et répondent aux questions qu'on leur adresse.

8° La géomancie sert à conjurer les esprits avec un dé à sept coins.

9° La pyromancie, qui prophétise les résultats d'un incendie.

10° L'acromancie prophétise les orages.

11° La téphromancie, quand on se sert de cendres pour une conjuration ; on trace alors un petit cercle, on y forme avec des cendres les caractères A, B, C, et l'on prophétise d'après la manière dont le vent enlève ou déforme les caractères.

12° La gestinomancie sert à découvrir l'endroit où se trouvent les choses volées, et quels sont les voleurs.

Le diable, l'esprit des ténèbres, a fui devant l'éclat de la civilisation moderne ; il est rentré dans l'ombre ; mais s'il a perdu cornes et pieds de bouc, si, comme aux premiers temps du christianisme, il est redevenu simple esprit, il habite en nous, il nous *possède* ; il s'est identifié avec nous-mêmes. C'est l'orgueil, l'égoïsme, la passion qui nous sollicite de ses mille aiguillons, et souvent dompte la raison. C'est toujours le génie du mal ; de son aïeul, l'archange déchu, il a conservé l'audace et l'orgueil ; il ne se plaît que dans la révolte ; ce qu'il veut avant tout, c'est l'indépendance de la volonté : c'est là la grande tentation de notre âge. « De nos jours, il a répété sur les flots la chanson du corsaire, il a suivi Child-Harold à travers la poussière des nations antiques, il s'est réfléchi à ses yeux dans le scepticisme et l'ennui des peuples modernes. » Quand viendra et quel sera le nouveau Christ qui terrassera l'éternel ennemi ?

POÉSIE.

« Gœrres a placé au commencement de son excellent ouvrage sur les anciens livres du peuple (*Volksbücher*), une allégorie qui exprime très-bien la manière dont il envisage le moyen âge, et la manière dont chacun doit l'envisager, pour trouver dans cette étude quelque jouissance.

« L'auteur est seul, égaré au milieu de la campagne, auprès d'un ruisseau. Il entend les vagues de ce ruisseau qui murmurent, et il voudrait comprendre leur langage. Les vagues s'enflent, grondent, et il les suit avec inquiétude, sans savoir ce qu'elles veulent lui dire ; le bruit redouble, l'onde bouillonne, et lui s'avance toujours avec plus de perplexité, honteux et chagrin de ne pouvoir point expliquer cette voix d'un des éléments de la nature. Il arrive auprès d'un ermite à la chevelure blanche, au front vénérable, et là, le ruisseau s'apaise, s'étend mollement comme une nappe de cristal, et tout autour respirent la paix et le silence.

« Que demandes-tu, dit l'ermite ?

« Je cherche à deviner l'énigme obscure de la vie. L'ermite l'emmène avec lui dans le flanc d'un rocher ; une porte d'airain s'ouvre, et, sous une voûte de cristal, à la lueur d'une lampe, apparaissent les héros du moyen âge, les Charlemagne, les Barberousse, les Lionel, et les Henri au cœur de lion.

« Non, il ne faut pas l'étudier pour en rire, le beau et poétique moyen âge ; il faut le prendre avec foi, avec amour, et la porte d'airain qui nous en sépare se brise ; et à la lueur de cette lampe qui a pâli dans le cours des siècles, nous allons revoir tout ce que ces temps de naïve croyance et de chevalerie ont enfanté. Salut à vous, valeureux hommes du roi Arthur! salut à vous, nobles pairs de Charlemagne, qui avez si bien guerroyé pour le Christ contre les Saxons et les Sarrasins ! salut à toi, pauvre et douce Geneviève, dont les calomnies et les persécutions n'ont pu vaincre la constance et la piété ! salut à toi, Monteville, le voyageur, qui as si bien peint les portes du paradis et les fruits merveilleux de l'Asie! et à toi, Fortunatus, dont chacun pourrait envier le sort! et à toi aussi, joyeux Eulenspiegel, convive assidu des rieuses assemblées, l'ami du puissant seigneur, et le compagnon du paysan et de l'ouvrier !

« Reprenez les vieux livres informes et mal imprimés ; déroulez ces pages ternies par la poussière : là est toute cette époque qui s'en va loin de nous, tout ce moyen âge avec sa simplicité, sa science confuse, sa religion et son amour ; l'histoire ancienne parant de ses lambeaux les conceptions des temps modernes ; la Bible et Homère, la fraîche mythologie de l'Orient, et les graves rêveries du Nord ; les contes de l'Arabie et les vers des Minnesänger ; les diables et les enchanteurs ; les fées et les gnomes ; le sultan de Babylone et l'empereur d'Allemagne ; tout cela mêlé, confondu, arrivant à la fois, se disputant le terrain, nouant et dénouant le drame, tout cela si riche de couleurs et si plein de vie, si vrai dans ses anachronismes et son mépris de toute géographie (*). »

(*) Marmier, Études sur Goëthe, p. 53 et suiv.

La littérature allemande est riche au treizième siècle. Sous la brillante et malheureuse maison de Hohenstaufen, la Souabe et l'Alsace devinrent le foyer d'une nouvelle lumière, qui rayonna sur l'Allemagne entière. Comme dans la première période, c'est le haut allemand, auquel appartenaient les dialectes dominants, le francique et le souabe, qui reste la langue poétique et littéraire. Cette supériorité est telle, que les poëtes du bas pays se servaient presque tous du haut allemand. La poésie de cette époque est surtout chevaleresque et lyrique ; son développement est immense, mais quelquefois peu original ; on y sent l'influence de la France et de ses longs poëmes. On peut diviser les produits de la littérature de cette époque en poëmes chevaleresques et poëmes non chevaleresques. Nous commencerons par les premiers, qui, il faut le dire, ne sont guère que des copies d'ouvrages français ou provençaux.

CYCLES ÉPIQUES.

« Il y a surtout trois cycles de fables et d'histoires qui ont servi de sujet aux poëmes chevaleresques du moyen âge. Le premier se compose des traditions des héros goths, francs et bourguignons, de l'époque de la grande migration des peuples. Elles forment le contenu du chant des Niebelungen, et des diverses pièces connues sous le nom du *Livre des Héros*. Ces traditions héroïques ont la plupart une base historique ; le génie du Nord y respire encore tout entier. Elles ont aussi été chantées et traitées de diverses manières dans les langues scandinaves, et se rattachent immédiatement aux temps du paganisme et à l'ancienne théologie des Germains (*). »

CYCLE DE THÉODORIC.

La figure de Théodoric domine dans tout ce cycle ; il a eu à peu près le même sort que Charlemagne. Il y a

(*) Schlegel, Histoire de la littérature ancienne et moderne, t. I, ch. VIII de la traduction française.

en effet quelques rapports entre leurs destinées : tous deux, enfants de la barbarie, conçoivent des projets de civilisation; tous deux jouent le rôle de législateurs; tous deux, enfin, furent de grandes puissances. Théodoric est en rapports continuels avec toutes les branches de la famille germanique; sa cour est un centre auquel tous les intérêts barbares tendent à se rattacher; toutes les races germaniques y affluent: aussi son nom est-il connu partout et mêlé à tous ceux des héros barbares, à Odoacre, à Attila. Plus tard, à mesure que se développa l'esprit chevaleresque, Théodoric perdit ce qu'il avait conservé du génie barbare, et, dans le *Livre des Héros*, son histoire prit la couleur chevaleresque de tous les poëmes du douzième siècle.

Avant de passer aux romans carlovingiens, nous dirons un mot du poëme qui sert de transition entre les deux cycles de Théodoric et de Charlemagne: c'est l'histoire de Rother ou Rotharis, roi lombard, qui, dans le poëme, est le père de Pépin, et par conséquent l'aïeul de Charlemagne. Il y a là sans doute une sorte de connexion entre deux légendes lombarde et francique, ou le souvenir imparfait des rapports politiques qui existèrent entre les deux peuples. Le poëte allemand amène aussi une intervention de Constantinople, qui peut se rattacher aux souvenirs des croisades, et à l'histoire de ces guerriers scandinaves qui allaient servir de gardes aux empereurs. C'est par eux et par les croisés que la renommée de Constantinople était devenue si grande chez les peuples du Nord.

CYCLE CARLOVINGIEN.

« Charlemagne fut le second sujet principal des poëmes héroïques, surtout ses expéditions contre les Arabes, la bataille de Roncevaux, et la gloire des héros fameux réunis autour de lui. Les récits de ces faits s'éloignèrent de très-bonne heure de la vérité; ce héros, plein d'activité et d'une mâle énergie, fut transformé en un souverain indolent semblable à ceux de l'Orient. Ce qui peut y avoir contribué, c'est que les Normands, qui sont les principaux auteurs de ces poëmes, se représentaient Charlemagne, malgré la gloire qui environnait son nom, comme placé dans des circonstances analogues à celles où se trouvaient de leur temps les monarques indolents qui occupaient son trône. Quoi qu'il en ait été, une sorte d'exagération comique domina bientôt dans l'exposition de cette histoire; chaque jour on y ajoutait encore du merveilleux et de la fiction, si bien que le tout ne tarda pas à ne plus former qu'un jeu de l'imagination, ainsi que nous le voyons dans l'Arioste (*). »

Les poëmes allemands du cycle carlovingien ne sont que des traductions du français ou du provençal. Un de ces poëmes, par exemple, est le récit d'une expédition de Charlemagne en Espagne, expédition qui n'intéressait nullement les Allemands. Il en est de même d'un autre poëme, *Flor et Blancheflor*, dont le titre même est provençal, et enfin du roman de Guillaume d'Orange, héros national dans le midi de la France, et qui se trouve fort dépaysé en Allemagne. Le troisième cycle de fables de la poésie chevaleresque, ou cycle de Saint-Graal, renferme les histoires du roi breton Arthur et de la Table ronde.

CYCLE D'ARTHUR OU DE LA TABLE RONDE.

« Ici encore, ce qui était originairement historique fut enrichi par toute la plénitude de merveilleux qu'offraient les croisades, et le domaine de la fiction s'étendit jusqu'aux Indes. L'Arthur de l'histoire, roi chrétien de race celtique en Bretagne, ses malheurs, et les guerres qu'il eut à soutenir contre les chefs des Saxons, alors encore païens, n'auraient été qu'un sujet très-borné. On l'agrandit en cherchant surtout à développer dans cette fiction l'idéal de la parfaite chevalerie, et l'on y perdit moins de vue un but déterminé que dans les poëmes de Charlemagne. On y rattacha ensuite quelques

---

(*) Schlegel, ibid.

fictions destinées à représenter l'amour dans les plus belles circonstances de la vie chevaleresque. La principale de ces fictions est tout à fait élégiaque, comme l'indique le nom même de Tristan. De tous les grands poëmes épiques de chevalerie et d'amour, Tristan est celui qui a obtenu la préférence chez toutes les nations. Cependant, afin que l'uniformité de ce poëme n'engendrât point l'ennui, on ajouta à cette fiction tout élégiaque celle de Lancelot, qui est plus gaie et plus animée. Les fictions d'Arthur et de la Table ronde servirent encore à un tout autre but. Dans ce cycle, qui devait embrasser l'idéal et la fleur de toute la vertu chevaleresque, on chercha surtout aussi à exprimer l'idée d'un chevalier religieux, en faisant voir comment ce chevalier, fidèle à un vœu solennel, parvenait, par de dures épreuves et de grands exploits, d'un degré de la perfection à l'autre, et s'élevait toujours davantage vers la sainteté ; ce qui n'empêcha cependant pas, en Occident comme en Orient, la fiction de déployer toute sa richesse d'aventures et de merveilles guerrières et amoureuses. On imagina, sous le nom de Saint-Graal, toute une suite de semblables fictions chevaleresques entièrement allégoriques, dont le but est de montrer comment le chevalier doit, par une piété toujours croissante, se rendre digne des mystères de la religion et des sanctuaires, dont la conservation est représentée comme le but le plus élevé de sa mission. On peut admettre, et il existe même à cet égard des indices et des preuves irréfragables, que ces poëmes exprimaient non-seulement l'idéal d'un chevalier religieux tel qu'on le concevait à cette époque, où florissaient les ordres chevaleresques religieux les plus remarquables, mais qu'ils contenaient encore un grand nombre d'idées symboliques, et des traditions particulières à quelques-uns de ces ordres, surtout à celui des Templiers. Ce caractère ne saurait être méconnu, même dans les romans français de Graal ; mais il est encore plus saillant dans les ingénieuses traductions qu'en ont données les Allemands. C'est ainsi que ce troisième cycle de fables, de poëmes chevaleresques, celui d'Arthur et de la Table ronde, a un caractère allégorique tout particulier. Ces trois cycles de fables, celui des Niebelungen, celui de Charlemagne et celui de la Table ronde, ont été les principaux sujets de la poésie dans le moyen âge : une foule d'autres fictions s'y rattachèrent comme à un centre commun (*). »

Il ne faudrait point dire cependant que tous les poëmes chevaleresques de la littérature allemande sont autant de copies des poëmes français ; car leurs auteurs trouveraient dans leur ignorance même une réponse à ce reproche. Il est certain, en effet, que plusieurs d'entre eux ne savaient pas lire, car c'étaient tous des hommes nobles, des chevaliers. Il y a un de ces poëtes dont on raconte qu'ayant reçu une lettre de sa dame, il la porta plusieurs jours sur son cœur, attendant qu'il pût trouver quelqu'un capable de la lire. En outre, quelques-uns de ces poëtes disent que l'histoire leur a été racontée, de sorte qu'une partie des ornements, des accessoires, doivent nécessairement leur appartenir.

IMITATIONS OU TRADUCTIONS DES AUTEURS DE L'ANTIQUITÉ.

Les poésies qui rappellent l'histoire des dieux et des héros de l'antiquité ne se distinguent de l'épopée chevaleresque que par le sujet qu'elles traitent ; elles sont toujours écrites dans l'esprit de la chevalerie. Le plus ancien ouvrage connu de ce genre est l'*Énéide* de Henri de Waldek, composée à la fin du douzième siècle. C'est moins une traduction qu'une imitation du poëme de Virgile, riche en morceaux originaux, ou empruntés peut-être d'une imitation française de Chrétien de Troyes ; elle était écrite dans un langage rude, mais étincelante de beautés.

Il y a aussi sur la guerre de Troie plusieurs compositions ; celle qui a eu

(*) Schlegel, ibid.

le plus de réputation est de Conrad de Wurtzbourg. Déjà, au douzième siècle, le prêtre Lambrecht travailla à la chronique d'Alexandre le Grand, et plus tard Rodolphe de Ems et d'autres entreprirent la même tâche. Ainsi les grands événements de l'antiquité avaient leur retentissement dans le monde féodal. Comme souvenir classique, il faut encore compter la traduction des *Métamorphoses d'Ovide* d'Albert de Halberstadt.

CHRONIQUES POÉTIQUES.

Enfin, en Allemagne, comme en Angleterre, comme partout, les héros nationaux qui avaient laissé une grande mémoire furent mis en rapport avec les personnages moins réels de la chevalerie. Quelques-uns des seigneurs qui défendirent leur indépendance contre les empereurs furent chantés par les poëtes; mais il leur arriva la même chose qu'aux héros mythologiques : on en confondit plusieurs en un seul. Aussi, aux aventures du duc Ernest, qui résista au onzième siècle à l'empereur Conrad, on trouve mêlées les aventures de plusieurs ducs du même nom, et même celles de quelques autres feudataires de l'Empire.

LÉGENDE DE HENRI LE LION.

Henri le Lion, ce puissant adversaire des Hohenstaufen, fut de même que le duc Ernest, le héros de plusieurs poëmes, dans lesquels l'on rencontre beaucoup de ce merveilleux dont sont remplis les contes arabes. Ainsi Henri s'embarque pour la terre sainte; mais le trajet semble ne pouvoir s'achever, la famine se fait sentir, et les passagers en sont réduits à se manger les uns les autres. Henri, resté seul avec son écuyer, joue sa vie contre la sienne et la perd; mais le bon écuyer ne veut pas profiter de cet heureux coup de dé, et, pour sauver son maître, il le coud dans une peau de bœuf. Trompé par l'apparence, un griffon vient et l'enlève.

Henri a encore d'autres aventures : ainsi il délivre un lion d'un dragon contre lequel il combattait. Ce lion renouvelle l'histoire du lion d'Androclès; il suit partout son libérateur. Henri s'embarqué avec lui; mais durant la traversée le diable vient lui dire que sa femme et son château sont vivement pressés par un traître; c'en est fait, s'il n'arrive à l'instant, ils succombent; et le chemin est si long encore! mais avec l'aide du diable l'on va vite. Satan, vivement pressé par Henri, lui promet de le transporter à l'instant sur la montagne voisine de son château; mais Henri ne veut point se séparer de son lion, son fidèle ami, et le diable, qui consent volontiers à venir en aide à un chrétien, ne veut point se charger du compagnon de Henri, avec lequel il n'a rien à gagner. Cependant, comme ce jour-là il a eu déjà bonne curée d'âmes, il se montre complaisant et consent à tout. D'un trait il transporte le duc Henri sur la montagne; mais il ne faut point que celui-ci s'endorme, sans quoi son âme appartient au diable. Satan retourne chercher le lion, et pendant ce temps Henri, accablé de fatigue, se laisse aller à un sommeil profond; c'en est fait de lui; mais le lion veille sur son maître, dont il connaît l'engagement infernal, et, quand il approche de la montagne, il pousse un si terrible rugissement que le duc en est réveillé. Le diable, honteux et furieux d'avoir été dupé, s'enfuit vers le sombre empire.

LÉGENDES PIEUSES.

Ce grand fleuve épique de l'Allemagne barbare, héroïque et chevaleresque, se divise, comme partout, en mille ruisseaux, en contes, en histoires, mais en légendes surtout. En voici quelques-unes qui ne sont point particulières à l'Allemagne, parce qu'elles appartiennent, comme l'Église elle-même, à tous les pays. Ces légendes, qui forment au moyen âge la véritable poésie populaire, sont quelquefois burlesques, mais souvent aussi elles sont, comme le peuple lui-même, triviales et sublimes; tel est le caractère de la légende de saint Julien l'Aumônier. Il donnait tout; jamais un pauvre n'éprouvait un refus de sa part. Un jour qu'il avait donné tous ses vêtements, même sa chemise : « Qui vous a donc ainsi dépouillé, lui demanda quelqu'un? — Celui-ci, » répondit le saint en montrant l'Évangile. En ce moment un pauvre s'approche encore de lui ; il n'avait plus rien que le livre, il le lui donne. C'est un bel exemple de cette charité chrétienne qui ne s'arrête devant aucun sacrifice.

LÉGENDE DE SAINT CHRISTOPHE.

Une autre légende non moins remarquable, c'est celle de saint Christophe. Saint Christophe est un géant qui ne veut obéir qu'à celui qu'il trouvera plus fort que lui. Il se donne à un roi ; mais ce roi a peur du diable ; Christophe le quitte pour Satan. Au milieu d'une prairie il rencontre un beau gentilhomme tout noir, dont les mains et les pieds s'allongent en griffes. C'est le diable en personne ; Christophe se met à son service. Tous deux cheminent quelque temps ensemble ; mais voici qu'ils rencontrent une croix sur le bord du chemin ; Satan tremble et s'effraye. « Tu n'es donc pas le plus fort, » dit Christophe, et il se voue à Jésus-Christ. Il se retire dans un lieu désert près d'un torrent ; sa piété est active ; il passe sur ses épaules tous les voyageurs qui se présentent pour traverser le torrent. Un soir il entend une petite voix qui lui crie : « Christophe, fais-moi passer. » Il sort à l'instant de sa cabane et trouve un petit enfant ; il le met aussitôt sur ses épaules et s'avance dans l'eau ; mais l'enfant devient de plus en plus lourd, et quand ils sont au milieu du torrent, le géant, ne pouvant plus supporter un semblable poids, enfonce. L'enfant alors lui dit : « Christophe, ne t'afflige pas de n'avoir « pu porter le monde et celui qui l'a « fait. » C'est le triomphe de la force morale sur la force physique.

LÉGENDE DE LA SAINTE VIERGE.

La Vierge, qui au douzième siècle est devenue la reine du ciel, devait nécessairement régner aussi dans la poésie légendaire. « La Vierge ouvrit son capuchon, disent les actes des saints, devant son serviteur Dominique qui était tout en pleurs, et il se trouvait, ce capuchon, de telle capacité et immensité, qu'il contenait et embrassait doucement toute la céleste patrie. » Pierre Damiani disait que Dieu lui-même avait été enflammé d'amour pour la Vierge(*). Saint Bonaventure disait de la Vierge : « La beauté de son corps surpasse celle de toutes les femmes. » Enfin, l'archevêque de Kenterbury, Étienne Langton, disait dans un de ses sermons :

> Bele Aliz matin leva,
> Sun cors vesti et para,
> Ens un vergier s'en entra,
> Cink flurettes y truva ;
> Un chapelet fit en a
> De bele rose flurie.
> Pur Deu trahez vus en là,
> Vus ki ne amez mie !

Ensuite il appliquait mystiquement chaque vers à la mère du Sauveur, et s'écriait avec enthousiasme :

> Ceste est la belle Aliz,
> Ceste est la flur
> Ceste est le lis(**).

Les Allemands ne restèrent pas en arrière des autres nations pour le culte de la Vierge. Un des plus anciens monuments de la poésie allemande au moyen âge est une vie de Marie jusqu'à la naissance du Sauveur, par le frère Werner ; elle est du milieu du douzième siècle. Le frère Philippe donna une autre légende poétique de la vie de Marie ; elle est plus étendue, car elle embrasse avec la vie de la Vierge celle de son fils. Ce poëme a cela de particulier, qu'on y voit plusieurs traits de l'enfance de Jésus, qu'on retrouve dans l'un des évangiles apocryphes.

Ce culte chevaleresque adressé à Marie, comme à la dame par excellence, se modifia et se transforma en une adoration mystique. Le poëme qui offre l'exemple le plus frappant de cette direc-

(*) Il s'écrie dans un sermon : *O venter diffusior cœlis, terris amplior, capacior elementis! etc.* Citation empruntée à M. Michelet, Hist. de France, t. II, page 543.

(**) M. Michelet, ibid., d'après Roquefort, Poésie du douzième et treizième siècle.

tion de l'enthousiasme religieux qu'inspirait alors la Vierge en Allemagne, est un poëme singulier de Conrad de Wurzbourg. Ce poëme, de la fin du treizième siècle, se compose d'une accumulation d'usages, de symboles plus ou moins mystiques, qui tous se rapportent à la Vierge sans beaucoup de cohérence entre eux, puisqu'ils ne sont liés que par l'idée fondamentale que chacun d'eux s'efforce d'exprimer à sa manière. Il a été fait, par M. Grimm, un choix curieux de locutions empruntées à ces poëmes; plusieurs semblent être un souvenir de l'Orient, une même pensée transmise et transformée à travers plusieurs siècles. Ainsi il y a souvent, dans ce que ces poëmes disent du Christ, une allusion manifeste au soleil, et Marie la Noire, comme elle est représentée dans quelques tableaux, y paraît entourée d'étoiles, avec la lune sous ses pieds; elle représente la nuit. Elle est aussi, par une idée analogue, l'aurore qui annonce le soleil mystique, la rose qui annonce le printemps, la résurrection à la vie. Il y a parfois des images étranges et qui semblent venir de l'Orient. Ainsi il est dit que l'esprit saint s'abat, durant la nuit, dans le sein d'une fleur qui croît aux bords de la mer et s'y endort, comme Brama endormi dans la fleur de *lotus* qui flotte sur les eaux; toutefois il ne faut trouver là qu'une frappante analogie d'imagination.

Il faut nommer encore un poëme religieux, *Barlaam et Josaphat*, de la fin du treizième siècle. Barlaam est un vieillard instruit dans les choses divines, qui abandonne sa solitude pour aller instruire le fils d'un roi des Indes, nommé Josaphat. Il surmonte tous les obstacles, toutes les persécutions que le vieux roi lui oppose. C'est une sorte d'exposé des dogmes de la religion chrétienne.

HISTOIRE D'ENGELHARD ET D'ENGELBRED.

Avant de quitter la poésie narrative, il faut parler de récits moins considérables, qui portent le nom de *Erzählungen*, et qui ont quelque rapport avec les nouvelles, surtout avec les nouvelles italiennes qui servent de transition entre la poésie chevaleresque et la peinture anecdotique des mœurs. Souvent, dans ces *Erzählungen*, le sujet est encore chevaleresque pour le fond; mais les détails descriptifs, l'intérêt romanesque, comme nous l'entendons, commencent à l'emporter sur la multitude et l'invraisemblance des événements. Un récit de ce genre est l'histoire d'Engelhard et d'Engelbred. On le cite, entre beaucoup d'autres, parce qu'il marque le point de transition entre le genre du roman, où les héros se meuvent dans une sphère tout idéale, et les simples nouvelles, les fables, peignant des scènes de la vie ordinaire et les développements des sentiments. Ce sont les mœurs de la chevalerie, les idées et les sentiments chevaleresques, mais dans un cadre plus naturel, où ne manque pas la vraisemblance, où il ne se trouve plus qu'un petit nombre d'incidents merveilleux. Ce sont deux amis qui sont partis ensemble de la maison paternelle pour aller chercher du service et de la renommée à la cour de Danemark. Engelhard plaît à la fille du roi, qui s'appelle Engelbred. Dietrich, l'autre ami, reste quelque temps avec lui, mais il apprend la mort de son père, et il est obligé de retourner dans son pays. Ici le côté sentimental commence à se développer dans la douleur qu'éprouve Dietrich à la nouvelle de la mort de son père, et lorsqu'il se sépare de son ami. Engelhard reste; mais après une suite d'aventures, il est accusé auprès du roi d'avoir voulu séduire sa fille. On le jette dans une prison, et tout ce qu'il peut obtenir c'est l'épreuve du combat. Mais comme il se sent coupable, il n'ose se fier au jugement de Dieu; il fait prévenir son ami, et le prie de le remplacer dans la lice. Dietrich accepte et passe pour lui. Détail curieux, en ce qu'il montre un rapport évident entre ce petit roman du treizième siècle et le récit héroïque de Sigurd. Cette mutation de personnes paraîtrait simple dans un poëme idéal, et avec les idées de la mythologie scandinave sur la permutation des formes; mais elle est assez étrange dans un récit où la vraisemblance domine généralement. Dietrich, vainqueur, épouse la fille du roi, qu'il doit céder ensuite à son ami. Ainsi, dans l'*Edda*, Sigurd conquiert Brunhilde et la rend à Gunther. Comme dans l'*Edda*, Dietrich place un glaive nu entre lui et celle qui doit être la femme de son ami. C'est donc évidemment le retentissement de l'ancienne légende. La fin de cette petite nouvelle est assez curieuse. Au bout de quelque temps le vieux roi meurt; Engelhard revient et reprend sa femme. Dietrich retourne dans son pays, où il tombe malade quelques années après, et a un songe dans lequel un ange lui annonce qu'il ne sera guéri qu'en se frottant le corps avec le sang des enfants de son ami. Il le dit à Engelhard, qui hésite longtemps; mais enfin l'amitié et la reconnaissance l'emportent, il coupe la tête à ses enfants; et comme il fallait que cet acte de dévouement fût récompensé, de retour chez lui, il trouve ses deux enfants jouant dans leur berceau, ayant seulement un beau ruban rouge autour du cou.

BOUFFONNERIES.

Un grand nombre de ces récits sont de simples fables, très-souvent traduites du français. De même qu'en français, ces fables touchent souvent à la farce et à la bouffonnerie.

Tels sont surtout les récits appelés *Schwanke*, et parmi eux ceux d'un certain Nithard, qui vivait, dans le treizième siècle, dans les beaux temps de la poésie chevaleresque de l'Allemagne. C'est un chevalier qui se plaît à faire des tours aux paysans. La plupart de ces narrations bouffonnes se composent de malices faites par le plaisant chevalier. Ces récits sont surtout curieux, en ce qu'ils montrent l'hostilité de la noblesse, des rangs de laquelle sortent presque tous les poëtes, contre les paysans de la haute Allemagne, alors dans un état d'opulence qui leur donnait un vif sentiment d'indépendance et de fierté. L'on sent, même d'après les tableaux satiriques du poète, qu'il y a dans ces paysans quelque chose d'énergique et de puissant. Il se plaît à représenter leurs querelles et aussi leur grosse joie. Ces mêmes paysans, trois cents ans plus tard, feront expier ces plaisanteries par une guerre d'extermination.

FABLES.

Enfin, il faut dire un mot des fables poétiques de cette époque. Le plus célèbre de ceux qui en écrivirent est un moine nommé Bonner. Au treizième siècle, il traduisit les fables d'Avicennes et quelques autres dans un style très-simple. Ce qu'il faut remarquer surtout dans cette partie de la littérature allemande, c'est la longueur des moralités. Mais cela est encore plus frappant dans les petits contes moraux de Striker : on y rencontre la fable du chien mordant la pierre qu'on lui a jetée. Le récit est simple, la moralité quatre ou cinq fois plus longue : c'est une espèce de sermon dont l'anecdote est le texte. Nous verrons que la poésie sentencieuse est plus développée en Allemagne au moyen âge que partout ailleurs. Il est impossible de ne pas reconnaître là une trace du caractère penseur des Allemands.

POÉSIE LYRIQUE. MINNESÆNGER.

Le mouvement littéraire de l'Allemagne au douzième et au treizième siècle eut lieu dans tous les genres. Nous venons d'examiner la poésie épique et narrative, nous arrivons maintenant à la poésie lyrique, dont le développement fut tel à cette époque, au delà du Rhin, que les deux siècles qui nous occupent ont fourni plus de deux cents poëtes lyriques qui ont joui d'une certaine réputation.

La poésie lyrique des Minnesänger fut la contre-épreuve de la poésie lyrique des troubadours. C'est toujours l'amour chevaleresque sous toutes les formes. Les mesures du vers, ou du moins les principes de la versification semblent empruntés aux formes inventées par les troubadours; de sorte que la lecture des uns peut donner une idée assez complète des autres. Il n'y a guère de différence entre eux que dans l'expression des sentiments, et cette différence vient tout entière de la diversité de nature entre les hommes du Nord et les hommes du Midi; du reste, cette différence est peu sensible, car l'amour chevaleresque, quoique né d'un sentiment naturel à l'homme, devint bientôt une espèce de type conventionnel auquel il fallut soumettre toutes les habitudes individuelles; de sorte qu'il était difficile que la nationalité pût se produire dans les poëmes dont il fait le sujet.

La vie des Minnesänger n'offre pas plus de variété que leur poésie. C'est une répétition continuelle des mêmes aventures. A l'exemple des troubadours, ils vont de château en château, de cour en cour, et là, ils sont accueillis, fêtés par les grands seigneurs, qui leur donnent en présent des vêtements ou des chevaux; puis ils parcourent le pays avec une sorte de harpe, et portent partout leurs chants.

VIE DU MINNESÆNGER ULRICH DE LICHTENSTEIN.

Voici d'après le Frauen-Puech la vie d'Ulrich de Lichtenstein, l'un des plus célèbres Minnesänger du treizième siècle, et dont les poésies ont été longtemps pour ainsi dire classiques en Allemagne.

« Ulrich était d'une taille élancée, son œil était brillant, et sa tête aurait été belle, si sa bouche ne l'avait pas défigurée (il avait, à ce qu'il paraît, un bec de lièvre). Voyant que cette difformité déplaisait à sa mie, qui était une dame de haut parage, il alla à Graetz, et se soumit à une opération douloureuse. Un voyage que fit la dame de ses pensées, et où il l'escorta avec beaucoup de chevaliers, lui aurait fourni l'occasion de lui déclarer son amour; mais il n'en eut pas le courage. Dans le moment où il lui donna la main pour descendre de sa haquenée, elle lui coupa, sans que les autres s'en aperçussent, une boucle de ses cheveux, en lui disant que c'était pour le punir de sa timidité.

« Dans un tournoi donné à Brixen, son adversaire lui cassa un doigt. Quand on rapporta à sa dame que, pour l'amour d'elle, il avait perdu un doigt, elle en rit comme d'un mensonge. Ulrich, qui en était piqué, força son ami Ulrich de Hasendorf de lui couper le doigt malade, qu'il fit enchâsser d'or, pour le placer entre les feuilles d'un volume de ses poésies relié en velours céladon. Il passa ensuite l'hiver dans la plus grande retraite à Venise, et se fit faire des habits de femme blancs, brodés d'or, d'argent et de perles, et des habits blancs pour les personnes de sa suite, ainsi que des harnais et des selles de la même couleur pour les chevaux. Travesti ainsi en Vénus, le visage voilé, il fit une course aventureuse à travers la Lombardie et l'Autriche, précédé d'un manifeste, par lequel la déesse annonçait qu'elle venait enseigner aux chevaliers à aimer d'un vrai amour, et à mériter le retour de leurs mies; qu'elle donnerait à celui qui la vaincrait, un doigt en or, ayant la propriété d'embellir la dame à laquelle il était envoyé, et de la rendre constante en amour. Sa course sera de vingt-neuf jours, et se terminera sur la Teya, en Bohême. Pendant tout ce temps, personne ne verra son visage ni ses mains, ni n'entendra sa voix. Tout chevalier, averti de son arrivée, qui ne se présentera pas pour rompre une lance, est mis au ban de l'amour et des femmes.

« La fausse déesse fut reçue partout avec beaucoup d'honneurs et de grandes démonstrations de joie, partout il y eut des joutes et des combats, surtout à Vienne, où toute la population accourut pour la voir, et où toutes les fenêtres des rues qu'elle traversa étaient garnies de dames brillantes. Mais hélas! parvenu à Felsberg, le chevalier Ulrich courut le plus grand danger de manquer à la fidélité qu'il devait à sa dame: il y échappa; mais il renvoya toute sa suite, entra dans un bois, déposa ses habits de femme et toutes les choses précieuses qu'il avait sur lui, et les laissa là pour le plaisir de ceux qui les trouveraient. Redevenu homme, il alla à Vienne, où il reçut un message qui le fit tomber dans un désespoir ressemblant à la frénésie. La dame, à qui l'on avait rapporté qu'il était infidèle, lui renvoya le gage d'amour, et renonça à jamais à son service. Ulrich lui adressa des vers pour sa justification, et alla se consoler pendant dix jours à Frauenbourg, près de Murau, auprès de son épouse *qu'il aimait tendrement*.

Reconciliée par ses vers, la dame de ses pensées le fit appeler auprès d'elle. Il fit soixante lieues à cheval en trente-six heures. Pour ne pas compromettre sa dame, il alla mendier devant ses fenêtres, travesti en lépreux. Il fut reconnu, et obtint un rendez-vous pour le soir. On le tira par une corde dans l'appartement de la princesse, où il fut reçu par sa nièce, confidente de leurs amours, qui le revêtit d'un habit de soie broché en or. La princesse, portant une petite chemise, et par-dessus un corset d'écarlate garni d'hermine, une robe verte, et un beau tablier, était assise sur un lit composé d'un matelas de velours couvert d'un drap fin, et de deux coussins que l'auteur appelle *wuniglich;* le ciel du lit était fait de beaux tapis. Au pied de la couchette, il y avait deux cierges sur des candélabres; la chambre était éclairée par plus de cent lumières accrochées au mur; mais ce qui troubla la satisfaction du chevalier amoureux, c'est qu'il y avait autour du lit huit dames belles et aimables, et richement vêtues. La nièce le consola, en assurant qu'un jour sa mie l'aimerait d'un vrai amour.

« On descendit le chevalier par la corde; mais il fit une chute dont le bruit éveilla le gardien du château. Ulrich descendit précipitamment un chemin escarpé, et allait se jeter dans l'eau, lorsque son serviteur lui apporta les excuses de sa dame, que la présence d'une de ses compagnes avait gênée; elle lui envoyait pour le consoler, le coussin sur lequel avait reposé sa joue, avec une invitation de revenir le vingtième jour, parce qu'alors la méchante femme n'y serait plus.

« Cependant la dame lui devint infidèle; mais Ulrich de Lichtenstein se consola de cette disgrâce, en choisissant une autre maîtresse. Il fit une seconde tournée chevaleresque, comme le roi Arthur, pour rétablir l'ordre de la Table ronde. A un âge plus avancé, il suivit le roi Ottocar [en 1265] dans son expédition contre les Prussiens. Calomnié auprès de ce prince, il fut mis en prison, et acheta sa liberté par la cession de Murau et des châteaux de Frauenbourg et Lichtenstein. Il mourut avant la chute d'Ottocar (*). »

VIE DU MINNESÆNGER WALTHER DE VOGELWEIDE.

Un autre Minnesänger, qui occupe un rang important parmi les poëtes lyriques, est Volther von der Vogelweide; il vivait à l'époque la plus brillante de l'existence poétique des Minnesänger, c'est-à-dire vers la fin du douzième siècle et au commencement du treizième. On voit Volther, assez pauvre chevalier, mais bon gentilhomme, sortir de la Suisse, sa patrie, après avoir été élevé dans le célèbre monastère de Saint-Gall. C'est cette même abbaye où nous avons vu se conserver et reparaître de siècle en siècle le goût de l'étude et des compositions littéraires. Là, l'instruction et la science s'étaient transmises à travers les époques les plus barbares, et c'était dans son sein que les jeunes seigneurs allemands venaient apprendre un peu de musique et de littérature.

Volther vint d'abord à la cour du duc d'Autriche, une des petites cours de l'Allemagne méridionale les plus célèbres pour l'accueil qu'on y faisait aux Minnesänger. C'était alors le temps de la minorité de Frédéric II. Philippe de Souabe et Guillaume de Hollande se disputaient l'Empire : c'était toujours la vieille dispute des deux maisons de Saxe et de Souabe, qui avaient

---

(*) Schœll, Cours d'histoire des États européens, t. IV, p. 338 et suiv.

fait passer avec leurs querelles le nom de Guelfes et de Gibelins jusqu'en Italie. C'est à l'époque de cette crise que se rattache le développement des littératures allemande et italienne. C'est en effet à cette époque que la poésie des Minnesänger commence à poindre.

L'idée de la patrie apparaît à chaque instant dans les chants de Volther; la patrie allemande s'est révélée à sa poésie : il déplore ses malheurs, et adresse à Philippe le généreux conseil de placer le jeune Frédéric sur le trône. Ailleurs ce sont d'autres conseils : ainsi il lui recommande la libéralité, vertu à laquelle, en sa qualité de Minnesänger peu favorisé des biens de ce monde, il devait être lui-même sensible. Quelquefois aussi il accuse l'ambition du pape, et critique la cour de Rome. Cependant ces saillies satiriques n'excluent point en lui la dévotion, et il fait au zèle de ses concitoyens des appels fréquents et énergiques pour les engager à prendre part à la croisade prêchée par Innocent III.

Dans ses dernières années, après avoir parcouru toutes les phases de la vie d'un troubadour, il fut saisi par des pensées graves, et ses derniers chants contrasterent d'une manière frappante avec ceux qui précèdent, et qui souvent offrent une grande légèreté de sentiment ou une grande vivacité de plaisanterie. Ainsi toute cette vie si animée vint aboutir à une vieillesse sérieuse : c'est une différence remarquable entre les Minnesänger et les troubadours, qui mènent toujours jusqu'au bout leur vie mondaine et souvent irréligieuse.

COMBAT POÉTIQUE DE LA WARTBOURG.

Volther fait partie d'une tradition assez curieuse dans laquelle figurent les principaux Minnesänger. Suivant cette tradition, connue sous le nom de *Wartbourg*, six Minnesänger se rassemblent chez le landgrave de Thuringe, et discutent sur le mérite des différents princes de l'Allemagne. L'un d'eux, Henri d'Ofterdingen, un des auteurs du livre *des Héros*, au lieu de louer le landgrave, lui préfère un autre prince. Il en résulte une grande indignation de la part de ses adversaires, qui l'obligent à fuir. Mais Henri a recours à un poëte mystérieux moitié Minnesänger et moitié magicien, c'est Klingsor. « Ce sage, à qui les esprits étaient soumis, et qui gouvernait le cœur des mortels par la beauté de sa figure et le charme de sa voix et de sa poésie, vivait comblé d'honneurs à la cour d'André II, roi de Hongrie. Ofterdingen, qui va le chercher, passe par Vienne, où Léopold VI, le Glorieux, dont à Wartbourg même il avait chanté le mérite comme supérieur à celui du landgrave, lui donne des lettres de recommandation pour Klingsor. Ofterdingen trouva celui-ci en Transylvanie. Le sage promit de le suivre en Thuringe; mais il tarda sous divers prétextes de se mettre en route. Il ne restait plus que vingt-quatre heures jusqu'au terme que le landgrave Hermann avait fixé pour le retour d'Ofterdingen, qui se désespérait, lorsque le magicien lui présenta une boisson qui le fit tomber dans un profond sommeil. Le lendemain matin en s'éveillant, il se trouva avec Klingsor à Eisenach, où, en présence de beaucoup de personnes, il eut une extase, et fit une prophétie célèbre dans la légende et dans les traditions populaires. Revenu à lui, il annonça que, dans ce même moment, Gertrude de Méranie donnait au roi de Hongrie une princesse que les astres destinaient à être l'épouse du futur landgrave de Thuringe, et qui remplirait le monde du bruit de sa beauté et de sa sainteté. Sa prédiction se vérifia.

L'enfant, né en 1207, à la cour de Hongrie, fut cette même sainte Élisabeth qui, en 1221, épousa Louis VI, landgrave de Thuringe (*). »

Dans le combat poétique qui avait précédé l'arrivée de Klingsor, Wolfram d'Eschenbach avait mérité la palme; mais le nouvel ami de Henri d'Ofterdingen s'offrit à lutter contre

(*) Schœll, t. IV, pag. 834.

le vainqueur. Le combat s'engage, mais le succès reste longtemps incertain; cependant Klingsor, qui voit approcher sa défaite, appelle à son aide un personnage inconnu, qui soutient avec Wolfram un combat de science et de poésie. Ce nouvel adversaire était le diable. Le vaincu devait perdre la vie, et le bourreau était là avec une corde prêt à l'étouffer. Le diable allait l'emporter, quand heureusement Wolfram parle du mystère de l'incarnation; son adversaire prit aussitôt la fuite. Cette tradition est curieuse à deux titres, parce qu'elle nous montre jusqu'à quel point dans l'esprit des Allemands les Minnesänger passaient pour des êtres merveilleux et fantastiques; en second lieu, parce qu'elle rappelle le combat de science d'Odin et du géant, qui font assaut à la même condition que Wolfram et son adversaire. Cette habitude de jouer sa vie d'une manière aussi légère est un trait remarquable du génie allemand. On sait que les anciens Germains jouaient aussi leur liberté et leur vie.

On connaît encore les noms de trois cents Minnesänger, et parmi eux figurent des empereurs, des princes, de hauts barons. En 1313, un chevalier de Zurich, Roger Manassé, réunit en un recueil les chants de cent quarante de ces poëtes; cette précieuse collection se trouve aujourd'hui à la Bibliothèque royale de Paris. Les plus grands noms parmi les Minnesänger, après ceux que nous avons déjà cités, sont Hermann de l'Auc, Godfried de Strasbourg et Conrad de Wurtzbourg.

MEISTERSÆNGER.

La poésie des Minnesänger n'était pas populaire, comme celle des troubadours provençaux; ils faisaient un corps à part, et avaient la prétention d'appartenir aux classes les plus élevées de la société, soit en leur qualité de gentilshommes, soit en qualité de poëtes; aussi avaient-ils un souverain mépris pour la poésie populaire qui courait les villes et les villages. Cependant c'était cette poésie populaire qui devait hériter de la poésie aristocratique des Minnesänger. Ceux-ci sont des nobles qui célèbrent presque exclusivement l'amour chevaleresque. Les maîtres-chanteurs qui leur succèdent appartiennent au contraire à la classe des bourgeois et des artisans; leurs chants roulent ordinairement sur des matières d'histoire, de morale ou de religion. Ils forment une société, une véritable corporation. Malgré l'immense différence qui les sépare des Minnesänger, ils sont pourtant un produit de ces chants d'amour; mais la transition s'est faite des uns aux autres d'une manière insensible, et les derniers Minnesänger se confondent avec les premiers maîtres-chanteurs. Au quatorzième siècle, on voit l'aristocratie décliner peu à peu, et les villes libres atteindre un haut degré de développement et de splendeur. A cette révolution, qui met presque la classe industrielle et marchande à côté et quelquefois à la place de la classe aristocratique et féodale, correspond dans la littérature un mouvement poétique qui substitue la poésie bourgeoise à la poésie chevaleresque. Les Minnesänger changent eux-mêmes leur nom en celui de maîtres-chanteurs; ils transportent leurs formes métriques dans cette nouvelle poésie, qui, il faut le dire, perd cette élégance qu'elle respirait dans les chants des Minnesänger. Aussi pourrait-on comparer la poésie des Minnesänger à la fleur, et celle des Meistersänger au fruit qui la remplace et se développe sur la même tige lorsque la fleur est tombée. Nous ne nous occuperons pas ici de cette nouvelle poésie; nous attendrons pour en parler le seizième siècle, où elle jette, avec le cordonnier Hans Sachs, son plus vif éclat.

A mesure que la poésie chevaleresque décline, la poésie satirique et morale prend plus de développement et tend à la remplacer; celle-ci se rapproche à plus d'un titre de la poésie des Meistersänger. Comme eux, des poëtes gnomiques forment une espèce de société qui a ses lois et ses règles. La poésie sentencieuse existait en Allemagne, même avant la fin de la littérature chevaleresque; en effet, l'ouvrage intitulé *Freidank*, qui contient une série d'apophthegmes et de sentences piquantes sous la forme proverbiale, a été composé au treizième siècle par Rodolphe de Montfort. Mais ce qui contribua le plus à répandre ce genre de poésie, ce fut une habitude populaire en dehors de la chevalerie, et dont l'existence n'est avérée nulle autre part qu'en Allemagne; on lui donna le nom assez barbare de *Sprachsprecheres* (le dire des sentences).

Il y avait dans la classe moyenne des hommes dont l'occupation était de chercher des apophthegmes, et qu'on appelait diseurs de sentences; ils étaient pour le peuple, mais d'une manière plus sérieuse et plus morale, ce qu'étaient pour les nobles les diseurs de bouffonneries, ou les fous de cour. Ce goût de moralité est un trait assez remarquable du caractère des Allemands, et qui tient au fond même de leur nature, aussi bien que leur amour pour les récits d'aventures ou la poésie sentimentale. Ces sentences, souvent piquantes par leur précision, sont la plupart renfermées dans des distiques; elles sont pour la littérature du moyen âge ce que le *Havamal* est à la littérature scandinave : on y retrouve même des pensées du *Havamal*, comme celle-ci : «Celui qui ne peut parler sagement, s'il se tait, passe pour un homme sage. »

POËME DE SALOMON ET MARCULF.

Un poëme fort curieux, parce qu'il est en quelque sorte la parodie de toute cette poésie morale, est celui qui a pour titre *Salomon et Marculf*. On voit le bon sens épigrammatique d'un paysan opposé à toute la sagesse du roi Salomon, qui peut à peine soutenir la lutte. Cette donnée est fort ancienne; car Guillaume de Tyr, historien des Croisades, parle d'un certain Abdymus, esclave tyrien, que Joseph, d'après un ancien historien grec, nommé Ménandre, raconte avoir été envoyé auprès du roi Salomon par le roi de Tyr Hiram Ier, et avoir confondu sa sagesse. Guillaume ajoute : « Cet Abdymus est peut-être celui que les récits des gens du peuple appellent Marculf, duquel il est dit qu'il résolut les énigmes du roi Salomon, et lui répondit par d'autres énigmes de sa façon. » On retrouve des traces de ce personnage populaire en remontant plus haut encore. Parmi les ouvrages apocryphes condamnés au cinquième siècle, il y en avait un intitulé *Contradictio Salomonis*; c'est à peu près le titre du livre de Marculf.

Une chose certaine, c'est que toutes les versions allemandes de ce livre ont été faites sur un original latin. L'auteur de la plus ancienne que l'on ait en Allemagne, et qui est du quatorzième siècle, dit que c'est du latin qu'il a traduit son ouvrage. Il s'excuse d'avoir traduit des choses grossières, et annonce qu'il en a passé de plus grossières encore. Cette donnée bouffonne a tout l'air d'une tradition orientale; car la sagesse de Salomon est célèbre dans les contes de l'Orient comme la valeur d'Alexandre, et nous savons comment ce dernier pénétra en Occident par Constantinople pour se mêler au monde de la chevalerie.

L'ouvrage se compose de deux parties. La première n'existe pas en latin; c'est un conte oriental compliqué, bizarre, incohérent, où Marculf se présente comme un guerrier, un conseiller du roi; il joue un rôle qui n'a rien de bouffon. Mais au milieu du récit des nombreuses aventures de Salomon et de Marculf, arrive le dialogue, la *Contradictio Salomonis*. Marculf paraît devant le roi avec sa femme, et on fait de ces personnages des portraits tout grotesques. Ce passage n'est point en rapport avec ce qui précède : c'est la partie qui appartient à l'Allemagne; elle a été évidemment intercalée dans un récit oriental pour le fond, et chevaleresque pour la forme.

Dans cette seconde partie se trouvent de longues disputes entre Salomon et Marculf : celui-ci accuse sans cesse la conduite du roi; il blâme même le jugement si fameux des deux femmes et de l'enfant. Et à cette occasion, il fait contre les femmes une longue déclamation, que Salomon réfute. En réponse à cette apologie, Marculf va trouver la mère de l'enfant, et lui dit que le roi veut tuer son fils. Bientôt sept cents femmes se soulèvent et menacent Salomon, qui les maudit à son tour, après les avoir si bien défendues ; puis il bannit Marculf. Cependant, après une foule d'aventures, Marculf tombe un jour entre ses mains. Salomon, qui veut se venger de ses nombreuses défaites, et de la supériorité de Marculf, ordonne qu'on le pende. Marculf se résigne, mais il demande au roi qu'il lui soit au moins permis de choisir son arbre. On ne pouvait lui refuser une grâce si légère. Le voilà donc promené dans tout Israël par les officiers du roi, et ne trouvant jamais d'arbre qui lui convienne, on le ramène enfin devant Salomon, qui, lié par sa parole royale et ayant oublié sa colère, se décide à lui faire grâce.

POËME DU RENARD.

A côté du Marculf se place le poëme du Renard. Il est de Hugues de Trymberg, instituteur à l'école de Thürstadt près de Bamberg, et possesseur d'une bibliothèque de deux cents volumes. A la fin d'une carrière pénible, parcourue pendant quarante années, il déposa dans un ouvrage de sa composition le trésor de philosophie pratique qu'il avait recueilli dans les livres, et par sa propre expérience. Ce poëme, en effet, est la plus célèbre satire du moyen âge : on le trouve répandu dans toute l'Europe, traduit dans toutes les langues. C'est une caricature perpétuelle de la société du temps. Les acteurs sont des animaux ; le renard, le plus habile et le plus pervers de tous, en est le héros principal. Goethe a traduit ce poëme en allemand moderne, et c'est un des ouvrages où il a mis le plus de perfection dans l'exécution.

« Ce poëme, dit M. Marmier, est la satire de la vie, la satire du monde, et les deux principaux personnages de cette fable, le Loup et le Renard, en revêtant le caractère et les passions des hommes, représentent on ne peut mieux ce que nous voyons arriver tous les jours, et par la ruse et par la méchanceté. Ce qui peut en donner une preuve saillante, c'est que cette satire a passé rapidement chez tous les peuples, parce qu'elle appartenait en effet à tous les peuples ; et qu'en soulevant le masque du roi ou de l'ours, du loup ou du renard, chacun pouvait y reconnaître ce qu'il pouvait s'appliquer à lui-même ou appliquer à son voisin. L'un des critiques actuels de l'Allemagne les plus justement estimés, M. Rosenkrantz fait remonter l'origine de cette fable jusqu'à Bidpay ; et pour moi je me rappelle avoir entendu, enfant, raconter le soir à la veillée, dans nos montagnes de Franche-Comté, trait pour trait, plusieurs des faits que je lis aujourd'hui dans le poëme de Goethe. Il y a loin des bords sacrés du Gange aux bords fleuris et escarpés du Doubs, et de Bidpay à l'une de nos vieilles femmes qui vous font ces contes en teillant le chanvre ; mais plus la distance est longue, plus ce rapprochement est merveilleux, plus il est admirable de voir comment la sagesse des nations se perpétue, à travers les siècles, survit aux ruines des empires, traverse l'espace et arrive d'un palais d'Orient réchauffer, sous son toit de pierres grises, la crédule imagination d'un enfant du Nord (*). »

Ce n'est pas du reste le seul exemple des lointains voyages que fait la poésie populaire. Voici une lugubre histoire, dont plusieurs détails se trouvent à la fois en Languedoc et en Allemagne. « Un paysan devenu veuf s'était remarié, quoique père de deux enfants ; mais sa nouvelle épouse ne peut voir les enfants du premier lit ; elle fait mourir à force de mauvais traitements le jeune fils de son mari, le coupe par morceaux, et après l'avoir fait cuire, l'envoie à son père qui travaille aux champs, et qui le mange,

---

(*) Marmier, Études sur Goethe, p. 468.

croyant que c'est un court-bouillon de chevreau. La sœur de ce malheureux enfant est témoin de cette barbarie, et c'est elle qui, par ordre de la marâtre, porte à son père ce ragoût digne de Thyeste ou de Fayel; mais la peur d'éprouver le même sort la rend muette. Cependant elle recueille les os de son frère, les enterre avec soin, et afin de reconnaître le lieu où elle les dépose, elle y plante un arbrisseau, sur lequel un oiseau ne tarde pas à venir chanter. Voici les paroles que la jeune fille croit distinguer dans son ramage.

> Ma marâtre,
> Pique-pâtre,
> M'a fait bouillir
> Et rebouillir.
> Mon père,
> Le laboureur,
> M'a mangé
> Et rongé.
> Ma jeune sœur,
> La Lisette,
> M'a pleuré
> Et soupiré.
> Sous un arbre
> M'a enterré.
> Riou, tsiou, tsiou (*).
> Je suis encore en vie.

« On n'est pas peu surpris en lisant, le Faust de Goethe, d'y trouver ces vers presque littéralement traduits : c'est la pauvre Marguerite qui, après avoir noyé son enfant et perdu le sens, les chante dans sa prison. Les voici, pris dans la traduction de M. Albert Stapfer.

> Ma mère,
> La catin,
> Qui m'a tuée !
> Mon père,
> Le coquin,
> Qui m'a mangée !
> Ma jeune sœur,
> A la faveur
> De la nuit sombre,
> En un lieu frais
> Que je connais,
> A l'ombre
> Jeta mes os
> Dans des roseaux,
> Sous un saule
> A l'eau.
> Là je devins petit oiseau :
> Et vole, vole !

« On sait que Burger conçut l'idée de sa Lénore en entendant fredonner par une petite fille ces mots qui sont

(*) Imitation du chant d'un oiseau.

reproduits à la fin de plusieurs stances : *Les morts vont vite à cheval*. On sait que Byron prit le sujet du *Giaour* dans une ballade chantée ou récitée par un Turc qui lui demandait l'aumône. Goethe a sans doute appris les vers que chante Marguerite de quelque paysan saxon ; mais je n'explique point comment ce petit poëme était connu à la fois, il y a longues années, en patois dans la commune de Montredon près Castres, département du Tarn, et en allemand aux environs de Vienne ou de Weimar. Dans laquelle de ces contrées a-t-il été composé? Comment ces vers auront-ils été transportés à six cents lieues de la contrée où ils ont été faits, et traduits presque mot à mot et dans la même mesure (*)? »

FABLIAUX.

Au-dessous des deux grandes satires, le poëme de Marculf et celui du Renard, il y avait nombre de petites pièces, dans lesquelles les paysans et les bourgeois des villes laissaient percer leur jalousie contre les nobles et les prêtres. Hâtons-nous de dire cependant que cet esprit d'opposition frondeuse est plus commun en France qu'en Allemagne. Dans leur *parlouer aus bourgeois*, les habitants de nos vieilles villes se permettaient maintes licences contre leur noble seigneur féodal, ou même contre les riches bénéficiers de l'Église. Les exemples que nous allons citer, bien qu'empruntés pour la plupart à la Flandre française et la Champagne, appartiennent cependant, avec des nuances différentes, il est vrai, à l'esprit général des bourgeois du moyen âge.

Ces fabliaux présentent parfois une grande grossièreté de mœurs; ainsi leur texte est souvent un homme que sa femme trompe, et le trompeur est le curé. C'est là la philosophie du temps. Quelquefois l'impiété va plus loin : telle est l'histoire de ce vilain

(*) Extrait d'un article du *Globe* reproduit par M. Charpentier, Hist. de la littér. au moyen âge, pag. 203.

qui va injurier dans le ciel saint Pierre et saint Paul, et qui pour récompense obtient de Dieu une des meilleures places du paradis.

D'autres histoires sont moins impies, mais toujours assez peu révérencieuses : telle est celle du jongleur.
— Un jongleur arrive en enfer, et le diable le charge de garder la chaudière des damnés ; il lui recommande d'y bien veiller, pendant qu'il va lui-même sur la terre chercher une nouvelle provision d'âmes. Mais saint Pierre, qui connaissait la faiblesse du jongleur, se glisse en enfer près de lui et lui propose une partie de dés ; l'autre accepte, assez étonné de voir le portier du paradis lui proposer un jeu défendu par l'Église. Mais qu'importe, saint Pierre sanctifie tout, et comme le jongleur se croit habile à piper les dés, il espère faire largement sa main avec celui qui peut disposer de tous les trésors du paradis. Il accepte donc, mais que jouera-t-il ? — Joue tes âmes, lui dit saint Pierre ; et le jongleur, qui n'est pas encore initié aux *fraudes pieuses*, joue ses âmes ; mais la chance lui est contraire, il en perd dix, vingt ; il perd enfin toute la chaudière. Saint Pierre s'esquive avec son gain. Quand le diable rentre, il trouve sa chaudière vide : furieux, il chasse de l'enfer le jongleur qui n'a rien de mieux à faire que de se réfugier en paradis dont saint Pierre lui ouvre volontiers la porte.

Voici un autre fabliau où le vilain est assez mal traité. Une fille noble avait été obligée d'épouser un rustre : elle se doutait bien, malgré sa jactance, que le courage n'était point la première des vertus de son mari ; aussi voulut-elle en faire l'épreuve. Elle s'habille en chevalier et va l'attendre sur la grande route : il arrive bientôt ; s'effraye de l'épée qu'elle brandit devant lui, et lorsqu'elle lui déclare qu'il faut se battre ou s'humilier devant elle, son choix est bientôt fait, il s'humilie. Dès lors la dame, ayant le secret de la faiblesse de son mari, se donne des amants en toute liberté, et le vilain n'ose rien dire.

Citons encore cet autre petit tableau de mœurs. Un jeune chevalier a obtenu l'amour d'une noble dame ; mais pendant qu'il va courir les aventures, la dame s'ennuie de son veuvage, et pour se consoler fait venir près d'elle un vigoureux abbé. De retour, le chevalier trouve la place prise, et se voit assez lestement traité par le nouvel amant. Un jour, l'abbé, fier de montrer sa force devant sa dame, propose au chevalier de se battre sur l'herbe. Ce moine, comme celui de Saint-Dunstan, est un vigoureux champion, et le chevalier, moins heureux que le roi Richard, roule bientôt aux pieds de son adversaire. La dame bat des mains, mais le chevalier se promet bien d'avoir son tour. Un jour que les deux amants étaient gaiement à table, il entre armé de toutes pièces, et présente à l'abbé une armure avec lance, épée, dague, etc. L'abbé préférait les armes naturelles, d'ordinaire moins dangereuses ; mais il faut combattre, et le moine, à moitié vaincu d'avance par la peur, tombe bientôt aux pieds du chevalier qui les chasse honteusement, lui et la dame, de son château.

PROSE ALLEMANDE.

Pour terminer, nous dirons quelques mots de la prose allemande pendant cette période. Les premiers monuments de la prose allemande datent du treizième siècle. Ce sont les constitutions des villes qui commencent à s'affranchir ; au quatorzième elle devient d'un usage plus populaire. Déjà on écrit des ouvrages destinés à être lus par le peuple. C'est alors qu'on vit paraître plusieurs traductions de la Bible, qui ne furent pas sans influence sur la formation de la prose : la plus ancienne date de 1343.

A cette même époque il faut placer quelques écrivains mystiques, comme Jean Tauler de Strasbourg, né en 1294, mort en 1361, et qui commence cette longue suite d'écrivains mystiques qui se prolongèrent à travers toutes les époques de la littérature allemande.

Nous venons de parcourir dans la revue qui précède la plus belle période de la littérature allemande durant le moyen âge. Dans les temps qui suivent, l'originalité disparaît, l'inspiration du moyen âge est tarie, et celle de l'âge qui va suivre n'a pas encore commencé. C'est en quelque sorte une époque de transition où l'on élaborera plus qu'on n'exécutera, où l'on réparera plus qu'on ne produira : ainsi, l'on traduira en prose les anciens poëmes chevaleresques, qui deviendront alors des livres populaires, comme il arriva en France pour le livre des quatre fils Aymon.

ARTS.

Avec le moyen âge s'éteint et disparaît l'art antique, ses formes idéales, ses types si purs, ses lignes si belles et si harmonieuses. Et cependant ce n'en est pas fait de l'art. La musique, l'architecture, la peinture, la sculpture ne furent pas abandonnées pour toujours; mais là, comme dans la politique, décadence, d'abord, puis transformation, puis renaissance. Il faut en convenir, quelques arts gagnèrent en s'adaptant aux idées d'une religion ennemie de la matière, des types que n'avait pu inspirer aux anciens le culte de la nature : l'architecture religieuse, par exemple, alors que dans des temps de violence la prière devint le besoin et la consolation de tous les faibles, s'éleva avec elle vers un dieu rémunérateur, qui protége et soutient le pauvre et l'opprimé, et qui, si ce n'est sur cette terre de douleur, du moins un jour dans le ciel, lui promet l'oubli de ses souffrances au sein d'une éternelle félicité. C'est à ce besoin que l'on dut la conservation et le perfectionnement de la musique; c'est aussi le besoin de se rapprocher de la Divinité par l'adoration, qui vint inspirer aux peintres et aux sculpteurs ces types sublimes dans leur naïve grossièreté, où se peignent si bien les nouvelles vertus introduites par une religion d'amour : le dévouement et la résignation.

MUSIQUE.

Au moyen âge le premier des arts, au moins dans l'ordre chronologique, c'est le plain-chant.

« Si l'histoire ne prouvait pas que le chant grégorien est le reste de cette musique antique dont on raconte tant de miracles, il suffirait d'examiner son échelle pour se convaincre de sa haute origine. Avant Gui d'Arrezzo, elle ne s'élevait pas au-dessus de la quinte, en commençant par l'*ut*. Ces cinq tons, *ut, ré, mi, fa, sol*, sont la gamme naturelle de la voix, et donnent une phrase musicale pleine et agréable.

« M. Burette nous a conservé quelques airs grecs. En les comparant au plain-chant, on y reconnaît le même système. La plupart des psaumes sont sublimes de gravité, particulièrement le *Dixit Dominus Domino meo*, le *Confitebor tibi*, et le *Laudate, pueri*. L'*In exitu*, arrangé par Rameau, est d'un caractère moins ancien; il est peut-être du temps de l'*Ut queant laxis*, c'est-à-dire, du siècle de Charlemagne.

« Le christianisme est grave comme l'homme, et son sourire même est grave. Rien n'est beau comme les soupirs que nos maux arrachent à la religion. L'office des morts est un chef-d'œuvre; on croit entendre les sourds retentissements du tombeau. Si l'on en croit une ancienne tradition, le *chant qui délivre les morts*, comme l'appelle un de nos meilleurs poëtes, est celui-là même que l'on chantait aux pompes funèbres des Athéniens vers le temps de Périclès.

« Dans l'office de la semaine sainte, on remarque la Passion de saint Matthieu : le récitatif de l'historien, les cris de la populace juive, la noblesse des réponses de Jésus, forment un drame pathétique.

« La leçon des Lamentations de Jérémie porte un caractère particulier : elle peut avoir été retouchée par les modernes, mais le fond nous en paraît hébraïque; car il ne ressemble point aux airs grecs du plain-chant. Le Pentateuque se chantait à Jérusalem, comme des bucoliques, sur un mode plein et doux; les prophéties se disaient d'un ton rude et pathétique, et les psaumes avaient un mode extatique qui leur était particulièrement consacré. Ici nous retombons dans ces grands souvenirs que le culte catholique rappelle de toutes parts : Moïse et Homère, le Liban et le Cythéron, Solyme et Rome, Babylone et Athènes, ont laissé leurs dépouilles à nos autels (*). »

Charlemagne, au génie duquel aucun soin n'échappait, fit venir des artistes de Rome pour chanter dans les églises. Mais jaloux les uns des autres, ou ils ne chantaient pas de la même manière, ou ils chantaient faux ; il fallut donc que l'empereur envoyât des prêtres à Rome, pour qu'ils y apprissent les principes de l'art. Il fit aussi venir des orgues de la Grèce. Des soufflets animaient leurs tuyaux d'airain, et ils faisaient entendre tour à tour des accords pleins de douceur, et un bruit de tonnerre. L'usage de ces instruments se répandit peu à peu (**) ; mais les progrès furent lents quant au nombre des touches et quant à l'exécution.

On fait encore mention, à cette époque, d'un grand nombre d'instruments dont il nous est impossible de déterminer la nature. Les plus communs étaient, sans aucun doute, la harpe, le violon (vielle), et les instruments à vent employés à la guerre. Il est assez souvent question de chants guerriers dans les écrivains du temps ; mais ces chants avaient plutôt pour but d'inspirer la terreur, que de produire des sons harmonieux (***). Suger parle, en 1110, de

---

(*) Chateaubriand, Génie du christianisme, IIIe part., liv. II, ch. 2. — Tout ce qui suit sur les arts est traduit en grande partie de l'Histoire des Hohenstaufen, par M. Raumer.

(**) En 1135 on construisit à Constance et à Petershausen, l'un des faubourgs de cette ville, des orgues *elegantissimæ modulationis*.

(***) Dans un manuscrit du dixième siècle conservé à la bibliothèque de Wolfenbüttel, et dont M. Ebert, le savant bibliographe, a donné un extrait dans ses *Ueberlieferungen* (*), on trouve un chant en prose latine sur la victoire que l'empereur Othon le Grand remporta en 955, près d'Augsbourg, sur

(*) Matériaux pour servir à l'histoire, à la littérature et aux arts. Dresde, Walther. 1826 et suiv. I vol. cah. I, p. 72-82, et cah. II, p. 206-208.

l'effroyable chant des Allemands à Rome.

Bien que les prêtres entonnassent et réglassent le chant, les assistants n'étaient pas, pour cela, entièrement privés du droit d'y prendre part. Le

les Hongrois. Le manuscrit porte au-dessus des trois premières lignes la notation de la mélodie ; malheureusement M. Ebert se borne à dire que ce sont des signes antéguidoniens, et il est fort à regretter qu'il n'en ait pas donné un *fac-simile*. Le manuscrit contient trois autres chants populaires qui n'ont aucun signe musical, mais tous quatre présentent encore dans leurs titres un fait curieux, en ce qu'ils nous apprennent le nom de quatre modes jusqu'ici tout à fait inconnus. Les voici :

1º Modus Carelmauninc ;
2º Modus florum ;
3º Modus liebinc ;
4º Modus Ottinc.

Ce dernier mode est indiqué dans le titre du chant d'Othon, qui est ainsi conçu : *Magnus Cæsar Otto, quem hic modus refert in nomine* OTTINC *dictus*.

Qu'est-ce donc que ces modes dont jusqu'ici on a ignoré les noms ? Serait-ce quatre modes comme ceux qu'un auteur du neuvième siècle prétend avoir été inventés par Charlemagne pour compléter le nombre duodénaire, et auxquels cet empereur avait donné les noms *Ananno, Noëane*, etc. (*) ? Il est difficile de le croire. D'ailleurs on ne sait rien de certain sur la nature de ces derniers modes. Il est plus probable qu'il y aura eu des chants antérieurs qui, soit d'après le nom de leurs auteurs, soit d'après les faits qu'ils contenaient, ou le premier mot du texte, étaient connus sous le nom de chant, mélodie ou mode *Liebinc, Ottinc*, etc., et que ces mots écrits en tête d'une autre chanson indiquaient la mélodie qu'on devait y adapter, comme nous le faisons encore en plaçant après le titre d'une chanson : *Air de Nina, Air du Petit matelot*, pour indiquer qu'elle peut se chanter sur cette mélodie.

(Extrait d'un article inséré dans la *Revue musicale*, du 10 août 1833, par M. G.-E. Anders, dont les savants travaux sur l'histoire de la musique et sur la bibliographie musicale sont attendus avec impatience.

(*) Aurelianus Reomensis, cap. VIII, dans Gerbert, *Script*. t. I, p. 42.

peuple, dit Saxon le grammairien (*), le peuple, en battant des pieds et des mains, accompagnait, par une sorte de cantique sacré, le chant plein de gravité des clercs; il s'efforçait, pour leur faire honneur, d'ajouter cet accompagnement à leurs voix harmonieuses, et croyait qu'il était honteux de garder le silence quand d'autres faisaient entendre leurs chants.

Un chantre, ou professeur de chant, était attaché à chaque chapitre; il était aussi chargé de toucher les orgues (**). Déjà, en 1081, le saint roi Canut avait assigné un traitement au chantre d'une église qu'on venait de fonder; et l'on trouve, au temps d'Honoré III, une école de chantres à Rome; ce qui prouve l'importance qu'attachaient les papes à cette branche du service divin. Saint Louis fit un appel à ceux d'entre les prêtres qui étaient habiles chanteurs, pour en former un chœur d'élite aux jours où l'on fêtait les saints.

Mais, comme dans tout ce qui touchait la religion, on se demanda bientôt jusqu'à quel point il était permis ou non d'introduire des modifications dans les chants de l'Église. La réforme et le maintien des antiques usages trouvèrent d'ardents défenseurs. Ainsi, à Milan, en 1111, on se plaignit vivement d'un certain Jordanus, dont les innovations, disait-on, jetaient partout le trouble; et, en 1083, l'abbaye de Glaston, en Angleterre, fut témoin de vives querelles et même de violents combats, par suite des tentatives que firent l'abbé et quelques moines, pour remplacer le chant grégorien par celui d'un certain musicien nommé Guillaume. Cependant ce qui fait croire que certaines améliorations étaient devenues nécessaires, c'est que Pierre le Vénérable, abbé de Cluny, crut devoir décider qu'à l'avenir tout le monde, dans le chœur, aurait à faire pause et à reprendre en même temps, comme cela a lieu encore dans notre choral. Depuis lors, les pauses furent si bien observées, qu'on put glisser dans l'intervalle quelques *Pater noster*.

Cependant, des congrégations s'établirent, et leur surveillance ne contribua pas faiblement à mettre de l'ordre et de l'harmonie dans le chant des monastères (*). De son côté, la cour de Rome interposa son autorité en ce qui concernait les chanoines et les prêtres séculiers. Toutefois, il n'était pas défendu de composer et de chanter quelques nouveaux morceaux de musique religieuse; et l'Église, bien que lente à accueillir les changements, posa, pour la musique, comme pour tous les arts, les principes les plus dignes et les plus élevés.

D'un autre côté, il s'introduisit dans une autre musique, celle des chevaliers et des Minnesänger, des modulations variées et touchantes, et certains instruments d'accompagnement que l'Église ne pouvait admettre (**). Quoi qu'il en soit, il ne nous est parvenu que très-peu de documents sur la musique séculière et ecclésiastique de cette époque; ce qui donne lieu de croire que la violente impression qu'elle exerçait en certaines circonstances était due à des causes toutes personnelles plutôt qu'à la nature même de l'art.

Voici, au reste, ce qui entravait son développement :

1° On ne connaissait que des notes brèves ou longues, de même qu'on n'avait que des syllabes brèves ou longues; et cette mesure si simple des sons, dans le rapport de un à deux,

---

(*) Liv. XIV, pag. 556.

(**) Le chantre du chapitre de Brême avait en 1244 la charge de veiller sur les chants et la psalmodie, et l'administration des orgues. Innocent III, dans une lettre (1,46), dit expressément : « L'administrateur (*ordinarius*) du chapitre réglera l'office divin à l'église et prescrira avec une sage mesure le ton qui devra y être adopté. »

(*) Les moines de Citeaux disaient à ceux de Cluny : « Vous n'avez que des voix faibles et efféminées, et vous appelez cela des voix légères. S'il vous arrive de les élever, c'est à l'aide de liqueurs et d'épices.

(**) Manfred Maletta, valet de chambre du roi Manfred, n'avait pas son égal dans l'art de faire des vers comme dans celui de jouer de divers instruments.

la musique ne devait pas la dépasser. Il s'ensuivait naturellement qu'on chantait notes sur notes, et partant, qu'il était impossible de varier, de lier et de détacher les sons.

2° On ne faisait porter cette mesure prosodique que sur les parties de la mélodie; mais, comme chez les anciens, il manquait, à côté du rhythme même de la mélodie, la base fondamentale de la mesure. Il s'ensuivait que tout ce que l'on put atteindre, ce fut un récitatif non mesuré, et un choral toujours monotone.

3° On ne connaissait point encore la nature des consonnances et des dissonances; et l'on ne put pendant longtemps faire assez de progrès en harmonie pour marier les voix autrement qu'à l'aide de la quinte ou de l'octave. Enfin, telle était l'imperfection de l'art d'écrire la musique, que, bien loin de pouvoir reproduire une musique savante, on pouvait à peine transcrire la simple musique d'alors, toute simple qu'elle était.

Les premiers progrès un peu remarquables, à cet égard, sont dus à un contemporain de Henri V, à Gui d'Arezzo : il améliora l'art d'écrire la musique, prépara l'usage des clefs, utilisa l'espace compris entre les lignes. On lui attribue, mais à tort, d'autres inventions, la solmisation, par exemple (*).

Mais l'homme dont l'apparition fut, sans contredit, la plus importante dans l'histoire de la musique, c'est Francon de Cologne, contemporain de Frédéric Ier (**). Bien qu'on puisse ne regarder que comme imparfaites les innovations pratiques qu'il introduisit, on doit pourtant le louer d'avoir porté plus haut le nombre des notes, qui se réduisaient à cinq, et d'avoir perfectionné l'art d'écrire la musique. Mais son plus beau titre de gloire, c'est d'avoir, sinon inventé, du moins perfectionné la mesure : c'était le levier d'Archimède. Dès ce moment, la musique put s'étendre à l'infini; dès ce moment aussi, la musique se dégagea des liens où la retenait la prosodie, de la gradation toute mécanique de un en deux, de la sécheresse des consonnances ou de la monotone harmonie des quintes et des octaves. Dès ce moment, enfin, l'harmonie et la mélodie commencèrent à se développer, et l'on vit jaillir à la fois de cette source des mesures variées, des périodes, des imitations, et plus tard des canons et des fugues. Bientôt la musique devint un art ayant un caractère propre et indépendant; et, autant qu'on en peut juger par les monuments qui nous restent, elle se distingua entièrement de celle des anciens.

ARCHITECTURE.

Au moyen âge, comme dans l'antiquité, l'architecture fut, de tous les arts plastiques, de tous les arts du dessin, celui qui se développa le premier; toutefois, la sculpture devint la compagne inséparable de l'architecture.

L'architecture antique avait adopté certaines règles si naturelles et si nécessaires, qu'il était impossible de les violer ou de les négliger, quand il

---

(*) Forkel a inséré dans son Histoire de la musique, t. II, p. 239-287, une discussion très-savante au sujet des différentes découvertes attribuées à Gui d'Arezzo, où il prouve que ce moine n'a fait que perfectionner ce qui existait avant lui, et que d'autres inventions, dont on a voulu le faire l'auteur, sont postérieures à son époque.—Il est à regretter que cet excellent ouvrage n'ait pas été traduit en français.

(**) Malgré toutes les recherches qu'on a faites au sujet de Francon, il reste toujours beaucoup d'incertitude sur l'époque où il vécut. Pour ne citer que deux autorités graves qui se sont divisées dans leurs opinions, nous dirons que Forkel, Histoire de la musique, tom. II, pag. 391, lui assigne la seconde moitié du onzième siècle, tandis que Kiesewetter, dans une Dissertation sur Francon, insérée dans la *Gazette musicale* de Leipzig, 1828, p. 48 et suiv., et dans son Histoire de la musique moderne, p. 30 et suiv., n'admet que le commencement du treizième. A moins qu'on ne découvre des documents précis, il sera difficile de trancher la question.

s'agissait d'élever un édifice quelconque; et tel était le caractère de grandeur, le charme, et la beauté de ses productions, qu'aucun artiste ne pouvait songer à un autre type. Cependant, au sixième siècle, et dès le règne de Théodoric, l'architecture en Italie ne se contenta plus de reproduire et de suivre l'antiquité, elle prit un caractère qui lui était propre, et qui s'éloignait plus ou moins des modèles. Il ne faudrait pas croire, pour cela, que l'influence de l'anciennne architecture disparût entièrement en Italie; son influence s'y faisait sentir, au contraire, plus qu'ailleurs. En effet, les principes nouveaux, introduits alors dans l'architecture, ne présentent pas un ensemble tellement un, tellement complet, qu'on ne rencontre souvent même, dans les édifices les plus étonnants et les plus renommés de ce temps-là, un mélange des principes de l'antiquité et de ceux du moyen âge.

C'est ainsi, par exemple, que l'église de Saint-Antoine de Padoue a une coupole circulaire, qui se rapproche tout à fait de la forme antique; mais, sur le côté se trouvent de petites tours, des flèches à côté des arcs de la principale porte, et, avec tout cela, un *attique*. Un semblable mélange de l'antiquité et du moyen âge se fait remarquer dans le dôme et dans le baptistère de Pise. Saint-Pétrone, à Bologne, s'éloigne d'une manière plus sensible encore du style antique; toutefois, l'union des deux styles paraît dans certains champs carrés, placés sur le frontispice, dans les piédestaux, dans les piliers, et dans quelques arcs. Il en est de même du dôme de Florence; le dôme même si gothique de Milan se rapproche, par les fenêtres de sa façade, par ses portes et les bases de ses colonnes, du style de l'architecture antique.

C'est donc en Italie surtout, et là, mieux que partout ailleurs, que se fait sentir la transition de l'ancienne architecture à la nouvelle; cependant, l'architecture nouvelle ne s'y présente pas avec ce caractère propre qu'on lui trouve en Allemagne, dans la France septentrionale et en Angleterre. Comment pouvez-vous, nous dira-t-on peut-être en nous adressant une objection si souvent répétée, comment pouvez-vous faire un éloge aussi déraisonnable des temps et des œuvres de la barbarie; comment pouvez-vous chercher un ensemble systématique, indépendant, dans cette triste dégénération des modèles antiques, dans ces œuvres dégagées de toutes règles? En supposant même que quelque chose pût y mériter des éloges, ce ne serait jamais que ce que Byzance, sinon l'Arabie, aurait transmis aux grossiers habitants des contrées occidentales. Mais nous répondrons : Ce que vous appelez la barbarie du douzième et du treizième siècle, c'est le développement d'une force pleine de grandiose, bien qu'imparfaite; c'est celui des grandes idées, s'avançant d'une marche audacieuse. La barbarie est là où les forces s'éteignent, où les idées dégénèrent et se rapetissent, où l'on s'abandonne à une oisiveté pleine de présomption et d'ignorance. Au moyen âge, l'esprit s'élève, bien qu'il n'ait pas toujours les moyens d'exécuter sa pensée; aujourd'hui, au contraire, on voit bien une certaine perfection dans les arts, mais à l'extérieur seulement; le génie et l'inspiration disparaissent sous les efforts d'un travail purement mécanique. Regarder la cathédrale de Cologne, le Münster de Strasbourg, comme des œuvres de dégénération, serait tout aussi peu raisonnable que de regarder les Nibelungen comme une pâle copie d'Homère, Shakspeare comme un Sophocle dégénéré, et le christianisme comme un paganisme en décadence.

On a longtemps cru que l'architecture si grandiose du moyen âge était empruntée aux Mores. Mais des recherches nouvelles ont prouvé que l'architecture moresque ne s'est pas propagée hors de l'Espagne; que, d'ailleurs, elle diffère de celle du moyen âge par un grand nombre de principes fondamentaux, et qu'elle lui est souvent inférieure. Ainsi, par exemple, les Arabes dessinent des arcs de trois formes différentes : 1° en fer à cheval, Ω ; 2° en allongeant perpendiculairement les deux bases, ⊓ ; 3° en les allongeant horizontalement, ⌒. Mais ces trois formes sont fort désagréables. Il n'en est pas de même des ogives, qui n'ont rien de moresque. Les chapiteaux arabes sont également loin d'être beaux : surchargés d'ornements mesquins, arbitrairement ou irrégulièrement construits, ils sont loin d'être aussi remarquables que les chapiteaux des édifices allemands.

Dans l'impossibilité de rattacher à l'architecture moresque les grandes constructions du moyen âge, on leur a cherché une autre origine, et l'on a pensé qu'on la trouverait à Byzance. Quant à la question de savoir jusqu'à quel point l'influence de l'architecture antique se fait sentir dans ces édifices, voici l'avis que nous avons cru à bon droit devoir adopter : il n'existait pas de vieux monuments à Constantinople, ville nouvelle qui datait seulement du quatrième siècle de notre ère, et de laquelle on ne devait point s'attendre à voir sortir une idée réellement nouvelle, un art nouveau, un esprit nouveau. Quiconque se rappelle l'histoire des Byzantins, et leur décadence en tout genre, ne croira jamais que Constantinople ait donné naissance au grand art du moyen âge. Depuis la construction de Sainte-Sophie par Justinien, on ne trouve plus, à Constantinople, de grand ouvrage d'architecture. — Mais on insiste : Vous niez, dit-on, l'effet de l'art byzantin, vous oubliez donc l'église de Saint-Marc, à Venise. Nous répondrons : Qu'on trouve, en Occident, plus de temples bâtis sur le modèle de l'église de la Résurrection, que sur celui de Sainte-Sophie, faudrait-il pour cela reconnaître un style hiérosolymitain ? Mais Venise même, Venise, où les relations avec Constantinople étaient constantes, et où, par conséquent, l'art de cette dernière ville dut agir le plus puissamment, Venise, cependant, a un genre qui lui est essentiellement propre.

Il n'est pas plus convenable d'appeler gothique l'architecture du moyen âge, ni plus raisonnable de donner ce nom à celle du treizième et du quatorzième siècle, par opposition à une architecture antérieure à l'architecture gothique, qui aurait existé du dixième au douzième siècle ; reste donc simplement à donner le nom d'allemande à l'architecture du moyen âge, même dans sa plus haute perfection ; et, si cette dénomination paraît trop partiale, eu égard au nord de la France et à l'Angleterre, le nom d'architecture germanique sera peut-être plus exact encore.

Dans les églises du moyen âge, comme dans les temples de l'antiquité, l'art semble avoir atteint son plus haut degré de perfection ; et le contraste des deux religions s'y fait admirablement sentir. Ainsi, le Panthéon, bien que consacré au culte chrétien, conserve encore dans toute sa pureté le caractère du paganisme ; tandis que l'église Saint-Etienne de Vienne ne saurait être transformée en un temple de Vénus.

L'inspiration nouvelle s'annonce, dans l'architecture, dès le règne de Frédéric Ier ; c'est ce que prouvent les chapelles d'Égra, l'église de Freysingen, le palais de Gelnhausen, etc. Cependant, alors encore on trouve un certain mélange dans l'exécution, moins sensible, il est vrai, que de l'autre côté des Alpes. Sous Frédéric II, l'architecture germanique arrive à sa perfection ; il suffit de mentionner, pour le prouver, les cathédrales de Fribourg, de Strasbourg et de Cologne. Alors un nouveau progrès n'était plus possible. Cependant l'architecture passa d'une exécution sévère à un style plus élégant ; mais cette modification donna lieu à une sorte d'abus ; on surchargea les édifices d'ornements, c'est-à-dire, qu'il y eut en définitive un mélange peu heureux de l'ancien et du nouveau style.

Les grands architectes du moyen âge sont demeurés inconnus, à l'exception de quelques-uns, comme Erwin de Steinbach, qui bâtit le Münster de Strasbourg. Le temps nous a dérobé le nom de la plupart des autres, comme il nous a laissé ignorer celui des poëtes auxquels on doit les Nibelungen. Dire que tant de merveilles ont pu s'élever peu à peu par les mains de quelques charpentiers, de quelques maçons obscurs et ignorants, sans l'inspiration de grands artistes, c'est dire que les Nibelungen se sont composés sous l'inspiration d'une troupe de baladins. On peut en dire tout autant des magnifiques églises d'Angleterre, et de curieuses recherches ont conduit au même résultat en ce qui concerne la France.

L'architecture allemande passa en Italie au temps de Frédéric Ier; le système des arcs et des mélanges y devint ainsi général; au treizième siècle, on voit des Allemands s'associer aux Italiens, ou se charger exclusivement des constructions. C'est ainsi qu'en 1228, lors de la fondation d'une église à Assise, on préféra, à tous les plans proposés, celui de l'Allemand Jacob. Des Allemands construisirent, vers la même époque, une église à Bologne; et c'est un Allemand, Guillaume d'Inspruck, qui éleva, avec Bonanno, la tour de Pise. Quelques-uns croient que Buschetto, le premier architecte de la cathédrale qu'on fonda dans cette dernière ville, en 1063, était Grec; mais cela n'est pas démontré. D'abord le nom ne le prouve pas; et, d'un autre côté, l'édifice ne ressemble en rien aux églises byzantines. On prit beaucoup de colonnes à d'anciens édifices, comme avait fait Charlemagne pour Aix-la-Chapelle; on les fit venir de plusieurs contrées, d'Afrique, d'Égypte, de Palestine et de Sardaigne; d'autres furent prises dans le pays même. On voit à l'extérieur 70 colonnes, 124 près des murailles, 48 à la coupole, en tout 242. Dans l'intérieur, au rez-de-chaussée, 70 colonnes; autant près des autels; 106 dans les galeries supérieures et pour servir de support; ensemble 246. L'église a la forme d'une croix latine; cinq nefs se partagent sa longueur; trois se trouvent sur le plus petit de ses côtés. Cette longueur est en pieds de Paris, de 293 1/3 et sa largeur de 98 2/3.

Chaque famille fournissait annuellement, pour hâter l'achèvement de l'édifice, une pièce d'or ou vingt schillings; et le nombre de ces familles, en y comptant peut-être la banlieue, s'élevait à 34,000. Ce n'est pas qu'il n'y eut des retardataires, voire même des récalcitrants ou des esprits forts qui insultaient les travailleurs; mais ils furent, du consentement du podestat, mis en interdit par l'archevêque. D'un autre côté, on fit aussi des présents considérables; on donnait jusqu'à d'immenses fonds de terre pour faciliter la pieuse entreprise, et les donateurs recevaient en retour, les uns un anneau d'or, d'autres une peau de renard, etc. Ajoutez à cela que des caisses publiques subvenaient pour des sommes considérables; et, à cet égard, les princes dont les États trafiquaient avec la puissante Pise, comme, par exemple, les rois de Sicile, et les empereurs de Constantinople, ne demeurèrent pas en arrière. Aussi la cathédrale de Pise avait-elle à Constantinople des administrateurs pour les biens qu'elle possédait dans cette ville, tandis que l'empereur Frédéric Ier protégeait spécialement ceux qu'elle avait en Occident. D'après un traité fait en l'an 1165 avec les architectes Guillaume et Riccius, chacun d'eux reçut, huit mois durant, 22 deniers par semaine; 29 pendant quatre autres mois; et, à la fin d'une année laborieusement écoulée, le premier reçut encore 25 deniers, l'autre 15 schillings. Aux jours de grande fête, on faisait aux ouvriers des présents d'argent, de vin et de vivres; mais, d'un autre côté aussi, on faisait certaines réductions en cas de maladies, ou lorsque la célébration des fêtes avait suspendu le travail.

En l'an 1265, Padoue assigna une somme de 4000 livres pour la construction et la décoration de l'église de Saint-Antoine, et l'on répartit annuellement cette somme jusqu'à l'achèvement de l'édifice. Un frère *mineur* et deux bourgeois tenaient les comptes de cette dépense.

Ce qu'on ne saurait assez admirer, c'est que tant de guerres, tant de dévastations, tant de troubles dans un temps où il n'y avait que de petites fortunes, n'aient pas empêché les villes de l'Allemagne et de l'Italie d'élever, à force d'activité, d'enthousiasme et de persévérance, tant et de si grands édifices : à Rome, par exemple, qui n'était cependant alors ni une ville puissante, ni une ville active, on éleva, ou l'on rétablit, au temps des Hohenstaufen, vingt églises, tandis qu'aujourd'hui c'est à peine si, dans l'espace de cent ans, il s'en élève une seule à Berlin. Sans doute que cet effet a sa cause et dans le changement des idées religieuses, et dans le système de guerre suivi de nos jours, système qui absorbe la plus grande partie des ressources publiques; mais il faut l'attribuer aussi à l'activité des hommes d'alors, toute dirigée vers la chose publique. Pleins d'amour pour une patrie dont ils voyaient se développer l'indépendance, ils oubliaient, pour elle, les jouissances et les plaisirs. Enfin, la noble émulation qui s'établissait entre les différentes villes contribua non moins efficacement à ces résultats. Mais, dans l'état actuel des choses, on aurait grand'peine, en France, à construire une cathédrale de Strasbourg; et la Prusse ne pourrait plus, aujourd'hui, élever une cathédrale de Cologne, l'Autriche une église de Saint-Étienne.

Ce serait une grande erreur de croire qu'on n'ait rien fait alors que bâtir des églises. On vit s'élever, au contraire, un grand nombre d'hospices, des asiles pour les orphelins, des forteresses, des ponts, des couvents, des maisons de ville et des palais; et telle était la beauté de ces édifices, leur solidité, leur caractère grandiose, que nous en admirons encore les ruines aujourd'hui. On peut citer pour exemples, les palais des papes à Rome, et du doge à Venise, ceux de Frédéric Ier à Haguenau et à Gelnhausen; de Frédéric II à Fondi, à Foggia et en d'autres lieux; les ponts de Ratisbonne et de Venise; les maisons de ville des cités allemandes et italiennes. Les habitations même n'étaient pas aussi négligées qu'on est porté à le croire; celles de Florence et de Bologne, par exemple, avaient des arcades; et, à Trèves, il y avait des maisons à trois étages.

Nous pouvons d'autant moins nous appesantir sur tous ces détails, que nous avons été fort courts sur l'article le plus important, la construction d'une église; seulement, pour en finir, nous ferons encore quelques observations relativement aux tours. C'est avec raison qu'on a trouvé un rapport entre leur construction et la religion du Christ; et qu'on a vu, dans leur direction vers le ciel, un symbole que le paganisme, religion toute terrestre, n'avait pas et ne pouvait pas avoir. Les tours appartiennent donc aux églises; et, en ce point, les Allemands ont été mieux inspirés que les Italiens. Ceux-ci, en construisant leurs tours, les séparaient toujours des églises, et ne s'entendirent jamais à les rattacher à ces dernières. C'est ainsi qu'à Florence et à Pise, les tours se tiennent debout, près des églises; c'est ce qu'on remarque aussi à Venise, à l'égard des tours qui s'élèvent près de l'église Saint-Marc; ailleurs même il ne s'en trouve pas du tout. Il y a plus : les Italiens ignoraient absolument l'art de les diminuer graduellement, et de les terminer en pointe : la tour de Pise n'est qu'un rond cylindrique qu'entourent au dehors des colonnes et des galeries. La tour de Florence s'élève sous la forme d'un rectangle qui se termine par une surface plane; la tour de Venise aurait besoin de plus d'harmonie dans sa rondeur, et elle est loin d'égaler les monuments de ce genre que l'on voit en Allemagne.

Toutefois, on ne rencontre pas, dans ce dernier pays, une règle invariable, ennemie de toute innovation originale; on y voit régner, au contraire, une admirable variété. Ici, c'est une tour qui s'élève sur le plus petit côté de l'église : par exemple, à Fribourg, à Berne, à Ulm; là, il y en a deux, comme à Cologne, à Strasbourg; ou bien encore ce sont quatre tours qui s'élancent aux quatre coins de l'église, comme à Bamberg; ou deux tours placées aux extrémités d'une croix étroite,

27.

comme à Saint-Étienne de Vienne. Ailleurs, ce sont deux tours sur le devant, avec une coupole sur la croix, comme à Ratisbonne; à Milan, c'est une tour placée sur le point d'intersection de la croix; enfin, dans quelques villes d'Angleterre, le plus long côté de l'église apparaît comme le côté principal, et une tour s'élève au-dessus de l'entrée du milieu. Nous laissons à de plus habiles le soin de discuter le plus ou moins d'avantage que présente chacun de ces procédés; mais on ne peut, dans aucun cas, par amour pour l'une de ces formes, déprécier toutes les autres (*).

SCULPTURE.

La figure humaine offre au sculpteur un type si certain et si invariable, qu'il semble que les erreurs et la décadence doivent être moins faciles dans cet art que dans l'architecture et dans la peinture; au moins doit-on y mieux distinguer le beau du laid; et, par une conséquence naturelle, la comparaison qu'on peut faire entre l'original et la copie doit porter plus rapidement à de grands progrès. Mais il n'en fut pas ainsi au moyen âge; le sentiment du beau sembla s'être perdu. En Italie même, les chefs-d'œuvre de la sculpture antique, si propres à instruire et à inspirer l'enthousiasme, étaient entièrement négligés. Et, si l'histoire nous apprend que des peuples entiers n'avaient aucune idée de cet art, elle nous dit aussi que les Italiens, eux-mêmes, avaient réellement perdu de vue les chefs-d'œuvre de l'antiquité; et que ces chefs-d'œuvre étaient si loin de leur servir de modèles, que même, dans cet art, ils étaient restés bien inférieurs aux Allemands. En effet, au onzième et au douzième siècle, on ne voyait sortir de leurs mains que ce qu'il y avait de plus laid, de plus informe;

(*) Souvent on donnait, comme le fit Durante, un sens mystique aux diverses parties d'une église : les murailles désignaient parfois les juifs et les païens qui accouraient des quatre coins du monde vers le Christ; la chaux était le symbole d'un brûlant amour etc.

c'étaient là les monuments qu'ils exposaient en public. On ne se bornait pas à traiter avec indifférence les chefs-d'œuvre de l'art antique, on allait jusqu'à les briser; et les Byzantins ne donnèrent pas moins d'exemples de cette barbarie que les Occidentaux. Cependant peu à peu on commença à les utiliser, c'est-à-dire, que des images païennes, des Bacchus, des Vénus, furent portés dans les églises; ou bien encore on enterrait dans des sarcophages antiques des personnes de distinction ; par exemple, la mère de la comtesse Mathilde, le pape Innocent IV, etc. Dès lors, le goût des antiquités commença à se développer chez quelques particuliers. Déjà, au temps de Frédéric Ier, le cardinal Orsini en fit une collection; et Frédéric II fit, pour accélérer ce progrès, plus que n'ont fait bien des princes des temps postérieurs. En 1162, le sénat romain ordonna de veiller, par tous les moyens possibles, à la conservation de la colonne Trajane : l'on menaça de confiscation, et même de la mort, quiconque enfreindrait ce décret. Une disposition analogue, prise à Ravenne, défendait de détruire les édifices et les ouvrages de l'art antique, et, en 1228, on alloua, à Vérone, cinq cents livres pour le rétablissement de l'ancienne arène.

Avant le treizième siècle, les progrès de la sculpture sont peu sensibles : mais un compatriote de Frédéric II, qui demeura longtemps à Naples avec lui, Nicolas de Pise, vint et éleva tout à coup son art à une telle hauteur, que rien de ce qui avait paru depuis la chute de l'ancien monde ne put être comparé à ce qu'il exécuta. Issu d'une famille qui ne comptait pas un seul artiste, il sut cependant, par ses seuls efforts et par l'observation attentive de l'art et du beau, les faire jaillir, pour ainsi dire, l'un et l'autre du sein de la terre qui les tenait cachés (*).

Mais on le sait : beaucoup ont des

(*) Il reçut les premiers principes de son art de quelques sculpteurs grecs employés à la décoration du dôme de Pise. Il se per-

ALLEMAGNE.

yeux, et cependant ne voient pas; beaucoup ont des mains, et ne sculptent pas. De même que le Dante se tenait debout comme un géant au milieu de tous les poëtes, ainsi, au milieu des sculpteurs, s'élevait Nicolas de Pise. On admirera et on montrera toujours comme l'œuvre d'un puissant génie son tombeau de saint Dominique à Bologne, les chaires de Sienne et de Pise. Son groupe de l'Enfant prodigue, à Bologne, est beau de style et de régularité; et son Jugement dernier, ainsi que sa Chute des damnés, à Sienne, excitent l'étonnement. Supérieur à son siècle, Nicolas donnait à ses œuvres un caractère de sévérité qui rappelait, quoique imparfaitement encore, les beaux modèles de l'antiquité. Il fut aussi architecte habile. Son église de la Trinité, à Florence, est d'un goût si simple et si pur, que, plus tard, Michel-Ange, qui la nommait sa dame favorite, ne pouvait se lasser de l'admirer. C'est par lui, ou sur ses dessins, que furent construites la belle tour de Saint-Nicolas, à Pise; les églises de Saint-Antoine de Padoue, dei Frati, de Saint-Jean et de Saint-Paul, à Venise, et bien d'autres encore. Il en est de même du château de Capoue, qui était à la fois un palais et une forteresse (*). On croit même que les Augustales de Frédéric II, monnaie qui surpassait, pour l'exécution, toutes celles de l'époque, ont été frappées sous sa direction.

En mettant hors de ligne Nicolas de Pise, on doit dire que la sculpture allemande avait, de même que son architecture, devancé celle de l'Italie. Et

fectionna ensuite par l'étude de divers fragments antiques, entre autres d'un basrelief représentant, selon les uns, Méléagre et le sanglier de Calydon, selon les autres, Phèdre et Hippolyte.

(*) Un traité fort singulier fut conclu un jour entre Nicolas et la ville de Sienne: il s'agissait de travaux de sculpture à exécuter; il devait recevoir huit soldi par jour; le temps qu'il pourrait rester à Pise était déterminé, et il fut stipulé qu'il ne pourrait entreprendre aucun autre ouvrage avant l'accomplissement de ceux qui faisaient l'objet du traité.

peut-être, cependant, ne pourrait-on opposer personne à Nicolas, si l'on ne savait que la chaire de Saint-Jean, à Pistoie, construite par un Allemand, pouvait être placée, pour la perfection, à côté des chefs-d'œuvre du sculpteur italien.

ORFÉVRERIE.

On trouve aussi, dans quelques pays, l'art de fondre les métaux et de les jeter dans le moule, ainsi que des travaux d'orfévrerie très-ingénieux, exécutés souvent avec beaucoup d'habileté (*). En comparant, par exemple, les portes d'églises que fondit Bonanno

(*) Nous citerons quelques exemples : Un archevêque de Mayence, contemporain d'Othon III, fit faire une croix d'or. — L'évêque Othon de Bamberg (mort en 1139), trouva chez les Poméraniens de Stettin, des sculptures, et, sur les murailles, des images d'hommes et d'oiseaux, dont les habitudes étaient si habilement représentées, qu'on eût cru les voir vivre et respirer. — En 1154, Frédéric Ier fit présent à un chapitre de Ravenne de la statue de la sainte Vierge en argent; deux anges et des flambeaux étaient à ses côtés. — Henri le Lion fit fondre et élever dans Brunswick un lion de bronze. — Saint Louis, en mémoire de ce qu'il avait échappé à une tempête, fit faire un vaisseau d'argent sur lequel on représenta par son ordre, également en argent, ses enfants, les mâts, le gouvernail, les cordages, etc. Voici où en était ce genre d'industrie en France sous le règne de Charles V, c'est-à-dire au milieu du quatorzième siècle.

« *Ci dit les beaulx et riches dons que le roy Charles envoya à l'empereur et son fils.*

« La ou l'empereur fu et toutes ses gens assemblez, vint le duc de Berry, et dit que le roy le saluoit et lui envoyoit de ses joyaulx telz comme à Paris on les faisoit; lors lui présenta une moult noble couppe d'or garnie de pierrerie, en la quelle avoit figure d'esmail moult richement ouvré, l'espere (*la sphère*) du ciel, ou estoit le zodiaque, les signes, les planetes et estoilles fixes, et leur ymages; et aussi lui présenta deux grands flacons d'or, où estoit figuré en ymages eslevez (*en relief*), comment saint Jaques monstroit à saint Charlemaine le chemin en Espaigne par révélacion, et estoyent lesdis flacons de coquilles. Si lui dit le duc de Berry, bien gracieusement, que pour ce qu'il

au douzième siècle, en Italie et en Sicile, en les comparant, dis-je, ainsi que les figures qui s'y trouvent, à celles qui vinrent de Constantinople pour l'église de Saint-Paul à Rome, on voit que ces dernières sont bien inférieures aux premières. On trouve dans le livre de Théophile, qui, selon toute apparence, était un moine lombard, des détails fort instructifs sur l'art de fondre les métaux, sur les instruments employés en pareil cas, et sur l'art et la manière de confectionner des assiettes, des coupes, des encensoirs, etc.

Il est fait mention aussi de travaux sur l'ivoire, et de toutes sortes d'objets en verre, fort artistement travaillés; par exemple, de poissons en verre.

Les cartes géographiques et les globes terrestres n'étaient pas inconnus. Le roi de Sicile, Roger, fit exécuter un globe d'argent du poids de huit cents marcs. Le chanoine Henri de Mayence dessina une carte générale à l'usage de l'empereur Henri V. L'auteur des Annales de Colmar en esquissa une sur douze parchemins. Quand la flotte de saint Louis se trouva en danger en se rendant à Tunis, ce prince se fit apporter la carte, qui lui apprit qu'on touchait au rivage.

DE LA PEINTURE.

L'opinion commune, qui cependant n'a été émise pour la première fois que par Vasari, c'est qu'au moyen âge l'art de la peinture avait entièrement disparu, et n'était plus en usage dans aucun des pays chrétiens de l'Occident. Suivant cette opinion, Cimabué aurait le premier donné à cet art une impulsion subite et nouvelle; et, instruit par des Grecs, il l'aurait porté à une hauteur extraordinaire. Mais cette opinion est entièrement erronée: car 1° on peignit à toutes les époques; au douzième et au treizième siècle surtout, on voit un grand nombre de peintures qui remontent à une époque bien antérieure à Cimabué, et qu'il serait trop long de rapporter ici (*).

2° Cimabué eut des prédécesseurs, tels que Guenta de Pise, Guido de Sienne, qui ne le lui cèdent en aucune façon. Il faut donc, ou les placer à la tête des artistes de cette première renaissance, ou ne regarder Cimabué que comme ayant fermé la série des peintres du moyen âge; et alors on doit nécessairement placer Giotto avant lui, pour les progrès qu'il a fait faire à l'art.

estoit pellerin, lui envoyoit le roi des coquilles; encore lui présenta un grand hanap (sorte de coupe ou flacon) d'autre façon, un gobellet et une esguierre, tout d'or, garnis de pierrerie et esmailliez de diverses façons, deux grans poz d'or à testes de lions.

Item, à son filz furent présentez quatre grans poz, un gran gobellet, une esguierre, tout d'or, garnis de pierrerie; et oultre cela, une ceinture d'or longue garnie de riche pierrerie, du prix de huit mille frans. Desquelz présens l'empereur faisoit merveilleusement grant conte, et moult mercioit le roy; si fist son filz.

Après, en suivant, ci tous ses princes fu présentée vesselle d'or et d'argent, si largement et à si grant quantité que tous s'en esmerveilloyent, et tant qu'il n'y ot si petit officier, de quelque estat qu'il fust, qui par le roy ne receussent présent: mais quoy et quelz se passe la chronique, pour cause de briefté; si réputèrent moult ceste grant largèce et moult louèrent, mercierent et magnifierent, comme raison estoit, le roy de France.

(Livre des fais et bonnes mœurs du sage roy Charles V, ch. 46.)

(*) Nous citerons seulement quelques exemples qui concernent l'Allemagne et l'Italie: Le roi Henri Ier, de race saxonne, fit peindre dans sa salle à manger (en 934) sa victoire sur les Hongrois. — En 1105, Grimaldi, abbé de Casauria dans l'Abruzze, orna son palais de peintures diverses et de quelques histoires tirées de l'Ancien Testament. — Gilbert, sur la grande croix qu'il avait fondue en argent, fit peindre et représenter l'image et la passion du Sauveur. — En 1121, l'antipape Burdin fut peint à Rome aux genoux du pape Calixte. — En 1180, Clément III décora le palais de Latran de peintures. Nous avons parlé plus haut du tableau représentant l'empereur Lothaire au moment où il reçoit des mains du pape la couronne impériale.

3° En supposant même que, dans l'origine et à des époques antérieures, des artistes grecs eussent représenté quelques-unes de ces figures, dont le type demeurait toujours le même, des sainte Vierge, des Christ, des saint Jean, etc., toujours est-il que ces figures devinrent, pour ainsi dire, une propriété commune parmi les artistes de toute la chrétienté; et les Byzantins, venus plus tard, n'ont rien pu y ajouter. Ils peignaient d'ailleurs fort mal; et, quand bien même quelques artistes occidentaux auraient été à leur école, ils n'auraient pas, pour cela, ouvert une voie meilleure à l'art. Mettre en rapport Cimabué et les Byzantins, c'est, en d'autres termes, reconnaître que l'artiste ne s'est pas éloigné des errements qu'il a trouvés sur son chemin; mais rien ne prouve qu'il ait eu des maîtres grecs; et il est plus vraisemblable que ce furent les Pisans et les artistes de Sienne, ses voisins, meilleurs peintres que les Byzantins, qui eurent le plus d'influence sur lui.

4° Dès le douzième siècle, et il en existe des preuves, on n'exécutait plus seulement des sujets empruntés au christianisme, on traitait même des sujets historiques très-étendus; et il n'y a aucun fait qui autorise à croire que l'on se soit servi de modèles grecs. D'ailleurs, on voit de bonne heure ces sortes de sujets s'éloigner dans l'exécution du mode défectueux des Byzantins; et cela, bien avant qu'on songeât à perfectionner les tableaux d'église, puisque l'on croyait que toute innovation à cet égard était contraire à la conscience et à la religion.

Nous n'avons pas à résoudre ici la question de savoir si l'on connaissait déjà, au douzième et au treizième siècle, l'art de peindre à l'huile. On peignait communément sur bois; souvent aussi sur toile, ou sur du parchemin que l'on étendait sur bois. On recouvrait le bois lui-même d'une couche de gypse, recouverte elle-même de terre bolaire rouge, avec de l'or et du vermillon par-dessus. Il entrait sans doute, dans la détrempe, un mélange de mastic et d'huile éthérée; elle perdait ainsi son ton fade pour en prendre un plus brillant et plus vif. Quelquefois encore on donnait aux tableaux une couche de cire très-fine.

La peinture en mosaïque paraît à toutes les époques; mais les objets de comparaison se multiplient au douzième et au treizième siècle. Ce genre prévalut, il est vrai, dans les églises; cependant le Florentin Mino exécuta, en 1225, des travaux qui surpassent de beaucoup ceux qui, à Venise, offraient du rapport avec ce qu'on faisait en ce genre à Constantinople. Au onzième et au douzième siècle, il existait à Rome des écoles de peinture en mosaïque; et, en 1141, un Italien exécuta, à Trévise, des pavés en mosaïque. Des travaux du même genre eurent lieu en Allemagne.

La peinture sur verre était alors dans tout son développement; et pour ne citer qu'un seul exemple, c'est ainsi qu'en 1140, Suger fit représenter sur dix fenêtres de l'abbaye de Saint-Denis, les principaux événements qui signalèrent les croisades.

On n'embellissait pas seulement les vêtements, les rideaux de l'église, de peintures et d'images, mais on y tissait même des peintures dont le sujet était tiré de l'Écriture sainte (*).

La peinture en miniature servait surtout à orner les manuscrits. On connaissait aussi la peinture sur émail.

Le nombre des artistes était si considérable au treizième siècle, qu'ils formèrent des associations assurément plus actives que ne le furent plus tard certaines académies, et d'ailleurs beaucoup plus éclairées aussi que ne l'étaient les corporations des simples artisans. Elles avaient à leur tête les maîtres les plus distingués, qui, d'après des règle-

(*) Quand le pape Innocent IV vint à Milan en 1151, on envoya à sa rencontre mille enfants. Ils étaient mitrés, et sur chaque mitre on avait représenté le saint-père. — En l'an 1200, des tapis portant des sujets tirés de l'Apocalypse, furent tissés en Bavière. — On se rappelle le costume d'Othon II.

ments déterminés, prenaient soin des dépenses et des rentrées pour en rendre compte ensuite, et proposaient l'admission des nouveaux membres. Voici ce qu'on lit dans les règlements des peintres de Sienne en 1400 : « Tout « procède de Dieu et des choses divines; « car on ne peut rien accomplir sans « science, amour et puissance, attri- « buts de la Trinité. Saint Luc est le pro- « tecteur invisible de la peinture. Les « membres de l'association doivent vi- « vre unis, et nul ne doit marcher sur « les brisées d'un autre. Les étrangers « qui voudront travailler auront un droit « à payer. Personne ne doit refuser un « emploi dans la société. Le chef nommé « par élection jouit de plusieurs droits ; « et les élèves doivent surtout se sou- « mettre aux règlements. Celui qui « porte plainte contre un membre est « tenu de déposer un gage ; si la plainte « est injuste, il perd le gage. Que per- « sonne ne se permette de révéler les « secrets de la société, ni de prendre, « contrairement à ses devoirs, de l'or « ou de l'argent faux, ni des couleurs « fausses. »

Le droit exclusif d'exécuter des travaux d'art est si peu naturel, qu'en aucun temps un tel droit n'a pu être proclamé. Toutefois, l'église Saint-Pierre, à Rome, s'arrogea à elle seule le droit de peindre et de faire fondre les images des apôtres saint Paul et saint Pierre. Peut-être obtint-on par ce moyen le double résultat de maintenir sans altération le type de la physionomie de ces apôtres, et de retirer de la vente de ces images aux pèlerins, les moyens d'entretenir l'église.

On tenait bien plus encore à se procurer de véritables images du Christ et de la Vierge ; mais alors déjà s'élevaient des doutes à cet égard. Un ermite grec apporta, en 1160, à Bologne, le prétendu portrait de la Vierge, fait par saint Luc l'évangéliste. En l'an 1207, des Grecs et des Vénitiens se querellèrent si fort au sujet du plus ou moins d'authenticité d'une image de la Vierge, à Constantinople, qu'il fallut qu'Innocent III intervînt ; il fit même entendre, à cette occasion, que les Grecs semblaient attacher trop de prix à la vertu de cette image ; qu'un tel culte méritait d'être désapprouvé comme superstitieux. En l'an 1249, le chapelain du pape fit présent à un couvent français d'une image du Christ ; il en accompagna l'envoi des paroles suivantes : « Ne vous étonnez pas de voir « un teint jaune et pâle à cette image : « ainsi l'ont faite l'ardeur du soleil et « les souffrances, comme le dit le saint « cantique. »

Nous avons déjà fait remarquer, en divers endroits, le rapport intime et nécessaire qui liait l'art à l'Église, et comment l'Église entière, papes, prélats, chanoines et monastères, en favorisaient le développement (*). On se faisait une loi d'y consacrer les biens de l'Église, et, quand il y avait doute à cet égard, les papes accordaient des autorisations. Souvent les prêtres et les évêques eux-mêmes étaient artistes, et surtout habiles architectes, comme leurs œuvres le prouvent assez d'elles-mêmes. Quant aux travaux d'architecture, on ne faisait aucune objec-

(*) « Entre autres choses grandes et nobles qu'a faites Suger, il appela des divers points du royaume des ouvriers de toute espèce, maçons, menuisiers, peintres, forgerons, orfévres et lapidaires, tous renommés pour leur habileté dans leur art, et voulut qu'ils consacrassent le bois, la pierre, l'or, les diamants, et toutes les autres matières précieuses, à rehausser la gloire des saints martyrs et à rendre leur église neuve, vaste et brillante, de vieille, petite et obscure qu'elle était autrefois : en cela son espoir ne fut pas déçu, et la fortune ne le trahit pas. Si l'on veut savoir combien ses désirs furent servis par le talent et couronnés d'un heureux succès, de superbes ouvrages le proclament hautement. Il enrichit de plus cette église d'un précieux et abondant mobilier, c'est-à-dire, de vases d'or et d'argent, de fioles d'onyx, de sardoine, d'émeraude et de cristal, d'étoffes de pourpre, de robes brodées d'or et d'habits entièrement de soie ; à tout cela il ajouta des ouvrages en verre et en marbre qui ne sont pas à dédaigner, et augmenta le nombre des vases sacrés (*). »

(*) Le moine Guillaume, Vie de Suger, liv. II.

tion; mais on se demanda souvent, dans plusieurs monastères, et notamment chez les religieux de Citeaux et chez les franciscains, si des statues, des peintures sur verre et sur murailles, si des mosaïques, n'étaient pas des œuvres vaines, inutiles et purement destinées à flatter les sens. Toutefois, les décisions (*) qui tendaient à interdire ou à limiter ces travaux ne reçurent jamais une entière exécution; et l'opinion plus raisonnable, que l'art et la religion ne sont pas ennemis l'un de l'autre, triompha bientôt de cette première opinion toute mahométane, et que plusieurs congrégations, celle de Cluni, par exemple, combattirent toujours.

CHEVALERIE.

A côté de la littérature et des arts, il faut placer la chevalerie, la grande épopée du moyen âge.

« Il est d'usage, dit Tacite, en parlant des Germains, qu'aucun d'eux ne prenne les armes avant que la tribu l'en ait jugé capable. Alors, dans l'assemblée même, un des chefs, ou le père, ou un parent, revêt le jeune homme de l'écu et de la framée. C'est là leur toge; c'est chez eux le premier honneur de la jeunesse. Avant cette cérémonie, ils ne paraissent être que des membres de la famille, alors ils deviennent membres de la république. » Ainsi chez les anciens Germains, la prise d'armes était un acte national, une cérémonie publique. Cette coutume ne périt pas avec l'invasion; on a vu Charle-

magne ceindre solennellement l'épée à son fils Louis le Débonnaire, qui conféra le même honneur avec la même solennité à Charles le Chauve en 838. Ce que fait l'empereur, les princes et les chefs féodaux le font aussi à son exemple; et quand le fils d'un seigneur est parvenu à l'âge d'homme, on le déclare admis au rang des guerriers en lui ceignant l'épée. La religion, qui alors présidait à tous les actes de la vie, entoura de certaines cérémonies religieuses l'entrée dans le monde du nouveau chevalier. Puis l'Église et la poésie s'emparèrent de cette vieille coutume germanique pour en faire une des institutions caractéristiques du moyen âge.

RÉCEPTION DES CHEVALIERS.

« Le jeune homme, l'écuyer, qui aspirait au titre de chevalier, était d'abord dépouillé de ses vêtements, et mis au bain, symbole de purification. Au sortir du bain, on le revêtait d'une tunique blanche, symbole de pureté; d'une robe rouge, symbole du sang qu'il était tenu de répandre pour le service de la foi; d'une saye ou justaucorps noir, symbole de la mort qui l'attendait, ainsi que tous les hommes.

« Ainsi purifié et vêtu, le récipiendaire observait pendant vingt-quatre heures un jeûne rigoureux. Le soir venu, il entrait dans l'église et y passait la nuit en prières, quelquefois seul, quelquefois avec un prêtre et des parrains qui priaient pour lui.

« Le lendemain, son premier acte était la confession; après la confession, le prêtre lui donnait la communion; après la communion, il assistait à une messe du Saint-Esprit, et ordinairement à un sermon sur les devoirs des chevaliers et de la vie nouvelle où il allait entrer. Le sermon fini, le récipiendaire s'avançait vers l'autel, l'épée de chevalier suspendue à son cou; le prêtre la détachait, la bénissait et la lui remettait au cou. Le récipiendaire allait alors s'agenouiller devant le seigneur qui devait l'armer chevalier : « A quel dessein, lui demandait le sei-

---

(*) Déjà Bernard de Clairvaux s'élève contre les peintures qui ne représentent que des sujets profanes.—Une décision du chapitre de Citeaux de l'an 1213, est ainsi conçue : « Qu'il ne soit plus fait dans l'ordre aucune peinture; qu'il n'y ait pour toute sculpture que l'image du Christ; qu'il n'y ait non plus aucune diversité dans les pavés, ni dans le luxe des édifices. » — En 1260, une décision des franciscains porte qu'à l'avenir la fenêtre principale, celle qui est derrière l'autel, pourra seule être peinte, et qu'on n'y représentera toutefois que le Christ, la Vierge, saint François et saint Antoine.

« gneur, désirez-vous entrer dans l'or-
« dre? si c'est pour être riche, pour
« vous reposer et être honoré sans
« faire honneur à la chevalerie, vous
« en êtes indigne, et seriez à l'ordre
« de chevalerie que vous recevriez, ce
« que le clerc simoniaque est à la pré-
« lature. » Et sur la réponse du jeune
homme qui promettait de se bien acquitter des devoirs de chevalier, le seigneur lui accordait sa demande.

« Alors s'approchaient des chevaliers
et quelquefois des dames, pour revêtir
le récipiendaire de tout son nouvel
équipement; on lui mettait 1° les éperons, 2° le haubert ou la cotte de
mailles, 3° la cuirasse, 4° les brassards et les gantelets ; 5° enfin on lui
ceignait l'épée.

« Il était alors *adoubé*, c'est-à-dire,
adopté, selon du Cange. Le seigneur
se levait, allait à lui, et lui donnait
l'*accolade*, ou *accolée*, ou *colée*, trois
coups du plat de son épée sur l'épaule
ou sur la nuque, et quelquefois un
coup de paume de la main sur la joue,
en disant : « Au nom de Dieu, de saint
« Michel et de saint George, je te fais
« chevalier. » Et il ajoutait quelquefois : « Sois preux, hardi et loyal. »

« Le jeune homme ainsi armé chevalier, on lui apportait son casque, on
lui amenait un cheval ; il sautait dessus, ordinairement sans le secours des
étriers, et caracolait en brandissant
sa lance, et faisait flamboyer son épée.
Il sortait enfin de l'église, et allait caracoler sur la place, au pied du château, devant le peuple avide de prendre
part au spectacle.

DEVOIRS DES CHEVALIERS.

« Ces cérémonies achevées, les réci-
piendaires juraient :

1° De craindre, révérer et servir
Dieu religieusement, de combattre
pour la foi de toutes leurs forces, et
de mourir plutôt de mille morts que
de renoncer jamais au christianisme;

2° De servir leur prince souverain
fidèlement, et de combattre pour lui
et la patrie très-valeureusement;

3° De soutenir le bon droit des plus
faibles, comme des veuves, des orphelins et des demoiselles en bonne querelle, en s'exposant pour eux selon que
la nécessité le requerrait, pourvu que
ce ne fût contre leur honneur propre,
ou contre leur roi ou prince naturel ;

4° Qu'ils n'offenseraient jamais aucune personne malicieusement, ni
n'usurperaient le bien d'autrui, mais
plutôt qu'ils combattraient contre ceux
qui le feraient ;

5° Que l'avarice, la récompense, le
gain et le profit, ne les obligeraient
à faire aucune action, mais la seule
gloire et vertu;

6° Qu'ils combattraient pour le bien
et pour le profit de la chose publique ;

7° Qu'ils tiendraient et obéiraient
aux ordres de leurs généraux et capitaines qui auraient droit de leur commander;

8° Qu'ils garderaient l'honneur, le
rang et l'ordre de leurs compagnons,
et qu'ils n'empiéteraient rien par orgueil, ni par force, sur aucun d'iceux;

9° Qu'ils ne combattraient jamais
accompagnés contre un seul, et qu'ils
fuiraient toutes fraudes et superche-
ries ;

10° Qu'ils ne porteraient qu'une
épée, à moins qu'ils ne fussent obligés de combattre contre deux ou plusieurs ;

11° Que dans un tournoi ou autre
combat *à plaisance*, ils ne se serviraient jamais de la pointe de leur
épée ;

12° Qu'étant pris en un tournoi prisonniers, ils seraient obligés, par leur
foi, par leur honneur, d'exécuter de
point en point les conditions de l'*emprise;* outre qu'ils seraient obligés de
rendre aux vainqueurs leurs armes et
leurs chevaux, s'ils les voulaient avoir,
et ne pourraient combattre en guerre
ni ailleurs sans leur congé;

13° Qu'ils garderaient la foi invio-
lablement à tout le monde, et particulièrement à leurs compagnons,
soutenant leur honneur et profit entièrement en leur absence ;

14° Qu'ils s'aimeraient et s'hono-
reraient les uns les autres, et se porte-

raient aide et secours toutes les fois que l'occasion s'en présenterait;

15° Qu'ayant fait vœu ou promesse d'aller en quelque queste ou aventure étrange, ils ne quitteraient jamais les armes, si ce n'est pour le repos de la nuit;

16° Qu'en la poursuite de leur queste ou aventure, ils n'éviteraient point les mauvais et périlleux passages, ni ne se détourneraient du droit chemin, de peur de rencontrer des chevaliers puissants, ou des monstres, bêtes sauvages, ou autre empêchement que le corps et le courage d'un seul homme peuvent mener à chef;

17° Qu'ils ne prendraient jamais aucun gage ni pension d'un prince étranger;

18° Que commandant des troupes de gendarmerie, ils vivraient avec le plus d'ordre et de discipline qu'il leur serait possible, et notamment en leur propre pays, où ils ne souffriraient jamais aucun dommage ni violence être faits;

19° Que, s'ils étaient obligés à conduire une dame ou damoiselle, ils la serviraient, la protégeraient et la sauveraient de tout danger et de toute offense, ou ils mourraient à la peine;

20° Qu'ils ne feraient jamais violence à dames ou à damoiselles, encore qu'ils les eussent gagnées par armes, sans leur volonté et consentement;

21° Qu'étant recherchés de combat pareil, ils ne le refuseraient point, sans plaie, maladie ou autre empêchement raisonnable;

22° Qu'ayant entrepris de mettre à chef une emprise, ils y vaqueraient an et jour, s'ils n'en étaient rappelés pour le service du roi et de leur patrie;

23° Que s'ils faisaient un vœu pour acquérir quelque honneur, ils ne s'en retireraient point qu'ils ne l'eussent accompli ou l'équivalent;

24° Qu'ils seraient fidèles observateurs de leur parole et de leur foi donnée, et qu'étant pris prisonniers en bonne guerre, ils payeraient exactement la rançon promise, ou se remettraient en prison au jour et temps convenu, selon leur promesse, à peine d'être déclarés infâmes et parjures;

25° Que, retournés à la cour de leur souverain, ils rendraient un véritable compte de leurs aventures, encore même quelles fussent quelquefois à leur désavantage, au roi et au greffier de l'ordre, sous peine d'être privés de l'ordre de la chevalerie;

26° Que sur toutes choses, ils seraient fidèles, courtois, humbles, et ne failliraient à leur parole, pour mal ou perte qui leur en pût advenir (*). »

La poésie imposait aussi ses conditions. Elles sont résumées dans une ancienne ballade d'Eustache Deschamps, citée par Sainte-Palaye.

Vous qui voulez l'ordre de chevalier,
Il vous convient mener nouvelle vie;
Devotement en oraison veillier,
Pechie fuir, orgueil et villenie :
L'Église devez deffendre,
La vefve, aussi l'orphenin entreprendre;
Estre hardis et le peuple garder;
Prodoms, loyaulx sans rien de l'autrui prendre :
Ainsi se doit chevalier gouverner.

Humble cuer ait; toudis (**) doit travailler
Et poursuir faitz de chevalerie;
Guerre loyal, estre grand voyagier,
Tournois suir (***) et jouster pour sa mie.
Il doit à tout honneur tendre,
Si c'om ne puist de lui blasme repandre,
Ne lascheté en ses œuvres trouver;
Et entre touz se doit tenir le mendre :
Ainsi se doit gouverner chevalier.

Il doit amer son seigneur droiturier,
Et dessus touz garder sa seigneurie;
Largesse avoir, estre vrai justicier;
Des prodomes suir la compaignie,
Leurs diz oir et apprendre
Et des vaillands les prouesses comprendre,
Afin qu'il puist les grands faitz achever,
Comme jadis fist le roi Alexandre :
Ainsi se doit chevalier gouverner (****).

GROSSIÈRETÉ DES CHEVALIERS ALLEMANDS.

Mais ces obligations, ces devoirs étaient-ils mis en pratique? Nous savons malheureusement le contraire, car il n'y a nulle époque peut-être où l'on rencontre plus de crimes, plus de

---

(*) M. Guizot, Histoire de la civilisation en France.

(**) Toujours.

(***) Suivre.

(****) *Poésies manuscrites d'Eustache Deschamps*, dans Sainte-Palaye, Mémoires sur la chevalerie, t. I, p. 144.

violences qu'au moyen âge; il y en a peu où les mœurs aient été aussi brutales. Les chevaliers allemands étaient moins que d'autres exempts de cette grossièreté.

« Pleins de force et de courage, dit M. de Laborde (*), insensibles aux intempéries des saisons, persévérants dans les entreprises, d'une fidélité et d'une constance inébranlables, les chevaliers allemands eussent été de parfaits modèles de vertu et d'honneur, si la rudesse de leurs mœurs n'avait déparé la noblesse de leur caractère. Nés aux sommets des rochers, passant leur enfance dans les forêts, ils recevaient à peine les premiers principes de l'éducation. Loin des cours étrangères, où régnaient déjà la grâce et la galanterie, leur jeunesse se perdait à la suite de quelque chevalier obscur, peu capable de les instruire. Gœtz de Berlichingen, à la Main de fer, raconte dans l'histoire de sa vie, qu'il vécut cinq ans à la suite d'un de ses cousins, Conrad de Berlichingen, uniquement occupé à seller et à brider des chevaux, à porter le casque et la lance de son maître, et à remplir dans son château toutes les fonctions de la domesticité. Ceux qui étaient d'un rang plus distingué ne recevaient pas une meilleure éducation. Le comte Guillaume de Hollande était écuyer et simple seigneur lorsqu'il fut élu roi des Romains. Les chevaliers ne connaissaient d'autres occupations que les exercices du corps, les courses à cheval et les plaisirs de la table; fidèles en cela aux habitudes de leurs pères et à ces usages, éternellement consacrés dans le Nord. «Apprenez-moi, dit Gengler dans l'Edda, quelles sont les occupations des héros lorsqu'ils ne sont point assis à boire. — Tous les jours, répond Har, aussitôt qu'ils sont habillés, ils prennent leurs armes et entrent dans la lice. Là ils se battent jusqu'à ce qu'ils se soient coupés en morceaux; mais aussitôt que l'heure du repas approche, ils remontent sains et saufs, et retournent boire dans le palais d'Odin. »

« Ce goût déterminé pour le vin était si général en Allemagne, que plusieurs princes de l'Empire se réunirent pour en modérer les excès. Nous avons vu plus d'une fois les Italiens reprocher aux Allemands leur penchant à l'ivrognerie, que du reste le temps ne parvint guère à affaiblir. Ainsi, en 1524, nous voyons l'ordonnance du tournoi d'Heilbron contenir des défenses sévères à cet égard. Cette ordonnance, rédigée par les électeurs de Trèves, de Wurtzbourg, de Spire et de Ratisbonne, par cinq comtes palatins du Rhin, par le margrave Casimir de Brandebourg et le landgrave Philippe de Hesse, est conçue en ces termes : « Après avoir assisté en personne au « tir de l'arbalète des artisans de « Heidelberg, nous nous sommes tous « convaincus que l'usage grossier des « jurements et les excès de vin occa- « sionnent une foule de maux dans la « nation allemande; c'est pourquoi, « nous tous électeurs ou princes sus- « mentionnés, nous nous sommes en- « gagés d'un commun accord, à la « louange de Dieu tout-puissant, de « nous abstenir, en ce qui nous con- « cerne personnellement, de jurer, de « blasphémer et de nous enivrer, ou « du moins à ne plus le faire qu'à moi- « tié, *zur ganzlicher oder am wenig-* « *stens halber Abstellung.* Nous or- « donnons en même temps, sous menace « d'une peine spéciale, à tous nos fonc- « tionnaires supérieurs et inférieurs, « aux officiers et employés de la cour, « à nos sujets et à leurs parents, de « suivre notre exemple. Les chevaliers « sous notre juridiction sont également « invités à nous imiter et à ne plus se « livrer au blasphème, ni à l'ivrogne- « rie, ou du moins à ne le faire qu'à « moitié. »

« Un singulier personnage présidait aux festins en Allemagne et s'appelait l'ordonnateur du silence, *Stilschweigen-Gebieter*. Son emploi était de se tenir debout près d'un pilier dans la salle du repas, et de frapper avec son bâton contre ce pilier, pour imposer silence lorsque la dispute ou l'ivresse occa-

(*) Voyage pittoresque en Autriche, t. II, p. 60.

sionnait quelque excès. La trace de cette fonction existe à la cour impériale, dans l'emploi connu sous le nom de *Oberstabel-Meister.* »

GALANTERIE DES CHEVALIERS. — INFLUENCE DE LA FEMME AU MOYEN AGE.

Mais à côté de cette vie grossière, le christianisme avait été assez fort pour présenter un idéal de pureté et de dévouement, qu'il tendait toujours à faire mettre en pratique : il n'avait pas réussi sans doute aux douzième, treizième et quatorzième siècles ; mais c'était déjà beaucoup d'avoir placé au-dessus de cette société orageuse un idéal moral dont les hommes devaient tendre sans cesse à se rapprocher.

Voici un fragment d'un vieux livre où se trouvent mises en action cette loyauté et cette pureté que recommande la poésie chevaleresque. « Le temps de lors estoit en paix, et demenoient grant festes, et grant joyeusetés, et toutes manières de chevalerie de dames et damoiselles se assembloient là où ils sçavoient les festes qui estoient faites menu et souvent. Et là venoient par grand honneur les bons chevaliers de celluy tems ; mais s'il advenoit par aucune adventure que dame ne (*ou*) damoiselle que eust mauvais renom, ne qui fut blasmée de son honneur, se mist avec une bonne damoiselle de bonne renommée, combien qu'elle feust plus gentil-femme, ou eust plus noble et plus riche mary, tantost ces bons chevaliers de leurs droits n'avoient point de honte de venir à elles devant tous, et de prendre les bonnes et de les mettre au-dessus des blasmées, et leur disoient devant tous : « Dame, « ne vous déplaise, si cette dame ou « damoiselle va devant, car combien « qu'elle ne soit pas si noble, ou si « riche comme vous, elle n'est point « blasmée, ains est mise au nombre des « bonnes, et ains ne dit l'on pas de « vous, dont il me deplaist ; mais l'on « fera honneur à qui l'a desservi (*mé-« rité*) et ne vous en mereveillez pas. » Ainsi parloient les bons chevaliers, et mettoient les bonnes et de bonne renommée les premieres dont elles mercioient Dieu en leur cueur, de elles estre tenues nettement, par quoy elles estoient honorées et mises devant. Et les autres se prennoient au nez et baissoient le visage, et recevoient de grant vergognes. Et pour ce estoit bon exemple à toutes gentil-femmes, car pour la honte qu'elles oyoient dire des autres femmes, elles doubtoient et craignoient de faire mal à point. Mais, Dieu mercy, aujourd'hui on porte aussi bien honneur aux blasmées comme aux bonnes, dont maintes y prennent mal exemple, et dient que c'est tout ung, et que l'on porte aussi grant honneur à celles qui sont blasmees et diffamees comme l'on en fait aux bonnes ; il n'y a force à mal faire ; tout se passe : mais toutes fois c'est mal dit et mal pensé, car en bonne foy combien qu'en leur présence on leur face honneur et courtoysie, quand l'en est parti, d'elles l'en en bourde. Mais je pense que c'est mal fait et qu'il vaulseit encore mieux devant tous leur montrer leurs fautes et folies, comme on faisoit en celluy tems dont je vous ai parlé. Et je vous diray encore plus comme j'ai ouï raconter à plusieurs chevaliers qui virent celluy messire Geoffroy qui disoit que, quand il chevauchoit par les champs, et il veoit le chasteau ou manoir de quelque dame, il demandoit toujours à qui il estoit, et quant on lui disoit : *Il est à celle,* se la dame estoit blasmée de son honneur, il se fust tort avant (*détourné*) d'une demi-lieue, qu'il ne fust venu devant la porte ; et là prenoit un petit de croye qu'il portoit, et notoit cette porte, et en faisoit un signet et s'en venoit. Et aussi au contraire quand il passoit devant l'hostel de dame ou damoiselle de bonne renommée, se il n'avoit trop grant haste, il la venoit veoir et huchoit : « Ma bonne amye, « ou ma bonne dame ou damoiselle, « je prie à Dieu que en ce bien et en cest « honneur il vous veuille maintenir au « nombre des bonnes ; car bien devez « estre louée et honorée. » Et par celle voye les bonnes se craignoient et se tenoient plus fermes de faire chose dont elles peussent perdre leur honneur et leur estat. Si vouldroye que celluy tems fust revenu, car je pense qu'il n'en seroit pas tant de blasmées, comme il est à présent (*). »

On le voit : entre la perfection idéale prescrite par les lois de la chevalerie, et la grossièreté de la vie pratique, se trouvait la femme, comme pour faciliter la transition. Au moyen âge, la femme a une importance qu'elle ne possédait pas autrefois. Dans l'Orient, la femme, dégradée, avilie, est la servante et l'esclave de l'homme ; il s'en sert comme d'un jouet pour amuser ses voluptueux loisirs ; sa vie s'écoule dans la réclusion, dans la solitude et l'ennui du sérail, dans le vide de l'âme et du cœur ; elle reste inconnue, invisible à tous les yeux, elle n'a pas même un nom. Dans la Grèce, elle est encore achetée comme un arpent de terre, et le gynécée remplace le sérail. Cependant, là aussi, elle commence à se relever de sa dégradation.

« En Grèce, l'homme, tout à la fois orateur et guerrier, passant incessamment d'un combat à un autre, ne peut chercher ses plaisirs dans la vie molle et voluptueuse de l'Asie. L'amour d'une femme suffit à son cœur que déjà tant d'autres passions remplissent, et, appelé à chaque instant du jour sur la place publique, il lui faut bien laisser celle qu'il a prise pour épouse veiller sur le berceau de leurs enfants. Aussi la femme sait là ce que c'est qu'être mère, et elle s'asseoit seule avec son époux au foyer domestique.

« La Grèce, monde de l'art et de la beauté, aimait la femme comme une belle chose qu'elle craignait de flétrir. A Rome, ville de soldats qui ne connaissaient et ne voulurent connaître que la guerre, l'épouse n'eut d'autre mérite que de fournir à l'État des guerriers robustes. Là aussi elle est seule dans la maison conjugale, mais elle y est au-dessous du père de famille, elle est en sa possession, *in manum viri ;* s'il veut, il pourra la céder, car elle est son bien : qu'elle boive du vin, dérobe les clefs ou commette un adultère, il lui sera permis de la mettre à mort sans juges, sans témoins. Encore si la femme avait pu garder cette place au foyer domestique, peut-être un jour aurait-elle su adoucir la loi ; mais elle y est bientôt coudoyée par une femme étrangère. Rome, en effet, n'avait pu impunément dompter le monde ; elle le tenait enchaîné, mais il s'en vengea en lui donnant ses vices. L'Orient surtout, à cette époque de honteuse dégradation, infiltra goutte à goutte dans les veines du colosse, sa corruption et ses impuretés. Bientôt plus de femme qui pût lever un front chaste dans Rome. L'ancienne matrone devint la Messaline du poète ou la grande prostituée de l'Apocalypse, qui, couverte de pourpre et d'écarlate, parée d'or, de pierres précieuses et de perles, tient en ses mains un vase d'or plein d'abominations et d'impuretés, où les hommes viennent s'enivrer du vin de la prostitution. Instrument de cette corruption effrénée, la femme en fut punie par le mépris de ceux-là même dont elle servait les honteux plaisirs ; ils craignaient de se souiller en élevant jusqu'à eux cet être dégradé ; et il fallut, pour que l'on vît encore quelques unions légales, qu'Auguste et ses successeurs donnassent des privilèges au mariage (*).

« Mais voici qu'un nouveau prodige apparut au ciel. « Je vis, dit le disci-
« ple bien-aimé du Christ, je vis une
« femme, vêtue du soleil, avec la lune
« sous ses pieds, et sur sa tête une cou-
« ronne de douze étoiles ; puis un dra-
« gon immense qui avait sept têtes et
« dix cornes, et sept diadèmes sur ces
« sept têtes, s'arrêta devant elle pour
« dévorer le fils qu'elle allait enfanter.
« Mais l'armée des anges descendit du

(*) Sainte-Palaye, Mémoires sur la chevalerie, t. I, p. 147.

(*) Par la loi Julia, rendue 17 ans avant J. C. Elle ordonnait le mariage et récompensait par la concession de certains privilèges ceux qui le contractaient. Pour multiplier les unions légales, Auguste alla jusqu'à permettre aux patriciens d'épouser des filles d'affranchis.

« ciel; il y eut un grand combat, et le « démon, encore une fois vaincu, fut « précipité dans l'abîme. » Ainsi le Christ s'était fait chair pour mieux apprendre aux hommes à dompter le démon de la chair; ainsi, pour que la faute d'Ève fût effacée, pour que la femme tombée si bas fût relevée, une vierge apparut au monde comme la mère de Dieu.

Le christianisme vint assurer la liberté de la femme, la seule du moins à laquelle elle prétende. Tous, dit-il, sont égaux devant Dieu; la prière de l'homme fort et puissant ne parviendra pas plus efficace au pied du trône de l'Éternel, que celle de la pauvre fille, simple de cœur et d'esprit, qui demandera au ciel secours et assistance. Pour elle aussi le temple s'ouvrira, et le prêtre ne dira plus comme le pontife romain, au moment du sacrifice : *Hors d'ici l'étranger, l'esclave et la femme!* Bien plus, il l'admettra comme ses frères à la table sainte. Les vieux poëtes n'admettaient dans leur Élysée que les héros, les législateurs, ceux qu'ils appelaient les sages; pour les femmes, c'est à peine s'ils consentaient à leur laisser les tourments du Tartare. Le christianisme leur ouvrit le ciel, comme il leur avait ouvert le temple sur la terre, et même il leur réserva les places les plus nombreuses, les plus près du Seigneur; car elles savent mieux aimer, et Dieu a besoin d'amour.

« Mais ce qui consacra la femme, si je puis dire ainsi, ce fut le mariage. Cette union était chose illusoire chez les Romains; l'Église éleva le mariage jusqu'à la sainteté d'un sacrement. Les successeurs des apôtres appelèrent les époux à l'autel, et, sous l'œil même de Dieu, bénirent leur union. Devoirs réciproques, fidélité mutuelle, propriété commune; tout, la joie comme la douleur, fut égal entre eux. Et ce n'était point une concession de l'homme, une liberté provisoire qu'il octroyait par faiblesse; désormais il reconnaissait que la femme avait des droits égaux aux siens, et il promettait sur le corps du Christ de les respecter.

« Cependant l'œuvre du Christ n'aurait pas été complète si, content de relever l'âme pure et la vierge sans tache, il avait frappé le pécheur d'une éternelle réprobation. Dans son immense charité il embrassa le monde. Il ne repoussa pas la pécheresse de l'Écriture, il ne prononça pas anathème sur la prostituée; il la laissa venir au Calvaire recevoir ses dernières paroles, mêlée aux saintes femmes; et elle monta sainte au ciel parmi les anges; car le repentir ouvrit désormais les portes du ciel.

« Ainsi le christianisme, poursuivant son œuvre de réhabilitation, porta le remède là où était le mal; il avait élevé la femme jusqu'à l'homme, il lui avait ouvert son temple ici-bas, il avait promis à sa piété les béatitudes célestes; il alla la chercher jusque dans son ignominie, lui tendant ses bras miséricordieux; car, comme l'a dit un grand poëte :

Dieu fit du repentir la vertu des mortels.

Ce ne fut point par d'arides préceptes, par d'obscurs enseignements, que Dieu indiqua à la femme la voie qu'elle devait suivre; au bout de sa route, il plaça la Vierge mère, symbole éternellement vivant de toutes les vertus de la femme chrétienne, étoile lumineuse qui trace le chemin dans les ténèbres de la vie humaine. «Voilà ta mère,» disait-il, à son disciple bien-aimé, qui près du Dieu mourant était le représentant de l'humanité tout entière; « voilà ta mère! » et il lui montrait Marie. Oui, l'humanité reconnut sa mère dans cette patronne de toutes les âmes tendres, dans cette Vierge, modèle de toutes les mères, médiatrice de grâce, placée entre l'homme et son Dieu pour rendre plus douce la prière qui passe par ses lèvres. C'est elle qu'aux temps de la force brutale invoquent le faible et l'opprimé; elle qui reçoit les pleurs de l'orphelin et calme les angoisses de la veuve; c'est elle, c'est Notre-Dame de bon secours, qui, dans la tempête, rend l'espérance au nautonier.

« Au moyen âge, dans ces temps de souffrances où l'humanité ne laissa aucune douleur au fond de la coupe qui lui était servie, c'était à la Vierge que s'adressaient toutes les prières. On aurait dit alors que le pécheur n'osait lever les yeux jusqu'à Dieu même qui n'apparaissait aux hommes qu'au milieu des foudres et des éclairs du Sinaï. Marie, la mère des sept douleurs, était pour lui moins redoutable; elle avait appartenu à l'humanité et porté une lourde croix; ne devait-elle point savoir guérir les douleurs, elle qui avait tant souffert? Aussi le culte de la Vierge fut-il universel au moyen âge. Il semblait alors que l'humanité, enfant, bégayât, aux genoux de sa mère, les prières adressées au père commun. Elle devint, si j'ose le dire, le Dieu du monde, de cette humanité enfant qui n'osait s'adresser à Dieu même. Cette confiance en Marie eut d'importants résultats sociaux : la femme devait nécessairement grandir aux yeux des hommes de toute la dignité que répandait sur elle la Vierge céleste. Habitués dès leur enfance à recourir, dans leurs misères, à la mère de Dieu, tous ces nobles, tous ces chevaliers respectèrent celles qui cherchaient ici-bas à imiter les vertus de leur patronne. La piété se tourna en enthousiasme de galanterie chevaleresque, et l'on vit bientôt la femme intervenir dans les choses de ce monde, et les diriger peu à peu.

« Elles paraissaient dans les actes publics, et les rois datent leurs chartes du gouvernement de leurs femmes, aussi bien que du jour où ils ont pris eux-mêmes à Reims le sceptre et la main de justice; dans les cours de justice elles siégent à l'égal de leurs maris. « Devant vous seront portés les « procès, dit Louis le Jeune à Ermen- « garde, comtesse de Narbonne ; la cou- « tume de notre royaume est plus douce « que celle des temps anciens, elle per- « met aux femmes de succéder et d'ad- « ministrer leur héritage. » En effet au douzième siècle elles obtiennent partout le droit d'hériter, de posséder des comtés, des duchés, des royaumes. Par leurs mariages, elles portent les États dans des maisons étrangères ; elles mêlent le monde et aident à déraciner du sol cette société féodale sans mouvement et sans vie. Viennent maintenant les législateurs, et ils n'auront plus à écrire dans leurs codes que ce que le christianisme a établi longtemps avant eux : *Il n'y aura qu'une même loi pour tous* (*). »

Mais ce n'est pas seulement par la force du sentiment religieux que la femme grandit au moyen âge ; la constitution de la société à cette époque, la manière de vivre des seigneurs féodaux contribua beaucoup aussi à son émancipation. Renfermé dans son château fort, en compagnie de ses chiens et de ses faucons, n'ayant pour se désennuyer de ses longs loisirs que d'insipides poëmes en vingt ou trente mille vers, le seigneur féodal tomba nécessairement sous l'empire de sa femme. A cette époque, les femmes, généralement douées d'un esprit plus fin et plus délicat, qui s'était encore développé dans la solitude sous l'influence d'une piété mystique, l'emportaient de beaucoup pour l'intelligence sur les hommes, dont les occupations toutes matérielles laissaient l'âme engourdie et grossière. L'esprit des femmes a d'ordinaire moins d'étendue que celui de l'homme, mais plus de profondeur. Aussi, quand la vie publique est nulle, quand l'activité politique, littéraire et scientifique est étouffée par l'isolement et la barbarie, quand l'homme ne sait plus que se bien nourrir et se bien battre, la femme, qui a toute sa science dans son cœur, et qui sait la conserver, cette science, en dépit des révolutions sociales, se trouve supérieure à l'homme. Celui-ci, qui, en perdant la science des choses extérieures, a perdu, comme Samson avec sa chevelure, toute sa force, respecte malgré lui la supériorité morale de celle qui cherche chaque jour à purifier et à élever son cœur et son âme.

Aussi, dans son respect et sa confiance pour son épouse, le seigneur féodal n'hésite pas lorsqu'il va cher-

(*) *Essais sur la philosophie du christianisme*, par V. D. Insérés dans le Catholique, t. I, p. 385 et suiv., 401 et suiv.

cher la guerre et les aventures, à laisser son château à la garde de sa femme. Elle y reste maîtresse châtelaine, représentant son mari, chargée en son absence de la défense et de l'honneur du fief. Cette situation élevée et presque souveraine, au sein même de la vie domestique, a souvent donné aux femmes de l'époque féodale une dignité, un courage, des vertus, qu'elles n'avaient point déployés ailleurs, et a sans aucun doute contribué puissamment à l'amélioration générale de leur condition.

Quand Othon IV vint à Florence, femmes et filles jolies se rassemblèrent à Santa-Reparata pour lui faire accueil, mais aucune ne put lui plaire autant que Gualdrade, la fille de Bellincione Berti. Or le père dit à l'empereur : « S'il vous plaît d'embrasser ma fille, vous le pouvez. » Mais elle : « Jamais homme vivant, si ce n'est l'époux que j'aurai, ne m'embrassera. » Othon loua fort cette réserve, et un puissant seigneur, Guido, charmé d'une telle vertu, épousa Gualdrade. Ces vertus domestiques donnèrent aux femmes une sorte d'importance sociale. Aussi les voyons-nous sortir bientôt du manoir seigneurial et venir elles-mêmes présider aux actes de la vie publique, aux fêtes, aux tournois où les vainqueurs recevaient le prix de leurs mains.

« Comme les dames, dit un historien des croisades, étaient les juges des actions et de la bravoure des chevaliers, elles exercèrent un empire absolu sur l'âme des guerriers ; et je n'ai pas besoin de dire ce que cet ascendant du sexe le plus doux put donner de charme à l'héroïsme des preux et des paladins. L'Europe commença à sortir de la barbarie du moment où le plus faible commanda au plus fort, où l'amour de la gloire, où les plus nobles sentiments du cœur, les plus tendres affections de l'âme, tout ce qui constitue la force morale de la société, put triompher de toute autre force.

« Louis IX, prisonnier en Égypte, répond aux Sarrasins qu'il ne veut rien faire sans la reine Marguerite *qui est sa dame*. Les Orientaux ne pouvaient comprendre une telle déférence ; et c'est parce qu'ils ne comprenaient point cette délicatesse, qu'ils sont restés si loin des peuples de l'Europe pour la noblesse des sentiments et l'élégance des mœurs et des manières. On avait vu dans l'antiquité des héros qui couraient le monde pour le délivrer des fléaux et des monstres ; mais ces héros n'avaient pour mobile ni la religion qui élève l'âme, ni cette courtoisie qui adoucit les mœurs. Ils connaissaient l'amitié, témoin Thésée et Pirithoüs, Hercule et Lycus ; mais ils ne connaissaient point la délicatesse de l'amour. Les poëtes anciens se plaisent à nous représenter les infortunes de quelques héroïnes délaissées par des guerriers ; mais dans leurs touchantes peintures, il n'échappe jamais à leur muse attendrie la moindre expression de blâme contre les héros qui faisaient ainsi couler les larmes de la beauté. Dans le moyen âge, et d'après les mœurs de la chevalerie, un guerrier qui aurait imité la conduite de Thésée envers Ariane, celle du fils d'Anchise envers Didon, n'eût pas manqué d'encourir le reproche de félonie.

« Une autre différence entre l'esprit de l'antiquité et les sentiments des modernes, c'est que, chez les anciens, l'amour passait pour amollir le courage des héros, et qu'au temps de la chevalerie, les femmes, qui étaient juges de la valeur, rappelaient sans cesse dans l'âme des guerriers l'enthousiasme de la vertu et l'amour de la gloire. On trouve dans Alain Chartier une conversation entre plusieurs dames, exprimant leurs sentiments sur la conduite de leurs chevaliers qui s'étaient trouvés à la bataille d'Azincourt. Un de ces chevaliers avait cherché son salut dans la fuite ; et la dame de ses pensées s'écrie : *Selon la loi d'amour, je l'aurais mieux aimé mort que vif*. Dans la première croisade, Adèle, comtesse de Blois, écrivait à son mari, qui était parti pour l'Orient avec Godefroy de Bouillon : *Gardez-vous bien de mériter les reproches des braves*. Comme le comte de Blois était revenu en Europe avant la reprise de Jérusalem, sa femme le fit rougir de cette désertion, et le força de repartir pour la Palestine, où il combattit vaillamment et trouva une mort glorieuse. Ainsi l'esprit et les sentiments de la chevalerie n'enfantaient pas moins de prodiges que le plus ardent patriotisme dans l'antique Lacédémone; et ces prodiges paraissaient si simples, si naturels, que les chroniqueurs du moyen âge ne les rapportent qu'en passant et sans en témoigner la moindre surprise (*). »

TOURNOIS.

La vie d'un noble au moyen âge était bien triste, au fond de son manoir; un château féodal n'était pas en effet une habitation d'agrément (**). On peut en juger par cette description : « La porte se présente toute couverte de têtes de sangliers ou de loups, flanquée de tourelles et couronnée d'un haut corps de garde. Entrez-vous? trois enceintes, trois fossés, trois ponts-levis à passer; vous vous trouvez dans la grande cour carrée où sont les citernes, et à droite ou à gauche les écuries, les poulaillers, les colombiers, les remises. Les caves, les souterrains, les prisons sont par-dessous; par-dessus, les logements, les magasins, les lardoirs ou salons, les arsenaux. Tous les combles sont bordés de mâchicoulis, de parapets, de chemins de ronde, de guérites. Au milieu de la cour est le donjon, qui renferme les archives et le trésor. Il est profondément fossoyé dans tout son pourtour, et on n'y entre que par un pont presque toujours levé; bien que les murailles aient, comme celles du château, plus de six pieds d'épaisseur, il est revêtu jusqu'à la moitié de sa hauteur d'une cheminée, ou second mur en grosses pierres de taille (***). »

(*) Châteaubriand, Génie du christianisme.
(**) Voyez dans les œuvres d'Ulrich von Hutten la curieuse description qu'il fait de son château seigneurial.
(***) A. Monteil, Histoire des Français des divers états, t. I, p. 101.

Il n'est pas étonnant que le dégoût d'un tel séjour ait souvent conduit les chevaliers du moyen âge à courir les aventures sur les grandes routes ou à se réunir en grand nombre pour simuler la guerre dans des jeux pacifiques, mais souvent meurtriers. Plusieurs nations se sont disputé au moyen âge l'invention des tournois; nous en avons rencontré déjà plusieurs dans le cours de cette histoire avant l'époque où Geoffroy de Preuilly en donna les règles en France. Cependant nous croyons qu'aucun des deux pays n'a donné à l'autre ces jeux chevaleresques. Les tournois sont, en Allemagne comme en France, les produits de la féodalité et de la chevalerie. Dans l'une des salles du palais gothique de Laxembourg près de Vienne, l'on voit des peintures reproduisant un tournoi. La marche est représentée dans cet ordre : d'abord un piquet de fantassins; après venaient les trompettes, les timbales et les tambours, les écuyers, deux chevaliers, le roi des tournois suivi d'autres chevaliers; la marche est fermée par le prêtre et le chirurgien qui devaient porter des secours temporels et spirituels dans les joutes. Le lieu du combat était d'ordinaire situé près d'un grand château seigneurial. Ainsi à l'entrée du château de Laxembourg se trouve une enceinte très-étendue, entourée de murs, auxquels sont intérieurement adossés des gradins en maçonnerie, construits ainsi que les murs avec la plus grande solidité. Cette enceinte est la *lice;* sur un des grands côtés de l'ovale prolongé que forme cette lice, est une tribune plus élevée que le reste de l'enceinte, et qui est destinée à la famille impériale et à ses grands officiers. Une tribune semblable s'élève en face pour les dames de la cour, les princes de l'Empire et les autres personnes de haut rang. Au fond de la lice est le tribunal du maréchal et des juges du camp. Vis-à-vis et à l'extrémité opposée de l'ovale, se trouve une barrière de fer par laquelle on entre dans l'enceinte.

Les tournois se faisaient à *fer émoussé,* avec des armes courtoises. « Les chevaliers tournoioient d'espées rabatues, les taillants et pointes rompues, et de bastons tels que à tournoy appartient, et devoient frapper de haut en bas, sans tirer, ne sans saquier. » Les diseurs ou juges de tournois faisaient prêter serment aux chevaliers de combattre *loyaument*, mesuraient et examinaient les lances et autres armes, et prenaient garde qu'ils ne fussent attachés à leur selle; mais souvent ces précautions devenaient inutiles, et presque toujours il restait sur le sable quelques-uns des combattants. Durant le treizième siècle il y eut plus de treize princes ou grands seigneurs qui perdirent la vie dans ces jeux; aussi l'Église finit par les défendre, ou du moins imposa aux chevaliers le serment de n'aller aux tournois que pour y apprendre les exercices de la guerre.

Rucner a donné la liste des tournois les plus remarquables qui eurent lieu en Allemagne, ils sont au nombre de trente-cinq. Il veut, sans doute, parler seulement de ces grands tournois où assistaient tous les princes de l'Empire; car s'il fallait compter tous ceux que donnèrent les grands seigneurs, la liste en serait infinie. On en trouve beaucoup de cités dans les anciennes chroniques; tels sont, par exemple, celui d'Othon Ier à Spire, celui de Rothembourg où l'empereur Charles IV combattit comme un simple chevalier. Un des tournois les plus célèbres est celui que donna à Northausen Henri, l'illustre margrave de Misnie et de Thuringe; l'arène représentait un jardin, au centre duquel on voyait un arbre dont toutes les feuilles étaient d'argent et d'or. Elles devenaient le prix des vainqueurs. Celui qui brisait la lance de son adversaire recevait une feuille d'argent, et celui qui le désarçonnait une feuille d'or.

Ces tournois n'étaient que des jeux et des passe-temps; mais il y avait aussi des combats à mort. « On appeloit armes à outrance les combats qui se faisoient avec armes offensives, de commun accord et de commun consentement, sans aucune ordonnance de juges, et néantmoins devant des juges qui estoient nommez et choisis par les parties, et sous des conditions dont on demeuroit d'accord réciproquement; en quoy ces combats, s'ils estoient singuliers, c'est-à-dire d'homme à homme, différoient des duels, qui se faisoient toujours par l'ordonnance du juge.

« Les armes à outrance se faisoient ordinairement entre ennemis ou entre personnes de différentes nations, sous de différents princes, avec les défis et les conditions du combat, qui estoient portez par les roys d'armes et les herauds. Les princes donnoient à cet effet des lettres de sauf-conduit à ceux qui devoient combattre dans les endroits des deux États dont on convenoit. Les juges du combat estoient aussi choisis par les princes, et même les princes s'y trouvoient quelquefois en cette qualité. Souvent ces défis se faisoient en termes généraux, sans désigner les noms des personnes qui devoient combattre; mais on y marquoit seulement le nombre de ceux qui devoient faire le combat, la qualité des armes et le nombre des coups qu'on devoit donner. D'où vient que Jacques Valere, en son traité de la noblesse, appelle cette espèce de combat *champs à articles ou à outrance*, à cause des conditions qui y estoient apposées, et Froissard, *joustes mortelles et à champ*.

« Quoyque le nombre des coups qu'on devoit donner fust ordinairement limité, souvent néantmoins les parties ne se séparoient point sans qu'il y en eut de morts, ou de griévement blessez. C'est pourquoy Froissard décrivant le combat d'entre Renaud de Roy, chevalier picard, et Jean de Holland, chevalier anglois, tient ce discours : « Or regardez le péril où tels gens se « mettoient pour leur honneur exau- « cer. Car en toutes choses n'a qu'une « seule mesaventure, et un coup à « meschef. » Et ailleurs, racontant le combat d'entre Pierre de Courtenay, chevalier anglois et le seigneur de Clary en Picardie : « Puis leur furent bailléz « leurs glaives à pointes acérées de « Bourdeaux, tranchans et affilez. Es « fers n'y avoit point d'espargne, fors

28.

« l'aventure, telle que les armes l'en-
« voient. »

« Ces combats, quoy que mortels, se faisoient ordinairement entre des personnes qui pour le plus souvent ne se connoissoient pas ou du moins qui n'avoient aucun démeslé entre eux; mais seulement pour y faire paroistre la bravoure, la générosité et l'adresse dans les armes. C'est pour cela qu'on avoit encore établi des loix et des règles générales pour cette manière de combattre, auxquelles néantmoins on dérogeoit quelquefois par des conditions dont on convenoit, ou qu'on proposoit. La plus ordinaire de ces loix estoit que si on combattoit avec l'épée ou la lance, il falloit frapper entre les quatre membres; que si on frappoit ailleurs, on estoit blasmé et condamné par les juges : d'où vient que Froissard parlant d'un chevalier qui en cette occasion avoit frappé sur la cuisse de son ennemi, écrit « qu'il fut dit que « c'estoit villainement poussé. » La peine de ceux qui n'observoient pas la loy du combat estoit la perte de leurs armes et de leurs chevaux. Le même auteur dit ailleurs : « Les Anglois virent « bien qu'il s'estoit mesfait, et qu'il « avoit perdu armes et cheval si les « François vouloient (*). »

Quelquefois on faisait publier des lettres de défi contre tout venant, comme fit Jean de Bourbon en 1414 : « Nous, JEAN DUC DE BOURBONOIS, « comte de Clermont, de Fois et de « l'Isle, seigneur de Beaujeu, per et « chambrier de France, desirant eschi- « ver oisveté, et explecter notre per- « sonne, en advançant nostre honneur « par le mestier des armes, pensant y « acquerir bonne renommée, et la grace « de la très-belle de qui nous sommes « serviteurs, avon n'aguères voüé et « empris que nous, accompagné de « seize autres chevaliers, et escuyers « de nom et d'armes, c'est à savoir « l'admiral de France, messire Jean « de Chalon, le seigneur de Barbasen, « le seigneur du Chastel, le seigneur « du Gaucourt, le seigneur de la Heuzé, « le seigneur de Gamaches, le seigneur « de Saint Remi, le seigneur de Mon- « sures, messire Guillaume Bataille, « messire Droüet d'Asnières, le sei- « gneur de la Fayette et le seigneur de « Poularques, chevaliers, Carmalet, « Loys Cochet et Jean du Pont, es- « cuyers : porterons en la jambe senes- « tre chacun un fer de prisonnier pen- « dant à une chaisne, qui seront d'or « pour les chevaliers, et d'argent pour « les escuyers, par tous les dimanches « de deux ans entiers, commançans le « dimanche prochain après la date de « ces présentes, ou cas que plûtost ne « trouverons pareil nombre de cheva- « liers et escuyers de nom et d'armes « sans reproche, que tous ensemble- « ment nous vueillent combattre à pied « jusques à outrance, armez chascun « de tels harnois qu'il lui plaira, por- « tant lance, hasche, espée et dague « ou moins de baston de telle longueur « que chascun voudra avoir, pour es- « tre prisonniers les uns des autres, « par telle condition que ceux de nostre « part qui seront outrez soient quittes « en baillant chascun un fer et chaisne « pareils à ceux que nous portons : et « ceux de l'autre part qui seront ou- « trez, seront quittes chascun pour « un bracelet d'or aux chevaliers et « d'argent aux escuyers, pour donner « là où bon leur semblera, etc. Fait à « Paris le premier janvier l'an de grace « 1414. »

La mode de ces cartels descendit jusque dans les basses classes; ainsi il existe un cartel de l'année 1450, adressé par les boulangers de Mayence et de Bade à diverses villes impériales, et un autre de 1462 des boulangers du comte palatin Louis d'Augsbourg. Mais le plus curieux de tous, et qui semblerait fait à plaisir, s'il n'était constaté par des autorités respectables, est celui d'un cuisinier d'Eppeinstein, adressé au comte Othon de Solms en 1477, et rapporté par Muller dans son théâtre des dates de Frédéric V. Il est ainsi conçu : « Haut et puissant seigneur « comte de Solms, vous saurez que moi, « Jean, votre cuisinier, avec mes aides

---

(*) Du Cange, Dissertations sur l'histoire de saint Louis, du sire de Joinville.

« de cuisine et tous mes marmitons,
« joints à nos amis les bouchers, por-
« teurs de bois, etc.; nous vous décla-
« rons la guerre à vous, aux vôtres,
« à votre pays, vos sujets, et principa-
« lement à vos bestiaux, et cela, pour
« donner à notre gracieux seigneur et
« maître Godefroy d'Eppeinsten, sei-
« gneur de Mühlberg, une preuve de
« notre attachement, et en même temps
« pour me venger, moi, Jean, cuisi-
« nier, de la blessure qu'on m'a faite à
« la jambe lorsque j'ai voulu dernière-
« ment emporter un mouton. Pour met-
« tre notre honneur à l'abri de toute
« atteinte, nous vous prévenons de
« vous tenir sur vos gardes ainsi que
« vos bestiaux : du reste nous ne com-
« prenons point dans cette menace,
« ni votre cuisinier Hermann, ni ses
« aides. Le présent écrit fait sous nos
« yeux et scellé de notre sceau, le mer-
« credi après la Saint-André de l'an
« mil quatre cent soixante et dix-sept. »

DÉCADENCE DE LA CHEVALERIE.

La chevalerie avec ses cérémonies symboliques, ses serments, ses devoirs, ne dura pas longtemps; déjà, en 1266, on se plaint de ce que les chevaliers ne savent parler que de chiens et de chasse; de ce qu'ils n'ont de la bravoure des preux que les images placées sur leurs armes. Dès le quatorzième siècle la chevalerie est en pleine décadence. « Lorsque Charles VI conféra la chevalerie à Saint-Denis, en 1389, au jeune roi de Sicile et au comte du Maine, ces princes, qui étaient frères, comparurent pour faire la veille des armes, dans un équipage aussi modeste qu'extraordinaire, afin de garder les anciennes coutumes de la réception des nouveaux chevaliers qui les obligeaient de paraître en jeunes écuyers. Cela sembla étrange à beaucoup de gens, parce qu'il y en avait fort peu qui sussent que c'était l'ancien ordre de pareille chevalerie (*). » C'était chose extraordinaire en effet, car à cette

(*) Sainte-Palaye, Mémoires sur l'ancienne chevalerie.

époque toutes les cérémonies se réduisaient à quelques coups de plat d'épée donnés sur le cou de l'aspirant. Ainsi dans les actes du parlement de Paris, an 1415, on voit l'empereur Sigismond, au moyen de trois coups d'épée, donner la chevalerie à un plaideur, auquel il voulait faire gagner sa cause. « Oyant qu'on proposoit contre ledit Signet par le conseil de Pestel, que iceluy Signet n'estoit pas chevalier, et Pestel l'estoit, présens tous, luy assis par-dessus les présidens, et au plus haut, appela ledit Signet en disant, que à luy appartenoit bien de faire chevaliers, et print d'un de ses gens son espée, et le dit Signet se mit à genoux près du greffier, frappa trois grands coups le dit roi sur le dos du dit Signet : puis fît deschausser l'un de ses esperons dorez, et luy fit chausser par l'un de ses gens, et l'y ceindre une ceinture, où estoit pendu un cousteau long pour espée. Car ainsi avoit-il par avant recommandé l'avancement de la cause du dit Signet. »

FRATERNITÉS D'ARMES.

La chevalerie mit en honneur les associations de guerriers, les fraternités d'armes qui, en s'étendant et se multipliant sous l'influence de la religion, donnèrent naissance aux ordres religieux. Sans raconter les nombreuses histoires de *frères d'armes* que pourraient nous fournir les épopées du moyen âge, nous nous contenterons de citer deux actes qui sont comme la formule, le contrat de ces associations. Formule d'association scandinave : *Ils partageront entre eux rôts et couteaux et toutes choses, comme amis, non comme ennemis. Que si l'un d'eux manque, il doit être chassé, banni de la contrée, aussi loin qu'homme peut être banni et que chrétiens vont à l'église, païens aux temples; aussi loin que feu brûle, que terre verdoie; aussi loin que l'enfant crie après la mère, et que la mère enfante; aussi loin que le bois nourrit le feu, que le vaisseau vogue, que le bouclier brille, que le soleil fond la neige, que la plume vole, que le pin croît, que l'autour vole toute une journée de printemps, et que le vent bat au-dessous de ses deux ailes; aussi loin que le ciel est une voûte, et que s'étend le monde; que le vent mugit, et que l'eau fuit vers la mer; aussi loin que l'homme sème le blé. A lui seront interdites les églises et maisons de Dieu, la communauté des bonnes gens et toute demeure, excepté l'enfer. Mais il y aura amende pour le mal qu'on lui ferait à lui ou aux siens, engendrés et non engendrés, nés et à naître, nommés et non nommés encore, tant que terre sera, tant qu'homme vivra..... Partout où les deux amis se rencontreront sur terre ou sur mer, sur vaisseau ou sur écueil, sur eau ou sur le dos d'un cheval, ils partageront ensemble rames et seaux, terre et planches, partout où besoin sera. En toute occasion ils auront mutuelle amitié, comme le père au fils, et le fils au père.*

« Alliance entre Bertrand du Guesclin et Olivier de Clisson.

« A tous ceux qui ces lettres verront, Bertran du Guesclin, duc de Mouline, connestable de France, et Ollivier de Cliçon, salut; sçavoir faisons que pour nourrir bonne paix et amour perpétuellement entre nous et nos hoirs, nous avons promises, jurées et accordées entre nous les choses qui s'ensuivent : C'est à sçavoir que nous, Bertran du Guesclin, voulons estre aliez et nous alions à tous jours à vous, messire Ollivier, seigneur de Cliçon, contre tous ceulx qui pevent vivre et mourir, excepté le roi de France, ses frères, le vicomte de Rohan, et noz autres seigneurs de qui nous tenons terre, et vous promettons aidier et conforter de tout notre pooir, toutes fois que metiez en aurez et vous nous en requerrez. *Item*, que ou cas que nul autre seigneur, de quelque estat ou condition qu'il soit, à qui vous seriez tenu de foi et hommage, excepté le roi de France, vous vouldroit desheriter par puissance, et vous faire guerre en corps, en honnour ou en biens, nous vous promettons aidier, deffendre et secourir de tout notre pooir, si vous nous en requerez. *Item*, voulons et consentons que de tous et quelconques profitz et droictz qui nous pourront venir et écheoir dore en avant, tant de prisonniers pris de guerre par nous ou nos gens, dont le prouffit nous pourroit appartenir, comme de pais raençonné, vous aiez la moitié entièrement. *Item*, ou cas que nous sçaurions aucune chose qui vous peust porter aucun dommage ou blasme, nous le vous ferons sçavoir, et vous en accointerons le plustost que nous pourrons. *Item*, garderons vostre corps à nostre pooir, comme nostre frere. Et nous, Ollivier, seigneur de Cliçon, voulons estre aliez et nous alions à tous jours à vous, messire Bertran du Guesclin, dessus nommé, contre tous ceulx qui peuvent vivre et mourir, excepté le roi de France, ses frères, le vicomte de Rohan, et noz autres seigneurs de qui nous tenons terre, et vous promettons aidier et conforter de tout notre pooir, toutes fois que metiez en aurez et vous nous en requerrez. *Item*, que ou cas que nul autre seigneur, de quelque estat et condition qu'il soit, à qui vous seriez tenu de foi ou hommage, excepté le roy de France, vous voudroit desheriter par puissance, et vous faire guerre en corps, en honnour ou en biens, nous vous promettons aidier, deffendre et secourir de tout notre pooir, si vous nous en requerez. *Item*, voulons et consentons que de tous et quelconques prouflitz et droicts qui nous pourront venir et escheoir dore en avant, tant de prisonniers pris de guerre par nous ou nos gens, dont le prouffit nous pourroit appartenir, comme de pays raençonné, vous aiez la moitié entierement. *Item*, ou cas que nous sçaurions aucune chose qui vous peust porter dommage aucun ou blasme, nous le vous ferons sçavoir et vous en accointerons le plustost que nous pourrons. *Item*, garderons vostre corps en notre pooir, comme notre frere. Toutes lesquelles

« choses dessus dites, et chacune d'i-
« celles, nous Bertrand Ollivier, des-
« sus nommez, avons promises, accor-
« dées et jurées, promettons, accordons
« et jurons sur les seints Évangiles de
« Dieu, corporellement touchiez par
« nous et chacun de nous, et par les
« foys et serments de nos corps bailliez
« l'un à l'autre, tenir, garder, entériner
« et accomplir, sans faire ne venir en-
« contre par nous ne les nostres ou de
« l'un de nous, et les tenir fermes et
« agreables à tousjours. En tesmoin
« desquelles choses nous avons fait
« mettre nos sceaux à ces présentes
« lettres, les quelles nous avons fait
« doubler. Donné à Pontorson, le
« vingt-troisième jour d'octobre, l'an
« de grace mil trois cent soixante et
« dix. Par monsieur le duc de Mouline,
« VOISIN. »

Nous avons rapproché ces deux documents pour marquer comme les deux points extrêmes parcourus par l'idée germanique de la fraternité des armes; il est curieux de voir la formule si poétique et si belle de l'association scandinave, aboutir à un traité passé, pour ainsi dire, par devant notaire, et écrit en style de tabellion.

ORDRES RELIGIEUX MILITAIRES.

Le plus important produit de la chevalerie fut la formation des ordres religieux militaires qui combattirent pour la chrétienté, alors même que l'Europe avait depuis longtemps oublié la route de la terre sainte (*). « Il suffit

(*) On trouvera dans l'histoire de la Prusse de longs détails sur les ordres militaires allemands, principalement sur l'ordre teutonique et sur les chevaliers porte-glaives. Nous dirons seulement ici que le nombre des ordres religieux militaires s'élevait à trente et non point à quatre ou cinq comme on le croit communément. Il y en avait neuf sous la règle de Saint-Basile, quatorze sous celle de Saint-Augustin et sept attachés à l'institut de Saint-Benoît. Selon M. de Châteaubriand, il faudrait encore compter vingt-huit autres ordres militaires qui, n'étant point soumis à des règles particulières, ne

de jeter les yeux sur l'histoire à l'époque de la chevalerie religieuse pour reconnaître les importants services qu'elle a rendus à la société. L'ordre de Malte en Orient a protégé le commerce et la navigation renaissante, et a été pendant plus d'un siècle le seul boulevard qui empêchât les Turcs de se précipiter sur l'Italie. Dans le Nord, l'ordre teutonique, en subjuguant les peuples errants sur les bords de la Baltique, a éteint le foyer de ces terribles irruptions qui ont tant de fois désolé l'Europe : il a donné le temps à la civilisation de faire des progrès et de perfectionner ces nouvelles armes qui nous mettent pour jamais à l'abri des Alaric et des Attila.

« Ceci ne paraîtra point une vaine conjecture, si l'on observe que les courses des Normands n'ont cessé que vers le dixième siècle, et que les chevaliers teutoniques, à leur arrivée dans le Nord, trouvèrent une population réparée et d'innombrables barbares, qui s'étaient déjà débordés autour d'eux. Les Turcs descendant de l'Orient, les Livoniens, les Prussiens, les Poméraniens, arrivant de l'occident et du septentrion, auraient renouvelé dans l'Europe, à peine reposée, les scènes des Huns et des Goths.

« Les chevaliers teutoniques rendirent même un double service à l'humanité; car, en domptant des sauvages, ils les contraignirent de s'attacher à la culture et d'embrasser la vie sociale. Chrisbourg, Barteinstein, Wissembourg, Wesel, Brumberg, Thorn, la plupart des villes de la Prusse, de la Courlande et de la Sémigalie, furent fondées par cet ordre militaire religieux; et, tandis qu'il peut se vanter d'avoir assuré l'existence des peuples de la France et de l'Angleterre, il peut aussi se glorifier d'avoir civilisé le nord de la Germanie.

« Un autre ennemi était encore peut-

sont considérés que comme d'illustres confréries religieuses; tels sont les chevaliers du lion, du croissant, du dragon, de l'aigle blanche, du lys, du fer-d'or, etc. Voy. l'Histoire des ordres religieux du frère Halyot.

être plus dangereux que les Turcs et les Prussiens, parce qu'il se trouvait au centre même de l'Europe : les Maures ont été plusieurs fois sur le point d'asservir la chrétienté. Et quoique ce peuple paraisse avoir eu dans ses mœurs plus d'élégance que les autres barbares, il avait toutefois dans sa religion, qui admettait la polygamie et l'esclavage, dans son tempérament despotique et jaloux, il avait, disons-nous, un obstacle invincible aux lumières et au bonheur de l'humanité.

« Les ordres militaires de l'Espagne, en combattant ces infidèles, ont donc, ainsi que l'ordre teutonique et celui de Saint-Jean de Jérusalem, prévenu de très-grands malheurs. Les chevaliers chrétiens remplacèrent en Europe les troupes soldées, ils furent une espèce de milice régulière qui se transportait où le danger était le plus pressant. Les rois et les barons, obligés de licencier leurs vassaux au bout de quelques mois de service, avaient été souvent surpris par les barbares : ce que l'expérience et le génie des temps n'avaient pu faire, la religion l'exécuta ; elle associa des hommes qui jurèrent au nom de Dieu de verser leur sang pour la patrie : les chemins devinrent libres, les provinces furent purgées des brigands qui les infestaient, et les ennemis du dehors trouvèrent une digue à leurs ravages.

« On a blâmé les chevaliers d'avoir été chercher les infidèles jusque dans leurs foyers ; mais on n'observe pas que ce n'était, après tout, que de justes représailles contre des peuples qui avaient attaqué les premiers les peuples chrétiens : les Maures que Charles Martel extermina justifient les croisades. Les disciples du Coran sont-ils demeurés tranquilles dans les déserts de l'Arabie, et n'ont-ils pas porté leur loi et leurs ravages jusqu'aux murailles de Delhi, et jusqu'aux remparts de Vienne? Il fallait peut-être attendre que le repaire de ces bêtes féroces se fût rempli de nouveau? et, parce qu'on a marché contre elles sous la bannière de la religion, l'entreprise n'était ni juste, ni nécessaire ! Tout était bon, Theutatès, Odin, Allah, pourvu qu'on n'eût pas Jésus-Christ (*) ! »

LE BLASON.

La chevalerie a produit son art et sa science ; le blason, qui est devenu une langue si féconde, si pleine de loyauté et d'amour, si riche de mystérieux symboles, où se jouait l'imagination enfantine et profonde de la noblesse féodale. On l'importa en Angleterre, on l'imita en Italie, on ne le connut point en Espagne; mais il prit un grand développement en France et en Allemagne, car dans ces deux pays la féodalité s'est trouvée sur son sol natal, et y a produit tous ses fruits.

« Le blason, dit Menestrier, est une espèce d'encyclopédie : il a sa théologie, sa philosophie, sa géographie, sa jurisprudence, sa géométrie, son arithmétique, son histoire et sa grammaire. La première explique ses mystères; la seconde explique les propriétés de ses figures; la troisième assigne les pays d'où les familles tirent leur origine, ceux qu'elles habitent, et ceux où leurs diverses branches se sont étendues; la quatrième explique les droits du blason pour les brisures, les litres, la position des armes aux lieux publics à l'occasion des patronages ; la cinquième considère les figures et leur assiette; la sixième en examine le nombre; la septième en donne les causes, et la dernière explique tous les termes et découvre leurs origines. (**) »

C'était l'empereur ou les princes qui conféraient les armoiries, ou plutôt qui, dans l'origine, consacraient par leur approbation celles qui avaient été choisies. Les armoiries n'étaient point un privilége de la noblesse ; les familles non nobles pouvaient elles-mêmes en porter ; les bâtards cependant n'avaient point droit aux armes de leurs pères. Ce n'était point seulement sur les boucliers, mais sur les vêtements qu'on

---

(*) Châteaubriand, Génie du christianisme.

(**) Menestrier, l'Art du blason, ch. XIII, pag. 329.

les portait; anciennement on les attachait sur les tombeaux, aux portes des temples, aux tours et aux murailles des châteaux; puis on les mit sur les monnaies qu'on frappait, sur les anneaux dont on signait les actes; enfin, sur les armes et sur tout ce qui était à l'usage du chef. Lorsque le dernier rejeton d'une famille noble mourait, on l'enterrait avec son casque, son bouclier et son anneau. Dès lors les armes de cette famille étaient éteintes; elles étaient comme ensevelies avec le mort.

Les armoiries étaient de plusieurs espèces; on en avait pour les dignités, les terres, les sociétés ou communautés auxquelles on appartenait; enfin, pour sa famille. Ainsi, un évêque mettait dans ses armes celles de son père, plus une mitre ou une crosse, plus une couronne de comte, si son évêché lui donnait ce titre; enfin, l'emblème qui appartenait à telle ou telle communauté dont il faisait partie (*).

(*) Nous avons sous les yeux le sceau d'une des sept grandes familles patriciennes de Berne; ce sceau est toute une longue histoire. Sur un champ de gueules, entouré d'hermine qui se relève aux deux extrémités supérieures, comme l'hermine de l'ancien écu royal de France, se dresse au-dessus de trois montagnes, et entre deux étoiles, un vieux tronc desséché duquel jaillissent trois flammes. Au-dessus s'élèvent deux casques avec couronne de comte, surmontés, l'un d'une étoile, l'autre d'un haut panache. Les trois montagnes désignent les trois branches puissantes et nombreuses d'une grande famille qui, après avoir fourni une longue et brillante carrière, se trouva réduite à un vieux prieur que ses vœux monastiques condamnaient au célibat. La famille allait s'éteindre lorsque le prieur obtint du pape dispense du célibat; mais la faveur du saint père semblait bien tardive, car le prieur avait passé l'âge du mariage, et il ne paraissait pas que ce vieux tronc desséché et stérile pût jamais pousser des branches nouvelles. Mais grâces à la piété du prieur qu'attestent les deux étoiles mises sur le champ de gueules, il eut trois fils tous pleins de force et de vie, qui s'illustrèrent par leur courage, et donnèrent une illustration nouvelle à la famille. Dès lors elle se multiplia au point

Le blason employait sept couleurs qui reproduisaient toutes les couleurs naturelles, même celle des minéraux. Parmi ces sept couleurs, il y a deux métaux, l'or et l'argent, qui suffisent à représenter tous les autres. En effet, le cuivre ressemble à l'or, l'étain, le plomb fondu et le fer poli ressemblent à l'argent; mais il y a cinq couleurs, « et ce n'est pas sans raison, dit un ancien héraldiste, que les herauds qui ont dressé les reigles de cette science ont choisy ces couleurs et ces metaux, voyans que c'estoient celles qui eclattoient dans le plus parfait ouvrage de la nature, qui est l'iris (l'arc-en-ciel). » Il n'y eut jamais qu'un très-petit nombre de familles dont l'écu fût tout or ou tout argent. — Les métaux et les couleurs étaient toujours mêlés. Les couleurs sont le rouge ou les *gueules*, l'azur, le noir ou sable, le vert ou sinople, dont les Allemands, si amants de la nature, ont fait grand usage; enfin, la pourpre, qui se place entre les métaux et les couleurs.

DE L'ÉTAT MILITAIRE ET DE LA MARINE (*).

DE L'ORGANISATION DE L'ARMÉE NATIONALE (HÉRIBAN); DES OBLIGATIONS MILITAIRES DE L'ARMÉE.

Dans les temps les plus anciens, avant que les Allemands eussent fondé des établissements durables, tout homme libre était naturellement appelé à servir dans les guerres de sa tribu; mais quand ils eurent une fois des habitations stables, cette vie guerrière et orageuse dut déplaire à un certain nombre d'entre eux; et, à l'occasion de chaque guerre, on se demanda s'il

qu'aujourd'hui sa ruine n'est plus possible: c'est toute une tribu. En souvenir de la piété du prieur et du miracle de cette renaissance, la famille a placé dans ses armes, à côté du panache, une brillante étoile, double symbole de son courage et de sa piété, de son illustration chevaleresque et de sa confiance dans le ciel.

(*) Extrait et traduit, en grande partie, de l'Histoire des Hohenstaufen, par Raumer.

s'agissait d'une guerre nationale, car, dans ce cas, personne ne se refusait au service; ou bien s'il était question d'une guerre particulière entreprise par quelque chef, car alors il dépendait de la volonté de chacun de s'y refuser ou d'y prendre part. Les obligations que l'on contractait dans ce dernier cas envers le chef, l'emportaient bientôt sur toute autre considération; on partageait avec lui revers et succès, et l'on était naturellement disposé à lui prêter mainforte dans des entreprises semblables, si le butin de la première expédition avait été considérable. Quant aux guerres nationales, comme l'on y était moins porté par l'attrait des récompenses, ou par l'attachement personnel pour le chef, que par ce sentiment du devoir qui appelle indistinctement tous les habitants à la défense du territoire, elles eurent bientôt beaucoup moins de charmes que les guerres particulières, et il fallut que les chefs des États établissent des règlements pour forcer les citoyens à venir combattre en personne, ou du moins à se faire remplacer. L'étendue plus ou moins grande des propriétés foncières devint la base d'où l'on partit pour la distribution des charges de la guerre, et l'*hériban* fut, pour ainsi dire, comme une conscription réglée sur les possessions territoriales. Cependant des rois guerriers, tels que Charlemagne, ne se tinrent pas toujours dans ces limites; ils firent quelquefois des levées d'après des listes, que nous nous permettrons d'appeler *listes cantonales réelles*, et aussi d'après des *listes cantonales personnelles*. Cependant les levées de ce dernier genre n'avaient lieu que quand on soldait les troupes, ou quand, dans le cas d'une guerre heureuse, on pouvait entretenir les troupes aux dépens de l'ennemi : deux conditions dont l'une n'avait pas toujours lieu, et l'autre presque jamais. Il fallait donc revenir sans cesse au premier principe, c'est-à-dire, que la possession du sol imposait à chacun l'obligation du service militaire, parce qu'elle tenait lieu de la solde, et parce qu'elle prouvait, ou qu'on n'en avait pas besoin, ou qu'on l'avait reçue une fois pour toutes en nature.

Mais deux graves inconvénients se firent bientôt sentir : d'abord ces levées devaient être excessivement onéreuses quand les guerres, comme cela eut lieu sous le règne de Charlemagne, se succédaient rapidement, et que les chefs de famille étaient promenés de l'Eider jusqu'à l'Èbre; d'autre part, ces propriétaires appelés momentanément à la guerre en oubliaient les règles, et ne fournissaient pas toujours d'excellents guerriers. On sentit donc le besoin d'avoir à sa disposition, aussi bien pour les guerres nationales que pour les guerres particulières, indépendamment de cette espèce de garde nationale, de landwehr, un certain nombre d'hommes exercés et exclusivement dévoués au métier des armes. Ce besoin une fois senti, on employa plusieurs moyens pour le satisfaire : ce fut dans ce but que l'empereur Henri Ier forma dans les villes et les châteaux situés sur la frontière des Hongrois, des espèces de garnisons destinées exclusivement à repousser les invasions de ce peuple guerrier. Mais cette manière de créer une armée permanente, outre qu'elle n'était employée que dans certaines parties de l'Empire, n'offrait aucune ressource pour les petites guerres des évêques et des princes; en outre, ces garnisons étaient composées, à ce qu'il paraît, moins de cultivateurs et de gens honorables que de vagabonds sans profession; aussi elles prenaient peu d'intérêt à bien remplir leur service, et vivaient rarement en harmonie avec les autres citoyens. Par ces raisons, et aussi parce que le temps avait introduit des changements dans la manière de faire la guerre, cet établissement de Henri l'Oiseleur ne devint pas général.

Les hommes de l'*hériban* ne savaient pas toujours distinguer si on les employait pour une guerre nationale ou particulière, et souvent d'ailleurs on ne leur laissait point l'alternative du choix; alors ils voulaient décider la question selon leur intérêt, et il arriva plus d'une fois qu'on ne leur permit pas de refuser le service. Mais comme il

ALLEMAGNE.

importait peu à celui qui faisait la levée quel homme se présentait, on s'arrangea à l'amiable, et l'on put envoyer un remplaçant, ou se racheter du service. Les sommes provenant de ce rachat servaient à solder un chef qui faisait métier de fournir des troupes; mais ce chef gardait souvent pour lui une bonne partie de l'argent destiné à ses soldats, qui, mal payés, se battaient mal, et faisaient aisément défection; aussi chercha-t-on à pouvoir s'en passer. Mais comme l'on avait déjà senti les inconvénients de l'ancien hériban et la difficulté pour les propriétaires de faire la distinction entre les guerres nationales et les guerres privées, on arriva peu à peu à opérer les changements suivants :

1° Beaucoup d'hommes libres appauvris et pressés par la misère se firent vassaux d'un plus puissant; ils renoncèrent à leur liberté, et aliénèrent même une partie de leurs possessions ou de leurs revenus, afin d'être quittes pour toujours de toute obligation au service militaire;

2° D'autres, pour obtenir des priviléges et des faveurs, prirent des obligations de nature différente; ils devinrent ministériaux, hommes de service (*dienstmannen*);

3° D'autres, au contraire, s'élevèrent au-dessus de leur condition primitive, et ils s'incorporèrent à la noblesse guerrière, qui, dès cette époque, commença à s'isoler de plus en plus;

4° Cependant cette noblesse militaire ne put parvenir à s'isoler complétement, et encore moins empêcher qu'il ne se formât dans son sein une sorte de hiérarchie.

C'est ainsi que naquit la féodalité avec ses obligations mutuelles, ses relations et sa hiérarchie. Alors la nature du fief fixa le service militaire pour les vassaux de la même manière qu'autrefois la condition de la libre propriété avait fixé le service de l'homme de l'hériban; et comme le nombre des fiefs était beaucoup moindre, mais leur étendue beaucoup plus considérable que celle des anciennes possessions libres, il s'ensuivit que le nombre des combattants diminua, et que le service à cheval l'emporta sur le service à pied.

Les nouvelles obligations féodales prévalant dès lors sur toutes les autres, la défense du pays ne fut plus du devoir du vassal qu'autant qu'elle importait à son seigneur; et quoique le serment prêté par le vassal à son seigneur ne pût en droit porter préjudice aux devoirs envers le souverain, il en était bien autrement par le fait.

L'empereur n'était plus, comme il l'avait été, le chef suprême des possesseurs libres du sol; pour rassembler son armée, il devait avoir recours aux principaux seigneurs; aussi la manière dont ceux-ci disposaient de leurs fiefs et dont ils traitaient leurs vassaux lui était-elle indifférente; et quand, plus tard, des souverains puissants firent des réquisitions onéreuses, les seigneurs ne manquèrent jamais de s'en décharger, avec plus ou moins d'équité, sur leurs arrière-vassaux.

Le système féodal rendait donc la masse du peuple étrangère à la guerre; aussi les guerres de cette époque furent-elles plutôt des querelles particulières que de véritables guerres : le nombre peu considérable de ceux qui y prenaient part, et la courte durée du service, étaient de puissants obstacles qui rendaient toute guerre longue et sérieuse presque impossible. Mais si d'un côté les grandes guerres devinrent rares, d'un autre côté, et comme conséquence même de cet état de choses, il fut difficile de se former une principauté ou un royaume par des conquêtes.

Ces principes posés, citons maintenant quelques faits où nous rencontrerons plus d'une fois des habitudes contraires à ce que nous venons d'exposer; mais l'on sait qu'il n'y a rien de général au moyen âge, et que la féodalité se modifia selon les pays. Ainsi, en Allemagne, la loi voulait que chaque homme libre servît l'Empire pendant six semaines à ses propres frais; dans l'expédition cependant que l'empereur faisait pour aller prendre la couronne impériale, il était obligé de rester sous les armes jusqu'à ce que l'empereur fût couronné. Dans ce cas, l'archevêque de Cologne donnait à ses gens une gratification en argent et en drap; mais celui dont le bien ne valait que cinq marcs restait chez lui, en payant à l'évêque la moitié de ses revenus. L'empereur Lothaire fixa la somme que le cloître Itablo aurait à payer lui-même, et celle qu'il pourrait faire peser sur ses vassaux. Dans l'année 1166, l'évêque de Hildesheim se racheta, moyennant quatre mille marcs, de l'expédition d'Italie; en 1212, le roi de Bohême eut à payer trois cents marcs, ou à envoyer trois cents hommes.

Dans les pays Frisons, où jamais le droit féodal ne parvint à s'établir entièrement, on adopta le règlement suivant : Chaque homme, riche de trente livres en propriété territoriale, était obligé de tenir prêts des chevaux et des armes pour la défense du pays; celui qui n'avait que vingt livres devait être pourvu d'une épée de bataille, et celui qui n'avait que douze livres, d'un bouclier et d'une lance; tout le reste du peuple devait être armé d'un arc et d'un carquois. En cas de contravention, une forte amende était imposée au délinquant.

En Hongrie, on enrôla, en 1136, le dixième manant censier des propriétés de la noblesse et du clergé. Dans une lettre de franchise accordée en 1233 à la ville prussienne de Kulm, on lit : « Quiconque possède quarante arpents (*mansi*) paraîtra armé de toutes pièces, avec un cheval de bataille maillé et deux autres chevaux de main (*equitaturis*); celui qui est moins riche paraîtra avec une cuirasse légère et un seul cheval. »

Les citoyens de Lausanne, quand leur évêque les conduisait en personne, et qu'il avait assisté au grand conseil (*commune consilium*), le suivaient pendant plusieurs jours; mais quand il avait négligé d'assister au conseil, ou lorsqu'il se faisait remplacer par un de ses officiers, ils ne sortaient que pour un jour.

Quand le duc de Brabant se mit en campagne pour défendre l'empereur Othon contre le roi Philippe, il ne laissa qu'un homme dans les maisons de deux à six habitants mâles.

En Danemarck, au milieu du douzième siècle, on enrôlait de préférence les jeunes gens non mariés.

Au commencement du treizième siècle, la noblesse était obligée de servir en personne dans toutes les guerres; les propriétaires libres ne servaient que quand il s'agissait de défendre le pays; le reste était exempt de tout service.

En Angleterre, c'étaient les juges qui dressaient le tableau de ceux qui devaient servir; ils y portaient le montant exact des revenus de chacun, afin de pouvoir lui prescrire le genre d'armes dont il devait faire usage.

En Italie, les règlements que suivaient les princes et les villes différaient beaucoup les uns des autres. Les princes, quand le service féodal ne leur suffisait pas, se voyaient forcés de donner des gratifications; pour les habitants des villes, au contraire, la défense de la patrie était un devoir commun à tous. Le marquis de Montferrat, en 1158, promit aux habitants de Gazinga, près d'Aqui, de ne plus les conduire qu'à trois expéditions par an, chacune de trois jours, et de les indemniser pour tout autre service. A Brescia, chaque citoyen était soldat et disponible de vingt à soixante ans; à Florence et à Gênes, de quinze à soixante-dix ans; à Vérone, en 1230, il y avait deux listes de service sur lesquelles tous les citoyens étaient classés d'après leur fortune; l'une était pour les officiers, l'autre pour les simples soldats. D'après ces deux listes, on enrôlait chaque mois autant de soldats et d'officiers qu'on en avait besoin, et quand chacun avait servi à son tour, on recommençait de nouveau : le podestat et les anziane pouvaient seuls dispenser du service. Celui qui faisait le service militaire était libre de toute autre corvée. La paye d'un capitaine était de sept livres de Vérone par mois, celle d'un simple soldat de trois.

La ville de Milan, dans les cas d'urgence, enrôlait non-seulement tous les citoyens, mais même les habitants des campagnes voisines. En 1252, la confédération lombarde décréta que ceux qui auraient satisfait à l'obligation naturelle de servir la patrie pourraient exiger une solde, s'ils paraissaient de nouveau sous les armes.

Alors, comme dans tous les temps, beaucoup essayaient de se soustraire aux obligations militaires; mais la vigilance des autres citoyens y pourvoyait. Un vassal ne pouvait manquer à l'appel de son seigneur, sous peine de perdre son fief. Des exemptions de service ne pouvaient avoir lieu que dans des cas extraordinaires, sauf toutefois celles qui étaient accordées à des classes de citoyens entières. En voici quelques exemples : l'empereur Henri IV affranchit du service les habitants de Messine, en récompense des services qu'ils lui avaient rendus; mais il en excepta ceux qui étaient en possession d'un fief. En 1243, l'empereur Frédéric II promit aux habitants de Fano, dont il avait intérêt à cultiver l'amitié, de ne pas lever de troupes dans leur ville. Dans le même but, Perceval d'Oria, général du roi Manfred, accorda aux habitants de San-Genesio le privilége de ne point servir au delà d'une certaine distance de leurs murs. A Bologne, les professeurs et les étudiants étaient exempts du service militaire; les premiers cependant payaient en retour une contribution, et les derniers étaient obligés d'envoyer des remplaçants; mais si l'un d'eux tenait de la ville un fief auquel s'attachaient des obligations personnelles, il était tenu d'y satisfaire par lui-même.

En général, les ecclésiastiques étaient personnellement libres du service militaire; mais quand il s'agissait de la défense du pays, ou quand ils tenaient un fief chargé de l'obligation au service militaire, ils étaient tenus d'envoyer des remplaçants. Après l'abolition de l'hériban, ils essayèrent, mais vainement, de soustraire aussi leurs vassaux libres à cette charge.

DES MERCENAIRES.

Il est probable que de tout temps il y eut des individus qui se rachetèrent du service militaire, en donnant à l'autorité un équivalent de leur coopération. Cet usage devint de plus en plus général au temps de Frédéric Ier, de Philippe-Auguste, et de Henri II, roi d'Angleterre (*).

A cette époque, l'argent commença à circuler plus activement, et à se répandre dans les mains d'un plus grand nombre d'individus. Dès lors naquit le désir de se défaire de charges onéreuses, qui, d'ailleurs, le plus souvent, profitaient peu à ceux qui les imposaient. Les villes d'Italie, enrichies par leur commerce et par leur industrie, donnèrent à cet égard un exemple qu'imitèrent bientôt leurs propres adversaires.

Déjà, en 1103, le comte de Flandre et d'autres barons de ce pays payèrent des sommes considérables à Henri, roi d'Angleterre, et permirent à leurs sujets de prendre service dans l'armée anglaise. En 1106, ce même roi fit la guerre à son frère Robert avec une armée composée, pour la plupart, de mercenaires. L'empereur Frédéric Ier, dans ses expéditions en Italie, donna des indemnités à plusieurs princes qui voulurent bien s'engager à le servir au delà du terme fixé. Cet usage devint plus fréquent encore au temps de Philippe-Auguste et de Frédéric II. Cependant ces rois, quand l'argent leur manquait, se voyaient obligés de revenir à des distributions de terres.

Les exemples suivants expliqueront mieux encore les principes et les usages des villes d'Italie. Dès 1155 et 1176, la ville de Milan eut des troupes soldées. Cinquante ans plus tard, un soldat (*miles*) de la même ville recevait trois soldi de Terzoli par jour; autant pour son écuyer et un troisième valet, à son gré. A Vérone, vers la même époque, un capitaine (*capita-*

(*) Déjà en 1198 Richard Cœur de Lion proposa d'équiper 3oo soldats, ou de payer pour chaque soldat un équivalent de 3 soldi par jour; proposition qui plut au plus grand nombre, tandis que d'autres, au contraire, protestèrent contre une telle innovation.

neus) n'avait que le double de la solde d'un simple *miles*. En 1263, nous trouvons, à Florence, et en 1266, à Vicence, des mercenaires allemands et italiens engagés sous des conditions à peu près semblables. Dix ans auparavant, la confédération lombarde avait arrêté ce qui suit : « Chaque chevalier qui entretient trois chevaux de bataille, et parmi ceux-ci un étalon, recevra six soldi par jour ; et quatre seulement, s'il n'a que deux chevaux. » On ajouta cependant : que l'on devait s'efforcer de trouver des cavaliers propres au service, à des conditions moins onéreuses ; et que si l'on ne réussissait pas, les magistrats des villes et les nonces du pape devaient choisir des hommes convenables parmi ceux des habitants que leur devoir n'appelait pas à prendre les armes. Le comte Thomas de Savoie, qui, en 1235, fournit pour deux mois deux cents soldats aux Génois, reçut, pour chaque soldat suivi d'un écuyer et de deux valets, vingt-six livres par mois ; cinquante marcs pour chacun des trois capitaines, et cent autres marcs pour lui-même. Le roi Manfred paya aux exilés de Plaisance, pour un cavalier, trois livres impériales par mois, et pour un fantassin, une livre. Il permit aux habitants de ses villes de se faire remplacer par des mercenaires. Sanutus, qui vivait au commencement du quatorzième siècle, évalue les frais de l'équipement, de l'entretien et de la solde d'une armée de quinze mille fantassins et de trois cents cavaliers, à six cent mille florins d'or, en évaluant le florin d'or à deux schillings de gros de Venise (*florenum soldis duobus Venetorum grossorum*). Il évalue, de plus, les frais du trajet en Palestine, y compris les vaisseaux, les fers, les tentes, les remontes, etc., etc., à cent mille florins.

Tous les mercenaires (et c'est là un point important) n'étaient engagés que pour la durée de la guerre ; et, aussitôt après la paix, ils étaient licenciés.

Il paraît que l'empire d'Orient, qui fut le seul où de tout temps on soudoya des troupes étrangères, entretenait aussi, en temps de paix, des armées permanentes, ce qui ne l'empêchait cependant pas de trembler à chaque instant devant les Turcs, ou devant les guerriers de l'Occident. Il est vrai qu'il y avait pour cela beaucoup d'autres raisons, et surtout des raisons morales qu'il serait trop long d'exposer ici.

DE L'ENTRETIEN DES ARMÉES.

Nous manquons presque entièrement de renseignements sur la manière d'entretenir une armée à cette époque. Mais ce que nous savons des nombreux désastres causés par la famine et la disette durant les croisades, nous montre que les chefs savaient rarement subvenir aux besoins sanitaires d'une armée, et que le soldat était obligé de pourvoir lui-même à sa nourriture, à son habillement et à son armement. Aussi la nécessité le forçait-elle à prendre ce qui tombait sous sa main ; et, quand on pense que les soldats étaient d'ordinaire des gens pauvres et naturellement portés au pillage, on peut se faire une idée de la situation d'un pays qui avait le malheur d'être le théâtre d'une guerre, ou d'offrir seulement un passage aux troupes. D'ailleurs, comme on ne pensait guère à se prémunir d'une caisse contenant les fonds nécessaires pour la guerre, il est à présumer qu'on ne tenait pas mieux que de nos jours les promesses d'indemnité. On cite, cependant, quelques exemples qui prouvent que des villes, des provinces, et même des familles entièrement ruinées et ravagées par la guerre, obtinrent des indemnités de la compassion du vainqueur.

Ce même Sanutus, que nous avons déjà cité, présente des calculs très-curieux sur les frais qu'occasionnait l'entretien d'une armée. Il est cependant obscur en plusieurs endroits, par suite de l'incertitude où il nous laisse sur les mesures et les poids dont il se sert. Suivant lui, le soldat avait par jour une livre et demie de pain, et une ration de vin ; de la viande trois fois par semaine, et en outre, alternativement, du fromage, des haricots, et d'autres légumes.

DES CONTRIBUTIONS DE GUERRE.

Au commencement, les contributions de guerre n'étaient rien autre chose que des rachats de l'obligation de servir en personne; plus tard, sous le nom de *pétitions* (*beeden, bethen,* c'est-à-dire impôts levés sous la forme de pétitions), elles devinrent des contributions régulières. Les maximes qui présidaient à leur répartition, à leur perception et à leur emploi, variaient souvent, et se fondaient très-fréquemment sur des conventions particulières. Tant que la noblesse fut exclusivement chargée du service militaire, et que le clergé sut faire respecter ses priviléges et ses franchises, les *beeden* tombaient uniquement sur le reste des habitants. Mais, lorsque cet état des choses se modifia, et lorsque les *beeden* furent considérés comme des contributions régulières, et comme une partie du budget, il n'y eut plus de raisons pour en être exempt. Et si le roi Guillaume de Hollande fit remise aux habitants du château de Friedberg, non-seulement du service militaire, mais même des contributions de guerre, il ne faut voir là qu'une preuve de la faiblesse de ce prince.

Bien qu'à cette époque l'argent ne fût pas encore, comme aujourd'hui, l'âme et le nerf de la guerre, nous trouvons déjà des exemples de dettes considérables, même très-onéreuses, contractées dans la guerre, et dont le payement ne s'opérait pas avec beaucoup de promptitude. L'histoire des villes d'Italie et de l'empereur Frédéric II nous en fournit plusieurs exemples. Aussi l'ordre des Augustins arrêta-t-il, dans une assemblée générale, qu'aucun de ses abbés ne donnerait, ni ne prêterait aucune somme à l'une ou à l'autre des parties belligérantes.

DE L'ARMEMENT.

La plupart des pèlerins de la première croisade étaient des piétons sans cuirasse, et n'ayant pour toute arme offensive qu'un arc en bois; une bonne épée, ou une arbalète fabriquée avec un peu plus d'art, et lançant des traits courts, gros et pesants, étaient déjà des signes de distinction. Pour bander l'arbalète, on mettait le pied sur la corde, et l'on tirait l'arme des deux mains vers soi.

L'armure des chevaliers consistait en une cuirasse de fer unie, ou revêtue d'écailles; en un grand bouclier d'acier ou d'un bois dur et ferré avec de la marqueterie d'or et d'argent, ou bien encore peint de différentes couleurs. La forme des boucliers variait; les plus usités étaient recourbés, avec des bords rentrants et une pointe d'acier au milieu.

La tête des chevaliers était garantie par un casque, soit simple, soit garni d'une aigrette et de divers ornements. Leur main était armée d'une lance en bois de frêne, et garnie d'une forte pointe en fer.

Le choc d'une cavalerie ainsi armée était irrésistible en rase campagne; tous les traits se perdaient impuissants contre ces murs de fer. Aussi les projectiles étaient-ils principalement dirigés contre les chevaux; car souvent la seule chute du cheval blessait grièvement le cavalier; et lors même qu'il parvenait à se relever sain et sauf, il cessait d'être dangereux, attendu que la pesanteur et la roideur de son armure le mettaient hors d'état de combattre à pied. Pour prévenir ce danger, les chevaliers avaient eu soin d'établir comme un point d'honneur, de ne jamais frapper le cheval. Aussi l'ordre de viser aux chevaux donné par Charles d'Anjou à la bataille de Bénévent, fut-il regardé comme un acte de déloyauté.

Les Turcs, selon un historien, ne se servaient, à cette époque, pour toute arme, que de l'arc et des flèches, et apprirent des croisés l'usage de la cuirasse, de la lance, de l'épée et du bouclier. Un historien, cependant, dit que les Agulains de l'armée de Korbuga combattaient avec l'épée, et qu'eux et leurs chevaux étaient couverts de fer.

En 1115, au siége de Cologne, un corps de l'armée de Henri V portait des cuirasses en corne impénétrables à tous les traits (*). En 1120, la ville de Gênes, dans une armée de vingt-deux mille hommes, comptait cinq mille hommes couverts de fer de pied en cap. En Hongrie, la cavalerie légère était armée de l'arc et du bouclier; le reste de la cavalerie, de l'épée et de la lance, et leurs chevaux mêmes avaient la tête et la poitrine couvertes de fer. Les cavaliers les plus forts étaient placés au premier rang; et, pour rendre leur choc d'autant plus irrésistible, ou pour empêcher qu'ils ne fussent dispersés et rompus par l'ennemi, on liait les têtes de tous leurs chevaux par des chaînes.

Les fantassins, à cette époque, ne combattaient ordinairement qu'avec l'arc ou la fronde; telles étaient les armes de l'infanterie des Normands de Sicile en 1132; les fantassins de Frédéric Ier lançaient, à l'aide de leurs frondes, des traits de plomb; et, dans le récit de la croisade entreprise par ce prince, on fait aussi mention de chevaux bardés de fer. Richard Cœur de Lion, au siège d'Acre, portait une cotte de mailles, et maniait fort adroitement l'arbalète. Les Turcs se servaient, comme les chrétiens, d'épées à deux tranchants, et de masses d'armes garnies de pointes. Ils dédaignaient l'usage de la cuirasse; mais ils se servaient de lances dont la pointe était en acier, et d'une épée courte suspendue à leur côté. Bien que leur armure fût moins complète que celle de leurs ennemis, la grande agilité de leurs coursiers les rendait très-dangereux pour les cavaliers chrétiens, qui ne pouvaient se mouvoir dans leurs lourdes armures.

La garde particulière du roi Philippe-Auguste avait pour armes offensives des masses d'armes ferrées. Les règlements militaires de Henri II, roi d'Angleterre, ordonnaient à tout possesseur d'un fief noble, ainsi qu'à tout homme libre, dont les revenus se montaient à seize marcs d'argent, d'avoir

(*) *Loricis corneis ferro impenetrabilibus.* S. Pantal. chron.

une cuirasse, un casque, un bouclier et une lance. Celui qui n'avait que dix marcs de revenu devait se procurer un haubert, un armet et une lance; le simple bourgeois, un pourpoint, un armet et une lance. Il était défendu de vendre ou d'engager ses armes, en un mot, de s'en défaire de quelque manière que ce fût; elles devaient, au contraire, être transmises à l'héritier direct, et, s'il arrivait que celui-ci fût incapable d'en faire usage, à celui qui devait le remplacer. Quiconque avait d'autres armes que celles qui étaient prescrites par la loi, était tenu de les remettre ou de les vendre. L'exportation des armes était prohibée. Les juifs ne pouvaient pas en porter.

A la bataille de Bouvines, en 1214, nous trouvons, d'un côté, une infanterie tout à fait dépourvue d'armure, combattant seulement avec la massue, la lance, l'épée et l'arc; de l'autre côté, des chevaliers couverts des pieds jusqu'à la tête de cottes de mailles et de cuirasses de toute espèce, et d'une telle épaisseur, qu'aucun coup d'épée ne pouvait les traverser. Plusieurs Allemands, cependant, réussirent fort habilement à démonter leurs adversaires avec de longues épées à trois tranchants.

Les Sarrasins de l'armée de Frédéric étaient presque uniquement des archers. A la bataille que Charles Ier livra à Manfred, les Allemands combattirent avec des épées très-longues; mais les Français, en les serrant de près, réussirent à les frapper dans les jointures de leurs armures avec leurs épées plus courtes. En Toscane, l'an 1260, on se servait de massues de fer. Ferrare ordonna, en 1279, que tout homme disponible aurait à se pourvoir d'une cotte de mailles, d'un haubert, d'un casque, d'un bouclier, d'une lance, d'une épée et d'un poignard.

Sanutus, dans ses conseils sur la manière d'équiper une armée, fait encore mention de gantelets en fer, et de boucliers seulement pour le cas où l'on combattait sans armure. Le bouclier était suspendu à la ceinture, qui, comme les armes, en général, était, chez les riches, surchargée d'ornements. En plusieurs endroits, comme, par exemple, à Ravenne, les armes ne pouvaient être saisies; dans d'autres, comme à Vérone et à Milan, il était défendu de porter certaines armes en temps de paix; et l'usage imprudent de celles qu'il était permis de porter, était sévèrement puni.

Les princes et les villes entretenaient, en tout temps, des arsenaux bien pourvus; des comtes et des chevaliers même avaient souvent des dépôts d'armes très-considérables. En 1100, le comte de Falkenstein laissa, après sa mort, soixante lances, quatre casques, six trompettes, quinze cuirasses, huit cuissards, douze bottes en fer.

Les Grecs, en 1150, portaient, pour arme défensive, un bouclier rond, et n'avaient, pour armes offensives, que l'arc et les flèches. L'empereur Emmanuel leur donna des boucliers plus alongés, des javelots longs, et exerça surtout la cavalerie, pour la mettre au niveau de celle des Occidentaux. Les Varangiens, qui combattaient à la bataille de Dyrrachium, dans les rangs des Grecs, maniaient des épées à deux tranchants; mais, n'ayant ni bouclier, ni cuirasses, ils furent facilement blessés par les Normands qui en étaient pourvus, et qui avaient des épées plus longues (*).

(*) On ne lira pas sans intérêt les réflexions de Tavannes sur les anciennes armures et sur la révolution introduite par les armes à feu. Le gentilhomme y laisse percer son dépit de n'être plus invulnérable; mais il ne peut s'empêcher de reconnaître la nécessité d'abandonner tout cet attirail inutile.

« Les bardes d'acier, caparaçons flancars de beufle, de mailles, servoient aux batailles anciennes, qui se demesloient avec l'espée et la lance; le peu de perils rendoient les combats longs, Tel a esté fait en Italie, les hommes et les chevaux si bien couverts, que de deux cens meslez ne s'en tuoit quatre en deux heures. Les grands pistolets rendent ces bardes inutiles, et la meslée si périlleuse, qu'un chacun en veut sortir, faisant les combats plus courts, où l'on ne fait que passer soudainement; les hommes estonnez,

DES MACHINES DE GUERRE.

Quoique, à cette époque, on considérât principalement dans l'homme la le nombre des mourans et blessez font les victoires promptes. Les chevaux armez y seroient inutiles, à cause de la pesanteur des espreuves; ils sont assez chargez de porter l'homme et ses armes, sans en porter davantage : neantmoins un chanfrain à l'espreuve et quelques platines au poictral pourroient servir.

« Les armes de mailles, cuyr bouilly, cotonnines, servoient aux anciens, lorsque le fer estoit rare et les nations non disciplinées; les lances, les espées firent inventer les corcelets et salades; les pistolets, les cuirasses, les casques à l'épreuve. Si les armes offensives continuent d'augmenter ainsi qu'elles font, par les longs pistolets, virolets, mousquets, poudres et balles artificielles, il sera nécessaire d'inventer des défenses. Les cuirasses battues à froid, trempées, se renforcent de quelque chose, non pour résister à cette force extraordinaire. Ceux qui ne veulent rien commettre à fortune ont renforcé leurs cuirasses, fabriqué des plastrons doublez de lames, leurs casques à l'espreuve du mousquet, se rendant incapables de servir dans les combats estans combattus, enchaisnez et liez de la pesanteur de leurs armes : ils deviennent enclumes immobiles, chargeant tellement les chevaux, qu'aux moindres accidents ils succombent dessous; leurs courages, leurs entendements travaillez, demy vaincus, n'hazardent, n'agissent, ny ne font rien qui vaille. Ceux qui s'arment sans espreuve ne veulent venir aux mains, ou en sortir bien tost, posans l'artifice au lieu de valeur; c'est une cognoissance de ceux qui desirent bien combattre, quand ils s'arment bien et non incommodément. La mesure entre ces deux extrêmitez est d'avoir le devant des cuirasses, du casque, deux lames de tassettes et brassarts à l'espreuve de l'arquebuse, et quelques plastrons contre le mousquet; je dis le devant, pour n'apprendre à tourner le derrière, et suffira que le reste des armes résiste à l'espée. Tous les soldats n'ont de bons pistolets chargez artificiellement; ils n'y mettent la peine ny la despense, et si l'espreuve susdite ne sert contre les coups choisis et chargez à loisir au logis, elle résistera au commun, du moins elle assure les timides; la poudre, balles, cartouches, ne se char-

valeur personnelle, on était pourtant bien loin de dédaigner tout à fait les avantages que l'art pouvait offrir pour l'armement, pour l'attaque et pour la défense. Il est probable que beaucoup de machines de guerre, en usage du temps des anciens Romains, s'étaient conservées jusqu'alors. Mais aux douzième et treizième siècles, on fit subir d'importantes améliorations aux armes de jet, à l'art des siéges, à celui de pratiquer la mine, etc. L'un des décrets émanés du second concile de Latran contient ce qui suit : « Nous défendons et punissons d'anathème quiconque emploiera dorénavant, contre les chrétiens catholiques, l'art impie et meurtrier de la construction de machines destinées à lancer des traits et des flèches. »

Ce décret ne défend nullement la guerre ou l'usage des armes en général, mais uniquement l'usage de celles qui lançaient à une grande distance des masses énormes, ou un grand nombre de projectiles à la fois. Cependant on s'inquiéta fort peu de ce décret, et il ne put empêcher que le perfectionnement des machines de guerre ne prît, spécialement en Italie, un nouvel essor. Les Danois n'apprirent cet art qu'en 1134, des Allemands; et les Français eux-mêmes, jusqu'au règne de Philippe Auguste, furent très-arriérés dans ce genre de connaissances. Mais les croisades, où tant de nations différentes combattaient sous le même

gent parmy les tumultes et transports, ainsi que les preparez au logis, qui emportent la pièce. Il est impossible que les capitaines, dans les pesans casques et cuirasses frappez reïterément de leurs fers et agitez du cheval, puissent faire leur devoir : la conception, l'imagination, partie de l'esprit, est si joincte au corps qu'elle diminue par l'excessif travail d'iceluy. Il est difficile à ces enferrez de demeurer en mesme assiete en sens rassis, de voir, d'ouïr, de galoper, selon la nécessité, laquelle voudroit que le général et le mareschal de camp volassent, ou eussent en mesme temps plusieurs corps pour ordonner par tout (*). »

(*) Vie de Gaspard de Saulx, seigneur de Tavannes, t. II, p. 742 et suiv.

drapeau, devinrent une excellente école où se communiqua promptement la connaissance de ces diverses inventions; aussi n'est-il nullement vrai que les mahométans aient surpassé, en cela, les nations occidentales.

La machine à lancer des projectiles (la catapulte) était d'une construction et d'une force très-variée. A l'aide de cette machine, on lançait non-seulement des balles préparées pour cet usage, mais des pierres, des flèches, des lances, des poutres hérissées de clous, des tonneaux remplis de combustibles; quelquefois même, en signe de mépris, on lançait, par-dessus les murailles des villes assiégées, des cadavres, des ânes morts, etc. On se fera une idée de la force de ces machines de jet, en songeant que quatre hommes avaient souvent peine à soulever une pierre lancée par la catapulte, avec laquelle on envoyait souvent des meules de moulin à une distance considérable. En 1248, au siége d'Émèse, le sultan Eyub fit jeter dans cette ville des pierres de cent quarante livres.

Contre les effets destructeurs de ces terribles machines, les assiégés et les assiégeants cherchaient à se défendre avec des haies faites en branches de saule, des gabions, des tortues jointes à angle aigu, des objets mous et élastiques, tels que des matelas, des sacs remplis de foin, qu'on suspendait le long des murailles.

Après les machines de jet, les tours de siége méritent d'être mentionnées avec quelques détails. Le principal but que l'on se proposait d'atteindre au moyen de ces tours, c'était de se rendre maître des plus hautes murailles d'une ville. Pour cela, il importait de les bâtir d'une telle hauteur, et de les approcher tellement des murs de la ville assiégée, qu'on pût y parvenir à l'aide d'un pont-levis et combattre de plain-pied.

Les assiégés, de leur côté, faisaient tout ce qu'ils pouvaient pour empêcher l'ennemi d'aplanir le terrain autour de leurs murs; et, quand ils n'y réussissaient pas, ils laissaient approcher les tours de la portée de leurs machines, et les incendiaient en y lançant non-seulement des combustibles préparés, mais aussi tout ce qui pouvait prendre feu, comme de l'huile, de la graisse, etc.

Pour se garantir de cette pluie de feu ou pour l'éteindre, les assiégeants se servaient de peaux de bêtes, de couvertures mouillées, de sable, de vinaigre, etc.; quelquefois aussi les assiégés parvenaient à appuyer une poutre si adroitement contre le pont-levis, que tous les efforts pour le baisser étaient vains. Pour donner du mouvement à ces tours, on les posait tantôt sur des roues, tantôt sur un traîneau. La plus colossale de ces tours dont nous ayons connaissance, fut construite et employée par Frédéric Ier au siége de Crémone; elle avait six étages, qui allaient en se rétrécissant de bas en haut; elle était si large et si vaste, que mille soldats y trouvaient place.

L'usage des mines n'était pas ignoré; on les pratiquait de deux manières différentes. On creusait jusqu'au pied des murailles, puis on enlevait les pierres qui lui servaient de fondement, et l'on étayait le mur avec des poutres et des matières combustibles, auxquelles on mettait ensuite le feu pour faire écrouler tout l'échafaudage. L'autre manière consistait à creuser, à l'aide de mineurs, des allées souterraines qui conduisaient, par-dessous le mur, dans la ville. Les assiégés se défendaient contre ce genre d'attaque par des contre-mines.

DU FEU GRÉGEOIS.

L'arme la plus terrible à cette époque était le feu grégeois, inventé par Callinique, architecte d'Héliopolis, sous Constantin le Barbu. Il était composé de poix et d'autres gommes tirées des arbres, de soufre et d'huile. On s'en servait sur mer et sur terre. Sur mer, tantôt on en remplissait des brûlots qu'on faisait voguer au milieu des flottes ennemies, et qui les embrasaient; tantôt on en mettait dans de grands tuyaux de cuivre placés sur la proue des vaisseaux de course, et on le soufflait contre les bâtiments qu'on voulait détruire. Sur terre, des soldats, portant de petits tuyaux de cuivre, soufflaient également le feu grégeois contre les troupes qui leur étaient opposées. On lançait aussi contre les machines des épieux de fer aigus, entourés de matières combustibles, ou des vases remplis de ces matières qui se brisaient en tombant. Ces diverses manières de combattre ont sans doute donné l'idée des canons, des fusils et des bombes. L'eau ne pouvait éteindre ce feu; il n'y avait que le vinaigre et le sable qui en arrêtassent les ravages.

Voici comment Joinville parle du feu grégeois :

« La manière du feu gregois estoit telle, qu'il venoit bien devant aussi gros que ung tonneau, et de longueur la queuë en duroit bien comme d'une demye canne de quatre pans. Il faisoit tel bruit à venir, qu'il sembloit que ce fust fouldre qui cheust du ciel, et me sembloit d'un grant dragon vollant par l'air, et gettoit si grant clarté, jour tant y avoit grant flamme de feu. Trois foys celle nuytée nous getterent ledit feu gregois ô ladite perriere, et quatre foys avec l'arbeleste à tour.

« Et toutes les foys que nostre bon roy saint Loys oyoit qu'ils nous gettoient ainsi ce feu, il se gettoit à terre, et tendoit ses mains la face levée au ciel, et crioit à haulte voix à Nostre Seigneur, et disoit en pleurant à grans larmes : « Beau sire Dieu Jésus-Christ, garde-moy et toute ma gent! » Et croy moy que des bonnes prières et oraisons nous eurent bon mestier. Et davantage, à chacune foys que le feu nous estoit cheu devant, il nous envoioit ung de ses chambellans pour savoir en quel point nous estions, et si le feu nous avoit grevez. L'une des foys que les Turcs getterent le feu, il cheut le cousté le chasz chateil que les gens de monseigneur de Corcenay gardoient, et ferit en la rive du fleuve qui estoit là devant, et s'en venoit droit à eulx tout ardent; et tantoust veez-cy venir courant vers moy un chevalier de celle compaignie, qui s'en venoit criant : « Aidez-nous, sire, ou nous sommes

29.

tous ars; car veez-cy comme une grant haie de feu gregois que les Sarrazins nous ont traict, qui vient droit à nostre chastel. » Tantoust courismes là, dont besoing leur fut; car, ainsi que disoit le chevalier, ainsi estoit-il. Et estaignismes le feu à grant ahan et malaise; car, de l'autre part, les Sarrazins nous tiroient à travers le fleuve treet et pilotz, dont estions tous plains. »

DES PLACES FORTIFIÉES ET DE L'ART DES FORTIFICATIONS.

Pendant toute la durée du moyen âge, l'art d'attaquer et l'art de se fortifier se maintinrent à peu près sur la même ligne. Des fossés, des murailles et des tours, étaient les trois parties essentielles des fortifications de toutes les villes et de tous les châteaux. Il y avait cependant outre cela, et surtout en Italie, des donjons au milieu des villes, élevés par certaines familles pour leur servir de retraite, et de point dominant dans les guerres et les dissensions intestines; mais il arriva assez souvent que les magistrats les firent renverser, ou réduire d'un tiers de moitié, etc. Il n'était pas permis à tout le monde d'élever des châteaux forts; le roi Conrad, en 1241, en fit défense à l'archevêque de Cologne. Cependant, à mesure que l'autorité royale diminua, et que les ducs, les landgraves, et d'autres princes commencèrent à se rendre indépendants, des châteaux, des fortifications, s'élevèrent de toutes parts. Quelquefois les rois se réservaient le droit de mettre garnison, en cas de danger, dans des châteaux qu'ils avaient donnés en fief. Fortifier les églises, pour s'en servir comme de châteaux forts, n'était permis qu'à la dernière extrémité, et dans les guerres contre les infidèles. On se servait des bras des soldats et des sujets pour construire les machines de guerre, aussi bien que pour fortifier les places. Les soldats de Frédéric II furent obligés de bâtir une citadelle à Brundusium.

La place assiégée n'était pas toujours cernée et attaquée de tous côtés; souvent on employait toutes ses forces pour rompre et démolir les fortifications sur un seul point.

DES ÉTENDARDS.

Dans aucun temps, l'on n'a pu se passer de signes de ralliement pour les différentes divisions d'une armée; aussi, au douzième et treizième siècle, trouvons-nous des étendards portant des inscriptions et des images de la nature la plus différente. Mais le plus curieux et le plus important était le carroccio, que l'on dit avoir été inventé par Aribert, archevêque de Milan, dans l'année 1130. Ces chars, principalement en usage dans les villes d'Italie, se ressemblaient tous essentiellement, et ne se distinguaient que par de légères différences. Ils reposaient sur quatre roues, et étaient traînés par quatre bœufs rouges ou blancs, couverts, comme le char, de drap blanc ou rouge. Au milieu de ce char, richement décoré de beaucoup d'autres ornements, s'élevait un mât tenu par un cordage, au moyen duquel il était facile de le baisser ou de le hausser. A ce mât était attachée une croix ou l'image d'un saint, au-dessus de laquelle flottait le drapeau de la ville. Outre le conducteur des bœufs en costume magnifique, il y avait auprès de ce char un corps d'élite chargé de la garde du drapeau, un certain nombre de trompettes et de musiciens, quelques chirurgiens, et enfin un prêtre pour présider au service divin : les uns étaient sur le char même, les autres l'entouraient à pied. Ce carroccio, solennellement consacré, était non-seulement le drapeau général de toute l'armée, qui s'engageait par serment à le défendre jusqu'à la mort, mais il était encore comme le quartier général d'où partaient tous les ordres et tous les signaux. Quelquefois le mât du carroccio portait une cloche appelée la martinella, qui sonnait durant la bataille.

Dans l'armée de l'empereur Frédéric II il y avait des éléphants, dont chacun portait une tour et un drapeau.

L'empereur Othon IV, à la bataille de Bouvines, avait un char semblable au carroccio, dont le mât était surmonté d'un aigle d'or reposant sur un dragon vaincu. Le char du roi Richard était semblable à celui de Milan. Le drapeau de l'Empire représentait ordinairement un aigle.

CRI D'ARMES.

Chaque chevalier banneret avait son cri de guerre.

Voici les renseignements curieux que du Cange (*) a recueillis sur le *cry d'armes* :

« La maison de Chauvigny en Berry, suivant l'auteur du roy d'armes, avait pour cry *Chevaliers pleurent;* mais un provincial manuscrit, dit que le seigneur de Chaulieu crie *Hierusalem* plainement;

Le seigneur de la Chastre, *A l'attrait des bons chevaliers;*

Le seigneur de Culant, *Au peigne d'or;*

Salvaing-Boissieu en Dauphiné, *Le Salvaing le plus gorgius;*

Vaudenay, *Au bruit;*

La maison de Savoye crioit quelquefois *Savoye*, quelquefois *Saint Maurice*, et souvent *Bonnes nouvelles;*

Le seigneur de Rosière en Barrois, *Grand joye;*

Le vicomte de Villenoir en Berry, *A la belle;*

Le seigneur de Chasteauvilain, *Chastelvilain à l'arbre d'or;*

Le seigneur d'Éternac, *Main droitte;*

Le seigneur de Neufchastel en Suisse, *Espinart à l'Escosse;*

Le seigneur de Waurins en Flandres, *Mains que le pas;*

Le seigneur de Kercournadeck en Bretagne, *En Diex est;*

Ceux de Bar, *Au feu, au feu;*

Ceux de Prie, *Cans d'oiseaux;*

Ceux de Buves en Artois, *Buves tost assis;*

La maison de Molac, *Gric à Molac,* qui signifie silence;

Messire Simon Morhier, grand maistre d'hostel de la reine de France (ce

(*) Dissertation sur l'histoire de saint Louis.

sont les termes d'un provincial), prevost de Paris sous Charles VI, et grand partisan des Anglois, crioit : *Morhier de l'extrait des preux;*

Les chevaliers du Saint-Esprit au Droit Desir, autrement de l'Enneu ou del Nodo, instituez par Louys de Tarente, roy de Sicile, le jour de la Pentecoste, l'an 1352, après avoir crié le cry de leurs familles, crioient le cry de l'ordre, qui estoit *Au Droit Desir;*

Les anciens seigneurs de Preaux, en Normandie, avaient pour cry *Cesar Auguste.*

Il y avoit de ces crys de guerre qui marquoient la dignité annexée à la famille dont le prince ou seigneur estoit issu. Ainsi les premiers ducs de Bourgogne avoient pour cry *Chastillon au noble duc;* les ducs de Brabant, *Louvain au riche duc;* le duc de Bretagne, *Saint-Malo au riche duc;* le comte de Mœurs, *Mœurs au comte;* les comtes de Hainault, *Hainault au noble comte,* ou *Hainault* simplement, dans la Chronique de Flandres; les comtes dauphins d'Auvergne, *Clermont au dauphin d'Auvergne;* les ducs de Milan, dans Froissart, *Pavie au seigneur de Milan.*

Renerus, parlant du comte de Los, dit : Et criant trois fois le nom de son comté, *Loz*, il se jeta au milieu des rangs ennemis. Les anciens comtes d'Anjou crioient *Valie*, qui est le nom d'un pays voisin du comté d'Anjou, que l'on nomme Vallée, où est Beaufort.

Il y en avoit qui estoient tirez de quelques épithetes d'honneur attribuez aux familles. Ainsi la maison de Bousies en Hainault crioit *Bousies au bon fier;* les seigneurs de Maldenghen en Flandres, *Maldenghen la loiale;* les seigneurs de Coucy en Picardie, *Coucy à la merveille,* ou, selon d'autres, *Place à la bannière;* les seigneurs de Vilain, issus des chastellains de Gand, *Gand à Vilain sans reproche.*

On en remarque d'autres tirez et extraits du blason des armes de la famille : tel estoit le cry des comtes de Flandres, *Flandres au Lyon,* et celui de la maison de Waudripont en Hainault, *Cul à cul Waudripont*, parce qu'elle porte en armes deux lyons adossez.

Quelques princes parvenus à des royaumes ou principautéz souveraines, pour marquer l'origine de leur ancienne extraction, en ont conservé la mémoire par le nom de leur famille, dont ils estoient issus, qu'ils ont pris pour cry d'armes. C'est pour cela que les rois de Navarre, si nous croyons André Favyn, avoient pour cry de guerre *Begorre, Begorre*, comme issus et prenans leur extraction des anciens comtes de Bigorre. Jean de Bailleul, roy d'Escosse, retint toûjours le cry de sa maison, *Hellicourt en Pontieu*, qui est une baronnie située au comté de Pontieu.

Dans Froissart, le comte de Derby, de la maison de Lancastre, crie *Lancastre au comte Derby*.

Souvent les rois et les princes ont crié le nom de la capitale de leurs États. L'empereur Othon, à la bataille de Bovines, cria *Rome*; Philippes Mouskes :

> Li rois Othe pour son reclaim
> Cria Roume trois fois s'enseigne,
> Si come proesse li enseigne.

Ottocar, roy de Boheme, en un combat contre les Allemans, cria *Prague, Prague*; les ducs de Brabant crioient *Louvain*, comme j'ay déjà remarqué; le comte Raymond de Saint-Gilles, en la première guerre d'outremer, crioit *Tolose*; et Willebrand d'Oldenbourg écrit que les rois d'Arménie crioient *Navers* ou *Naverzan*, qui estoit le nom d'un fort château d'Arménie.

Les communes crioient ordinairement le nom de la ville principale de leur contrée. Les Normans, dans Philippes Mouskes, crient *Rouën*; les Gascons, *Bordeaux*.

> Et RUEN escrient li Normant,
> BRETAGNE huçent li Breton (*),
> BOURDEUX et BLAVES, li Gascon.

(*) C'est ainsi que nous verrons les Allemands, à la bataille de Bénévent, crier : *Souabe*. A la bataille de Bouvines, ils crièrent : *Kyrie eleison*. Voy. p. 316, col. 1.

Les Avalois, qui sont ceux des environs de Cologne, crièrent à la bataille de Bovines, *Cologne*.

Les Flamens revoltez contre leur prince, dont les principaux estoient ceux de Gand, crioient *Gand, Gand*, suivant Froissart.

Mais, pour le plus souvent, le cry d'armes estoit le nom de la maison; d'où vient que nous lisons presque à toutes rencontres dans les Provinciaux, ou Recueils de blasons : *Il porte de*, etc., *et crie son nom*; c'est-à-dire, que le cry d'armes est semblable au nom de la famille. Dans Froissart, le seigneur de Roye crie *Roye au seigneur de Roye*; Guillebert de Berneville, en l'une de ses chansons, parlant d'Erard de Valery :

> Va sans t'arrester
> Erard saluer,
> Qui VALERY crie.

Ainsi le comte de Montfort, en la guerre contre les Albigeois, crioit *Montfort*, comme Pierre, moine du Vaux de Sarnay, nous l'apprend, et, après luy, Philippes Mouskes.

Tous les gentilshommes n'avoient pas le droit du cry d'armes; c'estoit un privilege qui n'appartenoit qu'à ceux qui estoient chefs et conducteurs de troupes et qui avoient bannière dans l'armée. »

MUSIQUE MILITAIRE.

Quelquefois, au commencement de la bataille, on élevait un bruyant cri de guerre; d'autres fois aussi on entonnait une chanson de guerre en l'accompagnant du son des clairons et des trombones. Ainsi les Normands chantèrent à Hastings la chanson de Roland (*). Auprès de toutes les armées, aussi bien dans celles des Turcs que dans celles des croisés, nous trouvons une musique guerrière composée de trompettes, de timbales, de cors, de flûtes, etc., etc.

DES LOIS MILITAIRES, DES PUNITIONS ET DES RÉCOMPENSES.

Dans des armées composées de par-

(*) Voyez Augustin Thierry.

ties aussi hétérogènes que l'étaient celles des douzième et treizième siècles, époque où tant de personnes se croyaient libres et indépendantes, et où cette liberté et cette indépendance ne consistaient très-souvent que dans le droit de se faire justice à soi-même, il ne pouvait manquer de s'élever des querelles et des disputes sans cesse renaissantes; aussi les lois et les règlements militaires sont-ils conformes à cet état de choses. Voici les mesures prises par Frédéric Ier en 1155:

« Il est défendu à qui que ce soit
« d'engager des querelles, et encore
« moins d'appeler ses camarades à y
« participer; il est défendu de chercher
« à apaiser des querelles engagées en
« recourant à l'épée, à la lance ou aux
« flèches; quiconque y prendra part
« dans cette intention devra porter une
« cuirasse, et n'avoir pour toute arme
« qu'un bâton. Un chevalier qui par
« un appel à ses camarades a causé un
« engagement général, perdra ses ar-
« mes et sera chassé de l'armée; un
« serf, en pareil cas, sera racheté par
« son maître, ou battu, tondu, et mar-
« qué avec un fer chaud à la joue.
« Quiconque en blesse un autre aura
« la main coupée, et l'on tranchera la
« tête à quiconque aura tué son adver-
« saire.

« Le chevalier qui pille devra restituer
« le double de la valeur de l'objet en-
« levé; si le même crime est commis
« par un serf, ce dernier sera donné
« comme dédommagement par son maî-
« tre, ou bien il sera tondu et marqué
« d'un fer chaud.

« Il est d'obligation, pour chacun,
« d'empêcher le brigandage; et si l'on
« n'a pu y parvenir sans recourir à la
« force, on devra en faire le rapport
« à la justice.

« Quiconque héberge une fille de mau-
« vaise vie, perdra ses armes; et la
« fille aura le nez coupé.

« Les valets seront battus pour le pre-
« mier vol; pour le second, ils seront
« pendus; s'ils n'ont pas été pris en
« flagrant délit, ils peuvent se justifier
« par l'épreuve du fer chaud, ou leur
« maître peut déclarer leur innocence
« par un serment. L'accusateur, de
« son côté, jure qu'il ne poursuit le
« coupable que dans la conviction du
« crime commis par lui.

« Il est défendu à quiconque trouve
« un cheval étranger, de le tondre ou
« de le rendre méconnoissable par
« quelque moyen que ce soit.

« Nul ne doit recevoir dans sa mai-
« son des valets sans maîtres.

« Pour sobriquets donnés, ou pour
« tout discours injurieux, on payera
« comme dédommagement six livres de
« la monnaie qui a cours dans l'armée.

« Celui qui trouve des tonneaux rem-
« plis de vin, aura soin de les mettre
« en perce bien doucement, afin que
« rien ne se perde.

« A la prise d'un château, on peut
« s'emparer des richesses qu'il renfer-
« me; mais, pour le brûler, il faut avoir
« l'ordre du chef.

« Si les Allemands et les Italiens ne
« peuvent s'entendre, ils auront des
« camps séparés. »

Il n'était pas rare que des brigands et des soldats vagabonds et insubordonnés se formassent en bandes souvent nombreuses. Ils parcouraient le pays sous le nom de: *Ruptavit*, *Brabantiones*, *Coterelli*, et commettaient les crimes les plus atroces. L'empereur Frédéric Ier et le roi Louis VII prirent contre eux des mesures très-sévères.

Déjà, à cette époque, la contrebande existait; il y avait certains articles que les nations belligérantes ne pouvaient échanger. Nul chrétien, par exemple, ne pouvait vendre aux Sarrasins des armes, du fer, du bois pour les constructions maritimes, et encore moins prendre le commandement de leurs vaisseaux; le ban, la confiscation des biens, et la privation de la liberté, punissaient l'infracteur. Néanmoins, l'amour du gain fit trouver plus d'un moyen d'éluder ces défenses.

La bravoure avait ses récompenses; les plus usitées étaient: l'investiture du droit de porter partout des armes, et la réception dans l'ordre des chevaliers, ce qui entraînait don de noblesse. Ainsi Frédéric Ier, au siège de Tortone, fit noble un simple soldat de l'armée; ainsi il accorda à un cloître, qui lui avait rendu des services, le droit d'armer ses gens; ainsi, à Milan, on revêtait de simples artisans de l'écharpe des chevaliers.

DE LA TACTIQUE.

Comparée à celle des anciens Romains, la tactique du moyen âge était bien imparfaite; et ceux des écrivains de cette époque, qui étaient quelque peu versés dans l'antiquité, déploraient cette dégradation de l'art militaire. Les plans projetés d'avance, et exécutés avec persévérance pendant toute une campagne, l'art de diviser l'armée de l'ennemi, de couper et de tourner ses différentes divisions, les marches et les contre-marches combinées pour opérer une réunion inattendue, etc., étaient choses ignorées de ce temps, et nous n'en trouvons, si ce n'est dans les campagnes des deux Frédéric en Italie, presque aucune trace, surtout avant les batailles de Legnano et de Castelnuovo. La courte durée du service des vassaux, et les frais énormes que nécessitait l'entretien d'une armée, forçaient les chefs à se rencontrer et se livrer bataille promptement, et celle-ci une fois gagnée ou perdue, à terminer aussitôt la campagne. De là aussi, il résulta que des victoires très-importantes par elles-mêmes, n'eurent pas les suites qu'on pouvait en attendre.

Les batailles elles-mêmes étaient plutôt une série de combats particuliers qu'une attaque et une défense faite d'après un plan suivi. Et quand même, comme cela arriva à la bataille de Bénévent, il y aurait eu un plan arrêté avant la bataille, il était impossible de l'exécuter, attendu que les chefs des différentes divisions, ou les individus eux-mêmes, ne renonçaient jamais à suivre leur propre volonté, et qu'il était presque impossible de diriger une bataille, en faisant parvenir avec précision les ordres du général sur tous les points où l'on combattait.

Rien n'est plus propre à donner une idée de l'état de la tactique au moyen âge, que la description des batailles de Bénévent et de Tagliacozzo. Nous l'empruntons à M. Sismondi, qui a fait un usage si heureux des sources originales, et qui a su prêter tant de charmes à cette époque brillante de l'histoire italienne.

BATAILLE DE BÉNÉVENT.

« Manfred ne voulait pas se soumettre davantage à l'humiliation de reculer devant un ennemi auquel chaque succès assurait de nouveaux partisans, et qui, jusqu'alors, avait toujours su se procurer des munitions par le pillage des campagnes. Il divisa donc sa cavalerie en trois brigades; la première, de douze cents chevaux allemands, commandée par le comte Galvano; la seconde, de mille chevaux toscans, lombards et allemands, commandée par le comte Giordano Lancia; la troisième, qu'il commandait lui-même, était forte de quatorze cents chevaux apuliens et sarrasins. Quand Charles vit que Manfred se disposait à combattre, il se tourna vers ses chevaliers, et leur dit : « Venu est « le jour que nous avons tant désiré; » puis il fit quatre brigades de sa cavalerie; la première, de mille chevaux français, commandée par Gui de Montfort et le maréchal de Mirepoix; la seconde, qu'il guidait lui-même, était composée de neuf cents chevaliers provençaux, auxquels il avait joint les auxiliaires de Rome; la troisième, sous la conduite de Robert de Flandre et de Gilles le Brun, connétable de France, était formée de sept cents chevaliers flamands, brabançons et picards; la quatrième enfin, sous la conduite du comte Guido Guerra, était celle des quatre cents émigrés florentins. Ces nombres réunis ne forment qu'une armée de trois mille lances; et Giovanni Villani n'en donne pas davantage à Charles d'Anjou, peut-être pour augmenter la gloire de son héros, en diminuant ses moyens de vaincre. D'après le calcul des troupes que Charles avait amenées de France, et de celles qu'il avait trouvées en Italie, son armée devait cependant être plus forte du double.

« La bataille fut engagée, de part et d'autre, par l'infanterie, qui, quoique ses efforts ne pussent point décider la victoire, n'en combattait pas avec moins d'acharnement. Les archers sarrasins passèrent la rivière, et vinrent, avec de grands cris, attaquer les Français. L'infanterie européenne, qui manquait alors également d'aplomb et de légèreté, ne pouvait pas mieux résister aux voltigeurs qu'à la cavalerie; les Sarrasins, avec leurs flèches, en firent de loin un massacre effroyable. La première brigade française s'ébranla pour soutenir son infanterie, en répétant son cri de guerre, *Montjoie, chevaliers!* Le légat du pape, pendant que les Français se mettaient en mouvement, les bénit au nom de l'Église, et leur donna l'absolution plénière de leurs péchés, en récompense de ce qu'ils allaient combattre pour le service de Dieu. Les archers sarrasins ne purent soutenir le choc des gendarmes français; ils se retirèrent avec perte; mais la première brigade de la cavalerie allemande descendit alors dans la plaine de Grandella, pour rencontrer des ennemis dignes d'elle. Son cri de guerre était *Souabe, chevaliers!* Dans ce second choc, l'avantage fut encore pour les troupes de Manfred: mais les Français, soit qu'ils fussent plus près de leur camp, ou que leurs manœuvres fussent plus rapides, recevaient toujours les premiers, le renfort de leur seconde, troisième et quatrième ligne; en sorte qu'ils rétablissaient chaque fois la fortune du jour par l'arrivée de troupes fraîches. Leurs quatre corps de cavalerie combattaient déjà, tandis que deux seulement des brigades de Manfred avaient donné. L'on dit que ce prince, reconnaissant la troupe des Guelfes florentins qui combattait avec valeur, s'écria douloureusement : « Où « sont mes Gibelins, pour lesquels j'ai « fait tant de sacrifices!... Quelle que « soit la fortune de cette journée, ces « Guelfes sont assurés désormais que « le vainqueur sera leur ami. »

« Cependant, au milieu de la bataille, l'ordre fut donné aux Français de frapper aux chevaux, ce qui, entre chevaliers, était considéré comme une lâcheté; les Allemands, qui avaient l'avantage, le perdirent tout à coup par cette manœuvre. Manfred, les voyant ébranlés, exhorta la ligne de réserve qu'il commandait à les soutenir avec vigueur. Mais ce fut le moment critique que prirent les barons de la Pouille et du royaume pour l'abandonner; il vit fuir le grand trésorier, le comte de la Cerra, le comte de Caserte, et la plus grande partie de ces quatorze cents chevaux qui n'avaient pas encore combattu, et qui, en chargeant vigoureusement des troupes fatiguées, lui auraient infailliblement assuré la victoire. Quoiqu'il n'eût plus autour de lui qu'un petit nombre de chevaliers, il résolut de mourir plutôt dans la bataille, que de prolonger sa vie avec honte. Comme il mettait son casque en tête, un aigle d'argent, qui en faisait le cimier, tomba sur l'arçon de son cheval : « *Hoc est « signum Dei*, c'est un présage en« voyé par Dieu, » dit-il à ses barons ; « j'avais attaché mon cimier de mes « propres mains, ce n'est pas le ha« sard qui le détache. » N'ayant plus ce signe royal qui l'aurait fait connaître, il se jeta cependant dans la mêlée, combattant en franc chevalier; mais les siens étaient déjà en déroute; il ne put arrêter leur fuite, et il fut tué au milieu de ses ennemis, par un Français qui ne le connaissait pas. »

BATAILLE DE TAGLIACOZZO.

« Charles n'avait pas plus de trois mille chevaliers pour opposer aux cinq mille que conduisait Conradin; mais un vieux baron français, Alard de Saint-Valéry, qui revenait de la terre sainte, lui suggéra un stratagème périlleux, et peut-être cruel, qui compensa l'infériorité du nombre.

« D'après le conseil du sire de Saint-Valéry, Charles fit trois corps de son armée : le premier fut composé de Provençaux, Toscans, Lombards et

Campaniens; il lui donna pour capitaine Henri de Cosence, qui ressemblait à Charles, et qu'il fit revêtir d'habits et d'ornements royaux. Il forma un second corps de Français, sous les ordres de Jean de Crari; et il envoya ces deux bataillons, comme s'ils formaient seuls toute l'armée, fortifier le pont, et défendre la petite rivière qui traverse la plaine de Tagliacozzo. Le roi cependant, avec Alard de Saint-Valéry, Guillaume de Ville-Hardouin, prince de Morée, et huit cents chevaliers, la fleur de toute l'armée guelfe, se cacha dans un petit vallon, pour ne paraître qu'à la fin du combat. Conradin, après avoir reconnu les deux corps qu'il supposait former toute l'armée guelfe, divisa la sienne en trois corps, selon les nations qu'il conduisait. Avec le duc d'Autriche, il prit le commandement des Allemands; il donna celui des Italiens au comte Galvano Lancia, et celui des Espagnols à Henri de Castille. A la tête de ses braves soldats, il passa hardiment le fleuve à gué, et vint donner au travers des Provençaux; leur bataillon fut bientôt mis en déroute, et celui des Français ne résista pas beaucoup plus. Les Gibelins étaient tellement supérieurs en nombre, que l'armée de Charles parut bientôt ou détruite ou mise en fuite. Charles, qui, d'une colline, voyait le massacre de ses gens, s'abandonnait au désespoir, et voulait à toute force voler à leur secours; mais le sire de Saint-Valéry, qui, d'après sa connaissance des Allemands, avait calculé les effets de leur victoire, ne lui permit point encore de faire mouvement. Les Allemands, en effet, trouvant sur le champ de bataille le corps de Henri de Cosence, percé de coups, le prirent, d'après ses ornements, pour Charles lui-même; la victoire leur parut complète; et, n'ayant plus rien à craindre, ils se répandirent dans la campagne pour piller.

« Lorsque Alard de Saint-Valéry vit que les troupes de Conradin avaient complétement rompu leur ordre de bataille, et qu'entraînées à la poursuite des fuyards, elles étaient divisées en petits pelotons, hors d'état désormais de soutenir le choc de ses gendarmes, il se retourna vers Charles, et lui dit : « Fais à présent sonner la « charge, car le moment en est venu. » En effet, ces huit cents hommes d'élite et de troupes fraîches, donnant au travers d'une armée de cinq mille hommes, mais accablée de fatigue, et tellement dispersée, que, nulle part, on ne trouvait deux cents chevaliers réunis et prêts à faire résistance, en firent un massacre effroyable. Charles était si peu attendu, que quand sa troupe était entrée au galop sur le champ de bataille, ceux qui l'occupaient n'avaient pas douté que ce ne fût un parti des leurs qui revenait de la poursuite des fuyards, et ils ne s'étaient point mis en défense pour les attendre. Les Français, voyant l'enseigne de leur roi relevée, accouraient se ranger autour d'elle, et la troupe de Charles se grossissait, tandis que celle de Conradin diminuait. Les barons qui entouraient celui-ci, voyant que la bataille ne pouvait plus être sauvée, lui conseillèrent de se réserver, ainsi que ses soldats, pour un nouveau combat, et de se dérober, par la fuite, à la mort ou à la captivité. Conradin, le duc d'Autriche, le comte Galvano Lancia, le comte Gualferano, et les comtes Gérard et Galvano de Donoratico de Pise, s'enfuirent ensemble; et Alard de Saint-Valéry retint à grand'peine les Français qui voulaient les poursuivre; car, si eux, de leur côté, avaient rompu leur ordonnance, ils auraient pu aisément être défaits à leur tour. Peu s'en fallut même qu'ils ne le fussent par don Henri de Castille, qui rentra sur le champ de bataille avec ses Espagnols. Cependant ceux-ci furent également dispersés, et Charles resta jusqu'à la nuit avec son armée rangée en bataille, pour ne laisser aucun doute sur sa victoire. »

COMPOSITION DES DIFFÉRENTS CORPS D'UNE ARMÉE.

Bien que chaque armée, quelque peu nombreuse qu'elle fût, se trouvât divisée en petits corps, ces corps, formés ou d'après les diverses nations, dont chacune suivait son propre duc, ou d'après la dépendance féodale, et dans ce cas les vassaux suivaient leurs seigneurs, ou bien encore, quand c'étaient les habitants d'une ville, d'après les diverses portes ou les divers quartiers, avec autant de capitaines différents, n'étaient ni également nombreux, ni également bien armés, bien exercés, ni également faciles à séparer ou à réunir, selon le besoin. Aussi était-il nécessaire que le généralissime fût moins un habile tacticien qu'un homme assez énergique pour contenir des parties si hétérogènes, si faiblement unies les unes aux autres, et surtout pour y maintenir l'ordre et la discipline; car alors les rois eux-mêmes avaient moins d'autorité sur leurs armées que n'en a aujourd'hui un simple officier dans les nôtres, et cette obéissance passive que le soldat accorde maintenant à son chef quel qu'il soit, ne pouvait alors être obtenue que par les qualités personnelles du général. Il est vrai que les armées des villes offraient un aspect plus uniforme; mais ici les chefs (soit consuls, soit podestats, soit capitaines nommés exprès) étaient élus par leurs soldats et responsables devant eux de leurs actions; aussi les changeait-on très-fréquemment; inconvénient grave, auquel l'on ne savait pas alors, comme autrefois à Rome, trouver de remède.

Jusqu'à l'époque où les habitants des villes prirent l'habitude de servir à cheval, et où les seigneurs féodaux engagèrent des fantassins à leur service, l'infanterie prévalut dans les armées des villes, la cavalerie dans celles des chevaliers.

EMPLOI DES DIFFÉRENTES ARMES.

La cavalerie agissait tantôt tout à fait seule, surtout quand elle se trouvait sur les ailes, tantôt elle était dispersée dans les intervalles des différents corps d'infanterie, tantôt elle était entremêlée de fantassins destinés à la soutenir, ou bien des archers marchaient en avant pour harceler l'ennemi de loin, et pour jeter la confusion dans ses rangs avant que la cavalerie n'opérât sa charge. La cavalerie, qui ne combattait qu'avec l'épée, évitait d'attaquer l'infanterie; car celle-ci, rangée en carrés profonds, croisait ses longues lances, et présentait un mur d'airain. L'art de former la cavalerie en ordre de bataille, de lui faire opérer des évolutions, de la faire charger en masse ou par pelotons, de l'employer pour des escarmouches, était probablement d'autant moins connu alors, que chez les peuples d'Occident on n'estimait guère d'autre cavalerie que celle dont les hommes et les chevaux étaient également bardés de fer.

Les Turcs savaient tirer un parti bien plus avantageux de leur nombreuse cavalerie; ils ne marchaient pas à l'ennemi en ligne droite et serrée, mais jetaient en avant leurs deux ailes et laissaient en arrière leur centre, de sorte qu'ils paraissaient se diviser en trois corps différents. Si alors l'une des ailes se trouvait attaquée par l'ennemi, le centre volait à son secours; si, au contraire, l'ennemi dirigeait son attaque contre le centre, les deux ailes le prenaient en flanc et en queue; si enfin l'une des deux ailes ne pouvait soutenir l'attaque de l'ennemi jusqu'à ce que le centre arrivât, elle faisait semblant de fuir pour entraîner l'ennemi à sa poursuite; mais, dès que l'autre aile avait fait conversion pour le charger par derrière, elle revenait aussitôt à la charge. Cette tactique était d'autant plus convenable, que les Turcs, ne faisant pas usage de lances, évitaient la mêlée, et se bornaient à lancer des flèches de loin, ce qu'ils faisaient avec autant de vigueur que d'adresse, soit en avançant, soit en fuyant.

Parmi les Européens, chaque nation excellait dans une arme ou dans l'autre. Les Français, par exemple, d'après le témoignage d'un historien grec, avaient de meilleurs chevaux que tous les autres peuples, et se servaient plus adroitement de la lance; les Allemands, au contraire, étaient meilleurs fantassins et plus habiles à manier l'épée. Un autre écrivain vante ces derniers comme étant d'excellents guerriers sous tous les rapports; mais il leur reproche de se laisser entraîner par leur courage, et d'oublier alors tous les conseils de la prudence et toutes les règles de l'art.

Il paraît que déjà à cette époque les professeurs d'escrime étaient assez communs; le comte de Reichenbach, en 1250, donna à un maître d'armes des terres en fief, sous la condition qu'il n'enseignerait son art à aucun des ennemis du comte.

Les chars à faux ne sont mentionnés que très-rarement à cette époque. Vers le milieu du douzième siècle, les Milanais les plaçaient au premier rang dans l'ordre de bataille; le second rang était occupé par l'infanterie, les tireurs d'arc et le carroccio; le troisième par d'autres soldats avec les petits étendards, et le quatrième enfin par les auxiliaires.

STRATAGÈMES.

Nous trouvons des exemples de surprises, d'embuscades habilement dressées, de fontaines et de puits empoisonnés ou taris, et de beaucoup d'autres ruses de guerre. Othon fit crier aux Français, par des gens de son armée qui savaient leur langue : « Sauve qui peut! sauve qui peut! » et ceux-ci lâchèrent pied. Dans d'autres occasions, on lançait des ruches d'abeilles au milieu de la cavalerie pour y semer le désordre (*).

CAMPEMENT.

On mettait ordinairement beaucoup de soin à fortifier les camps. Pour cela on choisissait, autant que possible, un endroit uni, qu'on entourait d'un fossé et d'un rempart. L'intérieur de ces fortifications était régulièrement divisé et traversé par de larges rues; la tente du chef était au centre du camp; là aussi se trouvaient les bagages : en marche comme au camp, ils étaient au centre.

(*) Ceci rappelle la ruse d'Annibal faisant lancer sur les vaisseaux ennemis des pots de terre qui, en se brisant, laissaient échapper un grand nombre de serpents.

COUTUMES MILITAIRES; CONDUITE A L'ÉGARD DES PRISONNIERS.

Toute guerre, suivant la règle, devait être déclarée d'avance; quelques traités même en fixaient exactement le terme. Dans certaines villes d'Italie, à Pise et à Florence, par exemple, avant que la guerre commençât, on sonnait le tocsin jour et nuit pendant un mois (*).

Plus d'une fois, par suite des idées chevaleresques de ces temps, les guerres les plus acharnées offrirent des exemples remarquables de courtoisie et de générosité : ainsi le sultan Saladin et Richard Cœur de Lion se firent mutuellement présent de fruits, de chiens de chasse et d'objets précieux. Lorsque Richard, devant Acre, demanda à Malek-Adel des poules et d'autres volailles pour ses faucons amaigris, celui-ci répondit : « A quoi bon ce prétexte « des faucons? le roi est malade; nous « lui enverrons ce dont il a besoin. » Cependant les exemples de grossièreté et de rudesse sont encore plus communs. Les habitants de Bardewick, par exemple, montrèrent une certaine partie du corps à Henri le Lion, et les femmes de Friszlar ne se gênèrent pas davantage devant Conrad, landgrave de Thuringe. Quant aux actes de cruauté, ils ne sont que trop communs. Ainsi Saladin n'ayant pas voulu racheter cinq mille prisonniers, Richard les fit tuer, et les croisés leur arrachèrent les entrailles. Dans la guerre de l'Étendard, en 1138, les Écossais passaient tous les hommes au fil de l'épée, éventraient les femmes enceintes, et jetaient les enfants en l'air pour les recevoir sur leurs lances.

Les prisonniers étaient ordinairement traités avec dureté; on les emprisonnait, et souvent même on les mettait à mort. Les Crémonais massacrèrent les prisonniers milanais; les habitants d'Imola crevèrent les yeux aux prisonniers faits sur ceux de

(*) On peut consulter à cet égard le curieux chapitre de Beaumanoir sur cette matière.

Faenza; et ceux-ci, en revanche, taillèrent en pièces les prisonniers d'Imola, exposèrent leurs têtes au-dessus des portes, et suspendirent les membres mutilés aux arbres plantés le long des routes. Les Bolonais attachèrent à la queue de leurs chevaux les défenseurs d'un château qui avait quitté leur parti, et les traînèrent ainsi jusqu'à la place publique, où ils furent décapités. En 1280, des prisonniers de Parme, à l'instigation de quelques-uns de leurs compatriotes exilés, furent pendus à Crémone par les pieds et les mains, après qu'on leur eût arraché plusieurs dents et mis des crapauds dans la bouche; sur quinze cent soixante-dix-huit, trois cent dix-huit résistèrent à cet horrible supplice.

A côté d'une semblable barbarie, d'autres traitements, quoique fort injurieux, paraissent doux et supportables. Un jour, les Vénitiens firent proclamer que quiconque apporterait une poule blanche recevrait en échange dix Padouans prisonniers. Lorsque les Padouans eurent pris le carroccio de Vicence, ils l'exposèrent dans la cour de l'évêché; *et ibi super carroccio cacaverunt*. A Reggio, on mit à chaque prisonnier de Parme un bonnet en papier sur la tête, on lui brûla la barbe, et on le renvoya avec une poire d'angoisse à la bouche. Plusieurs fois des prisonniers furent renvoyés sans hauts-de-chausse. Les habitants de Parme allèrent plus loin : ils attachèrent au derrière de ces prisonniers, ainsi dépouillés de leurs vêtements, des bottes de paille, auxquelles ils mirent le feu.

PAIX DE DIEU. PAIX PUBLIQUE.

On a souvent, et surtout de notre temps, appelé barbares, désastreuses et incompatibles avec toute justice, les idées du moyen âge, d'après lesquelles chaque individu avait le droit de faire la guerre et la paix. Cependant il ne serait pas impossible d'expliquer et même de justifier quelques-unes de ces coutumes qui nous choquent tant aujourd'hui.

L'usage de décider par la force et par la guerre ce qu'une cour de justice ne pouvait ou ne semblait pouvoir convenablement décider, devait aguerrir chaque homme, accroître par un exercice continuel son courage et sa vigueur, et développer son intelligence d'une manière bien plus énergique que ne le peuvent faire l'enrôlement forcé, la soumission et l'obéissance passive. On doit rejeter l'opinion qui veut que tout droit n'ait été alors que le privilége du plus fort, par cela seul que le plus fort, quand il voulait se montrer injuste, était obligé d'exposer sa vie, et que le plus faible pouvait toujours trouver moyen de s'associer à d'autres opprimés, et de se rendre ainsi formidable. Une simple querelle de ce temps développait plus d'individualité que ne le font aujourd'hui de grandes guerres, par cela seul qu'aujourd'hui les qualités personnelles sont remplacées par les masses. De là aussi il résulte qu'alors les querelles se bornaient à peu près à ceux qui y étaient intéressés, tandis que, de nos jours, chaque guerre embrasse une si grande étendue, et frappe une foule si innombrable, que mille querelles du moyen âge ne pouvaient causer autant de désastres. Ajoutons que le droit de guerre privée n'était point aussi arbitraire que nous le croyons; au contraire, puisqu'il dépendait toujours du jugement des suzerains ou des pairs, qui ne manquaient pas de faire une distinction entre une guerre injuste et une guerre juste. L'état de guerre enfin ne s'étendait pas, comme aujourd'hui, au delà de la guerre elle-même et pendant toute la durée de la paix : avec la paix, tous les préparatifs et toutes les mesures prises pour la guerre étaient si bien abandonnés, que les guerriers rentraient dans leurs foyers, que les mercenaires étaient licenciés, et que tous enfin étaient rendus aux occupations de la paix; tandis que de nos jours les armées permanentes, plus nombreuses que les plus grandes armées du moyen âge, font une guerre perpétuelle à la fortune de leurs concitoyens, et sont des écoles où l'homme s'accoutume à une vie mécanique, vicieuse et inactive, ou du moins à une activité qui ne porte point de fruits. Aucun de ces inconvénients n'était connu au temps du droit du plus fort. L'état d'excitation continuelle, résultant des constitutions militaires d'aujourd'hui, affaiblit tellement nos royaumes les plus puissants au milieu même de la paix, que pour des entreprises telles que de petites villes en faisaient seules autrefois (par exemple la construction des églises), il ne leur reste ni argent, ni force, ni courage.

Ces considérations, loin de tendre à cacher avec partialité le côté faible des siècles passés, ont uniquement pour but de prouver que le droit de la guerre du moyen âge, quoique très-odieux et condamnable sans restriction, n'était pas cependant sans avoir quelques côtés utiles, et qu'aucun des siècles qui suivirent n'eut exclusivement la sagesse et la vérité en partage.

D'ailleurs les inconvénients d'un pareil état de choses n'étaient nullement ignorés, et l'on s'efforçait sérieusement de les faire disparaître : ainsi, par exemple, le clergé plus consciencieux, et saisissant la haute portée des paroles du Christ, « La paix soit aux hommes de la terre, » se croyait obligé, avant tout, de contribuer à accomplir la parole divine. Après bien des essais infructueux, une idée, conçue dans la France du sud-ouest, fut couronnée d'un succès plus efficace et presque universel : ce fut la paix de Dieu. Les dispositions devaient en être strictement observées partout ; et, quoique beaucoup de laïques les repoussassent comme une restriction apportée à leur droit de guerre, elles trouvèrent chez tous les autres une entière adhésion. Quand dans plusieurs conciles les papes leur eurent donné confirmation et extension, tout le monde fut forcé de s'y soumettre, ou du moins on ne put désormais les enfreindre impunément.

Voici les dispositions principales de ces décrets :

1. La paix de Dieu, *treuga Dei*, durant laquelle aucune guerre ne peut être faite, a lieu depuis l'Avent jusqu'à l'Épiphanie, et depuis le dimanche de la Quinquagésime jusqu'à la Pentecôte ; puis pendant les Quatre-temps, les jours de mai et les principaux jours de fête ; enfin dans chaque semaine, depuis le mercredi soir jusqu'au lundi matin.

2. La paix ainsi fixée sera pour les guerriers et les guerroyants. Auront une *paix continuelle* les églises, les cloîtres, les cimetières, l'intérieur des villages, ce qui est contenu entre le fossé et la haie, les moulins, les routes royales, les ecclésiastiques, les pèlerins, les marchands, les juifs, les laboureurs et les femmes.

3. Il sera donné un signal par toutes les cloches, au moment où la paix commence. Il est défendu à un prêtre quelconque, sous peine de destitution, de célébrer le service divin là où qui que ce soit aura enfreint cette paix. Un chevalier qui nie l'infraction de la paix se justifiera en présence de sept témoins garants de son serment ; tout autre prouvera son innocence par le jugement de Dieu. Le chevalier convaincu d'avoir enfreint la paix, ou d'avoir blessé ou tué quelqu'un, sera chassé de l'aleu, qui sera transmis aux héritiers, ou du fief, qui reviendra au seigneur. Si les héritiers ou le seigneur ont porté aide à l'infracteur, le bien deviendra domaine royal. Le serf qui tue pendant la paix aura la tête tranchée ; s'il a fait une blessure, on lui tranchera la main. Chacun a le droit d'exécuter ce jugement ; nul ne peut se racheter. Celui qui se réfugie dans une église ou dans un autre asile n'y sera ni pris ni tué, mais il y sera tenu prisonnier jusqu'à ce que la faim le force à se rendre.

4. Pendant la paix, nul n'aura la permission de porter des armes, excepté le voyageur qui voyage dans un pays où la paix n'est pas strictement observée.

Ces dispositions et d'autres semblables furent souvent renouvelées et jurées par les hommes de toutes les conditions ; mais il est vrai qu'elles ne furent pas toujours bien observées. Dans quelques pays, on levait des impôts pour faire observer strictement la paix, ou pour indemniser ceux qui avaient souffert des dommages, quelquefois aussi pour former une espèce d'assurance des biens mobiliers.

A côté de cette paix de l'Église et de Dieu, les princes séculiers établirent, avec des dispositions non moins sévères, la paix de l'Empire et la paix politique; mais toutes les deux ne parvinrent jamais à amener une paix telle que nous la croyons nécessaire de nos jours. La paix de Dieu ne défendait la guerre qu'à certaines époques de l'année; il restait donc à la paix publique de fixer les causes pour lesquelles la guerre était regardée comme juste et permise, ou plutôt à fixer celles pour lesquelles elle ne pouvait pas avoir lieu. Pendant les jours de paix, nul, sous peine du ban, n'avait le droit de porter une arme autre que l'épée; il n'y avait d'exception que pour les tournois. Dans l'intérieur des villes, des châteaux et des villages, l'épée même était prohibée. L'empereur Frédéric Ier fut inexorable pour le maintien de la paix publique; il fit plusieurs lois qui imposaient aux infracteurs de sévères punitions corporelles et des amendes considérables; des princes même, par son ordre, durent se soumettre à la peine honteuse de porter un chien galeux(*); plusieurs chevaliers eurent la tête tranchée. La paix publique, proclamée avant son départ pour la terre sainte, ordonnait que toute guerre privée fût déclarée trois jours d'avance, et que les traités fussent strictement observés. Chaque prince était autorisé à prononcer le ban pour violation de la paix; mais l'empereur seul pouvait le lever, et seulement encore lorsque le coupable avait pris devant le juge un arrangement avec la personne lésée. Celui qui, dans l'espace d'un an, ne faisait pas lever le ban qui pesait sur lui devenait infâme, il perdait tous ses droits et tous ses fiefs. Si l'infracteur de la paix publique avait incendié des champs ou des maisons, on le punissait de mort; chacun était tenu, sous des peines sévères, de le livrer à la justice; son seigneur, son vassal et ses parents, pouvaient le mener dans un endroit sûr, mais là ils devaient l'abandonner à lui-même. Le droit saxon, au contraire, veut que si le vassal et les siens ont enfreint la paix publique, le seigneur et ses proches agissent contre lui, sans porter pour cela préjudice à la foi féodale, qui défend la guerre entre le seigneur et son vassal.

Les successeurs de Frédéric Ier, Philippe, Othon IV, Frédéric II et Guillaume, cherchèrent à suivre son exemple; mais leurs efforts furent d'autant moins couronnés de succès, qu'à l'absence de principes sur la légalité et l'illégalité des guerres privées, se joignit l'absence d'une autorité capable de punir les crimes, même les plus graves en ce genre.

En Angleterre, en France et en Hongrie, les rois travaillèrent, avec plus ou moins de succès, à l'organisation de la paix publique. En Hongrie, le noble qui entrait en ennemi dans la demeure d'un autre perdait toute sa fortune; et, s'il n'en avait pas, il était fouetté et vendu comme esclave. Les mesures les plus énergiques et les plus efficaces sur ce point furent prises par saint Louis. Dans l'année 1237, il parvint à interdire toute guerre privée sans aucune exception.

VAISSEAUX. FORCES NAVALES. GUERRES MARITIMES.

Au nord de l'Europe, les Danois, les Suédois et les Norwégiens se livraient, depuis les temps les plus reculés, à la navigation, au commerce sur les côtes, et aussi au métier de pirates. Au sud et au sud-est, les Grecs et les Napolitains furent pour un temps les plus grandes puissances maritimes; mais bientôt les flottes de Pise, de Venise et de Gênes, dominèrent sur la Méditerranée. La prise de Constantinople en 1204, la guerre de Frédéric II avec Gênes, la guerre de Venise avec Pise, etc., etc., nous montrent quelles étaient les ressources de ces villes actives et industrieuses. La ville de Venise, en 1100,

---

(*) C'est la peine du *Harnescar* dont nous avons déjà parlé. Voyez pag. 3o1, col. 2.

conduisit, contre le port de Pise, cent quarante-deux vaisseaux, sur lesquels il y avait une armée de vingt-deux mille hommes, tant en cavalerie qu'en infanterie. En 1243, la ville de Gênes fut bloquée par quatre-vingts vaisseaux de Pise, et par quarante-cinq vaisseaux impériaux ; et ces vaisseaux n'étaient point simplement de grandes barques, comme on serait tenté de le croire. Le vaisseau amiral de l'empereur Frédéric portait mille soldats, tandis qu'aujourd'hui un vaisseau de cent bouches à feu n'a à bord que huit cent cinquante hommes. En 1188, les Vénitiens se chargèrent d'envoyer au secours des Grecs cent vaisseaux, chacun de cent quarante rameurs, ce qui fait quatorze mille rameurs, sans compter les soldats, les chefs, et d'autres employés. Ainsi, quand on fait mention de flottes de deux cents voiles, il en résulte que l'équipage se montait de trente à quarante mille hommes ; ce qui est d'autant plus surprenant, que le commerce n'était pas, pour cela, interrompu, et que cette ville n'avait presque pas de territoire. Où donc un si petit État prenait-il tant de matelots ? Il en recrutait en Dalmatie, dans toutes les villes, dans toutes les îles tributaires, et dans toutes les contrées où les Vénitiens avaient des comptoirs. D'ailleurs les mercenaires ne manquent jamais là où ils sont sûrs d'être bien payés. Vers la fin du douzième siècle, Venise possédait déjà un arsenal de marine si considérable, qu'elle put armer contre l'empereur Emmanuel cent vaisseaux en cent jours.

La grandeur et la forme des vaisseaux étaient aussi variées que leurs dénominations. On appelait galères les bâtiments les plus considérables ; elles étaient longues et étroites, avaient de deux à quatre rangs de rameurs, et étaient armées sur le devant d'un éperon en fer pour percer le vaisseau ennemi. Les galiotes, qui n'avaient qu'un seul rang de rameurs, étaient plus courtes et plus agiles. En 1270, la ville de Gênes avait des vaisseaux à deux ponts. Le grand vaisseau de Saladin, pris par Richard Cœur de Lion, avait trois mâts. Des détails plus exacts sur la grandeur et les différentes parties des vaisseaux du premier rang se trouvent dans un traité que les Vénitiens conclurent avec saint Louis. Les vaisseaux de ce genre avaient cent dix pieds de long, sur quarante de large (*). Chaque vaisseau de guerre était pourvu de plusieurs ponts-levis pour accrocher et attaquer le bâtiment ennemi ; et quand il s'agissait d'assiéger une ville par mer, on élevait sur le pont des vaisseaux des tours de cent pieds et plus, autour desquelles on appliquait des ponts-levis, de manière à pouvoir les laisser tomber sur les murailles de la ville.

Il était d'usage de distinguer les vaisseaux par la couleur employée pour les peindre : les vaisseaux de Gênes, par exemple, jusqu'à 1242, étaient peints en bleu ; plus tard, en blanc avec des croix rouges. Waldemar Ier, en 1158, reçut un vaisseau du roi de Norwége, qui avait la forme d'un dragon, et dont la proue était dorée. On attachait aux mâts les drapeaux du pays ou de la ville ; et les plus grands vaisseaux recevaient des noms propres. Les vaisseaux de l'empereur Alexis avaient par devant des gueules de lion, qui semblaient n'être qu'un ornement, mais qui, en réalité, n'étaient que des ouvertures ménagées pour lancer le feu grégeois, dont alors on se servait souvent dans les batailles navales. Les Occidentaux faisaient usage de simples brûlots, qu'ils chargeaient de fagots enduits de poix. Contre ces préparatifs incendiaires, il était probablement inutile de couvrir les vaisseaux d'asphalte, comme le firent les Samiens. En guise d'ancres, on se servait quelquefois de sacs remplis de sable.

La tactique navale n'était pas chose inconnue, et si les galères des Génois marchaient mieux que celles de Pise, les galères de Venise étaient certainement supérieures à toutes les autres. Elles renfermaient des tonneaux

(*) La longueur de ces pieds n'est pas exactement connue.

remplis de chaux et d'autres matières incendiaires, destinées à être lancées sur les vaisseaux ennemis; des grappins et des chaînes d'abordage; enfin, des machines de jet de différente espèce. Quelquefois aussi on couvrait les vaisseaux de cuir, pour les mettre à l'abri du feu. Pour les garantir contre l'influence de l'air et de l'eau, on les enduisait de savon; il en fallait cinq cents livres pour une galère.

Les marins les moins habiles, tels que les Allemands et les Frisons, se tenaient le long des côtes; les plus expérimentés se hasardaient en pleine mer. Nous ne savons pas avec certitude quand et avec quel avantage on fit usage de la boussole, dont Amalfi portait l'emblème dans ses armes.

La solde des matelots, ainsi que le prix que les pèlerins payaient pour le trajet, varièrent aux différentes époques. Les matelots de Venise, au milieu du treizième siècle, recevaient quatre gros de Venise par mois. Lors de la croisade de saint Louis, les Vénitiens demandèrent, à chaque chevalier, suivi de deux valets, d'un cheval et d'un palefrenier, huit marcs et demi de naulage, pour le transport de ses armes et de ses vivres, et pour la fourniture du combustible nécessaire. Un chevalier, qui ne demandait qu'un endroit abrité pour coucher, payait deux marcs et demi; un écuyer, non abrité, sept onces; un pèlerin, trois quarts de marc, etc. Le bas prix de ces indemnités ne permet pas de croire que la nourriture y fût comprise.

Voici comment Joinville raconte son embarquement : « Nous entrasmes au mois d'aoust celui an (1248) en la nef à la roche de Marseille, et fut ouverte la porte de la nef pour faire entrer nos chevaulx, ceulx que devions mener oultre mer. Et quant tous furent entrez, la porte fut reclouse et estouppée, ainsi comme l'on vouldrait faire un tonnel de vin, pour ce que quant la nef est en la grand mer toute la porte est en eauë. Et tantost le maistre de la nau s'escria à ses gens qui estoient au bec de la nef: « Est vostre besogne preste? Sommes-nous à point? » Et ils dirent que oy vraiement. Et quant les prebstres et clercs furent entrez, il les fist tous monter au chasteau de la nef, et leur fit chanter ce bel igne, *Veni, creator spiritus*, tout de bout en bout. Et en chantant, les mariniers firent voile de par Dieu. Et incontinent le vent s'entonne en la voille, et tantost nous fist perdre la terre de veuë, si que nous ne vismes plus que ciel et mer, et chascun jour nous esloignasmes du lieu dont nous estions partiz. Et par ce veulx-je bien dire que icelui est bien fol, qui sceut avoir aucune chose de l'autrui, et quelque péché mortel en son ame, et se boute en tel danger; car si on s'endort au soir, l'on ne sceit si on se trouvera au matin au sous de la mer. »

Chacun des peuples navigateurs du moyen âge avait des lois commerciales et maritimes. Ce n'est pas ici le lieu d'examiner et de décider où elles furent recueillies pour la première fois. On sait avec certitude qu'elles le furent au milieu du treizième siècle, et en plusieurs endroits à la fois. Le recueil le plus connu de cette époque, et en même temps le plus riche en dispositions différentes, est le *Libro del consulado*. Il s'occupe, entre autres choses, de la construction des navires et des armateurs, des propriétaires et de leurs associés, du consentement nécessaire pour les transports, de la vente des droits de propriété et des frais de havrerie; il fixe les droits et les obligations des marins, les conditions de leurs engagements et de leurs congés, leurs droits et leurs devoirs, leurs récompenses et leurs punitions; il traite enfin de la cargaison, du prix du transport, de la participation aux chances, des cautions, des marchandises avariées ou jetées à la mer, de la piraterie, des navires pris et rendus, de la rançon des prisonniers, etc.

Il y avait déjà à cette époque, entre les vaisseaux des diverses nations, certains signes de déférence et de respect. En 1257, les Génois durent promettre aux Vénitiens de ne plus passer devant le port de Saint-Jean d'Acre le pavillon déployé. Très-souvent on ren-

30° *Livraison*. (ALLEMAGNE.)

dit des lois dans le but de favoriser le commerce et la navigation; et ce fut sans doute pour ce motif que Henri II défendit de vendre des navires anglais aux étrangers.

Passons maintenant à la vie intérieure, et énumérons quelques-unes des coutumes qui présidaient aux relations privées. Ici la mine est riche et féconde; mais nous nous contenterons le plus souvent de puiser dans le recueil des antiquités du droit germanique de M. Grimm, où se trouvent rassemblées les coutumes si curieuses de l'Allemagne du moyen âge

FAMILLE.
DEGRÉS DE PARENTÉ.

Dans l'ancien droit germanique les degrés de parenté et les noms qu'on leur donne se rapportent à l'organisation du corps humain. Le droit ripuaire et la loi anglaise en reconnaissent cinq; le droit salique, six; d'autres, sept. C'est ce dernier nombre qu'indique le Miroir de Saxe. L'homme et la femme ont leur siége dans la tête; les enfants nés d'un même père et d'une même mère, dans le cou; les enfants des frères du même lit, dans l'articulation qui joint l'épaule au bras; il en est de même pour les enfants de la sœur. Le second degré est placé dans le coude; le troisième dans le poignet; le quatrième, dans la première articulation du doigt du milieu; le cinquième, dans la seconde; le sixième, dans la troisième, et le septième, dans l'ongle, et s'appelle, pour ce motif, les parents de l'ongle (*nagelmage*).

MARIAGE.

Le mariage entre parents au quatrième degré était prohibé, car, disait-on, il y a quatre humeurs dans le corps, comme cela résulte des quatre éléments. Auparavant même, la prohibition allait jusqu'au septième degré. Ce n'étaient pas les seules entraves que le mariage eût à surmonter. On connaît le droit de *première nuit*, que s'arrogeaient les seigneurs; il est vrai qu'on se rachetait de cette espèce de servitude. Toutefois il fallait au moins la permission de se marier. Dans quelques contrées du Rhin, un mariage était dissous quand le seigneur pouvait prouver que l'un des époux était sien. Dans le Poitou, le comte mariait, selon son bon plaisir, les filles et les veuves. Cependant les princes renoncèrent peu à peu à l'exercice de ces droits outrageants: « Nous vous octroyons, dit Henri VI aux bourgeois de Francfort, cette faveur que nous ne contraindrons plus aucun de vous, riche ou pauvre, à marier sa fille ou sa parente à l'une des personnes de notre cour, ou à tout autre. »

Les enfants ne pouvaient se marier sans le consentement de leurs parents; la veuve, quand le consentement n'était pas obtenu, ne recueillait des biens de son mari, que des habits. A Bologne, un père tua sa fille et son gendre, parce qu'ils s'étaient mariés contre son gré.

Les filles, d'après un édit d'Urbain II, ne pouvaient se marier avant douze ans; c'était là le droit, mais en fait elles ne se mariaient guère avant leur vingtième année.

Souvent les époux se promettaient mutuellement de vivre dans la chasteté. C'est ainsi que le duc Henri le Barbu laissa croître en effet sa barbe, du jour où il fit une promesse de ce genre à sa sainte femme Hedwige. Les parents de Robert Guiscard, Tancrède et Moriella, prenaient une précaution plus sage; ils avaient soin, avant d'user mutuellement de leurs droits d'époux, de s'agenouiller devant Dieu, pour lui demander une postérité qui devînt méritante à ses yeux.

Cependant certaines femmes de croisés attachaient beaucoup plus d'importance à leurs droits conjugaux. On en vit plusieurs se plaindre hautement de ce que leurs maris voulaient s'éloigner d'elles sous prétexte d'entreprendre ce saint pèlerinage. Mais Alexandre et Innocent III rejetèrent leurs doléances.

ALLEMAGNE

FIANÇAILLES.

Chez les Frisons, le jour des noces, la fiancée était escortée jusqu'au temple par une nombreuse suite de jeunes filles et de jeunes garçons. La cérémonie terminée, on la conduisait avec la même pompe à la maison de son époux, devant lequel marchait un jeune homme, l'épée nue à la main. Quand on était arrivé à la demeure conjugale, quelqu'un des parents de l'époux jetait devant le seuil un balai, par-dessus lequel l'épousée devait passer, pour détourner les funestes présages et les maléfices. Au moment où elle se préparait à franchir le seuil, un autre parent ou un voisin de l'époux tirait son glaive du fourreau, et le mettait en travers de la porte pour en fermer l'accès à l'épousée, qui cherchait à forcer le passage. Elle n'était admise qu'après avoir vaincu cette résistance par quelque petit présent. On voulait, par cet usage, l'avertir de conserver sa chasteté pure et intacte, et la prévenir que si elle manquait à ses devoirs, l'époux était en droit de frapper une épouse adultère de ce même glaive, sous lequel elle avait passé pour entrer dans la maison, et que l'on appelait le glaive nuptial, *aeftswird*.

Voici des fiançailles dont les coutumes remontent à l'époque carlovingienne :

Par-devant le tribunal du comte ou de l'envoyé du roi, assisté de sept juges, les bans étant publiés par le dizenier ou le centenier, la veuve salique est mariée de la manière suivante : Là sont présents neuf hommes, trois demandeurs, trois défendeurs, trois témoins. Là doivent être aussi trois solidi et un denier ayant le poids... Cela fait, quand l'époux a donné au reparius (*), *c'est-à-dire au tuteur ou protecteur de la veuve, le prix ci-dessus énoncé, on doit demander à la femme si elle accepte l'époux qui se présente. Si elle répond affirmativement, on doit s'enquérir du père de l'époux, s'il donne son consentement à son fils. Alors que l'orateur commence.*

Il est à remarquer que, dans cette formule, la veuve s'appelle *Sempronia*, l'époux *Fabius*, et le tuteur *Seneca* ; que, de plus, ce Seneca est appelé le *reparius* de la femme qui est dite sa *reparia*.

Quand Fabius a assuré à sa femme le tiers de son avoir, alors que le glaive et la chlamyde soient présentés par Seneca, et que l'orateur dise : Par ce glaive et par cette chlamyde, marie à Fabius Sempronia la reparia, *qui est de la race des Francs. Et quand Seneca y a consenti, qu'alors l'orateur dise à Fabius, en lui remettant le glaive et la chlamyde : O Fabius, par ce glaive et cette chlamyde, il te la recommande.*

DOT. DON DU MATIN.

Les parents et les convives jetaient dans le lit nuptial les présents qu'ils destinaient aux nouveaux époux, ou bien encore ils les leur apportaient le jour suivant. Le mariage était considéré comme consommé, quand la couverture avait touché le mari et la femme. Les poésies du moyen âge font souvent mention d'époux qui, le jour de leur union, échangent entre eux leurs chemises. Le matin, on servait, devant leur lit, un mets qu'ils mangeaient ensemble ; pour les gens de distinction, c'était une poule rôtie, la *poule des noces*, la *poule d'amour*. Ce même matin la femme recevait de son époux un présent considérable, le *morgengab*, dont nous avons déjà parlé. Pour le *morgengab*, le prince donnait cent marcs ; le vassal cinq ; le libre intermédiaire dix ; enfin, le chevalier apportait en outre, un serviteur, une servante, une maison garnie, un troupeau qui allait à la pâture ; l'homme en appartenance (le serf) faisait l'apport d'un mouton, d'une chèvre, ou bien de quelque petite somme d'argent. Le mari ne pouvait, sans le consente-

---

(*) Nous apprenons par ce passage que le *repus* était un prix de vente symbolique, et de là le nom de *reparius*, donné au tuteur, et celui de *reparia* donné à la pupille.

ment de sa femme, disposer de ses biens ou de son *don du matin;* et réciproquement, la femme ne le pouvait sans le consentement de son mari. Le mari avait la tutelle de sa femme, même lorsqu'il n'était pas de la même condition qu'elle, car, disait-on, « femme qui entre dans le lit du mari, entre aussi dans le droit du mari. » Elle ne recouvrait son premier état qu'au décès de son époux. Une femme ne pouvait non plus ester en justice sans l'autorisation du mari. La jeune fille mineure ne pouvait de même y paraître sans être assistée de son tuteur.

GROSSESSE

Dans les lois les plus anciennes, le wergeld, pour les femmes enceintes, est ordinairement plus élevé que pour toute autre, parce qu'on avait égard à l'enfant qu'elles portaient. Ces lois, surtout les plus sages, leur accordent une autre faveur qui doit remonter à des temps fort anciens : elles peuvent impunément prendre, à leur gré, les fruits, les légumes, le gibier dont elles ont envie. Un règlement cité par M. Grimm, est ainsi conçu : « Le schœff est d'avis que les habitants de Schœnaw entretiennent un verger dans l'enclos des moines, afin que, s'il passe par là une *demoiselle qui soit enceinte,* elle puisse satisfaire son envie, et qu'il n'en résulte pas un plus grand dommage. »

Les paysans de la Souabe, qui se révoltèrent au commencement du seizième siècle, stipulèrent, dans les conditions moyennant lesquelles ils se soumirent, que si l'un d'eux avait une femme enceinte, il pourrait, sans qu'on lui en fît un crime, pêcher pour elle un poisson dans le ruisseau.

EXPOSITION DES NOUVEAU-NÉS.

Liafburch, au moment où sa mère lui donna le jour, fut saisie par sa grand'mère qui était païenne, et qui, indignée de ce que son fils n'avait que des filles, livra l'enfant nouveau-né à des valets, avec ordre de le noyer. L'esclave auquel cet ordre cruel avait été donné, se mit en mesure d'obéir; il remplit un seau d'eau, et y plongea l'innocente créature; mais celle-ci, bien qu'elle vînt de naître à l'heure même, saisit les deux bords du seau, et se mit à lutter contre l'esclave. Pendant cette lutte merveilleuse, effet de la miséricorde divine, qui destinait Liafburch à devenir la mère de deux saints évêques, Ludiger et Hildegrim, une femme du voisinage survint, et, prenant pitié de la pauvre petite, l'arracha des mains de son bourreau, s'enfuit avec elle dans sa maison, où elle lui fit *goûter un peu de miel; car, chez les païens, il est défendu de donner la mort à un enfant qui a pris quelque aliment.* Cependant les ministres de la cruelle grand'mère avaient poursuivi la pauvre femme; et, voyant qu'ils ne pouvaient plus exécuter l'ordre qu'ils avaient reçu, ils n'osèrent raconter le fait à leur maîtresse, mais abandonnèrent l'enfant à celle qui l'avait sauvée. La grand'mère morte, Liafburch fut rendue à sa mère.

FORMULES DES TROIS CAS DE NÉCESSITÉ ABSOLUE OÙ LA MÈRE PEUT VENDRE LES BIENS DE L'ENFANT MINEUR POUR LUI CONSERVER LA VIE.

Quand un enfant, jeune encore, a été pris et conduit vers le nord de la grève, ou vers le sud de la forêt, la mère peut engager ou vendre ses biens pour le racheter.

Quand l'année est chère, que la famine est extrême, qu'elle sévit par le pays, et que l'enfant est sur le point de mourir de faim, la mère alors doit engager et vendre le bien de l'enfant, et acheter à sa progéniture, vache, œufs et grains, afin de lui conserver la vie.

La dernière nécessité, c'est quand l'enfant est entièrement nu, qu'il est sans asile, et qu'arrive le noir brouillard et le froid hiver; alors tout le monde rentre dans sa cour, dans sa maison et dans son enclos, et la bête sauvage cherche l'arbre creux, sa tanière, pour mettre son corps à l'abri; l'enfant en bas âge crie et pleure, montrant que son corps est nu, et qu'il est sans asile, et que son père, qui devrait le préserver de la faim, du froid de l'hiver et du brouillard, est entre quatre clous, profondément clos, et couvert sous le chêne et sous la terre. Alors la mère peut engager et vendre les biens de l'enfant.

DES ENFANTS.

« Les femmes ne doivent point, dit un concile tenu à Kanterbury en 1236, prendre leurs enfants dans le lit, les laisser seuls avec eau et feu. » Les enfants hors mariage étaient en général exclus de l'hérédité; cependant, suivant une loi, si le mariage de personnes qui, au moment de leur union, ne connaissaient rien qui s'y opposât, est ensuite dissous, les enfants conservent leur condition, et sont capables de succéder.

On était majeur, en Saxe, à vingt et un ans; à dix-huit, chez les Francs et ailleurs.

A soixante ans, on pouvait se choisir de nouveau un tuteur.

L'émancipation avait lieu par l'abandon que faisait le père du cinquième de ses biens; cependant le père qui avait beaucoup d'enfants, n'était pas tenu de donner plus des deux cinquièmes.

L'HOMME IMPUISSANT.

Si un homme ne peut remplir les devoirs du mariage envers son épouse, il doit la mener à son voisin. Si celui-ci ne peut la satisfaire, il doit la prendre dans ses bras, doucement et sans lui faire aucun mal, l'emporter neuf maisons plus loin, et toujours sans lui faire aucun mal, la poser doucement à terre, la tenir là cinq heures, puis crier : Aux armes! afin que l'on vienne à son secours. Et si l'on ne peut encore venir en aide à sa femme, il doit de nouveau l'emporter doucement et sans lui faire aucun mal, la déposer de même, lui donner une robe neuve, et une bourse destinée aux frais de voyage, et l'envoyer à la foire de l'année; si personne alors ne peut la satisfaire, que mille diables la satisfassent.

Demande. *Quand un mari ne peut remplir ses devoirs conjugaux envers sa femme, de manière qu'elle soit satisfaite de lui, que doit-il faire?*

Réponse. *Il doit prendre sa femme sur son dos, la porter au delà d'une haie de neuf années, et quand ils l'auront franchie, il procurera à sa femme quelqu'un qui puisse remplir envers elle les devoirs maritaux, de manière qu'elle soit contente.*

Item. *Je suis d'avis qu'un bon mari, quand il ne peut satisfaire sa femme, et qu'elle s'en plaint, doit la prendre sur son dos, et la porter sept maisons plus loin, prier son plus proche voisin de venir en aide à sa femme. Quand celui-ci a rempli ses désirs, qu'il la reprenne sur son dos, la reporte chez lui, la pose doucement, et lui serve une poule rôtie et une canette de vin.*

La femme d'un vassal ne lui donnait point d'enfants; et cela causait beaucoup de déplaisir au mari, car il voyait que son héritage allait tomber entre des mains étrangères; il songea donc à se donner un substitut; mais sa femme lui dit qu'elle aimerait mieux mille fois mendier un jour son pain, que de se voir ainsi déshonorée. Cependant le mari insiste, et si bien qu'elle se détermine à recevoir le landgrave de Thuringe. Celui-ci consent; un jour il quitte une partie de chasse, et entre secrètement chez le chevalier. On boit, on mange, et durant le repas le landgrave fait goûter à ses hôtes d'un certain remède. Quand survint l'heure de se retirer, il se trouva que le remède agissait, et que le chevalier, se sentant une force nouvelle, se crut assez sûr de lui-même pour dire au landgrave : «Mon cher et gracieux seigneur, je vous fais mille remercîments de votre visite, mais je dois vous l'avouer, et ne vous en irritez pas pour cela contre moi, je me sens de force à me retirer avec ma femme.» Et le landgrave de sourire : « Je ne suis pas venu, dit-il, pour user de ta femme, mais bien pour t'épargner, à toi, une injustice et à elle, le déshonneur. »

DE L'ADULTÈRE ET DES PEINES QU'IL ENCOURAIT.

L'adultère n'entraînait pas, en général, la dissolution du mariage, mais il n'en donnait pas moins lieu à des peines sévères. En Dauphiné et en Provence, on battait, en le traînant nu par les rues de la ville, celui qui s'était rendu coupable d'adultère. A Lubeck, il était de droit qu'il fût traîné sur son char, sens dessus-dessous (*sursum et deorsum*), par tous les quartiers de la ville. Le roi Ladislas, de Hongrie, permettait au mari qui avait pris et tué sa femme en flagrant délit d'adultère, de se remarier; mais il ne pouvait le faire, quand il y avait lieu à un divorce juridique.

DIVORCE.

Le divorce était de droit quand la femme était stérile, que le mari était impuissant ou qu'il ne restait pas près de sa femme.
Si la femme se plaint de ce que son mari n'a pas eu de commerce avec elle, qu'ils se rendent au pied de la croix, et, si le fait est reconnu vrai, qu'ils soient séparés.
Après le divorce, le mari redemandait les clefs à sa femme. Les époux qui divorçaient prenaient une pièce de toile qu'ils coupaient en deux, et dont chacun d'eux gardait un morceau.

DES UNIONS HORS MARIAGE, ET DU PÉCHÉ DE LA CHAIR.

Les prostituées de Bologne étaient tenues de porter un vêtement distinctif; à Montpellier, elles avaient une rue (la rue Chaude, ainsi l'appelait-on) qui leur était spécialement assignée. Elles devaient, à Ravenne, se retirer du voisinage de tout honnête homme qui s'en plaignait. Il arriva un jour que la femme de Louis VII embrassa une prostituée, sans la connaître et la tenant pour honnête femme; dès ce moment, défense fut faite aux filles de joie de porter la chlamyde (*chlamys*). A son retour de la croisade, saint Louis proscrivit les prostituées; il défendit de saisir des biens, des vêtements, des pelisses, qui leur appartiendraient, etc. Des prostituées arrêtaient les clercs partout où ils passaient, et les retenaient pour ainsi dire de force. Il arrivait souvent qu'au premier étage d'une même maison on faisait la leçon à des étudiants, tandis que des prostituées occupaient le rez-de-chaussée (*).

Le rapt, la violence entraînait, dans certains endroits, des peines sévères: on crevait les yeux au coupable, ou on le mutilait dans les organes mêmes de la génération. A Tours, une jeune fille, pour sauver son honneur, se jeta à l'eau. L'Église fit tout pour opérer la conversion de ceux qui se livraient à ces désordres. « Qui veut épouser cette jeune fille que j'ai convertie? dit un jour un zélé convertisseur; je contribue à sa dot pour dix livres. » Le reste aussitôt fut fourni par les assistants, et se trouva un homme pour l'épouser. « Celui qui prend une prostituée pour épouse fait une œuvre pie, dit Innocent III; car il la retire d'une voie de perdition; c'est d'ailleurs un moyen de se faire pardonner ses péchés. » Robert d'Arbrissel fonda pour elles un monastère, qu'il plaça sous la protection de sainte Marie-Madeleine, la grande pécheresse de l'Écriture. « Un jour qu'il était venu à Rouen, il entra dans un mauvais lieu, et s'assit au foyer pour se chauffer les pieds. Les courtisanes l'entourent, croyant qu'il est venu pour se livrer au plaisir. Mais comme il leur prêchait les paroles de vie, et qu'il leur promettait la miséricorde du Christ, l'une des courtisanes, qui commandait aux autres, lui dit : « Qui es-tu, toi qui parles ainsi? Sache-le bien, depuis vingt-cinq ans

---

(*) *In una autem et eadem domo scholæ erant superius, prostibula inferius* (Jacob de Vitri). L'esprit gagne à cette époque, mais le cœur est toujours corrompu; les maîtres instruisent, mais n'élèvent pas encore.

que je suis entrée dans cette maison pour me livrer au crime, il n'y est jamais venu personne qui nous ait parlé de Dieu, et qui nous ait fait espérer en sa miséricorde. Si cependant j'étais sûre que ce que tu annonces est vrai..... » Aussitôt il les fit sortir de la ville, et les conduisit tout joyeux dans le désert; et là, quand elles eurent fait pénitence, il les remit heureusement entre les mains du Christ (*). »

La confession devait contribuer à rendre les mœurs meilleures; mais elle produisait quelquefois des effets contraires. Un prêtre (c'est le pape Alexandre III qui le raconte) avait reçu une femme à confesse, et avait profité de l'occasion pour chercher à la séduire; il était allé même jusqu'à lui proposer de le suivre derrière l'autel. La femme refuse; elle craint de souiller un tel lieu, et promet pour un autre temps et pour un autre endroit; puis elle lui envoie en souvenir un gâteau et un flacon de vin. Le prêtre s'empresse d'en faire hommage à son évêque; et qu'y trouve-t-on? des excréments humains.

Le concubinage existait dans les rangs les plus élevés. Pour se consoler de son veuvage, un seigneur de Bernecke s'était donné une douzaine de jolies jeunes filles; Henri II d'Angleterre avait fait élever une tombe magnifique à sa bien-aimée Rosamonde; mais l'évêque Lincoln ordonna qu'on éteignît les lampes qui y brûlaient: « C'était, disait-il, une prostituée. » Voici des vers sur cette Rosamonde; nous n'essayerons pas de traduire :

Hic jacet in tumba rosa mundi, non rosa munda,
Non redolet, sed olet quæ redolere solet.

Le duc Louis Ier de Bavière cherchait à s'introduire chez Ludmilla, la jeune veuve d'un seigneur, et rien ne pouvait arrêter ses poursuites. Enfin, comme il vint un jour lui faire de nouvelles instances, elle lui montre un rideau sur lequel étaient représentés trois chevaliers : « Jurez-moi, lui dit-elle, devant ces trois chevaliers, que vous me

(*) Manuscrit de Vaulx Cernay, cité par Bayle au mot *Fontevrault*.

prendrez pour votre légitime épouse, vous pourrez alors en agir avec moi comme bon vous l'entendrez; sinon, non. » Le duc n'estimant guère trois chevaliers qu'il ne voyait qu'en peinture, fit la promesse. Alors Ludmilla de s'écrier : « Vous l'avez entendu, preux chevaliers? — Oui, madame, répondirent à haute voix trois voix d'hommes, nous l'avons entendu. » Le duc fut bien étonné, comme on pense; cependant, étant revenu du léger mouvement de colère que cette ruse lui avait inspiré, il fit de Ludmilla son épouse, et vécut en gloire et honneur avec elle.

Cependant, et surtout en Allemagne, il y avait encore de la retenue dans les mœurs. « Du temps de Frédéric II, dit un auteur dont le récit mériterait, il est vrai, confirmation, des jeunes filles de vingt ans reçurent les fils d'un voisin dans leur lit, sans qu'il en arrivât péché ou dommage. » C'est, du reste, une coutume qui existe encore dans certains cantons de la Suisse, que la jeune fille reçoive la nuit son fiancé avant les épousailles.

SERVITEURS.

La disposition suivante d'une loi de Ravenne prouve que les serviteurs ne pouvaient pas être maltraités. « Si quelqu'un ne frappe qu'une fois le serviteur qu'il paye, habille et nourrit, il n'y a pas lieu, si les coups n'ont pas été trop violents, de porter plainte en justice. »

Au couronnement de Philippe-Auguste et de la princesse son épouse, un serviteur en voulant contenir la foule trop impétueuse, brisa trois lustres suspendus au-dessus du couple royal, et dont l'huile aussitôt se répandit sur la tête des deux époux. Mais heureusement pour le domestique, qu'on s'avisa de dire que c'était là une onction céleste émanée du Saint-Esprit même, et cette interprétation le sauva.

PROPRIÉTÉ.

TRANSMISSION DE LA PROPRIÉTÉ.

D'après une disposition singulière

de la loi bavaroise, si quelqu'un a vendu et livré son bien à un autre, et qu'un tiers élève des prétentions sur la propriété, le vendeur doit, de la manière suivante, confirmer la possession du bien à l'acheteur : *Aux quatre coins ou limites du champ, qu'il enlève de la terre, ou qu'avec sa charrue il trace un sillon autour de la propriété. Si c'est une forêt, qu'il y cueille de l'herbe et une branche d'arbre, et qu'il répète par trois fois : Je te l'ai livrée, et je te la garantirai légitimement. Qu'il dise, et qu'ensuite, présentant de la main droite l'herbe et la terre à l'acheteur, il tende de la main gauche son gage au réclamant; si celui-ci dit : C'est injustement que tu as garanti, que le combat décide entre eux.*

En Suède, après trois publications, l'acheteur devait inviter le roi et le traiter à trois tables lui et ses compagnons. En leur présence, le roi faisait tomber un peu de la terre vendue dans le sein de l'acheteur, pour indiquer que toute la terre lui était transmise. Voici comment autrefois, dans le même pays, les particuliers employaient ce moyen de transmission : les assistants tendaient le manteau de l'acheteur, le vendeur y jetait un peu de terre, en prononçant la formule solennelle de l'aliénation.

On jetait aussi un fétu de paille ou une motte de terre dans le sein de l'acheteur, comme symbole de l'aliénation.

MESURES DE LA PROPRIÉTÉ.

Henri le Welf obtint en fief, de Louis le Pieux, toute l'étendue de pays qu'il pourrait, pendant la méridienne du roi, entourer du sillon d'une charrue d'or, ou de l'ornière d'un char du même métal.

Waldemar, roi de Danemarck, en 1205, donna à saint André, à Slagelse, tout le pays dont il pourrait faire le tour, sur un poulain âgé de neuf nuits, pendant que le roi serait au bain. Saint André chevaucha si vite, que les officiers de Waldemar coururent en toute hâte prévenir le roi qu'il eût à sortir du bain, s'il ne voulait que le saint fît le tour de tout le royaume.

Une vieille tradition dit qu'un jour une comtesse du voisinage de Brême abandonna, en plaisantant, à la ville tout le terrain dont un cul-de-jatte, qui venait de lui demander l'aumône, ferait le tour, en se traînant durant l'espace d'une journée. Le cul-de-jatte se traîna si bien, que la ville y gagna le grand pâturage public.

Parcourir un pays avec un char est l'indice d'une prise de possession.

Si quelqu'un veut gagner un îlot ou une alluvion par voie de charriage, il devra prévenir le seigneur ou le bailli, dans le ressort duquel se trouve le bien riverain, qu'il veut promener son chariot sur le sable ou sur l'alluvion, et demander que le bailli vienne sur les lieux, qu'il dresse un banc sur la terre primitive et tienne les plaids. Et cela fait, il demandera au bailli de lui accorder de charrier sur l'îlot ou sur l'alluvion, selon le droit des rivières et de l'eau. Alors le bailli lui accordera cette permission, en réservant les droits de son gracieux et bien-aimé seigneur, et en faisant à haute voix cette réserve, sans quoi les droits du seigneur sont perdus; et s'il arrive, pendant que les chevaux traînent le chariot, que le terrain se meuve, alors chevaux et chariot sont acquis au seigneur.

Quand donc le seigneur ou le bailli l'aura permis, l'homme prendra une voiture de fumier, comme celle qu'un laboureur a coutume de conduire dans son champ; il aura avec soi trois ou quatre chevaux, pas davantage, et les chevaux ne seront pas d'un même poil. Le fumier sera déchargé dans le lieu où le jugement se tient ; et, si le fumier ne peut y être déchargé, l'homme demandera au seigneur de lui permettre de le décharger dans un autre endroit; et les conducteurs de la voiture seront deux, l'un sur le cheval de devant, l'autre sur celui du milieu, et le premier aura un flacon de vin au cou et du pain de froment dans le sein, et ils s'arrêteront trois fois dans l'eau, et le pre-

mier devra tendre trois fois le flacon à celui qui est derrière lui, afin qu'il puisse boire, et il mangera d'abord du pain, et il suspendra de nouveau le flacon à son cou, et ils charrieront ainsi sur l'alluvion ou le sable. Et tout cela se fera pendant que le soleil monte; et le bailli devra siéger au tribunal avec ses gens de justice jusqu'à ce que le charriage ait eu lieu, et il siégera sur le rivage du terrain primitif; et, quand le charriage sera terminé, l'homme se présentera de nouveau devant le tribunal, et il dira: Seigneur juge, avez-vous vu que j'ai charrié selon le droit? Et s'il dit oui, qu'il l'a vu, cela fait titre en justice, cela vaut argent au bailli, et acte au justiciable.

Le jet d'un objet quelconque constatait aussi la prise de possession d'un lieu, et l'étendue des droits qu'on s'y arroge.

L'homme qui élève des abeilles se mettra à côté de l'ancienne place aux abeilles, se prendra l'oreille droite de la main gauche, et de la main droite lancera derrière lui, par-dessous le bras gauche, sa cuiller à miel aussi loin qu'il le pourra. Alors il ira là où est tombée sa cuiller, et, de cet endroit, la jettera encore de la même manière; ensuite il se rendra là où sera tombée sa cuiller pour la seconde fois, la lancera encore de la même manière, et là où la cuiller sera tombée pour la troisième fois il pourra prendre une nouvelle place.

Les pêcheurs peuvent pêcher librement dans toute la Slye; ils peuvent étendre dans la plaine les cordes sur lesquelles ils sèchent leurs filets, aussi loin qu'on peut lancer du vaisseau la barre du gouvernail.

Personne ne peut élever de constructions derrière son moulin, qu'au delà du point où s'arrêtera la boule qu'il aura lancée, et voici comment cela doit se faire. Il se placera sur l'arbre, se prendra l'oreille gauche de la main droite, et il la lancera du bras gauche, de telle façon que le coude ne dépasse pas le bras droit, et qu'il tienne la boule dans la main avant de prendre cette attitude, et c'est ainsi qu'il la lancera.

En 1366, la ville de Minden convint avec son évêque que les fossés de la ville seraient élargis de toute la distance que parcourrait un poids de plomb d'une livre lancé par un homme vigoureux, du haut de la muraille, vers la campagne.

LIMITES DE LA JURIDICTION.

Notre seigneur de Mayence doit s'avancer à cheval dans le Rhin. Aussi loin qu'il pourra lancer dans le Rhin un marteau d'enclume, aussi loin s'étendra sa juridiction.

Le comte de Nassau possède dans le Rhin, à partir du rivage, un espace égal à celui qu'un homme pourrait y parcourir à cheval; plus, celui qui s'étendrait de là jusqu'au point où il aurait lancé un marteau.

Celui qui possède un champ voisin de la Marche peut défendre la partie de la Marche voisine de son champ à la distance du jet du marteau, à moins que, du consentement des gens de la Marche, ce terrain n'ait été entouré d'une haie. En pareil cas, le marteau était lancé par-dessous la jambe gauche.

Le margrave de Juliers montera sur un cheval blanc qui n'aura qu'un œil, une selle de bois et une bride d'écorce de tilleul; ledit margrave aura deux éperons d'aubépine et un bâton blanc, et il chevauchera ainsi jusqu'au lieu d'où jaillit la Roër.

POSE ET DÉPLACEMENT DE LIMITES.

Là où deux coureurs, partant en même temps de deux points opposés, se rencontrent, là doit être placée la limite contestée. C'est ainsi que, dans le roman du Renard, on voit les deux béliers, Belin et Bernard, se disputer à la course la possession d'un champ. Après avoir décidé Isangrin à siéger au milieu d'eux comme juge, Bernard lui dit:

Entre nos deus met accordance,
Qar il dist que cest chans est siens,

> Et je redis que il est miens.
> Sire soiez en la foriere,
> Chascuns de nos se traie ariere,
> Et devant vos vendron corant.
> Cil qui premier vendra avant,
> De tant con il plus tost corra
> La greingnor part du champ ara.

Une touchante tradition de la Suisse raconte comme quoi deux bergers d'Uri et de Glaris courent à la rencontre l'un de l'autre pour fixer la frontière des deux pays. Une même tradition se retrouve dans l'histoire de Carthage et de Cyrène, fixant les limites de leurs territoires par un semblable moyen (Salluste, Jugurtha, ch. 79).

Les limites étaient indiquées par des arbres, et plus souvent par des pierres.

La pose des limites se faisait solennellement; et quand il s'agissait de deux grands pays, marches ou comtés, elle avait lieu en présence du peuple et des voisins des deux parties. Alors on faisait venir des enfants, et on leur tirait les oreilles, ou on leur donnait des soufflets pour mieux graver dans leur mémoire le souvenir de cette cérémonie; dans certaines communes, on les asseyait avec force sur les pierres nouvellement posées. Tous les ans, ou du moins de temps en temps, on visitait ces bornes, et on les renouvelait. Dans les anciens documents, poser et inspecter des bornes se dit *circumducere*, *peragrare*, *cavallicare*.

Les arbres et les pierres qui servaient de limites étaient regardés comme sacrés et inviolables : on ne pouvait arracher aux arbres ni feuilles ni branches. Les contes populaires font souvent mention d'esprits maudits qui effleurent la plaine, sous la forme de feux follets, pour avoir durant leur vie arraché avec la charrue les bornes des Marches. Les coutumes allemandes infligent des châtiments cruels à ceux qui renversent les bornes en labourant:

C'est justice de l'enterrer jusqu'à la ceinture dans le trou où était la borne, et de passer ensuite sur lui avec une charrue attelée de quatre chevaux; que cela soit son droit. — Quiconque déplace une borne aura le cou tranché avec une charrue; et, pour cela faire, il sera enterré jusqu'à la tête, et alors le conducteur de la charrue ne retiendra pas le manche, et le soc sera dirigé sur sa nuque.

La loi galloise veut que, si quelqu'un avec sa charrue empiète sur le champ voisin, son bœuf et sa charrue deviennent la propriété du roi : on devra, en outre, payer une amende au roi pour le pied droit de celui qui mène la charrue, et pour la main gauche de celui qui la pousse.

LARGEUR DES CHEMINS.

La largeur d'une route est déterminée par un cavalier ayant une lance en travers sur sa selle. Pour que la route ait la largeur nécessaire, il faut que de chaque côté d'une voiture une femme puisse passer avec un long manteau ou un voile blanc, sans être effleurée par les roues.

Des dispositions à peu près semblables se retrouvent dans le *fuero viejo* de Castille: *La route qui conduit de la ville à la fontaine doit être assez large pour que deux femmes puissent y passer avec leurs cruches; la route qui conduit à des biens patrimoniaux doit être assez large pour que deux bêtes de somme puissent y passer sans embarras; les chemins de traverse doivent être assez larges, pour que si deux chiens s'y rencontrent ils puissent y passer sans difficulté.*

DROIT DE CHASSE ET DE PÊCHE.

Si un paysan du village de Eychen prend un poisson dans le Rhin pour sa nourriture ou pour celle de sa famille, ou pour faire honneur à un convive, il ne sera tenu de rien payer au doyen et au chapitre.

Que personne ne prenne de poisson dans la pêcherie, entre Genshofen et Rupach, sans le consentement de Sa Grâce. Mais si un bon compagnon du comté pénètre dans l'eau avec culotte et souliers, y prend un poisson avec la main, et le mange avec de bons amis, il ne sera pas recherché pour cela ; mais il ne doit pas le pêcher au filet ni le porter au marché. De même, si un berger, allant à ses moutons avec un chien, saisit par hasard un lièvre et le porte ostensiblement sur son cou; s'il le cuit sans herbes ni choux, mais que, le traitant suivant son droit, il le poivre, le rôtisse, et invite le maître ou un officier du seigneur, il ne sera pas non plus recherché pour ce fait ; mais il ne doit pas poursuivre le lièvre, lui tendre des piéges, le tirer et le vendre.

Item. *Un bourgeois ou enfant de bourgeois peut prendre, avec un chien, un lièvre, ou même un sanglier, sans que nul seigneur l'en empêche, pourvu qu'il envoie la hure à monseigneur de Ziegenhain, à Ziegenhain.*

REDEVANCES.

Dans un vieux poëme français, Charlemagne dit à Ogier, son vassal :

Fel cuivers renoies!
Sers de la teste rendant IIII deniers!
En une borse de cers soient loie
Ce doit vos pères le mien qui France tient
Soient pendu au col d'un blanc levrier,
Se li envoie a Rains u a Orliens.

Ainsi la bourse contenant la redevance devait être pendue au cou d'un blanc lévrier. Les non-libres payaient, comme droit de meilleur catel, neuf schillings neufs, et un morceau de cuir pour la bourse.

Ailleurs, il est question d'une redevance annuelle consistant en une bourse et un pain. D'après le droit forestier d'Osnabruck, au grand forestier la chasse d'honneur avec un coussin, un verre plein de vin, une verge pour défendre la Marche, et une bourse pour conserver les amendes.

Chez les anciens Frisons, il y avait un impôt appelé *klipschild*. Suivant Saxon le Grammairien, il avait été fondé par un certain Gotric, et se prélevait de la manière suivante. On construisait d'abord un édifice de deux cent quarante pieds de longueur, divisé en douze parties de vingt pieds chacune; sur la façade principale de cet édifice se tenait le receveur du roi ; à l'extrémité opposée de l'édifice était placé un bouclier rond. L'usage voulait que les Frisons qui devaient le tribut vinssent jeter un à un, dans le creux de ce bouclier, les écus qu'ils avaient à payer; et ceux-là seuls étaient reçus en compte par l'officier royal, qui, à la distance où il se trouvait, frappaient ses oreilles d'un son clair et argentin : ceux dont le son était plus sourd étaient acquis au fisc, mais ne comptaient pas en diminution de l'impôt; et comme il arrivait souvent que le son ne frappait pas les oreilles *questoriales*, il en résultait pour les contribuables une perte d'argent assez forte. Charles, dans la suite, les affranchit de cet impôt onéreux.

Le village de Salzberg, dans le bailliage hessois de Neuenstein, devait, chaque année, payer au baron de Buchenau, le jour de la Walbourg, une redevance de six *knaken* (ancienne monnaie équivalant à six heller, ou liards). L'homme de la commune qui portait cet argent s'appelait le petit homme de Saint-Walpert; il devait, dès six heures du matin, se trouver à Buchenau, et, quelque temps qu'il fît, s'asseoir, devant le château, sur une certaine pierre du pont. Si le petit homme tardait, la redevance croissait toujours progressivement, de sorte qu'au soir de la Walbourg la commune eût été hors d'état de payer; aussi le bailli prévenait chaque fois le village, et le village donnait toujours deux compagnons au porteur, de peur qu'il ne lui arrivât quelque mésaventure. Si le petit homme de Saint-Walpert arrivait à temps sur la pierre, les barons de Buchenau devaient envoyer le saluer, et alors il leur remettait les *knaken*. Cela fait, on le traitait largement, on lui servait certains plats déterminés; et, s'il passait trois jours sans dormir, les seigneurs devaient continuer à le nourrir sa vie durant; mais s'il s'endormait, il était à l'instant renvoyé du château. Cet usage, qui avait plusieurs siècles d'existence, s'était maintenu jusqu'à nos jours.

Treize maisons du village de Stangerode, dans le comté de Mansfeld, payèrent jusqu'en 1785 une redevance appelée le *kuttenzins* (la redevance du froc) au bailliage d'Endorf : elles la payaient chaque année à la Saint-Thomas (21 décembre), mais avant que le jour ne commençât, avant minuit. Le 20 décembre, à huit heures du soir, le maître paysan de Stangerode sortait de sa demeure, et criait devant chacune des treize maisons soumises à la redevance : *Donnez à notre seigneur le pfenning de la Saint-Thomas, le kuttenzins*. Le propriétaire de la maison, qui était déjà sur sa porte, lui remettait son pfenning d'argent. Pendant la perception, le cortége se grossissait, et la foule parcourait le village en criant sans interruption : *Nous portons à notre gracieux seigneur le pfenning de la Saint-Thomas, le kuttenzins*. A onze heures, on arrivait au bailliage d'Endorf, et vers minuit les paysans se trouvaient dans la maison du bailli, auquel ils payaient les treize pfennings d'argent. Le bailli leur donnait quittance en toute hâte, et remettait au maître paysan un pour-boire au-dessus de la valeur de la redevance, en l'avertissant d'avoir à sortir du village avant minuit. Alors les cris recommençaient : *Nous avons apporté à notre gracieux seigneur le pfenning de la Saint-Thomas, etc.*; et ils s'en retournaient chez eux boire l'argent qu'on leur avait donné. De son côté, le bailli devait sur l'heure même envoyer l'argent à la poste, sous peine de payer pour chaque pfenning une tonne de harengs frais. Si, au moment du payement, la chambre du bailliage était fermée, le bailli devait donner aux gens de Stangerode une poule couveuse blanche avec douze poussins blancs.

Quand le seigneur et le paysan ne sont pas d'accord sur la redevance, que le procureur ou intendant de notre gracieuse dame en ses prés de Munich, le paysan bien-tenant, et le sergent du bailliage de Kœsching, courent ensemble à partir de la grande borne du chemin de Kesner, qui est placée devant la cour seigneuriale de Sa Grâce; puis, qu'ils courent tous trois de cette même pierre jusqu'à la porte du château ou du fort : à celui d'entre eux qui arrivera le premier appartiendra la redevance qui a donné lieu au débat.

Quand les seigneurs enverront leurs serviteurs recevoir l'avoine, on devra à ceux-ci bonne volonté, chambre chaude et table couverte de linge blanc, mais rien dessus, un pot de vin et rien dedans, deux broches au feu et rien après.

Le messager du seigneur d'Odenheim sera borgne et aura un cheval borgne à poil blanc, et le seigneur devra pendant toute la nuit mettre le cheval dans l'avoine jusqu'au ventre, et donner à manger et à boire au messager avec abondance et dans de la vaisselle blanche, sans préjudice du pour-boire, qui sera payé comme de coutume.

Voici le droit du pays : Lorsque le bailli de notre seigneur l'évêque viendra tenir les plaids à Lutzelnau avec les gens du Rhingau, il devra entrer comme un puissant seigneur, et placer la bride de son cheval entre ses jambes; dans sa main devra être un petit bâton blanc, et sur sa tête un chapeau à plumes de paon; et, si besoin est, il tiendra jugement d'un coucher du soleil à l'autre.

C'est un droit du seigneur de Diepurg que, s'il veut chasser, il devra avoir un arc d'ébène à corde de soie, à rayon d'argent, à flèches de laurier, empennées de plumes de paon. Il se rendra à cheval dans la forêt, chez le maître forestier; il y devra trouver, sur un tapis de soie et retenu par une corde de soie, un chien de chasse blanc, aux oreilles pendantes, et il poursuivra le gibier; et, s'il parvient à l'atteindre aux rayons du soleil, il devra, aux rayons du soleil aussi, remettre en leur lieu le cor de chasse fait d'écorce de bouleau et le chien de chasse. S'il ne réussit pas, il pourra recommencer le lendemain (année 1338).

Si le bailli a quelque affaire à traiter avec le prieur, il doit y aller avec onze chevaux et demi, c'est-à-dire, avec onze chevaux et un mulet ; il aura en outre un faucon et un chien borgne. On donnera à ses chevaux de la nourriture par-dessus les narines et de la paille jusqu'au ventre ; on suspendra pour le faucon une barre ou un bâton derrière les chevaux, et quant aux chiens, ils coucheront près du faucon, derrière les chevaux. Pour le bailli, on lui dressera une table avec une nappe blanche, sur laquelle on placera un pain blanc et un gobelet blanc plein de vin. S'il désire quelque chose de plus, il devra se le procurer, et s'il veut passer la nuit, on lui préparera un lit avec des draps bien craquants, et on lui fera un feu sans fumée.

HABITATIONS.

Tous les miracles de l'architecture étaient alors réservés pour les églises ; pour demeure, on se contentait encore de maisons simples, qui souvent, surtout dans les communes orageuses de l'Italie, étaient comme autant de sombres et épaisses forteresses. Dès le douzième siècle, il y avait en Allemagne des maisons à trois étages, et de quatre étages à Paris. Dès 1180, il est question de fenêtres vitrées mises à des maisons anglaises.

Quant aux palais, nous avons parlé plus haut (*) de ceux que Charlemagne éleva à Ingelheim, à Nimègue et à Aix-la-Chapelle ; voici la description que fait de celui d'Ingelheim Ermoldus Nigellus, poëte contemporain de Louis le Débonnaire. Cet extrait est d'ailleurs curieux en ce qu'il nous fait connaître l'état de la peinture, de la sculpture, et des connaissances historiques à cette époque qu'on se représente ordinairement comme si barbare.

« Là s'élève, sur cent colonnes, un palais superbe : on y admire d'innombrables appartements, des toitures de formes variées, des milliers d'ouvertures, de réduits et de portes, ouvrage des mains d'hommes, maîtres habiles dans leur art. Le temple du Seigneur,

(*) Page 195.

construit du marbre le plus précieux, a de grandes portes d'airain et de plus petites enrichies d'or ; de magnifiques peintures y retracent aux yeux les œuvres de la toute-puissance de Dieu et les actions mémorables des hommes. A la gauche, sont représentés d'abord l'homme et la femme nouvellement créés, quand ils habitent le paradis terrestre où Dieu les a placés. Plus loin, le perfide serpent séduit Ève, dont le cœur a jusqu'alors ignoré le mal ; elle-même tente à son tour son mari qui goûte le fruit défendu ; et tous deux, à l'arrivée du Seigneur, cachent leur nudité sous la feuille du figuier. On voit ensuite nos premiers pères travailler péniblement la terre en punition de leur péché ; et le frère envieux frapper son frère, non du glaive, mais de sa main cruelle, et faire connaître au monde les premières funérailles. Une suite innombrable de tableaux retracent, dans leur ordre, tous les faits de l'Ancien Testament, montre encore les eaux répandues sur toute la surface de l'univers, s'élevant sans cesse, et engloutissant enfin toute la race des hommes ; l'arche, par un effet de la miséricorde divine, arrachant au trépas un petit nombre de créatures, et le corbeau et la colombe agissant diversement. On a peint aussi les actions d'Abraham et de ses enfants, l'histoire de Joseph et de ses frères, et la conduite de Pharaon ; Moïse délivrant le peuple de Dieu du joug de l'Égypte ; l'Égyptien périssant dans les flots qu'Israël traverse à pied sec ; la Loi donnée par Dieu, écrite sur la double table ; l'eau jaillissant du rocher ; les cailles tombant du ciel pour servir de nourriture aux Hébreux, et la terre promise depuis si longtemps, recevant ce peuple lorsqu'il a pour chef le brave Josué. Dans ces tableaux revit la troupe nombreuse des prophètes et des rois juifs, et brillent dans tout leur éclat leurs actions les plus célèbres, les exploits de David, les œuvres du puissant Salomon, et ce temple, ouvrage d'un travail vraiment divin. Le côté opposé représente tous les détails de la vie mortelle qu'a menée le Christ sur la terre, quand il y fut envoyé par son père. L'ange descendu des cieux s'approche de l'oreille de Marie, et la salue de ces paroles : « Voici la vierge de Dieu. » Le Christ, connu depuis longtemps aux saints prophètes, naît, et l'enfant-Dieu est enveloppé de langes. De simples bergers reçoivent les ordres pleins de bonté du maître du tonnerre; et les Mages méritent aussi de voir le Dieu du monde. Hérode furieux craint que le Christ ne le détrône, et fait massacrer les créatures innocentes que leur enfance seule condamne au trépas. Joseph fuit alors en Égypte, ramène ensuite le divin enfant qui grandit, se montre soumis à la loi, et veut être baptisé, lui qui est venu pour racheter de son sang tous les hommes dévoués depuis longtemps à la mort éternelle. Plus loin, après avoir, à la manière des mortels, supporté un long jeûne, le Christ triomphe par son art de son tentateur, enseigne au monde les saintes et bienfaisantes doctrines de son père, rend aux infirmes la jouissance de leurs anciennes facultés, rappelle même à la vie les cadavres des morts, enlève au démon ses armes, et le chasse loin de la terre. Enfin on voit ce Dieu, livré par un perfide disciple, et tourmenté par un peuple cruel, vouloir mourir lui-même comme un vil mortel; puis, sortant du tombeau, apparaître au milieu de ses disciples, monter au ciel à la vue de tous, et gouverner le monde. Telles sont les peintures dont les mains exercées d'artistes habiles ont orné toute l'enceinte du temple de Dieu. Le palais du monarque, enrichi de sculptures, ne brille pas d'un moindre éclat, et l'art y a retracé les plus célèbres faits des grands hommes. On y voit les combats divers livrés dans les temps de Ninus, une foule d'actes d'une cruauté révoltante, les conquêtes de Cyrus, ce roi exerçant ses fureurs contre un fleuve pour venger la mort de son coursier chéri, et la tête de cet infortuné triomphateur qui venait d'envahir les États d'une femme, ignominieusement plongée dans une outre remplie de sang. Plus loin, se présentent les crimes impies du détestable Phalaris, faisant périr avec un art atroce des malheureux qui font peine à regarder. Pyrille, cet ouvrier fameux dans l'art de travailler l'airain et l'or, est auprès de lui : le malheureux met sa trop cruelle gloire à fabriquer sur-le-champ pour Phalaris un taureau d'airain, dans lequel le monstre puisse enfermer le corps entier d'un homme, digne objet de pitié; mais le tyran précipite l'ouvrier lui-même dans les entrailles du taureau; et cet ouvrage de l'art donne ainsi la mort à celui qui l'a créé. D'un autre côté, Romulus et Rémus posent les fondements de Rome; et le premier immole son frère à son ambition impie. Annibal, quoique privé d'un de ses yeux, n'en poursuit pas moins le cours de ses funestes guerres. Alexandre soumet par la force des armes l'univers à son empire; et le peuple romain, d'abord si faible, croissant bientôt, étend son joug jusqu'aux pôles du monde. Dans une autre partie du palais, on admire les hauts faits de nos pères, et les œuvres éclatantes d'une piété fidèle dans des temps plus voisins de nous. On y voit Constantin, dépouillant tout amour pour Rome, bâtir lui-même, et pour lui, Constantinople. On y a aussi représenté l'heureux Théodose, et sa vie illustrée par tant de belles actions. Là sont encore retracés le premier Charles que la guerre rendit maître des Frisons, et tout ce que son courage a fait de grand. Plus loin, tu brilles, Pépin, remettant les Aquitains sous tes lois, et les réunissant à ton empire à la suite d'une heureuse guerre. Là enfin, le sage empereur Charles déploie ses traits majestueux, et sa tête auguste ceinte du diadème. Les bandes saxonnes osent s'élever contre lui, et tenter le sort des combats; mais il les massacre, les dompte, et les force à courber la tête sous son joug. Ces faits mémorables et d'autres encore décorent ce palais, et charment les yeux de quiconque souhaite les contempler (*). »

(*) Ermoldus Nigellus, Faits et gestes de

ALLEMAGNE.

COUTUMES ET USAGES DIVERS.

COSTUMES

Les lois de Charlemagne s'occupent du costume : elles défendent l'usage des manteaux courts, qui ne peuvent, est-il dit, ni couvrir ni donner de chaleur. Néanmoins, l'usage des manteaux romains se conserva longtemps encore, chez les grands surtout. On portait des souliers élégamment ornés; on les dorait, on y adaptait de longues lanières servant de cordons. Les hauts-de-chausse étaient de lin et de couleurs diverses, et des jarretières (ou bandelettes), liées en sautoir, entouraient la partie inférieure de la jambe; puis, sur une courte veste, retombait une épée richement ciselée; enfin, un manteau qui, derrière et devant, descendait jusqu'aux pieds, mais, sur le côté, jusqu'aux genoux seulement, complétait ce riche costume.

La mode à cette époque exerçait déjà son empire, et de bonne heure les Francs donnèrent le ton. Ermoldus Nigellus parle au neuvième siècle de manteaux d'étoffes de couleur, de vêtements propres à la taille de chacun et coupés d'après la mode si parfaite des Francs (*). Vers la fin du onzième siècle, on portait la barbe et les cheveux courts; mais, comme les gens de basse condition se mirent à imiter cet usage, les cheveux longs furent repris du temps de l'empereur Lothaire. De son côté l'Église posa un principe contraire : « Que personne, disent les conciles, ne laisse croître ses cheveux; mais que chacun les porte ras, comme il convient à un chrétien; qu'on ne couvre ni les yeux, ni le bout des oreilles; et, si quelqu'un fait à cette occasion le récalcitrant, que le prêtre lui refuse la communion; et, s'il entre à l'église, que le prêtre s'arrête et dise : « Vous venez ici visiter les lieux saints, mais c'est pour votre damnation et contre la volonté divine. » Enfin, le prêtre n'accompagne pas un tel homme à sa dernière demeure. »

Un saint ermite était parvenu à émouvoir la conscience d'un de ces hommes à cheveux longs, et voilà, ô miracle! que les cheveux, une fois coupés, ne crûrent plus jamais au delà de la dimension consacrée! Mais les femmes d'alors ne pensaient pas, sur ce point, comme l'Église, et la joyeuse Éléonore d'Aquitaine plaisanta le roi Louis VII, quand, sur les instances du grand théologien Pierre de Lombardie, il se fit raser la chevelure.

Aussi les femmes s'attirèrent-elles maintes réprimandes : saint Bernard leur reproche de laisser traîner derrière elles des franges, des queues, d'élever autour d'elles un nuage de poussière. « Si la nature, dit l'évêque de Térouanne aux femmes, vous avait destinées à balayer la voie publique, elle vous aurait, n'en doutez pas, pourvues des instruments nécessaires. »

En 1154, le gouvernement de Venise détermina la hauteur que pouvait avoir la coiffure d'une femme. En Italie, Jean de Vicence, et beaucoup de ses contemporains, reprenaient les femmes de ce qu'elles portaient des rubans et des guirlandes dans les cheveux. « Il est temps, disait Grégoire XI dans un concile de Lyon, il est temps que le luxe des femmes cesse. » Cependant il ne fut guère écouté. Lors de son mariage avec Béla, roi de Hongrie, Cunégonde de Brandebourg portait une robe magnifique, brodée d'or, et par-dessus un manteau fourré d'hermine et de zibeline; enfin, des boucles d'or retenaient sa ceinture. Toutefois, il faut dire qu'en Italie, au temps de l'empereur Frédéric II, un jupon de laine et une robe de soie suffisaient aux jeunes filles. Celles de Florence, quoique plus riches, ne portaient cependant en 1260, qu'une robe étroite

---

Louis le Pieux, p. 89 et suiv. de la traduction publiée par M. Guizot.

(*) On se plaint déjà alors de ce que les petits imitent le costume des grands : « Les guerriers ont abandonné les habitudes de leurs pères dans leurs vêtements et dans la manière de se couper les cheveux, et voilà que les bourgeois et les hommes des champs et presque toute la plèbe les imitent. » (Order. vit. vers 1092.)

de drap rouge ou de batiste verte ; une ceinture de cuir pressait leur taille ; un manteau fourré de petit-gris, et orné d'une courte pèlerine qui pouvait servir de capuchon, recouvrait le tout.

Les Anglais de 1066 portaient des bracelets d'or et se tatouaient la peau. Foulque d'Anjou avait les pieds d'une laideur extrême ; dès ce moment, et à l'imitation aussi de quelques courtisans de Guillaume le Roux, on porta des souliers à bec, à fourrures d'étoupes, de deux pieds de long. « Ils s'élèvent comme des queues de serpent et de scorpion, ou bien ils tournent çà et là au vent comme des cornes de bélier. Les habits des hommes sont traînants, et les manches sont si larges et si longues qu'elles couvrent les mains. Impossible de marcher ou de travailler quand on est ainsi équipé. La tête de ces freluquets est toute rase sur le devant comme celle des filous, tandis qu'ils laissent croître leurs cheveux par derrière comme les prostituées, et ils se servent du fer pour friser leurs cheveux. » Ce luxe fut souvent puni, disent les auteurs du temps. « Je vis une nuit, dit un prêtre, une troupe de femmes chevaucher, assises sur des selles d'où s'élevaient des pointes brillantes ; mais voici que le vent enlève ces femmes à une grande hauteur, puis les laisse retomber saignantes sur ces pointes flamboyantes, etc. » Au treizième siècle, on entend parler déjà en Italie d'eau de lis, de fèves, pour se laver les mains, de spécifiques pour les dents, de fard rouge et blanc, de moyens pour faire disparaître les cicatrices, les taches de rousseur, de moyens de rendre les cheveux blonds ou bruns, ou de les teindre. Les moines et les femmes comparaissent, dans une pièce burlesque, devant le trône de la Divinité : « Tout est perdu, disent les premiers, depuis que vous faites servir la peinture, qui n'a été trouvée que pour nous, à vous farder au point de surpasser par vos couleurs l'éclat de nos images. — Nous étions, répondent les femmes, en possession de la peinture avant vous. — Et en quoi vous nuis-je, dit l'une des plus ardentes, quand je dissimule les rides qui me couvrent les yeux, afin de pouvoir, fière encore, attendre ceux qui s'engouent de moi ? » Et le bon Dieu de se tourner vers les moines et de leur dire : « Le voulez-vous ? nous permettrons aux femmes qui ont passé vingt-cinq ans de se farder vingt ans encore, ou plutôt, soyez généreux, donnez-en trente. — Non, disent les moines, c'est assez de dix ans, et encore ne les accordons-nous que pour vous faire plaisir. » Enfin, la querelle durerait encore, si saint Pierre et saint Laurent ne fussent intervenus. Ils firent admettre que les femmes pourraient se farder au moins quinze ans.

DUELS JUDICIAIRES.

« Les Francs, dit Ermold le Noir, ont une coutume qui remonte à la plus haute antiquité, dure encore, et sera, tant qu'elle subsistera, l'honneur et la gloire de la nation. Si quelqu'un, cédant à la force, aux présents ou à l'artifice, refuse de garder envers le roi une éternelle fidélité, ou tente, par un art criminel, contre le prince, sa famille ou sa couronne, quelque entreprise qui décèle la trahison, et si l'un de ses égaux se présente et se porte son accusateur, tous deux doivent à l'honneur de se combattre le fer à la main en présence des rois, des Francs et de tout ce qui compose le conseil de la nation, tant est forte l'horreur qu'a la France pour un tel forfait. Un grand, nommé Béro, célèbre par d'immenses richesses et une excessive puissance, tenait de la munificence de l'empereur Charles le comté de Barcelone, et y exerçait depuis longtemps les droits attachés à son titre. Un autre grand, auquel son propre pays donnait le nom de Sanilon, exerça des ravages sur ses terres ; tous deux étaient Goths de naissance. Le dernier se rend auprès du roi et porte, en présence du peuple et des grands assemblés, une horrible accusation contre son rival. Béro nie tout. Alors tous deux s'élancent à l'envi, se prosternent aux pieds illustres du monarque, et demandent qu'on leur mette dans les mains les armes du combat. Béro s'écrie le premier : « César, je t'en supplie au nom même « de ta piété, qu'il me soit pérmis de « repousser cette accusation ; mais qu'il « me soit permis aussi, conformément « aux usages de notre nation, de com- « battre à cheval, et de me servir de « mes propres armes. » Cette prière, Béro la répète avec instance. « C'est « aux Francs, répond César, qu'il ap- « partient de prononcer ; c'est leur « droit ; il convient qu'il en soit ainsi, « et nous l'ordonnons. » Les Francs rendent leur sentence dans les formes consacrées par leurs antiques usages. Alors les deux champions préparent leurs armes, et brûlent de s'élancer dans l'arène du combat. César, poussé par son amour pour Dieu, leur adresse cependant ce peu de paroles, expression vraie de sa bonté : « Quel que soit « celui de vous qui se reconnaîtra vo- « lontairement coupable du crime qu'on « lui impute, plein d'indulgence et en- « chaîné par mon dévouement au Sei- « gneur, je lui pardonnerai sa faute, « et lui remettrai toutes les peines dues « à son délit. Croyez-le, il vous est « plus avantageux de céder à mes con- « seils que de recourir aux cruelles ex- « trémités d'un horrible combat. » Mais ces deux ennemis renouvellent leur demande avec instance, et crient : « C'est « le combat qu'il nous faut ; que tout « soit disposé pour le combat. » Le sage empereur, cédant à leurs désirs, leur permet de combattre selon la coutume des Goths, et les deux rivaux ne tardent pas un instant à lui obéir.

« Tout près du château impérial, nommé le palais d'Aix, est un lieu remarquable, dont la renommée s'étend au loin. Entouré de murailles toutes de marbre, défendu par des terrasses de gazon et planté d'arbres, il est couvert d'une herbe épaisse et toujours verte ; le fleuve, coulant doucement dans un lit profond, en arrose le milieu, et il est peuplé d'une foule d'oiseaux et de bêtes fauves de toute espèce. C'est là que le monarque va souvent, et quand il lui plaît, chasser avec une suite peu nombreuse ; là, ou bien il perce de ses traits des cerfs d'une immense stature, et dont la tête est armée de bois élevés, ou bien il abat des daims et d'autres animaux sauvages ; là encore, lorsque, dans la saison de l'hiver, la glace a durci la terre, il lance contre les oiseaux ses faucons aux fortes serres ; là se rendent Béro et Salinon tremblants de colère. Ces guerriers, d'une haute taille, sont montés sur de superbes coursiers ; ils ont leurs boucliers rejetés sur leurs épaules, et des traits arment leurs mains ; tous deux attendent le signal que le roi doit donner du haut de son palais ; tous deux aussi sont suivis d'une troupe de soldats de la garde du monarque, armés de boucliers, conformément aux ordres du prince, et qui, si l'un des champions a frappé du glaive son adversaire, doivent, suivant une coutume dictée par l'humanité, arracher celui-ci des mains de son vainqueur, et le soustraire à la mort. Dans l'arène est encore Gundold, qui, comme il en a l'habitude dans ces occasions, se fait suivre d'un cercueil. Le signal est enfin donné du haut du trône. Un combat, d'un genre nouveau pour les Francs, et qui leur était inconnu jusqu'alors, s'engage entre les deux rivaux. Ils lancent d'abord leurs javelots, se servent ensuite de leurs épées, et en viennent à une lutte furieuse, ordinaire chez leur nation. Déjà Béro a percé le coursier de son ennemi. Aussitôt l'animal furieux se cabre sur lui-même, et fuit à toute course à travers la vaste prairie. Salinon feint de se laisser emporter, lâche enfin les rênes, et de son épée frappe son adversaire, qui alors s'avoue coupable. Aussitôt la vaillante jeunesse accourt, et, fidèle aux ordres de César, arrache à la mort le malheureux Béro épuisé de fatigue. Gundold s'étonne, et renvoie son cercueil sous le hangar dont il l'avait tiré ; mais il le renvoie vide du fardeau qu'il devait porter. César cependant accorde la vie au vaincu, lui permet de se retirer sain et sauf, et pousse même la clémence jusqu'à consentir qu'il jouisse des produits de ses terres (*).

(*) Ermoldus Nigellus, p. 77 et suiv.

FUNÉRAILLES.

Parmi les usages relatifs aux funérailles, il en est un qui mérite d'être remarqué, en ce qu'il paraît un reste des coutumes funèbres usitées chez les Romains et dont Polybe nous a conservé la description. A Bologne, au milieu du treizième siècle, on plaçait le corbillard sur une espèce de théâtre, ou d'estrade funèbre exposée sur la route; des bancs tendus de noir s'élevaient sur les côtés, et les parents du mort venaient s'y asseoir; le prêtre arrivait ensuite, et le convoi se mettait en marche. Le cercueil du doge de Venise, Mauroceno, portait une épée et des éperons; un fuseau d'argent ornait le tombeau de la fille de l'empereur Othon Ier.

ORDONNANCES DE POLICE.

On commence à voir des pavés à Paris sous Philippe-Auguste; à Milan, Modène et Padoue, en 1260; à Florence, en 1237; à Bologne, en 1241.

En 1228, on défend à Vérone de rien jeter sur la voie publique. Cependant un magistrat de Hall en Souabe s'attira un jour une vive querelle avec les bourgeois, pour avoir voulu supprimer les échappées des caves.

En 1246, on décide à Londres que désormais, dans les rues principales au moins, les maisons seront couvertes de tuiles et d'ardoises; à Lubeck, à Breslau, on veut que les maisons soient construites en pierres ou en briques. A Vienne, en 1198, on impose à celui dont la maison prend feu l'amende d'un talent; mais il est dispensé de l'amende si sa maison est consumée entièrement.

Frédéric II défend de rouir le lin et le chanvre près des habitations; il ordonne qu'on ensevelisse les cadavres à une grande profondeur.

Dans le Sachsenspiegel, on porte à trois pieds la distance à laquelle les poêles, conduits d'eau, lieux d'aisance, doivent se trouver de la demeure du voisin.

Une ordonnance de saint Louis défend aux aubergistes de donner à manger à d'autres qu'à ceux qui logent chez eux. A Vérone, on ne permettait pas de mélanger le vin, de le vendre au dessus d'un taux déterminé, de tenir des jeux de hasard, de recevoir des filles de mauvais lieu.

Celui qui se rend coupable de blasphème paye vingt schillings aux pauvres, ou est jeté à l'eau (ord. de Philippe-Auguste, 1181). Saint Louis fait percer la langue du blasphémateur avec un fer rouge. Les femmes qui se querellaient devaient parcourir la voie publique la pierre au cou.

SECOURS PUBLICS.

La charité était la vertu du siècle; on maudissait ceux qui s'emparaient des biens du pauvre : « Qu'ils soient, disait-on, les compagnons du traître Judas; que la terre les engloutisse, comme elle a fait pour Sodome et Gomorrhe; qu'ils soient maudits des anges, archanges et des saints du Seigneur. » Des hospices nombreux s'élèvent. Celui de Bruxelles n'admettait que ceux qui ne pouvaient plus par eux-mêmes subvenir à leurs besoins. Celui qui se présentait se confessait et abandonnait tout son avoir; s'il mourait, le bien demeurait à l'administration; s'il revenait à la santé, on lui rendait le tout. On donnait trois fois par semaine de la viande aux malades, et même, s'il le fallait, des mets particuliers. On admettait aussi, mais avec précaution, des femmes enceintes et des enfants trouvés.

JEUX, FÊTES, DIVERTISSEMENTS.

Les gens de la Lombardie, dont la manière de vivre avait quelque chose de plus somptueux que celle des Allemands, avaient cependant des habitudes fort modérées : point de chandelles, point de bougies; si l'on voyait quelque part un flambeau, ce n'était que chez les plus riches; trois fois la semaine de la viande; les autres jours des légumes, mais rien de chaud le soir. Au commencement du quatorzième siècle, on servait dans les fêtes de la viande cuite, puis des légumes, puis des épices; le tout était fort poivré. On se servait de verres en été, de coupes de bois en hiver. Dandolo se plaint en ces termes, à la fin du onzième siècle, des innovations apportées dans la manière de vivre : « Le doge de Venise avait épousé une femme de Constantinople; cette femme poussait si loin les raffinements de la volupté, qu'elle parfumait son lit d'essences odorantes; elle ne se lavait point avec de l'eau ordinaire, et ne mangeait point avec ses doigts: il lui fallait des fourchettes. Aussi, en punition d'habitudes aussi dénaturées et d'un tel mépris des dons de la Divinité, son corps exhala, dès son vivant, une odeur infecte. » Au banquet d'adieu que saint Louis donna lors de son premier départ pour la croisade, on servit des fèves fraîches cuites dans le lait, du riz au lait, des amandes, de la cannelle, des poissons, des tourtes, des anguilles frites accommodées de bonne sauce, et des pâtés d'anguilles. Cependant des ordonnances vinrent poser des limites aux dépenses de table; l'une de ces ordonnances, rendues à Brunswick en 1228, porte qu'il ne pourra y avoir que douze plats un jour de noce, et trois ménétriers seulement.

Les danseurs de cordes, les saltimbanques, ne manquaient pas. Aux noces de Robert de France avec Mathilde de Brabant, il y eut douze cent trente-sept musiciens, joueurs de gobelets et ménestrels; les uns dansaient sur la corde, d'autres s'avançaient assis sur des bœufs couverts d'écarlate; venaient ensuite les mets, dont les musiciens annonçaient l'arrivée à son de trompe.

En mai 1304, les gens de Danino, pour se conformer à un vieil usage, invitèrent toutes personnes curieuses de voir choses nouvelles à se rassembler sur un pont de l'Arno. Des diables parurent en effet dans des nacelles; puis de l'autre côté des *âmes nues;* et au milieu du bruit et des flammes, on vit les tortures des réprouvés. Mais cette innocente comédie finit d'une manière tragique : le pont s'écroula, et un grand nombre de spectateurs furent blessés ou engloutis.

Les villes d'Italie surtout se distinguaient par leurs jeux. A Vicenza et à Padoue, on fêtait la chute du tyran Ezzelin. Le premier prix était un drap d'écarlate où un manteau brodé d'or; le second prix, un oiseau de chasse ou un porc rôti. En 1214, une citadelle fut reconstruite à Padoue; des femmes, des jeunes filles, et leurs suivantes, y furent placées pour la défendre; leurs armures étaient des vêtements somptueux où brillaient l'or et les pierres précieuses; les remparts, des étoffes de mille couleurs, de la pourpre, de la soie, du ras de Chypre et de l'hermine. Le siége de cette puissante citadelle commença par le jet de force pommes, poires, coings, dattes, noix de muscade et petits gâteaux; on se précipitait à l'assaut armé des fleurs les plus belles, et l'on arrosait les vaillants assiégés, non de poix et soufre, mais d'essences d'ambre odoriférant, d'eaux de rose, de cannelle et de clous de girofle. Cependant les jeunes gens l'emportèrent; mais ce furent les assiégées forcées de capituler qui dictèrent les conditions : elles furent telles que les deux partis se trouvèrent contents, à l'exception des maris cependant, qui prétendirent que les Vénitiens qui avaient pris part à la fête avaient jeté des ducats dans la mêlée pour se faire bien venir, et ce fut une cause de guerre.

CHASSES ET FESTINS.

Voici la description d'une chasse et d'un festin de Louis le Pieux, empruntée à Ermold le Noir :

« Le lendemain, à la naissance de l'aurore, dès que les astres quittent le ciel et que le soleil commence à réchauffer la terre, César s'apprête à partir pour la chasse avec ses Francs, dont cet exercice est le plaisir habituel, et il ordonne qu'Hérold l'accompagne. Non loin du palais est une île que le Rhin environne de ses eaux profondes, où croît une herbe toujours verte, et que couvre une sombre forêt; des bêtes fauves nombreuses et diverses la remplissent, et leur troupe, dont rien ne trouble le repos, trouve dans les vastes

31.

bois un asile paisible. Des bandes de chasseurs et d'innombrables meutes de chiens se répandent çà et là dans cette île. Louis monte un coursier qui foule la plaine sous ses pas rapides, et Witon, le carquois sur l'épaule, l'accompagne à cheval. De toutes parts se pressent des flots de jeunes gens et d'enfants, au milieu desquels se fait remarquer Lothaire porté par un agile coursier. Hérold, l'hôte de l'empereur, et ses Danois, accourent aussi pleins de joie pour contempler ce beau spectacle; la superbe Judith, la pieuse épouse de César, parée et coiffée magnifiquement, monte un noble palefroi; les premiers de l'État et la foule des grands précèdent ou suivent leur maîtresse, par égard pour leur religieux monarque. Déjà toute la forêt retentit des aboiements redoublés des chiens; ici les cris des hommes, là les sons répétés du clairon frappent les airs; les bêtes fauves s'élancent hors de leurs antres, et les daims fuient vers les endroits les plus sauvages; mais ni la fuite ne peut les sauver, ni les taillis ne leur offrent d'asiles sûrs; le faon tombe au milieu des cerfs armés de bois majestueux, et le sanglier aux larges défenses roule dans la poussière percé par le javelot. César, animé par la joie, donne lui-même la mort à un grand nombre d'animaux qu'il frappe de ses propres mains; l'ardent Lothaire, dans la fleur et la force de la jeunesse, fait tomber plusieurs ours sous ses coups; le reste des chasseurs tue çà et là, à travers les prairies, une foule de bêtes fauves de toute espèce. Tout à coup une jeune biche, que la meute des chiens poursuit avec chaleur, traverse en fuyant le plus épais de la forêt, et bondit au milieu d'un bouquet de saules : là s'étaient arrêtés la troupe des grands, Judith, l'épouse de César, et le jeune Charles encore enfant. L'animal passe avec la rapidité de l'air; tout son espoir est dans la vitesse de ses pieds; s'il ne trouve son salut dans la fuite, il périt. Le jeune Charles l'aperçoit, veut le poursuivre à l'exemple de ses parents, demande un cheval avec d'instantes prières, presse vivement pour qu'on lui donne des armes, un carquois et des flèches légères, et brûle de voler sur les traces de la biche, comme son père a coutume de le faire. Mais vainement il redouble ses ardentes sollicitations; sa charmante mère lui défend de la quitter, et refuse à ses vœux la permission de s'éloigner. Sa volonté s'irrite, et, comme il arrive à cet âge, si le maître aux soins duquel il est confié et sa mère ne le retenaient, le royal enfant n'hésiterait pas à suivre la chasse à pied. Cependant d'autres jeunes gens volent, atteignent la biche dans sa fuite, et la ramènent au petit prince sans qu'elle ait reçu aucune blessure; lui alors prend des armes proportionnées à la faiblesse de son âge, et en frappe la croupe tremblante de l'animal; toutes les grâces de l'enfance se réunissent et brillent dans le jeune Charles, et leur éclat emprunte un nouveau lustre de la vertu de son père et du nom de son aïeul. Tel autrefois Apollon, quand il gravissait les sommets des montagnes de Délos, remplissait d'une orgueilleuse joie le cœur de sa mère Latone. Déjà César, son auguste père, et les jeunes chasseurs chargés de gibier, se disposaient à retourner au palais. Cependant la prévoyante Judith a fait construire et couvrir dans le milieu de la forêt une salle de verdure; des branches d'osier et de buis dépouillées de leurs feuilles en forment l'enceinte, et des toiles la recouvrent; l'impératrice elle-même prépare sur le vert gazon un siège pour le religieux monarque, et fait apporter tout ce qui peut assouvir la faim. César, après avoir lavé ses mains dans l'eau, et sa belle compagne, s'étendent ensemble sur un lit d'or, et, par l'ordre de cet excellent roi, le beau Lothaire et leur hôte chéri Hérold prennent place à la même table; le reste de la jeunesse s'assoit sur l'herbe qui couvre la terre, et repose ses membres fatigués sous l'ombrage de la forêt. On apporte, après les avoir fait rôtir, les entrailles chargées de graisse des animaux tués à la chasse, et la venaison se mêle aux mets apprêtés pour César. La faim satisfaite disparaît bientôt; on vide les coupes, et la soif à son tour est chassée par une agréable liqueur; un vin généreux répand la gaieté dans toutes ces âmes courageuses, et chacun regagne d'un pas plus hardi le toit impérial. A peine y est-on arrivé, qu'on puise de nouveau dans les dons de Bacchus une chaleur vivifiante, et que tous ensuite se rendent aux saints offices du soir. Après qu'ils ont été chantés avec le respect et la dignité accoutumés, Louis et sa suite retournent au palais. Bientôt se répandent dans le château des flots de jeunes gens; ils apportent et désirent mettre sous les yeux du monarque les trophées de la chasse; ce sont des milliers de bois de cerf, les têtes et les peaux des ours, les corps entiers de plusieurs sangliers aux longues soies, des chevreuils, et la biche tombée sous les honorables coups du jeune Charles. Le roi, toujours plein de bonté, distribue cette riche proie entre tous ses fidèles serviteurs, sans oublier d'en assigner une part considérable à ses clercs (*). »

FÊTE DES FOUS.

L'un des divertissements favoris du moyen âge, c'est la fête des fous (**).

« Il est inutile de remonter aux Romains pour retrouver l'origine de cette solennité burlesque; ce n'est point une imitation des Saturnales. Le progrès des lumières a fait abolir cette fête; il n'en est resté, pour satisfaire le peuple, que les jours de travestissements et de joie grossière, appelés les jours gras, le carnaval.

Cette fête des fous donnait lieu à des cérémonies extrêmement bizarres, qu'il ne sera pas inutile de rappeler. On élisait un évêque, et même, dans quelques églises, un pape des fous; les prêtres étaient barbouillés de lie, masqués ou travestis de la manière la plus folle et la plus ridicule; ils dansaient en entrant dans le chœur, et y chantaient des chansons obscènes; les diacres et les sous-diacres mangeaient des boudins et des saucisses sur l'autel, devant le célébrant, jouaient sous ses yeux aux cartes et aux dés, mettaient dans l'encensoir des morceaux de vieilles savates pour lui en faire respirer l'odeur. On les traînait ensuite tous par les rues, dans des tombereaux pleins d'ordures, où ils prenaient des postures lascives et faisaient des gestes impudiques. Plusieurs monuments rappellent encore ces farces impies et dégoûtantes. Il existe encore des crédences de stalles, sur lesquelles on voit des moines avec une marotte et des oreilles d'âne. On a voulu y représenter, sans doute, des personnages de la fête des fous ainsi travestis.

La marotte, que les poëtes, les comédiens, et surtout les artistes, donnent faussement aujourd'hui pour attribut au dieu Momus, doit son origine à ces farces ridicules. Cette fête recevait des modifications dans les divers pays où on la célébrait; elle a eu différents noms, à cause de quelques cérémonies bizarres qui y furent ajoutées : ainsi on l'appelait la fête des sous-diacres, c'est-à-dire, des diacres soûls, la fête des cornards, la fête des innocents.

Le chant de la prose de l'âne était l'une des principales cérémonies de la fête des fous; elle avait lieu le jour de la Circoncision : son objet était d'honorer l'humble et utile animal qui avait assisté à la naissance de Jésus-Christ, et l'avait porté sur son dos lors de son entrée dans Jérusalem.

L'église de Sens était l'une de celles où cette solennité se faisait avec le plus d'appareil. Avant le commencement des vêpres, le clergé se rendait processionnellement à la porte principale de l'église, et deux chantres à grosse voix chantaient, dans le ton mineur, ces deux vers, avant lesquels on lit cette rubrique, *Circumcisio Domini in januis ecclesiæ* :

Lux hodie, lux lætitiæ ! me judice, tristis
Quisquis erit, removendus erit solemnibus istis.

« Lumière aujourd'hui, lumière de « joie! A mon avis, quiconque sera

---

(*) Ermoldus Nigellus, p. 100 et suiv.

(**) Nous empruntons la description de cette fête aux Monuments inédits de Millin, t. II, p. 345 et suiv.

« triste devra être éloigné de ces solen-
« nités. »
Ils continuaient sur le même ton les vers suivants :

Sint hodie procul invidiæ, procul omnia mæsta;
Læta volunt, quicumque colunt asinaria festa.

« Que tous les sentiments d'envie
« soient bannis aujourd'hui ! Loin d'ici
« tout ce qui est triste ! Ceux qui célé-
« brent la fête de l'âne ne veulent que
« de la gaieté. »

Ici on lit en rubrique : *Conductus ad tabulam.* Deux chanoines, députés, se rendaient alors auprès de l'âne, pour le conduire à la table, qui était le lieu où le préchantre lisait l'ordre des cérémonies, et proclamait les noms de ceux qui devaient y prendre part. A Beauvais, l'âne portait sur son dos, jusqu'à la porte, une jeune fille, qui figurait la vierge Marie tenant le petit Jésus entre ses bras (*). On couvrait le modeste animal d'une belle chape, et on le menait au lutrin, en entonnant la célèbre prose qui a été publiée tant de fois, et toujours avec des variantes, parce qu'elle se chantait différemment dans les églises de France ; car ces différences sont trop considérables et trop nombreuses pour les attribuer seulement, comme on l'a fait, à des fautes de copistes. Cette prose se chantait sur un ton majeur. Voici celle de Sens :

Orientis partibus,
Adventavit asinus
Pulcher et fortissimus,
Sarcinis aptissimus.
Hez, sire ane, hez!
Hic, in collibus Sichen,
Enutritus sub Ruben,
Transiit per Jordanem,
Saliit in Bethleem.
Hez, sire ane, hez!
Saltu vincit hinnulos,
Damas et capreolos,
Super dromedarios
Velox Madianeos.
Hez, sire ane, hez!
Aurum de Arabia,
Thus et myrrham de Saba
Tulit in ecclesia
Virtus asinaria.
Hez, sire ane, hez!

(*) A Quedlenbourg, le jour des Rameaux, c'était l'évêque d'Halberstadt qui entrait dans la ville sous les vêtements du Christ.

Dum trahit vehicula,
Multa cum sarcinula,
Illius mandibula
Dura terit pabula.
Hez, sire ane, hez!
Cum aristis hordeum
Comedit et carduum,
Triticum a palea
Segregat in area.
Hez, sire ane, hez!
Amen dicas, asine,
Jam satur ex gramine,
Amen, amen, itera,
Aspernare vetera.
Hez, sire ane, hez!

En voici la traduction :

« Des contrées de l'Orient, il est ar-
« rivé un âne beau et fort, et propre à
« porter des fardeaux. Hez, sire âne,
« hez !
« Cet âne a été nourri par Ruben,
« sur les collines de Sichen ; il a tra-
« versé le Jourdain et a sauté dans Beth-
« leem. Hez, sire âne, hez !
« Il peut vaincre à la course les
« faons, les daims et les chevreuils ; il
« est plus rapide que les dromadaires
« de Madian. Hez, sire âne, hez !
« La vertu de cet âne a porté dans
« l'église l'or de l'Arabie, l'encens et
« la myrrhe du pays de Saba. Hez, sire
« âne, hez !
« Pendant qu'il traîne les chariots
« remplis de bagage, sa mâchoire broie
« un dur fourrage. Hez, sire âne, hez !
« Il mange l'orge avec sa tige, il se
« repaît de chardons, et dans l'aire il
« sépare le froment de la paille. Hez,
« sire âne, hez !
« Ane déjà soûl de grain, dites
« *amen*, dites *amen*, *amen* derechef,
« et méprisez les vieilleries. Hez, sire
« âne, hez ! »

Après la première strophe, on trouve, dans des copies de cette prose, le couplet suivant, qui se chantait peut-être dans quelques églises :

Lentus erat pedibus,
Nisi foret baculus,
Et eum in clunibus
Pungeret.
Hez, sire ane, hez!

« Sa marche était lente, si l'on ne
« faisait usage du bâton, et si on ne
« lui en faisait sentir l'aiguillon sur les
« fesses. Hez, sire âne, hez ! »

Après la seconde strophe, on trouve

encore dans les mêmes copies cet autre couplet :

> Ecce magnis auribus
> Subjugalis filius,
> Asinus egregius,
> Asinorum dominus.
> Hez, sire ane, hez !

« Voici ce beau fils aux grandes « oreilles, qui porte le joug, âne su- « perbe et seigneur des ânes. Hez, sire « âne, hez ! »

On sent qu'il était facile de multiplier ces couplets à l'infini. La seconde strophe, où l'on trouve les mots *saliit in Bethleem*, prouve, comme on l'a déjà dit, que toute cette cérémonie avait rapport au rôle que l'âne joue dans la nativité du Christ, et qu'elle ne doit son origine ni à l'âne de Lucius ou d'Apulée, ni à l'âne de Balaam, comme quelques auteurs l'ont prétendu. Voici comme du Cange donne le refrain :

> Hez sire ane car chantez,
> Belle bouche rechignez,
> On aura du foin assez
> Et de l'avoine à planter.

Ce refrain paraît plus moderne que celui de Sens, qui est aussi plus simple. Voici encore, selon du Cange, le refrain du dernier couplet :

> Hez va ! hez va ! hez va hez !
> Bialz sire ane, car allez,
> Belle bouche car chantez.

Cette prose était suivie d'une antienne composée de commencements de psaumes, où, de deux en deux vers, on répétait l'exclamation bachique et profane, *evovæ*.

> Virgo hodie fidelis,
> Dixit Dominus, *evovæ !*
> Virgo verba concipit.
> Confitebor, *evovæ !*
> Nescia mater,
> Beatus vir, *evovæ !*
> Virgo Dei genitrix,
> De profundis, *evovæ !*
> Hodie memento, Domine, *evovæ !*

« Le Seigneur dit, *evovæ !* une « Vierge fidèle, *evovæ !* a conçu au- « jourd'hui du Verbe.

« J'avouerai, *evovæ !* mère sans le sa- « voir, heureux époux, *evovæ !* Vierge, « mère de Dieu. *De profundis, evovæ !* « Souvenez-vous aujourd'hui, Seigneur, « *evovæ !* »

Cette acclamation *evovæ* se répétait plusieurs fois dans le cours de l'office.

Après ces paroles, le célébrant lisait les tables et entonnait vêpres. Il chantait le *Deus in adjutorium*, et le chœur le terminait par un *Alleluia* coupé de la manière suivante :

> Alle = resonent omnes ecclesiæ,
> Cum dulci melo symphoniæ,
> Filium Mariæ,
> Genitricis piæ,
> Ut nos septiformis gratiæ
> Repleat donis et gloriæ,
> Unde Deo dicamus. = Luya.

« *Alle=*, que toutes les églises chan- « tent, au son d'une douce symphonie, « le fils de Marie, mère pieuse, afin « qu'il nous remplisse des dons de la « grâce septiforme et de la gloire, et « que nous puissions dire à Dieu, « *=Luia*. »

Deux chantres à grosse voix annonçaient ensuite le commencement de l'office par ces trois vers :

> Hæc est clara dies, clararum clara dierum,
> Hæc est festa dies, festarum festa dierum,
> Nobile nobilium, rutilans diadema dierum.

Les trois vers, selon la rubrique, devaient être chantés *in falso*. Si la rubrique était bien observée, cela devait faire un terrible charivari; mais ces mots *in falso* pourraient aussi indiquer cette espèce de musique composée de plusieurs voix qui chantent en harmonie, ce que nous appelons en faux-bourdon, et que le célèbre Gerbert, dans son Traité de la musique d'église, a nommé *musica falsa*. Mais nous verrons par l'intimation faite au clergé, lors de la suppression de la fête des fous, de chanter mélodieusement et sans dissonance, que le chœur devait s'étudier à fausser réellement le plus qu'il était possible, et il profitait de la permission.

Les matines étaient séparées, ce jour-là, en trois nocturnes ou veilles : la longueur des nuits rendait la chose facile; et d'ailleurs cet usage donnait un caractère plus singulier et plus particulier à cette fête. A chaque nocturne, on faisait une invitation. Du reste, l'office entier était une véritable rhapsodie de tout ce qui se chantait pendant le cours de l'année. On y retrouve les pièces des autres offices, celles des fêtes des saints, des mystères, les chants de Pâques, ceux du carême, des fragments de psaumes : les morceaux tristes sont mêlés avec les morceaux joyeux; c'est l'assemblage le plus bizarre qu'on puisse imaginer. Cet office devait durer deux fois plus longtemps que ceux des plus grandes fêtes : il était bien nécessaire que les chantres et les assistants se désaltérassent de temps en temps; aussi n'y manquaient-ils pas. Ce rafraîchissement est même indiqué par un article exprès, intitulé *Conductus ad poculum.*

Tout l'office était entremêlé de morceaux en prose et d'autres en vers léonins, au milieu et à la fin. Dans les intervalles des leçons, on faisait manger et boire à l'âne; enfin, après les trois nocturnes, on le menait dans la nef, où tout le peuple, mêlé au clergé, dansait autour de lui, ou tâchait d'imiter son chant. Lorsque la danse était finie, on le reconduisait au chœur, où le clergé terminait la fête. Pendant que l'on conduisait l'âne, on chantait le morceau suivant, qui, dans le Missel, a pour titre *Conductus ad ludos :*

Natus est, natus est, natus est hodie Dominus,
Qui mundi diluit facinus,
Quem pater factor omnium
In hoc misit exilium,
Ut facturam redimeret,
Et paradiso redderet.
Nec, nec, nec minuit quod erat,
Assumens quod non erat :
Sed, carnis sumpto pallio
In virginis palatio, O,
Ut sponsus è thalamo, O,
Processit ex utero, O;
Flos de Jesse virgulæ
A fructu replet sæcula, A.
Hunc prædixit prophetia
Nasciturum ex Maria :
Quando flos iste nascitur,
Diabolus confunditur,
Et moritur mors, et moritur mors, et moritur mors.
Te Deum laudamus.

Les O et l'A ne sont sans doute qu'une répétition musicale de la dernière syllabe. Voici la traduction :

« Il est né, il est né, il est né aujour-
« d'hui le Seigneur qui efface les péchés
« du monde, que le Père, créateur de
« tout, a envoyé dans ce lieu d'exil
« pour racheter sa créature et la rendre
« au paradis. Il n'a pas, il n'a pas, il
« n'a pas diminué ce qu'il était, en de-
« venant ce qu'il n'était pas; mais en
« prenant l'enveloppe de chair (un
« corps) dans le palais (le sein) de la
« Vierge, comme l'époux sort de la
« chambre nuptiale, il est sorti du sein
« de sa mère; la fleur de la branche de
« Jessé remplit les siècles de son fruit.
« C'est lui que la prophétie a prédit de-
« voir naître de Marie : quand cette
« fleur paraîtra, le diable sera con-
« fondu, et la mort mourra, et la mort
« mourra, et la mort mourra. Nous te
« louons, Seigneur. »

Après les premières vêpres et les complies, le préchantre de Sens conduisait dans les rues la bande joyeuse, précédée d'une énorme lanterne : on allait au grand théâtre dressé devant l'église; on y répétait les farces les plus indécentes. Le chant et la danse étaient terminés par des seaux d'eau que l'on jetait sur la tête du préchantre. On rentrait pour les matines, où quelques hommes nus recevaient aussi plusieurs seaux d'eau sur le corps.

L'office de la messe est du même genre que celui de la veille de Noël; le prêtre disait à l'introït : *Puer natus est; cantate evovæ.*

La rubrique *Ad prandium*, qui termine tout cet office, prouve qu'après vêpres on allait se mettre à table. Le répons contient une invocation à Jésus-Christ et à la sainte Vierge, pour exciter à la bonne chère et inspirer des propos joyeux.

Si l'on y invitait à bien manger, la boisson n'était pas oubliée, ainsi qu'il paraît par cette autre rubrique, *Conductus ad poculum*. Le répons était dans le même sens que le précédent.

Maurice, évêque de Paris, qui mourut vers 1196, avait travaillé à détruire ces folles superstitions; mais il n'y put réussir, puisque longtemps après lui on en trouve encore des traces. Un acte de 1245, tiré des archives du chapitre de Sens, fait voir qu'à cette époque Odon, évêque de cette église, prohiba les travestissements, et réprima quelques-unes des dissolutions qui accompagnaient toujours cette fête; mais elle ne fut pas tout à fait défendue, et elle dura encore deux cents ans, puisqu'on voit qu'en 1444 la faculté de théologie, à la requête de quelques évêques, écrivit une lettre à tous les prélats et chapitres pour condamner cette fête et l'abolir. Cependant les actes des conciles qui se tinrent en 1460, selon d'autres en 1485, ne parlent encore que des abus qu'il fallait en retrancher. Il y est dit seulement que, pour éviter le scandale, tous ceux à qui il est prescrit d'assister à l'office de la Circoncision doivent être vêtus d'une manière convenable à leur dignité ecclésiastique, et chanter le plus mélodieusement qu'ils pourront, sans dissonance; que chacun doit remplir son devoir sans être troublé et avec décence, surtout dans l'église; qu'aux vêpres on ne jetera sur le préchantre des fous que trois seaux d'eau au plus; qu'on ne doit point conduire des hommes nus le lendemain de Noël; mais qu'il faut seulement les mener au puits du cloître, et ne jeter sur eux qu'un seau d'eau, sans leur faire de mal; que tous les contrevenants encourront la peine de suspension. Cependant il est permis aux fous de faire hors de l'église toutes les autres cérémonies d'usage, pourvu qu'il n'en arrive aucune injure ni aucun dommage à personne.

Malgré la censure de la Sorbonne, la fête des fous subsista donc encore quelque temps. Des actes des chapitres généraux de Sens, des années 1514 et 1517, donnent la permission de la célébrer. Il paraît cependant qu'en 1511 un préchantre des fous, appelé Bissard, s'était permis de se faire tondre la barbe à la manière des comédiens, et de jouer quelque personnage dans la fête de la Circoncision; car cela lui fut défendu, parlant à sa personne, et la fête des fous n'eut pas lieu cette année.

On trouve encore, à différentes dates, des permissions données pour la célébration de la fête des fous. Depuis cette époque, cette fête fut tantôt défendue et tantôt permise, avec des modifications qui tendaient toujours à en diminuer l'indécence et l'obscénité; mais elle ne cessa tout à fait que vers la fin du seizième siècle. »

Si nous avons insisté aussi longuement sur la fête des fous, c'est qu'on en trouve des traces en Allemagne. Ainsi, à Quedlenbourg, par exemple, chaque année, au dimanche des Rameaux, l'évêque d'Halberstadt entrait dans la ville sous le costume du Christ; venaient ensuite huit hommes ou frères des rameaux, élevant et jetant sur sa route des branches d'arbre; puis les autres ecclésiastiques, les moines et le peuple. — Il ne fallait pas moins de vingt marcs pour payer le poisson qui se mangeait à cette occasion.

A la Haye, le jour de la Pentecôte, il y avait mascarade générale. Tous les hommes, jeunes et vieux, se déguisaient en femmes; ils avaient au milieu d'eux leur évêque et leurs prêtres, qui gardaient cependant leurs insignes avec leur déguisement. Les uns venaient en casques, cottes de mailles, et brandissant une épée; d'autres avaient des fourrures dont ils déployaient le revers; d'autres enfin donnaient mille tournures diverses à leurs vêtements, et l'on s'avançait ainsi avec danse et gambades de tous genres.

FOU DE LA COUR.

Les fous de cour avaient le droit de dire beaucoup de sottises sans offenser; cependant la plaisanterie tournait mal quelquefois. Le fou du roi Henri III d'Angleterre dit un jour à son maître : «Vous ressemblez au Christ. — Comment cela, dit Henri, tout joyeux d'une telle ressemblance? — C'est, dit le fou, que le Christ avait en naissant tout autant d'esprit qu'en mourant, et vous, monseigneur, vous avez aujourd'hui tout l'esprit que vous aviez en naissant. » Le roi en courroux voulait le faire pendre; mais les valets se contentèrent de lui administrer une bonne correction.

Nous terminerons ici ce long voyage à travers le moyen âge, époque singulière où, sous l'unité catholique, se rencontrent tant de diversités locales, qu'on pourrait ajouter des volumes à des volumes sans parvenir à être complet. Dans les temps modernes, l'unité des mœurs et du mouvement social rend facile l'histoire des populations; mais, au moyen âge, chaque ville, chaque bourgade a son code, son organisation, ses annales particulières; l'histoire se refuse à l'unité comme les peuples à la centralisation. Aussi nous avons dû renoncer à présenter un tableau systématique de cette époque, et lui préférer une simple énumération des usages que nous avons pu recueillir dans les auteurs contemporains. Quant à l'histoire proprement dite de l'Allemagne, la marche que nous avons suivie nous était indiquée par les faits eux-mêmes. D'abord nous avons étudié les Germains dans la Germanie même; et, quand ils ont débordé sur le monde romain, nous les avons suivis dans leurs migrations aventureuses, et dans les établissements éphémères ou durables qu'ils fondèrent. A la fin du huitième siècle, un homme de génie réunit sous sa main ce qui restait encore de ces bandes éparses, et construit un empire germanique; ses efforts méritaient notre attention. Mais après Charlemagne la Germanie rentre dans ses limites, et dès lors nous ne sortons plus de l'Allemagne que pour les expéditions d'Italie. Là, dans cette immense contrée que bornent les Gallo-Francs et les Slaves à l'ouest et à l'est, les Alpes et l'Océan au sud et au nord, s'opère, du neuvième au treizième siècle, une suite de révolutions qui constituent ce corps germanique, où l'autorité impériale n'est plus, pour ainsi dire, qu'une fiction légale, tandis que les princes, chefs et représentants des anciennes nationalités germaniques, consolident leur pouvoir. Le grand interrègne auquel nous nous sommes arrêtés est l'apogée de ce système. Dans les deux siècles qui vont suivre, l'autorité impériale subsistera toujours; mais elle ne servira, pour ainsi dire, qu'à consacrer les usurpations des princes. Cependant au quinzième il y aura réaction; Charles-Quint menacera la liberté de l'Allemagne; mais, au moment où il se croira près de triompher, où cet éternel problème que l'Allemagne agite de son unité politique paraîtra résolu en faveur de la forme monarchique, la réforme repoussera l'Allemagne vers l'autre extrémité du problème social; contre l'Autriche catholique s'élèvera la Prusse protestante. Cette dualité subsistera-t-elle? et, dans le cas de la négative, à laquelle de ces deux puissances l'Allemagne doit-elle un jour appartenir? C'est la question que nous nous poserons à la fin de notre second volume, et que nous chercherons à résoudre par un examen sérieux de l'état des esprits au delà du Rhin.

FIN DU PREMIER VOLUME.

TABLE DES MATIÈRES

CONTENUES DANS CE VOLUME.

	Pages.
DESCRIPTION GÉOGRAPHIQUE.	
Configuration et limites de l'Allemagne.	1
Géographie physique de l'Allemagne.	2
Par quels peuples la Germanie était-elle habitée.	6
HISTOIRE DE L'ALLEMAGNE.	
Périodes de l'histoire d'Allemagne.	7
PREMIÈRE PÉRIODE.	
Depuis les temps les plus anciens jusqu'à l'invasion de l'empire par les barbares.	ibid.
Les Cimbres et les Teutons.	ibid.
Arioviste et les Suèves.	11
La Germanie indépendante resserrée entre le Rhin et le Danube.	15
La Germanie d'entre Rhin et Danube menacée par Rome. — Confédération des peuplades du Nord et du Sud. — Hermann. Marbod.	16
Segeste. — Expédition de Germanicus.	20
Marbod. — Royaume des Marcomans. — Guerre de Marbod contre Hermann. — Mort de Marbod.	22
Mort d'Hermann.	23
Intervalle entre la mort d'Hermann et le soulèvement de Civilis.	25
Guerre des Bataves. — Civilis.	27
Guerre des Marcomans.	32
L'empire et la Germanie au IIIe siècle.	33
CONFÉDÉRATION DES PEUPLES GERMAINS.	
Alemans.	34
Francs.	ibid.
Saxons.	ibid
Goths. Alains. Vandales.	35
La Germanie depuis le milieu du IIIe siècle jusqu'à la grande invasion des barbares.	ibid.
MOEURS DES GERMAINS.	38
Religion.	ibid.
Organisation sociale.	39
Différence entre la tribu et la bande germanique.	ibid.
Organisation de la famille.	41
Le chef de famille.	ibid.
Femmes.	42
Esclaves.	ibid.
Organisation de la tribu.	43
Rois. — Chefs.	ibid.
Prêtres.	ibid.
Prophétesses.	44
Juges.	ibid.
Droit germanique.	ibid.
Wergeld.	45
Formules juridiques.	ibid.
Division du territoire	46
Organisation militaire.	ibid.
Compagnonage militaire.	ibid.
Manière de combattre.	47
Armes.	48
Vie privée.	ibid.

	Pages.
DEUXIÈME PÉRIODE.	
Depuis l'invasion de l'empire par les barbares jusqu'à l'établissement d'un royaume allemand.	
Considérations préliminaires. — État de l'empire au moment de l'invasion.	50
Diversion des Alemans.	ibid.
Les Visigoths établis dans l'empire.	ibid.
Le Franc Arbogast.	56
L'invasion.	57
Passage du Danube.	ibid.
Bataille d'Andrinople.	58
Stilicon et Gaïna.	59
Alaric. — Invasion de la Grèce.	ibid.
Première invasion en Italie.	60
Défaite d'Alaric à Pollentia.	ibid.
Retraite d'Alaric.	61
Radagaise.	ibid.
Deuxième invasion d'Alaric. — Prise de Rome.	62
Mort d'Alaric.	ibid.
Ataulf. — Les Visigoths dans la Gaule.	63
Guerres des Visigoths en Espagne.	ibid.
Formation du royaume des Visigoths. — Politique de leurs rois.	64
Mœurs des rois visigoths de Toulouse.	65
La cour du roi Théodoric II.	ibid.
Bourguignons.	67
Caractère de l'invasion.	68
Aetius.	ibid.
Francs.	69
Expédition de Chlodion.	ibid.
Saxons.	71
Vandales.	72
Conquête de l'Afrique.	ibid.
Siége et prise d'Hippone.	73
Surprise de Carthage. — Ravages de Genséric.	ibid.
Huns.	74
Attila.	ibid.
Humiliation des Romains.	75
Ambassade de Priscus.	76
Invasion de la Gaule.	84
Bataille de Chalons.	85
Invasion de l'Italie.	86
Mort et funérailles d'Attila.	87
Suites de la mort d'Attila.	ibid.
Tradition germanique sur Attila. — Niebelungs.	89
Attila d'après l'Edda scandinave.	93
Ruine des royaumes fondés par l'invasion.	94
Conquête de l'Espagne par les Visigoths.	ibid.
Décadence des Visigoths.	ibid.
Ruine du royaume des Vandales. — Prospérité des Vandales sous Genséric. — Sac de Rome.	95
Guerre avec l'empereur d'Orient.	ibid.
Conquête de l'Afrique par Bélisaire.	96
Fondation et chute du premier royaume barbare d'Italie.	ibid.
Chute de l'empire d'Occident. — Odoacre.	97
Fondation et chute du royaume des Ostrogoths. — Théodoric.	ibid.
Invasion de l'Italie.	ibid.

TABLE DES MATIÈRES

	Pages.
Les Ostrogoths soumis à l'influence romaine.	98
Théodoric maintient l'administration romaine.	99
Dernière période de l'invasion. — Fondation de royaumes vraiment germaniques.	ibid.
Saxons.	100
Fondation de l'heptarchie.	ibid.
Système féodal chez les Saxons.— Littérature.	ibid.
Lombards.	102
Guerres avec les Gépides.	ibid
Invasion de l'Italie.	103
Longue influence des Lombards en Italie.	ibid.
FRANCS.	104
Chlodion. — Hilderik.	ibid.
Hlodowig. — État de la Gaule.	105
Défaite de Syagrius et des Gallo-Romains.	ibid.
Mariage de Hlodowig avec Chrotechild.	ibid.
Défaite des Alemans. — Conversion de Hlodowig.	106
Résultat politique de la conversion de Hlodowig.	ibid.
Defaite des Bourguignons.	107
Oppression des évêques par les Visigoths.	ibid.
Vénération de Hlodowig pour saint Martin.	ibid.
Hlodowig consulte les sorts à Saint-Martin.	108
Miracle en faveur des Francs.	ibid.
Bataille de Vouglé.	ibid.
Hlodowig consul.	109
Meurtre des divers rois francs par Hlodowig.	ibid.
Mort de Hlodowig.	111
Vision sur la race des Mérovingiens.	ibid.
Partage du royaume de Hlodowig entre ses quatre fils.	ibid.
Victoires sur les pirates du Nord.	112
Tout l'ouest de la Germanie soumis aux Francs.	ibid.
Victoires sur les Bourguignons.	ibid.
Soumission des Thuringiens.	115
Soumission des Bourguignons.	116
Aventures d'Attale.	117
Conquête sur les Visigoths.	119
Théodebert, roi d'Ostrasie.	ibid.
Expédition en Italie.	ibid.
Fin de la période des conquêtes. — Révolte des Saxons.	120
Guerre civile entre les princes francs.	121
Mort de Clother. — Sigebert, roi d'Ostrasie.	ibid.
Sigebert épouse Brunehault.	122
Frédégonde fait tuer Galsuinthe, sœur de Brunehault.	ibid.
Guerre contre les Avares.	123
Mort de Sigebert.	ibid.
Mort de Chilpéric.	124
Gontran.	ibid.
Prière de Gontran au peuple.	125
Brunehault chassée d'Ostrasie.	ibid.
Meurtre du roi d'Ostrasie.	ibid.
Mort de Brunehault.	126
Guerre de Clother II contre les Saxons.	127
Dagobert.	128
Le Franc Samon, roi des Venèdes.	ibid.
Guerre contre Samon.	ibid.
Les Saxons exemptés du tribut. — Massacre des Bulgares.	129
Caractère de l'invasion des Francs.	130
Résultat de l'invasion des Francs. — Changements survenus dans l'état de la Gaule.	131
État des Gaulois après la conquête.	132
Gallo-Romain libre.	ibid.
Gallo-Romain tributaire.	133
Évêques.	ibid.
Esclaves.	ibid.
Dissolution de la bande germanique.	134

	Pages.
Partage des terres.	134
Terres allodiales.	135
Ruine de l'égalité.	ibid.
Terres bénéficiaires.	ibid.
Terres tributaires.	136
État des personnes.	137
Leudes.	ibid.
Ministériaux.	ibid.
Gouvernement et administration des Francs.	ibid.
Le roi.	ibid.
Assemblée du Champ de mars.	138
Comtés. — Centuries. — Plaids inférieurs.	ibid.
Lois barbares.	ibid.
Loi salique.	ibid.
Loi des Ripuaires.	141
Lois des Alemans et des Bavarois.	142
Décadence des Mérovingiens.	ibid
Maires du palais.	143
État de l'Allemagne proprement dite.	145
Partie occidentale.	ibid.
Partie orientale.	146
Les principaux peuples de l'Allemagne se rendent indépendants des Francs.	147
LES CARLOVINGIENS.	
Double caractère de cette famille.	ibid
Pepin.	148
Carl Martel.	149
Victoire de Poitiers.	150
Le fils de Carl Martel. — Pepin et Carloman.	152
Guerre contre l'Aquitaine et contre les peuples de la Germanie.	ibid.
Pepin seul chef des Francs.	ibid.
Pepin roi.	153
Rapport entre les papes et les maires d'Ostrasie.	154
Introduction du christianisme en Allemagne.	ibid.
Conversion du sud-ouest de l'Allemagne.	156
Saint Colomban.	ibid.
Le pape se charge de la conversion des païens.	159
Guerres de Pepin.	163
Charlemagne.	167
Guerre contre les Lombards.	169
Guerre contre les Saxons.	170
Soumission de Witikind et de toute la Saxe.	173
Organisation de la Saxe.	ibid.
Guerres d'Espagne.	175
Guerre contre les Esclavons.	178
Guerre contre les Avares.	179
Résumé des guerres de Charlemagne.	181
Résultat des guerres de Charlemagne. — Nationalité germanique.	ibid.
Gouvernement de Charlemagne.	183
Ducs. Comtes. Centeniers.	ibid.
Envoyés du roi.	ibid
Assemblées générales.	184
Capitulaires.	186
Intérieur du palais de Charlemagne.	194
Mort de Charlemagne.	197
Littérature franque.	198
Littérature sous Charlemagne.	200
Renaissance des écoles.	ibid
École du palais.	202
Louis le Débonnaire.	207
Révolte de Bernard.	208
Révolte des fils de Louis.	210
Déposition de Louis.	212
Louis rétabli.	ibid.
Nouvelle révolte des fils de Louis.	213
Lothaire empereur.	ibid.

CONTENUES DANS CE VOLUME.

	Pages.
Conférence de Strasbourg.	214
Traité de Verdun.	216
Incursions des Normands et des Slaves.	217
Organisation militaire des provinces frontières.	218
Guerres contre les Slaves.	ibid.
Louis le Germanique partage la Lorraine avec Charles le Chauve.	220
Charles le Gros empereur.	ibid.
Faiblesse de Charles le Gros.	221
Démembrement de l'empire carlovingien.	ibid.
Système féodal.	222
Hérédité des bénéfices.	Ibid.
Hérédité des offices royaux.	223
États dont se compose l'Allemagne sous les Carlovingiens.	224
Franconie.	ibid.
Lorraine.	ibid.
Souabe. Bavière.	ibid.
Thuringe, Saxe et Frise.	ibid.

TROISIÈME PÉRIODE.

Depuis l'établissement du royaume de Germanie jusqu'à la querelle des investitures.

	227
Arnulf.	ibid.
État de l'Italie.	228
Tentative d'Arnulf sur l'Italie.	ibid.
Le fils d'Arnulf reconnu roi de Lorraine.	229
Arnulf empereur.	ibid.
Louis l'enfant.	230
Ravages des Hongrois.	ibid.
Conrad.	232
Soumission des ducs.	233

EMPEREURS SAXONS.

Henri l'oiseleur.	ibid.
Organisation militaire de l'Allemagne.	234
Établissement des margraviats.	ibid.
Othon Ier.	235
Comtes palatins.	236
Accroissement du nombre et de la puissance des évêques.	237
Guerres d'Othon dans l'intérieur de l'Allemagne.	ibid.
Guerres extérieures.	238
Othon empereur.	239
Autorité exercée par Othon en Italie.	241
Guerre contre les Grecs.	242
Othon II.	ibid.
Révolte contre le nouveau roi.	ibid.
Intervention d'Othon dans les affaires de France.	243
Othon III.	247
Expédition d'Othon en Italie.	248
Henri II.	250
Henri reçoit la couronne impériale.	254
Acquisition de la Bourgogne.	255

EMPEREURS FRANCONIENS.

Conrad II le Salique.	256
Expédition en Italie.	257
Conrad étend sa puissance en Allemagne.	ibid.
Conrad assure sa suzeraineté sur les Slaves.	ibid.
Seconde expédition en Italie.	258
Lois militaires.	259
Loi favorable aux vavasseurs.	ibid.
Conduite de Conrad dans l'intérieur de l'Allemagne.	260
Henri III.	261
La Pologne et la Hongrie reconnaissent la suzeraineté de l'empire.	ibid.
Soumission de la Bourgogne.	262
Affaires d'Italie.	ibid.
Haute influence de Henri sur l'élection du pape.	263

QUATRIÈME PÉRIODE,

Depuis Henri IV jusqu'à la mort de Frédéric II. Rivalité de l'empereur et du pape. Guerres de l'Allemagne et de l'Italie.

Henri IV.	264
Jeunesse de Henri IV.	ibid.
Mécontentement des Saxons.	265
Révolte et défaite des Saxons.	ibid.
Querelles du sacerdoce et de l'empire.	266
Matérialisme profond du monde féodal.	ibid.
L'Église devient peu à peu féodale.	267
Grégoire VII.	269
Célibat des prêtres.	270
L'Église prétend à la domination universelle.	271
Henri IV est excommunié.	272
L'excommunication.	ibid.
Révolte des princes allemands.	273
Élection d'un anti-César.	ibid.
Mort de Grégoire VII.	274
Révolte des fils de Henri.	ibid.
Déposition de Henri.	ibid.
Henri V.	276
Proposition de Paschal.	ibid.
Révolte des princes allemands.	277
Succession de la princesse Mathilde.	ibid.
Calixte II, élu en France, renverse Grégoire VIII.	278
Concordat de Worms.	ibid.
Mort de Henri V.	ibid.
Revue de la période des empereurs saliques.	ibid.
Différence entre le pouvoir royal de la France et celui de l'Allemagne.	280
Lothaire II.	281
Élection de Lothaire.	282
Lothaire s'humilie devant le pape.	ibid.
Première et seconde expédition en Italie.	ibid.

EMPEREURS ET ROIS DE LA MAISON DE HOHENSTAUFEN.

Conrad III.	283
Guelfes et Gibelins.	ibid.
Message des Romains à Conrad.	284
La croisade.	ibid.
La croisade est le résultat de l'union de l'esprit féodal et de l'esprit religieux.	285
Goût des pèlerinages.	ibid.
État politique et religieux de l'Orient.	286
Ismaélites ou Assassins.	ibid.
Premières troupes des croisés.	287
Troupe de Goltschalk.	288
Les pèlerins attaqués par les Hongrois.	ibid.
Massacre des pèlerins.	289
Quatrième troupe. Massacre des Juifs.	ibid.
Nouveau massacre des pèlerins en Hongrie.	290
Première croisade.	291
Godefroi de Bouillon.	ibid
Arrivée des croisés à Constantinople.	292
Prise de Nicée.	ibid.
Misères des croisés.	ibid.
Siège et prise d'Antioche.	293
Siège et prise de Jérusalem.	ibid.
Malheurs des chrétiens en Palestine.	294
Seconde croisade. Conrad prend la croix.	ibid.
Marche des Allemands à travers l'Asie Mineure.	ibid.
Les Allemands sont abandonnés des guides grecs.	295
Incertitude des croisés.	296
Défaite de l'armée allemande.	ibid.
Mort de Conrad.	297

TABLE DES MATIÈRES

	Pages.
Frédéric Ier, Barberousse.	297
Prétentions de Frédéric Ier.	298
Paix avec Henri le Lion.	ibid.
Sollicitations faites auprès de Frédéric.	299
Situation du pape à Rome.	ibid.
Arnaldo di Brescia.	ibid.
Réformes d'Arnaldo à Rome.	ibid.
Influence de l'érudition.	300
Frédéric passe en Italie.	ibid.
Supplice d'Arnaldo.	301
Puissance de Frédéric.	ibid.
Guerre contre la Pologne.	ibid.
Frédéric se brouille avec le pape.	ibid.
Le pape s'allie aux villes lombardes.	302
Humiliation de Frédéric.	303
Guerre en Allemagne contre Henri le Lion.	ibid.
Diète de Mayence. Frédéric arme ses fils chevaliers.	304
Frédéric part pour la croisade.	305
Mort de Frédéric.	ibid.
Légende sur Frédéric Barberousse.	306
Henri VI.	307
Expédition en Sicile.	ibid.
Captivité de Richard Cœur de Lion.	ibid.
Seconde expédition en Italie.	311
Cruautés de Henri VI.	ibid.
Tentative de Henri VI pour rendre l'empire héréditaire dans sa famille.	ibid.
Nouvelles cruautés de Henri.	312
Philippe de Souabe.	ibid.
Othon IV.	ibid.
Progrès du pape	313
Othon apaise les différends survenus entre les Gibelins.	ibid.
Othon se brouille avec le pape qui l'excommunie.	314
Frédéric en Allemagne.	ibid.
Guerre d'Othon avec Philippe-Auguste.	ibid.
Bataille de Bouvines.	315
Mort d'Othon IV.	316
Frédéric II.	317
Le pape et l'empereur aux prises.	ibid.
Frédéric établit les Sarrasins à Luceria et à Nocera.	ibid.
Exaltation de Grégoire IX.	318
Croisade de Frédéric.	ibid.
Couronnement de Frédéric comme roi de Jérusalem.	319
Paix de San-Germano avec le pape.	ibid.
Seconde ligue lombarde.	ibid.
Révolte du roi Henri.	320
Déposition de Henri. Diète de Mayence.	ibid.
Guerre contre le duc d'Autriche.	ibid.
Guerre contre la ligue lombarde.	321
Querelles de Frédéric avec le pape et le roi de France.	ibid.
Exaltation d'Innocent IV.	ibid.
Concile de Lyon.	322
Frédéric II est excommunié.	ibid.
Revers de Frédéric en Italie.	324
Portrait de Frédéric.	ibid.
Malheurs de sa race. Conradin.	325
Enzio.	326
Marguerite.	ibid.
Le grand interrègne.	327
Anarchie en Allemagne.	ibid.
Élection de Richard de Cornouailles et d'Alphonse X.	328
Actes du roi Richard.	ibid.
Accroissement de la puissance des villes.	ibid.

	Pages.
ÉTAT DE L'ALLEMAGNE PENDANT LA QUATRIÈME PÉRIODE.	329
Villes allemandes.	ibid.
La Marche.	ibid.
Droits de la Marche.	ibid.
Origine des villes allemandes.	330
Droits des villes.	331
Bourgeois et non bourgeois.	332
Des corporations.	ibid.
Priviléges des principales villes allemandes.	ibid.
Ligues formées par les villes.	339
Commerce.	340
Protection accordée aux marchands.	341
Piraterie.	ibid.
Droit d'épave.	342
Droits et état des marchands.	343
Marchés et foires.	ibid.
Entrepôts et halles.	344
Exportation et importation.	ibid.
Suspension du commerce.	345
Marchands étrangers.	346
Droit d'étape.	ibid.
Commerce avec les Sarrasins.	ibid.
Droits de douane	347
Dettes de commerce.	349
Argent et intérêts.	ibid.
Routes de commerce.	351
États commerçants.	353
Sciences.	361
Les écoles.	ibid.
Livres d'enseignements.	362
Droit de correction.	ibid.
Rétribution payée par les écoliers.	363
État de l'instruction.	ibid.
Éducation des filles.	ibid.
Langues savantes.	365
Bibliothèques.	ibid.
Livres défendus.	366
Des universités.	ibid.
Maîtres et professeurs.	367
Université de Paris.	368
Université de Bologne.	369
Université d'Angleterre.	370
Université de Salamanque.	371
État des études. Philosophie.	ibid.
Aristote.	ibid.
La dialectique.	372
La scolastique.	ibid.
Les scolastiques.	373
Anselme de Kantorbury.	375
Abailard.	376
Saint François d'Assise.	377
Saint Bonaventure.	378
Saint Thomas.	ibid.
Albert de Bollstædt, dit le Grand.	379
Raimond Lulle.	380
Mathématiques.	382
Médecine.	383
Alchimie.	384
Histoire des croyances relatives au diable.	ibid.
Sorcellerie, Opérations magiques.	388
Sorciers.	389
Légende du nécromancien Virgile.	391
Légende de Faust.	393
Poésie.	396
Cycles épiques.	397
Cycle de Théodoric.	ibid.
Cycle carlovingien.	398
Cycle d'Arthur ou de la Table ronde.	ibid.
Imitations ou traductions des auteurs de l'antiquité.	399

CONTENUES DANS CE VOLUME.

	Pages.
Chronique poétique de Henri le Lion.	400
Légendes pieuses.	ibid.
Légende de saint Christophe.	401
Légende de la sainte Vierge.	ibid.
Histoire d'Engelhard et d'Engelbred.	402
Bouffonneries.	403
Fables.	ibid.
Poésie lyrique. Minnesænger.	ibid.
Vie du Minnesænger Ulrich de Lichtenstein.	404
Vie du Minnesænger Volther de Vogelweide.	405
Combat poétique de la Wartbourg.	406
Meistersænger.	407
Poëme de Salomon et Marculf.	408
Poëme du renard.	409
Fabliaux.	410
Prose allemande.	411
Arts.	412
Musique.	ibid.
Architecture	415
Sculpture.	420
Orfévrerie.	421
Peinture.	422
Chevalerie.	425
Réception des chevaliers.	ibid.
Devoir des chevaliers.	426
Grossièreté des chevaliers allemands.	427
Galanterie des chevaliers. Influence de la femme au moyen âge.	429
Tournois.	434
Décadence de la chevalerie.	437
Fraternités d'armes.	ibid.
Ordres religieux militaires.	439
Le blason.	440
État militaire et marine.	441
De l'organisation de l'armée nationale (hériban); des obligations militaires de l'armée.	ibid.
Des mercenaires.	445
De l'entretien des armées.	446
Des contributions de guerre.	447
De l'armement.	ibid.
Des machines de guerre.	449
Du feu grégeois.	451
Des places fortifiées et de l'art des fortifications.	452
Des étendards.	ibid.
Cri d'armes.	453
De la tactique	456
Bataille de Bénévent.	456
Bataille de Tagliacozzo.	457
Composition des différents corps d'un armée.	458
Emploi des différentes armes.	459
Stratagèmes. Campement.	460
Coutumes militaires. Conduite à l'égard des prisonniers.	ibid.
Paix de Dieu. Paix publique.	461
Vaisseaux. Forces navales. Guerres maritimes.	463
Famille.	466
Degrés de parenté.	ibid.
Mariage.	ibid.
Fiançailles.	467
Dot. Morgengab.	ibid.
Grossesse.	468
Exposition des nouveau-nés.	ibid.
Formules des trois cas de nécessité absolue où la mère peut vendre les biens de l'enfant mineur pour lui conserver la vie.	ibid.
Des enfants.	469
L'homme impuissant.	ibid.
De l'adultère et des peines qu'il encourait.	470
Divorce.	ibid.
Des unions hors mariage et du péché de la chair.	ibid.
Serviteurs.	471
Propriété.	ibid.
Transmission de la propriété.	ibid.
Mesures de la propriété.	472
Limites de la juridiction.	473
Pose et déplacement des limites.	ibid.
Largeur des chemins.	474
Droit de chasse et de pêche.	ibid.
Redevances.	475
Habitations.	477
Coutumes et usages divers.	479
Costumes.	ibid.
Duels judiciaires.	480
Funérailles.	482
Ordonnances de police.	ibid.
Secours publics.	ibid.
Jeux. Fêtes. Divertissements.	ibid.
Chasses. Festins.	483
Fête des fous.	485
Fous de cour.	489
Épilogue.	ibid.

FIN DE LA TABLE.

www.ingramcontent.com/pod-product-compliance
Lightning Source LLC
Chambersburg PA
CBHW050610230426
43670CB00009B/1344